中国社会科学年鉴

中国考古学年鉴 2014

YEARBOOK OF ARCHAEOLOGY IN CHINA

中国考古学会 编

中国社会科学出版社

图书在版编目(CIP)数据

中国考古学年鉴 . 2014 / 中国考古学会编 . —北京：中国社会科学出版社，2015. 12

ISBN 978 – 7 – 5161 – 7445 – 6

Ⅰ. ①中… Ⅱ. ①中… Ⅲ. ①考古学—中国—2014—年鉴 Ⅳ. ①K87 – 54

中国版本图书馆 CIP 数据核字(2015)第 309456 号

出 版 人 赵剑英
责任编辑 孙铁楠
责任校对 林福国
责任印制 张雪娇

出　　版 中国社会科学出版社
社　　址 北京鼓楼西大街甲 158 号
邮　　编 100720
网　　址 http://www.csspw.cn
发 行 部 010 – 84083685
门 市 部 010 – 84029450
经　　销 新华书店及其他书店

印刷装订 三河市东方印刷有限公司
版　　次 2015 年 12 月第 1 版
印　　次 2015 年 12 月第 1 次印刷

开　　本 787 × 1092 1/16
印　　张 55. 25
插　　页 6
字　　数 1540 千字
定　　价 298. 00 元

陕西宝鸡石鼓山西周墓地——M3：墓地俯视图

陕西宝鸡石鼓山西周墓地——M4：二号龛206号簋

湖北随州文峰塔东周曾国墓地——“亚”字形墓

湖北随州文峰塔东周曾国墓地——铜灯

山东沂水纪王崮春秋墓葬——一号墓车马坑

山东沂水纪王崮春秋墓葬——玉人

湖南益阳兔子山遗址——发掘现场

湖南益阳兔子山遗址——司法文书

四川成都老官山西汉木椁墓——人体经穴漆俑

四川成都老官山西汉木椁墓——织机模型

河南洛阳新安汉函谷关遗址——关城东墙局部（由南向北）

河南洛阳新安汉函谷关遗址——部分出土瓦当

陕西西安西汉长安城渭桥遗址——厨城门一号桥（由南向北）

陕西西安西汉长安城渭桥遗址——厨城门一号桥（由西南向东北）

江苏扬州曹庄隋炀帝墓——高空拍摄

江苏扬州曹庄隋炀帝墓——鎏金铜铺首

四川石渠吐蕃时代石刻——须巴神山石刻群

四川石渠吐蕃时代石刻——烟角村石刻

江西景德镇南窑唐代窑址——全貌图

江西景德镇南窑唐代窑址——青釉执壶

《中国考古学年鉴》编辑委员会

目　　录

第一篇　考古学研究

第二篇　考古文物新发现

第三篇　中国考古学会及学会团体会员单位

第四篇　学术会议

第五篇 学术交流

第六篇　考古教学

第七篇　逝世考古学家

第八篇　考古学文献资料目录

第九篇　大事记

第一篇

考古学研究

旧石器时代考古与古人类学研究

王春雪　高　星

在中国旧石器时代考古与古人类学研究的发展历程上，2013年已经在其中画上了浓墨重彩的一笔。重要考古遗址与材料的发现，丰硕研究成果的涌现，都为本学科的拓展与深化注入了鲜活的血液与活力。本年度发表于重要期刊及杂志上的学术论文一百余篇，经发表的旧石器时代遗址和地点近百处。这些发现进一步填补了中国境内旧石器时代遗址时间与空间上的空白，进一步完善了人类演化与文化发展的序列，对阐释现代人演化、古文化交流与技术革新的历程与动因提供了重要材料。

同时，在学术交流与遗址保护方面也收获颇丰，包括举办纪念水洞沟遗址发现90周年国际学术研讨会、安徽和县猿人遗址研究与保护学术研讨会等活动。

一　考古新发现与新发掘成果

有关2013年度考古学者调查与发掘工作的报道主要集中在甘肃、广东、内蒙古等地区。

陈福友等报道了甘肃张家川杨上遗址的发掘收获。2007年甘肃省文物考古研究所、兰州大学、美国加利福尼亚大学戴维斯分校等单位合作，在陇中盆地的水洛河、清水河流域进行调查时发现了该遗址。2013年8～9月，中国科学院古脊椎动物与古人类研究所和甘肃省文物考古研究所合作，对该遗址进行了抢救性发掘。发掘面积12平方米，共9层，出土石制品1700余件，动物化石350余件，以及较多的碎骨和石质碎屑。石制品类型主要有石锤、石核、石片、石器、断块、碎屑以及较多经人工搬运的砾石。石制品原料多选自河滩砾石，以脉石英、花岗岩为主；剥片主要采用硬锤锤击法；石器类型多为刮削器。动物种类以牛科和马科为主。遗址具有原地埋藏的性质，且不同文化层遗物分布密度不一，显示了不同时段人类活动强度的变化。发掘队还采集了磁化率、粒度样本和孢粉样本以及光释光测年样本，实验室分析正在进行中。根据遗址堆积特点，初步推测该遗址的年代从中更新世延续到晚更新世早期。该遗址有利于完善甘肃中部旧石器考古序列，进而探讨石器技术的演变、人类行为的发展历程（《中国文物报》11月13日）。

广东南江流域旧石器时代考古调查取得重要突破。2012年11月至2013年1月，广东省文物考古研究所联合云浮市博物馆、郁南县博物馆与罗定市博物馆等单位，在南江流域进行旧石器时代考古专项调查，于郁南县河口镇和大湾镇、罗定市华石镇和罗平镇发现60多处旧石器地点，皆为旷野类型，绝大多数发现于南江中游两岸的三级阶地和四级阶地，主要有磨刀山、围顶、古甑西、瓦厂头、楷栋等。采集到200余件石制品，以石器为主，少量石片、石核与断块，原料来自古南江的河滩砾石，岩性以石英岩、砂岩与石英为主。石器主要利用砾石直接加工，也有少量石片毛坯。剥片技术主要采用简单锤击法，石器修理技术以单面硬锤加工为主，部分石器刃缘使用转向和错向加工，手斧与少量手镐可见两面加工技术。石器类型丰富，有手镐、手斧、砍砸器、刮削器、小尖状器、凹缺刮器等，其中手镐最多，分为舌形手镐、三棱手镐、矛形手镐和短刃手镐。石器个体较为粗大，手镐和砍砸器长度都在10厘米以上，不乏长20厘米者。此外，还发现少量较小的石片刮削器与小尖状器。南江旧石器遗存以砾石为原料、石器技术以单向简单加工为主、工具组合以手镐与砍砸器为主，显示出中国南方砾石石器工业的典型特征，与广西百色、湖南澧水、安徽水阳江以及汉水流域等地的旧石器文化同属砾石石器工业系统。而最具特色的舌形手镐与手斧，表明其与西邻的广西百色盆地旧石器在文化面貌上更为接近。根据石制品的类型特征与工艺技术、石器地点的地貌特征与阶地地层堆积，初步判断南江旧石器地点群的时代最早可至中更新世，属于旧石器时代早期（《中国文物报》5月24日）。

2013年夏天，中国科学院古脊椎动物与古人类研究所的研究人员到河北省阳原县西城北白龙山山麓的石宝庄一带进行旧石器文化遗存的调查，共发现石制品463件，包括石核、石片、断块及少量加工精美的石器。石制品密度大，在一处大约1平方米的范围内就采集到132件石制品。整个石宝庄一带数平方公里的地层露头都有石制品出露，向西延伸到了山西境内，具有很大的分布面积。卫奇等认为这些石制品的人工特征明确，标本虽采自地表，但根据其分布状况和新鲜程度判断，应该出自原生地层。石制品中石片居多、器物很少的现象符合石器加工场的特点。石宝庄一带可能是泥河湾盆地首次发现的一处大规模的古人类石器加工和制造场，但地层与时代需要进一步确定（《人类学学报》4期）。

二　对已有材料的整理与研究

（一）对遗址调查或发掘所获材料的整理分析

本年度，研究者们对以往调查或发掘所获取的材料进行整理和研究，并发表公布了诸多的研究成果。

水洞沟遗址在新世纪内开展的系统调查与发掘是中国旧石器考古学新近发展中的重要事件，被刘东生先生赞誉为“中国旧石器时代考古‘文艺复兴’的标志”。中国科学院古脊椎所和宁夏文物考古研究所组成的水洞沟联合发掘队经过多年对大量发掘出土的标本及提取的样品的整理、测试和研究，于2013年推出《水洞沟：2003～2007年度考古发掘与研究报告》（科学出版社）。该报告共分十章，涵盖了遗址区域的地质、地貌和各地点的地层情况；对晚更新世先民生存的古生态、古环境做了多方面的复原和解读；在取得各地点大量测年数据的基础上建立起古人类生存演化的可信的年代框架；在对各地点文化内涵做详细描述和分析后复建了该地区古人群于距今4万～1万年间的文化发展序列；并对先民的居址利用、工具制作与使用、资源获取、控制用火、审美认知等生存策略和行为方式提出理论阐释。不同于一般的考古发掘报告，该书有专门的一章介绍用现代科技手段对特定材料和现象所做的分析过程和结果，包括对石器的微痕—功能分析、工具残留物分析、遗址空间利用分析、石料热处理分析、间接用火实验与化学分析、装饰品制作模拟、特殊刻划痕迹分析等。正如吴新智院士在该书的《序》中推介的那样，这是一本集野外发掘和室内研究成果为一体的有深度、有新意的考古报告，图文并茂，材料丰富，内容翔实，分析深入，提供了大量第一手资料、信息和对相关问题的思考与结论。

水洞沟遗址在中国旧石器考古学研究中备受关注也充满争议。争议的核心是其旧石器遗存的技术特点、文化属性、来龙去脉和与西方旧石器文化的关系。争议缘起于对核心遗址——第1地点的地层、时代和文化演替了解与认识的局限性与模糊性。高星等人在近年来对遗址区系统调查和多个地点系统发掘与研究的基础上，对水洞沟遗址群的旧石器时代文化及相关问题提出一系列新的认识，包括：水洞沟是一个由多处地点构成的大型露天遗址群；先民生存活动不局限在一个时期，文化遗存至少分属7个时段，据此可建立4万年来区域人群演化序列；遗址保留的人类文化遗产丰富多样，除不同技术体系的石制品，还有骨器、装饰品、复杂用火遗存，以及对居址复杂利用、对石料热处理和采食植物性食材的诸多信息，反映古人群具有很强的生存能力和特定的行为方式；该地区在旧石器时代晚期不同时段存在不同技术体系的考古学文化组合，出现过勒瓦娄哇+石叶的技术体系与小石片技术体系的交替，反映出在末次冰期期间东北亚人群复杂、能动的适应、迁徙、交流过程；该地区的勒瓦娄哇+石叶的技术体系与本土传统的小石片石器工业不存在渊源关系，应是从西—西北方向迁移过来的古人群的遗留，其出现的时间可能早于原先的认定，而且在消失后没有对本土文化产生明显的影响；石叶技术组合固然代表一支来自西方的早期现代人群的迁徙和扩散，但移居者没有对本土人群实现整体替代，反而被后者取代；后者在石器技术上保持固有的传统，但文化遗存中出现小型精制石器、装饰品、石料热处理等早期现代人的行为表征，反映出这里的现代人起源与扩散模式不是简单的外来移民替代，相反，本土人群连续演化是主旋律。因而，“连续进化附带杂交”理论在该地区有着更坚实的考古学基础（《人类学学报》2期）。

王社江等人对洛南盆地的郭垣、十字路口、延岭、鹤眼岭、柳树洼和张豁口南六个旧石器时代遗址2012年发掘出土的材料进行了整理研究。这些遗址的地层堆积均为南洛河及其南部支流县河第二阶地顶部覆盖的黄土沉积物。此次发掘面积1300余平方米，发掘过程中同步采集了古环境变迁分析和年代测试样品1500余个。在此次发掘中，再次从郭垣、张豁口等地点发现了流行于非洲和欧亚大陆西侧阿舍利工业体系的手斧、薄刃斧和手镐等典型器物组合，这是迄今在中国甚至整个东亚地区阿舍利工业器物最为集中的发现，充分说明以往在洛南盆地发现阿舍利类型工具组合不是偶然的。这次发掘也为洛南盆地未来旧石器遗址的保护范围提供了依据。手斧、薄刃斧、手镐和大型石刀等重型工具向来被认为是属于非洲和欧亚大陆西部流行的阿舍利石器工业的标志性器物，此次田野考古发掘再次从地层关系上证明了阿舍利工业类型的典型器物在洛南盆地流行的年代与第二级阶地上部黄土堆积物形成的时代相当。发掘者重点介绍了此次发掘面积较大的郭垣与十字路口地点。十字路口地点发掘面积360余平方米，出土了包括手斧和薄刃斧在内的各类石制品3300余件；郭垣遗址发掘面积500余平方米，出土包括手斧和薄刃斧在内的各类石制品13000余件（《中国文物报》1月25日）。

内蒙古自治区东乌珠穆沁旗金斯太遗址是中国北方一处重要的洞穴遗址。2012年7～8月，中国科学院古脊椎动物与古人类研究所、内蒙古博物院联合锡林郭勒盟文物站、东乌珠穆沁旗文物管理所对该遗址进行新的发掘。此次发掘揭露出从旧石器时代晚期到青铜时代共8个文化层位，出土千余件石制品及大量动物化石、陶片、磨制骨器和串珠装饰品等，系统采集了不同层位的^{14}C测年样品。连续叠压的地层和多个用火遗迹显示该遗址被古人类长期和多次利用过。该遗址旧石器时代晚期文化特征主要表现为以下几点：①由早到晚，从小石片文化到石叶—小石叶文化再到细石叶文化，存在比较连续的文化序列；

②原料种类多样，包括玄武岩、安山岩、凝灰岩、黑曜岩、燧石等；③细石叶产品延续时间较长，细石叶石核类型丰富，另有一些小石叶石核；④石器类型以边刮器和凹缺器为主，有些器物加工精致；⑤地层中存在明显的用火迹象。此次新发现为研究石叶和细石叶遗存的起源、扩散、演化和所代表的人类适应生存方式提供了珍贵的材料，对探索东北亚地区旧石器时代晚期文化的发展和技术—类型体系的划分亦十分重要。此外，金斯太遗址所处的地理位置十分重要，一些遗物与蒙古国乃至俄罗斯贝加尔湖、远东地区相关遗址出土遗物十分相似，对它们进行对比分析会为研究该地区晚更新世末期古人类迁徙与交流提供重要素材（《中国文物报》7 月 5 日）。

中国科学院古脊椎动物与古人类研究所和内蒙古博物院联合组成的旧石器考古团队对 2011 年从大窑旧石器时代遗址中的二道沟地点发掘出土的材料做了整理研究，发表了初步成果。该地点主发掘区按堆积性质可分为原生地层和坡积地层。原生地层共有 6 个自然层，其中至少包含 3 个文化层。130 余件石制品全部出土于第 1、2 自然层。石制品类型包括石核、石片、工具、断块和残片，工具以边刮器为主；原料全部为燧石岩块，剥片及加工技术均为硬锤直接打击，属于中国北方的石核—石片—刮削器主工业范畴。坡积地层埋藏年代可分为早晚两个阶段，出土石制品达 5 万余件。此次发掘表明二道沟地点至少包括三种不同的文化类型，不同于以往的认识。在对坡积遗存的研究中，系统运用了统计学的相关方法，为解决坡积地层中文化遗存的研究难题做了有益的尝试，并取得了一定的成效（《中国文物报》1 月 18 日）。徐廷等人对该地点坡积地层中石核的形态和技术进行了专门研究，认为至少存在三种剥片技术：一是简单锤击剥片，以简单石核、多台面石核为代表；二是系统剥片，以漏斗型石核、盘状石核、交互打击石核和扁脸石核为代表；三为细石器技术，以细石核为代表。在锤击剥片过程中，至少有三种剥片方式被运用，即单向打片、交互打片和多向打片。研究者还对远距离搬运原料现象以及龟背形刮削器与漏斗形石核的区别、扁脸石核与石叶技术的关系、细石叶技术等问题进行了有意义的讨论（《人类学学报》4 期）。

王幼平等人通过对河南新密李家沟遗址发现的石制品的整理与分析，发现该遗址包含了从旧石器时代晚期一直到新石器时代多个文化阶段的遗存。石器工业在不同文化阶段表现出不同的特点。除了旧石器晚期较早阶段的石片石器组合和旧石器时代晚期之末的细石器组合之外，还在新石器早期文化乃至裴李岗文化阶段的文化遗存中发现数量较多的打制石器。其中最值得关注的是与典型细石器共存的磨刃石锛与陶片。通过对石制品的初步观察可知，打制石器并不只存在于旧石器时代，而是延续到新石器早期甚至可能裴李岗文化时期。这种情况说明，李家沟以及中原地区旧、新石器时代的石器工具的变化过渡是一种逐渐变化的过程（《人类学学报》4 期）。

秦洪源等人对新密李家沟遗址的性质提出了质疑，认为遗址所见早期居民所用的优质燧石很有可能为本地所有，不大可能为“远距离采集运输所得”；该遗址新石器时代遗存中大型食草类动物数量“锐减”，应与以大型食草类动物骨骼被制作成骨器有关，与生计方式变化无必然关联。从李家沟遗址新石器时代层位到裴李岗文化，陶器制作技术似乎并没有继续向前发展，甚至出现一定的倒退，继承性远没有“变异”性明显。李家沟遗址早期新石器文化遗存中的石磨盘很可能为“研磨采集品的工具”，与裴李岗遗址的石磨盘、石磨棒的功能有区别。因此仅仅根据目前所掌握的材料，就将李家沟遗址确定为联结两个时代的重要剖面，填补了从旧石器时代向新石器时代过渡的缺环与空白，甚至与中国原始农业的起源相联系，结论为时过早（《中原文物》5期）。

洛阳市文物考古研究院对河南省栾川县孙家洞旧石器遗址2012年5～9月的发掘材料进行了整理研究。发现古人类人牙化石6颗，分属于一个幼年个体和两个成年个体。石制品较少，原料以石英和脉石英为主，有从围岩里获取的原料，也有从河床上采集到的鹅卵石原料，多为石核和石片。打片技术主要是锤击法，显示了中国旧石器时代早期比较粗犷、原始的一些特点。在发掘区下部，发现有较多河卵石，但未发现人工痕迹。动物化石数量大，种类丰富，包括肿骨大角鹿、葛氏斑鹿、水鹿、牛、羊、马、熊、鬣狗、野猪、豪猪、梅氏犀、貘、食虫类、啮齿类以及鼬科小型动物等，主要为肢骨、牙齿和角等。部分骨骼上有动物咬痕（《中国文物报》1月4日）。

出自栾川县蝙蝠洞的材料也见诸报端。2010年1月和6月，河南省文物考古研究所会同洛阳市文物考古研究院、栾川县文物管理所等单位，组成联合考古调查队，对该洞穴遗址进行了考古调查、清理和试掘，获得古人类牙化石1颗、旧石器时代石制品8件，还发现62种动物化石。石制品类型有石核、石片、刮削器等。与人类化石和石制品伴生的动物群显示其时代为晚更新世早期。蝙蝠洞是河南发现的第一个含古人类化石的洞穴遗址，填补了中原地区未在洞穴中发现古人类的空白。人牙化石解剖结构具有现代人特征，对研究中国古人类演化和现代中国人起源具有一定的学术价值（《华夏考古》3期）。

天津蓟县的旧石器时代考古遗址与材料在本年度多有研究成果的报道。这批遗址于2005年4月由吉林大学边疆考古研究中心与天津市文化遗产保护中心联合调查队发现，次年又进行了复查。北台地点位于河流阶地内，在地表采集到数十件石制品，类型简单，包括石核、石片、断块和工具。原料均为燧石，剥片主要采用锤击法。时代推测为旧石器时代晚期（《中原文物》4期）。小平安地点亦发现于河流阶地内，在土黄色黏土质粉砂层和地表发现石制品31件，包括石核、石片和工具。王春雪等通过对材料的整理和分析，认为古人类选择地点附近的阶地底部的石英砂岩质河卵石为原料，采用硬锤锤击法剥片和加工石器，石制品以小型和微型者居多，石器主要以石片为毛坯，刮削器是主要类型，多是在石片的一侧正向加工而成，总体特点显示中国北方石片工业的面貌。地貌与地层对比初步显示该遗址属旧石器时代晚期（《北方文物》4期）。周庄地点位于一处黄土台地上，在浅黄色粉砂质黏土层和地表发现石制品55件，包括石片、断块和工具。王春雪等对其的研究显示，古人类选择地点附近的阶地底部河卵石为原料进行剥片和加工石器；硬锤锤击法为剥片的主要技术；石制品总体以小型居多；石器主要以石片为毛坯，刮削器是主要类型；石器多由古人类在石片的一侧采用锤击法正向加工而成。石制品特点显示中国北方主工业的文化面貌。地貌与地层对比显示其时代大致属于晚更新世晚期（《边疆考古研究》13辑）。太子陵地点也分布在一处黄土台地上，在浅黄色粉砂质黏土层和地表发现58件石制品，包括石核、石片、断块和石器。王春雪等人的研究揭示，该地点的文化面貌与周庄地点基本一致，时代推测为旧石器时代晚期的偏晚阶段（《人类学学报》1期）。野沟地点位于河流阶地上，在浅黄色粉砂质黏土层和地表发现53件石制品，包括石核、石片、断块和石器。盛立双等人的研究指出：锤击法为主要剥片技术，石制品以小型和中型者居多，石器主要以石片为毛坯，多采用正向加工，刮削器是主要类型，显示一定的细石叶工业面貌（《边疆考古研究》14辑）。

陈全家等人对吉林大学等单位近来在东北开展旧石器考古调查时发现的一些新遗址作了报道。富康东山地点：于2012年4月由吉林大学边疆考古中心与扶余市博物馆在吉林省扶余市社里乡进行旧石器调查时发现，位于富康泡的台地上，共采集石器148件，其中有石核、石片、细石叶、石叶、断块和工具。石料丰富，以玛瑙居多，另有霏细岩、燧石、板岩、硅质泥岩、碧玉、角岩、安山岩、石英岩、硅化木和流纹岩。石片最多，断块次之。石器以微型者为主，包括船底型石核和楔形石核、端刮器、锛形器和钻器，修理技术有硬锤修理、软锤修理和砸击修理，是典型的东北细石器工业类型（《草原文物》2期）。东小陵西山地点：位于辽宁省本溪市沈阳市康平县方家屯镇东小陵镇李家河Ⅲ级侵蚀阶地上，石器分布在黄色耕土层中。共发现包括石核和工具在内的12件石制品。石核以多台面为主，锤击法剥片。工具类型有刮削器、砍砸器、三棱尖状器和手镐。石器原料全部为石英。年代可能为旧石器时代晚期或稍早（《草原文物》2期）。法库五里山地点：吉林大学边疆考古研究中心与沈阳市文物考古研究所于2011年调查时发现，共采集石制品71件，包括石核、石片、断块、工具。石制品原料以燧石为主，另有硅质灰岩、角岩、凝灰岩、石英岩、板岩、硅质岩、碧玉、安山岩、蛋白石、流纹岩等。石核分为锤击石核、砸击石核和细石核。工具有刮削器和尖刃器等，以片状毛坯为主，主要为正向修理。楔形石核与类似拇指盖的圆头刮削器均为东北地区细石叶工艺的代表器物，因此该地点可归入细石叶工业类型，并可能与华北、俄罗斯等周边地区存在密切的文化联系。该地点的石制品均出自Ⅲ级阶地的耕土层中，目前无法作出精准的年代判定（《文物春秋》4期）。牛鼻子地点：位于辽宁省本溪市桓仁满族自治县沙尖子镇。共发现石制品88件，包括石核、石片、断块以及刮削器、砍砸器、尖状器等。原料主要为灰黑色石英砂岩，剥片以锤击法为主，砸击法为辅，一般不修理台面；工具组合以刮削器为主，另有少量砍砸器、石斧和尖头器。文化特征和庙后山遗址早期的石器高度相似（《边疆考古研究》13辑）。香磨南山地点：位于辽宁省本溪满族自治县香磨村南，汤河西岸。采集石制品30件，包括石核、石片、断块和工具。原料种类仅有石英砂岩、角岩和板岩。李霞等根据石器原料、剥片技术和工具类型等方面判断，认为该地点符合以庙后山为代表的大石器工业特征（《边疆考古研究》14辑）。

李意愿等人对福岩洞文化遗存进行了报道。该遗址位于湖南省道县乐福堂乡，1984年10月由中国科学院古脊椎动物与古人类研究所、湖南省文物考古研究所和道县文化局联合组成工作组在考察工作时发现，2011年9～10月间上述几个单位对该洞穴进行了发掘，揭露面积约20平方米，出土5枚古人类牙齿化石和大量哺乳动物化石。人类牙齿总体形态特征与现代人（Homo sapiens）接近，哺乳动物化石中已鉴定出39种（含未定种），其中灭绝种只有巴氏大熊猫、最后鬣狗、剑齿象、巨貘、南方猪等；结合铀系法初步年代测定和动物群面貌判断，古人类活动的年代大致为晚更新世（《人类学学报》2期）。

被研究报道的还有后房遗址。该遗址位于湖北省十堰市郧县青曲镇王家山村，埋藏于汉水左岸二级阶地的黄棕色黏土层中。1994年由中国科学院古脊椎动物与古人类研究所南水北调野外考察队调查发现，2004年做过复查。2010年10～11月，武汉大学、郧县博物馆等单位联合对该遗址进行了抢救性发掘，揭露面积400平方米，出土石制品162件，包括石核、石片、工具、断块、砾石等。原料都是磨圆度高的砾石，以脉石英为主；石制品以中小型为主，大型者数量少；石核、石片、断块数量多，经加工的石器仅占3%左右，包括手镐、砍砸器、手斧。研究者认为石制品生产体系存在石核—石片生产、砾石工具生产两条操作链。遗存的组合特征和埋藏状况显示，该遗址是先民在流动过程中的一个临时停留点或宿营地。根据地貌地层对比推断，遗址形成于中更新世晚期至晚更新世初期，地层里出土的手斧为探讨该器类的演化及东西方古文化关系提供了新的素材（《江汉考古》4 期）。

同样被报道的还有广西壮族自治区百色盆地公篓遗址的石制品。该遗址位于广西百色市田阳县境内，地处右江南岸第四级阶地。最初发现于 20 世纪 80 年代，当时采集石制品 88 件；2010 年又有 14 件标本被采集。石制品类型有石核、石片、砍砸器、手镐、刮削器、手斧和断块，其中砍砸器数量最多；原料应来源于遗址附近的砾石层，包括石英岩、硅质岩、石英、粉砂岩、细砂岩和角砾岩 6 种，以石英岩为主；石制品以大型和中型为主，也有一定数量的小型者；剥片和修理采用锤击法；工具多以砾石为毛坯，往往在砾石一端较平整的部位做单向加工。该遗址采集的手镐多较重，最重者达 5.6 千克，其功能值得研究（《人类学学报》1 期）。

刘扬对鄂尔多斯乌兰木伦遗址 2012 年度出土的一件所谓“带铤石镞”进行观察，认为它与非洲北部阿特林文化的带铤石镞非常相似。研究者据此对其起源和传播路线做了推测，认为与现代人起源与扩散的非洲模式北线吻合（《中国文物报》11 月 8 日）。由于该遗址出土的该类标本数量稀少且不典型，很难与其他地区的相关材料做远距离对比并建立有实质意义的链接，上述推测尚需找到更多的证据支持。

（二）区域性材料整理与分析

以往对一些区域的调查或发掘所获取的材料在 2013 年度经过整理、研究并得以公布，为分析区域性文化内涵提供了重要资料。

王社江等人对 2009～2012 年在汉水上游的汉中盆地梁山周围新发现的何家梁和窑厂湾两处地点进行了报道。两处地点分别位于汉江右岸第二级阶地和第三级阶地，共采集石制品 252 件（何家梁 229 件，窑厂湾 23 件），原料来自于河流堆积物中的石英、火山岩、石英岩、硅质灰岩和砂岩等砾石，采取硬锤直接打击法和砸击法剥片。石制品包含石锤、石核、石片、修理的工具和断块。工具以砍砸器、石球、重型刮削器、手斧和手镐等重型器物为主。汉中盆地内以龙岗寺等地点为代表的旧石器地点群体现出阿舍利工业体系的鲜明特色。通过回授光释光（TT-OSL）测年新方法、结合古地磁测试和与黄土高原标准黄土序列的对比分析，所得到的结果表明，地处中国南北自然地理分界线上的汉中盆地的古人类活动最晚在 60 万年前就已开始，距今七八万年左右是古人类活动最为繁盛的一个阶段。这是在坚实的年代学基础上，对汉中盆地旧石器工业所反映的技术演化和人类行为的新认识，对建立中更新世以来秦岭山区的旧石器文化序列，理解中国南北方旧石器工业的发展演化轨迹，以及进行东西方旧石器工业技术的比较研究，具有重要的参考价值（《人类学学报》2 期）。

王社江等人还对 2010～2012 年在丹江上游的商丹盆地（商洛—丹凤盆地）第三级阶地顶部的黄土堆积地层中新发现的 9 处旧石器时代旷野遗址进行了综合分析和报道。此次调查共采集石制品 211 件，部分石制品直接采自黄土地层剖面上。加工石制品的原料来自于丹江河床的石英质砾石，其次是石英岩和石英砂岩砾石，砂岩、火山岩和硅质灰岩等砾石原料偶尔被使用。早期人类主要采取锤击法直接剥片，砸击法剥片技术也被使用，碰砧法剥片可能只是在偶尔的情况下才被采用。石核和石片以自然砾石台面者居多。石制品种类有石锤、石核、石片、工具和断块及碎片屑。工具中砍砸器数量最多，其次是以大型石片为毛坯加工而成的重型刮削器与小型刮削器，石器中还有一定数量的石球、手斧和手镐，文化面貌与下游丹江口库区、洛南盆地、汉中盆地、秦岭北麓的蓝田地区以及百色盆地类似，可视为含阿舍利器物组合的石器工业。根据遗址的黄土—古土壤地层序列，初步判断商丹盆地内丹江第三级阶地上埋藏石制品的黄土—古土壤地层时代为中更新世中晚期，石制品年代可能处于旧石器时代早期偏晚阶段。商丹盆地的新发现有助于我们更好地认识整个秦岭地区旧石器工业的面貌（《人类学学报》4 期）。

张改科等人对发现于黔北地区的 8 处旧石器遗址进行了初步研究，认为这些旧石器时代遗存可以分为两期，分属于旧石器时代中期和晚期，每期遗存又可细分为前、后两个发展阶段。旧石器时代中期前段遗存以桐梓岩灰洞遗址为代表，地质时代为中更新世晚期，是截至 2013 年本地区已发现的时代最早的旧石器时代遗存，和贵州境内属于中更新晚期的黔西观音洞、盘县大洞文化面貌有所不同；旧石器时代中期后段遗存以桐梓马鞍山遗址下文化层为代表，地质时代为晚更新世早期后段，文化面貌与岩灰洞遗址具有一脉相承的特点，并且有所创新和发展，砸击技术已经出现；旧石器时代晚期前段遗存以桐梓马鞍山南洞遗址、马鞍山遗址上文化层为代表，地质时代属于晚更新世晚期，绝对年代在距今 5 万 ~1.5 万年前后，文化面貌与中期后段的马鞍山遗址下文化层具有较为明显的传承性，与此同时磨制骨器和锐棱砸击法等新的文化因素开始出现；旧石器时代晚期后段遗存以遵义风帽山遗址、习水渔溪洞遗址为代表，文化持续进步，石器制作趋于精细，绝对年代在距今 1.5 万 ~1 万年前后。至迟在旧石器时代晚期，黔北地区已经形成了一个较为独立的区域性文化传统，许多特征很少见于黔西北、黔西南、黔中、黔东地区。该传统以马鞍山遗址上文化层为代表，可命名为“马鞍山上层文化”（《四川文物》3 期）。

三　专题研究与理论阐述

（一）专题研究

骨器及动物考古学研究：曲彤丽等人介绍了德国旧石器时代晚期的骨角器及相关研究，透过原材料—动物资源的开发利用、开料或取坯技术、整形加工方法，展示中、西欧旧石器时代晚期骨角器工业和人类行为特点，并对东西方骨角器及其制作进行了对比：在欧洲楔/劈裂、刻槽—沟裂和楔裂技术被认为是开料取坯的关键方法，后两者在中国尚未在考古材料中被发现，迄今的实验和对少数考古资料的分析显示，中国先民主要采用切锯、劈或砍砸骨料的方法取坯；雕刻器、端刮器和尖状器被认为是西欧制作骨角器的主要工具，而中国旧石器晚期较早阶段出土骨角器的遗址中大多伴出石片工具，加工骨角器可能主要用石片或石片工具，旧石器时代晚期较晚阶段出现了细石叶工业，但这时期的多数骨角器仍与简单的石核—石片工业共存，少数与细石器工业共存。研究者同时指出，未来应结合遗址中动物遗存分析以及实验和微痕观察的方法，对中国及东亚地区骨角器工业进行系统的研究，从而更好地认识区域环境中人类行为和文化发展的特点（《人类学学报》2 期）。

吉林桦甸仙人洞遗址的上、下文化层出土了大量动物化石，陈全家等人通过动物化石的分布状况、出土状态分析，复原了上、下文化层沉积时期古人类的狩猎和处置猎物的行为，认为远古人类生计方式以狩猎为主，捕获的动物以各种食草类动物为主，如獐、鹿、葛氏斑鹿、东北麅、马鹿、岩羊、牛等，同时也有一些肉类动物如洞熊等。晚期比早期对猎物资源开发得更彻底。另外，从洞穴内大量碎骨片和石制品来看，该洞穴可能为临时的营地或者屠宰场。通过对动物群组成、年代和孢粉分析的综合研究，指出该遗址所处环境经历了剧烈的变化，从第 1 层到第 4 层，气候经历了寒冷干燥、寒冷湿润、气候变暖、趋向寒冷的变化。总体处于寒冷干燥的气候环境中，植被以草原为主，伴有稀疏森林。古人类对该洞穴的利用开始于第 2 层，从第 2 层到第 4 层，遗物在地层上连续分布，说明古人类在不断利用该洞穴（《人类学学报》1 期）。

热处理技术：热处理技术作为旧石器时代古人类改良石料性能、提高石器制作工艺水平的技能，一直受到国际学术界的重视，在已经开展的 40 余年工作中积累了丰硕的研究成果。由于中国旧石器时代石料的特点及热处理研究的某些技术手段落后，此项研究在中国一直处于空白状态。高星所率领的旧石器考古团队对此开展探索性研究，在水洞沟遗址取得突破。周振宇等人详细介绍了旧石器时代热处理技术的原理与工艺及相关研究手段，特别是针对热处理技术的实验研究，所取得的初步成果预示着石制品热处理研究会在中国旧石器考古学研究中发挥重要作用（《人类学学报》1 期）。

在具体运用到宁夏水洞沟遗址出土的石制品的研究上，经观测、分析和模拟实验对比，周振宇等人发现该遗址第 2 和第 12 号地点部分石制品经过热处理，用以提高原料的利用率及打制性能。两个地点对石料均有较强的选择性，都以白云岩和燧石类为主；两个地点的热处理技术均较成熟，均未发现过度加热现象，这表明当时人群了解热处理的适宜温度，并能够控制火膛温度；第 12（比第 2 地点晚约 2 万年）所发现的热处理石制品似乎反映了更为成熟的热处理技术，主要表现在古人类对用于热处理石料的选择性更强，玉髓的比例与其他材料相比更高。对古人类而言，热处理是一项复杂的技术，它要求生产者在石器制作过程中有预先的设计，并对不同石料的性能特点有足够的了解，从而对其热处理，改变原料特性而最终完成石器制作。同时，热处理还要求生产者能够熟练使用火，并控制火膛温度。热处理是人类在原料认知、石器制作、熟练用火等能力均达到一定程度的产物，反映了人类较为进步的资源利用能力和石器制作能力，可以将其视为现代人行为特征之一。最早的热处理行为发现于南非的 PinnaclePoint 遗址，除非洲外，欧洲也发现数量较多的距今 10 万 ~3 万年左右的热处理石制品。旧石器时代晚期，热处理技术广泛分布于世界各地，非洲、欧洲、美洲、大洋洲、西亚、中亚、南亚均发现热处理石制品。水洞沟是东亚地区首次发现存在热处理行为的遗址，不仅填补了区域内热处理研究的空白，也为热处理技术传播模式研究提供了新的材料，为我们追溯和解读现代人行为提供了新的视角与材料（《科学通报》58 期）。

石器功能与实验研究：石片是石制品的重要组成部分，卫奇、裴树文认为石片的分类须遵循逻辑划分，研究应规范化、系统化和简单化。按照台面和背面特征划分石片类型越来越趋向共识。石片台面由其背面缘和破裂面缘构成，是由直线、折线和弧线相互组成的几何图形，它的形状反映剥片思维的逻辑构想。依据单疤、双疤、多疤组合和单向、双向、多向组合观察石片背面有助于对剥片流程的分析。从背面观测石片的长度和划分左右较为合理，参照人的手掌和手指判定石片大小和依据黄金分割律确认石片的形态应该更具科学性。石片除了制作食物外，更多功效值得探索，如敬奉首领、示爱异性、切割头发胡须、挠痒和清理排泄物等（《人类学学报》4 期）。

利手行为是人类演化历史上逐步发展出的独特现象，旧石器时代的许多器物都应该对此有所体现，问题是如何辨识和提取这方面的信息。袁俊杰依据神经生物学和实验考古学的方法对广西百色盆地高岭坡遗址的石制品进行了这方面的专题分析，认为生活在高岭坡遗址的旧石器时代早期人群尚不存在明显的利手偏好的（《华夏考古》1期）。

石制品上细微的使用破损或磨擦痕迹（微痕）是进行石器功能研究、了解史前人类行为模式的重要考古证据之一。陈虹、张晓凌、沈辰在以往实验研究的基础上，设计并开展多阶段燧石制品"刮骨"微痕实验，分阶段详细、直观地记录石制品刃缘使用微痕的最初形成与发展动态。实验研究表明，"刮骨"使用微痕迹随着使用时间长度的递增发生复杂的动态变化，使用微痕的发展与使用时间之间并非简单的正函数关系。片疤破损在开始的一段时间内呈连续发生状态，随后停止发展，这是确认石制品是否经过使用的良好指示。磨圆表现出由少到多、由弱及强的逐渐发育过程，可以反映石制品的使用时间和强度，也是判断使用微痕的重要参考依据。使用微痕的形成和发展的动态过程是从考古标本上无法直观获得的信息，多阶段的实验和图像处理，是了解使用微痕发展轨迹的有效手段，也是解释其发生机制的途径之一。考古标本上的微痕远比想象的更为复杂，分阶段实验及其结果将为我们提供微痕形成全过程的参照数据与图像，因此，本实验有助于观察者在实际分析中辨认出处于不同使用程度或使用阶段的微痕，特别是减少对不明显微痕的误读或遗漏。作为微痕研究的新方向和新尝试，本实验也为了解石制品的多功能使用痕迹提供了新的思路（《人类学学报》1期）。

石料产地分析：刘爽等人利用便携式 X 射线荧光分析仪对吉林省和龙大洞旧石器遗址开展石制品产地研究，对该遗址出土的黑曜岩石制品进行判源元素特征分析，获得了该遗址的判源元素特征组成规律，即 Zr/Sr、Rb/Sr 值在 11～25 的 B 组样品占绝大多数，其他三组所占比例较少，这为分析其他遗址中黑曜岩制品的产源判断提供了借鉴（《边疆考古研究》13 辑）。

工艺品、装饰品研究：彭菲等人报道了水洞沟遗址第 1 地点发现的一件带有刻划痕迹的石制品。该石制品出土于该地点 1980 年发掘的下文化层，这是中国旧石器时代遗址中首次发现带有刻划痕迹的非有机质遗物。2012 年 9 月 17 日，《科学通报》第 57 卷 26 期以封面文章形式刊登了该项研究成果。研究人员应用数字显微镜建立了这些画痕的三维数字模型以进行观测与对比。在排除了自然原因、踩踏、动物啃咬和人类无意识行为等多种因素后，确认这一刻划痕迹是古人类有意识所为，并推测这些刻划痕迹可能表明了计数等象征行为。这一证据说明旧石器时代晚期东北亚地区古人类具有相当的认知能力，也证明了旧石器时代晚期现代行为在这一地区的出现（《化石》1期）。

柿子滩遗址分布于山西吉县清水河流域，是中国发现距今 1 万～2.5 万年间分布较广、保存较完整的一处旧石器时代晚期遗址。该遗址出土的装饰品材质有三种，分别为蚌壳质、鸵鸟蛋壳质和骨质。宋艳花等人对其穿孔饰品的穿系方式研究发现四种基本类型，即单绳单孔、单绳双孔、双绳单孔和多绳单孔。饰品在柿子滩遗址中是以较为成熟的状态出现的，在最早期的地层中便出现多种材质和多种类型饰品的多种穿系方式组合。该项研究是一次有益的尝试，揭示出史前饰品的类型组合和工艺过程，在一定程度上填补了中国此方面的研究空白（《中原文物》1期）。

（二）理论阐释

对中国旧石器时代文化的特殊性及其成因和寓意的归纳与阐释一直是旧石器时代考古学界关注的重点领域。高星对中国旧石器时代早期的文化特点做了系统性的总结，归纳出几个核心特点：在技术与组合方面的缓慢发展变化；主要使用宜获取的本地原料，原料特点为量丰质劣；剥片因地制宜地采用多种方法，主要为硬锤锤击法，一般不对石核做预制修整，规范性差，所产生的石片变异大；石器加工多简单随意，对原坯的改造程度浅，类型间的分化不显著，成品的规范化程度不高；南北方出现分异，南方的主体是大型砾石工具，北方主要为小型石片工具。高星对国外学者围绕中国乃至东亚旧石器时代文化的独特性所提出的诸如“文化边缘论”“竹器主角论”“原料决定论”“热带丛林过滤说”等假说做了介绍评述，并推出新解“综合行为模式”，指出中国乃至东亚古人类于更新世的大部分时期内在生物进化与行为演化上具有连续性、稳定性、高频迁徙性、务实简便性、灵活机动性、因地制宜性和与环境的和谐性，在文化发展方面表现为保持传统与进取创新相交织。这样的推理和阐释可以引发更深入的研究和思考：其一，如果“综合行为模式”的主体特征成立，那它表明这里的古人类具有独特的生存方式和聪明才智。他们的生存之道是适合区域环境、成功有效的，那套被后人诟病的“简单”工具是适用的，能够满足人们生产生活的需要。其二，如果要在东西方远古人群之间硬做比较，表层上东方的石器不如西方的规范、精致，技术也不精湛，但东方古人在受到劣质材料制约的情况下仍能制作出适宜的工具以获得生存的资源，照样成功的生存繁衍下来，他们所要克服的困难更大，更需要高明智慧的应对方略。其三，机动灵活的生存策略增强了先民在变化波动的气候环境下的生存竞争力和适应能力，用变更环境、获取新资源的手段来弥补工具和技术的不足，从而不必强迫自己在技术和文化上做重大适应性改进和调整以便开发利用难以得到的资源，避免把一个地方的资源开发到极致从而导致生态灾难，也因此导致石器技术无法得到显著的进步和发展，变革和创新的压力或动力不足。其四，生活于华夏大地的主体古人群保持连续、稳定的发展与演化，从未发生过中断和替代，这对中国现代人类演化自本土古人群的理论——“连续进化附带杂交”提供了考古学和文化上的支持（《现代人类学》54 卷 8 期）。

仪明洁等人对西方考古学对狩猎采集觅食模式的应用历史加以回顾和评论，并尝试在中国的考古实践中加以应用。狩猎采集觅食模式是 20 世纪 70 年代以来在西方考古学中发展起来的理论分析方法，它是基于民族学、考古学、生态学等学科综合分析的理论模型，通过调查分析现生的狩猎采集群体如何改进生产技术和社会组织形态等策略、应对生存环境压力、合理并有效利用生态资源，实现适应生存，从中总结规律并验证其合理性，最终以之分析考古学材料，结合古环境、古生态等手段，复原古人类生存方略，为旧石器时代人类生存策略的重建提供了新的视角。该方法通过借助民族学资料及模拟研究，结合考古学、古环境学、古生态学的研究数据，对石器加工技术、人类行为、社会组织结构等进行模拟与重现。仪明洁等人系统介绍了 K－/r－选择资源概念、最佳觅食模式（The optimal foraging model）等狩猎采集觅食模式中应用比较广泛的几个模式。此外，针对狩猎采集觅食模式在实际运用中的问题，研究者指出狩猎采集觅食理论的目的是将考古数据与“理想分析”对比，在理想化的假设前提下，将考古分析简单化、可操作化，运用统计数据、图表分析等对比民族学与考古发掘中获得的材料，一目了然地验证史前人类是否有这种理想化的倾向，为史前研究提供参考性的解释，模拟狩猎采集者的行为不是指机械地对民族学现象进行复制，而是模拟在模型设定的目标和条件下，狩猎采集者在特定条件下的真实性，若考古材料与模型的期望值相偏离，意味着需要发现未知的因素，指导下一步的研究方向，在考古学检验中将理论逐渐完善，而非教条式地在考古学运用中套用。阐释考古学现象时，觅食理论与环境信息、劳动分工、社会组织形式、经济形式等多变量的结合势在必行（《人类学学报》2期）。

四 古人类化石发现与研究

中国同国际学术界一样，古人类学的研究聚焦在现代人起源与演化这一重大科学问题上。古遗传学过去十年的发展表明，所谓的现代人在智人演化过程中并没有一个系统发育学意义上的起源，因此，解剖学、行为学和遗传学方面的现代性并不是一个相同且单一事件的结果。Milford H. Wolpoff and Rachel Caspari 研究了东亚解剖学、行为学和遗传学方面的证据，得出结论：现代性在每个方面都可以被理解为多地区进化过程的一个片段，而不是一个整体。三个方面的现代性在某种程度上是相互独立的，而且各自都是在不同的时间发展出来，直到晚更新世的人口变化才使三者相互关联起来；人类存活率的提高和不断扩张改变了人类的进化行程。现代性描述的是在人类生存的世界里近代和现存的人类，而不是对一个系统发育史（一种新的、现代人种的出现）产物的认识，表达了一种关于现代人含义更微妙的观点。现代性包含解剖学、行为学和遗传学方面，这些侧面引发了生物、社会和遗传上的变化，并通过加速人口结构的转变相互关联，这种转变促成了近代与现存人口的分化。现代性存在于不断变化的、以增长的成年人生存率为标志的历史格局中，是一个持续的过程，反映了历史变异和基因流以及新适应基因在选择压力下扩散的人类进化样式。上述这些过程在不同地点和不同时间点仍然以真正多地区的方式继续出现，现代性的起源并不是单一的。东亚现代人的起源可以反映整个世界的格局，但本身又具有很大的独特性。东亚的历史和人类在此居住的独特细节既包括长久以来本土人群演化的根基，也有循环的冰期所强加在他们身上的适应特征，因而，外源的适应压力和内源的基因流控制都在起作用。在此过程中，古老型人类的基因贡献不可被磨灭。本地区占主导的解剖特征在更新世的东亚有着和其他地区主导性特征一样长的历史，而且全世界共有的进化改变发生在东亚的时间并不比其他地区晚。然而，东亚最显著的进化事件并非发生在更新世而是全新世。正如世界的其他地区，这是由于通过驯养动物和农业对食物资源的控制，对解剖学、行为学和遗传学上的现代性产生了强烈而显著的影响，这种影响现在仍在持续。今天所有的人类群体都是现代的。根据他们的现代性，东亚人群与世界范围内的其他人群同时到达了同一个现代性“终点”。这并没有任何神秘之处，因为“终点”并不是系统发育实体的出现或是人类的一个“种类”，也不是一种特别的人类潜能；相反地，现代性可以用我们共同经历的旅程的目前状态，以及表现出现代性的过程来定义（《人类学学报》4期）。

兴起于20世纪80年代的现代人起源研究与争论在近10年来呈现出一些新的趋势或特点，主要体现在对现代人起源与演化细节过程的关注。这些新的关注点涉及早期现代人的出现与扩散、中更新世晚期——晚更新世早期人类化石特征变异及演化，以及早期现代人出现与演化过程中的健康与生存适应活动三个方面。围绕这些问题，中国古人类学界开展了相关研究并获得了一些新的发现和认识。刘武对近10年来早期现代人在中国出现与演化领域的研究进行了回顾，并对相关问题进行了讨论。他认为进入21世纪以来，现代人起源仍然占据中国古人类学研究的重要位置。在这一领域的研究中，关注早期现代人的出现与演化成为一个新的趋势。近年对田园洞、黄龙洞、智人洞早期现代人，以及其他人类化石特征的研究显示至少在一定时间段内存在区域性连续进化，来自其他地区的早期现代人的简单替代不大可能。早期现代人在东亚大陆的分布和扩散过程还不清楚。对于这一过程中可能存在的东西方基因交流在化石上的证据还需要进一步的研究论证。提高对古人类化石年代测定的准确性，建立可靠的年代框架将是研究阐明现代人在中国出现与演化过程的关键。古人类化石上保留的各种病理、创伤、生长发育异常，以及一些生存适应活动的证据，对于包括现代人起源在内的人类演化研究是一个重要的信息补充，将在未来早期现代人在中国出现与演化研究中发挥重要的作用。在近10年来的研究中，新的研究方法和手段（包括高清晰度传统CT、三维激光扫描、几何形态测量、数字图像分析等）在提取化石中蕴藏的各种信息方面发挥了不可替代的作用（《人类学学报》3期）。

步氏巨猿（Gigantopithecus blacki）是更新世时期生活于中国华南地区的一种超大型猿类，它的体态特征和演化分类备受关注。牙齿釉质厚度在探讨灵长类食性、环境适应以及系统演化方面具有重要意义。张立召等人利用显微CT技术构建18颗巨猿臼齿虚拟模型，测量其釉质厚度，将巨猿釉质厚度与现代人、现生类人猿、古人类、中新世古猿及其他现生灵长类进行比较，从牙齿釉质厚度探讨巨猿的食性适应和系统演化问题，得到以下认识：巨猿的平均釉质厚度是目前所有已知现生和化石灵长类中最厚的，只有傍人、南非早期人属及奥兰诺古猿三种化石灵长类与之接近；在相对釉质厚度方面，巨猿属于“厚”釉质类型，但低于奥兰诺古猿、傍人、南非早期人属，与某些中新世古猿（如原康修尔猿尼安萨种、非洲古猿）、南方古猿、东非早期人属、亚洲直立人以及现代人、现生卷尾猴的相对釉质厚度指数相近；巨猿的厚釉质与食性适应密切相关，具有非常强的抗磨损功能，足以长时间大量咀嚼和研磨食物。从釉质厚度角度，推测厚釉质可能是人类祖先的特征性状，巨猿有可能是人类系统演化过程中的一个特化旁支，但也不排除巨猿是从某种具有厚釉质的中新世古猿旁支平行演化而来的可能性，与古人类具备了相似的厚釉质特征（《人类学学报》3期）。

范小筱等人对一颗新发现的安徽和县直立人臼齿的尺寸、形态特征、齿冠外轮廓形状和齿尖排列样式进行了观测，并与世界范围内相关古人类标本进行了对比。结果发现，新发现的和县直立人上第3前臼齿齿冠尺寸较大，同一地点还发现了另外一颗尺寸较大的上第3前臼齿，两颗牙齿基本是目前发现的中国直立人和早期智人标本中齿冠尺寸最大的，显示其较为原始的一面。在齿冠外轮廓形状和齿尖排列样式上，新发现的和县直立人标本表现出与世界各地其他直立人的一致性，但齿冠颊侧面显著发育的近中纵向沟将这颗牙齿归入到了亚洲直立人的变异范围内，与非洲和德马尼西直立人有区别。中国直立人上第3前臼齿在齿冠尺寸、横脊发育与否、颊侧面近远中纵向沟发育程度、齿根数目、齿冠外轮廓形状和齿尖排列样式这些在人类演化过程中具有明显演化变化趋势的特征上表现出较大的变异，和县这颗牙齿处于中国直立人总体变异范围内较原始的一侧。与周口店直立人相比，新发现的和县直立人标本和同一地点发现的另一颗上第3前臼齿部分形态特征较原始，这与和县人头骨形态特征相对周口店直立人进步的趋势相反。新发现的这颗牙齿及其他和县直立人化石对探讨东亚地区直立人的起源和地区性差异具有重要意义（《人类学学报》3期）。

2009年11月4日，云南省文物考古研究所组织的科考队在云南省昭通市昭通区太平办事处水塘坝砖厂的采煤坑新发现一具古猿头骨。古猿头骨面部基本完整、保存状况佳，仅有微小变形，属于幼年个体。经测定其年代为距今620万至610万年间的晚中新世末期，是云南古猿中时代最年轻的代表，也是欧亚大陆其他地区古猿都已灭绝后残存的代表。该项研究成果于2013年8月在《科学通报》（英文版）发表。研究成果表明：云南及周边地区可能是晚新生代古猿演化的“避难所”，新发现的距今600万年前古猿头骨是欧亚大陆最晚的中新世古猿，对探索最早直立行走的人类的起源具有一定的意义（《中国文物报》9月6日）。

对北京周口店附近的田园洞出土的人骨化石的研究又有新的突破。由德国莱比锡马普学会进化人类学研究所和中国科学院古脊椎动物与古人类研究所相关专家组成的团队从田园洞人的腿骨中提取到细胞核和线粒体DNA，并对其进行测序，结果显示，生活在4万年前的田园洞人与当代亚洲人的祖先和美洲土著人的祖先有着共同的起源，此外，尼安德特人和丹尼索瓦人的DNA在这个早期现代人身上所占的比例低于当今生活在这一地区的人们。这一发现，从分子生物学的角度找到现生蒙古人种最近的一个祖先群体，进一步丰富了对欧亚大陆早期现代人类起源与演化的认识（《中国文物报》1月30日）。

吴秀杰对广西崇左智人洞2007～2008年发现的3件智人化石标本进行了龋病及牙槽骨异常研究。智人Ⅰ号为下颌右侧第3臼齿伴有部分下颌骨，智人Ⅱ号为游离的下颌右侧第2或第3臼齿，智人Ⅲ号为下颌骨中间部分残段。釉系测年结果为距今10万年左右，是目前东亚地区最古老的早期现代人。这3件化石标本显示出一系列的病理及异常现象：智人Ⅰ号牙齿齿根大部分暴露，牙槽骨萎缩，个体生前患有严重的牙周炎；智人Ⅱ号牙齿龋病严重并伴随齿根部大区域凸起的白色钙化状的牙骨质增生，个体生前可能患有严重的牙周组织炎症；智人Ⅲ号下颌骨牙列拥挤，双侧中门齿扭转，双侧前臼齿对称性出现根尖周炎症状，可能是个体生前双侧前臼齿具有畸形中央尖，突出的牙尖折断后牙髓感染，导致根尖部牙槽腔扩大。更新世古人类出现龋病的情况非常罕见，智人洞发现的人类龋齿是目前中国乃至东亚地区报道的最早病例。智人Ⅲ号下颌显示的牙列拥挤与牙齿扭转对于探讨人类咀嚼器官的退行性演化有重要参考价值。智人洞人类化石出现的牙龋齿、牙周疾病、畸形中央尖和牙列拥挤等异常，为探讨当时人类的身体健康情况、追溯口腔疾病的演化历史及成因提供了重要的参考资料（《人类学学报》3期）。

五　古环境与年代学研究

旧石器时代环境考古学以研究旧石器时代人类与环境的相互作用关系为目标，随着材料积累、科学技术进步和研究方法发展，中国北方旧石器时代环境考古学研究在最近30年发展显著。张东菊和陈发虎从古人类对地质资源、石料资源和动植物资源的开发、利用策略角度回顾了相关研究成果，综述了古人类对环境变化事件的响应和行为适应特征，并分别从迁移适应和技术适应两个方面进行了讨论，指出旧石器时代环境考古学的发展需要考古学家与古环境研究学者密切合作（《海洋地质与第四纪地质》4期）。

王波等人报道了北京凤凰山化石地点，该地点位于周口店北京猿人遗址以北8千米处，是一处含哺乳动物化石与灰烬的洞穴—裂隙堆积，2005年发现，次年由北京自然博物馆古生物研究室发掘，历时近1个月，共清理出哺乳动物化石1000多件。该地点包括两个化石层，上层为洞外的冲积物，由棕红色黏土组成，靠下部发现有零星的、破碎的化石，可鉴定出似鸡骨山狐和羚羊两种类型；下层含有灰烬层，出土了较为丰富的哺乳动物化石，可鉴定的哺乳动物化石包括鬣狗、三门马、犀、李氏野猪、肿骨大角鹿、葛氏斑鹿、水牛，共7种。动物群与周口店第1地点和南京人化石地点的动物群相似，指示该地点化石层的时代可能为中更新世，反映了森林—草原的生态环境。该遗址未发现任何石制品，虽然发现多处灰烬堆积，但由于尚未进行系统研究，还未确认是人工还是自然造成；动物骨骼表面虽偶见类似敲骨取髓的痕迹，但也不排除是食肉类动物啃咬造成，因此凤凰山化石地点性质的确认还需进行大量的系统研究工作。由于凤凰山化石地点与周口店第1地点近在咫尺，时代相当，对进一步探讨北京直立人的生活环境和活动范围有一定价值（《人类学学报》4期）。

程新民等人对辽宁本溪地区旧石器时代遗址开展了人地关系研究。本溪满族自治县的太子河流域共发现12处旧石器遗址，在桓仁满族自治县的浑江流域共发现7处旧石器遗址（地点），这19处遗址（地点）除后庙山外均分布在河流两岸的阶地上。本溪地区石灰岩分布非常广，岩溶地貌发育，全区有大小洞穴近200处，只有庙后山一处属洞穴遗址，说明当时的古人类为了生活方便并没有选择洞穴，特别是旧石器时代晚期一处洞穴遗址也没有；本溪地区素有“地质摇篮之称”，因为这里地层发育齐全，岩石种类众多，特别是易于加工成石器原料，例如石英岩、石英砂岩、流纹岩、凝灰岩、闪长岩、角岩、片麻岩和石英等分布非常广泛。加上山区河流流速快、水量大，常能搬动较大石块，并磨圆较大的河流砾石，为加工成大石片工业类型奠定了物质基础；本溪满族自治县和桓仁满族自治县分属于太子河流域和浑江流域，在老秃顶子一带形成了高山分水岭，形成太子河流域的大石片工业类型和浑江的以石叶工业类型为代表的两套工业系统（《边疆考古研究》14辑）。当然，这样的研究尚需细化，需要结合古人类生存时期的洞穴发育、出露情况及资源的可获性加以详细的分析。

李开封等人根据对贵州230处旧石器时代至商周时期遗址的时空变化分析，发现贵州旧石器时代遗址集中分布在中部、西北部和黔西南等喀斯特发育的高海拔区域。至新石器时代，遗址仍集中分布在中部、西北部和黔西南地区，但南部、东部等沿河地带和中西部的山间坝子开始有遗址分布。到商周时期，遗址主要分布在沿河地带和山间坝子里。其中，东部和南部海拔低于1000米的地区遗址多分布在沿河地带，而西部和北部海拔高于1000米的地区遗址则分布在山间坝子。贵州位于亚热带湿润气候区，气候环境的冷暖干湿波动对从事渔猎、采集及原始农业生产的古人类影响不大，人类居住空间变化更多与贵州特殊的自然地理背景有关，特别是喀斯特地貌发育及适宜农业生产地方的空间差异，对贵州旧石器时代至商周时期的遗址分布影响显著。旧石器时代人类以采集和渔猎为生，临近水源的天然溶洞是人类居住的首选。随农业的出现和发展，便于农耕的沿河地带和山间坝子成为人类的生活居住地。故新石器时代，贵州先民居住呈现洞穴和河流阶地或山间坝子并存；至商周时期，农业成为人类的主要经济生产方式，人类主要居住在沿河地带和山间坝子里（《地理学报》1期）。

天津旧石器考古研究在年代学上取得了一定进展。据盛立双报道，2014年8月，美国贝塔放射性碳测年实验室（Beta Analytic Inc.）对取自天津蓟县东营坊遗址发掘区地层内的动物骨骼样本采用加速器质谱^{14}C测年法进行了分析检测，测定结果超过距今43500年。这一测年结果，天津市域内的人文史可提早到距今4万多年以前，对后续学术研究和探寻天津市文化遗存有标尺意义。东营坊遗址于2005年发现，2007年由中国科学院古脊椎动物与古人类研究所和天津市文化遗产保护中心组成的联合队进行了正式发掘，发掘面积为200平方米，出土石制品90余件，属于北方旧石器主工业类型，对研究晚更新世末期华北地区人类活动与交流具有重要价值（《中国文物报》11 月 27 日）。

粟静舒等人探讨了垩质年轮法在确定动物死亡年龄和死亡季节问题上的重要作用和优势。牙齿垩质切片研究表明，垩质的沉积与树木年轮的生长相似，具有较强的季节规律性和终生生长的特点，可被用于推断动物死亡的年龄与季节。文章介绍了垩质年轮法原理、实验步骤及其在旧石器时代考古学研究中的应用实例，并对该方法在国内遗址相关研究中的应用前景做出展望（《人类学学报》2 期）。

李锋等人对 2009 年发掘的甘肃徐家城遗址的年代进行了分析。该遗址位于水洛河二级阶地上覆的马兰黄土中，出土遗物 6000 余件，文化堆积可分为 4 层。研究者选取动物化石采用加速器质谱 ^{14}C 测年技术测定遗址的年龄，全部加速器质谱 ^{14}C 测年样品由北京大学加速器质谱实验室进行测定，并采用 IntCal09 校正曲线对年龄数据进行校正，同时利用磁化率指标所记录的气候事件对比相关遗址剖面的测年数据，从而加强年龄数据的可信性。加速器质谱 ^{14}C 测年及气候事件对比相结合的综合年代研究显示，该遗址主要文化层时代集中在距今 4.6 万～2.3 万年间，属于晚更新世晚期。遗址所在的陇西盆地发现近 50 处晚更新世旧石器遗址，测年、黄土地层学等的综合年代学研究利于建立该地区晚更新世可信的年代学框架，为我们进一步讨论该地区晚更新世人类生存演化、人类行为与环境变化的互动等重要学术问题提供了基础（《人类学学报》2 期）。

新石器时代考古

韩建业　李晓杨

2013 年发表的有关新石器时代的考古报告（简报）和论文等约 350 篇，出版的以新石器时代遗存为主体的田野考古报告有《安乡汤家岗》（科学出版社）、《梁王城遗址发掘报告·史前卷》（文物出版社）、《蚌埠禹会村》（科学出版社）、《傅家山：新石器时代遗址发掘报告》（科学出版社）、《宜昌杨家湾》（科学出版社）、《阳新大路铺》（文物出版社）、《河南民权牛牧岗与豫东考古》（科学出版社）、《白河流域史前遗址调查报告》（文物出版社）、《英德牛栏洞遗址——稻作起源与环境综合研究》（科学出版社）等 9 部。还出版了《昂昂溪考古文集》（科学出版社）、《河姆渡文化国际学术论坛论文集》（中国时代经济出版社）、《红山文化学术研讨会论文集》（辽宁人民出版社）等论文集。

2013 年召开了"龙游荷花山遗址暨钱塘江早期新石器时代文化学术研讨会""纪念贾湖遗址发掘 30 周年暨贾湖文化国际研讨会""纪念半坡遗址发现 60 周年暨石兴邦先生 90 华诞国际学术研讨会""彩陶中国——纪念庙底沟遗址发现 60 周年暨首届中国史前彩陶学术研讨会""第八届中国·赤峰红山文化国际学术研讨会""哈民遗址现场学术研讨会""常州新岗遗址学术研讨会""禹会村遗址与淮河流域文明研讨会""中华文明探源工程石峁遗址研讨会""2013 郑州中华之源与嵩山文明研究会年会暨嵩山文明与早期中国学术研讨会""澳门史前黑沙遗址国际会议""文化交流与社会变迁——东北亚新石器时代至青铜时代考古国际学术研讨会""考古与天文——纪念陶寺观象台考古发现 10 周年学术研讨会""农业起源与传播暨中国植物考古学新进展国际学术研讨会"等十余次学术会议。总体来看，传统的文化谱系研究日趋减少，多学科背景下的专题性研究发展势头迅猛，关于中国文明起源与形成的研究热潮依然继续。

一　考古发现和文化谱系研究

（一）新石器时代早期

东北和中原地区：吉林白城双塔遗址 2007 年的发掘资料可分为三期。其中第一期的新石器时代早期遗存属于新发现，测年数据在公元前 8000 年前后。包括灰坑 6 座、墓葬 1 座，还有灰沟、柱洞，以及陶、石、玉器、骨、角、蚌器等。墓葬为屈肢葬，这是北方地区继东胡林遗址发掘以来发现的新石器时代早期的又一例屈肢葬；柱洞的发现表明当时出现木构建筑。陶器以质地疏松的素面陶为主，多周附加堆纹、细泥条很具特色，有筒形罐、瓮、盆、豆、钵、杯等器类，还有陶纺轮、人面纹陶片等。有细石器、磨制石斧、锛以及石磨盘、石磨棒等。玉珠的出现将东北玉器的出现提前到万年以前（《考古学报》4 期）。发掘者段天璟、王立新、汤卓炜还另文对双塔遗址一期遗存进行了分析，认为它是嫩江流域乃至中国东北地区目前发现年代最早的新石器时代文化，已经出现了可能带环壕的聚落，属于“定居渔猎采集”社会生活形态（《考古》12 期）。他们还认为以双塔一期为代表的遗存分布在嫩江中下游地区，并建议称之为“双塔一期文化”（《吉林大学社会科学学报》53 卷 2 期）。

根据 2009 年的发掘，河南新密李家沟遗址北区和南区均可分为上、下两个文化层，上层属于新石器时代早期遗存，主要分布在北区，距今 10200 ~ 8450 年。其中北区第 6 层发现由石磨盘、石砧、扁平石块、烧石碎块、陶片、动物骨骼碎片等组成的遗迹，可能曾在此有过烧烤食物、加工工具等活动。陶片为夹粗砂褐色，质地较坚硬，表面多见窝纹和绳纹，当为直口深腹罐类器物，共存较多细石器、个体较大的砂岩制品。发掘者认为该遗址的发掘为揭示旧、新石器时代过渡时期人类行为及文化特征发展提供了重要资料（《古代文明》第 9 卷）。秦洪源、周书灿对将李家沟遗址确定为填补中原地区从旧石器时代向新石器时代过渡缺环的说法提出质疑（《中原文物》5 期）。

华南、东南和长江中下游地区：广东英德牛栏洞洞穴遗址于 1998 年、1999 年和 2011 年进行了发掘，发现灰坑、活动面等遗迹，陶、石、骨、角、蚌器等。陶片多为粗陋的绳纹陶，有打制石器、磨制石斧以及穿孔石器、砺石等。发掘报告将其分为三期四段，根据测年数据断定其绝对年代在公元前 12000 ~ 前 6000 年。值得关注的是，有研究认为该遗址发现的稻植硅体具有从野生稻向栽培稻过渡的特征（《英德牛栏洞遗址——稻作起源与环境综合研究》，科学出版社）。福建漳平奇和洞遗址于 2009 ~ 2011 年进行了发掘，可分为三期，其中第二期的新石器时代早期遗存属于新发现。发现有火膛，陶片多为粗陋素面陶，少量饰拍印绳纹、贝齿压印纹、戳点纹等，复原当为罐釜类器物，也有打制砾石石器和锛、斧、刀、砺石等磨制或磨蚀石器。该类遗存与华南绳纹圜底釜文化系统既有联系也有区别，对研究华南—东南地区新石器时代文化谱系有重要意义（《考古》5 期）。袁家荣比较全面地介绍了湖南道县玉蟾岩遗址发现发掘情况，重点讨论了该遗址原始栽培稻、陶制容器的发现及其重要意义，并认为玉蟾岩遗存属于旧石器时代晚期末段（《湖南旧石器时代文化与玉蟾岩遗址》，岳麓书社）。浙江龙游荷花山遗址于 2011 年进行发掘，其中东区主体属于上山文化遗存。发现柱洞、灰坑、石器制作场等，柱洞有一定分布规律，说明也存在木构建筑。有陶器、磨制石器等，陶器中新发现带镂孔圈足罐（《中国文物报》10 月 25 日）。

（二）新石器时代中期

东北和华北地区：吉林大安后套木嘎遗址于 2011 年、2012 年进行了发掘，发掘者将其分为六期，其中第一期应当属新石器时代中期，发现墓葬、灰坑、灰沟等遗迹，墓葬葬式为侧身屈肢。陶器有筒形罐、大口曲腹罐和钵等，饰短平行线纹、人字纹、弦纹等。发掘者认为第一期遗存代表一种新的考古学文化（《2012 中国重要考古新发现》，文物出版社）。河北大名县赵鸭窝遗址于 2009 年进行试掘，发现包含陶盂、支脚、小口壶和三足钵等磁山文化遗存，绝对年代在公元前 5500 年左右。这是在该黄泛区域首次发现磁山文化遗存（《文物春秋》4 期）。索秀芬将兴隆洼文化分为查海、白音长汗、东寨三个类型，并对每个类型进行分期，认为这三个类型基本奠定了燕山南北地区新石器时代考古学文化的类型格局，延续到赵宝沟文化和红山文化（《考古》11 期）。胡秀杰认为新开流文化分布的核心区在兴凯湖和俄罗斯滨海地区，最初出现的时间应当不晚于距今 7500 年前，延续到不早于距今4000年前，典型特征是装饰有鱼鳞纹、菱形纹的陶器，细石器和骨器发达，存在附葬制和以鱼窖陪葬的习俗（《北方文物》4期）。赵宾福等人将小珠山下层文化分为三期，判定其年代上限在公元前5000年以前，下限至约公元前4000年，并以碧流河为界将其分为小珠山下层类型和后洼下层类型［《中国考古学会第十五次年会论文集》(2012)，文物出版社］。

东南和华南地区：江苏泗洪顺山集遗址于2010~2012年进行发掘，发现一处大型环壕聚落，墓葬92座、房址5座、灰坑26座、灰沟6条，有大面积红烧土堆积及狗坑，大量陶、石、玉、骨器，以及炭化栽培稻等。可分为三期，其中第一、第二期遗存约在公元前6500~前6000年，发掘者认为可命名一个新的考古学文化——顺山集文化；第三期遗存约在公元前6000~前5000年。第一、第二期遗存房屋基本为地面式，墓葬多为单人仰身直肢葬，也有合葬，陶器有浅腹釜、双耳壶、双耳罐、钵、盆和支脚等，发现年代最早的陶灶，有磨制石器、骨器，以及泥塑、玉管、绿松石饰。第三期陶器增加了圈足盘、豆等（《考古》7期）。福建漳平奇和洞遗址第三期属于新石器时代中期或略早，有地面式房址和灰坑，陶器有饰绳纹等的罐、釜、钵等，有打制石器和磨制石器锛、斧，以及鱼形石佩饰等（《考古》5期）。广西柳州鹿谷岭遗址于2010~2011年进行发掘，发现较多斧、锛、凿等磨制石器，少量打制石器，以及少量绳纹陶片。发掘者认为其晚于邕宁顶蛳山遗址第二、第三期［《广西考古文集》(第五辑)，科学出版社］。

（三）新石器时代晚期和铜石并用时代早期

黄河流域和淮河流域：康宁武介绍了陕西省榆林市调查发现的所谓半坡文化、庙底沟文化和海生不浪文化遗存的情况（《考古与文物》4期）。《李家崖》(文物出版社)一书介绍了陕西清涧李家崖城址附近的月季花、长峁梁等9处庙底沟二期阶段遗址的资料。发现有窑洞式或半地穴式房址等，有的窑洞式房址保存比较完整，有白灰地面和墙裙，墙裙上还有黑彩装饰。发掘者认为该遗址属于“庙底沟二期文化小官道类型”。翟霖林分析认为陕西长武碾子坡遗址的仰韶遗存并非“东庄类型晚期”，而是包括了半坡类型早期和泉护类型两个阶段，且之间存在缺环（《考古与文物》2期）。邸楠、翟霖林将陕西西安鱼化寨的仰韶文化遗存分为三期六段，并认为一期一段是仰韶初期遗存（《考古与文物》3期）。包曙光将内蒙古中南部仰韶文化火种炉分为四期，认为火种炉兼有保存火种、取暖和照明的功能，提出其出现与消失与气候因素和房屋建筑形式密切相关（《中国博物馆馆刊》7期）。张雪莲等人通过综合分析各遗址^{14}C测年数据，得到仰韶文化各类型的序列及其大致年代，有些年代和以往估算的年代有较为显著的差异，如庙底沟类型为公元前4000~前2700年，秦王寨类型为公元前3700~前2700年等（《考古》11期）乔登云梳理了冀南豫北地区庙底沟二期阶段文化遗存，认为其来源主要是所谓大司空文化，去向为后冈二期文化［《中国考古学会第十五次年会论文集》(2012)，文物出版社］。《梁王城遗址发掘报告·史前卷》(文物出版社)发表了江苏邳州梁王城遗址2004~2009年的发掘资料。该遗址出土大量的大汶口文化遗存和龙山文化遗存。大汶口文化聚落较为完整，包括房址12座、灰坑67座、墓葬139座、作坊遗迹1处。报告将其分为三期，认为属于大汶口文化中晚期阶段，距今约5200~4500年，并认为其具有一定自身特点，可称“梁王城类型”。

东北地区：吉林白城双塔遗址第二期发现偏短的圆角长方形土坑竖穴墓，墓主人仰身屈肢（叠肢），随葬麻点纹陶杯、兽面纹玉佩、玉环等，玉器风格与红山文化近似，当属于哈民忙哈文化（《考古学报》4期）。吉林大安后套木嘎遗址第二、第三期发现半地穴式房址、墓葬、灰沟及灰坑。第二期陶器有筒形罐、小口深腹罐等，装饰附加堆纹、指甲纹、刻划纹、戳印纹，与左家山第二期遗存接近；第三期陶器有双耳罐、筒形罐、钵等，素面或饰麻点纹、之字纹，与双塔第二期和哈民忙哈遗存近同（《2012中国重要考古新发现》，文物出版社）。在对内蒙古敖汉旗西台遗址1987年的发掘中，揭露出兴隆洼文化的房址和小河沿文化的灰坑，而以红山文化中期遗存最为丰富。发现由一大一小双环壕构成的红山文化聚落，环壕大体呈长方形，发现3个门址，还有半地穴式房址、灰坑、窑址等。出土大量陶器（包括彩陶），也有少量蚌饰、石器等。值得关注的是，发掘者认为在红山文化房址F4、F202居住面及环壕中出土了十多件铸造铜器的陶合范（《考古学集刊》19）。2005~2006年，内蒙古翁牛特旗二道窝铺、老牛槽沟和下山湾三个互相毗邻的遗址进行发掘，发现半地穴式房址、灰坑等，其中二道窝铺遗址保存较好的F2地面还遗留不少陶石器，三个遗址均属红山文化中期遗存［《内蒙古文物考古文集》（第四辑），科学出版社］。李凤举介绍了对内蒙古喀喇沁旗7处红山文化积石冢的调查情况（《北方文物》1期）。索秀芬和李少兵对内蒙古巴林右旗那斯台遗址进行分析，认为该遗址除占据主体的红山文化遗存外，还有兴隆洼文化、赵宝沟文化遗存（《草原文物》2期）。王闯从之字纹筒形罐施纹风格的角度把红山文化分为三期，认为红山文化与赵宝沟文化不存在直接继承关系，提出红山文化和赵宝沟文化可能是继承兴隆洼文化而来的并行发展的文化（《草原文物》2期）。2010年，对内蒙古扎鲁特旗道老杜粮库遗址进行发掘，发现纵长方形半地穴式房屋和灰坑，陶器有筒形罐、壶等。发掘者认为其与南宝力皋吐C地点墓地文化内涵相近，如此则其时代大体与所谓小河沿文化相当［《内蒙古文物考古文集》（第四辑），科学出版社］。赵宾福等认为小河沿文化是分布在燕山以北地区的考古学文化，以平底筒形罐、鼓腹双耳壶、各种形态的豆、钵为基本陶器组合，以尊形器最具代表性，而燕山以南的相似遗存不宜纳入该文化范畴（《北方文物》1期）。张星德将偏堡文化分为三期，认为偏堡文化的早期年代大约在公元前4000年，是在辽东半岛南端使用罐为炊器的集团与黄河下游的北辛文化越海北进的一支相遇，接受了后者的强烈影响形成的以条形附加堆纹、叠唇罐、大口直腹罐、壶、钵为陶器主体的考古学文化（《边疆考古研究》13辑）。

长江上游地区：四川金川刘家寨遗址在2011年、2012年进行发掘，发现房址16座、灰坑298座、陶窑26座、墓葬2座。房址有方形木骨泥墙、圆形柱洞、方形石墙等几种形式。出土大量陶器、石器、骨角器，陶器有侈口深腹罐、长颈圆腹罐、尖底瓶、平底瓶、盆、钵、杯、带流器等，流行绳纹、附加堆纹和弧线三角纹彩陶等，与姜维城、营盘山遗存近似，与甘青地区马家窑文化关系密切（《2012中国重要考古新发现》，文物出版社）。四川什邡桂圆桥遗址在2009年进行发掘，发现房址、灰坑、灰沟、井、积石坑、窑址、墓葬等，出土斧、锛等磨制石器，以及较多陶器。发掘者将该遗址分为三期，其中第一期陶器有大口绳纹罐、盘口罐、盆、钵等，年代早于宝墩文化，绝对年代距今5100~4600年，为成都平原目前发现最早的新石器时代遗存，其特征与川西北马家窑文化类遗存存在密切联系。第二、三期属于宝墩文化（《文物》9期）。万娇和雷雨以对桂圆桥遗址的分析为基础，梳理了成都平原由桂圆桥文化发展到宝墩文化的脉络（《文物》9期）。重庆北碚区大土遗址于2008年进行了发掘，发现饰绳纹的深腹罐、鼓腹罐、钵、壶等陶器，属于玉溪坪文化晚期（《四川文物》2 期）。任瑞波人等通过对已经发表的彩陶标本分析数据的检讨，发现甘肃和川西地区的彩陶标本在陶质、陶色等方面具有相当的差异，反映出的制陶技术有一定的区别，进而认为川西地区的彩陶不一定是在甘肃出产由贸易而来（《四川文物》2 期）。

长江中游地区：河南淅川龙山冈遗址于 2008 ~ 2012 年发掘出仰韶文化晚期、屈家岭文化、石家河文化和王湾三期文化遗存。其中仰韶晚期发现一座城址，以及连间房址、灰坑、灰沟、道路、陶窑、瓮棺葬、祭祀坑等，发掘者认为其属于所谓朱家台文化（《中国文物报》3 月 29 日）。河南淅川马山根遗址于 2013 年发掘出仰韶文化晚期至屈家岭文化时期遗存，包括瓮棺葬 14 座、灰坑 125 座、房址 76 座，以及大量陶、石、骨器（《中国文物报》12 月 20 日）。湖北郧县郭家道子遗址于 2006 ~ 2007 年进行发掘，发现新石器时代的房基、灰坑、瓮棺等，主体属于仰韶文化晚期或者所谓朱家台文化［《湖北南水北调工程考古报告集》（第一卷），科学出版社］。通过 2006 ~ 2007 年对白河流域 51 处遗址的田野调查，发现每个遗址基本都包含仰韶文化遗存，此外还有裴李岗文化时期、屈家岭文化、石家河文化、龙山晚期阶段遗存。仰韶文化遗址中只有邓州太子岗遗址面积达到 20 万平方米，其他遗址均在 10 万平方米以下（《白河流域史前遗址调查报告》，文物出版社）。《宜昌杨家湾》（科学出版社）全面发表了湖北宜昌杨家湾 1985 ~ 1994 年 7 次发掘的资料，包括大量灰坑、灰沟、墓葬，以及陶、石器等，主体为大溪文化和屈家岭文化遗存。发掘者将大溪文化遗存分为三期七段，将屈家岭文化遗存分为早晚两期。该遗址大量刻划符号的发现具有重要学术意义，屈家岭文化墓葬的情况也与江汉平原有别。《安乡汤家岗——新石器时代遗址发掘报告》（科学出版社）发表了湖南安乡汤家岗遗址 1990 年和 2007 年的发掘资料，主体为汤家岗文化和大溪文化遗存。汤家岗文化遗迹包括壕沟、房址、灰坑、墓葬等，年代约在公元前 5000 ~ 前 4000 年。发掘者将墓地分为两个墓区和六个墓群，发现不同墓区存在一定程度的地位差别。大溪文化遗迹包括房址、灰坑、灰沟、墓葬等，年代约在公元前4000 ~ 前 3500 年。报告提出白陶是以华南洞庭湖地区为起源中心，分四条途径向外传播。湖南华容七星墩遗址 2011 年进行发掘，陶器可分为三组，分别与大溪文化、屈家岭文化和石家河文化遗存相对应（《湖南考古辑刊》10 集）。

长江下游地区：浙江宁波傅家山遗址于 2004 年进行了发掘，揭露出一处以干栏式建筑为主体的河姆渡文化聚落，出土了大量釜、罐、盆、盘、钵等陶器，耜、镞等骨器，以及玉、石、木、象牙器，木蝶（鸟）形器、象牙鹰首等雕刻艺术品很有特色。发掘者将其分为四期，分别与河姆渡遗址的一至四期对应（《傅家山：新石器时代遗址发掘报告》，科学出版社）。浙江余姚田螺山遗址连续多年进行发掘，在同一个聚落遗址内发现了代表河姆渡文化早晚四个不同阶段的木构建筑遗迹，还发现多处鱼骨堆、稻谷壳堆、木屑堆、白泥坑、橡子和菱角储藏坑等，出土了象纹雕刻木板、独木梯、双鸟木雕神器、木磨盘、木豆形器、长剑形木器等特殊遗物。在该遗址中还发现多片人工栽种山茶属植物的古田和古稻田（《2012 中国重要考古新发现》，文物出版社）。江苏张家港东山村遗址于 2009 ~ 2010 年发掘的墓葬 M101，随葬 33 件器物，其中玉器 21 件，是马家浜文化墓葬中规模等级最高的一座（《东南文化》3 期）。江苏昆山姜里遗址于 2011 年进行发掘，发现马家浜文化、崧泽文化和良渚文化遗存。崧泽文化遗存包括土台、房址、灰坑、水井、水田、池塘、墓葬等遗迹，墓葬存在人殉现象（《文物》1 期）。浙江桐庐小青龙遗址于 2011 ~ 2012 年进行发掘，发现良渚文化的墓葬、灰坑、房址、灰沟、沟槽和烧火坑等遗迹，尤以多间排联式房址的发现最为重要（《文物》11 期）。浙江海宁徐家庄遗址于 2007 年进行发掘，发现 10 座良渚文化的长方形竖穴土坑墓《东南文化》3 期）。浙江余杭茅山遗址于 2010～2011 年进行发掘，发现马家浜文化、崧泽文化、良渚文化和广富林文化遗存。马家浜文化的半地穴式房址甚为少见。良渚文化聚落由居住区、墓地区、稻田区构成，还首次发现独木舟（《2012 中国重要考古新发现》，文物出版社）。浙江良渚官井头遗址于 2012～2013 年进行发掘，清理崧泽—良渚文化墓葬 106 座，发现由水井、水池、排水沟等大型生活设施遗迹（《中国文物报》8 月 30 日）。浙江海宁皇坟头遗址于 2011 年进行发掘，发现崧泽—良渚文化时期的土台，土台边缘有叠石圈，台上有崧泽文化和良渚文化的墓葬（《2012 中国重要考古新发现》，文物出版社）。上海广富林遗址于 2012 年的发掘，清理出崧泽文化黄土台遗迹、良渚文化墓地、广富林文化房址等重要遗迹（《2012 中国重要考古新发现》，文物出版社）。

华南、东南、西南地区：深圳咸头岭遗址 2006 年进行发掘，发掘报告全面报道了以新石器时代为主体的这批遗存。包括房基、灶等遗迹，以及大量陶、石器。发掘者将新石器时代遗存分为五段，大致确定其绝对年代在距今 7000～6000 年之间。发掘报告并以此为标尺，讨论了珠江三角洲地区此期间及更晚时期遗存的分期、年代与文化面貌，同时，提出咸头岭文化的命名，并将该文化分为三期六段。发掘报告还讨论了其地方类型、与周围文化关系等。发掘报告中对咸头岭遗址陶器、石器制作工艺、生态环境等方面的专门研究也可圈可点（《深圳咸头岭——2006 发掘报告》，文物出版社）。福建闽侯昙石山遗址于 2009 年进行了第 9 次发掘，发现昙石山文化墓葬、灰坑、壕沟，其中 M149 随葬品达 33 件（《福建文博》2 期）。贵州开阳打儿窝岩厦遗址于 2003 年进行发掘，上部堆积中发现火膛和灰坑等遗迹，出土少量陶片、打制石器和磨制石器。陶片粗陋，纹饰以细绳纹为主，也有网纹、锥刺纹和刻划纹等，磨制石器有凿、刀、环、璜等。发掘者判断绝对年代在距今 6500～4300 年（《长江文明》11 辑）。

（四）铜石并用时代晚期

黄河流域和淮河流域：陕西神木石峁遗址于 2011～2012 年进行调查和发掘，发现一处规模宏大、保存较为完整的石砌城址，由皇城台、内城和外城三道石砌台基及石墙构成，城内面积在 400 万平方米以上，发现城门、墩台、角楼、马面等附属建筑。外城东城门附近发掘出石城墙、墩台、门塾、内外瓮城、壁画墙、头骨坑等重要遗迹，出土大量龙山至所谓夏时期的陶、石、玉、骨器。发掘者认为该城始建于龙山中晚期，是中国北方地区超大型中心聚落，实际可归入老虎山文化范畴（《考古》7 期）。李伊萍将内蒙古凉城老虎山遗址老虎山文化遗存分为两期三段，认为各期遗存前后相承，连续发展（《边疆考古研究》14 辑）。山西襄汾陶寺遗址于 2008 年进行调查，发现龙山时代房址、陶窑、道路等，获得了一批陶、石制品。由于陶寺遗址的石制品生产地点大多选择在距离大崮堆山较近的区域，调查者提出陶寺可能从大崮堆山采石（《考古学集刊》19 集）。段天璟认为龙山时代晚期嵩山地区以西存在两类遗存，一类是以王湾遗址第三期和小潘沟龙山时代遗存为代表的三里桥文化，一类是西吕庙等遗址所代表的龙山晚期文化遗存（《中原文物》6 期）。

《蚌埠禹会村》全面报告了安徽蚌埠禹会村遗址 2007～2011 年的发掘资料，还介绍了关于禹会村遗址的多学科研究成果。禹会村遗址发现祭祀台基、房址、灰沟、灰坑等。

其中祭祀台基是一约2000平方米的大型长条形祭祀遗迹，以不同颜色的土层层铺垫，上有长排柱坑，附近有祭祀沟、祭祀坑等，出土陶器火候低，或多为祭祀用器。测年在公元前2400~前2200年之间。发掘者认为文化面貌与豫东王油坊类型最为接近，与周围其他同时期文化也很有关系，可称“禹会村类型”，并提出很可能与传说中的“禹会诸侯”活动有关（《蚌埠禹会村》，科学出版社）。河南牛牧岗遗址于2007年进行发掘，发现龙山时代的房址、灰坑，以及陶、石器等，发掘者并将其分为三段，总体属于造律台文化中晚期遗存。张国硕等还介绍了2008年对豫东地区6处遗址的调查资料，除孟岗遗址发现裴李岗文化遗存、吴岗遗址发现仰韶文化遗存外，在周龙岗、吴岗、李岗、东山子等遗址都发现造律台文化遗存（《河南民权牛牧岗与豫东考古》，科学出版社）。河南濮阳铁丘遗址于2012年进行发掘，发现后冈二期文化的房址、灰坑、墓葬，以及陶、石、骨器《中原文物》6期）。

江苏邳州梁王城遗址发现龙山文化的房址、灰坑和墓葬，一座房址中发现7具非正常死亡的人骨（《梁王城遗址发掘报告·史前卷》，文物出版社）。山东苍山后杨官庄遗址于2010年进行了发掘，发现龙山文化偏早阶段的灰坑、墓葬和陶、石器，出土粟、黍、稻等农作物遗存（《海岱考古》6辑）。山东日照苏家村遗址于2011年进行区域系统调查，发现一处龙山文化早期的环壕聚落，调查者认为该遗址属于两城镇遗址控制范围内的第三级聚落（《中原文物》4期）。通过对山东章丘城子崖遗址周边区域的考古调查，除发现少量后李文化和大汶口文化遗址外，重点发现了龙山文化遗址14处，可以借此进一步了解城子崖遗址区聚落分布状况（《海岱考古》6辑）。通过2012年对安徽泗县的区域系统调查，共调查新石器时代遗址25处，新发现6处，遗址年代大部分处于大汶口文化至龙山文化时期（《东方考古》10集）。

东北地区：陈国庆和张鑫将北沟文化分为早晚两期，认为偏堡子文化的纵向影响和小珠山上层文化的横向传播共同创造了北沟文化，还认为其与黄河下游的文化关系密切（《边疆考古研究》13辑）。张翠敏探讨了双砣子一期文化的内涵特征与陶器分期，认为它是辽南新石器时代晚期和铜石并用时期的一支考古学文化，与小珠山三期有相同之处，也存在较大区别，二者深受山东龙山文化影响，是同一文化谱系的两个不同文化发展阶段[《中国考古学会第十五次年会论文集》(2012)，文物出版社]。

长江上游地区：四川汉源麦坪遗址B区于2010年进行发掘，发现的遗存可以分为两类：第一类主要是一些灰坑和灰沟，陶器有侈口罐、敞口罐、高领罐、尖底杯、盘、豆等，与该遗址此前发现的新石器时代遗存相近，约距今4700~4400年。第二类以3座石棺葬为代表，随葬陶器有圆腹罐、小口壶、尊、鸭形壶等，约距今4500~4000年（《四川文物》1期）。四川汉源龙王庙遗址于2008年进行发掘，发现龙山时代的房址和灰坑等，陶器盛行侈口圆唇罐、敞口卷沿罐、敛口钵，半月形穿孔石刀较多，与麦坪遗址同时期遗存相近（《四川文物》5期）。

2009年在四川郫县三观村遗址发现宝墩文化的灰坑、灰沟、墓葬、房址等，以及花边口沿罐、高领罐、尊等陶器。2009年在成都新都区大江村遗址，发现宝墩文化三期的灰坑，出土喇叭口高领罐、绳纹花边口沿罐、尊等陶器。2011年在郫县青杠村遗址发掘宝墩文化三期的灰坑，出土盘口圈足尊等遗物。2012年在郫县陈家院子遗址发现有宝墩文化三期的灰坑和房址，出土丰富的陶器。2011年和2012年在成都新都区赵家河坝遗址发现3个灰坑（以上均出自《成都考古发现2011》，科学出版社）。

长江中下游地区：《阳新大路铺》（文物出版社）全面报告了湖北阳新大路铺遗址于1984～2004年间4次发掘的资料，发现新石器时代的房址、灰坑、墓葬等，以及陶、石、骨器。发掘者将新石器时代遗存分为两期三段，认为两期分别对应肖家屋脊石家河文化早期和晚期。其中被发掘者归入石家河文化的铜片、矿石、炉壁和炼渣等矿冶遗存尤其引人关注，铜片经检测为铜锡铅三元合金铜片。但84NM1～6这6座墓葬和铜片、炼渣等是否属于石家河文化还需仔细辨析。湖北郧西庹家湾遗址于2007～2008年进行发掘，发现有石家河文化的灰坑、灰沟等遗迹，以及陶、石器等（《考古学报》1期）。湖南华容七星墩遗址于2011年试掘，发现房基、灰坑、灰沟和瓮棺葬等遗迹，主体属于石家河文化，也有大溪文化和屈家岭文化遗存（《湖南考古辑刊》10集）。

上海广富林遗址于2012年进行发掘，发现多件玉石琮（《2012中国重要考古新发现》，文物出版社）。王程认为广富林文化侧装三角鼎足应是在良渚遗址群素面侧扁足基础上，吸收了王油坊类型等周围多种文化因素而成（《长江文化论丛》9辑）。

（五）文化谱系总论

杨占风综合中国、朝鲜和俄罗斯境内的考古遗存，对鸭绿江流域、辽东半岛黄海沿岸地区、图们江流域及大彼得湾地区、乌苏里江流域新石器时代文化进行分期年代和文化格局研究，将三个区域的考古学文化划分为六个阶段，将陶器纹饰划分为线纹系、点纹系和堆纹系三大纹系（《鸭绿江、图们江及乌苏里江流域新石器文化研究》，文物出版社）。刘伟将第二松花江流域新石器时代的三种考古学文化划为刻划纹和之字纹两个文化系统，认为多数时候单方面受周边地区文化影响（《北方文物》2期）。周向永分析了辽北史前考古学文化变迁过程，认为其与燕山南北、海岱鲁沂、冀北河套、辽东半岛都存在不同程度的联系，是环渤海考古的重要组成部分［《中国考古学会第十五次年会论文集》（2012），文物出版社］。索秀芬等人梳理了西拉木伦河流域新石器时代考古学文化序列（《早期中国》1辑）。

张星德认为西寨一、二期遗存都归属于赵宝沟文化，赵宝沟文化在形成和发展过程中先后受到关内磁山文化、镇江营一期文化和后冈一期文化的影响［《中国考古学会第十五次年会论文集》（2012），文物出版社］。魏曙光对北辛文化和所谓镇江营文化进行了比较分析，认可镇江营文化—后冈一期文化与磁山—北辛—大汶口文化是两支并存于黄河下游的文化传统，产生过很多交流（《华夏考古》3期）。刘化成等人对廊坊地区史前文化遗存进行了分期类型等研究，认为其文化发展存在不平衡性、兼容性和缺乏连续性等特征《中国考古学会第十五次年会论文集》（2012），文物出版社］。郭明认为燕山南麓筒形罐主要分布在永定河以北的区域内，其出现是受到来自北方地区特别是西辽河流域考古学文化影响的结果［《中国考古学会第十五次年会论文集》（2012），文物出版社］。何德亮讨论了海岱与中原地区史前文化的交流，并从铜器、文字和城址等方面论证龙山时代两地已经进入文明社会（《海岱考古》6辑）。

蒋乐平分析了钱塘江流域早期新石器时代文化谱系，将上山文化分为三期，认为上山、跨湖桥和河姆渡三个文化前后相续，存在源流关系，但与区域外文化存在碰撞和交流（《东南文化》6期）。仲召兵将崧泽文化时期的太湖流域分为四个亚区，将崧泽文化向良渚文化过渡阶段的聚落变迁分为三种类型，讨论了崧泽文化与良渚文化过渡阶段的文化内涵，论述了此时以陶器为代表的考古学文化面貌与聚落发生的普遍而显著的变化（《东南文化》3期)。刘俊男提出石家河文化曾北扩至豫中一带，对王湾三期文化前期有较大的影响，所谓后石家河文化主要来源于石家河文化地区，并使王湾三期文化后期与之渐趋一致，二里头文化的终极来源当在长江中游地区(《中原文物》1期)。

许永杰、彭万通过对甑皮岩、晓锦、顶蛳山、感驮岩等遗址的分析，将广西盆地新石器时代考古学文化分为四个发展阶段，并探讨了其与周边文化的互动关系(《北方文物》3期)。许永杰和范颖还将闽南粤东地区的先秦时期考古学文化分为两个区域和八个发展时期，其中一至四期属于新石器时代(《北方文物》4期)。万娇以对云南大理银梭岛遗址的分期年代、文化属性和社会生活的分析为基础，梳理了苍洱地区史前文化序列，探讨了苍洱史前文化的自然和历史背景及其文化源流(《苍洱地区史前文化》，文物出版社)。

(六) 中外文化交流

雪莲将兴隆洼文化与蒙古国东方省新石器时代遗存进行比较，发现两地的文化特征和自然环境虽然各具特色，但在居住址的选址、建筑风格、石器、骨器、蚌饰、人面饰、居室葬俗等方面都存在着一定的相似性[《赤峰学院学报》(汉文哲学社会科学版)2期]。

韩建业提出“彩陶之路”是以彩陶为代表的早期中国文化以陕甘地区为根基自东向西拓展传播之路，也包括顺此通道西方文化的反向渗透，认为“彩陶之路”从公元前4千纪一直延续至公元前1千纪，是早期中西文化交流的首要通道，是“丝绸之路”的前身，对中西方文明的形成和发展都产生过重要影响(《考古与文物》1期)。

郭物提出石峁遗址发现的石人像与南西伯利亚奥库涅夫文化早期的石人可能存在关联(《中国文物报》8月2日)。

彼特·贝尔伍德和洪晓纯综合讨论了早期粮食生产人口从一般认定的华南地区起源进入东南亚大陆和岛屿的一系列证据，认为华南地区作为很多现代东南亚民族的发源地可能性很大(《河姆渡文化国际学术论坛论文集》，中国时代经济出版社)。

二　专题研究

(一) 聚落形态和文明起源

在聚落形态总论方面，严文明提出中国聚落考古今后应该注意两个重点，一是开展功能性的聚落研究，二是拓展聚落考古研究的地理范围，研究聚落的地域分野问题(《南方文物》1期)。赵春青对2012年中国聚落考古的研究情况从新发现、新成果、新观点、新方法、新理念等方面进行了综述(《南方文物》1期)。

在早期城市方面，罗二虎梳理了长江流域早期城市的起源和发展过程，认为长江流域早期城市具有政治性功能突出、重视水上交通与防洪排涝等特点(《文物》2期)。赵亚锋对澧阳平原八十垱遗址、城头山遗址、鸡叫城聚落壕沟进行分析，提出聚落壕沟最初是为了排涝沥湿，后来有一定防御功能(《湖南考古辑刊》10集)。陈晓华反对御洪说，认为中国新石器时代中期的聚落环壕是聚落界标和防御设施(《湖南考古辑刊》10集)。马世之提出了中原早期城址的八项特征，认为这些早期城址大都具备城墙、城壕、大型建筑和手工业作坊等初期城市的基本要素，可以被视为雏形城市(《中原文化研究》2期)。

在聚落关系方面，裴安平对仰韶晚期以来临汾盆地史前聚落群聚形态的特点与变化进行分析，提出西王类型时期聚落可以明确分为两个聚落群团，陶寺文化时期二者分别升级成为聚落集团，陶寺古城不太可能是当时所在聚落集团的核心，而可能只是一座边城。陶寺城址的毁灭是血族复仇的结果（《南方文物》4期）。张小虎通过对新石器时代灰坑的统计分析，认为关中地区龙山早期存在着一个较为显著的文化发展低潮阶段，而且关中东、西部文化发展的区域差异在仰韶文化时期已经出现（《华夏考古》2期）。戴向明讨论了宁绍地区史前文化与社会变迁的有关问题，认为河姆渡文化是一个简单又繁荣发达的氏族社会，而良渚文化时期的宁绍地区已经沦为强势文化的欠发达的边缘地带（《河姆渡文化国际学术论坛论文集》，中国时代经济出版社）。

在房屋建筑方面，翟霖林认为五边形房屋可能是以陕西华县泉护村遗址所在的关中腹地为起源地，向东影响了西坡遗址所在的豫西地区，向西影响了水北遗址所在的泾水中游地区（《华夏考古》1期）。曹曼青等指出仰韶文化晚期与屈家岭文化之交，以及龙山文化王油坊类型，是中国新石器时代排房的两大兴盛期，而干栏式建筑流行区域的长屋传统与排房的产生存在关联（《华夏考古》3期）。

在墓地布局方面，陈畅、唐雪梅将陕西南郑龙岗寺半坡类型墓地分为三期十二段，分析了各层墓葬埋葬顺序以及各期墓地布局，认为同一期别内两个墓地平面的墓葬埋葬规律相似，整个墓地呈两两对应的格局（《江汉考古》1期）。韩建业对河南灵宝西坡墓葬的分期年代、墓葬结构和空间布局进行分析，认为西坡墓葬年代相当于仰韶文化晚期之初，是社会发展的“中原模式”的代表，其生死有度、重贵轻富、井然有礼、朴实执中等特点成为后世中国文明的核心特质（《先秦考古研究：聚落形态、人地关系与早期中国》，文物出版社）。郑钧夫将内蒙古赤峰石棚山墓地分为三期、三区，认为各区内晚期墓葬围绕早期墓葬呈弧线排列，并将墓地人群分成两组（《考古与文物》6期）。夏一博、陈畅将切刀把墓地分为三期，以儿童墓葬为切入点将墓地划分为四个区，发现每个区域的墓葬都是按照逆时针的顺序发展排列（《华夏考古》4期）。王建华认为蒙城尉迟寺遗址在不同时期各性别墓葬的人口自然结构、墓葬体量和随葬品存在一定差异（《东方考古》10集）。王银平通过对邓家湾遗址石家河文化墓葬的空间布局、墓葬等级、随葬物品及葬俗的分析，认为当时的社会阶层已明显分化，社会地位世袭化，并且宗教仪式活动在这一社会转变时期扮演了重要角色（《江汉考古》4期）。

在墓葬葬俗方面，陈红海、周浩然认为甘青地区史前时期的未成年人并未完全葬入墓地，在集中埋葬的公共墓地以外，很可能存在以未成年人为主体的单独墓葬区，其葬俗也与公共墓地的成年人相异（《考古与文物》2期）。高寒分析了花厅墓地9座殉人墓的特征及其反映的社会结构特征，认为花厅墓地殉人墓起源于史前家庭成员殉葬的合葬墓，后逐渐演变为主要用一对幼儿为氏族首领殉葬（《长江文明》11辑）。曾宗龙分析了汉水中下游随葬猪骨的现象，认为汉水中游鄂西北地区在距今5300～4600年这一阶段猪骨随葬习俗达到了鼎盛时期，而汉水中下游随葬猪骨的习俗应与裴李岗文化的影响有关（《长江文明》11辑）。朱磊从宗教学的角度对濮阳西水坡45号墓的龙虎图案进行新的阐释，支持星象北斗学说，认为墓葬的摆置和人殉都与宗教祭祀有关（《中原文物》1期）。

在文明起源总论方面，王震中从梳理国家起源研究的理论问题出发，系统论述了中国早期社会从平等的农耕聚落社会、不平等的中心聚落与原始宗邑和酋邦社会到龙山时代的都邑邦国社会的发展历程，还论述了从部族国家到民族国家与华夏民族形成问题（《中国古代国家的起源与王权的形成》，中国社会科学出版社）。吴春明认为严文明提出的“重瓣花朵”理论，深刻地揭示了中国史前文化面向中原的统一性与多样性相结合的完整结构，跳出了为区系而区系的教条式区系类型研究，是考古学文化区系类型研究中最贴近古史重建目标的成功实践，并直接贡献于费孝通的中华民族“多元一体”理论（《南方文物》1 期）。张宏彦梳理了 20 世纪关于中国文明起源的理论与模式，认为应该立足于中国历史的实际，合理地借鉴外国的理论与方法，不断完善中国文明起源的理论，特别是应该加强个案研究［《西北大学学报》（哲学社会科学版）2 期］。

在文明起源具体论述方面，陈星灿认为仰韶文化是中国古代文明的前身，仰韶文化庙底沟类型的扩张促成了早期中国文化圈的形成，庙底沟时代见证了早期中国文明的第一缕曙光（《中国文物报》6 月 21 日）。郭大顺探讨了渔猎文化和萨满式文明的问题，认为红山文化的祭坛、女神庙、积石冢群、玉巫人等，全面反映出“萨满式文明”的特征（《红山文化学术研讨会论文集》，辽宁人民出版社）。栾丰实认为牛河梁地区红山礼仪用玉器描绘的对象主要是动物形象，缺乏象征王权和军权的玉、石钺，因此红山文化的社会上层多数可能是执掌沟通天地大权的巫师或祭司，是与中原、海岱地区完全不同的模式和类型（《红山文化学术研讨会论文集》，辽宁人民出版社）。朱乃诚认为辽西地区早期文明以农业为基础，以神化宗教信仰为社会凝聚力，在其他文化影响下平稳发展而形成等级化社会，属于自生自灭的文明（《考古》5 期）。朱乃诚还认为红山文明是具有“一人独尊”“有祀无戎”“自生自灭”特征的多个层次的等级化社会，是中国早期各种区域文明中的一个特殊案例（《红山文化学术研讨会论文集》，辽宁人民出版社）。李新伟认为红山文化对于中国文明形成的贡献，在于把其所在的辽西地区带入了中国相互作用圈中，也为“最初的中国”贡献了源出自己的文化基因（《红山文化学术研讨会论文集》，辽宁人民出版社）。孙波提出大汶口文化或仰韶时期宗教氛围浓厚，龙山时代则是理性世俗的时代，仰韶和龙山之间的转变对中国文明影响重大（《早期中国》1 辑）。张海、陈建立认为青铜冶铸技术满足了中原社会文明化进程的内在需求，对中原社会文明化进程产生了重要影响（《中原文物》1 期）。胡可佳和凌勇探讨了早期冶金与中华文明起源的关系，认为中国古代冶金始自公元前 3000 年前后，中国古代青铜器很可能是独立起源的，甘青地区可能与西方存在互动关系（《早期中国》1 辑）。张俊娜和夏正楷认为粟作农业在中原北方史前农业中居于主导地位，粟作对耕地要求不高，更能适应环境改变，对保证文化的连续发展以及华夏文明起源和发展有重要意义（《早期中国》1 辑）。

在文字符号方面，王晖将商代甲骨金文的字形结构与考古遗物遗迹比较，推断“酉”“丙”“鬲”“宫”“吕”等文字符号大约出现于仰韶文化至龙山时代，而良渚文化则出现了不少组词或成句的汉字，表示汉字已经正式形成，中国文字正式起源的时代最早应该在距今 5500～5300 年左右（《考古学报》3 期）。

（二）传说时代考古和早期中国

在传说时代考古方面，常文鹏、王刚认为张家口境内的三大考古学文化类型——后红山文化、庙底沟文化、后冈一期文化，与黄帝、炎帝、蚩尤三大部落的史迹关联紧密，张家口最有可能是涿鹿之战发生之地（《文物春秋》3 期）。袁广阔认为河济地区的后冈二期文化大约在距今 4000 年前率先步入了早期国家阶段，确立了文化核心地位，成为一个具有辐射力的政治中心，与近年的考古与文献记载的早期夏人活动、建都地域相吻合（《中原文化研究》5 期）。周书灿认为大禹传说有一个发生、流变、综合、定型的多元并起、层累积聚的文化过程。“禹兴西羌”说基本上是不同时期不同民族对大禹传说的重构，而大禹文化的源头应从中原的先夏文化中去寻找（《中原文化研究》1 期）。王永波分析了黄渤海两岸的考古学文化发展序列，认为海岱地区的扁扁洞·后李文化是东北亚滨海地区唯一以圜底筒形器为基本造型的最早的新石器时代文化，后影响到黄渤海两岸大部甚至朝鲜和日本九州地区，这与环渤海两岸都存在崇日、尚鸟的习俗正好吻合，海岱地区无疑是这类神话传说的源头所在［《中国考古学会第十五次年会论文集》（2012），文物出版社］。王永波对古史传说和考古对证研究的各种观点进行了述评，认为以泰沂山系为中心分布区的海岱史前文化，是“远古中国”各大文化区中文化谱系最清晰、社会发展水平领先、且最先步入文明社会的历史文化区，传说时代的中华始祖和首领人物大多源出海岱民族（《海岱考古》6 辑）。贺刚对高庙文化进行了区域类型、来源演变、初创发明、对外传播等方面的研究，梳理了湘西史前文化的谱系与特征，强调了高庙文化的重要历史地位，并提出伏羲和炎帝都是生活在南方地区以沅湘流域为中心的远古族团（《湘西史前遗存与中国古史传说》，岳麓书社）。

《早期中国》1 辑集中发表了关于文化意义上早期中国研究的一组论文。李新伟认为从“夷夏东西”观点的提出到史前时空框架的建立，从“黄河流域中心”说到“多元一体”和“中国相互作用圈”说的转变，现代中国考古学一直将“重建中国的史前基础”作为其重要使命。何驽认为以陶寺遗址为核心的陶寺文化，从微观和宏观聚落形态以及“地中”意识形态，彰显出最初中国的大致轮廓和基本面貌。武家璧基于文献考据并结合考古学文化的分布，对“四海”或“海内”的形成和演变做了梳理。段宏振以考古学为基础，考察了中原文化区的发展演变，认为中原核心文化区的形成，基本上就是华夏族集团的初步形成，同时也是早期中国的雏形形成。郭伟民认为舜葬九嶷传说发生在战国时期，是战国以来湖南华夏化历史进程的生动体现。刘辉认为长江中游新石器时代经历了三次文化中心的转移，每一次转移文化中心所控制和影响的范围随之扩大，总的趋势是向北移动并接近中原文化区，并最终融入以中原为中心的华夏文化圈，成为早期中国的重要组成部分。（以上均出于《早期中国》1 辑）

（三）环境考古和人地关系

鲁鹏、田燕认为环嵩山地区的聚落演替模式从裴李岗、仰韶至龙山时期分别为迁移型、扩散型和膨胀型，这种演替模式的差异与区域环境和地形条件存在联系《第四纪研究》5 期）。李中轩等人分析了河南仰韶文化和龙山文化遗址的空间分布、濒河性和空间集聚度等指标，发现活动格局从仰韶期的“单核型”演化为龙山时期的“多核型”，认为影响这种时空分布的驱动因子主要是气候的变化（《地理学报》11 期）。许俊杰等分析了河南新密溱水流域的区域地貌特征及演化历史和区域全新世气候演变历史，认为仰韶文化时期气候最为暖湿，龙山文化时期以来暖湿程度呈波动下降，距今 4000 年后渐变干凉，整体上较为暖湿的气候是该地区全新世人类文化持续发展的有利条件（《第四纪研究》5 期）。

李拓宇等人认为全新世大暖期气候背景下区域文化的连续发展和文化的多样性促进了陶寺文化的繁荣，聚落群的发展有利于人口和资源的空间集聚，促进中心聚落的产生，优越的地理条件具备满足大量人口生存的食物和能源需求的生业基础，平坦且有浅沟的局部地形、丰富的建材、发达的手工业和交通便利等优越条件有利于大型城邑的发展（《地理科学》4 期）。

郭媛媛等人利用 GIS 软件对山东北部地区聚落遗址与环境演变的关系进行分析，发现在距今 8000～5000 年间温暖湿润和海面相对较高的环境背景下，人类活动主要集中在海拔相对较高的洪积台地和冲积平原上，距今 5000 年气候暖湿程度降低后人类活动范围明显向海扩展（《地理学报》4 期）。史本恒利用 GIS 和 STRM 数据，考察了胶东半岛北辛文化到岳石文化时期聚落的分布，发现水文地貌条件与胶东半岛聚落选址关系密切（《华夏考古》4 期）。

侯光良等人利用遗址面积、墓葬和 GIS 估算史前人口数量和耕地面积，发现马家窑文化马厂类型时期发展到顶峰，齐家文化时期有一定幅度下降，青铜时代显著回升和增长。距今 5000～4000 年的禾本科增多和乔木减少，可能与当时的粟作农业关系密切，距今 4000 年后大范围的乔木减少是气候变化的结果，而其后人类活动的加强加速了乔木覆被面积的萎缩（《地理科学》3 期）。袁薇薇等人利用 GIS 对全新世中期海东地区河湟谷地的聚落选址特征进行分析，发现马家窑文化、齐家文化、卡约—唐汪文化与辛店文化时期的聚落均对海拔 2000 米～2200 米的高程区间具有强烈的选择倾向，齐家文化之后聚落向高地方向扩展且聚落聚集程度降低，当与距今 4000 年左右的气候变冷有关（《地理研究》5 期）。董广辉认为甘青地区新石器时期的气候变化可能对文化发展和转型产生了重要影响，但并非唯一的影响因素，该地区新石器中晚期农业的发展与传播对文化扩张的影响应该引起重视（《海洋地质与第四纪地质》4 期）。

邓振华等人分析鉴定了湖北天门石家河古城三房湾和谭家岭出土的植物遗存，发现屈家岭文化晚期至石家河文化时期的石家河古城及其所处江汉平原地区稻作占绝对优势，兼及少量粟作（《考古》1 期）。笪浩波认为随着全新世大暖期的到来，长江中游新石器时代的聚落呈逐渐增多的趋势，气候的波动对聚落的发展具有一定的影响作用，而且气候的冷暖交替期与考古学文化的更替具有同步性（《华夏考古》3 期）。萧家仪等人对江苏昆山姜里遗址的孢粉分析，发现马家浜期水生植被繁茂，崧泽期水生植物减少，陆生草本发育，可能水位有所下降（《文物》1 期）。关玉琳研究认为中坝遗址不是简单的非阶层式社会组织，提出中坝遗址斧、锛、凿的石器组合和燃料竞争导致了㽏井河流域不同社会群体之间的复杂的交换行为和关系［《中国盐业考古：长江上游古代盐业与中坝遗址的考古研究》（第三集），科学出版社］。

（四）动植物考古和农业起源

在农业起源理论方面，陈淳等人介绍了西方考古学农业探源主要概念的变迁以及指导理论的新视野，主要从社会外部物质性的压力、社会内部因素、关乎人类精神世界的象征性因素三个角度综述了农业起源动力机制的理论框架（《岭南考古研究》13 辑）。

在稻作农业方面，郑云飞等人利用植物硅酸体对浙江嵊州小黄山遗址稻作生产进行了探讨，认为大量的稻叶和不同于野生稻的双峰乳突形态特征，表明当时已经开始农业生产活动，更进一步认为小黄山遗址的水稻具有热带粳稻特性（《农业考古》4 期）。潘艳等人基于人类生态位构建理论对跨湖桥遗址动植物组合进行分析，发现当时先民除了已经栽培水稻以外，还可能以多种不同的行为模式干预许多物种的生命周期，以增加其丰富性、多样性和可靠性，维持人类长期稳定的定居生活（《东南文化》6 期）。吕烈丹综合考古学、自然科学、民族学资料和人类学考古学研究成果，以及野生稻栽培实验和对现代稻作社会的观察，集中讨论了稻作的起源发展以及稻作经济与中国史前社会文化演变的关系，将稻作社会分为早期、发展期、成熟期等发展阶段（《稻作与史前文化演变》，科学出版社）。张居中和程至杰梳理了淮汉文化带与栽培稻有关的发现与研究，探讨了该地区栽培稻的特征，认为淮汉文化带有可能是栽培稻初始起源地的重要组成部分（《河姆渡文化国际学术论坛论文集》，中国时代经济出版社）。黄渭金讨论了河姆渡遗址的农具和陶容器，认为骨耜有开沟挖坑和锄草整地等多种功能，而陶釜、钵容量的增加幅度又与稻米在先民食物中所占比重的增加相关（《河姆渡文化国际学术论坛论文集》，中国时代经济出版社）。

在粟作农业方面，Gary W. Crawford 等对山东长清月庄遗址植物遗存进行分析，发现后李文化时期存在栽培稻和黍遗存（《江汉考古》2 期）。刘焕等人通过浮选分析，发现陕西渭南兴乐坊和下河遗址仰韶中期以粟作农业占主导地位，兴乐坊遗址还具有稻粟共存的特点（《考古与文物》4 期）。孙永刚、赵志军对内蒙古赤峰魏家窝铺红山文化的植物遗存进行了量化分析，认为魏家窝铺先民已经种植粟和黍等农作物，但是其经济生产活动的主体应该是延续本地区新石器时代早期的采集渔猎传统（《农业考古》3 期）。王海玉等人对山东苍山后杨官庄遗址龙山文化植物遗存进行了分析，发现粟、黍、稻等农作物和杂草类植物遗存，说明当时是稻旱混作农业格局，并以采集经济活动作为重要的生业补充（《海岱考古》6 辑）。陈洪波等人认为早期粟作起源于北方，然后向华南、西南及东南亚传播，传播的动力很可能与气候的转变有密切关系（《农业考古》1 期）。

在豆类植物或作物方面，孙永刚通过对植物浮选所获得的大豆遗存进行分析，结合历史文献以及野生大豆的生长习性等认为大豆在龙山文化时期起源于中国北方地区，尤其是辽宁、河北、山西等省的山地、盆地地区（《农业考古》6 期）。王强等人分析认为，浙江萧山跨湖桥遗址小豆淀粉粒的出现说明小豆作为食物在中国具有悠久的食用历史，甘肃临潭磨沟遗址人牙残留物中发现的豌豆及鹰嘴豆属回回豆淀粉，证明早在距今 4000 年前后，豌豆可能已经传播到甘肃境内，并且成为当时先民的重要食物之一（《文物春秋》3 期）。吴文婉等人研究了中国古代大豆属植物的利用和驯化过程，认为裴李岗和仰韶时代黄河中游居民已经利用野生的大豆属植物，龙山时代黄河中、下游居民普遍利用大豆属植物且大豆属植物种子有变大的趋势，商周时期考古遗址中可能出现了具有驯化性状的大豆属植物（《农业考古》6 期）。

在动物考古方面，胡松梅等人鉴定分析了陕西横山杨界沙遗址仰韶晚期的动物遗存，表明遗址周围的自然景观以草原为主，草原上有草兔、绵羊等食草动物，家养动物猪的肉量比例占到了整个食用动物群的 87.9%（《人类学学报》1 期）。宋艳波等人鉴定分析了山东荣成东初贝丘遗址北辛晚期至大汶口文化早期出土的动物遗存，发现当时人们食用贝、鹿等，可能已饲养家猪（《东方考古》10 集）。宋艳波等人对山东苍山后杨官庄遗址的动物遗存进行了鉴定分析，发现以鱼类最多，认为大汶口文化时期已经开始饲养家畜（《海岱考古》6 辑）。王华等人考察了渭水流域几处新石器时代遗址的家猪驯化过程和驯养状况，发现猪在各遗址中均占较大比例，而猪骨尺寸逐渐减小（《考古》9 期）。罗运兵分析认为长江下游家猪饲养虽早，但早期饲养规模较小，至良渚文化时期迎来高峰，马桥文化时期则显著衰退（《河姆渡文化国际学术论坛论文集》，中国时代经济出版社）。

（五）石玉器

在石器类型方面，王幼平等人介绍了河南遗址发现的石制品，认为其中最值得关注的是与典型细石器共存的磨刃石锛与陶片，指出打制石器并不只存在于旧石器时代，而是延续到新石器早期甚至可能到裴李岗文化时期（《人类学学报》1期）。美国学者 Geoffrey Cunnar 对 1995～2007 年在鲁东南沿海调查发现的龙山石制品进行分析研究，发现与两城镇遗址的石器形态、制作工艺和用料相似（《东方考古》10集）。王懿将太湖东部新石器时代石锛分为直背锛、弧背锛、有脊锛、有段锛和有槽锛等五类，认为有段石锛越靠近沿海越多，长江下游地区的有段石锛时代较早（《长江文化论丛》9辑）。

在石器功能方面，刘莉等人研究了河南孟津寨根遗址和班沟遗址的两件裴李岗文化晚期的石磨盘，认为其主要用于加工野生植物，同时也加工石器，反映了在谷物栽培的初期阶段广谱经济仍然占有优势（《中原文物》5期）。刘莉等人通过对浙江湖州昆山遗址崧泽文化三角形石器的微痕分析，认为其并非石犁，可能具有铲、刀等多种功能，可作业于植物和细土壤等不同质地的物质（《东南文化》2期）。方向明则认为昆山遗址以及长江下游地区新石器时代晚期与“犁”非常一致的石器肯定与稻作农业有关（《岭南考古研究》13辑）。

在石器制作和生产方面，李新伟对兴隆洼文化、赵宝沟文化和小河沿文化等的细石器遗存进行分析，认为辽西地区可能自兴隆洼文化开始即存在细石器生产专业化（《昂昂溪考古文集》，科学出版社）。方向明认为澳门黑沙遗址出土的石质机械装置是轴承，而浙江桐庐方家洲遗址出土的类似器物是轴承还是研孔却还需进一步讨论（《南方文物》4期）。逢博等人对河南禹州瓦店遗址石铲制作的生产工艺和加工流程进行复原研究，认为龙山时期的石器生产属于“松散的专业化生产”，而夏商时期整个中原嵩山地区存在着以加工灰岩石铲为主的大规模石器生产工业（《华夏考古》2期）。黄可佳对洛阳盆地玉石资源和考古学资料进行分析，认为龙山时代至二里头文化时期，在嵩山以北灰嘴遗址周围形成了一个利用本地资源的石器专业生产带，主要向北输出石器（《早期中国》1辑）。贾昌明从资源的可用性和可获得性两个方面来分析磨制石器资源的特点，认为在磨制石器的生产中，原料的大小和形状成为重要的原料选取根据（《南方文物》2期）。

在玉器研究方法方面，杨建芳提出在玉器研究中应重视考古学研究方法、注意形制和纹饰的微观研究、强调玉器与历史的结合、开展中外文化交流对玉雕影响的研究、审慎利用和鉴别传世玉器、积极引进自然科学方法等六个方面的问题（《文物》10期）。杨伯达认为中国原始宗教经历了以祝舞事神到以玉事神的长期过程，大约在距今 8000 年时进入到了以玉事神阶段，距今 4000 年时，我国的玉巫教已发展至顶峰（《故宫博物院院刊》6期）。

在玉器内涵方面，方向明认为安徽含山凌家滩的玉版是可以单独使用的玉器，是新石器时代最早的玉“神面”（《东南文化》2期）。徐峰认为凌家滩遗址出土的玉鹰是由鸟、猪和八角星纹构成的三位一体的设计，体现了古代先民的“集优”心理（《四川文物》6期）。黄翠梅认为红山文化的勾云形玉器等以鹰为原型，与中国东北地区古老的猎鹰信仰有关（《红山文化学术研讨会论文集》，辽宁人民出版社）。宋建认为红山文化的玉三孔器和玉凤可能是专用头饰，勾云形佩饰和斜口筒形器也可以作为头饰，但非专用（《红山文化学术研讨会论文集》，辽宁人民出版社)。蒋卫东认为红山文化的斜口筒形器并非以龟壳为原型，而应该是对蚕等昆虫蛹体躯壳的抽象表现，与凌家滩的龟形器形似而神异(《红山文化学术研讨会论文集》，辽宁人民出版社)。杨晶将红山文化的勾云形玉器分为三类并探讨了其发展演变状况（《红山文化学术研讨会论文集》，辽宁人民出版社)。周晓晶认为红山文化的玉猪龙、勾云形器、带齿兽面形器等抽象变形类玉器，当通过表现形式和大小来区分不同的使用场合与等级（《红山文化学术研讨会论文集》，辽宁人民出版社)。邓淑苹从典型器类、玉料来源、对外交流、传承流变等方面，对“红山系玉器”的研究进行反思（《红山文化学术研讨会论文集》，辽宁人民出版社，第 321～346 页)。方向明将良渚玉器（神人）兽面像与红山勾云形玉器进行比较，认为两者都以神兽面像为主要特征，但良渚的介字形冠却不见于红山文化（《红山文化学术研讨会论文集》，辽宁人民出版社)。杨立民认为史前玉钺早期为巫觋者侍奉的法器，随着绝地天通的宗教的改革，玉钺由法具演变为礼器，成为王权的象征（《华夏考古》1 期)。

在玉器制作工艺方面，方向明认为切割工艺在琢玉过程中最为关键，片切割作为史前琢玉工艺中的主要技术，反映了不同考古学文化中琢玉集团之间的差异和工艺特点（《南方文物》4 期)。牟永杭认为红山文化 C 形玉龙采用的是弧曲型横向线切割模式（《东南文化》6 期)。吕昕娱认为红山的先民们在制作玉器方面已能成熟掌握切割、琢磨、圆雕、浮雕、透雕等基本方法，同时还能成熟运用双面雕、钻孔、掏膛、镂空、线刻、抛光及装饰技巧，红山文化玉器在切割和雕琢中运用了砣具［《赤峰学院学报》（汉文哲学社会科学版）8 期］。盛文嘉分析了桐庐方家洲遗址中崧泽文化玉器制作工艺，发现环玦的外形有的管钻成形，但琢打成型仍占主导（《南方文物》4 期)。

在玉器年代方面，赵宾福等人认为黑龙江饶河小南山墓葬的玉器很可能属于新开流文化，至少代表了两个发展阶段，属“唯玉为葬”（《边疆考古研究》14 辑)。

（六）体质人类学

在人种类型方面，李法军等人认为鲤鱼墩遗址居民头骨的形态特征属于蒙古人种范畴，可被视为“古华南类型”群体（《人类学学报》3 期)。原海冰等人对牛河梁遗址群出土的人骨进行包括体质人类学、病理学和生物考古学研究，认为与现代东亚蒙古人种相近，应属于“古东北类型”居民，与小河沿文化人群有最近亲缘关系（《边疆考古研究》14 辑)。朱晓汀等人认为江苏邳州梁王城大汶口文化墓地所出人骨的体质特征，与现代东亚蒙古人种最为接近，为“古中原类型”（《东南文化》4 期)。曾雯、赵永生对山东地区新石器时代至汉代的人骨材料进行分析，发现新石器时代山东古代居民人骨材料的体质特征基本一致（《东南文化》4 期)。张全超等人对内蒙古准格尔旗寨子塔遗址龙山前后墓地的人骨标本进行了鉴定，认为其具有蒙古人种特点，与“古华北类型”和“古中原类型”都有相似的一面（《边疆考古研究》14 辑)。

在病理分析方面，周蜜等人分析发现湖北郧县青龙泉遗址中新石器时代居民的牙齿磨耗程度总体偏轻、臼齿磨耗角度多呈倾斜状、龋齿病出现率高，反映了当时居民的食物较精细，富含碳水化合物（《人类学学报》3 期)。陈伟驹、李法军发现广东遂溪鲤鱼墩遗址中新石器时代人牙的牙齿磨耗程度远远超过长江以北地区的人群，并且龋齿率偏高，这当与华南地区渔猎采集经济方式的饮食结构有关（《人类学学报》1 期)。

（七）盐业考古

重庆忠县中坝遗址于1997～2002年进行发掘，发现龙山时代的房址、灰坑、灰沟、墓葬等，发掘者认为涂抹黄黏土的圆坑、小平底灶和尖底的大口缸等当为与制盐业相关的遗存［《中国盐业考古：长江上游古代盐业与中坝遗址的考古研究》（第三集），科学出版社］。

围绕中坝遗址，学者展开了一系列的盐业考古的研究。李水城结合世界盐业考古发现，认为渝东至三峡地区发现的龙山时代的涂泥圆坑是储盐遗迹，干栏式棚屋建筑为制盐作坊，灶用来煮盐，而制盐陶器是厚唇花边口尖底缸［《中国盐业考古：长江上游古代盐业与中坝遗址的考古研究》（第三集），科学出版社］。陈伯桢将㽏井沟遗址群新石器时代晚期至汉代的文化遗存分为八期，其中第一、第二期为新石器时期遗存。利用抽样的方式进行盐业生产的分析，认为第一期遗存没有明显的证据显示存在制盐生产，第二期的花边尖底陶器可能已经是小规模制盐器具［《中国盐业考古：长江上游古代盐业与中坝遗址的考古研究》（第三集），科学出版社］。此外，还有关于中坝植物、动物遗存与盐业关系的研究，也涉及新石器时代［《中国盐业考古：长江上游古代盐业与中坝遗址的考古研究》（第三集），科学出版社］。

（八）其他

2013年发表了关于北阡遗址中大汶口文化早期遗存的多学科综合研究成果，包括人骨鉴定，人骨稳定同位素和微量元素分析，人骨病理学分析，拔牙习俗研究，陶器化学成分、烧成温度、残余物分析，石器材料学和类型学研究，居民对动物资源取食和消费方式分析，骨角类工具研究，植物大遗存和微遗存分析，古环境研究，社会研究等（《东方考古》10集）。

王小娟等人分析了山西襄汾陶寺遗址的陶土成分，认为陶寺早期与中、晚期陶器陶土在常量元素方面差异不明显，但在微量元素方面差异显著，表明早期与中、晚期陶器产地的不同；同一时期不同陶质陶器陶土的化学组成基本相同，表明同一时期陶器的制作比较集中，陶土来源单一（《考古与文物》2期）。笪浩波分析了长江中游地区陶土资源分布对陶器质地的影响，以及环境对制陶技术、陶器造型、制陶业发展、陶器装饰工艺等的影响作用（《中原文物》1期）。

王建平等人分析了山西绛县周家庄遗址龙山时期的铜片，认为系铜镍锌三元合金原始黄铜，其制作工艺为整体热锻加上局部冷加工（《中国国家博物馆馆刊》8期）。

冯时认为陶寺遗址出土的漆木长杆为古人测影的槷表，而伴出的其他遗物也与测影有关。他还详细分析了槷表的形制特点及装饰意义，置槷方法及相关仪具、玉圭的性质，以及计晷制度、伴出弓矢的致日作用等问题（《考古学集刊》19集）。

王树明结合文献记载和民俗资料，认为牛河梁和东山嘴遗址并非崇拜“生育神”和祭祀“女神”性质，而是红山文化先民祭祀猪头山神的遗存（《海岱考古》6辑）。索秀芬和李少兵对红山文化的30余件人塑像进行研究，认为多与宗教祭祀有关，体现出以裸体为美的审美观念（《红山文化学术研讨会论文集》，辽宁人民出版社）。田广林提出红山文化坐姿人形造像具有“国主”或“国中保护神”的性质（《红山文化学术研讨会论文集》，辽宁人民出版社）。张国强、刘晓琳认为内蒙古敖汉旗兴隆沟红山文化陶人是红山人祖神形象，是王、巫、祖先三位一体的人物［《赤峰学院学报》（汉文哲学社会科学版）10期)。吴霞认为内蒙古敖汉旗兴隆沟红山文化陶人不是女性，而是作为男性或者祖先神男性形象［《赤峰学院学报》（汉文哲学社会科学版）6期)。方向明从田螺山龟背盉的刻纹图像出发，讨论了河姆渡文化的动物“文身”、芽叶纹等问题（《河姆渡文化国际学术论坛论文集》，中国时代经济出版社)。

夏商周时期考古

孙庆伟

2013年，夏商周考古成绩显著，主要表现在三个方面：一是新发现与新材料较多，形成了若干学术热点；二是多部著作和论文集出版，研究成果集中展示；三是召开了多次重要学术会议，把相关学术问题的研究推向了深入。

2013年召开的重要学术会议及编辑出版的会议文集主要有：1月在台北市召开的“商周考古、艺术与文化国际学术研讨会”，11月“中央研究院”历史语言研究所出版了《金玉交辉——商周考古、艺术与文化论文集》（以下简称《金玉交辉》）；7月在武汉市和随州市召开的“随州叶家山西周墓地考古研讨会”，随后在《江汉考古》3期上发表了会议综述；10月在偃师市举行了“夏商都邑考古暨偃师商城发现30周年国际学术研讨会”，中国社会科学院考古研究所汇编了《夏商都邑考古暨偃师商城发现30周年国际学术研讨会论文·提要集》；11月在大冶召开了“中国矿冶考古与铜绿山古铜矿遗址学术研讨会”，配合会议出版了《铜绿山古铜矿遗址考古发现与研究》（科学出版社）和《铜绿山古铜矿遗址记忆》（科学出版社）；12月配合良渚博物院举办的“玉器·玉文化·夏代文明展”，有关单位在浙江良渚召开了“玉器·玉文化·夏代中国文明”学术讨论会，并出版了《玉魄国魂——玉器·玉文化·夏代中国文明》（浙江古籍出版社）展览图录；12月，湖北省博物馆和湖北省考古研究所等单位在武汉市主办了“随州叶家山西周墓地国际学术研讨会”，也编辑了会议论文集。

一　夏文化探索与夏代考古

早期夏文化研究是近年夏代考古的热点问题，2013年有多项新发现与新研究与此相关。中国社会科学院考古研究所安徽工作队和蚌埠市博物馆在年初公布了禹会村龙山时代祭祀台基的发掘简报（《考古》1期），年底则正式出版了发掘报告《蚌埠禹会村》（科学出版社）。该报告完整公布了2007～2011年间5次大规模发掘的材料，包括大型祭祀台基、大型祭祀沟、不同类型的祭祀坑、由黄土和白土堆筑的圆圈遗迹、大型简易工棚建筑，以及风格独特的器物组合等。其中祭祀坑内出土的遗物涵盖了中原龙山文化、山东龙山文化、苏北及环太湖地区同时期文化的因素，并显示与江汉平原和长江下游地区同时期文化的密切关系，为研究“禹会诸侯”这一夏代初期历史事件提供了极其重要的线索与佐证。

陕西省考古研究院公布了神木石峁遗址的调查与发掘资料，确认该城址由皇城台、内城和外城三部分组成，其中内城面积约210万平方米，外城面积约190万平方米，总面积超过400万平方米，系国内已知面积最大的龙山时期至夏时期城址。2012年，该院发掘了外城的东门址，发现内外两重瓮城、石砌夯土墩台、门塾和祭祀坑等遗存，出土玉器、壁画、陶器和骨器等龙山时代至夏时期遗物，初步表明石峁城址最早修建于龙山文化中期或略晚，夏时期被毁弃（《考古》7 期）。

多位学者对河南龙山文化晚期、二里头文化和相关考古学文化的特征、年代与相互关系进行了研究。段天璟《龙山时代晚期嵩山以西地区遗存的性质——从王湾遗址第三期遗存谈起》（《中原文物》6 期）一文将王湾三期文化分为两类遗存，一类是以王湾遗址第三期和小潘沟龙山时代遗存为代表的三里桥文化，另一类则以西吕庙等遗址龙山晚期遗存为代表。作者认为，三里桥文化的东侵对嵩山以西地区的考古学文化形成了压迫，同时对嵩山以南和以东地区的考古学文化也形成了影响，这即是二里头文化出现的历史背景之一。刘俊男《石家河文化的北渐及其对豫中西地区的影响》（《中原文物》1 期），分析了石家河文化对豫中西地区的影响，强调虽然二里头文化是在王湾三期文化的基础上发展起来的，但它的终极来源却是在长江中游地区，夏王朝是黄河和长江流域人们共同建立的。赵东升《论鄂豫陕间二里头文化时期的文化格局及势力变迁》（《中原文物》5 期），对鄂豫陕间龙山晚期和二里头时期的重要遗址进行了分析，指出该区域在二里头文化早晚期之间文化面貌上的显著差别，并据此探讨了二里头文化向南方的扩张。张东《试论洛阳盆地二里头文化的形成背景》（《中原文物》3 期）分析了二里头文化形成之前洛阳盆地及邻近地区的文化格局，进而考察了二里头文化的来源，认为嵩山东南麓煤山类型文化孕育了新砦期遗存，由此直接导致了二里头文化在洛阳盆地的出现。

对二里头文化、二里头遗址以及该遗址出土物的研究始终是夏代考古的重点。张东《编年与阐释——二里头文化年代学研究的时间观》（《文物》6 期）一文具有较强的理论探讨色彩，着重讨论了考古学文化分期以及^{14}C 测年的局限性，指出将文化分期和测年数据等线性的、均质的时间结构与具体历史现象进行比对研究具有明显的不足，呼吁建立起多尺度的时间观来理解二里头文化乃至夏商王朝的更迭。陈国梁和李志鹏《二里头文化的占卜制度初探——以二里头遗址近年出土卜骨为例》［《三代考古》（五），科学出版社］收集了 1999～2006 年间二里头遗址出土的卜骨 160 件，鉴定出其中以牛、猪、羊、鹿等种属最为常见，同时对这批卜骨的整治方式以及施钻、施灼情况进行了归纳总结，这一研究成果以翔实的资料填补了研究空白，极大地促进了对夏时期占卜传统的认识。彭小军《陶爵的制作与生产——以二里头遗址出土资料为例》［《三代考古》（五），科学出版社］一文则对二里头遗址出土的陶爵进行了细致观察，发现该遗址陶爵的制作具有稳定甚至固化的流程，虽然其制作技术在二里头文化二、三期之间发生了变化，但就总体而言，从二里头文化二期至四期之间，陶爵的标准化程度在不断增强，而且其标准化程度始终要高于其他陶器器类。

另有学者从不同角度对二里头遗址或二里头时期的遗物进行了科技考古研究，其中查理思等人在二里头遗址进行了土壤采样分析，完成了《二里头文化遗址区土壤化学成分含量与变化研究》（《土壤通报》44 卷 6 期），分析结果表明二里头时期的人类活动对含文化层土壤化学成分产生了明显影响，土壤中有机碳、全磷和有机磷含量增加显著，当时的人类活动使土壤中元素含量的比值发生了明显变化。赵春燕（《偃师二里头遗址土壤与人骨中铅含量的测定》（中国环境科学学会学术年会论文，昆明，2013 年 8 月）检测了 23 个人骨个体样品，发现除 1 个个体外，其他个体骨骼中铅元素的含量全部低于土壤背景值，由此说明当时土壤环境中的铅元素对人类影响很小，而一例幼儿骨骼的高铅含量则显示其可能死于体内铅中毒。上述研究体现了学术界对二里头遗址研究领域的拓展。

另有多位学者对夏时期其他地区的考古学文化和遗迹遗物进行了研究。段天璟对二里头文化时期环渤海地区的考古学文化进行了确认与区域划分，将其分为泰沂山地—山东半岛、辽东半岛、千山山地、下辽河平原地区、桑干河—滦河流域，以及华北平原等多个文化区，并对各区域间的文化互动关系进行了分析，此一研究可视为他对二里头时期文化格局探讨的继续［《中国考古学会第十五次年会论文集》(2012)，文物出版社］。徐海峰发表《冀中地区夏至早商时期的考古学文化》［《中国考古学会第十五次年会论文集》(2012)，文物出版社］一文，从文化面貌上将冀中地区分为南北两区，北区夏至早商时期为下岳各庄文化和早商文化分布区，但两者之间尚有缺环；南区则是下七垣文化和早商文化台西类型的分布范围，但两者之间的关系尚不明确。姜建设和陈隆文论证了郑州大师姑城址是夏代方国古观（管）国的都城，认为这从一个侧面证明了偃师商城即汤都西亳（《史学月刊》11 期）。秦小丽《夏商时期江淮河地区与中原地区的地域间文化动态关系——以陶器资料分析为中心》（《江汉考古》2 期）一文通过对江淮地区典型遗址出土陶器的统计和分析，构建了这一区域二里头和二里岗时期的文化序列，进而分析江淮地区与中原地区及周边诸地域的文化互动关系，并以此为基础探讨夏商王朝的统治体系、统治方式及其对江淮地区的影响。朔知等人发表了《安徽铜陵县师姑墩遗址发掘简报》（《考古》6 期），介绍了该遗址 2010 年的发掘材料，简报将该遗址的遗存分为早、中、晚期，年代大致与夏、商、西周时期相对应；并指出这里的早、中期遗存填补了皖南和沿江区域夏商时期文化的缺环，而这里发现的炉壁和炉渣则证明了皖南地区青铜冶铸时间可能早到二里头文化时期，此项研究对于了解夏时期长江流域青铜冶铸工业以及该地区与中原地区的文化交流均具有重要意义。王开等人则在《安徽铜陵县师姑墩遗址出土青铜冶铸遗物的相关问题》（《考古》7 期）一文中公布了对师姑墩遗址出土的青铜样品金相显微观察、扫描电镜能谱和 X 射线荧光能谱分析结果，证明该遗址是一处综合性的冶炼、铸造作坊遗址。

2013 年还有多位学者对夏文化探索、夏代考古及夏商分界等重大学术问题进行了反思。刘绪《夏末商初都邑分析之一——二里头遗址与偃师商城遗存比较》（《中国国家博物馆馆刊》9 期）一文对二里头遗址第四期和偃师商城第一期遗存进行了比较研究，指出除府库与池苑为偃师商城的特殊设施之外，其他诸多方面如遗址面积、宫城与宫殿建筑规模、墓葬数量与随葬品的丰俭程度、手工业作坊规格等，偃师商城第一期均较二里头遗址第四期远为逊色，由此质疑偃师商城第一期遗存与西亳之称是否匹配。该文针对偃师商城西亳说提出的若干质疑，不仅值得新西亳说学者深思，也是对当前夏商分界研究者的集体启示——如果偃师商城西亳说不能成立，那么现有夏商文化认知体系就面临着严峻的挑战。孙庆伟在 2013 年发表了系列文章回顾夏文化探索历程，《个性、时势和境遇：顾颉刚如何走上“古史辨”道路》（《古代文明研究通讯》56 期）一文是以顾颉刚《古史辨第一册自序》为线索，结合最新出版的《顾颉刚全集》中的有关内容，全面分析顾颉刚如何走上“古史辨”道路，从而为正确理解他的史学主张提供必要的背景知识。《问禹为何物：顾颉刚先生的夏史研究》（《古代文明研究通讯》57 期）一文着眼于顾颉刚的夏代史研究，企图厘清顾颉刚一生在此问题上的前后变化，由此来辨明“古史辨”学者对夏代史究竟持何种意见。该文认为，终顾颉刚一生而言，他是“疑禹”而不“疑夏”，即始终怀疑大禹是否为真实的人王，但并不怀疑夏代的存在为真实的史实，因此，顾颉刚积极倡导建设真实的夏代史，并认为其唯一途径乃在于考古学，且始终关注考古学在此领域的新进展。《有心还是无意—李济汾河流域调查与夏文化探索》（《南方文物》3 期）一文从李济当年的调查和发掘报告出发，详细梳理他与袁复礼的调查行程，同时结合当时的社会与学术背景，证明李济的晋南之行绝非为了夏文化，他的目的只能是为了探索“中国文化的原始问题”，从而以科学的考古材料来回应安特生的“中国文化西来说”。

二 先商文化研究和商代考古

2013 年有多篇论著致力于先商文化研究。张国硕和赵俊杰主编《民权牛牧岗与豫东考古》（科学出版社）一书体裁新颖，该书前半部分系统介绍了河南民权牛牧岗遗址发掘和周边遗址调查成果，为探索先商文化提供了重要的新材料；该书后半部分则对豫东地区 70 多年来的考古工作进行了总结和分析，汇编了豫东考古资料索引，是开展先商文化探索和豫东考古研究的重要工具书。张晓峥《试论邯郸地区漳河型下七垣文化遗存》［《中国考古学会第十五次年会论文集》（2012），科学出版社］回顾了下七垣文化漳河型的发现和研究史，并根据近年考古发现将邯郸地区漳河型遗存分为三期六段，指出漳河型主要受晋中地区龙山文化和夏文化影响，并接受了部分后岗二期文化因素。袁广阔《河南长垣宜丘遗址发掘的意义》（《中原文物》4 期）根据在长垣宜丘遗址发现的漳河型遗迹打破辉卫型遗迹的地层关系，认为漳河型是晚期先商文化，而辉卫型则应属于韦国文化，由此推进了张立东此前提出的辉卫型文化是韦文化的认识。徐昭峰《先商文化研究二题》（《史学集刊》1 期）则讨论了上甲微假师于河伯伐有易和先商文化南下两个问题，认为前者在历史上确有其事，而先商文化南下则是气候原因所造成的，但在客观上促进了商人的发展。

南关外期（型）是先商文化研究中的一个焦点问题，安金槐、邹衡、赵芝荃、李伯谦等多位学者均对此类遗存发表过意见，然而不但名称各异，内涵也不相同，对其时代与性质的判断自然各持己见，如果不加分辨地加以引用，势必造成研究上的混乱。李维明《南关外期（型）遗存平议》（《中原文物》2 期）一文力图正本清源，对学术界有关南关外期（型）的各家观点进行了梳理，认为它是与二里头文化、二里岗文化下层一期共存于郑州地区的一种考古学文化，其年代上限当在二里头文化三、四期之交，下限约在二里头文化四期早段。

2013 年有多位学者围绕郑亳说展开了讨论。尚友萍《论夏末商初的“汤之亳”在郑州》（《中国国家博物馆馆刊》9 期）不同意大师姑城先为夏代韦国城址，后为早商文化城址的说法，主张二里岗 C1H9 是先商文化，南关外期为东夷文化遗存，郑州商城既是先商之亳，也是早商之亳，这一认识与邹衡的郑亳说颇为接近。李伯谦在《商王朝编年研究中的两个问题》（《金玉交辉》，“中央研究院”历史语言研究所）一文中再次重申以郑州商城 W22 宫城墙基、C8T62 宫殿夯土基址和 T166M6 铜器墓为代表的一类遗存，其年代已经进入商纪年，不应称为先商文化，而是早商文化。换言之，李伯谦认为郑州商城在年代上要早于偃师商城，郑亳说较之西亳说更为合理。

有关郑州商城的研究还有：王炜《郑州商城铜器墓研究》（《中国国家博物馆馆刊》9 期）一文依据《郑州商城》发掘报告所发表的铜器墓材料，并增补近年公布的新材料，对郑州商城所有铜器墓的年代进行了核校，进而对这些铜器墓的等级和分期进行了探讨，这项研究对于了解郑州商城的兴衰无疑具有重要意义。常怀颖《郑州商城铸铜遗址研究三题》［《三代考古》（五），科学出版社］则以操作链理论为指导，从“操作空间布局差异”“铸铜废弃物所见的生产功能差异”“铸造遗址与郑州商城的空间布局”等三个方面探讨了郑州商城南关外和紫荆山北两处铸铜遗址的相关问题，堪称是对郑州商城铸铜工业的一次全面梳理。

2013 年早商文化研究领域最重要的成果是《偃师商城》（第一卷）（科学出版社）的出版。该报告公布了偃师城址 1983～2008 年间除宫城外的全部勘探和发掘资料，主要包括：城墙勘探和解剖、城门发掘、建筑遗迹、墓葬发掘、城址西南角二号府库的勘探和发掘、城址东北部生活区和作坊区的勘探与发掘、出土遗物介绍和偃师商城商文化分期等。尽管此前偃师商城考古队发表过多篇勘探和发掘简报，但学术界对正式发掘报告期盼已久，可以预见，《偃师商城》的出版必将极大促进夏商文化研究。此外，作为偃师商城考古队的队长，谷飞发表了《偃师商城忧思录》［《三代考古》（五），科学出版社］，着重介绍偃师商城的保存现状，分析了目前保护方案的利弊，并对这处商代重要都邑遗址所面临的状况深表忧虑。

郑州商城与偃师商城之外，也有学者对其他早商都邑性遗址及相关问题进行了研究。顾万发的论文《论望京楼商城东一城门》（《中原文物》4 期）根据考古材料并结合后代文献资料，将望京楼商城第一重城墙的东一城门复原为具有浓厚的军事防御色彩、筑有瓮城的“凹”字形的城门形制，同时指出该城门的始建年代当在二里岗下层 H9 和 H17 之间，而其废弃时间则在白家庄期。何艳杰则从小双桥遗址出土的青铜建筑构件着手，认为它们并非人为遗弃，而是商代“毁庙”活动中举行“易檐”礼的结果［《中国考古学会第十五次年会论文集》，(2012) 科学出版社］。

对洹北商城、殷墟文化和殷墟遗址的研究是商代考古的热点。李伯谦在《商王朝编年研究中的两个问题》（《金玉交辉》，“中央研究院”历史语言研究所）一文中分析了洹北商城的文化面貌和时代，认为该城属于河亶甲所迁之相的可能性更大，作为盘庚迁殷之殷可能性则较小。谢肃《关于“大司空一期”的上限年代及相关问题》（《华夏考古》4 期）则强调了大司空一期可以进一步细分期段的可能，指出其上限要早于武丁，并以此为基础推断以小屯为中心的传统殷墟很可能就是盘庚所迁的殷，这一认识对于正确处理殷墟与洹北商城的相互关系具有重要意义。花园庄东地 M54 是近年来殷墟发掘的一座重要墓葬，何毓灵《殷墟花园庄东地 M54 墓主再研究》［《三代考古》（五），科学出版社］一文通过对该墓随葬品组成的分析，同时结合人骨鉴定，以及人骨锶、氧同位素的检测分析，判断该墓墓主亚长可能是来自南方的方国首领，这一认识无论是在具体结论上还是在研究方法上均具意义。小屯宫殿基址是殷墟的重要遗存，近年已有多位学者对 20 世纪 30 年代发掘的宫殿基址重作系统梳理，岳洪彬和孙玲共同完成的《殷墟小屯宫殿区甲组基址的年代和性质探析》［《三代考古》（五），科学出版社］一文则综合分析了 20 世纪 30 年代、1987 年以及近年来对小屯宫殿区的发掘与钻探材料，认为小屯宫殿区甲组基址的具体年代最早可到武丁早期，历经武丁以后各王直至帝辛时期废弃。他们还指出甲组基址及其附近区域有可能存在铸铜、制石、制玉、制骨甚至酿酒和制陶作坊，这一区域应是殷墟王族族邑范围内的手工业作坊集中区。国家博物馆和中国社会科学院考古研究所联合主编了展览图录《商邑翼翼　四方之极——殷墟文物里的晚商盛世》（安徽人民出版社），其中收入殷墟妇好墓、小屯 18 号墓、花东 54 号墓出土的青铜器、玉器等珍贵文物 200 余件，并按“等级制度”“礼乐文明”“信仰空间”“甲骨文字”“世俗生活”“戎马生涯”等六个主题进行编排，便于读者从不同侧面了解晚商时期的社会面貌。

2013 年对商代地理、殷墟与周边地区相互关系的研究也有多项成果。韦心滢的专著《殷代商王国政治地理结构研究》（上海古籍出版社）将商王国政治领域的地理空间分成三个层次——王畿、近畿与边域，同时利用甲骨和考古资料分析了商后期殷商王朝的四至，探讨了商王朝与周边方国的关系，并分析了小邦周灭大邑商的原因。朱凤瀚为了探讨商人与北方族群的联系，发表《由殷墟出土北方式青铜器看商人与北方族群的联系》（《考古学报》1 期）一文，该文首先梳理了商代后期石楼类型、绥德类型、黑豆嘴类型、冀北类型等北方系铜器的发现与特征，再对殷墟祭祀坑、陪葬坑以及墓葬中出土的北方系铜器进行了统计分析，指出殷墟所见北方式铜器多属于殷墟一期文化偏晚至二期，也即武丁早期至祖甲时期，而这一现象说明殷墟所见的北方式铜器主要源自商人这一时期对北方的征伐。宋江宁《对关中地区商代考古学研究的思辨》［《三代考古》（五），科学出版社］对关中地区商代考古学文化研究的现状进行了综述与反思，指出导致观点纷争的根本原因在于考古学文化与族属的对应上，主张未来研究应更多着眼于商时期关中地区的社会面貌，此一呼吁与该作者历来关注关中地区商周时期的聚落与社会密切相关。金正耀《安阳前期殷人经略地域的方向转换与青铜资源保障》（《金玉交辉》，“中央研究院”历史研究所）则着眼于商代的铜矿资源，指出安阳前期殷人的青铜生产进入高峰，而商文化在长江流域则呈明显收缩之势，再结合中国西南地区矿产开发的相关发现，认为商人通过某种目前尚不知晓的方式从西南地区获得了大量的铜矿资源，而这一现象表明殷人的经略方向发生了重大变化。李龙海《殷商时期东夷文化的变迁》（《华夏考古》2 期）依据甲骨和考古材料，认为商文化曾经两次向东方大规模地扩张：一次是二里岗上层时期，另一次是殷墟时期，商文化在东方的扩张虽然在泰沂山脉南北两侧同时进行，但并未涵盖整个海岱地区。王恩田《益都苏埠屯亚醜族商代大墓的几点思考》（《金玉交辉》，“中央研究院”历史研究所）对苏埠屯大墓重做检讨，指出该墓是殷墟之外规模最大、等级最高、人殉人祭数量最多的商代大墓，墓主亚醜应是商纣王所分封“三公”中的九侯，也即鬼侯，但最后被纣所灭。方辉则主编《大辛庄遗址研究》（科学出版社），收录自 1936 年大辛庄遗址发现以来的相关报道与研究文章共 48 篇，并按资料卷和研究卷分别编排，为研究者提供了极大的便利。

另有多位学者对商代铜器、族徽、祭祀和奠基仪式等专题进行了研究。内田纯子《商代的酒器与青铜礼器》（《金玉交辉》，“中央研究院”历史研究所）一文分析了商代酒醴酿造技术的发展，酒器组合及其纹饰上的演变，并探讨了两者之间的相互关系。穆洁在《山西地区所见商代青铜礼器浅析》（《中国国家博物馆馆刊》7 期）中系统梳理了山西地区出土的商代青铜礼器，并进行了文化因素分析，指出在殷墟二、三期时山西地区的青铜器进入了繁荣阶段。在山西出土的商代铜器中，灵石旌介商墓铜器无疑最为引人注目，严志斌《灵石旌介商墓铜器研究》（《金玉交辉》，“中央研究院”历史研究所）从铜器铭文和纹饰出发，将灵石旌介商墓出土的铜器分为三组，并发现不同族属铜器在纹饰组合以及铜、铅、锡含量均有不同，由此判断商代墓葬随葬青铜器的来源极具复杂性。保德林遮峪铜器是晋陕高原发现的另一群重要的商代青铜器，常怀颖《林遮峪铜器墓年代及其相关问题》（《古代文明研究通讯》57 期）一文对这批铜器的年代进行了分析，认为它们应当出于墓葬，其中可确定年代的铜器大都相当于殷墟二、三期，而不会晚至西周时期，以其为代表的“保德类型”当与李家崖文化密切相关。雒有仓《商周家族墓地出土族徽铜器与所见族氏结构》（《中国国家博物馆馆刊》4 期）一文梳理了 30 处商周家族墓地出土的带族徽铜器材料，据此将商周家族墓地分为单一族墓地、两族共用墓地和多族共用墓地等三类，并认为它们实际上代表了不同类型的血缘族氏结构。汪涛出版了他 20 年前博士论文的中译本《颜色与祭祀》（上海古籍出版社），利用考古材料和卜辞探讨了商代祭祀中颜色的内涵及礼制意义。该著虽是旧作，但研究角度新颖，仍有积极的借鉴意义。此外，杨谦《商代中原地区奠基遗存初探》（《中原文物》3 期）详细收集了中原地区多处商代城址和居址中与奠基有关的考古材料，对商代奠基的祭祀用牲进行了分析和探讨，指出商人的奠基习俗既有精神层面的诉求，同时也是为了追求政治上的稳定。

另外，侯亮亮等人在《先商文化时期家畜饲养方式初探》（《华夏考古》2 期）一文中利用现代科技手段，对河南安阳鄣邓遗址出土的猪、牛、羊等动物骨骼进行了 C、N 稳定同位素分析，指出此三类家畜皆有可能是先商居民的主要肉食来源，羊则可能另作他用；他们的研究还表明先商居民保留了以旱作农业作物和人类的残羹冷炙来饲养猪、狗的传统方式，牛的饲养仰仗旱作农业的副产品，而羊虽然以野生放养为主，但也越来越依赖旱作农业。

三　先周文化探索与西周考古

2013 年先周文化探索的新进展主要是西北大学文化遗产学院发表了《陕西淳化枣树沟脑遗址 2007 年发掘简报》（《文物》2 期），该报告着重介绍了枣树沟脑遗址先周时期的遗存，为先周文化研究提供了新的资料。牛世山《周族起源于山西说问疑》［《三代考古》（五），科学出版社］一文对相关文献材料进行了辨析，同时结合近年的考古材料，否定了光社文化为先周文化的可能性，重申了他历来所主张的郑家坡文化是先周文化的观点。另外，刘静发表了《试析崇信于家湾墓地》（《文物》7 期），对于家湾墓地的分期进行了调整，将原报告所定的先周墓葬和若干座西周早期墓归入商末周初，另把原报告所定的个别西周早期墓定为西周中期。她还将该墓地的 100 多座墓葬划分为 3 个等级，并推测该遗址是商末周初时期周人在陇东地区的统治中心。

西周都邑考古在 2013 年也有较大进展。陕西省考古研究院在年度成果综述——《2012 年陕西省考古研究院考古发掘新收获》（《考古与文物》2 期）中介绍了周原遗址姚家墓地的发掘收获，该墓地分南北两区，共发现西周时期墓葬和车马坑 130 座，陕西考古研究院发掘了其中的 44 座墓葬、1 座马坑和 1 座车马坑，包括 2 座带一条墓道的甲字形大墓，墓葬年代约在西周中期偏晚至西周晚期。特别值得一提的是，这两座带墓道大墓形制均较特殊，其中 M7 的墓室四角各有一条窄而短的斜道，与琉璃河遗址 M1193 类似，而另一座 M8 的墓道整体呈弧形弯曲，是以往西周墓葬中所未见的。姚家墓地的发现与发掘对于研究周原遗址的布局、西周时期的丧葬习俗均具有重要意义。郭明《周原凤雏甲组建筑“宗庙说”质疑》（《中国国家博物馆馆刊》11 期）一文将周原凤雏甲组建筑与其他商周时期大型建筑基址进行了对比，对传统的“宗庙说”表示了质疑，认为该基址应是贵族居所而非宗庙，这一认识无疑有助于深入了解周原遗址的聚落形态。除了建筑本身，凤雏甲组宫殿基址的重要性还在于这里出土的甲骨，李桂民在《周原庙祭甲骨与“文王受命”公案》（《历史研究》2 期）一文中论证了凤雏甲组宫殿基址 H11 出土的甲骨是周人的庙祭甲骨，其占卜内容是文王为验证天命问卜而受殷先王嗣位之命的重要记载。除了上述具体研究，尤需一提的是，宝鸡市周原博物馆在2013年创刊了《周原》学术集刊（三秦出版社）。第一辑中刊载了多篇周原考古论著，涉及范围广泛，成为集中展示周原考古新成果的重要阵地。其中有关周原遗址性质与考古学文化的论述有：刘绪《西周西土的考古学初探》、张天恩《周原遗址商周聚落性质的观察》、孙周勇《西周时期周原遗址性质的思考》、刘军社《为什么说周原还是秦文化的发祥地》、种建荣与张亚炜《周原遗址田野考古工作的检讨与反思》、宋江宁《关中地区商代考古学研究的回顾与展望》等；有关周原甲骨的论著有：李学勤《再论周原任家村腹甲卜辞》、杜迺松《周原地域甲骨文与金文记研》；有关周原青铜器及铜器窖藏的论著有：张培瑜《试论出土和传世文献传递的西周年代》、张懋镕《周原铜器族属浅议》、张恩贤《周原金文周史新证——从〈殷周金文集成释文〉著录周原出土青铜器看其特点》、马赛《周原遗址青铜器窖藏性质的再认识》、罗西章《董家窖藏西周铜器铭文剔清记》；有关周原遗址其他遗迹与遗物的研究有：王占奎《周原遗址扶风云塘陂塘与水渠三题》、种建荣和雷兴山《论周原遗址新发现的空心砖》、徐良高《周原遗址西周大型建筑基址的发现与研究》、徐海兵与刘成《周原考古发掘地层土质分析》等；公布的新材料则有：《周原遗址庄白取土场2003年度发掘报告》、《周原遗址池渠遗存的钻探与发掘》和《周原遗址召陈村北西周残墓的清理》。除此之外，另有多篇与周原考古相关的论述与回忆文章。

2013年丰镐遗址的研究成果主要有：阿房宫与上林苑考古队发表了《西安市汉唐昆明池遗址区西周遗存的重要考古发现》的发掘简报（《考古》11期），介绍了西安市汉唐昆明池遗址区内发现的两座西周时期车马坑，这对进一步确认西周镐京遗址并了解其布局均具有重要意义。张礼艳《沣西地区殷遗民的社会地位及其变迁》（《考古与文物》2期）对沣西地区周人和殷遗民墓葬进行了等级划分，并从腰坑、俯身葬比例、随葬器物组合、殉祭使用等方面考察两者的异同，发现自西周中期以后该地区殷遗民墓独特的丧葬习俗逐渐消失，由此折射出西周时期殷遗民地位的变迁。徐良高《周都选址丰镐的奥妙》［《三代考古》（五），科学出版社］一文则总结出周人迁都丰镐的三条理由：即商末周初的政治形势、丰镐一带优越的地理环境以及地处关中的聚落核心与交通枢纽。

陕西宝鸡石鼓山和湖北随州叶家山是2013年西周封国考古最为重要的成果。石鼓山考古队发表了《陕西宝鸡石鼓山西周墓葬发掘简报》（《文物》2期、《考古与文物》1期），详细介绍了石鼓山墓地M3的发掘情况，同时公布了此前已遭破坏的M1和M2出土的铜器；发掘者认为该墓地属于西周早期的户氏家族墓地，其独特的墓葬形制以及出土的大量青铜器极大地丰富了关中西部商周之际的文化遗存。与此同时，参与发掘的王颢、刘军社等人联合发表《石鼓山西周墓葬的初步研究》一文（《文物》2期），总结了石鼓山西周墓葬的几个显著特点，即多龛、宽二层台、车人同穴、随葬铜器均置于壁龛内，随葬铜器则表现为礼器、兵器和马器多，陶器和玉器少的特点，并据此判断墓主人来自姜戎民族，而墓地的发现对于辨识周文化与姜戎文化具有决定性意义。刘军社在《西周铜禁与姜戎人》（《中国文物报》7月19日）一文中甚至认为，既然铜禁仅见于石鼓山和戴家湾，说明此类器物很可能是姜戎民族的发明。而辛怡华等人在《石鼓山西周墓葬出土铜器初探》（《文物》4期）一文中对石鼓山西周墓葬出土铜器进行了全面研究，着重分析了铭文所见族徽组合、列卣制度，并探讨了周人对姜戎族的怀柔政策。虽然学术界对于石鼓山墓地的具体归属尚有不同意见，但该墓地的发现无疑对解决当前先周文化探索所面临的困境具有关键意义。

2013 年湖北省文物考古研究所组织力量对随州叶家山西周墓地进行了第二次大规模发掘，据黄凤春等人公布的《随州叶家山西周墓地第二次考古发掘的主要收获》（《江汉考古》3 期），此次发掘共清理墓葬 77 座、马坑 6 座，出土 1300 余件器物，其中包括 M28 和 M111 两座带墓道大墓。随后在《湖北随州叶家山 M28 发掘报告》（《江汉考古》4 期）中公布了甲字形大墓 M28 的发掘情况，由于该墓出土大量曾侯谏铜器，发掘者修正了原将 M65 定为曾侯谏墓的意见，转而认为 M65 和 M28"均为曾侯墓无疑，而且其中肯定有一座曾侯谏墓"。发掘者又根据出土铜器特征，判断 M28 年代当在昭王前期。在发掘期间，湖北省文物考古研究所在随州市召开了"随州叶家山西周墓地考古研讨会"，邀请李伯谦、王巍、朱凤瀚、张懋镕和徐少华等多位专家现场观摩，并发表了《随州叶家山西周墓地第二次发掘笔谈》（《江汉考古》4 期），集中讨论田野发掘和材料整理，相关墓葬年代、曾国族姓以及墓地中曾国国君数量等关键问题。2013 年 12 月，该所又组织了"随州叶家山西周墓地国际学术研讨会"，与会学者关注的焦点问题包括曾国究竟是姬姓国还是姒姓国，曾国墓葬的丧葬习俗及器用制度，曾国陶器分期和原始瓷特征，曾国铜器的铸造工艺，以及西周王朝对南土的经略等。在会议期间，湖北省文物考古研究所和湖北省博物馆联合主办了叶家山曾国墓地出土文物展，出版《随州叶家山——西周早期曾国墓地》（文物出版社），集中收录了 M65、M28 和 M111 等三座曾侯墓，以及 M1、M2、M27、M50 和 M55 等五座贵族墓的出土精品，同时刊发了黄凤春、张昌平和李伯谦等学者所撰的专文，介绍该墓地的发现概况、相关问题的认识，以及叶家山西周墓地的发掘在西周考古中的意义，为学术界及时了解墓地状况提供了宝贵的第一手资料。

叶家山曾国墓地的发掘也激发了多位学者对曾国历史与文物的研究。张昌平《论随州叶家山西周墓地曾国青铜器的生产背景》（《文物》7 期）一文从该墓地 M1、M28、M27 和 M65 等墓出土青铜器出发，通过对器物形制、器类组合和纹饰特征的详细分析，证明西周早期的曾国即具有独立生产青铜器的能力。他又通过与山西横水墓地以及翼城大河口墓地出土铜器的比较研究，认为西周时期诸侯国独立铸造铜器是一个普遍现象。主持叶家山墓地发掘工作的黄凤春在《湖北境内出土的有铭曾器及相关问题》（《金玉交辉》，"中央研究院"历史语言研究所）一文对湖北境内有铭曾器进行了收集，指出叶家山西周早期曾国应为姬姓国，是在灭掉商代曾国基础上新封建的侯国，其受封时间当在康昭时期；他还认为曾即随，而随的得名则与随州境内的溠水有关。另外，李维明《随州叶家山西周墓地曾侯名试议》（《中国文物报》12 月 20 日）一文也对叶家山墓地出土铜器上的曾侯名字作了考证，并对相关墓葬年代进行了推断。

2013 年还有多位学者对西周王朝其他封国或地区的考古学文化及出土器物进行了研究，以下按区域或国别分别加以叙述。

泾渭流域：路国权在《泾、洛、渭河上游西周文化边界及相关问题初论》（《考古与文物》3 期）一文中较详细地梳理了泾、洛、渭河上游地区发现的西周时期遗存，认为西周文化的北界和西北边界大致可以确定在陕北无定河至宁夏南部清水河、甘肃洮河一线，并指出对宁夏盐池盐业资源的控制是周人向泾、洛、渭河上游地区拓展的主要动力。梁云对泾河上游西周时期殷遗民墓葬进行了研究，指出这类墓葬所处的墓地规模普遍较小，随葬器物中兵器所占比重较大，上述现象表明这些殷遗民应是为周人戍边的武士［《中国考古学会第十五次年会论文集》（2012），文物出版社］。张博在《试论陇东之于周人——建立在墓葬视角上的微观分析与宏观比较》(《文博》4期)中则详细对比了陇东地区西周时期各阶段周人墓葬在所有墓葬中所占比例的变化，发现周人对这一地区的控制在西周时期呈现逐步衰退之势，而周人在此区域的统治中心则是崇信和灵台。刘树满《宝鸡戴家湾出土的用征器及相关问题》(《文物春秋》1期)一文对戴家湾铜器群的用征尊和用征卣进行了分析，认为此二器年代约在康王前后，“用征”当理解为“用于远行”。英国学者罗森发表了《陕西宝鸡西周墓出土的微型青铜器》(《金玉交辉》，“中央研究院”历史语言研究所)，着重分析了宝鸡竹园沟強国墓地出土的微型铜器，指出该墓地很多器物与河西走廊，甚至更远的西北地区如新疆及西伯利亚地区的草原地带密切相关。

齐鲁地区：王富强等人分析了胶东地区的周代地方文化遗存，指出在晚商时期当地以珍珠门文化为主导，西周初年齐文化开始进入，到西周中期基本上替代了前者，但直到春秋中晚期齐文化才完全控制了胶东地区［《中国考古学会第十五次年会论文集》(2012)文物出版社］。黄川田修的论文《早期王朝时期的鲁西南地区——试论鲁国发展之社会背景》(《金玉交辉》，“中央研究院”历史语言研究所)以鲁国为中心，分析了自二里岗上层阶段以降鲁西南地区的文化传统，强调了该地区不但是西周王朝镇抚商奄之地，同时也是沟通淮河流域的枢纽之地，由此决定了鲁国分封于此的历史必然性。魏成敏介绍了山东昌乐营陵城的考古勘探资料，指出该城的始建年代应在西汉早期，可能为西汉营陵侯刘泽所建，或为北海郡的郡城，而非文献记载的太公所都之营丘，探索营丘仍需以临淄为中心［《中国考古学会第十五次年会论文集》(2012)，文物出版社］。刘延常等人对山东地区的燕文化遗存进行了分析，并探讨了燕、齐、鲁等西周重要封国之间的文化交流与密切关系［《中国考古学会第十五次年会论文集》(2012)，文物出版社］。

太行山东麓地区：杨勇发表了《镇江营遗址商周第三、四期遗存陶器分期的再认识》(《华夏考古》1期)，对镇江营遗址出土陶器进行了研究，将该遗址第三、四期遗存重新划分为三期，各期年代分别相当于西周早、中、晚期。豆海锋与冯丹在《从“镇江营类型”看西周文化在太行山东麓北段的发展》(《草原文物》1期)一文中则分析了太行山东麓北段西周时期的文化面貌，指出西周早期周文化在这一地区只是“据点式”的占领，缺乏完全控制这一地区的力量，而西周中期偏早阶段之后，周文化逐渐实现了对这一地区的同化。与此同时，豆海锋还在《太行山东麓地区西周文化分期研究》(《华夏考古》2期)一文中对该区域西周遗存进行了全面分析，建立起了太行山东麓地区西周时期居址和墓葬的考古学编年序列。

晋及邻近地区：作为大河口墓地发掘的主持人，谢尧亭在《倗、霸及其联姻的国族初探》(《金玉交辉》，“中央研究院”历史语言研究所)一文中根据绛县横水倗国墓地、翼城大河口霸国墓地出土铜器铭文，结合若干传世铭文，对与倗、霸两国联姻的族姓进行了分析，证实西周时期周人确实实行“同姓不婚”之制。此外，山西省考古研究所发掘了长子县西南呈墓地，清理西周中晚期墓葬14座，另据钻探，该墓地尚有同时期的大型墓葬和车马坑，因此推断这是又一处西周封国墓地(《中国文物报》10月25日)。

南土与南国：朱凤瀚《论西周时期的“南国”》(《历史研究》4期)一文从铜器铭文出发，指出西周时期“南国”与“南土”存在区别，“南土”是周王国南方的国土，设有“侯”之类的军事长官，而“南国”则更在其南，大致在今淮水流域、南阳盆地南部与汉淮间平原一带。尹弘兵《商代的荆蛮与西周初年的楚国》(《华夏考古》1期)主张传说时代分布在江汉地区的居民为古三苗，在“禹征三苗”之后，其遗裔在商周时代形成了楚蛮部族，商代楚蛮分布在以丹江库区为核心的鄂豫陕交界地区和汉东地区，西周初年的楚国当在丹江地区，符合楚都丹淅说。他同时发表了《西陵峡周代考古学文化与早期楚文化》（《考古》4 期），通过对峡江地区典型遗址的分析，将西陵峡地区西周至春秋时期考古学文化分为四组：早期楚文化、土著文化、三星堆文化和周梁玉桥文化，指出该地区西周晚期是作为外来因素的楚文化与本地土著文化的融合阶段，但早期楚文化处于主导地位，但到了春秋中晚期，土著文化因素则被改造成峡区楚文化的有机组成部分，从而进一步否定了楚都丹阳的“秭归说”。傅玥在《淅川下王岗西周遗存初析》（《华夏考古》4 期）中将淅川下王岗遗址的西周遗存分为两期三段，年代从西周早期至春秋初年，同时将陕豫鄂交汇区的西周时期考古学文化区分为下王岗类型、陈塬类型和辽瓦店子类型，到了两周之际，该地区则成为楚文化的分布区。傅玥又在《湖北西周青铜礼乐器分群研究》（《江汉考古》2 期）一文中根据湖北地区历年出土青铜器，特别是随州叶家山曾国青铜器、羊子山噩国青铜器和宜昌万福垴铜器群，将湖北地区西周青铜礼乐器分为商系和周系两大组，进而探讨该地区西周时期的考古学文化格局以及楚、曾、鄂等国地理范围。沈长云在《静方鼎的年代及相关历史问题》（《中国国家博物馆馆刊》7 期）中分析静方鼎的年代问题，认为静方鼎是成康时期的器物，作器人静与传世静簋、静卣的作器者并非一人，静方鼎之静曾与“安州六器”所提到的中、召公以及南宫氏共同参与对南土的经营，但这次经营与昭王时期的伐楚并非一事。赵东升《论鄂东南地区西周时期的考古学文化格局及政治势力变迁》（《华夏考古》2 期）分析了西周早、中、晚期周王朝在此地区不同的统治策略及其在考古学上的反应。而徐峰《西周鄂国地望略论》［《三代考古》（五），科学出版社］通过湖北安居羊子山和河南南阳春秋鄂国墓地的新发现，分析了随州和南阳同为鄂国地望备选之地的可能性。

吴越及周边地区：苏州市考古研究所等单位公布了《江苏苏州高新区东渚馒首山土墩墓发掘简报》（《东南文化》5 期），介绍了馒首山两座土墩墓的材料，其中 M1 为石室土墩墓，M2 为石椁墓，时代分别为西周中晚期和西周早期，是苏州地区截至 2013 年发现年代最早的吴国墓葬。杭州市文物考古研究所和萧山博物馆编著出版的《萧山柴岭山土墩墓》（文物出版社）一书将柴岭山和蜈蚣山 37 座土墩墓资料全部发表，墓葬年代从商代中晚期遗址一直延续到战国初期，为研究南方土墩墓及相关丧葬习俗提供了重要资料。安徽省考古研究所在《安徽南陵龙头山西周土墩墓群发掘简报》（《文物》10 期）中则公布了龙头山西周土墩墓群的发掘资料，包括 67 座土墩墓，多为一墩一墓，出土 200 余件印纹硬陶和原始瓷器等随葬品，但未见礼器，表明墓主多为平民。另外，该所还介绍了马鞍山市申东遗址一处西周时期婴幼儿墓地的发掘情况，为了解西周时期葬俗提供了新的材料（《中国文物报》11 月 8 日）。

2013 年重要的西周考古研究还有：张天恩《西周社会结构的考古学观察》（《考古与文物》5 期）以周原、周公庙、段家河、孔头沟等大型遗址为基础，考察了西周王朝王畿内采邑的类型与等级，再通过对晋、齐等国采邑的分析，指出西周王朝实行畿内采邑、畿外诸侯，上下分级的管理形式，这是西周王朝政令畅通的保障，也堪称后世地方行政组织的雏形。另外，他在《商周之际青铜制造重心徙移的观察》（《金玉交辉》，“中央研究院”历史语言研究所）一文中则考察了商周之际青铜制造重心的徙移问题，指出在商末阶段殷墟和关中代表了各不相同的铸铜工业系统，关中的铸铜业明显落后于殷墟；商周王朝更迭之后，伴随着殷墟系统的工匠大规模迁徙到洛阳盆地和关中平原，周人的青铜制造技术得到迅速发展。李春利《西周时期采邑的城邑形态》（《中国国家博物馆馆刊》4期）一文也从近年发现的周公庙和孔头沟西周聚落出发，结合金文中的有关材料，认为西周时期采邑的城邑可分为主邑和小邑两种，其统属方式则包括“主邑—边邑”和“主邑—次级邑—小邑”两种结构。付仲杨《简析华县东阳西周墓的车马埋葬》［《三代考古》（五），科学出版社］一文对东阳西周墓地的车马埋葬类型进行了分析，并与商时期的车马埋葬制度作了对比，认为该墓地南北双室制的车马埋葬习俗当源自商文化，据此判断这批墓葬的墓主当来自西周的某个方国或少数族裔。吴晓筠曾对商周车马埋葬制度作了系统研究，她的《君子銮音：銮铃在周文化中的意义与转化》（《金玉交辉》，“中央研究院”历史语言研究所）一文从分析西周銮铃形制入手，指出銮铃由铃球和带有几何纹的方座组成，而此二者均属北方草原文化特征，后经转化被周文化所吸收，并逐步转变为君子之德的象征。郑州大学历史学院和郑州市文物考古研究院共同发掘了荥阳市官庄西周城址，发掘简报《河南荥阳市官庄西周城址》（《中国文物报》3月15日）介绍了有关情况，为研究郑州地区西周封国提供了新资料和新线索。

四 东周考古

2013年东周考古也取得较多成绩，以下按区域和国别加以叙述。

中原地区：滕铭予和张亮《中原地区东周铜器墓分类新论》（《考古》2期）一文概括了以往对中原地区东周铜器墓分类研究的标准，分析了各种分类标准的优劣，然后以用鼎制度及组合形式作为分类的首要依据，对中原地区东周铜器墓重新进行了分期与分类研究。张渭莲在《论豫北冀南地区东周时期的考古学文化》（《中原文物》4期）中将这一地区东周时期的考古学文化分为六期，指出在春秋初期该地区邢文化和卫国文化占据主流，但随着晋文化的东进，邢、卫文化相继衰落；战国时期，赵、魏文化取代了晋文化，并形成了各自鲜明的特色。河南新郑郑国祭祀遗存是近年东周考古的重大发现，谢肃《关于新郑中行遗址青铜器坑和马坑性质的讨论》（《中国国家博物馆馆刊》11期）一文，认为青铜器坑的年代实际上要晚于马坑，青铜坑是窖藏，其中的青铜器可能是郑国用于纾国难的贿赂之器，而马坑则与青铜器铸造过程中的祭祀与巫术相关。郑州大学历史学院考古系在《河南荥阳市官庄遗址西区发掘简报》（《考古》3期）中公布了该遗址的发掘材料，初步判断这是一座西周晚期至春秋中期的、具有内外三重环壕的城址，为研究周代城址提供了重要资料。郑州市文物考古研究院则在《河南新郑华阳城遗址东周遗存的调查与发掘》（《考古》9期、《中原文物》3期）的简报中介绍了战国时期韩国重镇华阳城的发掘收获，包括城壕、防御墙和防卫坑等遗迹，为研究当时著名的“华阳之战”提供了重要实物证据，同时也为探寻古华国提供了线索。另外，该院还公布了郑韩故城西北部铁岭墓地6座春秋晚期仿铜陶礼器墓葬的资料（《文物研究》第20辑）。

齐鲁地区：2013年齐鲁地区东周考古取得重大进展，一批重要资料整理发表。山东省文物考古研究所编辑出版了《临淄齐故城》（文物出版社），报告主要收录了1964～1984年20年间的田野考古资料，包括1964～1966年间对临淄城的普探资料以及这20年间在18处地点的发掘资料，为全面了解临淄齐故城的始建与布局提供了关键资料，必将极大推动对齐文化的研究。吕凯在《临淄齐国故城十号宫殿基址二〇一二年发掘成果》（《中国文物报》5月24日）中介绍了齐国故城十号宫殿建筑基址的发掘情况，并根据有关迹象判断该宫殿可能毁于大火。此外，杨勇和魏成敏等人也发表了《山东临淄齐故城冶铸考古调查与发掘取得重要收获》（《中国文物报》7 月 19 日）的简报，为研究齐国冶铸工业提供了重要资料。沂水县纪王崮春秋墓是近年来山东地区东周考古最为重要的发现，该墓为一座岩穴墓，其墓室和车马坑共见于一穴，是前所未见的埋葬形式，出土大量青铜器和玉器，其中颇多早期遗留物。2013 年《山东沂水县纪王崮春秋墓》（《考古》7 期）和《沂水县纪王崮一号春秋墓及车马坑》（《海岱考古》6 辑）两份发掘简报同时发表，发掘者根据铜器铭文推测墓主有可能是华孟子之婿中叚氏，但又指出从墓葬形制等丧葬习俗看，该墓应是一座莒国墓葬。此外，山东省文物考古研究所在《山东新泰周家庄东周墓发掘简报》（《文物》4 期）中公布了新泰周家庄墓地 78 座齐国墓葬的发掘材料，指出该墓地多见随葬兵器、殉狗的习俗，并对墓地所见的吴国兵器来源进行了探讨；该所同时发表了滕州东康留周代墓地的发掘简报，分析了该墓地与薛国故城以及鲁国故城墓葬在随葬器物上的差异（《文物》4 期）。临淄区文物局则发表了《山东淄博市临淄区辛店二号战国墓》（《考古》1 期）的发掘简报，该墓为战国早期大型殉人墓，是典型的甲字形土坑积石木椁墓，椁室周围有 4 座陪葬墓和 1 座器物坑，是研究战国齐墓的重要资料。杨锡开和管恩洁在《从考古发现看东夷郯国》（《中国文物报》9 月 13 日）一文中介绍了郯城大埠岭遗址东周贵族墓和郯国故城的有关情况，并讨论郯国的历史演变。在专题研究方面，印群的论文《论春秋时期莒国殉人墓》[《三代考古》（五），科学出版社] 专门分析了沂水刘家店子、莒南大店两处莒国殉人墓地的考古材料，并将其与东周时期其他殉人墓进行了对比研究，发现这两处莒国殉人墓与临沂凤凰岭东周殉人墓、薛国故城殉人墓、秦国殉人墓具有很强的相似性，而莒国殉人墓与晋墓为代表的中原地区殉人墓在殉人数目和方式上均差别显著。党浩则以山东昌邑地区盐业遗址调查为基础探讨了齐国的制盐业 [《中国考古学会第十五次年会论文集》（2012），文物出版社]，而燕生东《商周时期渤海南岸地区的盐业》（文物出版社）则是该区域盐业考古的第一部专著，其中也重点讨论了齐国制盐业的发展变化。

燕及邻近地区：石磊《燕文化探源》[《中国考古学会第十五次年会论文集》（2012），文物出版社] 一文对燕文化的整体特征进行了概述，徐文英 [《中国考古学会第十五次年会论文集》（2012），文物出版社] 则比较了燕下都与灵寿城在布局特征上的异同，并从政治经济基础、文化背景、自然环境、族属以及与周王室关系等方面分析了其中的原因。张渭莲《滹沱河、唐河流域东周时期考古学文化试析》（《中国国家博物馆馆刊》11 期）一文将滹沱河与唐河流域东周时期的考古学文化分为五期，年代大致相当于春秋中期至战国晚期，并证明该地区从春秋中期至战国中期被白狄所建立的鲜虞和中山所控制，战国晚期赵灭中山，从此占据此地。2013 年度有多位学者对玉皇庙墓地和文化进行了研究，如洪猛在《略论玉皇庙墓地的分期与年代》（《考古》10 期）一文中依据青铜短剑、刀和动物形牌饰的组合与形制演变，对玉皇庙墓地部分代表性墓葬进行了重新分期，其结论与发掘者的主张颇多不同；洪猛同时还考察了玉皇庙墓地部分高规格墓葬的葬俗及随葬器物，并据此来探讨它们所对应的人群及其所反映的社会上层状况 [《中国考古学会第十五次年会论文集》（2012），文物出版社]。陶宗冶《谈玉皇庙文化的几个问题》（《文物春秋》1 期）主张玉皇庙文化是代国遗存，并从玉皇庙文化的分布着手分析了代国的疆域范围和无终西迁等问题；他又与王培生在《对代国与燕、赵两国关系的探讨》（《文物春秋》6 期）一文中分析了玉皇庙文化的内涵，并结合冀北地区的考古发现，认为在赵国灭代国之后，代国领土被燕、赵两国瓜分，其分界即在张家口一带，而这也是燕、赵长城在此衔接的原因。另外，王继红和吕砚《玉皇庙文化青铜带钩研究》（《文物春秋》6 期）一文对冀北地区玉皇庙文化的十余处遗址出土的青铜带钩进行了类型学研究。滕铭予和张亮则对玉皇庙出土的直刃匕首式短剑进行了系统研究，将这类短剑分为九个类型，判断其年代从春秋中期延续到春秋战国之际，并由随葬短剑情况认为玉皇庙墓地可以区分出不同的小的人群，他们当是来自不同家族的武士（《边疆考古研究》13 辑）。

秦及邻近地区：作为早期秦文化联合考古队的队长，赵化成在 2013 年发表了《秦人从哪里来——寻踪早期秦文化》（《中国文化遗产》2 期），介绍了近年早期秦文化探索的新收获，特别是甘肃清水县李崖遗址的发掘收获，强调了该遗址对探索早期秦文化的关键意义。杨建华《略论秦文化与北方文化的关系》（《考古与文物》1 期）一文通过对中国境内出土的花格剑和三叉式护手剑的形制和年代分析，考察了秦文化对北方文化因素的接纳及传承作用。田亚岐发表《秦都雍城布局研究》一文（《考古与文物》5 期），根据多年积累的丰富考古材料，同时结合文献记载，对秦都雍城的城址、秦公陵园、国人墓地、郊外建筑以及远郊“野人”聚落的总体布局特征进行了复原和分析，获得了对雍城布局的宏观把握，这对于理解中国古代都城的营建具有重要启示意义；他还介绍了凤翔六道村战国秦墓的发掘资料，为研究雍城周边秦墓地“聚族相葬”布局提供了新的资料（《文博》2 期）。国庆华等人则根据秦雍城遗址豆腐村和马家庄等地出土的瓦件材料，结合瓦作营法，对秦雍城屋瓦体系和瓦顶进行了复原研究（《文博》5 期）。高西省《秦子、秦公编钟初论》（《金玉交辉》，“中央研究院”历史语言研究所）一文将礼县大堡子山、宝鸡太公庙出土的秦编钟材料与渭河流域西周编钟进行了比较研究，指出秦人虽然继承了周人编钟的纹样，但由于并未掌握铸拼技术，因此出现顾及乐律但未能顾及大小序列的现象。朱学文《秦东陵出土漆豆研究》（《文博》2 期）分析了 2010 年秦东陵盗掘出来的一组漆豆风格，认为该组漆豆在整体风格上近于楚式，但其铭文则具有秦风，据此推测它们或者并非出土于昭襄王墓，而是其母宣太后墓的随葬之物。于焕金《秦墓中出土的 S 形饰研究》（《考古与文物》5 期）一文分析了秦墓中出土的铜、铁、石质的 S 形饰的类型与年代，并依据此类器物的出土位置，认为这是一种带饰，主要用于系结纺织物的腰带。在新材料方面，陕西省考古研究院的《陕西凤翔孙家南头春秋秦墓发掘简报》（《考古与文物》4 期）公布了孙家南头墓地 95 座春秋秦墓和车马坑的发掘资料，墓葬时代从春秋早期遗址延续到春秋晚期，这是继陇县边家庄和店子墓地之后在汧河流域发掘的又一处较大规模的秦人墓地，对于研究早期秦文化提供了重要的实物资料；田亚岐和刘爽据此著文《孙家南头秦国春秋铜器墓的相关问题》（《考古与文物》4 期），指出该墓地很可能属于秦国早期都邑“汧渭之会”时期的墓地，该墓地铜器墓伴出陶器的现象为以往所见独自随葬铜器或陶器的墓葬提供了新的分期依据。

楚及周边地区：高江涛在《清华战国竹简〈楚居〉中的“夷屯”的一些思考》［《三代考古》（五），科学出版社］中考证了“夷屯”问题，认为夷屯非丹阳，但夷屯却处于丹阳区域之内，同时结合淅川下王岗遗址西周遗存的具体年代，认为该遗址虽非夷屯所在，但有助于证明夷屯地处丹淅流域。徐少华《邓国铜器综考》（《考古》5 期）一文对传世和出土的重要邓国青铜器铭文进行了详考，并以此为基础探讨了邓国在两周时期的历史演变。胡刚《有“都”青铜器与都国历史新论》（《文物》4 期）全面收集了传世和出土的都国青铜器，并将它们分为三期，其中前两期属都国青铜器，年代从西周晚期至春秋早期，第三期时鄀国已从汉水流域的小国变为楚国的县邑，因此当属楚国青铜器，其时代则在春秋中期晚段至春秋晚期。2013 年公布的重要新材料包括：湖北省考古研究所发表了《湖北随州文峰塔墓地考古发掘的主要收获》（《江汉考古》1 期），扼要介绍了随州文峰塔春秋中晚期曾国墓地的情况，这是继叶家山西周曾侯墓地之后又一重要曾国墓葬材料，对于正确理解曾国历史具有重大学术价值，特别是 M18 这座亚字形墓葬的发现填补了湖北地区东周此类墓葬资料的空白。崔本性和王伟介绍了南阳夏响铺鄂国贵族墓地的发掘收获，为研究周代南土提供了新的重要资料（《中国文物报》1 月 4 日）。襄阳市文物考古研究所编著《襄阳黄家村》（科学出版社）介绍了 2004～2007 年间在襄阳黄家村遗址发掘所见西周时期邓国遗存以及东周楚文化遗存，有利于对周代汉水流域的封国以及早期楚文化的研究。此外，陈树祥发表了《湖北大冶铜绿山岩阴山遗址发掘简报》（《江汉考古》3 期），介绍了 2012 年岩阴山遗址的发掘收获，主要有春秋时期的选矿和洗矿遗迹、冶炼场及探矿井等，是东周矿冶考古的新材料。

吴越及淮河流域：2013 年该地区考古工作最重要的进展是安徽省文物考古研究所公布了双墩一号春秋墓即钟离君柏墓的发掘情况（《考古学报》2 期）；同时，由阚绪杭主编的《钟离君柏墓》也由文物出版社出版，其中上册是对墓葬本身的介绍，中册是对文字资料的考证和各类器物检测报告的汇编，下册则为图版。这批材料的公布将极大地促进学术界对淮河流域东周时期文化的研究。与此同时，王善友等人对该墓出土的一套龙首石磬的石料、整形、作孔进行了分析，并对这套石磬的音质和音高进行了测试，认为其石料当来自钟离城方圆 100 千米的范围之内，其龙首形制与音质无关，而更可能是为了凸显墓主的身份和地位（《东南文化》3 期）；而李清、杨和平等人所著《尘封的绝响：钟离国钟磬乐器研究》（苏州大学出版社）一书对大东关一号墓、卞庄一号墓，以及双墩一号墓等钟离国墓葬出土的近百件钟磬资料进行了测量和测音，对其纹饰与铭文的含义进行了解读，并据此探讨了钟离国的礼乐制度。此外，南京大学历史学系介绍了江苏宿迁凤凰墩春秋晚期贵族墓的发掘材料，该墓虽遭盗掘，但仍出土包括成套的编钟及其他铜器共 13 件，从其地理位置上判断，该墓墓主可能是钟吾国或吴国贵族（《东南文化》6 期）。南京市博物馆则介绍了南京溧水大圩东村一座春秋中晚期的土墩墓材料，包括封土、器物堆、柱坑、烧结面等八个部分，对了解该地区土墩墓的修筑提供了重要资料（《东南文化》5 期）。

五 周边地区青铜文化

2013 年周边地区青铜时代考古也取得较多成绩，以下按区域予以介绍。

东北地区：唐淼对长白山地及其延伸地带青铜时代墓葬群的分布格局进行了考察，并对各类文化因素的消长情况作了概括（《边疆考古研究》13 辑）。李陈奇在《松嫩平原商周至西汉时期青铜器的发现与初步研究》（《北方文物》3 期）一文中详细介绍了松嫩平原这一时期的青铜器材料，指出该区域的青铜文化发轫于夏商之际，在内蒙古东部长城地带、冀北和辽西青铜文化的影响下逐渐形成了具有本地特色的青铜器风格。沈阳市文物考古研究所发表了《沈阳市千松园遗址 2010 年发掘简报》（《考古》9 期），这是沈阳地区首次发现新乐文化上层的环壕聚落，时代约相当于商代晚期。赵晓刚《新乐上层文化聚落形态初识》［《中国考古学会第十五次年会论文集》（2012），文物出版社］则根据千松园、郝心台和大望花台等遗址的发掘材料，分析了新乐上层文化围壕聚落的形制特征。胡传耸在《略论大凌河流域商周窖藏铜器的年代及相关问题》[《中国考古学会第十五次年会论文集》(2012)，文物出版社] 中对大凌河流域历年发现的商周青铜器窖藏年代进行了重新确认，认为这些窖藏的形成经历了从殷墟后期到西周中期一个较长的时期，并强调科学发掘与层位信息在判断此类遗迹年代上的关键意义。刘立丽《对大连地区青铜时代起始时间的探讨》(《华夏考古》1 期) 认为双坨子文化并未进入青铜时代，大连地区的青铜时代当始于双房类型，其年代约相当于西周中晚期。潘玲和于子夏《朝阳袁台子甲类墓葬的年代和文化因素分析》(《北方文物》1 期) 一文对朝阳袁台子遗址 6 座甲类墓的文化因素进行了分析，认为其中三座年代在春秋中、晚期，它们明显受到冀北玉皇庙文化的影响，另有两座墓葬年代在春秋战国之际之战国早中期，属于凌河文化晚期。河北省文物研究所发表的《河北唐山市丰润区施家营遗址考古发掘报告》(《北方文物》1 期) 则介绍了施家营遗址大坨头文化和东周时期的文化遗存。

内蒙古及河套地区：在 2013 年出版的《内蒙古文物考古文集》(第四辑)(科学出版社) 中，曹建恩等人介绍了内蒙古赤峰二道井子遗址的发掘收获，包括夏家店下层文化时期的环壕、城墙、房址和窖穴等遗存，是研究夏家店下层文化又一关键资料；此外该文集还介绍了赤峰三座店、陈家营、上机房营子、康家湾、板地营、二龙山和敖汉旗西粉房等多处夏家店下层和上层文化时期遗址的发掘材料。党郁《内蒙古中南部先秦两汉时期人地关系的考古学观察》(《考古与文物》4 期) 一文以内蒙古中南部浑河下游地区考古调查资料为基础，对该地区仰韶至两汉时期的遗址数量、规模、海拔高度和不同考古学文化的变迁进行了分析和研究，从而为了解该区域青铜时代的人地关系奠定了重要基础。王立新和胡平平则对内蒙古中南部与东南部东周时期含畜牧业成分诸遗存的葬俗进行了比较研究，发现两个地区的经济形态均呈现多元化和区域化特征，并提出了“牧猎经济”的概念 (《边疆考古研究》13 辑)。蒋刚和陆韵语《河套东部地区春秋战国时期墓地的分期及相关问题》(《考古与文物》4 期) 一文依据陶器类型学研究，将河套东部地区东周墓葬分为六期，时代从春秋晚期到战国晚期，并从文化面貌上把这些墓葬分为四类，进而探讨它们与河北北部地区古文化的相互关系。

西北与新疆地区：马金磊《甘青地区青铜时代土洞墓的初步研究》(《考古与文物》2 期) 对甘青地区青铜时代的土洞墓进行了系统研究，按形制特征分为直线式、垂直式和平行式三类，并考察了各类土洞墓在甘青地区的分布，指出土洞墓主要流行于齐家文化晚期、四坝文化早期和卡约文化早期，此后即急剧衰落。王辉《甘肃发现的两周时期的“胡人”形象》(《考古与文物》6 期) 通过对灵台白草坡西周墓、张家川马家塬战国墓和甘肃省博物馆所藏文物上所见的“胡人”形象的体形和服饰特征的分析，并与国外相关文物所见形象进行了细致比较，认为这些戴尖顶帽、穿左衽交领上衣的人物形象当为两周时期进入中国的欧罗巴人，汉代以后尖顶帽则是中亚和近东地区非华夏族的代表形象。乔虹《浅析卡约文化陶器与周边地区的文化交流》(《四川文物》3 期) 一文则将卡约文化与周边地区考古学文化的陶器进行比较研究，指出卡约文化陶器主要承袭甘青地区新石器时代文化的风格，同时也受到中原地区商周文化的影响，形成了以大口双耳罐、小口双耳罐和双耳罐为核心的陶礼器组合。李溯源等人《伊犁河谷铜鍑研究》(《文物》6 期) 一文对伊犁河谷出土的约 30 件铜鍑进行了类型学研究，并论证 A 型年代上限在商代晚期，下限为春秋战国时期，B 型器的年代从西周早期延续到秦汉，而 C 型则流行于战国晚期到西汉，作者认为伊犁河谷铜鍑的集中出现与塞族人在此采矿与冶炼密切相关。2013 年还集中公布了一批新疆地区青铜时代考古的重要材料，主要有：中国社会科学院考古研究所在新疆温泉县阿敦乔鲁遗址发掘了多组大型石构建筑，发现了 60 余座石板墓，清理了其中的 9 座，出土了陶器、石人和小件青铜器，其中的石板墓是新疆地区前所未见的墓葬类型，墓葬出土的人骨具有明显的欧罗巴人种特征，葬式则有一次葬、迁葬和火葬等形式，极大地丰富了新疆青铜时代早期阶段的考古材料，对于研究早期欧亚草原的文化交流具有重要意义（《考古》7 期）。该所还公布了新疆吉木萨尔县乱杂岗子遗址的调查收获，初步判明其年代在公元前 1400 ~ 前 800 年左右，并将此类青铜文化遗存命名为“乱杂岗子—半截沟文化”（《边疆考古研究》13 辑）。新疆文物考古研究所则介绍了阿勒泰地区 17 座石堆墓、石围石堆墓以及石堆石棺墓的发掘情况，根据出土陶器将其归入切木尔切克文化，并认为该文化的年代当可早到公元前 2200 ~ 前 1900 年（《文物》3 期）。于建军和马健《新疆哈巴河东塔勒德墓地初步研究》（《文物》3 期）介绍了新疆哈巴河东塔勒德墓地的出土资料，指出墓葬年代主要集中在公元前 9 世纪末至公元前 7 世纪中叶，其中部分墓葬的墓主当是克尔木齐文化遗民。他们还对该墓地出土的金器进行了研究，探索了中国北方地区金器的来源。

东南地区：福建省昙石山遗址博物馆发表《闽侯县仁山遗址 2011 年试掘简报》（《福建文博》3 期），介绍了该遗址的发掘材料，并从中辨析出黄瓜山和黄土仑时期的陶器和原始瓷器等物，为进一步认识闽江下游地区新石器时代末期向青铜时代的过渡提供了新的重要资料。而福建博物院在《长汀县赢坪史前遗址发掘简报》（《福建文博》4 期）中则介绍了赢坪 I 号遗址发掘所见的印纹硬陶、施衣陶、釉陶和青铜工具等物，判断其年代在商和西周时期，分辨出闽江上游的马岭类型、闽江下游的昙石山文化、浮滨文化等多种文化因素，进一步揭示出闽西地区新石器时代末期和青铜时代文化的复杂性。许永杰和范颖《闽南粤东地区先秦时期考古学文化分期及相关问题》（《北方文物》4 期）一文对闽南和粤东地区先秦时期的考古材料进行整理，划分出九龙江—晋江流域和韩江—榕江流域两大文化区，构建了闽南和粤东地区史前和青铜时代的文化发展序列。李珍在《试论桂林商周时期文化》［《广西考古文集》（第五辑），科学出版社］中根据近年考古发现，对桂林地区商周时期考古学文化进行了梳理，认为以绳纹为主，方格纹较少的遗存为商代，而夔纹与绳纹、方格纹伴出者为西周至春秋时期遗存。

西南地区：李昆声和陈果合作出版了《中国云南与越南的青铜文明》（社会科学文献出版社），该书首先对云南和越南的青铜文明谱系进行了梳理，再从农业、宗教祭祀礼仪、青铜器、铜鼓等方面对两地区的青铜文明进行了比较研究，是首部综论云南和越南青铜文明的专著。高大伦和宫本一夫则主编《西南地区北方谱系青铜器及石棺葬文化研究》（科学出版社），公布了霍县宴尔龙石棺葬墓地、炉霍呷拉宗遗址和雅江县呷拉遗址的调查与发掘材料，同时收集了多篇文章考察该区域先秦时期的社会生活与环境，探讨该地区与周边地区的文化交流。袁艳玲《东周时期巴蜀青铜器使用礼制研究》（《江汉考古》3 期）根据铜礼器、实用容器、兵器及工具数量的不同，将东周时期巴蜀青铜器墓分为四个等级，但各个等级之间并无严格的规律可循，从而证明巴蜀地区并无完善的礼乐制度。白九江等人《川东北地区先秦时期考古发现与考古学文化》（《四川文物》2 期）一文对川东北地区先秦时期考古学文化进行了综合研究，将川东北地区的先秦文化分为七期，其中前四期为新石器时代文化，第五至七期为夏商周时期文化；川东北地区比较少见三星堆文化和十二桥文化的遗存，而战国时期，由于受楚压迫，巴国西迁，因此在川东北地区多见战国巴文化遗存。金国林《西陵峡地区夏商周时期考古文化的变迁》一文（《四川省文物考古研究院青年考古文集》，科学出版社）对西陵峡地区夏商周时期的文化谱系和文化变迁进行了系统研究，并将其分为三个阶段、五期、十三段和十五个年代组，年代则从夏末商初一直延续到东周时期。

六　综论与专题研究

2013年发表了一批夏商周考古的综合论述和专题研究成果，这里按类别叙述如下：

综论：吉林大学边疆考古研究中心井中伟和王立新编著的《夏商周考古学》由科学出版社出版，这是继北京大学邹衡教授编著的《商周考古》（文物出版社）之后又一部重要的三代考古教材，该教材在体例上基本沿袭了《商周考古》，但在篇幅上有明显增加，较好地适应了当前夏商周考古教学对新教材的迫切需求。徐昭峰在其博士论文的基础上修改出版了专著《夏夷商三种文化研究》（科学出版社），该书从考古学上对夏夷商三种文化的分期、类型、分布和内涵进行了系统研究，然后分夏代和商代两个时期，对三种文化之间的相互关系，进行全面系统的考察，同时结合文献记载，对夏商王朝与周边方国的关系进行了探讨。李维明出版了个人文集《郑州青铜文化研究》（科学出版社），收录了作者20世纪90年代以来有关夏商文化的论作49篇，涉及二里头文化、新砦期、郑亳说等重大学术问题，以及对密县曲梁、郑州岔河等重要遗址的发掘认识。韩建业出版《先秦考古研究：文化谱系与文化交流》和《先秦考古研究：聚落形态、人地关系与早期中国》（均文物出版社）两部个人文集，汇集了作者近20年间的38篇论文，如作者自己所言，两部文集中的“先秦”特指新石器时代至秦皇朝建立之前，而研究的地域范围则“逐渐扩展至全国”，由此可见文集所涉时空范围之广。张富祥《〈竹书纪年〉与夏商周年代研究》（中华书局）则从质疑“夏商周断代工程”的夏商周年表出发，依据《竹书纪年》并结合金文材料和其他文献资料，对三代年表进行了完整的重构，是近年来对于夏商周年代学最为完整的一项研究成果。

青铜器研究：铜器研究历来是三代考古的重点，2013年也有一批重要研究成果。其中有关区域性青铜器研究有：熊建华《湖南商周青铜器研究》（岳麓书社）对湖南地区出土的商周青铜器资料进行了较为为全面的收集，并分食器、酒（水器）、乐器、兵器、工具、纹饰、礼乐制度、冶铸技术、铜器风格等主题进行介绍和研究，堪称湖南商周青铜器的集大成之作。张爱冰在《皖南沿长江地区周代铜器研究》（《考古学报》4期）一文中对皖南地区沿长江地带西周晚期至春秋晚期铜器资料进行了详尽收集和类型学研究。王洋《梁带村芮桓公夫妇墓随葬青铜器的性别观察》（《考古与文物》2期）一文通过对芮国墓地M26出土的一组“弄器”出发，认为这是一组具有明确性别意义的器物，并推测这些器物与山西闻喜上郭村晋国墓葬具有密切联系，M26墓主“可能是由上郭村一带嫁入芮国的女性”。对特定器类的研究则有：徐良高的《中国青铜时代的生产工具》［《三代考古》（五），科学出版社］对出土的夏商周三代青铜工具资料进行了较完备的收集，并集中探讨了青铜农具与三代社会之间的关系等问题。任雪莉《从宝鸡新出亚共尊看西周特殊的具鋬铜器》（《文物世界》2期）介绍了宝鸡市石嘴头村新出的亚共尊，并收集了其他15件带单鋬的西周铜器，指出宝鸡地区是此类器物的重要发源地，其最早渊源则可能是甘青地区的具鋬陶器。邵会秋和杨建华《欧亚草原与中国新疆和北方地区的有銎战斧》（《考古》1期）对上述地区出土的有銎战斧资料进行了详尽收集和类型学研究，并对此类器物所反映出的中西文化交流进行了深入探讨。井中伟和李连娣则对中国北方系青铜“花格”剑进行了系统研究，认为这类铜剑是从北方系直刃匕首式青铜短剑派生出来的一个分支，而非通常所说的“秦式短剑”（《边疆考古研究》13辑）。包曙光和付琳对中国北方夏至战国时期联珠形铜饰材料进行了系统收集，根据形制特征和功能分为三类，发现这三类联珠牌饰分别起源于新疆中东部、河西走廊西部地区以及燕山南北地区（《北方文物》4期）。岳占伟和孙玲在《也论商周时期弓形器的用途》［《三代考古》（五），科学出版社］中分析了弓形器的形制特征、纹饰方向、使用痕迹、出土情况以及组合关系，认为弓形器的功用确是“挂缰钩”一类的车马器，大约在殷墟文化第二期时随马车一起由北方地区传入中原。石晓霆《略谈黄河中下游地区商周装柄长刀》（《华夏考古》4期）对黄河中下游地区商周时期墓葬、祭祀坑和车马坑中出土的装柄长刀进行了收集，认为这是商代前期后段到春秋早期象征军权的兵器，在功能上类似于铜钺，某些情况下并且可以代替铜钺。何堂坤《关于商周青铜栋脊柄刀的分类及其技术渊源》（《中原文物》5期）对商周时期的栋脊青铜刀进行了分类研究，同时从技术史角度加以审视，认为这类铜刀应是在石刀和青铜榫凸背刀等器物的影响下发展演变而成的。代丽鹃《铜曲刃戈形器造型来源及年代试析》（《中国国家博物馆馆刊》7期）一文分析了成都平原出土的铜曲刃戈形器的形态和尺寸，并将其与考古出土的曲刃玉、石戈进行了比较，认为这类器物是对玉石质地曲刃戈的复制，是一种宗教礼仪用器，其流行时间是公元前13～前9世纪。田伟《试论两周时期的青铜剑》（《考古学报》4期）对两周青铜剑进行了类型学分析，对每类铜剑的流行年代进行了研究，并以此为基础探讨了两周铜剑的生产与流通问题。叶文宪在《再论铍的起源与演变》（《考古》3期）中对被误作为剑或其他器类的两周铜铍进行了辨析，并归纳了铍的形制演变规律。李米佳对故宫博物院所藏的23件商周时期的青铜簋进行了类型学和分期断代研究（《故宫博物院院刊》4期），而康宁武介绍了绥德县文管所收藏的55件铜刀和2件马镳，为研究商周时期晋陕高原的青铜文化提供了新材料（《考古与文物》6期）。另外，裴书研《青铜提梁壶与卣之界定》（《考古与文物》6期）一文辨析了提梁壶与卣的形制差异，指出提梁壶与卣的界定标准为：盖为子口，内插于器口之中为壶，反之为卣，而器形为动物造型者皆为卣；日本学者吉野彩美在《中日早期非墓葬出土青铜器现象比较研究》［《三代考古》（五），科学出版社］中收集了中国商周时期和日本弥生、古坟时期非墓葬出土的青铜器资料，并对两者的异同进行了比较，认为中国北方文化经由辽东半岛、朝鲜半岛影响日本，而中国南方文化则有可能由海路直接传入日本。

青铜矿冶与冶铸技术研究：2013年适逢湖北大冶铜绿山遗址发掘40周年，为此大冶市铜绿山古铜矿遗址保护管理委员会组织召开了“中国矿冶考古与铜绿山古铜矿遗址学术研讨会”，汇编出版了《铜绿山古铜矿遗址考古发现与研究》（科学出版社）和《铜绿山古铜矿遗址记忆》（科学出版社）两书，前者收集了已发表的相关考古简报、近年新发现、代表性研究成果以及遗址保护等方面的资料，为全面研究铜绿山古铜矿提供了便利；而后者则收录了铜绿山遗址发掘者和保护者的回忆文章，是了解该遗址40年变迁的第一手资料。有关铜器铸造技术与风格演变的研究有：日本学者宫本一夫在《夏商交替期的青铜器生产与商文化的形成》（《金玉交辉》，“中央研究院”历史研究所）中考察了陶寺、二里头铜铃的合范技术，并比较了二里头文化和商代青铜容器的范铸技术，认为二里头文化仅有爵、斝和盉等容器，鼎、甗的出现则是在商代。刘煜等人则从技术选择和技术风格的形成着手，从铸型设计、连接技术、芯撑等辅助技术方面，考察了二里头到晚商时期铜鼎铸造技术的演进过程，认为在二里头时期奠定了基本技术格局，早商和中商时期构建了整体的规则和风格，而中商末期至晚商过渡时期发生了重大技术变革（《金玉交辉》，“中央研究院”历史研究所）。刘建宇等人总结了晋陕高原、冀北和辽西等北方系青铜器科学分析的成果，并对区域性技术特征是否存在、青铜技术演进特征和北方系铜器的矿料来源等问题进行了讨论［《中国考古学会第十五次年会论文集》（2012），文物出版社］。李静生《西周虢季墓出土青铜礼器范型制作技术研究》（《中原文物》4期）通过对虢季墓出土青铜礼器纹饰结构特点和范缝痕迹所传递的信息，总结了西周晚期模范纹饰的独特特点以及这一时期的分范原则。田建花对24件郑州地区出土的二里岗期青铜容器的化学组成进行了分析检测，并与盘龙城出土的青铜容器合金成分进行了对比，发现二里岗期青铜容器继承了二里头晚期铜容器以铅锡青铜为主，以锡青铜为辅的合金配比技术路线，而郑州商城与盘龙城出土的青铜容器在合金上既有共性也有个性差别（《中原文物》2期）。田建花又通过铸造痕迹和金相观察，对高庄战国青铜器群的铸造工艺如分范方法、活模整范、分铸与焊接等工艺进行了分析（《华夏考古》1期）。杨小刚等人《涪陵小田溪墓群出土部分青铜器科技分析》（《文物春秋》3期）介绍了重庆涪陵小田溪墓群出土的部分青铜器的金相和合金成分的分析结果，发现这里的青铜容器普遍含有较高的铅（7%～22%），兵器的含铅量为3%左右，均符合当时青铜合金的一般比例，而钟类器物的含铅量则在13%左右，具有鲜明的地方特色。此外，王琛介绍了对妇好墓出土的夔纹三足提梁盉开裂之后的重新修复技术（《中原文物》4期）；韩英对后母戊鼎的西南足（以有铭文面为北）进行了X射线衍射和激光拉曼光谱分析，发现该鼎足腐蚀产物的主要物相组成为氯铜矿、副氯铜矿和赤铜矿等，从而为进一步的保护工作提供了依据（《中国国家博物馆馆刊》7期）；张西生等人则对陕西丰镐遗址出土的西周车马器金属材料及其锈蚀产物进行了研究，为了解西周时期车马器的制造工艺提供了基础性数据和信息（《文博》1期）；而员雅丽和黄维根据金文和文献材料，并结合天马—曲村遗址出土锡鼎的检测数据，认为先秦时期锡矿来源可能具有多样性，鄂西北、晋南、豫西南均可能有当时的锡产地（《文博》1期）。黄维和陈建立等人所著《马家塬墓地金属制品技术研究兼论战国时期西北地区文化交流》（北京大学出版社）一书分析了甘肃张家川县马家塬戎人墓地出土的金属器，探讨了这些器物的原料来源、生产加工和流通路线等问题，并据此考察讨论战国时期西北地区的文化交流情况。

玉器与玉文化：为配合中国玉文化中心召开第四次年会，良渚博物院等单位筹办了“玉魄国魂——玉器·玉文化·夏代中国文明展”，并出版了同名图录（浙江古籍出版社）。该图录汇集了偃师二里头、郑州花地嘴、襄汾陶寺、神木石峁、临朐西朱封和赤峰夏家店等遗址出土的龙山和夏时期玉器193件（组），是研究夏代玉器的重要资料集。该图录收录了朱乃诚的长篇论文《时代巅峰　冰山一角——夏时期玉器一瞥》，系统阐述了他对展出玉器的年代、属性等关键问题的认识，其中颇多新意。中国社会科学院考古研究所和北京艺术博物馆在2013年共同主办了《天地之灵——中国社会科学院考古研究所发掘出土商与西周玉器精品展》，展出殷墟妇好墓、张家坡西周墓地和滕州前掌大墓地的玉器共约200件，同名图录（北京美术摄影出版社）中并附有陈志达《殷墟玉器略说》、穆朝娜《商代玉器与商代青铜礼器之关系》、张长寿《张家坡墓地出土的西周玉器》、梁中合《山东地区出土玉器综述》，以及孙庆伟《西周玉器发现与研究概述》等专文。其他相关研究还有：孙庆伟在《礼失求诸野——试论“牙璋”的源流与名称》（《金玉交辉》，“中央研究院”历史研究所）一文中收集了中原、山东、陕北和成都平原出土的早期牙璋资料，认为牙璋起源于中原地区，它实际上就是夏代核心礼器玄圭，他并在中国玉文化中心第四次年会上重申了上述观点。王蕴智在《中原出土商代玉石文及其释读》（《中国国家博物馆馆刊》4期）一文中对殷墟侯家庄石簋刻铭、刘家庄南地墓葬出土的朱书玉璋文字、刘家庄北地墓葬出土的墨书玉璋文字、妇好墓玉石刻辞以及虢国墓地多例玉石文字材料进行了释读，并对相关史事进行了考证，是较为全面的商周玉石文字研究。何景成发表《试论祼礼的用玉制度》（《华夏考古》2期）一文，从卜辞和金文出发讨论了祼礼中的用玉制度，认为“瓒”即“祼玉”，除圭、璋之外，尚有璧、戈、琅、珥等器类。同时，他根据商代墓葬出土的玉器判断当时用于祼礼的主要是玉圭和柄形器，而后者即是玉璋。但魏继印在《玉柄形器功能新识》（《考古与文物》1期）中却主张柄形器的功能当类似于后世的符节，可称之为“玉节”，是夏商周时期诸侯或贵族出行时表示身份的信物。喻燕姣所著《湖湘出土玉器研究》（岳麓书社）专注于湖湘地区玉器及玉文化，对该地区三代玉器进行了系统的资料收集，并探讨了相关问题。王治国主编《虢国墓地出土玉器》（科学出版社）为系统了解该墓地的玉器资料提供了便利。黄翠梅对西周至春秋早期的梯形牌联珠串饰资料进行了系统的资料收集，指出此种牌饰应是周代女性贵族佩戴于头侧或肩侧的饰物，但它的最早渊源却是北方民族（《金玉交辉》，“中央研究院”历史语言研究所）。谢肃考证了《左传》等文献所记载的周代“面缚”习俗，认为它是指当时流行的幎目，即考古所见的缀玉覆面（《中原文物》3期）。陈春与段涛涛分析了数件曾侯乙墓出土的玉器，探讨了当时玉工在选料、制作及俏色玉器设计等方面的理念与成就（《江汉考古》2期）。方刚则以巴县冬笋坝和涪陵小田溪出土的战国玉器为依据，对晚期巴文化玉器的主要器类及其风格进行了分析，认为巴文化玉器深受楚文化的影响（《四川文物》1期）。

石器：逄博《河南禹州瓦店遗址出土石铲制品的初步研究》（《华夏考古》2期）一文对该遗址发掘出土的大量石制品、坯料和废料进行了观察和分析，同时结合实验考古，复原了瓦店遗址石铲制作的生产工艺和加工流程，认为在夏商时期嵩山地区存在着以加工灰岩石铲的大规模石器生产工业。陈胜前等人在《大山前遗址夏家店下层文化石铲的功能研究》（《考古》6期）一文中对内蒙古喀喇沁旗大山前遗址出土的石铲进行了石器工艺设计分析和使用痕迹观察，最终认定大山前遗址出土石铲的主要功能应是中耕除草的石锄，而非用以挖土的铲或锄，由此推断在夏家店下层文化时期已经有了原始的精细耕作农业。钱益汇《大辛庄遗址商代石刀生产工艺分析》（《华夏考古》3期）则对大辛庄遗址出土石刀进行了显微观察，复原了这些石器的打制、琢制、磨制、钻孔等工序及工艺。

漆木器、骨器与原始瓷器：聂菲《湖南楚汉漆木器研究》（岳麓书社）一书介绍了湖南楚汉墓葬漆器的重要发现，并对漆器类型、制作工艺、器物铭文、产地与流通、漆器艺术及历史意义进行了阐释。朱学文《秦漆器研究综述》（《华夏考古》1期）对秦漆器的考古发现、秦生漆资源的分布、秦漆器手工业生产与管理、秦漆器胎骨制作工艺，以及秦漆器的艺术风格等方面的研究成果进行了梳理，并将秦漆器的发展分为战国中期之前、战国晚期和秦代三个大的阶段。日本学者内田纯子对殷墟西北冈1001号大墓出土的雕花骨器进行了系统的复原研究，认为该墓随葬了用巨大象骨制作的成套酒器和三种梯形骨牌饰，并指出在当时此类特别巨大的骨料可能是比青铜更为珍贵的材料，制作工艺也需要特殊技术，因此这类雕花骨器应是商代最高级的贵族方能拥有（《中央研究院历史语言研究所集刊》第八十四本第四分）。沈芯屿《杭州市半山出土战国原始瓷研究》（《福建文博》3期）公布了杭州半山地区三批战国墓出土原始瓷的成分检测数据，并通过对比研究，指出这批原始瓷并非是杭州萧山前山窑的产品，而更可能是在德清一带的战国窑址所烧造。温松全《南方先秦龙窑初探》（《福建文博》4期）对福建、浙江、湖北、江西、广东和重庆等地的先秦龙窑资料进行了收集，分析了夏商以降各时期龙窑的特点和窑业技术，认为福建应是我国龙窑的重要发源地。

墓葬制度与丧葬习俗：毕经纬《试谈商周墓葬的几个问题——以山东地区为例》（《考古与文物》3期）对山东地区商周墓葬的墓圹形制、墓道数量、墓向、二层台、壁龛和器物箱进行了分析统计，认为墓道的有无主要取决于棺椁下葬习俗和墓葬规模，而与墓主等级并无必然联系，而壁龛和器物箱的设置、墓向则可能反映了族属的差别，商周墓葬在上述方面所体现出来的差异反映了山东地区古代居民的多元性。杨楠在《土墩墓及其相关概念之辨析》（《东南文化》5期）一文中对有关概念进行了辨析，将土墩墓定义为“约当中原的夏商周时期，流行于江南地区的以地上掩埋、封土成墩为特征，以随葬印纹硬陶与原始瓷器为特色的古墓遗存”，并认为土墩墓的渊源难以追溯到良渚文化高台墓地，土墩墓的年代下限则是战国时期。吉琨璋发表了《西周椁棺装饰研究》（《金玉交辉》，“中央研究院”历史研究所），他根据在绛县横水墓地的发掘实践，结合大量西周墓葬资料和文献记载，系统研究了西周时期的棺椁装饰制度。杨华《叶家山曾侯墓地所见西周早期丧葬礼制四则》（《江汉考古》4期）一文依据叶家山曾国墓地发掘所见的若干考古迹象，对其中所蕴含的丧葬礼制进行了探讨，他指出曾侯墓四周的“斜向柱洞”为下棺时在墓穴四周树立丰碑或桓楹而留下的遗迹；曾侯墓中的毁兵、折兵现象，与古人严格区分生死的礼俗有关；墓地的方位选择，符合商周时期家族墓地居于都城北方的礼制；而同一座中所见多种族徽的青铜器则可能是赗赙助丧之器。侯彦峰等人在《山西黎城楷侯墓地出土祭祀动物骨骼鉴定与分析》（《江汉考古》4期）中对楷侯墓地多座墓葬的祭祀坑或墓室中出土的数十具动物骨骼进行了种属、性别和年龄的鉴定，并对其中包含的祭祀用牲制度进行了分析，并从牺牲的使用上判断M10当为诸侯等级的墓葬。张闻捷的《从“敬神”到“事鬼”——墓葬资料所见周代贵族生死观的变迁》（《考古与文物》6期）论证了西周时期的丧葬活动以事神为主，春秋以后因为魂魄观念的成熟，开始大量制作事鬼的明器，而到了战国时代，敬神成为国家重典，个人的事鬼活动遂演变成墓祭行为。

礼制与社会：许宏在《大都无城——论中国古代都城的早期形态》（《文物》10期）中对二里头时代至汉代中国古代都城形态进行了分析，揭示出早期中国存在“大都无城”的特殊现象，即庞大的都邑外围一般不设防，城、廓兼备的都城形态迟至汉代以后才正式出现，防御设施的有无原本取决于实际需求，而一旦被赋予了礼仪色彩，则变得不可或缺。同时，许宏《宫室建筑与中原国家文明的形成》[《三代考古》（五），科学出版社]一文从二里头遗址的宫室建筑出发，对史前和历史时期早期阶段“宫室建筑”的概念进行了厘清，进而分析宫室建筑的要素与肇始，并探讨宫室建筑在中原国家文明形成过程中的重要意义。葛英会和闫志在《论殷高宗“黩祀”及相关问题》（《中国国家博物馆馆刊》4期）中根据文献和甲骨卜辞讨论了殷高宗的“肆祀”问题，指出武丁在位期间对殷代的祭祀制度进行了改革，并压服了以太子孝己和重臣傅说为首的反对派，武丁的祭祀改革催生了商代后期的“周祭制度”，但此种有悖于传统且极为繁缛的祭祀制度也直接导致了商王朝的覆亡。张光裕则考证了《仪礼》饮酒礼中醴柶的形制、材质和用途，指出酌醴所用“柶”多为角质或木质，并介绍了私人收藏的与铜爵伴出的一件铜柶材料，分析了《礼经》所载商周时期爵、觯和觚三种酒器的异同，指出它们体积大小有异，但形制与用途则多类同而常常被混淆，并据此推测新见的这套爵柶组合为早期礼制的孑遗（《文物》12期）。连劭名《燕侯旨鼎铭文与周代的朝见礼》（《文物春秋》2期）从燕侯旨鼎铭文出发，并结合作册虎卣、麦尊、卫鼎和扬簋等铜器铭文考证了周代诸侯朝见周天子的相关礼仪。冯时《我方鼎铭文与西周丧奠礼》（《考古学报》2期）则根据我方鼎铭文对西周丧奠礼中的朝庙奠、祖奠、大遣奠、包奠与读赗等仪节进行了详尽考释。黄益飞对平顶山应国墓地M50出土的匍盉铭文重新进行了分析，对西周婚礼中的纳征礼作了详细考证（《考古》2期）；张亮也考释了匍盉的铭文，认为铭文所载的是王室大臣青公遣使慰问应国贵族匍，因此它所反映的其实是周王室与诸侯之间的交往，而非应、邢两国之间的聘问（《中原文物》4期）。袁俊杰《两周射礼研究》（科学出版社），对文献、甲骨、金文、考古和民族志中有关商周射礼的资料作了全面的搜集、甄别与梳理，对两周射礼作了断代研究，基本究明了两周射礼的种类、举行场所、性质特点，以及各种射礼的流变；同时对殷商和两周射礼发展演变的历史原因与社会背景，并对其中所蕴含的社会等级结构和社会制度的变革也进行了分析。袁俊杰还对麦方尊铭文进行了详细分析，认为铭文所记是周王在辟雍举行的大礼和射礼，其中大礼是一年一度的天子始乘舟礼，而射礼则是大礼的一部分，它与商代在洹水上举行的射礼应有渊源关系（《中原文物》4期）。此外，黄敬刚《曾侯乙墓礼乐制度研究》（人民出版社）一书对该墓的墓葬形制与礼制关系、曾国丧葬习俗、随葬器物、文字书法艺术、青铜器雕塑和绘画艺术等问题进行了考察。

其他研究：庞小霞对夏商王朝在东方地区的经略进行了历史地理考察，指出夏商两代向东拓展均以豫东南为突破口，夏人与东土夷人的交流主要发生在文化交汇地带，而商人则陆路和水路并进，深入东方，从而改变了海岱地区的地域政治结构（《考古学集刊》19集）。陈小三《试论镶嵌绿松石牌饰的起源》（《考古与文物》5期）一文根据出土地点将中国境内镶嵌绿松石牌饰分为三区，分别是新疆哈密地区、四川盆地及洛阳盆地，并从纹饰图样和穿系方式出发证明二里头遗址发现的此类牌饰当由西北地区传入，这与传统上所认为的源自东方大相径庭。黄铭崇等对邯郸地区汉代以前的古遗址分布进行了地理信息系统研究，发现该区域古代遗址和聚落的分布与气候变迁密切相关（《金玉交辉》，“中央研究院”历史语言研究所）。张多勇和马秋莲对近一个世纪以来学术界对战国秦昭襄王长城的研究成果进行了综述，归纳了诸多学者对于秦长城起点、终点及路线等关键问题的分歧（《华夏考古》1期）。林永昌等人通过对周公庙遗址10个商周时期遗迹单位出土的动物骨骼进行统计分析，揭示出当时的用牲方式，同时依据各遗迹单位中动物骨骼的特性来反推相关堆积单位的属性，借此探讨了当时社会组织活动（《考古与文物》3期）。

秦汉时期考古

杨哲峰　陈春婷

2013年的秦汉时期考古又取得了新的收获与进展，召开了“居延遗址与丝绸之路历史文化国际学术研讨会”“秦俑及彩绘文物保护与研究学术研讨会”“长沙五一广场东汉简牍学术研讨会”“渠县秦汉遗存座谈会等学术会议”，新出版了大量考古发掘报告或报告集、论著及论文集，发表各类考古发掘简报及相关研究论文600余篇。

一　秦汉城址

关于秦汉都城：2013年新报道的资料较少，值得关注的主要是有关秦汉时期渭河三桥的新发现，尤其是2012年开始的对中渭桥的发掘，梁云等撰文进行了介绍（《中国国家博物馆馆刊》4期），截至2013年有关发掘工作仍未结束。耿庆刚对早年咸阳长陵车站61XYCLJC3中出土的13块铜板进行介绍，指出长陵车站三处窖藏应与铸铜作坊有关，系作为铸铜原料的窖藏坑（《文博》3期）。张宁等人对汉昆明池的兴废与功能进行了考辨（《文博》3期）。

关于秦汉时期的地方城址或聚落遗址：在安徽固镇谷阳城址、江苏徐州石户城村（《穿越长三角——京沪、沪宁高铁江苏段考古发掘报告》，科学出版社）、四川渠县城坝遗址（《中国文物报》8月30日）、宁夏盐池张家场古城、浙江安吉古城遗址（《秦汉土墩墓考古发现与研究——秦汉土墩墓国际学术研讨会论文集》，文物出版社）、广东五华狮雄山秦汉城址等地均有重要新发现。

其中安徽固镇谷阳城遗址为一座面积约81万平方米的四方土城，经过2012年11月至2013年1月的勘探和发掘，清理了灰坑40个、灰沟2条、建筑基址4座、堆积2处、窑址1座、灶1个、水井3口，出土了数量众多的遗物。对其最早始建年代、城市格局和历史地位都有了新的认识（《中国文物报》7月5日）。宁夏盐池张家场古城是截至2013年宁夏乃至河套地区的规模最大、保存较好、出土文物最为丰富的一处秦汉时期的古城遗址，总面积约96万平方米，耿志强撰文对在该城址调查发现的大量建筑构件，以及陶器、铜器等众多遗物进行了介绍（《中国国家博物馆馆刊》4期）。广东五华狮雄山秦汉城址，经过2011～2012年的第五次调查、勘探和试掘，发现了秦汉城址以及大量与城址相关的遗迹和遗物，探明、清理了环壕1条、围沟1条、东西向壕沟2条、建筑基址7处、陶窑1座、水井3口和灰坑30个，区分出了秦代晚期和南越国时期的遗迹单位和典型器物，具有十分重要的意义（《东南文化》1期）。

其他新报道的还有2010～2011年发掘的河南荥阳后真村汉代遗存（《华夏考古》2期）、2009～2010年发掘的河南焦作南水北调苏蔺段汉代窑址（《中原文物》4期）、2009

年发掘的河北元氏龙正遗址［《中国考古学会第十五次年会论文集》（2012），文物出版社］、1984 年发掘的天津宝坻县歇马台遗址［《天津考古》（一），科学出版社］、2000 年发掘的天津蓟县大安宅村遗址（同上书）、2006 年发掘的天津武清区城关镇大桃园遗址（同上书）、2012 年发掘的山东昌邑东利渔汉代窑址（《2012 中国重要考古发现》，文物出版社）、2011 年发掘的四川彭州市三尺村胡家坟汉代遗址［《成都考古发现》（2011），科学出版社］、2012 年发掘的四川屏山骆家沟遗址（《2012 中国重要考古发现》，文物出版社）、2007 年发掘的沈阳市道义镇郭七遗址（《考古》4 期）等。其中元氏龙正遗址被认为可能是常山郡（国）周边一处带制陶作坊的村落遗址，而山东昌邑东利渔汉代窑址被认为是专门烧制陶瓦的作坊遗址，或与当地的汉代城址或盐业有一定的联系。蓟县大安宅村发现的汉代水井数量众多、结构多样，为了解当时凿井技术的发展提供了新的线索。此外，在江苏溧阳水西土墩墓群（《穿越宜溧山地——宁杭高铁江苏段考古发掘报告》，科学出版社）、安徽泗县吴店遗址（《文物研究》20 辑）还发现了与汉代墓葬有着密切关系的烧制花纹砖或陶器的窑址，也是值得关注的。

在更为复杂化的手工业作坊遗址方面，也有一些新的发现。2012 年发掘的山东章丘东平陵城汉代制铁作坊遗址，是继 2009 年之后的又一次发掘，又清理了一批熔铁炉、蓄水池、料坑等遗迹，出土了陶范、鼓风管、炉壁残块、铁条材和大量铁器，为进一步判断遗址的年代和性质、探讨当时钢铁技术的发展提供了新资料（《2012 中国重要考古发现》，文物出版社）。2012 年的湖北大冶铜绿山古矿冶遗址的发掘也取得了新的进展，在卢家垴冶炼遗址新发现了汉代冶炼炉及工作场地、工棚等辅助设施（《江汉考古》2 期）；在岩阴山脚遗址还新发现一批春秋至西汉时期重要的洗选矿遗迹、冶炼场、足迹及探矿井等（《江汉考古》3 期）。此外，20 世纪 80 年代以来发掘的重庆忠县中坝的制盐遗址［《中国盐业考古：长江上游古代盐业与中坝遗址的考古研究》（第三集），科学出版社］，也是十分重要的发现。

在长城及关隘方面：重要的发现是 2012 年对新安县汉函谷关遗址所进行的钻探、发掘，揭示了汉函谷关遗址的基本布局，确定了关城东墙和南墙的位置，明确了包括汉代在内的多个时期道路的位置，发现了关城内的建筑基址，出土了包括数十枚"关"字瓦当在内的大量遗物，为秦汉关隘制度的研究提供了宝贵资料（《寻踪觅古：洛阳市文物考古研究院近年重要考古发现成果》，中州古籍出版社）。李岩云探讨了敦煌西湖汉长城沿线烽燧的设置原则，对汉代允吾县的位置以及与允吾有关的青海东部地区的古代交通路线作了进一步考证（《敦煌学辑刊》2 期）；赵旭探讨了秦汉北方长城沿线地带城邑平面形制形成原因（《文博》6 期）；郑绍宗对河北古长城进行了综合研究，探讨了河北古长城的长度、分布、古代长城结构之变化、战国秦汉长城旁出现的边境城市等问题［《中国考古学会第十五次年会论文集》（2012），文物出版社］。

在综合研究方面：许宏《大都无城——论中国古代都城的早期形态》（《文物》10 期）一文，通过对以先秦至秦汉时期为中心的都城发展历程的进行初步考察，认为整个中国古代都城史可以依城郭形态的不同，划分为两个大的阶段，即防御性城郭阶段和礼仪性城郭阶段。由此，揭示了中国早期都城发展史上的几个重要现象。其中，秦至东汉时代为"大都无城"的新阶段。处于都城发展史早期阶段防御性城郭的实用性，导致城郭的有无取决于政治、军事、地理等诸多因素，"大都无城"的聚落形态应即这一历史背景的产物；而后期带有贯穿全城大中轴线的礼仪性城郭，因同时具有权力层级的象征意义，才开启了汉代以后城、郭兼备的都城发展的新纪元。徐龙国分析了中国古代城、邑、里的发展变化，指出秦汉时期很多郡县是从原来的城邑演变而来的，认为从邑到城的转化是聚落形态不断发展的产物，随之而来的是血缘关系越来越弱化，而地缘关系越来越强化，并导致上古时期社会形态的嬗变（《考古学视野下的城市、工艺传统和中西文化交流——刘庆柱先生七十华诞祝寿论文集》，科学出版社）。刘振东分析了中国古代都城园林的发展演变，总结了秦汉时期园林的六大特征（同上书）。徐龙国的专著《秦汉城邑考古学研究》（中国社会科学出版社）收集了经考古调查与发掘的630多座秦汉城址资料，除了考察某些单一城址的历史沿革、形制布局及文化内涵以外，还从宏观上考察整个时代的城邑分布规律、特点及区域性差异，在分区、分级研究的基础上，对秦汉城邑与秦汉政治体制、社会生活、人口、环境等方面的关系等进行一系列探讨。最后，对城邑的发展历程作了纵向考察，研究了中国古代城邑与文明产生发展进程的关系，以及秦汉城邑在中国城市发展史上的历史地位等问题。

二　秦汉墓葬

关于秦始皇陵：新报道的主要是2011～2013年对9901座陪葬坑的发掘收获，有不少新的发现，如在西斜坡门道中发现的渗坑，就是秦陵陪葬坑发掘中的首次发现，而在3号过洞新出土的4号俑，也不同于该坑以前出土的陶俑。通过全面发掘，进一步确认了该陪葬坑的平面形制、组成部分和建筑结构，从而为探讨该坑的性质提供了依据（《中国文物报》10月30日）。2010年在秦始皇陵北的陈窑村发现一处被认为是秦代的建筑遗址——“击鼓坪”遗址，张占民认为其应是秦始皇陵园工程的一部分，可能是一处祭祀天神之建筑，或兼有安全报警功能（《考古与文物》2期）。王学理对秦始皇陵墓中的水银及其来源问题进行了探讨（《文博》3期），许卫红、刘春华分析了秦始皇陵一号兵马俑陪葬坑的“红土层”堆积，认为其是在焚毁时受热程度强烈造成，或许是破坏者入坑的重要遗迹（《文博》4期）。张卫星、付建对秦始皇陵的选址、规划与范围进行了探讨，提出始皇陵的范围有茔域、堧地及相互关系区三层同心套合区域（《文博》5期）。

关于两汉帝陵：新报道的主要是2008～2009年对汉元帝渭陵进行全面调查与勘探的收获，确定了汉元帝、王皇后陵及傅昭仪墓的墓葬形制，新发现了渭陵陵园及其较为完备的道路系统和大量建筑遗址、外藏坑等，基本掌握了其形制、布局及结构，对于西汉帝陵形制及相关制度的研究具有重要学术价值（《考古》11期）。自2006年以来，陕西省考古研究院、咸阳市文物考古研究所等对西汉帝陵群展开的大规模田野考古工作，取得了丰硕的成果，为大遗址考古工作的开展积累了经验，焦南峰、李岗、马永赢撰文对此工作进行了总结（《中国文化遗产》2期）。焦南峰还就西汉帝陵的形制要素进行了分析与推定，认为构成西汉帝陵建筑形制的要素应有陵园、封土（方上）、墓穴（方中）、门阙、寝园、陵庙、外藏坑、道路、陪葬墓、祔葬墓、陵邑、刑徒墓地，以及园省、园寺吏舍、“夫人”居址、修陵人居址等十余个组成部分（《考古与文物》5期）。石宁探讨了西汉五行思想与汉阳陵帝陵的陵园设计问题（《文博》5期）。从2002开始启动的“洛阳邙山陵墓群考古调查与勘测”项目也取得了重大进展，已完成了大量的文物普查、调查勘探、发掘整理工作，共发掘遗址面积2.9万平方米，发掘古墓葬216座（《寻踪觅古：洛阳市文物考古研究院近年重要考古发现成果》，中州古籍出版社），但详细的资料还有待公布。

关于两汉诸侯王列侯级别的墓葬：2013 年又有不少新材料公布。最为引人注目的是 2009～2012 年江苏盱眙大云山西汉诸侯王（江都王）陵园的考古新收获，揭露出一处比较完整的西汉诸侯王陵园，在陵园内共发现了 3 座主墓和 11 座陪葬墓，另外还有车马陪葬坑和兵器陪葬坑各 2 座。2013 年公布了该陵园主墓 M1、M2 以及 4 座陪葬墓（M9 和 M10、M16 和 M17）的考古资料。其中 M1 与 M2 同茔异穴，位于陵园东南，均为带封土的竖穴岩坑墓，平面呈“中”字形。M1 墓室开口南北长 35.2 米，东西宽 26 米，深 19 米，墓室结构为黄肠题凑，南北长 15 米，东西宽 13.9 米，包括外回廊、题凑、前室、中回廊、内回廊、内椁、外棺、内棺等部分，墓室虽遭盗掘，但仍出有铜器（含车马器、兵器、乐器、容器等）、铁器、金银器、漆器、玉器、琉璃器、陶器等各类遗物 7092 件（组）。发掘者认为该墓的主人应为西汉第一代江都国国王刘非，下葬年代应在其死后的公元前 128 年或稍后的一段时间内（《考古》10 期）。M2 在 M1 东侧，墓室开口南北长 15 米，东西宽 14.4 米，深 15 米，虽遭盗扰，仍出土各类遗物 218 件（组），包括铜、铁、金、漆、玉、陶器等，尤其是保存较为完整的玉棺，为进一步探讨汉代的丧葬用玉提供了新的材料。发掘者认为 M2 的下葬时代约为公元前 129～前 127 年，墓主人是第一代江都国的王后，其姓氏可能是“连”（《文物》1 期）。位于主墓 M1 北侧的较近的陪葬墓 M9 与 M10 为陵园内规模最大的两座陪葬墓，均为竖穴岩坑墓，发掘者推测墓主人应为江都王刘非的妃嫔、其中 M10 的墓主人应为文献记载中的淖姬（《东南文化》1 期）。位于陵园东墙外、东司马道北侧的 M16 和 M17，为陵园外的陪葬墓，皆为长方形竖穴土坑墓，发掘者推断 M17 墓主人为江都国高等级官员，M16 墓主人为其夫人，两墓属于同茔异穴合葬墓（《考古》10 期）。

焦南峰《“同制京师”——大云山西汉王陵形制初识》（《东南文化》1 期）一文从陵园、封土、墓穴、外藏坑、祔葬墓、陪葬墓、道路等七个形制要素，对大云山西汉江都王王陵进行对比分析，指出大云山王陵与汉代帝陵属于同一陵墓制度，但等级较帝陵稍低。刘庆柱对大云山汉墓的陵园形制，陪葬墓的分布，出土遗物与“海上丝绸之路”，错金银器与汉代长三角地区的开发，漆器工艺等几个方面进行了探讨，指出了一些值得关注的学术问题（《东南文化》1 期）。李则斌以大云山江都王王陵陪葬墓为例，就西汉诸侯王陵陪葬墓封土、墓域等问题进行了讨论，认为陵园内的所有墓葬与陪葬坑原先都应存在封土，但规模各有差异；墓域似乎只与陪葬墓有对应关系（《秦汉土墩墓考古发现与研究——秦汉土墩墓国际学术研讨会论文集》，文物出版社）。李银德综述了江苏省内西汉诸侯王国的封立与诸侯王墓的考古发现，并就一些学术问题阐述了自己的见解，提出江都王陵园为“一王二后”布局、陵园中的陪葬墓 M10 墓主并非淖姬等一些新认识（《东南文化》1 期）。

至于江苏省内的汉代楚王陵墓，如狮子山汉墓的墓主（《东南文化》4 期、《文物春秋》4 期）、楚王刘戊的葬地（《东南文化》5 期）、徐州西汉前期楚王墓的序列、墓主及相关问题（《考古学报》2 期）等，2013 年仍有文章讨论，亦不乏新的见解。另外，还有学者就徐州西汉墓陪葬陶俑组合及相关问题（《考古》8 期）、徐州西汉楚王墓塞石的开凿与封填（《考古》3 期）、徐州狮子山兵马俑坑出土跪坐俑的名实问题（《中国国家博物馆馆刊》12 期），以及徐州狮子山楚王陵丝绸消失之谜（《中国文物报》1 月 11 日、3 月 22 日）等进行了探讨。

2008 年在湖南省长沙市望城区的风盘岭又发现了一座带斜坡墓道的“甲”字形竖穴

岩坑墓，墓葬残长21.2米，宽7.6米，墓内有题凑和木构棺椁室，由于遭盗扰严重，残留的随葬品只有数十件。发掘者根据题凑葬制及出土遗物上的“中府”文字推测该墓主较可能是西汉早中期长沙国某代国王或王后（《文物》6期）。单先进对西汉诸侯长沙国靖王吴著靖陵文化遗存的价值进行了阐述，指出湘江西岸十多公里的丘陵地区是汉长沙国的王陵区（《湖南省博物馆馆刊》9辑）。

2009年在陕西省蓝田县华胥镇的支家沟新发现一座大型汉墓，为长斜坡墓道的竖穴土圹墓，总长53米，地表存留有高达10米的覆斗形封土，并发现有墓园墙垣遗迹。前室的车马坑随葬有真马一具和大量的车马器，墓道和前室的12个放置随葬品的壁龛，构成了具有特色的外藏椁系统，共出土包括着衣式陶俑在内的遗物3900余件（组），随葬品中还有“太官”“内者令印”“元年右工”等官职与纪年文字。发掘者推断该墓时代应在汉武帝元狩五年至昭帝之间，墓主身份应不低于列侯（《考古与文物》5期）。段毅对该墓的墓主身份进行了讨论，认为其是昭帝时期的鄂邑长公主墓（《考古与文物》6期）。

2012年在西安东郊石家街新发现了一座带封土的大型汉代墓葬，为斜坡墓道土圹砖、木椁墓，平面呈“甲”字形，由封土、墓道、墓室及陪葬坑组成。虽然被盗十分严重，仍出土有裸体陶俑、铜质车马器、玉片、石磬等各类遗物600余件，在墓葬附近还发现有长方形建筑遗迹。发掘者推断此墓的时代应在西汉中晚期，其独特形制进一步丰富了汉代长安地区高等级墓葬的类型（《中国文物报》8月16日）。

位于安徽省亳州市的董园村一号墓，发掘于1973年，为砖结构多室墓，墓内出土银缕玉衣、铜缕玉衣、玉猪等重要遗物，至1978年曾与其他几座墓一道以《亳县曹操宗族墓葬》为题发表了简报（《文物》1978年8期）。由于报道简略，亳州市文物管理处重新整理了相关资料，进行了更为详细的报道，并就墓葬的年代、墓主人等问题进行了讨论（《文物研究》20辑）。

至于早年发掘的河北满城汉墓、广州南越王墓、河南永城梁国诸侯王墓等，2013年也有一些讨论，但多为铭文考释或遗物介绍之类，此不赘述。在综合研究方面，相军对京津冀地区西汉诸侯王墓随葬陶器和车马进行了研究，总结了两汉时期京津冀地区诸侯王墓随葬陶器所呈现的变化规律，以及随葬车马（器）的数量、摆放位置和发展变化情况[《中国考古学会第十五次年会论文集》（2012），文物出版社]；刘尊志就西汉诸侯王墓陪葬车马及相关问题进行了探讨，指出西汉时期异姓诸侯王墓无车马陪葬可能是一种制度；王后墓或无车马陪葬，或在陪葬内容、数量上低于诸侯王墓，是等级差别在丧葬礼仪和制度上的体现，从整体上看，体现了相关制度趋于衰落的特征（《华夏考古》4期）。施杰对西汉诸侯王墓中的祭祀空间问题进行了探讨[《古代墓葬美术研究》（第二辑），湖南美术出版社]。

关于秦汉时期的一般墓葬，和往年一样新报道的资料也是数量众多。2013年尤以河南、山东、安徽、湖北、辽宁等省最为集中。

陕西地区新报道的主要有西安北郊百花村汉代石椁墓（M6）（《文博》5期）、西安南郊曲江羊头镇汉墓（《文博》6期、《中国文物报》11月8日）、西安市长安区西甘河村西汉墓（《东方博物》19辑）。在凤翔县的李家堡村（《收藏界》9期）和路家村（《文博》4期）等地也发现了秦汉墓葬。

张翔宇对西安地区西汉墓的文化因素进行了分析，认为在西汉中期之前西安地区汉墓主要表现出对“周”“秦”“楚”等文化的继承与发展，对“周”文化的继承是框架性的、间接性的，主要体现在礼制方面，如棺椁、礼器、乐器、车马等；对“秦”“楚”文化的继承则是直接的、具体的，如墓形型、器类、器形、装饰等方面。有西汉中期以后，逐渐形成了独具特征的汉代葬制，如砖室墓、釉陶器、礼制方面衰弱、生活明器盛行等（《考古与文物》5期）。田亚岐、许卫红对宝鸡凉泉汉墓出土的玉人进行了分析，认为其原属秦汉时期的祭祀礼器，所代表的真实身份应是具有沟通人、神能力的巫师（《考古与文物》6期）。王炜林以西安凤栖原西汉家族墓地考古为例，阐明了新时期基本建设考古实践中应注意的问题（《考古与文化遗产保护——理论与实践》，上海古籍出版社）。

河南省南水北调工程沿线发现了大量秦汉墓葬，2013年由科学出版社出版《淅川柳家泉墓地》《淇县大马庄墓地》《新乡王门墓地》三部报告，报道秦汉墓葬100余座。其他零散发表的还有郑州市金水区廊桥水岸战国晚期秦墓22座（《中原文物》4期），荥阳后真村遗址汉墓2座（《华夏考古》2期），河南禹州杨庄墓地汉墓1座（《中原文物》2期），南阳市仲景花鸟市场汉墓1座（《中原文物》4期），唐河县湖阳镇罐山汉墓1座（《华夏考古》2期），淅川县马川遗址汉代墓葬43座、瓮棺5座（《中原文物》2期），焦作白庄汉墓3座（《中国国家博物馆馆刊》8期）等。李书谦对三门峡地区战国秦汉时期的秦人墓进行了探讨（《中原文物》2期）。

河北省新报道的汉墓资料主要是鹿泉西龙贵汉代墓葬29座（《考古学报》1期）。宋蓉探讨了冀中南中小型汉墓的分期与年代（《文物春秋》5期）。王音对东汉冀州刺史部西北部地区的砖室墓进行了分期与初步分析（《文物春秋》5期、6期），

2009年11～12月在北京市房山区窦店墓地清理汉代墓葬31座，2009年和2011年又在房山区长阳墓地清理汉代墓葬6座，时代基本上都是东汉时期，墓葬形制和随葬器物时代特点鲜明。由北京市文物研究所编著《窦店与长阳》（科学出版社）较全面报道了有关资料。

在山东省，2013年出版了《章丘女郎山》（科学出版社）和《梁山薛垓墓地》（文物出版社）两部以汉墓为主的报告，以墓葬为单位累计报道了200多座汉墓资料。加上郯城县麦坡汉代墓地（《海岱考古》6辑）和2012年在章丘于家埠墓地（《中国文物报》2月1日）的新发现，极大地丰富了该地区的汉代考古资料。石锡建概述了胶东地区自20世纪50年代以来两汉墓葬的发现、发掘情况（《文物春秋》2期）。郑同修对山东沿海封土汉墓的定名、墓葬之间的关系，以及与浙江地区汉代土墩墓的关系等问题进行了探讨，提出了汉代墩式封土墓的说法（《秦汉土墩墓考古发现与研究——秦汉土墩墓国际学术研讨会论文集》，文物出版社）。

在江苏省新报道的秦汉墓葬资料主要有：南京六合李岗汉墓1座（《文物》11期），江宁湖熟曹家边遗址汉墓3座（《穿越宜溧山地——宁杭高铁江苏段考古发掘报告》，科学出版社），盱眙东阳汉墓群1座（《东南文化》6期），徐州苏山头汉墓4座（《文物》5期），徐州贾汪王大山北麓汉墓1座和香山汉墓4座（《穿越长三角——京沪、沪宁高铁江苏段考古发掘报告》，科学出版社），徐州荆山村西汉墓群汉墓9座（同上书），镇江高资乌龟山墓地汉墓5座（同上书）。另据报道，2011年10～11月，对金马高速（东阳段）施工过程中涉及的古代墓葬进行抢救性考古发掘，清理汉代墓葬176座，部分墓葬棺椁结构基本完好、出土遗物丰富（《中国文物报》7月15日），但详细资料还有待整理。李平、耿建军撰文对徐州发现的西汉空墓的特点进行了总结，分析了其形成原因（《湖南省博物馆馆刊》9辑）。徐良高、唐锦琼从苏州地区的汉代土墩墓材料出发，讨论了汉代墓

葬对早期土墩和土墩墓地再利用现象，以及汉代与两周一墩多墓现象的比较与启示等问题（《秦汉土墩墓考古发现与研究——秦汉土墩墓国际学术研讨会论文集》，文物出版社）。

安徽省在2013年集中公布了大批汉墓资料，由科学出版社出版的《天长三角圩墓地》以墓葬为单位对早年在三角圩墓地清理的27座汉墓资料进行了逐一介绍，精美的漆器、整套的铁质木工工具，都是十分珍贵的实物资料。《庐江汉墓》（科学出版社）报告也是以墓葬为单位，逐一介绍了2007～2008年在庐江县董院、松棵两个汉代墓地清理的135座墓葬的全部考古资料（其中M28和M29两座墓的资料还见于《文物研究》20辑）。该报告还对墓地进行了分期和年代判断，对墓地的合葬墓及家族墓现象进行了初步考察。《潜山林新战国秦汉墓》（文物出版社）则集中报道了在潜山县林新墓地发掘的38座战国至汉代墓葬。这三部报告对于建立江淮之间区域战国至两汉时期墓葬的年代序列与分期标尺、系统认识这一时期不同阶段墓葬特点、墓葬文化因素及相关问题提供了重要中材料，同时也为南北不同地域文化在该地区的交融和发展提供了重要线索。

2013年出版的《文物研究》20辑还集中报道了安徽省内发现的其他数十座汉墓资料，包括：天长市仁和社区汉墓1座（《文物研究》20辑）、肥东县黄岗墓群的汉墓7座（《文物研究》20辑）、寿县炎刘镇新桥国际产业园西汉墓1座（《文物研究》20辑）、蚌淮高速凤阳段大申汉墓2座（《文物研究》20辑）、灵璧县孟山口战国末至西汉墓22座、泗县吴店遗址汉墓37座、太和县晶宫世纪城东汉墓葬2座、广德南塘汉代土墩墓D25中的汉墓3座。另外，2010～2011年在萧县陈沟墓地的东区清理汉墓56座（《东南文化》1期）、在西区清理汉代墓葬58座（《南方文物》3期），也都有不少重要的发现。邬文玲对出土有木牍文书的天长市纪庄汉墓的墓主身份进行了推定，认为墓主生前可能曾任县功曹一职（《简帛研究二〇一一》，广西师范大学出版社）。

在浙江省内，在萧山的湖山墓地和老虎洞遗址（《中国文物报》10月11日）、云和县白塔山（《东方博物》47辑）、嵊州市祠堂山（《东方博物》47辑）、安吉上马山墓地等地均有秦汉时期墓葬发现。尤其是自2001年以来在安吉上马山墓群清理的秦汉墓葬已超过400座，这些墓葬大都埋葬在人工堆筑的土墩之中，田正标、游晓蕾按照楚式墓和汉式墓两大类进行了综合介绍（《秦汉土墩墓考古发现与研究——秦汉土墩墓国际学术研讨会论文集》，文物出版社）。梁亦建从分布情况、文化内涵与特征、与相关文化遗存的关系这三个方面对长兴县秦汉土冢遗存进行了简要概述与探讨（同上书）。胡继根就浙江“汉代土墩墓”的发掘与认识问题谈了自己的看法（同上书）。孟国平以长兴夏家庙土墩墓为例，谈了浙江长兴地区秦汉时期土墩遗存的堆积成因（同上书）。李晖达讨论了浙江汉代土墩遗存中的“越地”因素（同上书），程厚敏以湖州杨家埠汉代土墩墓群为例对汉代土墩墓的社会经济背景进行了考察（同上书），刘建安则认为汉代土墩遗存为家族茔地（同上书）。

湖北省也是2013年报道秦汉墓葬资料较多的地区之一，新出版了《丹江口牛场墓群》（科学出版社）、《丹江口潘家岭墓地》（科学出版社）、《襄阳黄家村》（科学出版社）、《襄阳陈坡》（科学出版社）四部报告，其中经详细报道的秦汉墓葬就有200座之多。2013年出版的《湖北南水北调工程考古报告集》（第一卷）（科学出版社）还收录了丹江口金陂墓群在2006～2008年发掘的33座秦汉墓、丹江口莲花池墓地在2006～2007年清理的战国晚期至西汉中期墓葬58座、郧县韩家洲墓地在2006～2007年发掘的33座汉墓。其他零散报道的还有：郧县上宝盖遗址在2010年发掘的汉代墓葬14座（《江汉考古》4期)、武当山柳树沟墓群在2010年发掘的战国晚期至汉初墓葬9座(《江汉考古》2期)、襄阳市余岗墓地西汉墓1座(《文物》7期)、孝昌县武家岗墓地于1995~1996年发掘的东汉墓3座(《江汉考古》1期)、荆州印台墓地于2011年发掘的西汉墓1座(《荆楚文物》1辑)。另据报道，在随州文峰塔墓地也有新的发现(《中国文物报》5月24日)。王从礼、刘玮对荆州谢家桥一号汉墓涉及的楚汉葬俗变迁等问题进行了探讨(《湖南省博物馆馆刊》9辑)。

湖南省新报道的汉墓资料主要是常德南坪汉代赵玄友等家族土墩墓群，为秦汉土墩墓的研究提供了一批新的材料(《湖南省博物馆馆刊》9辑)。自2010年以来在常德南坪发现了8座汉代封堆墓，已清理了其中的5座封堆共计22座土墩竖穴墓。龙朝彬撰文介绍了这些封堆和熟土台结构，以及封堆熟土台内墓葬的分布和出土的文物情况，进而总结了常德南坪土墩墓的主要特征(《秦汉土墩墓考古发现与研究——秦汉土墩墓国际学术研讨会论文集》，文物出版社)。刘瑞讨论了常德南坪秦汉土墩墓D3M27的时代及相关问题(同上书)。何旭红《汉代长沙国考古发现与研究》(岳麓书社)详细介绍了汉代长沙国相关墓葬和遗址的历次考古发掘经过，对历次发掘出土的器物及历年征集文物进行研究，并深入探讨了汉代长沙国相关历史问题。

重庆市新报道的秦汉墓葬资料主要有：奉节白马墓地在2000~2001年发掘的汉墓5座(《奉节白马墓地》，科学出版社)、万州嘴嘴墓群在2003年发掘的战国至东汉墓葬8座(《华夏考古》1期)、丰都县天平丘墓地在2007年清理的东汉墓5座(《华夏考古》3期)、丰都县火地湾、林口墓地在2012年发掘的东汉墓数座(《江汉考古》3期)、丰都县汇南墓群2000年发掘的东汉墓2座(《四川文物》3期)和2003年度发掘的两汉墓17座(《四川文物》2期)等。邹后曦等人对重庆插旗山崖墓(M1)的人工开凿与装饰痕迹进行了观察分析(《江汉考古》3期)。

四川省新报道的主要包括：2006年在蒲江县飞龙村盐井沟清理的战国末到秦代墓葬5座[《成都考古发现》(2011)，科学出版社]、2008年在汉源县龙王庙遗址清理的汉墓6座(《四川文物》5期)、2009年在宜宾市沙坝墓地清理的14座战国晚期至西汉早期墓葬(《文物》9期)等。陈云洪、颜劲松对四川地区已发现的西汉土坑墓资料进行了分期研究[《成都考古研究》(二)，科学出版社]。罗开玉从原住民的传统墓葬和汉式墓葬两个方面对成都地区秦汉至三国时期的墓葬进行了概述(《成都文物》2期)。

2012年11月在浙江省安吉市召开了“秦汉土墩墓国际学术研讨会”，有关秦汉时期土墩墓的问题，引起了与会学者的热烈讨论。施劲松根据近10年来新发掘或新报道的资料，对商周两汉的土墩墓进行了新的认识，认为汉代的土墩墓极大拓展了土墩墓的研究领域(《秦汉土墩墓考古发现与研究——秦汉土墩墓国际学术研讨会论文集》，文物出版社)。陈超总结了汉代土墩墓的发现与研究，认为汉代土墩墓是南方地区吴越文化残余与中原汉文化相互碰撞的结果，是历史文化的融合和进化(同上书)。刘兴林对汉代土墩墓的分区和传播问题进行了探讨(同上书)。刘振东对中日古代坟丘墓起源的研究现状进行了概述，并比较了中日古代坟丘墓的异同及其关联性(同上书)。受中国新发现汉代土墩墓的影响，日韩学者也就有关问题进行了探讨。韩国学者辛勇旻介绍了韩国东南部地域三国时代封土古坟的筑造手法(同上书)。日本学者中村大介明确了日本列岛周沟墓的体系归属，并在此基础上探讨了日本周沟墓的起源(同上书)。林永珍对中、日、韩坟丘墓进行了比较研究，认为三者之间是相互联系的，韩国和日本的坟丘墓很可能是在中国吴越地区土墩墓的影响下发展起来的（同上书）。

刘瑞对华南地区60年来积累的秦汉土坑墓资料进行了系统整理研究（《考古学集刊》19集）。张卓远探讨了木结构建筑对中原地区汉代墓葬的影响问题（《华夏考古》1期）。其他相关的研究还有：杨爱国对魏晋人盗用汉代坟墓材料造墓现象的分析（《中国国家博物馆馆刊》12期）、赵晓军等人对中国古代陵墓制度尊西习俗的讨论（《洛阳考古》1期）、王会民、马冬青对中国古代墓葬中夫妻葬位及尊卑问题的讨论［《中国考古学会第十五次年会论文集》（2012），文物出版社］，等等。

三　边疆考古

北方和西北地区：2012年5～11月在宁夏回族自治区中卫常乐墓地南部区域清理汉墓24座，发掘者推断时代为西汉末新莽时期至东汉早期，墓主人为汉代拓边平民（《2012中国重要考古发现》，文物出版社）。2012年5～7月在内蒙古自治区呼和浩特市赛罕区沟口子村清理的一座汉代长方形竖穴土坑墓，也被推断是西汉时期的普通平民墓葬（《草原文物》2期）。此外，2011年6月在内蒙古自治区和林县新店子乡西头号村王墓梁墓地发现两座小型土坑竖穴墓（《草原文物》2期）。

新疆维吾尔自治区新报道的墓葬资料较多，由文物出版社出版的《新疆萨恩萨伊墓地》详细报道了2006～2008年配合乌鲁木齐市大西沟水库枢纽工程建设而抢救发掘的180座墓葬资料，出土各类文物300余件（组），发掘者推测这批墓葬的年代上至青铜时代下至汉唐时期，其多样化的墓葬类型，复杂的文化面貌，对于探讨当地的文化变迁提供了极为重要的资料。2007～2008年，吐鲁番学研究院在胜金店墓地发掘了30座墓葬。墓葬形制有长方形竖穴二层台墓、长方形竖穴土坑墓和长方形竖穴偏室墓三种。随葬品有木器、陶器、金属器、皮毛制品、丝质品，还出土了保存完好的古尸、小麦等，发掘者推断其年代为西汉时期（《考古》2期），其中的M2为竖穴偏室墓，墓内葬有两人，出土器物8件，采用复合材料制作的假肢做工精巧，是国内考古发掘中的首次发现（《文物》3期）。2011年在新疆阿勒泰地区阿勒泰市还抢救清理了17座古墓，部分木棺墓的年代可能相当于中原地区的汉代或汉代以后（《文物》3期）。2011年配合新疆哈巴河县东塔勒德水库建设，发掘墓葬61座，多为开口近长方形的竖穴土坑墓，地表多有岩石块堆积的圆台状或圆饼状封堆，共出土随葬器物800余件，发掘者推断部分墓葬的年代或可晚至西汉（《文物》3期）。于建军、马健对该墓地进行了初步研究（《文物》3期）。此外，在新疆昌吉努尔加墓地（《文物》12期）、新疆布尔津博拉提三号墓群（《2012中国重要考古发现》，文物出版社）等地也都发现了年代可能晚至两汉时期的墓葬。

李溯源等人对伊犁河谷地区出土的古代铜鍑进行了研究（《文物》6期）。于志勇对近年来新疆地区发掘的古代玻璃器的考古发现与研究进行了总结与思考（《新疆文物》2期）。张弛对尼雅95MNIM8随葬的弓矢进行了研究，讨论了汉代丧葬礼仪对古代尼雅的影响（《新疆文物》2期）。蔡大伟等人对蒙古国胡拉哈山谷M21号匈奴墓主进行了线粒体DNA分析，为匈奴人种类型研究提供了新的线索（《边疆考古研究》13辑）。陈建立等人对新疆巴里坤东黑沟遗址出土的铁器进行了金相组织观察及年代测定，判定这批铁器均系采用块炼铁、块炼渗碳钢和铸铁脱碳钢锻打而成，其年代为战国晚期至西汉时期（《文物》10期）。此外，有关大月氏人的原始故乡问题（《西域研究》2期）、宁夏汉代匈奴问题（《东方博物》47 辑）、匈奴金银器在草原丝绸之路文化交流中的作用（《中原文物》4 期）、部分与鲜卑相关遗存的年代问题（《边疆考古研究》13 辑）、新疆巴里坤东黑沟遗址出土铁器等也都有专文进行了讨论。

东北地区：由辽宁省文物考古研究所编著《姜屯汉墓》（文物出版社）是辽宁省第一部汉代墓葬的发掘报告，报道了2010 年在普兰店市西北部姜屯村附近配合公路建设清理的212 座汉墓中保持比较完整的154 座汉墓资料，采用了“按照遗迹单位进行介绍”的体例，依照墓葬编号顺序逐一介绍了每座汉墓的形制、葬具和人骨，以及随葬品情况，并进行了分期研究，时代由西汉早期至东汉晚期，大致反映了大连地区汉墓的概况。杨哲峰对其中的白陶器资料进行了梳理（《中国文物报》7 月 19 日）。其他见于报道的还有2008 年在辽宁抚顺李石开发区四号路墓群发现的东汉砖室墓（《北方文物》4 期）等。李陈奇对松嫩平原商周至西汉时期青铜器的发现与初步研究进行了综合探讨（《北方文物》3 期）。孙继艳讨论了2006 ~2007 年在沈阳修女院发现的9 座汉墓的分期问题（《东北史地》2 期）。乔梁对黑龙江汉晋时期考古学遗存的分布与文化格局进行了研究（《边疆考古研究》13 辑）。刘晓东对挹娄、靺鞨文化分布区内的考古学遗存作了梳理，阐述了对文献所称挹娄、靺鞨的理解，进而对二者间关系进行了讨论（《北方文物》1 期）。此外，有关吉林帽儿山出土的汉代贝形泡饰（《边疆考古研究》13 辑）、扶余的厚葬问题（《草原文物》2 期）、西汉辽西郡郡治与都尉治所问题（《北方文物》3 期）等，也均有新的研究或认识。

东南沿海及岭南地区：福建省新报道了两处闽越国时期的墓葬资料，一是1999 年在武夷山市城村汉城遗址北面约2 千米的牛栏后清理的2 座长方形竖穴土坑木椁墓（《福建文博》2 期），二是2005 年在福州市北新店发掘的益凤山一号墓（《福建文博》3 期）。尤其是后者，属于带斜坡墓道、甬道的长方形竖穴深土（岩）坑封土堆木椁墓，墓道长15 米，墓室坑口长9.5，宽5.8 米，深5 米 ~6 米，为福州市发现的最大汉墓，发掘者推断其年代是西汉初年。该墓采用的是“人”字形木椁，而类似墓葬形制截至2013 年仅见绍兴印山越王墓、广州农林东路南越国“人”字顶木椁墓和城村汉城牛山一号墓，因此，该墓的发现对于认识相邻福州屏山汉代遗址的性质，以及解决闽越国都城的地望等问题，具有重要意义。基于新的考古发现，欧潭生对汉初闽越国治都问题进行了再考证，提出了一些新的看法（《福建文博》3 期）。

2013 年出版的《广西考古文集》（第五辑）（科学出版社）报道了在贺州凤凰岭于2007 年发掘的25 座东汉墓、在兴安县界首骨伤医院于2004 年清理的1 座东汉墓、以及在梧州牛睡山发掘的1 座东汉墓，以及在蒙山六怀冲清理的1 座汉晋石室墓等新材料。黎文宗总结了桂东北地区石室墓的发现与研究，推测其族属可能是来自于江浙一带越人的一支，很可能是经由潇贺古道转入桂东北地区的（《四川文物》5 期）。黄珊、熊绍明等人对广西合浦寮尾东汉墓 M13b 出土的1 件青绿釉陶壶进行了成分检测与分析，认为其是产自今伊朗西南部和伊拉克的碱金属釉陶，时代在公元43 ~200 年，是通过海路到达合浦的海外舶来品（《考古》8 期）。国外学者伊恩·格格弗、山形真理子等人在介绍了1993 年邮州山查乔遗址发掘资料的基础之上，对越南早期的占族、沙莹和汉文化进行了分析[《广西考古文集》（第五辑），科学出版社]。

西南地区：2010 年，云南省文物考古研究所联合红河州文物管理所、个旧市博物馆等单位组成考古队，对黑蚂井墓地进行了第四次考古发掘，共清理汉代墓葬30 座，出土文物700余件（套）。其随葬品种类多样，受多种文化影响的特征明显。2013年出版的《个旧市黑蚂井墓地第四次发掘报告》（科学出版社）详细报道了有关发掘资料，并进行了分期研究，为研究云南青铜文化提供了重要的参考资料。2011～2012年在云南江川光坟头遗址清理半地穴房屋26座、灰坑30个、与建筑有关的活动面11处，出土遗物数量众多，进一步丰富了滇文化的遗存信息（《2012中国重要考古发现》，文物出版社）。2012年，在云南陆良县薛官堡墓地共清理墓葬竖穴土坑墓160余座，出土包括日光镜、五铢钱、铁器等在内的大批遗物，为研究汉文化进入西南夷地区以及土著文化与汉文化的融合提供了线索（《考古》4期）。

2007年，在贵州贞丰县浪更燃山墓地清理石板墓65座，其中18座为瓮棺石板墓，47座为长方形石板墓，出土遗物包括陶器、铜器、铁器和玉石器等，时代大致为西汉晚期至东汉早中期。为了解贵州地区石板墓的时空分布状况，以及探讨贵州古代民族的考古学文化和埋葬习俗提供了新资料（《考古》6期）。

由成都文物考古研究所、阿坝藏族羌族自治州文物管理所编著《茂县营盘山石棺葬墓地》（文物出版社）报道了2000～2006年在茂县营盘山墓地发现的近200座石棺葬，极大地丰富了当地石棺葬资料。由四川省文物考古研究院编著《西南地区北方谱系青铜器及石棺葬文化研究》（科学出版社）收录了自2008年以来四川石棺葬遗存的最新材料，包括2008年在四川炉霍县宴尔龙石棺葬墓地清理的13座、在炉霍呷拉宗遗址清理的14座、2010年在雅江呷拉脚泥堡石棺葬墓地清理的1座等。同时，该书也收录了中日学者关于石棺葬研究的最新成果，就石棺葬的起源与扩散、四川地区石棺葬的时代特征、大窑石棺葬的年代等问题进行了探讨。

郭物以石寨山文化的考古发现为中心，对边地文化传播带进行了再讨论（《考古学视野下的城市、工艺传统和中西文化交流——刘庆柱先生七十华诞祝寿论文集》，科学出版社）。杨勇探讨了可乐文化因素在中南半岛的发现及初步认识（《考古》9期），并对滇东八塔台文化墓地的特征和年代进行了总结分析，比较了八塔台文化墓地与其他地区秦汉土墩墓的异同等问题（《秦汉土墩墓考古发现与研究——秦汉土墩墓国际学术研讨会论文集》，文物出版社）。

江章华对茂县牟托一号石棺墓出土的青铜乐器以及岷江上游石棺墓随葬品的变化所反映出的社会与观念变化等也提出了新的认识［《成都考古研究》（二），科学出版社］。左志强通过对安宁河流域大石墓遗存分期研究的再讨论，揭示了安宁河流域战国至汉代文化发展呈现出的“断续式”特征（同上书）。万靖对云贵高原地区的汉墓进行了综合研究（《四川省文物考古研究院青年考古文集》，科学出版社）。

此外，结合科技考古，对云南曲靖八塔台墓地的铜器成分（《中原文物》1期）、南丝路上的早期金属工业［《成都考古研究》（二），科学出版社］等问题也都有新的研究成果。有关滇文化的用贝习俗分析（《四川文物》6期）、大石墓的立石问题（《四川文物》3期）、剑川鳌凤山竖穴土坑墓的分期与年代问题（《四川文物》1期）、四川地区早期带柄铜镜（《四川文物》6期）等也都有新的探讨。综合研究方面还有李昆声、陈果合著《中国云南与越南的青铜文明》（社会科学文献出版社）等。

四　美术考古

2013 年新报道的汉画资料主要集中在石刻划像方面，数量仅十余座，散见于河南省偃师市（《中国国家博物馆馆刊》2 期）、禹州市（《华夏考古》3 期）、郏县（《华夏考古》1 期）、唐河（《华夏考古》2 期），陕西省神木县［《齐鲁文物》（第 2 辑），科学出版社］，山东省梁山县（《梁山薛垓墓地》，文物出版社）、郯城县［《齐鲁文物》（第 2 辑），科学出版社］，安徽省萧县（《东南文化》1 期）等地。朱存明对徐州地区新发现的一座汉墓中 20 块汉画像石进行了介绍与考察与研究（《中国国家博物馆馆刊》7 期）。此外，在河南省禹州市还新发现了 2 座汉代的画像砖墓（《中原文物》2 期）。

与资料报道形成鲜明对比的是，2013 年出版的以秦汉时期为主或涉及秦汉时期的美术考古专著或论文却十分丰富，在不少方面都取得了新的研究进展。

山东博物馆编辑的《齐鲁文物》（第 2 辑）（科学出版社）开辟了“汉代石椁画像和汉文化研究”专题，收录了 2012 年 9 月在济南市召开的“汉代石椁画像和汉文化研究”学术研讨会的论文，包括杨爱国《从石椁到石室》，郝利荣、杨孝军《汉代石椁画像与民间宗教信仰研究——从汉代墓葬建筑的“象生环境”和“死而不亡”的理想境界谈起》（该文又见《文物世界》5 期），罗二虎《论汉代石椁墓》，李立《“快乐家园”的向往与建构——论“室墓制度”对汉代墓葬画像性质与意义的匡衡》，黄佩贤《汉代四灵纹石棺椁》，龚诗文《汉画持弓驱禽图像考略——以西汉画像石椁为中心》，马怡《汉画像石所见免冠叩拜图》，练春海《博山饰源流考》，朴修珍《从东夷族传统宗教民俗看山东汉画像“射鸟图像”构图意义》，李曰训《试论山东出土汉画像石中的车门出行图》，朱华《沂南汉墓艺术研究初探》，刘雨茂、索德浩《泸州画像石棺初步研究》，杨孝鸿《四川东汉王晖石棺“假门”画像再思考——假门画像系列研究之二》，周保平《徐州汉代画像石椁墓与石椁画像》，武利华《徐州地区汉代画像石椁墓及其题材研究》，吕凯《鲁中南地区汉代石椁墓形制及演变》等一系列相关论著。于秋伟《“汉代石椁画像及汉文化研究”学术研讨会的一点收获》从汉代石椁墓的命名、源流、存在时间与分期、分布范围，以及随葬品、画像及其配置等几个方面进行了总结。

巫鸿、朱青生、郑岩主编《古代墓葬美术研究》（第二辑）（湖南美术出版社）是 2011 年在芝加哥大学北京中心召开的“第二届古代墓葬美术研究国际学术研讨会”的论文集，收录了来国龙《逝者的再现，无形的参列：战国秦汉艺术中人像观念的嬗变》，杰西卡·罗森《汉帝国及其北方邻国：异域魅惑》，倪克鲁《砖叠苍穹：新莽墓葬建筑与绘画中的宇宙象征》，缪哲《重访楼阁》，郑岩《弯曲的柱子——陕北东汉画像石一个细节》，朱青生《汉画作为“图”的八种意义》等相关论著，颇多新意，值得关注。

孙机《仙凡幽明之间——汉画像石与“大象其生”》（《中国国家博物馆馆刊》9 期）对汉代画像石题材中的一系列问题进行了讨论，指出除含有吉祥寓意的神话故事及装饰图样外，大部分为墓主人生前起居出行等情况的反映，以期墓主在地下仍延续其尘世间优越的生活，即所谓“大象其生”。张敏从沂南汉墓画像中“羽人”与“大傩”的讨论谈起，讨论了在汉画理解方面考古学与神话学的碰撞问题（《东南文化》1 期）。周学鹰《汉画像砖石的考古学释读》（《考古与文物》1 期）指出了释读汉画像砖石的新角度。武家壁认为安徽萧县圣村汉墓画像石图像中迎宾、燕尸、宴饮、娱乐等场面都是围绕招魂主题展开的（《文物研究》20 辑）。

其他散见的研究论著也很多，内容涉及汉代壁画和画像中的鱼车出行（《考古与文物》3 期）、西安曲江翠竹园西汉墓葬壁画的特点（《文博》6 期）、辽阳汉魏晋墓葬壁画的渊源（《文物研究》20 辑）、许昌汉画像石门扉图像（《华夏考古》3 期、《中原文物》1 期）、南阳汉画像石（砖）中的射箭活动（《中原文物》4 期）、南阳汉代彩绘画像石墓的特点及色彩的象征意义（《中原文物》5 期）、江苏射阳汉石门画像［《江淮文化论丛》（第二辑），文物出版社］、临沂汉画像石中的车骑出行图（《中国文物报》11 月 20 日）、汉代“人虎母题”图像之题材表现（《文物世界》4 期）、汉代的“角抵”画像砖（《武汉文博》3 期）、四川汉代“骆驼载乐”画像砖（《巴蜀古陶瓷文集》，四川美术出版社）、东汉龙虎纹画像砖（《东方收藏》12 期）、汉画像石中反映出的秦汉战争的战术与兵器（《中国文物报》3 月 15 日）、汉画像石中的胡人形象（《文物鉴定与鉴赏》10 期），等等。

2013 年还出版了杨絮飞、李国新《汉画学》（河南大学出版社），王娟《汉代画像石审美研究——以陕北晋西北地区为中心》（文物出版社），王金元、刘晋平、王双斌《吕梁汉代画像石选》（山西人民出版社），张道一《徐州画像石》（译林出版社），郑岩《逝者的面具：汉唐墓葬艺术研究》（北京大学出版社），何志国《美术考古文存》（中国书籍出版社），西安曲江艺术博物馆编著《色挂形象穷神变——中国古代壁画源流》（文物出版社）等专著或图录。

五　简帛研究

2010 年 6～8 月，在长沙市五一广场地铁站施工过程中，在编号为 1 号窖内出土了万余枚简牍，是近年汉代简牍的又一重要发现。据初步整理可分为木牍、两行简、小木简、封检、封泥匣、签牌（木）、竹简、竹牍、削衣、异形简等。这批简牍大多保存较好，绝大多数为官文书，有大量与司法相关的内容，涉及刑事、民事、诉讼等，且不少简牍上有纪年，据此推断这批简牍的时代为东汉早中期和帝至安帝时期（《文物》6 期）。杨小亮对这批新出土的简牍进行了研究，通过饱水法对五一广场东汉简牍中 2600 余枚进行了红外扫描和彩色拍照，并对 103 枚简牍进行了释读，从而对该批简牍的形制、主要内容、史料价值等有了更为清晰的认识［《社会科学专辑 I——考古调查与文献研究》，文物出版社］。

关于岳麓秦简：2013 年发表了岳麓书院藏秦简整理小组对《为狱等状四种》的概述（《文物》5 期）。陈松长对岳麓秦简“为伪私书”案例进行解说，并就相关问题进行分析（《文物》5 期）。黎明剑认为岳麓秦简《为吏治官及黔首》是秦帝国地方官吏的官学教材，目的是训练官吏治官、治理黔首和治理自身操守（《简帛研究二〇一一》，广西师范大学出版社）。其他相关研究还有何有祖《岳麓书院藏秦简校读二则》（《简帛研究二〇一二》，广西师范大学出版社）、蔡丹《读〈岳麓书院藏秦简（贰）〉札记三则》（《江汉考古》4 期）、张新俊《岳麓秦简与秦封邑瓦书文字考释一则》（《中国国家博物馆馆刊》11 期）、许道胜《岳麓秦简〈数〉书校读记（下）》（《湖南省博物馆馆刊》9 辑）和《岳麓秦简〈数〉新劄》（《简帛》8 辑）等。

关于里耶秦简：除了一些字词的解读以外，新的研究逐渐深入到秦简所揭示的秦代制度的各相关层面，内容涉及里耶秦简所见秦代“生分”问题（《中国史研究》3 期）、里耶秦简中的债务文书问题（《简帛研究二〇一二》，广西师范大学出版社）、里耶秦简所涉及的秦代地方行政制度问题（《简帛》8 辑）、里耶秦简所见秦代郡县文书的传递问题（同上书）、秦简所见贷钱与赎钱问题（同上书）、里耶秦简所见“户赋”及相关问题（同上书）等。游逸飞对里耶秦简 8－157 的文书构成与存放形式进行了再讨论（《简帛研究二〇一二》，广西师范大学出版社），并对里耶秦简所见郡县级行政进行了研究（《简帛》8 辑）。赵岩对里耶秦简中的秦纪日简牍进行了研究（《简帛》8 辑）。围绕已公布的《里耶秦简［壹］》，沈刚对其中的冗吏进行了分析，认为秦简中的冗吏是政府编制以外从事各种庶务的吏员，主要承担“史”和“佐”两种职位的工作（《湖南省博物馆馆刊》9 辑）；庄小霞对其中所见秦代洞庭郡、南郡属县进行了考证（《简帛研究二〇一二》，广西师范大学出版社）。

关于云梦秦简、天水放马滩秦简：新的研究相对较少。陈伟发表了对云梦睡虎地秦简中《秦律十八种》的 5 则校读（《简帛》8 辑）。钟守华对放马滩秦简《日书》中的日月关系与古度问题进行了探讨（同上书）。晏昌贵对放马滩秦简《邸丞谒御史书》中的时间和地点进行辨析，进而将赵国史事与简文所记故事进行了先后排列（《出土文献》4 辑）。至于天水放马滩秦简中的编连问题（《简帛》8 辑）、时称问题（《简帛研究二〇一二》，广西师范大学出版社），也有新的讨论。

关于北京大学所藏秦汉简：新的研究成果除涉及《老子》（《中国哲学史》3 期）、《周训》（《出土文献与古文字研究》5 辑）等著作外，辛德勇对北京大学所藏秦水陆里程简册进行了初步研究（《出土文献》4 辑），并讨论了其性质和拟名等问题（《简帛》8 辑）。韩巍对北大秦简《算书》中的土地面积类算题进行了讨论（同上书）。朱凤瀚探讨了北大秦简《公子从军》的编连与释读问题（同上书）。田天对北大秦简《祓除》进行了研究（同上书）。

对于其他汉代简牍，如湖北江陵张家山汉简、荆州松柏汉代木牍、山东临沂汉简、安徽天长汉代书牍、西北地区的居延汉简和悬泉汉简等，2013 年也有少量研究成果发表。此处从略。

至于从综合角度进行的秦汉简牍研究，值得关注的有王彦辉《出土秦汉户籍简的类别及登记内容的演变》（《史学集刊》3 期）、文霞《试论秦汉简牍中的“室”和“室人”——以秦汉奴婢为中心》（《史学集刊》3 期）、琴载元《战国秦汉基层官吏的〈日书〉利用及其认识》（《史学集刊》6 期）、李斯《西北汉简所见廪盐制度蠡测》（《简帛研究二〇一一》，广西师范大学出版社）、凌文超《汉、吴简官牛簿整理与研究》（《简帛研究二〇一一》，广西师范大学出版社）、陈侃理《秦简牍復生故事与移风易俗》（《简帛》8 辑）、林素清《秦简〈为吏之道〉与〈为吏治官及黔首〉研究》（《简帛》8 辑）、李零《隐书》（《简帛》8 辑）、余建立《秦汉简帛埋藏的考古学观察》（《社会科学专辑Ⅰ——考古调查与文献研究》，文物出版社）、黎虎《汉代外交文书类别和特点》（《史学集刊》4 期）、李恒全《论秦汉“傅籍”的兵役性质》（《史学集刊》4 期），等等。

王沛主编《出土文献与法律史研究》（第二辑）（上海人民出版社）为 2012 年 12 月在上海华东政法大学长宁校区召开的第二届“出土文献与法律史研究”学术研讨会的部分论文，其中也有不少与秦汉相关的内容，不一一赘述。在《湖南省博物馆馆刊》（9 辑）中还集中刊布一批有关马王堆帛书的研究，有不少新的见解，但具体内容此处从略。

在著作方面，还有杨剑虹《秦汉简牍研究存稿》（厦门大学出版社）、刘玉环《秦汉简帛讹字研究》（中国书籍出版社）、陈建明主编《湖南出土帛画研究》（岳麓书社）、张伯元《出土法律文献丛考》（上海人民出版社）等。

六　专题研究

铜器：对于铜容器的研究相对较少，而关注铜镜的资料介绍、鉴赏和研究较多。其中鉴赏的部分，本文从略。

杨海莉等人介绍了十堰市博物馆收藏的一件铭文铜鼎（《文物》3期）。晏波等人对天水市家马鼎的年代及其用途进行了考证（《文物世界》2期）。麦英豪介绍了广州市出土的两件秦纪年兵器（《文物天地》12期）。叶文宪对铍的起源与演变进行了再讨论，认为在秦汉时代各种形制的铍都得到了长足的发展（《考古》3期）。杨小刚等人对重庆市巫山地区出土鎏金和鎏银铜器初步研究，发现秦汉时期峡江地区鎏金铜器本体多数为红铜质，系热锻而成，金属镀层采用了汞鎏金和汞鎏银的工艺，形成了厚度较均匀的镀层（《江汉考古》3期）。

李晓音介绍了济源市博物馆收藏的两件汉代铭文铜镜（《中国文物报》2月13日）。李斌介绍了数枚六安市新出土的战国两汉铜镜（《文物研究》20辑）。李丁生介绍了潜山县博物馆收藏的战国两汉铜镜（《文物》2期）。宋艳秋介绍了旅顺博物馆收藏的龙纹镜（《文物天地》7期）。

苏强探讨了中国国家博物馆收藏的西汉新莽铜镜的类型与分期（《中国国家博物馆馆刊》5期）。王锋钧、杨宏毅对铜镜出土状态进行了研究，对相关的丧葬风俗、宗教信仰和传统观念进行了分析（《中原文物》6期）。高大伦、岳亚莉对四川出土的铜镜进行了综述（《四川文物》4期）。苏奎对变形四叶兽首镜进行了探讨，认为这种铜镜是汉代蜀地与中原地区和长江中下游地区之间文化交流的重要物证［《成都考古研究》（二），科学出版社］，同时，他还对东汉纪年蜀镜进行了初步考察（《中国国家博物馆馆刊》12期）。王趁意通过对平度西汉墓随葬铜镜的分析，讨论了日本古墓葬随葬铜镜溯源问题（《中原文物》5期）。曹锦炎就两汉三国镜铭文字整理与研究中的若干问题进行了探讨（《文物鉴定与鉴赏》5期）。2013年还出版了徐忠文、周长源编《汉广陵国铜镜》（文物出版社），霍宏伟、史家珍主编《洛镜铜华：洛阳铜镜发现与研究》（科学出版社）等。

钢铁器：相应研究较少，有郭京宁《京津地区战国秦汉时代的燕系铁器及冶铁遗存》（《北京文博文丛》1期）、陆锡兴《论汉代的环首刀》（《南方文物》4期）等。田率对中国国家博物馆新征集的一件东汉永寿二年错金钢刀进行了考证，认为其铭文反映了此刀为濯龙宫造，供皇帝专用，为研究汉代“物勒工名”制度提供了实物例证（《中国国家博物馆馆刊》2期）。

金银器：高至喜、国红对湖南省博物馆收藏的19座长沙汉墓中出土的金器共299件进行了整理，讨论了其年代与演变以及细金工艺等问题（《湖南省博物馆馆刊》9辑）。王永彪介绍了湖南常德东汉砖室墓出土的一批汉代金银饼（《文物》6期）。李菲介绍了1975年湖北省竹山县出土的1枚西汉金饼（《中国钱币》5期）。胡金华《西汉麟趾金辨析》［《中国考古学会第十五次年会论文集》（2012），文物出版社］一文重新对《汉书·武帝纪》记载中的西汉麟趾金进行了辨析，明确了武帝所铸麟趾金、马蹄金应具备的特点。韦正对汉晋命妇冠饰上的金珰与步摇进行了研究（《文物》5 期）。余雯晶对安徽巢湖汉墓出土的骆驼锡镇与凸瓣纹银盒进行了探讨（《文物研究》20 辑）。

漆木器：聂菲《湖南楚汉墓葬出土漆器考古学探源》（《湖南省博物馆馆刊》9 辑）勾勒了湖南楚汉漆器的总体发展脉络，并探索漆器的演变轨迹。王宜飞、陈建明、聂菲还对马王堆汉墓出土漆器的彩绘色彩进行了研究（同上书）。杨慧婷对马王堆汉墓出土木俑的研究成果进行了综述（同上书）。朱学文对秦代漆器研究进行了综述（《华夏考古》1 期）。刘芳芳对战国秦汉漆奁内所盛物品进行了分析（《文物世界》2 期），并就汉代漆奁所见锥画工艺进行了讨论（《文博》3 期）。林宛萱讨论了汉代广陵流行的漆面罩问题［《江淮文化论丛》（第二辑），文物出版社］。秋菊、赵瑞廷对北京老山汉墓出土漆器残片的髹漆工艺进行了研究，认为这批漆器残片分为两类，其层数、成分等不同，漆膜的成膜材料均为生漆；漆灰层主要元素是 Si 和 Al（《文物》10 期）。专著方面有聂菲《湖南楚汉漆木器研究》（岳麓书社）。

玉石器：石文嘉探讨了汉代玉璧的随葬制度（《中原文物》3 期）。王静对江西汉墓出土的石砚进行了初步分析（《南方文物》4 期）。专著方面有喻燕姣《湖湘出土玉器研究》（岳麓书社）、常素霞《中国古代玉器图谱》（金城出版社）等。至于其他玉器鉴赏的文章还很多，此处从略。

陶瓷器：杨哲峰对已报道的长江中上游地区汉墓中出土的江东类型陶瓷器资料进行了甄别、梳理和初步考察，分析了主要器类的分布、年代与共存关系，讨论了空间分布的阶段性变化问题及其影响或“被仿制”问题（《秦汉土墩墓考古发现与研究——秦汉土墩墓国际学术研讨会论文集》，文物出版社）。他还就《萧县汉墓》报告中所介绍的江东类型陶瓷器进行了甄别梳理，并就当地墓葬出土的普通泥质陶器和低温铅釉陶产品中“模仿”江东类型钙釉器的某些现象进行了归纳总结，从一个侧面揭示了地处南北交界的黄淮东部地区在统一汉文化的发展演变过程中所呈现的某种地域特色，同时也为进一步探讨汉代江东类型陶瓷器在北方地区的流传和影响提供了新的思路（《江汉考古》1 期）。姚江波介绍了河南省卢氏县文管办收藏的三件汉代绿釉陶器（《江汉考古》1 期）。闫璘介绍了西宁市海湖路新出土的东汉早期釉陶器（《文物鉴定与鉴赏》2 期）。王天艺、王勇对陕西省延安市出土的汉代陶囷进行了研究（《湖南省博物馆馆刊》9 辑）。魏曙光总结了汉代出土陶圆炉的发现与研究［《中国考古学会第十五次年会论文集》（2012），文物出版社］。邹西丹对泸州市博物馆收藏的东汉陶佛像灯台进行了初步考证（《四川文物》2 期）。郭建设讨论了汉代建筑明器所见防御性设施及其功用（《中原文物》3 期）。韦莉果分析了四川地区出土汉代瓦当的类型与年代（《四川文物》5 期）。张松莉介绍了许昌博物馆收藏的汉代瓦当（《中原文物》4 期）。申云艳对中国古代植物纹瓦当进行了综合研究（《考古学视野下的城市、工艺传统和中西文化交流——刘庆柱先生七十华诞祝寿论文集》，科学出版社）。王子今通过梳理陕西省武关镇出土的“武侯”瓦当和有“武”字戳印的板瓦，讨论了战国秦汉武关道交通问题（《文博》6 期）。刘瑞讨论了秦封泥的分期问题（《考古》10 期）。高子期梳理了秦封泥中的川渝史料（《四川文物》3 期）。

其他方面：值得关注的相关研究还有高杰《从汉长安城未央宫骨签看河南工官的设置》（《华夏考古》4 期），陆志红《先秦两汉席镇研究》（《考古学集刊》19 集），徐龙国《汉代的坐具、坐姿及礼俗》（同上书），向祎《先秦至秦汉时期焚香之风与香具——兼谈五凤熏炉的命名》（《中原文物》6 期），王颖竹、马清林、李延祥《略论秦汉至两宋时期的香料》(《文物》5期),郑曙斌《试析马王堆汉墓随葬的梳妆用具》(《湖南省博物馆馆刊》9辑),李梦璋《长沙赤岗冲二号墓出土的滑石人物俑》(同上书),龙腾《襄人不是胡人——四川中江塔梁子东汉崖墓榜题考》(《文物》2期),肖仁杰《四川渠县新发现的汉晋墓阙构件和石像生》(《四川文物》2期),秦臻《四川渠县新发现汉晋石兽及相关问题》(《四川文物》2期),罗开玉《成都天府广场出土石犀、汉碑为秦汉三国蜀郡府衙遗珍说》(《四川文物》3期),窦磊《汉晋衣物疏补释五则》(《江汉考古》2期),陈杏留《汉至唐宋买地券校补记》(《华夏考古》1期),杨桂梅《汉代虎符考略》(《中国国家博物馆馆刊》5期),王婷《汉代水井的考古学研究》(《农业考古》6期),张学君、张缪斯《关于临邛、蒲江的盐业历史——汉代蜀郡井盐开发的历史背景与工艺特点》[《中国盐业考古:长江上游古代盐业与中坝遗址的考古研究》(第三集),科学出版社],白九江、邹后曦《制盐龙灶的特征与演变——以三峡地区为例》(《江汉考古》3期),等等。专著方面还有张学锋《汉唐考古与历史研究》(生活·读书·新知三联书店)、周伟洲《汉唐气象:长安遗珍与汉唐文明》(社会科学文献出版社)、张勋燎《中国历史考古学论文集》(文物出版社)等。

至于科技考古方面,涉及秦汉铜器的成分与金相分析、西汉铸钱工艺、西汉星云镜的范铸模拟实验研究、铁器文物的保护、彩绘陶俑文物的病害与防治、汉墓壁画的现场保护、秦汉简牍的饱水保护等诸多议题,均有一些新的进展,在此不一一陈述。

三国至明清时期考古

齐东方　沈睿文　卢亚辉

2013年度三国至明清考古发掘为相关遗迹遗物的研究提供了重要的第一手资料。北魏及唐代的洛阳城、南宋临安城的城市考古，以及黄河蒲津渡遗址的发掘尤为重要。墓葬田野工作的主要收获有北魏元遵墓、统万城八大梁M1、潼关税村隋墓、南宋徐渭礼墓等的发现，以及一批家族墓葬。石窟寺考古和洛阳龙门西山景教徒瘗窟的发现较为特殊，中外文化交流考古则以陶瓷研究为突出。此外，还有为配合基本建设发掘的一大批重要墓葬。

一　遗址

2011年，在北魏洛阳宫城西墙处新发现曹魏至西晋时期的宫城西墙、汉晋时期的大型河渠、北魏时期的排水暗渠、北魏与北周时期的路面等遗迹（《考古》5期）。

李鑫等人把隋唐东都洛阳已发掘的12座门址分为多门道的A型门址和单门道的B型门址两类，并把这两型Ⅰ式门址定为隋到唐前期，Ⅱ式门址定在唐后期或稍晚一些，晚期门址具有从唐前期门址向宋代“石地栿制”城门过渡的特征（《洛阳考古》2期）。杨清越结合文献与考古材料讨论了隋唐仓窖的粮食保存方法（《中国国家博物馆馆刊》12期）。

结合近年来唐代扬州城最新的考古发掘和相关研究成果，任广、程召辉对唐代扬州城的形制布局进行了简要介绍，并对罗城始筑年代、里坊等问题进行了初步的探讨（《洛阳考古》3期）。

郎旭峰回顾了临安城遗址考古工作的主要成果，提出临安城遗址考古工作设想、以后考古工作将面临的问题，以及相应的保障措施（《杭州文博》2期）。2000年5月至2001年7月，杭州市文物考古研究所对南宋临安府治进行四次考古发掘。发现基址的布局、规模、形制、营造等成为复原府署建筑的重要依据，为南宋临安城的研究和复原，提供可靠的参照点，为研究古代衙署官式建筑及其沿革提供实物资料（《南宋临安府治与府学遗址》，文物出版社）。《南宋御街遗址》（文物出版社）是南宋御街考古1998～2008年阶段性成果汇编，详细介绍了四次考古发掘的南宋御街遗址和建筑遗迹。该书对杭州卷烟厂、太庙巷、严官巷、中山中路等地点的南宋御街遗址及出土遗物进行描述，还对南宋御街用材演变（即由砖砌道路向石板铺筑的演变）、南宋御街的结构组成、南宋御街的长度和宽度进行探讨。

辽代上京皇城西山坡遗址北院YT1、YT2和YT3等进行了全面考古发掘，取得十分重要的收获（《考古》1期）。

辽宁省昌图县塔东发掘辽代遗址，发现清理房址1座、墙基址2段、塔基及地宫1座、灰坑21个、灰沟3条。出土了鎏金铜造像、铁造像、石雕像、铜钱、陶塑像残件及陶质建筑构件等遗物（《考古》2期）。

长海认为金代初期修筑的岭北界壕称为“成吉思汗边墙”或“金源边堡”等。这条界壕，东起呼伦贝尔根河南岸支流库力河（《草原文物》1期）。《白山·黑水·海东青——纪念金中都建都860周年特展》（文物出版社）是首都博物馆与黑龙江博物馆为纪念金中都建都860周年特展所做图录，其专论部分是学者就历史、考古学、艺术、建筑等角度对金中都的历史地位、金中都考古学研究、金代女真人生活等方面的探讨。其中刘庆柱《金中都考古学研究》一文介绍了金中都遗址考古发现与布局形制研究，并认为金中都开创并奠定了北京的都城布局形制。

吉林省白城市洮北区金家金代遗址共发掘台基式建筑1座、房址2座、灰沟2条、灰坑5个。其中台基式建筑周围出土大量的建筑构件、饰件残片及少量铁钉，并于台基表面凹形台北侧和西侧出土有彩绘及彩塑残块，很可能是一座寺庙遗址。房址2座，房址F1出土陶砖、陶盆、陶罐、陶纺轮、陶饼、瓷碗、铁钩、宋代铜钱、羊距骨、玻璃环等，两座房址形制相同（《边疆考古研究》12辑）。

元代永丰库是在南宋常平仓的基础上建立的，是中国首次发现的古代地方城市的大型仓库遗址，为中国在仓储类建筑的研究提供了极为重要的实例，对中国建筑史研究具有重要意义（《永丰库：元代仓储遗址发掘报告》，科学出版社）。结合新的调查、测绘资料及文献、史料的基础上，张文平梳理考证了汪古部领地内投下城的情况（《草原文物》2期）。

沈阳市文物考古研究所等对铁岭市明长城墙体两侧1000米范围以外的明代开原、中固、新添堡城址进行了补充调查，记录了其规模、结构和保存现状等信息，并参阅相关的文献记载，对其进行了初步研究（《文物春秋》6期）。《内蒙古自治区长城资源调查报告·明长城卷》（文物出版社）介绍了乌兰察布、呼和浩特市明长城大边、二边，鄂尔多斯市明长城，乌海市明长城和阿拉善盟明长城，并对内蒙古自治区内明长城的保护和管理现状做了评估。通过此次调查，对明初内蒙古一线防御体系和明长城情况有了较完整的认识。

此外，2004年8~12月，长沙市文物考古研究所为配合基本建设，在长沙市坡子街东端路北发掘了一处南宋木构涵渠遗址（《文物》6期）。田立坤考察了前燕龙城的选址，并比较了龙城和同时代关系密切的棘城、柳城在所在的地理位置、周边环境等方面的差异、优劣（《边疆考古研究》12辑）。

2012年，四川省文物考古研究院联合国内多家学术机构及地方文物部门对巴中市的米仓道遗迹进行了一次大规模的多学科综合考察，共复查相关文物点100余处，新发现文物点15处，并刊布关了两河口遗址、琉璃关遗址、二洞桥遗址的调查成果（《文物》9期）。

《黄河蒲津渡遗址》（科学出版社）全面细致地介绍了黄河蒲津渡遗址的相关考古发掘和保护工作，包括黄河蒲津渡遗址在唐代、北宋、金元、明代、清代、民国各个时期的地层和文化遗迹、遗物，揭示出堤坝、渡口遗存，清理出4头铁牛、4尊铁人、2座铁山、3个铁墩，以及7根排列成北斗星状的铁柱等文物。

浙江宁波南宋渔浦码头遗址于2006年10~11月进行发掘，该码头遗迹为石包土心结构，土心由木桩加固，在发掘过程中发现少量的南宋龙泉窑瓷片。它的发现，为研究唐宋以来明州港城的发展和海上丝绸之路提供重要的实物例证（《南方文物》3 期）。

2008 年 3 ~5 月，扬州市文物考古研究所和仪征市博物馆对仪征真州城东门水门遗址进行抢救性考古发掘，揭示出水门南北两厢石壁、水门门洞、滑槽、门洞过道等遗迹。水门自南宋始建，至元、明、清时期，水门遗址基础部分保存较为完整，使用时间较长，作为水工建筑遗址，印证了仪征自宋至明清城市及运道的发展变迁，具有重要的历史研究价值（《东南文化》4 期）。

2010 年 5 月，辽宁省朝阳市在进行长江路路面拓宽改造工程过程中，发现一处元代窖藏（编号 YJC），共发现器物 22 件，其中瓷器 17 件，铜器 2 件，其他器物 3 件（《文物》5 期）。

二　墓葬

《洛阳纪年墓研究》（大象出版社）收录东汉至明清时期有纪年的古墓葬 140 座，按时代先后顺序，对每座墓的发掘、形制、随葬品和价值意义都有详尽的叙述与研究，对于研究中国古代墓葬的发展演变有着重要的学术价值，并对陶瓷器、金属器、玉石器等随葬品和记载墓主人生平事迹的墓志进行了详细的展示。

桂东北地区的石室墓是一种较为特殊的墓葬文化，其形制不见于同区早前阶段墓葬中，流行的碎物葬等习俗也是同区汉墓中所不见的，这种文化上的差异说明其外来的可能性较大。而从石室墓的分布特征看，其很可能是经由潇贺古道传入桂东北地区的，推测其族属可能是来自于江浙一带越人的一支（《四川文物》5 期）。

《成都考古研究》（二）（科学出版社）收录自 2009 年以来成都文物考古研究所研究人员撰写的论文 34 篇，涵盖时代从史前至唐宋时期。主要内容包括有汉晋墓葬，物质文化与风俗，唐宋佛教，陶瓷考古等。涉及区域主要是四川地区，部分内容也涉及甘青、云贵和峡江地区。

付龙腾从墓葬形制和随葬青瓷器两个方面，总结出马鞍山地区吴墓中的汉代文化因素、古武昌文化因素、建业文化因素。该地区吴墓墓葬形制既有对汉代制度的坚持，又有对古武昌地区新兴丧葬文化的引入，随葬青瓷则体现了其同时受到长江中游和下游地区的影响（《东南文化》第 1 期）。

何颖将汉晋时期朱书陶文的镇墓功能分为驱鬼避邪、解适（谪）、解注，以及解除生死之联系四种类型（《文博》3 期）。

杨爱国讨论了魏晋时期存在着盗用汉代坟墓材料造墓的现象，认为盗用者既有王公贵族，也有平民百姓。盗用汉墓材料甚至占据墓坑下葬，或是出于经济原因，或是出于风水考虑。这些建墓材料既可能是死者家属直接盗取，也可能是他人盗取后出售（《中国国家博物馆馆刊》12 期）。

基于第三次全国文物普查的相关数据，乔梁分析了汉晋时期考古遗存在黑龙江地区的空间分布状况及所反映的文化格局，认为在汉晋时期，黑龙江地区的农业生产形成一个飞跃（《边疆考古研究》第 13 辑）。

2007 年 7 月，在新疆阿克苏地区库车县友谊路的建设工程中发现了一批魏晋十六国时期墓葬（《文物》12 期）。韦正认为墓主的存在年代在前凉早期，墓主身份或为河西豪族移民，是前凉初期对龟兹地区强力介入的政治产物（《边疆考古研究》12辑）。

2011年，在洛阳市涧西区工农乡王湾村南发掘了3座西晋砖室墓。这3座墓随葬器物丰富，出有陶器、铜器、铁器等，为研究洛阳地区西晋墓葬提供了新资料（《华夏考古》2013年第4期）。

2001年5月，西安市文物保护考古研究院在西安市长安区发掘一座西晋晚期墓葬(M22)。该墓为长斜坡墓道前后室土洞墓，出土陶俑、陶牛车、泥质红陶俑、铜钱及银钗等物，初步推测为西晋晚期至十六国早期墓葬，为研究西安地区魏晋墓葬提供了新资料（《文博》3期）。

2004年12月至2005年1月，浙江省文物考古研究所会同德清县博物馆对位于武康镇星华村山东垅山岗的西晋墓地进行抢救性考古发掘，清理墓葬11座，发现青瓷、酱釉、夹砂硬陶、铁器等随葬品17件。此次发掘为研究两晋之际家族墓地的排列方式、丧葬习俗等提供了实物材料（《东方博物》1期）。

2007年10~11月，山东省龙口市芦头镇东梧桐村北发现西晋、东晋砖室墓各2座，墓葬结构大体相同，属于同一家族墓地。该墓地不仅保存完整，而且还发现具有重要断代意义的年号砖，为胶东半岛地区首见（《考古》4期）。

广西壮族自治区贺州街镇寿峰行政村凤凰岭古墓群于2009年发掘，在发掘的51座墓葬中，两晋南朝墓20座，唐墓1座，明清墓5座［《广西考古文集》(第五辑)，科学出版社］。

吴松岩将嘎仙洞出土的陶器与红马山的相比较，认为嘎仙洞所谓早期鲜卑文化层年代上限至少在战国初期的判断值得讨论。他认为嘎仙洞拓跋祖先石室的传说，是拓跋鲜卑在每一次迁徙与不同族群融合，形成新的族群，为了凝聚新的族群向心力而创造的历史（《边疆考古研究》12辑）。

陈山从体质人类学的角度对采集自喇嘛洞墓地的426例三燕时期居民人骨进行研究，发现喇嘛洞组的种系成分主要继承了以东亚蒙古人种的体制特征，同时还包含了一些北亚或者东北亚的种系成分（《喇嘛洞墓地三燕文化居民人骨研究》，科学出版社）。

散莲花墓位于吉林省集安市洞沟古墓群中部，为封土石室壁画墓，林世镶结合墓葬形制、壁画避居和壁画内容，认为其年代应该是高句丽5世纪中晚期（《边疆考古研究》12辑）。赵俊杰等人以高句丽墓室壁画中出现的轺车图像为研究对象，结合纪年墓中的同类壁画内容或出土遗物，讨论药水里壁画墓的编年，探讨墓主与四神图像共存的高句丽中期壁画墓的时代与变迁（《考古》4期）。

2012年3月，洛阳市文物考古研究院发掘的北魏淮南王元遵墓是洛阳市近年来新发现的一座北魏时期高等级的皇族墓葬。该墓葬对研究北魏时期皇族的墓葬形制、瘗埋礼仪、随葬品组合、丧葬习俗和埋葬制度等，提供了新的实物例证，为确定北魏皇陵区的西南边界提供了重要线索（《洛阳考古》2期）。

2006年5月，在辽宁省朝阳市开发区抢救性发掘了一座北魏时期石筑墓葬（编号CYKM1)，出土的2枚波斯萨珊王朝银币为朝阳地区首次发现，亦是辽宁乃至东北地区的首次发现（《文物》7期）。

2011年秋，陕西省考古研究院等在陕西靖边距统万城约3公里处清理了5座北魏晚期至西魏时期仿木结构墓葬。其中八大梁M1墓门仿石窟造型，壁画宗教气氛浓郁。这些墓葬的主人应为北朝时期统万城居民。这批墓葬的发掘对研究统万城周边地区北朝墓葬的葬俗及统万城居民的构成与宗教信仰具有重要意义（《考古与文物》3 期）。

倪润安认为河北曲阳北魏崔楷墓并非建造于北魏末期，而是依王爵待遇建于北齐时期，此与其女儿崔幼妃一家身为外戚密切相关（《中国国家博物馆馆刊》2 期）。

《安阳北朝墓葬》（科学出版社）系统地介绍了东魏赵明度墓，北齐刘通墓、叔孙夫人墓、元夫人墓、李华墓、贾进墓、贾宝墓，以及第九标段取土区木厂屯村西的北齐刘贵等三座北朝时期墓葬的位置、形制、出土器物及其组合，并对部分进行了初步探讨和研究。其中东魏赵明度墓、北齐贾进墓和北齐贾宝墓，器物组合完整，年代明确，具有断代标尺的作用。这批墓葬出土了大批北朝时期的瓷器，种类较多，造型精美，其中一些瓷器接近白瓷，为研究北方白瓷的起源及烧造技术提供了新的实物资料。

2011 年 6～12 月，杭州市文物考古研究所联合余杭博物馆，对位于杭州市余杭区小林镇陈家木桥村北的小横山墓群进行抢救性发掘，发掘墓葬 121 座，出土器物 300 余件（组）（《文物》5 期）。同时，发掘者认为该处是东晋南朝时期的墓葬（《余杭小横山东晋南朝墓》，文物出版社）。

南京市雨花台区 2010NYJM19 墓葬发现南朝刘宋元嘉时期的砖墓志，具有比较重要的学术价值（《考古》4 期）。

杨晓春根据文献记载推测石马冲石兽为陈武帝万安陵，狮子冲石兽为陈文帝陵（《南方文物》2 期）。

2007 年发掘的安徽繁昌顺风山林场南朝墓中，可能存在家族墓地（《文物》10 期）。

倪润安从南北朝墓葬文化的互动关系分析南北政权的正统争夺（《考古》12 期）。

潼关税村隋代壁画墓墓主人推测为废太子杨勇，为探索杨隋皇族墓地提供了重要线索，为研究北朝晚期至隋唐高等级墓葬的传承关系提供了重要的实物资料（《陕西潼关税村隋代壁画墓》，文物出版社）。

李宁民刊布了天水石马坪石棺床修复后的新信息（《中原文物》3 期）。

陕西咸阳隋鹿善夫妇墓为斜坡墓道，并多天井带围沟的双室土洞墓，平面略呈“中”字形，方向 185°。由围沟、墓道、过洞、天井、甬道和墓室等部分组成，出土有陶俑、墓志等。鹿善于北周建德五年（576）阵亡，葬于并州洪渎原，隋开皇十五年夫人刘氏合葬于此（《考古与文物》4 期）。刘呆运认为鹿善葬于此地与其家世显赫及本人跟随周武帝平齐、阵亡并州有关（《考古与文物》4 期）。

吴炎亮认为汉文化在辽宁朝阳地区隋唐墓葬中占有主导地位，各少数民族在吸收汉文化的同时也对汉文化产生了影响，从而形成特色鲜明的地域文化特征，这在朝阳地区隋唐墓葬的形制和随葬品方面有充分的表现（《文物》6 期）。

河南禹州新峰墓地发现的 7 座唐代墓葬，均为土洞墓，出土有陶器、瓷器、铜器、铁器、骨器、石器及蚌器。其中 3 件花釉瓷器的出土，为研究唐代花釉瓷器的制作工艺及其窑口特点提供了新的实物资料（《华夏考古》4 期）。

厉祖浩《越窑瓷墓志》（上海古籍出版社）对调查的 93 件越窑瓷墓志的造型和装饰特征，葬地分布和瓷墓志主的身份，越窑瓷墓志与越窑的关系进行分析，认为使用瓷墓志是上林湖窑区的独特风俗，这一风俗在中唐至北宋初始终没有对周边地区产生过明显的影响。

湖北省文物局等主编《湖北南水北调工程考古报告集》（科学出版社）报道了在丹江口、郧县、十堰等地为配合南水北调工程考古发掘的唐至明清时期的墓葬多座。

田有前探讨了唐顺陵的营建过程（《考古与文物》4期）。张建林讨论了唐陵陵园形制的发展与演变（《考古与文物》5期）。穆兴平对“唐乾陵外城周八十里”的说法提出质疑，并通过与文献所载其他唐陵数据相对比，说明此“周八十里”非外垣周长，而是封域之周长，并且对乾陵外城垣的走向作了预测性标示，根据卫星影像图对陵园城垣的位置、长度、占地面积进行了测算（《文博》6期）。曾科认为唐陵石狮头部、胸部、四肢、尾部、背部、踏座的演变，表现出由后仰向前挺的造型变化，其造型演变历经四个阶段，与唐陵石刻的整体分期变化是同步的（《文博》3期）。

懿德太子墓墓室题记一直是学者关注的一个焦点问题。翟战胜认为该题记主人的名字为杨𬮿眭，或参加了懿德寺和懿德太子墓壁画的绘制，或参加了懿德太子的葬礼，最后在墓室封闭前在墓葬前室书写下该题记（《文博》3期）。李雨生重新检讨了薛儆墓的若干特殊情况（《中国国家博物馆馆刊》5期）。

郭仲恭及夫人金堂长公主的同穴合葬墓为带天井的长斜坡墓道方形单室砖室墓。墓主郭仲恭、金堂长公主分别于唐会昌四年（844）和唐乾符二年（875）入葬。该墓纪年明确、形制保存基本完整，出土墓志两合，另有瓷罐口沿、铜镜、石枕等物出土，其中一件鸟形石器，仅存下半部分，推测为熏炉一类物，具体定名还有待于今后的考古发掘（《文博》2期）。杨俊凯认为两方墓志志文对郭仲恭及金堂长公主卒年、葬地、家族谱系、历官、姻亲等记载清晰，可与传世史料互为印证且有所补益。同时，可探讨中晚唐功臣子弟间的姻亲关系及其他相关问题（《文博》2期）。

2012年5月，洛阳市文物考古研究院在对洛龙区杜村安置小区（龙城小区）建设项目进行考古发掘时，清理出唐代墓葬75座。其中武攸宜夫人李氏墓（C7M5891）保存较好，为刀把形单室土洞墓，方向175°，由墓道、甬道和墓室三部分组成。墓室平面近长方形，长3.02米，宽1.21米。墓室西侧设置由4块青石板铺砌的棺床，棺床外围东、北两侧由青石条围砌，东侧青石条外雕刻有花鸟纹。出土陶侏儒俑、动物俑和墓志等遗物（《洛阳考古》3期）。

2009年底，洛阳市第二文物工作队发掘唐代洛州刺史贾敦颐墓，该墓为土洞墓，平面形制基本为“铲”形。由斜坡墓道、过洞、天井、甬道、壁龛、墓室、耳室等构成，甬道东、西两壁各有一个壁龛，出土随葬陶俑、陶瓷器等300余件（《中国国家博物馆馆刊》8期）。

2011年2~3月，西安市文物保护考古研究院在西安市西郊杨家围墙城中村改造项目工程基建范围内发掘了10座唐代墓葬。其中M1平面略呈“刀”形墓，出土大量陶俑、釉陶和瓷器等文物，为西安地区唐墓研究提供了新的资料（《考古与文物》2期）。

河北省鹿泉市南部发现一处唐宋墓地，墓葬形制主要有圆形砖室墓、砖椁墓和土坑墓。其中宋代墓地可能由若干个家族茔域构成（《考古》5期）。

通过对唐朝重视族望的社会观念考察，结合文献、墓志碑文等资料，杨发鹏等人认为交河沟西墓地康氏茔院20号墓主为一位来自中原内地的汉人后裔而非康姓粟特人，当时移居吐鲁番地区的粟特人也并没有完全汉化，他们仍保留着本民族的某些习俗（《敦煌学辑刊》3期）。

杨效俊认为隋代、唐代前期至唐代后期，舍利瘗埋空间中世界图像发生显著变化。其原因是不同的舍利信仰经典导致舍利崇拜形态的差异，因此隋唐时期舍利瘗埋空间的建筑和图像程序也发生相应变化，导致舍利瘗埋空间中的世界图像的变化（《文博》5期）。

崔世平认为“仪鱼”始见于隋唐河北地区，随后流行于河北、河东地区到唐末、五代至宋代，“仪鱼”多出现于南方地区。使用者的身份则经历了从唐代中下等官吏和平民到五代时期东南地区帝王贵族墓葬使用“仪鱼”的情况，到宋代，“仪鱼”的使用者又变为平民。南方地区墓葬中的“仪鱼”应来自于河东地区，反映了唐代河东地区葬俗对南方尤其是南唐陵寝制度的影响（《东南文化》4期）。

吴小平对三峡地区唐宋时期的借室葬进行系统研究，认为其分布范围集中在秭归、巴东、奉节、巫山、宜昌一带，出现的时代在安史之乱至南宋末期，其出现与墓葬的主人来自中原有关。安史之乱后，部分移民借道荆襄然后沿江上溯，首先到达三峡东部，其墓葬尽力复制中原洞穴式墓葬形式，而借室葬墓均为券顶的砖石室墓之类，乃土洞墓的特殊形态（《江汉考古》4期）。

陈元甫认为吴越国王室贵族墓葬形制结构因墓主身份高低不同而形成的等级区别，而非因时代不同所产生的演变关系。吴越国的王室贵族的墓葬形制等级制度基本是对唐代墓葬制度的继承（《东南文化》4期）。

2009年9月，在洛阳市洛南新区龙盛小区B区发掘了108座唐、宋、五代时期的墓葬，这些墓葬大多数被盗严重。其中M4531为带斜坡墓道的土洞墓，出土陶罐、铜铃、铜锁、铜环、铜钉饰等器物90件。M4539为刀把形土洞墓，出土陶罐、瓷碗、石砚、铜镜、铜印章、铜钱。铜印章确认有“图书”二字。根据墓葬的形制和随葬品的特点，应为五代时期的墓葬（《洛阳考古》2期）。

《金锡璆琳：蓝田吕氏家族墓出土文物》（三秦出版社）介绍陕西历史博物馆征集的蓝田吕氏家族墓地出土的瓷器、青铜器、青铜镜、玉石器等文物，并附录相关学者对吕氏家族、墓地及出土器物、宋代古器物学等方面的相关研究。《异世同调：陕西蓝田吕氏家族墓地出土文物》（中华书局）选取陕西蓝田家族墓园出土精美的耀州窑、景德镇湖田窑、建窑、定窑瓷器，铜器，石器，瓦器，铁器等文物，反映了吕氏收藏的古代文物、仿古器物和丧葬观念。

葛国庆以宋六陵遗存碑刻及拓本为首要纪述，继以外围关联碑、志相辅，再凭以文献史料及残碑现状，考察已知陵碑立碑时代（《东方博物》2期）。

南宋徐谓礼墓及其文书的发现是近年来南宋墓葬考古的重大发现。2012年4月，浙江省文物考古研究所会同武义县博物馆对位于武义县城东的徐谓礼墓进行抢救性清理。该墓地分地表墓园、地下墓室两部分，墓园现存三级台地、方形围墙、八边形封土基座。墓室为双穴并列的砖椁石顶墓，随葬品几乎尽遭盗掘，仅出土徐谓礼墓室内的棺木与两通圹志，另当地公安局尚缴获有徐谓礼“录白告身”“录白敕黄”“录白印纸”等重要文书。徐谓礼墓的发掘，为我们认识南宋后期墓葬的葬俗提供了新的例证。墓室随葬的文书对南宋官制、文书的研究，将有重大的学术价值（《东方博物》1期）。郑嘉励对武义南宋徐谓礼墓地的风水环境、地表墓园、墓室、随葬品、合葬形式等作了阐述，再结合武义明招山吕祖谦家族墓地讨论了江南地区的族葬问题，有助于深入理解徐谓礼墓以及南宋时期江南的墓葬制度（《东方博物》1期）。

洛阳经三路宋代石棺墓是一座仿木结构圆形砖室墓，由墓道、甬道、墓室三部分组成，方向171°。在墓室中出土小型石棺1具，位于墓室中部，东西向横置于墓室地面。石棺为仿木样式，前高后低，前宽后窄，由两块青石分别雕凿而成的棺盖与棺身组成。该墓出土遗物较少，仅见1件白釉行炉。炉内有灰白色残留物，粉末状，推测其为葬时燃香的剩余物（《洛阳考古》2 期）。

黄林纳对河南地区北宋时期壁画墓的形制、表现形式、内容进行研究，并依照河南地区当时的行政区域进行划分，探讨各地的区域特征。他认为登封、洛阳、林州这三个地区最具代表性，其中以登封地区的最具典型性。而其他地域的壁画则有兼具吸收或混合存在的特点。但是随着靖康之变的发生，登封地区类型的壁画发展也随之戛然而止，而林州地区类型的壁画则在金墓中得到了继承（《中原文物》6 期）。

费和平等人将江西地区宋代石室墓分为单室、夫妻合葬墓、单室壁画墓、大型石室墓四类，认为该地区宋代石室墓在北宋初期即已出现，从北宋初到北宋中期，石室墓的规模趋大，结构趋于复杂，北宋晚期南宋初期以后，规模又渐变小，结构渐趋简单。石室墓一般为当时社会的中上层人士所使用，墓葬规制既不像唐代严格，也未完全遵从宋廷颁布的礼法，采取何种墓葬形制，更多的受制于墓主本身的地位、权势、财力乃至其思想观念（《南方文物》2 期）。

2013 年 5 月，贵州省文物考古研究所联合桐梓县文物管理所对马鞍山观音寺宋墓进行清理，4 座石室墓墓室依山修建，坐南朝北。该墓未见其他宋墓常见的“妇女启门、守门武士”等题材，其墓葬形制和雕刻内容的变化为探讨贵州北部地区宋墓向明墓的演变提供了很好的资料（《江汉考古》4 期）。

张小丽等人刊布了 2010 年 9 月原西安市文物保护考古所在西安市长安区乳家庄村西北约 200 米处清理的一座宋墓（M1），该墓装饰有壁画及仿木结构砖雕，出土陶器、瓷器、铅器等各类器物 18 件（《文物》2013 年 8 期）。

2010 年 3 月，郑州市文物考古研究院对郑州市二七区黄岗寺村北宋崇宁四年（1105）贾正之夫妇墓进行调查。该墓为一座圆形砖室壁画墓，由墓道、封门、甬道和墓室组成。贾正之墓志由范纯粹（范仲淹子）题撰（《中原文物》1 期）。两方墓志详细介绍了贾正之及其亡妻蔡氏的生平、职官及北宋后期的一些历史事件，是探讨北宋后期的社会政治、经济文化、姻亲、职官、书法艺术等方面的重要实物（《中原文物》1 期）。

乌力吉以陈国公主墓为中心，探讨辽代墓葬形制与布局中的捺钵文化因素，从辽代壁画看辽契丹贵族墓葬壁画中捺钵文化的不同表现形式，探讨辽代墓室壁画中的契丹文化、中原文化以及丧葬文化（《辽代墓葬艺术中的捺钵文化研究》，文化艺术出版社）。

陈钊认为河北地区有许多重要的宋辽金时代考古发现，是研究中原宋代与北方辽金文化之间互相交流与碰撞的重要资料，在中国宋辽金考古领域占据了特别重要的位置（《黑龙江史志》3 期）。

梅鹏云认为河北省宣化市辽墓乐舞图像并非表演大曲，并结合其乐器配置，推测演奏鼓笛曲的可能性较大（《文物世界》6 期）。

2010 年 8 月初，在辽宁省法库县柏家沟镇肖袍鲁墓附近发掘一座辽代砖石混筑的带耳室墓（2010FCM1）（《考古》1 期）。

2011 年 4 月，山西省大同市考古研究所于东风里东街北侧抢救性发掘了一座辽大壁画墓（《文物》10 期）。

曹雪霞探讨了山西省沁县金代砖雕墓葬中的二十四孝题材（《文物世界》2013 年第 1 期）。

2012 年初，河北省廊坊市晓廊坊小区基建工程中发现古墓群，出土了较为丰富的随葬品。该墓群是廊坊市首次发现分布较为集中、排列有一定次序的金代家族墓地，为认识廊坊及周边地区金代墓葬特点、埋葬习俗等提供了新的实物资料（《文物春秋》3 期）。

哈彦成讨论了宁夏青铜峡玉泉营西夏墓群，为我们展示了西夏贵族或平民墓葬的型制、丧葬特征、葬俗，其与以及西夏王陵的异同（《文物世界》3 期）。

《西夏六号陵》（科学出版社）分章节介绍了六号陵的角台、外城墙、阙台、碑亭、月城、陵城、献殿、陵台、地宫，以及其出土遗物。其中出土的带西夏文字的残碑对西夏史的研究具有重要意义。

孟凡人认为西夏陵陵园除陵塔之外的主要构成要素及其形制和配置状况几乎都与唐陵有关，特别是构成西夏陵主要特色的外城、夹城、阙台、双碑亭、月城及月城内石象生的配置形制，均脱胎于唐陵（《交流与互动：民族考古与文物研究》，中央民族大学出版社）。

2009 年 3 月，淄博市临淄区文物局为了配合基建工程，在临淄区东部抢救性发掘了 7 座元代墓葬（《文物》4 期）。2011 年 5 月，西安市文物保护考古研究院在曲江发掘元代张达夫及其夫人的墓葬（《文物》8 期）。

通过分析梳妆楼墓墓上享堂建筑的西亚风格，黄可佳认为该墓主人与爱薛之子阔里吉思支系家族有关，因为该家族成员出身西域，且执掌与西域有关的政府事务，但是其结论仍有待更多考古发现的支持（《草原文物》1 期）。

赵晓刚归纳出沈阳市城区元代墓葬均为小型长方形单室墓，仰身直肢葬，墓葬埋葬不深，墓顶距地表 1.5 米左右，随葬品多见高丽青瓷碗、钧窑碗等，瓷器窑口以磁州窑、钧窑、龙泉窑和高丽国境内瓷窑址为主，并推测沈阳市城区发现的元代墓葬的墓主或均为高丽人（《边疆考古研究》13 辑）。袁泉将蒙元时期墓葬中的“物”与“像”作为一个整体研究，力图勾勒出蒙元乃至整个宋元阶段墓室营建的普遍模式，以期复原一个相对完整的场景空间（《故宫博物院院刊》2 期）。袁泉也讨论了“洛——渭”流域蒙元墓葬的区域与时代特征（《华夏考古》3 期）。在综合考察赤峰周边蒙元壁画墓的壁画布局、墓室结构、葬式葬具与器物组合的基础上，袁泉认为赤峰地区的蒙元壁画墓在纵向时段上承袭辽金旧制，在横向地域上与晋北地区保持着密切的文化关联。而这批墓葬的族属当时长城以北归蒙的“汉人”将领或官吏随政治取向，向蒙古本位文化靠拢时，对传统葬制做出的文化调整（《边疆考古研究》12 辑）。

1987 年 11 月～1988 年 3 月，南京市博物馆发掘南京雨花台邓府山明宪宗孝贞皇后王氏家族墓，共发掘 8 座墓葬，孝贞皇后王氏家族墓地的考古发掘，尤其是出土的 6 合墓志，对于揭示孝贞皇后王氏的家族发展史和家族谱系具有重要价值（《东南文化》5 期）。

夏寒分析了明皇陵和明孝陵石刻雕凿年代和制度来源，指出明皇陵在经历了明初对北宋先帝陵神道石刻的刻意模仿之后，明孝陵的神道石刻在其基础上大胆创新，成为一代之制，并对后世产生深远影响（《中国国家博物馆馆刊》3 期）。

广东仁化县石马龙地明代晚期奉政大夫邓光祚及妻刘氏合葬墓是广东明清时期常见的“凤”字形“抄手墓”，墓室为砖砌长方形双室墓，墓顶为红砂岩石板封盖；墓室前设享堂、月池、神道等。石马龙地明墓未出土随葬品，仅有少量遗物发现，主要有墓碑、墓志铭、石羊、石马等（《南方文物》2 期）。

明代唐藩仪正成氏家族墓志记述了成氏先祖成刚于明初多次随明太祖朱元璋征战，以功授豹韬卫正千户，其子成贵于正统十一年（1446）改授唐藩仪正，遂迁于南阳，其后世子孙亦承荫世袭仪正之职等史实。关于成氏家族成员，文献乏载，新发现的唐藩仪正成氏家族墓志可补史志所缺（《中原文物》5期）。

1985年，河南省南召县云阳镇发现一座明代墓葬。墓葬为砖石结构，分左中右三室，出土墓志铭及一批瓷器、铁器、陶器等随葬品。墓主为明嘉靖年间庆阳府通判彭尚贤（《华夏考古》4期）。

2008年7月，江苏省泰州市海陵区江州北路拓宽工程森森庄段发现一座明代浇浆墓（《文物》11期）。江苏省常州市怀德南路发掘了明墓（《文物》1期）。

2012年1月，在河南省济源市东街国际花园工地发现明代万历四十一年（1613）壁画墓，清理出三具棺木、明代墓文砖。墓室壁画非常精美，保存完好，为研究明代绘画艺术、服饰演变、文房家具、建筑装饰、器乐舞蹈、丧葬习俗等提供了珍贵资料（《中原文物》1期）。

龚扬民认为贵州遵义南宋杨粲墓墓室后壁雕刻的墓主像与道教信仰有关，是道教解注代人方术与秦汉以来流行的建生墓习俗相结合的产物。该墓出土的镇墓石的含义是，太上老君敕令三台星君、北斗星君、天官、地官等有关天神地祇前来长久守卫生墓，以确保生墓墓主长命百岁，富贵长久（《四川文物》4期）。

对于随葬品名物制度的研究也呈增加的趋势。邵晨霞梳理中国古代佩绶服饰的演变，认为佩绶自西周始被运用于冕服作为佩垂饰物，经秦、汉、唐各代的发展，至明代得到进一步完善。但是，不论佩绶的外形还是佩戴方式有何重大变化，其作为礼服之明尊卑的作用却一直存在（《东南文化》5期）。

赵宠亮认为从形制、内容上看，高陵出土的石牌均应属于标明物品名称及数量的签牌——楬，而非遣册。联系当时社会风气和葬俗，“胡粉二斤”石楬中的“胡粉”，应为当时的美容化妆用品（《中原文物》2期）。

武家璧认为，曹操墓出土“慰项石”的作用相当于辅助针灸治疗头疼的“温熨”疗法（《华夏考古》4期）。

吴小平等人认为盏托初期某些特征的形成与其源头为汉代的耳杯盘有关。早期盏托的分布和演变规律与文献所载茶文化的传播变化趋势基本一致，也与煮茶器具鐎斗的分布基本相同（《华夏考古》2期）。

窦磊对连云港西汉霍贺墓、连云港尹湾新莽墓、江西南昌东吴高荣墓、湖南长沙东晋墓出土衣物疏进行补释（《江汉考古》2期）。

《天府皕宝图：四川省文物考古研究院60年出土文物选粹》（文物出版社）选择四川省文物考古研究院在成立60年间出土的部分文物加以介绍，其中包括秦汉至明清时期的文物。

《东山撷芳：江宁博物馆暨东晋历史文化博物馆馆藏精粹》（文物出版社）收录江宁区博物馆藏品265件（套），按石器、石刻、砖瓦、玉器、陶器、瓷器、青铜器、铁器、金银器、漆木竹器、书法绘画、纸币进行著录，以三国两晋南朝的器物居多。

《故都神韵——南京市博物馆文物精华》（文物出版社）撷取南京市博物馆馆藏精品202件（套），文物上溯远古，下迄明清，特别是六朝、宋、明时期文物居多。

韦正认为金铛与步摇是汉晋命妇冠饰（《文物》5期）。李雁等人认为整个魏晋南北朝的随葬俑群依其内容、数量、制作工艺，以及在墓葬中出现的普遍程度，以北魏迁洛为界分为两个阶段，同时探讨了其异同（《中国国家博物馆馆刊》2期）。王雁卿、高峰梳理了北魏漆器中的饮食器类型（《文物世界》5期）。

郑春颖通过对高句丽服饰史料的辨析，初步推定“帻”“骨苏”与“罗冠”可能是同类（种）冠帽在不同历史时期的三种称谓，并提出高句丽壁画中刻划的此种冠帽，应称为“帻”或“帻冠”（《华夏考古》4期）。

董洁梳理了出土的唐代玉梳背，并探讨其出土概况、用途、流行时代等相关问题（《文物世界》5期）。刘思哲认为何家村窖藏中的九环玉带应为北周时期制作的九命官员的带具，作为传世品为唐代中央政府所收藏（《考古与文物》4期）。

贾志刚在结合近年出土的唐代遗物的基础上重新考察了唐长安城平康坊内建筑遗址出土的7件带錾文鎏金银茶托，认为唐代公私普遍存在宅库这一情况（《考古》5期）。王自力认为西安市西郊所出玉带图像可分胡人伎乐图、胡人饮酒图和胡人献宝图三类（《文物》8期）。

冉万里认为河南偃师晚唐墓和陕西西安晚唐曹氏墓中出土的三件狮形香炉在造型上取法于印度和传统的创意，达到了佛教与造型艺术的统一。其可以看作是唐代文化在吸收外来文化因素并结合传统因素基础上，创新造型艺术的一个范例（《文博》4期）。

薛方、潘付生、晏桃凤将洛阳洛南新区龙盛小区唐开元二十二年（734）卢夫人墓出土的银质器物定名为“花鸟三足银炉”，认为该器应为书房用具或供奉神佛所用的器物（《洛阳考古》3期）。

针对盛唐贞顺皇后（武惠妃）石椁内壁10幅线刻划所展现的女性形象，田小娟从发型、服饰入手，与开元、天宝年间的壁画、陶俑作对比分析，进一步得出从发型看抛家髻开始流行，佩饰较前期奢华，阔袖袒胸短襦、高腰长裙、宽大的帔帛，是盛唐妇女服装的标准“三件套”（《文博》3期）。

通过对出土唐代玉首饰种类的介绍分析，董洁认为玉梳背是唐代流行的时尚妆，簪钗、手镯在唐代使用并不普遍，耳环、戒指、颈饰在唐代并不流行。玉首饰是身份与等级的标志，是贵族专用品，规格高于金银饰品。初、盛唐首饰具简约之风，美观利落，晚唐繁缛，呈病态之美（《文博》1期）。

梁勉通过对唐墓壁画图像的探讨，并结合故宫博物院及中国国家博物馆所藏的唐代铜钹，认为唐代铜钹有大小两种形制，以及有《乐书》所记载的正铜钹、和铜钹（《考古与文物》1期）。

基于对唐长安醴泉坊三彩窑址考古发掘资料的梳理，并结合其他考古资料和文献资料的比对，姜捷提出在盛唐时期的开元至天宝年间，京都长安出现了若干造型新颖、制作精良的成组、成套专用茶具（《农业考古》2期）。任新来试图通过地宫出土的《物帐碑》和新的材料，以期还原文物的本来面目，求证法门寺地宫中哪些是唐僖宗供奉的真正的茶器具（《农业考古》2期）。

1986年，义乌市柳青乡游览亭村发现了一批窖藏宋代银器，共40余件，器类有银花片、酒盏、执壶等。银器工艺精湛，装饰丰富，尤其是7件银花片上的錾刻人物故事图案，为国内罕见。据银器铭文，此批窖藏当为宋代游览亭村陈姓人所有（《东方博物》4期）。

张景明认为辽代金银器，尤其是一、二期金银器，在很大程度上是直接吸收唐代金银器造型艺术的产物（《交流与互动：民族考古与文物研究》，中央民族大学出版社）。

牛达生、牛志文系统整理了西夏遗址、墓葬、西夏钱币窖藏，以及宋辽金钱币窖藏、墓葬出土的西夏钱币，并在此基础上对西夏货币制度、社会经济和文化形态等作了初步探索（《西夏研究》4期）。

刘毅认为辽陵制度与唐、宋、金、明诸朝的陵寝制度都有一定的关联，是中国古代帝王陵寝制度中不可或缺的一环（《中国国家博物馆馆刊》3期）。

王元林探讨了东亚地区墓葬壁画十二辰图像的起源与流变（《考古学报》3期）。杨玥以辽代墓志生肖图案为题，从带有生肖图案的墓志盖上生肖的形态变化、墓志的时空分布及生肖排列与墓主关系等方面进行探讨，力图归纳辽代墓志生肖图案的发展脉络与基本特点（《考古与文物》1期）。

除了新见墓志资料的刊布外，有关考释与研究主要有：

鹏宇释读洛阳吉利西晋墓出土的三种刻砖铭文（《文物》8期）。于河北省曲阳县邸村王子坟发现的《邸府君之碑》所记述的职官名称是研究北魏前期制度的珍贵史料，是对传世文献的重要补充（《文物》11期）。周伟洲重新释读了长安韦曲出土的北周莫仁相、莫仁诞父子墓志（《考古与文物》1期）。

西安出土的隋大业十一年（615）《秦僧伽暨妻徐氏墓志》揭示了众多为当时长安县所辖乡里的名称，并提示出类似于"地主"的葬地所有者问题。王其祎等人认为古文献及墓志文献中记载"地主"身份的情况多见于隋唐时期（《考古与文物》6期）。

韩钊根据文献资料和实地考察，认为日本飞鸟奈良时代的墓志虽与中国唐代墓志有诸多不同，但在墓葬的葬地、墓志形制及文体等方面依然可见中国唐代丧葬文化的影响（《考古与文物》1期）。

李明等人考释了唐上官婉儿墓志，并讨论了该墓毁墓的政治原因（《考古与文物》6期）。《班谿墓志》及《班谿妻李氏墓志》表明墓主班谿系汉代史学大家班固之后裔、唐户部尚书班宏第五子，不仅对研究班宏之子嗣、联姻及其家族葬地多有帮助，而且为厘正《元和姓纂》中有关扶风平陵班氏的记载提供了新的资料（《文博》2期）。

刘儒认为唐代墓志暗含大量的撰人、书人、题额者信息，通过结合传世文献对墓志中职业撰人、书人、题额者进行钩稽，厘清撰文、书碑、篆额之关系，使唐代墓志之撰文、书碑、篆额工序的大体流程得以略窥，并对其中所涉及的问题进行了考究补缺（《文博》1期）。

陕西出土的明代宗室墓志是研究明代陕西宗藩及地方史的重要史料。在对西安碑林所藏的25方明代宗室墓志梳理和刊布的基础上，张岩对陕西明代宗室墓志的特点作了简要的考述，对墓志所涉主要人物世袭进行考证，以补文献记载明代秦藩世袭之缺（《文博》2期）。

三 石窟寺

李翎认为所谓早期的双身像不过是印度教天神的形象，与佛教的密教像无关。通过结合唐译毗那夜迦经典和后期藏译母续怛特罗文献，她讨论了真正的双身概念是合抱交合状，并对佛教图像志中真正意义双身像的出现年代作出了判定（《中国国家博物馆馆刊》1期）。

陈晓露认为楼兰LB佛寺深受犍陀罗艺术的影响，年代约在公元2~3世纪，其中诸多因素成为"凉州模式"的重要组成部分（《文物》4期）。陈晓露根据建筑材料、建造方法、出土物等，参照犍陀罗佛教遗存发展规律，大致将鄯善佛寺分为四期（《华夏考古》2 期）。

赵雪芬通过炳灵寺第 8 窟造像、壁画与佛经比对，认为该窟是一个维摩诘经变窟（《考古与文物》2 期）。赵娜冬等人讨论了在佛教初传中国至进入佛教中国化阶段之前，汉地佛寺建筑布局的主要演变发展情况（《文物世界》3 期）。仇春霞从美术学的角度分析了北凉时期莫高窟壁画的来源、风格，以及在整个敦煌艺术中的地位（《中国国家博物馆馆刊》2 期）。

冉万里认为西安碑林博物馆收藏的景明二年四面造像碑中左右侧主龛下方的造像题材是陕西地区重要的早期神王像（《文博》1 期）。

通过实物考察，对比浮雕被盗之前照片、拓片和目前窟壁凿痕，并追踪大都会当年经手人研究轨迹，刘连香考证了美国大都会艺术博物馆陈列的北魏《皇帝礼佛图》浮雕的大致修复时间和现在展示中对原浮雕位置布局的改动，指出展品的修复痕迹及多处错误（《故宫博物院院刊》1 期）。

通过 2010～2011 年的发掘，可知赵彭城北朝佛寺东南院的遗址为邺城东魏北齐时期的寺院建筑遗存，对于探讨北朝晚期佛教寺院的建筑结构和布局具有意义深远（《考古》12 期）。

《北响堂石窟刻经洞：南区 1、2、3 号窟考古报告》（文物出版社）由峰峰矿区文物保管所和芝加哥大学东亚艺术中心编写。该书以文字、图像、拓片、测绘和复原等方式介绍了有关刻经和石窟本身的考古和美术史资料，正文分 5 部分。前两部分为《导论》和《北响堂石窟南区 1、2、3 号窟考古报告》。后三部分是蒋人和《北响堂石窟刻经洞的历史与艺术》、张总《北响堂石窟刻经洞的佛典、偈颂和佛名》和李仁举《三维数字化技术在响堂山石窟考古测绘中的应用》等三篇文章。

李裕群通过分析麦积山东崖大面积崖体崩塌所涉及的范围、崩塌年代，以及崖体崩塌前后洞窟开凿情况，主要确定了隋开皇二十年（600）地震以后开凿的部分隋代洞窟，即第 32、35、28、30、12、11、9、7 窟。这一结论改变了以往对麦积山隋代开凿洞窟较少的错误，也与宋代碑刻特别强调的隋仁寿元年（601）“再修窟龛”一事相吻合（《考古》2 期）。

巩县石窟现存北魏后期开凿的洞窟五座，分为东西两区。陈悦新根据佛衣在洞窟中的演变情况和自然区域形势，分析巩县石窟的东西区大约同时组织开凿，主体工程历经整个胡太后时期（516－528）（《中原文物》2 期）。陈悦新将青州地区北朝佛衣类型分为三期（《敦煌学辑刊》4 期）。从佛像服饰和题材布局，以仿帐、仿木构等方面，陈悦新重新讨论了麦积山北朝窟龛的分期情况（《考古学报》1 期）。在分析河南浚县大佛的坐姿、手印和佛衣的基础上，陈悦新认为大佛年代为于武则天（684～704）至玄宗开元时期（713～741 年）（《文物》9 期）。

唐仲明对东魏北齐时期代表邺城地区的响堂造像与代表地方特色的青州造像进行了类型对比和分析，发现存在着从邺城向青州传播的可能性。但青州造像有许多不同于响堂造像的特征，这说明青州造像风格来源的多样性，除受响堂影响外，既继承了部分本地早期特征，另外还可能受到了南朝甚至是域外新风尚的影响（《华夏考古》4 期）。

卢少珊采用考古类型学与美术史图像学结合的方法，分析了维摩诘经图像的表现形式与表述思想相互关联的两个基本问题（《故宫博物院院刊》1 期）。

2007 年 7 月，陕西省安塞县大佛寺管委会在拆建窑洞时新发现两处佛教洞窟。通过安塞大佛寺发现的碑石，可知该寺又称为崇庆禅寺或大佛禅寺。碑文中出现的武德年号及出土的开元通宝说明唐代该寺继续有佛寺活动（《考古》12 期）。

通过考证安阳市修定寺塔模印花砖，张晶认为其时代上限为北朝晚期，下限为隋代，整体风貌呈现隋代的特征。安阳修定寺塔的修造年代不会晚于隋代。该塔砖图像内涵复杂，有佛教文化因素，也有波斯文化因素，并且融入了汉文化因素（《中原文物》6 期）。

重庆市潼南县千佛寺摩崖造像是渝西地区一处保存较好的佛教考古遗迹，不但丰富了潼南石窟造像材料，也为研究川渝地区石窟寺，以及晚期佛教在渝西、川东地区的传播路径提供了新的实物材料（《考古》12 期）。

位于济南市长清区五峰山街道石窝村东侧的莲花洞，是一处佛教摩崖洞窟造像，主要由一个洞窟和洞窟两侧摩崖组成。刘善沂等人撰文介绍洞窟的形制、造像和造像记，将莲花洞主要造像的年代定为隋代，并依据题记将莲花洞摩崖龛窟分为隋代、宋金时期、明代三期［《齐鲁文物》(第 2 辑)，科学出版社］。

史忠平等人认为唐代莫高窟的《观音经变》不仅反映了其对印度普门品变相图的继承与发展，而且反映了显性与隐性观音画像，三十三化身与世俗人物画，榜题与程式化等问题（《中国国家博物馆馆刊》8 期）。

文军认为从多方考察看，应该以逆时针的方式解读蓝田舍利石函上的图像，供养者是在表达整个舍利的供养过程，从图像中的主体形象看，应该是佛教僧人家人为其进行的一个供养仪式过程的完美记录（《文博》2 期）。

洛阳市龙门西山北端红石沟北崖中段近巅处的一个小平台后部崖体上有一小型窟龛群，其中一个瘗穴上方阴刻有十字架，焦建辉等人辨识其为景教遗迹（《文物世界》6 期)。2002 年 5 月，洛阳市文物工作队在位于洛阳市东北郊发现一座唐咸亨三年的石塔（《文物》11 期）。

新疆维吾尔自治区拜城县克孜尔镇亦狭克沟石窟现共有 6 个洞窟，发现多处婆罗谜文与察合台文题记，还发现一处古民族文字题记。石窟的婆罗谜文题记多数为龟兹语，察合台文有 28 ~ 32 个字母。亦狭克沟石窟可能是古代僧侣坐禅修行的场所之一，其开凿年代上限不早于 6 世纪，下限不晚于 8 世纪初，使用年代可能持续至 10 世纪以后（《文物》11 期）。

2010 ~ 2013 年，考古工作者在四川省石渠县境内新发现 3 处吐蕃时期的摩崖石刻群，包括须巴神山石刻群、白马神山石刻群、洛须村石刻，共 17 幅，为典型吐蕃时期石刻遗存。须巴神山石刻群现存施造题记，为赤松德赞在位期间所雕刻（《四川文物》6 期）。夏吾卡先认为卓卡寺壁画所绘制的内容为佛传故事，绘制年代应该是在吐蕃末期。此壁画的发现，改变了人们认为西藏腹地不存在有表现世俗人物的吐蕃壁画的观点。同时对佛传故事图粉本的源流研究等也具有极其重要的价值和意义（《考古与文物》1 期）。西藏恰姆石窟的发现扩大了西藏乃至中国石窟的分布空间，其早期作品至迟可推定为 11 世纪，开窟的上限时间也不排除早至 9 ~ 10 世纪（《考古》7 期）。

李静杰认为延安市所属区县宋金石窟中所见的密教大日如来图像包括多种存在形式，或属于金刚界曼荼罗成身会内容，或为金刚界与胎藏界大日如来组合，或为金刚界大日如来与《华严经》毗卢遮那佛混合，反映了唐代密教艺术的后续发展情况（《故宫博物馆院院刊》3 期）。

衔草寺是泰山山脉中早期佛教寺院之一，通过调查发现遗存有石塔、浩公墓塔、公禅师塔铭碑等重要文物。王晶、周鼎凯认为衔草寺初创于南朝宋时，元、清时期分别有一次中兴，现存文物多为元代时期。这次发现对研究佛教、济南地区佛教寺院的发展及相关问题提供了重要的实物资料，具有重要的历史价值（《洛阳考古》3期）。

通过对莫高窟第465窟本尊像及其眷属身份的辨识，阮丽发现洞窟主题应是上乐金刚，中心土坛的五层圆轮结构亦是上乐金刚坛城，因此其主尊只可能是上乐金刚或金刚亥母，又以金刚亥母的可能性为大。同时，作者认为第465窟是以金刚亥母为中心，并配有几种本尊而形成的一个曼荼罗，在图像上属噶举派传承（《故宫博物院院刊》4期）。

刘永增认为敦煌石窟西夏洞窟中出现的尊胜佛母像，为印度后期密教中流行的新样式，它的传入当与宋代天息灾、法天等印度僧在中国的弘法传教相关，同时针对对敦煌石窟中尊胜佛母曼荼罗中的诸尊像进行图像学上的解说（《故宫博物院院刊》4期）。

此外，根据木简的内容和形制，新疆龟兹研究院等将新疆龟兹研究院所藏木简（院藏编号共37）分为5类，并对所有木简上的文字进行转写、转录、注释、中译与相关分析。这批木简不仅反映了古代克孜尔石窟的寺院生活，更显示出此窟在交通形势与佛教经济方面的重要性，具有重要的学术价值（《文物》3期）。对这批木简，荻原裕敏认为其中一件书写有龟兹语诗文的方形木牍（旧有编号90K－58F：01）开头提到的龟兹王，有可能是史载7世纪初期的苏伐叠王（《文物》12期）。赵莉等人梳理了新疆龟兹研究院所藏吐火罗语文字资料研究概况（《文物》3期）。

美国波士顿美术馆收藏中国道教造像12件，主要在20世纪初入馆。这批造像的时代范围从北魏延续至明代，大部分是石质，个别为瓷质。造像多数带有题记铭文和发愿文，具有明确纪年，反映了中国道教造像的发展历程（《中原文物》2期）。

《旅顺博物馆馆藏文物选粹：中国古代佛教造像卷》（辽宁人民出版社）收录从公元3世纪至20世纪初旅顺博馆收藏的中国古代佛教造像，分为汉传佛教造像和藏传佛教造像。前者包括佛、菩萨、罗汉及天王护法，后者包括佛、菩萨、祖师、度母及天王护法，但未收录旅顺博物馆所藏新疆地区的佛教文物。《杭州宗教遗存》（浙江古籍出版社）分“寺观教堂”和“塔、经幢”两部分，收录杭州市保存较好和综合价值较高的文物类宗教建筑88处，包括道教、佛教、伊斯兰教、基督教建筑，年代范围则涵盖宋以来至近现代。

四　中外文化交流

通过对句容春城元嘉十六年墓、江都大桥窖藏、南京市中心街口德基广场出土的青铜器进行科技检测和研究，贺云翱等人认为最迟在南朝元嘉十六年（439），响铜技术已经在南方扎根，制作出碗、托、匙成套组合和三足砚，其技术源流可能是随着佛教文化的东传而经由南海线路传入中国（《南方文物》1期）。

孙武军认为从入华粟特人墓葬的图像表现考察了入华粟特文化的审美特征及其与中原审美文化的主要区别（《考古与文物》5期）。

杨瑾认为唐武惠妃墓石椁纹饰中的半兽半鸟、半人半鸟、动物搏斗、伎乐、胡人御兽、骑兽胡人等纹饰，反映了自魏晋南北朝至盛唐时期长时段中外文化交流之广度与深度，以及外来元素在流变过程中极其复杂的融合性特征（《四川文物》3期）。

2011年10月，西安市文物保护考古研究院在西安市西郊大庆路西段发掘了唐突骑施奉德可汗王子墓（2011XXBM6）（《文物》8期）。此次出土《唐故突骑施王子志铭》带来关于西域突骑施历史的新信息（《文物》8 期）。

陈波对“南海Ⅰ号”出水墨书“林上”的意涵进行分析，结合墨书文字，研究宋元时期贸易船人员组织关系，进而理解古代中国的海上贸易活动（《东南文化》3 期）。

秦大树认为 9 ~ 10 世纪时期中国海上的对外交往频繁，其中瓷器对外输出的范围、规模及器物的种类、质量等方面发展迅速，达到中国瓷器外销的第一个高峰。中外遗址出土和沉船出水了大量中国瓷器，以此为基础并结合文献考证，可系统勾勒出晚唐时期中国瓷器外销的范围、规模、产品结构和在输出地的使用功能。同时，以陶瓷输出为标志，可进一步探析这一时期以室利佛逝为中心的接力式海上对外贸易模式（《故宫博物院院刊》5 期）。

刘净贤概括了福建仿龙泉青瓷在世界各地区及沉船遗迹中的出土（水）状况，而且透过与其模仿对象的比对，揭示了龙泉青瓷和“福建仿龙泉青瓷”分布的不均衡性。福建仿龙泉青瓷在东亚、东南亚市场较多，而在西亚、东非等贸易远端，龙泉青瓷则占有压倒性优势（《故宫博物院院刊》5 期）。

高美京根据以往的研究成果，以出水陶瓷器的相关研究为主，从对新安船陶瓷器的研究主要集中于各种器物的断代与产地的判定，到最近逐渐扩展到沉船中陶瓷器的品种组合及其与同时期其他考古遗址中的发现，以及出口港等诸问题的相互联系（《故宫博物院院刊》5 期）。袁泉以新安沉船中数量最多、类型相对丰富的仿古炉瓶为研究对象，对比中国宋元遗迹和日本出土、保藏的同类文物，同时参考书画、文献资料，系统梳理新安沉船仿古船货的类型与组合，并对其适销对象、使用场所及用途性质等问题进行探讨（《故宫博物院院刊》5 期）。

通过考古调查印证，申浚认为文献中提到的西亚和南亚地区有中国瓷器运往的国家和地区目前几乎都发现有元明时期的龙泉窑瓷器。这些元代瓷器的器形有碗、盘、罐、瓶、洗、高足杯和器盖等，明代的有碗、盘、罐和器盖等。元代产品的数量和器形都超过明代产品。西亚地区多发现的大碗、大盘等大型器皿，应该与当地人的宗教、生活习俗有关（《故宫博物院院刊》6 期）。

通过对元代景德镇青花瓷和孔雀蓝釉瓷的出现，以及青花瓷上波斯文书写的研究，黄珊判断元代确有外来工匠参与景德镇制瓷业（《故宫博物院院刊》6 期）。

根据元中都遗址发现的阿拉伯幻方，佟健华探讨了中都的营建主持者以及该幻方埋设于一号大殿的原因，进而揭示阿拉伯古数码字形在中国的演变历程；并从考古学和数学的视角，对元安西王府、元中都出土六阶幻方与明陆氏墓出土四阶幻方进行比对（《中国国家博物馆馆刊》3 期）。

林梅村讨论了牛津大学博德利图书馆藏《雪尔登中国地图》入藏始末、年代，论证了《雪尔登中国地图》实乃《郑芝龙航海图》，以及《郑芝龙航海图》的西方图源与图名的问题（《文物》9 期）。

《大航海时代与鼓浪屿：西洋古文献和迎向精选》（文物出版社）从 100 多张西洋稀有古籍、古地图、版画、黑白照片中精选而出，由收藏家江素惠和秦风提供，徐家宁撰写图说，充分反映大航海时代鼓浪屿的历史。

五　手工业

周卫荣等人在银锭实物考古调查、形态观察和技术工艺分析的基础上，结合大量馆藏和重要出土银锭实物的调查统计与成分检测，对历代银锭进行了一系列模拟铸造实验，在铸范、蜂窝、丝纹、铭文戳记，以及铸造工艺与银锭辨伪等方面进行了系统的研究（《中国钱币》4 期）。

杨金昌等人以法门寺塔基地宫出土丝织品中的捻金线为研究对象，通过光学显微观、扫描电镜和能谱分析等方法，以系统观察和分析检测捻金线的金箔层、背层、芯线等为基础，研究唐代捻金线的材质和制作工艺（《考古》2 期）。

厉祖浩对吴越瓷窑务的设立时间、地点、隶属关系、官吏构成和基本职掌等问题进行细致考证，初步勾勒出瓷窑务的轮廓与部分细节，为进一步研究越窑窑务制度提供基础（《故宫博物院院刊》3 期）。

《唐恒岳故禅师影堂纪德之碑》碑阴为研究唐代的定窑提供了宝贵的第一手资料。通过碑文可知，唐代定窑从性质上看是一个地方官府经营的、主要生产民用瓷器的官窑。当时的定窑有石城冶、白土冶、恒山冶等诸窑场，设有节度总管、判官、将、副将、虞候诸职，组织管理严密，已具有相当规模（《故宫博物院院刊》3 期）。

北京地区所发现的唐代窑址共 8 处 32 座，除烟囱外，窑址皆在地下掏掘而成。这与西安、洛阳地区所见的唐代窑址构造方法基本相同，就其组成形式可分为单体窑和连体窑，窑址内出土遗物多为板瓦、筒瓦、绳纹砖、沟纹砖、条纹砖等建筑材料，还有少量的陶、瓷质的生活用器。长阳窑址是 2010 年 6 月为配合房山区房山线长阳西站 1 号地而进行的发掘，发掘面积 250 平方米，清理唐代窑址 5 座，为研究唐代窑址的生产模式及当时的手工业与经济发展提供了新的资料（《窦店与长阳》，科学出版社）。

江西乐平南窑窑址文化层堆积厚，规模宏大，是江西地区少见保存完好、分布面积较大的唐代青瓷窑址。2011 ~ 2012 年，江西省文物考古研究所等单位对窑址进行了全面调查和勘探，揭露面积 60 平方米，清理灰坑 1 个，勘探龙窑遗迹 2 条，出土一批青瓷、青釉褐斑瓷、青釉褐彩瓷、酱釉瓷器和窑具标本。调查研究表明，南窑始烧于中唐，衰落于晚唐（《中国国家博物馆馆刊》10 期）。

王小蒙认为唐代耀州窑素胎黑彩的工艺渊源是在耀州窑制瓷的基础上借鉴了唐三彩、长沙窑彩瓷的某些工艺技法。宋末金初白梅窑烧制的“粉地黑彩釉绘花”，也应是素胎黑彩工艺在宋金时代发展起来的（《考古与文物》3 期）。

剔刻花是当阳峪窑最具代表性的瓷器纹饰之一。通过分析和对比剔刻花瓷器的纹饰特点，于杨将其归纳为几何纹、牡丹花卉纹、肌理纹，从而使当阳峪窑剔刻花纹饰的特点清晰地展现出来（《中原文物》6 期）。

李合等人采用荧光能谱仪测试杭州卷烟厂、严官巷、吴庄和太庙等 4 处南宋遗址出土的 56 块官窑类瓷片的胎釉元素，推测其中的 48 块样品为老虎洞、郊坛下官窑瓷片，另外 8 块样品为龙泉窑烧造的可能性更大（《南方文物》2 期）。

刘建安认为潘里垄 2 号窑址是一座以烧制建窑系黑釉瓷茶盏为主，兼烧相关茶器的南宋民窑（《东方博物》3 期）。

项坤鹏认为至迟于南宋中期，龙泉青瓷即已进入宫廷，历元而至明代，龙泉青瓷一直未脱离于宫廷视野之外，在宫中的地位也屡有变迁，直到明成化初年，由于种种原因，龙泉青瓷最终断供于宫廷，到了清代，便仅以“古器”身份进入宫中（《华夏考古》3期）。

易立认为四川地区出土的龙泉窑青瓷大致可划分为三期，第一期为南宋中后期至元初，第二期为元代中后期，第三期为明代。各期在器物类型和组合方面存在较大的差别，这些变化较完整地反映了龙泉窑青瓷在四川地区的行销状况（《四川文物》5期）。

宋东林认为进入北宋以后，景德镇采用匣钵装烧法，瓷器质量大大提高；北宋中晚期，景德镇青白瓷进入鼎盛阶段，后使用垫钵装烧法提高产量，到南宋时使用支圈覆烧技术；元代中期以后，回到以匣钵装烧工艺为主的生产体系（《南方文物》2期）。

龙霄飞《北京地区金墓出土瓷器考辨》将1975年8月北京市通州城关公社砖厂石宗璧墓中出土的白釉刻花葵瓣口碗判定为金代定窑的产品，石宗璧墓中出土的青釉鋬耳洗判定为金代耀州窑的器物（《白山·黑水·海东青—纪念金中都建都860周年特展》，文物出版社）。

程云霞梳理了20世纪50年代以来有关西夏瓷器的重要考古发现，对西夏瓷器的造型、工艺及纹饰等进行说明，进而探讨西夏文化及审美风尚（《宁夏师范学院学报》5期）。

郭济桥、王新辉认为，隆化窑在仿烧磁州窑和钧窑产品的过程中形成了自己的风格。该窑属金元时期民窑，部分产品为官府定烧。隆化窑产品的消费区域主要在长城沿线及以北地区（《陶瓷科学与艺术》2期）。

配合“晋善晋美·三晋窑火——中国古代山西陶瓷特展”，《三晋窑火·晋善晋美——中国古代山西陶瓷特展》（文物出版社）一书系统展示山西窑业的成就，收录宋、金、元、明、清以来的瓷器精品218件，有助于了解12～19世纪山西窑业的情况。

彭善国对考古出土及海内外收藏金元三彩中的主要类型即瓶、罐、盒、盆、碗、盘、枕、香炉、灯台进行分析研究，进而分析出金元三彩的特点（《边疆考古研究》12辑）。

朱宏秋以与“元祐四年”同一时期具有确切纪日的考古资料、窑址资料及历史文献为依据，指出黑釉浅碗的黑彩题字中“元祐四年五月戊辰”及“刊造”存在的问题，进而认为该题字不足为黑釉浅碗的制造年代提供依据（《中原文物》2期）。

江建新认为至元十五年（1278）浮梁磁局的设置很可能与当时元朝需要质纯的祭器有关，湖田窑烧造的“玉”字铭器，可能是浮梁磁局烧制的第一批制品。磁局只是在朝廷“有命”的情况下才进行，磁局的窑场选择有一定基础的优秀民窑作为定点的窑场，当时大概是湖田窑和落马桥及珠山明御厂一带。而元青花当是浮梁磁局的产物（《中国国家博物馆馆刊》6期）。

青花绘制技法从唐到清已发展完善。陈殿将各朝青花绘制技法分期，研究其发展的内因和外在表现，并总结其发展演变规律（《华夏考古》2期）。依据官窑青花瓷器画的表现形式主要是点、线和面，陈殿又探讨了明代官窑青花瓷画评级的标准（《南方文物》1期）。

刘金成认为唐代长沙、鲁山等窑的色釉瓷，尤其是长沙窑釉下还原红绿彩的出现，后经宋代钧红釉的过渡，元代景德镇窑最终创烧出釉里红瓷。元代釉里红成型工艺独特，装饰技法多样，有些工艺技法为元代独创（《故宫博物院院刊》6期）。

2002～2004年，北京大学考古文博学院等单位联合对景德镇明清御窑遗址进行了一次较大规模的考古发掘，出土了一批明代遗迹和明代遗物，获得重大成果。这些考古发现，填补了以往考古发掘资料、传世品和文献记载的不足，解决了明代御器厂研究中的一些问题，将进一步推动明代御窑全面、深入的研究（《故宫博物院院刊》3期）。

袁泉以宋元漆器为主要研究对象，比较同时代的陶瓷器、金属器，探讨宋元阶段不同手工艺门类间的“异工互效”现象，并借以管窥这种工艺类同现象背后的手工业生产布局（《文物》11期）。

通过对元代有铭文铜权进行数量统计分析和系统研究，蔡明认为从元代早期（中统到大德年间）至元代晚期（至大到至正年间），铜权存在数量减少、重量递减的趋势，铭文体例也有所不同（《考古》6期）。

四川宜宾喜捷槽坊头明代白酒作坊遗址面积约3000平方米，分为东区和西区。西区为遗址核心区，南部因厂房施工略有破坏。2011年2~4月，四川省文物考古研究院联合宜宾市博物院等单位进行发掘，布方19个，面积450多平方米（《文物》9期）。槽坊头酿酒遗址是四川地区发掘出使用年代最早、最单纯，要素最全的高品质酿酒遗址，而且该酿酒遗址是一两种或多种香型共存的混合型酿酒遗址，这在中国已发掘的酿酒遗址中是独一无二的（《四川文物》5期）。

2012年3月，四川省文物考古研究院等对宜宾市2区8县50多个乡镇的古代酿酒作坊、遗址进行了初步调查。对于了解宜宾及四川地区古代酿酒作坊、遗址提供了第一手资料，对以后相关调查提供了有益的经验（《四川文物》4期）。

2004年9月至2005年1月，重庆文物考古所对丰都秦家院子、袁家岩、石地坝、九道拐等4个冶锌遗址进行了考古发掘，清理了冶炼炉、灰坑、房址等遗迹，出土了大量冶炼遗物。该次发掘为研究冶锌遗址的时代、布局，以及炼炉的形制、结构等问题提供了珍贵的实物资料，对于中国炼锌史研究具有重要意义（《江汉考古》3期）。

湖北省文物考古研究所等抢救发掘大冶市卢家垴冶炼遗址，发现了一批汉代至明清时期的遗存。晚唐至宋代遗物多为陶瓷器残片、砖块、瓦片等，其来源是明清以来在此建房等活动，将其他地方早期遗物挖运而至。明清时期遗迹发现较少，出土陶瓷片及少量砖块和瓦片、铜钱等（《江汉考古》2期）。

此外，2011年2月，河南滑县新区发现两艘宋代古船，这有可能是因黄河改道而被遗弃的黄河货船，为研究当时内陆水运交通和内陆造船技术等提供了重要的实物资料（《考古》3期）。

通过对相关文献记载和考古发掘资料的分析，张玉霞认为《营造法式》确未将某些尺度纳入明确的模数体系。《营造法式》的编修目的旨在“关防工料”，节省用度，并未完全依赖模数制度（《中原文物》6期）。

六　文物保护

李博等人研究了河南邓州南北朝画像砖墓中所用粘结灰浆的化学成分和微观结构、阐释了灰浆强度与其化学成分间的关系。他们认为灰土材料灰浆在固化过程中形成的网状硅酸钙结构大大增强了灰浆强度，并初步探讨了其形成原因及作用机理（《中原文物》5期）。

王贺等人对北周武帝孝陵所获20件金器和14件鎏金铜器进行分析检测研究（《中国国家博物馆馆刊》2期）。马琳燕介绍了对天水石马坪石棺床的保护与修复成果（《文物》

7 期)。

张继伟等人以唐高力士墓为例，尝试通过为墓葬营造内、外环境，将壁画保护所需的环境要求与保护设施的功能要求相结合，以满足展示壁画的需求（《文物》7 期)。周立、毛晨佳探讨了三维激光扫描技术在洛阳孟津唐墓中的应用情况（《文物》3 期)。

通过清理岩缝、锚固黏接、修补窟檐、砌石支护、灌浆加固、封护微裂隙、修筑导水槽等科学保护方法，对龙门石窟东西两山的部分小型窟龛，进行了尝试性保护，方法实用，效果良好（《洛阳考古》2 期)。

丁银忠等人认为汝官青瓷胎体原料与北宋民汝青瓷胎体比较接近，但前者的原料加工更为细致，烧制工艺的控制更为严格。然而，两者的釉料配方却发生了明显改变，汝官釉料配方中钙和铝含量明显升高。此外，汝官瓷的烧成温度相对较低，釉层的厚度有所增加，从而形成釉层莹厚，色如天青，质若脂玉的外观（《故宫博物院院刊》3 期)。

2008 年 8 月，江苏省江阴市一座明墓内出土一批文物，其中有一件粘连纸质文书。通过分析病害状况，采用蒸汽蒸、滴加揭展剂并结合物理方法，顺利揭展该纸质文物。对文物本体的形貌、帘纹、物理性能、pH 值、造纸纤维原料等进行了分析研究，为后期文物的保护修复提供参考依据（《中原文物》1 期)。

丁银忠等人认为南京大报恩寺塔建筑琉璃构件属于高铅釉，胎体化学组成与安徽当涂琉璃胎体比较接近，表明《天工开物》“其制为琉璃瓦者……其土必取于太平府（今安徽当涂)”的文献记载是可信的（《南方文物》2 期)。

甲骨文金文研究综述

孙亚冰

2013年甲骨、金文研究成果丰富，专著有多部，论文集有十多部，论文达200余篇。

一　甲骨文部分

专著部分：宋镇豪、玛丽娅主编《俄罗斯国立爱米塔什博物馆藏殷墟甲骨》（上海古籍出版社）公布了204版甲骨文新资料，中国社会科学院考古研究所编著的《商王朝文物存萃：甲骨·青铜·玉器》（科学出版社）公布了一部分清晰或新的甲骨文、玉器文字资料。甲骨缀合使旧材料变成新材料，推动了甲骨学的发展，这方面的专著有：黄天树编《甲骨拼合三集》（学苑出版社）、林宏明《契合集》（台北万卷楼图书有限公司）、蔡哲茂《甲骨缀合汇编——释文与考释》（台北花木兰文化出版社）。按出土单位做专项研究的有：张惟捷《殷墟YH127坑宾组甲骨新研》（台北万卷楼图书有限公司）。考释甲骨文字、研究词汇句型的有。王子杨《甲骨文字形类组差异现象研究》（中西书局）、韩建周《甲骨文字释义》（河南大学出版社）、谢春玲《殷墟甲骨刻辞空语类研究》（广东教育出版社）、邓飞《商代甲金文时间范畴研究》（人民出版社）、姚志豪《小屯南地甲骨句型与断代研究》（台北花木兰文化出版社）、朱岐祥编《甲骨文词谱》（台北里仁书局）、夏含夷编《中国古文字学导论》（中西书局）。结合甲骨文探索商代地理、历史、宗教、人物、文化等的有：马保春、宋久成《中国最早的历史空间舞台：甲骨文地名体系概述》（学苑出版社），韦心滢《殷代商王国政治地理结构研究》（上海古籍出版社），郭静云《夏商周：从神话到史实》（上海古籍出版社），具隆会《甲骨文与殷商时代神灵崇拜研究》（中国社会科学出版社），古育安《殷墟花东H3甲骨刻辞所见人物研究》（台北花木兰文化出版社），汪涛（郅晓娜译）《颜色与祭祀：中国古代文化中颜色涵义探幽》（上海古籍出版社）。总结甲骨学研究史的有：王宇信《新中国甲骨学六十年：1949－2009》（中国社会科学出版社）。

相关论文集部分：宋镇豪主编《甲骨文与殷商史》（新三辑）（上海古籍出版社，以下简称《新三辑》）、复旦大学出土文献与古文字研究中心编《出土文献与古文字研究》（第5辑）（上海古籍出版社）、李学勤主编《出土文献》（第4辑）（中西书局）、周原博物馆主编《周原》（第1辑）（三秦出版社）、罗运环主编《楚简楚文化与先秦历史文化国际学术研讨会论文集》（湖北教育出版社，以下简称《楚集》）、李宗焜主编《出土材料与新视野》（“中央研究院”）、陈光祖主编《金玉交辉—商周考古、艺术与文化论文集》（“中央研究院”历史语言研究所）、高明《高明学术论集》（上海古籍出版社）、陈炜湛《三鉴斋甲骨文论集》（上海古籍出版社）、刘钊《书馨集——出土文献与古文字论丛》（上海古籍出版社），以及安徽大学出版社出版的《安徽大学汉语言文字研究丛书》（高岛谦一卷）等。

2013年出版或重印的专著有裘锡圭《文字学概要》（修订本）（商务印书馆）、罗振玉《殷商贞卜文字考》（外5种，上海古籍出版社）、杨树达《杨树达文集：积微居甲文说、耐林庼甲文说、卜辞琐记、卜辞求义》（上海古籍出版社）。

单篇论文数量较多，下面按内容分别介绍。

（一）新材料的公布与缀合成果

曹锦炎《记杭州藏友收藏的甲骨文》（《新三辑》，上海古籍出版社）公布了10版甲骨。杨杨《释安阳邓鸿诸家藏大龟一版》（《新三辑》，上海古籍出版社）公布并考释了安阳民间收藏的一版大龟的内容。

近年来甲骨缀合蓬勃发展，学者大都第一时间将成果公布在先秦史网站上，这里仅介绍发表在纸质文本上的成果，如李爱辉《史语所藏甲骨缀合六则》（《中国文字》新39期）、《〈中国社会科学院历史研究所藏甲骨集〉缀合三则》（《新三辑》，上海古籍出版社）、《清晰拓本在甲骨缀合中的重要意义——以新缀甲骨为例》（《政大中文学报》19期），李延彦《龟腹甲左尾甲新缀五则》（《中国文字》新39期）、《龟腹甲左前甲新缀六例》（《新三辑》，上海古籍出版社）、《龟腹甲新拼合六例》（《故宫博物院院刊》3期）、《殷墟卜骨新缀五则》（《汉字文化》1期），王红《出组卜王卜辞缀合八例》（《故宫博物院院刊》3期），何会《出组祭祀卜辞新缀六则》（《殷都学刊》1期），门艺《殷墟甲骨黄组卜步辞新缀》（《黄河文明与可持续发展》5辑），刘影《出组龟腹甲新缀五组》（《殷都学刊》3期）、张惟捷《甲骨新缀二十二则》（《政大中文学报》19期），张宇卫《黄组卜辞缀合十六则》（《台大中文学报》41期），陈逸文《〈殷虚文字甲编〉新缀十二组》（《淡江中文学报》29期）、《〈甲编〉新缀五例与〈甲编〉之误缀》（《故宫学术季刊》30卷4期），林宏明《甲骨缀合的方法——推知残辞限缩范围的缀合》（《政大中文学报》19期），莫伯峰《据甲骨碴口缀合及其验证方式初探》（《政大中文学报》19期）等。值得一提的是，学者在公布缀合成果时，也会总结缀合的方法和理论，如李爱辉、林宏明、莫伯峰等。

（二）字词考释与语法研究

方稚松《谈花东甲骨中“東”的含义》（《古籍整理研究学刊》5期）根据花东甲骨“東”与“皆”“率”对举的辞例，指出“東”在卜辞中可能也是一个范围副词。郑彗生《释“丁”》（《新三辑》，上海古籍出版社）认为“丁”字的本义是人头。莫伯峰《〈殷墟花园庄东地甲骨〉中新见的“羔”字》（《新三辑》，上海古籍出版社）释《花东》240中的“”为羔。王子扬《甲骨文所谓的“内”当释作“丙”》（《新三辑》，上海古籍出版社）认为甲骨文中被学者释作“内”的字，都是“丙”字。他的《甲骨文旧释“凡”之字绝大多数当释为“同”——兼谈“凡”、“同”之别》（《出土文献与古文字研究》5辑）指出甲骨文“同”“凡”二字有别，前者左右两笔对称，后者则像侧立的盘形，左侧竖笔短直，左侧竖笔向外弯曲；而另一篇《释甲骨金文中的“将”——兼说古文字“将”之流变》（《出土文献》4辑）则释甲骨文“”、将嗌卣“”以及竹简“”等字为“将”。周忠兵《说古文字中的“戴”字及相关问题》（《出土文献与古文字研究》

5 辑）将甲骨文中的“戴”“异”二字作了区分。常玉芝《是“司母戊鼎”还是“后母戊鼎”——论卜辞中的“司”、“毓”》（《中原文化研究》1 期）认为“[illegible]”“[illegible]”是“司”字，不是“后”字，本义是祭祀，在卜辞中主要作祭祀解，也用作人名、官名；“[illegible]”“[illegible]”是“毓”字，本义是生育，卜辞主要用其引申义，作“后”“後”解。“司母戊鼎”的铭文是说该鼎是专门用于祭祀母戊的，故“司母戊鼎”不应更名为“后母戊鼎”。曹定云《论“惟殷先人，有册有典”及相关问题——兼释〈英藏〉1616 中另类“典”字》（《考古》9 期）认为甲骨文中有两种“典”字：[illegible]的字形源于装订成册的龟版；[illegible]则源于神主，手里所持为“柄型器”类的神主。冯时《甲骨文“震”及相关问题》（《新三辑》，上海古籍出版社）释甲骨文“[illegible]”为“𣪠”，系“震”“霆”的本字，在卜辞中有霹雳震物、振祭、征兆之意。朱凤瀚《黄组卜辞中的“[illegible]巫九[illegible]”试论》（《新三辑》，上海古籍出版社）认为“[illegible]巫九[illegible]”的意思是：考核用“巫九”筮术所得到的占辞。与商末“先筮后卜”的占卜方法有关。蔡哲茂《甲骨文四方风名再探》（《新三辑》，上海古籍出版社）指出《尧典》里的“厥民某”之“民”是“风”字的讹误，“鸟兽某某”则演变自四方风名“[illegible]风”“[illegible]风”“[illegible]风”“[illegible]风”的意思是和风；他的《说甲骨文北方风名》（《东华汉学》18 期）考察了北方方名。刘桓《读殷墟卜辞札记四则》（《新三辑》，上海古籍出版社）认为“克兴有疾”的意思是病好了能起床；“絺”读作“希”，在卜辞中通“絺”或“昕”；“亳”有从屮、从乇两形，“乇”是“屮”的替代形符；“[illegible]”可释作“孛”，后变为形声字“哺”。郭静云《甲骨文“[illegible]”“[illegible]”“[illegible]”字考》（《新三辑》，上海古籍出版社）读“[illegible]”为贵或遗，释“[illegible]”为機，指出“率”字与田猎文化有关。刘钊《谈新公布的牛距骨刻辞》（《中国国家博物馆馆刊》7 期）认为新公布的牛距骨刻辞中的“[illegible]”字可能是“距骨”之“距”的本字，此牛距骨与 1936 年殷墟出土的牛距骨或许就是当时的博具或游戏用具。赵平安《“京”、“亭”考辨》[《复旦学报》（社会科学版）4 期]“京”字表示粮仓，甲骨文的亳地在鲁国范围。谭步云《古文字考释三则：释狐、释蒦、释飲/㱃/酓》[《中山大学学报》（社会科学版）6 期] 考释诸字演变及其用法。季旭昇《甲骨文从“苣”之字及其相关意义之探讨》（《出土材料与新视野》，“中央研究院”）认为甲骨文中当祭名讲的“苣”可能是《诗·楚茨》“先祖是皇”的“皇”祭，即“祊”祭。高佑仁《谈甲骨文“沉”字的一种疑难构形》（《中国文字》新 39 期）认为《合集》26907 中的“[illegible]”字不是从倒人（即“屰”），而是从“牛”。刘海琴《甲骨文“寻”字形辞例再探讨》（《中国文字研究》18 辑）认为“寻”字字形重在张臂持物，“寻”是祭祀动词，发生在祭祀活动的准备阶段。王晖《甲骨金文[illegible]、[illegible]、[illegible]为“双音词组文字”说》（《殷都学刊》2 期）认为先秦时期这三个字不是合文，而是单独的字，但读音为两个音节，且是偏正结构的词组；他的《从甲骨金文与考古资料的比较看汉字起源时代》（《考古学报》3 期）将史前考古资料与甲骨金文做对比研究，再结合良渚文化的文字，认为中国文字起源于距今 5500 ~ 5300 年左右。李宗焜《从豐豊同形谈商代的新酒与旧酿》（《出土材料与新视野》，“中央研究院”）指出“豐”“豊”属同形异字，本义均为饰玉的大鼓，后因鼓声宏大而分化出“豐”，因鼓为礼乐之用而分化出“豊”，字形虽同，音义有别。而“鬯”指过滤的酒，商代重视新鬯，不重视旧酿。陈剑《“备子之责”与“唐取妇好”》（《出土材料与新视野》“中央研究院”）根据《尚书·金縢》“若尔三王，是有丕子之责于天”清华简本作“尔毋乃有备子之责在上”，认为今本“丕子”当读为“备子”，“备”字义为“具备”“齐备”。“（先王）有备子之责在上/于天”直译为“（先王）有要使子孙齐备的责求在上面/在天上”，即先王责取武王上天以使在其侧的子孙齐备，由此导致武王病重将死。而“唐取妇好”一类卜辞，与“冥婚”无关，意思是先王取走妇好的灵魂，即妇好死亡。这两类材料互相印证，反映了上古时代曾经长期流行的某人之死可能系因其灵魂被鬼神所取去的观念。李学勤《再论周原任家村腹甲卜辞》（《周原》1辑）认为该版上“孚”字，读作“符”，训为“合”，“合于永终”“合于休命”都是吉语。李蕊《甲骨文“之”字用法的再考察》（《求索》11期）认为，甲骨文时代的“之”已经具备了古汉语中常用的指示代词、第三人称代词和助词的用法，但“之”作第三人称代词并未出现作主语的用法。葛亮《甲骨文田猎动词研究》（《出土文献与古文字研究》5辑）考释甲骨文中的田猎动词并辨析相关问题。王进锋《甲骨金文释证三则》（《中华文化论坛》3期）释《合集》36481中的为“弩”，又释《集成》5990中的为“庸”、《集成》3942中的为“姪”，“姪”通“致”；他的《小臣墙刻辞与小臣墙身份》（《中国国家博物馆馆刊》9期）对小臣墙刻辞进行补缺，并指出小臣墙是来自墙族的军事首领。张惟捷《甲骨文研究二题——说与（助）》（《殷都学刊》3期）指出“”字从“肩”是假借其声，并附加别义之点划，属于附划因声指事字，释作“胃脘”之“脘”；认为甲骨文中的“（助）”字主要为协助义，少数作人名或氏族名；他的《甲骨文字旧释新说——以史语所藏十四版腹甲为例》（《文与哲》22期）通过目验甲骨实物，对十四版龟腹甲反面刻辞作了重新释读。张玲玲、鲁普平《释甲骨文中“有从雨”》（《攀枝花学院学报》4期）认为“有从雨”是一个动宾结构包含另一个动宾结构的形式。郭丽华《小议甲骨文中的指示代词“之”》（《汉字文化》3期）认为指示代词“之”在甲骨文中兼表近指和远指。徐艳利《说甲骨卜辞中“舄”字的一种用法》（《濮阳职业技术学院学报》3期）认为“丁不舄我”“父乙舄王”中的“舄”是喜悦义。郑邦宏《说卜辞“先高祖寮酒”中的“先”》（《学行堂语言文字论丛》3辑）认为此“先”不是张玉金先生所说的“动词”，而是“副词”。张富祥《甲骨文“鸟”字释读辨析——兼释〈尚书·尧典〉的“星鸟”等语》（《殷都学刊》1期）认为甲骨文中的“鸟”应读作“凤”。单育辰《甲骨文所见的动物之“麇”》（《出土文献》4辑）考证甲骨文中的“麇”字以及相关诸字。时兵《殷墟卜辞“筑”字考释》［《安徽大学学报》（哲学社会科学版）1期］释“”“”“”“”“”等字为“筑”。潘启聪《由甲骨文的“隹”部文字看殷商的图腾崇拜》（《殷都学刊》2期）殷人不用鸟类做祭品，他们崇拜的对象是鸟图腾。韩江苏《甲骨文“枢”字考》（《殷都学刊》4期）释“”为户枢之“枢”。芦金峰《论“疋戈为武”的形成和会意》（《殷都学刊》4期）认为“武”从疋从戈，本义是帝之足迹。梅军《殷墟甲骨“告”类刻辞考论》［《中山大学学报》（哲学社会科学版）1期］殷墟甲骨告类卜辞分为王告神祖、臣属告王、王告臣属三类。陈婷珠、李新城《〈新编甲骨文字形总表〉中的异体字整理与研究》（《华夏考古》2期）对《新编甲骨文字形总表》列出的异体字作了修正。

黄天树《殷墟甲骨文形声字所占比重的再统计——兼论甲骨文“无声符字”与“有声符字”的权重》（《出土材料与新视野》，“中央研究院”）通过对已识的1231个商代甲骨文重新进行字形结构的分析与归类，得出形声字占已识字的47%，以往认为甲骨文形声字明显少于表意字的观点，应予修正。刘志基《甲骨文同辞同字镜像式异构研究》（《中国文字研究》17 辑）认为甲骨文镜像式异构与一般性异构都是书写避复的类型。美国学者方法敛（任平生译）《中国古代文字考》（《新三辑》，上海古籍出版社）是 1906 年发表的一篇文章，阐述了关于中国文字起源、现代汉字形成的观点，并对散氏盘铭和甲骨文进行了研究。杨军会《甲骨文叠体字构形分析》［《宁夏大学学报》（人文社会科学版）5 期］称甲骨文中利用相同的表意字符构成的文字叫叠体字，这类字的构形有三种：通过整体象形来表意、通过组合方式和形态来表意、通过复数来表意。

郭仕超、喻遂生《甲骨文时间表达式“A 向 B”研究》（《古汉语研究》2 期）认为，“A 向 B”出现在命辞和验辞中，分别表示贞问的背景信息和已然事件的时间。喻遂生《甲骨文“暨”连词用法说》（《古汉语研究》4 期）指出，“暨”的连词用法来源于它的动词用法，“暨”还兼作介词、副词。黄天树《殷墟甲骨文中所见的“名动相因”现象》［《首都师范大学学报》（社会科学版）3 期］认为，甲骨文中的“名动相因”多数为名词用作动词，少数为动词用作名词，以名词充当动词谓语或动词短语的现象有些可能是原始文字的孑遗。

（三）殷商史研究

甲骨文研究的最终目的是历史研究，历史研究的范围很广，涉及人类生活的各个领域。

在祭祀方面，常玉芝《商汤时的祖先崇拜与社神崇拜》（《新三辑》，上海古籍出版社）论证商朝第一王成汤时已建立了祭祀祖先的庙号、宗庙制度，以及成汤时已有了对自然神社神的崇拜。罗琨《〈楚居〉“夈必夜”与商代的“夕”祭》（《出土文献》4 辑）对比分析商代和楚人的夕祭，指出楚国的夕祭传统渊源有自。唐际根、牛海茹《殷墟王陵区人祭坑与卜辞所见“羌祭”及“杀牲法”研究》（《人文中国学报》19 期）认为殷墟王陵区 1976 年发掘的 191 座人祭坑是甲骨文中羌祭的遗存。王恩田《周祭卜甲复原与帝辛廿祀祀谱——兼论彡为周祭祀首》（《中国文字》新 39 期）通过周祭卜甲的复原重排了帝辛二十祀的祀谱，并论证了周祭的祀首为“彡”祭。他的《上𩛥廿祀卜辞与帝辛廿祀祀谱——甲骨复原法的应用与改进》（《殷都学刊》2 期）结合黄类上𩛥甲骨的复原，对殷历大小月和闰旬，以及帝辛廿祀周祭祀谱等问题进行讨论。赵林《说尸及〈山海经〉的诸尸》（《新三辑》，上海古籍出版社）辑录考证《山海经》《仪礼》《诗经》等传世文献以及甲骨文、金文、简帛中的“尸”字，认为“尸”字在商代已出现，且为一字二音二义的破音字，同时可读为尸及夷，具有尸祭和夷方的含义，周金文中的“尸”亦同。尸祭的长期施行是《山海经》诸尸形成的文化要件。何景成《试论祼礼的用玉制度》（《华夏考古》2 期）认为甲金文及传统文献中的“瓒”应指祼玉，柄型器则是玉璋。杨杨《浅析甲骨文中的犬牲》（《郑州师范教育》1 期）认为犬牲在商代祭祀牺牲中具有较高地位，它主要用于献祭商人信仰领域中具有崇高地位的“四方神”、土地神，以及时王父辈、诸母、兄辈等关系较近的亲族，少数用于祭祀洹、岳等自然神和建筑奠基。武家璧《周公庙“肜祭”卜辞及其天象与年代》（《殷都学刊》2 期）认为，周公庙卜辞“五月哉死霸壬午肜祭”记载的是公元前 1051 年夏至的月望在壬午夜间“气望齐同”的罕见天象。朱彦民《论殷卜辞中“河”的自然神属性》（《黄河文明与可持续发展》5 辑）认为“河”不是先公，而是自然神。商晓辉《从葬日制度看商周时期祖先崇拜的变化》（《殷都学刊》3 期）认为葬日制度经历了从商周卜算天干到战国尊奉地支的变化，这一变化体现了从崇拜祖先到畏惧祖先的转变。葛英会、闫志《论殷高宗“黩祀”及相关问题》（《中国国家博物馆馆刊》4 期）指出商王武丁在位期间对祭祀制度曾进行过改革，针对这一改革，武丁集团中形成了以太子孝己和傅说为核心的反对派，批评武丁改革是“黩于祭祀”，这场政争以太子派的失败告终，孝己被流放致死，傅说也可能因此而没有进入后世祭祀谱系。祖庚、祖甲分别反对、支持改革，由于祖甲的坚持，武丁改革终于被确定下来，成为商代晚期的“周祭制度”，而这种有悖于传统过于繁缛的祭祀制度，是导致商王朝最终衰败的重要因素之一。

在族氏文化方面。黄铭崇《晚商王朝的族氏与族氏政治》（《金玉交辉—商周考古、艺术与文化论文集》，“中央研究院”历史语言研究所）认为“族氏”是了解商王朝社会的一把钥匙。贵族族氏是从王族分化而来，与王族有相同结构，并与王族有婚姻关系。族氏经济独立，内部除贵族外，还有平时从事农业生产或手工业，战时加入军旅的“众”或“人”，另外还有俘虏。商王朝没有真正的官僚系统，但有职官，由不同的族氏成员充任。安阳以外的族氏是王朝派遣到外地的整族迁移的族氏，通过这一方式，商王朝实现了对外扩张。郭静云《殷周王家关系研究》（《考古与文物》2 期）认为中国古代为父母双嗣制度，商周王家虽然分属不同氏族，但有共同的祖先，为同一族群。何毓灵《论殷墟新发现的两座“甲骨贞人”墓》（《新三辑》，上海古籍出版社）介绍了殷墟王裕口村发现的两座与贞人家族“𠬝”有关的墓葬，这两座墓分别属殷墟二、三期。曹定云《周原甲骨“二王”同猎与“文王囚羑里”——兼论周原卜辞族属》（《新三辑》，上海古籍出版社）指出周原出土的西周甲骨中有一些是文王囚羑里时占卜的，反映出文王被囚后期的部分史实。林小安《“神不歆非类，民不祀非族”漫议》（《新三辑》，上海古籍出版社）认为周原凤雏宗庙遗址始建于商人，部分甲骨系商人刻辞。李桂民《周原庙祭甲骨与“文王受命”公案》（《历史研究》2 期）认为周原庙祭卜辞是周文王为验证天命而进行的占卜，周人希望受命能获得殷先王的认可。宋镇豪《谈谈商代开国名臣伊尹》（《楚集》，湖北教育出版社）结合甲骨、金文、简帛和传世文献考证伊尹的事迹。

在军事方面。李学勤《释读两片征盂方卜辞》（《新三辑》，上海古籍出版社）对《合集》36511、36518 中有关征盂方的卜辞进行释读，认为前者是选择出征时日的卜辞，后者则是战事进行中间的贞问。章秀霞《花东卜辞与殷商军礼研究》（《中原文化研究》5 期）认为非王卜辞与王卜辞对战争的关注点有所不同，即花东“子”除关心商王主导的对外战争外，还非常关注自己在战争中的作用和境遇。张怀通《小臣墙刻辞与商末献俘礼——兼论商代典册问题》［《河北师范大学学报》（哲学社会科学版）6 期］认为小臣墙刻辞记载的是商末献俘礼。

在方国地理方面。孙亚冰《卜辞中所见“巤美方”考》（《新三辑》，上海古籍出版社）考察出现于黄类卜辞中的一个名叫“巤美”的方国，通过地名系联定其地望在今洛水、伊水上游的山间地带。董珊《试论殷墟卜辞之“周”为金文中的妘姓之琱》（《中国国家博物馆馆刊》7 期）指出殷墟卜辞和金文中的“周”不是姬姓周，而是妘姓周。韦心滢《关于王都以外商王的常居地》（《新三辑》，上海古籍出版社）分别考证了晚商初年和末年的两个军政要地——敦和龏，前者在今河南省温县东，后者在今济源市。郑杰祥《卜辞所记“[illegible]”地新探》（《中国国家博物馆馆刊》1 期）认为“[illegible]”是“㓞”的初文，地在今郑州市以北的黄河南岸，西周初期则为蔡国封地。张兴兆《甲骨文字反映的自然地理景观》（《新三辑》，上海古籍出版社）考证甲骨文中与自然地理有关的文字。

在思想文化方面。常耀华《殷墟卜辞中的“东母”“西母”与“东王公”“西王母”神话传说之研究》（《中国国家博物馆馆刊》9 期）甲骨文中的“西母”与古籍中的“西王母”虽有差别，但也不无关联，二者当有渊源关系。“东母”与“东王公”也有相似点。赵容俊《先秦巫者的战时活动考察》（《齐鲁文化研究》13 辑）考察巫术在战争中的应用。黄鸿春《从“事神”到“敬德”：商周“气物”观的变迁》（《历史研究》2 期）考察商周“气物”观念的特点及区别。王化平《从甲骨卜法看数字卦例》（《殷都学刊》1 期）认为数字卦中也有单贞、对贞、选贞和一事多卜等贞问形式。张金平《殷墟“易卦”卜甲与〈周易〉关系考论》（《殷都学刊》4 期）认为殷墟“易卦”卜甲上的“易卦”含有“九、六”筮数、八宫、覆卦、互卦的信息，也反映了“卜筮不过三”“三卜”的习俗。刘源《〈春秋〉、〈左传〉与甲骨卜辞对读数例——兼谈春秋诸侯史官承袭殷人史官笔法问题》（《新三辑》，上海古籍出版社）通过七组对读，提出春秋时期诸侯史官的记史笔法源自殷代史官。

在其他方面。宋镇豪《甲骨金文中所见的殷商建筑称名》（《新三辑》，上海古籍出版社）考察甲骨文和殷金文中的 41 个建筑名称及其功能。刘源《读一版新见出组田猎卜辞》（《殷都学刊》1 期）认为这版甲骨有助于研究商代后期的田猎制度以及无名组卜辞的时代。王建军《商代甲骨文所反映的水灾研究》（《中原文化研究》6 期）简述了甲骨文中的水涝灾害。

（四）甲骨学与甲骨学史

刘影《试述牛胛骨形态在甲骨研究中的具体应用》（《新三辑》，上海古籍出版社）论述了熟知牛胛骨形态对甲骨缀合、著录的重要性；她的《文例对纠正卜辞误读的重要作用》[《首都师范大学学报》（社会科学版）3 期] 根据无名类骨条卜辞朝向对边契刻及卜辞回行后长度大于前一行的规律，对多版骨条卜辞进行重新释读。刘一曼、曹定云《论殷墟花园庄东地 H3 的记事刻辞》（《新三辑》，上海古籍出版社）整理研究花东的记事刻辞，并与师组、宾组的同类刻辞进行对比。

周忠兵《甲骨钻凿形态研究》（《考古学报》2 期）通过分析各类组甲骨钻凿的攻治方法、形状位置和排列组合等，得出规律性认识，如大圆钻包摄长凿型只见于师宾间组甲骨；小圆钻和轮开槽长凿的使用时间基本在武丁时期；轮开槽的长凿从武丁早期到武丁晚期，由短胖形逐渐变成长条形，且长度逐渐增加；直接挖制的长凿，不管是南系还是北系甲骨，长度都在增长，一直到黄类甲骨才有所回落，长凿肩部的趋势是由直变曲；南北两系甲骨时代接近，长凿长度也接近，但两系钻凿的攻治方法有所不同。林宏明《谈甲骨重片与甲骨著录的一些问题》（《新三辑》，上海古籍出版社）将甲骨术语“重片”定义为“指同一本或同一系列的甲骨著录书，在不同的著录号中出现了一版甲骨的共同部分。”而甲骨著录中会出现各式各样的情况，使用时须仔细甄别。

林沄《评〈三论武乙、文丁卜辞〉》（《出土材料与新视野》，“中央研究院”）从字体、称谓、地层等角度评论《三论武乙、文丁卜辞》一文，肯定了两系说和历组提前说。赵鹏《读〈笏之考文手稿〉》（《新三辑》，上海古籍出版社）对中国社会科学院历史研究所藏的拓本集《笏之考文手稿》进行了校勘。刘风华《〈小屯南地甲骨〉625 版为误缀之卜骨》（《语文知识》4 期）根据文例推断《屯南》625 左下无字骨片为误缀。朱岐祥

《殷墟小屯村中村南甲骨释文补正》（《中国文字》新39期）订正了《村中南》171版279条卜辞的释文。刘义峰《无名组卜辞的发现与著录》（《新三辑》，上海古籍出版社）揭示各历史阶段无名组卜辞的发现及著录情况。任会斌《清华藏战时安阳所出一坑甲骨述要》（《新三辑》，上海古籍出版社）介绍了清华大学所藏的抗日战争时期小屯村南出土的一坑甲骨的流传及其内容。葛亮《〈殷契拾掇三编〉校理》（《古籍研究》57～58卷）对甲骨的藏家说明作了勘正。萧晟洁《历组卜辞具体认定现状研究》（《语言研究》3期）揭示各家对历组卜辞判定的差异。张建华《论甲骨文部首系统的改进》（《辞书研究》5期）对甲骨文字书的部首系统提出了改进意见。王若、宝卫《新发现罗振玉早期甲骨文研究札记二种》（《新三辑》，上海古籍出版社）介绍了旅顺博物馆所藏的两种罗振玉早期甲骨文研究札记，即写于1901年《置杖录》中的甲骨札记和写于1913年《读贞卜文字札记》，这对研究罗振玉以及甲骨学史都有重要意义。郅晓娜《金璋甲骨的收藏始末》（《新三辑》，上海古籍出版社）通过调查英国剑桥大学图书馆收藏的金璋档案资料，梳理了方法敛、叶慈为金璋购买甲骨的过程。贾双喜《甲骨传拓技法》（《新三辑》，上海古籍出版社）与何海彗《甲骨传拓技术小议》（《新三辑》，上海古籍出版社）介绍了拓制甲骨的方法。

二　金文部分

专著部分：有做文字研究的，如王兰《商周金文形体结构研究》（线装书局）、国光红《古文字形意研究》（文物出版社）、严志斌《商代青铜器铭文研究》（上海古籍出版社）、刘正《商周图像文字研究》（上海书店出版社）；有做铭文内容研究的，如王晶《西周涉法铭文汇释及考证》（中国社会科学出版社）、商艳涛《西周军事铭文研究》（华南理工大学出版社）、何景成《西周王朝政府的行政组织与运行机制》（光明日报出版社）、姚晓娟《周代家臣制度研究》（中国社会科学出版社）、袁俊杰《两周射礼研究》（科学出版社）、逯宏《周代殷商礼乐接受研究》（中国社会科学出版社）、吴晓懿《战国官名新探》（安徽师范大学出版社）、王准《春秋时期晋楚家族比较研究》（湖北人民出版社）、丁进《商周青铜器铭文文学研究》（西北大学出版社）；有做器形专题研究的，如苏辉《秦三晋纪年兵器研究》（上海古籍出版社）、王友华《先秦编钟研究》（广西师范大学出版社）、李清等《尘封的绝响：钟离国钟磬乐器研究》（苏州大学出版社）、关晓武《探源溯流：青铜编钟谱写的历史》（大象出版社）；有以某地出土品作为专题进行研究的，如四川省文物考古研究院编《西南地区北方谱系青铜器及石棺葬文化研究》（科学出版社）、熊建华《湖南商周青铜器研究》（岳麓书社）；还有各类辞书和铭文选读，如董莲池编著《商周金文辞汇释》（作家出版社）、王玉哲编著《宋代著录金文编》（天津古籍出版社）、陈佩芬编著的《中国青铜器辞典》（上海辞书出版社）、汤志彪编著《三晋文字编》（作家出版社），马如森《商周铭文选注译》（上海大学出版社）等。

论文集除前面《甲骨文部分》提到的外，还有安徽大学出版社《安徽大学汉语言文字研究丛书》，其中有《何琳仪卷》《李家浩卷》《徐在国卷》，以及《彭林等主编》《礼乐中国：首届礼学国际学术研讨会论文集》（上海书店出版社）。

金文方面再版或重印的专著有杨树达《积微居金文说》（上海古籍出版社），李学勤《青铜器入门》（商务印书馆）和《古文字学初阶》（中华书局），张光直《商文明》、《中国青铜时代》等。单篇论文按内容分别介绍。

（一）字词考释与语法研究

陈剑《释“疌”及相关诸字》（《出土文献与古文字研究》5辑）认为古文字“𦘔/疌”是“挟矢”之“挟”的表意初文，在竹简文字中读作车盖的“盖”。李家浩《〈越王差郐戈〉铭文新研》（《出土材料与新视野》，“中央研究院”）将铭文中“得居”下旧释为“乍”的字改释为“亡”；将“为王”下旧释为“后”或“司”的字改释为“石”，读作时间副词“适”；将“以攸”下旧释或缺释的字释为“口”，读作“竘”；认为“攸（修）口（竘）”为同义复词，是治理的意思；指出“居亡”是越语好铜的记音词，“差郐”就是古文《竹书纪年》中的“初无余之”。沈培《西周金文“宕”字释义重探》（《出土材料与新视野》，“中央研究院”）认为战国文字资料中从“石”得声的字，读音都在鱼、铎二部，故西周金文中“宕”的读法也不例外。㦰方鼎和㦰簋的“宕厥心”之“宕”，应读作忖度、度量的“度”，“宕厥心”相当于古书中的“度其心”；琱生诸器中的“宕”也读作“度”，表示度量计数；不嬰簋、四十二年逑鼎的“宕伐”之“宕”，应读作格斗的“格”，义为击。邬可晶《说金文“𧶠”及相关文字》（《出土文献与古文字研究》5辑）认为师旂鼎和𧹞匜中的“𧶠”读作“决”，是表示判决义的法律用语。谢明文《伯句簋铭文小考》（《中国文字研究》18辑）读伯句簋（《商周青铜器铭文暨图像集成》4989号）“盛”后面的字为“稻”，读“京”为“粱”）；他的《释金文中的“鋈”字》（《中国文字》新39期）认为仲滋鼎中“”所从的“”当释作“夭”，是“要（腰）”的指示字，故叔弓钟、叔弓镈中的“𨥏”当释为“鋈”，义为白金，而常被释为“夭”的“”则是“走”的初文；他的《晋公盆铭文补释》（《出土文献与古文字研究》5辑）对晋公盆铭文做了考释。傅修才《释金文中两个与“开”相关的字》（《中国文字》新39期）从张亚初释虞簋铭文中的“𥘅”为“祄”，读作“介”；读仲太师鼎和壶铭文中的“开”为“匄”。董莲池《释公贸鼎铭中的“牝”》（《中国文字研究》18辑）将一般释为“牧”的那个字改释为“牝”，认为此器器主是“𪚰”。王保成《䍃字新解》（《中国文字研究》18辑）认为“䍃”字左上所从为“翼”字初文，该字“从丮羿声”，在西周金文中假为“继”。余淼淼《季姬方尊“𤰔”字补释》（《中国文字研究》18辑）释“𤰔”为畋，读作“佃”，指出“佃臣”是从事农业生产的奴隶。周宝宏《鲁叔器铭文考释》（《中国文字研究》18辑）释铭文中的关键字“宄”为宄，其义为打鬼、驱鬼。陈斯鹏《西周史墙盘铭新释》［《中山大学学报》（社会科学版）6期］认为“髟伐夷童”中的“髟伐”应读为“剽伐”或“摽伐”，为近义连文，与西周金文的“敦伐”“撲伐”“搏伐”等同例；“匍尹啚疆”应读作“万尹亿疆”；“岁稼唯辟”的“辟”则应训作“治”、“理”“法”。白于蓝《金文校读三则》（《楚集》，湖北教育出版社）认为，鬲比鼎、簋“敢弗具付鬲比其且射分田邑”中的“且射分”，读作“昔斁（止、败、坏的意思）分”，是“田邑”的修饰语；虞簋中的“井五量”读作“轻五两”，指五辆战车；盠组铜器中的“不叚不其”“倗下不其”均当读作“丕祜（或嘏）丕祺”，意思是大富大贵。刘钊《晋系金文札记二则》（《中国文字研究》17辑）认为，杕氏壶中的“颂”读作“容”，“自颂既好，多寡不讦”是称扬壶之外观既美善精致，其容量又大小适宜；郘钟中的“旛”读作“陈”，是为陈字的“战陈（阵）”之义所造的一个专字。董莲池《释吕壶铭中的“豹”字》(《中国文字研究》17 辑)释吕壶铭中的“”为“豹”。徐在国《燕国文字中的“奂”及从“奂”之字》(《中国文字研究》17 辑)将燕国文字中旧释为“巾”或“虫”的字改释为“奂”。李守奎《出土文献中“迁”字的使用习惯与何尊“迁宅”补说》(《出土文献》4 辑)认为“迁宅”与“徙居”都是指离开旧居到新的地方居住。王伟《秦铜器铭文补释三则》(《出土文献》4 辑)认为,《飞诺藏金》刊布的丞相冉戈的纪年数字可能是“十”或“十一”;秦昭襄王十二年上郡守寿戈记载的地名“洛都,洛都,平陆”都是戈的置用地;私府鼎的地名当释作“栒邑”。汤志彪《战国兵器铭文人名考释七则》(《考古与文物》1 期)重新隶定二十年冢子戈中“”为“觝”、六年相邦司空马铍中的“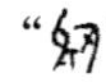”为“鄓”、□年芒砀守令虔戈中的“”为“䤭”、三十年戟中的“”为“袄”、七年卢氏令戈中的“”为“隱获”、十年洱阳令戈中的“”为“溹”、九年閔令戈中的“”为“斱”;他的《战国玺印文字考释(十二则)》(《中国文字研究》17 辑)考释玺印文字“百年”“痄”“巨亡”等。刘洪涛《古玺文字考释四篇》(《中国文字研究》18 辑)考释玺印中的“度”“曼”“迹”“僰”“篹”“潄”等字。刘杰、刘珏《古玺文字释读零札》[《湖南大学学报》(社会科学版)6 期]释古玺中的“”为“笑”;读三晋文字中用作姓氏的“雺”为“潞”;指出“司空容”玺不属三晋,时代不会早于秦代。韩祖伦《新见战国古玺三十一例》(《中国文字研究》17 辑)公布了 31 件私家藏玺。程邦雄、马婷婷《再说“”》(《语言研究》4 期)认为毛公鼎“弗作先王”中的“”当隶作“页”,读作“羞”。苏影《邓公盉铭“公”字补释》(《现代语文》8 期)指出,铭文中“”字所从的“”,应是“尊”的偏旁,错放在了上方。王晶《西周铭文法律词语“誩”与“许”训释》(《汉字文化》3 期)认为此二字形体不同,字义有别,前者通“诉”,为陈诉意,后者是许诺的意思。

张延俊、吕晓薇《殷周金文“蔑历”的语法结构和意义》(《长江学术》4 期)认为“蔑历”的意思是赏赐佳肴。易德生《金文“玄镠”新探》(《江汉论坛》9 期)认为“玄镠”指铅锡合金。商艳涛《金文中的“征”与“伐”》(《殷都学刊》1 期)指出,金文中的“征”和“伐”在西周和春秋战国不同时期使用范围有所不同,与甲骨文也存在使用范围的不同,而与先秦文献用法基本相同。刘树满《宝鸡戴家湾出土的用征器及相关问题》(《文物春秋》1 期)认为用征尊、用征卣的铭文“用征”与征伐无关,是“用于远行”之意。李春利《金文“某人”考》(《考古与文物》6 期)认为金文中“地名(氏名)+人”应解为“某族之人”,不能与文献中的“某人”等同,而“地名(氏名)+人”加上私名或字则表示单个人,其身份为职官。梁立勇《“柔远能迩”解》[《深圳大学学报》(人文社会科学版)5 期]认为“柔远能迩”应读作“柔远暱迩”,意思是安抚远者,亲昵近者。孙合肥《说楚大鼎铭文中的“安邦”》(《淮南师范学院学报》1 期)赞同将楚大鼎的铭文释为“安邦”,属吉语。黄鹤《段簋“孙子牵引”补释》(《中国文字研究》18 辑)肯定了铭文最末两字为“牵引”的释法,“牵引”义为延续。毕秀洁《〈戍铃方彝〉的摹本问题及补释》(《中国国家博物馆馆刊》1 期)戍铃方彝的器主是萧,铭文大意为:己酉日戍铃在召地举行宜祭,演奏庸这种乐器,萧和声九次,戍铃赏萧十朋贝和丏地所产的母猪。张再兴《也说柞伯鼎铭“無殳”一词》(《中国文字研究》17 辑)认为“無殳”应读作“舞殳”,是举起武器作乱的意思。敌鼎中的“殳”释作“遷殳”,

读作“摇殳”，与“無殳”意思相同。陈英杰《郑井叔钟之“䨻钟”正义——兼说大克鼎之“史小臣䨻鼓钟”》（《中国文字研究》17辑）认为“䨻钟”指声音清越空灵之钟。金文中的“鼓钟”是钟的一个类别，非指钟和鼓。此外还有武振玉、周晓风《殷周金文“献纳”义动词释论》[《深圳大学学报》（人文社会科学版）1期]、邓飞《两周军事铭文中的同义动词》[《西南大学学报》（社会科学版）1期]。

田炜《西周金文字词关系的共时与历时考察》（《出土文献与古文字研究》5辑）从共时和历时的角度考察了西周金文中一字表多词、一词用多字的现象。张再兴《殷商西周金文字形块面成分演变研究》（《中国文字研究》18辑）探讨了早期金文书写形态中块面向轮廓化和线条化的演变过程。武振玉、梁浩《殷周金文实词虚化研究》（《求是学刊》5期）讨论了实词虚化的途径。此外还有武振玉、梁浩《两周金文中“有”的句法特点》[《西华大学学报》（哲学社会科版）1期]。

（二）分期断代研究

夏含夷《“夏商周断代工程”十年后之批判——以西周诸王在位年代为例证》（《出土材料与新视野》，“中央研究院”）详细论证了“夏商周年表”西周成王、穆王、厉王、宣王诸王在位年代的错误，并认为王国维月相“四分法”基本正确。张懋镕《新见金文与穆王铜器断代》（《文博》2期）认为，新见的䣄鼎、二十六年倗叔壶与二十八年虘簋都是穆王时期的铜器，由此可推定有争议的二十四年䚄簋、三十年吴盉也是穆王时期的铜器。在西周铜器发展史上，穆王时期是一个巨大的转折点，其铜器风格变化剧烈、形式多样。由穆王时期一批标准器的复杂特征看，单个标准器不足以说明某个王世的铜器面貌，一个王世的“标准器群”则有助于完善铜器的断代。韩巍《简论作册吴盉及相关铜器的年代》（《中国国家博物馆馆刊》7期）认为三十年吴盉为恭王时器，吴是西周世族尹氏的宗子。尹氏宗子世袭“太史寮”的长官，在西周王朝占有重要地位。王治国《询簋新探》（《华夏考古》1期）认为，“嫡官司”是主管的意思；师酉簋是孝王元年器，询簋是厉王十七年器，师酉为询之父。王保成《翼城大河口霸伯簋试解》（《中原文物》2期）认为霸伯簋作于懿王时期，最早不过共王。叶正渤《此鼎、此簋铭文历朔研究》（《中国文字研究》17辑）认为这两器作于厉王时期。此外还有李米佳《故宫博物院所藏商周青铜簋的分期断代》（《故宫博物院院刊》4期）、张培瑜《试论出土和传世文献传递的西周年代》（《周原》1辑）。

（三）商周史研究

在分国历史方面。赵平安《宋公圝作𣲖叔子鼎与滥国》（《中华文史论丛》3期）认为鼎铭中的“𣲖”是濫字，读作滥，滥国是由邾分化出来的小国，在今山东滕州东南。徐少华《从铜器铭文析古邓国的婚姻与文化》（《出土材料与新视野》，“中央研究院”）分析邓国铜器铭文，得出西周时期邓之姻族主要集中于北方黄河流域，以关中和中原的姬姓诸族为主，春秋以后邓之姻族扩大到南方的曾、楚、淮河上游的养以及山东半岛的蒲姑，呈现多元化趋势。邓人的对外婚姻嫁女超过娶妇，不平衡的联姻背后体现了邓人“系援于大国”的政治目的；他的《邓国铜器综考》（《考古》5期）则汇总邓国有铭铜器，考索邓国历史。朱凤瀚《关于以色列耶路撒冷国家博物馆所藏楚大师编镈》（《楚集》，湖北教育出版社），介绍了与上海博物馆所藏编钟成套的一组编镈，铭文揭示了春秋早期楚国附庸邓国国君兼任楚国大师一职。胡刚《有"鄀"铜器与鄀国历史新论》(《文物》4期)将鄀国铜器分为三期，前两期属鄀国铜器，年代从西周晚期至春秋早期；第三期属楚国铜器，年代在春秋中期晚段至春秋晚期。"上鄀"和"下鄀"实为一国，是鄀国不同时期的都邑名。鄀国西周早中期居汉水西岸的"襄州乐乡县东北"，西周晚期北迁至商密附近的"下鄀"，春秋早期被迁于"上鄀"，因夹在秦、楚之间，最终在春秋中期沦为楚之县邑。袁广阔、马保春、梁宏刚《"改善鼎"的年代、国别、地理及相关问题》[《首都师范大学学报》(社会科学版)4期]认为"改善鼎"作于春秋早期，器主"□晏生之孙"是姜姓□国人。铭文中的"会鼎"指带盖的鼎。曹锦炎《黄子鼎与瘳子鼎——兼谈黄国与鄝国的地望问题》(《楚集》，湖北教育出版社)指出，新出的黄子鼎当属"西黄"之器，"西黄"在随州附近；新出的瘳子鼎证实了春秋时确有鄝国。此外，还有王进锋《商周时期的俞国史事考析》[《华东师范大学学报》(哲学社会科学版)1期]。

董珊《从出土文献谈曾分为三》(《出土文献与古文字研究》第五辑)认为"曾"是夏后姒姓诸侯国，商代晚期位于今山东南部，周灭商后，"曾"在周人的逼迫下分为三支：一支留在原地，另两支分别远迁至今陕甘交界和湖北随州。李学勤《试说叶家山M65青铜器》(《楚集》，湖北教育出版社)认为曾侯谏可能是第一代曾侯，曾国就是随国。冯时《曾姬壶铭文柬释》(《楚集》，湖北教育出版社)认为"无卹"是无忧的意思，铭文说曾姬高寿无忧，于漾陵亲选了一块最好的墓地，故作宗庙之器，使子孙永守王室。罗运环《随大司马□有之行戈"□"字考辨》(《江汉考古》1期)认为"□"当隶定为勮，是"戏"字的异体。黄锦前《随州新出随大司马□有戈小议》(《江汉考古》1期)则认为"□"应是"嘉"字，而曾、随一国的观点较为合理。笪浩波《汉东的□国、曾国与随国考》(《楚集》，湖北教育出版社)指出，□国、曾国非为一国，□国为炎裔所建，从商代至西周早期存在于随州淅河一带，西周晚期与鄂国一起被周所灭，西周晚期出现的姬姓曾国是后封至此的新国，亦即文献中的姬姓随国。张昌平《论随州叶家山西周墓地曾国青铜器的生产背景》(《文物》7期)指出，西周早期曾国青铜器的单一性、铸造技术的特殊性、个别器形的地域性，以及铜器模仿现象说明，西周早期的曾国和两周之际一样，具有独立生产铜器的能力。绛县横水墓地、翼城大河口也具有这一特性，反映出西周诸侯国社会经济具有广泛的独立性。此外还有凡国栋《随州叶家山新出"□子鼎"铭文简释》(《楚集》，湖北教育出版社)。

李学勤《石鼓山三号墓器铭选释》(《文物》4期)指出，户方彝、户卣的族氏"户"即古扈地，在今陕西户县；中臣鼎的"中臣"是内小臣，"帝后"是已故王的配偶，具体指武王之后邑姜；□尊中的"易商"应读作锡赏。辛怡华、王颢、刘栋《石鼓山西周墓葬出土铜器初探》(《文物》4期)考察了石鼓山的铜器铭文、由铜器铭文所揭示的族际关系、列卣制度等。

孔令远、李艳华、阚绪杭《徐王容居戈铭文考释》(《文物》3期)介绍了安徽蚌埠双墩一号春秋墓出土的两件带铭铜戈，铭文揭示出钟离公柏时，钟离国与徐国之间有过战争，钟离曾取得过胜利并俘获徐人。吴镇烽、朱艳玲《二十九年弩机考》(《考古与文物》1期)介绍了一件目前所见铭文最长的弩机，铭文记载了公元前300年秦国出兵进攻楚国，楚怀王在危难中，将太子横质于齐，同时派遣景鲤和苏厉前往秦国讲和，并割重刃等地以及近万把弓弩和四十万矢镞给秦，秦国才把掠夺的青铜、丝帛、奴隶和城池归还楚国。

朱凤瀚《论西周时期的“南国”》（《历史研究》4期）指出，在周人观念中，“南土”是周王国南方的国土，“南国”则不属周人国土，“南国”位于“南土”以南，大致在今淮水流域、南阳盆地南部与汉淮间平原一带。持类似看法的还有赵燕姣《西周时期的“南国”、“南土”范围刍议》（《南方文物》4期）。于薇《西周封国徙封的文献举证——以宜侯夨簋铭文等四篇文献为中心》（《中国历史地理论丛》1辑）通过对宜、邢、鲁、申等徙封封国的分析，认为西周国家空间格局动态变化频度相对较高。

李学勤《读〈系年〉第三章及相关铭文札记》（《出土文献》4辑）指出，《系年》和有关金文与《周本纪》所记符合，说明“周公奉成王命”伐武庚、平三监之乱是史实。程一凡《琱生簋与厉王事件》[《湖南大学学报》（社会科学版）4期] 认为琱生诸器所记内容并非私家诉讼，而是大家族召氏欺君瞒粮的曲折故事。王少林《高青陈庄□簋铭文考释及相关问题研究》（《洛阳师范学院学报》7期）指出，器主“□”非“引”字，他是齐国的高级贵族；“齐师”为齐侯辖属的齐国军队；周王命□司掌齐师或有周王烹杀齐哀公的历史背景。苏辉《战国兵器铭文的重要史料价值——以秦、三晋为中心》（《史学史研究》3期）论述了兵器铭文在文字学、年代学与礼制意义、历史地理、补充史事、官府手工业管理体制、姓氏制度研究等方面的重要价值。

在历史地理方面。郑杰祥《周初铜器铭文“王在阑师”与“王祀于天室”新探》（《中原文化研究》4期）赞同“阑”地在今郑州西北石佛镇、“天室”即嵩岳太室山的观点，认为“王祀于天室”的性质兼有巡守、封禅和度邑。李学勤《由清华简〈系年〉重释沬司徒疑簋》（《中国高校社会科学》6期）释沬司徒疑簋铭中的“鄙”为划定国土边境地区，康叔初都庚（康）丘，在邶、鄘、卫三地中的卫地境内。路懿菡《从清华简〈系年〉看康叔的始封》[《西北大学学报》（哲学社会科学版）4期] 则认为，“鄙”是重新界定康侯之国的边鄙，目的是为了扩大其封地至“卫”，这说明康叔初封地不在“卫”，而在安阳殷墟。郑威《襄城公戈新考》（《考古》3期）考证出土于连云港市的带铭铜戈，认为“襄城”在今连云港市，或为楚之失地河南襄城的侨置地。“襄城公”是县大夫，文献中的“襄城君”是封君，二者若在同一时期，则可能属县邑、封邑同名共地的现象。黄锡全《解析一枚珍稀环钱——出土文献、传世文献、古币文字互证之一例》（《出土文献》4辑）指出，环钱铭文“环□”即《左传》《纪年》中狄人伐卫的荧泽、泂泽，楚简作“睘”，地在今滑县西北。吴良宝、张丽娜《韩赵兵器刻铭释读三则》（《中国文字研究》18辑）考证了三件韩、赵兵器铭刻中的地名和职官资料：十二年介令戈是韩桓惠王时兵器，韩国的介县应为秦、汉介休县的前身；五年西余令戈应是赵国兵器，“西余”可读为“西俞”；“邦御史”弩机也是赵国兵器，可补充对赵国“御史”职掌的认识。吴良宝《珍秦斋藏郾戈、钟戈考》（《出土文献》4辑）考察郾、钟的地望及国别。

在职官、族氏、人物方面。王晶《铭文中的司士与讯讼无关——从曶鼎铭文的补字谈起》（《考古与文物》6期）指出，金文中的“司士”的职责是管理“士”这个阶层，与诉讼无关。田率《浅议虢季氏家族青铜器兼论西周晚期卿权》（《四川文物》2期）认为虢季氏家族在西周政坛扮演重要角色，但其时王权仍能支配卿权。

卢中阳《商周铜器族徽中所见家族职事研究》（《殷都学刊》1期）认为以家族职事为族徽反映了某些家族世代从事的劳役。雒有仓《商周家族墓地所见族徽文字与族氏关系》(《考古》8 期)从族徽文字的出土分布情况分析当时的族氏关系，这些关系有：同族沿袭或分化关系；从属关系；不同族氏联姻、联合或联盟关系；聚居关系；迁移与流动。

黄鹤《西周金文王号为生称或死称问题述评》(《古籍整理研究学刊》6 期)支持王号死称说。李瑶、孙刚《东周齐系金文所见古史传说辑考》(《古籍整理研究学刊》6 期)梳理了齐系铜铭所见的“禹”“黄帝”“陆终(祝融)”等传说的形成过程。王进锋《金文所见商周时期的臣辰史官世家》(《考古》11 期)指出“臣辰”出自辰族，辰族是佚族的分支。冯时《史墙盘铭文所见西周政治史》(《出土材料与新视野》，“中央研究院”)据史墙盘铭文梳理了文王到恭王及史墙祖考的事迹。高明《论墙盘铭文中的微氏家族》(《考古》3 期)论证墙盘铭文中的微氏家族是微子启的嫡系后裔，微子启降周后，被武王授以采邑和官职，武庚叛反被诛，成王命微子启代替武庚续商之先祖宗庙祭祀，并授其封国于宋，其嫡系子孙仍留在畿内采邑。刘源《读金短札：伯雍父是殷人还是周人》(《出土文献》4 辑)认为伯雍父是周人，他使用日名称其先人，可能是受到殷文化影响的结果。李世佳《“楚屈子赤角簠”新研》(《楚集》，湖北教育出版社)认为楚屈子赤角簠的作器者是屈角，字子赤。蒋文《二年上郡守锜戈的铭文年代及相关问题》(《中国文字研究》18 辑)释二年上郡守锜中郡守之名为“锜”，此人就是见于史书的名将王齮(又名王龁)。朱其智《散氏盘还是夨人盘？——兼与张振林先生商榷》[《中山大学学报》(社会科学版)1 期]认为“左执要”者为债务方，即付散氏田的夨人，故该器为夨人所作，当定名为夨人盘。张丹《河南淅川所出镇墓兽铭文中之人名称谓新考》(《楚集》，湖北教育出版社)认为“曾仲㠯(薳)尹膧”是男子名，曾仲是氏称，㠯尹为职官，膧为私名，此人可能是担任㠯(薳)家臣的随曾女出嫁的媵臣。

在礼制、文化方面。张光裕《从新见材料谈〈仪礼〉饮酒礼中的醴柶及所用酒器问题》(《文物》12 期)以新见的青铜爵“柶”组合器论述《仪礼》所记“柶”及有关觚、觯等酒器问题。连劭名《燕侯旨鼎铭文与周代的朝见礼》(《文物春秋》2 期)分析与朝见礼相关的金文资料。黄益飞《匍盉铭文研究》(《考古》2 期)认为盉铭所记为西周婚礼中的纳征礼。袁俊杰《再论麦方尊与宾射礼》(《中原文物》4 期)认为麦方尊铭所记的射礼为宾射礼。袁俊杰、王龙正《试论旡鼎与丧服礼》(《礼乐中国—首届礼学国际学术研讨会论文集》，上海书店出版社)指出旡鼎展现了西周早期诸侯国君的丧葬礼仪。张亮《考霸伯盂铭文释西周宾礼》(《求索》2 期)认为霸伯盂铭记载了傧礼、贿礼、俎礼及赠礼等一系列前后连贯的西周待宾礼仪。贾海生《伯唐父鼎与麦尊铭文所记礼典钩沉》(《礼乐中国—首届礼学国际学术研讨会论文集》，上海书店出版社)认为，此二器所记是周天子春季在辟雍取鲔鱼荐于寝庙因而磔牲以祓除为恶之神的典礼。此外还有冯时《我方鼎铭文与西周丧奠礼》(《考古学报》2 期)、李岩《金文所见周代的赐服制度》(《求索》12 期)、景红艳《论周代天子大飨礼及其历史功能》(《孔子研究》1 期)、邵蓓《西周春秋的用鼎制度研究》(《中国社会科学院历史研究所学刊》8 集)。

袁艳玲《东周时期巴蜀青铜器使用礼制研究》(《江汉考古》3 期)认为东周时期巴蜀地区虽然尊崇周礼，以青铜礼器来表示身份地位，但礼乐制度尚不完善，原因在于巴蜀地区农业还不发达，社会组织相对落后。黄锦前《由楚系铜器铭文中“吉日”选择观念看东周时期楚文化变迁》(《楚集》，湖北教育出版社)认为，随着楚文化的壮大，楚文化区的吉日观念也逐渐趋于统一。陈昭容《从文献与出土文物看早期秦国融入华夏的历程》

（《出土材料与新视野》，“中央研究院”）论述秦人立国后通过学习华夏文字、诗礼，与王室通婚、与诸侯通使，以及宣誓为高阳后裔，逐渐融入华夏的历程。曹芳、张懋镕《周公“制礼作乐”与西周青铜文化的转型》（《求索》6期）认为西周文化的主要特征在西周中期逐渐显露，特点有四：列鼎制度形成、器物造型趋于简洁、纹饰抽象化和几何化、金文大兴。

在经济方面。贾海生《吴虎鼎铭文反映的土地制度》（《农业考古》4期）认为鼎铭反映了西周晚期周天子在都鄙之内制采地而采地之内实行井田法的历史事实。赵晓斌《“鼎钟二钧”鼎与“淮阳上官脣四分”鼎——记湖北荆州谢家桥出土的两件刻铭铜鼎》（《楚集》，湖北教育出版社）介绍了两件带刻铭铜鼎，分别涉及战国时期的楚国衡制和三晋量制。

（四）器形研究

周亚《虎簋断代与淅川楚墓中的复古现象》（《楚集》，湖北教育出版社）指出，虎簋是西周晚期中原地区的制品，淅川徐家岭10号墓出土的铜簋则是楚人以此类器为本进行的复古之作。冯括《刀币起源国别问题的探讨》（《中国钱币》3期）认为，刀币是由匽和戎人共同创造的，产生于今河北省中北部（含北京及天津部分地区）、燕山以南、太行山以东地区。傅玥《湖北西周青铜礼乐器分群研究》（《江汉考古》2期）将湖北地区西周时期的青铜礼乐器分为商系、周系两群，分别对应西周早中、晚期，并论述了西周王朝对该地区的经略。米永盈《临淄永流乡商王村二号战国墓编钟、编磬研究》（《中国音乐学》1期）认为商王村二号墓是现存东周齐国乐器中极少见的实用钟磬组合，对认识齐国音乐有重要意义。此外，还有田伟《试论两周时期的青铜剑》（《考古学报》4期）、叶文宪《再论铍的起源与演变——兼论吴越系双耳剑的演变》（《考古》3期）、刘彬徽《江汉淮间春秋青铜器研究》（《楚集》，湖北教育出版社）、张爱冰《皖南沿长江地区周代铜器研究》（《考古学报》4期）。

中国动物考古学80年

罗运兵　袁　靖

动物考古学（zooarchaeology 或 archaeozoology）是以考古遗址出土动物遗存为主要研究对象的学科。作为考古学的一个重要分支学科，它主要通过分析人类社会不同历史时期考古遗址中的动物骨骼，侧重揭示人类开发利用动物资源的行为，以达到探究人与动物的相互关系，复原古生态环境，拓展和加深对古代人类社会认识的目标。动物考古学发端于西方，19世纪中叶，较正式的动物考古研究在欧洲已经出现，经过一百多年的发展，西方动物考古学已建立起成熟的学科体系，包括学科的理论、方法和技术规范，并在世界范围内展开了广泛的实践，它在考古学研究中的重要地位和不可替代的作用已得到了广泛认可。中国动物考古研究起步略晚，始初于20世纪30年代，至今也有80多年的历史，经过几代人的努力，中国动物考古学也日臻成熟，在中国的考古实践中已发挥出重要的作用，研究成果极为丰硕。但与西方动物考古学相比，中国在这方面的研究水平还相对薄弱。为总结中国动物考古学研究的历史经验，本文将在前人研究的基础上，进一步对中国动物考古学研究历程作较详细的评述，以期推动中国动物考古学的更进一步健康发展，并使它在新时期中国考古学研究中发挥更大的作用。

依据动物考古在中国的理论探索和科学实践的过程，以理论方法、技术规范的建设为主线、以实践积累的深度与广度为辅线，拟将中国动物考古学发展历程分为三个阶段：开始期（20世纪30～70年代）、形成期（20世纪80～90年代前期）和成熟发展期（20世纪90年代后期至今）。简单地说，就是在开始期，中国动物考古研究还处于自发的探索阶段，学科的基本理论方法、技术规范还没有确立，研究实践还非常有限，总之学科体系还未正式建立。而在形成期，学科体系已初步建立，西方动物考古学的基本理论方法开始被引进中国，并在具体实践中逐渐发挥指导作用，相关研究在中国已较广泛开展，严格意义上的动物考古学在中国已基本形成。在成熟发展期，学科体系建设相对成熟，动物考古学理论方法、技术规范的建设在中国日臻完善，与西方动物考古学研究已基本接轨；技术手段得以明显改进和提升；具体实践向纵深发展，研究的深度与广度远远超过上一阶段。

要说明的是，动物考古的研究对象理应包括旧石器时代遗址出土的动物遗存，不过，由于历史原因，严格意义上中国旧石器时代的动物考古学研究直到21世纪初才正式展开，而整个20世纪有关旧石器时代遗址出土动物骨骼的研究都是由古生物学者（或古地质学者）来承担，尽管他们的研究也涉及与动物考古研究相同的种属鉴定、古环境复原，但其关注点在于动物本身，包括物种进化及其地史分布，并用以判断遗址的地质年代，这与动物考古学重点关注动物骨骼所反映的人类行为判然有别。此外，古生物学在中国起步较早，也相当成熟，这一时期有关旧石器时代遗址出土动物骨骼的研究成果从来就被归入古生物学范畴（参见周明镇《中国的古脊椎动物学研究》，《古脊椎动物与古人类》1979年

4 期)，这些研究者也从不认为他们的研究与动物考古学有关。所以，除少量相关的骨骼埋藏学和骨骼实验考古研究成果外，这一时期有关旧石器遗址的古生物学研究成果，本文不将之作为中国动物考古学学史的回顾内容，尽管我们必须强调，这些研究对我国动物考古学的早期发展和正式形成有重大的影响与促进作用。

下面按开始期、形成期和成熟发展三个阶段进行叙述。

一 开始期

开始期（20 世纪 30 ~ 70 年代）又可分为两个小阶段：20 世纪 30 ~ 40 年代和 20 世纪 50 ~ 70 年代。

（一）20 世纪 30 ~ 40 年代

这一阶段是中国动物考古的初创期，由于战乱频仍，加之中国考古学尚处于起步阶段，所以动物考古研究工作的开展屈指可数，主要集中在殷墟遗址出土动物遗存的研究，但起点较高，影响深远。

这一时期代表人物无疑应是杨仲健和裴文中两位先生。代表作品是杨仲健、德日进的《安阳殷墟之哺乳动物群》（《中国古生物志》丙种第十二号第一册，1936 年）和裴文中对周口店遗址出土的动物碎骨的埋藏学研究（Palaeontologia Sinica New Series D，1938(7)）。

《安阳殷墟之哺乳动物群》是中国第一部动物考古学的研究报告，以中英双语形式发表。其第一部分是详细的种属鉴定，包括各种属标本的形态描述和关键数据测量，第二部是简要的结论，包括动物群的构成和动物群分组——分为本土野生动物、家养动物和外地引进的动物。其中鲸鱼、象、貘等动物属外来物种，认为可能与南方贸易交流有关。报告指出了“黄土期后”（应是指全新世）动物群研究要注意的地方。报告认为该动物群研究最重要的意义在于，通过分析各种动物的生态习性，了解了中国北方有史以来的气候变化及其与南方的文化交流。另外，报告新命名了殷墟肿面猪、殷羊两个家畜种，并指出圣水牛的形态与中国发现的更新世水牛类似，可能已被驯化，这些在中国家畜驯养史上有着重要意义，特别是殷墟肿面猪，可以说是中国最早确认的家猪品种，而圣水牛的属性判定则对中国后来的动物考古学研究产生了重要影响。在鉴定家猪时，除骨骼形态外，还首创辅以年龄构成进行判断——“幼小之标本甚多，均可为此说之佐证”。该报告研究内容较全面，涉及种属鉴定、气候变迁和相应的社会活动多个方面，其中多属创举。总之，这部报告无论是结构体例还是具体内容，都在中国动物考古学的历史上留下了深远影响。因此，该报告的发表一般被认为拉开了中国动物考古学研究的序幕。

要强调的是，整个殷墟遗址的发掘，相当重视对动物遗骸的收集、鉴定和研究，不同种类的动物遗骸多邀请了专门学者进行鉴定研究。如秉志对殷墟出土字甲的龟类种属鉴定（《安阳发掘报告》第三期，1931 年）。之后，卞美年也对安阳出土的部分龟类进行了鉴定和研究（《中国古生物志》丙种第十七卷第一号，1937 年），伍献文对武丁大龟之腹甲进行了种属鉴定（《读书通讯》第 79/80 期，1943 年）。伍献文还对殷墟出土的鱼骨进行了专门鉴定，确定部分种类为外来种（《中国考古学报》第四册，1949 年）。而哺乳动物遗存的鉴定研究除《安阳殷墟之哺乳动物群》外，杨钟健和刘东生还发表了《安阳殷墟之哺乳动物群补遗》，新鉴定了不少种属，该报告最重要的一点是对遗址出土所有种属的标本数量作了初步的全面估计，主要分1000以上、100以上，10以下（《中国考古学报》第四册，1949年）。杨钟健还专门撰文讨论其中所出的扭角羚，认为它的出现可能与西北地区文化交流有关（《中国考古学报》第三册，1948年）。所以这一阶段有关殷墟遗址动物遗存的研究，内容涉及遗址动物群的构成、不同种类动物的数量、野生动物和家养动物的初步判定、外来动物种及其反映的地区间文化交流、各类动物在当时生活中的功用、反映的气候变迁等各个方面。内容已相当全面，虽然有关分析多较为简单，部分结论尚有待商榷，但却反映了早期研究者的问题意识及其学术高度，很明显，殷墟遗址动物群的研究范式为以后其他遗址动物遗存的整理研究树立了很好的榜样。

对旧石器时代遗址而言，区分动物骨骼上的“人工痕迹”与“非人工痕迹”非常重要。裴文中先生对周口店遗址出土的动物碎骨进行了初步的埋藏学研究，所观察的项目包括动物咬痕和抓痕、化学腐蚀、水和机械作用等，并结合标本列举了一些易于误判的例证，如化石上的自然穿孔、假铭文或假雕刻、机械作用产生的假骨器等。基于这样的观察和研究，裴文中对中国猿人的骨器问题重新进行了审视，由原来受步日耶先生影响认同碎骨中有骨器而转为更加慎重的态度，指出动物骨骼破碎与石器制作有诸多不同。他强调“在确认骨化石上的史前人类加工痕迹之前，一定要非常谨慎”（Palaeontologia Sinica New Series D，1938（7））。该文在中国动物考古埋藏学研究方面有着里程碑性的意义。

这一阶段的其他遗址考古报告中也偶见有动物遗存的鉴定，如城子崖遗址考古报告中，有专门章节列举动物种类名录，并简单交代了数量，如“猪骨、狗骨最多……”。其中兽骨由杨钟健负责，介类（即软体动物）由卞美年负责（《城子崖——山东历城县龙山镇之黑陶文物遗址》，1934年）。另外，这一时期，日本学者在中国台湾开展了贝丘遗址的贝类鉴定和分析工作，如平山勋对西新庄子贝冢、社仔贝冢、圆山贝冢的研究（《台湾社会经济史全集》，台湾经济史学会1935年版），宫本延人对大湖贝冢的研究（《南方土俗》1939年第5卷第3/4期）。

（二）20世纪50～70年代

这一时期中国动物考古的理论探索和科学实践均有一定进展。鉴定研究报告相对丰富，数量在15篇左右，已出现对骨骼鉴定研究的比较全面的理论总结。代表性著作主要是杨钟健的《考古工作和人骨兽骨等遗存问题》和李有恒、韩德芬的《陕西西安半坡新石器时代遗址中之兽类骨骼》。其中又以李有恒先生的实践工作影响最大。

杨钟健在20世纪50年代中期就对中国考古发掘中出土的兽骨遗存的科学价值与重要性进行了系统总结。他强调骨骼“材料的整理和研究，不成问题是整个考古工作中不可分割的一部分”。“骨骼遗存……正是研究古代文化的最宝贵的材料。”“这些东西的科学价值，也不在文化遗址中的遗存以下，因此我国的考古工作者，有责任把这些科学材料好好地收集起来，加以保管，加以研究。”他指出骨骼鉴定研究的内容主要有三个方面，一是家畜的问题即动物驯化的问题。他强调从牙齿的情况可判断是否已被驯化，甚至四肢骨也可以提供不少线索。二是新石器时代以来动物的迁移分布等问题。三是人与动物的关系。他强调遗址和墓葬中的兽骨有助于“我们了解那时代的历史的一部分甚至生活状况，一直细微到风俗习惯”。他强调中国的骨骼研究要有一个全面规划：“（一）今后在发掘中应当特别重视这一类材料的搜集，尤其应当注意到原来在野外埋藏的情况，加强关于埋藏学的研究。（二）开辟适当地点把这些材料集中在一起或按区域，或按时代加以排列。认真地加以初步鉴定。（三）或独立或与有关畜牧机构合作，建立一所家畜博物馆，把我国现在的家畜骨骼大量搜集，加以整理，并研究其间变异的程度。（四）在考古机构中设立兽骨研究组织，承担上述一些工作，此项工作并可与有关单位取得密切合作”（《文物资料丛刊》1956 年第 3 期）。这篇文章是中国动物考古学发展史上首次较系统的理论探索。他当年指出的骨骼研究的三个主要内容基本包含了动物考古学的主要研究目标，特别是他所强调的人与动物的相互关系实质上正是动物考古学研究的核心内容，他有关骨骼研究的长远规划即使以现在的学术目光看来，其前瞻性与远见卓识依然令人震撼。他所提倡的埋藏学研究，直至 20 世纪 50 年后大家才意识到其重要性。他还预测到骨骼研究可成为一门意义重大的“边界学科”（似等同于目前流行的交叉学科一词）。可惜一直以来，这篇文章未得到应有的重视，这无疑是中国动物考古学发展史上的一个重大遗憾。

李有恒、韩德芬的《陕西西安半坡新石器时代遗址中之兽类骨骼》（《古脊椎动物与古人类》1959 年第 4 期）报告鉴定了出土的动物骨骼的种类，并对动物骨骼进行了标本描述、统计测量和特点归纳；注意到了动物骨骼与人类活动的关系（“工作中除了应用一般的对动物化石的研究方法外，特别注意了和人类活动的关系，因为这些骨骼大都是人为的遗物”），依此将鉴定的动物分为驯养的及可能是驯养的、狩猎来的、可能是较晚时期侵入的三大类。注意到人的行为对动物骨骼的影响，如鹿角的加工痕迹、骨骼的保存状况和上面砸击的痕迹，并推断可能与当时人们砸骨食髓的行为有关；首次把猪的年龄结构中绝大多数都是幼仔或年轻个体的现象，作为家猪的证据；通过动物的生态来认识当时遗址周围地区的地形地貌，并通过竹鼠的生态特征推测当时的气候比现在温暖湿润。这些认识在当时是相当前沿的。其研究范围涉及动物种属鉴定、探讨人类的活动及认识当时的自然环境，该报告的研究内容已涉及当今动物考古学研究的几个主要方面，而且探讨动物遗存与人类活动的关系这个思路，到现在为止还是我们撰写动物考古研究报告时需要思考的主要内容。尽管该报告没有对全部出土的动物骨骼做鉴定，也没有按动物遗存的出土单位进行分析，在科学性上受到一定的影响，但该报告的编写体例、研究方法深刻影响了以后几十年的中国动物考古学研究，因此这篇报告在中国动物考古学的发展史上有着特殊的地位。要强调的是，该报告特别指出是在裴文中先生的亲自指导下完成的，同时它深受《安阳殷墟之哺乳动物群》报告的影响也是显而易见的。

同时期有关中国台湾地区的动物考古学研究也取得了较大进展，以苏肇凯的研究为例，他对中国台湾先史时代的圆山、江头与苑里三个遗址出土动物骨骼进行了研究，鉴定了动物种属，并以种属为单位，依次说明各骨骼部位在三个遗址各层位的件数与分布情形，并进行性别判断，得出在当时这三个地点的狩猎活动多且有食髓习俗的结论（《人类学研究》1959 年第 6 卷第 1 期）。该报告的编写体例与研究内容（如有关骨骼的层位分布、标本数量统计和性别判断等）也相当前沿，在很大程度上反映了欧美动物考古学对台湾地区学者的影响。

20 世纪 70 年代，在《半坡》报告的基础上，李有恒、韩德芬在《广西桂林甑皮岩遗址动物群》（《从古脊椎与古人类学报》1978 年第 4 期）报告中又提出了新的认识，如将出土的动物由原来的三类细分为五类：绝灭和绝迹的动物、由人类饲养的动物、主要狩猎对象、偶然猎获的动物和穴居的动物；强调遗址动物群的研究具有“双重性”：生物学的性质和考古学的性质。在讨论猪的驯养问题时，首次统计了猪的个体数，并具体统计了各年龄段的比例，这比半坡遗址研究报告又前进了一步。同时他们还根据动物骨骼中反映出来的部分现象作了一些解释和推测，如根据猪的死亡年龄推断遗址的家猪还处于驯养的早期阶段。

除上述遗址外，这一时期其他考古遗址动物考古鉴定研究报告主要有：石璋如对安阳小屯殷墓出土动物遗骸的研究（《国立台湾大学文史哲学报》1953 年第 5 期），刘宪亭对湖北宜昌李家河遗址出土鱼骨的鉴定（《考古通讯》1957 年第 3 期），李有恒对江西万年仙人洞遗址动物骨骼的鉴定（《考古学报》1963 年第 1 期）；李有恒、许春华对山东西夏侯遗址出土猪骨的鉴定（《考古学报》1964 年第 2 期），高耀亭对马王堆一号汉墓随葬的兽类骨骼进行的鉴定研究（《文物》1973 年第 9 期），李有恒对大汶口墓地出土动物骨骼的鉴定（文物出版社 1974 年版），祁国琴对福建昙石山遗址兽骨的鉴定研究（《古脊椎动物与古人类》1977 年第 4 期），贾兰坡、张振标对河南淅川下王岗遗址动物遗存的研究（《文物》1977 年第 6 期），黄象洪、曹克清对上海马桥和崧泽遗址出土骨骼的鉴定（《古脊椎动物与古人类》1978 年第 1 期），浙江省博物馆自然组对河姆渡遗址动物骨骼的鉴定研究（《考古学报》1978 年第 1 期），黄文几对江苏圩墩动物骨骼的鉴定（《考古》1978 年 4 期），湖南农学院和中国科学院植物研究所对长沙马王堆一号汉墓出土动植物标本的研究（文物出版社 1978 年版），陈冠芳、周本雄对黑龙江新开流遗址动物遗存的鉴定（《考古学报》1979 年第 4 期）。这一时期还有些考古简报中列有动物骨骼的种属鉴定清单，如二里岗遗址，其各类动物遗物由中国科学院古脊椎动物研究室进行了鉴定（除鱼骨交代由刘宪亭鉴定外，其余纲目未列出具体鉴定者名字），并对其中的兽骨进行了具体数量统计（《考古学报》第八册，1954 年）。如昙石山遗址，其中的软体动物由南京大学地质系陈旭负责鉴定（《考古学报》第十册，1955 年）。又如元谋大墩子新石器时代遗址发掘报告，其第六部分为动物骨骼，由张兴永负责鉴定（《考古学报》1977 年第 1 期）。

总之，上述研究报告基本上可以分为两大类，一类是以半坡遗址的动物骨骼研究报告为代表，除了鉴定动物的种属外，还对当时的环境及人的活动进行了一些探讨，包括甑皮岩、下王岗、昙石山等遗址研究报告。但更多的是另一类，即仅仅是单纯地对动物骨骼做种属鉴定，列举动物的种属名称，而不展开相关讨论。要强调的是，这两大类研究报告的传统都持续了几十年。

在专题研究方面，主要集中在对我国家畜起源和动物地理分布方面的一些初步探讨。如钟遐针对个别学者认为中国家猪最早可能是从西方传入的观点，根据河姆渡遗址出土猪骨和陶猪对中国家猪的起源进行了探讨，强调中国家猪是本土起源的（《文物》1976 年第 8 期）。张仲葛在《出土文物所见我国家猪品种的形成和发展》（《文物》1979 年第 1 期）一文提出了中国家猪的驯化起源于多个中心的观点，并根据各地出土陶猪的形态探讨了中国家猪品种的形成过程。叶祥奎在大汶口遗址动物骨骼中发现地平龟，它打破了以前所知的地平龟分布仅限于美洲的认识，这在生物学史上有较大意义（《古脊椎动物与古人类》1961 年第 1 期）。曹克清根据上海附近全新世四不像鹿骨骼的发现对其地史地理分布进行了讨论（《古脊椎动物与古人类》1975 年第 1 期）。

还要强调的是，这一时期翻译和编写的《哺乳动物大型管状骨检索表》（科学出版社 1960 年版）和《中国脊椎动物化石手册》（科学出版社 1979 年版）是两本极有价值的工具书，为当时及后来的中国动物考古鉴定工作提供了很大方便。

（三）小结

20 世纪初至 60 年代，西方动物考古学已步入形成期，动物考古学的理论、方法基本成熟，技术规范基本建立，特别是 20 世纪 60 年代，随着“新考古学”对文化和环境之间关系研究的重视，为动物考古学提供了重要的发展机遇，这一时期动物考古学得以迅速发展。1976 年，国际考古动物学会的成立，为动物考古学的研究建立了一个广泛的交流平台。

与西方动物考古学相比，动物考古学研究在中国起步较晚。整个 20 世纪 30 年代至 70 年代，中国考古文献中还未见到“动物考古学”或“考古动物学”这个术语。这一阶段的中国动物考古学研究尽管在 20 世纪 30 年代的起点较高（与西方相比，差距不大），但整体上还处于草创和探索阶段。20 世纪 30 ~ 40 年代，当时中国的考古学还处于零星的起步阶段，20 世纪 50 ~ 70 年代，当时中国考古学的主要任务是了解各地考古学文化的面貌，并建立年代框架，加之与西方考古学基本处于隔绝状态（中国台湾地区除外），所以对动物遗存在中国考古学研究中的重要性还缺乏应有认识，无论是动物骨骼的田野收集，还是室内的整理研究都没有引起考古学家的广泛关注。如只是对少量遗址出土的动物骨骼进行拣选采集，采集方法也不够科学。另外，这一时期的骨骼鉴定工作主要由古生物学者承担，尽管其中大多是各自研究领域的卓然大家，但对新石器时代以来的考古遗址出土的动物遗存的研究毕竟只是“客串”性质，没有也顾不上关注这些方面的研究；他们对研究动物骨骼的目的的认识也不统一，表现在一些研究报告的编写体例、探讨的内容等方面的随意性。

最关键的是，古生物学者侧重于种属鉴定与标本描述，关注的是物种演化、地史分布和环境复原，多作定性研究，忽视量化统计，在具体操作时多对考古发掘收集的标本进行二次拣选，多只鉴定属于保存状态比较好的标本，而不是出土的全部动物骨骼，而且一般只鉴定头骨、牙齿和角类等分类意义明显的标本，其他部位如肢骨等较少鉴定，表现出突出的古生物学传统。另外，普遍对动物骨骼的出土层位不重视，如在半坡遗址研究报告中，认为“这种分层除了考古学上的意义外，在地层与动物学上的意义不大，所以我俩又将各坑各层的标本集合在一起进行综合的研究”。昙石山遗址研究报告也是如此，认为“这种考古学的分层，对出土的兽骨来说没有地层学上的意义”。所以说，这一时期的动物骨骼研究报告因为标本收集方法很不系统，没有对全部出土的动物骨骼进行鉴定，也没有按动物骨骼的出土单位进行分析，这三个方面的原因使这些报告的科学性受到了一定的影响。

在考古学整个学科对动物遗存研究的重要性认识不足，以及缺乏专门从事动物考古学的学者的背景下，不难理解为何中国考古学在很长时间里基本满足于动物种属清单的罗列。但无论如何，这一阶段中国动物考古学已有较成功的探索，并积累了许多重要的资料，为中国动物考古学以后的健康发展奠定了较好基础。其中部分动物骨骼研究报告研究的水平较高，已重点关注到人与动物的关系，有些动物骨骼研究报告的内容已经包括了鉴定动物的种属、推测当时的环境及探讨当时人的一些行为等动物考古学研究的主要目标。

二 形成期

20 世纪 80～90 年代前期是中国动物考古学的形成时期。从 20 世纪 80 年代开始，中国考古学的发掘与研究有了飞速发展，这一时期，大量的考古遗址得以发掘。随着中国考古与国外学术交流的开展，中国考古学家逐渐认识到动物骨骼也是非常重要的古代遗存，骨骼收集、整理工作开始受到重视，骨骼鉴定研究报告成为考古报告的重要组成部分，1982 年出版的《考古工作手册》明确规定，考古发掘专刊的体例中要把动物骨骼鉴定等内容作为附录。因此，这一时期中国动物考古学相应也有了明显的进步，开始步入形成时期。

形成时期的标志是中国动物考古学的学科体系初步建立：动物考古学这个术语的正式提出，动物考古学的研究目标与主要内容基本明确，关键方法如最小个体数得以引入并实践，骨骼采集、整理、记录等程序规范逐渐引入，等等；同时，动物考古研究实践得以较广泛开展，个案研究取得重要进展。

这一时期代表人物是周本雄和祁国琴两位先生。代表作品主要有周本雄的《兽骨研究》和祁国琴的《动物考古学所要研究和解决的问题》与《姜寨新石器时代遗址动物群的分析》。

下面分学科体系建设和研究实践进行介绍，最后略作小结。

（一）学科体系建设

主要包括理论方法、技术规范的引介与探索等。

20 世纪 80 年代初，中国考古文献中开始出现“动物考古学”和“考古动物学”这个术语。按目前已有线索，这个概念最早见于祁国琴翻译的《中国猪类的驯养——对有关资料的评价》（《古脊椎动物与古人类》1980 年第 2 期）一文，但该文未对此做出明确界定。

在中国田野考古工作中发挥过极其重要作用的《考古工作手册》（文物出版社 1982 年版）中，周本雄负责编写了《兽骨研究》章节，系统论述了兽骨研究的重要性（包括各个时期考古遗址中兽骨研究的侧重点、可解决的主要问题，基本包括了动物考古学研究的主要内容）、常见哺乳动物的骨骼和牙齿的解剖学特征、年龄与性别的鉴定、家畜的特征与驯化起源、骨骼的采集、测量、记录与统计方法，这对动物考古学研究在中国的发展起到很好的宣传和实践指导作用，尽管文中并无动物考古学这个术语。随后祁国琴发表了《动物考古学所要研究和解决的问题》（《人类学学报》1983 第 3 期）一文，她结合国内外研究实例强调动物考古学的研究内容主要有：恢复和重建古代居民居址附近的自然条件，包括古气候和古生态环境；研究古代居民狩猎的对象和狩猎技术、对食物的选择以及加工食物的方法；研究遗址长期性或季节性居住的证据；研究古代社会结构和居住情况；研究古代宗教或祭祀用的动物制品及禁忌物；研究古代的贸易情况；研究手工制品和天然原料的来源；研究家畜饲养。文中首次介绍了最小个体数的具体运用，并重点阐述了动物骨骼的具体采集方法、整理程序和记录格式。这是一篇比较全面介绍欧美动物考古学研究目标的文章，对中国学者认识当时世界动物考古学研究的动向起到了相当积极的宣传作用，它开启中国动物考古学向国际化趋势发展的大门。此后，周本雄负责编写了《中国大百科全书·考古学》（中国大百科全书出版社 1986 年版）中的考古动物学条目，就动物考古学的主要目的、作用及采集和研究方法作了正式阐述，这在某种程度上表明动物考古学作为独立的分支学科及其重要作用在中国考古学界得以正式承认。

这一时期开始重点引进国外动物考古学研究的方法与技术，除上述成果外，还包括动物骨骼图谱的翻译、国外学者学术讲座、国外动物考古学研究进展的介绍等。李天元翻译的《动物骨骼图谱》（中国地质大学出版社 1992 年版）收集了一些常见动物的各个部位骨骼的线图，把不同动物的同一部位骨骼放在一起比较，并配以文字说明，简明扼要地表现了不同骨骼的特征，对于鉴定动物骨骼极有帮助，至目前为止仍是中国动物考古工作者在鉴定时的主要比对图谱。袁靖等人翻译介绍了国外动物考古学中如何根据猪或鹿的牙齿判断它们的年龄；依据这样的动物年龄判断其在认识古代人类对于动物的“狩猎压”时的意义；介绍了如何根据猪的头骨、下颌及颈椎的特征来识别家猪和野猪（《北方文物》1992 年第 3 期；《南方民族考古》1993 年第五辑；《农业考古》1993 年第 3 期）；晓文翻译了如何利用鱼骨和鱼鳞来判断遗址被占用的季节性（《北方文物》1990 年第 4 期）；袁靖等人还翻译介绍了日本和欧美动物考古学研究的发展过程及其经验得失（《考古与文物》1993 年第 4 期、《考古与文物》1994 年第 1 期）。这些译作介绍了国外动物考古学的新的技术、方法以及研究成果，对借鉴方法、启发思路和开阔视野方面都有很好的参考价值，其中不少具体方法对中国动物考古学研究产生了重要影响。

1992 年，由美国科学院美中学术交流委员会和中国科学院古脊椎动物与古人类研究所联合主办的中美田野考古学校，邀请美国加利福尼亚大学圣克鲁斯分校的吉黛纳（Gonzalez）博士在周口店举办了为期三周的动物考古学讲座，学员来自中国一些省市的动物考古工作者和考古工作者。吉黛纳博士主要讲授了哺乳动物骨骼学基础、史前人类食物结构及其活动的季节性、动物屠宰方法、骨骼表面各种痕迹的辨认和分析、骨骼破碎规律及风化等（《文物天地》1993 年第 1 期）。这样的动物考古学讲座在当时的中国尚属首次，对中国动物考古学的学科建设和学员们的鉴定研究水平的提高有重要促进作用，它吸引了中国考古工作者有意识地投身于动物考古研究工作，这些学员中有几位已成为现在中国动物考古学研究的中坚力量（如陈全家、胡松梅、安家瑗等）。

另外，1984 年蔡莲珍和仇士华撰文介绍了碳稳定同位素在食谱分析中的应用，并测试了山西襄汾陶寺遗址人骨和猪骨的 $\delta^{13}C$ 值。他们根据猪骨的 $\delta^{13}C$ 值，推断它们与人工饲养有关，即喂食了小米或谷糠，并指出从动物骨骼的 $\delta^{13}C$ 值可以判断是家养还是野生，若是家养，还可反映农业发展水平（《考古》1984 年第 10 期）。这一方法探索相当具有前瞻性，现今看来也依然精彩。可惜的是，此类实践工作在中国停顿了 20 多年之后，才得以开展。

（二）研究实践

分鉴定研究报告、专题研究和学术交流三方面。

1. 鉴定研究报告

专门的遗址出土动物骨骼的鉴定研究报告有 38 篇（本），多以附录形式发表。代表作者有周本雄、傅仁义、黄象洪、祁国琴、黄万波、韩立刚、李民昌、张镇洪、魏丰等先生。其中中国社会科学院考古研究所周本雄一直从事不同地区不同时期考古遗址出土的动物遗存鉴定研究工作，所做工作也最多（有 9 篇报告），其中不少研究取得了重要收获。

祁国琴先生在实践方面也有引领之功。

周本雄的《河北武安磁山遗址的动物骨骸》(《考古学报》1981年第3期)、《宝鸡北首岭新石器时代遗址中的动物骨骸》(《宝鸡北首岭》,文物出版社1983年版)是20世纪80年代早期的代表性鉴定研究报告,与以往的报告体例明显不同,文章在动物种属方面仅有一个清单和简要说明,而着重对动物遗存进行分析和讨论,除环境复原外,主要关注当时的生计活动,特别是其中的家禽、家畜驯养。这两篇文章分别对家鸡的起源和仰韶时期的家畜饲养展开深入讨论。对家鸡的起源分析非常细致,提出家鸡最早起源于中国,而不是此前人们一般认为的起源于印度。有关公元前5400年前的磁山遗址已经出现了早期驯化家鸡的观点在很长时间内被广为传播。1988年祁国琴发表《姜寨新石器时代遗址动物群的分析》一文,这篇研究报告首次使用最小个体数的统计方法,对动物遗存进行量化分析,并统计出各类动物在全部动物遗存中的比例,从而摆脱了"较多""较少"等模糊语言的描述方法。在与现代西方动物考古学研究方法的接轨上走出了有意义的一步。由此开始,定量分析成为动物考古研究报告的主要内容之一。另外,祁国琴在报告中还尝试着对姜寨遗址不同区域出土的动物遗存进行探讨,试图认识当时人为因素的影响。她还根据年龄结构,首次提出"梅花鹿可能已经被驯养或至少已被当时的人类所控制"的观点(《姜寨》,文物出版社1988年版)。陈全家的《农安左家山遗址动物骨骼鉴定及痕迹研究》(《青果集》,知识出版社1993年版)则注重将动物骨骼与人的行为联系在一起,探讨遗址被占用的时间,仔细观察动物骨骼上的人工痕迹,对骨器制作进行了较为详细的研究。以上提到的研究报告所具备的开风气之先的思路及方法,对中国动物考古学研究的发展起到了积极引领作用,特是《姜寨》报告中的定量分析方法逐渐广为人们所接受。

继《安阳殷墟之哺乳动物群》之后,这一时期的《浙江余姚河姆渡新石器遗址动物群》(海洋出版社1990年版)是第二本以专著形式阐述一个遗址的动物考古学研究成果,它的研究内容比前者更为全面。该报告中共鉴定出61个动物种属,并对各种属的标本数量作了初步介绍。其讨论部分包括河姆渡遗址动物群的性质,当时居住在遗址的先民们对环境的利用和改造,驯养的动物,兽骨的利用,从动物骨骼看民俗现象,关于下颌骨上的人工割划痕迹,等等。

其他发表有动物考古学鉴定研究报告的遗址或墓地有:黑龙江平洋墓地(《平洋墓葬》,文物出版社1990年版)、吉林左家山遗址(《青果集》,知识出版社1993年版)、辽宁郭家村遗址(《考古学报》1984年第3期)、平安堡遗址(《考古学报》1992年第4期)、北吴屯遗址(《考古学报》1994年第3期)、水泉遗址(《考古与文物》1989年第1期)、河北南庄头遗址(《考古》1992年第11期)、满城汉墓(《兽类学报》1984年3期)、陕西白家村遗址(《临潼白家村》,巴蜀书社1994年版)、紫荆遗址(《环境考古研究》,科学出版社1991年版)、福临堡遗址(《宝鸡福临堡》,文物出版社1993年版)、何家湾遗址(《陕南考古报告集》,三秦出版社1994年版)、案板遗址(《考古与文物》1988年第5、6期)、高家堡墓地(《高家堡戈国墓》,三秦出版社1994年版)、河南白营遗址(《考古学集刊》1983年第3期)、山东鲁家口遗址(《考古学报》1985年第3期)、尹家城遗址(《泗水尹家城》,文物出版社1990年版)、照格庄遗址(《考古学报》1986年第4期)、安徽石山子遗址(《考古》1992年第2期)、湖北塞墩遗址(《文物研究》1994年第9期)、周梁玉桥遗址(《考古与文物》1990年第1期)、曾侯乙墓(《曾侯乙墓》,文物出版社1989年版)、包山楚墓(《包山楚墓》,文物出版社1991年版)、四川指挥街遗址（《南方民族考古》1987年第1辑）、江苏万北遗址（《东南文化》1991年第3、4期）、圩墩遗址（《考古与研究》，上海科学技术文献出版社1990年版）、龙南遗址（《东南文化》1991年第3、4期）、上海崧泽遗址（《崧泽》，文物出版社1987年版）、福泉山遗址（《考古学报》1990年第3期）、浙江罗家角遗址（《浙江省文物研究所学刊》，文物出版社1981年版）、江西石钟山泛舟岩遗址（《江西历史文物》1985年第1期）、云南塘子沟遗址（《保山史前考古》，云南科技出版社1992年版）、蒲缥遗址（《史前研究》1985年第4期）、西藏卡若遗址（《古脊椎动物与古人类》1986年第2期）、广东南越王墓（《中山大学学报》1988年第1期）。

除上述侧重于哺乳纲的综合鉴定研究报告外，另有不少其他专门纲目的鉴定报告，如叶祥奎对陕西沣西墓地龟甲的鉴定研究（《考古》1990年第6期）、对河南贾湖遗址龟鳖类的鉴定研究（《人类学学报》1994年1期），周本雄对山东王因遗址扬子鳄遗骸的研究（《考古学报》1982年第2期），李天元对湖北周梁玉桥遗址扬子鳄的鉴定（《江汉考古》1984年第2期），侯连海对安阳殷墟早期鸟类的鉴定研究（《考古》1989年第10期），黄宝玉对广西甑皮岩遗址淡水瓣鳃类的鉴定（《古生物学报》1981年第3期）。

2. 专题研究

专题研究的内容涉及遗址动物群的归纳、家畜家禽的起源、仪式性使用、环境复原、生业经济探讨以及实验考古以及其他方面。

张明华对中国南方新石器时代遗址哺乳动物群进行了综合归纳（《兽类学报》1984年第3期）。周本雄对中国史前考古遗址中出土动物遗存进行了归纳，认为中国北方新石器时代最主要的家养动物是鸡、狗和猪，南方是狗、猪和水牛，此外，马和羊也已普遍饲养（《新中国的考古发现和研究》，文物出版社1984年版）。这些观点在国内外曾被广泛引用，是当时中国动物考古学研究的重要成果。同时他还强调中国的家马起源于新石器时代（《新中国的考古发现和研究》，文物出版社1984年版）。英国学者韦斯特（West）和周本雄依据骨骼的测量数据，认为世界上最早的家鸡出自中国河北武安磁山遗址，年代大约为距今8000年（*Journal of Archaeological Science*，1988（15））。美国学者斯坦利·J. 奥尔森则强调中国是世界上动物早期驯化的一个中心（《人类学学报》1993年第2期）。王宇信、杨宝成则在《殷墟象坑和“殷人服象”的再探讨》（《甲骨探史录》，生活·读书·新知三联书店1982年版）一文中强调当时大象可能已被驯养。王仁湘认为在新石器时代遗址和墓葬里埋葬猪骨，不是作为财富的象征，而是具有宗教意义，猪在一定的历史条件下被人们认作“护卫灵”，这一原创性观点在中国考古学上影响很大（《文物》1981年第2期）。高广仁、邵望平在《中国史前时代的龟灵与犬牲》（《中国考古学研究》，文物出版社1986年版）一文中通过对新石器时代墓葬中出土龟甲的研究，认为海岱地区及长江流域史前文化中以龟随葬的文化现象及其所反映的“龟灵”观念，正是商殷文化中“龟灵”和“龟卜”的渊源；而集中发现于大汶口至龙山文化墓葬中随葬狗的现象，是商代以犬为牲的祖型。王青等人认为，海岱地区自大汶口文化到龙山文化时期獐的出现频率发生变化，这与同时期所发生的气温变化具有明显的同步性，獐的出现、繁盛与消亡过程在时间上显示出相应阶段的气候变迁（《东南文化》1994年第5期）。在生业经济方面，成庆泰专门对山东省青烟台市出土的新石器时代海产鱼类进行了分析研究，首次展示了史前先民对海洋动物资源的开发利用［《海洋科学》1981年第4期、《山东大学学报》（自然版）1984第1期］。周春生等人则对曾侯乙墓出土的鱼骨进行了研究，不但鉴定了种属，还复原了鱼的体长与体重、死亡季节，并提出这一时期鲻鱼已被养殖的观点，对探讨中国鱼类养殖历史有重要意义（《江汉考古》1981 年第 1 期）。高耀亭和叶宗耀在满城汉墓出土的兽类骨骼中鉴定出大量的鼠类骨骼，结合文献论证了食鼠的风俗（《兽类学报》1984 年 3 期）。臧振华对澎湖群岛史前遗址中动物遗存进行了研究，除对动物群与贝器、骨角器的描述外，还强调部分遗址为临时性聚落，个别遗址明显以海洋资源为生（《澎湖群岛的考古学》，“中央研究院”历史语言研究所专刊 1992 年版）。吕遵谔等人通过对骨骼做实验分析，总结了大型食肉类动物啃咬骨骼留下痕迹的模式和敲骨取髓打破骨片的特征（《纪念北京大学考古专业三十周年论文集》，文物出版社 1990 年版）。龙凤骧对马鞍山遗址出土碎骨的表面痕迹进行了分析，认为这些碎骨的产生主要是由于遗址占有者的活动——敲骨吸髓和制作骨制品造成（《人类学学报》1992 年第 3 期）。

还有几篇论文要特别提到，他们很好地拓展了动物考古学研究的领域，最为关键是展示了动物考古学在解决考古学具体问题方面的潜力和不可替代的作用。如周本雄通过对鳄鱼真皮内的骨板的形态分析，首次确认殷墟侯家庄出土的皮鼓正是古文献记载中的鼍鼓，这是动物考古工作者在文物研究方面的重大贡献（《考古学报》1982 年第 2 期）。尤玉柱的《阴山岩画的动物考古学研究》（《阴山岩画》，文物出版社 1986 年版）通过对图像的种属鉴定，从动物考古学的角度来探讨岩画的年代、当地的古生态环境，以及动物驯养问题。尽管结论有待检验，但无疑开拓了动物考古从事图像研究的领域，这在中国尚属首次。周本雄则对武威出土的“马踏飞燕”的动物原形进行了辨析，强调飞鸟的原型是“隼”而不是“燕”，而铜马则是东汉时期“天马”的形象，可能与大宛马有关，这与先秦时期的马形象均按蒙古马的特征来塑造明显不同。他强调考古动物学在此类研究中大有作为（《考古》1988 年第 5 期）。

3. 学术交流

另外，这一时期中国动物考古学者也开始走出国门，在世界舞台上介绍中国动物考古学的研究成果。如 1990 年周本雄作为国际动物考古学会理事，出席在美国华盛顿举行的第六届国际动物考古学学术讨论会，在会上宣读了《中国新石器时代的家鸡遗存》的报告（《中国考古学年鉴 1990》，文物出版社 1991 年版）。

（三）小结

20 世纪八九十年代，西方动物考古学理念开始传入中国，中国动物考古学正式开始了与西方的接轨过程。很明显，中国动物考古学的形成主要得益于西方考古理论方法的引入。这一时期参考、借鉴国外动物考古学的研究思路、研究内容和研究方法，对促进中国动物考古学研究也起到了极大的推动作用。

这一时期中国动物考古的研究队伍有所扩大，出现了专职的动物考古学者（如周本雄），其中开始出现个别的考古出身的从业人员（20 世纪 90 年代初开始）。正是因为西方动物考古学理论方法的传入和考古人员参与动物考古研究，使得中国动物考古的研究视角开始由动物转向人类，关注重点转向动物骨骼所反映的人类行为，从而反映出考古工作者与古生物学家（和古地质学家）进行动物考古研究的实质区别。这一时期另一个重要进展便是开始关注量化统计，特别最小个体数的引入与实践，对中国动物考古学的发展起到了很关键的促进作用。总之，这一时期的中国动物考古的研究侧重点、研究目的与方法都有了新的变化。中国动物考古学学科体系初步形成，动物考古学在中国考古学研究中的地位越显重要。

当然，全面地评判形成时期的学科进展，不足之处也是显而易见的：这一时期古生物学传统仍然比较突出；仍有相当多的鉴定研究报告仅提供一个种属鉴定清单，绝大多数研究报告缺乏量化统计，定性分析仍是主流；标本采集方法无明显改进，依然处于自发状态，缺乏细致而系统的收集；受西方动物考古学理论方法影响的研究在数量上并不占优，主要研究仍集中在环境复原与家畜（家禽）起源方面。这些状况与当时中国考古学发展的大趋势是密切相关的，这一阶段中国考古学研究的主要任务仍然是建立各地区考古学文化的编年和谱系，社会史方面的研究非常薄弱。因此中国动物考古学研究在当时仍处于附属甚至是可有可无的地位，其发展状况必然存在主客观的局限。

三　成熟发展期

20 世纪 90 年代后期以来，中国动物考古学研究进入成熟期，特别是 21 世纪以来，中国动物考古学研究已进入深入发展阶段，基本实现了与世界动物考古学研究的全面接轨。这主要体现在学科体系建设进入更高层次，研究实践向纵深发展。中外学术交流日趋频繁，中国动物考古研究成果开始在世界舞台上展示风采。动物考古学研究引起考古工作者的广泛关注，特别要提到的是，2010 年国家文物局发布《中华人民共和国文物保护行业标准》，其中《田野考古出土动物标本采集及实验室操作规范》明确要求田野考古工作者必须对遗址内与人类活动相关的动物遗存进行采集，这表明了国家层面对动物考古研究的重视程度。

新的技术方法在这一时期得以广泛应用。近年来，中国动物考古研究除传统的动物形态学研究以外，由吉林大学边疆考古研究中心、中国农业大学农业生物技术国家重点实验室、中国社会科学院考古研究所科技考古中心、北京大学文博学院、中国科学院研究生院科技史与科技考古系的研究人员，分别将古 DNA 分析，碳、氮稳定同位素分析，锶同位素分析等方法应用到动物考古学研究之中，且取得了初步成果，已经在国内外杂志上发表了 20 多篇研究文章（《中国动物考古学研究现状的调研报告》，2012 年），研究前景极为广阔。

这一时期另一个重要标志是人才培养取得较大进展，不少高校和科研院所正式开设动物考古学课程并进行研究生培养。随着中国专职从事动物考古的研究人员迅速壮大，截至 2013 年已有研究人员近 30 人。而且年龄结构以 50 岁以下的中青年学者为主（占 75%），学历结构呈现以具有硕士或博士学位的研究人员为主（占 71%），总体呈现出年轻化、高学历化的趋势。中国设立动物考古学研究部门或具有专职动物考古学研究人员的机构共计 13 家，它们主要分布在考古工作开展较早、考古研究实力较为雄厚的省份。近十年来新引进或设立动物考古学研究的机构就有 5 家，这也是 21 世纪中国动物考古学研究力量不断壮大的标志（《中国动物考古学研究现状的调研报告》，2012 年）。

这一时期涌现出一批在动物考古研究领域做出突出贡献的学者，如袁靖、黄蕴平、陈全家等。其中袁靖在推动中国动物考古的科学化建设、国际化发展以及研究实践的全方位展开等方面用功最著。其论文如《动物考古学研究的目标、理论与方法》和《论中国新石器时代居民获取肉食资源的方式》等可作为这一时期的代表作品。

下面仍按学科体系建设、研究实践对这一时期的中国动物考古学进行述评。

（一）学科体系建设

下分理论方法、技术规范探索，国外理论方法的引介和动物考古学史总结等三个方面。

1. 理论方法、技术规范探索

袁靖在《研究动物考古学的目标、理论和方法》（《中国历史博物馆馆刊》1995 年第 1 期）一文中系统地阐述了动物考古学研究的目标、理论和方法，指出其目标是认识古代存在于各个地区的动物种类，复原当时的自然环境，探讨古代人类与动物的各种关系及古代人类的行为。除以考古学理论为指导以外，其理论基础还借用了 C. 莱伊尔的“均变说”。其方法包括定性定量研究、注重可鉴定标本数和最小个体数的统计、测量特定的骨骼、建立年龄结构等。他还强调了对埋藏学认识的重要性。该文为中国动物考古学研究建立了较完备的理论方法框架体系，对统一思想、促进学科发展有着重要意义，本学科最近十年多的巨大进步也充分证实了这一点。进入 21 世纪之后，袁靖还强调了要用考古学区系类型的观点为指导开展动物考古学研究，填补空白，丰富资料，逐步把比较研究和综合研究建立在全国不同时空范围内动物遗存资料的基础之上（《科技考古文集》，文物出版社 2009 年版）。袁靖还就历史时期动物考古学研究的内容与特色进行了理论总结（《中国文物报》2013 年 9 月 13 日）。

采集、鉴定与观察是动物考古学研究的基础。胡松梅简单介绍了风化作用在动物考古中的应用（《化石》1995 年第 3 期）。马萧林等人介绍了河南灵宝西坡遗址动物骨骼的收集与整理过程，指出自然和生物因素对骨骼埋藏过程的影响较小，而人为因素的影响比较显著，不同的收集方法对出土骨骼的绝对数量和重量有直接影响（《华夏考古》2004 年第 3 期）。武仙竹根据中国狼、狗的有关测量数据，总结了狼、狗裂齿与臼齿测量数据上的变量规律，为二者的区分提供了新方法（《四川文物》2005 年第 4 期）。袁靖等人围绕中国古代家猪的鉴定，提出形体特征、年龄结构、性别特征、数量比例、埋葬或随葬现象、病理现象、食性分析和古 DNA 研究等系列标准［《动物考古》（第 1 辑），文物出版社 2010 年版］。凯斯·道伯涅等人阐述了线性牙釉质发育不全病理学观察方法，并对野猪及贾湖遗址等多个新石器时代和周代遗址出土的猪的臼齿进行研究，确认这是判断家猪的一个有效的标准（《考古》2006 年第 11 期）；罗运兵则以中国材料对这个方法进行再检验，在肯定其有效性的同时，围绕如何在中国应用的问题，提出了修正意见［《动物考古》（第 1 辑），文物出版社 2010 年版］。侯彦峰通过对河南省南阳地区的黄牛与安徽省六安地区的水牛的掌趾骨的形态进行差异比较，为相关鉴定提供了参考标准［《动物考古》（第 1 辑），文物出版社 2010 年版］。袁靖等人制定的《田野考古出土动物标本采集及实验室操作规范》（文物出版社 2010 年版），作为国家文物保护行业标准之一，2010 年由国家文物局正式颁布，这个规范明确规定遗址中动物遗存的采集和室内整理规范，有利于我国田野考古工作者采集动物遗存和动物学家在室内整理的方法更科学化、标准化、统一化。

量化分析在动物考古学研究中不可或缺。胡松梅介绍了分异度和均衡度等统计方法在动物考古中的应用（《考古与文物》1999 年第 2 期）。张乐等人对动物考古学中量化单元包括可鉴定标本数、最小个体数外、最小骨骼部位数即 MNE 和最小骨骼单元数即 MAU 等概念进行详细介绍，对这些量化单元的作用和如何恰当地加以应用进行了诠释（《中国文物报》2008 年 3 月 17 日)。杨杰讨论了古代居民肉食结构的复原，阐述了根据动物个体数量复原肉食结构和根据遗址出土的动物遗存的重量复原肉食结构这两种方法，他还列出了中国常见动物的平均总重量、肉量百分比及平均肉量等（《考古与文物》2007 年第 6 期)。何锟宇等人也对上述两种肉量估算方法进行了讨论（《考古与文物》2009 年第 5 期)。

2. 国外理论方法的引介

进入 21 世纪以来，介绍国外学者的研究成果主要是李志鹏、罗运兵等人翻译的《动物考古学》(科学出版社 2013 年版)，该书是西方动物考古学的经典教材，它的译介为中国动物考古学的深入发展提供了理论方法支持。马萧林等人翻译了《考古遗址出土动物骨骼测量指南》(科学出版社 2007 年版)，这本指南罗列了国际上通用的多种动物骨骼的测量部位，为中国从事动物考古学研究的人员在全国范围内运用统一的方法和标准开展动物骨骼测量，以及用正确的词汇进行表达提供了可靠的保证。侯彦峰等人翻译的《哺乳动物骨骼和牙齿鉴定方法指南》(科学出版社 2012 年版）进一步丰富了我国动物考古的鉴定比对图谱。在具体方法、技术方面，安家瑗翻译了动物资源开发利用研究的新方法——对“最优化模式”的超越（《中国历史博物馆馆刊》1999 年第 2 期)。陈哲、安家瑗翻译了从考古遗址马骨分辨马衔证据的新方法（《南方文物》2012 年第 4 期)。李慧冬翻译了日本学者如何根据丽文蛤来推断绳文时期贝类采集季节（《南方文物》2008 年第 3 期)。另外，河南省文物考古研究所编辑《动物考古》（文物出版社 2010 年版)，集中介绍了几位国外学者对哺乳动物的牙齿进行多种方法的研究，推测其死亡的年龄和季节；使用测量和非测量的方法鉴别家猪和野猪；对日本古代家猪起源及从中世纪到近代各个阶层食肉的证据进行探讨、模拟更新世晚期生活在克里米亚半岛被捕食动物分布的方法；对多种动物骨骼的骨密度进行测量以了解骨骼在埋藏过程中的保存状况等研究结果。

3. 动物考古学史总结

这一时期，中国学者开始回顾和总结中国动物考古学发展历史过程与经验教训，这是中国动物考古学走向成熟的另一表现。袁靖最早在 1995 年撰文认为，自 20 世纪 50 年代以来，中国的动物考古研究大致分为开始期（20 世纪 50 ~ 70 年代）和形成期（20 世纪 80 年代以来）这样两个时期。各种专题研究主要是在形成期开展起来的（《江汉考古》1995 年第 2 期)。随后他又将中国新石器时代的动物考古研究分为开始期（20 世纪 50 ~ 70 年代)、形成期（20 世纪 80 ~ 90 年代初期）和成熟期（20 世纪 90 年代后期以来）(《中国考古学研究的世纪回顾：新石器时代考古卷》，科学出版社 2008 年版)。袁靖还多次撰文阐述中国动物考古学的研究概况、中国动物考古学研究与世界动物考古学研究的比较及从整体上进行回顾和展望，如《动物考古学研究综述》（《中国考古学年鉴 2002》，文物出版社 2003 年版）《走向世界的中国动物考古学》（《中国文物报》2006 年 9 月 8 日）和《中国动物考古学研究的回顾与展望》(《中国文物报》2007 年 9 月 7 日)。张颖撰文认为自 20 世纪 30 年代以来，中国的动物考古学发展可以分为萌芽时期（20 世纪 30 年代)、初步发展时期（20 世纪 50 ~ 70 年代)、迅速发展时期（20 世纪 80 ~ 90 年代）和走向辉煌（21 世纪）这样几个阶段［《考古学研究》(七)，科学出版社 2008 年版］。汤卓炜等人在 2010 年撰文认为，全球范围内的动物考古发展大致经历了形成期、系统化时期、综合期三个大的阶段，动物考古在中国经历了形成期和系统化时期［《动物考古》

（第1辑），文物出版社2010年版］；随后他又对亚洲动物考古进行了回顾与展望，指出亚洲动物考古虽然在20世纪初发展较快，但是各地区发展并不平衡；在亚洲，西亚处于领先地位，中国的总体研究层次还有待大幅度提升，他强调亚洲动物考古在有关农业起源、动物驯化、社会复杂化，以及文明进程等重大考古学问题的探究中应起到更积极的作用（《吉林大学社会科学学报》2013年第2期）。另外，马萧林对西方动物考古学作了简要回顾（《中国文物报》2007年10月12日）。

（二）研究实践

主要分为鉴定研究报告、专题研究和学术交流三个方面。

1. 鉴定研究报告

依据截止到2013年的统计结果，除天津市、贵州省和海南省以外，对考古遗址出土的动物遗存的研究工作已经涉及全国绝大多数省、自治区和直辖市。鉴定和研究报告的总数接近260篇。最多的如陕西省，已经发表的动物遗存鉴定和研究报告有24篇。鉴定研究报告涉及的遗址年代虽然主要集中在新石器时代，年代最晚的甚至到清代。限于篇幅，这里不具体介绍这一时期各省发表的遗址或墓地的动物遗存鉴定研究报告，2012年之前的有关篇目可参见《中国古代猪类的驯化、饲养与仪式性使用》（科学出版社2012年版）。要强调的是，这一时期从事鉴定研究的人员除上一阶段的老先生如周本雄、祁国琴等之外，发表研究报告较多主要有袁靖、黄蕴平、陈全家等先生，武仙竹等近十名中青年学者也承担了较多的鉴定研究工作。其中以袁靖所承担的鉴定整理工作最为突出，有30多篇。

从总体上看，这个时期尽管还有单纯是动物种属鉴定的报告问世，但是大多数报告都包含了以定性定量分析为基础的多个角度的探讨和研究，大致涉及获取肉食资源方式的探讨，当时遗址周围的自然环境特征和骨角器的制作等，关注的重点已是人类行为的探讨。与上一阶段相比，这一时期的鉴定研究报告在测量数据方面有更多的报道与积累，研究方法更注重科学性，研究内容也更加全面而深入。这里以《内蒙古朱开沟遗址兽骨的鉴定与研究》为例略做介绍，该文严格按照动物考古学的方法进行整理、鉴定和研究，不仅使用可鉴定标本数、最小个体数统计来构建种属相对丰度和年龄结构，还将统计学的置信度、平均百分比方差等概念引入分析中，各种动物的骨骼部位数量分布，以及其他相关测量和统计数据均以表格或分布图的形式列出，简洁明了。该文的研究也相当深入，特别是对遗址中家畜的分析，例如，对家猪进行了全面讨论，包括年龄结构、性别比例和形态特征三个方面，还首次开展了绵羊的年龄结构和形态测量的数据统计（《考古学报》1996年第4期）。进入21世纪以来，中国动物考古鉴定研究报告更加注重在技术方法上与西方动物考古学基本接轨，这在多个遗址报告中得以体现，特别是标本采集方法受到重视，例如，中坝遗址对鱼类遗存收集方法的设计（《考古》2006年第11期）。

除上述综合性的遗址动物群鉴定研究报告外，还有一些专门针对某类动物的鉴定研究报告。例如，张玉光对陕西省蓝田新街遗址全新世鸟类的鉴定（《地质论评》2013年第1期）；叶祥奎对山东兖州王因遗址的龟类甲壳的鉴定分析（《山东王因》，科学出版社2000年版）和对河南安阳殷墟花园庄东地出土龟甲的鉴定研究（《考古》2001年第8期）。郭书元等人对山东兖州王因新石器时代遗址的软体动物进行了鉴定研究，并提出了王因丽蚌动物群的概念（《山东王因》，科学出版社2000年版）。郭书元等人还对河南淮阳西水坡新石器时代遗址瓣鳃类动物群进行了鉴定，并分析了当时的生态环境（《古地理学报》2003年第4期）。黄宝玉则对江苏宜兴骆驼墩、西溪遗址全新世软体动物进行了鉴定研究（《海洋科学》2005年第8期）。宋艳波对山东青岛北阡遗址出土鱼骨进行了鉴定研究（《东方考古》2013第10集）。

这里要专门提及的是《清江流域长阳地区古动物遗存研究》（科学出版社2004年版）这本研究报告，报告中提到的遗址集中于长阳地区，时间跨度自旧石器时代一直到商周时期，共鉴定出68个动物种属。除鉴定动物种属外，还进行了部位测量和数量统计等，在此基础上开展气候与生态环境、生业模式和骨器制作等方面的讨论。以专著的形式，围绕一个区域的动物遗存开展研究，这是需要我们努力去实现的一个目标，这本书给我们树立了榜样。

2. 专题研究

这里分为家畜起源研究、家畜饲养研究、获取肉食资源方式研究、随葬或埋葬动物研究、骨器制作工艺研究、家畜古DNA研究、动物同位素研究、与古环境相关的研究、埋藏学研究、专业教学研究，以及其他研究等分别阐述。

关于家畜起源研究。

这里分为综合论述、家马、家猪、家牛、家羊和家养牦牛的起源分别阐述。

第一，综合论述。袁靖通过对现在所知的新石器时代遗址中出土的动物骨骼进行了全面分析，确认中国新石器时代家畜的出现以狗和猪为最早，然后才有牛和羊等；家畜出现的时间至少要比栽培作物和制陶技术晚千年以上；另外，他还提出中国家猪起源的四个前提，即肉食供应不足、当地存在野猪、栽培植物成功、收获的粮食达到相当数量（《文物》2001年第5期）。袁靖简要地介绍了驯养动物的种类及特点，驯养动物的历史及与祖先种的渊源关系，驯化动物的变异与进化问题（《化石》2004年第2期）。袁靖全面论述了中国家养动物的动物考古学研究结果，明确提出狗、猪、绵羊、黄牛、马和鸡起源的时间和地点，同时认为中国家养动物的起源分为当地驯养和从其他地区引进这样两种模式（《第四纪研究》2010年第2期）。石涛对近东地区的早期动物驯化进行介绍，主要回顾了近东地区关于动物驯化的主要研究结果，概述了学者对动物驯化的定义、考古材料、驯化的影响，以及关于驯化的理论解释（《四川文物》2013年第2期）。

第二，家马的起源。家马的起源争论较大，主要焦点是在龙山时代或夏代本土起源的，还是商代前后从其他地区传入的。袁靖等人根据新石器时代以来仅有几处遗址中发现零星的马骨或马牙，而在殷墟中家马却突然大量出现的事实，提出古代黄河中下游地区的家马最早出现于殷墟，殷墟出土的家马又很可能是从其他地区传入，而非当地起源的观点（《中国文物报》1997年4月27日）。稍后，水涛同意这种观点，并且从世界范围内探讨家马的起源问题。他认为，最早对马的驯化和饲养发生在乌克兰东部到哈萨克斯坦北部之间的森林草原和草原地带，时间大约在距今7000～6500年间，整个欧亚大陆古代世界的人们对马的驯化和饲养，首先兴起于从黑海到里海之间的草原地区，然后波及其他地区（《中国文物报》1997年6月15日）。王宜涛则不同意上述观点，认为中国养马、驯马和用马的历史可以追溯到龙山文化《(中国文物报》1998年8月12日）。对此，韩东反对王宜涛的结论，还是认为黄河中下游地区的家马很可能起源于殷墟，指出商与西北地区存在交换的证据，并指出王宜涛阐述印第安人的骑马术是没有事实依据的（《中国文物报》1999年6月23日）。李旻则介绍了当今世界上用扫描电子显微镜观察马牙以判定家马的方法，指出现在所知最早的家马出自距今6000年左右的乌克兰德莱夫卡遗址，距今4000～3000多年前家马分布于乌克兰到天山之间的广阔区域里。他认为，在中原地区出现的马匹是商代的权贵阶层在与北方草原的骑马民族发生交流时引进的政治资源，是权威的象征（《青年考古学家》1999年第11期）。进入21世纪后，王志俊等人撰文强调了中国是野生马的重要基地，有着足够驯养马的条件。中国北方驯养马的时间受气候条件的影响，估计从夏末开始驯养马，至商代早、中期完成驯养，到商代晚期已能大量繁殖马和使用马《（考古与文物》2001年第2期）。袁靖《中国古代家马的研究》详细论述了自旧石器时代晚期至商代晚期的马骨发现状况，应用多个遗址的研究结果，强调到了商代晚期，家马出现于黄河中下游地区，同时还对秦代家马的阉割状况进行了探讨（《中国史前考古学研究》，三秦出版社2003年版）。何锟宇则撰文详细论述了自新石器时代至商周时期的马骨发现状况，认为自全新世以来甘青地区的野马一直没有绝迹，到龙山时代马的分布范围扩大到淮河上游和黄河中下游地区，龙山时代和二里头时期在陕甘青地区出现的祭祀随葬现象显示马有可能被初步驯化，到商代晚期饲养马的功能有重大突破，中国的马是在距今4000年左右的陕甘青地区被驯化成功的［《考古学研究》（七），科学出版社2008年版］。

第三，家猪的起源。家猪起源也是一个热点课题，袁靖在2006年对多个遗址出土的动物骨骼进行研究的基础上，认为在距今8200年前后，内蒙古自治区赤峰市兴隆洼遗址、河北省武安县磁山遗址和浙江省萧山区跨湖桥遗址先后发现家猪，同时还强调宗教原因可能也是当时人饲养家猪的目的之一［《西部考古》（第一辑），三秦出版社2006年版］。2008年罗运兵等人依据骨骼形态、病理现象、年龄结构、数量统计及考古现象等一系列判断结果，论述了距今9000年左右的河南省舞阳贾湖遗址已经存在家猪，这个发现显示中国是世界上家猪起源最早的国家之一（《考古》2008年第1期）。Cucchi等人通过运用几何形态测量方法对贾湖等遗址出土猪的臼齿进行研究，再次确认至少从贾湖遗址第二期开始，已经存在家猪［*Journal of Archaeogical Science* 2011（38）］。朱乃诚通过对兴隆洼文化一座墓中随葬整猪以及房址中出土猪骨等遗迹遗物现象的分析，认为兴隆洼文化还没有饲养家猪（《中国考古学会第十二次年会论文集》，文物出版社2010年版）。罗运兵重点阐述了中国家猪起源的两种不同动因——提供肉食与用来祭祀，并简要论述了中国猪类驯化的一般过程（《古今农业》2012年第3期）。

第四，家牛的起源。随着上述两种家养动物起源研究的深入，其他家养动物的起源问题也逐渐引起关注。例如，袁靖等人依据考古现象、数量统计、测量数据等，推测黄牛作为家养动物起源的时间至少在距今4500年左右［《科技考古》（第二辑），科学出版社2007年版］。吕鹏利用骨骼形态、测量数据、年龄结构、量化分析以及考古现象等系列标准对中国新石器时代遗址中出土的黄牛遗存进行研究，认为中国家养黄牛的起源可以追溯至距今4500～4000年，至少在齐家文化和河南龙山文化分布范围内的某些遗址已经驯化了黄牛，其分布范围包括黄河流域的上、中、下游地区［《动物考古》（第1辑），文物出版社2010年版］。在家养水牛起源的问题上，刘莉等人通过回顾中国有关水牛的考古发现，根据考古、基因和历史资料分析水牛作为野生或家养动物的地位，讨论了水牛和人类的相互关系。他们认为家养水牛很可能是在距今3000年前后从南亚西北部地区首先传入中国的，但这一时期的水牛并非用于犁耕稻田（《考古学报》2006年第2期）。胡松梅等人探讨了陕西渭河流域的水牛，认为全新世圣水牛可能是更新世短角水牛的后代，在距今8000～3000年间没有发现其形体有缩小的现象，并无驯化的证据（《华夏考古》2007年第 4 期）。王娟等人对全新世时期中国考古遗址出土圣水牛的家养/野生属性进行了探讨，认为目前没有发现圣水牛属于家养动物的有力证据，强调这一属性的确认还有待更深入的工作（《南方文物》2011 年第 3 期）。

第五，家羊的起源。围绕家羊的起源问题尚无系统的探讨，仅有袁靖等人依据考古现象推测绵羊作为家畜起源的时间大致在距今 5600 ~ 5000 年以前，地区大致是在甘肃和青海一带。而依据考古现象、数量统计和测量数据等，可以看到大致在距今 4500 ~ 4000 年以前，绵羊出现在中原地区［《科技考古》（第二辑），科学出版社 2007 年版］。

第六，家养牦牛的起源。周本雄对拉萨曲贡遗址中牦牛的鉴定，为牦牛的驯化提供了确凿的实物依据。曲贡遗址家养牦牛标本的出土，“是迄今为止国内外时代最早的第一材料，为世界畜牧史的研究提供了宝贵的资料”（《拉萨曲贡》，中国大百科全书出版社 1999 年版）。

关于家畜饲养研究。

家畜饲养是稳定地获取肉食资源的保证。马萧林通过对河南省灵宝县西坡遗址家猪年龄结构的研究，认为当时可能为自给自足的家猪饲养与消费模式，当时还不存在专业化的动物生产、分配和消费现象，这种现象可能出现在后来的历史阶段（《华夏考古》2007 年第 1 期）。马萧林通过对河南省灵宝县西坡遗址出土动物遗存进行全面研究，认为绝大多数猪和鹿很可能是在居住址被屠宰和消费的，西坡遗址把猪作为宴饮活动中的消费对象（《华夏考古》2008 年第 4 期）。罗运兵认为古代家猪饲养方式很可能主要是以放养为主，但不排除某些地区较早出现圈养，但也主要是与放养相结合，完全圈养的方式应出现较晚。根据历史与考古文献大致可以推断龙山时期以来中国一般家庭平均每人每年最多消费五分之一头猪（《农业考古》2008 年第 4 期）。罗运兵根据对陕西关中地区史前动物考古学相关材料的初步梳理，认为这一地区有关家畜饲养相关遗迹数量太少，在今后工作中要有意识地加强这方面的识读，还没有证据显示这一地区史前时期已存在对鹿类的驯化。这一地区羊的驯化可能已晚至客省庄二期文化时期（《考古与文物》2009 年第 5 期）。罗运兵对湖北省郧县青龙泉遗址史前墓葬中随葬猪骨材料进行了年龄结构、性别比例、尺寸大小和线性牙釉质发育不全的发病率等四个方面的分析，研究显示该墓地所随葬的猪骨绝大部分属于家猪，其中也有少量的野猪个体（《江汉考古》2009 年第 3 期）。李志鹏认为殷墟文化一、二期时孝民屯的居民可能主要靠自己养猪获得猪肉，而殷墟文化三、四期时该地点的居民日常食用的猪肉则很可能主要依赖外来供应（《江汉考古》2011 年第 4 期）。王炜林依据陕西省华县泉户村遗址出土的猫骨，探讨了古代人饲养猫的目的及猫和鼠与人类社会的关系等问题（《考古与文物》2010 年第 1 期）。王子今通过对北京市大葆台汉墓出土猫骨的再研究，结合陕西省西安市长安汉长安城出土的猫骨，讨论了猫的驯宠史及古代“食猫肉”的现象（《考古》2010 年第 2 期）。罗运兵对中国双峰驼的早期驯养史进行了探讨，认为家养骆驼在中国最早出自新疆维吾尔自治区轮台县群巴克墓地，可确认最迟在西周晚期中国新疆北部地区已驯养有双峰驼。中国家养双峰驼传自境外的可能性较大（《活兽慈舟学术研讨会论文集》，农业出版社 2013 年版）。杨海林还对中国古代六畜之外的动物畜养进行全面梳理（《三峡论坛》2013 年第 4 期）。

关于获取肉食资源方式研究。

这里分为综合论述、新石器时代黄河流域居民获取肉食资源方式研究、古代长江流域居民获取肉食资源方式研究、古代华南地区居民获取肉食资源方式研究等分别阐述。

第一，综合论述。袁靖比较全面地收集了中国各个地区新石器时代遗址中出土的动物骨骼资料，将其按家养动物和野生动物分别进行了统计和分析，归纳出依赖型、初级开发型、开发型等古代居民获取肉食资源方式的几种类型，建立起它们的发展模式。他认为中国各个地区新石器时代遗址中表现出来的不同的获取肉食资源的方式，正是当时不同地区的人们在自己文化传统习俗的基础上适应环境，逐步建立、完善自己的生存活动方式的反映。但是，这些都是在自然环境的制约下被动地完成的，因此，可将其总结为被动发展论（《考古学报》1999 年第 1 期）。黄蕴平通过对 18 处遗址发现的动物遗存进行研究，分析比较不同时期和地区野生动物和家畜数量的变化、野生动物的均衡度和分异度的差异以及家畜形态特征的演化，探讨了各地区环境和生产方式的变化以及多种家畜驯化发展的概况［《动物考古》（第 1 辑），文物出版社 2010 年版］。袁靖等人还通过对位于西辽河流域、黄河流域、长江流域多个考古遗址出土的动物遗存进行整理和研究，探讨了这些地域内距今 5500～3500 年左右古代人类与动物的关系。长江流域的古代居民主要通过渔猎方式获取肉食资源，西辽河流域地区和黄河上游地区的古代居民获取肉食资源的方式到距今 4000 年以后逐步发生变化，黄河中下游地区古代居民获取肉食资源的行为一直保持相对稳定的状态，这也保证了当地整个农业经济的持续发展，在很大程度上为中华文明的起源和发展奠定了经济基础［《科技考古》（第三辑），科学出版社 2011 年版］。

第二，新石器时代黄河流域居民获取肉食资源方式研究。袁靖等人通过对豫西晋南地区属于距今 4500～3500 年左右 4 个遗址出土的动物遗存的研究，发现这个地区的居民在获取肉食来源方面明显地继承了以前仰韶文化的传统，出土的动物以家猪为主。而黄牛和绵羊是新的家养动物，这两种动物和后来商周时期出现数量较多的黄牛和绵羊在时间上具有承续关系。绵羊成为家畜的动因可能是文化传播和交流的作用。黄牛和绵羊成为家畜以后，不但丰富了当时人的肉食来源，而且在宗教祭祀方面也开始发挥重要的作用，直至后来成为区分等级身份的重要标志［《科技考古》（第二辑），科学出版社 2007 年版］。袁靖通过比较，确定新石器时代黄河流域居民在相当长的时间里主要通过饲养家猪的方式获取肉食资源的特征和长江流域居民主要通过渔猎活动获取肉食资源的特征形成鲜明的对照。结合古代文献记载，发现这种获取肉食资源方式的明显差异至少一直延续到先秦时期。这种相隔距离不远的流域与流域之间的获取食物资源方式的差异构成了中国史前经济发展的独特现象，这在世界上也是独一无二的（《光明日报》2008 年 9 月 21 日）。相比以上以较大的地域为范围进行探讨，范围较小的地域同样值得关注。例如，袁靖的《胶东半岛贝丘遗址环境考古》（社会科学文献出版社 1999 年版）通过对胶东半岛 21 处贝丘遗址进行大范围调查和小规模试掘，获取了大量资料。通过对贝类等水生动物的研究，总结出这 21 处贝丘遗址可以依据出土贝壳种类的不同分为 8 组，每组大多由几个遗址组成，各组内的遗址相邻，由此证明当时居住在不同遗址的人类获取贝类的种类不同和其所处的不同自然环境有关。通过对探方关键柱中获得的贝壳的尺寸进行测量统计，发现其有自下而上尺寸变小的趋势，由此推测，这是因为当时人大量采集贝类后对这种自然资源的生长过程形成较大的人为干涉，可将其称之为“采集压”。王良智对河南省博爱县西金城遗址出土的圆田螺进行了测量、统计，认为其采集季节是晚春，30 毫米尺寸以上的圆田螺个体已形成捕捞压（《华夏考古》2010 年第 3 期）。李慧冬则对山东东营市南河崖西周煮盐遗址贝类采集季节进行分析，通过切片观察分析了其中的文蛤的生长线和采集时间，认为该遗址的贝类采集时间集中在秋季，并没有捕捞的明显迹象。这对分析该遗址煮盐活动的季节问题有所助益（《华夏考古》2012年第3期）。马萧林通过对河南省灵宝县西坡遗址动物遗存的研究，认为当时家养动物已经取代野生动物成为人们肉食消费的主要对象，这一变化与仰韶文化中期该地区人口规模和密度的显著增大同时发生，其深层次的原因尚待探索（《中原文物》2007年第4期）。马萧林等人分析了周原遗址齐家制玦作坊动物遗存的骨骼部位发现率和空间分布，得出该作坊遗址的肉食消费特征与普通聚落没什么区别的结论。即手工业生产者与普遍劳动生产者的肉食消费状况相似（《周原——2002年度齐家制玦作坊和礼村遗址考古发掘报告》，科学出版社2010年版）。林永昌等人对周公庙商周聚落动物资源利用进行探讨，动物骨骼的种属、消费部位与年龄结构的分析显示，聚落中不同性质的功能区间消费动物种类及部位的差异可能并不明显。聚落肉食资源的生产、屠宰与消费可能在不同的地点，对动物的屠宰也并非皆与最大化地利用肉食的模式相符（《考古与文物》2013年第3期）。张乐根据猎物体型大小以及躲避猎捕的速度等标准，将水洞沟第12地点出土的动物划分为高回馈率的大型动物和低回馈率的小型慢速动物，以及小型快速动物三类，利用Simpson指数对三种类型动物数量分布的均衡度进行检测，发现第12地点远古人类对三类猎物的选择倾向性较低，即肉食食谱的均衡度较高，综合分析后认为这反映了肉食广谱革命的结果（《中国科学：地球科学》2013年第4期）。

第三，古代长江流域居民获取肉食资源方式研究。袁靖通过对长江流域新石器时代遗址出土的动物遗存进行研究，确认长江流域家猪起源的时间在距今8200年前。在新石器时代，这个地区获取肉食资源的方式基本上以狩猎和捕鱼为主，在相当长的时间里饲养家猪仅占次要地位，这种行为的形成与当时这个地区的自然环境条件有关，更主要的原因在于新石器时代居民开发自然资源的行为始终是被动形成和发展的（《新世纪的中国考古学》，科学出版社2005年版）。刘慧依据对于三峡地区考古出土的渔具和鱼类骨骼的研究结果进行探讨，认为渔业在当时肉食资源获取中占有重要地位，当时具有较为先进的捕鱼方式，在新石器时代晚期可能存在腌制鱼肉的方法（《四川文物》2009年第4期）。罗运兵通过探讨江苏省高邮县龙虬庄遗址出土动物遗存的研究结果，认为农业发展并不必然导致家猪饲养业的相应发展，强调正是龙虬庄遗址周围相对丰富的野生动物资源在弱化人们对家猪饲养的依赖方面扮演了重要角色（《东南文化》2009年第6期）。罗运兵还通过对长江下游地区获取肉食资源方式的研究，认为当时渔猎经济占据主要地位，家猪饲养虽然出现较早，但是规模一直很小，直至良渚文化才迎来高峰，在当时人的肉食结构中举足轻重，但是到马桥文化时期又明显衰退（《中国考古学会第十四次年会论文集》，文物出版社2012年版）。何锟宇通过对四川地区几个商周时期的遗址出土的动物遗存研究，认为十二桥文化的成都平原类型获取肉食资源的方式以饲养家畜为主，而渝东类型则以狩猎作为获取肉食的主要手段。而鄂西香炉石文化与十二桥文化渝东类型类似。这些差异与共同点均源自自然地理环境、区域经济传统和人口压力等多种因素的影响（《考古》2011年第2期）。

第四，古代华南地区居民获取肉食资源方式研究。袁靖通过对广西壮族自治区桂林市甑皮岩遗址动物遗存的研究，认为当时的人是通过狩猎野生哺乳动物、捕捞鱼类、采集贝类来获取肉食资源的。同时结合广东、广西等地区的资料，认为在新石器时代的早期阶段，尤其是在洞穴遗址里，当时人获取肉食资源有相当大的共性，其获取的动物有两个特点，一是种类相当丰富，二是数量最多的为鹿科，野猪在全部动物中所占的比例相当低（《桃李成蹊集》，香港中文大学中国考古艺术研究中心，2004年）。吕鹏通过对广西壮族自治区邕江流域新石器时代贝丘遗址动物群的研究，认为当时的人大致经历了由主要是狩猎到捕捞和渔猎并举，再到主要为狩猎这样一种获取肉食资源方式的变化过程（《第四纪研究》2011年第4期）。陈光祖通过对台湾地区古代遗址出土的动物遗存进行分析，认为在距今2000年的铁器时代开始以前的数千年里，古代居民获取的哺乳动物中除狗之外，其他都是野生的，而自铁器时代以来，则开始饲养家猪，到公元800年前后，出现饲养的黄牛（《（台湾）中央研究院历史语言研究所集刊》第71本，2000年）。邱敏勇通过对台湾芝山岩遗址的猪下颌进行研究，认为都属于野猪，当时人获取肉食资源的活动中包括狩猎野猪（《（台湾）中央研究院历史语言研究所集刊》第73本，2002年）。李匡悌通过对台湾垦丁遗址出土的贝类进行氮同位素分析，认为其捕捞季节在春夏之交到冬季之间，基本上没有发现在春季捕捞的现象，他认为这种现象与贝类的生长周期和人们春季忙于农耕有关（《南岛研究学报》2005年第2期）。

关于随葬或埋葬动物研究。

这里分为新石器时代随葬或埋葬动物和商周时期随葬或埋葬家畜分别阐述。

第一，新石器时代随葬或埋葬动物。王吉怀分析了埋葬家畜的现象，认为墓中随葬的动物是作为财产的象征，而专门埋葬动物的现象，则更多地体现了宗教色彩（《华夏考古》1996年第1期）。徐新民认为浙江省平湖县庄桥坟遗址发现的12个墓葬中殉葬的狗与5个坑内埋狗和1个坑内埋猪等现象都与祭祀有关，区别在于墓内殉葬的狗从属于墓主人，而在坑内单独埋狗或猪则是某次祭祀活动的遗迹［《浙江省文物考古研究所学刊》（第八辑），科学出版社2006年版］。罗运兵认为新石器时代汉水中游地区是随葬猪骨习俗分布的一个重要的中心区域，距今5500～4500年间是其流行的峰值期。猪骨随葬在很大程度上已与当时社会分化密切相连。枣阳雕龙碑遗址的墓葬材料展示出随葬猪骨数量的多少是衡量墓主人社会地位或财富最重要的指征（《江汉考古》2008年第1期）。袁靖通过对新石器时代遗址中随葬或埋葬猪骨现象的研究，归纳了各个地区的特征，强调猪既是当时肉食的主要来源，又是宗教活动的一种重要物品，这种行为对商代也产生了深远的影响（《俞伟超先生纪念文集·学术卷》，文物出版社2009年版）。罗运兵认为内蒙古自治区大甸子遗址的猪群与同时期的其他遗址猪群相比，形体明显偏大，其品种属于本土培育。强调大甸子墓地所用的完整猪牲数量之多，处理方式之独特，在中国古代独树一帜。这可能与当时的社会等级礼制或传统习俗相关（《边疆考古研究》2009年第8辑）。马萧林认为群体性葬猪是与古代祭祀习俗或埋葬制度有关的重要考古现象，其埋葬的同时性、群体性蕴含着丰富的动物考古信息，对揭示考古中关注的时间和空间两大元素，更好地理解古代人类的行为方式和思想内涵具有重要价值［《动物考古》（第1辑），文物出版社2010年版］。范方芳等人对中国新石器时代多个遗址出土的龟鳖类进行了汇总和研究，认为它们除了被用来食用外，还被作为特殊的随葬品或祭祀之用［《动物考古》（第1辑），文物出版社2010年版］。

第二，商周时期随葬或埋葬家畜。冈村秀典认为在商周王朝时期的动物牺牲中牛、羊、猪是最重要的，牛、羊、猪具有等级秩序，在新石器时代猪的地位很高，但是自二里岗时期开始发生变化，饲养牛和马是最不经济的，正是这一点使牛和马成为统治者权力的象征物，在国家级的祭祀中最受尊重（《考古学集刊》2013年第15集）。袁靖等人探讨了商代祭祀用牲的特征和变化，认为商代在祭祀活动中大量使用了动物。最早使用的主要是猪，也使用狗、牛和羊。而后逐步发展演变为主要使用狗、马、牛和羊。尤其是商代晚期，马被引入中国并被驯养，在祭祀活动中发挥了特殊的作用。商代祭祀动物种类和规模等的变化有助于区分献祭者的身份。在商代使用动物进行祭祀已经形成一种制度，祭祀用动物的组合有一套复杂的形式，并不断演变［*Journal of Anthropological Archaeology*，2005(24)］。袁靖等人围绕山东省滕州市前掌大墓地随葬的动物骨骼进行研究，认为这个墓地的不少墓葬中都是随葬动物的前肢，一种动物只放一条前肢，在同一座墓里如果随葬两种以上动物前肢的话，必定为同侧。通过归纳其他地区商周时期的墓地里出土的同类现象，发现埋葬动物前肢是他们的共性，由此证明《礼记》中的有些记载是不对的（《二十一世纪的中国考古学》，文物出版社 2006 年版）。袁靖等人还通过属于商周时期的安徽省滁州市何郢遗址发现多例埋葬狗和猪的现象，但是未见埋葬马、牛或羊的实例，认为这可能与何郢遗址属于乡村一级的机构有关，在这个层次尽管不能排除少量使用牛进行祭祀的可能性，但可能主要还是使用狗和猪这些动物进行祭祀，继续沿袭新石器时代以来的祭祀习惯（《文物》2008 年第 5 期）。李志鹏通过对商文化墓葬中随葬狗牲的研究，认为这种习俗在中原地区起源于二里岗文化上层，一直延续到西周时期。殷墟的墓葬中大量存在殉狗的现象，这些狗绝大多数为幼年个体，当时可能存在规模化的养狗业（《南方文物》2011 年第 2 期）。罗运兵对楚墓中的动物牺牲进行了全面梳理，指出楚墓所用牺牲有自身特色，如较多使用水牛、鱼类、禽类牺牲；比照礼制记载有一定相符之处，如实鼎用牲一般去掉头、蹄，并见有尚前、贵右的礼制影子；并较鲜明地体现了等级分化，如牛牲只见于上大夫以上级别的楚墓中［《楚文化研究论集》（第十集），湖北美术出版社 2011 年版］。宋艳波则对山东地区几个周代墓葬的随葬动物进行了分析，指出随葬动物种属与文献记载基本吻合，但具体骨骼部位等则与文献记载有所差异，同时，强调这种差异的产生可能与山东地区先民对周代礼仪制度的接受和吸收程度有关（《考古与文物》2011 年第 5 期）。

关于骨器制作工艺研究。

这里所谓的骨器是泛指，包括用动物的角、牙及骨骼制作的器物。在具体遗址出土的动物遗存研究报告里往往涉及骨器制作工艺这方面的研究，内容或详或略。这里主要介绍专门研究骨角器的几篇论文。如余翀通过对甘肃省秦安县大地湾遗址出土的骨器进行研究，发现当时人们制作骨器与获取动物种类的多少及骨器的用途相关，如早期制作骨笄使用鹿科动物的骨骼，到晚期则全部使用猪骨，这可能与晚期饲养家猪的数量明显增多有关。而制作骨锥、骨镞和骨铲等却一直使用鹿科动物的骨骼，这可能与这些工具对硬度有一定的要求相关（《农业考古》2009 年第 1 期）。马萧林通过对国外相关文献的研究，在简单回顾骨器研究概况的基础上，对骨骼特征、骨器生产特征、制骨作坊的定义、分类、分析方法和需要探索的问题等进行了讨论（《华夏文物》2010 年第 2 期）。李志鹏等人通过对河南省安阳市殷墟北辛庄、大司空、铁三路等大型制骨作坊遗址出土的动物骨骼遗存进行鉴定、观察、测量、称重等研究，发现与制作骨器有关的动物骨骼遗存既包括成品、不同阶段的半成品及废品，也包括坯料、边角料等。骨料的来源包括黄牛、水牛、猪、羊、鹿等动物的骨骼，但是以黄牛的骨骼占绝对多数，其中又以掌跖骨为多。其取料的方法主要是锯切，加工的方法则包括切割、削、锉、凿、雕刻、打磨等。制骨生产的组织管理包括对制骨活动的组织、各种工序阶段产品的督检、工人的协调管理等。晚商时期开始注重发展面向普通市场的商业生产以获得王室或贵族所需的财富，这可能是制骨手工业发展的最根本的内在动力［《中国文物报》2010 年 9 月 17 日；《三代考古》（四），科学出版社 2011 年版］。

关于家畜古DNA研究。

迄今为止已经先后对考古遗址出土的狗、绵羊、马、猪和黄牛开展了古DNA研究，这里按照研究成果发表时间的早晚分别阐述。

日本学者石黑直隆与袁靖合作，通过对河南省安阳市殷墟遗址和内蒙古自治区赤峰市大甸子遗址出土的狗骨进行DNA分析，与日本的研究成果进行比较，确认日本属于公元前后的鄂霍茨克文化及中世纪的家犬遗传因子序列与中国距今3000多年前的家犬的遗传因子序列相同，从时间顺序上科学地证明了日本一些家犬的祖先来自中国（《中国文物报》2002年12月13日）。蔡大伟等人通过对山西省襄汾市陶寺遗址和河南省偃师县二里头遗址出土的绵羊的DNA研究，确定其都属于亚洲谱系A，与中国蒙古系绵羊有较近的关系，野生盘羊和原羊并不是中国藏系和蒙古系绵羊的母系祖先［《科技考古》（第二辑），科学出版社2007年版］。蔡大伟等人还通过对多个遗址出土绵羊的DNA研究，认为在距今4000年前的早期绵羊群体中，除了统治性的世系A以外，又发现了少量的世系B，世系B起源于近东地区。中国绵羊的驯化有本地因素，也有外来基因的引入，这应该与史前人类的迁移、文化交流有关（《边疆考古研究》2010年第9辑）。

蔡大伟等人对内蒙古、河南、宁夏、山东等地9处遗址的46匹古代马进行了线粒体DNA分析，结果显示：中国古代马的母系遗传呈现高度多样性，包含现代家马全部7个世系，对现代家马线粒体DNA基因池的形成具有重要的贡献，并且与中国现代家马存在母系遗传连续性；中国家马的起源既有本地驯化的因素，也受到外来家马线粒体DNA基因流的影响；世系F是东亚起源的古老世系，与蒙古马密切相关，但是其野生祖先未知；中国古代马虽与普氏野马没有直接的母系遗传关系，但共属于世系A，这些都显示出古代马的线粒体DNA的复杂性（《自然科学进展》2007年第3期）。Larson等人通过对东亚地区的1500多个现代家猪和来自中国6个考古遗址的18个古代家猪的线粒体DNA序列进行比较，认为中国古代猪与现代家猪之间具有长期的遗传连续性，从母系上看，许多遗传上有明显区别且广泛分布的野猪对现代家猪没有遗传上的贡献［*PNAS*，2010（107）］。崔银秋人等通过对吉林省通化市王八脖子遗址和青海大通县长宁遗址的猪骨进行DNA研究，从遗传学的角度对中国家猪的起源进行探讨（《边疆考古研究》2010年第9辑）。赵兴波等人通过对多个考古遗址出土的猪骨进行线粒体DNA分析，发现黄河中下游地区现代家猪和史前猪在遗传上具有延续性，证明中国家猪的驯化过程从古代一直延续至今［《科技考古》（第三辑），科学出版社2011年版］。王志等人通过对黄河上游地区考古遗址出土的猪骨进行线粒体DNA分析，证明黄河上游地区与黄河中下游地区的猪具有相同的驯化中心（《科学通报》2012年第12期）。蔡大伟等人通过对北方地区青铜时代多个遗址出土的黄牛进行线粒体DNA分析，发现西亚地区的黄牛向中国境内扩散的证据［《科技考古》（第三辑），科学出版社2011年版］。

关于动物同位素研究。

进入21世纪后，对动物的食性研究除碳稳定同位素之外，还包括氮同位素分析，同时有关氧、锶等同位素分析也在开展。

Pechenkina等人通过对陕西省西安市半坡遗址、姜寨遗址、渭南市康家遗址、河南省灵宝县西坡遗址的人骨和动物骨骼进行碳氮稳定同位素研究，认为西坡和康家遗址的家猪和狗由于吃了C^4类食物和富含动物性蛋白的厨房垃圾而具有较高$\delta^{13}C$和$\delta^{15}N$值；他们还认为渭河盆地新石器时代先民种植粟类作物的目的有二：为人们提供稳定的口粮，为猪和狗（可能还有鸡）提供饲料［*Journal of Archaeological Science*，2005（32）］。管理等人对吉林省通化市万发拨子遗址的猪骨进行碳氮稳定同位素研究，认为家猪由于食物中包含较多的蛋白质而具有高于野猪的 $\delta^{15}N$ 值，并据此探讨了食谱分析方法对鉴别家猪与野猪的可行性（《科学通报》2007 年第 14 期）。张雪莲等人通过对河南省偃师县二里头遗址和山西省襄汾市陶寺遗址出土的人骨和猪骨进行碳氮稳定同位素研究，认为二里头遗址的猪有的是典型的以 C^4 类植物为主，应该是粟类，有的 C^3 类植物也占了较大的比例，可能是吃了猪草等。而陶寺遗址的猪骨中 C^4 类植物均为 100%，显示了较大的圈养可能性［《科技考古》（第二辑）科学出版社 2007 年版］。吴小红等人通过对河南省郑州市新砦遗址出土的人骨和猪骨进行碳氮稳定同位素研究，并结合江西省万年县仙人洞遗址出土的野猪的碳氮稳定同位素研究结果，认为新砦遗址出土的猪是家猪［《科技考古》（第二辑），科学出版社 2007 年版］。管理等通过对陕西省靖边县五庄果墚遗址的动物骨骼进行碳氮稳定同位素分析，表明狗和猪的食物结构明显受到人类活动的影响（《第四纪研究》2008 年第 6 期）。Lanehart R. E 等人对山东省日照市两城镇遗址龙山时代的人和动物骨骼进行了碳氧稳定同位素分析，认为家猪与人的食谱存在较大的差异，即两城镇先民主要以 C^3 类食物（水稻）为食，而家猪则主要以 C^4 类食物（粟）为食（《考古》2008 年第 8 期）。胡耀武等人通过对山东省济南市月庄遗址出土的鱼、猪和牛的骨骼进行碳氮稳定同位素分析，还系统地探讨了利用碳氮稳定同位素区分家猪和野猪的问题（《中国科学：地球科学》2008 年第 6 期）。Barton 等人通过对甘肃省秦安县大地湾遗址的人和动物骨骼进行了碳氮稳定同位素分析，指出在第一期仅有狗被驯养；到距今 5900 年之后猪才被驯养，家畜饲养水平急剧提高［*PNAS*，2009（106）］。Atahan 等人通过对甘肃省金塔县火石梁遗址和缸缸洼遗址青铜时代的人和动物骨骼进行碳氮稳定同位素分析，认为家猪与狗的 $\delta^{13}C$ 和 $\delta^{15}N$ 值与人接近，体现了粟作农业产品对其食谱的贡献程度较高；黄牛和羊则以采食 C^3 植物为主，其较宽的 $\delta^{15}N$ 分布分布范围暗示放牧牛羊的范围较大［*Journal of Archaeological Science*，2011（38）］。Atahan 等人通过对陕西省临潼区白家村遗址前仰韶时代的人和动物骨骼进行碳、氮稳定同位素分析，认为样品中唯一一例猪骨的 $\delta^{13}C$ 和 $\delta^{15}N$ 值与鹿接近，应为野猪；水牛 $\delta^{13}C$ 较高，可能是吃了粟类食物或者狗尾草等其他 C^4 野生植物［*Journal of Archaeological Science*，2011（38）］。管理等人对安徽省蚌埠市双墩遗址动物骨骼进行碳、氮稳定同位素分析，根据猪骨的 $\delta^{13}C$ 和 $\delta^{15}N$ 值将其分为三组，分别代表了以水稻副产品和人类残羹冷炙及排泄物为食的家猪，以野生 C^3 植物为食的野猪，以粟类产品为食的家猪（《南方文物》2011 年第 4 期）。侯亮亮等人通过对河南省郫邓县遗址出土的动物骨骼进行碳氮稳定同位素分析，认为狗的植物类食物主要是 C^4 类植物，表明了其与先民从事的粟作农业有关（《安阳郫邓》，大象出版社 2012 年版）。张全超等人通过对吉林省白城市双塔遗址一期出土的猪和狗的碳氮稳定同位素分析，发现其食物中以 C^3 类植物为主，另外，$\delta^{15}N$ 值均较高，结合形态学研究，他们认为猪还未被人驯化，但是可能受到人的行为的影响，而狗已经被驯化（《边疆考古研究》2012 年第 11 辑）。刘歆益等人通过对内蒙古自治区兴隆沟遗址的人和动物骨骼进行碳氮稳定同位素分析，发现尽管人们从兴隆洼文化时期就已经开始以粟类食物为主食，粟类产品也被用来饲养猎犬，但直到小河沿文化之后，粟作农业才足够发达、粟类食物才开始用来饲养家猪［*American Journal Physical Anthropology*，2012（149）］。陈相龙等人通过对山西省襄汾市陶寺遗址出土的狗、猪、黄牛和绵羊的碳氮稳定同位素分析，发现狗和猪以属于 C^4 类植物的小米为食，$\delta^{15}N$

值较高；黄牛的食物中接近 C^4 类植物，而绵羊的食物中接近属于自然植被的 C^3 类植物，$\delta^{15}N$ 值符合食草动物的特征；这些动物的食性差异与当地居民的饲养方式相关（《考古》2012 年第 9 期）。王芬等人对山东省北阡遗址人和动物骨骼进行了碳氮稳定同位素分析表明，猪的驯养以 C^3 植物为主，并受到先民生活方式的影响（《中国科学：地球科学》2013 年第 12 期）。

田晓四等人对江苏省泗洪县顺山集遗址哺乳动物牙釉质进行了碳氧稳定同位素测试，并讨论所反映的食性特征、生态环境和季节变化分析，分析表明鹿完全以 C^3 植物为食物，并生存在相对开阔环境中，而野猪食物也以 C^3 植物为主；鹿和野猪氧稳定同位素存在差别，它们体内水源不同，表明它们处于同一个生态系统的不同生境里（《科学通报》2013 年第 30 期）。赵春燕等人通过对河南省偃师县二里头遗址几个时期出土猪、黄牛和绵羊的锶同位素分析，发现出土的黄牛和绵羊既有当地土生土长的，也有外面传入的（《考古》2011 年第 9 期）。赵春燕等人通过对山西省襄汾市陶寺遗址龙山晚期出土的猪、黄牛和绵羊牙釉质的锶同位素比值测定结果表明，黄牛和绵羊既有当地土生土长的，也有外面传入的（《第四纪研究》2011 年第 1 期）。赵春燕等人通过对河南省禹州县瓦店遗址出土的鼠、猪、黄牛和绵羊的锶同位素分析，发现出土的猪既有当地土生土长的，也有外面传入的，而黄牛和绵羊都是外面传入的（《考古》2012 年第 11 期）。

关于与古环境相关的研究。

在众多的动物遗存研究报告里，往往依据具体遗址出土动物种属的生态状况，探讨当时的自然环境。专门的论文数量不多。例如，王青认为，古代辽东半岛獐的活动有着深刻的自然环境变化背景，其消长变化与气候的暖湿和干冷变化密切相关（《考古与文物》1999 年第 5 期）。梁亮、夏正楷和刘德成通过软体动物遗存证据对中原地区距今 5000 ~ 4000 年间古环境进行了重建，为探讨中原地区环境演变的历史及华夏文明起源的环境背景提供了重要的资料 [《北京大学学报》（自然科学版）2003 年第 4 期]。武仙竹认识到三峡地区在历史时期生存着多种古北界哺乳动物，这反映了三峡丰富多变的气候、植被 [《重庆师范大学学报》（哲学社会科学版）2007 年第 5 期]；他认为先秦至宋代三峡地区分布着南亚热带气候动物群，宋以后至今则为中亚热带气候动物群，在峰顶山塬区域先秦时期气候凉爽 [《动物考古》（第 1 辑），文物出版社 2010 年版]。

关于埋藏学方面的研究。

埋藏学研究在这一时期得以正式开展，目前主要集中在旧石器时代动物遗存研究中。张双权以东亚地区的几项埋藏学研究为例，重点阐释了一些可能导致考古动物群偏移的埋藏学过程。他强调对动物化石进行合理解释之前，有必要了解和研究那些可能影响考古动物群最终组成的埋藏学过程或动因（《人类学学报》2007 年第 4 期）。李占扬和张双权还具体介绍了灵井遗址动物群埋藏学研究方法与思路，期待能够在静态的物质遗存中发现动态的人类行为的线索（《中原文物》2008 年第 5 期）。张双权通过河南省灵井许昌人遗址动物骨骼表面人工改造痕迹的观察与统计分析，认为古人类是导致这一动物群聚集形成的主要埋藏学因素。同时，遗址中大量破碎动物骨骼的出现可能与古人类敲骨取髓行为有关（《人类学学报》2011 年第 3 期）。Christopher 等人分析了上更新世动物群中人类与食肉动物"印记"的识别问题，重点从埋藏学的角度对这一问题进行了全面的回顾与总结（《人类学学报》2007 年第 2 期）。

关于专业教学研究。

动物考古学教学对培养本学科专业人才极其重要。王春雪、陈全家以吉林大学和北京大学相关课程体系的调研为例，对高等院校动物考古学专业研究生课程体系的设置与创新进行了探讨（《高教研究与实践》2012 年第 2 期）；他们还对考古学专业研究生的动物考古学的教学改革进行了探讨，具体论述了动物考古学教学改革的重要意义，在介绍了开展动物考古学教学改革研究活动的主要做法和经验基础上，针对目前课程教学中存在的种种弊端，提出了进一步改革的思路（《高教研究与实践》2013 年第 2 期）。

关于其他研究。

这方面的研究既包括对某种动物的研究，也包括对某个地区的研究。

针对具体动物综合研究的代表作是罗运兵的专著——《中国古代猪类的驯化、饲养及仪式性使用》（科学出版社 2012 年版），该书中全面回顾了中国家猪研究的历史；充实和完善了古代家猪研究的方法；将中国家猪起源时间向前推进至距今约 9000 年；论证了前仰韶时期猪群的南北差异，将中国家猪起源道路概括为“本土多中心起源”，提出了“原生型”与“再生型”两种起源模式；论述了家猪起源动因的“祭祀说”；把家猪饲养早期发展过程归纳为四种发展模式，并从文化发展、自然资源、气候变化三个方面进行了解释；提出先秦时期可能存在的品种交流现象；阐明了猪骨特殊埋藏习俗多地区起源、多中心发展的过程，揭示了汉水中游地区的在这方面的重要地位及其与海岱地区的区别；全面阐述猪骨特殊埋葬具体含义的“肉食说”及先秦时期流行猪的肢骨随葬的新现象等。在论文方面，李志鹏围绕晚商都城羊的消费与利用展开讨论，他介绍了国外学者制定的由于食肉、挤奶及剪羊毛而形成的不同年龄模式，论述了河南省安阳市殷墟遗址存在羊肉供应非自给自足的区域，当时的社会可能具备专门化的养羊经济（《考古》2011 年第 7 期）。而博凯龄则通过对山西省襄汾市陶寺遗址出土的绵羊群体中存在大量 3 岁以上成年个体的现象，对比国外学者在西亚地区的同类研究结果，提出当时可能存在剪羊毛的行为，这是首次在中国对古代绵羊除肉食利用之外的开发利用模式开展研究［《三代考古》（四），科学出版社 2011 年版］。除羊之外，莫林恒对于白鲢支鳍骨的专门研究也有特色，这类骨骼多次出现在长江流域的考古遗址中，一直没有得到科学的认定，莫林恒通过对现生白鲢的研究，认定这种支鳍骨存在于 4 岁以上的白鲢中，并讨论了湖南省洪江市高庙遗址捕获白鲢的数量、年龄、体重、体长、卡路里、捕捞技术和人工痕迹等（《湖南考古辑刊》2011 年第 9 集）。罗运兵对华北地区出土的鳄骨遗存进行了全面梳理，指出出自墓葬的材料多与人们开发利用鳄皮制品有关。他强调墓葬和都城遗址出土的鳄骨遗存并不能代表扬子鳄真实的生态分布。鳄皮制品（鼍鼓是其中最富代表性的一种）作为身份与地位的象征物，多出现在高等级的贵族墓葬中。西水坡、二里头等遗址出土的鳄骨遗存的发现，为证实古史中驯龙、御龙的传说提供了宝贵线索（《中国考古学会第十五次年会论文集》，文物出版社 2013 年版）。

作为地区性的动物考古学研究，武仙竹《长江三峡动物考古学研究》（重庆出版社 2007 年版）则专门围绕三峡地区动物遗存进行研究。他阐述了三峡地区动物考古研究的方法，多个遗址出土动物骨骼的状况及时代特征，家养动物的出现与发展，人类获取肉食资源的方式及与动物相关的多种关系，动物所反映的自然环境等。他还将三峡地区的动物考古研究结果与黄河、长江流域其他地区的动物考古研究结果进行了简单的比较。罗运兵也撰文围绕三峡地区的动物考古学研究进行论述，认为三峡地区主要肉食来源依靠渔猎经济的特征与这个地区的地理环境相关，丰富的鱼类资源还影响到先民的精神生活，三峡地区的动物考古学研究今后要注意在资料收集、埋藏学研究、鉴定水平和数据处理上多下功夫（《中国考古学会第十三次年会论文集》，文物出版社 2011 年版）。武仙竹还根据动物考古和考古学材料对三峡地区夏商周时期的渔业生产进行了研究，首次指出了三峡东西两区在渔业工具与捕获鱼类种类方面的区别（《江汉考古》2002 年第 3 期）。傅罗文等人撰文认为新石器时代的甘青地区是一个接纳来自东、西等不同方向的马、骆驼、狗、猪、黄牛和羊等多种家养动物的区域（《考古》2009 年第 5 期）。索秀芬等人对辽西地区新石器时代的动物遗存进行了汇总梳理（《草原文物》2013 年第 1 期）。

还要指出的是，武仙竹对湖北省天门市邓家湾新石器时代遗址出土陶塑动物进行种属鉴定，并在此基础上讨论了当时的气候环境以及家畜饲养活动，这也是中国动物考古学研究的一次有益的尝试（《江汉考古》2001 年第 4 期）。

3. 学术交流

这里重点强调中国学者主持或合作主持的多次国际会议。例如，2007 年 7 月 14 ~ 16 日，河南省文物考古研究所在河南省郑州市举办“动物考古国际学术研讨会”，来自美国、英国、澳大利亚、加拿大和日本以及中国的 50 多位学者在一起讨论了动物考古学的最新研究成果和发展趋势。这是首次在中国举办的动物考古国际学术讨论会。2008 年 6 月 2 ~ 5 日，在中国社会科学院考古研究所召开第四届东亚考古学会期间，由袁靖研究员和哈佛大学的 Meadow 博士、Patel 博士于 6 月 3 日共同主持召开了“东亚动物考古的方法和问题会议”，来自中国、韩国、日本、印度、美国、英国、法国、加拿大的十多位学者参加了此次会议。这是国内外从事动物考古研究的学者首次聚焦东亚地区的动物考古，其中 90% 以上的议题是中国动物考古，会议讨论的内容包括动物考古的研究方法、古代动物的 DNA 研究结果、家养动物起源、获取肉食方式的差异、利用动物祭祀、动物所反映的社会复杂化、动物考古教学等。2009 年 12 月 5 ~ 10 日，“第一届全国动物考古学研讨会”在中国社会科学院考古研究所进行，由中国社会科学院考古研究所科技考古中心主办，袁靖研究员主持。来自吉林大学边疆考古研究中心、吉林省文物考古研究所、北京大学考古文博学院、中国国家博物馆陈列部、山东大学东方考古研究中心、河南省文物考古研究所、陕西省考古研究院、重庆师范大学历史与文博学院、湖北省文物考古研究所、湖南省文物考古研究所、中国社会科学院考古研究所的 20 多位从事动物考古学研究的专家参加了此次研讨会，近 10 位国内外学习中国动物考古学的研究生参加了会议。此次大会有 3 个议题，一是专门邀请美国哈佛大学的 Meadow 博士、Patel 博士讲授他们从事动物考古学研究的经验。二是与会人员介绍各自的研究成果。三是讨论并通过了《考古遗址出土动物标本采集和实验室操作规范（草案）》。通过此次研讨会，我们构建起全国性的动物考古学研究和学术交流的平台（《中国文物报》2010 年 3 月 5 日）。2010 年 2 月 1 ~ 5 日，中国社会科学院考古研究所科技考古中心在考古研究所举办中欧生物考古学合作研究第一次学术研讨会。会议由课题负责人中国社会科学院考古研究所袁靖研究员、英国阿伯丁大学 Dobney 教授、法国国家历史自然博物馆 Vigne 博士共同主持。分别隶属于中国社会科学院考古研究所科技考古中心、中国科学院研究生院、吉林大学生命科学学院、英国阿伯丁大学、英国杜伦大学、法国国家历史自然博物馆、法国国家民族和民俗史博物馆、德国马普学会进化人类学研究所等多个教学和研究机构的 20 多位从事动物考古、植物考古、环境考古、古 DNA 研究、稳定同位素分析的研究人员、博士后及研究生参加了此次学术研讨会。中国和英、法等国在动物考古、植物考古、环境考古、古 DNA 研究、稳定同位素分析等领域开展工作的学者及学生们第一次坐在一起，围绕相关研究进行面对面的交流，大家共同搭建起一个开展学术交流的国际平台（《中国文物报》2010 年 7 月 23 日）。2010 年 8 月 22 ~ 30 日在法国巴黎举办“国际动物考古协会第 11 届世界大会”。来自中国社会科学院考古研究所、中国科学院研究生院、中国科学院古脊椎动物与古人类研究所、中国国家博物馆、吉林大学、河南省文物考古研究所和湖北省文物考古研究所的 15 位中国学者和研究生参加了此次大会，开创了历届中国学者参加国际动物考古协会世界大会的人数记录。袁靖研究员和哈佛大学的 Meadow 博士等共同主持了名为“动物考古学在东亚、东南亚和南亚地区古代社会研究中的作用”学术讨论会，30 多位来自中国、印度、菲律宾、韩国、日本、美国、英国、法国和加拿大的学者和研究生参加了这次讨论会。通过此次大会，密切了国内外从事动物考古学研究的学者之间的联系，进一步明确了中国动物考古学今后的发展方向（《中国文物报》2010 年 9 月 15 日）。2013 年 4 月 15 ~ 19 日，河南文物考古研究所在郑州市主办了“国际动物考古协会第九届骨器研究学术研讨会”，会议由马萧林研究员主持，来自中国、法国、美国、西班牙、丹麦、匈牙利、捷克、罗马尼亚和新西兰等 9 个国家的 40 多位学者出席会议，该次会议促进了国际骨角器研究同行对最新研究进展的交流，加强了国际同行对中国材料的了解，并为开展相关合作研究搭建了平台。

（三）小结

20 世纪 90 年代开始，中国考古学进入了转型期，开始从侧重考古材料时空框架的建立转向重视人类行为的重建。受益于这一转变，动物考古学随后开始进入成熟发展阶段。这一时期中国动物考古学的理论方法进一步发展和成熟，随着中外学术交流日趋频繁，西方动物考古学新的思路理念、技术方法迅速传入中国，本土化的实践也随之展开。目前我国动物考古学研究中，量化统计得以全面实施，取样方法也引起广泛重视，筛选方法和浮选方法开始重点推广。专业人才培养力度加大则是近十年来中国动物考古学迅猛发展的一个重要表现。总之，这一时期不但骨骼收集得到普遍重视，动物考古研究报告数量剧增，中国动物考古学者的研究范围也涉猎广泛，从个案探讨到学科建设，从野外采样的设计到室内整理的规范，从形态学研究到同位素和 DNA 分析，从家养动物的起源研究到获取肉食资源的地域性特征，从随葬祭祀的探讨到骨器制作工艺分析，等等，其研究的领域和范围都涉及国际动物考古学研究的前沿课题。有关各种动物包括头骨和肢骨的测量数据迅速积累，为开展不同时期不同地区的动物种属的形态学比较研究打下了基础；埋藏学研究的开展进一步完善了中国动物考古学的学科研究体系。另外，中国学者主持国际会议及在国际学术会议上介绍中国动物考古学研究的成果已经开始成为普遍现象，中国动物考古学研究走向世界的步伐正在加大。这个时期翻译出版的国外动物考古学研究成果较多，包括教材和鉴定手册等，还有不少论文等，这些书籍和文章的指导和启发作用不可低估。值得注意的是除了直接从国外的动物考古学研究中获得教益之外，西方考古学中关于运用生态学原理和唯物论观点来重建文化系统的互动，并对文化演变做出科学阐释的过程考古学和意在探究考古材料中古代人类的思想观念，以及意识形态对文化演变的影响的后过程考古学，也对中国动物考古学者更加全面深刻地思考、探讨问题，更加精确客观地把握尺度和范围，启发良多。

对比国际上的动物考古学研究，我们仍然存在不容讳言的差距。比如，现生动物比对标本的种类和数量还不够多，在对古代动物遗存进行鉴定时，难免陷入似是而非的困境；动物遗存鉴定、测量和研究的数据库建设尚不到位，不能为各个研究部门之间的资料共享提供方便；从事动物考古研究的人员数量依然有限，动物考古学的人才培养仍有待加强；我们的研究还主要集中在哺乳动物方面，鸟类、鱼类等和微小型动物遗存的鉴定水平和研究意识有待提高；与国内外相关学科的合作研究方面还有待全面展开，中国丰富而重要的材料在国际上多不为人知，等等。还要特别指出的是，现阶段，中国动物考古学研究工作者绝大部分来自考古学背景，我们具有自身优势的同时，似乎也正在失去了大多数古动物学家所具有的优点——他们具有关于骨骼变化和影响这些变化的许多因素方面的基础知识。因此适当加强动物解剖学方面的学术训练也需要引起重视。同时，取样方法对于动物遗存的分析研究有绝对的影响，因此，取样的方法以及取样的代表性问题，应引起高度重视。目前统计学及各种自然科学手段的应用、埋藏学意识的强化都对中国动物考古研究提出了更高的要求，也给我们指出了需要改进的地方。当然，上述问题或不足都与中国动物考古学研究自开始到现在的历史太短有关，也与中国考古学整体发展现状密切相关，这些都是需要我们及以后的一代又一代动物考古研究人员努力改进的重要方面。但是这里必须强调，上述的这些不足基本没有涉及中国动物考古学研究的目标、理论和方法的正确性。因此，只要方向正确、思路清晰，一步一步扎扎实实地朝前迈进，技术问题、认识问题等都是能够逐步解决的。

中国动物考古学的成长与中国考古学学科的整体发展密切相关，经历了从筚路蓝缕、艰苦探索到硕果累累、开拓创新的发展过程。动物考古学研究现在已经成为中国考古学研究中不可或缺的重要组成部分，它的进一步发展将为全面复原古代人类与动物相关的那段有声有色的历史做出新的贡献。

中国植物考古新进展

靳桂云　赵志军

植物考古是考古学的一个分支学科。它通过研究考古发现的与古代人类活动直接或间接相关的植物遗存，探讨人类与植物关系的历史（赵志军：《植物考古学概述》，《农业考古》1992 年 1 期）。由于大小和保存方式的不同，植物遗存被分为大遗存和微体遗存两类，大遗存指的是植物的种子、果实、茎秆、叶子等体式显微镜下可以观察和鉴定的植物遗存，微体遗存指的是来自植物各部位的植硅体、淀粉粒和孢粉等在生物显微镜下观察到的植物遗存，这两类遗存在采样、提取、鉴定和研究方面都有些不同（刘长江等：《植物考古——种子果实研究》，科学出版社 2008 年版）。

尽管科学系统的植物考古在中国仅有不足 20 年的历史，但自从中国考古学产生的那一刻起，考古遗址出土的植物遗存就和动物遗存一样受到考古学家的高度重视。在中国考古学 90 多年的发展历程中，植物考古伴随着考古学的发展不断进步，至今已经取得了丰硕的成果，对考古学学科发展做出了重要的贡献。

一　植物考古历史回顾

现代考古学被引入中国后不久，考古学家就已经注意到考古遗址中的植物和动物遗存，其中著名的例子包括周口店遗址发现的朴树种子和殷墟遗址发现的动物骨骼及相关研究。考古学家对人类与生态关系的关注，特别是对人类与植物关系的关注，可能是推动植物考古在中国不断发展的根本动力。

从 20 世纪 50 年代到现在，植物考古的发展过程可以大致划分为三个阶段。

20 世纪 50～70 年代是起步阶段。在考古发掘过程中不断发现植物遗存，激发了考古学家主动获取植物遗存的意识，并开始根据植物遗存探讨古代农业与环境问题。半坡遗址一些窖穴中出土果核、粟粒等植物遗存，其中 H115（窖穴）内堆积粮食腐朽后形成的谷灰，厚达 18 厘米；还有几座房址中的小型陶罐似乎专门用于储存谷物种子，其中有的罐里有菜籽，有的有粟（中国科学院等：《西安半坡——原始氏族公社聚落遗址》，文物出版社 1963 年版）。1976～1986 年考古学者三次发掘磁山遗址，在 189 个圆角长方形窖穴中发现有粮食的朽灰堆积，肉眼可以看见已炭化的粟粒（罗平：《磁山遗址农业生产初探》，载河北省文物考古学会等编《磁山文化论集》，河北人民出版社 1989 年版），中国社会科学院考古研究所对这些朽灰标本作灰像分析，确认其为粟的遗存（佟伟华：《磁山遗址的原始农业遗存及其相关问题》，《农业考古》1984 年 1 期）。河姆渡遗址第一次发掘就发现了大量保存完好的稻遗存，与稻遗存共出的还有大量其他植物遗存和动物骨骼，考古学家根据相关研究，认为“河姆渡遗址第四层处于耜耕阶段，农业已成为它的主要经济部门”（浙江省文物管理委员会：《河姆渡遗址第一期发掘报告》，《考古学报》1978年1期）。根据湖北京山屈家岭遗址红烧土中掺和的稻壳，结合水稻遗传结构和形态特征的研究，农学家丁颖提出栽培稻起源于中国的观点（《中国栽培稻种的起源及其演变》，《农业学报》1957年第3期；《江汉平原新石器时代红烧土中的稻谷壳考察》，《考古学报》1959年第4期）。与此同时，孢粉分析方法也在半坡遗址的环境考古研究中得到应用（周昆叔：《西安半坡新石器时代遗址的孢粉分析》，《考古》1963年第9期）。

20世纪80～90年代是发展阶段。由于中国考古学研究新局面的出现，植物考古在概念、方法和综合研究方面都有新的进展。赵志军在《植物考古学概述》（《农业考古》1992年第1期）一文中系统介绍了植物考古的概念、基本方法和研究内容，这是“植物考古”这一概念在中文文献中首次被正式提出来。稍早于概念的正式提出，植物考古的一些方法也被介绍到中国的考古学界。黄其煦介绍了灰像法（《灰像法在考古中的应用》，《考古》1982年第4期）和泡沫浮选法（《考古发掘中回收植物遗存的方法之一——泡沫浮选法》，《农业考古》1986年第2期），谢伟则介绍了灰像法的应用结果（《案板遗址灰土中所见到的农作物》，《考古与文物》1988年第5、6期），熊海堂介绍了泡沫浮选法和水洗法（《考古发掘中水洗选别法的应用》，《农业考古》1989年第2期）。在河南舞阳贾湖（张居中等：《舞阳史前稻作遗存与黄海地区史前农业》，《农业考古》1994年第1期；陈报章等：《舞阳贾湖新石器时代遗址炭化稻米的发现、形态学研究及意义》，《中国水稻科学》1995年第3期）、洛阳皂角树（洛阳市文物工作队：《洛阳皂角树——1992—1993年洛阳皂角树二里头文化聚落遗址发掘报告》，科学出版社2002年版）、驻马店杨庄（北京大学考古学系等：《驻马店杨庄——中全新世淮河上游的文化遗存与环境信息》，科学出版社1998年版）、山东滕州庄里西（孔昭宸等：《山东滕州市庄里西遗址植物遗存及其在环境考古学上的意义》，《考古》1999年第7期）等遗址的发掘中都实施了这些简易的提取法。而河南班村和江西仙人洞和吊桶环遗址则是结合聚落考古和稻作农业起源课题采用水桶浮选法提取了炭化植物遗存，并获得了比较好的效果，这两个考古项目是在中国考古学发展史中最早采用浮选法的（赵志军：《植物考古学简史》，《中国文物报》2009年12月25日）。

植物大遗存提取方法取得进步的同时，因其与植物种子和果实等大遗存研究方法具有显著的互补性，植硅体方法在植物考古研究中被更多的应用。吕厚远等人通过分析现代水稻的稻叶、颖壳植硅体形态，建立了判别考古遗址中水稻遗存的植硅体标准，并应用于考古样品的鉴定，这个鉴定标准的确立，为开展考古遗址中的水稻植硅体研究奠定了坚实的基础（吕厚远等：《水稻扇形硅酸体的鉴定及在考古学中的应用》，《考古》1996年4期）。通过分析考古遗址中出土的陶范残块和红烧土块中的植硅体，学者得出结论认为：先秦时期的铸范中使用了水稻的茎秆或叶子作为掺和料（王永吉等：《我国古代铸范、红烧土中的植物硅酸体研究及其意义》，《科学通报》1992年第4期）。陈报章在贾湖遗址发现的大量的水稻植硅体为贾湖遗址先民对稻类植物资源的利用提供了炭化植物遗存之外的非常重要的证据（《河南贾湖新石器时代遗址水稻硅酸体的发现及意义》，《科学通报》1995年第4期）。植硅体方法在植物考古研究中另一个重要意义表现为，在考古遗址中没有炭化植物遗存保存或者因为考古调查规模小无条件采集更多土样进行浮选的情况下，少量土样的植硅体分析就可以为我们提供考古遗址中植物遗存类型的信息。

随着考古遗址中出土的以农作物为主的植物遗存越来越多，学术界很快意识到这些发现在认识农业起源与发展过程中的学术价值。

20 世纪 90 年代后期以来是发展和成熟阶段。随着系统、科学的植物考古方法不断被介绍和采用，一批考古人员转入古代植物遗存的专门研究，植物考古在植物遗存提取方法、植物种属鉴定方法和标准、综合研究等方面取得了全方位的进步，植物考古逐渐成熟。

植物考古方法在中国加速发展的最重要的标志之一就是浮选法的实施（赵志军：《植物考古学简史》，《中国文物报》2009 年 12 月 25 日）。1999 年，由加拿大植物考古专家克劳福德（Gary Crawford）教授改进的水波浮选仪被运到山东日照两城镇遗址发掘现场，这是中国第一台水波浮选仪，两城镇遗址大量的炭化植物遗存就是由这个仪器浮选出来的。植物考古方法进步的另一个重要方面表现为实现了植物大遗存和植物微体遗存研究的互补。大量的事实表明，在植物考古研究中，植物大遗存和微体遗存研究具有很强的互补性，在那些没有或极少炭化植物遗存（或者是饱水的植物遗存）保存下来的遗址中，植物考古研究可以采取植硅体和淀粉粒等分析方法。赵志军对江西吊桶环遗址的植硅体分析，发现从早到晚，具有驯化特征的水稻植硅体数量逐渐增多而具有野生性状的水稻植硅体数量逐渐减少［*The middle Yangtze region in China is one place where rice was domesticated*: *Phytolith evidence from the Diaotonghuan cave*, *northern Jiangxi*（《长江中游是栽培稻起源地之一：江西北部吊桶环遗址出土植硅体证据》），*Antiquity*1998，72（278）］。吕厚远等人对青海喇家遗址出土疑似面条遗物的植硅体和淀粉粒分析，发现了里面保存有粟类植物的植硅体，并进而推断这种遗物是用粟类植物加工而成的面条，这个发现被认为是世界范围内最早的面条而备受学术界瞩目［*Culinary archaeology*: *Millet noodles in late Neolithic China*, *Nature*, 2005，437（7061）］。即使在有植物大遗存保存下来的遗址中，由于研究的需要，也需要开展微体植物遗存研究，这在稻作农业起源研究中表现尤其突出，例如，仅仅依靠小穗轴或者粒型判别水稻的野生与驯化性状有一定的误差，而植硅体分析则可以为相关研究提供辅助的证据，进而推动了稻作农业起源的研究（郑云飞等：《浙江嵊州小黄山遗址的稻作生产——来自植物硅酸体的证据》，《农业考古》2013 年第 4 期）。在关于谷物加工方式、农田遗迹等的研究中，植硅体分析是首选的方法（靳桂云等：《山东丹土和两城镇龙山文化遗址水稻植硅体定量研究》，《东方考古》2005 年第 2 集）。在石器功能分析中，也需要在石器微痕分析的基础上，展开植硅体和淀粉粒分析［靳桂云等：《赵家庄遗址龙山文化石刀刃部植硅体分析与研究》，载中国社会科学院考古研究所科技考古中心编《科技考古》（第三辑），科学出版社 2011 年版；杨晓燕等：《植物淀粉粒分析在考古学中的应用》，《考古与文物》2006 年第 3 期］。

随着植物考古方法渐趋成熟，人才培养和机构建设也取得了重要成果。2004 年山东大学正式开设了植物考古本科生和研究生课程，完善的实验室设备为学生提供了实践植物考古的课堂。北京大学、厦门大学、四川大学、西北大学、赤峰学院等高校也相继开设了植物考古课程，其他院校即使没有专门的植物考古课程，在科技考古等相关课程中也开始介绍植物考古方法。除了高校的植物考古教学与科研以外，科研院所的植物考古研究也是植物考古发展的重要推动力。目前，中国社会科学院考古研究所，湖南、浙江、四川、吉林、河南、北京、云南、安徽、重庆、成都等考古研究所都建有植物考古实验室并有专人从事植物考古研究，其他省市考古研究所即使没有专门的实验室，也有人从事植物考古尤其是农业考古研究，有一些考古所的植物考古实验室正在建设之中。

随着方法的不断完善和从业人员以及研究机构的增加，植物考古资料不断积累，综合研究也取得了很多重要成果。目前，植物考古研究不仅已经成为考古学研究项目中必不可少的内容，而且在植物利用方式、农业起源发展与传播、环境与人类关系等重大问题的研究方面获得了重要的科学证据。

另外，自1980年以来，一批考古学家相继参与中国早期农业课题的研究，陈文华主持的《农业考古》学术期刊也大力组织、推动相关学术课题的研究，先后发表了一大批各个区域的早期农业方面的研究以及有关的综合研究成果。如严文明指出长江下游、长江中游和华南都有可能是中国稻作的起源地（严文明：《中国稻作农业的起源》，《农业考古》1982年第1、2期）；佟伟华根据磁山和半坡等遗址出土的植物遗存，探讨了北方地区粟作农业起源与早期发展（佟伟华：《磁山遗址的原始农业遗存及其相关问题》，《农业考古》1984年1期）；任式楠概述了新石器时代至铜石并用时代农作物和其他食用植物遗存的发现与研究进展（任式楠：《我国新石器—铜石并用时代农作物和其他食用植物遗存》，《史前研究》1986年第3、4期）。朱乃诚将中国史前农业分为农作物栽培的起源、史前农业的兴起、史前农业的初步发展、史前农业的成熟发展四个阶段，并阐述各个阶段农业遗存与文化特征以及社会发展状态（朱乃诚：《中国史前农业》，《東アジアと日本の考古学・IV・生业》（日本）同成社刊，2002年）。张良仁通过讨论世界体系学说、比较欧亚大陆和中国中原地区青铜时代，以及回顾日本古代社会的发展变化过程，再结合中国的农业考古成果，从宏观到微观系统论述了农业对于文明起源的推动作用，以及植物考古在古代文明研究中的巨大潜力（张良仁：《农业和文明起源》，《考古》2011年第5期）。秦岭通过分析大量的植物考古遗存，论述了稻作农业、粟作农业在长江中下游和北方地区起源的过程，并且对于研究方法和存在问题进行了讨论［秦岭：《中国农业起源的植物考古研究与展望》，载北京大学考古文博学院编《考古学研究》（九），文物出版社2012年版］。一批考古学家依据考古资料参与到史前农业的研究，促进了农业考古的快速发展。

二　植物考古主要成果

中国的植物考古在基础研究和综合研究两个方面都取得了重要进展。

（一）基础研究：植物考古基本方法

刘长江等人将考古遗址中出土的植物遗存分为两类，即植物大遗存（也有学者称之为“植物遗骸”，包括种子、果实、果壳和炭屑或木材等）和植物微体遗存（包括孢粉、植硅体和淀粉粒等），获取植物遗存则一般需要三个步骤：植物遗存的采集与提取；植物种属的识别与鉴定；植物遗存与人类文化相互关系的分析与解释。这两类植物遗存在分析和解释方法上基本一致，但在样品采集、提取技术与种属鉴定方法上有一定的差别（《刘长江等：《植物考古：种子果实研究》，科学出版社2008年版）。

1. 植物遗骸分析

第一，采样与提取。赵志军认为，“植物遗骸研究是现今应用最为普遍的、也是最为有效的植物考古学研究手段”，而植物遗骸的提取方式，就是我们常说的“浮选法”。而要获得浮选样品，就要在考古遗址发掘和调查过程中进行采样，采样方法分为“剖面采样法”“针对性采样法”和“网格式采样法”三种。采集浮选土样的过程中需要注意的一些问题：浮选土样量，即样品的数量和每个土样的土量，需要根据实际情况灵活掌握，基本原则是在时间和经费许可的情况下，尽量多采集，免得日后发现不足的时候因为发掘结束而无法补救；土样在浮选前要阴干而且要注意防止污染。浮选方法主要有两种，一种是水波浮选仪浮选方法，一种是小水桶浮选方法（赵志军：《植物考古学的田野工作方法——浮选法》，《考古》2004 年第 3 期）。

第二，实验室工作方法。赵志军介绍实验室工作包括浮选结果的筛分、植物遗骸的分类和鉴定、量化分析三个步骤（越志军：《植物遗骸分析》，载中国社会科学院考古研究所编《科技考古方法与应用》，文物出版社 2012 年版）。浮选结果的筛分就是使用不同规格的分样筛对浮选结果进行筛分，将出土的炭化植物遗骸按尺寸大小进行分组。植物遗骸的分类和鉴定就是将植物遗骸进一步分为块根块茎残块、硬果壳核和植物种子三类，然后进行种属鉴定。量化分析包括绝对数量统计方法、等级统计方法和出土概率统计方法三个方面，“绝对数量统计方法虽然简单，但得出的结果在对比分析中仅具参考价值，不能作为唯一的依据”“等级统计方法在一定程度上克服了绝对数量统计方法的误差，但是，由于相对数量等级的划分是人为的，其合理性和精确度很难掌握，因此根据登记统计结果做出的分析仍然难免出现误差”，而出土概率统计方法则“在客观上最大限度地减少了由绝对数量造成的误差对分析结果的影响”。

一般植物种属鉴定主要依据各实验室的现代植物标本和收集的各类图片资料、正式出版的植物考古教材（刘长江等：《植物考古：种子果实研究》，科学出版社 2008 年版）以及植物学家和农学家编辑出版的图谱（印丽萍等：《杂草种子图鉴》，中国农业科技出版社 1996 年版；关广清等：《杂草种子图鉴》，科学出版社 2000 年版）。对于主要农作物如水稻、粟、黍、大豆的种子的野生与驯化性状以及成熟度的鉴定，则主要参考一些专门的研究成果（傅稻镰等：《水稻驯化进程与驯化率——长江下游田螺山遗址出土小穗轴基盘研究》，《农业考古》2009 年第 4 期；顾海滨：《湖南考古遗址炭化米胚的研究》，《湖南考古辑刊》2011 年第 9 集；吕烈丹：《考古遗址出土野生和栽培稻的鉴定问题》，《南方文物》2009 年第 3 期；赵志军等：《考古遗址出土稻谷遗存的鉴定方法及应用》，《湖南考古辑刊》2009 年第 8 集；刘长江等：《粟、黍现代和人工炭化籽粒的形态特征比较及其在农业考古遗存鉴定上的意义》，《考古》2004 年第 8 期；杨青等：《炭化过程中粟、黍种子亚显微结构特征及其在植物考古中的应用》，《科学通报》2011 年第 9 期）。

2. 木材分析

木材分析就是通过对考古遗址出土木材样品进行种属鉴定，进而探讨人类与植物的关系。在国际学术界，对考古遗址出土木材类遗存的分析已经成为研究人类植物利用方式、分析第四纪环境变迁的重要手段之一，中国的相关研究也已经开始并取得了一些重要成果（王树芝：《考古遗址木材分析简史》，《南方文物》2011 年第 1 期）。靳桂云等人对木材分析方法可能性、基本方法和潜力进行了分析，同时也指出考古遗址出土木材在重建第四纪环境变迁中的局限性，因为“树种鉴定结果运用到古植被重建，需要考虑到考古遗址中出土木材遗存的形成、堆积和埋藏过程等都受到人类活动的影响，它所反映的自然植被变化乃至气候变化，在可靠性和独立性方面，与来自自然地层的证据相比具有显著的局限性”（靳桂云等：《木材鉴定在考古学中的应用》，《海岱考古》2009 年第 2 辑）。

第一，采样方法。王树芝介绍不同类型木材遗存的采样方法。浸水或者干燥保存的木材，如木器、木棺和木船等，要注意采样后把样品放入密封的塑料袋或玻璃瓶中，防止样品失水或者发霉；考古遗址出土的木炭样品，可以针对性采样，也可以在发掘过程中随时采样，采样时要注意防止把样品弄碎，也需要注意保存（王树芝：《木材分析》，载中国社会科学院考古研究所编《科技考古方法与应用》，文物出版社 2012 年版。下述“实验室工作方法”引用文同此）。

第二，实验室工作方法。常用的实验室工作方法，王树芝也进行了详细介绍。干燥保存的样品要取小块放入水中煮沸使其软化，然后进行切片观察；4 毫米以上的木炭碎块就可以做横向、径向、弦向微结构观察与鉴定。木材鉴定主要参考成俊卿的现代木材显微结构图谱（成俊卿：《木材学》，中国林业出版社 1985 年版）；同时，各个实验室都有自己的对比标本。

考古遗址出土木材除了可以进行树种鉴定，还可以进行树木年轮分析。王树芝对柴达木盆地考古遗址出土木材的树木年轮研究，建立了时间长度为 2376 年（公元前 1575 ~ 公元 800 年）柴达木盆地树轮年表，这是中国目前最长的年轮年表，为今后考古遗址定年奠定了很好的基础，同时还根据树轮恢复了青海都兰县长达 1176 年（公元前 418 ~ 公元 758 年）的降水量并发现了期间有两个干旱期，干旱期或许对当地的经济形态产生了一定的影响（王树芝：《柴达木盆地考古出土木材的树木年轮研究》，《考古学集刊》2010 年第 18 集）。

3. 植硅体分析

植硅体就是植物细胞之间沉淀下来的硅化组织，植硅体因为在植物中产量高、能在土壤中长期保存、就地沉积、不同的禾本科植物乃至同一禾本科植物不同部位会产生不同形态的植硅体等特点，使其在植物考古中具有一定的优势。现有研究表明，植硅体分析与植物大遗存分析方法互补，是植物考古研究中不可替代的一种重要的方法（王永吉等：《植物硅酸体研究及应用》，海洋出版社 1993 年版）。针对学术界关于“植物硅化组织”的不同命名及由此引发的混乱，李泉等人提出了“植硅体”的命名（李泉等：《国际植硅体命名法规（International Code for Phytolith Nomenclature 1.0）的介绍与讨论》，《古生物学报》2009 年第 1 期）。

第一，采样方法。因为在曾经生长和存留过植物的土壤中有大量的植硅体保存下来，在考古发掘或者调查过程中都可以采集土壤样品供实验室提取植硅体，具体采样方法可以分为剖面采样、针对性采样、网格式采样和钻孔采样；采集土壤样品的同时，还需要采集各类遗物标本，比如，红烧土或者陶片中可能会有被烧过的植物留下的植硅体、石器表面可能残存有加工植物过程中遗留下来的植硅体、动物粪便中可能保留植硅体、动物或者人类的牙齿上可能残留有植硅体，采集的石器或者牙齿等不要清洗，直接放入包装盒中。土壤样品每份不需要超过 100 克。采样过程中特别要注意避免污染（靳桂云：《植硅体分析》，载中国社会科学院考古研究所编《科技考古方法与应用》，文物出版社 2012 年版。下述“实验室工作方法”引文同此）。

第二，实验室工作方法。实验室工作方法就是从土壤和各类文物中提取植硅体并进行种属鉴定。植硅体提取有常规提取和定量提取两种方法，定量方法主要是通过定量分析一定量（每克或者每 2 克）土壤中某种植物或者某种植物某个部位植硅体的数量，来分析水田存在的可能以及判断土壤的来源单位可能是谷物加工的某个环节。

植硅体鉴定标准主要来自各个实验室的现代植物植硅体形态标本、已经发表的植硅体鉴定图谱（王永吉等：《植物硅酸体研究及应用》，海洋出版社 1993 年版）以及专门针对某种植物植硅体形态研究的成果，比如吕厚远等人对粟和黍及其野生祖本植硅体形态的鉴定标准［吕厚远等：《粟、黍植硅体形态鉴定》，载社会发展科技司等编《中华文明探源工程文集——环境卷》（1），科学出版社 2009 年版］、吕厚远等人对野生稻与驯化稻扇形植硅体的鉴定标准［吕厚远等：《水稻扇形硅酸体的鉴定及在考古学中的应用》，《考古》1996 年第 4 期］、赵志军等人对野生稻与驯化稻稻壳双峰型植硅体的鉴定标准［赵志军等：《吊桶环遗址稻属植硅石研究》，《农业考古》2000 年 3 期］等。

4. 淀粉粒分析

与植硅体类似，不同种属的植物具有不同形态的淀粉粒，淀粉粒也可以在考古遗址中长时间保存，而且因为在一些很少或者不产生植硅体的块根块茎类植物中有大量淀粉、在一些加工食物的工具上或许不残留植硅体但却残留丰富的淀粉粒，植硅体分析与淀粉粒分析具有显著的互补性（杨晓燕：《淀粉粒分析》，载中国社会科学院考古研究所编《科技考古方法与应用》，文物出版社 2012 年版。下述“采样方法”和“实验室方法”引文同此）。

第一，采样方法。采样方法包括遗迹中沉积物采样、器物采样、动物和人的牙齿采样。在考古遗址的文化层、窖穴或灰坑采集土壤样品，每个样品 10 克；同时要在遗址周围采集现代表土样品，作为日后对比分析之用。因为各类工具或者陶器表层都可能残留淀粉粒，在发掘时如果遇到石器等，先采集周围的土壤，然后将石器装入样品袋中封存。发掘中遇到单个牙齿，可以直接将样品装入样品袋，如果是颌骨上的牙齿，可以用刀将牙齿上的结石刮下来。和植硅体一样，采样要特别注意防止污染。

第二，实验室工作方法。实验室工作就是提取淀粉粒并在显微镜下鉴定种属。不同类型的样品，提取方法不同。从土壤样品中提取淀粉粒，要用孔径 1.5 毫米的筛子过筛，保留 2 毫米以上的颗粒，然后加入化学试剂、离心，获取淀粉粒。从石器等工具表面提取淀粉粒，要在器物表面裂隙或凹坑处注入超纯水浸泡，然后用探针刮下残留物并用移液器将液体吸出装入试管，也可以把小石器直接放入烧杯中超声提取淀粉粒。牙结石中的淀粉粒可以直接用显微镜观察，也可以在稀盐酸中浸泡后浮选。

淀粉粒鉴定主要参考各自实验室的现代标本、公开发表的现代植物淀粉粒图谱，以及针对某些与人类关系密切的植物所做的现代植物淀粉粒分析结果（杨晓燕：《粟、黍和狗尾草的淀粉粒形态比较及其在植物考古研究中的潜在意义》，《第四纪研究》2005 年第 2 期；杨晓燕等：《中国北方主要坚果类淀粉粒形态对比》，《第四纪研究》2009 年第 1 期；万智巍等：《中国南方现代块根块茎类植物淀粉粒形态分析》，《第四纪研究》2011 年第 4 期；葛威等：《几种禾本科植物淀粉粒形态比较及其考古学意义》，《第四纪研究》2010 年第 2 期）。

植物考古方法的基本完善，加速了植物考古数据积累的过程，促进了与植物考古相关的古代植物利用以及农业考古等方面的综合研究的深入。

（二）综合研究

综合研究主要包括植物利用、农业考古（农业起源、发展与传播）和环境考古三个方面。

1. 植物利用

植物利用研究包括分析人类利用植物的种类、利用方式及其在人类生计方式中的地位。研究表明，旧石器时代晚期生活在中国境内的人类已经开始了植物利用的“广谱革命”（关莹等：《MIS 3 晚期阶段的现代人行为与“广谱革命”——来自水洞沟遗址的证据》，《科学通报》2012 年第 1 期）。旧、新石器过渡的广谱经济阶段，人类广泛开发利用水生动植物和陆地小粒型植物食物资源，在距今 2 万～1.5 万年前后的湖南澧县十里岗和江西万年仙人洞遗址中都出土了野生稻的植硅体，表明人类已经开始认识并利用野生稻，而仙人洞和吊桶环两处遗址的发现则表明，这个阶段的野生稻利用可能是后来稻作农业的重要前提（裴安平：《史前广谱经济与稻作农业》，《中国农史》2008 年第 2 期）。对山西吉县柿子滩遗址（距今 13800～8500 年）中石磨盘等的微痕分析和淀粉粒分析显示，这些石器用于加工各类禾草的种子、橡子、豆类和薯蓣属植物［Liu，et al. *Plant exploitation of the last foragers at Shizitan in the Middle Yellow River Valley China：evidence from grinding stones*（刘莉等：《中国黄河中游柿子滩遗址最后的狩猎采集者植物利用方式——碾磨石器上的证据》），*Journal of Archaeological Science*，2011，38（12）］。

植物遗存分析显示，大约距今 8000 年前后，长江和黄河流域居民采集多种野生植物作为食物。长江下游地区全新世早期人类植物性食物包括橡子和水稻等［*Liu，et al. The exploitation of acorn and rice in early Holocene Lower Yangzi River，China.* 刘莉等：《长江下游早全新世的橡子和水稻利用》，《人类学学报》（英文版）2010 年第 3 期］。浙江萧山跨湖桥遗址中出土的丰富的野生动植物遗存，表明当时采集渔猎生计模式占有重要地位（浙江省文物考古研究所等：《跨湖桥》，文物出版社 2004 年版）。舞阳贾湖遗址植物遗骸分析结果显示，贾湖先民在距今 8000 年前虽然已经开始种植稻谷，但其经济生产活动的主体却仍然是采集和渔猎，属于农业的稻谷种植在当时仅是辅助性的次要的生产活动，野大豆、禾本科植物种子、葡萄属植物、莲藕、菱角等可能是主要的植物性食物来源（赵志军等：《河南舞阳贾湖遗址浮选结果分析报告》，《考古》2009 年第 10 期）。

北方地区裴李岗时代先民也利用多种植物资源。西辽河流域的兴隆洼文化聚落中，不仅有栽培的粟、黍，而且也采集多种野生植物作为食物。兴隆沟遗址的植物考古研究，发现了大量的炭化植物遗存，其中有黍和粟两种农作物，还有蓼科等野生植物（赵志军：《从兴隆沟遗址浮选结果谈中国北方旱作农业起源问题》，《东亚考古》（A 卷），文物出版社 2004 年版）。阜新查海遗址房屋居住面上出土了杏、山核桃等植物遗存，其中山杏比较多（王育茜等：《辽宁阜新查海遗址炭化植物遗存研究》，《北方文物》2012 年第 4 期）。黄河下游后李文化居民处于“低水平食物生产”阶段，尽管可能已经开始了粟、黍和稻等农作物的种植，但狩猎采集所得仍然是这样的食物来源（靳桂云：《后李文化生业经济研究》，《东方考古》2012 年第 9 集）。

研究表明，距今 7000 年前后，是原始农业发展的关键时期。但此时采集的野生植物仍然为人类提供了重要的食物资源。位于长江下游的河姆渡遗址，在栽培水稻的同时，可能还采集野生稻作为食物的补充（汤圣祥等：《河姆渡炭化稻中普通野生稻谷粒的发现》，载浙江省文物考古研究所编《河姆渡——新石器时代遗址考古发掘报告》，文物出版社 2003 年版）；而从出土的全部植物遗存来看，水稻在植物性食物中所占比例相当有限，聚落居民还食用相当数量的野生植物，如橡子、菱角、芡实、薏苡、葫芦等（秦岭等：《河姆渡遗址的生计模式——兼谈稻作农业研究中的若干问题》，《东方考古》2006 年第 3 集）。田螺山遗址植物遗骸分析，共获得 7456 个植物种子和果实遗存，其中包括壳斗科、蔷薇科、禾本科等 18 个科 27 个属，其中可食植物种类除了水稻，还有栎属、蔷薇科的多个属种等（郑云飞等：《田螺山遗址出土植物种子反映的食物生产活动》，载北京大学中国考古学研究中心编《田螺山自然遗址综合研究》，文物出版社 2011 年版）。张光直认为即便是到了马家浜文化时期，先民除了栽培水稻外，也丰富野生动植物资源（张光直：《中国东南海岸的富裕的食物采集文化》，《上海博物馆集刊》1987 年第 4 期）。长江中游的情况也类似。顾海滨根据湖南澧县城头山遗址出土的植物遗存分析人类对植物的利用方式，认为城头山遗址出土的薏苡、芡实、慈姑、菱角、桃子、野李、高粱泡、冬瓜、黄瓜、小葫芦、苋科、藜属等都可能是植物性食物，黄连木和葎草可能是纤维植物，红豆杉等木材可能为建筑用材，丰富的草本植物可能是牲畜的饲料（顾海滨：《从城头山遗址的植物遗存看大溪文化的环境背景》，载湖南省文物考古研究所编《澧县城头山——中日合作澧阳平原环境考古与有关综合研究》，文物出版社 2007 年版）。考古遗址出土的植物遗存还为我们认识早期农业社会野生食物资源开发方式提供了重要证据。对长江下游田螺山和黄河中游袁桥遗址植物的考古分析显示，田螺山遗址的采集经济具有广域性、专门性、季节性和强调储存性等特点，而袁桥遗址所反映的仰韶文化时期生业活动则是集中在更小的空间范围内的作物栽培上（秦岭等：《早期农业聚落的野生食物资源域研究——以长江下游和中原地区为例》，《第四纪研究》2010 年第 2 期）。

即使农业已经确立其在生业经济中地位的新石器时代晚期乃至金属器时代，对各种野生植物的利用也是很普遍存在的。郑云飞等人对新石器时代出土葡萄种子进行了系统分析，认为新石器时代居民普遍利用野葡萄，距今 5000 年左右，中国南方先民已经食用葡萄，不晚于欧洲的使用葡萄历史。中国可能有本土葡萄驯化的历史（郑云飞等：《新石器时代遗址出土葡萄种子引起的思考》，《农业考古》2006 年第 1 期）。对甘肃临潭陈旗磨沟遗址齐家文化时期人牙的淀粉粒分析显示，居民植物性食物中包括大麦类、小麦类、粟和黍、荞麦、银杏、橡子、豆类和块根块茎类，其中麦类、粟黍类和荞麦类占主要地位，其余则为辅助性食物（李明启等：《甘肃临潭陈旗磨沟遗址人牙结石中淀粉粒反映的古人类植物性食物》，《中国科学：地球科学》2010 年第 4 期）。对青海喇家遗址炭化植物遗存分析结果显示，该聚落齐家文化居民不仅从事以粟为主要作物的旱作农业，而且还利用豆科的苜蓿属植物，这种植物既可能是人类的食物也可能是牲畜的饲料（赵志军：《有关青海东部地区青铜时代文化经济形态的一些新认识》，载邓聪、陈星灿主编《桃李成蹊集——庆祝安志敏先生八十寿辰》，香港中文大学中国考古艺术研究中心 2004 年版）。无独有偶，靳桂云等人在对山东高青陈庄遗址开展植物考古研究的过程中，发现聚落内集中出土豆科植物苜蓿属的种子，联系该遗址出土西周时期贵族墓葬和车马坑等遗迹，推测这些豆科植物或许是马饲料，而该遗址可能是西周王朝在经略东方过程中的一个重要军事据点，甚至是军事重镇（《西周王朝早期的东方军事重镇——山东高青陈庄遗址的古植物证据》，《科学通报》2011 年第 35 期）。

考古遗址出土木材（炭化和未炭化）遗存的树种分析，是我们认识人类植物利用方式的重要依据之一。日本学者铃木三男等人通过对田螺山遗址出土木材的树种分析，在田螺山遗址鉴定出针叶树 3 种、阔叶树 51 种、不明属若干种；其中利用最多的是楷树，主要用于建筑；其次是樟树，常被用作建材；排第三位的是柏科圆柏属，多用作柱子和垫板以及建筑部件；木器用材最多的是桑属，有木桨、木耜、把手、刀等；此外还有栎属、荚蒾属、糙叶树、化香树、枫香树、山茶属、朴属、柿属、榉树属、黄檀属、黄檗属、李属、卫矛属、鹅耳枥属、合欢属、五加属、槭树属、南酸枣、山茱萸属等。特别值得一提的是，该遗址中还出土了用银杏树材加工制作的圆筒形器，这可能是目前出土的时代最早的银杏遗物，同时也提出了这类银杏木材“是当地所产还是从外面输入进来的”问题，因为田螺山遗址所在的低矮丘陵地区并不适合银杏生长；遗址中发现了似为间隔配置的树根遗迹，树种鉴定显示均为山茶属，研究者认为可能距今 7000 年前后人类已经种植山茶（［日］铃木三男等：《浙江省田螺山遗址出土木材的树种鉴定》，载北京大学中国考古学研究中心编《田螺山自然遗址综合研究》，文物出版社 2011 年版）。王育茜等人对山东即墨北阡遗址的 108 份木炭样品进行了树种鉴定，发现有 16 个种属，包括槭树属、桦木属、麻栎、蒙古栎、香椿属、柘属、水曲柳、槐属、苹果属、李属、臭椿属、榉属、榆属、朴属等阔叶树；大汶口文化时期和周代，栎属的数量最多，被使用的频次也最高。但周代针叶树种基本未见，亚热带树种明显减少（王育茜等：《山东即墨北阡遗址木炭遗存的初步分析》，《东方考古》2013 年第 10 集）。靳桂云等人对山东日照两城镇、西公桥、赵家庄、大辛庄等遗址出土木炭的综合研究显示，两城镇遗址龙山文化居民使用的树种包括麻栎、杜梨、辽东桤木和刚竹等，其中麻栎最多；在上述遗址中，松树类普遍使用，包括赤松、油松等，柳属和榆属也较常见，还有构属（靳桂云等：《山东日照两城镇龙山文化（4600～4000a. B. P.）遗址出土木材的古气候意义》，《第四纪研究》2006 年第 4 期；《山东地区考古遗址出土木炭种属研究》，《东方考古》2009 年第 6 集）。王树芝等人在湖北雕龙碑遗址中鉴定出了杜仲，可能表明在距今 5000 多年前，雕龙碑一带的居民已经认识了杜仲这种植物的药物价值（王树芝等：《湖北枣阳市雕龙碑遗址房屋建筑出土木炭的研究》，《考古》2002 年第 11 期）。对陶寺遗址的 773 块木炭进行种属鉴定，发现这些木炭属于 25 个科属的木本植物，其中麻栎属 298 块，侧柏 250 块，油松 154 块，其余还有枣树、柳属、槭树属、黄栌属、稠李、灯台树、榆属、木瓜红、朴属等；因为陶寺遗址宫殿等大型建筑更多地采用了柏和松等针叶树，而且孢粉分析并没有发现侧柏的花粉，“似乎可以推测，陶寺遗址的统治者为了彰显宫殿的豪华和政治地位，很有可能专门选用名贵木材松、柏作为建筑材料，侧柏可能是从其他地方远距离运来”（王树芝等：《陶寺遗址出土木炭研究》，《考古》2011 年第 3 期）。日本学者奥山诚义等人对西安地区汉墓出土棺上金属饰件内残存的木材和纤维制品的分析，发现了汉代人更多地选择针叶树作为棺木，棺的金属饰件上附着的纺织物为麻类纤维（［日］奥山诚义等：《西安地区汉墓出土木棺金属饰件内残存木材、纤维制品的材质研究》，载西安市文物保护考古所编《西安东汉墓》，文物出版社 2009 年版）。

关于植物利用的植物考古研究，不仅向我们展现了古代人类利用各种植物资源的画卷，更为我们认识植物栽培和农业起源及其传播过程提供了至关重要的科学证据。随着植物考古资料的积累和研究的深入，有关农业起源与传播的研究也取得了重要进展，这可以被看作是中国植物考古研究最受人瞩目的成就之一。

2. 农业考古（农业起源、发展与传播）

第一，水稻起源。现有的考古学尤其是植物考古资料显示，长江中下游是史前人类连续利用稻资源历史最悠久的地区，也是目前出土新石器时代早期稻遗存数量最多、关于稻的野生与驯化性状研究相对比较充分的地区。学术界关于稻作农业起源的讨论比较深入。

严文明通过系统分析长江流域新石器时代考古遗址出土的植物遗存及其考古学文化背景，认为长江中游、下游都是稻作农业起源的关键地区，但它们在起源的过程中各自所起的作用可能不尽相同，并且进一步讨论了稻作农业起源的机制问题（严文明：《再论稻作农业的起源》，《农业考古》1989 年第 2 期），认为长江流域是野生稻分布的边缘地区，既有栽培稻所赖以生产的物质基础，又有因野生稻数量不多不便采集而激发起来的人工培育的动力，这在以后被归纳为稻作农业起源的“边缘理论”。张居中等人根据贾湖遗址出土大量的稻遗存，提出淮河流域可能是独立于长江流域之外的稻作农业起源的另一个中心（张居中等：《也论中国栽培稻的起源与东传》，《农业考古》1996 年第 1 期）。朱乃诚依据江西万年仙人洞与吊桶环、湖南道县玉蟾岩、澧县八十垱、河南舞阳贾湖等遗址的发现，提出稻作农业“中心起源，边缘发展”的认识，即大约在公元前 10000 年起源于中国南方腹心地带（南丘陵以南、南岭岭脊以北、武夷山以西、雪峰山以东），于公元前 7000 年后发展于两湖平原西部地区和钱塘江流域，逐步向淮河流域推进（朱乃诚：《中国新石器时代早期文化遗存的新发现和新思考》，《东南文化》1999 年第 3 期）；他还提出农业起源经历了农作物栽培的起源和原始农业兴起两个发展阶段（朱乃诚：《中国农作物栽培的起源和原始农业的兴起》，《农业考古》2001 年第 3 期）；后来他运用“中心起源，边缘发展”观点，再次提出钱塘江流域或杭州湾地区应有距今 9000 ~ 8000 年的原始稻作农业及其文化遗存，钱塘江流域是探索原始稻作农业起源的一个十分重要的地区（朱乃诚：《太湖与杭州湾地区原始稻作农业起源初探》，《东南文化》2004 年第 2 期）。浙江省文物考古研究所于 2001 ~ 2006 年在浙江中部浦江上山遗址的进行连续发掘，发现了早期稻遗存，对于说明杭州湾及环太湖地区稻作农业的起源有重要意义。发掘者将上山遗址稻作遗存的年代定在距今 10000 年左右，认为全新世早期稻作农业起源于长江下游地区（蒋乐平：《浙江浦江县上山新石器时代遗址——长江下游早期稻作文明的最新发现》，《中国社会科学院古代文明研究中心通讯》2004 年第 7 期；盛丹平等：《浙江浦江县上山新石器时代早期遗址——长江下游万年前稻作遗存的最新发现》，《农业考古》2006 年第 1 期；蒋乐平、盛丹平：《上山遗址与上山文化——兼谈浙江新石器时代考古研究，《环境考古研究》2007 年第 4 辑）。朱乃诚则认为上山遗址稻作遗存的年代在距今 9000 年前后（朱乃诚：《再论中国稻作农业“中心起源，边缘发展”——钱塘江流域早期稻作农业文化遗存新发现的启迪》，《环境考古研究》2007 年第 4 辑）。

刘莉等人通过系统分析长江及淮河流域早期新石器时代遗址中的稻遗存，也认为，距今 9000 年前后，南部中国的新石器时代居民就可能已经收获野生稻并开始水稻栽培了（刘莉等：《关于中国稻作起源证据的讨论与商榷》，《南方文物》2009 年第 3 期）。郑云飞等人提出，“长江下游在距今 10000 年以前开始稻的驯化”，而田螺山遗址出土的距今 7000 多年的稻谷小穗显示“水稻尚处于驯化过程中带有野生习性的原始栽培阶段，粳稻是栽培稻的演化方向”（郑云飞等：《7000 年前考古遗址出土稻谷的小穗轴特征》，《科学通报》2007 年第 9 期）。赵志军通过系统分析长江中下游地区考古遗址中出土的稻遗存及共存的其他文化遗存提出，根据上山遗址稻遗存的特点，“暂时无法对上山文化时期稻谷种植的情况以及稻作农业在当时生业形态中所占的比例进行判断和分析”；而距今 8000 年前后的贾湖遗址正是中国稻作农业形成过程中初期阶段的一个代表，同处这一阶段的其他考古遗址可能还有位于长江中游地区的湖南澧县彭头山遗址、长江下游地区的浙江萧山跨湖桥遗址”；以河姆渡和田螺山为代表的河姆渡文化的“经济形态很可能并没有达到完全的稻作农业阶段，仍然处在由采集狩猎向稻作农业经济转变的过渡时期；大约在距今 7000 ~ 5000 年间，稻作农业终于取代采集狩猎经济成为长江中下游地区古代经济的主体，其中长江中游地区可能略早于长江下游地区（赵志等：《栽培稻与稻作农业起源研究的新资料和新进展》,《南方文物》2009 年第 3 期)。

张弛通过对贾湖一期文化的来源、分布范围、文化特征等方面的系统分析，结合相关的植物遗存数据，在文化与环境背景下提出了关于稻作农业起源与传播的观点，认为“贾湖一期农耕活动的比例大于二期”“在距今 8500 年前后的八里岗贾湖一期遗存中就已经有驯化程度很高的水稻品种了”“贾湖一期遗存中稻属与橡子并用的生业形态也是长江中下游地区新石器时代晚期以前的传统。因此，贾湖一期文化的遗存应当是南方人群向淮汉和黄河中游地区扩展的结果”，山东地区的后李文化“估计也来自与贾湖一期遗存同一时期类似的南方文化系统”，“黄河下游地区 6000BC 以降的新石器时代中期文化的形成主要是长江流域和淮汉一带文化及人群北进的结果”（张弛:《论贾湖一期文化遗存》,《文物》2011 年第 3 期)。

根据对跨湖桥、河姆渡、田螺山、罗家角等长江下游地区遗址出土稻遗存的形态学、与稻遗存共存的其他植物遗存，以及生产工具等的系统分析，秦岭等人倾向于“将河姆渡遗址作为一个以坚果采集和渔猎为主要生计模式”的社会来认识，尽管“稻类资源的利用已经在河姆渡文化时期有了一定的发展，也不排除开始了人工栽培种植活动”，但“对稻类资源的利用在整个生计活动中占有的比例是有限的”（秦岭第:《河姆渡遗址的生计模式——兼谈稻作农业研究中的若干问题》,《东方考古》2006 年第 3 集)；到距今 7000 ~ 6000 年，稻作农业在长江中下游地区才逐渐确立起来［秦岭:《中国农业起源的植物考古研究与展望》，载北京大学考古文博学院编《考古学研究》（九)，文物出版社 2012 年版)。焦天龙通过系统分析河姆渡文化尤其是河姆渡遗址出土的动物、植物遗存，以及聚落形态资料，认为河姆渡文化时期处于“低水平食物生产阶段”，其特点就是以狩猎采集结合小规模植物栽培和动物驯养作为谋生的手段，水稻的栽培可能是生业经济中的重要内容，但却不是最主要的食物来源［焦天龙:《河姆渡与中国东南史前的低水平食物生产经济》，载北京大学考古文博学院编《考古学研究》(九)，文物出版社 2012 年版］。

现有的植物考古资料，虽然不能直接证明稻作农业起源的时间，但却可以为我们认识稻作农业起源的区域提供一些重要证据。长江中下游地区的考古遗址中，不仅上山遗址出土了时代最早的具有驯化性状的稻遗存，而且长江中游的吊桶环、仙人洞和玉蟾岩遗址都出土了距今 15000 年前后的野生稻遗存（张弛:《江西万年早期陶器和稻属植硅石遗存》，载严文明等主编《稻作、陶器和都市的起源》，文物出版社 2000 年版；袁家荣:《湖南道县玉蟾岩 1 万年以前的稻谷和陶器》，载严文明等主编《稻作、陶器和都市的起源》，文物出 2000 年版)，表明当时已经开始了野生稻资源的开发与利用，而玉蟾岩的稻粒已经显示了可能被驯化的特征（张文绪等:《湖南道县玉蟾岩栽培稻的初步研究》,《作物学报》1998 年第 4 期)。这些发现都表明，长江中下游地区是稻资源利用历史最悠久的地区，最有可能是稻作农业起源地。龚子同等人通过系统收集考古遗址出土稻遗存资料，分析了考古遗址水稻遗存的时空分布特点，也提出了稻作农业起源于长江中下游地区的观点（龚子同第:《中国古水稻的时空分布及其启示意义》,《科学通报》2007 年第 5 期)。

第二，粟黍起源。学术界普遍认为粟和黍最早是在中国北方被驯化并最终成为该地区主要的粮食作物。朱乃诚依据考古学发现的北方地区旧石器时代末期及新石器时代初期（约距今 15000 ~ 9000 年）的遗址在燕山南麓及太行山北侧与东侧有较多分布的现象，先后推测栽培粟可能在距今 10000 年前后率先发生于太行山东侧及燕山南麓的山谷平原地带（朱乃诚:《中国新石器时代早期文化遗存的新发现和新思考》,《东南文化》1999 年第 3

期；《中国农作物栽培的起源和原始农业的兴起》，《农业考古》2001 年第 3 期；《中国新石器时代几种主要特征的起源兼论中国新石器时代开始的标志》，载中国社会科学院考古研究所编《21 世纪中国考古学与世界考古学》，中国社会科学出版社 2002 年版）。赵志军从内蒙古赤峰市兴隆沟遗址兴隆洼文化时期（距今 8000 ~ 7500 年）房址内的土样中浮选出 1 万多粒炭化植物种子，其中炭化黍近 1500 粒，占总数的 15%，炭化粟 60 粒；从粒型分析，兴隆洼阶段黍粒和夏家店下层差异明显，表明黍还具有一定的野生性状，兴隆洼文化时期还处于"似农非农"阶段，进而他提出兴隆沟遗址所在的西辽河上游地区就应该是黍和粟的起源地或起源地之一（赵志军：《从兴隆沟遗址浮选结果谈中国北方旱作农业起源问题》，载南京师范大学文博系编《东亚古物 · A 卷》，文物出版社 2004 年版；《植物考古学及其新进展》，《考古》2005 年第 7 期）。

近年来对东胡林、南庄头、磁山、柿子滩等新石器时代早期遗址的植物考古研究，为我们认识粟作农业起源提供了非常重要的资料。

刘莉等人对东胡林早期阶段的 1 件磨盘和 1 件磨棒进行了微痕、淀粉粒和植硅体分析，认为东胡林遗址出土的石器主要是用来加工坚果（橡子）的［Liu et al. 2010. *A functional analysis of grinding stones from an early Holocene site at Donghulin, North China.*（《中国北方早全新世东胡林遗址碾磨石器功能分析》），*Journal of archaeological science*, 2010, 37（10）］。刘莉等人对山西吉县柿子滩遗址第 9 地点第 4 层（第 3 层测年为距今 9600 ~ 9000 年，因为第 3 层与第 4 层之间没有明显的界线，推测年代差距不大）出土的 2 个石磨盘和 2 个磨棒进行了取样分析，鉴定到以禾草类和栎属为主的淀粉粒，其中栎属 47 个、黍属 80 个、小麦族 27 个、薯蓣类 5 个、豆科 4 个［Liu et al. *Plant exploitation of the Last foragers at Shizitan in the Middle Yellow River Valley China: evidence from grinding stones.*（《中国黄河中游最后的狩猎采集者的植物利用——来自碾磨石器的证据》），*Journal of archaeological science*, 2011, 38（12）］。杨晓燕等人则从河北徐水南庄头（距今 11500 ~ 11000 年）和北京东胡林（距今 11000 ~ 9500 年）两个遗址出土的石磨盘和石磨棒上提取了淀粉粒，淀粉粒的形态学分析显示，在大约 2000 多年的时间里，野生粟淀粉粒从南庄头的 38% 下降到东胡林的 32.3%，而驯化粟的淀粉粒从南庄头的 46.2% 增加到东胡林的 52.6%。这一结果表明，在该地区，距今 11000 年前后人类可能已经开始干预甚至栽培野生粟类植物了，人类利用粟类植物颖果的方式是用磨盘和磨棒磨成粉或糊状，并用陶器进行炊煮加工，与此同时还食用其他草本植物的果实［Yang et al. *Early millet use in northern China*（《中国北方早期新石器时代的粟利用》）］，*Proceedings of the National Academy of Sciences*, 2012, 109（10）］。朱乃诚通过分析北京门头沟东胡林、山西吉县柿子滩、河南新密李家沟等遗址的新发现，认为东胡林遗址发现的全新世初期的文化遗存最为丰富，坚持栽培粟可能在距今 10000 年前后率先发生于太行山东侧及燕山南麓的山谷平原地带的观点，并依据李家沟遗址的发现提出中原嵩山区是应探索栽培粟起源的又一个重要区域（朱乃诚：《栽培粟起源的再探索》，《中国社会科学院古代文明研究中心通讯》2013 年第 24 期）。

东胡林等遗址中的淀粉粒和花粉等微体植物遗存共同揭示了新石器时代早期（柿子滩被定为旧石器时代晚期，因为没有陶片出土）距今 12000 ~ 9000 年前后人类对禾草类植物资源的加工利用情况。从距今 8000 年前后开始，北方广大地区进入了粟、黍栽培与利用的一个重要发展时期。

吕厚远等人对河北武安磁山遗址新石器时代窖穴中出土的植物遗存进行了年代测定和植物考古分析，提出该遗址中出土的年代最早的黍距今10300～8700年，之后才开始出现粟，进而提出黍是东亚地区最早的旱地作物，其最早被驯化或许与其耐干旱的植物生理特性有关［Lu et al. 2009. *Earliest domestication of common millet* （*Panicum miliaceum*） *in East Asia extended to* 10，000 *years ago*. （《东亚地区最早的驯化黍延伸到距今10000年》），*Proceedings of the National Academy of Sciences*，2009，106（18）］。不过，秦岭认为“由于目前磁山遗址中尚未甄别出有别于磁山文化的更早阶段的考古学遗存，而且同一剖面获得的系列年代数据出现倒置”，因此仍将磁山遗址的粟、黍遗存归入新石器时代中期，不过吕厚远等人关于磁山遗址窖藏中粟、黍植硅体的研究仍然具有重要的学术意义［秦岭：《中国农业起源的植物考古研究与展望》，载北京大学考古文博学院编《考古学研究》（九），文物出版社2012年版］。

白音长汗遗址小河西文化（距今8200年）的1件磨棒上残留的淀粉粒数量很少，大部分具有类似黍的特征，有一个可能是栎属淀粉粒，而兴隆洼文化的3件磨盘上均发现了粟、黍和栎属的淀粉粒［Tao et al. 2011. *Starch grains analysis for groundstone tolls from Neolithic Beiyinchanghan site*：*implications for their function in Northeast China*. （《白音长汗遗址石器淀粉粒分析——功能指示》），*Journal of Archaeological science* 38］。北京平谷上宅遗址第5层（距今7500～6700年）的1件磨盘和1件磨棒上残留的71个淀粉粒个体，其中来自栎属果实的24个，粟10个，其余为黍和小豆属（杨晓燕等：《北京平谷上宅遗址磨盘磨棒功能分析——来自淀粉粒的证据》，《中国科学：地球科学》2009年第9期）。裴李岗文化的丁庄（徐天申：《论裴李岗文化时期的原始农业—河南古代农业研究之一》，《中原文物》1998年第3期）和沙窝李（王吉怀：《新郑沙窝李遗址发现炭化粟粒》，《农业考古》1984年第2期）等遗址中都曾经出土过粟的遗存，但因为当时没有开展系统的植物考古研究，不仅出土的数量少，而且也没有科学鉴定结果。李炅娥等人在伊洛河流域考古调查过程中，在府店和坞罗西坡两个裴李岗文化遗址采集了浮选土样，但只发现了两粒粟［Gyoung-Ah Lee et al. *Plants and people from the early Neolithic to Shang Periods in north China*. （《中国北方从早期新石器时代到商代的植物与人类》），*The proceedings of the National Academy of Sciences* （*PNAS*），2007，104］。

张健平等人在河南新郑唐户遗址开展的植硅体分析则为我们认识该聚落的植物资源提供了非常珍贵的资料。研究显示，该遗址同时出土了丰富的具有驯化特征的粟黍和水稻植硅体［Zhang et al. *Early Mixed Farming of Millet and Rice* 7800 *Years Ago in the Middle Yellow River Region*，*China*. （《7800年前中国黄河中游地区早期稻粟混作农业》），*PLoS ONE*，2012，7（12）］。张永辉等人对裴李岗遗址8件石磨盘的淀粉粒分析为我们认识该遗址早期农业提供了一些证据，研究显示，1000多个淀粉粒可以分成7组，其中比例最高的是栎属的淀粉粒，占总数的46.3%，其次是小麦族（24.3%），粟或黍以及薏苡属占12.1%（张永辉等：《裴李岗遗址出土石磨盘表面淀粉粒的鉴定与分析》，《第四纪研究》2011年第5期）。刘莉等人对莪沟和石固遗址出土的石磨盘做了微痕和淀粉粒分析，认为这些石磨盘是多功能的，用于加工栎果、小豆类、粟类和块茎等，但以加工栎果为主［Liu et al. *What did grinding stones grind*？ *New light on early Neolithic subsistence economy in the middle Yellow River Valley*，*China*. （《碾磨石器是作什么用的？中国黄河中游新石器时代早期生业经济的新证据》），*Antiquity* 2010，84］。

甘肃秦安大地湾遗址大地湾一期（距今7800～7300年）H398中出土了8粒黍。虽然仅仅根据这8粒黍很难判断该聚落粟作农业情况，但仰韶文化早期和晚期都出土了大量的黍和粟（早期两个灰坑出土了900多粒黍、10粒粟，晚期出土了700多粒粟和5粒黍），这些发现不仅说明大地湾聚落在距今7800～7300年前后就已经开始了黍的栽培，而且表明从仰韶文化早期到晚期经历粟作农业从以黍为主到以粟为主的转变（刘长江等：《大地湾遗址农业植物遗存与人类生存的环境探讨》，《中原文物》2004年第4期）。

对后李文化（距今约8000～7000年）的山东济南长清月庄（［加］克劳福德等：《济南长清区月庄遗址发现后李文化时期的炭化稻》，《东方考古》2006第3集；《山东济南长清月庄遗址植物遗存的初步分析》，《江汉考古》2013年第2期）和章丘西河（吴文婉等：《章丘西河遗址（2008）植物遗存分析》，《东方考古》2013年第10集）遗址开展的系统的植物考古研究显示，两个遗址都出土了数量不等粟和黍，同出的不仅有稻属，还有藜属等可食的植物遗存，显示黄河下游的后李文化居民利用多种植物资源的生计方式。王强从月庄遗址磨盘磨棒上鉴定出三类植物淀粉粒，包括栎属、稻属以及黍，结合月庄遗址出土的稻属、黍和粟的炭化植物遗存，作者认为月庄遗址居民已经开始了农业种植，但坚果类食物则暗示采集经济在当时生计模式中仍占有一定地位（王强：《山东月庄遗址石器表层残留物的淀粉粒分析：7000年前的食物加工及生计模式》，《东方考古》2010年第7集）。对即墨北阡遗址的碾磨石器提取淀粉粒分析和鉴定，结果显示北阡遗址新石器时代（距今6000年左右）的石磨盘和石磨棒具有加工栎果和各类草本植物种子的多种功能（王强等：《山东即墨北阡遗址出土磨盘、磨棒类工具研究》，《东方考古》2013年第10集）。

西安鱼化寨遗址的植物考古研究是我们认识仰韶文化早期旱作农业和生计模式的重要基础。共浮选106份土样，获得55000余粒植物种子和果实，属于禾本科、豆科、十字花科、藜科、蓼科、菊科及其他，作物包括粟、黍和水稻。其中粟36000余粒，黍14000余粒，稻4粒。食物生产中粟占绝对优势，仰韶文化早期依赖粟作农业和家畜饲养，狩猎和采集可能已经居于次要地位；狩猎采集向农业的过渡可能已经完成［Zhao. *New archaeobotanic data for the study of the origins of agriculture in China.*（《中国农业起源研究的新数据》），*Current Anthropology*，2011，52（S4）］。而仰韶文化晚期的河南鹤壁刘庄遗址，则显示了明确的旱作农业经济特点，该遗址中不仅出土了丰富的粟和黍等农作物遗存，而且大量的旱田杂草表明旱作农业的普遍存在（王传明等：《河南鹤壁刘庄遗址浮选结果分析》，《华夏考古》2010年第3期）。

综上，粟作农业可能在9000年前后萌芽于华北地区；距今8000年前后对于黍、粟的利用和栽培行为扩散到更广大地区，而且可能是因为其耐旱等特点黍首先成为主要的栽培对象。在整个仰韶文化时期的2000年里，完成了从狩猎采集向农业的过渡，同时也完成了粟超过黍成为主要的农作物的过程。尽管资料显示早在距今8000年前后对黍和粟的利用和栽培已经扩散到更广大地区，但只有当粟作农业最终确立为主要生计方式之后，粟作农业的稳步发展才成为可能。

第三，农业发展与传播。不晚于距今6000年，就是在仰韶文化中期开始，以水稻和粟、黍为主要农作物的史前农业分别在长江中下游和北方广大地区建立并开始稳步发展。稻作农业发展主要表现在水稻栽培的扩大和产量提高以及水田耕作技术等方面。

综合分析显示，距今6000～3000年期间，全国范围内出土水稻遗存的考古遗址数量显著多于其他时期，尤其是江苏、浙江、湖北、安徽等水稻主产区出土水稻遗存的遗址数量明显增多（龚子同等：《中国古水稻的时空分布及其启示意义》，《科学通报》2007 年第 5 期）。湖北孝感叶家庙遗址的植物考古研究显示，稻和粟两种农作物中，水稻占所有种子的 84.6%，如果将炭化稻米与稻谷基盘合计，水稻遗存占所有种子总数的 96.9%，这可能表明在屈家岭文化和石家河文化时期，长江中游的稻作农业获得了快速的发展，不仅如此，同出的杂草种子组合及其与稻谷基盘的比例也说明屈家岭文化时期对于稻田杂草的管理已经达到了一定水平（吴传仁等：《从孝感叶家庙遗址浮选结果谈江汉平原史前农业》，《南方文物》2010 年第 4 期）。王海玉等人的研究显示，广富林遗址 2008 年发掘出土了大量的植物遗存，对其中一部分进行鉴定，发现有葫芦、桃、芡实、甜瓜、水稻、葎草、楝树、菱角、冬瓜、南酸枣、柿树科等共 12 类，其中多数都是可食的种属，除了水稻以外，葫芦、甜瓜等都可能是驯化种；研究结果还显示，伴随着稻作农业的成熟与发展，各类果蔬类的种植也发展起来，同时对野生植物的利用仍然在植物性食物资源中占有一定地位（王海玉等：《广富林遗址（2008 年）浸水植物遗存分析》，《南方文物》2013 年第 2 期）。郑云飞等人根据植物考古发现，认为良渚文化时期可能是甜瓜驯化的关键阶段（郑云飞等：《甜瓜起源的考古学研究》，《浙江省文物考古研究所辑刊》2006 年第 8 辑）。

水田及其相关的灌溉技术也是衡量稻作农业发展水平的一个指标。在江苏吴县草鞋山遗址发掘过程中，考古学家发现了水田遗迹后，对遗址中一些土样进行植硅体和孢粉分析，确认了草鞋山遗址的水田，并对其灌溉系统进行了分析（邹厚本等：《江苏草鞋山马家浜文化水田的发现》，载严文明等主编《稻作、陶器和都市的起源》，文物出版社 2000 年版）。在绰墩遗址，在考古发掘判断可能为水田的位置，采用植物考古方法，结合地质考古分析，确认了马家浜文化、马桥文化—商周时期水田的存在，而马家浜文化时期可能受生产力水平的限制，只能利用低洼平坦的地方修整水田（曹志洪等：《绰墩遗址新石器时期水稻田、古水稻土剖面、植硅体和炭化稻形态特征的研究》，《土壤学报》2007 年第 5 期）。汤陵华通过炭化稻米形态分析认为绰墩遗址的水稻仍处于“由野生向栽培进化的过渡阶段”，但植硅体分析则证明田野考古发掘中识别出来的水田土确实是曾经有水稻生长，确认了稻田的存在（汤陵华：《绰墩遗址的原始稻作遗存》，《东南文化》2003 增刊 1）。肖家仪等人通过分析绰墩遗址的孢粉和植硅体，认为从马家浜文化—崧泽文化—良渚文化时期有连续发展的稻作农业，距今 5000 年以后松属花粉增多可能与气候变化及人类耕作活动对植被的破坏共同作用有关（肖家仪等：《绰墩遗址古植物群、古环境与古文化》，《东南文化》2003 增刊 1）。而浙江余杭茅山遗址良渚文化水田，稻田平面形状略呈平行四边形的南北向长条形，单块的田块面积较大，而且田埂之间的间距 20～30 米，稻田旁还有小路和专门的活动场所，所有这些都显示了稻作农业发展水平的提高（丁品等：《浙江余杭临平茅山遗址》，《中国文物报》2010 年 4 月 6 日）。

如果说植硅体和花粉等微体植物遗存研究在长江下游水田研究中起了辅助证明田野判断的作用，那黄河流域等北方地区史前水田的确认则主要依赖植硅体分析。在山东胶州赵家庄遗址发掘中，发掘者发现了一些水田的线索，但因为保存状况差，只有对相关遗迹进行了系统的植硅体分析之后，才确定了水田遗迹的性质（靳桂云等：《山东胶州赵家庄遗址 4000 年前稻田的植硅体证据》，《科学通报》2007 年第 18 期），栖霞杨家圈龙山文化水田遗迹的调查和确定也是主要依赖了植硅体分析方法（栾丰实等：《山东栖霞县杨家圈遗址稻作遗存的调查与初步研究》,《考古》2007 年第 11 期)。

稻作农业在长江流域发展的同时，以粟和黍为主的旱作农业在北方也快速发展。张健平等人通过分析关中盆地泉护、杨官寨、浒西庄、案板、王家嘴、水沟等 6 个考古遗址 17 个^{14}C 年龄和 47 个植硅体样品，认为距今 6000~2100 年期间，关中盆地考古遗址中黍(3.4%~34.5%)的植硅体含量一直高于粟(0%~6.2%)，部分遗址中有水稻植硅体(《关中盆地 6000~2100cal aB. P. 期间黍、粟农业的植硅体证据》,《第四纪研究》2010 年第 2 期)。魏兴涛等人在三门峡市南交口遗址也发现了粟、黍和水稻等农作物遗存，表明仰韶文化晚期农业可能已经成为聚落经济的主体(魏兴涛等:《三门峡南交口遗址仰韶文化稻作遗存的发现及其意义》,《农业考古》2000 年第 3 期)。赵志军根据植物考古证据，论证了青海东部地区青铜时代经济形态，认为齐家文化时期喇家遗址发展了以粟为主的旱作农业，而到了丰台遗址的卡约文化时期，大麦可能是最重要的农作物，小麦和粟的数量都明显少于大麦(赵志军:《有关青海东部地区青铜时代文化经济形态的一些新认识》,载邓聪、陈星灿主编《桃李成蹊集——庆祝安志敏先生八十寿辰》,香港中文大学中国考古艺术研究中心 2004 年版)。赵志军通过对陶寺、新砦、二里头和王城岗四个遗址的植物考古分析，认为在公元前 2500~1500 年间，中原地区农业经济在整体上仍然延续着古代中国北方旱作农业的传统，即以种植粟和黍两种小米为主。不过，龙山时代稻作农业已经相当普及，而且大豆成为一种农作物，农作物布局开始趋向复杂化，而到了二里头时期，稻谷在人们生活中的地位日趋重要。小麦开始传到中原地区的核心地带，二里岗时期，小麦的种植规模和在农业生产中的地位明显有所提高，中原地区的农业种植制度开始逐渐地由依赖粟、黍农作物向以种植小麦为主的方向转化[赵志军:《公元前 2500~1500 年中原地区农业经济研究》,载中国社会科学院考古研究所科技考古中编《科技考古》(第二辑),科学出版社 2007 年版]。在另一篇文章里，赵志军总结了“中华文明探源工程”的农业经济研究成果，认为“通过在不同古代文化分布区选择的考古遗址开展植物考古学研究发现，在中华文明形成时期，即公元前 3500 年至公元前 1500 年期间，各地区的农业生产特点不尽相同，其中西辽河流域地区和西北地区属于北方旱作农业传统，长江中下游地区是南方稻作农业传统，黄河下游地区表现为稻旱混作农业生产特点，而黄河中游地区的农业最值得关注，呈现出由单品种农作物制度向多品种农作物制度的转变特点”[赵志军:《中华文明形成时期的农业经济特点》,载中国社会科学院考古研究所科技考古中编《科技考古》(第三辑),科学出版社 2011 年版]。孙周勇认为周原遗址出土的窖藏表明当时果蔬栽培和利用在社会经济中占有重要地位，果蔬类可能包括杏、郁李、欧李或毛樱桃、甜瓜等(孙周勇:《周原遗址先周果蔬储藏坑的发现及相关问题》,《考古》2010 年第 10 期)。

农业发展的另一个重要表现就是在粟和黍以外，大豆和小麦成为农作物新成员。作为中国传统农作物之一，大豆起源的时间和地点尚有不同意见，早期的观点多数都缺乏植物考古证据；随着植物考古数据的积累，关于大豆起源的问题逐渐明朗。李炅娥等人系统分析了来自中国、日本、韩国 22 个遗址的 949 个炭化大豆标本，提出大豆在东亚地区多地起源的观点[Gyoung-Ah Lee et al. *Archaeological soybean* (*Glycine max*) *in East Asia*: *does size matter*? (《东亚考古大豆：尺寸有什么关系吗?》) *PLoS ONE*, 2011, 11]。吴文婉等人根据近年来的植物考古发现，探讨了中国古代大豆属植物的利用与驯化，黄河中游和淮河流域距今 9000~7000 年前后的裴李岗文化居民已经开始利用野生大豆属植物，并且这种传统被黄河中游居民继承下来；到距今5000～4000年的龙山时代，黄河中游地区居民对大豆属植物利用进一步深化，下游地区的居民也开始对大豆属植物的利用。与此同时，一定数量的大豆种子呈现驯化特征，而到了商周时期，大豆的粒型显著变大，驯化可能已经完成（关文婉等：《黄河中下游几处遗址大豆属（Glycine）遗存的初步研究》，《中国农史》2013年第2期；《古代中国大豆属（Glycine）植物的利用与驯化》，《农业考古》2013年第6期）。孙永刚通过对浮选所获大豆遗存进行分析，并结合历史文献以及野生大豆的生长习性等，认为大豆在龙山时代起源于中国北方地区尤其是辽宁、河北、山西等省的山地、盆地地区（孙永刚：《栽培大豆起源的考古学探索》，《中国农史》2013年第2期）。刘莉等人对于大河村遗址出土的“疑似”高粱遗存进行的分析显示，大河村遗址出土的所谓的“高粱”实际上是大豆，遗憾的“由于尚未对该群体特性进行综合研究，目前尚无法深入讨论其是否为驯化大豆之问题”（刘莉等：《郑州大河村遗址仰韶文化“高粱”遗存的再研究》，《考古》2012年第1期）。

农史学家关于中国的小麦（或者也包括大麦）是本地起源还是西亚传入至今有不同观点。董玉琛人等持西亚传入的观点，其证据主要是中国没有形成普通小麦物种的条件（董玉琛等：《中国小麦遗传资源》，中国农业出版社2000年版），陈恩志等人则认为普通小麦起源于黄河中上游，因为20世纪50年代在国黄河流域多个地点都发现了与六倍体普通小麦有亲缘关系的小麦草（陈思志等：《中国六倍体普通小麦独立起源说》，《农业考古》1989年第1期）。主张小麦起源于黄河下游的山东地区的学者则主要根据文献记载（曹隆恭：《关于中国小麦的起源问题》，《农业考古》1983年第1期）。上述观点都缺乏植物考古证据。李水城等人通过全面检索考古遗址中出土的麦类遗存，提出中国境内的麦类作物大体上是沿着中亚—新疆—河西走廊—陕西—中原这一途径自西向东逐渐传入的，约当公元前2500年或更早，小麦进入新疆至河西走廊一线，二里头文化阶段进入中原地区，传播速度之慢，可能与传入地区气候环境有关［李水城等：《中国境内考古所见的早期麦类作物》，载科技部社会发展科技司、国家文物局博物馆与社会文物司编《中华文明探源工程文集·环境卷》（1），科学出版社2009年版］。赵志军认为，目前小麦的植物考古证据显示，黄河下游山东地区出土的小麦遗存年代最早（距今4600～4000年），黄河中游其次（距今3900～3500年），黄河中上游陕西、宁夏、甘肃、青海和新疆地区最晚（距今3500年左右），这种情况可能表明，小麦从西亚向中国的传播是通过欧亚草原通道实现的，就是东起蒙古高原和南西伯利亚，穿过中亚，西至西亚乃至东欧这条路线［赵志军：《小麦东传与欧亚草原通道》，载中国社会科学院考古研究所夏商周考古研究室编《三代考古》（三），科学出版社2009年版］。

吉林省孙长青遗址的植物考古发现了属于金代的荞麦，这是中国目前可以确认的年代最早的荞麦遗存（杨春等：《吉林省白城市孙长青遗址浮选结果分析报告》，《北方文物》2010年第4期）。在北方旱作农业区，还有小豆等多种经济作物，目前还缺乏相关的考古证据。

粟作农业发展过程中所吸纳新的重要农作物，不仅有大豆、小麦，还有水稻。赵志军和张良仁认为，可能正是由于多种农作物并存的农业系统通过降低农业风险提高了农业产量并为文明社会的形成奠定了坚实的经济基础［赵志军：《中华文明形成时期的农业经济特点》，载中国社会科学院考古研究所科技考古中心编《科技考古》（第三辑），科学出版社2011年版；张良仁：《农业和文明起源》，《考古》2011年5期］。

前述山东长清月庄和章丘西河遗址的植物考古研究表明，早在距今 8000 年前的后李文化时期，泰山以北的居民就已经开始利用稻属植物资源了，炭化稻与粟和黍共同出土，可能表明此时是稻粟混作农业的早期阶段。张健平等人对河南新郑唐户遗址的植硅体分析，证明遗址中出土的裴李岗文化时期的稻和黍都属于驯化型，这似乎表明，距今 7800 年左右黄河中游像下游地区一样发展了稻粟混作农业［Zhang et al. *Early Mixed Farming of Millet and Rice* 7800 *Years Ago in the Middle Yellow River Region*，*China*.（《中国黄河中游地区距今 7800 年前稻粟混作农业》）*PLoS ONE*，2012. 7（12）：e521 – 46］。到仰韶文化时期，有更多的遗址中出土了炭化水稻遗存。魏兴涛等人在河南省三门峡市南交口遗址发现了炭化水稻遗存（魏兴涛等：《三门峡南交口遗址仰韶文化稻作遗存的发现及其意义》，《农业考古》2000 年第 3 期）。吕厚远等人对关中地区考古遗址中的植物遗存所反映的农业活动及其环境背景进行了系统分析，认为该地区全新世以来，有 3 次突出的气候温暖湿润期和 3 次明显而短暂的寒冷干旱期，4500 年以来考古遗址中水稻含量的增加与气候变干的趋势并不一致，推测可能与古人利用渭河水资源种植水稻有关（吕厚远等：《关中地区的新石器古文化发展与古环境变化的关系》，《第四纪研究》2008 年第 6 期）。李小强等人在西山坪遗址也发现水稻遗存，并证明该聚落已发展了稻粟混作农业（李小强等：《甘肃西山坪遗址生物指标记录的中国最早的农业多样化》，《中国科学：地球科学》2007 年第 7 期）。甘肃庆阳出土的仰韶文化古稻向来被当作稻作农业向中国西北地区传播的典型实例（张文绪等：《甘肃庆阳遗址古栽培稻的研究》，《农业考古》2000 年等 3 期）。

淮河流域因为处在长江流域与黄河流域之间，自新石器时代中期便形成了稻粟混作的农业体系。王增林对安徽蒙城尉迟寺遗址的植物考古研究显示，位于淮河流域的东夷人群，因其所处的环境更加暖湿，农业中水稻的比重更加凸显（王增林：《尉迟寺遗址的植物硅酸体分析与史前农业经济特点》，《农业考古》1998 年第 2 期）。栾丰实认为，地处黄淮下游的海岱地区新石器时代偏早时期是以种植粟类作物为主的旱作农业区，随着与南方地区文化交流的增强，至迟在北辛文化时期稻作已经传入海岱地区，然后循着东、西两路由南向北不断扩散和发展。到龙山文化时期海岱地区的南部和东部沿海一带，已经形成了一定规模的稻作农业经济。以东部沿海地区为基点稻作农业还传播和扩散到辽东半岛和朝鲜半岛，并进一步向日本列岛扩散（栾丰实：《海岱地区史前时期稻作农业的产生、发展和扩散》，《文史哲》2005 年第 6 期）。黄河下游的山东地区从新石器时代中期的后李文化开始，就与江淮流域的原始人群保持着密切的联系，其结果之一就是该地区的稻粟混作农业得到了充分的发展，到距今 5000 ~ 4000 年前后，至少在东南部地区，稻作农业已经成为该地区农业经济的主体，这可能与江淮地区人群的北迁有关（靳桂云：《山东新石器时代稻遗存考古的新成果》，《东方考古》2009 年第 5 集）。对鲁东南和鲁西北两个考古遗址的植物考古研究，清晰地揭示了稻作农业从东南向西北逐渐减少的情况，反映了环境对于农业的作用（赵志军《两城镇与教场铺龙山时代农业生产特点分析》，《东方考古》2004 年第 1 集）。陈雪香完成的一些植物考古研究显示，海岱地区的稻粟混作农业一直持续到岳石文化和商代（陈雪香：《岳石文化农业初探》，《东方考古》2013 年第 9 集；《从济南大辛庄遗址浮选结果看商代农业经济》，《东方考古》2008 年第 4 集）。

稻作农业除了大规模向黄河流域传播以外，还向长江上游及西南地区传播。四川汉源麦坪遗址的植硅体分析显示，距今 4700 ~ 4500 年，该聚落发展了水稻种植，表明史前时期大渡河流域与周边地区的文化交流（黄翡等：《麦坪遗址新石器时代晚期水稻植硅体的发现及其意义》，《四川文物》2011 年第 6 期）。云南永仁磨盘地遗址浮选到比较多的炭化稻遗存，推测该遗址中水稻遗存比较丰富，至少说明新石器时代晚期在云南北部地区已经出现了稻作农业（赵志军：《云南永仁磨盘地新石器时代遗址出土稻谷遗存分析报告》，《考古学报》2003 年第 2 期）。张弛等人对稻作农业向华南和西南地区传播的研究认为，稻作农业传播到福建、广东沿海地区的时间大致是在距今 5000 年左右，传播到广西、西南地区的时间大致是在距今 4500 年左右；农业向这些地区传播的路线也并不相同，这是由这些地区的早期新石器时代文化生态和背景、这些地区的早期新石器时代文化之间的相互关系，以及周围文化发展的情况等诸多因素所决定的；早期农业文化不仅传播速度慢，而且还有在传播过程中重新退化为全面采集渔猎经济的可能，华南和西南邻近地区的沅水中游地区和峡江地区早期新石器时代文化即是一个可能的例子（张弛等：《华南和西南地区农业出现的时间及相关问题》，《南方文物》2009 年第 3 期）。

粟作农业起源和发展过程中，向东北、西南和西北地区传播的情况比较明确。在东北亚地区的传播主要是东北、朝鲜半岛、西伯利亚东部沿海。距今 6000 年左右传播到长江中游地区的粟（［日］那须浩郎等：《试从大型植物遗存看城头山遗址的稻作环境——以杂草种子、果实为主》，载湖南省文物考古研究所编《澧县城头山——中日合作澧阳平原环境考古与有关综合研究》，文物出版社 2007 年版），有可能是新石器时代农业技术向长江上游地区传播的准备阶段，到距今 5000 年前后，四川盆地已经开始出现粟［姜铭等：《新津宝墩遗址 2009 年度考古试掘浮选结果分析简报》，载成都文物考古研究所编《成都考古发现》（2009），科学出版社 2011 年版］。随着马家窑文化的扩张，四川盆地周边山区的营盘山（赵志军等：《四川茂县营盘山遗址浮选结果及分析》，《南方文物》2011 年第 3 期）、哈休（阿坝藏族羌族自治州文物管理所等：《四川马尔康县哈休遗址 2006 年的试掘》，《南方民族考古》2009 年第 6 辑）、青藏高原（西藏自治区文物管理委员会：《昌都卡若》，文物出版社 1985 年版；傅大雄：《西藏昌果沟遗址新石器时代农作物遗存的发现、鉴定与研究》，《考古》2001 年第 3 期）的一些遗址中都出土了粟黍遗存。陈洪波等人认为，粟在距今 5500～3500 年前后向华南和西南传播之后，在距今 4000 年左右传播到了东南亚的泰国等地，粟作南传一条路线是从西北到西南进而到大陆东南亚；另一条路线是从东南沿海到台湾再到东南亚，传播的人群则可能是南岛语族和南亚语族（陈洪波等：《试论粟向华南、西南及东南亚地区的传播》，《农业考古》2013 年第 1 期）。

3. 环境考古

来自考古遗址的植物考古数据很多情况下都能为我们认识人类生存环境和人类对环境的影响提供证据。靳桂云等人系统分析了孢粉分析在考古学中应用的研究，认为旧石器时代或者新石器时代早期遗址文化层的孢粉组合，由于受到人类活动影响弱，可以作为认识遗址周围植被环境的参考指标，但是，新石器时代中期以后遗址中的孢粉组合，就很难用于复原自然植被变迁（靳桂云等：《孢粉分析在考古学中应用的回顾与展望》，载中国社会科学院考古研究所编《21 世纪中国考古学与世界考古学》，中国社会科学出版社 2002 年版）。李宜垠等人则提出，孢粉记录是揭示人类活动对景观影响的重要指标，各种伴人植物花粉尤其是杂草和农作物的花粉是理想的人类活动的指示体，不同方式的人类活动产生不同的孢粉组合，如果能将孢粉学与其他指标结合，将能更加准确地揭示景观的发展变化过程（李宜垠等：《人类活动的孢粉指示体》，《科学通报》2008 年第 9 期）。李宜垠等人的进一步研究提出，炭屑可以作为与孢粉互补的另一种分析人类活动对植被影响的指标

（李宜根等：《微炭屑的几种统计方法比较及其对人类活动的指示意义》，《第四纪研究》2010 年第 2 期）。

孙黎明等人对藏西南地区细石器时代遗址出土动物化石的地层进行了孢粉分析，发现了丰富的孢粉化石，其中全新世中期沉积物中的花粉以乔木类为主，灌木及草本相对较少，反映了以松为主的针叶森林草原环境，而全新世晚期沉积物中则灌木及草本植物的花粉占绝对多数，其中禾本科最多，其次是蒿属、莎草科和豆科等，反映了温和偏干的草原环境［孙黎明等：《藏西南地区细石器文化遗存的时代与环境》，载浙江省文物局等编《环境考古研究》（四），北京大学出版社 2007 年版］。

靳桂云等人采用相差分析方法区分出禾本科农作物花粉，通过对青海互助丰台卡约文化遗址文化层和丰台村周围现代表土花粉分析，发现孢粉组合中有农作物花粉，反映人类农耕活动对聚落及其周围孢粉组合有明显的影响；文化层土样总孢粉组合显示，卡约文化早期阶段，禾本科植物花粉明显少于晚期阶段，可能反映了卡约文化时期（约公元前 1200～800 年）农业在社会经济中地位逐步下降的过程；孢粉组合还显示，与现代花粉组合相比，卡约文化时期聚落周围有更多的禾本科植物生长，人类可以利用的植物资源比现代丰富（靳桂云等：《青海互助丰台卡约文化遗址孢粉分析与人类活动研究——化石和现代表土花粉分析结果》，《华夏考古》2006 年第 2 期）。孙楠等人通过分析河西走廊早期冶炼遗址（火石梁和缸缸洼）中的炭屑，确定公元前 2100～1860 年期间的青铜冶炼用材为柽柳、杨属、柳属、蓼科四种乔灌木植物，火石梁和缸缸洼地区大量乔灌木群落生长要比目前荒漠生态环境优越得多，先民的青铜冶炼活动导致乔木和灌木植物被大量砍伐，植被覆盖度急剧下降，对生态环境产生重大影响，是公元前 1900 年左右杨属、柳属和蓼科乔灌木植物基本消失的主要原因（孙楠等：《甘肃河西走廊早期冶炼活动及影响的炭屑化石记录》，《第四纪研究》2010 年第 2 期）。刘长江等人综合大地湾遗址各个文化期农作物遗存鉴定结果和自然剖面的孢粉分析，认为在距今 8500～6000 年间，地处葫芦河流域的大地湾遗址属于暖温带落叶阔叶林区，气候比现今温暖湿润，森林植被覆盖率较高，为大地湾一期仰韶文化早期居民的生存繁衍提供了丰富的自然资源（刘长江等：《大地湾遗址农业植物遗存与人类生存的环境探讨》，《中原文物》2004 年第 4 期）。刘全玉等人对半坡遗址的大围沟剖面进行了孢粉分析，复原了半坡遗址使用时期的植被环境：距今 5930 以前，孢粉组合以旱生—半旱生的草本植物蒿属和藜科占优势，有少量的豆科花粉，乔木中栗属含量较高，还有少量的榆属和胡桃属等落叶阔叶花粉；距今 5930～5740 年，花粉组合以乔木花粉为主，其中栎属最多；距今 5740 年以后，乔木植物花粉以阔叶的栗属、栎属、榆属及针叶松为主。研究发现，半坡文化时期人类活动对环境的影响比较小；半坡文化晚期降雨量大约为 600 毫米，气候偏凉；半坡文化居民对环境改造能力有限，主要是以被动适应为主（刘全玉等：《利用孢粉和有机质碳同位素重建半坡人时期古环境再探》，《考古与文物》2007 年第 1 期）。

王树芝等人通过分析内蒙古赤峰市大山前第一地点夏家店下层文化的木炭种属，复原了遗址周围的植被和生态环境，认为当时地带性植被为油松林和蒙古栎林，气候温暖湿润，同时伴随着气候暖干波动现象；柳属的发现说明遗址附近有河流，可能有一定程度的人类砍伐活动，灰坑中出土的木炭可能是薪柴的遗存（玉树芝等：《内蒙古赤峰市大山前第一地点夏家店下层文化的植被和生态气候》，《华夏考古》2004 年第 3 期）。

浑凌云等人对河北阳原侯家窑遗址的孢粉分析显示，遗址附近植被变化经历了针阔混交林—森林草原—针阔混交林—森林草原，最终发展为现代的草原植被；侯家窑人生活在距今70000～60000年，梨益沟内小型湖泊形成一个较湿润的环境，侯家窑人拥有相对丰富的动植物食物资源，距今60000～50000年前，是泥河湾盆地气候的转型期，由之前的冷湿—暖干的交替演变为冷干—暖湿的交替（浑凌云等：《河北阳原侯家窑遗址孢粉组合特征及揭示的古环境与古气候演变》，《第四纪研究》2011年第6期）。李月丛等人对南庄头遗址开展了环境考古研究，对具有丰富人类文化遗迹和遗物的地层进行了孢粉和植硅体分析，结果显示，地层中有丰富的禾本科植物花粉，还有蒿属和一定数量的水生植物；植硅体显示禾本科中以早熟禾为主。研究结果为我们认识华北平原新石器时代早期人类生存环境提供了重要证据（李月丛第：《南庄头遗址的古植被和古环境与人类活动的关系》，《海洋地质与第四纪地质》2000年第3期）。李月丛等人考虑到"尽可能选取不受人类活动干扰的自然剖面"采集土样进行孢粉分析，认为距今8585～6398年，遗址周围环境可以分为6个阶段，距今8585～8095年，气候暖湿，低山丘陵植被为桦和栎等为主的落叶阔叶林，河谷地带为森林草甸；8095～7693年，气候变得干冷，低山丘陵植被为松、桦、栎等组成的混交林，河谷地带草地面积缩小；7693～7470年，气候转暖，低山丘陵植被为桦、栎等为主的落叶阔叶林，河谷地带为草甸与农田；7470～6980年，气候更加暖湿，河谷地带草甸面积扩大，农田被淹；6980～6711年，气候转干冷，有云杉出现，河谷地带草甸面积缩小；6711～6398年，气候转向暖湿，低山丘陵植被为桦、栎等为主的落叶阔叶林，河谷地带草甸面积扩大。北福地遗址古人类生活时期气候相对较干冷（李月丛等：《北福地遗址孢粉分析》，载段宏振主编《北福地——易水流域史前遗址》，文物出版社2007年版）。

夏正楷等人通过地貌调查和沉积物分析，复原了东胡林遗址的生态环境，认为当时的植被以蒿属为主，藜科或禾本科次之，间有阔叶落叶树出现，属于温带草原与比较温暖湿润的温带草甸草原交替出现的环境；东胡林人主要生活在两次河漫滩发育阶段（以距今10500年为界），尤其是远岸河漫滩发育阶段，他们生活在洪水退后露出的河漫滩平原上，并随着河水的涨落和由此引起的地貌变化，不断更换营地，过着半定居的生活（夏正楷等：《10000aBP前后北京斋堂东胡林人的生态环境分析》，《科学通报》2011年第34期）。

许清海等人通过分析汪家店和茶店陂两个全新世剖面的孢粉等古环境指标，复原了殷墟文化发生的环境背景及人类对环境的影响，认为距今10000年前，安阳地区分布着以松属、栎属、桦属等为主的落叶阔叶林，约距今10000～8200年，气候变暖，降水量增加；距今8200～3400年，安阳地区进入全新世大暖期，森林植被演变为亚热带落叶阔叶和常绿阔叶混交林；商王朝在安阳地区建都后（距今3400年后），乔木植物花粉急剧减少，草本植物花粉和中华卷柏花粉含量升高，可能表明森林被大量砍伐，之后林地被开垦为农田，农业已经达到一定的规模（许清海等：《殷墟文化发生的环境背景及人类活动的影响》，《第四纪研究》2010年第2期）。刘耀亮等人通过对河南内黄三杨庄汉代村落遗址的剖面进行孢粉分析，复原了全新世以来气候变化：距今10200～7200年，气候较为暖湿，距今7200～4500年，进入全新世大暖期，距今4500～2000年，气候转干，但仍比较温暖。全新世早期该地区可能已经有人类从事农业活动，之后虽然遭受多次洪水侵袭，但人类活动并未消失，大致在中全新世晚期之后（距今6000年），人类活动不断加强（刘耀亮等：《河南省内黄县三杨庄全新世以来的孢粉学记录》，《第四纪研究》2013年等3期）。

孔昭宸等人通过山东滕州庄里西遗址的植物遗存分析了当时的植被环境，结合遗址出土的动物遗骸，认为龙山文化晚期阶段，遗址周围分布着林地、灌丛和淡水湖沼、河流，居民从事农业的同时，还采集野生植物作为植物性食物的补充（孔昭宸等：《山东滕州庄里西遗址植物遗存及其在环境考古学中的意义》，《考古》1999 年第 7 期）。通过分析考古遗址中的植硅体并结合其他证据，靳桂云等人探讨了海岱地区史前社会复杂化过程中环境对农业的影响。其结果显示，龙山时代，海岱地区东部沿海和西南内陆的一些遗址中，大量存在芦苇的植硅体，这些植硅体一方面可能是人类利用芦苇作为燃料等的遗留，另一方面，也可能是人类开发低地的结果。尤其是一些遗址的土样中集中出土比较单纯的芦苇植硅体，暗示这些植硅体可能与燃烧活动关系不大，而更有可能是人类开发低地的结果。在济宁程子崖遗址与芦苇植硅体伴出了大量的硅藻，可能说明这些芦苇也来自沼泽地环境。龙山时代稻作农业迅速发展可能与因低地开发导致的耕地面积扩大有关（靳桂云等：《海岱地区 3000BC～1500BC 农业与环境研究——来自考古遗址的植硅体证据》，《东方考古》2010 年第 7 集）。

李宜垠等人对重庆三峡地区的中坝遗址厚达 12.5 米的剖面进行了孢粉古环境研究。研究结果显示，中坝遗址及附近地区，自新石器时代以来的植被以少林、灌丛草地为主，遗址周围分布大片杂草群落，并可能有大面积农田，表明这个地区始终存在较强的人类活动（李宜垠等：《中坝制盐遗址的孢粉分析与古植被、古环境》，《第四纪研究》2011 年第 4 期）。

王淑云等人采用植硅体、硅藻、炭屑等生物指标复原了田螺山遗址河姆渡文化早期的环境背景。距今 7000～6600 年期间，植硅体和炭屑含量较低，淡水—半咸水硅藻丰富，推测为淡水或泄湖沉积环境，受海水影响较小。从距今 6600 年开始，水稻植硅体和炭屑含量增加，说明田螺山人开始较大面积种植水稻。距今 6000 年以后，海绵骨针和硅藻在海水中含量增多，说明受到海水影响比较大，河姆渡文化的兴衰可能受到海水一定程度的影响（王淑云等：《浙江余姚田螺山遗址古人类活动的环境背景分析——植硅体、硅藻等化石证据》，《第四纪研究》2010 年第 2 期）。通过研究长江三角洲地区与农作物相关的现代植物花粉形态和代表性表土花粉，揭示出部分用于指示人类活动的综合指标、不同植被带表土花粉的组合特征，结果显示区内人类文化几经兴衰，主要受制于环境的变迁，包括气候和地理状况的变化，以及由此产生的海平面升降和植被变化，与此同时，人类活动的影响随着时间的推移也日趋加重，成为一种新的环境影响因素（王伟铭等：《长江三角洲地区全新世环境变化与人类活动的影响》，《第四纪研究》2010 年第 2 期）。黄翡等人通过分析浙江瓶窑镇卞家山遗址良渚文化晚期花粉和植硅体，复原了当时的环境及其与人类活动的关系。第一阶段气候温暖湿润，丘陵地带亚热带常绿落叶阔叶林茂密，林下灌木和蕨类植物繁多，平原草坡一望无际，河湖纵横。第二阶段，降水量增加，威胁到人类生存环境，同时遗址附近森林被砍伐，可能用于修建防洪设施，环境的变迁影响了水稻的产量。第三阶段，遗址及其附近水田减少（黄翡等：《浙江瓶窑镇卞家山遗址良渚文化晚期孢粉及植硅体记录》，《农业考古》2009 年第 1 期）。肖家仪等人对姜里遗址进行了孢粉分析，复原了新石器时代聚落的环境，结果表明，在太湖平原蝶形洼地东部的水网地貌环境中，距今 7000 年以来孕育了马家浜文化、崧泽文化、良渚文化和马桥文化，孢粉分析显示，中晚全新世曾经发生了明显的气候变化，进一步的研究有望探讨人类与环境的关系（肖家仪等：《江苏昆山姜里新石器时代遗址孢粉记录与古环境初步研究》，《文物》2013 年第 1 期）。

第二篇

考古文物新发现

2013年全国十大考古新发现名单

一　陕西宝鸡石鼓山西周墓地
二　湖北随州文峰塔东周曾国墓地
三　山东沂水纪王崮春秋墓葬
四　湖南益阳兔子山遗址
五　四川成都老官山西汉木椁墓
六　河南洛阳新安汉函谷关遗址
七　陕西西安西汉长安城渭桥遗址
八　江苏扬州曹庄隋炀帝墓
九　四川石渠吐蕃时代石刻
十　江西景德镇南窑唐代窑址

北京市

【房山区长沟唐幽州节度使刘济墓】
发掘时间：2012年~2013年
工作单位：北京市文物研究所

2011年，在房山区长沟镇北京文化硅谷建设过程中发现了唐幽州卢龙节度使刘济墓，经国家文物局批准，北京市文物研究所对该墓葬进行了抢救性发掘工作，并开展了文物保护及科技考古研究工作。

唐幽州卢龙节度使刘济墓位于北京市房山区长沟镇坟庄村西北1200米处，距北京市区约56千米。

刘济墓发掘现场全景

墓葬坐北朝南，全长34米，由墓道、墓门、前庭、前甬道、耳室、壁龛、主室、侧室、后甬道及后室等10部分组成。

墓道位于整座墓葬最南端，长 11.5 米。墓道东、西两壁壁面绘制精美壁画。

墓门位于墓道北端，与前庭相连，砖墙立面为仿木结构做法，上饰彩绘。

前庭位于墓门北侧，向北与前甬道相连，东西宽 2.86 米，南北长 1.94 米。前庭中间放置刘济夫人张氏墓志一合。

前甬道位于前庭北部，向北与主室相连。进深 5.2 米，宽 2.4 米。前甬道东西两壁壁面皆涂抹灰泥，上施白灰，落墨施彩，绘制壁画。甬道两侧分布有耳室及壁龛。前甬道内放置刘济墓志一合。

东耳室位于前庭东侧，平面近弧方形，砖室结构。耳室东西 2.1 米，南北 2.3 米。耳室墙体用白灰抹面，上面绘有壁画。西耳室位于前庭西侧，平面近弧方形，砖室结构，底部略带圆弧。耳室东西 2 米，南北 2.3 米。耳室墙体用白灰抹面，上面绘有壁画。

东壁龛位于前甬道南部东侧，平面近长方形，上部被毁。宽 1.2 米，进深 0.6 米，墙壁用白灰泥抹面，室底残存莲花座彩绘图案。西壁龛位于前甬道南部西侧，平面近长方形，宽 1.3 米，进深 0.65 米。墙体用白灰泥抹面，底部有莲花座彩绘图案。

主室门位于前甬道北部，东、西壁龛的北侧，保留石质门槛、门砧及立柱。立柱上均线刻卷叶牡丹花纹饰。

主室位于前甬道北侧，长方青砖筑成。平面近弧方形，东西 7.6 米，南北 8 米，主室东西两侧各有一室，北侧有甬道与后室相连。主室绘有乐舞壁画。主室北部中央放置有石棺床。东南侧有石质长明灯一盏。石棺床平面呈梯形，南宽北窄，由石条拼合砌筑而成。主室内出土通体彩绘石质文官俑及武官俑各一尊。

刘济墓浮雕彩绘石棺床

东、西侧室分别位于主室东南部和西南部，由甬道与主室相接，平面均近弧方形，侧室壁面皆涂抹白灰墙面，并于墙面上绘制壁画。

后甬道位于主室北侧，与后室相连。后甬道南端口东西两侧现遗存有汉白玉石质门柱墩两个，柱墩上设有汉白玉石门柱，刻有缠枝牡丹纹图案。

后室位于整座墓葬最北端，青砖筑成。平面近弧方形，东西 3.7 米，南北 3.6 米。后室四壁壁面皆涂抹白灰墙面，并于墙面上绘制壁画。

唐幽州卢龙节度使刘济墓在甬道、耳室、侧室、主室及后室内存放有不同质地、不同种类的随葬品，主要分为玉、石、陶、瓷、铜、铁、松石、琥珀、玻璃、彩绘、壁画等几类。

在刘济墓的考古发掘过程中，主要开展了刘济及其夫人墓志超声波无损探伤、玉石器、玻璃器科技分析、壁画高光谱摄影分析、墓室三维激光扫描、墓志数字拓片制作、出土人骨的体质人类学分析、壁画颜料、墓志颜料科技分析等。

刘济墓志出土于前甬道北侧隔墙和主室门之间。志盖盝顶式。顶面 0.52 × 0.53 米，底边残长 0.96 × 1.35 米，厚 0.4 米。盖顶部阴刻有“唐故幽州卢龙节度观察等使中书令赠太师刘公墓志之铭”，6 行，24 字，篆书。志盖表面装饰精美，四刹阴刻文吏怀抱十二生肖形象，四角阴刻牡丹花图案。志石与盖相扣，长方形，边长1.42×1.51米，厚0.22米。四边立面阴线刻划卷叶牡丹纹样。志石正面楷书47行，共1543字。

刘济夫人墓志出土于墓门内前庭处中部，东、西耳室之间。志盖盝顶式，顶面0.82×0.82米，底边长1.63×1.63米，厚0.12米。顶面正中阴刻描金篆书5行21字："唐故蓟国太夫人赠燕国太夫人清河张夫人祔志铭"。表面装饰精美，四刹浮雕文吏怀抱十二生肖造型，间以浮雕彩绘牡丹花图案。志石为正方形，边长1.62×1.62米，厚0.22米。四边立面阴线刻划卷叶牡丹纹样。志石正面楷书46行，共1438字。

刘济夫人张氏墓志

唐幽州卢龙节度使刘济墓出土的文物异常罕见，具有极高的历史、科学和艺术价值。刘济墓出土了一批随葬器物，其中最为引人关注的是石质文物三绝。其一，刘济夫妇双墓志，刘济墓志志文为当朝宰相、著名文学家权德舆奉旨所撰，中唐宰相归崇敬之子、著名书法家工部侍郎归登书写并篆额，这说明了刘济在唐代的社会地位和身份的显赫。刘济夫人的大型彩绘浮雕十二生肖描金墓志在截至2013年发现的唐代墓志中，全国仅此一例。其二，墓葬中出土的通体彩绘汉白玉石俑，在全国同类型考古发掘中尚属首次发现。其三，主室的浮雕彩绘须弥座式石棺床，保存完整，有大量浮雕彩绘金刚、瑞兽图案，制作精美，在全国同类型考古遗迹中实属罕见。

该墓墓葬规制为北京地区现存规模最大、等级最高的唐墓。刘济墓纪年明确、规模宏大、结构复杂，且在墓葬形制上承袭中原地区唐墓特征，整体结构仍保存完整，为研究北京地区晚唐时期藩镇制度、墓葬形制等提供了非常有价值的实物材料，是北京地区第一个格局得以完整保存的唐代节度使墓葬。因此，墓葬本身就是难得的珍贵文物。

刘济在任时统辖范围涵盖今天的北京全境、河北北部、天津大部及辽宁西部地区，范围很大，是唐代河北三镇中实力最强的藩镇。刘济本人信奉佛教，出资在云居寺刻石经五百余卷，留下了丰厚的历史文化遗产。刘济夫人张氏被封为蓟国夫人、蓟国太夫人、燕国太夫人，有唐一代，三次尊封，凤毛麟角，独享尊荣。刘济家族累居幽蓟地区，自唐以降历五代、辽、金四百余年均为地方豪族，相关历史记载和考古发现丰富。因此，刘济墓的发现对梳理北京地区唐、辽、金时期历史脉络具有重要的价值。

（程　利　刘乃涛）

天津市

【宝坻区歇马台商周遗址】

勘探时间：2013 年 4～7 月

工作单位：天津市文化遗产保护中心、宝坻区文化馆

歇马台遗址位于宝坻县城南的宝平街道歇马台村下，窝头河从遗址北部穿过。

此次歇马台遗址的田野发掘共设 3 个发掘区，西部发掘区紧临新宝平路，中部发掘区位于歇马台原村址中部，东部发掘区东距津围公路约 1000 米。发掘总面积 2760 平方米，共发掘各类遗迹单位 80 处，其中水井 4 口、灰沟 4 条、灰坑 42 个、墓葬 30 座。

遗址出土的遗物以陶器为主，陶质有红陶、灰陶、夹砂红陶、夹砂灰陶、黑陶及夹蚌屑的红陶；可辨识的器形有鬲、罐、壶、盆、瓮、甗、豆、网坠和板瓦、筒瓦等建筑构件；器表饰绳纹较多，素面陶较少，另有少量的旋纹、划纹、戳印纹和附加堆纹等纹饰的陶片。

墓葬均为长方形竖穴土坑墓。以成人单人葬为主。墓向以南北向居多，东西向较少。墓口略大于墓底。葬式以仰身直肢葬为主，侧身屈肢葬的较少。葬具多一棺一椁，单棺的只占少数；有随葬品的墓只有 10 座，随葬品组合极不一致。随葬品多为陶器，有以双罐为组合的，有以罐、瓮为组合的，有以鼎、豆、壶、瓮为组合的，有以鼎、豆、壶、盘、匜、罐为组合的，还有以单簋为陪葬的。陶质均为灰陶，器表多饰旋纹，另有少量的附加堆纹陶器。

歇马台遗址是天津地区截至 2013 年最南端的商周时期遗址，此次考古发掘是考古部门首次对该遗址进行的大面积揭露。此次歇马台遗址的发掘对于研究天津地区青铜时代至铁器时代考古学文化的演变过程、了解燕山南北青铜时代至铁器时代考古学文化之间的碰撞、融合有着重要意义。

（刘　健　张俊生　姜佰国）

【武清开发区两汉及北朝墓群】

发掘时间：2013 年 4～5 月

工作单位：天津市文化遗产保护中心

该墓群地处武清开发区西区的武清燃气分布式能源站建设工程用地范围内。

此次发掘墓葬 10 座，其中土坑墓 1 座，砖室墓 9 座。既有单室墓，也有双室墓；既有单人葬，也有夫妻合葬墓；既有成年人墓葬，也有儿童墓葬；墓葬年代涵盖了西汉、东汉及北朝时期，时间跨越了七八百年的历史。这批墓葬虽遭盗扰严重，但仍出土了玉、水晶、铜、鎏金、陶等不同质地文物近百件。

西汉墓发掘 1 座，为近方形斜坡墓道土坑墓。墓室尸骨无存，仅见残存椁板一块。墓葬内出土随葬品有陶壶、陶盒、陶盆、陶豆等明器及五铢钱 20 余枚。

东汉墓葬发掘 7 座，皆为砖室墓。这 7 座墓葬均遭盗扰，但墓葬构筑材料及方式均有鲜明特色。

M7 为砖室夫妻合葬墓，墓葬西室墓壁与墓底均为青砖垒砌，东室则采用板瓦铺砌墓底。东室墓葬尸骨保存完好，西室墓葬尸骨有明显迁葬痕迹。东、西室墓底水平高度不一致的现象可能与该墓葬经后期迁葬、在西侧临时搭建新的墓室有关。另外一个值得注意的现象是，在东、西两室之间有一个方形孔道，其目的多在于夫妻死后仍能进行正常的沟通与交流，灵魂相通。

北朝时期墓葬发现 2 座，均为砖室，无墓道。这两座墓葬呈南北向排列，墓室均南宽北窄，呈“大小头”形状。其中 M3 为夫妻合葬墓，保存较好，东西墓壁呈弧形。出土器物有夹砂灰陶罐、夹砂灰陶壶，以及铜镯、玉剑彘、簪、坠、水晶饰件、鎏金铜铺首等文物。墓葬呈“梯形”的平面形制以及随葬品具有“毁器”特征的随葬习俗，透露出墓主人的身份很可能是中国古代鲜卑族。

（相　军　戴　滨）

【蓟县小毛庄东汉墓葬】

发掘时间：2013 年 12 月

工作单位：天津市文化遗产保护中心、蓟县文物保管所

墓葬位于天津蓟县康平路西侧，北临渔阳镇小毛庄村道路，南临蓟县房地产公司及蓟县第二小学用地。地理坐标为北纬 40°02′910″，东经 117°25′802″。

此次共清理出汉代砖室墓葬 7 座，分别编号为 M1 ~ M7，发掘面积为 450 平方米。

M1 为竖穴砖室墓，方向 54°，平面呈不规则形，长 5.44 米，宽 4.48 米。由于破坏严重，仅存部分底部铺地砖，未见骨架及随葬品。

M2 为竖穴砖室墓，方向 10°，平面呈长方形，长 3.7 米，宽 1.5 米。底部用平砖相互错缝铺砌而成，墓室的北壁用平砖相互错缝垒砌而成，东、南、西壁均采用“人”字形侧立砖相互交叉垒砌而成。

M3 为竖穴砖券多室墓，方向 10°，长 10.50 米，宽 5.5 米，由墓道、墓门、西耳室、东 1 耳室、东 2 耳室、厅、主室等 7 部分组成。

M4 为竖穴砖券多室墓，长 10.34 米，宽 2.48 米 ~ 5.82 米，方向 8°，由墓道、墓门、东耳室、西耳室、厅、主室等 6 部分组成。

M5 为长方形竖穴砖券单室墓，方向 20°，平面呈长方形，顶部已被破坏，四壁采用二平一竖铺缝所砌而成，底部用半砖平铺，未发现骨架和随葬品。

M6 为竖穴砖券多室墓，由墓道、墓门、东耳室、西耳室、厅、主室等 6 部分组成

M7 为长方形竖穴砖券多室墓，方向 9°，南北总长 8.74 米，东西宽 3 米 ~ 6.16 米，墓口距墓底深 0.4 米。由墓道、甬道、墓门、前厅、东耳室、主室等 6 部分组成。出土器物有铜剑、陶仓、陶灯、陶耳杯、陶猪、陶壶、陶灶等。

（梅鹏云　姜佰国）

【蓟县赵家湾唐代窑址】

发掘时间：2013 年 10 月

工作单位：天津市文化遗产保护中心、蓟县文物保管所

窑址位于蓟县邦均镇二百户村北，平面呈长方形，方向为 15°，顶部已被破坏，总长 12.3 米，宽 1.6 米 ~ 1.7 米，由操作间、火门、窑室、烟道 4 部分组成。

操作间位于火门的南部，平面呈长方形竖穴土圹式，南北长 1.8 米，东西宽 0.5 米 ~ 0.9 米，南部留有宽 1.7 米、高 0.12 米台阶。内填土为灰色花土，土质疏松，内含黑木灰颗粒、少量绳纹砖。

火门位于操作间的北部，窑室南部，顶部已破坏，下部呈半圆形，东西宽 0.6、进深 0.6 米，残高 0.4 米，火门周围红烧土厚 0.18 米，底部有厚 0.01 米的黑色草木灰。

窑室位于火门的北部，平面呈长方形，顶部已破坏，仅残存底部，南北长9.9米，东西宽1.6米，残高0.6米，内填灰褐色土，土质较疏松，含有红烧土块、蓝烧土颗粒。窑室的底部已经烧成青灰色。

烟道位于窑室的东部偏北，用绳纹砖砌，烟道口平面呈圆形，直径为0.56米。

（姜佰国 张俊生 刘 健）

【津南区宋代三女砦遗址】

发掘时间：2013年3月

工作单位：天津市文化遗产保护中心

在北宋王朝建立后，其北部以海河（时称界河）、大清河为界，与契丹人建立的辽朝隔河对峙。据《武经总要》记载，沧州横海军有9个军寨，坐落在津南区的有泥古、双港、三女镇3寨。据《津南区志》记载，三女镇寨建于北宋太平兴国七年（982），坐落在双港镇前三合村，其东部面对海河故道的白塘口湾南岸，其北部有一条宽约400米，呈东西走向，并有黄河水沉积泥沙的古河道，东北距双港寨遗址约4000米。今军寨斥堠等设施无存，寨墙已平，夯土墙基无迹，成为一土台，东西长200余米，南北宽不足200米，总面积约4万平方米，高出附近地面3米。日本侵华期间开挖赤龙河支河，将该寨一分为二。

2013年，前三河村整体搬迁，天津市文化遗产保护中心对这片高台地进行考古勘探和试掘工作。勘探面积51500平方米，试掘面积135平方米。经过勘探调查未发现夯土迹象和建筑遗址。

在该区域进行考古试掘工作，共布长、宽各5米探方1个，长4米、宽1米探沟8条。从G5的剖面看文化层堆积厚度4.3米，分为14层，根据地层内出土的遗物判断：第①层~第②层为现代垫土层，第③层~第⑩层为明清时期，第⑪层~第⑭层为元代时期。

根据考古勘探和试掘工作未在该区域发现寨堡遗迹和宋代时期遗物，可以断定此地不是宋代三女砦所在地。但根据文献记载和地理位置判断，三女砦位置应距此地不远。

（张俊生 姜佰国 刘 健）

【蓟县吴庄明代墓葬】

勘探时间：2013年3月25~29日

工作单位：天津市文化遗产保护中心、蓟县文物保护管理所

2013年3月，蓟县渔阳镇吴庄村附近一座墓葬遭到盗掘，天津文化遗产保护中心闻讯后前往调查。经现场勘察，该墓葬盗扰严重。为保护文物、避免盗掘行为再次发生，对被盗墓葬进行了抢救性考古发掘，并对墓葬周边区域进行了重点考古勘探，排除了附近区域存在其他墓葬的可能。

吴庄墓葬位于蓟县渔阳镇吴庄村北、大星峪村西南的山前坡地上，墓葬中心处于北纬40°03′19″，东经117°22′26″。

墓葬开口据现地表深约0.5米，墓葬下部基本开凿在山岩上。墓葬为长方形竖穴砖石混合结构夫妻合葬墓，东、西两室，墓向北偏西10°。墓壁、墓底以及东、西两室之间隔墙均用素面青砖砌筑，墓口一周用单层条石砌筑，在墓顶石板上方铺有一层不规则石块。墓室南北长3.9米，东西宽3.86米，墓底距墓顶高1米，在东、西两室的北壁以及东室的东壁、西室的西壁共垒砌有4个拱形壁龛，两室之间隔墙靠北部处也砌有一个龛形通道相联通。

东室，即此次遭盗掘墓室，墓顶青石盖板已塌落，棺板、人骨大部分已被抛出墓葬之外，仅在填土中发现北宋与明代铜钱、板瓦、少量棺板及人骨等遗物。在东壁龛附近发现铭文方砖一块，丹书文字，仅可辨识出首行“大明阴券”4字，其余文字不清，应为买地券。

西室内发现残木棺一具，棺木残长

1.9 米～2.1 米，宽 0.45 米～0.65 米，棺木保存较差。西室属早期被盗，出土遗物有双系灰陶罐、铜簪、铜钱、板瓦等遗物。

吴庄明墓整体体量不是很大，但是营造难度大、修建精致、结构考究，为天津地区同期墓葬所少见，而买地券的发现对于研究当时的社会习俗、宗教信仰具有重要意义。

（戴　滨　盛立双）

【天津水下文化遗产重点调查】

调查时间：2013 年 8 月

工作单位：国家文物局水下文化遗产保护中心、天津市文化遗产保护中心

2013 年，天津沿海水下文化遗产重点调查工作历时 17 天，通过物理探测、潜水探摸等方法新发现近代沉船 1 处。

调查队运用“多波束”“浅地层剖面”以及“侧扫声呐”等海洋物探声呐技术，扫侧了包括“天津散化锚地东南部”“大沽口南锚地”以及锚地西南侧共计 12 处水下文化遗存疑点及线索点，重点扫测了 7 处海图上已标注的沉船。经过扫测，排除疑点 5 处，发现已经被打捞沉船 4 处，确认水下沉船 3 处，分别编号为大沽口Ⅰ、Ⅱ、Ⅲ号沉船，获取了一批精确的水下疑点声呐图像与数据资料。

此次重点潜水调查了大沽 I、II 号水下沉船，并对 2010 年重点调查的大沽散花锚地 I 号沉船遗址进行了复查。其中，大沽锚地Ⅱ号沉船遗址位于天津港航道南侧，海图标示时间为 1934 年。经探摸发现，该沉船遗址处于水深 16 米～26.1 米处，南北向，向西倾斜坐于海床，体量较大，船长约 42 米，宽约 7 米，型深约 7 米。该船长宽比、型深与军舰相似，推测可能为战舰，其详细资料正在进一步收集和整理中。

此次调查专门安排试行了《水下考古操作规程》调查部分的内容以及《水下考古调查、发掘项目的考评办法》。为加强水下考古调查、发掘工地的管理向科学化方向发展做出了新的探索和尝试。调查工作得到了天津海洋局的协助，较大提高了工作效率和潜水安全，为今后的类似工作提供了一定的借鉴和参考。此次调查进一步摸清了天津大沽口海域周边水下文化遗产的分布状况，推进了天津港及周边海域水下文化遗产的调查、研究和保护工作。

（赵　晨　甘才超　张　瑞　戴　滨　相　军）

河北省

【阳原县旧石器时代遗存专题调查】

调查时间：2013年4月15日~8月31日

工作单位：河北省文物研究所

泥河湾盆地位于河北省张家口市阳原县，盆地内古人类文化遗存丰富，已发现旧石器时代遗址150余处，其中百万年以上的遗址就有近40处，人类活动时间之久远、遗址数量之众多、文化连绵性之完整，都是罕见的，其重要学术价值已得到学术界公认，正逐渐成为中国乃至东亚地区古人类学、旧石器考古学研究的中心，有望找到人类起源相关的重要材料。

为摸清泥河湾盆地古人类文化遗存的现状，发现更多古人类活动的遗迹、遗物乃至遗骸，并开展地质学、环境学的相关研究，为“东方人类起源研究”提供翔实有效的基础资料，河北省科技厅设立“东方人类探源工程——泥河湾人类起源、地质及环境背景研究”课题，河北省文物研究所、河北师范大学、石家庄经济学院共同承担完成。

泥河湾盆地旧石器专题调查是该课题的重要组成部分，由河北省文物研究所承担完成，调查范围以盆地东部古人类遗存发现比较集中的区域为主，具体以大田洼台地及周围地区为中心，辐射至下沙沟、石匣里、东窑子头、红崖、板井子一带，共完成调查面积近500平方千米。

调查除对以往调查、发掘和报道的地点进行现场复查，掌握遗址的基本状况，为进一步的发掘、研究及保护工作打下基础外，更重要的是寻找新的古人类活动的遗存、遗骸，丰富盆地内的古人类活动资料，完善文化序列和文化内涵。

调查新发现古人类遗址30余处，主要集中在大田洼台地及周围地区、桑干河北岸板井子村一带，时代自100万年以前至1万年前后，时代更早的三趾马红土的红崖、石匣里一带，以及以往有过报道但争议较大的下沙沟、东窑子头一带，未发现明确的古人类文化遗存。

此次调查比较重要的发现有：马圈沟遗址及附近区域的同一剖面上新发现4个文化层，从而将该剖面上文化层增加至11个，进一步完善了早更新世的文化序列，特别是洞沟内新发现的文化层可能早于盆地内目前已知的所有遗址，有可能找到更早的古人类文化遗物；大田洼村北的九头鸟沟内，泥河湾层顶部及其与黄土交接部位发现有明确的打制石制品，对研究泥河湾古湖的消亡及此时的古人类活动有重要价值；岑家湾村南的南山边发现两个旧石器地点，发现了比较丰富的打制石器，通过地层对比与附近的小长梁遗址、照坡遗址、葡萄园遗址、大长梁遗址等层位一致，这一发现表明在大田洼台地北缘，136万年前存在一处范围较广的古人类活动区。

此次调查确认盆地东部主要有两个比较集中的古人类活动区：桑干河南岸、大田洼台地及周围地区为旧石器时代早期古人类活动的集中区域，是研究早期人类起源的重要区域，此外该区域也存在一定数量的晚更新世晚期、旧石器时代晚期遗址；

桑干河北岸、与大田洼台地隔河相望的板井子一带旧石器时代中期遗存数量多，分布比较集中，是旧石器时代中期人类活动的重要区域。

（王法岗）

【阳原县禾尧庄旧石器时代遗址】

发掘时间：2013 年 8 月 15 日 ~11 月 30 日

工作单位：河北省文物研究所

遗址位于泥河湾盆地西端，东井集镇禾尧庄村北 150 米处，桑干河支流——梨益沟的西侧，禾尧庄村后沟北侧，水库东侧，北距许家窑人文化遗址——侯家窑遗址约 3000 米。2003 年夏天，河北省文物研究所在泥河湾盆地西部开展旧石器专题调查时发现，因其与侯家窑遗址距离较近，文化特点有相似之处，初步判断两者联系密切。

2007 年以来，为解决侯家窑遗址的时代、地层等相关问题，河北省文物研究所在该区域开展了连续的考古调查、发掘工作，对侯家窑遗址的地层有了新的认识，为解决遗址的年代等相关问题提供了基本思路。为进一步认识侯家窑遗址周围地区的古人类活动状况，开展了对禾尧庄遗址的考古发掘。

此次发掘面积 30 平方米，同时开挖探沟 4 条，按照 5 厘米的水平层发掘，共发掘 30 多个水平层，文化层厚1.5 米 ~ 1.8 米，发现文化遗物 3000 余件，包括石制品近 1200 件、动物化石近 2000 件，石制品的原料以石英、燧石、玛瑙等为主，类型有石核、石片、刮削器、尖状器等，另发现了少量的石球制品，属于典型的以小石制品为主的工业类型。动物化石多破碎严重，初步鉴定种属有：犀、马、原始牛、羚羊、鹿、羊等，包括骨骼、牙齿、角及骨骼碎片等。

通过发掘确认：文化遗物不是出自泥河湾层，而是产于河流阶地堆积中，埋藏部位与侯家窑遗址相似。综合考虑该遗址的埋藏环境、地层、文化遗物等与侯家窑遗址具有很多相似之处，在时代上应该比较接近，同属旧石器时代中期，文化特点相似，在渊源上也应有密切的关系。此次发掘进一步丰富了泥河湾盆地西部旧石器时代中期古人类的遗存资料。

（王法岗）

【蔚县三关旧石器时代遗址】

发掘时间：2013 年 9 月 28 日 ~11 月 25 日

工作单位：河北省文物研究所、中国科学院古脊椎动物与古人类研究所、蔚县博物馆

遗址位于蔚县西合营镇三关村东 150 米 ~300 米处，壶流河支流——西沙河西侧，包括西沙河、下马碑、南台子三个地点，由河北省文物研究所在 2002 年、2009 年的旧石器专题调查中发现，三个地点相距较近，位于同一阶地上，层位较为接近。

此次发掘面积 50 余平方米，发现石制品、动物化石 2500 余件。下马碑地点完成发掘面积近 12 平方米，发现上、中、下三个文化层及一组动物脚印遗迹，下文化层为一处古人类活动面，文化遗物丰富，由灶坑、研磨赤铁矿染料遗迹及 800 余件石制品、动物化石组成，石制品体现出小石制品工业的特点。南台子地点发现两个文化层，文化遗物都比较少，下文化层除发现近 100 件石制品，还发现 10 来件火烧过的砾石，可能与“石煮法”或者与古人类用火有联系。西沙河地点文化层较厚，文化遗物丰富，石制品具有典型的细石器工业特点，部分石制品体现出石叶技术的特点。

这三处地点埋藏于同一级阶地内，可能为壶流河的第二级阶地，在平面上，三个地点相距较近，在纵向上，层位也比较接近，时代应该比较接近，依据地层推测其时代为晚更新世的末段、旧石器时代晚期。在文化面貌上，各个地点表现出丰富多样的特点，小石制品技术、细石器技术、石叶技术在一个区域内出现，为研究旧石器时代晚期石器工业的丰富性及相互之间的关系提供了很好的实例。

（王法岗　关　莹　王晓敏　杨海勇　高建强）

【赵县贾吕新石器时代至明清时期遗址】

发掘时间：2013 年 3 月 12 日 ~6 月 4 日

工作单位：河北省文物研究所、石家庄市文物局、赵县文物旅游局

为配合京港澳高速公路改扩建工程，对贾吕遗址进行了抢救性考古发掘。遗址位于石家庄市赵县北王里镇贾吕村东 500 米。发掘区位于高速公路新建线路 K300 + 920 – K300 + 960 界桩范围内。发掘面积 550 平方米。发现有新石器、商代、汉代、金代、明清等 5 个时期遗存。

新石器时代遗存包括开口于第③层下的 25 个灰坑、1 座瓮棺葬及第④层和开口于此层下的 1 个灰坑。灰坑有圆形、椭圆形、不规则形等，无明显加工痕迹。瓮棺葬以钵和罐扣合为葬具，幼童骨骼腐朽殆尽，随葬有一石串饰。出土遗物有陶器、石器和动物骨骼等。陶器有泥质和夹砂两种陶系，泥质陶有红陶、灰陶、黑皮陶等，夹砂陶仅有红褐陶。夹砂陶略多。器表主要为素面，纹饰不多，有少量彩陶。纹饰以蓝纹为主，多为竖向窄条，另有方格纹、凸楞纹等。彩陶仅见于泥质红陶上，为赭彩和黑彩，有垂幛纹、锯齿纹、圆圈纹等。可辨器形有钵、折沿罐、高领罐、筒形罐、杯、环、圆饼等。制法均为手制，部分罐口沿可见慢轮加工痕迹，罐底为底包帮，器身多为泥条盘筑。石器有琢制和磨制两种，器类有杵、刀、磨石、串饰等。商代遗存包括开口于第③层下的 5 个灰坑。灰坑有圆形、椭圆形、不规则形和圆角方形 4 种，无明显加工痕迹。遗物仅有陶器，以夹砂褐陶为主，泥质灰陶次之。器表除了素面外，纹饰有中绳纹。器形有鬲、罐、盆等。制法以手制为主，口沿部有轮修痕迹。汉代遗存包括第③层及开口于第③层下的一个灰坑。灰坑为圆形。遗物仅有陶器，多数为泥质灰陶，少量夹云母红陶，纹饰有细绳纹。器形有釜、盆、甑、板瓦等。均为手制，口沿轮修。金代遗存包括开口于第②层下的水井 1 口。水井为圆形直壁，直径 4 米，深 6 米。填土包含有少量瓷碗片、骨簪等。明清遗存为第②层，仅出土少量青花瓷片。

贾吕遗址包含多个时代遗存，出土遗迹、遗物较为丰富。以新石器时代遗存的发现较为重要，从遗物特征对比看，时代相当于仰韶晚期。文化面貌总体与平山中贾壁遗存相近，但也有不同点。这对完善冀中地区新石器时代晚期考古学文化编年和内涵有重要意义。

（韩金秋　杨丙君）

【平山县张家庙台新石器时代战国及唐代遗址】

发掘时间：2013 年 10 月 14 日 ~12 月 12 日

工作单位：河北省文物研究所、中山古城文物管理所

张家庙台遗址发掘是中山古城遗址文物保护规划中主动性考古项目，工作目的是明确张家庙台遗址的性质及其与中山古城遗址的关系，为中山古城文物保护工程提供基础资料。

张家庙台遗址位于平山县上三汲乡张家庙村东南 800 米，中山古城城址南部，南临黄壁庄水库。台体是一座凸出于地表的夯土高台，断面呈半球形，南面、西面较为陡峭，北面和东面为缓坡。底部东西长 21 米，南北宽 8 米，顶部东西长 5.5 米，南北宽 3.8 米，通高约 11 米。其中下部 8.7 米为生土，顶部为夯土，夯土东西长14米，南北宽3.8米，高2.3米，夯层厚7厘米。台体顶部原建有“狐仙庙”，现仅存青砖、石块等。经调查、勘探，确定了张家庙台遗址为中山古城南城垣的一部分，向西经新发现的夯土墙基可与坡底村南的南城垣相接，向北经张家庙村东南的夯土墙基可与康家村东的古城东隔墙相连。由于“狐仙庙”的存在，此处没有像周围区域那样被取土破坏，而是形成了高于周围地表的台体。

调查范围北起康家村，南到黄壁庄水库，东起古城隔墙外深沟，西至西城垣，面积约100万平方米，基本涵盖了古城南部。勘探范围以张家庙村为基点，东、南至黄壁庄水库。在此区域内新发现遗址6处，分别为张家庙台南遗址、张家庙台西寺岸遗址、张家庙台东寺岸遗址、张家庙台东南遗址、张家庙台西北道路遗址、张家庙台西夯土遗址。除了张家庙台东南遗址外，其他4处遗址的主要遗存均为战国时期，与中山古城遗址年代相同，遗址分布较为密集，填补了以往中山古城城址南部遗存发现不多的空白。其中张家庙台东寺岸遗址中发现有7处夯土建筑基址，以曲尺形为主，少量长方形，面积10~300平方米。因其位于南城垣附近，周围还发现有至少46厘米长的大型板瓦，应是一处重要遗址。张家庙台西寺岸遗址的战国地层上叠压有唐代地层和夯土基址，附近采集有唐代的兽面瓦当，据传这里有唐代的“望海寺”，四五十年前还有白石佛像，这些发现可与2010年河北省文物研究所发掘的三汲货场遗址的唐代墓葬相呼应，说明中山古城遗址在唐代有人类活动。

张家庙台东南遗址为1984年滹沱河流域考古调查发现的新石器时代遗址。为深入了解该遗址时代和性质，对其西部断崖上暴露的一个灰坑进行了清理，布长、宽各2.5米探方一个。地层堆积可分3层，遗迹有灰坑3个。金元时期遗存为第②层和开口于此层下的H1，仅出土少量瓷片。战国时期遗存有第③层和开口于此层下的H2，出土大量泥质灰陶片，可辨器形有盆、罐、量、板瓦、筒瓦、石圭等。新石器时代遗存仅有H3，开口于第③层下，出土大量陶片，以泥质灰陶为主，夹砂灰褐陶、磨光黑灰陶次之，泥质红陶最少。主要为素面，部分磨光，纹饰有篮纹，分横篮纹、斜篮纹，斜篮纹均为左侧高右侧低的右旋式。其他纹饰有席纹，仅一件夹砂褐陶罐底内面有压印席纹。可辨器形有折沿罐、桥耳、钵等。均为手制，罐类口沿似有轮修痕迹。遗物特征与平山中贾壁遗存相仿，且地域相近，应是同一时代遗存。

2013年张家庙台遗址及其周边区域调查、勘探和发掘工作，达到了预期目的，明确了张家庙台遗址的性质。同时新发现了多处战国时期遗址，说明战国时期的中山古城南部也是人类活动密集区域。唐代和仰韶晚期遗存的发现和发掘，丰富了中山古城遗址的内涵，为中山古城遗址文物保护提供了考古资料，也为其他相关考古课题提供了重要资料。

（韩金秋　樊书海）

【卢龙县蔡家坟新石器时代至战国时期遗址】

发掘时间：2013年6~9月

工作单位：中国人民大学历史学院、河北省文物研究所

遗址位于卢龙县卢龙镇蔡家坟村北部一个东北至西南走向的台地上，处在滦河与青龙河交汇点南侧。发掘面积575平方米。遗址北部堆积浅薄，南部堆积深厚。包含有新石器时代晚期至战国时期的文化遗存，其中围坊三期文化的居住遗迹和春秋战国时期的墓葬是主要内涵。

属于围坊三期文化的遗迹有房址、窖穴、灰坑和一个瓮棺葬。其中一座房址保存较完整，为圆形地面建筑。建造方法是先在地面铺垫纯净的黄土台，然后在土台周边等距离立木柱，中心立大木柱，形成木框架。居住面平整坚硬，没有发现墙、灶和门。陶器口沿流行花边装饰，纹饰以交叉拍印的绳纹为主，器形有钵、鬲、罐等。出土了环首刀、锥、喇叭形耳环等小型铜器。还发现了两块卜骨残片。

发掘春秋战国时期的土坑墓30多座。形制简单，均为长方形竖穴土坑墓。有3种墓向，以北向和东北向为主，东向的只有1座。东向墓葬的年代最早，东北向次之，北向最晚。多数墓葬没有随葬品，少数墓葬中随葬鼎、罐、盂或鼎、豆、壶，其中一些墓葬中随葬动物骨骼。还发现7个瓮棺墓，有的有简易墓坑，有的没有墓坑。瓮棺由两个或多个大口圜底夹砂陶瓮对接或套接而成，内葬儿童，均无随葬品。

遗址内还发掘出土大量动物骨骼，初步判断动物种类有鹿、牛、猪、狗等，还有大量鱼骨。为研究当时的自然环境、经济生活等方面提供了丰富材料。

此次蔡家坟遗址考古工作，是在河北省秦皇岛地区首次开展的大规模、系统性的主动科研项目，充实完善了河北省东部地区的考古学文化的年代序列，对各阶段考古学文化的内涵有了新认识，具有重要的学术价值。

（吕学明）

【定州市北刘家庄商周及汉唐时期遗址】

发掘时间：2013年8～12月

工作单位：河北省文物研究所、定州市文物管理所

遗址位于定州市赵村镇北刘家庄村北415米处的台地上，发掘面积2350平方米。

文化遗存主要包含商代、汉代、唐代3个时期；其中商代早期灰坑14个；汉代遗迹以灰坑为主，共发掘207个，灰沟15条，窑址3座，蓄水池1座，水井11口，深6米～9米，灶1个；汉代瓮棺葬5座，为2～3个瓮对接成棺，砖椁墓6座，被破坏；唐代灰坑20个，灰沟2条，唐代墓葬3座，均为圆形砖室墓，墓室被破坏，有台阶状和斜坡状底的墓道。

此次发掘出土器物以陶器为主，其中商代陶器的陶质有泥质灰陶、夹砂灰陶等，纹饰有磨光素面、弦断绳纹、绳纹、附加堆纹、戳印纹等，可辨器形有鬲、甗、斝、豆等。汉代陶器陶质有泥质灰陶、夹砂灰陶、夹蚌、夹云母红陶等，纹饰多为绳纹、素面、篮纹、戳印纹等，有盆、罐、甑、豆、釜、瓮、盘、壶、碗、纺轮等器形。唐墓出土的瓷器有碗、奁盒、盘、罐及铜镜、带钩、钱币等。

遗址中的遗迹较为丰富，商代、汉代、唐代时期遗迹均有发现，集中反映了当时人们的生活场景，尤其是商代遗迹的发现为今后研究太行山东麓商文化起源提供了新的资料。

（任雪岩　郭少青）

【武安市固镇古城西北战国至秦汉时期墓地】

工作时间：2013年3～8月

发掘单位：河北省文物研究所、邯郸市文物研究所、武安市文物保管所

墓地位于武安市固镇古城城址外侧西北300米处，邯长铁路K62＋800—K63＋300标段铁路右侧（邯郸—长治方向）的台地上，属固镇古城城址西北“棋盘地”墓地范围。此次发掘共清理战国至秦汉时期墓葬46座，出土各类文物400余件（套），获得了一批珍贵的文物资料。

战国至秦代长方形土坑竖穴墓22座。墓葬方向大多在5°～25°之间，少部分在100°～125°之间，个别为315°和330°。墓室较宽，长宽比例较大，比例在2∶1以上，有的甚至接近于方形。墓葬相互之间无打破关系。墓壁或直壁或斜壁，较深的

墓葬一般有脚窝，墓室内填土多经夯打。葬具主要以单棺单椁为主，单棺者无陶器或随葬品。葬式有仰身直肢、仰身屈肢、侧身屈肢等，上肢一般置于身体两侧或置于胸前和腹部，下肢屈体情况差别较大。随葬品以陶器鼎、豆、壶、盘、匜、细柄豆、豆形小壶、鸟柱盘、鸭尊、筒形器、杯等各种组合为主，另有部分墓葬随葬有青铜兵器及铜器、玉器等饰品。

战国晚期至西汉前期洞室墓17座。墓葬大多遭破坏，墓向不一，大部方向在280°~305°之间，仅有少数为16°~33°和180°。墓道为长方形土坑竖穴式，斜壁，口大底小，填土一般经过夯打。墓室为土洞，大部位于墓道的短边，墓室顶部呈弧形，弧度从洞口向洞室内逐步延伸降低，墓室底部一般高出墓道或与墓道齐，有的墓室洞口处有木质封门。墓室内一般放置单棺，葬式以仰身屈肢葬为主，下肢屈体差别较大。随葬品以陶器为主，陶器除个别置于墓道外，一般置于棺外或墓室壁龛中，陶器类型简单，多为实用器，有釜、盆、罐、钵、盘等，其他如漆器、带钩、镞、铃、玉环、凿、铲、削刀等随葬品置于棺内墓主身侧。这些洞室墓的形制及葬式与关中秦墓的特征相仿，应是秦国在占领该区域后形成的，个别洞室墓的年代可能略晚。

西汉时期长方形土坑竖穴墓5座。墓葬方向基本在105°~115°之间。墓室较窄，长与宽差别较大，长宽比例在3∶1以下，直壁，墓内填土不见夯土。葬具为单棺。葬式为仰身屈肢和侧身屈肢。出土随葬品极少，未见陶器，仅有随身器物铜带钩。

东汉时期砖室墓2座，均被盗，墓葬形制为带斜坡墓道的单室墓和前、后室墓。出土有新莽时期的“大泉五十”和大量的东汉前期“五铢”钱，墓葬年代最晚可至曹魏时期。

武安市固镇古城是东周时期晋、赵的重要城邑之一，赵敬候元年迁都邯郸后，固镇古城遂成为拱卫和支撑邯郸城的西部核心重镇，两汉时期为武安县治所，直至延续使用到曹魏时期。该城址西北战国至秦汉时期墓葬的发现，不仅为判定固镇古城的城址内涵、延续使用时间和繁荣状况提供了证据，而且其形制各异的墓葬结构、颇具特色的随葬器物，也为研究该地区战国至秦汉时期的丧葬习俗、文化特点及经济发展水平增添了新的实物材料。

（陈　伟　齐瑞普）

【丰润区商各庄西汉遗址】

发掘时间：2013年4~7月

工作单位：河北省文物研究所、唐山市文物管理处、丰润区文物保护管理所

商各庄遗址位于唐山市丰润区杨官林镇商各庄村南50米处台地，西距112国道200米，西、北侧为南北向冲沟，地形所属为燕山山脉东麓山前平地。此次清理灰坑32个、灰沟2条、瓮棺葬1座、窑址1座，出土陶、铁、铜、石等质地珍贵文物标本68件，遗物种类有陶釜、陶瓮、陶盆、陶豆、铁镞、铁锛、铜钱、石球等，揭露遗址面积833平方米，遗址文化内涵年代为西汉时期。

32座灰坑可分圆形、椭圆形、长条形、不规则形等，坑体分直壁、斜壁内收；坑底分平底、圜底、不规则形等。窑址北部被取土坑破坏，窑门及工作面情况不详，陶窑自北向南为火膛、窑室、烟道、烟囱4部分组成。火膛位于北部，仅存南半部，平面为喇叭口形；窑室位于火膛南侧，平面为方形，边长2.1米，残高0.94米，窑床南侧略高，窑壁上部有工具加工痕迹，窑壁烧结面厚0.25米~0.3米，靠近窑室一面为青灰色向外逐渐变为红褐色，质坚硬，顶部结构不详；烟道位于窑室南侧，

在窑室南侧窑壁底部自东至西分布3条烟道，向南穿越窑壁后汇聚至烟囱。遗址出土陶器以灰陶为主，夹蚌红陶次之，器物以素面为主，有绳纹、方格纹、三角纹、波折纹等。可辨器形有：圆唇翻沿内折棱深腹陶釜、侈口折沿方唇深腹陶盆、外饰绳纹内网格纹的板瓦、外绳纹内布纹的筒瓦（瓦舌略长）、斜方唇直领陶瓮、子母口敛口弧腹豆等。铁器锈蚀严重，器形主要有：锛、铲、削、镞、镬等。

该遗址发现制作精良的陶器、大量各种类型铁器、技术先进的陶窑等反映这一区域与中原地区社会生产状况、生产技术等基本保持同步，说明该区域与中原地区保持着密切政治、经济联系。此次发现的方形陶窑为冀东地区西汉时期考古首次发现，填补该区域这一时期考古空白，为研究当时社会政治、手工业、聚落经济发展模式提供了重要实物资料。

（张晓峥）

【鹿泉市南高庄西汉遗址】

发掘时间：2013年9～10月

工作单位：河北省文物研究所、石家庄市文物研究所、鹿泉市文物保管所

此次是配合京赞公路鹿泉市北环至石太高速段改建工程进行的抢救性考古发掘。遗址位于鹿泉市南高庄村西的凤凰山下，东距南高庄村70多米，西南距高庄汉墓（墓主人为西汉常山王刘舜）约300米。

发掘分南北两区，北区为墓地，南区为其他遗迹，两区相距26.5米。南区遗迹是一处建筑遗存，发掘300平方米，出土灰坑7个、灰沟2条、陶窑1座、大量板瓦、少量筒瓦，以及零星的瓦当、空心砖等建筑构件，因发掘区位于遗址的边缘地带，故未发现房基。墓葬共发掘27座，其中1座为有长条形斜坡底墓道的平顶土洞墓、1座为有弯钩形斜坡底墓道的长方形砖室墓，其他的皆为长方形竖穴砖椁墓。墓葬均为小型，大部分被严重破坏，8座保存较好，其中5座有头箱，随葬的陶器只有罐和釜两种器形，数量3～5件不等，4座墓中出土有铅锡质镳、衔、泡饰等车马明器。

遗址和墓葬的时代为西汉中期。推测建筑遗存为级别较高的官署或是刘舜墓的管理机构所在，墓地是三个家族以上的公共墓地。墓葬两两并排是该墓地的鲜明特点。

（樊书海）

【鹿泉市凤凰山西汉常山王墓陵垣遗存】

勘探时间：2013年4～5月

工作单位：河北省文物研究所

西汉常山王刘舜及其王后墓，位于鹿泉市（原获鹿县）新城乡高庄村西凤凰山东麓，南北并列，原有相连的高大双塚。2013年，河北省文物研究所京赞考古队对新勘探的京赞公路沿线的王陵区东侧路段进行了考古勘探。分别在王墓与后墓的东北、东南各100米处发现东西向的夯土墙垣。其中位于北侧的保存较好，处在地表以下1.5米，在公路范围内连续存长30米，墙基宽10米，残高0.3米～1米。南侧因改造为梯田和多处取土，遭到较重损毁，但仍在地表以下间断发现了与北侧呈平行走向的夯土墙基，实测两者相距240米。考察凤凰山地貌，常山王墓所在东岭南北各有支脉向东延伸，构成双厥式。夯土墙垣向西正与此“双厥”相直。由发现地段向东，则分别延伸向东部的预备役团院部，由于地面硬化，未实施钻探。参照以往发掘和相关资料，对于同茔异穴同处一个陵园内的王墓与王后墓，初步复原了平面略呈方形的陵垣院落式的形状。

据史书记载，常山王刘舜为汉景帝少子，得国于景帝中元五年（前145），在位33年。1991～1994年，河北省文物研究所对其中的王墓进行了抢救性发掘。仅揭露一座“中”字形带回廊石外椁大型墓葬。墓室早年被盗遭焚，但四周回廊保存完整，仍出土了3000余件银、铜、陶制随葬品和9辆冥车器，3套实用车马，铜鼎、铜钟、匜等标有“常山”“常食中般”“二十九年”等铭文，此墓应为西汉常山王刘舜及其王后的墓葬。

新中国成立以来，河北曾发掘了西汉中山王、河间王、赵王以及常山王等多座诸侯王大墓，但是没有陵垣的出现，此次常山王陵垣的获得，使得目前在从战国中山王譻陵兆域图中陵垣“中宫墟、外宫墟”的图式到西汉帝陵陵垣的勘察以外，又找到了诸侯王陵垣的一个绝好例证，为研究西汉帝陵陵园制度影响下诸侯王陵、陵垣的形成找到了一处重要的考察与研究实例。

（李　楠）

【南和县北大召前东村两汉及唐代时期墓群】

发掘时间：2013年6月26日~12月1日

工作单位：河北省文物研究所、邢台市文物管理处、南和县文物保管所

北大召前东村墓群位于南和县三召乡北大召前东村村东1280米处，东距侯郭村640米，南临村级公路，西距南和县城11千米。地处华北平原区，地势较为平坦。

共清理墓葬96座，其中西汉中晚期墓葬88座、东汉时期墓葬6座、唐代时期墓葬2座，出土各类文物460余件。

西汉时期墓葬结构均为长方形竖穴土圹砖椁墓，除个别为双椁墓外，余均为单椁墓。单椁墓形制一般为长方形竖穴土圹，土圹内以素面青砖垒砌椁室。双椁墓亦为长方形土圹，砖砌椁，顶部多塌毁，中部以隔墙分断形成双椁，内分别置棺，为合葬墓，无墓道。

东汉时期墓葬主要分布于发掘区西南部，为带墓道砖室墓，南向。平面呈“凸”字形或刀形，皆遭严重破坏，只余墓底部分。长方形土圹，斜坡式墓道，有封门砖，墓室砖墙只余底部残迹，铺地砖多无存，葬具不存，人骨仅见零星残段，随葬器多出于填土中。

唐墓，一座为带墓道砖室墓，一座为单砖室墓。前者为台阶式墓道、菱角牙子形式封门砖、券顶砖室；后者为船形砖室。

西汉墓出土的随葬品质地有陶、铜、骨、铁器等四类，陶器基本组合为壶、鼎、盒和釜，另出土有立式男女侍俑、坐姿驭手俑、卧姿马、扁平带孔车轮等。

东汉墓出土的随葬品主要是陶器，有覆斗形盖方奁、兽首柄椭方口魁、盘口高领绿釉壶口、扁平长方形案、椭方口耳杯及动物模型鸡等。

唐墓出土的随葬品有陶、铜、瓷器三类，陶器为红陶双系罐，瓷器有饼足底白瓷碗、青釉鼓腹双系小罐，铜器为葵花缘花枝镜。

北大召前东村墓群是邢台地区东部区域首次发现的较大规模墓葬群，从墓葬形制和随葬品初步分析，属平民墓葬。墓葬总体分布较密集，但排列无序，相对集中的墓葬间无明显的分布界限，应是多个家族共同使用的公共墓地。

墓群所属南和县，属冀州刺史部广平郡，处于冀州分布区的南部地带，为研究西汉中小型墓葬文化因素、葬制葬俗等提供了新材料，为从考古学角度研究西汉时期郡国分制的政治制度提供了重要资料。

（徐海峰）

【任丘市香城铺东汉和明清遗址】

发掘时间：2013年9月~2014年1月

工作单位：河北省文物研究所、沧州市文物局、任丘市文物保护管理所

遗址位于任丘市北辛庄乡北香城铺村北约200米、司马前庄村东南300米处，地理坐标：北纬38°46′849″，东经116°07′094″，海拔8米。发掘面积1650平方米，发现的文化遗存为东汉和明清时期。

东汉时期文化遗存是香城铺遗址的主要文化堆积，发现墓葬1座，灰坑23个。此次发掘获得成型器物69件（套），陶器标本1000（片）件。出土遗物以建筑构件的筒瓦、板瓦、砖为主，其次为盆、瓮、罐、豆、钵、甑、釜、纺轮等生产和生活用品。

发现的明代“龟镇”为方形土坑内用55块青砖砌成龟形镇物，放置铁犁铧、陶罐、铜钱、瓷瓶等物分别比喻龟的头、尾、腹腔和四肢。用砖券文，模拟冥界中人间地契凭证。

发掘确认了明清时期的“古京德御道”。古道路南北走向，为明清时期京畿通往东南地区的官道，宽度12米~16米，路面有车辙和蹄印痕迹。路土堆积厚20厘米~60厘米，呈酥饼状，为黑褐色黏土，致密，有多次冲积现象。在发掘区东南100米、古道路的东侧发现有厚约5厘米的踩踏面，经勘探确认踩踏面东西长34米，南北宽27米，为“古京德御道”主要附属设施“铺舍”遗迹。

“古京德御道”的发现是此次发掘的重要收获，为研究明清时期京畿地区交通史提供了重要实物资料。“龟镇”的发现或许与当时的丧葬制度中流行冥契、幽契有关，为研究明清时期该地区的墓葬形制、丧葬习俗及村落地望的变化提供了实物资料。东汉时期遗址的发掘进一步丰富了当地的文化内涵。

（陈 伟 梁 亮）

【临漳县邺城遗址】

发掘时间：2012年6月~2013年4月

工作单位：中国社会科学院考古研究所、河北省文物研究所邺城考古队

邺城遗址位于临漳县西南约20千米处，是曹魏至北齐时期六朝故都。京港澳高速公路自北向南从邺城遗址西部穿过，西距邺南城（推定东魏北齐邺城内城）西墙约600米。为配合高速公路拓宽工程，邺城考古队于2012年6~8月对建设涉及范围进行了全面勘探，勘探面积约80000平方米。根据勘探情况，于2012年9~12月和2013年3~4月先后对高速公路两侧拓宽区域进行了抢救性发掘，发掘面积约2800平方米。

发掘清理各类遗迹150余处，其中以墓葬、灰坑和大型建筑基址群为主体。墓葬78座，包括战国至秦汉时期竖穴土坑墓54座，魏晋时期斜坡墓道砖室墓7座，隋唐时期斜坡或竖穴墓道土洞墓5座、砖室墓1座、土坑墓1座，宋元时期土洞墓2座、土坑墓4座，明清时期土洞墓2座、土坑墓2座，出土铜、瓷、铜、铁等各类遗物500余件。灰坑64个，根据平面形状可分圆形、椭圆形、不规则形状等，时代从商周至近代不一，其中以北朝时期灰坑居多。陶窑4座，朝向有别，均为东魏北齐时期，出土大量陶碗、盆、钵、罐、釉陶碗和支架等。大型建筑组群1处，南北绵延100余米。发现遗迹主要包括条形夯13条、磉墩6处、水沟4条、带白灰墙皮墙体3段和铺砖道路4段等。其中位于发掘区中部的条形夯和磉墩围合成一号房址F1，南北进深约12米。发现的两侧带白灰墙皮墙体编号为Q1、Q2、Q3，墙体宽度、走势、范围均较为清楚，推测属于院落围墙的组成部分。F1南部的水沟（G1）和砖铺甬道（L3、L4）均属于院落内设施，保存较好，尤其是L3、L4均为双层铺砖，铺设考究。水渠1段，开口宽约13.9米，深约1.46米，渠岸两侧呈缓斜坡状，渠底较平直，渠内有多层淤积，出土大量北朝时期筒瓦、板瓦、莲花瓦当残件及陶、瓷器碎片，推测为北朝时期。此外还发现水井、道路等。

此次考古勘探与发掘完成了南北绵延约6000范围的工作，发现了一批较重要的遗迹和墓葬，出土大量遗物，丰富了对这一区域遗迹分布和保存状况的认识，为邺城考古积累了新的资料，也为邺城遗址保护与利用提供了新的信息。从考古资料来看，此次发现所有墓葬都属于北朝以前时期，而发现的建筑群、陶窑群和少量水渠、道路等遗迹，均属于东魏北齐时期。此外在发掘区南北一线都发现了一层较厚的北朝文化层和大量北朝灰坑，这些现象与东魏北齐时期邺城的建设与毁废有密切关系，从一个侧面证实了外郭区的存在。

（沈丽华　郭济桥）

【临漳县邺城遗址核桃园西南地北齐时期1号建筑基址】

发掘时间：2012年10月～2013年5月

工作单位：中国社会科学院考古研究所、河北省文物研究所邺城考古队

邺城遗址位于临漳县西南约20千米处，是曹魏至北齐时期六朝故都。自2001年开始，邺城考古队一直致力于东魏北齐邺城外郭城的探寻工作。经考古勘探，在习文乡核桃园村西南地发现若干处大型夯土基址，其中1号建筑基址位于邺南城中轴线东侧，西距赵彭城北朝佛寺约600米，北距邺南城南墙约1200米，邺城考古队对其进行了全面揭露，共布设探方25个，发掘面积约2600平方米。

经发掘，核桃园西南地1号建筑基址为北齐时期大型建筑遗存。该建筑坐北朝南，由地上夯土台基和地下夯土基础两部分组成。夯土台基平面呈正方形，边长约30米，残高0.3米～0.5米，原柱网结构已破坏无存。台基四周原包砌砖石，现残存的沟槽宽0.6米～0.7米，深0.4米。台基四面居中各有一条踏道，长6.3米，宽2.5米，残高0.3米～0.6米。北踏道以北发现一条鹅卵石铺成忍冬莲花图案的甬道，甬道宽约3.2米。夯土台基包砖沟槽外侧四周残有铺砖，铺砖可分内外两周。内周铺砖较平坦，宽2.5米，铺砖为两层，下层铺条砖、上层铺方砖；外周铺砖向外渐倾斜，为单层条砖，宽约2米。外周铺砖边缘大致等距分布有石块，均由两块较粗青石组成，相邻石块的中心距为3米～3.1米。该大型建筑的夯土基槽平面呈正方形，边长约44米，深约4.7米。据局部解剖了解到，夯土基础因结构不同可分上下两部分，上半部厚约2米，由20层较均匀致密夯土构成；下半部厚约2.65米，由11层鹅卵石和10层夯土交替构成。在1号建筑夯土基础下半部表面的中心埋藏有1个石函，石函周边摆设有青瓷盖罐。这组遗物属于建筑基础完成一半时举行相关仪式的遗存。

通过发掘1号建筑基址出土大量遗物，以板瓦、筒瓦、莲花瓦当、兽面饰件和当沟等建筑构件为主，还有大量石质建筑构件残块等。其中较为重要的是在夯土台基中心发现1个石函和6个青瓷罐，其中包含了大量“常平五铢”铜钱、装有水银的小琉璃瓶、铜环、铜印、铜饰，以及玻璃、水晶、玛瑙、玉等各种质地的珠饰等。

核桃园西南地1号建筑基址位置重要、建筑尺度规范，发掘出土遗物种类丰富、数量众多，为深入研究东魏北齐时期邺城的都城制度、建筑技术等都提供了重要实物资料。其中北齐铜钱“常平五铢”成为1号建筑建造年代明确上限的资料；结合东魏北齐邺城毁废时间，大致推断核桃园西南地1号建筑的时代应为北齐时期。通过对比还发现，该建筑基址结构、营造方式均与以往发掘的赵彭城北朝佛寺塔基较为相似。结合出土遗物分析，初步推断该建筑基址为邺城遗址北齐时期的又一座大型寺院的塔基遗存。

（何利群　沈丽华）

【肃宁县后白寺唐宋遗址】

发掘时间：2013 年 8 月 ~2014 年 1 月

工作单位：河北省文物研究所、肃宁县文物保管所

遗址位于肃宁县梁家村镇后白寺村西北 100 米处。西距小白河约 500 米，西约 1000 米为京九铁路，北距高家庄 1500 米。地理坐标北纬 38°27′805″，东经 115°55′003″，高程 4 米。发掘面积 1700 平方米，发现灰坑 136 个、灰沟 16 条、井 5 眼、墓 4 座、窑 1 座，出土各类器物 76 件。文化内涵包括唐代、宋代及个别明清遗存。

地层堆积较为简单，分为耕土层和第②层，其中第②层为宋代文化堆积，多数遗迹开口于第②层下，个别开口于耕土层下。

唐代遗存主要是第②层下开口的部分遗迹，发现灰坑 34 个、灰沟 2 条、窑址 1 座。出土遗物以陶器为主，少量瓷器。陶器以泥质红陶为主，比例占 85%，器表多素面，部分饰有绳纹、拍印纹带、方格纹。器形以宽折沿盆和实饼足碗占大多数，其次为罐。泥质灰陶所占比重较小，多素面，器形主要是瓮，其次有盆、盘。瓷器较少，主要有青釉和黄釉瓷碗。

宋代遗存包括第②层及第②层下开口的部分遗迹，发现灰坑 102 个、灰沟 14 条、井 5 眼、墓 2 座。出土遗物主要为陶器和瓷器。陶器以泥质灰陶和泥质红陶为主，泥质灰陶占比例略大，大多数陶器表面可见明显轮制痕迹。纹饰以素面为主，其次为弦纹和篦纹，少量附加堆纹和抹断绳纹。器形以盆、罐为主，其次有瓮、盘等。瓷器釉色有白釉、黑釉、双色釉、酱釉等，器类以碗为大宗，其次有盆、罐、盏、杯、鸡腿瓶、钵、瓷塑等。器底可见玉璧底、圈足、隐圈足。碗类内底可见支钉（3 ~5 个）或涩圈。装饰手法釉下施化妆土，个别有出筋、瓜棱、刻划花、篦划花、莲瓣纹，少数口沿可见芒口。窑口主要为定窑和磁州窑。

明清遗存主要是开口于耕土层下的 5 眼水井。

该遗址是一处以唐宋文化遗存为主的村落遗址，也有个别明清遗迹。发掘区地处村落遗址的边缘地带。

（雷建红　梁纪想　杨景峰）

【曲阳市田庄唐代大墓】

发掘时间：2013 年

工作单位：河北省文物研究所

大墓自 2011 年 5 月发掘工作启动，至 2012 年底，主体基本发掘完成。田庄大墓为带长斜坡墓道的大型砖室墓。墓葬坐北朝南，规模宏大，分为地上、地下两部分。地上部分由墓上封土和墓前神道组成。地下结构由墓道、仪门、庭院、甬道、前室、后甬道、后室组成中轴，10 个侧室及 2 个大型龛分列左右。

墓葬全景（由南向北）

2013 年主要围绕田庄大墓的地上设施展开勘探、发掘工作，并对墓葬细部结构进行解剖，同时加紧对墓葬出土文物的拼对、资料的初步梳理工作，以及全方位的测绘工作。

通过勘探以及发掘，发现了墓葬神道，发掘出神道两侧的 4 组石刻。通过对墓葬的解剖，了解了墓葬地基和封土地基的建筑方法。经过初步的资料梳理，对墓葬出土的大型石椁进行了复原。通过对大门附近出土的建筑构件的梳理、拼对，一座最为仿真的墓门结构也日渐清晰起来。

神道出土的石刻有石柱2段、石柱础2件、石虎2件、石羊1件、石人1件。石刻自南向北依次为石柱、石虎、石羊、石人，从而推知神道有4组石刻，依照石人左（东）文右（西）武，石兽左（东）牡右（西）牝进行排列。武官像生位于神道北部西侧，拄剑立于长方体座上。与其位置相对的一侧，原有石人已被盗，分析应为文官像生。西侧石羊被毁置于坑中，坑在石武官南约13米，石羊卧于长方体座上。头残缺，前肢跪卧，后肢蜷曲，损坏严重，细部形态不辨。东侧石羊不存，仅发现1坑，坑内填汉白玉残块。石柱在石虎南约13米，石柱为八棱柱形，柱座为方形单瓣覆莲式，莲瓣雕刻圆润、饱满。墓道东侧的灰坑中出土长方体碑榫1件，灰坑的位置在东侧石羊之北约26米，中间隔出文官的位置恰好合适，因此神道碑即可能位于此。如此，神道以神道碑为起点，以石柱为终点，则神道南北长55米，东西宽22米。

神道北侧、墓道北段东西两侧各有"凸"字形坑1座，坑底铺设青砖，砖上残留白灰泥。两座坑形状一致，左右对称，或为墓上建筑基址，抑或为墓葬修筑时的设施。

对墓葬前室、后室的地基分别进行了解剖，地基建筑于细沙层之上，逐层夯筑，地基厚度为0.6米~0.8米。并对外缘封土进行了解剖，发现封土夯筑前，先挖深0.7米的基槽，再从基槽底部向上夯起。由此可见墓葬的营建科学、考究。

田庄大墓后室发现的汉白玉石椁是目前发现规模最大、结构最为复杂的棺形石椁。经过拼对、梳理，石椁的形态已经可以复原。石椁由棺形石椁和须弥座组成。石椁呈棺形，顶面弧曲，由前、中、后三块组成。椁盖前、后出檐，前、后有堵头，前堵头浮雕朱雀、后堵头浮雕玄武。盖下作梯形箱体状，正面雕刻出椁门，椁门为两扇，门面上雕四排泡钉，每排有五个，门面中部雕一对铺首衔环。石椁置于须弥座之上。整个石椁通体长4.5米，南端宽2.4米，北端宽1.9米，通体高达3.1米，规模宏大，结构复杂，纹饰繁缛，雕刻精美，细部皆彩绘并描金。石椁内涵丰富，寓意深刻，宗教色彩浓郁。

石椁构件

田庄大墓的券门上方有仿木结构的门楼，门楼耸立于地表，背靠墓葬封土，是一座最为仿真的雕砖门楼。墓门附近的填土中出土了大量的砖雕构件，应为门楼上的部件，有筒瓦、板瓦、椽子、飞子、砖雕重唇板瓦、砖雕花头筒瓦、莲花纹脊饰等。这些构件雕刻精细、形式多样，分制之后，又进行组合，皆用墓砖雕刻而成，正体现了曲阳作为雕刻之乡的传统和造诣。

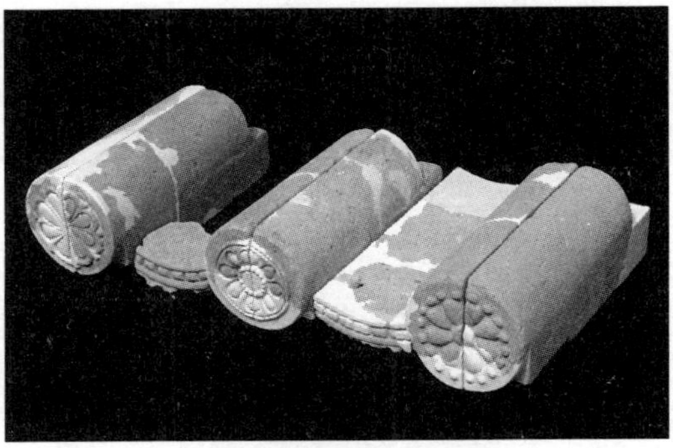

筒瓦与板瓦的组合

通过2013年的发掘，发现了一批重要遗迹，出土了一组精美石刻，为墓葬时代、墓主等级与身份的认定补充了新的材料，进一步拓展和完善了田庄大墓的整体空间布局，丰富了田庄大墓的内涵。通过细部解剖和重要部位的复原研究，丰富和深化了对墓葬结构和建筑方法的认识。另外墓葬所有的仿木结构都是以墓砖为材、按一定规制作成，可能存在模数制度，从而为古代建筑模数制度的起源添加了珍贵的研究资料。

田庄大墓在发掘过程中及时制定周密的文物保护方案，采用科技手段，最大限度保护文物本体，并实施科学发掘。同时对大墓进行了三维立体扫描，全面收集信息。田庄大墓的发掘成果，引起当地政府的高度重视，保定市政府已经决定筹建遗址博物馆。

（魏曙光）

山西省

【绛县周家庄龙山时期遗址】

发掘时间：2013 年 3～5 月

工作单位：中国国家博物馆田野考古研究中心、山西省考古研究所、运城市文物保护研究所

遗址位于绛县横水镇周家庄、崔村及其左近地区，背靠紫金山，面朝涑水河，地理位置十分优越。遗址总面积达 500 余万平方米，兼有仰韶、龙山、庙底沟二期、二里头、二里岗、周、汉等时期遗存。其中以龙山期遗存分布最为广大，达 450 余万平方米。自 2007～2012 年，已对该遗址进行了 7 次发掘，确认其为一处大型龙山期环壕聚落，并在遗址中南部区域发掘了一片房址与墓葬集中分布区。

2013 年的发掘位于遗址中西部一块平坦的台地上，共布设 6 条长 60 米、宽 3 米的探沟，发掘面积近 1100 平方米，旨在了解这一区域内的聚落功能和堆积状况。经发掘得知，位于中、北部 4 个探沟的发现主要为龙山期的房址、陶窑和灰坑；出土遗物包括陶、石、骨器等，此外还采集到很多植物标本。说明中、北部应是龙山时期的居址与手工业区。在南部的两个探沟则发现了集中分布的龙山时期墓葬，这些墓葬的规模有大小之分，均不见随葬品，但头向与之前在遗址中南部所见者不同，应是遗址中的另一处龙山期墓地。

此次发掘对遗址中西部区域有了更为深入的了解。另一处墓地的发现不但再次证明周家庄遗址规模宏大、内涵丰富，也暗示在龙山时期的遗址中或许存在不同族群。这些发现丰富了周家庄遗址的内涵，为今后的工作打下了良好的基础。

（戴向明　田　伟）

【临汾市西赵夏代至明清时期遗址】

发掘时间：2013 年 11 月～2014 年 1 月

工作单位：山西省考古研究所侯马工作站、临汾市文物考古工作站

西赵遗址位于临汾市尧都区尧庙镇西赵村西 100 米处，地处汾河东岸二级台地上，地势整体较为平坦，遗址范围内有少量沟壑断崖，遗址南北长约 2000 米，东西宽约 300 米，总面积约 60 万平方米。

配合基建抢救发掘面积近 2000 平方米，共发现遗迹 62 处，清理遗迹 52 处，包括灰坑 12 个，墓葬 40 座，遗迹和遗物的年代包括夏代、东周、汉代、唐代、元代和明清等多个时代。灰坑的时代主要为夏代、东周和汉代，出土大量陶片以及石刀、石斧、石凿、骨笄、骨匕等小件器物，可以复原的陶器有陶鬲和陶罐等。墓葬及出土器物是此次发掘的重要收获之一，其中东周时期墓葬 1 座、唐代墓葬 12 座、元代墓葬 1 座、明清墓葬 26 座。

东周时期墓葬为竖穴土坑墓，直壁平底，葬具为一具木棺，葬式为仰身直肢葬，没有发现随葬品。

唐代墓葬有砖室墓 8 座、土洞墓 4 座。砖室墓由墓道、甬道和墓室三部分组成。墓道为长条形、竖穴直壁、斜坡底或阶梯状底，墓室为弧边长方形或弧边方形，穹

隆顶，墓主人多为二人合葬。土洞墓由墓道、墓室组成。墓道为长条形、直壁斜坡底，墓主多为二人合葬。该时期墓葬葬具均为一具木棺，二人合葬时两者共用一棺，根据残存遗迹来看木棺的形体较大。出土器物有彩绘陶罐、三彩瓶、各类陶俑、鎏金铜环、鎏金铜泡钉、银钗、玻璃器、铁器、石质或砖质墓志（均为盝顶形）和钱币等，其中以M2、M17和M45出土器物较为丰富。

元代墓葬为砖筑单室墓，由墓道、甬道和墓室三部分组成。墓道为长条形竖穴直壁平底状，砖砌墓室大体为方形，顶部为四角叠涩穹隆顶。出土器物有陶罐、白瓷碗、黑釉鸡腿瓶和褐釉盘等。

明清墓葬多为土洞墓，由竖穴墓道和土洞墓室组成，墓主或为单人葬，或为二人合葬，葬具均为单木棺，仰身直肢葬者居多。出土器物有陶罐、陶俑、黑釉或褐釉瓷罐、黑釉瓷瓶、白釉瓷碗、铁棺环、铁钉和康熙通宝等。

通过此次对西赵遗址的发掘，可以知道该遗址为沿用时间较长的复合性古遗址，大量的出土器物为准确把握遗址的内涵及性质提供了第一手材料。特别是此次发现的12座唐代墓葬及出土的器物丰富了山西地区唐墓的资料，唐代纪年墓葬出土的玻璃器是山西地区首次发现，为进一步了解和研究山西唐墓提供了参考。

（王金平　杨及耘　李永敏）

【临汾市神刘东周墓地】

发掘时间：2013年4～7月

工作单位：山西省考古研究所侯马工作站、临汾市文物考古工作站，临汾市尧都文物局

神刘墓地位于临汾市尧都区神刘村西南500米左右，西南距下靳村500米左右，北邻临汾市南环路，西侧600米为汾河。墓地在于汾河东岸二级台地上，地势平整，海拔450米。南环路以北即为下靳墓地，神刘墓地是首次发现，经勘探，墓地面积东西长约400米，南北宽约300米，总面积约12万平方米。

配合基建抢救性发掘面积2000平方米，共发掘墓葬49座。一区揭露面积800平方米，发现墓葬39座，大致呈东西三排分布；较密集，有多组打破关系。二区揭露面积1200平方米，发现墓葬10座，多为“对子”墓，大致呈东西两排分布，发现围沟墓4座。墓葬形制分为土圹竖穴墓和洞室墓两类。其中土圹竖穴墓44座，大多为南北向，少数为东西向，洞室墓5座。土圹竖穴墓有直壁型（口底同大）和漏斗型（口大底小）两型。直壁型土圹竖穴墓14座。葬具大多为一棺一椁；一棺者3座；因盗扰，葬具不清者2座。墓主大多头向北，仰身直肢葬者13座；葬式不清者1座。陶器墓11座，出土陶器组合为鬲、豆、盆、罐或鬲、豆、盆、壶。只出小件墓葬1座。无随葬品墓葬1座。漏斗型土圹竖穴墓30座。葬具大多为一棺一椁；一棺者5座；因盗扰，棺椁不清者4座。墓主头向北，仰身直肢葬22座；墓主头向北，侧身屈肢葬1座；墓主头向东，仰身直肢葬3座；因盗扰，葬式不清者4座。陶器墓8座；出土陶器组合为鼎、豆、壶、罐、钵、匜。只出小件墓葬19座。无随葬品墓葬3座。土洞室墓有正洞室墓和偏室墓，其中正洞室墓4座，偏室墓1座。正洞室墓1座墓葬葬具不详，墓主葬式不清。其余3座墓葬具均为一棺，2座墓主头向北，仰身直肢葬；1座墓主头向东，仰身直肢葬。偏洞室墓葬具不清，墓主头向北，仰身直肢葬。土洞室墓内只出土小件随葬品。此次发掘出土陶器143件，出土铜镜、铜带钩、铜饰件、铁带钩、形状不明铁器、玉石、骨器等各类小件44件。

所发掘的49座墓，从其形制和出土器物来看，文化面貌和内涵属晋文化系统，

年代从春秋早期延续至战国中期。

（王金平）

【晋阳古城开化两汉北齐及清代墓群】

发掘时间：2013 年 3～6 月

工作单位：山西省考古研究所、山西大学、太原市文物考古研究所、晋源区文物旅游局

开化墓群位于太原市晋源区罗城街道办事处开化村东北，汾河西畔，地处太原西山（吕梁山余脉）东麓丘陵地带。东南距晋阳古城北城墙约 2500 米，西南距著名的开化寺蒙山大佛约 3000 米。该区域是晋阳古城遗址的宗教祭祀区和墓葬埋藏区。

继 2012 年完成第Ⅰ区的发掘后，2013 年度对第Ⅱ、Ⅲ区进行了考古工作，发现两汉、北齐、清代墓葬 40 余座。

汉代墓葬多为土坑竖穴墓，还有一座大型多室砖墓，不见洞室墓。随葬品以陶罐为主。

北齐时期墓葬分为无天井、单天井、双天井三类，均为拱顶土洞墓，洞室前高后低；窄长的斜坡墓道，一般位于墓室偏南部。洞室多采用石块封门，少数为土石混合封门。随葬品以红陶碗、壶、罐等陶器为主，出土“和公墓志”一合，采集“北齐天保三年”造像碑一块。

清代墓葬由西向东成排分布，均为洞室墓，短墓道，石块封门。流行多人合葬，随葬黑釉或酱釉瓷罐、符瓦、符砖等。

开化墓群的发掘，是对晋阳古城墓葬区进行的又一次集中考古工作，是晋阳古城大遗址考古工作的重要组成部分，通过两个年度的发掘工作，大大更新了我们对晋阳古城两汉、北齐时期居民丧葬习俗及人群构成的认识。

首先，先秦以来的竖穴木椁埋葬制度，是当时贵族的墓葬形式。而战国时期流行于秦国地区的土洞墓葬多为平民墓葬。进入汉代以后，华北地区大量出现土洞墓。而土洞木椁墓的集中发现，正是开化墓群考古发掘的主要收获之一，也为种类繁多的汉代墓葬提供了一批新的标本。

其次，木椁墓在开化汉墓中，不仅传统深厚，沿用时间较长，而且洞室木椁墓特色鲜明，多为圆木木椁，以圆木或半圆木拼接椁室。目前，这类墓葬集中发现于山西中北部及临近地区，如平朔汉墓、榆次北合流、鄂尔多斯新地等。太原开化汉代洞室圆木木椁墓的发现，再次表明以圆木作椁应是北方洞室木椁墓的一个重要特色。

此外，北齐时期墓葬出土“赵信”“和公”两合墓志。根据墓志记载，两者祖源均与高车、柔然关系密切，这为研究北朝时期北方民族融合的历程，提供了难得的史料。而“和公墓志”关于其祖源问题的叙述，首次验证了史籍关于“和”姓源于西域的记载，给学术界由来已久的相关讨论提供了一个可信的回答。

最后，通过对开化墓群人骨的初步分析表明，西汉时期该墓群人种以古中原型为主，而北齐时期人种发生逆转，转变为古华北型为主。这也是对晋阳古城周边古居民进行的首次长时段人种学观察，为研究太原地区在古代南北民族融合中的作用，提供了有力的人类学证据。

（张光辉　马　昇）

【忻州市九原岗北朝壁画墓】

发掘时间：2013 年 6～12 月

工作单位：山西省考古研究所、忻州市文物管理处联合考古队

九原岗北朝壁画墓位于忻州市忻府区兰村乡下社村东北，是忻州市市级文物保护单位九原岗墓群中被盗较为严重的一座。经过 5 个月的考古工作，共清理壁画 200 余平方米，出土大量陶俑残片、少量的陶器、瓷器残片和数十件铁质棺钉。

该墓为长方形斜坡墓道砖砌单室墓，

坐北朝南。由墓道、甬道、墓室三部分组成。墓室上方有封土堆。墓道长30.5米，底部最深处6.55米。墓道两壁呈阶梯状，由上至下分为四层，每层均绘有壁画。甬道位于墓道与墓室之间，平面呈长方形。甬道南端原砌有石门，现仅残存石质门楣。墓室呈弧边方形，东西宽5.8米，高8.8米，穹隆顶。四壁墙体原均有壁画，现已被大面积盗揭，仅顶部保留有星象图。

出土的随葬品以陶俑残片最多，陶器残片次之，还有少量的瓷器残片及铁器。

现存壁画主要集中于墓道东、西、北三壁及墓室顶部，残存总面积200余平方米。墓道东、西两壁壁画自上而下各分为四层。第一层主体绘畏兽、仙人、飞鸟、神兽等形象，四周以流云、忍冬补白；东、西两壁第二层壁画内容均为狩猎图，所绘人物、动物形象生动，狩猎内容丰富；第三层为出行仪仗，所绘人物大部为站立的武士形象；东壁第四层因开挖盗洞已全部被毁，西壁第四层亦为站立的武士形象。墓道北壁绘一座规模宏大的木结构建筑。

墓室四壁壁画大部分被盗，顶部保存较好，为星象图，东壁上方残存有三足乌的形象。

墓葬因多次被盗，记载墓主生平事迹的墓志已被盗，而出土的人体骨骼数量也较少，且保存状况较差，暂时还不能判断墓主的性别和年龄。结合墓葬规模推测，墓主人应该位高权重，是高氏集团的核心人物。从壁画中人物形象和表现手法来看，该墓与太原北齐徐显秀墓、娄睿墓有许多相似之处，初步推断其年代为北朝晚期。

从壁画内容及规模来看，该墓无论是对地下世界的想象还是对现实生活的描绘都比同时期其他壁画墓的内容更加丰富，墓道北壁壁画中的木结构建筑在同时期墓葬中是首次发现，第一次用绘画的形式展现了北朝建筑的风采。总的来说，该墓葬的发掘不仅可以填补忻州地区的考古空白，而且对研究北朝社会生活、绘画艺术，以及中国古代建筑史都具有非常重要的意义。

（张庆捷　张喜斌）

【晋阳古城唐末至五代一号建筑基址】

发掘时间：2013年5～11月

工作单位：山西省考古研究所、太原市文物考古研究所

晋阳古城遗址位于太原市晋源区晋源镇，2013年晋阳古城遗址考古工作队在晋阳古城西南城门发掘区进行了考古发掘，发现一组唐末至五代的建筑基址。编号为一号建筑基址。

一号建筑基址位于整个发掘区的东南部，西距晋阳古城西城墙约12米。一号建筑基址整体平面布局呈南北向的长方形，中轴线的方向与晋阳古城西城墙的方向大体一致。经过大面积的发掘，现已揭露出整组建筑的西围墙一段、正殿、东西配殿，东厢房的大部及西厢房的全部。

西围墙保存较好，北起正殿与西配殿北墙的西延长线，北端东距西配殿拐角1.2米。南北走向，与西配殿和西厢房的西墙平行。现存部分南北长31.2米，东西宽0.8米～1米，残高0.4米～0.6米。建筑方法为东西两边以不规则的石块、砖块垒砌，中间填充碎石块、砖块和黄土。墙体内侧较平整。

正殿位于整组建筑中轴线的北部，坐北朝南，平面呈东西向的长方形，长12.8米，宽10米。经过解剖发现正殿经过两次重建，目前保留的为第三期基础。现存的正殿基础略高于东、西厢房，并且有活动面与东、西配殿和东、西厢房相连。由此判断，现存整组建筑的基址为第三期建筑废弃后形成的。从柱础石的数量、位置和排列规律看，正殿面阔三间，进深两间，体量较小。正殿前有一东西向的檐廊，出檐较近。室内地面预先经过较好的处理，系先整体铺垫黄土，然后以32厘米见方的

青砖错缝平铺，砖与砖之间用白灰粘接。东、北、西墙保存较好，墙宽约0.7米~0.8米。墙体内侧残留较多的墙皮，墙皮厚约1厘米。墙体装饰较为考究，先在墙体表面涂抹黄泥，然后涂以白石灰，最后涂红彩。

东配殿位于正殿东侧。建筑格局与西配殿对称。东配殿保存较差，只残存北半部。墙体建筑和装饰方法与正殿相同。

西配殿位于正殿西侧。与东配殿东西对称。西配殿保存较好。西配殿整体呈南北向，东壁有一宽约1.4米的门道和正殿相通。室内地面破坏较严重，只残留地面以下的排水渠和沉淀池。沉淀池整体位于西配殿地面以下，平面近方形，用32厘米见方的青砖砌筑而成。沉淀池西壁紧贴西配殿西壁，中部有一方形出水口，出水口通过西配殿的西墙和西围墙，最终与围墙外侧的明渠相通。沉淀池南壁东南部有一方形入水口。入水口向南延伸至西配殿南墙外侧檐廊下。推测这组排水设施为正殿的附属设施，与正殿檐廊前的散水相通。经过解剖发现，东配殿室内地面下也有相同的设施。但是保存非常差，只留存西南一角和少量铺底砖。

东厢房位于正殿前中轴线的东侧，基础略高于西厢房，低于正殿和东西配殿。东厢房保存较差，只残留门道两侧的柱础石和南墙的一段。

西厢房位于正殿前中轴线的西侧，保存较好。平面呈长方形，长10米，宽5米。西厢房室内地面破坏较严重。墙体表面局部留有红彩，墙皮厚度与正殿相同，墙体装饰方法也与正殿相同。

正殿北墙外、西配殿和西厢房的西墙外均设有散水。散水均用32×32厘米和32×20厘米的青砖错缝砌筑而成。正殿北墙外散水宽约0.8米，西配殿和西厢房西墙外散水宽度相同，约0.5米。

一号建筑基址出土遗物以建筑废弃后残留的建筑垃圾为主，包括碎砖块、石块、石柱础、筒瓦、板瓦，以及数量较多的瓦当。砖块绝大多数为素面，少量饰宽绳纹。筒瓦以素面布纹里为大宗，此外还有极少磨光面布纹里筒瓦。板瓦多为素面布纹里，有少量经过磨光，极个别的板瓦瓦头部分捏有花边。出土瓦当绝大多数为莲花纹瓦当，且多以单瓣莲花纹为主。除莲花纹瓦当以外，还有较多的兽面纹瓦当。除建筑构件外，还出土了数量较多的瓷片、陶片。瓷片以白釉和青釉为主，酱釉和黑釉瓷片较少。可辨器形以碗、罐为主，此外还有盘、钵、盆、壶等。陶片绝大多数为泥质灰陶，器形以盆、钵、罐、瓮为主。

根据层位关系及出土遗物的特征判断，一号建筑基址的建筑时代为唐代末期，至五代宋初废弃。

城墙东侧发现的一号建筑基址是晋阳古城遗址内首次发现的规模较大、等级较高的建筑遗迹。发掘过程中发现的砖、瓦、瓦当等建筑构件以及大量的日用瓷器和陶器残片，为遗址的分期提供了基础资料，丰富了晋阳古城遗址的文化内涵。

（赵　辉）

【永济市蒲津渡与蒲州故城遗址】

发掘时间：2013年7~12月

工作单位：山西省考古研究所

在2012年勘探、试掘工作的基础上，2013年的考古发掘工作主要围绕寻找唐代遗迹展开，以布设探方和探沟相结合的方式，分三个区进行，发掘面积共856平方米。

在蒲州故城东城东南部发现了晚唐五代文化层，并弄清了该区域的地层堆积序列，无明清文化层，表土层和垫土层下直接为宋金、唐五代文化层，与文献中有关金代“弃东保西”的记载相吻合。其中唐五代时期的遗迹包括灰坑34个，水井1口，窑穴1处和灶址2处，其余均为宋金时期的遗迹。出土遗物种类丰富，以瓷器、陶器和铜钱为主，其中完整的及可复原瓷器共 129 件，完整的及可复原的陶器 48 件。

在蒲州故城东城东城墙南、北地点，通过对东城东城墙南地点的解剖发掘，得知该处城墙自西向东分段夯筑，西段最早，东段最晚，西段和中段夯土墙体塌陷严重。该处均为平底起夯，逐层夯筑；从起夯地层及出土遗物推测西段夯土墙体的夯筑年代不早于宋金时期，中段、东段夯土是在其基础上对该段城墙进行的再次修缮加固。

通过对东城墙北地点的发掘，得知该处表层下的夯土城墙为东西走向，自南向北分四段夯筑，平底起夯，外无包砖，夯筑年代不早于明清时期。另外在该地点宋金地层下发现一段东西走向的夯土遗迹，现存宽度约 5.2 米，高约 2.75 米，夯土土质较纯净，夯层明显，每层夯面均有东西向成排分布的夯窝，夯窝直径 5 厘米 ~8 厘米，深 0.5 厘米 ~1 厘米。该处夯土遗迹的发现可作为寻找唐代城墙遗迹的一个重要突破口。

在蒲州故城西城北门“熙光楼”基址上，弄清了“熙光楼”基址顶部的堆积状况和其原有形制、结构，出土明清时期的建筑构件 1300 余件，种类包括鸱吻、瓦当、滴水、陶俑、砖雕、印有“蒲郡城工”和“永济知县李友珠监造”字样的方砖等。

（王晓毅　高振华　贾　尧）

【昔阳县松溪路宋金墓】

发掘时间：2013 年 5 ~9 月

工作单位：山西省考古研究所、昔阳县文物管理所、昔阳县博物馆

昔阳县中医院旧址建筑工程考古勘探出 4 座砖室墓，编号为 M1 ~ M4，均未遭盗掘。墓葬坐北朝南，墓葬形制基本相同，由墓道、甬道和墓室组成。墓室平面为八角形，墓底设棺床，棺床分为倒“凹”字形和占墓室多半的两种形式，墓顶为叠涩穹隆顶。

M1、M4 壁面涂刷白灰，无装饰，八角上部仅作简单的暗柱，无砖雕斗拱。

M2、M3 设角柱，上承阑额、普拍枋，上设柱头铺作，M2 为四铺作，M3 为一斗三升。

M2、M3 两墓壁面绘有壁画，所有仿木构构件均有彩绘装饰，多为花卉、几何纹等。M2 壁画风格简单，线条粗犷，内容为隔扇门和直棂窗等。M3 墓壁除个别作砖雕隔扇门和妇人启门外，其余壁面绘有墓主人夫妇对坐图、庖厨图、放牧图和农具图等。其四方拱眼壁中绘四神。各墓墓主人数量不尽相同，M1 为 4 人，M2 为 2 人，M3 为 3 人，M4 为 3 人。

各墓随葬品数量、品质差别较大，墓葬简单者仅随葬粗瓷白釉钵和铜钱若干。有壁画者出土器物相对丰富，有白釉印花碗、盘、梅瓶、陶盏托、铜镜、铜簪等。M3 还出土了散乱的木制供桌和木质买地券，以朱砂楷体书写，上有“十七年岁次丁酉……大金国……”等字样。

松溪路管道工程铺设过程中先后发现 2 座砖雕墓葬，编号为 XSM1、XSM2。均坐北朝南，墓葬形制为八角形仿木构砖雕墓。M1 较为特殊之处是在北壁后方附属有一个小型后室（堂），墓葬底部设东、西两个棺床。墓壁以青砖垒砌，青砖经过磨制，缝隙狭小。M2 墓室北半部为棺床，整个墓室较为高大宽阔。

两墓仿木构结构基本一致，八角设角柱，接阑额、普拍枋，上设柱头铺作，为五铺作计心造，上承檐枋、连檐等。M2 角柱下为覆莲柱础。

M1 埋葬 3 人，M2 埋葬 2 人。随葬品较为丰富，有瓷器、陶器、铜器、砂器等。其中白釉剔花镂空腰圆枕实为罕见。

M2 仿木构砖雕构件绘有繁密精细的装

饰，壁面绘有较为精美的壁画，壁画手法娴熟，线条细腻，惜下半部漫漶。内容为墓主人夫妇对坐、放牧、侍卫图等。穹隆顶，点绘星象。

此次考古发掘是昔阳县宋金墓葬首次科学考古发掘，填补了这一时期墓葬资料的空白，为山西东中部乃至北方地区宋金墓葬分区、分期研究提供了宝贵的资料。

（刘　岩　史永红）

【应县辽代应州城及寺庙遗址】

发掘时间：2012 年 5 月 ~2013 年 12 月

工作单位：山西省考古研究所

为配合应县木塔申报世界文化遗产，开展相关考古勘探和发掘工作。

辽代应州城以明代城墙为界，其北部区域共勘探出三道东西向壕（水）沟、一条带状青砖堆积、局部红烧土堆积、大面积踩踏面、东西向硬土堆积和三块“品”字形夯土台等遗迹。

经过发掘，第一道壕沟底部为窑渣、青砖碎块密集堆积层。少量青砖上戳印有“应”字，青砖尺寸与明代城墙包砖尺寸一致，结合万历《应州志》关于明代城墙包砖的记载，可知其年代为明代隆庆—万历年间。红烧土遗迹区域发掘揭露出若干烧砖取土坑，其上被废弃倒塌后的砖窑堆积所覆盖。对第二道壕沟和第三道壕沟位置进行南北向解剖式探沟发掘。前人复原研究中“墙体”的位置证实为东西向壕沟，内有少量金元瓷片出土。第一、二道壕沟间的硬土堆积经过发掘，为黄褐色花土，质地较硬，但不具夯土形态，推测为疑似堤坝类遗迹。北部踩踏面经过发掘认定为耕地遗迹，发掘出犁铧耕地后形成的平行凹槽。现代排水渠北岸勘探出三处大型夯土台（基础）遗迹，平面呈矩形或近方形，三处夯土台整体呈“品”字分布，中间为砖瓦堆积，夯土台东西宽约 18 米，南北长约 24 米。夯土台位于地表以下 1.5 米，夯土本身厚度约 1 米，夯层 0.1 米 ~ 0.12 米。夯土台间距仅 5 米 ~6 米，其东西两侧没有发现与之可以相连的夯土迹象，推测为金元时期建筑基址。

佛宫寺遗址在现有佛宫寺外围西部和北部开展，佛宫寺西区共发现遗迹 21 处，其中夯土 2 处，踩踏面 2 处，青砖区 5 处，池塘 4 个，明护城河 2 段，明城墙 2 段，沟 2 条，乱石区 2 处。北区共发现遗迹 8 处，其中夯土 1 处，踩踏面 1 处，池塘 2 个，明护城河 1 段，明城墙 1 段，沟 1 条，乱石区 1 处。夯土与西区夯土在同一走向上，推测为早期佛宫寺的北墙。此外还确定了明代城墙、护城河的位置。

净土寺遗址包括铺有砖石路面的中轴线、路面东西两侧的钟楼、鼓楼基址，中轴线中部的天王殿北部边缘（天王殿大部分被寺庙现有房屋叠压），以及中轴线尽头的山门局部基址等。

寺院东部探沟揭露出与大雄宝殿平行的藏经阁基址和寺庙东围墙墙基。寺庙东部地层发掘至东墙外的池塘。寺庙南部发掘至山门位置（山门现被民房压占），不见南围墙。寺庙西部紧挨鼓楼西侧发现少许西墙墙基，墙外有稍早的带有火炕、灶火的房间地面。西北部探沟发掘至明代北城墙南部边缘。考古发掘基本确定了明清以来净土寺的四至范围。鉴于明清时期建筑布局占据绝大部分发掘区域，对于早期寺庙布局的探索只能在局部空白区域和探沟中进行。发掘和勘探显示，在明清中轴砖石路面下方约 1.7 米处为砖铺的平面，从大雄宝殿一直向南延伸，中轴线外不见铺砖，可见少许踩踏面，应是早期寺庙的地面。

（刘　岩）

内蒙古自治区

【通辽市哈民新石器时代遗址】

发掘时间：2013 年 7～9 月

工作单位：内蒙古自治区文物考古研究所

2013 年，内蒙古自治区文物考古研究所对哈民遗址进行了第四次抢救性发掘。此次发掘主要是为配合哈民遗址陈展馆的建设而进行的。在 2012 年发掘区的东部和南部延展，发掘面积为 1350 平方米。清理房址 14 座，墓葬 1 座，在此前清理的基础上继续清理了 G1，共出土陶、石、玉、骨蚌器等 500 余件。

此次发掘的房址保存较好，房址内居住面上普遍发现了丰富的遗物。房址均为半地穴式，门道设置在居室的东南，门向基本在 130°～145°，部分门道前段有台阶。多数房子居住面及较直的穴壁保存较好，有明显烧结面痕迹，呈灰褐色或黄褐色。圆形灶坑位于居室中南部，正对门道，保存较好的灶坑壁上有明显的烧结面，呈黄褐色。清理的 66 号房子，发现连体套间，套间面积较大，且有较短的门道和圆形灶坑，套间居住面比房址居住面低 20 厘米。此次发掘也在房屋中清理了较完整的房屋顶部木质结构及大量人骨。发现的 1 座墓葬为土坑竖穴墓，葬式为仰身叠肢葬，头朝西，面朝上。G1 清理了 13 米，内发现 1 具人骨。对灰坑未进行清理。

发掘出土的陶器仍以细砂质陶为主，有少量泥质陶。器形有筒形罐、壶、钵、盘、盆、丫形器等，未见斜口器。仍以麻点纹或素面为主要纹饰特征，还见有少量压印之字纹、刻划纹及彩陶片。仅 F60 居住面就发现 24 件陶器，其中 17 件筒形罐。石器发现较多，器形有斧、凿、刀、磨盘、磨棒、饼形器、杵、耜、盘状器、环形器、镞等。未发现骨柄石刃刀等复合工具。F57 居住面发现 26 件石器。骨、角、蚌制品以锥、针、蚌刀等，骨蚌器发现较少，保存不好。

此次发掘又出土 20 余件玉器，种类有玉璧、佩饰、匕形器、球形器、玉管等。F57 发现 18 件玉器，玉器种类丰富，制作精美。尤其出土的小玉球和玉管在此前发掘中未曾发现。

哈民新石器时代遗址年代大体距今 5500～5100 年。遗址此次发掘更加表明了遗址是因为突发事件而造成短时间内的毁灭，以至于遗物和人骨绝大多数得以较好地遗留在房址内。

（格日乐图）

【巴林左旗富河沟门新石器时代遗址】

发掘时间：2013 年 7～9 月

工作单位：中国社会科学院考古研究所内蒙古第二工作队

为进一步了解富河沟门遗址的保存状况，2013 年中国社会科学院考古研究所内蒙古第二工作队对富河沟门遗址进行了小规模考古发掘，发掘面积约 180 平方米。富河沟门遗址位于内蒙古自治区赤峰市巴林左旗富河镇富河沟门村北的向阳陡坡上。1962 年中国科学院考古研究所内蒙古工作队在此进行过考古发掘，故当地人现称之为“考古山”。此次发掘位于1962年发掘区的北侧。

此次考古发掘共清理7座半地穴式房址。绝大多数为方形。房址皆东南向，依山坡而建。房址北部保存相对较好，南部尽遭毁坏。房内多有灶坑。灶有两种，一种为土坑灶，一种为石板灶。后者有方形和圆形两种。部分房址内发现有柱洞。此次考古发现房址有连续叠压和成排分布的现象。连续叠压的房址最多的有4座，但这4座起建的房址并不都是完全重合，而是由早到晚，渐次向后（北）部分叠压，即后建的房址前部叠压在前一个房址之上，其后部则超出前一个房址北壁之外。

遗址中发现有较多的陶片，但未见完整器。陶片多为夹砂陶，有少量的泥质陶。以灰陶为主。夹砂陶火候不高、质地较疏松。除素面者外，纹饰有“之”字纹、篦点“之”字纹、附加堆纹、戳印纹、席纹等。可辨器类主要有筒形罐、斜口器、钵、小杯等。制法皆为手制，不见轮制。

遗址中有数量较多的石质遗物。主要有石片、石核、细石叶、细石核、经使用的石片和石叶，以及石器。其中以石片的数量为最多。石器主要分为大型石器和石叶石器。大型石器绝大多数为打制而成，仅少量见有磨制痕迹，器类有砍砸器、石锛、锛形器、石斧、刮削器、尖状器、磨棒和磨盘等，其中砍砸器的数量最多。石叶石器的器类主要有镞、钻（或锥）和尖状器等。细石核主要有楔形、多棱锥形、截头多棱锥体等形制。

遗址中出土有大量的动物骨骼和丰富的骨制品。骨器种类有骨锥、骨镞、带齿骨条、骨匕、骨鱼钩和骨针等，其中以骨锥的数量最多。此外，还发现有一些蚌、贝和牙饰。

富河沟门遗址是“富河文化”的命名地，于2013年被列入第七批全国重点文物保护单位。此次发掘揭出富有特色的遗迹现象和陶、石、骨类遗物，丰富了富河文化的实物资料。同时，在乌尔吉木伦河流域，还确认出另外一些单纯的富河文化遗址，再次证明了富河文化的独立性。同时也为更好地保护富河沟门遗址提供了十分重要的资料。

（董新林）

【通辽市库伦旗孤家子高台山文化墓地】

发掘时间：2013年4～6月

工作单位：内蒙古自治区文物考古研究所

为了配合库伦至平安地一级公路工程建设，内蒙古自治区文物考古研究所会同库伦旗文物管理所，以及赤峰学院2011级考古班对孤家子遗址进行了抢救性的考古发掘。公路沿着遗址南北走向穿越遗址，布南北向长、宽各10米探方23个，发掘面积2300平方米。共清理墓葬64座，灰坑46个，沟10条及房址1座。

墓葬除发现1座合葬墓以外，均为长方形土坑竖穴单人墓，少量墓葬发现二层台。发掘的墓葬中多数墓葬为南北方向，头朝北居多。此外，还发现一些东西向墓葬，头朝东占绝大多数。墓葬发掘中仅发现一例打破现象，为东西向墓葬打破南北向墓葬。墓葬葬式多侧身屈肢、侧身直肢、仰身直肢和少量俯身葬。已发掘的部分墓葬人骨和随葬品已被耕地破坏。出土随葬品中最多的是两个陶器相扣置于脚底，少数墓葬随葬3件陶器。陶器组合多为碗和壶的组合。部分墓葬随葬有单耳罐，置于脚踝或骨关节处。有1座墓葬随葬品置于头部。少数墓葬填土中发现兽骨并随葬石钺，经鉴定这些人骨均为男性。墓葬内还清理出大量半透明玛瑙玦、绿松石坠饰及料珠。玛瑙玦多位于人骨头骨两侧，白色半透明，多成对出土，现在多见残段。最大的直径约6厘米。料珠较小及绿松石坠多散落于人骨头部下方，锁骨附近，可能为当时的一串。

灰坑平面呈圆形、方形和不规则形，多直壁平底，清理出土少量陶器、石器、骨蚌器及青铜器。有两座灰坑内发现人骨。房址发现1座，为圆角长方形，仅存居住面和3个圆形灶坑，居住面为加工过的灰白色硬面，深10厘米。沟多为东西向自然冲沟，包含物较少，出土少量陶器、骨器。

陶器绝大多数为素面夹砂红陶，局部抹光，还有少量黑陶。发现纹饰有附加堆纹、绳纹、网格纹、乳钉纹，器形主要有碗、壶、单耳罐、钵、鬲、甗。石器发现有石钺、石镞、石刀，钺有单孔和双孔之分。骨器发现较少，有骨锥和骨管。此外，遗址中发现1件青铜器箭头，为灰坑内出土。从墓葬葬式和出土遗物情况分析，初步断定该遗址为高台山文化遗存。

高台山文化最早发现于辽宁省沈阳市新民县，年代约距今3000年，是一支重要的北方早期青铜时代文化。孤家子遗址的发现为内蒙古地区首次发掘大面积高台山文化遗存，该遗址的发现对研究高台山文化的分布以及北方早期青铜文化有着重大意义，同时也为弄清夏家店上下层之间的关系提供了佐证。

（阿如娜）

【通辽市库伦旗小奈林稿高台山文化遗址】

发掘时间：2013年3～6月

工作单位：内蒙古自治区文物考古研究所

小奈林稿遗址位于通辽市库伦旗库伦镇小奈林稿村西的一处缓坡上，为配合库伦—平安地一级公路的改扩建工程，对其进行了抢救性考古发掘，累计揭露面积1800余平方米，共发现了不同时代和文化属性的4种遗存。其中高台山文化的居址和墓葬是此次发掘的主要收获。

居址分布较广，从南侧断壁到遗址北端、从坡地东侧边缘往西至30米左右都有发现。遗迹现象较为丰富，有房址12座，灰坑30多个，沟5条。

房址多为圆角长方形半地穴式，室内中部附近往往有规整的圆形坑灶，数量1～3个不等，直径20厘米，深8厘米～10厘米，坑壁由于长期被火烧烤而呈炭黑色，壁面非常坚硬。其中1座房址的坑灶在发现时，上方还置有1件残鬲。部分房址存有较好的硬面。个别房址的墙壁附近发现有圆形柱洞，斜坡式门道位于房址的东侧。灰坑多散布在房址周围，从平面形制来看，有圆形、椭圆形、长方形、圆角方形和不规则形5种，直壁，或平底，或略显圜底。其中以椭圆形直壁圜底坑最具特色，直径2米左右，深1米余。

墓葬共发现26座，比较集中地分布在遗址的南端，排列较密，间距一般在2米以内；也有个别墓葬埋在居住区内，打破房址。从墓向来看，既有南北向的，也有东西向的。东西向墓数量较多，南北向墓数量较少，或位于遗址的东端，或打破高台山文化的房址。墓葬形制比较统一，除两座偏洞室墓外，其余都是长方形土坑竖穴墓。墓圹长一般2米左右，宽不足1米，深者1米余，浅者揭掉耕土层就暴露出人骨。全部为单人葬。葬式为侧身直肢，无葬具。多数墓葬有随葬品，以陶器为主，少者1件，多者5件，一般以2～3件居多，通常放置于死者的足端或下肢骨近旁。随葬陶器以素面夹砂红陶为主，器形有小口高领壶、侈口鼓腹罐、高足钵、平底钵、杯等；也有少量夹砂灰陶，代表器形是大口高领罐，领的中部有一周锯齿状附加堆纹，纹带处通常附四个两相对称的小扳耳或两个对称竖桥形耳。

（吉　平　胡春柏）

【和林格尔县盛乐古城周边战国两汉及唐代墓葬】

发掘时间：2013 年 7 ~ 12 月

工作单位：内蒙古自治区文物考古研究所、和林格尔县文物保护管理所

为配合和林格尔县法院派驻盛乐经济园区的工作室与和林格尔县检察院派驻盛乐经济园区的检查室的建设，对建设区域进行了抢救性的考古发掘，勘探面积约 1 万平方米，勘探古代墓葬 76 座，发掘清理不同历史时期墓葬 60 座，出土有各类质地的随葬器物百余件。

2013 年发掘的墓葬以战国时期为主，共计 56 座。大部分为长方形竖穴土坑墓，仅 1 座墓葬为偏洞式墓。墓葬的平面形状以长方形为主，也见部分梯形。部分墓葬带有壁龛或头龛，头龛或壁龛中放置有随葬的陶器。大部分墓葬发现有葬具，葬具有单棺与棺椁两种，少部分墓葬发现有动物殉牲。墓主人骨架大多保存较好，葬式以单人仰身直肢葬为主，此外还见有侧身屈肢葬等。随葬品有陶器、铜器、铁器、玉器等。陶器以罐、钵、壶等为组合，其中钵扣罐为该墓群的常见葬俗；铜器以带钩为主，此外还有铜璜、铜铃、铜饰件等；铁器有带钩、饰件等；玉器有玉璧、玛瑙环等。

汉代墓葬仅发现 2 座。墓葬形制为竖穴墓道土坑墓，一座墓葬由墓道、甬道及墓室三部分组成；另一座由墓道与墓室组成。墓道平面皆呈梯形，墓道壁较直，底呈斜坡状。墓室为竖穴土坑，平面略呈长方形，四壁垂直，底部较平。骨架保存较好，皆为单人仰身直肢葬。随葬品以陶器为大宗，器类有罐、壶、罐、灶和井等。

唐代墓葬仅 2 座。形制为土洞墓，墓道向南，呈斜坡状。土洞为直洞式，平面为梯形，墓主人皆为单人仰身直肢葬。随葬有陶罐、铜带铐等。

2013 年发掘的这批墓葬的时代包含有战国、秦汉、隋唐三个时间段，为揭示和林格尔盛乐古城的历史沿革提供了新的材料，尤其是大大丰富了战国时期的墓葬材料，为了解和研究古城战国时期文化分期、文化因素和变迁等相关问题提供了一批翔实可靠的实物资料。

（李　强）

【杭锦旗霍洛柴登古城汉代铸钱作坊遗址】

发掘时间：2013 年 8 ~ 10 月

工作单位：内蒙古自治区文物考古研究所、杭锦旗文物管理所

霍洛柴登古城位于鄂尔多斯市杭锦旗锡尼镇浩饶柴达木嘎查北 1500 米，东南距旗政府所在地锡尼镇约 20 千米。古城址平面呈长方形，城内地势较平坦，北部地势略高。古城时代经考证为西汉武帝至新莽时期。2012 年 8 月，杭锦旗霍洛柴登古城内发生古钱币窖藏被盗案件，随后对该处钱币窖藏地点进行了清理发掘。2013 年又进行了第二次发掘，发掘面积 300 余平方米。

经清理在铸钱作坊遗址内新发现铸币窑址 2 座，连同 2012 年清理的 2 座，共发现铸币窑址 4 座。其中 Y1、Y4 保存较好，窑顶部部分塌陷，其余窑址保存较差。窑室平面主要为长方形，窑室一侧有火膛、火道、窑门等。发掘出土的长方形窑砖上刻有“六”“土”等文字，应为修筑窑址时所用砖的编号。在窑室及附近文化层中新出土了 50 余块钱范（陶母范）、其他陶范 20 余块，此外还出土有较多古钱币、陶器、铜器、铁器、石器，以及大量铜铁炼渣、动物骨骼等。此次发现的钱范为新莽时期，均陶质，有正范和背范，钱文主要有“大泉五十”“小泉直一”。此次考古发掘还出土了 2 块有确切纪年的钱范，上有文字“始建国元年三月”。“始建国”是王莽年号，为公元 9 年。出土的古钱币主要

有“大泉五十”“小泉直一”“货泉”“半两”“五铢”“契刀”。窑室内及附近发掘出土了多枚西汉“半两”“五铢”铜钱，铜钱大部已残半，未经打磨修整，应在该处铸币窑址铸造后未曾流通使用。从发掘出土的西汉“半两”“五铢”铜钱，以及“大泉五十”“小泉直一”钱范等分析，古城铸钱作坊遗址的年代应该在汉武帝以后至新莽时期（汉武帝时不允许郡国铸钱），延续时间较长。

发现的4座窑址底部均铺有一层白黏土硬面，部分地方有两层。白黏土硬面较平整光滑，依地势由西北向东南略倾斜。在作坊遗址西北部发现有一段浅沟，推测为排水设施。古城铸钱作坊遗址的平面布局从已发掘的部分看呈长方形，建于一层或二层白黏土硬面之上，4座窑址分布井然有序，窑址附近还发现制晒坯场地，整个作坊遗址布局合理，应是统一规划建造而成的。

这次考古发掘发现的铸钱作坊遗址、在附近发现的钱币窖藏、出土有确切纪年文字的钱范等，对于研究中国西汉及新莽时期的货币制度、铸币工艺等领域都有重要的意义。

（连吉林）

【乌兰察布市灰腾梁西汉长城的调查】

调查时间：2013年8月

工作单位：内蒙古自治区文物考古研究所

内蒙古自治区长城资源调查项目组在乌兰察布市博物馆、察哈尔右翼中旗文物管理所的配合下，对灰腾梁西汉长城作了详细调查。灰腾梁所在行政区域属于乌兰察布市卓资县、察哈尔右翼后旗和察哈尔右翼中旗三旗、县交界之处，地处阴山山脉大青山东段，位于蒙古高原、黄土高原、河套平原、察哈尔丘陵四大地理单元的结合部。属熔岩台地地貌，地表辽阔平坦，东西长约60千米，南北宽约20千米，平均海拔高度在2100米左右。

在调查中，长城墙体共被划分为18个调查段，调查长城墙体长度为46.585千米，其中有墙体存在部分43.955千米，消失墙体2.63千米。在有墙体存在的46.585千米中，土墙长34.575千米，石墙长9.38千米。墙体沿线及周边地区调查烽燧46座、障城9座。

土筑墙体占墙体总长的74.2%，系就地取土筑就，没有发现明显的夯层。石墙较少，主要修筑在起伏较大的山丘间或顶部，附近火山喷发形成的湖泊较集中，因而就地取材，采用火山岩垒砌墙体。石墙中以杏桃沟长城一段保存相对较好，墙体剖面呈梯形，底宽5米~7米，顶宽3米~4米，残高0.5米~1.5米。墙体沿线调查的46座烽燧，可分为土筑、石筑和土石混筑三类构筑方式，多数分布于墙体内侧，个别分布在墙体外侧。分布于墙体外侧的烽燧与墙体的直线距离在1千米左右，分布于墙体内侧的烽燧与墙体的直线距离大部分在40米~100米之间，个别最近者仅距10米，最远者可达600多米。烽燧相互间距一般在1千米左右，最远者有近3千米，最近者为80多米。

墙体沿线调查的9座障城，分布于墙体内侧者6座，分布于墙体外侧者3座。障城平面多呈方形，边长在50米左右，障墙均底宽顶窄，构筑方式可分为石砌、土筑和内部土筑外表砌石三类。障城相互间距多在10千米左右。

在调查中，采集遗物均为陶片，可辨器形，有饰粗绳纹的夹砂釜残片，有外背饰绳纹、内壁饰菱形格纹的板瓦残片等，均为典型的西汉时期遗物。

灰腾梁长城东南端的起点为卓资县巴音锡勒镇三岔子村东的三岔子障城，该障城分布于山梁之下，正好处于东、南、西三岔路口的交叉点之上，起到一个有效的控扼作用。西南端通过山险、烽燧、障城等遗迹与蛮汗山秦汉长城相衔接，西汉定襄郡东部都尉治所在的武要县故城（今卓资县三道营古城）恰好处于这个衔接点之上。秦汉时期，在三道营古城以东，没有继续沿用战国赵北长城，而是向南新修筑了一条长城，至岱海北岸再折向东去。新筑秦汉长城以东、以北地区为匈奴所占据，到东汉时期为鲜卑人占据后，史籍称其为“匈奴故地”。西汉灰腾梁长城的修筑，将整个水草丰美的高山草原包围起来，占据了防控匈奴的制高点。到东汉时期，随着武要县建制的撤销，灰腾梁长城也随之一并放弃。

（张文平）

【和林格尔县外西沟车站唐代墓葬】

发掘时间：2013 年 7 月 25 日 ~8 月 15 日

工作单位：内蒙古自治区文物考古研究所、和林格尔县文物保护管理所

2013 年 7 月 23 日，位于和林格尔县新店子镇外西沟车站在挖排水沟的过程中，发现一座古代砖室墓，施工部门立即向文物部门汇报，遂对砖室墓进行了抢救性的考古发掘。

此墓开口于地表向下 0.4 米处，形制为仿木结构单砖室墓，方向 185°。由墓道、墓门、甬道、墓室组成。墓道位于墓室的南端，未完全清理，平面呈梯形，斜坡式，口宽底窄，两侧壁微向内收。墓门和甬道被破坏，墓门形制不清楚。甬道从残存看，平面呈长方形，两壁青砖平砌。

墓室顶部遭早期破坏，平面呈圆形，穹庐顶。墓室底部直径 3.7 米，残高 2.1 米。墓室由青灰色条砖砌筑而成，条砖之间用灰色碱土作浆，制作规整。尸床沿墓室北半部砌筑，尸床的南沿用砖平砌。室壁表面绘以彩画，脱落严重。墓室周壁有六组方形柱础，柱础上立有四方抹角倚柱，阑额嵌于两柱之间。柱头铺作为一斗三升式，由栌斗、华拱、泥道拱、散斗组成，上接替木。补间铺作为双人字形翘尖拱，北壁的补间铺作为卷花叶形。在柱头铺作和补间铺作的上方均对应有一凸出墙面 8 厘米的方砖，其上即为砖砌穹庐顶。墓室南壁墓门的东侧砖砌有一把仿木结构的靠椅，突出于墙面 2 厘米 ~10 厘米。南壁墓门两侧置有对称的棂窗，棂窗由上串、下串、立颊、窗砧等组成。墓室北壁正中设有一仿木结构的仿木门，凸出于墙壁面，门为方形对开式。门两侧为倚柱及斗拱铺作，门的结构为外砌上额、榑柱，内砌门额、立颊、地栿、板门两扇，地栿两端各砌门砧一枚。仿木门两侧各砌一组对称的形制相同的横纵交错的方格窗，窗下部与仿木结构的隔板相接。墓室地面上垒砌尸床，尸床平面为“凹”字形。尸床北部中央放置一堆凌乱的人骨，整齐地摆放有铜钱和塔式陶罐两套等。

甬道处出一方石质墓志，墓志中记载了墓主人的籍贯、身份及下葬年代。墓主人下葬的年代是唐代咸通九年（868）。此次发掘有明确纪年的仿木结构的墓葬，为此类墓葬的分期提供了标准。

（李　强）

【赤峰市巴林左旗南山窑辽金时期遗址】

发掘时间：2013 年 8 ~10 月

工作单位：内蒙古自治区文物考古研究所

为配合 303 国道改扩建工程建设，对辽上京汉城南城墙外施工段及南山窑遗址进行了抢救性考古发掘。此次发掘历时 80 天，共计布方面积 1058 平方米。

南山窑遗址位于汉城南城墙以南 260 米处，坐落于沙里河南岸一级阶地，面积约 6 万平方米，海拔高度 486 米 ~500 米。目前遗址为“赤峰市重点文物保护单位”（2008 年），所在地属大新庄行政村管辖，地表主体为农耕地，省际大通道连接线（2003 年）从遗址中部穿过。此次发掘在遗址上选取了 4 个地点，布长、宽各 5 米的米探方27个，长、宽各10米的米探方2个，探沟2条，共计发掘面积728平方米。

南山窑遗址地层堆积情况较为简单，表土层（耕土层）下即为文化层。房屋在此层下暴露，多数灰坑开口于此层下。发掘共发现房屋5座，灰坑19座，灰沟2条，但并未发现窑址。

房屋保存情况较差，以东Ⅱ区F1为例，墙体被破坏严重，大部分消失殆尽，屋内仅剩炕洞；灰坑形制多不太规整，内部堆积多为草木灰、建筑废弃物，以及风成的间歇性沙层，伴出大量生活遗弃物。

发掘出土遗物较多，类别包括陶器、瓷器、铁器、铜钱、石器（石料）、骨器（骨料），以及大量动物骨骼。

陶器有盆、罐、瓶、香炉、器盖、纺轮、带字器底，以及瓦当、滴水、筒瓦、板瓦、刻槽砖等陶质建筑构件；瓷器以白釉瓷为主，黑釉瓷、三彩少见，青瓷仅见1片，器形包括碗、盘、盏（碟）等，另外还出土有瓷塑、围棋子等玩具和匣钵、三叉支钉（带墨书“皇”字1件）等窑具；铁器包括刀、锛、铲、锉、镞等；铜钱有汉五铢，唐开元通宝、乾元重宝，北宋的淳化元宝、至道元宝、咸平元宝、景德元宝、祥符元宝、祥符通宝、天禧通宝、天圣元宝、皇宋通宝、熙宁元宝等品类；石器包括夯（杵）、臼、磨石、石料和碑文残片（遗址表土采集）；骨器有簪、钗、签、耳勺、篦梳、箸等制成品，以及被切割废弃的动物掌骨和股骨头等骨料。此外，该次发掘还发现了数量可观的动物骨骼，约占出土遗物总量的二分之一强，其中以羊、马、牛等食草动物骨骼为大宗，偶见鹿科动物骨骼，猪骨少见（发现野猪上颌骨一副以及少量猪牙），狗骨也较少。

汉城南城墙外的发掘工作虽未出土任何人工遗物，但是对于探讨辽上京汉城周边的古环境甚至汉城的设计规划等问题都提供了重要的地层资料。通过出土的遗迹、遗物来判断，南山窑遗址的年代范围应主要集中在辽代中晚期，年代下限或可能延伸至金代早期。但此次发掘面积有限，选址局限，因此还有待于进一步对南山窑遗址开展工作，以更好地认识其性质和内涵。

（程鹏飞　郑龙龙）

【乌兰察布市元代集宁路古城遗址】

发掘时间：2013年6~10月

工作单位：内蒙古自治区文物考古研究所、乌兰察布市博物馆、察哈尔右翼前旗文物管理所

为了配合乌兰察布市集宁路文化产业园区——集宁路古城遗址公园建设，数家单位联合对集宁路古城遗址进行了一次较大面积的考古发掘，揭露面积2800余平方米。此次发掘主要是了解地下遗迹分布情况，因此大部分探方只发掘了一部分。2013年发掘发现了元代城址的西城垣，并发掘房址2座（组）、窖藏1个、灰坑8个、灰沟7条，出土了少量陶、瓷、铜、铁、石、骨器等遗物。

元代城址的西城垣位于金代集宁县古城遗址西部，因破坏严重，地表上无明显墙体痕迹。城垣长约1100米，近“八”字形走向，西北部呈西北东南走向，中部略呈东北西南走向，南部呈东北西南走向。从T013035、T014035的南剖面看，由墙基和墙体两部分组成。墙基是地表的低洼地段，建墙时经过夯实找平后在其上建墙，用黄白色花土夯筑而成，较为坚硬，夯层厚0.1米~0.15米，夯窝直径为0.1米~0.14米。墙体用黄褐色花土夯筑而成，较为坚硬，宽约7.3米，残高0.1米~0.25米；夯层厚约0.1米，夯窝直径为0.1米~0.14米。从T013062、T014062的南剖面看，墙体建在生土上，剖面呈梯形，顶残宽3.75米，底宽4.2米，残高0.6米~0.65米；用黄褐色土夯筑而成，较为坚硬，夯层厚约0.08米~0.1米，夯窝直径0.14米~0.16米。

房址发现两组，位于发掘区的西南部，于第②层下开口，建在生土上，保存较好。房址整体平面呈长方形，只清理一部分。南北清理长16.7米~18米，东西宽17.3米~18.2米。采用地面建筑方法，为垫土墙，用褐色花土建成，较为坚硬，宽0.5米~0.8，残高0.5米~0.95米；地面多高低不平，为黄灰色花土铺垫，土质较为坚硬。方向188°。房址由多个大小不一的隔间和院落组成，门道和踩踏面明显。房内堆积为黄褐色土，土质疏松，包含木炭颗粒，烧土块，砖石碎块。出土大量动物骨骼和陶瓷片。

窖藏仅发现1处，位于T016030西南部，于表土层下开口，由窖坑和窖具构成。窖坑平面呈圆形，斜壁，直径68厘米，深90厘米。窖具为一瓷瓮，口径50厘米，底径20厘米，高70厘米，最大腹径58厘米，内无遗物。

此次发掘出土的遗物有陶器、瓷器、铜器、铁器、石器和骨器等，以瓷器为大宗。陶器有陶罐、陶盆、陶砚等。瓷器种类繁杂，窑口较多，分属钧窑系、景德镇窑系、磁州窑系、龙泉窑、山西诸窑（如介休窑、浑源窑、大同窑）等，器形有罐、碗、盘、碟、盆、香炉、高足杯、灯盏等。铜器有铜簪、铜饰件、铜钱等。铁器有铁犁铧、铁车辖等。石器有磨盘、石杵、石臼等。

2013年考古发掘最大的收获是确定了元代城址的西城垣，基本搞清了其形制、规模及走向，另外还发现了元代城址南城垣的大体位置，为我们进一步认识集宁路古城遗址的布局提供了实证和新的线索。

（张红星）

辽宁省

【沈阳农业大学后山旧石器时代遗址】

发掘时间：2013 年 5 ~8 月

工作单位：沈阳市文物考古研究所、吉林大学边疆考古研究中心

遗址位于沈阳市沈河区东陵路 120 号的沈阳农业大学后山果园和百草园处的黄土岗地上。遗址所处位置为浑河北岸的Ⅲ级阶地。该阶地顶部地势较平坦，平面呈扇形。

继 2012 年试掘后，对该遗址再次进行了发掘。2013 年发掘区位于 2012 年北侧发掘区的南侧，共布正方向探方 60 个，发掘面积 60 平方米，发掘深度 6.7 米（其下未及基岩）。文化层自上而下共分 6 层：

第①层为耕土层，呈灰黑色，包含物有打制石器、夹砂陶片、鬲足、红烧土块及瓷片等。

第②层为黄褐色黏土，土质较致密。包含物有打制石器，石器原料包括石英砂岩、石英岩、硅质泥岩、石英。

第③层为黄色黏土，土质较松散，含少量铁锰结核。包含物有打制石器，石器原料主要为石英、石英岩、石英砂岩、角岩，还有少量砂岩、硅质泥岩。

第④层为棕褐色黏土层，质地较硬、致密，含小团块结构的铁锰结核。包含物有打制石器，石器原料主要为石英、石英岩，还有少量硅质泥岩、砂岩、石英砂岩、板岩。在该层下发现 1 组建筑遗迹。

第⑤层为深黄色黏土，质地坚硬，含较大的铁锰结核。包含物有打制石器，石器原料主要为石英、石英岩，还有少量石英砂岩、硅质泥岩。

第⑥层为灰黄色粉砂土，质地较为坚硬、致密。包含物有少量打制石器，石器原料有石英、石英岩、硅质泥岩。

发现 1 组具有人工建筑特点的遗迹，由 3 处遗迹组成，平面近等边三角形。每处遗迹平面形状不一，有的近椭圆形，有的呈不规则形。遗迹内土质较硬，土色较为斑驳，以红、灰色为主。

通过发掘，出土打制石器 620 余件，包括手镐、尖状器、雕刻器、砍砸器、刮削器、石核、石片、断块、砾石等。石器原料包括石英、石英岩、石英砂岩、硅质泥岩、砂岩、角岩、板岩、辉长岩等。

根据光释光测年结果，该遗址距今 11 万 ~1.5 万年。

该遗址的调查与发掘系首次在沈阳地区进行的旧石器时代考古工作，也是开展沈阳早期古人类探源课题的重要组成部分。发掘出的多层位旧石器文化层及具有人工建筑特点的遗迹在沈阳地区乃至东北地区的露天遗址中尚属首次发现，进一步证实了该遗址属于原地连续埋藏的旧石器时代遗址，填补了沈阳地区以往没有确切层位旧石器发现的空白，对于认识中更新世至晚更新世时期沈阳乃至东北亚地区古人类迁徙、融合，旧石器文化的交流与演变，现代人起源与发展等重大学术课题有着十分重要的意义。

（付永平）

【凌海市金宝岭西大砬子夏家店下层文化遗址】

发掘时间：2013 年 6 ~ 9 月

工作单位：中国人民大学、辽宁省文物考古研究所

遗址位于锦州凌海市翠岩镇金宝岭屯，处于锦凌水库库区淹没范围，2012 年 5 月被凌海市政府确定为县级文物保护单位，同年 6 月辽宁省文物考古研究所对该遗址进行了首次发掘。2013 年发掘面积为 800 平方米，共清理房址 3 座，灰坑 168 个，灰沟 3 条，石堆遗迹 4 处。

该遗址地层堆积简单，可分为 4 层。耕土层揭露后即为文化层，共有 3 层，厚约 45 厘米 ~ 150 厘米。绝大多数遗迹单位位于第③层下，第②层下的遗迹单位有 28 处，第④层下遗迹单位仅有 5 处。房址为半地穴式，2 座平面呈圆形，1 座平面为圆角方形，面积在 8 平方米 ~ 12 平方米。遗址内灰坑的坑口形状有圆形、椭圆形、长方形、不规则形等，坑壁以直壁和弧壁为主，坑底多平底，少数圜底。

遗物以陶器为大宗，另有一定数量的石器、骨器、人骨、动物骨骼等。陶器以夹砂红褐陶、灰褐陶为主，少量泥质灰陶和红陶。器形见有鬲、甗、罐、尊、豆、钵、瓮、盆等；鬲、甗、罐多为泥圈套接制成，手制痕迹明显；尊、豆则为轮制。此外还有纺轮、陶环、陶饼、网坠等，数量较少。器表多数都有纹饰，种类主要有绳纹、附加堆纹、篮纹、弦纹等；素面器多不进行磨光处理。石器原料以砾石为主，有少量的燧石、玛瑙；制作方面以磨制为主，少量打制和琢制；主要器形有锄、铲、斧、刀、凿、石饼、磨棒、石镞、锤等。骨器多以动物的长骨打磨而成，可见有匕、锥、簪等。

从 2013 年发掘材料显示的情况来看，遗物中发现有典型夏家店下层文化的鬲、甗、尊、深腹罐、陶瓮、陶豆等，是一处夏家店下层文化的居住址。2013 年发掘资料，为研究金宝岭西大砬子遗址夏家店下层文化的分期与年代、生业方式等问题提供了线索，同时也有助于进一步认识夏家店下层文化在凌河流域的文化面貌。

（魏　坚　张林虎　刘　未）

【兴城市后屯西山青铜时代及辽金时期遗址】

发掘时间：2013 年 8 ~ 9 月

工作单位：辽宁省文物考古研究所

后屯西山遗址位于葫芦岛兴城市三道沟满族乡凉水泉村后屯西山的南坡，坡下是河滩地，东南距后屯 300 米，南距六股河约 100 米，东北距兴城市约 50 千米。此次发掘共布长、宽各 5 米的探方 20 个，发掘面积为 500 平方米。

此次发掘，遗迹现象贫乏，所获遗物主要集中在靠近河流的几个探方，在这些探方耕土层下有约 1 米厚的淤沙层，其中出土了较为丰富的青铜时期陶片，辽金时期陶片、瓷片、布纹瓦，以及一些细石器和少量磨制石器碎片。其他探方所出遗物甚少，且主要为辽金时期的陶、瓷片。

年代较早的青铜时期陶片都较小，器形难以辨认；陶质陶色主要为夹砂红褐陶，少有夹砂灰陶；器表多为素面不磨光，少数器表饰绳纹、戳印纹及附加堆纹；个别器口有外叠唇现象。初步分析，这些陶片文化内涵应属于夏家店下层文化和魏营子文化。

后屯西山遗址紧靠河流，大量不同时期遗物出于地势较低、靠近河流的探方淤沙层中，且残破碎小，推测这些遗物可能从河流上游地区或山坡冲积而来。

（李海波　苏军强）

【沈阳市百鸟公园商周至汉代遗址】

发掘时间：2013 年 4 月

工作单位：沈阳市文物考古研究所

百鸟公园遗址发现于 1973 年，以百鸟公园为中心，面积十余万平方米。由于皇姑区文体局兴建皇姑文体大厦，用地范围紧临百鸟公园东侧围墙。因此，沈阳市文物考古研究所在该区域进行了抢救性考古发掘，发掘面积 100 平方米。此次发掘发现房址 1 座、灰坑 10 个，并出土了陶鬲、鼎、罐、盆等器物和大量夹砂红褐、灰褐、泥质灰陶残片。

遗址的地层堆积可分 3 层：第①层：表土层，普遍分布，厚度为 20 厘米～30 厘米，包含物有砖块、水泥块、石头等建筑垃圾等，为现代回填层。第②层：灰褐色黏土层，普遍分布，深 20 厘米～30 厘米，厚 20 厘米。该层土质较疏松，包含少量泥质灰陶片等，为战国至汉代层。第③层：黄褐色黏土层，普遍分布，深 40 厘米～50 厘米，厚 30 厘米。该层土质较致密，包含大量的夹砂陶片等，为新乐上层文化层。

此次发现的遗存可分为两期：

一期遗存：青铜时代的新乐上层文化遗存。发掘 1 座房址，2 个灰坑，出土陶器全部为夹砂陶，颜色斑驳，以红褐为主，少量灰褐。器表多素面，见有少量戳刺纹和附加堆纹。可辨器形有鬲、鼎。房址为半地穴式，被破坏严重，形状推测为圆形，未发现柱洞等。在房内出土了 2 件可修复的陶鬲，还有一些鼎、壶等器物残片。灰坑均为椭圆形，出土了大量夹砂陶片。

二期遗存：战国至汉代遗存。发掘 8 个灰坑。灰坑形状有圆形、椭圆形、长条形三种，出土遗物多为泥质陶片，可辨器形有罐、盆等。

此次发掘，一方面补充了百鸟公园遗址的基本材料，确定了遗址的东部边界位于皇姑文体大厦的中部位置。另一方面，遗址内的战国至汉代遗存在该区域为首次发现，对于研究战汉时期沈阳地区的社会生活有一定价值。

（李树义　赵晓刚）

【大连市大王山青铜时代遗址】

发掘时间：2012 年 10 月～2013 年 5 月

发掘单位：辽宁省文物考古研究所、大连市文物考古研究所

遗址位于大连市甘井子区大连湾街道拉树房村西南的大王山上，遗址最高点地理坐标：北纬 39°03′10.3″，东经 121°36′08.9″，海拔 235.9 米。

该遗址最早是在 1980 年第二次全国文物普查时发现的。2012 年 6 月大连市新机场建设工程全面启动，遗址正处于填海取土范围内，由于无法避让遗址，对大王山遗址进行抢救性发掘工作。

此次发掘面积为 5925 平方米，清理房址 55 座、石砌平台 5 座、道路数条，出土陶器、石器、骨器等各类遗物和标本 2000 多件。

遗址地层分为③层，第①、第②层各探方均有分布，第③层只有极少数探方分布。

以遗址地层叠压打破关系为基础，结合地层和遗迹内出土遗物特征，初步比较分析，大王山遗址可分为两个时期。

从出土遗物特征来看，遗址第一期文化，属于双坨子一期文化。遗址第二期文化堆积分布面积大，堆积厚，发现了数量众多的遗迹，出土了大量的遗物，是遗址主体文化遗存，属于双坨子三期文化。

由于遗址特殊的地理环境，遗址内出现了多道具有独特建筑风格的设施——大型石砌平台，将遗址围建成数个大型的活动面，人们在平台活动面上建筑房屋和生产生活，在各平台和各房屋之间又有错综复杂的连接通道——道路。房址多建筑在石砌平台之上，就地取材，垒砌房屋墙体，平面多呈不规则的长方形，门位于房址下山坡墙体的一角上，室内未发现灶址，屋顶是用木柱支撑，很多房屋毁于火烧，在原址多次重建，叠压打破关系较复杂。

大王山遗址的发掘是大连地区最大规模的一次青铜时代遗址的考古发掘。该遗址面积大、海拔高、文化内涵丰富，为研究辽东半岛南部地区的青铜时代考古文化提供了一批丰富的实物资料。

（樊圣英）

【沈阳市郭七青铜时代遗址】

发掘时间：2013 年 6 月

工作单位：沈阳市文物考古研究所

郭七遗址发现于 2006 年，位于沈阳市沈北新区道义街道郭七村西北部。遗址东部为农田，南至沈阳工程学院北墙，西距沈阳工程学院东墙 90 米，北距正良河约 100 米，分布面积约 30 万平方米。2013 年 5 月，沈阳工程学院拟在其校区北围墙外兴建教师公寓，用地范围正处于郭七遗址范围内。因此，沈阳市文物考古研究所对其进行了抢救性考古发掘，发掘面积 150 平方米，发现新乐上层文化时期灰坑 9 个、灰沟 2 条，并出土了陶鬲、鼎、甗、壶、碗等器物和大量夹砂灰褐、红褐陶残片。

遗址的地层堆积可以分 2 层。第①层为近现代堆积。第②层为黄褐色黏土层，土质疏松，深 80 厘米～100 厘米，厚约 30 厘米，分布均匀，包含夹砂陶片等，为新乐上层文化层。

灰坑形状有近圆形、圆角长方形和椭圆形三种，坑内出土了大量的夹砂陶片，可辨器形有鬲、鼎、甗、壶、碗等。

灰沟为同时期的两条呈十字交叉的沟，均口大底小。其中 G1 上口宽约 95 厘米～110 厘米，下底宽 30 厘米，深 50 厘米。G2 上口宽 110 厘米～120 厘米，下底宽 30 厘米～40 厘米，深 65 厘米～70 厘米。灰沟中出土了大量的夹砂陶片，可辨器形有鬲、鼎、甗、壶、罐、碗等。

这是继 2007 年后对郭七遗址的又一次发掘，一方面加深了我们对郭七遗址的认识，确定了郭七遗址属于新乐上层文化的晚期阶段；另一方面也补充了郭七遗址的基本材料，通过发掘确定了遗址的东界就在工程用地的中部。

（李树义　赵晓刚）

【鞍山市羊草庄汉代墓地】

发掘时间：2013 年 8～10 月

工作单位：辽宁省文物考古研究所

羊草庄墓地位于鞍山市立山区沙河镇羊草庄村西北约 500 米的环宇洁保有限公司院内，北紧临市区的北环路，南距沙河约 2000 米。为配合鞍山市环宇洁保有限公司自建厂房的施工建设，辽宁省文物考古研究所对工程占压范围内的全部区域进行了考古勘探工作，共发现了 78 座墓葬，随后对这 78 座墓葬进行了抢救性的考古发掘。此次发掘的 78 座墓葬，可分为竖穴土坑墓、砖椁墓、砖室墓、石椁墓、石室墓及瓮棺葬 6 种。

竖穴土坑墓平面多呈圆角体形，直壁、平底，多有木质葬具，随葬品极为丰富。M35 平面呈圆角梯形，墓圹较规整。方向 90°。墓圹四壁较平直，墓底较平坦。长 3.2 米，宽 2.4 米～2.6 米，深 1.04 米。墓内并排置有木棺 2 具，平面形状呈“Ⅱ”字形，其盖板现已不存，仅存挡板、壁板及底板。墓内随葬品多为陶器，种类计有罐、壶、鼎、樽、盒、套盒、灶、井、小釜、小盆、小甑。

砖室墓均为单室墓，平面可分为刀形及“甲”字形，顶部多为券顶，随葬品较少。M53 平面呈“甲”字形，由墓道、墓门及墓室三部分组成，方向 310°。墓室平面呈长方形，墓室长 3.08 米，宽 1.34 米。墓室先铺墓底砖，再砌筑四壁。墓室四壁较平直，最高处残存 9 层砖，砌法由下至上为二层双隅顺砌平砖之后再加一层丁立砖，两者交替向上。墓底铺砖为正向“人”字形平铺。墓内葬有2具人骨，并列置于墓室西侧。随葬品多为陶器，种类计有壶、长颈瓶、樽、盆、耳杯、勺、灶、井、小盆、小甑、水斗等，此外还出土有铜钱、耳瑱、铁棺钉等。

石室墓数量较少，均为单室墓，早期均为砖质券顶结构，晚期为大石板封盖。M4平面呈“甲”字形，由墓道、墓门及墓室三部分组成，方向200°。墓室平面呈长方形，墓室长2.64米，宽1.48米。墓室四壁用经过简单加工的石条及石块错缝垒砌而成。四壁顶端现残存有1层丁立的楔形砖，据此推测，该墓应用灰砖封顶，但现已坍塌。墓底系在生土面上经过简单平整而成。墓室西壁处有一组棺底垫砖，由两个独立的砖台组成。砖台系用单砖横向摆放而成，砖台之间相距0.82米。随葬品以陶器为主，种类计有罐、壶、樽、套盒、盆、缸、灶、小釜、小盆等，此外还出土有铜钱及石料珠。

这次羊草庄墓地的考古发掘是自20世纪50年代沙河墓地发掘之后的鞍山地区第一次大规模的考古发掘工作，弥补了鞍山地区汉墓研究资料匮乏的现状。该墓地发现的石椁墓所包含的少数民族文化因素应引起我们的重视，同时也为研究民族史提供了新材料。

（徐 政）

【沈阳市青桩子汉魏墓群】

发掘时间：2013年4～5月

工作单位：沈阳市文物考古研究所

青桩子汉魏墓群位于沈阳市东陵区汪家街道上伯官村青桩子自然村中。地属浑河左岸台地，北濒浑河，南临玄菟路（原沈抚二号公路）。墓葬受修路施工破坏严重，现场散落大量的墓砖残块。此次共发掘墓葬13座，包括砖室墓和瓮棺墓两类。

砖室墓，墓向朝南，由墓道、墓门、甬道、墓室构成。墓道为斜坡式，墓门为拱顶结构，墓室用长条砖或榫卯砖砌筑。墓底多以长条砖、榫卯砖铺砌。墓内骨骸多已无存。按其形制可分为单室墓和双室墓两类。

单室墓11座，受破坏严重，形制可辨的有2座，均为铲形，墓门开于墓室南壁中部。墓室内有砖棺，单面或两面倚墓室砖壁，其余以榫卯砖平砌或立砌。墓顶保存完整的仅有1座，以楔形榫卯砖纵向起券。明器台在墓室北端，多以长条砖或榫卯砖铺砌，也有用整块石板铺砌，随葬器物放置在墓室北端。随葬器物有耳杯、盖罐、长身壶、仓、案、盘、灯、五铢钱等。

双室墓1座，墓室东西并列，西墓室比东墓室长0.8米，其间有紧贴南壁的甬道相连，墓室砖壁用长条砖“两顺一丁”砌筑。东墓室墓门开于南壁中部，为拱顶结构，上有额墙，与墓道之间以甬道相连；砖棺西、北面倚墓室砖壁，东、南面以两行长条砖错缝砌筑，楔形砖铺底。西墓室被施工破坏殆尽，墓门开于南壁中部，顶部结构不清，与墓道之间以甬道相连；砖棺置于墓室中部，东倚墓室东壁，南、西、北三面以两行长条砖错缝砌筑，楔形砖铺底。明器台在墓室北端。出土器物有灶、盏、奁、五铢钱等。

瓮棺墓1座，土坑内置瓮棺，被破坏殆尽，残存少量绳纹瓮棺残片。

（刘 明）

【灯塔市燕州城山城】

发掘时间：2013年6～11月

工作单位：辽宁省文物考古研究所

此次发掘是辽宁省文物考古研究所对该城址进行的第五次考古发掘。发掘区位于城址中部偏南，这一区域地势平缓，树木较稀少，发掘面积约2000平方米，发现有房址、灰坑、墓葬、大型建筑址等遗迹，出土有铁器、瓷器、陶器、铜器及骨器等，时代从高句丽到明清。

房址9座，其中高句丽时期房址2座，编号分别为F1和F8。F1建在基岩之上，东侧利用基岩，北侧有一段石块垒砌的石墙，墙内有一柱洞，西侧被F8打破，房址内有灶及石板平铺的炕。F8保存较差，仅存两条南北向的烟道。遗物以泥质素面红陶为主。

辽金时期房址7座，其中以F6保存最为完整。F6为半地穴式，平面呈圆角长方形，东西长4.2米，南北宽2.6米，深0.15米~0.64米。墙体由石块、瓦片、砖块等垒砌而成，略向外倾斜。该房址直接建在基岩上，门位于房址南侧。房内北部为火炕，长2.2米，宽1.7米~2.26米，高0.41米；火炕由4条东西向烟道组成，各条烟道以立砌的石块分隔而成，每条隔墙东、西两头都有0.28米~0.5米的豁口，个别烟道近豁口处底部铺一石板，便于走烟；炕面由大的薄石板铺成，北侧炕面保存较好，南侧炕面石板已破碎坍塌。灶位于炕南侧偏东，由小石块垒砌而成，灶门位于西南侧，灶顶铺薄石板。烟囱位于房址东北部，炕与烟囱之间竖立一块大的薄石板。

辽金时期遗物主要为瓷器，瓷器以白瓷为主，胎质较粗，以砖红和烟灰胎为多，圈足，内底多有涩圈或渣垫痕迹，可辨器形有碗、盘、罐、盏等。铁器以钉为大宗，另有镞、甲片、矛、穿鼻、刀、针、剪刀等。陶器有泥质灰陶、泥质黄褐陶等，素面为主，也有少量弦纹。骨器见有骨簪、骨篦等，铜钱年代集中于北宋时期。

大型建筑址为明清时期石城凤安保国寺址，平面近“凸”形，残存石筑墙体和墙基，由正殿和东、西耳房构成，正殿东西长12.8米，南北长9.2米，中间布列多处石质础石。东耳房南北长6.7米，东西宽5.2米，由南、北两间组成，南屋室内保存有灶和南北走向的火炕；西耳房东西长6.25米，南北宽4.75米，室内西北角居住面下埋有瓷罐一个，罐内发现瓷器盖一个。建筑倒塌堆积内出土遗物主要为灰瓦、兽面纹瓦当、滴水、花纹砖等，有少量佛头像、菩萨像头、瓷质建筑构件、铁钉、禅杖头、铁球等，货币见有“万历通宝”和满文“天命通宝”各一枚，该处还发现刻有“石城凤安保国寺碑”文字的碑首一件，故认定为石城凤安保国寺遗址。

（苏鹏力　于怀石　任秀芬）

【兴城市二道河子东山洼辽金时代遗址】

发掘时间：2013年9~10月

工作单位：辽宁省文物考古研究所

二道河子东山洼遗址位于葫芦岛兴城市三道沟满族乡凉水泉村二道河子屯东700米处的一处坡地上，东北距兴城市约50千米。此次发掘共布长、宽各5米的探方20个，发掘面积为500平方米。

发现的遗迹有疑似房址1座，灰坑5个。房址被破坏严重，范围模糊，居住面范围不清晰；灰坑平面有圆形、椭圆形和不规则形三种。出土遗物较丰富，主要为布纹瓦和陶瓷器残片。陶器残片多为泥质素面灰陶，少数带有附加堆纹和弦纹，火候较高，质地坚硬，口沿为大卷沿，器底为平底。可辨器形主要有大卷沿瓮、小卷沿盆、圆唇卷沿罐等。瓷片胎壁较厚且粗糙，多为乳白色，兼有酱色，有小开片，并有流釉痕迹。

通过对发现遗迹、遗物的分析，二道河子东山洼遗址应是辽金时期的一处居住址。辽代这一地区属中京道潭州，金代属北京路宗州，是经济发达，生活富庶之地。该遗址的发掘为进一步研究该地区辽金时期历史文化面貌提供了新的材料。

（李海波　苏军强）

【辽阳市江官屯辽金窑址】

发掘时间：2013 年 7～11 月

工作单位：辽宁省文物考古研究所

窑址位于辽阳市文圣区小屯镇江官村的太子河南岸，东距辽阳市区 30 千米。发掘面积 300 平方米，清理窑炉 10 座、灰坑 6 个、房址残迹 1 座，出土了大量窑具、日常生活用具、生产工具、玩具、建筑构件等遗物。

窑炉都遭到了不同程度的破坏，窑顶及窑墙上部基本不存，底部保存相对完好，形制大体相似，皆为马蹄形窑。主要由窑门、火膛、窑床、烟室等几部分构成，仅部分窑炉发现了较为清晰的通风口。窑室皆为长方形，火膛形制略有不同，火膛后壁可见直壁和弧壁两种，从窑床特征来看则又可以分为以耐火砂和以耐火砖铺垫两种方式，排烟口四个，两个一组对称分布。窑炉之间存在着较为复杂的叠压、打破关系，原址重建的现象非常明显，除了拆除原有窑炉并在其上重新修建外，对前一时期窑炉的局部利用也较为常见。窑室后壁、烟室都是得到较多利用之处，而火膛及火膛后壁则是较为经常发生变动的部分。

出土窑具包括匣钵、窑柱、垫饼、支钉、砂垫、泥条等支垫具以及试火器；日常生活用具则多见碗、盘、罐、碟、壶、瓶、盆、缸、瓮等，除了传统上认为属于江官屯窑烧制的粗白瓷外，还发现了大量的胎质洁白细腻的仿定窑烧制的瓷片标本；玩具造型相对较小，皆为捏塑，有马、羊、狗、狮子等多种造型；建筑构件则可见板瓦和琉璃构件两种。

江官屯窑址一号地点是辽宁省文物考古研究所在东北地区对瓷窑址的首次发掘，其发现填补了中国陶瓷史关于江官屯窑口的记载空白，更丰富了辽金陶瓷史的文化内涵。虽然发掘面积小，但是不同时期窑炉的叠压和后期修整利用现象非常明显，对于了解江官屯窑址窑炉结构及装烧方式的变化具有重要意义。窑址出土的瓷器也为确定江官屯窑址瓷器制作工艺的特征、窑址的使用时间，以及同时期墓葬等出土瓷器的来源提供线索。

（郭　明）

【北镇市医巫闾山辽代重要遗迹考古调查】

发掘时间：2013 年 6～9 月

工作单位：辽宁省文物考古研究所

辽宁省文物考古研究所会同锦州市考古研究所、北镇市文物管理处，自 2012 年之后继续在北镇市富屯乡新立村及其附近山谷，展开医巫闾山辽代重要遗迹的调查。新立村位于医巫闾山东麓的三道沟内，在北镇市区西北约 7000 米，与 2012 年调查的二道沟为一梁之隔。调查工作仍以地面踏查为主，对发现的重要遗址点进行了初步测绘。2013 年在三道沟内发现重要遗址有 5 处。

偏坡寺遗址位于富屯乡新立村龙湾屯北 2000 米的骆驼山东坡下，地势西高东低，平均海拔约 600 米。遗址西部紧贴骆驼山，南临三道沟的一条支沟——西夹槽。遗址外围砌筑石墙，整体呈半环，东部石墙沿山脊而建，西端直抵骆驼山东侧绝壁。平面呈不规则形，大门在南墙中部，面积约 3.3 万平方米。围墙内发现多座石砌建筑基址，位于遗址中部的一号、二号建筑基址规模最大，基址上发现了十余个雕工精细的大型莲瓣纹石柱础。南门下临西夹槽沟，门外有大石板铺砌的道路。遗址内发现较多绿琉璃瓦件、大量辽代砖瓦、滴水等建筑构件。

骆驼峰遗址位于骆驼山山顶东侧，陡坡下即偏坡寺遗址，海拔约 650 米。这里是三道沟中段的制高点，地势显要，视野开阔。

遗址分为南北两组建筑群，均为石筑高台建筑，背靠骆驼山东坡，面朝东方。

北组建筑群规模较大，共有6处建筑基址，分为高低错落5层。从上至下第二层建筑基址形制独特，石台基高约3.5米，平面为长方形，台面边缘每间隔1.5米～1.8米铺一根石条，石条外端悬空伸出台面之外，探空部分的正面凿一方形槽，边长约15厘米，可放置木栏杆，推测石台建筑外围有一周木构回廊。北组与南组之间有人工小道相通，险要处在岩石上凿刻台阶，台阶旁边有方形或圆形槽孔。北、南组建筑地面都发现了较多布纹瓦片。

新立辽代建筑遗址位于富屯乡新立村樱桃沟沟口西侧黄土台地上，当地称为“董大园子”。地势平坦、开阔，位置接近三道沟沟底，海拔约110米。遗址东西宽100米，南北长200米。地面遗物丰富，发现大量辽代绿琉璃筒瓦、板件、滴水和兽面瓦当等。滴水和兽面瓦当形制与辽庆陵所出相同，证明这里是一处辽代皇家建筑址。2003年曾经在遗址东北部进行局部解剖，在地表1.5米以下发现了河卵石和夯土基础。此次调查采用高密度电阻法进行探测，发现地下可能有疑似墓葬。

瞭望台遗址位于偏坡寺遗址东南角南部160米处，地处一道山梁的梁头，视野开阔，面朝东南，从三道沟到北镇市区皆可一览无余。遗址平面为方形，坐落于天然基石之上，西侧以大石块垒砌加固。台基中间发现8块覆盆式柱础石，绝大多数都保持在原位。柱网平面为方形，边长7.3米。柱础石覆盆上带短耳，指明了围栏的走向。根据柱础石形制，判明大门居南面中间。遗址内发现大量辽代灰色板瓦、筒瓦和滴水等建筑瓦件。

石板道遗迹位于富屯乡新立村龙湾屯通往骆驼山的山沟内，当地人称“西夹槽”。西夹槽平面呈“Z”字形，全长约2000米，是从三道沟沟底通往偏坡寺遗址最便捷的路线。沟口前半段地势平缓开阔，往上渐陡，宽度变窄，最窄处不足10米。从沟口往上第一道拐弯处，东侧一个低缓的山坡上，发现了一段长约50米的石板道。路面用人工开凿的大石板或石块铺成，较为平整，宽约2.7米。石板道沿山沟走向铺设，一直通向偏坡寺遗址，与遗址南门外发现的石板道相接。由于长年山洪冲刷和侵蚀，绝大部分路段已被冲毁，用于垒筑路基的石块和铺设路面的大石板被冲塌后堆聚在沟底，石块和石板上都可见古代人工开凿痕迹。山沟内零星可见残存的小段石板道。

三道沟地区这些高等级建筑遗址和高规格建筑构件的发现，进一步明确了医巫闾山辽代帝陵的范围。

（万雄飞　司伟伟）

【沈阳市上伯官地区城址调查与试掘】

发掘时间：2013年5月、11月

工作单位：沈阳市文物考古研究所

上伯官地区在沈阳市区东南18千米，行政上隶属于沈阳市东陵区汪家街道。地处浑河左岸台地，属辽东山地西端边缘地带。整体地势南高北低，东高西低。

上伯官地区是沈阳市战国至汉魏时期文物分布最密集的地区之一，有青桩子、上伯官两座城址，城外有大量汉魏时期的墓葬，与之相对的浑河右岸台地上分布有战国至汉代的长城列燧。2013年，沈阳市文物考古研究所对这一地区的青桩子、上伯官两座城址进行了调查和试掘，基本确定了其布局、规模和城墙结构。

青桩子城址，又名上伯官东城址，位于东陵区汪家街道上伯官村青桩子自然村，西南距离上伯官村600米。北濒浑河，东接抚顺市行政界，南临玄菟路。

该城址平面呈四边形，周长1370米。城墙为浅黄褐色黏土堆筑而成。东城墙，长360米，宽2.5米～5米，残高1.6米。南城墙，长300米，宽3米～5.3米，残高约0.8米。墙体底部基槽，深约0.3米，宽约 2.5 米。西城墙，长 370 米，宽 2.8 米～4.5 米，残高 1.3 米。北城墙，长 340 米，宽 3 米～5.5 米，残高 1.7 米。墙体底部基槽，深约 0.3 米，宽约 3 米。墙体外有护坡。确认城门一处，即西城门，位于西城墙中段，面阔约 5 米，进深不小于 3 米。城墙墙土内出土夹砂红褐陶残片等遗物。

该城址内的地层堆积可分为 4 层：第①层，耕土层。第②层，黄沙层。开口于此层下的遗迹有东汉至魏晋时期的砖室墓。第③层，战国至汉代文化层。出土泥质灰陶粗绳纹瓦、汉“半两”钱币。第④层，战国至汉代文化层。出土泥质黑陶回形纹器皿残片、秦“半两”钱币。第④层以下为生土。

初步确定青桩子城址始建于战国时期，沿用至汉代。

上伯官城址，位于东陵区汪家街道上伯官村，东北距离青桩子城址 600 米。东临牤牛河，北濒二道河，城址已湮没于村落地下，地表迹象不明显。

2013 年，通过地面踏查和考古勘探，确认了东、南城墙和北城墙东段的位置。东、南城墙长约 440 米，宽约 12 米，残高 0.6 米～2.2 米。北城墙，已探明长度 170 米，宽约 13 米，残高 0.5 米。

由于上伯官城址西城墙绝大部分段落被公路覆盖，难以开展工作，北城墙西段走向尚未搞清，因此，上伯官城址的布局还需要进一步工作来确定。对此，有两种推测：其一，包括北城墙西段和西城墙北段在内的城址西北角被冲毁，则城址平面呈矩形，周长约 1700 米；其二，北城墙西段沿河岸转向西南，则城址平面为五边形，周长约 1600 米。

（刘　明）

吉林省

【吉林市永安汉晋至宋元时期遗址】

发掘时间：2013年5～11月

工作单位：吉林省文物考古研究所、吉林市文物管理处、吉林市博物馆

遗址位于吉林市丰满区江南乡永安村二队。南与东团山城址相邻，西隔松花江与市区相望。中心地理坐标为北纬43°51′15.89″，东经126°36′05.10″，海拔高195米。

2013年5月中旬至6月下旬，首先对遗址进行了全面的勘探，勘探面积3万余平方米，确定了遗址的范围和文化层的堆积状况，同时也为发掘场地的选择提供了线索和依据。

2013年7月中旬至11月上旬，在遗址的偏南部区域发掘了长、宽各5米的探方80个，发掘面积共计2000平方米。揭露灰坑241个，灰沟12条，特殊坑状遗迹5个，以及性质不明的石头带、石头堆和烧土堆等数处。出土有大量的陶器残片和少量的石器、铁器、铜器、骨角器等，另外还出土了大量动物骨骼，初步判断有牛、马、猪、狗、鹿等。出土的陶器有豆、罐、盆、钵、碗、瓮、器盖、纺轮、网坠、板瓦、筒瓦、陶屋模型等。石器主要以长条的穿孔砺石为主，另有少量的磨棒、石锛等。铁器则以镞为主，另有镰、削、铧等。铜器较少，有鎏金带铸、环、钉状器、五铢钱等。骨器有甲片状穿孔纹饰骨片、骨簪和骨锥等。

经过初步判断，出土的遗物中包含有三期不同的文化遗存，即汉晋时期的夫余文化遗存、隋唐时期的靺鞨渤海文化遗存和宋元时期的辽金文化遗存。对于吉林地区而言，如此大时间跨度遗存的发现具有重要的意义，有助于这一地区历史文化序列的研究，同时也从侧面为东团山城址相关问题的解决提供了重要的考古材料和线索。

（刘玉成）

【桦甸市唐代渤海国苏密城】

发掘时间：2013年6～11月

工作单位：吉林省文物考古研究所

苏密城位于桦甸市桦甸镇永吉街道大城子村，北濒辉发河故道，南约1000米为辉发河现河道。城址由内外双重城垣组成，平面呈“回”字形。城垣土筑，基本保存完好，只有外城东北角因辉发河水毁缺失。

2013年的工作主要包括内、外城城垣的西南角，外城南瓮城，内城南城垣中部4个发掘区，并对城内的道路和城内遗存进行了勘探和试掘。

发掘确认城址外城城墙为地表起建，无地下基础。墙体下部为数层墙基础土层，垫土层上中部为黄色黏土夯筑的墙芯，墙芯内外两侧以黏土和砂石层交替叠筑而成。城垣基宽10米，现高2米～2.8米，墙顶部外侧有女儿墙。城垣外侧有2道护城壕，口宽约10米，深约1.8米，内侧城壕与城墙间距7米。外城西南角楼破坏严重，残存部分不见明确的角楼遗迹。外城南瓮城近方形，内部边长约16米，墙体与外城城

垣一体构筑而成，不见分筑迹象。瓮城墙体亦为地表起建，灰、黄色黏土叠筑，墙体下部也铺筑有宽于墙体的基础垫土。瓮城城垣基宽 7 米，最高处现高近 2 米。瓮城东侧辟门，东、北门道皆石板铺筑，门道铺石两侧可见木炭等木构遗存。

内城城墙亦为地表起建，结构与外城墙相近，基宽约 7.5 米，现高 2.4 米，墙外有一道护城壕，口宽 7.5 米。内城西南角的清理同样未见明确的角楼迹象。

城内的勘探和试掘，确认外城的东西、南北向中轴线上存在砂石路遗迹，道路建于三层上，宽约 5.5 米 ~7 米。内城中未见道路迹象。在外城西南角、外城中南部均发现有础石、磉墩等建筑遗迹，还发现有典型渤海时期瓦件。

以往学界倾向性认为苏密城为渤海国长岭府故址，但是学术依据主要为历史地理学的考证，考古学证据匮乏。2013 年的发掘，大致确认了城址的城垣形制和结构，所见遗物皆渤海时期，为城址的断代、定性提供了一定的实物依据。

（王志刚　张　哲　王吉峰）

【白城市城四家子辽金城址】

发掘时间：2013 年 5 ~ 12 月

发掘单位：吉林省文物考古研究所

城四家子城址位于白城市洮北区德顺蒙古族自治乡古城村北部，为一处辽金时期州城遗址。该城址处于洮儿河北岸，平面大致呈方形，周长 5748 米，城内地表遍布砖瓦、陶瓷碎片。为详尽了解该城址的遗存状况及文化特征，对辽金城址的研究提供考古学资料，同时为该城址保护方案的制定和实施提供学术支持，吉林省文物考古研究所对该城址进行了主动性考古发掘，发掘面积近 3000 平方米。

城内建筑台基全景

此次发掘首先对北城门进行了全面揭露。通过发掘确认该城门宽约 9 米，门内侧有南北向排布的方形础石，础石间平铺一层木地袱，外侧有一排竖向立置的排柱。门内两侧有青砖包边的门垛。城门外有半圆形瓮城，瓮城开口位于东北方向，宽 12 米。

同时，对北城墙西段一处人为破坏形成的豁口进行了解剖。通过剖面了解到城墙的结构分为地上墙体和地下基槽两部分。地上墙体系夯筑墙芯后，凭依墙芯向左右两侧分部夯筑而成，共由 7 个部分组成。中心起建于生土之上，两侧有地下基槽。

此外，选取了处于城内中轴线上，距离北城墙最近的一处隆起于地表约 1.5 米的高埠进行了全面揭露，发现一处夯土建筑台基。此台基由主建筑台基和两条南北向通道构成。主建筑台基平面呈西南—东北向长方形，坐北朝南，现存高度约 2 米，其北侧有东西宽 11 米的长方形斜坡踏道。台基南部东西两侧各有一条宽 4.5 米的通道向南延伸，通道外侧边包砖，地面以青砖铺砌散水，内侧边未见。台基上可见边长 3 米有余的夯土构筑的方形磉墩，依台基方向规整排布，东西向 5 排，南北向 6

列。此外，还见有打破磉墩的方形础石坑和砖砌墙基，排列方向与磉墩一致，可见该台基上曾存在有不同时期的建筑。

出土遗物以板瓦、筒瓦、兽面瓦当、鸱尾、兽头残块等屋顶建筑构件为主，同时出土大量陶瓷器残片。部分绿釉筒瓦内侧发现诸如“施主”“兴教院”等字样的墨书文字，以及“大安八年”“大安九年”等带有年号的内容。这对于判定该建筑的性质和始建年代具有重要价值。

出土的瓦当

出土的建筑饰件

城四家子古城建于辽代，节度使级建制，金代先后在此设都统司、元帅府、节度使、东北路招讨司等，元、明两朝继续沿用，是东北地区西部以及内蒙古东部辽金元三代的政治、经济、文化、军事中心。此次对城四家子城址的考古钻探和发掘工作，首次以考古学方法认识该城址，确认了城墙和城门的形制、规格、营建过程及大致年代；对城内的高台式建筑的形制、功能及始建年代等亦有了较为明确的认识，亦为研究辽金元的城市建制、经济贸易、文化政治提供了可靠的实物依据。

（梁会丽　张　迪　解　峰　顾聆博）

【吉林市龙潭山城】

掘时间：2013 年 10 ~ 12 月

工作单位：吉林省文物考古研究所、吉林市文物管理处、吉林市博物馆

龙潭山城位于吉林市龙潭区东南部的龙潭山上（即龙潭山公园内）。第二松花江在西南山脚下由南向北流过，隔江相望即为吉林市中心，西南隔嘎呀河与东团山为邻，两山相距约 2.5 千米。城址中心点坐标为北纬 43°52′34.59″，东经 126°36′38.39″，海拔 335 米。

此次对龙潭山城西门址及东墙局部进行了发掘和清理。主要收获包括西门址和东城墙。

西门址位于西墙中部，根据门址的保存状况和分布范围，对现存的通道和两侧墙体的末端局部进行了清理，发掘面积约 600 平方米。门道部分堆积可分为 5 层：第①层厚 20 厘米 ~ 25 厘米，黑灰色，为地表土，夹杂大量现代垃圾。清理地表的现代垃圾后，在门道中部偏外口处发现有一道石砌墙体，将门道部位封堵。第②层厚 20 厘米 ~ 40 厘米，灰褐色，夹杂大量小石块，可见少量泥质灰陶片。第③层厚 30 厘米 ~ 60 厘米，黑褐色，夹杂大量石块，石块大小不一，出土大量泥质灰色、灰褐色、红色陶片，以及夹砂红瓦片、白瓷片、铁器等。第④层厚 40 厘米 ~ 120 厘米，黄褐色土，包含大量石块，石块形体较小，出土少量泥质灰陶片。第⑤层厚 30 厘米 ~ 50 厘米，灰褐色土层，包含大量石块，出土大量泥质灰色、灰褐色、红色陶片，以及夹砂红瓦片、铁器等。

根据出土遗物特征判断，上述堆积形成年代均不早于辽金时期。

东城墙。在东城垣南部进行了解剖，确认该处城垣采用土石混合夯筑，可以分为墙芯和内、外护坡三个部分。

墙芯部分料土应经过筛选，其中石块均较为细小，直径均在 2 厘米左右，土石混合也较为均匀，夯筑极为紧密。上部可见黄色土与黑色土层交替叠压夯筑迹象。

内侧护坡包括上、下两个部分，料土中石块体积较大。下部料土中石块直径约 5 厘米 ~ 10 厘米，夯筑较为致密。上部料土中石块体积大小不一，夯筑致密程度亦稍差。护坡中出土大量夹砂红褐陶残片，

可辨有鬲足、鬲裆、横桥耳和少量口沿。在护坡的外侧表面发现有三道以大型石块呈条带状垒砌的防护石带。

外侧护坡与墙芯夯土之间分界明显，夯筑更为精细，夯层厚5厘米~10厘米，灰黄相间，逐层叠压，极为致密；夯料以颗粒状碎石分别混合黄色黏土和清灰色淤土；夯筑方式为平夯，未见明显夯窝。

（徐　坤）

【辉南县明代辉发城城址】

发掘时间：2013年5~7月

工作单位：吉林省文物考古研究所

辉发城城址位于通化市辉南县政府所在地朝阳镇东北约17千米处，辉发河东岸，城址依辉发山而建，分内城、中城、外城三部分，内城、中城位于城址的南部，其中内城位于辉发山山顶，中城位于辉发山东侧的平缓坡地之上，外城整体地势较为低平。城址西临辉发河，南临黄泥河，形成了两段天然的护城河。

2013年的发掘系2010年工作的延续，是带有学术问题的主动发掘。主要工作预期系解决城址的始建年代问题，主要工作方法系通过对内、中、外三道城墙的解剖，除了了解城墙结构外，更重要的是寻找墙体的起建层位，并通过城墙本体内出土遗物进行断代，进而解决城址的年代问题。在时间允许的情况下，还在中城内部进行了试掘。2013年均采用探沟方式发掘，发掘面积近300平方米，清理房址2座，灰坑十余个，解剖清理墙体3段，出土陶、瓷、铜、铁、骨、角、料器近200余件。

从现有的发掘情况来看，基本上完成了之前设定的工作预期，通过对三道城墙的解剖，获得如下认识：第一，通过对三道城墙结构和城墙本体的土质进行观察，我们发现三道城墙的主体部分均为用土堆筑而成，且为就地取土，未经夯筑，仅经压实。第二，内城和外城的城墙均系一次性修筑而成，中城城墙曾经过两次增修，然而三道墙体的营建时序目前尚不明确。第三，从城墙本体内部出土的遗物判断，内、中、外三道城墙的始建年代均应不早于明代中期，这和文献记载辉发城的筑城时间基本相吻合。

东北地区关于明代的考古工作开展较少，辉发城城址的发掘是近些年来东北地区明代考古工作中比较重要的一项，同时辉发城城址也是海西女真扈伦四部城中唯一一个经过正式田野考古发掘的城址。通过近两年来的发掘工作，不仅对辉发城城址有了更为清晰的认识，同时还获得一大批明代的遗存。这些资料的发现，对于研究明代女真辉发部、明代海西女真扈伦四部及满族文化的形成，乃至对于整个东北地区明代的考古和历史研究，都具有非常重要的意义。

（刘晓溪）

黑龙江省

【齐齐哈尔市洪河新石器时代至明清时期遗址】

发掘时间：2013年7～10月

工作单位：黑龙江省文物考古研究所

洪河遗址位于齐齐哈尔市富拉尔基区杜尔门沁达斡尔族乡洪河村南1000米的嫩江右岸。为配合课题研究，黑龙江省文物考古研究所对遗址进行了正式的考古发掘。开长、宽各10米的探方8个，加扩方总计发掘面积为1176平方米。清理新石器时代房址2座，墓葬8座，灰坑2个，清理明代墓葬49座。出土不同时期、不同质地遗物千余件。

新石器时代房址为半地穴式建筑，平面呈圆角长方形，其中一座附带有斜坡阶梯状门道。灶址为圆角长方形，灶面低于居住面，其上设有保留火种功能的圆形凹窝。柱洞成排分布，数量不等，一般直径为20厘米，深15厘米～50厘米。居住面不见人为加工痕迹，仅见较薄的踩踏面，在其上留存有极少量的遗物。多数遗物是出自废弃堆积之中。墓葬均为东北—西南向的土坑竖穴墓，有单人葬和双人葬之分，并有仰身直肢、侧身屈肢和叠肢的差别。灰坑规格小而且浅，平面为圆形，直壁，平底。

出土遗物中完整及可复原的陶器有20余件，器形有罐、钵、碗、杯、壶、盅等，其中的带流器和双环竖耳陶器是此次发掘的亮点。纹饰以素面为主，另见少量的指甲纹和附加堆纹。石器以玛瑙为主要原料，包括石核、石片、刮削器、尖状器、石镞、石钻等，反映了石片工业的特征。其他器类还有骨鱼鳔、骨鱼钩、骨锥、骨簪、骨针、骨镯、角锤和蚌刀等。

新石器时代遗存在层位上分属于早晚两个时期，早期以房址为代表，并被晚期的墓葬所打破。但由于此次发掘至新石器时代层位的面积很小，获得的遗物相对不多，房址和墓葬中包含的遗物差异不明显，因此尚不能判定房址与墓葬在考古学文化属性上的关系。但是此次发掘获得的新石器时代遗存为深入研究昂昂溪文化的内涵和建立嫩江流域新石器时代的文化序列提供了重要资料，也为渔猎型新石器的生业方式、定居聚落的研究提供了重要依据。

明代墓葬皆为土坑竖穴墓，多数为单人葬，少部分为双人葬和多人葬。随葬器物有铁铠甲、铁马镫、铁镞、铁刀、铁剑、铁锅、铁剪刀、铜饰件、铜钱、木马鞍、琉璃饰品、瓷器和桦树皮器等800余件。这些随葬器物与吉林省扶余油田砖厂等东北地区以往有明确时段的明代墓葬所出遗物大多一致，因此初步判定洪河遗址该类墓葬为明代。

此次明代墓葬的发掘在嫩江流域和黑龙江西部地区都尚属首次，发掘获取的资料为进一步认识嫩江流域以及黑龙江省明代当地人们的日常生产、生活状况，为更深一步研究明王朝对东北边疆地区的实际控制情况都提供了重要的实物资料。

（张　伟　田　禾　李有骞　刘　伟）

【泰来县东明嘎新石器时代遗址】

发掘时间：2013年8~10月

工作单位：黑龙江省文物考古研究所

遗址位于泰来县泰来镇东明嘎屯东约500米的沙岗上，北距泰来县城约15千米。遗址东西长300、南北宽150米。地理坐标北纬46°14′29″，东经123°22′30″，海拔147米。2013年，为配合齐白高速街基至省界段工程，对该遗址进行抢救性考古发掘。发掘地点位于遗址的西北区域，发掘面积1935平方米。共清理墓葬7座、房址6座、灰坑13个、灰沟3条、灶址2处，出土陶器、石器、骨器、玉器等各类文物标本400余件。

此次发掘地层堆积较为简单，共两层：第①层为耕土层，为浅灰色沙土，厚约15厘米，所有墓葬及少数灰坑等遗迹开口于此层下。第②层为文化层，为黑褐色沙土，厚约5厘米~30厘米，所有房址及多数灰坑等遗迹开口于此层下。第②层以下为浅黄色生沙土。

根据地层堆积、遗迹之间打破关系以及出土遗物的差异，暂将此次发掘的遗存分为相对年代由早及晚的三段：

早段以第②层下开口的F3~F6为代表。现以F4为例介绍。

F4为圆角长方形半地穴式建筑，南北长5米，东西宽4.7米。室内地面发现柱洞9个，中部偏南发现1处近圆形地面灶。房内填土为灰褐色沙土，土质松软，内含少量的陶片、石器、鱼骨、蚌壳及哺乳动物碎骨等。出土陶器多为砂质夹蚌黄褐或灰褐陶，火候较低，陶质疏松。器表以素面为主，纹饰仅见宽条附加堆纹一种。可辨器形有瓮、罐、钵等。

中段：以第②层及其下开口的F1、F2及灰坑等遗迹为代表。现以F2、H12为例介绍。

F2为圆角长方形半地穴式建筑，南北长8米，东西宽7.5米。室内地面分布有大小不等的柱洞31个及窖穴2个，中部发现1处近圆形地面灶。房内填土为黑褐色沙土，土质松软，内含大量陶片、石器、骨器、鱼骨、蚌壳及哺乳动物碎骨等。

H12为圆形袋状坑，口径95厘米，底径140厘米，深94厘米。坑内堆积分两层：上层为黑褐色黏土，土质较黏硬，内含大量陶片、石片、骨器及动物骨骼等；下层为黄褐色沙土，土质坚硬致密，内含大量鱼骨。

中段遗存为此次发掘的主要收获。出土了大量的陶器、石器、骨器，以及鱼、蚌、龟、鸟、鹿、狗、猪等动物骨骼标本。出土陶器多为砂质夹蚌黄褐或灰褐陶，火候较高，陶质较硬。以素面陶居多，纹饰较发达，有极少量的彩绘。纹饰主要分布于唇部及上腹，以戳印或戳压纹（篦点、短条、圆圈、指甲）构成的条带、直线、斜线、三角等几何图案最具特色，另有少量窄条附加堆纹及刻划纹。可辨器形有瓮、罐、壶、钵、碗、杯、纺轮等。石器以打制、压制为主，磨制石器较少，种类有刮削器、镞、石刃、尖状器、钻、刀、斧、石叶、石核、砺石、支座、磨盘、磨棒等。骨器种类有鱼镖、鱼钩、锥、刀、针、管等。

晚段以第①层开口的6座墓葬为代表。现以M2、M6为例介绍。

M2为一次葬。圆角长方形土坑竖穴墓，长2米，宽0.76米，深0.2米。埋葬成年男性骨架1具，为仰身直肢，头骨缺失以石头代替。腹部随葬石叶1件，右胯部随葬石尖状器2件、鱼镖1件、投枪头3件、两端尖状骨器6件。

M6为二次葬。圆角长方形土坑竖穴墓，长1.25米，宽0.75米，深0.18米。仅见少量肢骨及牙齿，随葬器物有石斧2件、石镞2件、骨器1件。

从出土遗物分析，东明嘎遗址及墓葬与以往发现的昂昂溪文化性质接近，年代大致处于新石器时代的晚期阶段。昂昂溪文化因1930年梁思永先生首次对齐齐哈尔昂昂溪五福遗址进行考古发掘而得名。自梁思永先生确立昂昂溪文化至今已有80多年，目前学术界对于昂昂溪文化的内涵、年代、渊源等问题尚存争议。此次发掘为进一步研究昂昂溪文化的分期与年代、生产生活、生态环境、埋葬制度等提供了难得的实物资料。

【大兴安岭古代岩画】

发掘时间：2012年10月~2013年11月

工作单位：黑龙江省文物考古研究所

黑龙江省文物考古研究所先后三期进入大兴安岭森林地区，共调查、发现31处岩画地点，各地岩画疏密程度不尽相同。

大兴安岭岩画大多分布在山顶石砬子耸立的岩壁上，全部为红褐色彩绘岩画纹样。主要有各式排列成队的人物。通过实地考察，已经可以令人信服地分辨出岩画人物的男女之别。突出的是在岩画人物中，有些男人特征凸显，身材高出其左侧略矮且无男性特征的女人。同时，还有分别具有男女不同性别特征的人物组合排列。还发现有头插三根翅羽冠饰的人物形象。另外，还有勾勒出轮廓线，举起带有手指掌的人物形象。

彩绘岩画动物纹样有狼、犬、马、野猪，鹿、虎、飞鸟和似龟形等图案。相对比较抽象的图案有日、月。还有大圆圈纹，圈内有两个人形和小三角形图案。另外还发现了两个“梳子”形特殊纹样，向下分别为七齿和五齿形。

在上述主要都是写实的人物及动物为主的彩绘岩画中，如此发掘还发现有一条“S”形，头上排列有四肢立角状的“龙”纹图腾。根据彩绘岩画制作手法、绘画风格、纹样内容，甚至留下的彩绘手指印痕，初步判断属于原始艺术形态。颜料当属于人为调制红色液态颜料，人工直接用手涂绘。绘制应该在温暖季节进行。有的彩绘岩面经过细致雕凿成直角方形，其年代上限为新石器时代，下限在继续加强材料测定研究之后，有望解决。

此外，黑龙江界河上游塔河瓦干“小黑石砬子”临江岩壁上，新发现长1.5米凤凰纹样彩绘岩画，现残存略呈为橙红色岩画。根据纹样特征，该岩画属于宋金时期遗迹。

2013年9月，黑龙江省文物考古研究所有目的地对风化岩坍塌掩埋的“漠河岩画”进行了考古清理发掘，清理出土一件由岩壁上早年脱落的彩绘“人物”纹样岩画，出土之初，岩画颜色明显为偏朱红色，画面为男人居右，两裆间“阳具”明显，女人身材矮小，位于男人左侧，还有一更加矮小的孩童位于女人左侧。三人依次排列，分别为双臂平伸，双腿叉开状。在岩画下方，清理岩石脱落层下深1.4米，露出一小块宽约1米的缓台，一般而言，各处岩画的山岩壁前，基本都有可以站立绘画者的缓台。在狭窄缓台的原腐殖土层内，出土了古人磨制的“角锥”及部分动物骨骼。这为进一步认识岩画绘制的年代提供了重要证据。

（赵评春　盖立新　刘　阳）

【泰来县塔子城遗址考古调查】

调查时间：2013年8~10月

工作单位：黑龙江省文物考古研究所

遗址位于齐齐哈尔市泰来县城西北的塔子城镇，地处松嫩平原，地理坐标为北纬46°36′28.20″，东经123°03′25.20″，区域海拔约165米。其东2.52千米处为呼尔达河，南4.23千米处为二龙涛河。

为配合《全国重点文物保护单位塔子城址抢救性保护工程方案》的编制，对遗址进行了考古调查。通过实地踏查，了解了遗址的基本情况，并使用探沟勘探的方法对一些破坏严重的部位作了清理。得到如下认识和收获：

第一，城墙的结构。城墙主要由地下和地上两部分构成。

地下部分为基槽和垫土层。垫土层宽于基槽，一般为2～4层，多为较纯净的黄褐土夯实，有时夹有小块砾石，与墙体用料接近。城墙一般部位均挖有基槽，基槽内填土视需要有所不同，以填实为准。西城墙发现有不挖基槽的部位，但垫土层下为较坚实的原生土层，说明在建城的过程中建筑结构也有视具体情况变通的现象。

地上部分主要为墙体，多为较纯净的黄褐土夯筑，也有含沙较多的土质，但一般没有相接两层均使用含沙较多土料的情况。在西、东、南城墙的墙体内侧均发现与墙体分筑而成的夯层，应为护坡结构。西侧城门附近的护坡上有南北倾斜的硬面，推测此处建有慢道式登城路。城墙基槽开挖位置原有道路存在，在城墙建成之后继续作为环城路使用。

依据所清理遗迹测算，西城门北侧城墙宽约13.5米，基槽宽约14.6米。

第二，瓮城与主体城墙建筑时序。

依据在探沟内瓮城墙基槽和主体城墙的叠压关系判断，瓮城为附近主体城墙建成后所建。

第三，城墙建筑的装饰。

城墙内侧堆积中发现较多掺杂白灰的土块，推测城墙内侧可能曾涂以白灰作为装饰。在城墙外侧立面的清理中，发现较纯净夯土与包含物略多夯土分筑的情况，推测城墙外侧以较纯净黄褐土包筑以增加视觉的美观效果。

第四，城墙的建筑年代。

在城墙叠压之下的灰坑中出土了较为典型的辽代泥质轮制陶器残片、白瓷残片、酱油瓷残片，说明城墙起建不早于辽代。在环城路路面出土了铜钱，其年代最早者为铸于976～984年的“太平通宝”，最晚者为铸于1078～1085年的“元丰通宝”，或可作为城墙建筑年代的下限，即其建筑年代不晚于976年。

第五，建城前的情况。

此次调查发现了一些在年代上早于城墙基槽的地层和遗迹，其中出土了较多的陶器残片、瓷器残片等物品，说明在建城之前，就已经有较多的人在此处生活。其中出土的脊兽残块，表明在建城之前此地就有相当等级的建筑存在，或可说明在建城之前，此地已经有了较高的行政建制。

（刘晓东）

【哈尔滨市阿城区金代上京城址】

工作单位：黑龙江省文物考古研究所

发掘时间：2013年7～9月

金上京城址位于黑龙江省哈尔滨市阿城区南郊2千米，地处阿什河左岸，俗称“白城”。

金上京城由毗连的南、北二城组成，平面略呈曲尺形。两城总周长约为11千米。城墙上筑有马面、角楼等防御设施，并有多个城门，有的城门外附加有瓮城。

为了加强对金上京城遗址的科学认识和学术研究，推进对金上京城大遗址的有效整体保护，根据计划安排，2013年工作重点是对城址的城墙遗迹进行解剖发掘，取得了初步成果。

上京城城墙整体保存较好，但局部损毁严重，特别是北城西北部有一段被现代村屯占压。此次发掘，选择在腰墙（编号YQ）、北城西墙（编号BXQ）、南城北墙（编号NBQ）上各开一条探沟进行墙体的解剖。

腰墙，即北城和南城共用的一段城墙。探沟2013ASYQTG01，位于腰墙西侧，西距北城西墙约30米。腰墙方向为102°，现存地表高度约为0.5米～0.7米。城墙为夯土版筑，直接建于生土层之上。底部掘一凹槽，其内为垫土层，垫土层为夹杂有大量而碎小的砖、瓦块和陶片的黏土。

基槽之上为夯土层。腰墙基槽部位基础宽为5.8米，基槽高为0.2米～0.3米，夯土层厚度不等，由底部向上1.2米处，夯土每层厚度为12厘米～15厘米，1.2米处再向上的夯土层厚度为6厘米～8厘米。墙体上部存高2.5米。地表部位现存墙宽为4.8米。腰墙主体城墙外端，经过两次修筑。第一次是在主墙南北两侧，紧贴墙体修出台阶，以青灰色砖砌筑。现仅存底部少部分砌砖，上部为坍塌的砖块和黏土。其宽度约0.5米～0.6米，存高约0.2米。第二次修筑仅是在墙体南侧，在城墙包砖外侧，再以夯土加固。夯土为黄色夹沙土，其宽度为1.1米～1.2米，存高约0.38米。

腰墙墙体南侧有护城壕，护城壕底距地表深2.7米，开口距底部深2.4米，壕底部宽约6.5米。

在TG01内的城墙两侧，出土有少量的白瓷片、铁钉等遗物，还有花岗岩制成的圆形礌石等。在腰墙基槽底部出土有泥质陶片、布纹瓦残块等，都是较为典型的金代器物。

北城西墙发掘点，即探沟2013ASBXQTG02，位于南、北城交接处向北20米。西墙外西侧有南北向的蜚拉（蜚克图至拉林）公路通过，城壕已被占压。此处是一被毁的城墙豁口，其北侧为一条自西向东流过的河流，注入阿什河。此次利用此段城墙豁口进行解剖发掘。

西城墙为夯土版筑，直接建于生土层之上。底部掘一凹槽，基槽深0.5米～0.6米，底部基槽东西宽10米。基槽内底部和上部各铺一层碎砖瓦，碎砖瓦层的中间为一层垫土。基槽上部起夯土，现存高度4.9米，夯土每层厚度为7厘米～8厘米。

城墙两侧由基槽底部向上0.6米处有一台阶状缓坡，宽0.55米～0.6米，再向上呈弧形。其上有零星的残砖，应是后期加固城墙的砌砖。这说明此段城墙经过二次修筑。

南城北墙发掘点，即探沟2013ASNBQTG03，位于北城与南城交接处的东北转角处，西距北城东南角约32米。

南城北墙方向为102°，与腰墙方向一致，其夯墙结构与北城西墙及腰墙夯筑相同。墙体存高约3.05米。夯土每层厚6厘米～8厘米。基槽直接建于生土层上。北侧基槽深0.3米，南侧基槽深0.45米，基槽宽为12.6米。基槽内最底部垫有一层厚10厘米～15厘米的碎砖瓦，夹杂着碎陶片，经过夯实，十分坚硬结实。其上为垫土，厚约20厘米，垫土之上还有一层同最下层一样厚度的碎砖瓦块。

自上而下6.4米宽的夯土墙两侧，有宽1米的砖砌台阶，内为倒塌堆积砖，包墙砖呈斜向上收缩，包砖底部铺一层砖，内添碎砖瓦片。此包墙砖系后期加固夯土墙而筑。此段墙体南、北两侧，均有壕。城壕部分未能全部揭露。通过钻探，了解到墙南侧壕宽10米～11米，壕最深处2.8米；墙北侧壕宽约28米，最深处约3.8米。由此可见，北侧城外的护城壕的防御功能较为明显。

墙体两侧堆积中出土有陶片、瓷片等，陶片多为泥质灰陶，有的有刻划纹饰，口沿多为卷沿。瓷片以白瓷为主，器形有碗、盘等。在夯墙底部基槽的砖瓦垫土层中，还出土有兽面纹瓦当，为判定年代提供了珍贵的实物材料。

此次发掘，首次从考古层位学上确认了城址的营建使用情况。根据城墙的地层堆积和包含遗物特征，确认城址的始建年代为金代，后期至少有过一次以上的修筑情况。此次发掘，揭示的三段城墙，即腰墙、北城西墙、南城北墙建筑结构和修筑方法相同，均为夯土版筑，墙体底部基础部分都挖有基槽，且基槽内垫层情况亦大致相同。

（赵永军　刘　阳　陈永婷）

上 海 市

【松江区广富林新石器时代遗址】

发掘时间：2013 年 3 ~9 月

工作单位：上海博物馆等

因上海市松江区广富林遗址公园建设需要，在上海市文物局的协调下，上海博物馆考古部、复旦大学、上海大学、山东大学、南京大学、中国人民大学及宁波市文物考古研究所组成的联合考古队，对广富林遗址建设控制地带的西南区域，以及建设控制地带以外的西南及北部工程计划用地进行了抢救性考古发掘，历时 182 天，发掘面积 14800 平方米。

此次发掘发现了大量新石器时代至明清时期的文化遗存，共发现灰坑 359 个、灰沟 84 条、水井 173 口、墓葬 7 座、特殊遗迹 5 处。其中最重要的发现是广富林文化水岸建筑遗存，占地约 2000 平方米，包括由大量粗大木桩构成的栈桥、由大量密集陶片铺就的护坡和广富林先民在水边的生活遗迹，同时也发现了大量由动物骨骼、角制成的狩猎工具（骨角镞）、制衣工具（骨针）及装饰品（骨角簪）等，数量之多、制作之精美是以往发掘所未见的。同时，此次发掘还发现了扬子鳄、亚洲象、麋鹿、梅花鹿、水鹿及鱼的骨骼，为进一步了解当时的自然环境、人类可获取的资源及对资源的利用提供了翔实的实物资料。此次发掘再度发现了广富林文化玉琮，使学术界对广富林文化的制玉、用玉情况有了更进一步的了解。此次发掘还发现了周代浇铸青铜器的陶范残件，不仅证明了周代广富林区域能够就地制作青铜器，也反映出广富林遗址在当时是一个重要的城镇。

（黄　翔）

江苏省

【溧阳县秦堂山马家浜文化遗址】

发掘时间：2013 年 11～12 月

工作单位：南京博物院、溧阳市文化广电体育局、溧阳市文管办

遗址位于溧阳市上兴镇东塘村委章村西约 300 米处，北距上兴镇约 4 千米，东距溧阳市约 26 千米。该遗址于 2010 年第三次文物普查再调查时发现，2011 年公布为省文物保护单位。

2013 年，对秦堂山遗址进行了全面的考古勘探和发掘工作。经过勘探，基本摸清了遗址的范围。遗址总面积约 18 万平方米，中心区域为一高出周围农田的岗地，面积约 45000 平方米。

发掘共布 3 条小探沟，编号为 T1、T2、T3，总面积约 160 平方米。发现马家浜文化时期房址、墓葬、灰坑和环壕等重要遗迹，出土了大量的陶器、石器、骨器等遗物。

T1 处于岗地上部，发现有马家浜文化时期房址 3 座（皆为局部揭露）、灶址 1 处、灰坑 3 个、灰沟 1 条。

T2 处于岗地中间，在探沟内发现有马家浜文化时期墓葬多座，清理了 6 座。墓葬随葬器物多在 2～4 件之间。个别墓葬出土有玉璜和玉管。

T3 处于岗地的边缘，发现有早、晚两期环壕。早期环壕宽 13.5 米，晚期环壕宽约 10 米。在环壕堆积中有较厚的蚬壳层。环壕内出土了大量的陶片、石器，以及动物骨骼标本。陶器器形有釜、罐、豆、盉、钵、盆、网坠、纺轮、鼎等。

通过发掘，秦堂山遗址的文化内涵和中心区域的聚落平面布局已基本了解，主要为一处马家浜文化晚期的聚落遗址，地处山地向平原过渡的丘陵地带。遗址中心区域有两级台地，在Ⅰ级台地发现有较多的红烧土房址，应为居住区。在Ⅱ级台地发现有较多叠压打破关系的马家浜文化时期墓葬，应为遗址的墓葬区。此外，在Ⅱ级台地的外围发现有环壕，在马家浜文化遗址中尚属首次发现。

此次发掘，发现了马家浜文化时期的房址、墓葬、灰坑、灰沟和环壕等较多的遗迹，出土了较多的陶器、石器、玉器、骨器等器物和标本，为研究太湖西部史前考古学文化的分布和类型划分提供了新材料。尤其是遗址中心区域环壕的发现，对研究马家浜文化时期的聚落考古提供了新证据。

（周润垦　高　伟）

【苏州市吴中区尹山汽车城商周至唐宋时期遗址】

发掘时间：2013 年 7～12 月

工作单位：苏州市考古研究所

遗址位于吴中区郭巷街道兴郭路南、苏嘉杭高速西侧，共揭露遗址面积 900 平方米。发现有商周、汉、六朝、唐、宋等多时期的文化堆积，其中商周和唐宋时期文化遗存较为丰富。

商周时期文化遗迹主要有灰坑、水井等。灰坑有圆形、椭圆形、方形、不规则形等，底多为锅形，较浅，填土为废弃堆积。水井为圆形。商周时期文化遗物主要有陶器、原始瓷器、印纹硬陶器、石器等。陶器以泥质陶器和夹砂陶器为主，少量夹糠陶器；颜色以灰、橙黄、红、褐为主，黑色较少；纹饰有素面、方格纹、篮纹、席纹、梯格纹、绳纹、刻划纹、戳印纹等；器形有盘、鼎、豆、罐等。原始瓷纹饰有素面、涡纹、凸棱、凹弦纹等；器形有碗、钵、盖等。印纹硬陶纹饰有素面、席纹、回字纹、云雷纹、米筛纹、曲折纹、菱形填线纹、方格纹、叶脉纹等；器形主要为罐。石器器形主要有镰、锛、斧、戈、刀、砺石等。

汉代、六朝、唐、宋各时期文化遗迹主要为墓葬。汉代有砖室墓，长方形，破坏严重，剩余墓底；出土铜钱，面文有货泉、五铢等。六朝有砖室墓，长条形；出土青瓷器，器形有盏、盘口壶、钵、四系罐。唐代墓葬有砖室墓和土坑墓两类；砖室墓多为船形，均被破坏，仅存墓壁、墓底；土坑墓为长方形；出土瓷器、陶器、金属器等；瓷器器形有盘口壶、碗、盏、盘口四系罐等；陶器器形有罐、盘口壶等；金属器有铜镜、铜钱、饰件等，铜钱面文为开元通宝。宋代有土坑墓，均为长方形，出土瓷器、陶器、金属器、漆器；瓷器有四系罐、粉盒、碗等；陶器有盆、四系罐等；金属器有铜镜、铜钱、饰件等，其中铜钱面文有太平通宝、淳化通宝、祥符元宝、景德元宝、至道元宝等；漆器为花瓣口碟。

此次遗址发掘为苏州地区的文化研究提供了新的实物资料。

（张铁军）

【苏州市吴中区庄马路商周及唐宋时期遗址】

发掘时间：2013 年 4 ~5 月

工作单位：苏州市考古研究所

遗址位于苏州市吴中区越溪街道庄马路南侧，共揭露遗址面积 300 平方米。发现有商周、唐宋等时期的文化堆积，以商周时期文化遗存为主。

商周时期文化遗存主要有灰坑、水井、沟等。灰坑有不规则形、椭圆形等；水井为圆形；沟呈长条形。商周时期文化遗物主要有陶器、原始瓷器、印纹硬陶器、石器等。陶器分为泥质陶和夹砂陶两类；有灰、橙黄、橙红、红、褐、黑等颜色；纹饰有素面、绳纹、篮纹、梯格纹、方格纹、麻布纹、叶脉纹、拍印纹、席纹、麦穗纹等；器形有网坠、豆、罐、釜、鼎等。原始瓷纹饰有素面、涡纹、米筛纹、凸棱纹、凹弦纹等；器形有盖、罐、碗等。印纹硬陶纹饰有云雷纹、米筛纹、回字纹、勾莲纹、曲折纹、叶脉纹、方格纹、菱形填线纹、席纹、水波纹等；器形有罐。石器有砺石、刀、锛、凿、斧等。

唐宋时期文化遗迹为河道，出土青瓷、釉陶等。青瓷器形有碗、钵等。釉陶器形有罐。

此次发掘出土的遗物为苏州地方文化史的深入研究提供了重要的第一手资料。

（张铁军）

【南京市栖霞区鲤鱼山西周遗址】

发掘时间：2013 年 4 ~7 月

工作单位：南京市博物馆

遗址位于南京市栖霞区齐民路以南，纬地路以北，元化路以东，毕昇路以西，因位于鲤鱼山的北侧山脚而命名。遗址在发掘前其主要部分已被毁坏，残存的遗址部分从断面上可以看到清晰的文化层堆积遗迹，发掘面积约 220 平方米。

遗址文化堆积厚度达 2.4 米 ~3.2 米，

共分4层：第①层，为表土层，厚5厘米~10厘米；第②层深5厘米~10厘米，厚30厘米~90厘米，自东向西渐低，呈倾斜状堆积。土色为灰褐色，土质较软，结构较疏松，包含大量植物根系和少量红烧土粒、草木灰、石块及陶片。出土陶片以夹砂红陶为主，另有夹砂灰陶、泥质灰陶、泥质红陶、泥质黄褐陶和印文硬陶，部分饰有绳纹、回纹、戳刺纹及附加堆纹，可辨器形有罐、鬲、豆、盆等。从出土文物及地层叠压关系等综合分析，该层的年代约为春秋早期；第③层深35厘米~100厘米，厚115厘米~180厘米，该层于遗址中部堆积较薄，东西两面相对较厚，整体呈东高西低状堆积。土色呈浅灰泛绿色，夹杂黄、白土斑点和烧土夹层，土质较硬，结构较紧密，包含大量水锈、陶片和少量红烧土颗粒、草木灰、石块等。出土陶片分为夹砂红陶、夹砂灰陶、泥质灰陶、泥质红陶和黑衣陶等5种，以夹砂红陶居多，泥质灰陶次之，黑衣陶少许。多素面，部分饰绳纹、弦纹、戳刺纹及附加堆纹，可辨器形有鬲、豆、罐、盘、甗、钵、盆等。该层的年代约为西周中晚期；第④层深200厘米~220厘米，厚50厘米~120厘米，土色呈黄褐色夹杂灰土块，土质硬，结构紧密，含水锈、红烧土颗粒、草木灰、陶片等。出土陶片分为夹砂红陶、夹砂灰陶、泥质灰陶和黑衣陶，以夹砂红陶为主。多为素面，少数饰有绳纹。可辨器形有罐、鬲、豆、盆等。该层的年代约为西周早期。第④层下为生土层。

此次发掘共发现灰坑96个，大部分为圆形，少量的长方形和不规则形。发掘出土50余件如石刀、石镰、石锛、铜镞、铜刀、陶杯、陶罐、陶饼等珍贵遗物和大量的陶片，对研究宁镇地区湖熟文化提供了一定的参考价值。

（周保华）

【苏州市高新区金刚山两周土墩墓】

发掘时间：2013年5~9月

工作单位：中国社会科学院考古研究所、苏州市考古研究所

金刚山位于苏州西部山区通安镇树山村的阳山北麓。树山位于木渎古城西北侧约10千米处，是城址周边重要的墓葬及遗存分布区。金刚山东北侧有鸡笼山石室土墩墓群，北侧4千米即为真山土墩墓群，1992~1995年曾发掘墓葬十余座，西侧2千米处即为严山玉器窖藏地点。

2013年4月对树山村进行调查时发现在金刚山山脊上土墩遗存3个，自北向南编号D1、D2、D3。由于土墩上有被盗掘痕迹，遂对其中的D1和D2进行了抢救性发掘。

D1位于南北走向的金刚山山岭北端，东西径15米，南北径20米，高4米，呈馒头状。墩内的西半部偏中有一东西向长条形石室，石室东端为封门，封门外有一条东宽西窄平面呈喇叭形的通道。石室北壁保存基本完整，南壁大部分倒塌，石块填埋在墓室里，所以石室整体向北部倾斜垮塌。盖顶石大多散落不存。石室东侧封面外为通道，通道两壁也如石壁堆砌向上斜收，但不封顶。通道长3.8米，西宽约1.2米，东宽约1.6米。通道北壁与石室北壁基本为一条直线。通道南壁与石室南壁呈15°夹角。石室早期被盗扰，但在底部仍发现上下叠压的墓葬2座，编号M1、M2。上层的M1出土器物7件，有原始瓷碗、印纹硬陶罐等，时代为春秋早期。下层的M2出土器物6件，有原始瓷豆、泥质陶盒等，时代为西周中期。

石室外侧南部发现黄土台1个。土台呈东西向长方形，紧贴石室南壁，与石室走向基本一致。经局部解剖确认土台分3层，各层均发现有柱洞和灰沟，对发现的部分灰沟作了解剖，灰沟剖面基本呈圆形或半圆形，直径约20厘米~30厘米。沟内填夹杂碎石的红土，当是圆木取走留下的痕迹。初步判断由柱洞、纵横交错的灰沟和经过平整的地面组成一个黄土台，黄土台建筑在山体基岩表面，经过三次堆筑加高，形成三个工作面。土台紧贴石室，应当是建筑石室的工作台面。

D2 发现石室墓葬 1 座，编号为 D2－1。石室呈东西向，长 6.15 米，底部宽 1.2 米，高约 0.7 米，墓葬顶局部被破坏，宽约 0.8 米。石室顶部无长条形片状的大型盖顶石，在发掘过程中亦未发现盖顶形制的石块。出土器物集中分布在墓葬东部，共计 12 件。有夹砂陶鼎、原始瓷豆、印纹硬陶坛等器物。时代为西周中晚期。

D1 与 D2 均为东西向石室土墩墓，垂直于山岭（山脊）走向，始筑年代接近，但营建方式略有不同。D1 是建在山岭的北部边缘，利用山势构建石室，石室南壁略高。由于地基处理欠妥，造成石室向北倾斜倒塌。D2 是先将基岩山顶平整，清理掉山顶基岩的风化表土层，再从山下取土铺垫，待山顶形成平整的台面后再垒筑石室，石室规模较小。

通过对发掘，对江南地区石室土墩墓有了进一步的认识：

第一，石室土墩墓建造的工作台及相关遗迹是石室土墩墓考古中的首次发现并确认。虽保存情况不佳，也未完全明了其使用方式，但为研究石室土墩墓的营造方式以及当时的工艺技术水平提供了切实资料。

第二，对石室土墩墓“一室多墓”的现象通过 D1 内的地层叠压关系再次予以确认。

第三，D2 的“碎物葬”葬俗为了解当时的丧葬习俗提供了新的资料。

第四，两处石室土墩墓的建造年代为西周至春秋时期，早于木渎古城，但为探讨木渎古城建城前本地历史状况及建城基础提供了线索。

（牛煜龙　唐锦琼）

【苏州市木渎东周古城】

发掘时间：2013 年 3 月～2014 年 1 月

工作单位：中国社会科学院考古研究所、苏州市考古研究所

为进一步解决木渎古城的布局、结构、内涵及时代等诸多问题，2013 年度对城址的多处地点展开了持续性考古工作，促进了对城址的认识。

五峰地点的发掘是为了探索城址北侧区域的布局状况。在吴家场村西南，D3 段城墙西侧发掘的两条探沟确认了城内有一条东西向水道遗存。该水道东侧起自 D3 城墙南侧的水门，向西延伸至陈家堰头村，东西长度在 300 米以上。水道宽约 10 米～15 米，深 1.5 米左右，时代不晚于战国时期。D3 城墙内侧发现有宽约 7 米～9 米，深约 2.4 米～2.5 米的内城壕。这些发现深化了对五峰地点布局的认识，为下一步探索本区域内布局等打下了坚实的基础。

在合丰地点处 D151 的发掘，初步揭示出一处土墩的构建和使用过程。D151 是在早期丘状小型土墩的基础上逐步覆土而成。早期土墩为东周时期墓葬打破，或表明早期土墩的功用。此后在早期土墩上方继续覆土，形成 D151 的主体。在 D151 上部有一层东周时期红烧土堆积覆盖。由于破坏严重，红烧土及周边未发现有墙基、柱洞、基槽等痕迹，对其性质尚难以推断，怀疑与当时的建筑基址相关。土墩被废弃后，在汉代改为墓地。在发掘区域内共发现汉墓 19 座。这些墓葬大多为南北向，分为两排分布，有并穴合葬的现象。墓葬的时代为西汉时期。这些墓葬的发现为了解城址的沿革使用及最终废弃过程提供了线索。

在合丰地点发掘了下场遗址。下场遗址位于合丰小城的西南角，南北长约 160 米，东西宽约 100 米，面积约 1.6 万平方米。通过试掘，发现从汉代——东周时期——良渚时期的层位关系，出土了丰富的各时期遗物，为构建本地汉代—东周的考古学文化序列提供了基础材料。在良渚文化层内出土有大量石器加工遗物，包括成品、半成品、废品、毛坯、石片等，产品集中在铲、锛、石刀。对这批材料的深入研究，将有助于良渚时期石器加工工艺及社会组织结构等问题的认识。

（唐锦琼　孙明利）

【南京市板桥市场群战国至清代墓葬】

发掘时间：2013 年 1～12 月

工作单位：南京市博物馆

板桥市场群 B、C 地块位于南京市雨花台区板桥街道，总占地面积 23 万平方米，此区域先后发掘清理数百座六朝墓葬。2013 年南京市博物馆对该项目开展考古勘探、发掘工作，截至 2013 年年底，共完成勘探面积 12 万平方米，清理墓葬 15 座、窑址 1 座，取得了较丰富的考古成果。

M2，竖穴土坑墓，方向 110°，长 2.4 米，宽 1.26 米，残深 0.12 米～0.22 米，出土有陶鼎、陶豆、陶壶、陶杯等器物。时代为战国时期。

M13，西晋砖室墓，“凸”字形券顶，方向 163°，由墓坑、墓道、排水沟、封门墙、甬道、墓室等组成，出土有陶器、瓷器、铜镜等各类文物十余件。墓葬铭文砖“太康七年”和出土器物为判定墓葬的年代提供了依据。

M8，未被盗掘的西晋墓，为单室穹隆顶砖室墓，结顶方式为四边券进式，出土有青瓷虎子、青瓷盘、青瓷盏、铜熨斗、银指环、银手镯等器物。墓砖绝大部分为铭文砖，铭文砖有 4 种不同形式，铭文也不尽相同，有西晋“永宁元年”纪年和“大中大夫高平太守侯府君年七十三薨”等种类，与 1960 年在石闸湖发掘的汝阴太守墓葬所用铭文砖基本一致，具有重要的价值。

M10，长方形叠涩顶砖室墓，顶部被破坏。墓室前有砖砌祭台。出土有陶三足砚、陶盘、铜棺钉等遗物。

M1，南朝中晚期的“凸”字形砖室墓，墓砖全部用莲花纹砖砌筑。墓葬早年被破坏，出土遗物较少，但出土有一枚四面石印，印文为“赵叔则白笺”等，可知墓主为赵叔则。在 M1 的西侧有两座墓葬（M4、M5），墓葬形制、方向和用砖等与 M1 较为一致，推测为家族墓葬。M9、M12 亦为用莲花纹砖砌筑的单室砖墓，破坏较为严重，未出土遗物。

M7，清代土坑墓，打破 M8，出土有“乾隆通宝”等遗物。

其余墓葬均为砖室墓，因破坏严重，时代特征不明显，大体属于六朝时期墓葬。

窑址（Y1）呈马蹄形，有火膛、窑室等组成，时代初步判定为明代。

C 地块目前主要只对明代朱元璋最小公主宝庆公主和驸马都尉赵辉墓葬前享殿区域进行了勘探，勘探面积近 1 万平方米。

由于 B、C 地块考古勘探工作尚未结束，总体情况暂不明了。但从已发掘的情况看，墓葬时代跨度较大，最早为战国时期，最晚为清代，其中两座六朝早期墓葬（M8、M13）具有重要的文物考古价值。

（龚巨平）

【徐州市铁刹山汉墓群】

发掘时间：2013 年 5 月 20 日～9 月 12 日

工作单位：徐州博物馆

墓群位于徐州市云龙区铜山路以北铁刹山上，因房地产开发建设时发现。从 2005 年开始至 2013 年，徐州博物馆已陆续发掘汉代墓葬 74 座，其中 2013 年度发掘 4 座，等级较高的有 2 座。

铁刹山 M72 位于铁刹山西南坡，为石坑竖穴椁室墓，方向正南北。东西长 4.4 米，南北宽 3.3 米，现深 3.9 米。竖穴内中间有一道南北向的隔墙（高 2.3 米，宽

0.55 米），由大小薄厚不等的石块垒砌，将竖穴分隔为东、西两个墓室。东室内填土为红黏土杂以碎石子，间有较大的石块。西室内填土为较纯的红黏土，红黏土间有薄薄的黄石粉相隔。西室至底部东、西、北三壁出现凿成的二层台，围成椁室。椁室长 3.06 米，宽 1.16 米，高 1 米。东室竖穴南北长 3.3 米，东西宽 1.9 米。在距墓口 2.5 米处，出现棺床。西椁室和东室各葬 1 人，墓主人尸骨、棺木已朽，但棺痕明显。墓主人头皆北向。东室棺床下亦凿制一椁室，与西椁室平行，结构与西椁室类似。但椁室内未葬人。该墓计出土陶器鼎、盒、壶、钫、钵、匜、勺等十余件，蝉形玉琀 5 件，玉璜 2 件，铜镜和铜漆器底座各 1 件。该墓从随葬品特征来看，时代应为西汉早期。其东、西椁室应同时建造，为夫妻合葬墓。西室墓主人为男性，先葬。东室墓主人为女性，后葬。

铁刹山 M73 位于铁刹山西坡北部，为石坑竖穴椁室墓，方向 15°。竖穴东西长 3.4 米，南北宽 2.9 米，现深 3.8 米。由于石质较差，竖穴四壁凿制粗糙。竖穴内填土为红黏土杂以碎石子，有少量较大石块。土经行夯，夯层厚约 20 厘米，夯层间用碎石子间隔。竖穴底部设双椁室，东西并列，南北方向。两室中间有隔墙（宽 0.7 米，高 0.95 米），凿制而成。椁室顶部用石板覆盖。竖穴东、西两壁凿留有台，用于承托椁室顶盖。椁室顶部盖板底面平整，顶面粗糙，东、西室皆为 4 块。石板侧面凿有宽 0.15 米的槽，以利扣压。西椁室内径长同竖穴宽度 2.7 米，宽 0.95 米，高 0.95 米。东椁室大小与西椁室相同。两室内各葬 1 人，其尸骨与棺木朽之不存，墓主人头北向。该墓计出土陶器有鼎、盒、壶、钫、盘、盆十余件，玉蝉形琀 2 件，铜镜 2 面，铜漆器把柄 2 件，铜针形器 4 件，环首铁刀 2 件。根据填土情况来看，东、西两椁室墓主人葬入时间应为同时，其关系应为夫妻，东室为主，男性。从随葬品特征来看，墓葬时代为西汉早期。

（李　祥）

【邳州市埠上汉墓群】

发掘时间：2013 年 9 月 10 日 ~11 月 5 日

工作单位：徐州博物馆

2013 年 4 月，由于车辐山中心小学扩建，徐州博物馆对施工区域进行先期的考古调查，在施工范围内，调查发现有东汉砖室墓、石坑竖穴墓等 7 座汉墓。发掘汉墓 26 座，其中东汉砖室墓 8 座，石坑竖穴墓 18 座，并发掘墓上建筑遗址 1 处。

此次发掘的汉墓主体为西汉石坑竖穴墓，多叠压于次生的土石混合层之下，封土均已不存，部分墓葬被现代人盗扰，盗洞明显，盗洞回填土中发现有生活垃圾和墓葬残损的陶器碎片。此次发掘的墓葬基本上顺着山势东西向排列，多呈南北向的长方形石坑竖穴，石壁凿制不精细，未经镶补痕迹。

墓坑开凿于风化岩山体内，填土中见有回填的铁镢，多锈蚀；墓口多见黑色原生土层，叠压于岩石之上，并被汉代墓葬打破。由于山势不平，部分墓葬建墓时将墓口用块石砌筑平整。墓内填土来源不一，小型墓葬均用开凿墓坑时的山石混合山土回填，深竖穴与夫妻合葬墓多用浅黄色的土回填，部分墓葬的填土经过夯筑。

墓葬之间存在叠压打破关系，主要是东汉的砖室墓叠压在西汉墓之上，或者东汉砖室墓打破西汉墓的石壁，一般年代跨度较大。例如，M21 打破 M22 的西壁。M22 出土半两钱，为西汉早期墓。M21 为砖石墓，属于东汉时期。此次发掘共计出土（釉）陶器、铜器、铁器、玉器、钱币等 200 余件，器类涵盖了西汉早期的鼎、盒、壶、匜、盘等仿铜陶礼器，仓、灶、井、磨等模型明器，以及带钩、眉刷、奁盒等生活类随葬品。同时，还出土了玉璧、玉环等丧葬用玉。

（耿建军）

【徐州市铜山区玫瑰山汉墓】

发掘时间：2013 年 11 月 2 ~ 12 日

工作单位：徐州博物馆

玫瑰山汉墓位于徐州市铜山区张集镇伴山村西南的玫瑰山东北坡山腰处。2013 年，徐州博物馆对其进行抢救性发掘，由东向西分别编号为 M1、M2、M3，其中 M1 为石椁墓，M2、M3 皆为竖穴石坑洞室墓，竖穴皆兼作墓道、墓室。

M1 呈长方形，南北残长 2.34 米，东西宽 1.92 米，墓道有无不明，方向为 184°或 4°。墓室四壁由 5 块椁板组成，东壁 2 块，南壁 1 块，西壁 2 块，东、南、西三面椁板上端顺置 1 ~ 2 层条石，其上用 15 块条石东西向搭建墓顶。条石间南、北并列，自南向北第 5、6 两块条石被早期盗扰砸断，该处即盗洞。墓室东、南、西三侧椁板阴刻斜线三角形或方形纹，其中西壁北侧一块椁板刻饰交叉—半圆组合纹饰，北侧椁板素面，或为墓门。墓室东侧残存一具成年人骨，保存很差，头南向，残见部分上、下颌骨，胫骨，趾骨等。

M2 位于 M1 西侧约 5.3 米，呈长方形，东西长 3.1 米，南北宽约 2.9 米，深约 4.5 米，方向 284°。竖穴北侧开凿长方形洞室，距墓底 0.58 米处预留石质二层台，宽约 0.2 米。墓口东、北、西三壁破坏严重，洞室顶部被部分破坏，竖穴内放置 2 木棺，木棺东西长 2.2 米，宽 0.6 米，棺板厚约 6 厘米。棺内人骨朽坏不存，据残存牙齿推断，墓主头向西；竖穴北侧凿出一长方形洞室，平顶，长 2.2 米，宽 0.7 米，室内高 0.7 米，洞室底部略高于竖穴底部，内放置 1 木棺，长约 2 米，宽约 0.6 米，棺板厚约 6 厘米，棺内葬 1 成人，残见部分颅骨、牙齿、胸骨、下肢骨、趾骨。

M3 呈长方形，南北长 2.5 米，东西宽 1.14 米，深约 4.26 米，方向 190°，竖穴在西，洞室在东，洞室宽约 0.56 米，高约 0.66 米 ~ 0.76 米，洞室底部较竖穴底部稍低。洞室口部南、北两壁上凿出 2 个对应凹窝，应为封堵洞室之用。竖穴、洞室内各放置木棺 1 具，皆为单棺，竖穴棺长 2.06 米，宽 0.6 米，人骨不存。东侧洞室内棺长 2.06 米，宽 0.7 米，墓主骨架残存部分头骨、牙齿及下肢骨。

M1 出土釉陶器灶、甑、釜、盆、圈厕等明器，以及 14 枚钱币和 1 枚“布泉”。M2、M3 出土灰陶鼎、盒、壶、瓿、仓、灶、甑、猪等，M2 出土五铢钱 11 枚。M3 竖穴内墓主随葬环首刀 1 件，洞室内墓主头部发现滑石口琀、鼻塞、耳塞，腰部发现带钩 1 枚、随葬石印 1 枚、五铢钱 19 枚、环首刀 1 柄、琉璃珠 1 枚。

M2、M3 墓葬时代为西汉中晚期，M1 为新莽时期。

（田二卫　原　丰）

【徐州市苏宁广场汉代至明代遗址】

发掘时间：2012 年 11 月 16 日 ~ 2013 年 6 月 10 日

工作单位：徐州博物馆

苏宁广场城市综合体为徐州市政府城建重点工程，所处位置为徐州市老城中心，已被划为徐州市重点文物埋藏区。根据文献记载和历年来在徐州市老城区的发掘收获，苏宁广场古遗址有丰富的文物遗存。徐州博物馆持续进行了抢救性考古发掘，发掘采用随工清理和探方清理两种办法，实际发掘面积约 600 平方米。

此次发掘共发现清理各个时期的灰坑 45 座、房址 7 座、水井 7 口、鼓楼建筑遗迹 1 处。出土大量青花瓷器、青瓷器、礌石、石质炮弹、丝麻织品等各类文物 2000 余件。

此次发掘最为重要的发现是在距地表

10.8 米的地下发现了西汉时期的城墙遗迹。除此之外，还出土了五代时期的王宴德政碑和明“徐州宣圣庙重修记”文庙碑。其中，王宴德政碑，距地表约 7 米，发现有碑身和碑座，碑身长方形，上端残缺，残高 1.9 米，宽 1.4 米，厚约 0.5 米，重约 6 吨；赑屃碑座，头部残，高 1.37、宽 1.76、长 3.5 米，重约 20 吨。碑两面刻字，阳面阴线行书刻字 18 行。

徐州宣圣庙重修记，该碑出土于苏宁广场古遗址中部，距地表约 6 米，由碑额、碑身和赑屃碑座三部分组成。其中碑额呈半圆形，圆雕二龙戏珠，中间阴刻篆书“徐州宣圣庙重修记”8 个篆书大字，高 1.7 米，宽 1.54 米，厚 0.5 米。碑身呈长方形，碑身高 2.7 米，宽 1.54 米，厚 0.52 米，下面有插榫。赑屃碑座，头部残，长 3.74 米，高 1.37 米，宽 1.66 米。底部有一椭圆形座，长 3 米，宽 1.58 米，厚 0.3 米。碑文楷书，前文后诗，前半部碑文 24 行，包括撰文、撰额、书丹的高级官员，以及立碑的徐州官员名单。正文 19 行，每行约 46 字。诗 4 字 1 句，每行残存 9 句，并序 5 行。正面碑文残存约 780 字，完整原文应该约 1000 字。

苏宁广场古遗址发现的城墙遗迹为楚国都城彭城东城墙的一部分，东城墙位置的确定即可表明楚都位置的确定，对徐州汉代考古工作，尤其是对楚都彭城的考古工作有着很强的指导意义。

（郑洪全）

【徐州市奎山汉唐墓群】

发掘时间：2013 年 5 月 1 日 ~8 月 15 日

工作单位：徐州博物馆

奎山墓群位于徐州市区南部奎山西南头南麓，中心地理坐标为北纬 34°14′22″、东经 117°11′34″。此次共发掘墓葬 54 座（编号 M13 ~ M66），其中西汉墓葬 50 座、东汉砖室墓 1 座、唐代墓葬 3 座。出土陶器、瓷器、铜器、铁器、玉器等各类器物 160 余件（组）。

西汉墓葬 50 座，墓葬形制均为长方形竖穴土坑墓，个别墓葬在竖穴底部构筑石椁，分单人葬和夫妻合葬墓。墓向以西向为主，其次为北向。墓葬规模普遍较小，单人葬墓坑长约 2 米 ~2.5 米，宽 0.7 米 ~1 米，深 1.5 米 ~2.5 米，夫妻合葬墓长 2.5 米 ~3.2 米，宽 1. 米 5 ~2.5 米，深 2 米 ~3.5 米。所见葬具均为木棺，部分有髹漆痕迹。随葬器物多置于墓主棺外一端，部分墓葬设有足箱，器物置于足箱内。出土各类器物共计 160 件（组），其中以陶器为大宗，器形有鼎、盒、壶、钫、茧形壶等仿铜礼器组合及仓、灶、井、圈等生活模型明器；铜器仅见铜镜、眉刷、钱币等；玉器质地较差，均为琀、塞之属。

唐代砖室墓 3 座（M33、M34、M66），均早年被盗，加之施工破坏，墓葬结构均不完整。以 M34 为例，残长（不含墓道）3.3 米，宽 1.9 米，残深 0.9 米，墓向 175°。由墓道、墓门及墓室三部分组成。墓道位于墓室南端，斜坡状，坡度 30°，平面呈长方形，长 1.2 米，宽 0.9 米。墓门以长方形单砖错缝平砌封堵。墓室东西两壁向外弧凸，平面形状中间宽两端窄。墓壁以三顺一丁式起基，上以单砖错缝平砌。室底不见铺地砖，仅在封门墙底有一排地砖斜向铺设。室顶以条砖起券，间隙处以碎瓷片嵌缝。

奎山墓群墓葬分布较为密集，多座墓葬存在叠压打破关系。竖穴土坑墓为此次发掘的主体，墓葬时代纵跨整个西汉时期，墓葬规格普遍较小，所见均为平民墓葬，从布局上看，多成组分布，每组墓葬间相距较近，墓葬规格、时代相仿，且墓向亦相近，推断应为多个家族的集中埋葬区。唐代砖室墓因盗扰严重，随葬器物基本无存，仅见零星陶罐出土，由起券嵌缝的瓷碗碎片可知墓葬时代为唐代中晚期。

徐州地区中小型墓葬多以竖穴石坑（洞室）墓为主，土坑墓发现较少，此次土坑墓的集中发掘充实了该地区中小型墓葬的类型，同时对研究夫妻合葬墓的发展演化及丧葬制度等提供了重要的参考资料。

（刘 超）

【盱眙县东阳军庄汉墓群】

发掘时间：2013 年 9～11 月

工作单位：南京博物院、盱眙县文广新局

2013 年金马高速（金湖县至盱眙县马坝镇）公路工程建设过程中发现了古代墓葬，联合考古队对金马高速（东阳段）施工过程中涉及的古代墓葬进行抢救性考古发掘。共计清理汉代墓葬 10 座，车马陪葬坑 1 座。

墓地全景（由西向东）

此次发掘的汉代墓葬原先均集中分布于秦汉东阳城东墙外一高岗处，因为此地近年来不断取土，至墓葬发现时，该处现地貌已成为水塘。在墓葬发现时，墓坑原始开口深度已无法确定，但所有墓葬棺椁结构保存极为完整且均未遭盗扰，出土了包括铜器、铁器、漆器、玉器、石器、琉璃器、陶器等在内的各种遗物 500 余件，收获较大。墓葬形制均为长方形竖穴土坑墓，按葬具可分为一椁双棺墓、一椁一棺墓、单棺墓三大类。

M208 为 10 座墓葬中规模最大的一座。墓坑平面开口东西长 6.9 米，南北宽 3.9 米，残深 2 米，方向 100°。墓室棺椁结构保存完整，葬具为一椁双棺，椁室外南侧与东侧各置一边厢。椁室位于墓坑西部，长 3.1 米，宽 2.2 米，连盖通高 1.6 米。两棺南北并列，东西向置于椁室正中。木棺保存完好，由整段圆木斫成，均外髹黑漆、内髹朱漆。清理时两棺盖板上棺束痕迹保存较好，南棺棺束之上放置木杆铁戟 2 件。南棺长 2.4 米，宽 0.9 米，合盖高 0.9 米，棺室内出土彩绘镂孔棂床、铜镜、铁剑、漆奁、木刚卯、木严卯、木枕、玉剑饰等。北棺略小，长 2.3 米，宽 0.85 米，合盖高 0.9 米，棺室内出土铜熏、铜镜、漆奁、竹篇、木枕、石黛板等。北边厢位于椁室外北部，紧靠椁室北侧板，东西长 2.4 米，南北宽 0.8 米，合盖高 1.2 米，主要随葬品为陶器与铜器。陶器有釉陶鼎、釉陶盒、釉陶壶、釉陶瓿、灰陶牛鼻耳罐，铜器有鉦镂，此外边厢内出土保存较好的桃、杏类果核。东边厢位于椁室外东部，紧靠椁室东侧板，南北长 2.2 米，东西宽 1.3 米，合盖高 1.2 米，主要随葬品为铜器、陶器、漆木器等。陶器有釉陶鼎、盒、壶、瓿、钫、锺，熏、勺、罐、灰陶釜甑等，铜器有钫、盆，漆木器有案、几、弩、笥、奁、樽、卮、盆、盛、盘、耳杯、勺、壶、扁壶、木俑等。

M208 东边厢与北边厢清理后全景（由北向南）

M214位于M208南部10米处。墓坑平面开口南北长2.6米，东西宽1.7米，残深2米，方向5°。墓室棺椁结构保存完整，葬具为一椁单棺，棺置于椁室东部，西部所余空间为西边厢。清理时，椁盖板之下发现木刻穿璧纹隔板一层，西边厢与棺之间隔板则通饰木刻建筑图。椁室位于墓坑正中，南北长2.5米，东西宽1.6米，连盖通高1.3米。棺位于椁室东部，保存完好，由整段圆木斫成，外髹黑漆、内髹朱漆。长2.3米，宽0.8米，合盖高0.9米，棺室内出土铜镜、铁剑、漆枕、漆奁等。另外，清理时棺盖上放置木杆铁矛与石黛板各1件。随葬品主要出土于西边厢内，西边厢南北长2.3米，东西宽0.6米，高0.9米，遗物包括铜器、陶器、漆木器等。铜器有盆，陶器有釉陶壶、釉陶瓿，漆木器有案、几、弩、箭箙、笥、盘、耳杯、木俑等。

据出土漆器铭文、铜印、釉陶器等材料，10座墓葬所在地当为西汉槐氏家族墓地，时代从西汉中期延续至西汉晚期。此次东阳军庄西汉槐氏家族墓出土精美丰富的漆器则是该地区除大云山西汉江都王陵之外，近年来西汉墓葬中出土漆器数量最多、种类最为丰富、工艺最为精美的一次，收获极大，对区域性漆器分期、断代、演变等学术研究方面意义颇大。墓葬棺椁结构基本完好，榫卯构件保存清晰，为汉代棺椁结构复原研究提供了难得的实物材料。墓葬中出土了一批汉代文物珍品，如彩绘棂床、木质卯等，为进一步了解汉代物质文化提供了全新信息。

M208出土的双层长方形漆奁

此外，史料记载槐姓原先分布于“兖豫河济之间”，而西汉中期出现于江淮之间的东阳这一现象当与武帝元狩四年的徙民政策有关。M210（时代为西汉中期）漆器铭文“槐”转变为M214（时代为西汉晚期）漆器铭文“袁”，则反映了槐氏家族的姓氏在西汉中期由“槐”逐步转变为“袁”的过程。槐氏族群的迁转及姓氏的流变，表面上看似乎只是汉帝国内部某个具备一定身份的特定族群的变化，但通过这一个案，可以深入理解武帝时期政治社会的变迁与帝国中央力量的强化对于基层社会的影响，相信随着资料整理的进一步深化，将发掘出更为丰富的历史内涵。

（陈　刚）

【南京市栖霞区燕子矶新城汉代至清代墓葬】

发掘时间：2012年11月~2013年9月

工作单位：南京市博物馆

燕子矶新城保障性住房项目位于南京市栖霞区燕子矶街道下庙社区，为配合燕子矶新城保障性住房项目第一期工程的建设，南京市博物馆对该地进行了考古工作，发掘商周遗址1处，清理汉代至清代墓葬32座。部分墓葬形制保存较好，出土文物丰富，墓主身份明确，具有重要的学术价值。

其中M11，券顶砖室墓，平面呈长方形，方向150°。甬道内长0.66米，内宽1

米；墓室的券顶处有盗洞，墓室内长 4.1 米，内宽 1.12 米，高 1.5 米，墓室后部砌有棺床。随葬品有青瓷盘口壶、青瓷盏等。该墓出土砖墓志二合，据出土墓志考证为南齐王珪之墓。王珪之为南齐长水校尉，属六朝著名的琅琊王氏家族，是东晋尚书、左仆射王彬的后人。M10 与 M11 相距仅 1.28 米，形制、方向和规模均与 M11 相似，推测是王珪之妻子墓。有明确纪年的南齐墓葬，在南京地区极为少见，而且墓主王珪之属于琅琊王氏家族，具有重要的历史与考古研究价值。从六朝墓葬的排列规律分析，与之相邻的 M10 应是王珪之妻子墓，故此地极有可能是琅琊王氏除了象山之外的又一家族墓地所在地。两座墓保存较完整，可以完全修复。鉴于其重要价值，已对 M10、M11 进行了异地重建保护。

（骆　鹏）

【扬州市曹庄隋炀帝墓】

发掘时间：2013 年 3～4 月

工作单位：南京博物院、扬州市文物考古研究所、苏州市考古研究所

扬州市曹庄隋炀帝墓位于扬州市邗江区西湖镇司徒村曹庄组，北纬 32°25′22″，东经 119°23′32″，海拔 24.7 米。

扬州市文物考古研究所在配合扬州市西湖镇司徒村曹庄房地产开发建设过程中发现两座砖室墓（编号 2013YM1、M2）。对墓葬所在区域进行全面的普探与局部的重点勘探，勘探面积 109000 平方米，根据考古勘探出的遗迹现象进行考古发掘，总发掘面积 2335 平方米。在 109000 平方米的范围内没有发现陵垣、神道、兆沟等陵园迹象，也没有发现与 M1、M2 同时代的墓葬。

M1、M2 上的土墩近方形，东西长 49 米，南北宽 48 米。M1 和土墩同时营造，夯土紧贴 M1 墓壁。

M1 位于土墩中心，而 M2 偏于土墩东南，M2 墓圹打破土墩，是在挖开土墩之后营建的，说明 M2 晚于 M1。

M1 由墓道、甬道、东耳室、西耳室、主墓室五部分组成，主墓室近方形，南北长 3.92 米（内长，下同），东西宽 3.84 米，残高 2.76 米，顶部不存，方向 175°。墓道打破生土，墓道长 19.5 米，宽 5.9 米～6.42 米，残深 2 米。墓室青砖尺寸：35.0×17.0－7.0 厘米（方砖）、34.5×18.4－7.4 厘米（斜面砖）。M1 用砖与隋江都宫城城墙砖相同。

M1 出土墓志 1 合，可辨识文字为“随故炀帝墓志　惟随大业十四年太岁……一日帝崩于扬州江都县……於流珠堂其年八月……西陵荊棘芜……永異苍梧……贞观元年……朔……葬炀……礼也方……”。除墓志外，墓中还出土了玉器、铜器、陶器、漆器等珍贵文物近 200 件（套）。双人首鸟身俑多见于南方地区，蹀躞金玉带是带具系统中的最高等级，是目前国内唯一一件最完整的十三环蹀躞带。4 件铜铺首通体鎏金，与唐大明宫遗址出土的铜铺首大小相若。两颗牙齿鉴定年龄约 50 岁。根据出土的墓志及高等级随葬品，结合文献的记载，判明墓主人是隋炀帝杨广。

M2 由墓道、甬道、东耳室、西耳室、主墓室五部分组成，墓葬通长 13.67 米，宽 5.9 米，墓室长 5.97 米，残高 1.6 米。主墓室腰鼓形，由前室和后室两部分组成。青砖尺寸 30.0×14.8－4.7 厘米、29.5×14.0－5.0 厘米。在清理主墓室倒塌淤积土中发现了少量的龙纹砖与莲瓣纹砖。

墓道结构特殊，墓壁间隔以砖墙加固维护，似北方地区同时期的墓道天井结构。在墓门处有一长方形盗洞，时代不明。

M2 随葬文物丰富，清理出陶器、瓷器、铜器、漆木器、铁器、玉器等 200 余件（套）。其中陶器有灰陶罐、炉、钵、灯、磨、几等，灰陶俑有牛、猪、羊、狗、

马、鸡、骆驼、双人首蛇身俑、武士俑、文吏俑等，铜器有铜编钟一套16件、铜编磬一套20件、凤冠1组、铜灯、铜豆等，青釉辟雍瓷砚1件，白玉璋1件。双人首蛇身俑和M1的双人首鸟身俑一样是具有鲜明地域特征的随葬文物，青铜编钟、编磬是截至2013年国内唯一隋唐时期的编钟、编磬实物资料。

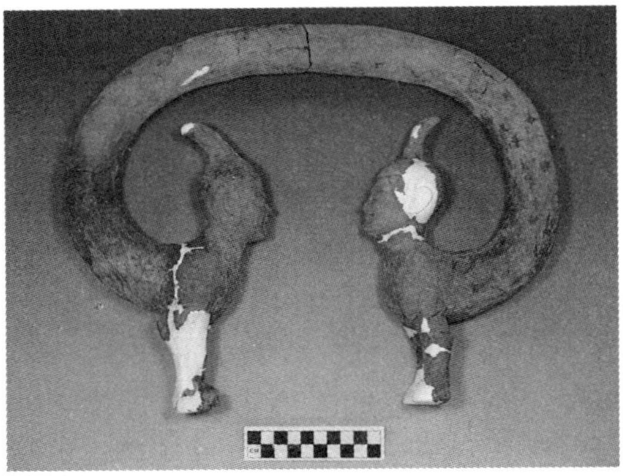

双人首蛇身俑

M2中的人骨和牙齿鉴定为年龄大于56岁、身高约1.5米的老年女性个体。通过出土高等级的文物，结合文献记载与牙齿、人骨鉴定的结果，判断M2墓主人是隋炀帝夫人萧后。

通过科学的考古发掘，确认了隋炀帝墓的准确位置，扬州市曹庄隋唐墓葬是隋炀帝杨广与萧后的最后埋葬之地，印证了历史文献的记载。

隋炀帝陵墓是南方地区不可多得的隋唐时期高等级墓葬，墓葬形制与出土文物既有北方文化因素，也有鲜明的扬州地域特点，为研究隋唐时期南北文化交流提供了珍贵的实物资料。

隋炀帝陵墓的发掘，丰富了扬州城遗址的内涵，有利于促进扬州城国家大遗址的保护利用。

（束家平　杭　涛　王小迎）

【扬州市蜀岗古代城址北城墙东段遗存】

发掘时间：2013年3～12月

工作单位：中国社会科学院考古研究所、南京博物院、扬州市文物考古研究所

发掘工作针对扬州市蜀岗古代城址北城墙东段的2处豁口处，以及其北侧水塘的北侧、城圈东北外拐角及其外侧水塘的北侧和东侧展开。具体地点位于扬州市蜀岗—瘦西湖风景名胜区管理委员会瘦西湖街道办事处下辖的几处村庄。发掘面积合计约1100平方米。此次发掘工作以探沟发掘的方式进行。

北城墙东段城墙2013YSC0720TG5A位于平山乡丁魏村尹东组以南，此处现状为穿过城墙豁口的一条现代小路。发掘结果表明，此处有汉代、宋代的夯土墙体，豁口底部生土上残存有明清时期道路。明清时期已被破坏至生土，加之此处城墙南半部有较多的现代墓葬而未能发掘，该处是否存在更早时期的豁口尚有待进一步的发掘。

北城墙东段城墙2013YSC1320TG6A位于综合村一组北部，此处现状为穿过城墙豁口及其北侧水塘的水泥道路。通过发掘，找到了四期夯土墙体，但没有找到城门类遗存，亦未出土有与城门类设施相关的建筑构件。发掘结果显示，水泥道路两侧的夯土层原本可能是连续的，汉代夯土墙体的主体位于现存夯土墙体的北侧下部，且该处的城墙在六朝、唐、宋时期有过修缮。

北城墙东段城墙2013YSC1721TG7A位于综合村村委会北侧、综合村二组以东，现状为城墙东北外拐角和淤积的水塘。发掘结果表明，此处夯土墙体可以分为三期，最晚一期夯土的时代为宋代，城圈东北外拐角的外侧，可能为方形拐角。

北城壕东段北侧的探沟2013YSC1022TG5B、2013YSC1222TG6B、2013YSC1622TG7B均位于现代水塘的北侧，分别与上述三

条探沟相对应。发掘结果说明，北城壕东段的宽度要比现代水塘窄，其北边缘可能在现代水塘之内。从地层关系和出土遗物推测，北城壕北侧的地层最早只到唐代，未发现有早于唐代的地层堆积。或可说明更早时期的护城壕北边缘，可能在唐代疏浚护城壕时已被破坏。

为了解明东城壕北段的宽度、驳岸形制等问题，在与2013YSC1721TG7A相对应的现代水塘东岸东侧布设探沟2013YSC1721TG7C，并在2013YSC1721TG7C南约66.3米处的农田内布设探沟2013YSC1721TG7D，以寻找东城壕北段东边缘。发掘结果表明，东城壕的宽度要比现存的水塘宽；其东边缘的时代为唐代，略呈西南—东北走向。是否有较之更早的城壕，目前尚无法判断。此次发掘出土的遗物主要有瓷器、陶器、建筑构件等残片。

通过此次发掘，基本明确了扬州市蜀岗古代城址北城墙东段现存的两处豁口与古代城门类设施无关，东北外拐角的平面形状为方形，从几个发掘点发现的夯土城墙的时代来看，直至南宋修筑宝祐城之前，唐子城可能一直被沿用。通过发掘，基本明确了该段城墙的历史沿革，夯筑形制，城墙与城壕的位置关系，城壕宽度，以及城壕与现存水塘的关系等问题，印证了考古勘探的部分结果，为扬州市蜀岗古代城址的城壕疏浚工程提供了基础资料，也为国家考古遗址公园的建设提供了较为充分的依据和准备。

（王小迎　汪　勃　王　睿）

【扬州市蜀岗古城址城圈西北角及宋宝祐城城圈东北角遗存】

发掘时间：2013年3～12月

工作单位：中国社会科学院考古研究所、南京博物院、扬州市文物考古研究所

发掘地点位于扬州市蜀岗—瘦西湖风景名胜区管理委员会下辖的瘦西湖街道办事处堡城村西河湾西北，发掘面积约350平方米。1987年发掘的YZG1和此次发掘结果表明，夯土墙体可分为战国、汉、六朝、隋、唐、宋等六期。

此次发掘首先是将以前发掘的探沟YZG1扩大为长、宽各10米的探方3个。在原探沟西北侧发现了之前确定的最晚一期（南宋时期）基槽衬底和包砖墙体，确认其外拐角为弧角。1987年发掘的是城圈西北角的内拐角，此次发掘的是西北角的外拐角。在上述3个探方北侧布设探沟向北发掘，找到了早于南宋时期的包砖墙基槽和夯土墙体。这说明早期夯土城墙的北边在南宋夯土墙体的北侧，早期墙体厚度大于南宋时期的夯土城墙。此次发掘与1987年发掘发表的地层对照后，可以获取各期墙体相关的三维坐标，为今后遗址公园的建设提供定位数据。

宋宝祐城城圈东北角发掘地点位于扬州市蜀岗—瘦西湖风景名胜区管理委员会下辖的瘦西湖街道办事处堡城村李庄组的东北，综合村西边。发掘面积60平方米。此次发掘主要是在宝祐城东墙向西拐残存墙体最高处的底部布3条探沟。其中一条探沟内发现多层铺砖，铺砖范围尚无法确定。通过发掘，确认了宋宝祐城城圈东北外拐角的较为准确的位置，发掘结果表明宋宝祐城东北外拐角可能为弧角。

（汪　勃　王小迎　杭　涛　王　睿）

【扬州市蜀岗古代城址的考古勘探】

勘探时间：2011年10～12月、2013年3～4月

工作单位：中国社会科学院考古研究所、南京博物院、扬州市文物考古研究所、洛阳市文物钻探管理办公室

扬州市蜀岗古代城址位于扬州市北部蜀岗东缘之上，包括扬州市蜀岗—瘦西湖

风景名胜区管理委员会下辖的瘦西湖街道办事处堡城村和综合村、平山乡的雷塘村和丁魏村。勘探工作先后对扬州市蜀岗古代城址城圈内和城墙城壕开展。实际勘探面积约223万平方米。

勘探出的遗迹现象包括夯土108个、壕沟27条、道路及活动面10个、砖基27个、窑址9个、井8口、灰坑65个、城墙上的豁口4个、扰坑334个等。勘探出的夯土迹象，依据其所处位置和性状等，初步分为城圈夯土、夯土条带、疑似建筑基址的夯土遗迹3类。疑似建筑基址的有70处，土质密度较大，平面形状有长方形、“凸”字形和不规则形等。勘探出的壕沟与唐子城遗址地表可见水系相对应。勘探出的大型淤土区，城内有13处，城外有14处。

城圈夯土上，现状为豁口的地方较多，这些豁口有的或与城址的城门相关。勘探又找出了4处地表下的豁口，可能是城门（陆门或水门）的遗存，推测与勘探出的壕沟相关而与主要道路没有关联的城墙上的豁口可能为水门遗址。

勘探出的道路遗迹10处，是通过参照其平面形状、保存厚度等推测出了道路7条、活动面3处，均被破坏严重。从勘探结果来看，扬州市蜀岗古代城址的路网结构不甚发达，可能是后期被破坏，也可能是因为被现代建筑和道路所叠压。

勘探出的砖瓦堆积区共27处，大面积的砖块、瓦砾堆积区，可能为房基或房屋倒塌所形成，由于探铲无法穿透砖瓦堆积层，因此对其无法定性，暂时称之为砖瓦堆积区。

扬州市蜀岗古代城址的考古调查勘探工作，获取了一些探寻遗址内的城墙、城壕、城内建筑和水系等遗迹的线索，为扬州城国家考古遗址公园的建设、扬州蜀岗古代城址考古工作计划的制定，以及城壕疏浚、城墙展示等工作的实施和后期保护规划方案的制定提供了基础性资料。

（汪勃 王睿 王小迎 牛莉）

【扬州市蜀岗古城址丁魏村北城墙东段遗存】

发掘时间：2013年3～12月

工作单位：中国社会科学院考古研究所、南京博物院、扬州市文物考古研究所

发掘地点位于扬州市蜀岗—瘦西湖风景名胜区管理委员会下辖的瘦西湖街道办事处丁魏村尹家组以南、回民公墓以北。发掘面积近2000平方米。

该处为汉代、六朝、隋唐、宋等历代城墙的结合处。经过勘探获知，该遗址存在有多块夯土。为了解夯土的形状、性质及时代，了解城墙交汇处的情况而进行发掘。发掘结果表明，南朝至唐五代时期的遗迹不甚完整，已多被近现代地层破坏，残存下来的主要遗迹为汉代或更早时期的东西向和南北向的两道夯土城墙。南北向夯土墙体与东西向夯土墙体相连接，连接处的西北拐角外侧凸出部分呈弧形。南北向夯土城墙，可确认的长度约有180米。根据夯土城墙的走向、形状等，推测此次发掘地点应为东半部分城圈的西北城角。为了证实夯土城墙是否向西延伸，又向西扩两条探沟发掘，发掘结果表明夯土在两条探沟的东部截止，西部为生土和坡状堆积层。

此次发掘出土的生活用品有铜镜、青白釉瓷粉盒、青白釉瓷罐、陶罐、唐代瓷碗；建筑材料有铭文砖（北门壁）、汉代筒瓦、板瓦、唐代莲花瓦当、五代时期的砖等。

（王睿 汪勃 王小迎）

【南京市南站东晋至五代墓葬及窑址】

发掘时间：2013 年 3～7 月

工作单位：南京市博物馆

南京南站 NO. 2012G07 项目位于南京市雨花台区金阳东街南侧，占地面积 76424 平方米。经考古勘探，共发现砖室墓 20 座、土坑墓 23 座、窑址 5 座，并及时对其进行了发掘，择要介绍如下。

在砖室墓方面。

M2 为单室砖墓，由墓室、甬道、排水沟等部分组成。该墓出土五铢钱数枚，时代为南朝。

M6 为单室砖墓，由墓室、甬道、挡土墙、排水沟等部分组成，棺床前侧置砖砌祭台。出土器物有陶果盒、陶钵、青瓷壶、青瓷盘、铁棺环、铜泡钉等，共计 13 件。该墓时代为东晋。

M11 为双室砖墓，由左、右墓室，甬道，排水沟等部分组成，其中甬道、排水沟为两室共用，排水沟偏于左室一侧，左室棺床前侧置砖砌祭台。左、右两室形制、规模一致。出土器物有陶盘、陶勺、陶果盒、陶阴井盖等，共计 9 件。该墓时代为东晋晚期至南朝。

M12 为单室砖墓，由墓室、甬道、挡土墙、封门墙、排水沟、墓道等部分组成。出土器物有青瓷碗、阴井盖等，共计 9 件。该墓时代为东晋晚期至南朝。

M33 为单室砖墓，由墓室、甬道、挡土墙、排水沟、墓道等部分组成，封门墙已遭破坏不存。该墓共出土文字砖 2 块，均残，其中一块为墓志砖。从出土墓志可知该墓为南朝刘宋时期。

在土坑墓方面。

M24 为长方形竖穴土坑墓，长 2.06 米，宽 0.44 米，残深 0.35 米。出土瓷执壶及石镇纸各 1 件，均放置于墓室前端。

M36 为长方形竖穴土坑墓，长 2.45 米，宽 0.64 米～0.7 米，残深 0.6 米。出土瓷罐 3 件，分别放置于前后两端及中部。

M39 为长方形竖穴土坑墓，长 2.26 米，宽 0.58 米～0.6 米，残深 0.74 米。出土青瓷四系罐 1 件，放置于墓室前端。

此次发掘的土坑墓大部分较为集中，排列有序，根据出土器物判断，其时代为晚唐至五代。

在窑址方面。

Y3、Y4 均由操作间及窑室组成，其操作间为两窑室共用，窑室相对独立，形制相同，均由火门、火膛、窑床等部分组成。操作间近椭圆形，左、右窑室平面形状呈扇形。火门近长方形，拱顶。火膛位于火门与窑床之间，平面形状近梯形，斜壁，平底，拱顶。窑床后壁略弧。出土遗物主要有青瓷罐残片、青瓷盏残片、青灰砖等，位于窑室填土内。其中青瓷残片的时代为东晋中期，青灰砖多模印菱形纹、铭文等，铭文可见的有“唐氏……”“唐氏千年为志□□”等。根据出土遗物判断，Y3、Y4 的时代为六朝。

此次发掘清理的古代遗存数量较多，类型丰富，其中砖室墓葬时代跨度较小，均为东晋至南朝时期。土坑墓中，M20～M31、M36～M40 墓葬形制相同，排列紧密有序，出土器物时代接近，当为晚唐至五代时期一处平民家族墓葬区。5 座窑址中，Y3、Y4、Y5 时代一致，均为六朝。三座窑址形制相同，窑室平面形状均呈扇形，且 Y3、Y4 共用操作间，这些现象在南京地区以往的考古发掘中极为罕见。

（沈利华）

【南京市板桥街道乔家庄东晋綦毌邃墓】

发掘时间：2013 年 10～12 月

工作单位：南京市博物馆

南京市博物馆对板桥市场群 G 地块进行了全面勘探和发掘工作，勘探面积约 10 万平方米，发现墓葬 25 座，其中六朝砖室墓 20 座、宋代土坑墓 1 座、明清土坑墓 4 座。其中 M17 出土六面铜印，墓主为东晋綦毋邃。

M17由墓道、排水沟、封门、甬道及墓室等部分构成，方向110°，砖室总长7.3米，宽3.35米，通高3米多。墓道斜坡，排水沟发掘长度约18米，墓道斜坡上有火烧后留下的灰烬和红烧土面，出土1件青瓷盘；甬道券顶，长1.4米，内设一道木门将甬道分内外两部分；墓室后部设砖砌棺床，上置两棺，棺床前置砖祭台，祭台下设长方形排水孔。墓砖侧面模印有纹饰，主要有菱形纹、“日”字、四出钱纹和兽面纹。M17内出土各类遗物30余件（枚），主要有青瓷器、陶器、滑石猪、金指环、银钗、铜三子钗、铜六面印、朱砂等，其中大多数遗物均出土于祭台及内甬道，棺床上出土铜钱、滑石猪、金指环等小件器物。出土的六面铜印，为魏晋时期的特有物，阴文篆刻清晰。印主为綦毋邃，字道元，于史无传，仅知东晋哀帝兴宁年间尚在。根据墓葬形制与出土器物分析，M17的相对年代为东晋中期偏晚。

M17旁边还有一座砖室墓，相距约5米，方向相同，应为綦毋氏家族墓，尚未发掘。

（陈大海）

【盱眙县泗州城北周至清代遗址】

发掘时间：2013年1～12月

工作单位：南京博物院

2013年盱眙县泗州城遗址共发掘8000余平方米。

其中汴河南段区域共揭露出房址30余座，道路3条（L7、L8、L9），墙基5段（Q5～Q9），砖桥（桥1）1座，南北向的河道（G1）110余米，以及蜿蜒110余米的东岸（东岸1）、西岸（西岸1）各一段。30余座房屋均位于G1东、西两岸，L8东、西两侧，以及L7南、北两侧，说明G1、L8和L7应为城内较重要的道路（水路）。从残存的房基判断，砌筑较为简陋随意，在最晚一期的遗迹以下几十厘米即为更早期遗迹。

河道（G1）在发掘区内呈南北走向，已揭露出的河道，宽2米～4米等。河道内有大量的倒塌堆积、淤泥。河道的东、西岸均用石、砖块垒砌，有多次加修痕迹，石岸基础部分用木桩加固。据钻探可知，G1大致呈南北向贯穿整个泗州城。向北经过北门附近出城，向南在香华门水关附近出城，所处位置与《泗州志》中对于汴河位置的记载非常符合。在河道的东岸出土一块石碑残块，上刻有“都督漕运”字样，推测G1极有可能为汴河故道。但要最终确认G1的性质，还需进行进一步的解剖。

在遗迹的倒塌堆积层中出土了大量青花瓷片、石臼、明末及清初的钱币等，推测清理出的遗迹皆废弃于清初。

灵瑞塔塔基（4号基址）的发掘工作继续进行，已将塔基北侧边缘揭露出来，并向南扩方2米。塔基南北长38.4米，北侧正中与塔基相接处有一东西长4.45米，南北宽3米的门楼，门楼北侧有石砌台阶通向塔基北侧地面，台阶南北跨度3.8米，东西宽约1.35米。在塔基北侧有大面积坍塌的砖墙遗迹。在4号基址建筑群以南揭露出一条道路（4号基址L1），已揭露出的部分长51米，宽0.65米，用碎砖石铺就，与建筑群的门房有砖铺道路相连。4号基址L1距4号基址南墙1.3米～1.65米不等。此道路与2012年发掘的观音寺（2号基址）南侧道路以及2013年发掘的汴河南段区L7似为同一条道路。

普照禅寺建筑群（1号基址），向北扩方1350平方米，发掘清理出寺院的第二进院落、东配殿和第二进房屋的一部分。东配殿南侧有一院落，在第一进房屋与第二进房屋之间有道路衔接（1号基址L1）。1号基址L3为一砖铺道路，贯穿F1前院落、F1东侧、第二进院落直至第二进房屋，L3

长 27.8 米，宽 2.52 米 ~2.83 米。

在 L1 最北侧与第二进房屋衔接处附近，清理出一经幢基座，一段残幢身。基座八角，其中四角刻有四只小兽，另外四面刻有文字，残幢身呈八角形。

普照禅寺与灵瑞塔之间筑有一道石墙，石墙长 45.8 米，厚 0.95 米，砌筑时间当晚于塔基修建时间。

作为隋大运河重要组成部分的汴河就在泗州城内由北向南穿城而过，泗州城的兴衰与大运河息息相关。汴河的发掘工作，为研究汴河的开凿、使用、废弃年代，研究唐宋以来汴河的漕运状况提供了实物资料，为研究唐宋时期的经济情况提供了重要的物质证据。

（朱晓汀　花纯强　甘恢元　阚　龙）

【南京市江宁方山洞玄观六朝至明清时期遗址】

发掘时间：2013 年 5 ~9 月

工作单位：南京大学历史学系考古学专业、南京大学文化与自然遗产研究所

方山洞玄观坐落的方山位于江苏省南京市江宁大学城西南方向，与中国传媒大学南广学院一路之隔。此次共发掘 500 平方米，在第一次发掘的基础上，再次确定了遗址内的重点区，并揭露了部分遗迹。主要文化层可分为：第①层为表土层，有大量植物根系和石块，土质为沙质黏土，厚度在 0.1 米 ~0.3 米；第②层为明清堆积，土质为灰黄土，包含碎砖块，厚度 0.4 米 ~1.3 米；第③层为唐宋地层，为灰褐色、砂砾土，土质较为松散，含有大量石块、瓦块、构件、瓷片等，厚度 1.1 米 ~1.6 米；第④层为六朝地层，厚度为 0.3 米 ~0.4 米，灰褐色沙土，夹有少量石块，以及六朝时期瓦当、青瓷等遗物。

出土遗迹有：六朝时期挡土墙遗迹，距地表深 1.2 米 ~1.8 米，位于第一次考古的 TG5 内，此次沿遗迹向东揭露，均为较大的石块垒筑，挡土墙东西长为 3.5 米。唐代石砌建筑遗迹，位于 TG13 的北部，距地表 3 米。主要沿第一次考古出土的遗迹向东揭露。唐代砖砌建筑墙体遗迹，位于 3 号平台的北部，距地表深 2.5 米 ~2.8 米，呈东西向，为单砖顺向平砌，东西长约 17.2 米（已发掘出的部分），宽 0.14 米，残高 0.28 米。在墙体内 1.2 米处，有方形石柱础，均为石灰石质。明清时期建筑遗迹，位于 1 号平台中东部，距地表深约 0.3 米。发掘出土的遗迹东西长 6 米，南北宽 2.4 米。

此次出土的遗物多以建筑构件为主，如脊兽残件、筒瓦、板瓦、瓦当和少量神像残件等。出土的遗迹和遗物对研究古洞玄观历史及开展洞玄观遗址的保护有直接帮助。

（贺云翱）

【南京市栖霞区狮子冲南朝陵园】

发掘时间：2011 年 12 月 ~2013 年 8 月

工作单位：南京市博物馆

为配合南京市南朝陵墓石刻遗址公园的规划制定，南京市博物馆对狮子冲区域进行了考古工作，勘探面积约 7 万平方米，发现古墓葬 11 座、古窑址 7 座、夯土基址 6 处，发掘南朝大型砖室墓 2 座。

在墓葬方面。

栖霞区狮子冲两座大型砖室墓（编号 M1、M2）位于北象山南麓，南距石刻约 350 米，两墓方向一致，均 148°，东西并列分布（M1 居东、M2 居西），相距约 10 米，各有独立封土。两墓均遭遇多次严重的盗掘与破坏，墓顶均已塌毁不存。

两墓形制基本相同，皆为平面呈“凸”字形、带甬道的单室砖墓，墓室近椭圆形。墓室四周与土圹之间建有放射状砖砌挡土墙。两墓的甬道内各发现两重石门结构，由石门柱、石门、石门楣组成。

M1 砖室全长 15.7 米，宽 6.3 米；M2 砖室全长 15.2 米，宽 6.5 米。

在发掘过程中，两墓室填土中均发现大量打乱、翻扰的墓砖，部分墓砖砖面上刻划有“玄武”“朱鸟”“大龙”“虎”等铭文。M1 西壁露出“羽人戏虎”和“竹林七贤”砖拼壁画，壁画为模印砖拼接而成，组成壁画的每块砖砖面均有表示所处位置的文字编号。M2 东壁局部发现较整齐的砖拼飞仙图案，飞仙图案以下部分由于未进行发掘，故其他壁画图案不详，推测应有较完整的“竹林七贤”砖拼壁画。

此外，于两墓中各发现一块刻划有纪年文字的墓砖，M1 出土纪年砖砖面刻有“普通七年”等字样，M2 出土纪年砖砖面刻有“中大通贰年五月廿七日……”等铭文。

在陵墙方面。

在对两墓进行发掘的同时，考古队于“石刻—墓葬”周边区域进行了大范围的考古勘探工作，于两墓周边发现四条疑似夯土墙，为依托原有山岭，局部低洼处进行堆筑，而形成的凸起墙体，墙体局部堆筑较好，夯层清晰，大部夯层不明显。在北侧山岭处发现大量散落的石块，呈东西向分布，推测墙体应内为夯土，外包石墙。四条墙体将两墓包在其中，推测为两墓共用的陵墙。复原后陵墙南北长约 190 米，东西宽约 150 米。

在神道、石刻方面。

于两石刻位置布设探沟进行考古试掘，试掘工作至六朝活动面为止，未继续向下解剖。试掘确认，两石刻虽经过人工抬升，但仍保持原有位置，未发生大的位移。两石刻下均有砖砌台基，两座砖砌台基遭破坏均较严重，形制相同，四周为丁砖锁口，内残存一层“人”字形砖，两台基东西相距 22 米。结合两处砖砌遗迹的位置、结构、方向，推测其应为墓园神道两侧的砖砌锁边，两侧锁边之间的距离，即为墓园神道的东西宽度，经测量为 14.9 米。

综合 2013 年考古发掘的初步收获，及相关文献记载，此次发掘认为狮子冲北象山南麓两座南朝墓葬的时代应为梁代，两墓墓主极有可能为梁昭明太子萧统及其母丁贵嫔，基本排除了该处为陈文帝永宁陵的可能性。此次考古发现的陵墙、砖砌石刻台基、神道设施等遗迹，丰富了南朝陵园的内涵，对于同时期的陵墓研究具有极为重要的学术意义，对于该处文物主体的重新定名及保护范围的划定，具有关键性的意义。

（许志强）

【南京市胡家花园配套地块唐代遗址】

发掘时间：2013 年 5～12 月

工作单位：南京市博物馆

该遗址位于南京市鸣羊街与花露北岗交叉口的西南侧，东距鸣羊街约 100 米，南距明城墙约 80 米，北与花露北岗相接。2013 年已发掘面积 3500 平方米，发现房址、道路、水井等遗迹 50 余处，其中最主要的收获是位于第⑤层下的建筑遗迹，由 3 座较大型的建筑基础组成。其中位于最北侧的 F2 平面呈“工”字形，南北长 36.4 米，东西宽 30.4 米，由前后两座五间三进对等的建筑和中间的连廊构成，两组建筑中间、连廊东侧发现一座带有砖铺散水的长方形院落（YL1），南北长 8.4 米，东西宽 11.85 米，四周用“人”字形砖铺设成散水，人字形铺砖外侧包有两排侧立砖。位于 F2 南侧的 F3，四间四进，南北长 19.4 米，东西宽 14.3 米，在 F3 之南，F4 局部已暴露。由于早期破坏严重，2013 年仅北部及东部断断续续保留了一部分墙槽，墙槽宽 0.35 米，里面填有少量碎砖瓦。在 3 座房址的东侧，还发现一条宽 1.2 米的基槽，与房址东墙保持平行，推测可能为这组建筑的东侧围墙的基槽。

此时发掘发现水井 20 口。其中砖砌水

井2口（编号J10、J20），时代均为唐代。J10位于F2廊道东侧小院落中部，开口第⑤层下，坑口直径1.2米，砖砌井口直径0.6米，深6米。J20位于F3主体建筑的西南角外侧，开口第⑤层下，坑口直径1.35米，深6米，仅下部2米发现砖砌井壁。

从已经发掘的情况看，该建筑群规模宏大，格局基本完整，从地层关系上初步确定为唐代。

（李　翔）

【南京市牛首山宋明时期遗址】

发掘时间：2012年10月~2013年9月

工作单位：南京市博物馆、江宁区博物馆

为配合“佛顶宫”项目的建设，对以牛首山东峰为中心方圆约20万平方米，进行了详细调查。在考古调查的基础上，联合考古队选择精舍（第一发掘区）、凭虚阁（第二发掘区）、文殊祠（第三发掘区）、抗金故垒四个点进行了考古发掘。

第一发掘区位于弘觉寺东约100米，摩崖石刻西约50米，总发掘面积493.6平方米。地层分为3层：第①层，分布于整个发掘区，厚0.1米~0.2米，黄褐色淤土；第②层，分布于发掘区西侧，厚0.5米~1.2米，包含紫色、褐色矿渣、大石块、红色机制砖瓦等；第③层，分布于整个发掘区以及北侧山体斜坡，厚0.15米~0.25米，包含大量石块、灰色砖瓦、青花瓷片、白瓷片、红陶片、铁钉、红烧土块等。清理出一处房基（编号F1）。

第二发掘区位于弘觉寺东北山腰约150米、摩崖石刻上约50米的一处山崖下，总发掘面积327.7平方米。清理出17处遗迹：石垒墙、砖砌便道、房址、井、瓦垒砌小道、嵌碑刻的壁龛、佛龛、山岩壁凿孔、“佛”字凿痕等。遗物主要有：石柱础、兽面瓦当、“白龟池”井圈、井栏、文字砖、残碑刻、铁质工具、石香炉、莲花石器座、大量青花瓷片和紫砂壶等。

第三发掘区位于弘觉寺东北山顶约200米，总发掘面积932.7平方米。清理出10处遗迹：道路、南侧的石垒墙、山门、大殿、偏殿、排水沟、北部切割平整的岩石壁、东部空场地。清理出的遗物主要有：青花瓷片、釉陶瓷片、瓦当、铁铲、铁锄、铁钉、铁地漏和铁荷花等。

抗金故垒位于摩崖石刻山下约500米，呈矮墙状，自东南向西北沿山坡至山顶。布长5米、宽4米探沟，横切故垒，发掘面积20平方米。首先在地表开挖宽约1.5米沟槽，其次在沟槽底铺一层石块，再在石块层两侧垒砌两道石墙填筑泥土，最后在石墙和泥土顶部垒石块封顶。时代为宋代。

牛首山主峰山势陡峭，古人首先在山坡南侧垒砌一道东西向石墙，其次在石墙北侧与山坡之间堆填碎石泥土形成一个较大的平台，最后在平台上修建庙宇殿阁，并在原有基础上不断修复或重建，因此牛首山主峰凡有平台皆如此。

此次考古发掘出的凭虚阁（第二发掘区）和文殊祠（第三发掘区）遗迹，是明代弘觉寺的重要组成部分，更是牛首山佛教文化深厚的表现，对于建设牛首山佛教文化遗址公园具有重要价值。

（王光明）

【南京市溧水区郘村宋墓】

发掘时间：2013年11月1~10日

工作单位：南京市博物馆

该墓（M1）是村民在农田耕作时发现，南京市博物馆进行了抢救性发掘，并对墓葬周边地区进行了考古勘探。墓葬的封土已被损坏，长方形石室墓，使用的条石形状规整，但打磨得十分粗糙。墓顶条石已被村民撬起，墓内填土也遭到扰动。该墓系夫妻同坟异穴合葬，方向20°，无墓道及墓门。墓坑为竖穴，几近正方形，宽约3.5米。墓室由4层条石错缝砌成，每层条石厚约0.3米，宽约0.2米。墓室顶部以8块长方形条石封顶，每个墓室4块，条石长约1.4米，宽约0.8米，厚约0.3米。封顶条石与墓室条石间有少量石灰。左墓室内长2.38米，宽0.85米~0.9米，深1.2米，无铺地砖。右墓室内长2.58米，宽1米~1.1米。深1.2米，无铺地砖。两墓室中间共用一排条石，该条石北面略细，往南渐粗，故整个墓室显得北宽南窄，推测北面为死者头向。墓室内的填土厚约0.9米，为黄褐色淤沙土，质地紧密，还有少量陶片、瓷片、碎石块。左右两室木棺已腐朽，残留有铁棺钉和红色漆皮碎片。清理至墓室底部可见木棺残痕，左墓室木棺长2米，宽0.7米，右墓室木棺长2米，宽0.9米。左墓室在木棺底部出土了数枚铜钱，右墓室在木棺外出土了1个影青瓷碗和1个陶罐。

该墓完全由条石砌成，这在南京及其周边地区都比较少见。综合M1的墓葬形制及出土器物来推断，该墓的时代为宋代。

（骆　鹏）

【南京市江宁区江宁街道宋墓】

发掘时间：2013年4月19~30日

工作单位：南京市博物馆　江宁区博物馆

该墓位于南京市江宁区江宁街道宁桥北路西侧，原江宁镇粮管所院内，南距江宁河约150米。前期取土施工过程中机械毁坏了墓葬前部，顶部石板也塌落。墓葬为长方形竖穴双室，砖石结构，方向85°。南室东半部被机械损毁殆尽，并且墓室内早年也遭盗掘。结合底部残留石条印迹可推断墓室东西长4.2米，南北宽2.3米，通高1.92米。墓室底部以一层条石为墙基，砖墙上部铺一层条石，与若干石板搭扣封顶。砖墙单层砖顺向平砌，靠下部个别位置有横向平砌现象，墙厚0.18米。墙基铺设的条石为长方形砂岩，上部条石的边侧都带有“L”型槽，条石宽0.3米，厚0.16米，长度1.3米~2.4米。墓砖为长方形，长0.36米，宽0.18米，厚0.07米。墓室底部偏南部可见棺木朽痕和部分铁棺钉。

北室结构与南室相似，但规模较小，墓室全长3.5米，宽1.7米，通高1.6米。北室墓底低于南室墓底0.22米，墓顶低于南室墓顶0.52米。底部有铺地砖，横向错缝平铺。墓室后壁顶部两块条石间形成一个壁龛样结构。墓室砖墙为双层砖顺向平砌，厚0.3米。条石质地与南室所用相同，宽度和厚度也基本相同，个别长度仅有0.74米。墙壁用砖长0.34米，宽0.16米，厚0.07米。铺地砖长0.26米，宽0.14米，厚0.05米。二室间个别大砖长0.36米，宽0.19米，厚0.07米。墓室底部有棺木朽痕和部分腿骨遗骸。足部摆放两根炭棒。

因墓葬遭受扰乱，仅残留部分遗物，其中南室出土铁牛3只、铁盘1只和铁棺钉若干；北室出土铁牛3只、铜钱若干枚、金质霞帔坠1枚和铁棺钉若干；外部扰土中清理出铜钱若干和部分碎瓷片。

墓葬形制具有南京地区宋墓的典型特征，与以往在距此发掘点南约2千米的清修、建中等地曾发掘秦氏家族墓葬极为相似，结合墓葬北室出土的代表较高身份的双凤形金饰，颇疑为宋代秦氏某夫妇合葬墓。

（陈大海）

【南京市秦淮区西水关明代涵洞遗迹】

发掘时间：2013年6~7月

工作单位：南京市博物馆

南京市博物馆为配合城西干道综合改造工程进行沿线地下考古及文物保护工作，对水西门南侧西水关段明代涵洞遗迹进行了考古发掘。

发掘地点位于城西干道水西门南侧西

水关段，其东侧为现贯通内外秦淮河的水闸。在城西干道第一阶段的考古工作中，南京市博物馆曾对西水关段施工过程中所发现的两个涵洞进行了发掘。在2013年建设工程中，暴露出原西水关南部3个涵洞及中部主涵洞。考古人员根据现场实际情况及以往工作经验，清理了涵洞剖面。

综合几次清理成果可知，西水关段涵洞遗迹为砖石混砌结构，共由11个涵洞组成，涵洞平行布列，南北总宽56.7米，方向290°。为方便介绍涵洞砌筑结构，现将此11个涵洞由南向北依次命名为第1至第11涵洞。

第6涵洞（即中部涵洞）较大，为主涵洞，券顶已不存，仅余下部两道石墙及石墙外部分包砖，石墙内径5.6米。

其余涵洞规格、砌筑手法一致，涵洞间距4.9米（中心点距离）。涵洞券顶，下方砌有沟槽，内顶距沟槽底部7.9米。券顶内壁先以石条垒砌五层，其上起券，起券部分条石雕琢成弧形，各条石间榫卯相扣，以铁质耙钉锁固，外壁以青砖砌筑，共计三券四伏（不含内侧条石）。券顶起券处宽2.9米。下方沟槽均以条石垒砌而成，外侧石条较为规整，且有明显的雕琢痕迹。沟槽底部石条为一层，再下为一层并排平铺圆木，圆木下方设木质地钉，沟槽上口宽2.1米，底部宽1.3米。

在第1、第2、第3涵洞的东西两端均发现水闸及砖墙，二者相距22.1米，因发掘范围所限，其余涵洞之水闸及砖墙未能揭露。水闸闸槽长2.6米，宽0.3米。水闸及砖墙下方均砌有第二重小涵洞，套嵌于上方涵洞之沟槽内，小涵洞以青砖砌成，券顶，内顶距涵洞底部3.4米。

另外，在第1涵洞南侧及第11涵洞北侧均砌有护墙，护墙以砖石垒砌，以石块为主，未以石灰粘接。护墙与涵洞等高，其中南侧护墙宽7.4米，北侧护墙宽8.5米。

通过此次考古工作并结合第一阶段的考古发掘成果，基本弄清了城西干道西水关段地下古涵洞遗迹的走向、规模、形制、砌筑方式等，对研究明代城墙历史具有十分重要的意义。

（沈利华）

【南京市江宁区九间堂地块明代沐氏墓葬】

发掘时间：2013年2～6月

工作单位：南京市博物馆、江宁区博物馆

南京康厚置业九间堂地块位于将军山东南麓，占地总面积184337平方米。南京市博物馆对该工地开展考古勘探工作，先后发现和发掘了六朝、宋、明清时期墓葬21座，窑址10余座，取得了较丰富的考古成果。尤其是确认了明代第六任黔国公沐崑墓（M23）、第七任沐绍勋墓（M42）、第八任沐朝辅墓（M4）的具体位置，并在M23、M42墓前发现并清理出布局完整、颇具规模的建筑遗迹，收获了研究明代功臣贵族葬制难得的实物资料。

沐崑墓（M23），为竖穴土坑前后室砖筑结构，方向150°，由墓坑、墓道、排水沟和砖室等部分组成。墓坑平面呈长方形，长8.2米，宽6.05米，墓道台阶式，残长2.5米，宽1.5米。砖室由封门墙、前室、过道和并列的双后室构成。据出土墓志得知，墓主为沐氏第六代、黔国公沐崑及其夫人樊氏。

墓园平面基本为长方形，东西宽39米，南北长55米。四周用石条、石块围砌而成，前后两进院落：一进院落，宽35.6米，深14.7米，东、西两侧均有条石砌筑的包墙，东部包墙墙基宽1.3米，西部包墙墙基宽1.25米。院落内发现纵向（南北向）路基遗迹三条，均为砖石铺筑，路中石块砌筑中线，高出路面，把路面一分为二。中间道路与一进建筑台面的月台相连。二进院落位于一进建筑台面与二进建筑台面之间，平面长方形，东西宽 19.2 米，南北深 5 米 ~7 米。地表建筑遗迹无存，仅存建筑台面北部三排柱础石、柱础坑，推测为一面阔 5 间，进深 3 间的建筑。台面四周包墙基槽。残留门槛石，宽 1.55 米。以北正对墓葬的墓道。一进院落外东南方向，有一神道碑亭。碑亭为方形高台面建筑，边长 11.9 米。台面现存柱础 4 个，柱础间距 4 米，呈方形排列。柱础间残留一倾倒石龟趺，残。

沐绍勋墓（M42），平面为“凸”字形台阶式墓道土圹砖室墓，全长 18.4 米，方向 165°。由墓道、排水沟、甬道、前室、4 个后室组成，因早年发掘等诸多因素，砖体结构无存，墓底残存少许的底部砖层。在甬道底部填土中，出土沐绍勋墓志盖一块，呈方形，边长 1 米，青石质地。在前室的东西两侧，各出土墓志一块，为沐绍勋夫人李氏、贺氏的墓志。

墓前建筑平面呈“凸”字形，由月台、建筑台面、踏步台阶三部分组成，全长 19.8 米。建筑台面平面长方形，东西面宽 20.8 米，南北进深 12 米，台面现存 2 排柱础遗迹，最北一排 6 个、第二排 4 个。推测原为五间、三进的建筑。

沐昆、沐绍勋皆为明代沐氏家族的重要成员，袭封黔国公，为高等级贵族。两墓虽遭盗扰，破坏严重，但基本结构仍属清晰。最为重要的是，两墓前分别发现布局完整的墓园，填补了南京以往明代考古的空白，具有重要的研究价值。

（王　宏）

【徐州市睢宁龙头山明墓】

发掘时间：2013 年 3 ~5 月

工作单位：徐州博物馆

墓葬位于徐州市睢宁县官山镇西南的龙头山东坡。为一座仿木结构砖室墓葬。墓上有封土，残高 0.6 米 ~1.8 米。墓圹南北长 5.87 米，东西宽 2.86 米。墓室在墓圹内用青砖垒砌而成。墓葬由墓道、门楼、甬道、前室、石门、后室组成。方向 110°。

墓道开口于东北，呈斜坡状，北部被破坏。上口宽 0.8 米，下部宽 1.3 米，残长 4.5 米。

门楼为仿木构建筑的形式，有方形门框，在门框内东西两侧各立砖一行，内为上部用砖券的拱形墓门，墓门底宽 0.9 米，高 1.4 米。门上为 3 层砖平砌，中部有 4 块砖凸出，每块砖正立面浅浮雕花瓣的中央各雕一字，自右向左依次为“金”“公”“先”“墓”，周围彩绘花卉图案。在门框之上门额为一组砖雕，两个雕有灯笼形图案的立砖将其分为三部分。东西均为一方形砖雕，其上雕有连弧纹、勾云纹和一未开放花朵。中部为两块雕有两组牡丹花纹的砖雕。砖雕上有红色朱砂，多已脱落。门额之上为两砖雕斗拱，在两斗拱之间为一圆形砖雕。圆形砖雕中部浮雕有一回首梅花鹿，在其上部及四周雕花卉。梅花鹿身体绘红色朱砂，花卉也绘有红色朱砂，鹿角和身上斑点绘白色，多已脱落。斗拱之上有两层彩绘花卉图案的梁枋，彩绘梁枋之上为一层方形椽子，椽子之上为一层砖雕“V”形滴水。滴水之上压一行雕成圆弧形的压砖。其上为脊，中间置两块两侧都雕有花卉图案的脊瓦，两侧为模制龙头形状的鸱吻。墓门呈拱形，甬道长 0.72 米，宽 0.9 米，高 1.4 米。墓门为 4 块石板由下向上侧立封堵。

前室平面为方形。长 1.82 米，宽 1.3 米，东西两侧中间各置一门，门框内有两门扇，一扇关闭，一扇半开。门额中部有两凸出立面彩绘砖雕。门南北两侧各置一窗，门窗之上有一层彩绘图案。在彩绘图案之上为两个彩绘的斗拱。在两斗拱之间为彩绘祭品。斗拱之上为彩绘的梁枋，梁枋之上为一层方形椽子，椽子之上为一层砖雕“V”形滴水。滴水之上压一行雕成圆弧形的压砖。在压砖之上为向上渐收的穹隆顶。前室底部为方砖南北向错缝平铺。

前室南部为通往后室的石门。门楣石上阴刻描金4字“时”“思”“灵”“堂”。4字之间刻有花卉图案。右侧门柱上刻3组图案，上部刻有云纹图案，中间圆圈内阴刻描金一“日”字，中部为阴刻一狮子昂头张口站立图案，下部阴刻描金“圆觉门中通一线”。左侧门柱上刻3组图案，上部刻有云纹图案，中间圆圈内阴刻描金一“月”字，中部为阴刻一狮子昂头张口站立图案，下部阴刻描金“西方路上了三乘”。右侧门扇中部阴刻描金“看破四大满腔念头归衣钵”“万历二十三年四月望日立”。左侧门扇中部阴刻描金“解脱三有一生事业在蒲团”。右侧开启且在门枢上部用一方砖扣住。在门楣之上为向上渐收的穹隆顶。

后室平面呈方形，长2.42米，宽2.3米，通高2.86米。东西两壁中部各有一个小龛。小龛宽0.4米，高0.56米，进深0.14米。在南壁中部置一门，门框内有两扇门，一扇关闭，一扇半开。门额中部有两凸出立面彩绘砖雕。门南北两侧各置一窗。在门窗之上为两个彩绘的斗拱。在两斗拱之间为彩绘的供品。斗拱之上有两层彩绘的梁枋，梁枋之上为一层方形椽子，椽子之上为一层砖雕“V”形滴水。滴水之上压一行圆弧形的压砖。在压砖之上为向上渐收的穹隆顶。在庭院之上穹隆顶底部中间有一小龛，宽0.22米，高0.28米，进深0.1米。后室底部为方砖南北向错缝斜铺。在墓室底部置两口棺，棺痕清晰。棺长2.1米，宽0.8米，棺板厚0.08米。棺内各有一具尸骨，东侧保存较好，西侧腐朽严重。均为仰身直肢葬。东侧为男性，西侧为女性。因墓室内有大量渗水使部分尸骨和棺木移位。在两棺头部有下葬时压在棺上的一些小瓦堆积。在两棺内及其之间均散布大量的钱币。在西侧棺和小龛之间南北向立置一块墓志方砖。其两侧有用朱砂书写的痕迹。在后室出土“熙宁重宝”“元丰通宝”“圣宋元賨”等，计165枚钱币。

该墓仿木构的门楼和庭院式的前后室结构，以及石门明确的题记在徐州已发掘的明墓中十分罕见。根据后室的两棺及尸骨特征可知其应为金氏夫妻合葬墓。从石门上的“看破四大满腔念头归衣钵”“解脱三有一生事业在蒲团”，以及门柱上的“圆觉门中通一线”“西方路上了三乘”对联可知墓主金氏夫妻应为在家修行的佛教居士。石门题记明确记载了该墓为明代万历二十三年四月望日所葬。墓葬形制结构完备，埋葬时代明确，保存较好，砖雕彩绘精美，为研究明代葬制、葬俗、建筑、绘画、宗教方面提供了珍贵的实物资料。

（吴公勤）

浙江省

【龙游县荷花山新石器时代遗址】
发掘时间：2013 年
工作单位：浙江省文物考古研究所

荷花山遗址位于龙游县湖镇马报桥村邵家自然村，钱塘江上游的衢江南岸，金衢盆地的中部。遗址坐落在海拔 56 米至 65 米、相对高程约 10 米的低丘上。遗址埋藏较浅，因乡镇垦种经济植物及相关建设，造成遗址一定程度的破坏。2013 年进行了正式发掘。发掘过程中，还进行了针对性的勘探调查。

根据先期获得的线索，发掘区分为东西两区，东区在荷花山的东端，一条新开垦的简易道路，破坏了遗址的一个大剖面，发掘依道路布长、宽各 10 米的探方 4 个，编号 T1 ~ T4，并作局部扩方，发掘面积 600 平方米。西区在东区之西南约 150 米处，在一个山坳的上部位置。这里因建造小型水库，破坏了一处“石器、块石混合遗迹”，因此布下长、宽各 10 米的探方 2 个，编号 T1、T2，局部扩方；另在北侧更高位置布一小探坑（TG1），总共发掘面积 250 平方米。

东区处在坡顶向下的位置，地势西高东底，由于种植茶树，文化层暴露，西南部（位置较高一侧）无文化堆积，直接裸露生土，但发现 20 多个有一定分布规律的柱洞；向东北延伸，则为逐渐加厚的文化层堆积，最厚处约 120 厘米。该处文化层堆积共分 6 个文化层，清理灰坑 20 余个。发掘出土的遗物分陶器、石器和块石三类，陶器普遍呈红色（红衣，裸露的胎色也呈红黄色），以粗泥陶为主，夹炭陶（掺杂稻壳）次之，少量夹砂陶。陶器有大口盆、平底盘、圈足罐以及类型比较丰富的双耳罐。石器除少量磨制的石锛、石凿等，以砾石石器为主，如磨盘、磨棒、石球、石锤等，也有一定数量的石片石器。遗址中的卵石块数量很大，其中包含了用作工具的自然石块，两者不易区分。总的看来，东区遗存中，除少量的晚期灰坑，文化内涵一致，遗物特征统一，属于同一个时期，即上山文化的中期。遗址的成因，推测是一处“小聚落”：西南角的较密集柱洞，是当时的木结构居住建筑，而其东南方向的文化层堆积和灰坑，则是“小聚落”存续期间的生活遗迹和垃圾堆积。根据^{14}C测定数据，东区遗存的年代为距今 9000 多年。

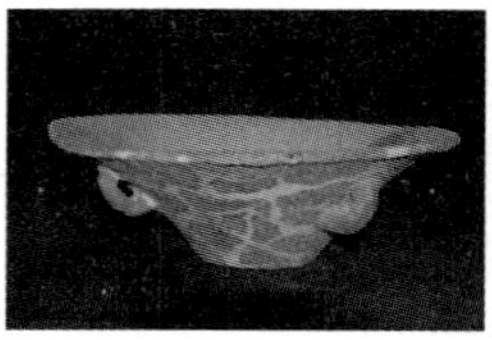
大口盆

圈足罐

西区堆积同样厚薄不均，TG1 位置深达 170 厘米，分 7 层。T1、T2 位置堆积较浅，表土层下，分两个文化层。发掘的主要对象为早已暴露的“石器、块石混合遗迹”，起初判断为一处“石器制造场”，后被否定。“石器、块石混合遗迹”可分为上下两层，分布面积约 150 平方米，遗存中缺少“石器制造场”应该具备的石砧、石器粗坯、碎屑等，相反，所见石器都是成型或使用破裂的石器，如石磨盘、石磨棒、石球、石锤、石锛、石凿等。出土陶器异于东区，以夹炭陶为主，多见红衣剥落痕迹，陶色明显偏黑，绳纹多见，器形有釜、罐、盘等，特征近似跨湖桥文化。

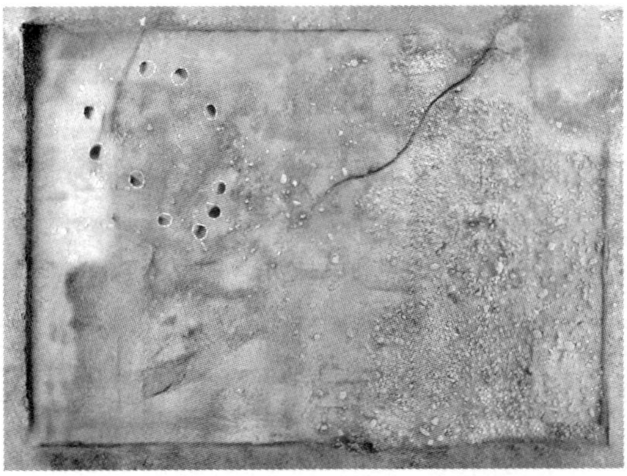

块石、石器混合遗迹

荷花山遗址是继上山遗址、小黄山遗址后，在钱塘江地区发掘的第三处早期新石器时代遗址，又一次证明钱塘江流域在早期新石器时代的重要地位，也为研究浙江地区早期新石器时代文化的区域分布、源流关系，特别是上山文化与跨湖桥文化的发展关系提供了珍贵的资料。

（蒋乐平）

【余姚市田螺山新石器时代遗址】

发掘时间：2013 年 3 ~ 12 月

工作单位：浙江省文物考古研究所、河姆渡遗址博物馆

2013 年田螺山遗址发掘，属于第 5 次发掘后半阶段的补充性清理工作，主要在保护棚发掘区中部早期堆积较厚的几个探方内进行，涉及面积约 300 平方米，共出土各类遗物 400 多件。

在中部探方中，在距遗址地表 2 米多深富含有机质遗存的早期堆积中，发掘出土多处排桩遗迹，排桩多由直径约 10 厘米的小木桩密集排列组成，少量为扁圆桩。根据它们的暴露深度、形态特征、加工方式、排列方向等方面综合来看，它们属于第⑦层或第⑧层下的早期建筑遗迹，但大量木构件中，很少见到榫卯构件，另由于发掘用的隔梁多数还保留着，因此也很难看清楚它们的布局和单元情况。

此外，发现了一些遗物组合现象，特别是木蝶形器和木筒形器部分共出，木筒更有集中出土现象，有的三件似为一组，加工程度也深浅不一。还出土了非常丰富的与村落建筑布局相关的各类生活遗迹、遗物，特别是多处鱼骨堆（坑）、牛头骨、鹿角、龟甲壳、稻谷壳堆、木屑堆、橡子和菱角储藏、处理坑等。

田螺山遗址早期遗存的发掘、清理为科学系统地研究河姆渡文化，重新确认河姆渡文化在中国稻作农业起源、发展进程，以及干栏式建筑起源、中国南方史前聚落形态、南岛语族文化渊源等国内外重大学术课题积累了更加重要和丰富的材料。

（孙国平）

【杭州市余杭区张家墩新石器时代遗址】

发掘时间：2013 年 8 ~ 11 月

工作单位：浙江省文物考古研究所

2013 年张家墩遗址揭露面积 1900 平方米。主要为马家浜文化时期的生活堆积，以灰黑土为主，局部陶片很多，器形以双目圆锥鼎足、陶罐的牛鼻耳居多。清理马家浜文化灰坑 11 个，形状以圆形和扁圆形较多见。马家浜文化之上有良渚文化堆积，现清理灰沟一条，分布于遗址外围，宽约 3.5 米，深 0.6 米，陶片中有“T”形鼎足。良渚文化层之上有战国扰乱层及唐宋时期的扰乱层，并清理汉代时期保存较完整、专门烧制砖块的窑址 1 处，唐宋时期水井 1 口。

试掘时曾发现马家浜文化玉玦，也有

良渚文化玉锥形饰和玉管发现。2007 年，芮国耀发掘时曾清理了几座良渚文化墓葬，有线索表明局部地段仍有良渚文化墓葬埋藏于地下。这部分墓葬有待日后发掘。

张家墩遗址发掘的意义在于，在良渚文化中心区发现马家浜和良渚文化叠压关系，而具有这种关系的遗址之前发现的并不多，这对研究良渚遗址群的发展轨迹具有重要价值。

（赵　晔）

【安吉县安乐新石器时代至商周遗址】

发掘时间：2013 年 11 月 ~2014 年 1 月

工作单位：浙江省文物考古研究所、安吉县博物馆

安乐遗址位于安吉县城递铺镇北的安乐村，距离西苕溪约 1000 米，处在递铺盆地东侧边缘的一处自然山岗上，1987 年发现该遗址，1998 年公布为浙江省第四批省级重点文物保护单位，1996 年、2001 年先后进行了两次发掘，是浙江境内出土锯齿玉璜的重要地点。2013 年 11 月，由于递铺镇天目山北路延伸工程涉及该遗址，对遗址进行第三次抢救性考古发掘。

此次发掘位于山岗的东坡，揭露面积 1700 平方米，实际发掘 700 平方米。文化层堆积由新石器时代和商周硬纹陶时期组成。清理了新石器时代墓葬 9 座和灰坑、红烧土堆积等其他遗迹。墓葬分布零散，墓葬形制小，随葬品 1 ~5 件不等，陶器有釜、鼎、豆、罐、杯、盉、盆等，其中釜为夹砂侈口、圜底，带有鸡冠状小鋬，鼎有夹砂鱼鳍形足、夹砂柱形足等；石器仅锛一种。墓葬相对年代约为马家浜文化晚期至崧泽文化时期，具有浙北湖州地区这一时段独特的文化面貌。红烧土遗迹以密集分布的红烧土堆积为特征，一些堆积中红烧土块碎小，一些则个体相对较大，并夹杂未烧透的烧土块，红烧土遗迹周边虽未发现柱洞等建筑迹象，但应该与房子有关。遗址表土层中还清理出土了崧泽文化文化时期的石钺、玉璜等遗物。

此次发掘初步证明安乐遗址所在的山岗东部为一山前坡地遗址，新石器时代的先民依山坡居住生活，埋设墓葬，其后商周时期的印纹陶堆积直接叠压在新石器时代堆积上。

（方向明）

【杭州市余杭区良渚官井头新石器时代遗址】

发掘时间：2013 年

工作单位：浙江省文物考古研究所

因良渚文化村“七贤郡”房产项目发现史前堆积，浙江省文物考古研究所对杭州市余杭区良渚镇官井头遗址进行了抢救性考古发掘。共计揭露面积 6600 平方米，清理崧泽—良渚文化墓葬 106 座，良渚文化成组石砌遗迹 1 处、建筑基址 7 处、灰坑 22 个、灰沟 2 条，出土各类史前文物 1200 多件。

遗址的主体是一处崧泽—良渚文化墓地，其规模在良渚文化中心区首屈一指。崧泽文化墓地以自然冲沟为界分为东、西两片墓区，西区的墓葬似围绕一个中心呈环形分布，东区的墓葬大体东西斜向成排分布。良渚文化时期形成相对独立的三个墓区，家族墓地的分化趋势越来越明显。多处建筑遗迹坐落于墓群之中，墓葬几乎没有打破它们，周围也没有生活遗迹，推断这些遗迹可能是墓地的祭祀遗存。

墓葬头向多半朝北，这与以往所见大多朝南的葬俗有明显差异。墓坑长 1.6 米 ~3.7 米、宽 0.4 米 ~1.5 米；随葬品最多的达 58 件，最少的仅 1 件。墓坑较大的墓葬或能辨别葬具痕迹，随葬品数量较多，玉器种类较齐全，规格明显高于窄小的墓葬，表明氏族墓地内存在着较严重的贫富分化和尊卑差异。规格较高的墓葬有 11 座，随葬玉器在23 ~ 53 件之间，可见璜、玦、圆牌饰、镯、锥形饰等成组玉器。个别墓葬还出土了璧、琮、琮式管等高等级玉器，有的墓葬甚至出现了镂空兽面牌饰，弧形兽首玉璜，龙首饰梳背等新颖玉器造型。

官井头 M64 局部

随葬品共计 1100 多件，其中玉器近 700 件，陶器近 400 件，石器 60 多件。玉器器形有璧、琮、琮式管、璜、玦、圆牌饰、梳背、镯、锥形饰、龙首饰、纺轮、坠、管、珠、隧孔珠等。多数玉器出自良渚文化早期墓葬，种类较齐全，制作较规整，玉质普遍较好。陶器以鼎、豆、罐为基本组合，偶见盆、纺轮、甑、澄滤器、杯等。石器有钺、纺轮、锛、镞四种器类。

绝大多数墓葬属于崧泽文化晚期和良渚文化早期，中间几乎没有缺环。这为研究崧泽文化如何发展为良渚文化提供了一个极好样本，也为文明化进程的探索提供了一个重要实例。崧泽阶段玉器贫乏，社会分化不明显。进入良渚时期玉器开始流行，玉器的优劣多寡体现了明显的社会分化，这种趋势反映了社会结构的嬗变。多件新颖玉器的发现，为研究良渚玉器的造型、纹饰乃至对外交流提供了重要线索。

位于遗址西部的大型成组石砌遗迹出现于良渚晚期，依山而建，以一个石砌水池为中心，东北部有方形石构水井，西南部有口子与石礅排水沟相通。水池开口直径 3.6 米 ~7 米，深 1.5 米；井口边长 0.9 米，深 1.3 米；排水沟宽约 2 米，残长 18 米。由于水井、水池、排水沟的地势依次降低，水质也逐渐降低，在当时它应是一处先进的大型生活设施。

官井头石砌水池

官井头遗址位于良渚遗址群东南侧大雄山丘陵的太璞山南麓，2008 年在遗址东南部曾出土璧、镯、梳背等残玉器，2012 年初经勘探确认遗址，分布面积 1 万多平方米。官井头遗址与近年发现的石马兜、张家墩等多个遗址构成了大雄山丘陵向阳山麓地带的连片文化遗存，并显示了“马家浜—崧泽—良渚”连续的文化传承。它表明大雄山丘陵文化带是良渚遗址群形成和壮大的重要发祥地，随后又成为良渚遗址群的一部分。这对研究良渚遗址群的分布格局和发展脉络具有重要意义。

官井头发掘场景

（赵　晔）

【海宁市皇坟头新石器时代遗址】
发掘时间：2013年3月~2014年1月
工作单位：浙江省文物考古研究所

皇坟头遗址位于海宁市海昌经济开发区张家堰村，为海宁市文物保护点。因开发区道路建设工程，浙江省文物考古研究所自2011年3月开始对该遗址进行抢救性发掘，已连续发掘了3年。

2013年在原发掘区内深入工作外，主要在遗址北部和南部扩大发掘，新增发掘面积1100平方米，至2013年皇坟头遗址共计发掘面积4000平方米。2013年共清理崧泽文化墓葬4座，良渚文化墓葬56座，叠石圈1个。到2013年为止，皇坟头遗址共发掘崧泽墓葬7座，良渚墓葬168座，叠石圈18个。

此次发掘主要收获：第一，确认了土台Ⅲ和土台Ⅳ号的分布范围，对Ⅲ号土台自崧泽时期到良渚时期的堆积过程有了比较明确的认识，初步了解了几个土台相互之间的关系。第二，通过钻探及探沟剖面，确认了皇坟头遗址新石器时代文化堆积的分布范围。第三，对"叠石圈"遗迹作深入发掘，进一步完善了对这一重要遗迹的层位关系、遗迹结构、营建过程等方面的认识，获取了一系列关于这类遗迹性质方面判断的田野资料。第四，在良渚文化墓葬结构、随葬器物组合等方面获取了丰富的资料。出土器物728件，包括石器、玉器、陶器和象牙器。

（芮国耀）

【杭州市余杭区良渚文化古城遗址】
发掘时间：2013年2月~2014年1月
工作单位：浙江省文物考古研究所、良渚管委会

良渚古城位于杭州市余杭区瓶窑镇，2007年发现以来经过了连续不断的考古勘探和发掘，对城墙遗迹城内外遗址的情况有了较为全面的了解，2013年已勘探发现8个水城门和城内的水路体系。2013年着重对莫角山遗址进行了解剖发掘。在莫角山西南部发现了与内城河相连的河湾遗迹，在该河湾东岸揭露了一段通往莫角山遗址的栈桥码头遗迹，该遗迹底部在淤泥上并排铺垫有三排竹片，总长6.9米，宽1.2米~1.5米。竹片两边及两块竹片之间发现木桩，已揭露木桩36根，木桩底部削尖，插入原河道淤积土中，顶部则以榫卯结构架设水平分布的横木，推测在横木上铺设有木板，而底部的竹片则应是修建栈桥时铺垫在淤泥上便于行走的道路。在栈桥码头废弃之后，其上的横木板被撤掉，并以草包泥填埋加高，草包泥一般长40厘米，宽10厘米，厚10厘米，重4公斤~5公斤，草包泥内部为取自沼泽地的淤泥，外部则以茅草或荻包裹而成，具有便于运输堆筑的优点。经过勘探莫角山遗址的基础部分为用青灰土堆筑，上部则以纯净的黄土包裹。良渚古城西北部的彭公水坝的基础部分也是用草包泥堆筑，上部则以黄色黏土包裹，草包泥的发现对于学术界理解良渚古城大型工程的营建方式和营建效率找到了直接的证据。

（刘　斌　王宁远　闫凯凯　陈明辉）

【杭州市余杭区玉架山良渚文化遗址】
发掘时间：2013年3~12月
工作单位：浙江省文物考古研究所

2013年余杭玉架山遗址发掘揭露面积950平方米。主要收获如下：

第一，环壕Ⅳ。

2013年3月至5月，因余杭经济技术开发区道路建设影响到玉架山遗址环壕Ⅳ东南角，故对道路通过部分进行了发掘，发掘面积约450平方米。

堆积可分9层。第①层为现代耕土层；第②层为汉以后的晚期扰乱层；第③、第④层为水浸形成的自然层；第⑤层可能是当时地表植被腐烂和表层土混合形成；第

⑥层为良渚文化生活废弃的垃圾和壕沟自然淤积组成；第⑦、第⑧层为良渚文化人工堆积的土台层；第⑨层为良渚文化土台的基础堆积。第⑨层下为黄色粉性生土。

出土了少量良渚文化陶片，其中有夹砂红陶鱼鳍形鼎足、“T”字形鼎足、泥质红陶口沿片和泥质黑皮陶米等。该段环壕略呈东南—西北向，壕沟宽 6 米 ~11 米，深0.4 米 ~0.6 米。底部坑洼不平，边岸较不规则。从钻探的结果看，遗址大致为长方形，长约 90 米，宽约 80 米。环壕内岸为良渚文化堆筑土台。

通过发掘，该段环壕的结构和堆积。环壕的形成以及壕沟底部坑洼不平和边岸的不整齐（边岸不整齐也有可能是在使用过程中局部坍塌所致），是为了取土堆筑土台。当然取土是有意识的，这从其他已发掘的几条壕沟可以得到印证。

第二，环壕Ⅵ。

2013 年 11 月开始，到 2014 年 1 月完成，是环壕Ⅵ西北仅剩的未发掘部分。受余杭经济技术开发区道路建设影响，对此部分作考古发掘，发掘面积约 400 平方米。清理良渚文化墓葬 3 座、灰坑 1 座。出土随葬品 34 件。

（楼　航）

【杭州市拱墅区吉如良渚文化遗址】

发掘时间：2013 年 5 ~11 月

工作单位：杭州市文物考古研究所

为配合杭州市拱墅区疏浚河道工程，对位于拱墅区祥符镇的吉如遗址进行了配合性考古发掘，发掘面积 800 平方米。在此次发掘范围内，良渚文化层堆积由中部向北、南逐渐变薄，堆积最厚处达 170 厘米，边缘区厚约 50 厘米。共发现良渚文化时期人工营建土台 1 处、房址 1 处、墓葬 1 座、沟 1 条、灰坑 13 个，出土玉器、石器、陶器等数十件完整器、大量良渚文化陶片以及少量动物骨骼。房址平面呈长方形，残长 324 厘米，宽 206 厘米，现存南、西、北三面墙基，墙基内皆存排列有序的圆形柱洞。墓葬为长方形竖穴土坑，随葬品有鼎、壶、罐、三足盘等。灰坑平面形状有椭圆形、长方形、圆形等多种，其中灰坑 H28 内有罐、鼎、壶等器物。

陶片有夹砂红陶、泥质灰陶、泥质红陶、泥质灰胎黑皮陶等，可辨器形有鼎、甗、罐、豆、双鼻壶、壶、圈足盘、三足盘、纺轮等，其中 1 件泥质灰胎黑皮陶残片上有规整的几何形刻划符号。石器器形有石犁、石锛、石镰、石镞、斜柄石刀、石刀、石网坠、砺石等，其中 1 件石犁呈弧边三角形，长达 47 厘米。玉器仅见玉锥形器一种。动物骨骼有鹿下颌骨、鹿角等。

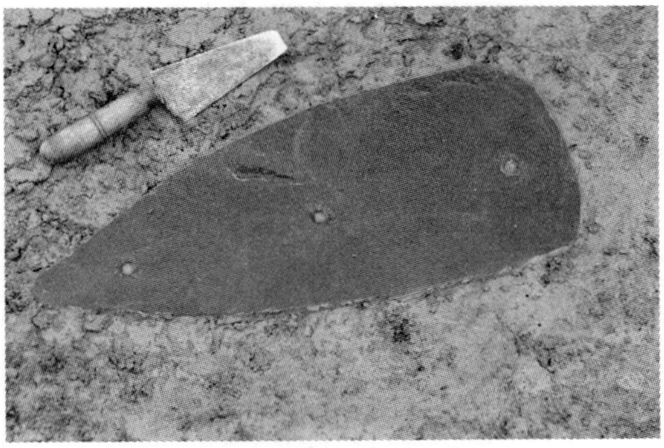

石犁出土情况

石耘田器

玉锥形器

根据出土器物特征判断，吉如遗址是一处良渚文化中晚期遗址。此次发掘对研究良渚文化的时空分布、区域性文化面貌与特征，以及良渚文化社会发展状况等提供了新的实物资料；进一步了解了杭州城区北部良渚文化遗址的文化层堆积状况及文化内涵，同时可以与该遗址北 10 多千米的良渚遗址群作对比研究。

（杨　曦）

【杭州市萧山区老虎洞新石器时代至商周时期遗址】

发掘时间：2013 年 3 月 21 日 ~7 月 29 日

工作单位：杭州市文物考古研究所、萧山博物馆

老虎洞遗址位于杭州市萧山区闻堰镇老虎洞村北部，坐落于华眉山东麓一处舌形凸起的坡地上，东临湘湖、北为杨桃弄、东南为陈家埠，东北距离城山越王城遗址约 2.3 千米，北距萧山区政府约 6 千米。发掘面积 1300 平方米，清理一处新石器时代至商周时期遗址，发现战国至明代的墓葬 34 座，其中土坑墓 9 座，砖室墓 25 座。

遗址第③层下、第④层面或生土面上发现大量成组分布的柱洞，共发现 8 组柱洞群，绝大多数都是直立柱洞，洞口基本近圆形，洞底有锥形底或圆底，也有少数倾斜柱洞。这些柱洞基本成群分布，它们应该与居住遗址有关。灰坑共 30 个，多为第③层下灰坑，与上述柱洞群的形成年代一致。形状有圆形、椭圆形、长条形和不规则形等。遗址内出土遗物较为丰富，以陶瓷残片为主，还发现一些石器和少量铜器。第④层出土物以夹砂红陶和泥质灰陶为主，器形包括鼎、豆、釜、罐等，以“T”字形、鱼鳍形和柱状鼎足最为多见。第③层出土物以印纹硬陶和原始瓷为主，夹砂陶次之，还发现泥质灰陶、红陶残片，另外还发现一些石器和少量骨器、铜器等。印纹硬陶纹饰包括绳纹、折线纹、云雷纹、回纹、方格纹、米筛纹、米字纹、麻布纹等，以方格纹、米筛纹、米字纹为主，器形包括鸭形壶、坛、瓮、罐、瓿等。原始瓷多为轮制，器形包括豆、盂、碗、盘、碟和杯等。石器包括斧、钺、锛、凿、箭镞等，铜器仅见蚁鼻钱，骨器仅见骨针。

遗址最早的使用年代为良渚文化时期，其发现为研究良渚文化的分布范围、文化内涵提供了新资料。

遗址的堆积主体是第③层，该层包含物的最早年代为商代，居址的始建年代应为西周晚期，春秋时期是其主要使用年代，遗址于战国初期废弃。在浙江，商周时期遗址的发掘十分少见。此次发掘揭露出至少 8 处干栏式建筑基址，同时发现多处与当时人们生活息息相关的灰坑等遗迹，发掘表明这是一处结构明确的聚落遗址。如此丰富的发现是杭州乃至浙江商周考古的又一重大发现，为研究当时人的生产、生活方式提供了直接证据。大量印纹硬陶和原始瓷的发现对研究越文化的内涵具有重要意义。

M31 由长方形墓室和排水沟组成。墓室近底部四周均用石块围成石圹，墓底中部亦发现一排横向石块。墓底中部的横向石块仿枕木之用。墓室南部偏西处发现有排水沟，排水沟长约 10 米，连接墓室的北段排水沟底部满铺石块，中部用较大石块封堵，南部未见石块。M31 年代为西汉，形制独特，这种类型的墓是浙江地区的首次发现。它的发现丰富了汉墓的类型，为研究汉代的葬俗提供了新的线索。

M26 为“凸”字形砖室墓，由封门、甬道、墓室和排水沟组成。随葬品共 21 件，年代为三国至西晋。M26 保存较好，出土了大批精美器物，为研究六朝时期的葬制和越窑青瓷提供了翔实可靠的资料。

M1 为“凸”字形砖室墓，方向 100°。由封门、甬道、墓室和排水沟组成。年代为南朝。M1 发现铭文砖，铭文为“宋景平元年太岁癸亥七月许作”和“会稽永兴西乡相藏里苏督自书之”，并出土了几件具有标形器作用的器物。该墓不仅年代明确，而且出现“会稽永兴”字眼，这是萧山在三国时期改为永兴后的最早实物证据，同时，“乡、里”二字的出现也为研究六

朝时期的乡里制度提供了新资料，也丰富了萧山的地方文化内涵。

M21是一座结构复杂的大型明代墓，由双室砖室墓、八边形封土、环道、拜坛、挡土墙、两级坟坛和台阶组成。随葬品置于墓室封门外侧，摆放位置特殊。年代为明代。墓室之上设八边形须弥座式塔基的做法十分少见，它的发现为研究明代的丧葬制度和宗教信仰提供了线索。

总之，老虎洞遗址的发掘为我们打开了一扇杭州地区商周时期考古的大门，对深入开展该时期考古工作提供了众多极为重要的资料。

（杨金东）

【安吉县上马山西周至西汉古墓葬】

发掘时间：2013年3～12月

工作单位：浙江省文物考古研究所、安吉县博物馆

上马山墓群位于安吉县天子湖镇良朋村，因天子湖工业园区建设，2007年起多次进行抢救性考古发掘，2013年共发掘土墩墓5座，清理西周—西汉墓葬10座，其中先秦土墩墓1座，战国—西汉初楚式竖穴土坑墓1座，西汉土坑墓出土8座，出土陶瓷器、铜、铁器、玉器等各类随葬器物130件。

D150是一座先秦时期的土墩墓，整个土墩墓均选用硬质灰白土、黄土夯筑而成，直径17米，高3.7米，墩内仅发现一座石床墓，石床残长3.48米，宽3.52米，因现代取土制煤饼大部分已遭破坏，随葬品亦无残留，但从土墩墓结构及墓葬形态看，该墓应属于一座西周—春秋时期的土墩墓。怪异的是，墓葬位于土墩的东部边缘土墩最底部，而土墩大部再未发现其他墓葬。

D151M1是一座楚式竖穴土坑墓，墓上封土已消失殆尽，墓坑填土多为灰色、红色、黄色等混合夯筑而成的五花土。墓底木椁以上30厘米及木椁四周填筑青膏泥，木质棺、椁保存基本完好，长方形箱式木椁内分为棺室和边箱两部分，出土的随葬器物有泥质陶鼎、盒、钫、豆等仿铜陶礼器，漆木器有盒、奁、盘、尊、耳杯、木俑等，还出土了一面直径达18.5厘米的蟠螭纹铜镜。

西汉竖穴土坑墓平面均为长方形，其中1座在墓坑一端带斜坡墓道，D153在一座土墩内共发现墓葬5座，墓葬时代相近，均相当于西汉早、中期，其中M1和M2、M3和M4均为成对平行并列的异穴合葬墓，墓葬整体排列有序，可能为一座小型的家族墓地。西汉墓的随葬器物有高温釉陶鼎、盒、壶、瓿、罐、罍，硬陶罐、罍，泥质陶井、灶、釜、甑等，金属器见有铜镜、铜钱、铁剑、铁削，个别墓葬见有棺内随葬碎玉的现象。

（游晓蕾　田正标）

【杭州市拱墅区小岭坞东周至明清时期遗址】

发掘时间：2013年10月11日～2014年1月20日

工作单位：杭州市文物考古研究所

小岭坞遗址位于杭州市拱墅区半山镇，坐落在半山国家森林公园南面，北临依山路，南临广济路，西临虎山路。发掘面积1100平方米，发现东周窑址2座、宋元建筑基址2处、六朝至明清墓葬6座。

Y1保存较好，为长条形龙窑，窑身狭长，前后倾斜，分为窑头、窑床和窑尾，采用先在地表挖坑作为窑室，后用黏土筑成拱顶的方法营建。方向为北偏东37°，北部为窑头，南部为窑尾。北部受上面的建筑垃圾等扰乱，窑头被破坏严重，现存窑床和窑尾，长度为5.8米，宽约1.3米～1.6米。窑壁为斜直壁，南部窑壁烧结面保存较好，长约1.4米，厚度约0.04米～0.1米，在其周围绕有一圈红烧土堆积，厚约0.1米。西南角窑壁向外凸出，

略呈半圆形，内部为红烧土堆积，底部部分区域为夹杂黄色石块的生土，其外围环绕的红烧土较厚，约0.3米。根据其形制和位置，推测为烟囱。窑底部原为烧结面，北部被破坏，烧结面保存较少，部分区域露出生土；中南部保存较好，烧结面不平整，略有起伏。填土为褐红色，质地较致密。包含物主要是一些红烧土和少量陶瓷片，中南部的红烧土堆积较厚，在该处还发现一些窑汗；北部的红烧土堆积较少。陶瓷片包括印纹硬陶、印纹软陶和原始青瓷。窑址南侧发现大量窑内废品堆积。

此次发现的两座龙窑中一座保存较好，还发现大量的窑内废品堆积及陶拍等制陶工具，其发现为学术界研究南方地区商周时期窑业生产和技术传播提供了新资料和研究线索。

宋元时期遗迹主要是由过道、天井、排水道、灶、水池、墙体等组成的大型房址，以及6个灰坑、7条灰沟和1口水井。F1规模宏大、建造考究，方向为南偏东10°，面积达到450平方米。F1由4个天井、1个过道、4条排水沟、1个水池和3个灶组成。房址内发现大量的陶瓷碎片，窑口包括南宋官窑、龙泉窑、越窑、定窑、耀州窑、磁州窑和建窑等。

J1是一座保存较好、结构清晰的九边形砖砌水井，残深7.95米，由井圈、井台和砖砌井壁等部分构成，出土漆碗、绳子、四系罐、木桶底等遗物。它的发现对研究宋代水井的结构和修筑方式提供了翔实可靠的资料，为研究当时人类的生活、生产方式提供了直接的证据。

（杨金东）

【安吉县马鞍山战国至六朝土墩墓】

发掘时间：2013年6～12月

工作单位：浙江省文物考古研究所、安吉博物馆

为配合11省道的改道工程，对马鞍山土墩墓进行了抢救性发掘。马鞍山墓群，位于安吉县城递铺北，保存有大量的秦汉时期的土墩墓。此次发掘的对象主要是道路沿线的土墩遗存，共发掘土墩14座，清理墓葬64座，出土随葬器物600余件。

马鞍山土墩，平面形状多为圆形或椭圆形，面积多为中小型，直径一般在1米0～25米间，高度多在1米～3米间。其都是一墩多墓，少的2座，多的20多座。墓葬年代以东汉时期居多，占墓葬总数的近百分之九十，少量是战国、西汉及六朝时期的。战国时期主要是土坑墓，及一座石室墓。西汉时期主要是土坑或土坑木椁墓。东汉时期主要是土坑或土坑木椁墓和砖室墓，这两种形制的墓葬数量大致相等。六朝时期仅发现两座砖室墓。出土的随葬器物，砖室墓因盗掘严重，残留的随葬品极少。土坑或土坑木椁墓大多保存较好，只少量有盗掘现象，此发掘出土的随葬器物大多在该类墓葬中发现。出土的遗物，按质地分，有陶器、青瓷器、铁器、铜器、石器等。其中以陶器占大多数，陶器中又以泥质陶罐、釉陶壶为多。其余种类的数量不多，整体质量偏低。从墓葬形制、规模，出土随葬品的质量，可以推断该墓群的主人，大多为中下阶层的，与安吉古城周围一带的同时代墓葬相比，有明显的等级差距。因此，此次发掘对于该地区战国至六朝时期的墓葬形制及演变研究，对安吉古城的综合研究，均提供重要的资料。

（孟国平）

【杭州市萧山区湖山战国至明清时期墓地】

发掘时间：2012年12月3日～2013年5月14日

工作单位：杭州市文物考古研究所、萧山博物馆

湖山墓地位于杭州市萧山区闻堰镇湖

山村，联合考古队对该墓地进行了抢救性发掘。共清理宋代茔园遗迹1处、战国至明清时期墓葬60座，出土陶、瓷、石、铁、铜等各类随葬品150余件（组）。

宋代茔园遗迹位于发掘区中部偏北，平面呈“工”字形，由T形道路和长方形拜坛组成，长22.18米，宽9.8米。明清墓M36、M44、M45、M34、M35分别打破长方形拜坛、T形路面，拜坛东侧界边中段叠压着唐墓M60。该茔园遗迹铺设较为规制，铺筑材料以略加修整的块石为主，拜坛中央南北向并列铺设三块长方形石板，拜坛和道路间以一阶中部略拱的倾斜铺石相接。路面中央用稍大的石块铺就，形成中轴线，两边以石块侧砌作为边界，路面中间部位稍拱，利于散水。

茔园遗迹全景

墓葬可分为土坑墓和砖室墓两类，分别为9座和51座。9座土坑墓均为长方形竖穴土坑墓，其中战国4座、汉代1座、宋代1座、明清3座。砖室墓分为六朝6座、唐代3座、明清42座。六朝砖室墓平面分“凸”字形和长方形两种，墓壁为三顺一丁、五顺一丁和单砖顺向错缝平砌三种，铺底砖有“人”字形平铺、两横两竖席纹平铺、横向错缝平铺三种。其中M3为一座长方形石圹券顶砖室墓，M1和M19墓砖上分别模印“建元元年□□□”和“宋元嘉廿八太岁辛卯”纪年铭文。唐代砖室墓平面呈长方形，墓壁为单砖顺向错缝平砌，铺底砖为“人”字形平铺。明清砖室墓均为长方形砖室墓，墓壁均为单砖顺向错缝平砌，铺底砖绝大部分为方砖对缝平铺，墓顶有券顶与方砖盖顶两种。在9组合葬墓中有3组合葬墓呈南北依次排列，可能是家族墓。

湖山墓地是一处时代跨越较大的墓地，墓葬形制的早晚变化与浙江地区的墓葬形制演变规律相符。宋代茔园遗迹为研究宋代该地区的丧葬制度和祭祀形式提供了资料。M19为“宋元嘉廿八太岁辛卯”纪年墓，明确了南朝早期墓葬形制、结构特征和随葬器物组合。

M19南朝墓墓室全景

（杨 曦）

【宁波市滕头新型建材有限公司两汉至明清时期墓葬】

发掘时间：2013 年 10～12 月

工作单位：宁波市文物考古研究所

2013 年宁波市文物考古研究所对位于奉化西坞白杜南岙的宁波滕头新型建材有限公司建设地块实施了先期抢救性考古勘探与发掘工作。此次考古工作范围为建设地块之原料堆场（厂区后方山坡地）、成品堆场（厂区右前方茶树地），以及厂区（原拟建殡仪馆地块）与苗木地间通行道路，勘探面积约 8667 平方米。成品堆场及道路区域位于滕头公司右前方的茶树地区域，属于山间缓坡地带，地势北高南低，东高西低。前期采用探沟和探孔相结合的勘探方式寻找古墓，共发现并清理发掘汉代至宋代时期古墓葬 31 座，出土各类文物标本 200 余件。其中汉代墓葬 21 座，包括长方形竖穴土坑墓 17 座，墓底平整或有两道枕木凹槽。砖室墓 4 座，平面呈长方形、刀形、“凸”字形，分砖椁和券顶两种。器物组合以陶罐、陶罍、陶瓿、陶壶、铜镜、铁釜、铁剑、砺石、铜钱、漆器等为主。南朝墓葬 5 座，均为砖室墓，分长方形单室墓和并列双室墓两种，均被盗，出土遗物以碗、盏为主。唐代土坑墓 1 座，出土了铜钱、铜鐎斗、铁器等。宋代墓葬 4 座，大部分为石板盖顶砖室墓，分三室墓和四室墓、小的迁葬墓三种，随葬品均被盗。

出土器物

此次发现的 31 座古墓葬，年代上自两汉六朝、下迄唐宋明清，时间跨度较大，连续性强，分布密集，证明此地自古以来就是古墓葬的集中埋藏区。它们的发现，为奉化地区的历史人文，特别是古鄞县治的研究提供了新的实物资料。

（罗　鹏）

【富阳市步桥乌龟山汉东晋及宋明时期墓群】

发掘时间：2013 年 5～9 月

工作单位：杭州市文物考古研究所、富阳市文物馆

墓地位于富阳市三桥村步桥自然村西部大乌龟山东麓，2013 年对乌龟山上被盗的古墓进行了抢救性发掘，共发掘汉、东晋、宋、明墓 14 座，出土文物 40 件（组）。其中汉墓 1 座、东晋墓 10 座、宋墓 1 座、明墓 2 座。

汉墓墓室砖券，平面呈长方形，墓室前面残存有甬道，随葬品有陶罐、铜钱币等。

东晋墓共 10 座，均为砖券墓。墓葬规模分大中型和小型两种。其中大中型墓 8 座，小型墓 2 座。大中型墓砖室四周均有墓圹，墓圹开凿于山体岩石中，圹壁修整光滑。砖室由封门、甬道、墓室组成，有的墓前有墓道和排水沟。墓葬平面形制分两种，一种是甬道偏于一侧的“刀”形，一种是甬道居中的“凸”形。室内大多有砖砌的棺床，墓壁大多平直，个别墓室两侧壁微朝外凸。墓室后壁一般留设 1～3 个方形小龛。棺木以 M10 保存最为明显，从存留的痕迹判断室内并列放置两具棺木，棺底铺有一层草木灰，棺内随葬有猪握、铜镜、铜钱币等，猪握一般位于中部人手的部位，左右手各握一件，属夫妻合葬。随葬品以青瓷器为主，种类有盘口壶、砚、钵、小碗、灶、鸡笼、狗圈等。M10 和 M12 墓室前部还发现有桃形、梅花形和圆

形的金饰品，可能属于漆木器上贴附的装饰。墓砖多装饰双钱纹、单钱胜纹和几何纹，个别墓砖（M7）上模印有“宽圹”“大”“中”等文字，表示墓砖的类别。M3墓砖侧面模印有“太康十年”和“元熙元年”两种纪年文字，墓内出土有青瓷灶、鸡笼、狗圈3件青瓷器，可以确定为东晋时期墓葬。

宋墓1座，砖券墓室，墓葬规模较小，随葬粗瓷罐1件。

明墓2座，均为土坑墓，随葬有瓷罐、青花瓷碗及碟等。

在乌龟山墓群中，东晋M9、M10和M11、M12两组墓葬排列整齐，间距3米左右，墓葬形制、随葬品的种类和风格基本相同，可以判定为同一时期有关系的墓葬，根据六朝时期墓葬的排列规律判断，这两组墓葬可能为兄弟或父子关系。这批东晋墓的发掘，对研究浙北地区六朝墓葬的排列方式、构筑技法、随葬规律提供了丰富的实物资料，尤其是M10发现的两具棺木以及棺内保存基本完好的随葬品，是了解这一时期丧葬习俗的典型实例，具有较重要的研究价值。

（刘卫鹏）

【湖州市官庄汉至六朝时期古墓葬】

发掘时间：2012年11～12月、2013年1月～6月

工作单位：浙江省文物考古研究所

官庄位于杨家埠镇南侧的原湖州六中内。2007年为配合开发区内漱山南路东段的建设项目，曾在此发掘古墓葬4座。此次为配合开发区安置房工作，对该地进行了第二次发掘。

此次共发掘古墓葬19座，编号为〈13〉湖·杨G2M6～M24。墓葬均位于低矮的岗地上，墓向普遍朝南。其中西汉土坑木椁墓3座，出土随葬品25件，器物以高温釉陶瓿、壶、罐、罍为基本组合。东汉至六朝砖室墓15座，墓葬结构以券顶单室为主，另有前堂后室的多室墓和窄小的叠涩顶墓各1座。墓葬普遍被盗，残存器物仅8件。明代双室墓1座，墓内出有青花碗3件。

此次发掘表明，官庄是一处汉六朝时期的墓地。值得注意的是，所发掘的M23，平面呈“中”字形，残长21米，其中墓室长7.1米，宽3米，深1.5米，底部有一条排水沟纵贯全墓。在2007年的发掘中，与该墓位置相近的M2和M3，规模亦较大，且年代基本一致，排水沟做法相同。故推测官庄存在着一个地位较高的家族墓地。

（胡继根）

【宁波市轨道交通1号线东汉至明清时期墓葬】

发掘时间：2013年4～8月

工作单位：宁波市文物考古研究所、宁波市北仑博物馆

2013年，联合考古队在前期考古调查和勘探的基础上，对宁波轨道交通1号线二期所占据的北仑区大碶街道璎珞村进行了考古发掘，发掘面积700平方米，共发现了3座古代窑址和9座古代墓葬。

3座古代窑址均位于山脚下的第二级台地上，它们系从台地断面向上掏挖而成，形状和结构基本相同，俗称为“馒头窑”。其中Y1保存较为完好，平面近圆形，由操作坑、火门、窑室和烟道组成。操作坑为一个不规则的长方形坑，深0.8米。火门呈拱形，高0.32米。窑室内前部为火膛，底部平面前扇形而后近圆形，呈馒头状，口大底小，窑顶已不存，上口长2.7米，宽2.38米，最高处高1.1米，填土堆积中包含大量红烧土、碎砖块和瓦片，其中以砖块最多。窑床的前端设有挡火墙和环形火道。挡火墙系用长0.28米、厚0.1米、高0.26米的土坯竖砌8道墙而成，其

上再用厚0.5米的土坯横盖两层，两端紧贴窑壁，共形成7个火眼和2个环形火道相通的9个进火口。烟道位于窑室后壁中央，在南壁内侧中央掏挖有残高1.3米的喇叭形吸烟道，烟道下与环形火道相连。

Y1

Y1旁的一处疑为窑工生活垃圾堆积的灰坑中出土了一批五代晚期的青瓷器标本，Y3的操作坑中出土了大量晚唐时期的青瓷器标本，因此推断它们的废弃时代为晚唐至五代晚期。窑室填土中包含了大量砖、瓦，可以明确它们的用途是烧制砖、瓦等建筑材料。这种前砌挡火墙、后筑排烟道、窑室内以中火道和环形火道相连结构的窑址，是截至2013年宁波地区发现的保存完整、时代较早、用途明确的砖瓦窑。它的发现和深入研究有助于了解当时的砖、瓦制造工艺和窑作技术及其制度，并对宁波地区晚唐至五代时期城市发展与社会经济的研究有一定的参考意义。

Y3

9座古代墓葬均位于山脚下的第一级台地上，时代可分别定在东汉早期、东汉晚期、唐代晚期和明清时期，其中保存完好的当属东汉早期的夫妇同穴合葬墓M2。该墓为近方形砖椁墓，墓室长3.12米，宽3.08米，深1.24米，墓室内的木棺和人骨已经腐朽无存，随葬品基本两两成对，计有硬陶罍、釉陶罐、泥质灰陶瓿、陶罐、陶杯、铜镜、钱币、铁刀、砺石、料珠、琉璃耳珰和银戒指等共16件（组）。它们对于研究东汉早期的墓葬制度、丧葬习俗、手工技艺和对外文化交流等大有裨益。

（王力军　雷　少）

【嵊州市上高村东汉至明清时期古墓群】

发掘时间：2013年11月~2014年1月

工作单位：浙江省文物考古研究所、嵊州市文物管理处

甘霖镇上高村古墓群即东风茶场古墓群位于南部祠堂山西麓缓坡带，2009年3~4月为配合地质灾害避险安置一期项目建设进行了一次发掘，发掘墓葬7座，出土文物40余件。此次为配合地质灾害避险安置二期项目建设，进行了第二次发掘。发掘墓葬40座，其中东汉晚期到三国墓葬

4 座，两晋南朝墓葬 8 座，隋唐墓 4 座，宋墓 5 座，清代中晚期墓葬 19 座。其中有纪年墓葬 5 座，分别为梁天监十三年、大同三年、隋大业四年、唐贞观八年、东晋元嘉五年墓葬。东汉晚期至唐代墓葬都是砖室墓，墓葬形制有“凸”字形、长方形和刀形三种；宋墓有砖室墓和石板墓两种，清代晚期墓葬有砖室墓、石头墓和砖石混筑墓三种，墓葬形制有长方形和梯形两种。共出土文物 70 件，其中东汉晚期到宋出土有青瓷器 33 件，主要器形有碗、盏、钵、鸡首壶、盘口壶、四系罐等。出土铁剑 2 件，铜镜 2 枚，南宋崇宁重宝铜钱 2 枚。清代晚期墓葬出土夹砂陶器 20 件，主要器形为罐和壶；出土银器 8 件，主要器形有钗、簪和发夹；另外还出土铜烟嘴和饰件 4 件，乾隆通宝铜钱 1 枚。

东汉晚期至唐宋墓葬多数曾被盗掘过，出土器物也有较多残破。此次发掘表明该地区墓葬众多，形制丰富，对研究该地区的历史文化经济面貌，墓葬埋葬习俗等都具有一定的参考意义。

（徐　军）

【温州市瓯海区丽塘村东汉至清代古墓葬】

发掘时间：2013 年 3 ~ 4 月

工作单位：浙江省文物考古研究所、温州市文物保护考古所、瓯海区文博馆

墓葬位于温州市瓯海区丽岙街道丽塘村北约 200 米的小山南麓缓坡带，计有汉六朝砖室墓、唐代土坑墓、清代砖室墓共 13 座。墓向均为东偏南向。绝大多数墓葬早年遭到盗扰破坏。共出土各类文物 60 多件，器形有陶瓷盘口壶、簋、罐、灶、耳杯、碗、盏、盂、甑，铜钱、铁鐎斗、铁刀等。

东汉墓 4 座，均为“凸”字形券顶砖室墓，墓葬规模基本一致。以 M1 为例，该墓为兴平四年墓。方向 105°。墓葬由封门、甬道、墓室组成。砖室墓营建于竖穴土圹内，土圹呈长方形，长 5.48 米，宽 2.8 米。甬道平面呈长方形，长 1.12 米，宽 1.06 米，残高 0.66 米。墓室长方形，长 5.2 米，宽 2.56 米，残高 0.3 米 ~ 0.66 米。墓底用砖平铺一层，呈席纹。甬道与墓室壁体砌法均为平砖错缝顺砌。墓室中前底部铺设长方形砖祭台，平砖通缝横铺，长 144 厘米，宽 72 厘米，厚 6 厘米。墓室北壁受挤压略内倾。墓顶早年经破坏，现已无存，据墓室内跌落的楔形砖推测原应为券顶结构。封门二重，位于甬道口内外：口外封门墙系平砖错缝顺砌 9 层，长 1.62 米，宽 0.18 米，残高 0.54 米；口内封门采用丁砖“人”字式封砌法，长 0.54 米，宽 1.06 米，残高 0.4 米。墓砖纵侧面有“兴平四年九月六日立”铭文。随葬器物多位于墓室中前部，计有釉陶器、瓷器、铜钱等各类器物 40 余件。器形有釉陶壶、罐、双耳锅、青瓷罐、盘口壶、耳杯、灶、甑、盂、五联罐、簋、甑等。

唐墓 1 座。M9，长方形竖穴土坑墓，墓葬破坏较严重。方向 100°。残长 0.5 米 ~ 1.2 米、宽 1.08 米，残深 0.36 米。填土为黄褐色花土。出土器物有瓷盘口壶、罐、碗、灯盏、瓶等。

六朝墓 7 座，均为长方形券顶砖室墓，墓室多呈狭长形，盗扰较严重。出土器物较少，有盘口壶、盏、铁鐎斗、铜钱等。纪年墓砖有“元嘉廿一年”和“兴宁二年”两种。

清墓 1 座。M13，长方形砖室墓，方向 115°。墓壁采用平砖错缝顺砌法，壁内侧嵌贴长方形大砖一层，墓底纵铺 3 列长方形大砖。墓顶无存，疑为券顶。长 2.78 米，宽 1.12 米，残高 0.24 米 ~ 0.64 米。填土为黄褐色花土。出土器物仅 1 件青花瓷樽式炉。

温州市文化创意产业园清理的 13 座墓

葬时代涵盖了东汉、六朝、唐、清，时代跨度和信息量较大。六朝墓葬因早年盗扰较严重，未见特别重要的墓葬材料。东汉墓M1在所发掘的墓葬中纪年明确、墓形典型、葬品丰富，对汉代墓葬研究具有重要价值。唐墓在浙江的发现较少，此次清理的唐代土坑墓规模虽然较小，但出土瓷器精美，部分日用瓷器为当地瓯窑产品，M9的清理为研究浙江唐墓和瓯窑产品提供了宝贵材料。清墓所出青花瓷樽式炉在浙江已发现的清墓中亦属罕见器形。

（刘建安）

【宁波市北仑区凤凰山两晋纪年墓葬】

发掘时间：2013年3~5月

工作单位：宁波市文物考古研究所、宁波市北仑博物馆

墓葬位于宁波市北仑区小港街道姚墅村西北侧的凤凰山上，是在配合宁波枫林绿色能源公司管道工程及配套设施建设而进行的抢救性考古调查、勘探中发现的。此次共清理两晋时期纪年墓葬4座，分别编号为M1、M3、M6和M7。

M1砖室券顶墓，券顶及后壁已不存，平面呈刀形，由墓室、甬道和排水沟三部分组成，墓向315°。墓室平面为长方形，内长4米，宽1.5米，残高1.47米；甬道平面长方形，内长0.76米，宽0.88米，残高0.6米；排水沟从甬道地砖之下起铺，略向下倾斜外延，长2.8米，横断面内宽6厘米，深5厘米。墓砖有长方形和斧形两种。长方形砖铭文与纹饰组合有：第一，侧面阳文模印“泰元元年八月孙浮立作”，端面模印“晋故都尉”阳刻铭文，“都尉”二字旁有小字“君”；第二，侧面模印“泰元元年七月廿日孙浮立作”阳刻铭文，端面或模印两组斜线交叉纹组合，或模印两组菱形三角纹与钱币纹组合，并刻有“丰”“主”二字。斧形砖侧面模印“宁康三年九月十日”阳刻铭文。

M3砖室券顶墓，券顶和封门大部分不存，平面呈“凸”字形，由墓室、甬道和排水沟三部分组成，墓向270°。墓室平面为长方形，内长3.9米，宽1.53米，高1.7米；甬道平面是长方形，内长0.7米，宽1米，残高0.87米；排水沟长3.4米，宽0.34米，高0.25米。墓砖多有长方形、斧形砖两种。长方形砖正反面模印四组横线、竖线、斜线及铜钱纹组合，侧面均模印有铭文或纹饰，或“太康八年岁在丁未七月十五日康申造”阳刻铭文，或网格纹组合纹饰，或弦纹斜线交叉纹组合纹饰。斧形砖侧面也模印“太康八年岁在丁未七月十五日康申造”阳刻铭文。

M6砖室墓，墓顶不存，墓壁坍塌、内倾，平面呈“凸”字形，由墓室和甬道两部分组成，墓向95°。墓室平面为长方形，内长4.31米，宽1.9米，残高1.18米；甬道平面呈正方形，内长1米，宽1米，残高0.45米。墓砖均为长方形，正反面模印两组横线、竖线、斜线及钱纹组合，侧面、端面的铭文和纹饰组合有：第一，侧面模印“太安三年八月十一日会□□□□□”阳刻反书铭文，端面饰弦纹三角纹组合；第二，侧面模印“造功杨都熙□”阳刻反书铭文，端面模印两端水波纹中间钱纹组合。

M7砖室墓，仅残存部分墓室，平面呈矩形，墓向95°。墓室内残长4.22米，宽1.87米，残高0.55米。墓砖均为长方形状，正反面饰钱纹与复线菱形纹组合，侧面模印“太熙元年八月韩朝作工”阳刻反书铭文。

此次4座纪年墓葬发现时均已遭到严重破坏，仅在M1和M6墓室上部堆土中发现零星的青瓷碎片，器形难辨，亦不可复原。

此次4座墓葬发现的纪年砖有出自M3的“太康八年”（287）、出自M7的“太熙元年”（290）、出自M6的“太安三年”

（查“太安”纪年只有两年，“太安三年”应为“永安元年”即304）、出自M1的“宁康三年”（375）和“泰元元年”（376）五种不同年号，分别为西晋世祖武帝司马炎、西晋孝惠帝司马衷、东晋烈宗孝武帝司马曜年号。据此判断，M3、M7、M6和M1的年代应该分别为公元287年、290年、304年和376年前后。M1出土的部分“泰元元年”砖还带有“晋故都尉”铭文字样，这种标示墓主身份铭文砖的出土，对了解当时的职官制度当有一定的参考作用。

凤凰山这批纪年墓葬的发现，为探讨宁波乃至浙江地区两晋时期的墓葬形制、丧葬风俗，以及当时鄮县的经济生产、社会生活等问题提供了新的实物材料和比照对象。

（林国聪）

【富阳市杜墓山南宋梁端礼墓】

发掘时间：2013年12月13～20日

工作单位：杭州市文物考古研究所、富阳市文物馆

南宋梁端礼墓位于富阳市新登镇乘庄村杜墓山自然村南侧的对面山东南部山坡中部，墓葬依山而建，是一座双室砖室墓，保存完整，方向105°。

北侧的M1为长方形竖穴石盖顶砖室墓，接缝处使用石灰涂抹，整个砖壁垒砌严实、密闭，防水性较强。砖壁之上使用大石条砌壁，其上用5块大石板覆盖形成盖顶石，相邻石盖板长侧面凿成半榫，上下咬合。墓底发现青瓷碗、瓶、青铜炉、玉牌饰、铜钱和一块墓志铭。南侧的M2为长方形砖室墓，用青砖砌壁，东壁、西壁和北壁均设壁龛并用砖封砌。壁龛中发现青白瓷小罐和褐釉瓷碟。

此次发掘最重要的收获是M1西壁发现的一块墓志，墓志立于墓室西壁正中。青灰色石质，正面及侧面光滑细腻，背面未经修饰。宽、高各91厘米，厚14厘米，正面铭文17行，前16行每行39字至40字不等，末行36字，共计668字。楷书，阴刻。根据墓志铭记载，M1的墓主为梁端礼，字正国，号淇园野叟。壬戌（1202）六月一十九日丁未之申时生于宁波月湖之湄，晚年住在临安府候潮门外小椤术（木）桥东大街，咸淳八年壬申（1272）六月十八日甲辰之巳时去世，享年七十一岁。1273年四月乙酉，葬于临安府新城县昌西乡松溪杜墓垄之原。娶成都房氏简倅。先后获得的武职官阶有承节郎、保义郎、成忠郎、忠翊郎、忠训郎、秉义郎、从义郎、修武郎、训武郎、武翼郎、武经郎、武节郎、武德郎和武翼大夫。先后担任的职务有庆元府都酒务、两浙转运司临安府浙江渡、建康府户部太军仓门兼斞面官、知昭州平乐县事、东南路第十副将、东南路第五正将、广南西路纲马驿程公事、东南路十二正将、东南第八正将、江南东路兵马副都监、福建路兵马都监、镇江府兵马钤辖和太平州兵马钤辖。梁端礼的曾祖父为梁坚，左武大夫、高州刺（刺）史，赠保信军节度使。祖父为梁彦中，武功大夫、江东揔（总）管，赠正任吉州刺（刺）史。父亲为梁椿，武翼郎，御前许浦都统司准备差遣，赠武义大夫。南宋时有夫妇合葬的习俗，M2的墓主可能是梁端礼的夫人房氏。

M1发现一块保存完整的墓志铭，墓志铭内详细记载了墓主的生平事迹，墓志铭记载的内容为研究南宋时期的行政区划、军队编制、军事体系提供了难得的实物资料。墓志铭中记载的“东南路”未见于史书记载，这对研究南宋的历史提供了新的线索。墓志铭中出现“杜墓”二字，而墓葬所在的村子就叫“杜墓山村”，这对研究富阳地区的历史具有重要意义。M1是杭州地区考古发现的第一座身份明确的品官墓，有重要学术研究价值。

（杨金东）

【永康市高塔山南宋窑址】

发掘时间：2013 年 8～9 月

工作单位：浙江省文物考古研究所

为配合东阳至永康高速公路的建设，浙江省文物考古研究所对永康市石柱镇厚莘村高塔山窑址进行了抢救性发掘。高塔山窑址位于厚莘村村北，发掘点地理位置坐标为北纬 28°51′52.9″，东经 120°5′41.0″。发掘面积 56 平方米。出土大量南宋时期婺州窑青瓷产品，以及少量的酱釉瓷、黑釉瓷、青酱釉组合瓷、素烧瓷、粗砂陶器等。青瓷器形有敞口碗、唇口碗、盘、盏、执壶、盘口壶、韩瓶、双系罐、盘口罐、钵、研钵等，酱黑釉瓷器形有碗、盏、盘口壶、罐等，青黑釉组合瓷器形有执壶、盘口壶等，素烧瓷器有扑满、器盖、韩瓶等，粗砂陶器有排水管、筒瓦等。出土瓷器多为灰胎，胎质较疏松、粗糙，施釉浅薄，釉色晦暗不清。器胎较厚，器身多见轮旋痕，圈足足壁厚薄不一，挖足较随意，制作粗糙不精细。出土窑具仅见喇叭形支柱。器物装烧方式为明火叠烧。

从发掘出土遗物看，高塔山窑址为南宋时期民用窑业遗存。此次发掘所得对婺州窑的延续发展研究，婺州窑民用瓷窑的研究，以及南宋时期民用瓷器及民间生活用具的研究提供了重要的实物资料。

（徐　军）

【温州市瓯海区焦下村明清墓葬】

发掘时间：2013 年 3～5 月

工作单位：浙江省文物考古研究所、瓯海区文博馆

墓葬位于温州市瓯海区潘桥街道焦下村南约 200 米的小山上，墓葬所处地形东、南、西三面为吹台山脉环围，北面为开敞平地。此次发掘共清理 27 座明清砖室墓，墓向均为南偏东向。绝大多数墓葬保存较好。共出土各类文物 35 件，有瓷碗、罐、盘、铜钱、砖、石圹志、镇墓砖等。

单室墓 8 座。墓葬形制相同，个别墓葬于封门墙前方置放石圹志或砖圹志，M17 顶部覆盖有石灰层用以防潮。以 M11 为例，该墓为长方形券顶砖室墓，方向 150°。墓壁、封门均为单层，采用平砖错缝顺砌法。券顶以楔形砖纵砌。墓壁、券顶内侧分别以长方形大砖、弧形砖嵌贴一层。墓底以长方形大砖纵铺 3 列。墓室内长 2.9 米，宽 1.28 米，高 0.9 米。墓葬用砖 4 种，均为素面灰陶砖。未见人骨及出土器物。

双室墓 16 座。均为券顶砖室墓，二墓室一组构成合葬墓。圹志出土情况不一：大部分墓葬二墓室前方各置立一块圹志，少部分墓葬二墓室中墙前方置立一块共用圹志，个别墓葬使用 3～4 块圹志。双室墓墓室中隔墙下部多设置有器物坑，出土器物组合分盖碗，碗、盘组合，碗、罐组合 3 种，器物内多放置 1～2 枚铜钱。M14 墓顶覆盖有石灰层用以防潮。以 M13 为例，该墓东邻 M15，保存完整，二墓室结构基本一致。墓底用大砖纵铺 3 列，墓壁采用平砖错缝顺砌法，券顶以楔形砖纵砌。墓室内部四壁以长方形大砖嵌贴一层，券顶纵向楔形砖内、外侧以弧形砖嵌贴一层。墓砖种类及规格与 M11 相同。M13 东室封门外侧置立一块石质圹志；西室封门墙外置立圹志二重，一为石质、一为砖质。

三室墓 3 座。以 M8 为例，三室并列，结构一致，方向 170°。该墓各室底部纵铺 3 列长方形大砖；墓壁采用平砖错缝顺砌法；墓顶无存，疑为券顶。封门设于各墓室前方，封门外侧以块石抵塞，客观上起到加固、防盗作用。各墓室墓主头部位置横置瓦枕各一。西二室中墙后方下部设一器物坑，内置 2 瓷碗，呈扣合状，碗内放置铜钱 1 枚。

出土瓷器均位于合葬墓中隔墙下方的器物坑内。器物坑多数为方形，个别为圆形，坑口以单块大方砖或数块长方形砖铺盖。出土瓷器组合多为碗、盘扣合，碗、罐扣合。碗内置放大定通宝铜钱，碗外壁多刻写“福寿双全”或“百子千孙”吉祥语。罐内则装有稻谷、铜钱。此类器物坑

均位于墓室下方，显然为砌筑墓室之前专门设置，具有奠基或者定风水的意义。

圹志立放于墓室前方封门墙外，个别墓葬将圹志置放于封门墙上端。圹志分石质、砖质两类，字面均朝向墓室内侧。石质圹志铭文均为刻写，砖质圹志铭文有刻写、朱砂书写、刻写加朱砂填描三类。

镇墓砖仅M15发现一块。砖正、反面及纵侧面以朱砂书画文字和道符，起镇墓驱鬼作用。

温州市焦下明清墓地清理的27座墓葬墓位排列有序，墓葬形制结构一致，时代特征显著。据出土的十余块圹志可知该墓地主要为明清时期温州本地王氏、陈氏、高氏、曾氏等家族的公共墓地，各家族墓葬自有区划，这些现象为研究明清时期的墓地制度提供了新材料。墓主头骨下设置瓦枕、墓室下方设置器物坑、墓顶覆盖石灰层，这些现象都是浙江明清墓葬的重要丧葬习俗，具有一定研究价值。此外，朱书圹志、镇墓砖的发现反映出道教、风水学说在明清时期流行于本地的事实。

（刘建安）

【杭州市余杭区卖鱼桥明清墓地】

发掘时间：2013年10～11月

工作单位：杭州市文物考古研究所

卖鱼桥墓地位于杭州市余杭区良渚镇东明山东南麓，墓地屡遭盗扰，急需实施调查、发掘并予以保护。经调查发掘共发现墓葬20座，以明清时期墓葬为主，仅1座宋代墓葬。由墓葬形制及《东明寺志》《正名录》等清代文献记载，明清时期该墓地为僧侣墓地，称“东明塔院”。墓葬依山势上下排列，有砖室、砖石混筑墓室和石室墓等。墓葬大多被盗或被扰乱，个别保存完整，共出土文物十余件（组）。

M1位于墓地西北部，为明开山东明昰祖师塔墓。墓园呈椭圆形，南向，墓塔已无，墓室八边形，室内为塌陷的石块和黄土，清理出少量遗骨。

M2至M6位于墓地中北部，共用一个墓园，南向，墓塔均无，M3和M5墓室长方形，M2、M4和M6墓室圆形，墓室内均有遗骨碎末发现。其中，M4为明当山海舟慈祖师塔墓，墓室内出土陶瓷器3件。

M7至M11平列一排，墓塔均无。M7位于M2的东南面，为孤云鉴禅师塔墓，东南向，墓室长方形，室内主要为遗骨碎末。M8位于M9西侧，南向，墓室不规整，室内为一残破的瓷缸。M9位于M8东侧，推测为“示寂东明堂上泉禅师之塔”，南向，墓室近似马蹄形，清理出大量的炭灰和少量的石灰结块，出土玉珠1颗，康熙通宝、雍正通宝、乾隆通宝各1枚。M10位于M9东侧，南向，墓室方形，发现部分遗骨碎末，出土青花瓷罐盖、碗口沿及底片。M11位于M10东侧，南向，墓室方形，发现部分遗骨碎末。

M8后侧墓园下叠压一座用石板覆盖的宋代砖室墓。

M12至M16位于M7至M11之南，与M7至M11紧临甚至交错，大致成排排列。M12位于M8和M9之间的南侧，南向，墓室近似马蹄形，清理出部分遗骨。M13位于M11南侧、M14西侧，墓室方形，清理出少量遗骨碎末。M14位于M7的南面，只存一墓室，室内为一石臼，石臼内为一储存遗骨碎末的粗瓷缸。M15位于M16西侧、M8南侧，南向，只存部分沙灰夯筑的硬面。M16位于M15东侧，南向，墓室方形。

M17至M20分布较分散，M18、M19、M20三墓并列一排分布，各墓年代已属晚清至近代，故未予揭露。

东明塔院始建于明代早期，大致衰落于清代晚期。塔院规模较大，墓葬较集中，且部分墓葬墓主明确，东明昰祖师、海舟慈禅师、孤云鉴禅师等均是中国佛教史上的重要人物。该墓地是中国佛教临济宗的重要祖塔院之一，具有较为重要的研究价值。

（王征宇）

安徽省

【固镇县小王庄霸王城新石器时代遗址】

发掘时间：2013 年 12 月

工作单位：南京大学历史学系考古学专业、南京大学文化与自然遗产研究所

固镇县小王庄霸王城遗址位于固镇南部的浍河南岸小王庄村前的台地上。经过对该遗址的考古调查和勘探，确认该遗址是一处台地式、四周环壕沟的新石器时期聚落。西部距台地约 20 米处有古河道，古河道宽约 18 米，开口距地表约 1.6 米，河道内为青灰色淤泥。在遗址的中部原有环壕，环壕宽 10 米 ~ 13 米。在遗址的东南部发现有大片红烧土、灰坑以及墓葬遗迹。考古人员在遗址东南部和西部分别布置了小型考古探沟 TG1 和 TG2。TG1 地层可分为 6 层，其中第①层为现代耕土层；第②层为宋元文化层；第③至第⑥层为新石器时期文化层。在第③层下发现有房址和柱洞，在第⑥层下发现有房址、灰坑以及墓葬（编号为 M1）。M1 中出土 4 件大口尊，其中 2 件有刻划符号，此外还有玉佩、玉管等遗物，其时代为大汶口文化时期。

依据出土和采集的遗物，初步确认小王庄霸王城遗址是具有龙山文化和大汶口文化堆积的新石器时代聚落遗址，它对研究淮河中游地区早期文明化进程、淮河流域与海岱区域文化的交流等都具有重要的科学价值。

（贺云翱　周桂龙　蔡文静）

【固镇县南城孜新石器时代至东周遗址】

发掘时间：2013 年 7 月 ~2014 年 1 月

发掘单位：安徽省文物考古研究所、武汉大学历史学院考古系

南城孜遗址位于固镇县湖沟镇马楼村，南侧紧临澥河。遗址面积近 20 万平方米。通过 2012 年的试掘工作及其后的材料整理，该遗址主要堆积的年代是大汶口文化时期。2013 年总计布方 26 个，发掘面积 700 平方米。发掘区在遗址东南部高台地上。2013 年发掘共发现遗迹有房屋 6 座，灰坑 111 个，灰沟 6 条，墓葬 1 座，井 1 口。遗迹年代涵盖大汶口文化、王油坊类型时期、商代、西周和东周。

通过 2013 年的勘探与发掘，联合考古队确认了遗址东南部高台地，是一处建筑于大汶口文化时期的垫土台。台基呈椭圆形，东西长约 130 米，南北长约 120 米。外围有宽度在 25 米 ~30 米的围沟围绕。台基的主体部分由水平的垫土平地垫起，自上而下分 5 层，分别为灰色土、白色土、黄色土、红褐色土、红褐色土夹料礓石，土质均纯净，极少包含生活垃圾。其下为生土。在垫土台基使用一段时间后，在外围加筑剖面呈梯形之外护坡，护坡用土为黄色土夹料礓石，土质纯净。台基垫土被大汶口文化晚期、王油坊类型、东周遗迹打破。台基外围之围沟由其填土堆积可辨明，这一处高台地晚至商代、西周、东周时期，均为此地居民主要居住区。围沟在战国时期最终被填平。

综合现有资料，初步推测这一总面积

1万多平方米的垫土台基是大汶口文化时期一处功能特殊的建筑。在王油坊类型时期，此处已是普通民居建筑区。

（何晓琳）

【含山县韦岗新石器时代遗址】

发掘时间：2013年10～12月

发掘单位：安徽省文物考古研究所

遗址南距凌家滩遗址仅2千米，属凌家滩遗址群的一部分，是一处包含新石器时代、汉代、唐宋—明清三个时期的岗地形遗址，文化堆积分布较散，总面积约3万平方米。因公路建设而进行了抢救性发掘，共布探沟3条，实际发掘面积226平方米，文化厚0.5米～2.4米。清理灰坑15个、沟3条、陶片堆2处以及一批柱洞。

新石器时代最重要的发现为一条较大的沟状堆积（G3），已发掘长约19米、宽约5米的一段，呈西北—东南走向，属遗址最早期。在沟底有一条类似道路的长条状陶片堆，方向与G3走向一致，已知长约6.7米、最宽约1.3米。在该陶片堆的东侧尽头，发现一批柱洞共有近百个，分布也与G3走向一致。陶片堆和柱洞有明显的衔接关系。

出土的新石器时代遗物以陶器为主，夹细砂红褐陶数量最多，另有夹粗砂红陶、泥质灰陶、红衣陶、黑陶和少量夹砂白陶等。质地疏松的夹植物陶最有特点，其上偶有简单的彩绘图案。器类有鼎、缸、豆、纺轮、饼、丸等，厚胎陶缸的数量很多。出土石器数量较少，仅有少量锛、斧、凿，且均有残损，但砺石较多。此外，动物骨骼发现较多，包括牙齿、颌骨、鹿角等。

韦岗遗址出土陶器明显不同于以往在凌家滩墓葬中所出，但与凌家滩可能的居住区发掘的遗物一致，当属于凌家滩文化的一部分。数量较多的动物骨骼也反映了当时人们对食物选择的倾向性，填补了凌家滩时期居民生活材料的空白，进一步明确了凌家滩文化的内涵。

【芜湖市计村大城子新石器时代至周代遗址】

发掘时间：2013年1～6月

工作单位：安徽省文物考古研究所

计村大城子遗址位于芜湖市鸠江区沈巷镇迎江行政村计村自然村西400米，江北产业集中区和顺路与皖韵路交叉口西南角。东距长江3.5千米，周围地势低平，水网密布。遗址为典型的台墩形遗址，平面呈椭圆形，相对高2米，现存台墩面积顶部800平方米，底部1000平方米，在其西50米还有一“小城子”，可惜在早年的农业生产中被破坏。

因安徽省江北产业集中区建设工程，2011年5月安徽省文物考古研究所派员调查发现该遗址。此次发掘共布长、宽各10米探方8个，实际发掘面积500平方米。

发掘结果显示，该遗址地层堆积厚2米～3米，文化层堆积大致可分为三个主要时期，分别为新石器时代晚期、西周—春秋、明清时期。

新石器时代遗存有墓葬1座、红烧土堆积1处和少量柱洞。墓葬仅存一小片碎烧骨，陶壶、石锛、石刀各1件。红烧土堆积分布面积约5平方米，厚0.3米，红烧土块较大，可能为墙体残块。柱洞分布规律不明显。

文化层中出土物包括玉器、石器、陶器等。玉器有玉锥形器，石器有石锛、石斧、石铲、石刀、石犁等。陶器有鼎、甗、圈足盘、壶、豆、杯、器盖等。

根据器物特征推断这些遗存的时代为新石器时代晚期后段，绝对年代在距今5000年～4300年，文化面貌与芜湖月堰遗址中晚期近同，与良渚文化和古埂上层遗存相似。

周代遗存有房址1座、灰坑6个、灰

沟2条、红烧土坑1个及少量柱洞。

房址仅存基槽和柱洞。基槽长7.4米，宽0.8米。基槽内堆积厚0.4米，剖面呈倒八字形。柱洞位于基槽内和两侧边缘，另在基槽附近也发现一批柱洞。基槽内柱洞平面为圆形、椭圆形，直径15厘米～60厘米，深25厘米～65厘米，填土为灰黄土，个别含有少量陶片。出土文物包括石器、陶器、印纹硬陶、原始瓷器和小件青铜器。根据器物特征推断周代遗存的年代主要在西周中晚期，个别延续到春秋早期。

清代遗存主要为16座墓葬，均为长方形竖穴土坑墓，多被近现代埋葬所打破，仅存少量人骨，无随葬品。

计村大城子遗址是在皖江北岸地区发掘的首个先秦遗址，初步建立起了该地区的先秦考古学文化序列（其间尚有缺环），对深入了解这一地区的先秦文化面貌提供了难得的第一手材料，对研究良渚文化向西北的扩张过程和西周王朝对东南地区的经略均具有重要意义。

（叶润清　张小雷　罗　虎）

【凤阳县乔涧子春秋明代琉璃窑遗迹汉代墓葬群】

发掘时间：2013年7～10月

工作单位：安徽省文物考古研究所、凤阳县文物管理所

乔涧子琉璃窑遗址位于滁州市凤阳县府城镇齐涧村乔涧子自然村南约1千米，西北距凤阳县古堆桥商周遗址约327米，西南距明皇陵约3000米，俗名“窑顶头”，面积约6万平方米。

为配合蚌淮高速至宁洛高速连接线工程建设，对乔涧子琉璃窑遗址和春秋、汉代墓葬群进行了抢救性考古发掘，共发掘明代早中期琉璃窑12座、春秋墓1座、汉墓3座和明清墓2座。在高速公路路基范围外，此次进行了全面钻探，又发现了19座同类性质的陶窑。

（一）琉璃窑：

琉璃窑12座，可分两种类型，一类为半倒焰式馒头窑，第二类为半倒焰式马蹄窑。除窑顶坍塌外，绝大部分陶窑均保存较好，结构基本完整。

馒头窑4座，平面近长勺形，全长约10米～15米，窑室宽4米～5米，深1.2米～1.8米，形制基本相同，由操作坑、窑门、火膛、窑室和烟囱五部分组成。操作坑平面近长方形，宽约1.5米，深约0.8米，两壁有青砖包砌，底部残留有柱洞。窑门平面近梯形，长约1.3米，残深约1.7米；窑门与火膛交界处为一道双砖平砌而成的砖墙，墙中部开一个拱券的弧形火门，高约1.4米。火门外残存有2～3层封门砖。火膛平面略呈扇形，底部比窑床低约0.6米，为烧结的青烧土硬面，呈圜底状。窑室平面为圆形，直径约4米～5米，口大底小。窑壁为烧结的青烧土硬面，厚约5厘米～15厘米。窑床一般用青砖平铺一层，也有的窑床底部不铺砖，仅为青灰色烧结硬面。窑室外围有一圈红烧土烧结面，环径约0.2米～0.7米。青砖砌筑的长方形烟囱紧接窑室后部，内有隔墙两道，形成3条烟道和3个上口，隔墙的中部或近底部均有长方形缺口，使烟道之间相互连通。接近窑床处有烟囱下口5个，其中两侧的2个烟囱下口各共用一条烟道，中部的烟囱下口则专用一条烟道。

马蹄窑8座，组成部分同馒头窑，全长10米～12米。操作坑平面近长方形，宽约2米～2.6米，残深1米～1.8米，两壁用青砖包砌，接近坑底部位亦发现有松软的灰烬层，坑底残留有柱洞，沿两侧壁分布。操作坑外有门道或斜坡通向坑内，应为窑工进出操作坑的通道。窑室平面为马蹄形，宽2.5米～3.2米，残深1.2米～1.8米。窑壁由砖坯砌筑，由外向内略倾斜。窑床则为青灰色烧结面。有的窑床平面上还残留有一道道平行分布的灰白色

或红褐色条状印痕，应为吸火孔痕迹。窑室外围亦有一圈红烧土烧结面，环径约0.2米～0.4米。砖砌烟囱与窑室后部共用一道砖墙，烟囱上口和下口均为3个，形成各自独立的3条烟道。

琉璃窑址 FQQ Y3（镜向东）

出土遗物有较多陶或琉璃瓦当、滴水、鸱吻、板瓦、筒瓦、花卉纹雕花砖、瓦当印模、青瓷碗、盘、香炉和动物骨骼等，亦有零星青花瓷片出土。瓦当质地有琉璃素坯和黄釉琉璃两种，以琉璃瓦当素坯占绝大部分。装饰有四爪或五爪团龙纹、花卉纹、乳钉纹、狮形兽面纹等，以团龙纹数量最多。滴水上有龙纹、牡丹纹、卷云纹、如意云纹等，其中龙纹和云纹数量占绝大部分。鸱吻上装饰鱼麟纹。雕花砖上则多为模印缠枝梅花。板瓦和筒瓦均为素面灰陶，内面有布纹。青瓷碗多为青黄釉，内底刮釉。青瓷炉为直壁、矮兽蹄足。

马蹄窑出土器物中的瓦当和滴水占绝大部分，而馒头窑内出土器物不分主次，瓦当、滴水、板瓦、筒瓦和雕花砖等均有。从陶窑形制结构及窑内出土器物判断，这些陶窑应为砖瓦窑，产品包括琉璃素坯和琉璃成品。其中，马蹄窑应为琉璃瓦窑，而馒头窑可能是砖瓦混烧的琉璃窑。

琉璃窑址 1FQQ Y10 出土的琉璃瓦当

（二）春秋、汉代墓葬群

春秋墓葬1座，汉墓3座，明清墓2座。

春秋墓葬 M2 为“凸”字形土坑竖穴木椁墓，墓口长6.6米，宽6.4米，墓深3.15米。墓向98°。墓室内北、西两壁及东南角有生土二层台。短斜坡墓道有两层台阶，墓道斜长1.94米，宽2.2米～2.4米，深0.06米～0.94米。墓底有主墓室和随葬器物坑，为东西向平行分布。主墓室长2.64米，宽0.9米～1.2米，深0.7米。随葬器物坑长2.6米，宽1.3米，深0.7米，随葬器物14件，青铜器4件，簋和枷各2件；陶器10件，有鬲、罐、鼎、豆、壶各2件。根据墓葬形制及随葬器物特征推断，M2的时代应为春秋晚期。

春秋墓葬 FQQ M2（镜向西）

汉墓3座，为长方形或梯形竖穴土坑墓，随葬器物组合为陶鼎、豆、壶、罐、矮柄杯，另有陶俑，亦有只随葬陶罐的。从随葬形制与组合初步判断，时代为西汉。

乔涧子琉璃窑遗址面积达6万平方米，规模大，窑址密集。从遗址规模、与皇陵和中都遗址的距离、出土遗物的特征并结合历史记载可推断，乔涧子琉璃窑址应为明代早中期为修建明中都和皇陵所建的官府窑场。明代砖瓦窑虽然发现不少，但确切判定为官窑的并不多，乔涧子琉璃窑遗址性质明确，窑址保存基本完整，在研究窑址考古、明中都及皇陵建筑历史等方面都具有重要学术价值。

春秋晚期墓葬M2的形制、随葬品组合等与凤阳大东关和卞庄、蚌埠春秋钟离柏君墓均非常相似，地理位置也很接近，其与后两者应有密切关系，是研究淮河流域春秋时期方国政治、经济和文化的重要资料。

（罗　虎　唐更生　朱　江）

【铜陵地区古代矿冶遗址春季调查】

发掘时间：2013年4月27日~6月10日

工作单位：中国国家博物馆、安徽省文物考古研究所、铜陵市博物馆、铜陵县文物管理所、首都师范大学历史学院

为进一步实施皖江流域古代矿冶遗址调查工作，联合调查组在铜陵地区进行了古代矿冶遗址的专题调查。

此次调查中的新发现主要包括：

第一，4月28日~5月3日，复查位于铜陵县钟鸣镇金山组的金山冶炼遗址，并扩大调查范围，在已知地点周边及山腰处，新发现5个炼渣集中堆积地点，并发现一处烘范窑，内部仍存带夯窝的泥坯，初步推断该遗址曾是商周时期采、冶、铸三位一体的生产基地。

第二，5月4日，在铜陵县钟鸣镇水村发现花塘岭采矿遗址。在名为花塘岭的小山丘上，发现两处矿井，但有现代扰动迹象，井口被扩大，形成敞口坑，深部已淤塞，周边有较多废石堆积，在该遗址采集到典型的采矿工具——亚腰形石锤。

第三，5月5日和10日，复查位于铜陵县钟鸣镇金山村上王组的徐冲林场遗址的炼渣堆积，采集到较多唐、五代时期瓷器残片，在附近山上新发现5处矿洞。

第四，2013年5月12日，在铜陵县顺安镇凤凰山村调查时发现相西冶炼遗址，该遗址坐落于滴水崖瀑布上方，相西村培植丹皮的花圃中采集到炼渣和少量唐五代时期瓷片。

第五，5月13日至15日及20、21日，在铜陵县顺安镇凤凰村仙人冲周边的蚂蟥腰、铜井、小铜山发现古采矿洞若干，并在小铜山半山腰发现炼渣堆积，小铜山顶则采集到若干亚腰形石锤，周边采集到若干印纹硬陶片。

第六，5月22、23日，复查铜陵县凤凰村的万迎山遗址时，在现代露采坑下新发现了5个矿洞和若干坑木遗存，在周边居民地及山脚下农田中，有较多炼渣堆积，并发现2件亚腰形石锤。在万迎山北坡发现古采矿洞若干，洞外有大量废石堆积，并采集到较多印文硬陶。

第七，5月26日，在复查铜陵县新桥乡的高墩遗址时，发现了与其邻近的白杨墩遗址，采集到若干印纹硬陶残片。

（李　刚）

【固镇县谷阳城遗址战国至魏晋城址】

发掘时间：2013年9月~2014年1月

工作单位：南京大学历史学系考古学专业、南京大学文化与自然遗产研究所

谷阳城遗址位于蚌埠市固镇县城南1千米，北距浍河南堤约400米，东北距京沪铁路线约50米，西有澥浍新河，南有解

放渠。该遗址隶属固镇县连城镇谷阳村。现存谷阳城遗址平面为近似方形，面积约140万平方米，海拔17.4米~23.4米。地表有城垣、城壕等遗迹，城内海拔20.1米~20.6米。为配合南京大学历史系考古专业田野考古实习基地的建设，南京大学历史系考古学专业对该遗址进行了第三次发掘。另外，南京大学文化与自然遗产研究所也对该遗址进行了全面勘探和试掘。

发掘位置与2012年的发掘地紧临，发掘面积750平方米。发掘进一步获得了丰富的战国晚期楚文化因素遗存，为谷阳城的始建年代和性质提供了更为丰富的资料。发掘也获得了较多的秦代遗存，以秦代印章和封泥最为重要，反映了秦王朝对此地的经略情况。

勘探位置在城垣的东北角、西垣南段、南门、西北角等，勘探面积共约4000平方米。在勘探的基础上，布设了大小24条探沟，试掘面积约520平方米。勘探和试掘获得了谷阳城城垣结构、城门结构、护城壕、城垣内侧水渠等遗迹的相关资料。其结果表明谷阳城是一个四边长度相近的方形环壕土城，且在城垣内侧设有水渠。城的方向大致呈东北至西南向（方向约为10°），城垣的中部均设有城门，城门外两侧均有半圆形马面结构。

从出土遗物判断，谷阳城遗址的时代主要是战国晚期至汉代。

（赵东升　周桂龙）

【固镇县王庄镇双李战国两汉墓群】

发掘时间：2013年7~9月

工作单位：安徽省文物考古研究所

双李墓群位于固镇县王庄镇双李村北部约1千米处。2013年，固镇县在土地整治中发现古墓群，随后安徽省文物考古研究所对该墓群进行了抢救性考古发掘。共清理墓葬22座、窑址2座、灶址1座、灰坑6个。出土遗物100余件（套）。

墓葬主要为战国和两汉墓，宋墓1座。2座窑址为连体窑，共用同一操作间。灶址可能为窑工临时炊煮使用。灰坑均分布于窑址周边，填埋的多是烧窑形成的垃圾。

出土遗物中陶器占绝大多数，铜器、铁器较少，还有少量的琉璃器和滑石器。陶器主要有生活用器和模型明器两类，生活用器主要有鼎、罐、壶、盒、钫、钵、釜等，模型明器有磨、井、仓、灶、圈等。铜器以铜钱为多，另有铜镜、铜洗、铜带钩、铜盖弓帽等。铁器有铁削、铁釜、铁剑。出土的一组滑石质覆面，由11块长方形滑石板组成，制作精细，排列整齐，可能是缝于织物上使用。另出土一件天蓝色的琉璃器耳珰，晶莹剔透，非常精美。

（王　志）

【固镇县东岗子西汉墓群】

发掘时间：2013年12月

工作单位：安徽省文物考古研究所、固镇县文物局

东岗子墓群位于固镇县杨庙乡蒋南村大王庄东北约200米，著名的省保单位——谷阳城遗址西约400米。墓群所在地系高出地面约2米的丘陵，当地俗称“东岗子”。固镇县南城区新规划的伯禹路从墓群的正中间穿过。

为配合伯禹路工程建设，对用地范围内的地下埋藏文物进行了考古发掘，共清理墓葬10座（其中土坑墓6座，砖室墓4座），出土各类文物50余件（套）。此次发掘的4座砖室墓皆埋藏较浅，遭破坏严重。6座土坑墓可分为双人合葬墓和单人墓。

双人合葬墓仅M9一座，方向35°，开口于耕土层下，距地表深约0.2米。平面呈长方形，长2.76米，宽2.26米，深1.3米。葬具已朽，从朽痕判断，两具人骨位于同一木椁中，东侧人骨有棺，西侧人骨无棺。椁下有铺设枕木。西侧人骨保存较好，系仰身直肢葬，身高大于1.6米，从

牙齿和腿骨、盆骨判断，死者应为年龄在45岁左右的男性。东侧的人骨仅清理出腿骨两段，长约0.33米，其他信息不详。随葬器物皆置于椁外，共26件，分别为滑石鼻塞2枚、口琀1枚、铜钱若干、铜带钩1件、铜镜1面、陶鼎1件、陶罐4件、陶壶7件、陶钵1件、陶磨1件、陶井1件、不名陶器2件和象牙块6枚。

单人墓5座，其中M6方向218°，开口于耕土层下，距地表深约0.2米。平面大致呈长方形，长约2.84米，宽约1.36米~1.56，深0.9米。葬具已朽，根据痕迹判断，应为木质棺椁，椁内置死者，椁外置器物箱。椁下铺设枕木。人骨保存完好，仰身直肢葬，面向西，身高约1.7米，推测墓主为男性，年龄在35岁~40岁之间。随葬品较少，皆位于器物箱内，分别为陶鼎1件、陶钫1件、陶盒1件、陶罐1件、陶俑2个、不名陶器1件。

M7位于M6东北方向，方向15°，开口于耕土层下，距地表深约0.25米。平面大致呈长方形，长2.78米，宽1.38米~1.4米，深1.55米。在距开口约0.6米处设置二层台，东侧宽约0.2米，西侧宽约0.35米。葬具不详。人骨已朽，根据朽痕推断墓主头向北。随葬品皆位于头箱内，分别为陶俑2件、陶鼎1件、陶壶1件、陶盒1件、陶器盖1件。

通过对墓葬形制和出土遗物的分析，这批土坑墓的年代大致在西汉早期。

（张义中）

【濉溪县柳孜运河遗址】

发掘时间：2013年

工作单位：安徽省文物考古研究所

柳孜运河遗址位于淮北市濉溪县百善镇柳孜行政村。1999年因泗县至永城公路改建工程进行了第一次发掘，发现沉船、石构建筑等重要遗迹，出土瓷器、陶器、铁器及骨器等一批珍贵文物，被评为1999年度全国十大考古新发现。

柳孜运河遗址的第二次发掘主要是为了配合全国大运河的世界文化遗产申请工作而开展的主动性发掘；同时也进一步理清了隋唐大运河柳孜段河道结构及文化层位堆积埋藏情况。遗址发掘面积约2000平方米，发掘范围是在1999年发掘区域的东侧并把原南岸石桥墩包括在内，解剖运河河道。文化层位堆积比较清晰，通过这些堆积现象可以大致了解运河的形成、使用、变迁、淤塞、废弃的整个历史变化过程。重要遗迹有：运河河道、两岸的河堤、两岸的石筑桥墩、河道中间的石板路、道路、建筑址和木船等。

在河堤与河道遗址方面。

隋唐时期河道宽约40米。随着不断的变迁，运河南岸逐渐向北推进，河道逐渐收窄。晚期的河道宽超过20米，河底宽12米~15米。此次发掘总体揭露运河河道34米。河道部位堆积共分17层，第⑩层是红胶泥层，分布于整个河道之内，厚度20厘米~30厘米，应该是运河使用期间最后一次形成的淤积。红胶泥层之下直至河底的堆积均为黄沙层，在这些层位之间可以看到运河使用过程中沉积的纯沙层，包含物较少；也可以看到运河淤塞过程中形成的淤沙层，出土遗物较多、杂，种类丰富。通过黄沙层和淤沙层循环更替的情况可以了解运河在使用、淤塞、清淤、再使用的运河管理过程。第⑩层以上为运河废弃之后的堆积。

两岸河堤堆积情况略有不同，北河堤自隋唐时期一直沿用，基本没有位移过。隋唐时河堤堆积的土比较纯净，出土遗物也比较少。宋代在此之上进行增筑，宋代的河堤顶宽13米左右，所使用的土比较杂，河堤是呈斜坡状的层层叠压堆筑，每一层的厚度大概在40厘米~70厘米不等。

已揭露的南岸河堤始筑于唐代晚期，宋代增筑。河堤堆积层位编号共24层，其中第⑧层及以上的层位为宋代河堤堆积，第⑨层至⑯层为唐代河堤堆积，堆筑河堤的土较黏硬且纯净。第⑰层至㉔层为唐代运河使用期间的沉积。即早期河道不断淤积，到唐晚期南侧河道便不再清淤，直接依托河道在此筑堤，故在河堤下是运河使用期间的黄沙沉积物。从解剖探沟可以清楚看到自唐代到宋代南河堤的变化过程和堆筑技术。水工们采用阶梯状堆筑技法，为了增加河堤的稳固性和耐冲刷性，使用打木桩的技术，在河堤中打入木桩以加固河堤，所以河堤很陡，从剖面来看，南堤内坡斜度大约70°。受到发掘范围的限制，具体宽度不明。

运河两岸和河道等遗迹（镜向北）

在桥墩遗址方面。

北桥墩长 12.7 米，宽 7.7 米，残高 4.5 米。石筑，长方体式墩身。因当地多次在此挖掘石头盖牛棚和建造电灌站，破坏严重，现存的部分由于是在民房下面而幸得保全。南岸桥墩是 1999 年发掘出来的，长 14.3 米，宽 9.2 米，高 5.05 米，保存较好。依托河堤砌筑。桥墩东西两侧有明显的收分，北侧立面砌筑得较为整齐。桥墩基础在迎水面一侧伸出一小部分。体量略大于北桥墩，距北岸石桥墩约 18 米。两墩形制和砌筑方法相同，均为长方体结构，依托河堤砌筑。首先是在河堤上挖出一个大坑，而坑底是呈阶梯状的，接着是铺石块。在石块与石块之间用碎石子、土和石灰整平，即传统上的“支山”砌法。砌筑桥墩的石块来源较杂，有规整的石板（条）、不规则的石块、画像石、带凹槽的构件等。

南岸桥墩（镜向西）

在石板路遗址方面。

石板路位于两岸石筑桥墩中间，占据河道。根据层位判断，石板路时代为金代中后期，是在该段运河完全废弃不用之后人们为了再次沟通两岸，把中间的河道拦截填平修筑的。其做法是，依托两岸石筑桥墩，沿桥墩外侧砌筑两道石墙，在石墙中间用土和砖石块充填，面上铺石板，这样就把两岸的桥墩连接起来。石板路东面墙体保存较好，可以看到石板路通道和左岸石筑台体的接缝，而西面则已倒塌。

此外，在北堤的外侧发现一段道路，和北桥墩相连。路面向桥梁方向延伸的地势逐渐抬高达到能连接桥梁的高度，坡度约10°左右。道路的堆积不是一次性堆筑而成，随着时间的推移而逐层堆积的。最底层是原始路面。路面在靠近两侧边缘时有点下坡，所以路的断面大致是呈梯形。路宽 14.7 米，厚 13 厘米～50 厘米。

在路的东侧还清理出两处唐宋时期的建筑基址 F1、F2。在 F1 和 F2 内发现有一些柱础坑、柱洞及灶坑。

在木船遗址方面。

此次发掘发现沉船一艘，残损严重，

无法提取。船残长 2.3 米、宽 0.9 米。船底朝上，船下有一长串的铜钱，有崇宁通宝、崇宁重宝等，大小不一。船的构造是使用铁钉把木板严实合缝的钉住，扒钉分为横钉和十字钉，接缝处用石灰密实。同时在河底出土了大量的石船锭，可以想象当时船只往来的繁华程度。

在出土遗物方面。

此次发掘出土大量的遗物，主要是生活用具、娱乐用具、武器、漕运遗物等。器物的质地有瓷、陶、石、铜、骨、木、铁等。器形有瓷碗、瓷碟、瓷壶、瓷盏、瓷球、人俑、动物俑、陶盆、陶球、陶铃、骰子、瓷围棋子、象棋子、骨簪、铁矛、铜钱、铜簪、木梳、石球、石船锭等。瓷器残片数以万计，可复原的遗物数量达 7000 余件。尤其是瓷器的种类丰富，涉及窑口比较多。可辨的窑口有磁州窑、临汝窑、耀州窑、景德镇窑、寿州窑、长沙窑、建窑、钧窑、定窑、巩县窑、龙泉窑等。其是研究唐宋时期全国瓷器的重要材料。

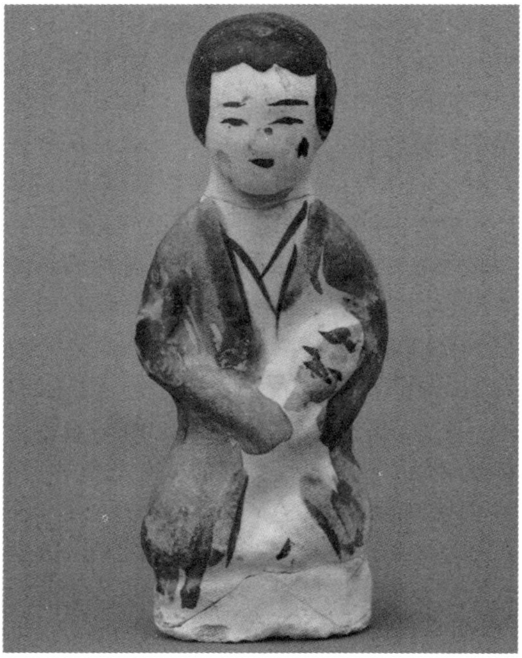

红绿彩瓷俑

（陈　超）

【蒙城县双龙村汉唐墓群】

发掘时间：2013 年 1～4 月

工作单位：安徽省文物考古研究所

双龙村墓群位于蒙城县乐土镇双龙村东南部，为配合蒙城县土地整治工程对该墓群进行了抢救性发掘。共清理墓葬 46 座、窑址 2 座。出土铜、铁、陶器等遗物 200 余件，铜钱 400 余枚。

汉墓散布在六七个孤堆内，共 40 座。竖穴土坑墓 6 座，砖室墓 33 座，另有 1 座瓦筑墓。土坑墓有 4 座位于同一孤堆内，保存稍好。其中 3 座带有超长的缓坡墓道，1 座墓口呈不规则形，与 1 座带墓道的土坑墓形成合葬。砖室墓分为单人墓、双人墓和多人合葬墓，均带有斜坡墓道，墓型有“中”字形、刀形、长方形等，其中有两座墓存在续建现象。汉墓多数被盗，随葬陶器有陶罐、陶壶、陶鼎、陶瓿等生活用器和陶磨、陶灶、陶圈、陶井等模型明器，其中相当数量为釉陶。铜器有铜镜、铜洗、铜带钩、鎏金铜泡钉、铜铺首、大量的车马器构件和 400 余枚铜钱。6 座明清墓规模都较小，均为单棺葬，有的在墓的一端紧贴棺外置一方形墓志砖。

2 座窑址分别建于汉代和唐代，汉窑保存稍好，唐窑破坏严重。均为北方地区常见的马蹄形窑。

此次发掘所见的汉墓形制丰富多样，时代特征明确，具有明显的区域特点，是一批不可多得的考古学资料。土坑墓二次合葬的方式较为特殊，两座经过续建的砖室墓也极为罕见，为该区域汉墓建造工艺演变、墓砖形制变化等研究提供了直接依据。此次发掘还对一处保存较好的孤堆进行了解剖，揭示了孤堆这一皖北常见的古代遗存的堆积过程，其先建孤堆再挖墓的建造方式应是土墩墓的一种延续形式。

（王　志）

福建省

【闽清县南木墩新石器时代遗址】

发掘时间：2013年5～7月。

工作单位：福建博物院文物考古研究所

南木墩遗址位于闽清县东桥镇南坑村西北约500米。2010年8月，在京台高速公路考古调查发现，遗址面积约2000平方米。2013年由福建博物院文物考古研究所对高速公路涉及遗址的区域开展抢救性考古发掘工作。此次考古发掘共布长、宽各5米探方20个，发掘面积500平方米。出土陶器、石器等共100多件。石器有石锛、石钺、石镞、水晶尖状器等；陶器有罐、釜、壶、豆、盘、簋、杯、纺轮、鼎等。

发掘区地层可分两层，第①层为表土层，黑褐色土，质地疏松，厚5厘米～25厘米。第②层呈灰红色，土质稍硬，含较多砂，出土少量的陶片、石器等，厚30厘米。在第②层下，发现并清理了10座新石器时期墓葬及1个灰坑。第②层下为生土或风化岩。

墓葬均为土坑竖穴墓，人骨已腐朽无存。其中5座墓葬方向为近西—东向，4座为东南—西北向，1座为东北—西南向。墓坑较浅。随葬品数量少的仅1件，多的有25件，遗址出土陶器、石器等共100多件。石器有石钺、石锛、水晶尖状器。陶器陶质多数疏松且薄，保存状况很不理想，少量泥质黑陶保存稍好。器形有罐、釜、壶、豆、盘、簋、杯、纺轮、鼎等。

南木墩遗址发现的墓葬中随葬品的陶器器物组合与昙石山遗址中层即“昙石山文化”极为相似，常见釜、壶、圈足盘、杯和簋等器形，器形特征亦大同小异。可判断遗址的年代应为新石器晚期，其文化内涵与昙石山文化有着密不可分的关系。但器物形态、器类及陶质陶色较昙石山文化又有所变化，如M1出土的连通形器及M10出土的带把鼎在昙石山遗址均未发现，多数陶器的陶质更薄且疏松，陶色亦有所不同。该遗址的发现及发掘，是对昙石山文化内涵的重要补充。

闽清介于闽西、闽北与闽东、福州之间，过去尚未发现或发掘过类似于昙石山文化因素的遗址或墓葬，南木墩遗址的发掘填补了这一地区新石器时代晚期考古发现的空白，为研究新石器晚期福建东、西部之间的区域文化交流提供了珍贵的实物资料，有着较为重要的意义。

（温松全）

【光泽县茯苓山新石器时代至商代遗址】

发掘时间：2012年12月～2013年7月

工作单位：福建博物院文物考古研究所

茯苓山遗址位于光泽县崇仁乡沙坪村西北面和北面，包含茯苓山、馒头山、茶山、上排山和下排山等5处山丘，上述5处山丘由西至东排列，南面为富屯溪支流河谷盆地，北面为绵延相连的低矮山丘。

因邵光高速公路建设，对上述5处遗址进行抢救性考古发掘。其中茯苓山发掘面积800平方米，第①层下揭露长方形土坑竖穴墓2座，墓坑打破生土层。出土陶器有罐、杯等，为闽北地区白主段文化类型，时代相当于商代中晚期。

上排山发掘面积450平方米，第①层下揭长方形土坑竖穴墓9座，墓坑打破生土层，墓向均偏向东南，横亘排列长条形山脊上。出土陶器有盆、罐、尊等，属白主段文化类型。

下排山发掘面积约700平方米，第②层下揭露11座竖穴土坑墓，多为长方形，个别为方形。大多数打破生土层，个别同时打破第③层及生土层。其中发掘区东部的M9规模最大，长5.4米，宽2.2米，深1.1米，为福建地区商周时期第二大土坑竖穴墓。墓中出土陶器53件，主要器形有罐、尊、盉、盆、釜、杯等，属白主段文化类型。

茶山发掘面积约700平方米。第②层下揭露房址2座、灰坑3个、火膛1座，第③层下共揭露房址3座。出土大量的陶纺轮、陶网坠、石箭簇、石锛、砺石等生产工具，第②、第③层和两层下的遗存均属白主段文化类型。

馒头山发掘面积约700平方米。第②层和第③层下共揭露房址12座、灰坑4个、似灶遗迹5处、陶窑3座。上述遗存年代相同，构成完整的史前人类生活区。遗址出土陶器有釜、罐、豆、盘形鼎等，以及大量的陶纺轮、陶网坠、石箭簇、石矛、石戈、石锛、砺石、玉玦等生产工具，属闽北地区马岭文化类型，时代为新石器时代末期。

馒头山的12座房址，基本以F9为中心环绕分布，是福建省目前发现的共存数量最多、最完整的史前建筑群遗迹。房址平面形状分圆形和方形两种，圆形房屋直径3米~5米，方形房屋边长2米~4米，均由大小不等的柱洞围合而成，方形房址为福建省首次发现。有4座房址内发现有似灶遗迹，并且其中F3、F12两处房址的门道和房内地表可辨较明确的活动踩踏面，属地面窝棚式建筑，不同于以往发现的干栏式建筑。

此次5处遗址发掘揭露的遗存，极大丰富了闽北地区新石器时代晚期至青铜时代文化类型的内涵，为研究福建北部地区史前和青铜时代聚落形态提供了重要资料。

（陈明忠）

江 西 省

【九江县太公岭新石器时代遗址】

发掘时间：2013 年 9 ~ 11 月

工作单位：江西省文物考古研究所、九江市文物局、九江县文物管理所

此次发掘区位于太公岭遗址的东北角，全部位于都昌至九江高速公路红线范围内。发掘面积 500 平方米，布长、宽各 5 米探方 20 个。从 T2 西壁剖面可见，地层一共分为二层，第①层为耕土层，第②层为新石器晚期地层土质较松软细腻，土色偏灰，该层土下即为生土。由于发掘区位于太公岭遗址边沿，只在 T2、T3、T4 的局部发现有薄薄一层约 5 厘米 ~ 10 厘米厚的新石器晚期文化层外，其余各方均为耕土层下即为生土。由于太公岭是当地村民的祖坟山，从发掘情况看，发掘的这一块区域局部分布的新石器晚期地层遭到严重破坏，只出土了少量陶片，可辨器形主有黑皮磨光的豆，夹砂红陶的器把等，陶片全为泥质灰陶和夹砂红陶，另出土有手斧一件。此次发掘虽然获取资料有限，但对认识太公岭遗址的文化面貌、了解张家河流域的史前文化提供了实物资料。

（饶华松　严振洪）

【九江县荞麦岭商代遗址】

发掘时间：2013 年 8 ~ 12 月

工作单位：江西省文物考古研究所、九江市文物局、九江县文物管理所

为配合都昌至九江高速公路建设，经国家文物局批准同意，联合考古队对荞麦岭商代遗址进行了考古发掘，发掘面积 2000 平方米。荞麦岭商代遗址位于九江市九江县马回岭镇富民村荞麦岭自然村北 100 米的山坡地上，商代遗址北侧为汉唐墓葬群。

商代遗址区文化堆积最深可达 2.5 米，已经发掘出商代水井 4 口，窑址 1 座，房址 4 座，灰坑 52 个，出土商代遗物 200 余件，复原陶器 50 余件，陶片数以万计。陶器可见器形有鼎、鬲、斝、爵、罍、尊、簋、觚、圜底罐、豆、盘、大口缸、器盖等，还发现了较多了铜矿石、坩埚、炼渣、炉壁等与冶炼相关的器物，另有石镞、石刀、石凿、石斧、石锛、各式砺石以及少量青铜箭镞出土。商代遗址截至 2013 年可知年代在早商晚段至中商之间。

经过初步调查，荞麦岭遗址商代遗址区南北长约 150 米，东西宽约 350 米，分布面积约 5 万平方米，商代遗址区主要分布在荞麦岭这个大垄的南部。

（饶华松　严振洪）

【金溪县聂家商周遗址】

发掘时间：2013 年 11 ~ 12 月

工作单位：江西省文物考古研究所、金溪县文物管理所

聂家商周遗址位于金溪县琅琚镇安吉村委会山上聂家自然村，聂家商周遗存主要分布于五个山包上，以钉坑山为中心，其东南为蛇山，其东北为杨梅科山，其西北为塝上山，其西南为走马山。聂家商周遗址西距抚河约 5 千米，东距抚河支流琅

琚河约2千米，分布面积总计约2万平方米。遗址中部有一条彭家至琅琚镇的乡道从北向南穿过。

为配合金溪至抚州高速公路工程，联合考古队对高速公路经过的聂家商周遗址公路红线范围内的钉坑山遗存进行了抢救性考古发掘。布长、宽各5米探方26个，发掘总面积约750平方米。此次发掘揭露主要为西周遗存。出土了一批石器、陶片、青瓷片等文物标本。

所发掘的西周遗存呈堆积薄、包含物少等特点。出土文化遗物主要为陶片，少量磨制石器。石器，有石镞、石斧、石锛等。陶器以夹砂陶为主，占74%，泥质灰陶较少，占26%。可辨器形有鼎、钵、罐、陶刀、纺轮等，另有圈足器、平底器、折肩器等残片。纹饰分为刻划纹与印纹两类。刻划纹有栉点纹、曲线纹等。印纹有网结纹、弦纹、绳纹、方格纹、蓝纹、云雷纹、附加堆纹等。装饰风格多为刻划纹与拍印纹相结合，并多装饰于器物口沿部。这些器物特征风格与鹰潭角山文化特征相似，应为商末周初时期。聂家商代遗存出土物较为单纯，与鹰潭角山商代窑址文化面貌相同。

该遗址的发掘为研究该地抚河流域的先秦聚落形态、分布范围、源流走向等补充了新的资料。

（李育远　吴泉辉）

【新余市庙前西周至清代遗址】

发掘时间：2013年4~6月

工作单位：江西省文物考古研究所、新余市博物馆

庙前遗址位于新余市水西镇施家村委曹家自然村东面的丁下山苗圃南面的一片台地上，地处袁河南岸，南部高，北部低，属丘陵台地类型遗址。

为配合新余至新干货运快速一级公路工程，联合考古队对位于公路改造红线范围内的庙前遗址进行了抢救性考古发掘。发掘总计布长、宽各5米探方57个，面积1425平方米。此次发掘揭露有西周时期地层、汉晋墓葬、宋代砖瓦窑场、清代房址等不同时期遗存。出土遗物有石器、陶器、瓷器、砖瓦等。

西周时期遗存较少，主要分布在发掘区南部。地层堆积较薄，遗物少而单纯，没有发现遗迹。遗物以陶器为主，少量石器。陶器以泥质灰硬陶为主，其次为夹砂灰硬陶，多为轮制。可辨器形有甗、高领罐、罐、折肩器等。纹饰以方格纺、棱形纹为主，还有网结纹、弦纹等，具有典型西周时期风格。石器有锛和斧两类。遗址地处赣中袁河下游冲积平原的自然走廊之上，这里分布着多处商周文化遗存，如南安乡赵家山西周早期遗址、罗坊镇陈家雷公山、柯树下商周文化遗存等，它的发掘为研究当地的先秦聚落形态、分布范围、流源走向等补充了新的材料。

汉晋时期遗存仅发现3座墓葬。属长方形土坑竖穴砖室墓，皆被破坏。砖有素面砖与花纹砖两种。出土随葬品有陶器与青瓷，陶器器形有罐、灶、碟、器盖、器座、钵等。青瓷器形为豆、碗、盏、盅、钵。从出土随葬品特征看，墓葬属东汉到南朝时期。

宋代遗存中有砖瓦窑1座和灰沟1条，皆位于发掘区中部。砖瓦窑，平面呈马蹄形，属挖生土建成，坐西朝东。由工作室、操作坑、火门、窑室、烟道5部分组成。在窑床中后部还留有摆放整齐的未烧的砖瓦生坯。灰沟位于砖瓦窑北部，平面呈L形。呈南北走向，南高北低。宋代地层出土遗物有青瓷、青白瓷、黑釉瓷等，器形有碗、高足杯、盏等。此次发掘揭露的瓦窑丰富了江南地区的窑炉类型，是研究宋代南方地区民居建筑材料来源的重要史料。

清代遗存主要位于发掘区南部。遗迹有房址与灰坑。出土遗物多为生活用器，

主要为青花碗、杯、盘与少量釉陶缸与镭钵等。日常用瓷碗、盘、杯上多凿刻以示区别的个人标记，器物上凿刻有“江、顺、聖、寿、正、大啟、盛、纯、礼、天、姚、元、祥、达”等十多种字符标识，表明在清代中晚期这里曾为一处较为大型的聚落。

总之，庙前遗址虽然遭破坏严重，但遗存跨度长，从先秦到近代，一直有人类在此生产、生活，是一部记载当地历史兴衰的无字史书，材料比较珍贵。

（李育远　李小平　高增忠）

【九江县荞麦岭汉唐墓葬群】

发掘时间：2013 年 8～12 月

工作单位：江西省文物考古研究所、九江市文物局、九江县文物管理所

为配合都昌至九江高速公路建设，经国家文物局批准同意，联合考古队对荞麦岭汉唐墓葬群进行了考古发掘。荞麦岭汉唐墓葬群位于九江市九江县马回岭镇富民村荞麦岭自然村北 100 米的山坡地上。

此次考古发掘共清理汉唐墓葬 20 座，唐墓 M20 为土坑竖穴墓；其余 19 座为券顶砖室墓，其中汉代墓葬 17 座，唐代墓葬 2 座，M1、M7 为唐代墓葬，M2～M6、M8～M19 为汉代墓葬。M3、M7、M14、M15 未遭盗扰，其余各墓均有不同程度的扰乱。

汉代墓葬除 M8 为“凸”字形券顶砖室墓外，其余均为长方形券顶砖室墓，墓顶均遭毁坏。除 M4 为南北向外，其余均为东西向。M14、M15 为单室砖室墓，M6、M9、M18 残破严重，只剩墓底铺地砖一部分，无法辨明有无前后室，其余均为带前后室的砖室墓，其中 M2、M3、M16 前室朝东，M4 前室朝南，M5、M8、M10、M11、M12、M13、M17 均为前室朝西。墓砖花纹见有网钱纹、对称半圆圈纹、对角几何纹、交叉线纹等，M8 见有“永元二年”铭文墓砖。M19 为东西向带双耳室的卷顶砖室墓，前室朝西。

汉代墓葬中出土随葬器物 110 余件，按质地分有陶器、铁器、铜器、琉璃器、琥珀等。墓葬器物组合均有模型明器出土，其中 M14、M15 未见绿釉红胎模型明器，全为素面灰陶，其余各墓都出土有绿釉红胎模型明器。各墓均出土有中国早期名片石方。以 M8、M15 为例，M8 出土石方 1 件，绿釉耳杯 1 件、绿釉谷仓盖 1 件、绿釉陶案 1 件，绿釉陶灶 1 件，铁剑 1 件。M15 出土有双系硬陶罐 3 件，弧腹硬陶罐 1 件，深腹硬陶罐 1 件，灰陶罐 1 件，灰陶井 1 件，灰陶谷仓 1 件，灰陶灶 1 件，灰陶鼎 1 件，灰陶釜 1 件，五乳规矩凤鸟纹铜镜 1 件，S 形铁器 1 件，环首铁刀 1 件。

唐代墓葬中 2 座为长方形券顶砖室墓，1 座土坑竖穴墓。砖室墓为小砖铺砌，墓墙砖采用三顺一丁的方式铺砌。M1 被破坏严重，仅剩一个残角，出土了碗 1 件。M7 中出土了酱褐釉双系罐 4 件、酱褐釉壶 1 件和开元通宝 1 件。M20 出土了铜镜、铁剑、砚台等物。

清理的 17 座汉墓集中分布在荞麦岭这个山垄的东南坡地上，墓葬大小形制基本类似，墓砖花纹也基本一致，墓葬时代由东汉中期至东汉晚期，以东汉中期墓葬为多。3 座唐墓位于山垄的半坡，大小形制基本一致，为盛唐时期墓葬。20 世纪 80 年代，中山大学在此清理了 5 座汉墓，调查发现了数十座汉代墓葬，结合此次发掘的汉唐墓葬，可见荞麦岭汉墓群是一处东汉时期至唐代的大型墓地。这批古代墓葬的发现，对于研究赣北汉唐时期的历史增添了新资料。尤其是东汉和帝永元二年（90）纪年墓葬的发现，对于这一地区墓葬形制演变，随葬器物特点的研究具有重要的标尺意义，对于这一地区的古代历史文化研究具有重要价值。

（饶华松　严振洪）

【乐平市南窑唐代窑址】

发掘时间：2013 年 3～11 月

工作单位：江西省文物考古研究所、乐平市文化新闻广播电视局、乐平市博物馆、厦门大学历史学院、南开大学历史学院、西北大学考古文博学院

南窑遗址位于景德镇乐平市接渡镇南窑村，为了全面把握遗存的分布范围、保存状况、文化内涵，以及窑场与瓷都景德镇陶瓷的关系，探讨景德镇早期的陶瓷发展历史，经报请国家文物局批准同意，联合考古队对遗址进行了主动性考古发掘，

考古发掘工作分 3 个区域进行，布长、宽各 5 米探方 36 个，总计发掘面积 1013.5 平方米，揭示龙窑遗迹 2 座、灰坑 10 个、灰沟 1 条、道路遗迹 1 条，出土大批窑具和瓷片标本，多达数十吨，考古发掘取得重要收获。

该遗址文化层堆积非常厚，达 1 米～3 米，最厚超过 5 米，规模宏大，分布面积仅窑山就超过 3 万平方米，是全国少见保存完好、规模宏大的唐代青瓷窑址。发现一条长达 78.8 米的龙窑遗迹，是迄今为止中国考古发掘最长的唐代龙窑遗迹，也是目前景德镇地区发现的年代较早、保存完整的窑炉遗迹，在江西制瓷业发展史，乃至中国陶瓷史的研究上有着重要的意义。窑室内多处部位保留排列整齐的原始状态装烧坯件的支座，对于了解当时龙窑的装窑工艺、装窑量提供了重要资料，为研究南窑的生产工艺流程、窑炉构筑技术和当时的手工业生产状况提供了依据。尤为独特的是，叠压在 Y1 龙窑下面的另外一条龙窑，在窑床中段使用了方形减火坑的技术手法，这是以往龙窑遗迹中所不见的。

减火坑

南窑所烧瓷器釉色种类多，以青釉瓷为主，另有酱釉瓷、青釉褐斑瓷、青釉褐色彩绘瓷以及素胎瓷等。器物造型端庄，器形丰富，大者雄浑，小者精巧，有双系瓶、双系罐、小瓶、执壶、盘口壶、小碗、中碗、大碗、盘、灯盏、钵、盏、瓮、水盂、盒、盆、腰鼓以及器盖、壶把等，其中以碗、盘、双系瓶居多。碗盘类瓷器流行圆饼足、玉璧底，见少量的圈足。还发现了人面埙、茶碾、瓷杈、砚滴等罕见的器物。值得关注的是青釉、酱黑釉腰鼓和器形硕大的大碗器，有可能是为满足胡人所需而专门烧造或订烧的，彰显了唐代赣鄱与西域地区文化交流频繁的史实。腰鼓又名拍鼓，原为西域少数民族的一种打击乐器，器形硕大的大碗与汉民族使用习俗明显有别。这也是《太平广记》中屡述洪州商胡事的最佳实物注脚。尤为重要的是出土了夹耳罐、穿带壶等具有重要断代意义的器形。南窑出土的夹耳罐与 1998 年在印尼唐代“黑石”号沉船出水的夹耳罐相似，表明南窑生产的部分产品具有外销的性质。

南窑的制瓷技术高超，烧造水平一流。产品明显分为普通大众所用的粗瓷器和质量高档的上品两类。上品瓷器的质量精致，造型典雅，艺术性高，胎质非常细腻，釉层均匀，釉色莹润，与长沙窑、越窑的高档瓷器可以相媲美。

乐平市接渡镇的发现表明，这里是景德镇境内发现的早期瓷业遗存之一，是唐代江西地区重要的陶瓷产地，把瓷都景德镇的瓷器烧造历史向前推进了一步，改写了景德镇地区制瓷史，甚至改写了中国陶瓷史。该窑址的发掘丰富了景德镇地区陶瓷文化内涵，为探讨景德镇陶瓷历史、探索景德镇的瓷业源头、研究唐代制瓷手工业和青釉瓷器发展史提供了重要资料。

（张文江　崔　涛）

【浮梁县唐代至宋代兰田窑址】

发掘时间：2012 年 11 月 ~2013 年 2 月

工作单位：北京大学考古文博学院、景德镇陶瓷考古研究所、景德镇陶瓷学院陶瓷史论系

窑址位于景德镇市湘湖镇南河流域。这里分布有 30 余处早期（9 ~10 世纪）窑址，是景德镇早期窑业重要的生产中心。为进一步了解景德镇早期窑业生产的情况，对该窑址进行了主动发掘。发掘以万窑坞窑址为主（A 区），并对临近的柏树下（B 区）、大金坞（C 区）两个窑址进行了调查试掘，A 区发掘长、宽各 5 米探方 14 个，宽 2 米、长 10 米探沟 2 个，B 区发掘长、宽各 5 米探方 2 个，C 区发掘宽 2 米、长 10 米探沟 1 个，包括为揭露遗迹的扩方面积，发掘面积共计 541 平方米。

此次发掘清理龙窑 2 座、灰坑 7 个、墓葬 1 座、沟 2 条，出土了数以吨计的各时期的瓷器和窑具。万窑坞清理的一号窑炉（12JLY1）保存十分完好，仅窑尾部稍残。Y1 平面呈长条状，方向北偏西 36°；总长 28.7 米，宽 1.9 米（窑内最宽处），残高 0.1 米 ~0.7 米，由窑门、火膛、窑床、窑前工作面 4 部分所组成。火膛平面半圆形，长 1.3 米，宽 1.46 米，残存深度 0.7 米，底部北高南低，呈斜坡状。火膛的前端为窑门，口部呈八字形，门宽 0.7 米。此外在窑室的中后部还发现了两处侧窑门遗迹，宽度约 0.6 米，开口外有踩踏的硬面。窑床呈长方形，南北残长 25.75 米，宽 1.7 米 ~1.9 米，前段窑床上完整地保存了支垫器物柱底部的窑柱。窑床两侧窑壁残存高度 0.1 厘米 ~0.45 厘米，呈北高南低的斜坡状。窑炉坡度可分为上、中、下三段，下段坡度 23.5°，中段 22°，上段 19°。Y1 是迄今为止景德镇发现的最为完整的早期砖砌龙窑，时代早至晚唐至五代时期。

出土器物有青绿釉、青灰釉和白釉瓷器等几类。器形十分丰富，包括 9 ~10 世纪的各类常见器形。青绿釉以碗、钵、罐、注壶、小盏为主，还有些罕见器形，如瓷杈、茶碾等；青灰釉器形略少，以盘、盏、碗为主，还发现有壶；白釉器数量最少，器形最为多样，以盘为主，少见碗、盏、壶，并见盒、台盏等。此外大金坞窑址还发现了酱釉腰鼓，在景德镇古代窑址中属首次发现。

发掘时在多数地层中有青绿釉、青灰釉和白釉三类器物共出的现象，并见有青灰釉与白釉器及青绿釉与青灰釉器粘连在一起的遗物，表明这三类器物始终同时生产，与时代早晚没有直接关系，而与器物的精粗程度、工艺和技术来源有关。更正了以往学界认为三种器物是早晚不同时期产品的观点，对南方地区白瓷创制的时间有望得出新的结论。初步整理表明，大金坞窑址的时代为中晚唐，万窑坞窑址的下限可到北宋初期。这将景德镇制瓷业的始创年代从以前认为的五代提前至晚唐，推前了近百年时间，印证了柳宗元为元和八年（813）饶州刺史元崔进奉瓷器所做《进瓷器状》中的记载，改写了中国陶瓷史的重要篇章。

（秦大树　李颖翀）

【景德镇市落马桥南宋至民国窑址】

发掘时间：2012 年 11 月 10 日～2013 年 7 月

工作单位：江西省文物考古研究所、景德镇市陶瓷考古研究所、北京大学考古文博学院

此次是对景德镇市红光瓷厂落马桥古瓷窑址进行的抢救性发掘。布方面积 675 平方米，实际发掘面积 485.5 平方米。发掘取得了重要成果，主要有以下几点：

第一，发现并清理了从南宋末到民国初年的地层，出土了较丰富的遗物，从地层情况看，红光瓷厂窑址的陶瓷生产从南宋末到清末民初一直有延续。这一以考古地层为基础排出的瓷器发展序列，将极大地丰富、补充和完善景德镇民窑生产的年代发展序列。尤其是元代地层和明初地层的出土物对了解和解决这一些时期的陶瓷生产情况及断代问题具有重大价值。

第二，清理出一批重要的遗迹：包括 1 座明代马蹄窑遗迹、15 处元明清房址、13 处各类池子，8 处辘轳坑、8 条排水沟、5 处路面、14 处墙体和 2 座高规格的元代庭院等。这些遗迹为研究当时瓷器的生产工艺和组织形式等问题具有重要意义。

第三，发现一些重要器物，器形种类丰富、装饰手法多样，工艺水平较高。如制作精良的带“枢府”“太”“玉”“由”“江夏”等款的元代枢府瓷和元青花瓷。从其一些模印和青花彩绘五爪龙纹的产品来看，该窑址在元代也许是浮梁磁局辖下的一处重要窑场。该时期青花瓷器特点是大件器物胎体厚重，小件轻薄，色白致密，露胎处现火石红；透明釉白中闪青，青花颜色浓艳鲜亮，色浓处有黑褐色斑点，纹饰层次多，绝大多数属所谓“至正型”中的高档产品。另外，明早中期的一些重要器物表明这里应该是明代御器场以外的一处重要的、高质量的瓷器生产地点。

（江建新　翁彦俊）

【吉安市井开区将军山南宋纪年墓】

发掘时间：2013 年 8～10 月

工作单位：江西省文物考古研究所、吉安市博物馆

在吉安市井冈山经济技术开发区在西坑村委会里塘山自然村的将军山大规模取土过程中，发现古墓葬及南宋墓志 1 方。于是，联合考古队对墓葬进行勘探和考古发掘，揭露出同坟异穴合葬墓 2 座，并出土少量瓷器残片标本。

两墓属土坑竖穴砖石墓，皆位于将军山南面山凹台地中部以上，并排坐北朝南，方向北偏东 10°。从埋葬形制看，应为同坟异穴合葬墓。墓葬封土堆及墓室已被破坏。墓葬按发现先后顺序编为 M1 和 M2，M1 位于 M2 的西侧，两墓室相距 4.8 米。

M1 平面由墓圹、墓道与暗沟三部分组成。墓圹平面呈长方形，长 9.1 米，宽 3.9 米，残深 2.5 米。在土圹里用砖砌椁，椁室遭破坏。在椁室内用小条砖砌棺床，在砖椁与墓壁间填塞木炭与白膏泥。墓道平面呈等腰梯形，位于墓室前面，略向东偏侈，呈斜坡状，斜长 7 米，坡度 9°，南端宽 1.6 米，北端宽 2 米。暗沟在墓穴里呈“回”字形，从墓道口出，沿墓道向外东侧延伸，呈 L 形，拐角呈弧形。从墓道口计，暗沟残长约 15 米，暗沟内填塞木炭。在墓室扰土中发现有略带弧拱榫卯结构的红条石。在墓室后部见少量腐烂未尽的木块痕，还有脱落的红色漆皮。随葬品仅在墓室后部东侧发现两件青白瓷碟。

M2 平面由墓圹、甬道、墓道与暗沟组成。墓圹平面呈长方形，长 11.9 米，宽 3.8 米，保存深度 2.6 米。在土圹内用砖砌筑砖椁。砖椁外长 11.1 米，外宽 3.3 米，椁墙两侧宽 0.5 米，前椁墙宽 1.2 米，后椁墙宽 0.6 米。在前椁墙中间开有宽 1.7 米的门道与甬道相通。在椁墙外与土圹之间填塞木炭、白膏泥、石灰。椁内为墓室，墓室内长 9.3 米，内宽 2.3 米。墓

室分前后两室，中间用红石条隔开，后室地面比前室地面高。前、后室地面分前后两段，前段地面用小条砖铺砌棺台，用于放置棺木。甬道平面呈等腰梯形，长2.9米，北端宽2.7米，南端宽2.5米。墓道平面呈长等腰梯形，长9.7米，南端宽1.5米，北端宽1.6米。暗沟在墓穴里呈“回”字形，从墓道口出，沿墓道向外延伸，墓道外暗沟已被破坏。从墓道口计，暗沟残长约13.2米，暗沟内填塞木炭。在墓室底部发现有略带弧拱榫卯结构的红条石。在后室见少量腐烂未尽的木块痕。零碎的随葬品皆出土于后室后部的扰土中，有吉州窑黑釉瓷，器形有梅瓶、罐、碗等；有龙泉窑青釉瓷，器形可辨为盘；另有一件黑釉碗，胎质较粗，出土于右侧中部的暗沟中。

两墓构筑方法大致相同，先挖土圹墓穴、墓道、排水沟。然后在墓穴、墓道、排水沟底部砌筑暗沟，暗沟内填塞木炭。暗沟做好后，在暗沟上铺填黄土。墓穴内在铺填好的黄土上砌筑椁室。椁室外填塞木炭与白膏泥，椁室内放置棺木与随葬品。

墓志1方，残缺。出土于M2上部扰土中，系由打磨光滑的青石板镌刻而成。志头刻有“青龙秉炁，朱雀□非，玄武延躯，虎啸八垂”。每行四字，楷书竖排。墓志正文竖排，楷书十二行。青石板四周刻卷草纹。志头与正文间也间隔卷草纹。从墓志内容看，墓主为张宁，太原阳曲人。官居右武大夫、贵州防御史，生于南宋崇宁元年（1102）十二月二日子时，殁于南宋乾道三年（1167）六月十四日未时，葬于南宋乾道四年（1168）三月十日。墓志的发现为研究宋代历史提供了珍贵的文献资料。出土少量有确凿纪年的南宋早期吉州窑、景德镇窑、龙泉窑瓷器标本，为研究当时的瓷业生产提供了新的标准器。

（李育远　王　臻）

【贵溪市张留孙墓园】

调查时间：2013年9～11月

工作单位：江西省文物考古研究所

张留孙墓位于鹰潭市贵溪市彭湾乡溪源村委会南山村小组境内的南山观内。20世纪50年代末，墓园地面石质建筑材料计划用于水库建设，导致墓园被毁。由于建筑石料坚硬沉重，除部分体量较小者被抬走筑坝外，大部分仍散布在墓园内。该墓20世纪80年代后被盗，现地表覆盖大量毛竹和杂草。从裸露的墓室可见石棺1口；草丛中有石羊1个，石龟（赑屃）背碑1个，石翁仲2尊。残断的石料上所刻的“大元至治十二年，大明崇祯四年八月吉旦”“府玄教大宗师达观堂茔”字迹清晰。据《龙溪山志》、元代赵孟頫《敕赐大宗师张公碑》和《元史》等史料记载，张留孙学道于达观院，以宗师为天师号，元代葬于南山观，明代崇祯年间又对墓园进行了扩建。

2013年，对该墓进行了考古调查和清理，在遗迹、遗物及获取的信息方面有如下发现和认识：在遗迹方面，确定了墓园遗址的形制结构与平面分布范围，以及祭坪、神道等的具体位置。特别是弄清了南山观与张留孙墓园两组不同时期遗迹的相互关系，并发现了拜坪、神道遗迹可细化为三层阶梯状分布，中为踏步上行的考古证据。在遗物方面，对石羊、石马、石翁仲原有数量的认识上取得了突破，新发现了石狮1对（南山观），石羊、石马各1个、石翁仲2尊，以及石龟（赑屃）背碑和建筑构件若干。在信息采集方面，对散落在墓园周围的石人、石马、翁石仲及建筑构件等进行清理、登记、标注工作，绘制了墓园遗址形制结构图，神道及石像生分布图。

此次考古调查清理优化了墓园的规划与修缮方案，为墓园文物保护及修缮工作提供了科学依据。

（余江安　江　凌）

【鄱阳县明代淮王府遗址】

发掘时间：2013 年 10 月 ~2014 年 1 月

工作单位：江西省文物考古研究所、鄱阳县博物馆

明代淮王府遗址位于鄱阳县鄱阳镇饶州府文庙大成殿周边地区。南北长约 100 米，东西宽约 80 米，占地面积约 8000 平方米。2013 年发掘是在 2012 年考古钻探与试掘的基础，进行全面的正式发掘，发掘面积达 4000 平方米。

经过 2013 年秋冬季的正式发掘，淮王府遗址考古再获新成果，各时期建筑遗迹的布局与层位关系更加清楚，出土的明清景德镇官窑瓷器无论类型与数量都有所增加，特别是能够修复的器物数量增加较多，对明代淮王府的王府建筑与生活用品的面貌有了更进一步的了解。

从文献资料来看，发掘区位于明淮王府的东侧，位于王府存心殿与世子府之间的间隔地带。由于世子府是高台宫殿式建筑，在后世土地平整过程中遭破坏程度较重，仅发现一小段柱础加墙基（F11）和一小块铺地石（F7），但在世子府后院发现了由太湖石与汉白玉栏杆构建的园林景观遗迹（F21）。另外，发现了淮王府存心殿与世子府之间南北长约 70 米的宫墙（Q1）与墙外排水沟（G1），在宫墙的东南角还发现了一座建筑的室内地面（F20）；在发掘区西北角发现了从宫殿区通往世子府的台阶与露台遗迹（F12）。这些重要遗迹的发现，让对淮王府的建筑布局有了一个基本认识，其布局规制与《大明会典》所记载的弘治朝亲王府复原图基本相符。

虽然从明至清就存在 4 个不同时代的建筑遗迹，但是仍然屹立的晚清饶州府文庙与文庙大门前的明淮王府辇道是始终如一的建筑中轴线，除了明代淮王府与清晚期饶州府府学宫的建筑更多是坐北朝南的外，明早期饶州府府衙与清早期饶州府府学宫的建筑更多是东西向的厢房布局，明显是要与中轴线上的主殿围合成四合院式。

明代淮王府的建筑材料与下层的明早期饶州府府衙及上层的清代饶州府府学宫的建筑用材明显不同，王府的室外是用花岗岩铺砌，室内是用青石板铺地，用浮雕祥云双龙纹或双凤纹的花岗岩，或者汉白玉做柱础或栏板栏杆，用模印龙凤纹的绿色或黄色琉璃瓦盖顶，尽显皇家建筑的奢华气派。

淮王府遗址发掘出土的遗物非常丰富，仅瓷器就达 3 万件，还有成千上万件的各种质地的建筑构件。出土瓷器的年代大多是明代后期至清代早期。在这些出土文物中，有以下几类价值比较大：

首先是出土了大批淮王府使用的瓷器。其中一件直径达 80 厘米的万历“八福捧寿”龙纹大盘，是国内所见同时期最大的青花瓷盘；一件通高 45 厘米的万历五彩龙穿牡丹纹花觚，也是国内罕见，只在日本东京国立美术博物馆收藏有一件。其他如釉里红、黄釉、孔雀绿、黄地绿彩、青花五彩、矾红彩的明代官窑瓷器都有所发现。还发现了一批带“淮府上用”“朱府”“典膳所”“双龙殿”“克敬宫”等铭款的王府定烧瓷器。

其次是遗址中还出土了一大批明末清初的带官府定烧款（“毛衙”“周衙”“帅府公用”等)、堂名款（“癸轩堂”“碧峰馆”“乾明府”等)、画押款和清早期纪年款（“大清康熙年制”“大清顺治年制”“大清乾隆年制”等）的瓷器。很多款识都是以前从来没有发现或者比较稀有的，这对研究景德镇明末清初商品瓷器的定烧制度与转变期瓷器的面貌具有重要价值。

此外，在出土的建筑构件中发现了一大批带有“淮府”和烧制“窑户”铭记的琉璃瓦，以及浮雕双龙、双凤、祥云等皇家专用纹饰的花岗岩或汉白玉的大柱础，还有一些雕刻有龙、凤、狮等瑞兽的汉白

玉建筑构件。这些具有皇家风格的生活用品和建筑构件的出土，为了解明代淮王府建筑的皇家气派提供了实物材料。

淮府定制琉璃瓦

（肖发标）

【泰和县下垅清代墓葬】

发掘时间：2013 年 8 ~9 月

工作单位：江西省文物考古研究所、泰和县博物馆

泰和县下垅清代墓地位于泰和县沿溪镇东岗村东北面的下垅山坡上。为配合西气东输三线工程建设，对泰和县下垅清代墓地进行考古发掘，发掘面积共计 1080 平方米。

经考古发掘揭露的清代墓葬共计 7 座。墓葬均为砖室券顶墓，平面形状呈长梯形，无随葬品。但此次发掘地层出土一些瓷器标本，种类有青瓷、青白瓷、黑釉瓷和青花瓷等，涵盖唐、宋元、明清数个历史时期，内涵较为丰富。下垅清代墓地的发掘不仅为研究当地明清时期的葬俗提供了材料，也为了解当地的历史文化发展及村落布局的演变提供了实物依据。

（崔 涛 肖用桁）

【泰和县杨虎岭清代墓葬】

发掘时间：2013 年 8 ~ 11 月

工作单位：江西省文物考古研究所、泰和县博物馆

泰和县杨虎岭墓地位于泰和县沿溪镇潋溪村委穆流村民小组西南的杨虎岭上。为配合西气东输三线工程的建设，对墓地进行了抢救性发掘。此次发掘面积 1000 多平方米，共清理清代墓葬 45 座，出土文物 30 余件。

这批墓葬方向基本一致，头向朝西。墓葬绝大部分为券顶砖室墓，少量土坑墓和小型砖墓。前两种墓葬多在墓主头部或腰部位置放置陶罐或陶壶等随葬品。墓葬平面形状以长梯形居多，个别为长方形。券顶砖室墓长度都在 2 米左右，大部分券顶已毁坏，墓壁砌法以“十八墙”和单砖错缝顺向平铺为主。土坑墓仅有 1 座。较为特别的是此次发现的 8 座小型砖室墓，它们内空长度在 0.6 米 ~1.1 米，宽和高均在 0.2 米左右，仅用数十块砖砌成，应该是比较特殊的墓葬形式。在这类墓葬中未发现葬具和随葬品，初步推测其可能为埋葬祖宗牌位的牌位墓。

出土随葬品有铜烟斗、铜簪、铜纽扣、铜钱、陶壶、陶罐、酱釉瓷壶、青釉提梁壶和青花瓷碗等。其中大部分为陶罐和陶壶，比较特殊的是随葬的壶类均被敲掉了把柄和流。

这批墓葬没有明确的纪年，根据墓葬形制和出土的文物标本分析，应为清代墓葬。此次发掘为了解当地清代的埋葬习俗提供了宝贵的实物材料。

（崔 涛 肖用桁）

山东省

【日照市黄泥梁旧石器时代遗址】

发掘时间：2013年4月25日~13日

工作单位：山东文物考古研究所、中国科学院古脊椎动物与古人类研究所、日照市文物局

黄泥梁遗址位于日照市东港区秦楼街道双庙村，地理坐标为北纬35°29′50″，东经119°33′44″。此前进行过两次调查及一次小规模试掘。2013年发掘面积50平方米，地层厚度4.5米，1个文化层，厚约1.2米。以长、宽各1米布方、10厘米为一水平层逐层揭露并采集相关土样。

出土遗物全部为石制品，包括7件石锤、22件石器、69件石核、808件完整石片、51件裂片、204件残片、514件断块，总计1675件。石料以白色石英岩和灰色安山岩的岩块为主，分别占63%和37%。石制品类型多样，有石锤、石核、石片、石器、断块和碎片，石器数量相对较少。石片生产技术全部为简单的锤击法，加工简单，石器类型主要为刮削器。遗物全出于黄土地层，无搬运、扰动的迹象，为原地埋藏，应系古人类制造石器的场所。光释光测年样品已送测，时代初步判断为距今3万~5万年。

此次发掘工作是山东地区近年来首次进行的正规旧石器遗址发掘，对探讨史前人类在沿海地区的生计方式、生存能力和文化传承、沿海迁徙路线等具有重要意义。

（吴志刚　李　罡　陈福友）

【平度市和沂源县史前遗存调查】

调查时间：2013年8~10月、2013年12月

工作单位：山东省文物考古研究所、平度市博物馆、沂源县博物馆

2013年在旧石器专项调查中发现3处史前遗存，其中1处为旧石器地点，另2处为史前洞穴遗存。

平度市南村镇柏家寨旧石器地点发现于大沽河中段河漫滩之上，河道两岸普遍发育Ⅰ级阶地，据推测石制品应产自河流阶地之中。地理坐标北纬36°33′37.961″，东经120°08′49.721″，海拔24.7米。

发现石制品数十件，均受不同程度磨蚀。器物类型简单，包括石片、废片，断块等，石器有刮削器、凹缺刮器和尖状器；原料主要为石英、燧石、凝灰岩、泥质板岩、石英砂岩、水晶和安山岩。石制品以小型为主，石器加工多选择片状毛坯，正向锤击法打片修理。属典型的北方小石器工业传统，与日照沿海发现的旧石器地点石制品特征相近。结合当地地质情况及调查分析，年代为晚更新世晚期之末，也可能到全新世早期。

柏家寨地点的发现对研究环渤海地区旧石器时代晚期以来人类生活的环境背景、旧石器文化内涵以及旧石器时代向新石器时代过渡具有重要的学术意义。

悦庄镇高家北峪遗址位于沂源县悦庄镇高家北峪村西北1千米，洞口朝向31°，地理坐标为北纬36°14′54.88″，东经118°21′00.86″，海拔407.24米。洞穴位于西岭

半山腰处，距地表30米左右，附近有多处泉水，文化层为碎小角砾夹杂灰黄色粉沙土质，出土石英制品数件及1件石英岩石核和1件石磨棒。与本区已知史前洞穴遗址对比推测时代应为旧—新石器时代过渡期，新石器时代早期或中期偏早阶段。

燕崖乡东辉村遗址位于东辉村东，沂河支流白马河北岸，南邻燕山路。地理坐标为北纬36°06′44.89″，东经118°15′08.470″，海拔235米。文化层半米有余，出土动物化石和石制品，化石包括马牙及哺乳动物骨骼等，石制品仅见1件石英石片和1件黑灰色燧石质石核。扰土中可见夹砂红褐色陶。根据石制品特征及对化石的初步判断，时代应为旧石器时代晚期。

沂源二处洞穴遗址的发现进一步丰富了沂源县古人类遗存的内涵，与之前的沂源猿人、千人洞、上崖洞、黄崖洞及扁扁洞遗址等构成了一个丰富的旧石器文化演进链条，为该区史前文化序列的完善增添了重要的实物资料。

（李　罡　孙　波　崔传富　曲　涛　杨中华）

【烟台市牟平区蛤堆顶新石器时代遗址】

发掘时间：2013年4～7月

工作单位：山东省文物考古研究所、烟台市博物馆、牟平区博物馆

为配合青岛至荣城的城际铁路牟平段改线工程，对烟台市牟平区大窑镇蛤堆顶遗址进行了抢救性发掘。遗址位于蛤堆后村南高丘上，因内含大量蛤壳，故称“蛤堆顶”。遗址略呈长方形，北部与蛤堆后村房屋相连，北隔烟威高速公路与黄海相距1500米，东西长270米，南北350米，总面积约94500平方米。

此次发掘位于遗址南边边缘，共布探方13个，实际发掘11个，发掘面积550平方米。文化层第⑤、第⑥、第⑦层属于白石文化堆积，其中第⑤层为蛤皮堆积。

遗迹有房址1座，灰坑9个，柱洞8个，沟7条。其中F1，位于T8和T9北部，由7个柱洞和2个柱坑组成。平面呈近椭圆形，东北至西南长径约5.8米，西北至东南短径约3.7米，面积约22平方米。现存平面呈东北高，西南低缓坡状，房内原活动面已被完全破坏，仅存周围柱洞遗迹。柱洞和柱坑均开口于第⑤b层下，打破第⑦、第⑧层和生土层，其中D1、D3、D6、D7和柱坑（ZK1）直接打破生土层。D7为最深柱洞，距现存生土面深约1.3米；D2最浅，距生土面约0.27米。从柱洞的布局看，D7位于D1、D3、D5、D4、D2及D6中间位置，外侧有ZK1。

出土遗物较丰富，有陶器、石器、骨器、角器和蚌饰等。完整陶器较少，主要以陶鼎和陶钵为主，另有大量纺轮，陶支座和少量陶丸。陶鼎为釜形鼎，夹砂红褐陶，圆锥状足，外饰乳钉纹或附加堆纹。石器534件，其中石斧和磨盘、磨棒占大多数，另有石铲、石锤、石锛和石球等。骨器316件，包括骨锥、骨针、骨笄、骨刀及鱼钩。蚌器主要有蚌刀、束发器及蚌片饰品。

此次发掘区位于遗址南部边缘，虽然清理早期遗迹较少，但是文化层中出土遗物种类繁多，样式各异，特别是第⑤层蛤皮堆积的发现，为研究胶东地区白石文化贝丘遗址增添了丰富的一手材料。

（王泽冰　王秀伟）

【鲁东南沿海地区聚落考古延伸调查】

调查时间：2013年10～11月

工作单位：山东大学考古与博物馆学系、美国菲尔德自然历史博物馆

此次调查区域集中在青岛市黄岛区境内，覆盖齐长城沿线的胶河、风河上游地区，涉及乡镇有原胶南市境内的六汪镇、宝山镇、王台镇、隐珠镇、灵山卫镇以及原黄岛区部分区域。在2012年调查发现的基础上，考古队继续向东调查了齐长城的墙体位置及走向。期间踏查并记录了龙山早中期、东周、汉代遗址共64处，以龙山早中期和汉代遗址为主，并发现少量东周时期的遗址。面积较大并发现有文化层的遗址主要有王家河岩、郭家河岩和宋家遗址，遗物均以龙山时期为主，其中宋家遗址属首次发现。现将三处遗址简单介绍如下：

王家河岩遗址位于隐珠镇王家河岩村北的台地上，面积约5万平方米。遗址中部及东南部发现有文化层。东南部文化层距台地顶部约2米，堆积黑色致密，包含大量龙山陶片。采集陶片以夹砂黑陶为主，泥质黑陶次之；纹饰主要有绳纹、弦纹等；可辨器形有鼎、甗、盘、杯等；石器有石刀和石斧。

郭家河岩遗址位于隐珠镇郭家河岩村东南约500米处，北距王家河岩遗址约3千米，面积约6万平方米。遗址南部因施工动土有较浅的文化层暴露。采集陶片以夹砂和泥质黑陶为主，少量泥质灰陶，且发现一个白陶鬶足。龙山时期可辨器形有鼎、鬶、匜、甗、盆、罐等。此外，还发现有岳石文化的尊、器盖等。

宋家遗址位于六汪镇宋家村北约200米的台地上，地理坐标为北纬35.9°，东经119.7°，面积约3万平方米。遗址南部断崖上发现厚约0.5米、东西延伸约20米的文化层。耕土层下即为龙山文化层，土质疏松，据土色可细分为灰色和黑色两层。采集陶片以泥质和夹砂黑陶为主，少量夹砂灰褐陶；可辨器形有鼎、罐、盘等；石器有石刀和石镞。

此外，在2012年调查的基础上，考古队继续向东调查了齐长城的墙体及走向。其中苗家南山至黄山、鹁鸽山等地长城墙体均保存较好，鹁鸽山段仍保存有约4米～5米宽的石砌墙基。齐长城最东端位于青岛市经济开发区，因城市发展，长城墙体已被破坏殆尽。

在沿长城一线调查时，考古队注意到隐珠镇长城村地理位置极为特殊。长城村位于两山之间的鞍部，东西均为海拔300米～400米的高山，南北地势较低，是此处南北交通的唯一通道。长城村虽属隐珠镇，实际位置靠近灵山卫镇。1857年在灵山卫曾出土三件带有铭文的铜量，记载了齐国的度量衡制度以及“左关”的相关信息。尽管不能将长城村与铭文中的“左关”直接对应，长城村特殊的地势及地理位置仍值得关注，有助于思考如何在田野考古工作中寻找长城的关口。遗憾的是，此次考古队在长城村附近并未发现任何遗址。

此次调查是鲁东南沿海地区聚落考古调查的延伸，对于理解本区龙山至汉代的聚落形态具有重要意义。

（陈雪香　龙　啸　魏泽华）

【即墨市北阡大汶口文化和周代遗址】

发掘时间：2013年3～6月

工作单位：山东大学考古与博物馆系、青岛市文物保护考古研究所、即墨市博物馆

北阡遗址位于胶东半岛南岸西部，地处即墨市金口镇北阡村北50米处的台地之上。北靠玉皇山，远处与莱阳毗邻，南依凤凰山，东距现海岸线5千米左右。遗址面积5万余平方米。地表形态北高南低、中部高四周低，形成一个平缓的土丘状隆起，现地表散布大量的陶片、红烧土块及牡蛎壳屑等。

2013年是北阡遗址进行的第4次考古发掘，发掘区域主要围绕之前2007年、2009年和2011年3次发掘区的东侧和北侧，共布探方26个，发掘面积650平方米。4个年度的累计发掘面积为2450平方米，文化遗存主要包括周代和大汶口文化两大时期。

周代遗存的遗迹有围墙的基槽、沟、窑、窖穴和灰坑等。其中基槽2处，沟2条，窑1座，灰坑和窖穴合计174处。

大汶口文化时期遗存主要有沟1处，房址3座，迁出葬1处，柱坑和柱洞四百多个。补充发掘往年编号房址4座，广场1处。

共发现遗物772件套。其中陶器134件，石器564件，玉器3件（为玉环残块），铜器（铜环和铜镞）2件，骨器58件，牙器6件，蚌器4件，贝串饰1套。

该遗址发现非常丰富的大汶口文化早期阶段遗存。截至2013年的发掘，基本上完整地揭露了北阡大汶口文化聚落。聚落的格局大体是以两个小的室外活动广场为中心，在广场周围的房址（柱洞）和墓葬呈现分组分布的特点。这种格局延续性较强，在同一地点打破关系极为复杂。另外，在聚落东北部还发现一处时代较早的垃圾沟。

大汶口房址种类可以分为半地穴式、地面式（基槽式，只余柱洞式）等，4个年度房址共编号120多座。房址面积大小不一，大的可达20平方米，小的还不足10平方米。部分房址发现了较好的人类活动面，还有的包括多层垫土和多个活动面。另外，大量柱洞、柱洞坑的发现也是该聚落的典型特点。

往年发现数量较多的墓葬，2013年发现很少，只发现1座迁出葬。截至2013年，4年度共发现墓葬197座，其中多人二次合葬墓51座，单人二次葬1座，迁出葬137座，火烧葬8座。

通过2013年的发掘，进一步加深了对北阡大汶口聚落分布格局、功能分区等关键问题的认识。为认识胶东半岛地区大汶口文化时期的聚落形态、社会关系等问题提供了非常珍贵的资料。

另外，周代围墙的基槽分为明显的两期，应该有重建行为，其他丰富的周代遗存也为考察周代这一地区的聚落形态、社会关系、经济状况以及土著文化的变迁等提供了重要资料。

以北阡材料为基础还开展了多学科的综合研究，这些研究对胶东半岛的贝丘遗址经济形态、生业模式、环境和海岸线的变迁、人与自然、资源（特别是海洋资源）之间的动态联系、贝丘聚落的发展模式等课题的开展有重要意义。

（王　芬　栾丰实）

【泰安市大汶口新石器时代遗址】

发掘时间：2013年3～7月

工作单位：山东省文物考古研究所

大汶口遗址位于泰安市中部，遗址文化堆积丰富。经以往3次发掘，获得了一系列重要发现。为配合国家考古遗址公园建设，在2012年工作的基础上继续进行了考古发掘，发掘面积800平方米，发现和清理了大汶口文化房址7座、灰坑2个及大型坑状遗迹1处。

此次发掘最重要的收获是发现了成片的大汶口文化时期居住基址。清理的房址共7座，建于同一层面上。房址均为方形地面式，有成排柱洞，多数边长在4.2米～4.3米之间。布局呈现一定规律，房址之间活动场地面积相当。房址上均堆积有大量红色烧土块。F6西南部发现一块坚硬且较光滑的活动面，以草拌泥加工而成，经火烧红。活动面西高东低，中部隆起，其上发现多件陶器、骨器。房址均未发现明显门道，室内未见明显灶坑。室外地面有局部烧土密集分布的现象，可能与室外烧火行为有关。

发掘区东部存在一大片坑状遗迹，年代早于房址，坑内遗物丰富。还清理了大汶口文化时期灰坑两个，坑内皆发现有完整猪骨架。

出土遗物包括陶器、石器及少量骨器。陶器多为泥质红陶和夹砂红陶，少量夹砂灰陶，主要器形有鼎、罐、钵、器盖和大口缸等，多为素面，纹饰有篮纹、戳印纹和附加堆纹。石器皆为磨制，有斧、凿、锤、纺轮和砺石等。

大汶口遗址内如此集中且有明显规划的居住基址的发现，对于进一步丰富对大汶口文化的面貌尤其是聚落形态和社会性质方面的认识，有着重要的意义。

（吕　凯）

【曲阜市林家新石器时代至清代遗址】

发掘时间：2013 年 9～10 月

工作单位：山东省文物考古研究所、曲阜市文物局

遗址位于曲阜市小雪街道办事处林家村旧址及村北，遗址北部 1500 米为大沂河，南部距九龙山约 4500 米。发掘面积约 2000 平方米。

遗址文化内涵较丰富，发现有大汶口文化、龙山文化、岳石文化、商代、春秋、战国、汉代、唐代、明、清时期文化遗存，清理灰坑 100 个、灰沟 10 条、墓葬 1 座、窑址 2 座。出土遗物有陶、石、骨、角、瓷、铜、铁器等完整及可复原器物共计百余件。

遗址中部有一条南北向古河道，将遗址分为东西两区，东区主要分布为商代及明清时期文化遗存，西区主要有岳石文化和汉代、唐代文化遗存。

大汶口及龙山文化仅发现个别遗物，未见遗迹现象。

岳石文化遗迹现象主要为灰坑以及少数灰沟及窑址。灰坑平面形状多呈不规则形和椭圆形，剖面多为锅底状，斜壁、圜底。灰沟为规则窄长条状，壁面较直，底较平。岳石文化出土陶器为夹砂红褐陶和泥质灰陶，器形有大口罐、中口罐、甗、鼎、豆、尊、小杯，石器有磨盘、石镞、方孔石鐝、石斧以及少量骨角器。

商代遗迹主要为灰坑，平面形状多为圆形和椭圆形，灰坑大多较浅，多斜壁，底多为圜底。填土多为黑褐色夹杂绿锈斑粉砂土。由于发掘区域位于古河道河漫滩处，遗址上部见有淤沙层。灰坑破坏严重，深度较浅，多为 20 厘米～40 厘米。出土陶器多为泥质灰陶和泥质红陶，器形有鬲、罐、盆、豆、甗、纺轮，骨器有骨锥和卜骨。

春秋战国及汉代遗迹发现较少，主要为灰坑。春秋战国时期灰坑多被破坏，仅清理灰坑底部。出土器物有鬲、豆、盆、罐。汉代灰坑多为圆形，含有大量板瓦及筒瓦残片，少见生活用陶器。汉代墓葬顶部被破坏，结构为砖室墓，人骨保存较差，出土有汉代五铢钱数枚。

唐代遗迹主要为灰坑和 1 座窑址。唐代灰坑平面形状多为椭圆形，弧壁平底。出土瓷器多为施半釉玉璧底青瓷碗、瓷罐，陶器为双耳罐、盆，还有少量骨器和铁器。陶窑保存较好，结构完整，分为工作间、火膛、窑室、烟囱。

明清遗迹仅见少量灰坑及灰沟，遗物有瓷碗、瓷盘、铁器等。

该遗址从岳石文化一直到明清时期，延续时间较长。特别是岳石文化以及商代文化遗存的大规模发现，对泗河流域岳石文化整体面貌的研究以及曲阜是否为商奄故地等悬而未决的历史问题提供了重要线索。

（董文斌）

【章丘市城子崖龙山文化岳石文化及周代遗址】

发掘时间：2013 年 10 月～2014 年 1 月

工作单位：山东省文物考古研究所

城子崖遗址位于章丘市东北 15 千米龙山街道办事处，其西临巨野河，与龙山四村隔河相望，新 102 省道自西向东绕过遗址北部，东南紧靠山城村。该遗址发现于 1928 年，20 世纪 30 年代和 90 年代分别进

行过2次发掘。

此次发掘将20世纪30年代第一次发掘的纵中探沟重新挖开并向北延伸了20米，获得了一条纵贯遗址中部南北的大剖面（因道路等因素，实际发掘长度350.9米）。对遗址整个堆积状况的认识以及聚落层面整体结构的把握上得到了预期的收获。基本情况如下：

在探沟北端发现龙山文化和岳石文化城墙。其中，龙山文化城墙保留较差，残宽约4米，残高约1.3米，夯层薄厚不甚统一，整体自南向北倾斜；岳石文化城墙分为内、外两道，分别位于龙山文化城墙南、北侧，相距约15米，初步判断，内侧城墙较晚，属于岳石文化晚期阶段。岳石文化外侧城墙打破龙山文化城墙北部，根据建筑形制和地层关系可分三期，最后被岳石文化晚期壕沟打破。岳石文化内侧城墙仅存基槽部分，可能与打破外侧岳石文化城墙的最晚一期岳石文化壕沟对应，属于另起炉灶式的新筑城墙，反映了新的建筑方式和特点。

在遗址中部发现了一处面积约1万平方米的淤土堆积，这些淤土应该为湖沼堆积，分属龙山、岳石、周代三个阶段，应该是在漫长历史过程中逐步堆积形成的。其中，龙山阶段这里虽然地势很低，但没有积水；岳石阶段开始积水，但并不稳定，以至于有些淤土层表面发现了灰坑等遗迹，土层内包含丰富的烧土和陶片，表明当处于干旱环境时，人类在此有活动；到了周代，遗迹现象少见，淤土颜色趋深，表明积水比较稳定。

遗址中部淤土范围北侧，发现较多大型遗迹现象，包括龙山、岳石、周代三个阶段的大型沟状遗迹和周代夯筑基址。特别是这些沟状遗迹，形制规整，规模较大，尤其是岳石阶段，持续时间较长，经反复开挖，但其形制还需进一步工作究明。

遗址中部淤土范围南侧，主要遗迹现象为岳石文化道路及建筑基址，也有部分周代遗存，龙山堆积甚少。岳石文化道路首次发现于1930年，当时记录为层状淤沙。这条干道在20世纪90年代考古勘探时也曾发现，其贯通遗址南北，分别对应南北城墙上的两个出入口。该干道正南部对应着一处岳石文化夯筑基址，两者应该存在组合关系。这座基址被一座二里岗上层早期的墓葬（M8）打破，该墓兼具岳石文化和商文化因素，可能是城子崖遗址岳石文化结束时期的最后遗存。岳石文化堆积之上发现周代石筑墙基，应该也是大型建筑的孑遗。

这次发掘再次证实了岳石文化及龙山文化城墙叠压的地层关系，并于遗址南部发现岳石文化大型建筑基址。利用剖面所展示的各类遗迹和地层关系为下一步城子崖考古工作提供了重要的地层信息。虽然是发掘老探沟，新获遗物标本不多，但是丰富的龙山、岳石、周代遗迹为进一步的研究提供了大量的多学科综合研究的取样机会，总体而言收获颇丰。

（朱　超　孙　波　吕　凯）

【临淄范家商代城址】

发掘时间：2013年9～12月

工作单位：山东省文物考古研究所、临淄区文物局

临淄范家城址位于临淄区稷下街道办事处范家新村以北约200米处，南邻临淄大道，北距齐故城2800米，东距淄河约3500米。2013年1月初，临淄区文物考古工作人员在配合工程的施工中于4号楼座基槽北部发现该城址。经钻探，初步确认该遗址是一处近似方形的城址，东西长约162米，南北宽约154米。东、西城墙外侧发现有壕沟环绕，北墙外为低洼地。

此次发掘在东城墙偏南位置布探沟1条，东西长50米，南北宽2米，方向100°，发掘面积100平方米。基本上搞清了东城墙的形制、结构和年代。城墙宽约5.2米，残高约4.2米，均未高出原生土面。可分为两期，修筑于龙山壕沟之内，第一期城墙位于内侧，保存35层，可分为3部分，上部16层近平，层厚10厘米～12厘米；中间11层呈倾斜状，层厚10厘米～30厘米；底部8层也为水平夯筑，层厚10厘米～12厘米。第二期夯土位于第一期外侧，属于对第一期夯土的修补，水平夯筑，共存7层，层厚10厘米～16厘米。夯窝直径为4厘米～5厘米，为圜底棍夯，深约0.5厘米。城墙使用过程中有清淤的现象，形成数条清淤沟。夯土及淤沟内出土商代晚期陶片，打破城墙的墓葬为西周早期，说明城墙年代在商代晚期。城内发现有龙山时期和殷墟时期的房址、灰坑和灰沟等遗迹现象。

范家遗址是山东省境内首次发现商代的城址，意义重大。另外由于其特殊的地理位置和时间节点，为探讨早期齐文化的形成和齐国早期都城提供了重要线索。

（赵益超　王会田）

【广饶县广北农场一队西南商周汉代及宋元时期盐业遗址】

发掘时间：2013年4～6月

工作单位：山东省文物考古研究所、东营市历史博物馆

遗址位于东营市广饶县广北农场一分场一队居民点西南约1200米，广饶县丁庄镇齐润化工厂西邻。遗址是新中国成立后文物普查中发现的，为东营市重点文物保护单位。为配合省道319广青路东郑路口至广北总场段改线工程建设，对该遗址进行了抢救性发掘。

发掘区位于遗址中部，发掘面积约100平方米。由于历年平整土地和修建公路，遗址文化层堆积破坏严重，共分9层，第①～③层，为近现代扰乱层，第④层为明清时期淤积层，第⑤～⑨层，为东周时期文化层，多含少量草木灰、红烧土粒和残陶片，以盔形器为多。包括遗址发掘区东北部的南北向排碱沟旁的遗迹，共清理东周时期灰坑5个，窑1座，沟1条。出土的遗物主要是陶器，器形有盔形器、绳纹鬲、盆、豆、罐、盂、陶拍子、圆陶片等，部分豆柄部印有陶文。

从调查、勘探与发掘情况看，广北农场一分场一队西南遗址的时代分属商代晚期、西周、东周、汉代、宋、元等多个时期。自商代晚期开始，此地已开始制盐，周代地属齐国，是齐国的一个重要产盐区域。从采集和出土的遗物分析，这一时期，该遗址是一个集陶器制作、居住与制盐于一体的多功能遗址。至宋、元时期，这里也是主要盐业生产基地。

经过对遗址的调查、发掘工作，基本弄清了遗址的保存状况与文化内涵；同时鉴于盐业遗址的规模群聚性与相对分散性，对西南遗址的外围做了详细调查，发现多个商、周时期的遗址，对附近已知文物资源有了更深入的了解。

（党　浩　荣子禄　赵　金）

【昌邑市辛置周代遗址和周至清代墓地】

发掘时间：2013年9～12月

工作单位：山东省文物考古研究所

墓地位于昌邑市都昌街道办事处辛置村西。地处台地，较平地高约3米～4米，略呈长方形，东西残长约400米，宽约150米，总面积约6万平方米。此次为继2010年、2011年和2012年以来第4年第5次发掘，发掘面积约3500平方米。共清理墓葬70座、灰坑152个、窑4座、沟3条，出土大量陶、瓷、石、骨、铜、铁等各类器物。墓地分遗址区和墓葬区两部分。遗址区共布长、宽各10米的探方14个，另有长10米、宽6米的探沟2条。发掘面积1520平方米。

遗址地层较简单，去除上部垫土后即

是生土。因文化层上部遭晚期破坏，早期遗迹均开口于垫土下。除少量清代墓葬和晚期扰坑外，均为周代遗迹。遗迹有灰坑、陶窑和沟等。灰坑以圆形为主，形制一般较规整，多为筒状和袋状。壁面、坑底多数经过加工。为防潮，部分底部铺垫有芦苇等。多为一次性填土，少见分层。陶窑均为升焰式，在生土上掏挖而成，由窑体和操作间两部分组成。遗物有陶、石、骨和蚌器等。陶器常见器形有鬲、豆、罐、簋、钵、盆、盂等。石器较少，多磨石、镰、刀等。骨器有锥、笄、筒和卜骨等。蚌器仅见几件镰。年代约当西周晚期至春秋晚期。

墓葬共70座，年代大致可分周、西汉、东汉魏晋、明、清代民国5个阶段。周代墓葬18座，均为长方形土坑竖穴墓，半数以上有生土二层台。墓主多仰身直肢葬，仅1例屈肢，头向东或北。随葬器物组合多为鬲、罐、豆，鬲、罐或二者只放其一。少量随葬有纺轮。器物多放置在头侧二层台或壁龛内。推测年代集中于西周晚期和战国时期。西汉墓葬28座，4座为土坑墓（3座有生土二层台），其余为砖椁墓（包括2座瓦椁墓）。葬式均为仰身直肢，头向北或东。随葬陶器为壶、罐、钫等，多成对出现。其余器物有铜镜、铜钱、带钩等。东汉至魏晋墓葬8座，均为带斜坡墓道砖室墓。墓道多向西，1座向东。墓壁较直或弧形外凸。墓葬遭破坏严重，人骨多无存，头向、葬式等不明。随葬品亦所存无几，除少量铜镜和铜钱外，部分墓残存绿釉陶片。明代墓葬5座，其中砖室墓、砖椁墓和灰砂室墓各1座，其余2座为灰砂椁墓。墓主头向北或东南，仰身直肢葬。除1座遭盗扰不明外，其余4座均为夫妻合葬。随葬品较少，仅部分瓷碗、铜钱和土坯枕。清代墓葬11座，其中砖椁墓5座，土坑墓6座。墓主均仰身直肢葬，多头向东南，1例西北。部分为夫妻异穴合葬。随葬品组合多为瓷罐和瓷碗，多位于头端和两侧壁龛内。其他随葬器物有铜钱、铜泡、铜簪、铜戒指和板瓦等。

周代遗址发掘为此地区乃至整个鲁北地区先秦时期社会生活研究提供了重要资料。墓葬出土器物如铜刀币、陶璧、铜铃等均为前几次发掘所不见，而几座明代灰砂墓也为地方志研究提供了新材料。

（王　龙　何德亮　王子孟）

【莱芜市嬴城汉代遗址】

勘探时间：2013年3～4月

工作单位：山东省文物考古研究所

嬴城遗址位于莱芜市羊里镇城子县村一带。2013年勘探主要是针对大围子城、小围子城城内遗迹及文化堆积进行的，同时对城子县村东南冶炼遗址、村西北冶炼遗址和墓区进行了试探。

经勘探，在城内共发现建筑基址2处，路土2处，红烧土区、活动踩踏面各1处，灰坑37个，窑址1座、宋元时期墓葬1座、城门3个。对城内的文化堆积有了较明确的认识。

建筑基址用“JZ”表示，均开口于耕土层下。JZ1位于大围子城西北部，平面呈长方形，长约30米，宽约26米。根据探孔遗物，JZ1属汉代遗存。JZ2位于小围子城的西部。基址平面呈拐角形，长约70米，宽约40米。

路土用“L”表示。L1位于大围子城西北部。东西残长60米，南北宽约2米。开口于耕土层下，厚约0.15米。根据探孔遗物，L1属汉代遗存。L2为连接大围子城南、北门之间的道路，由于被现代生产路占压，只找到断断续续的路土。

大围子城东门位于东城墙中部，城门豁口宽约17米。南门位于城子县村北的中部，据城门两侧的基石判断，此门宽约6米。北门位于小围子城的西北角处，城门豁口约7米。

大围子城城内的文化堆积厚约1米~5米，第①层为耕土层，第②层属后期扰乱层。第③层属汉代文化层，厚约0~4.7米。小围子城内的文化层堆积与大围子城的堆积基本相同。此次勘探，未发现汉代以前的文化层。

大围子城外的试探，主要确定冶炼遗址2处、墓地1处。YL1位于城子县村西北，平面呈不规则的椭圆形，长315米，宽250米。现地表可见一些硫渣、铁渣及烧土块。YL2位于城子县村东南，遗址略高于周围地面，平面呈不规则长方形，长约210米，宽约180米。据探孔及地表遗物，此2处冶炼遗址主要属汉代遗存。

墓区位于城子县村西北，一部分与YL1重合，平面呈不规则的圆角方形，长约300米，宽240米。据地表遗物，此处为东周至汉代的墓葬区。

此次勘探基本搞清了大围子城、小围子城城内的布局与文化堆积，确定了3处城门的位置，明确了城外2处冶炼遗址、1处墓地的范围，为今后嬴城遗址的大范围普探及保护规划的编制打下了良好的基础。

（孙　波　郝导华　李光雨）

【曲阜市鲁故城南东门遗址】

发掘时间：2013年3~7月

工作单位：山东省文物考古研究所、曲阜市文物局

为鲁故城国家考古遗址公园建设提供科学依据，经国家文物局批准，继续发掘南东门遗址，除清理2012年冬季未完成探方外，还向东、北两侧扩大发掘面积，找出并揭开了1977年解剖城墙的探沟，并利用城墙现有断面，横剖城墙，再次了解城墙的建筑、使用及废弃过程。2013年新增发掘面积约800平方米，两年共揭露3000余平方米。工作内容主要有两部分：城门遗址发掘和城墙解剖。

门址部分发现台基（阙台）2座，东、西对峙，呈南北向长方形，分别编号为TJ1、TJ2，均开口于现代地表或遗迹下，现地表以上部分完全遭破坏。TJ1位于东部几排探方内，南北向，北抵城墙，向南延伸至圣旺兽药厂区，西侧边缘被清代—现代的水塘和水沟破坏，仅揭露其北端，暴露部分东西最宽约30米，南北长约20米。可分两大期，第Ⅰ期位于西侧，宽16米~18米，据部分剖面显示，夯土残高0.5米~1米。夯层清晰，每层厚5厘米~8厘米，皆为圆形或近圆形的圜底夯窝。夯窝直径2厘米~3厘米，由多块方形或长方形的版筑夯土块构成。第Ⅱ期位于东侧，是在第Ⅰ期基础上向东增筑而成，夯层厚达10厘米，夯窝呈圆形平底，直径4厘米~7厘米不等，保存最高部分约1.4米。TJ2位于西部几排探方内，遭近现代水坑、水沟破坏严重，向南延伸至兽药厂内，西部被居民楼占压，发掘区内仅为其东南角部分，南北揭露约13米，东西宽约11米，最高部分夯土层厚1米多，可辨夯窝呈小圆形圜底状，直径3厘米~4厘米。TJ1、TJ2间隔大约5米~7米，被晚期的南北向水沟破坏，未发现路土，间隔部分应为门道。

为全面了解城墙的结构、建造、使用过程，并结合解剖成果与门道两侧阙台基址进行对比，遂横向解剖城墙。现存墙体底部宽约31米，高约8米，通过解剖可将城墙建造、使用过程粗分为4大阶段，发现春秋早期的墓葬打破第Ⅰ阶段的护坡，这为判断早期城墙的年代提供了可靠的层位关系。综合各阶段的夯筑技术及所包含的陶片分析，推测城墙始建于西周晚期，延续至战国晚期或汉初。

通过发掘，可确认此处为门址所在，TJ1、TJ2应为门道两侧的阙台基址，两台基中间的间隙为门道所在，故判断该城门由东、西对峙的高大门阙及一个门道构成，由于受发掘面积的限制，东阙台仅揭露出

其北端，西阙台仅暴露其东北角，大部分压于南部兽药厂区及西部的居民楼下。门道已被晚期的南北向水沟破坏殆尽，局部尚存底部垫土。根据出土遗物和夯筑技术，门阙的年代约属春秋战国时期，可能早到西周晚期。结合20世纪70年代的钻探情况，战国时期两阙台可能南北长约50米，其宏大的规模、特殊的形制，堪称所发现周代城门遗址的翘楚。同时，古代文献对该门多有记载，是利用文献和实物材料结合研究城门遗址的绝佳实例，对中国古代都城门阙制度的研究具有重大价值。

（高明奎　董文斌　杨孝瑜）

【曲阜市鲁故城周公庙建筑群东周汉代及唐代遗存】

发掘时间：2013年5~12月

工作单位：山东省文物考古研究所

为配合曲阜鲁故城国家考古遗址公园建设，鲁故城考古队对周公庙建筑群基址区继续进行发掘清理。

2013年在原发掘区东部，布方发掘约1000平方米。发现有唐代灰坑23个，汉代灰坑2个，墓葬唐代和汉代各1个。重要发现为东周大型夯土建筑F8，汉代大型房址F6及院墙，唐代大型窖穴3处。

F8开口于第③层下，被唐代、汉代遗迹打破。平面东西长方形，方向186°，长85米，宽约11.37，基槽宽2.8米~3米；西部基槽深1.4米，东部不详。面阔6间，东西各1小间。中部4大间。4大间进深均为5.5米，阔14.3米；东间进深5.3米，阔2.2米，西间南北（加上墙）17.15米，进深5.4米。基槽系花土夯筑而成，夯层清晰，质地坚硬，为单棍夯。打破或叠压早期文化堆积或黄黏生土。夯土及垫土内出土陶片多为春秋晚期，其又被战国中期的J2打破，推测其年代为春秋晚期至战国早期。

F6筑于F8夯土基槽之上，现仅残存东部。开口于第③层下，被唐代遗迹打破，为平面东西长方形大型夯土建筑，与东周大型夯土建筑方向一致。东西残长43.5米，宽9.47米。因打破严重，分间不详。仅东部一间较为清楚，进深6.9米，面阔3.77米，门道宽1.6米。现尚存残墙，高0.16米~0.48米，墙内侧使用铺地砖等残块砌就。房址南部为前披厦，宽5.8米，南部石柱础东西一排。披厦南端为散水，距前墙6.85米，散水现存东西5.8米。F6后院墙厚1.35米~1.4米，前院墙厚1.3米，东院墙厚1.35米。

根据2012~2013年勘探、发掘，确定了周公庙宫殿基址区外围城墙与壕沟的年代和形制。对南城墙、北城墙、壕沟进行解剖发掘，面积约700平方米。在周公庙西侧探沟发现东周城墙开口于耕土层下，被汉代、唐代灰坑等遗迹打破。仅余基槽部分，宽度13.75米，深1.35米，为分段夯筑。使用单棍夯具，夯土内出土陶器可辨器形有鬲、盂、豆、罐、盆等，多为春秋中晚期。城壕位于城墙外围，宽约11.05米，深1.6米，为春秋至战国时期。壕沟上部有宽约7.55米路土，为汉代环城路。周公庙东部解剖南城墙和周公庙台地北部解剖北城墙工作正在进行中。发现汉代夯土遗迹丰富，打破叠压东周夯土城墙墙基。在周公庙东部探沟东周夯土遗迹内有一条南北向、五边形陶管道沟贯穿城墙。城墙外侧壕沟发现有东周和汉代两个时期。在台地北部探沟东周、汉代遗迹的发掘中，发现有大量角器、角料和铁渣，应与附近区域的制铁、制骨作坊有关。

内城西城门正在发掘，发现城门两端夯土城墙基槽及路土。耕土层下即见夯土，被汉代、唐代遗迹打破。缺口宽12米，城门路土宽约10米。根据解剖发掘和晚期墓葬M9的剖面初步显示，路土和沟均较清楚。路土可分唐、魏晋、汉、战国、春秋5期，沟与路的两侧与之对应。

发掘区内出土遗物包括陶、瓷、铁、石、铜器和动物骨骼等。绝大多数为建筑用瓦和建筑构件。

（刘延常　韩　辉　徐倩倩）

【沂水县纪王崮二号春秋墓葬】

发掘时间：2013 年 9～10 月

工作单位：山东省文物考古研究所、临沂市文广新局、沂水县博物馆

墓葬位于沂水县泉庄镇的纪王崮山顶、一号墓南，处于天上王城景区擂鼓台的北部。该墓是在一号墓发掘后，在对纪王崮调查的过程中发现的。由于其西部被破坏严重，经国家文物局批复，对其进行了抢救性发掘。

二号墓开口于现代垫土层下，向下打破页岩层，未发现封土迹象。墓口东西长约 25.2 米，由于被破坏，宽度未明。

该墓为岩坑竖穴墓，平面结构上可分东西两部分。西部为东西向坑状遗迹，平面略呈梯形，西端较窄，东端较宽。坑壁斜收，壁面参差不齐。坑底西端呈不规则阶梯状，其余部分较平。坑长 14.9 米，宽 4.4 米～6.6 米。填土为页岩碎渣，厚约 0.5 米。遗迹南壁上部除西端外均向南凿出类似二层台的结构，边缘不齐。

东部亦为坑状遗迹，但已经凿出明显的南北两个二层台面。整体平面不规整，东西长 10.3 米，宽度未详。北二层台宽 6.68 米，其东部被破坏严重。此台由西北向东南呈阶梯状倾斜，阶壁参差不齐。台南壁利用自然岩石裂缝开凿，壁面较直。北二层台东部有在岩层上凿出的柱坑 5 个，平面形状为圆形或椭圆形。柱坑打破岩层较深，推测当时可能存在与墓葬相关的建筑。南二层台已凿出部分基本呈长方形，口部长 6.4 米，底部长 5.7 米，台宽 1.8 米～2.2 米，台面较平整。整个东部遗迹中间部分壁面和底面均较平整，其东壁南段以石块垒砌成墙，石墙宽约 1.5、现存长度 6.6 米，残存三层，高约 0.4 米，砌墙石块经过简单加工，两侧墙面较齐整。北段未见石墙，可能被后期活动破坏。填土主要见于南部，分二层。上层为致密的红褐土，南高北低，呈倾斜状；下层为黄褐土掺杂大量页岩碎渣，该层填土有由南北两侧向中间塌陷的趋势。

一号墓南器物箱

东、西两处坑状遗迹的填土均出土春秋时期陶片、兽骨和海螺等遗物，局部可见黑、白色灰痕。

由墓葬中处处留有施工中的杂乱痕迹等迹象推测，二号墓是一座正在开凿中的大型春秋墓葬，可能由于某种突发事件凿墓过程突然终止。然而，二号墓的发掘具有重要的意义：第一，作为一座正在开凿中的大型墓葬，二号墓的发掘给我们提供了进一步了解春秋时期墓葬设计规划和建造工艺的材料；第二，二号墓提供了部分

一号墓由于被破坏而没有提供的信息，对于复原一号墓的形制结构具有重要的借鉴意义；第三，记载纪王崮的文献资料较贫乏，而如此大规模的墓葬在开凿过程中突然停止，其背后的原因非常值得我们深思。

（郝导华　吕　凯　尹纪亮　郭洪志）

【章丘市东平陵战国秦汉城址】

勘探时间：2013 年 10 月 20 日 ~2014 年 1 月 20 日

工作单位：山东省文物考古研究所

东平陵城遗址位于章丘市龙山镇，西距济南市约 35 千米。城址西南距龙山文化的命名地城子崖遗址 1000 米。城址呈正方形，边长 2000 米，城内面积约 400 万平方米，是山东省乃至全国保存状况良好的战国秦汉时期的地方城址之一，2006 年被公布为第六批全国重点文物保护单位。

本年度，为了更清楚的了解城址的地层和布局情况，进一步做好保护规划和发掘、研究工作，又对该城址进行了大规模的考古勘探，共计勘探面积约 265 万平方米。勘探采用洛阳铲以排孔形式进行，孔距为 10 米，孔深根据地形、地层条件等决定。个别重要遗迹，如道路、建筑基址等加密探孔，以探清道路的宽度、长度和建筑的面积。另外，对城外壕沟进行了重点勘探。

通过此次勘探，基本上探明了各个区内的文化堆积和保存状况。发现的重要遗迹有道路、活动面、夯土建筑基址、窑址、灶、灰坑、墓葬、壕沟等。南城墙外壕沟宽约 32 米，东城墙外壕沟宽约 45 米，沟壁均为斜坡状。于第 1 区、第 9 区、15 区发现大面积夯土建筑基址，发现道路 6 条，制铁遗迹 1 处，制陶遗迹、灰沟、灰坑等数处。这些遗存为人类长期以来生产、生活、活动的重要历史遗迹，为研究城址的分区布局提供了重要信息。

至此基本完成了东平陵城遗址内的普探工作。下一步需要将勘探情况和 2001 年的勘探情况相结合进行分析和研究，以了解城址的分区布局、功能划分等。个别重点区域和重要遗迹需要进行重点勘探，以为东平陵城的保护规划、考古发掘和考古学研究工作提供更翔实的资料。

（郑同修　张克思　王泽冰）

【临淄齐故城阚家寨秦汉冶铸遗址】

发掘时间：2013 年 3 ~5 月

工作单位：中国社会科学院考古研究所、山东省文物考古研究所、临淄区文物局

为了推进并深化战国秦汉时期青铜冶铸业和铁器工业的科学研究，并为齐故城的文化遗产保护和展示提供科学依据与学术支持。2013 年在 2012 年秋遗址首次发掘基础上再次发掘，两次发掘共揭露面积 600 余平方米，分 3 个发掘地点，均位于阚家寨遗址 B 区，地处齐故城大城中部略偏东。

第Ⅰ发掘点清理出儿童墓、夯土建筑、道路、窑、炼炉、灰坑等遗迹，出土遗物有砖、瓦、瓦当、铁渣、大陶甑，以及半两钱和五铢钱等钱币。初步推测该发掘点是一处汉代铸铁或铁器加工的场所，之前有夯土建筑和砖瓦窑。

第Ⅱ发掘点清理的遗迹主要有铸坑、房址、水井、灰坑、窑、道路和儿童墓等。出土遗物除砖、瓦、瓦当等建筑材料外，还有各种陶器、铜器、铁器、骨器、玉石器、纺织品，以及与冶铸有关的铸范、耐火砖、鼓风管、炉壁残块、铜渣、铁渣等，其中铸镜陶范近 200 件。根据各种遗迹和遗物的综合分析，可知该发掘点是一处铜镜铸造作坊遗址，年代大致在西汉前期，上限或可至战国或秦末，而在铸镜作坊出现之前，这里还有铁器铸造和铁器加工一类的冶铸作坊存在。

第Ⅱ发掘点发掘现场

第Ⅲ发掘点清理的遗迹主要有铁渣和炉壁堆积、窑穴、水井、灰坑、墓葬等，出土遗物包括砖瓦建筑材料、陶器、铜器、铁器等，其中“大泉五十”陶质钱范在齐故城内属首次发现。推测该发掘点是西汉时期的一处冶铁或铸铁作坊遗址，新莽时期附近可能有铸钱作坊，战国或更早这里还存在大型夯土建筑。

出土的蟠螭纹镜背范

通过发掘，摸清了阚家寨B区的文化堆积状况，从而为了解和认识这一地区东周秦汉时期的性质及其变迁提供了科学依据，并且为了解和认识东周秦汉时期齐都临淄城的布局结构及其演变提供了重要的资料。出土的一大批有关金属冶铸的文化遗迹和遗物，如窑炉、铸坑、水井、窖穴，以及铸范、铁渣、铁制品和铜制品等，其中有不少都属新的发现，证明了该区域在战国秦汉时期是一处大型的冶铸手工业作坊分布区，为深入研究当时的金属手工业生产及其技术发展水平提供了珍贵资料。另外，此次发掘最重要的收获之一，是发掘清理出一处秦汉时期的铜镜铸造作坊遗址。作为国内外古代铜镜铸造作坊址的首次科学发掘，不仅证明了临淄是秦汉时期的铜镜铸造中心之一，而且为研究当时的铜镜铸造工艺技术以及铜镜产地和流通等问题提供了弥足珍贵的材料，对秦汉时期乃至整个古代铜镜铸造业及铸造技术研究将起到重要推动作用。

（杨　勇）

【曲阜市旧县四街汉代及金元时期遗址】

发掘时间：2013年10～12月

工作单位：山东省文物考古研究所、曲阜市文物局

遗址位于曲阜旧县四街西部，南临曲阜书院中学，东侧为旧县四街。遗址周围文化遗迹丰富，东距少昊陵900米，北部即为宋代仙源县旧址。遗址面积约12万平方米，发掘面积约2000平方米。

遗址主要发现有汉代及金元时期文化遗存。共清理各时期窑址17座，灰坑27个，灰沟4条，墓葬1座，古道路1条。出土陶器、瓷器、铜器等完整及可复原器物90余件。

汉代遗迹主要为窑址、灰坑和墓葬。汉代陶窑发现9座，集中分布于西北部，多开口于耕土层下，面积较大，长度多在6米～8米，宽2.5米～3米，平面形状呈

倒梯形，结构基本保存完整，分为工作间、火门、火膛、窑床、烟囱5大部分。出土物主要为素面青砖、席纹青砖，应为烧砖窑炉。

金元时期窑炉发现8座，集中分布于东部，保存较差，结构完整者仅3座。窑炉面积相差较大，最大者为Y4，通长8.5米，宽2.2米，平面形状呈椭圆形，结构保存较完整，分工作间、火门、火膛、窑床、烟囱5大部分。较小的Y8，窑室长仅1.26米，宽0.78米。出土遗物基本为砖、瓦、建筑构件，多数为残破及烧制变形。因此此处窑炉应烧制砖、瓦及建筑构件。

此次发掘为曲阜地区首次窑区的大规模发掘，发现近20座汉代、金元等时期窑址，基本了解了窑炉的结构及烧制产品，也为山东地区陶窑的研究提供了一批不可多得的材料。

（李繁玲 高明奎 董文斌）

【广饶县广北农场一队东南魏晋北朝盐业遗址】

发掘时间：2013年4～6月

工作单位：山东省文物考古研究所、东营市历史博物馆

为配合东营市广饶县省道319广青路东郑路口至广北农场总场段改线工程的文物工作，对工程沿线占压范围进行了详细的考古调查，并对该遗址进行了发掘。

一分场一队东南遗址位于东营市广饶县滨源新材料公司东300米处，西北距广北农场一分场一队驻地约400米。遗址平面略呈椭圆形，面积约为2.5万平方米。遗址北部由于工程方取土被分割成4个台地，因机械来回碾压，现地表已无附着物，且普遍有一层深浅不一的垫土。

此次发掘选择遗址所属3个台地中文化层较厚的区域分别布方，发掘面积共700平方米。共清理沟4条、灰坑15个、墓葬2座、灶1处，井5眼。其中沟均为长方形，下挖较浅，有的底部存特殊的青灰色、豆绿色黏土、有的铺有草木灰；灰坑多为椭圆形，深浅不一，另有一种直径较小、集中分布的小坑；墓葬分土坑墓和砖椁墓；灶形制简单，似为临时性搭设；井平面近圆形，贴壁有芦苇、木棍编织的井圈。初步定性的遗迹有盐井、沉淀池、卤水沟，另外，范围广布的草木灰堆积可能是淋灰刮卤的摊场，其上密布的条状痕迹可能是车辙；集中分布的小坑可能是淋卤坑或储物坑。

遗址文化层堆积较薄，遗迹简单，出土遗物不多。有陶片、少量瓷片、木制品、铁制品等人工遗物，也有少量与人类活动有关的动物遗骸、植物遗存等自然遗物，在盐井内部有保存较好的芦苇和木棍，另有制盐过程中残留的黄白色钙化物、灰白色堆积块和烧土块。经初步整理陶、瓷片，可见器形有碗、盆、壶、罐、瓮、缸等，瓷片仅有2片，为一瓷碗残部，时代约为魏晋北朝时期。

结合相关遗迹、遗物情况，遗址性质应为魏晋北朝时期的煮盐作坊。开井取卤水，草木灰层可能起到摊场提纯卤水的作用，初步判断此时也用淋煎法生产食盐。未发现盐灶，可能由于当时生产规模较大，盐井区、制卤区、煮盐区有一定区划，结构异于商周时期盐业遗址。

该遗址地貌类型为相对平坦的滨海冲积平原，细分属于莱州湾南岸地带（西起支脉河口或今黄河入海口，东至虎头崖）。海岸低平，岸线平直，潮滩宽阔均匀。因全新世以来历次海侵和环境演变，形成了埋藏于第四系海陆交互沉积层中的多个地下卤水层。特殊的地理环境、气候和独特的资源优势，使该区域自古以来即是盐业生产重地。作为鲁北地区首次发掘的魏晋、北朝时期盐业遗址，其所获材料为探讨历史时期山东北部沿海地区的制盐工艺、制盐规模、运作模式等盐业考古提供了文献之外真实可靠的资料。

（王子孟 党 浩 荣子禄 赵 金）

【青州市宋元城门及明代城墙水门遗存】

发掘时间：2013年10～11月

工作单位：山东省文物考古研究所

明代城墙、水门和宋元城门遗址位于青州市衡王府路衡王桥西、南阳河的南岸。青州市华帮建筑公司在开发沿河公园时发现，清理发掘了明代城墙、水门，以及宋元城门、城壕、晚期房屋遗迹等，并发现了少量的瓷片、陶片。

在明代城墙方面。考古发现明代城墙三段，位于衡王桥西和南阳桥东。城墙用夯筑的白灰三合土做基础，上面用大石块垒砌，再上用青砖垒砌城墙，内芯用土夯打结实。现已发现180余米，城墙高大宏伟，用材考究。

在明代水门基址方面。水门基址位于现已发现明代城墙的东端、衡王桥西30米。用大石块垒砌而成，东西长26.2米，较之明代城墙向北凸出3.1米，残高2米。仅存水门基址，上部的构造设施荡然无存。与《益都县图志》对照，应为益都明城的水门基址。

在宋元城门及城壕方面。城门叠压在明代城墙的下面。由城门、城墙、瓮城、石铺路面等组成。城门东西宽4.3米，底部门道用大石块铺成，石块上面存有深深的车辙印。东西两侧城墙用青砖垒砌而成，砖长28.5厘米，宽14厘米，厚4.3厘米，城墙残存高度98厘米，较之明代城墙向北凸出4.4米。城门向东西各6.8米，发现有向北延伸的石墙，用石块垒砌而成，与城墙呈直角，可能是宋元城门前的瓮城遗址。城壕位于城墙北侧14米，与宋代城墙遗址方向一直，呈东西向，平面呈弧曲状。南北侧用长条石块垒砌略微倾斜的石墙，口部外斜。南侧石墙向东西延伸，北侧石墙仅发现东西长约5米，壕沟南北宽3.4米，深1.3米。从壕沟内叠压在城门路土下的三层文化堆积内发现的瓷片标本分析，壕沟与城门废弃年代为元代。

明代城墙、水门与宋元城门、城壕的发掘，为研究青州故城提供了丰富的考古资料，与文献记载相结合，对了解和探索青州故城的建造、布局、年代有着重要的意义。

（李振光 庄明军）

【淄川渭头河窑址】

发掘时间：2013年10～12月

工作单位：山东大学考古与博物馆学系、淄博市文物局、淄川区文物事业管理局

淄川渭头河窑址，位于今淄博市淄川区龙泉镇渭一村西北，紧临般河源头，为一处规模宏大的近现代民间陶瓷生产中心。此次发掘区位于山东省淄博兴利陶瓷有限公司院内，原为国营山东淄川陶瓷厂。2012年6月，在兴利公司厂房基建过程中，清理出石碾、泥浆池、晾泥池等遗迹，保存状况良好。联合考古队对窑址进行了考古清理，面积约3000平方米。

发掘区地表原堆积大量建筑、生活垃圾，清理后即暴露出相关遗迹，包括水井2口、石碾2盘、泥浆池3个、晾泥池3个、二次沉淀池3个、制作间2栋、窑炉3座，以及料缸、水渠若干等。遗迹分布较为集中，基本保存完整。此外，为了解各类遗迹之间相互关系及部分区域后期堆积情况，选择重点区域开探沟6条。

出土遗物以各类瓷器（片）、窑具为主，还可见部分陶器（片）等。其中，瓷器（片）以酱釉、黑釉所占比重最大，另有少量白釉、青釉及白地黑花瓷器等。胎体多为灰白色，质地细腻。器类以碗、缸为主，还包括部分盏、罐和各类工业陶瓷等。

通过此次对窑址系统的考古调查、清

理工作，明确渭头河古窑生产的主体内容，包括燃料、原料、生产各个环节，是山东地区目前唯一保存最完整、内容最丰富的古代窑址。根据新清理出泥浆池、晾泥池、二次沉淀池、水井等遗迹，整个发掘区基本可以组合成两套完整的陶瓷生产工序——包括坯料的粉碎、筛选沉淀、晾晒、拉坯成型、施釉烧造等各环节，再现渭头河窑生产主要内容。

通过对2栋制作间地面填土进行解剖，并参考2013ZWC2、2013ZWCJ1两处遗迹风格、建筑材料的差异，可将几处遗迹使用过程归结为3个阶段。同时，结合丰富的口述材料，基本可将渭头河窑址烧造历史划分为3个时期，即清代中叶至民国时期；新中国成立初至20世纪60年代；20世纪七八十年代。清理二号水井，出土一批胎釉特征较为接近的瓷器，判定其时代应集中于金元时期，从而将该地区瓷器使用甚或烧造年代大大提前，也为进一步探寻渭头河窑址早期情况提供了一定的依据。

渭头河窑址虽然延续时代较晚，但保存状况良好，在北方地区乃至中国古代窑址中均较罕见。此次的清理工作，更系统地展示出北方地区瓷器烧造的流程。

（陈章龙）

【夏津县明代郭四维家族墓地】

发掘时间：2013年12月

工作单位：山东省文物考古研究所

郭四维家族墓地位于夏津县开发区，东邻夏津县检察院，西邻夏津县地税局家属小区，南邻砚池街。共发现明万历年间到清早期墓葬8座。2013年12月，山东省文物考古研究所对遭到破坏盗掘的两墓（M1、M2）进行了考古发掘。

M1为五连体石椁墓，内有木棺。其中主体为三石椁，石椁东西两边各有一砖椁，西边砖椁仅剩底部，东部砖椁已被破坏无存。现石椁已被破坏解体，仅存一椁室，墓室内填满淤土。三件椁盖之上可见郭四维和其二妻官职、封号铭刻。郭四维椁盖铭刻："诰赠嘉议大夫明故巡抚宣府赞理军务都察院右副都御史前兵科给事中侍进士第讳四维郭公之墓"，妻许氏椁盖铭刻："明故诰封淑人许氏之墓"，妻姚氏椁盖铭刻："明故孺人姚氏之墓"。M1发现时已经被严重破坏，此次发掘未在墓室中发现遗物，只在墓边的堆土中筛选出玉带钩一枚。夏津县文化局前期清理并追回被盗的文物有石俑像6尊和素面镜1面，其中文官俑3尊，武将俑3尊。椁内有木棺，严重破坏，棺木散落在墓葬周围，棺木材质为柏木。残存棺底上铺一层防腐用的松香。

M2位于M1西南3米处，据郭氏家谱记载，墓主人为郭四维之子。M2为三连椁土坑竖穴墓，外用三合土整体覆盖。发掘时上部三合土已被破坏，椁内木棺可见残存棺底。墓内陪葬遗物发现黑釉陶罐3个、素面铜镜1面、金钗1枚。主墓室北紧贴墓圹发现陶制墓志铭一块，80厘米见方，上可隐约见朱砂文字，因侵蚀字迹不清。

郭四维家族墓地为夏津县首次发现明代大型家族墓地，且有详细谱系记载，为研究晚明时期山东地区葬俗葬制提供了详细的资料和依据。

（王春云）

【汶上县南旺明清寺前闸遗址】

发掘时间：2013年3~5月

工作单位：山东省文物考古研究所

寺前铺闸位于济宁市汶上县南旺镇寺前铺村，其位置在南旺镇东南，济宁市任城区长沟镇西北部。系京杭运河南旺枢纽节制闸，简称寺前闸，旧又称棠林闸。闸口所在位置运河段呈西北—东南走向。

该闸始建于明代正德年间，清乾隆年间重修，几经毁拆至今已面目全非。为配合京杭运河申遗工程，由山东省文物考古研究所主持，汶上县文物旅游局配合共同完成考古发掘工作。发掘范围南北长 100 米，东西宽 40 米，面积约 4000 平方米。

寺前闸是由两个墩台组成，东西向排列。中间间隔部分为闸口，闸口中间略偏北位置剔刻有闸槽，用做闸板上下起落轨道，闸槽底部有凸起的槛。墩台下端有石板铺底，并施以木桩作为保护。闸北侧为迎水，墩台沿边石结构称作燕翅；南侧为落水方，墩台沿边石结构称作燕尾。其营建方式为从原有河口上挖出豁口，铺砌底板，再砌筑石结构摆扇，里侧填土经夯打成为墩台。

墩台从保存部分看其为土石结构。即周边是用石板（块）叠砌成型，单块石板与石板对接处表面近中心位置剔刻梯形浅槽组成燕尾形扣槽，以铁质锔扣置入用作石板与石板的连接；内侧用三合土夯实。砌筑方式为每砌筑一层石板就随即用三合土夯平。东侧墩台燕翅长 16.68 米；燕尾长 16.16 米；西侧墩台燕翅长 14 米；燕尾长 14.6 米；原墩台存高 4.4 米。

闸口位于墩台之间，平面呈长方形。南北长 6.78 米；东西宽 6.44 米。闸底板用长方形石材纵向一字形与左右错缝平铺而成。石板与石板对接处以燕尾型铁质锔扣置入用作连接固定，下铺设木桩以做支撑。

闸槽位于闸口中间偏北，剔刻而成，平面呈“⊔”形，竖直。宽 0.3 米，进深 0.24 米，存高 3.6 米。闸槽下石板为横向平铺，中心凸起 4 厘米为槛，凸起部分宽度比闸槽略窄。

木桩均为以杉木为主的圆木，施以闸底板下、摆扇外侧、驳岸基础下及驳岸内侧河坡面上。闸南侧部分木桩 20 世纪 60 年代挖鱼塘时被破坏。

石驳岸以石板（块）横平错缝叠砌而成，从现状看有过增补过程。闸南东侧保存略多些，现存长度 67 米，高 4 米左右，西侧仅存数块零散里衬石。闸北西部石驳岸已无存，只剩下一层里子石，残存长度 16.6 米。闸北东部石驳岸长 23.3 米。

遗物分为生活用品（铜钱、铜元、烟袋套件、簪、渔坠、陶纺轮、瓷器等），航船附件（扒锔、船钉、船锚尖），船闸附件（铁锔扣），军工产品（均为抗日战争时期遗留物品，有子弹、手榴弹、炮弹等）。

（王春云）

【汶上县南旺明清分水枢纽工程遗址】

发掘时间：2013 年 2～6 月

工作单位：山东省文物考古研究所

为推进京杭大运河申遗工作，在全面调查、勘探、测绘、发掘的基础上，山东省文物考古研究所对常鸣斗门、徐建口斗门、柳林闸进行了发掘。

第一，常鸣斗门遗址。该遗址位于南旺镇三里铺村东运河南岸大堤上，与龙王庙西侧的邢通斗门相距 350 米，是连接运河与南旺湖的闸门。闸口平面呈束腰的“亚”字形，南北长 6.5 米，宽 4.05 米，残高 0.6 米。东、西立墙上各有一道闸槽，宽 0.25 米，进深 0.2 米。底部用石板平铺，石板凿有燕尾形槽，用铁锔扣相钩连。北侧迎水燕翅两端石墙被破坏，折角处宽 8.9 米，底板的北侧有一排保护木桩。南侧分水燕尾宽 11.2 米，底部石板的南侧有 4 排保护木桩。

第二，徐建口斗门遗址。该遗址位于南旺分水枢纽分水口北侧 2 公里小汶河西岸、徐建口村内，为沟通小汶河与马踏湖的闸门。现存石头闸门保存较好。

闸口平面呈束腰的亚字形，由东侧的迎水燕翅、闸口、西侧的分水燕尾及东西两侧的保护木桩组成

闸口东西长 6.8 米，宽 3.24 米，南北闸墙上各有二道闸槽，槽宽 0.2 米，进深 0.24 米，二槽相距 2.76 米。东侧迎水燕翅的石墙、底板基本破坏完，残存作石墙

基础用的木桩和底板东侧的保护木桩。西侧分水燕尾保存很好，燕尾两端宽 17.6 米，分水燕尾折角处宽 8.8 米，底部石板较分水燕尾折角处向西延伸 1.2 米，其西有一排斜立木桩保护底板。石块间用铁锔扣连接，坚固结实。

第三，柳林闸遗址。该遗址位于南旺镇柳林一村、二村、三村、四村的中间运河上。

船闸呈束腰的“亚”字形，由闸口、墩台、迎水、燕翅、分水、燕尾、石砌码头、石头驳岸、底部基础木桩与保护木桩构成。

闸口东西长 4.65 米，宽 6.26 米，高 8.3 米，由 19 层长方形石块垒砌而成。每面闸墙上各有一道闸槽，槽宽 0.29 米，进深 0.24 米。底板中部与直墙闸槽对应处，雕凿有一道南北向深 3 厘米的槽口。底板保存较差，分为两期：早期用长方形石板铺成，分布在闸槽的东侧，石板间用燕尾形铁锔扣相连；晚期为长条形石板，石板两端用子母槽口相扣，石板上雕凿圆孔，石板间用长条形铁锔钉相连，或用单个铁锔钉将石板固定在底部基础木桩上。

墩台用白灰三合土夯打而成，外表用石块垒砌直墙，可分为早晚二期。仅南侧迎水燕翅保存较好，迎水燕翅斜长 15.6 米，复原宽度约 30 米，分水燕尾宽约 28 米。

石驳岸位于闸口两侧南北两岸，南岸保存较好。闸西南侧石驳岸长 57.5 米，残高 0.7 米 ~3.8 米，中段因变形略内弧。闸西北侧仅存底部基础木桩和少量石块，东西长 30.8 米。闸东南侧石驳岸分二期，早期存木桩和底部一、二层石墙，东西较直，长 58 米；晚期驳岸，呈中段外凸的弧形，残长 39 米，残高 0.4 米 ~3.6 米。闸东北侧石驳岸仅存底部木桩。

码头位于闸西南侧石驳岸的东端，东距迎水外端 2.7 米。高出河底 0.8 米，砌筑一长 1.6 米、进深 0.36 米的平台，向东西两侧修筑台阶，东侧残存九级台阶，西侧残存 7 级台阶。

底板及石驳岸的下面皆用砸入河道的密集木桩做基础。在闸西北侧立有保护石驳岸的木桩。

徐建口斗门、常鸣斗门、柳林闸的发掘，为京杭大运河南旺枢纽水利工程运行机制的综合研究提供了新的资料。

（李振光　王春云　渠修振　刘建康）

【沂南县河阳清代墓葬】

发掘时间：2013 年 6 月 9 日 ~7 月 26 日

工作单位：山东省文物考古研究所、临沂市文物局、沂南县文广新局

河阳北村墓地位于沂南县大庄镇河阳北村村中一凸起的台地上，古地名又称“北棋盘”。该墓地西与沂河相望，东北 50 米为市级重点文物保护单位“白龙桥”遗址。为配合沂南县河阳社区民生工程建设，抢救性考古发掘 3 座清代早期墓葬。

3 座墓葬均为白砂灰浇筑而成，属一夫多妻墓，呈“品”字状排列。其中 M1、M2 为 3 室，M3 为 4 室。

M1 位于墓地的西侧，白砂灰墓顶长 5.75 米，宽 4.4 米，为一墓三室，从置放于壁龛的随葬品看中室为夫，两侧为妻妾。这 3 座墓室的形制结构完全一致，墓室四壁均设置一壁龛。中室底部两侧壁均设有两神门道贯通妻妾左右两室。每间墓室各自封顶且自南向北叠压，下葬时间自北向南渐晚。

M2 位于墓地的东部，白砂灰墓顶长 6.25 米，宽 4.35 米。墓葬形制与 M1 基本相同。

M3 位于墓地的南侧，白砂灰墓顶长 8 米，宽 4.5 米，为一墓四室，从置放于壁龛的随葬品看自西向东第二室为夫，一、三、四室为妻妾。一、二、三室为同一和白砂灰墓顶，四室为独立的白砂灰墓顶且叠压在三墓室封顶之上，说明四室最后下葬。

此次发掘共出土精美的丝织品30余件，另外有金银器、玉器、铜器、锡器、墨等文物100余件。从墓内出土的文物及棺盖板上的文字分析，应为明末清初贵族级家族墓地。早清贵族级墓地在沂、沭河流域乃至临沂市区为首次发掘，这批早期墓葬的发掘对该地区清代贵族墓地的葬俗、礼仪、婚姻、铸造、雕刻艺术提供了一份不可多得的实物资料。

（张克思　邱　波　吕宜乐）

【鄄城县郝堂村清代沉船】

发掘时间：2013年12月

工作单位：山东省文物考古研究所、鄄城县文物管理所

为配合德商高速公路建设工程，在鄄城县凤凰镇郝堂村工程取土场内，发现并清理一艘清代古船。该船位于郝堂村西350米，箕山河的西岸。

古船距地表深度2.8米~3.6米，属于古箕山河道的沉船。该船倾覆于古河道底部，船体呈东北—西南方向，残长约12米。仅存船首及仓部分构件。船舷残长约9.5米。船尾及船身绝大部分被破坏，但船的基本建筑结构比较明确。

古船形制是中间宽，方首，平底，两段上翘。整体可分船首、舱口、甲板、船舷、船舱等部分。船的各个部位是平口对接，由船钉、锔钉扣连而成。船前艏最宽处1.92米，船外板宽2.7米，船内高0.74米，通高0.78米。

船首长2.78米。封艏板宽1.62米~1.92米，厚0.04米，共有13块板组成，板与板之间平口对接，由船钉相互交错钉成，缝隙由舱料充填，以防漏水。艏封板之间又用锔钉铆合。船首底板内侧中间加强筋形状呈弓形；在船首前部两侧外分别各置一条加强筋附于船头两侧，上端连接船舷，下端与船艏板相连，起到加强和保护船前端，防止船首放置时碰撞。舱口高24厘米~30厘米，厚4厘米。甲板位于船的两侧，内侧与舱口相连接；下部与船舷用船钉相互交错连接，并用锔钉锔连，缝隙间用舱料填充。甲板内侧稍高于外侧。甲板宽24厘米~30厘米。船舱残存有5个，其中第一、第三、第四、第五仓较大，长1米~1.8米。第二舱属于一个小船舱，长30厘米，可能为一个储藏舱。

清理过程中发现一些重要文物，包括铁灯、铁器、铜秤盘、铜钱数枚，以及大量的船钉和锔钉。铜钱多为康熙、嘉庆、道光通宝。

从出土环境来看，该船位于古箕山河道内，箕山河在明末清初称小流河，属于黄河分水泄洪的支流，丰水季也可通航。清代数次被淤平，后改称箕山河。从造船技术工艺来看，该船属于一艘平首船，舱口可能安置有船篷，吃水深度较浅为70厘米。可能为一艘渔船，也可适于摆渡。锔钉设置及船的形制等特点充分体现了北方内河流域明清时期民间造船工艺特点。该船的发现，为研究菏泽地区古河道的演变以及对明清时期民间造船工艺提供了珍贵资料。

（崔圣宽　路维民）

河南省

【栾川县龙王洞旧石器洞穴】

发掘时间：2013年10～12月

工作单位：洛阳市文物考古研究院、中国科学院古脊椎动物与古人类研究所、栾川县文物管理所

龙王洞位于洛阳市栾川县冷水镇龙王庙村村委办公楼西边的西坡山上，地理坐标北纬33°55′17″，东经111°25′56″，海拔1277米。洞穴所在山体南部紧挨着陶三公路和淯河，在先前的调查过程中采集到了部分动物化石和石英碎块等，而山洞在原先破山时被破坏严重，2013年联合考古队对该地点进行了抢救性考古发掘，发掘区域为破坏的露天部分。此次共发掘探方23个，按照长、宽各1米布方，每10厘米作为一水平层，地层堆积共有三层：

第①层：扰土层，灰褐色，土质疏松，包含有大量碎石、草木根须、现代生活垃圾等。

第②层：黄褐色粉砂质黏土层，质地较紧密，包含有大量动物骨骼和牙齿化石、石英碎块、砾石等。

第③层：棕红色黏土层，土质纯净、致密，未发现动物化石等。

第③层下为一层钙板，钙板与下面的基岩紧贴。

此次发掘共获取地层标本283件，淘洗标本尚未整理结束。包括动物牙齿及肢骨化石，动物粪便化石，砾石及石英石块等。从此次发掘的地层和出土的动物化石情况来看，其时代可能较晚，结合该地区旧石器的埋藏学研究，判定其地质时代应是晚更新世晚期；动物化石的石化程度不一，大部分是动物肢骨化石，动物牙齿化石不多，初步来看包括食草类和食肉类，具体情况还需进一步的整理和研究；发掘和采集到石英石块、碎片等，此次尚未发现明显的人为痕迹，是否存在石制品还需要进一步的观察和鉴定。

栾川地处中国自然地理南北分界线上，是气候和自然环境的过渡地带，该区域是人类迁徙演化和动物群交流的通道。而龙王洞是洛阳地区近年来正式发掘的首个属于长江水系的洞穴，它的发现对于研究过渡区域动物群面貌、动物地理区系演化、古环境变迁和南北方古人类文化的交流有重要作用。

（李　璇　顾雪军）

【栾川县孙家洞旧石器时代遗址】

发掘时间：2013年

工作单位：洛阳市文物考古研究院、中国科学院古脊椎动物与古人类研究所、栾川县文物管理所

孙家洞遗址位于洛阳市栾川县栾川乡湾滩村伊河南岸哼呼崖的断崖上，具体坐标为北纬33°47′50.0″、东经111°41′38.0″，海拔为691米。2012年5～10月，洛阳市文物考古研究院曾联合栾川县文物管理所对该洞穴遗址进行过抢救性考古发掘。洞穴大体呈长条形，总面积50平方米左右，可以分为前后两个区域，暂时选取洞穴前半部其中一个剖面做初步发掘，面积约3

平方米。

2013年洛阳市文物考古研究院联合中国科学院古脊椎动物与古人类研究所、栾川县文物管理所，对2012年发掘出土和采集的标本进行继续整理，主要包括标本的分类和鉴定，标本的精细修理、模型制作，人类化石的观察研究、CT扫描，动物化石的研究，测年样品的采集等几方面。在整理过程中，新发现了4件古人类化石，分别是1件上颌骨残块、带1颗乳臼齿的左下颌残块、单颗的侧门齿和1件残的下颌骨。孙家洞遗址出土了上万件动物骨骼，数量庞大，工作艰巨，2013年新鉴定出的动物化石包括大熊猫巴氏亚种、狼、獾、竹鼠、刺猬等小哺乳类。截至2013年，该遗址已鉴定出的典型的中更新世动物化石有肿骨大角鹿、梅氏犀、大熊猫巴氏亚种、葛氏斑鹿、中国鬣狗、李氏野猪。

古人类化石是研究人类起源演化的直接证据。中更新世是探索直立人演化及现代人起源的关键时期。目前中国发现的中更新世古人类化石材料还很少，空白很多，任何一次直立人化石的发现都不可替代。而此次发现的这批化石材料主要是幼年个体，对于探讨直立人的生长发育模式、解读现代人独特生长模式的起源和演化至关重要。脊椎动物骨骼的大量出土是孙家洞遗址的一个重要特色。这些动物化石的发现与研究不仅有助于遗址周边区域古环境的分析与重建，同时通过埋藏学和动物考古学方面的深入探讨，可以揭示当时人类对肉食资源的获取倾向、方式以及人与环境的耦合关系，为古人类生存模式、栖居形态和群体组织形式等方面的研究提供材料与佐证。

该遗址采用U系法测年，详细的测年数据还没有出来，大量的标本仍在进一步的整理和研究之中。

（李　璇　顾雪军）

【舞阳县贾湖新石器时代遗址】

发掘时间：2013年9～12月

工作单位：河南省文物考古研究院、中国科学技术大学

贾湖遗址位于漯河市舞阳县北舞渡镇贾湖村，从20世纪80年代至2001年经历了7次发掘，是截至2013年发掘面积最大、出土文物最为丰富的裴李岗时期文化遗址，距今约9000年～7500年。

2013年经国家文物局批准，河南省文物考古研究院与中国科学技术大学合作，在漯河市和舞阳县文物部门的配合下，对贾湖遗址进行了第8次考古发掘。此次发掘区域位于遗址中部，布设长、宽各10米的探方6个，各开挖一半，实际发掘面积300平方米。发现的遗迹有墓葬97座，房址9座，灰坑25个，兽坑2个，都属于贾湖文化时期。出土陶、石、骨、角、牙等各种质料的器物600余件，以及大量陶片和动植物遗存。此外还采集了浮选土样、环境学分析样品、墓葬腹土等多种分析样品，拟开展多学科合作的科技分析工作。

贾湖遗址发掘区航拍图

此次发掘范围的地层堆积状况与前7次基本相同。

第①层为耕土层，第②层为文化间歇层，第③层可分为3A、3B和3C层：3A层为文化间歇层；3B层、3C层及第④层为贾湖时期文化层。第④层下为生土。

墓葬均为竖穴土坑墓，大多为东西向，首次发现两座属于贾湖晚期的南北向墓葬。墓葬分布密集，叠压打破关系复杂，绝大多数墓葬在墓主头侧随葬有 1 个陶壶，其他随葬品有骨笛、骨镖、骨镞、骨针、骨叉形器、龟甲、象牙雕板、兽牙、陶钵、陶罐、陶鼎、石磨盘、石磨棒、石斧、绿松石饰等。

M55 为长方形竖穴土坑墓，经鉴定墓主为 6 岁左右儿童，头向西，身高 1 米，头骨下枕一象牙雕板，头左侧有陶壶等 4 件陶器；颈部、腰部、腿部均分布有绿松石串饰，在骨架上的绿松石串饰共计 228 粒；墓主脚上覆有 4 个龟甲，内有石子，显示了墓主不同寻常的身份地位。

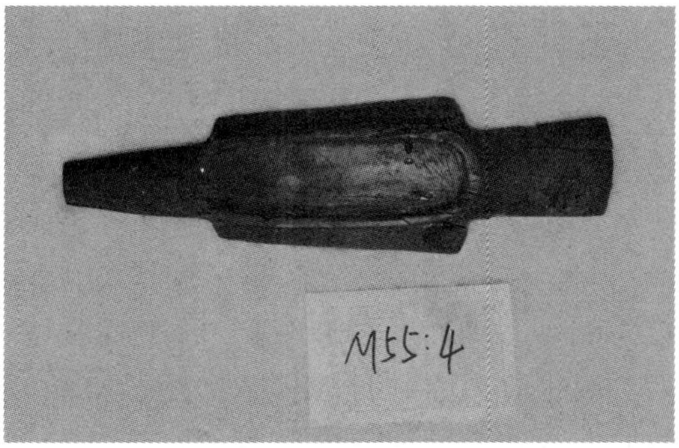

M55 出土的象牙雕板

M90 平面略呈梯形，墓主头部左侧随葬有一象牙板，肩部有陶壶、陶罐、陶鼎各一件，胫骨两侧有数个龟甲及大量骨镖、骨镞，颈部至膝盖散布大量绿松石串饰。

同样出土有大量绿松石串饰的墓葬还有 M56、M58、M62、M65、M73、M75、M81 等，主要分布在 T0201 和 T0202，从器物和地层上看年代属于贾湖二期。这些墓葬均整起至室内待整理。出土的绿松石串饰大小不一，最大直径有 6 毫米，最小直径不到 3 毫米；厚度不均，在 1 毫米至 3 毫米之间，可见加工的难度和精度。此次发掘已收集有 1200 余粒，未清理部分所含数量难以估计。在贾湖遗址还是首次发现墓葬中随葬数量如此多的绿松石串饰，而且分布范围集中，都在发掘区西北部，暗示当时可能在墓葬等级和分区上已经有了一定程度的分化。象牙雕板也是首次在贾湖遗址发现的器物，整体呈“中”字形，共发现 7 个，其中 5 个出现在墓葬中，两个出现在祭祀坑中。最长的有 32 厘米，最短的约 27 厘米，背面平整，正面在中间方形的部分有椭圆形或圆角方形的环状突起，环状凸起上钻有 4 个孔，钻孔方向与长轴垂直。

M59 在墓主颈侧随葬有绿松石串饰，最大一个呈弧边三角形，长 8 厘米，宽 4 厘米，这是贾湖遗址目前发现最大的绿松石器物。另有 13 粒圆柱形串饰，直径 1.5 厘米左右。从地层关系和随葬陶器判断，该墓属于贾湖一期。

M14 墓主骨架可见有两支骨镖从背部刺入，其中一支刺入脊椎骨间隙；另有一支骨镖从侧面刺入右肋部，墓主应为非自然死亡。M21 出土了三支骨笛，分别为两孔、五孔和七孔，位于墓主大腿及腰部。

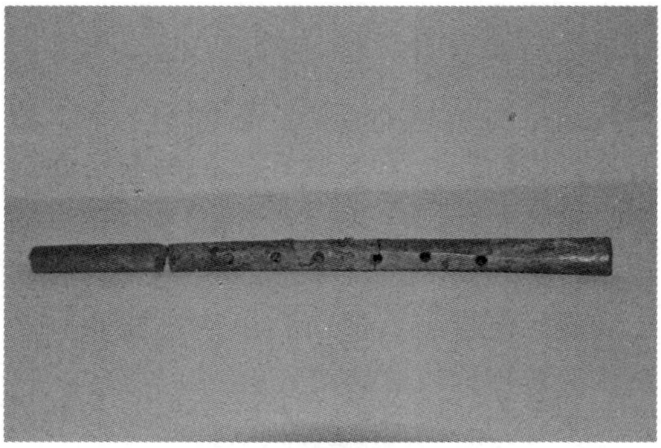

M21 出土的七孔骨笛

发现房址 9 座。其中 F2 为圆形，其余均为方形，年代为贾湖中晚期，保存状况较差。

F5 堆积分上下两层。在下层居住面 30 厘米下有南北两个东西向的灰土槽，对称分布于F5下层，各置有人骨架一具，北部的编为M68，南部的编为M69。M68墓主骨骼健壮，被埋葬在宽仅36厘米的墓内，肋骨明显受挤压变形，头部有一钝器击打痕，圆角方形，推测为石斧在头顶部敲击造成，有可能为墓主的死亡原因。其头部随葬有一陶壶，大腿上搁置一象牙雕板，腰部有两支骨笛，小腿处还有石斧、骨镖、獐牙等。M69墓宽仅40厘米，墓主头部北侧随葬有一折肩壶，一侈口罐及一组龟甲，腰部北侧随葬两支骨笛。从死亡状态、埋葬位置、埋葬方式等方面来看，这两个墓葬可能与祭祀或房屋奠基行为相关。

发现灰坑25个，大多为圆形，斜壁平底呈盆状，个别呈袋状，出土遗物有陶片、兽骨、龟甲等。其中H11出土大量兽骨、龟甲及陶片，被墓葬及晚期房址柱洞打破。兽坑两个，SK1位于T0203中部偏北，葬有狗骨架一具。SK2位于T0201中部偏东，出土有一象牙雕板及龟甲等。

贾湖遗址第8次发掘发现了大量的墓葬，出土了丰富的遗物，除了前7次发掘中出现过的骨笛、骨叉形器、龟甲、带流陶壶等之外，还发现了一墓三笛等很多新的重要现象。例如，制作精美的象牙雕板，其形制在新石器时代遗址中极为罕见；随葬有大量高质精美绿松石串饰的墓葬，以及有可能作为房屋奠基或祭祀的埋葬现象等。这些发现不仅进一步深化了对贾湖文化的认识，丰富了贾湖遗址的文化内涵，还为淮河流域新石器时代人类文化和社会结构的探讨提供了新的资料。

【荥阳市汪沟仰韶文化遗址】

发掘时间：2013年4~8月

工作单位：郑州市文物考古研究院

为配合郑州市交通运输委员会科学大道西延项目（荥阳汪沟村南段）建设，对工程范围内的古文化遗址、墓葬等进行了抢救性考古发掘，取得了重要收获。

发掘地点位于荥阳市城关镇东北部汪沟村南，荥广公路以西，科学大道道路路基范围内。

发掘面积700平方米。清理不同时期遗迹单位234处。其中灰坑：仰韶时期162处、战国时期2处、唐代8处。墓葬：仰韶时期49座、汉代1座、唐代2座、清代2座。灰沟：仰韶时期4条。房基：仰韶时期3座。道路：唐代1条。这些遗迹间存在有叠压或打破现象。

仰韶时期考古遗存的发现是此次发掘的主要收获。

灰坑平面形状多见圆形、椭圆形，形制规整，常见口小底大呈袋状、平底，深度多在1米左右，最深者达到3.5米。填土多灰褐色或灰黑色，质地松软，包含有大量的红烧颗粒、炭屑及草木灰。出土的遗物均以陶器残片及兽骨等为主，同时也出土有少量石器、蚌器等。清理出土陶器以泥质灰陶、夹砂褐陶、夹砂灰陶为主，另有少量泥质红陶，主要器形有鼎、罐形鼎、罐、钵、器盖、尖底瓶、瓮、甑、盆、豆、碗等，纹饰以素面为主，部分饰弦纹、附加堆纹，另有少量绳纹和彩绘。石器有石铲、石锛等，均为磨光素面，部分石器上有明显的使用痕迹。根据灰坑的形状、结构分析，大部分灰坑为当时储物的窖藏坑，废弃后成为灰坑，仅有个别不规则形为取土形成的。另外，4个灰坑内分别放置有兽骨架，其中1个内有3具兽骨，这些兽骨很有可能用于祭祀的。

墓葬多为长方形土坑竖穴墓。葬式为仰身直肢，头多向西，个别向东，多无随葬品，少量随葬有陶纺轮、陶杯、陶罐、陶碗、骨锥、骨针等。3处为瓮棺，葬具为尖底瓶或罐，内置幼儿骨架1具。

灰沟4条，均口宽底窄，深浅不等，填土为浅灰土或黄灰土，质地较松，包含有螺蛳壳、炭粒、红烧土块、残陶片等。

房基3座，由墙体、灶、门道、柱洞

等组成，形状均为联排长方形。

出土遗物主要为仰韶时期的陶器、石器、骨器等。陶器以夹砂褐陶、夹砂灰陶为主，另有较多泥质红陶，少量泥质灰陶。器形主要有鼎、罐形鼎、罐、钵、器盖、尖底瓶、瓮、甑、盆等，纹饰以素面为主，部分饰弦纹、附加堆纹，另有少量绳纹和彩绘。石器以石圭、石铲为主，另有少量石锛、石球等，均为磨光素面。骨器有骨针、骨锥等，均为磨光素面。

从发掘的遗迹单位看，遗迹之间的相互关系清晰，时代特征明显，是仰韶时期一处重要的聚落遗址，对研究和解决郑州仰韶时期的文化内涵和性质有着重要的意义，为郑州地区仰韶文化的分期提供了一批新的资料。

（魏青利　丁兰坡）

【郑州市北陈伍寨仰韶文化遗址】

发掘时间：2013 年 6 ~7 月

工作单位：郑州市文物考古研究院

遗址位于郑州市高新技术开发区西环路与化工路交叉口西北部的台地上，西侧紧临贾鲁河，南水北调支渠从遗址西部由南向北穿过。遗址总面积约 3 万平方米，2013 年对该遗址进行钻探和抢救性发掘，揭露面积 500 平方米。

从发掘情况来看，遗址中、北部的仰韶文化堆积较厚，为 0.8 米 ~1.5 米，南部的堆积则较薄。遗址共清理出仰韶文化晚期遗迹 36 处，其中灰坑 35 个，墓葬 1 座。灰坑从平面形状来看，有圆形、近圆形、椭圆形、不规则形、长方形等；从结构上观察，坑壁多为直壁、斜壁，少量为弧壁，坑底多为平底，少量圜底，另有一些袋状坑。从用途上看，多为贮物窖穴、少量为取土坑。另外，发掘仰韶文化晚期墓葬 1 座，人骨架 1 具，未见随葬品。

遗址发掘出土了一批仰韶文化晚期遗物，器形较为丰富，但大都残碎。具体而言，从质地上观察，可以分为陶器、石器、骨器等。陶器以泥质红陶、夹砂褐陶为主，少量泥质红陶；器表装饰以素面居多，另有弦纹、划纹、指甲纹、绳纹、附加堆纹和彩陶等，彩陶图案有圆点纹、弧线纹、太阳纹、网格纹、三角纹、圆点平行线纹、白底黑红相间平行线纹等。器形主要有环、鼎、罐、盆、瓮、钵、缸、器盖、杯、尖底瓶、圆陶片等，其中陶环不仅出土量很大，而且形制多样，另有少量白陶环以及石环等。石器主要有铲、斧、球、环等。骨器多有锥、镞等。

此次发掘表明该遗址应为一处面积约 3 万平方米的仰韶文化晚期小型聚落，结合郑州西北郊发现的布袋里、朱寨、丁楼等仰韶文化遗址，共同组成了存在明显等级的仰韶文化时期聚落群。结合北陈五寨、朱寨、大河村遗址规模，可以看出郑州地区仰韶文化晚期典型的小型—中型—大型金字塔式的聚落等级结构演进历程。

（鲍颖建）

【淅川县前河新石器时代至明代遗址】

发掘时间：2013 年 3 月 10 日 ~4 月 28 日

工作单位：中山大学人类学系

前河遗址位于淅川县滔河乡朱家山村三组。中心地理坐标北纬 33°00′56″，东经 111°15′25″，海拔 164 米。前河遗址东距丹江约 4000 米，西距盆窑遗址约 1500 米，东距下寨遗址 1000 米，三遗址同在滔河北岸，同属滔河下游地区的早期聚落群。

2013 年完成前河遗址发掘面积 2500 平方米。

前河遗址为不规则圆角长方形，南距滔河 35 米 ~50 米，东西长 350 米 ~380 米，南北宽 100 米 ~165 米，面积约 6.4 万平方米。文化层厚 1.1 米 ~2.6 米。有龙山文化、周代、汉代、元明时期等 4 个时期的文化堆积。

第①层深灰色沙土，厚 15 厘米 ~20

厘米，为耕土层。

第②层距地表深15厘米～20厘米，厚10厘米～25厘米，浅灰色沙土，为河流冲积土，为清代堆积。

第③层灰褐色土，距地表25厘米～45厘米，厚15厘米～20厘米。含有少许红烧颗粒及草木灰等，土质较硬。为元明时期堆积。

第④层浅黄褐土，距地表30厘米～80厘米不等，质坚硬，密度大。为春秋时期堆积。

第⑤层深褐色土，距地表56厘米～115厘米，厚2厘米～22厘米，土质疏松。为龙山时期堆积。

已发掘清理各时期灰坑422个，灰沟32条，墓葬7座，瓮棺13个，窑址2座，出土陶器、石器、骨器、瓷器等类文化遗物多件。

此次发掘延续了2012年发掘遗迹分布密集的特点，各时期的灰坑仍然十分多。新收获主要有：

第一，新发现6座清代墓葬，加上2012年邻近探方发现的2座，说明该处曾为清代中期一处小型墓地。

第二，元明时期的大型陶窑继续有揭露，应为附近村落就近烧制陶器和砖瓦的窑址。

第三，西周、春秋时期的灰坑、灰沟有较多发现，出土遗物丰富，对较早时期楚文化的分期、文化面貌认识作用明显。

第四，龙山时期的壕沟G57在发掘区中部继续有揭露，但南部被几个春秋时期灰坑打破。

第五，龙山时期瓮棺继续有揭露，2013年发现13座，两年总共发现29座，瓮棺葬有的分布略为集中，大部分分布较为零散，说明没有专门的瓮棺葬墓地。W19内保存有较为完好的婴儿遗骸。

2012～2013年的发掘表明，前河遗址出土遗迹与遗物均十分丰富，是丹江流域文化内涵最为丰富的遗址之一。龙山文化时期的壕沟、瓮棺墓、周代祭祀坑、元明时期的陶窑等遗迹十分重要，出土了大量的陶器、骨器、铜器、铁器、瓷器等，为研究豫西南地区古代文化的发展、豫西南地区与黄河中游地区和汉水流域龙山时期文化的关系、楚文化渊源等重大学术问题提供了许多新的资料。

（王　宏）

【淅川县下寨新石器时代至六朝时期遗址】

发掘时间：2013年3～7月

工作单位：河南省文物考古研究院

2013年继续发掘下寨遗址，发掘面积3000平方米。至此，下寨遗址的考古发掘工作全部完成。2013年共发现各类遗迹281个。其中仰韶文化时期发现陶窑1座，石家河文化时期有灰坑90座，仰韶晚期至石家河文化时期墓葬16座，王湾三期文化灰坑5个，东周时期灰坑137个、水井8口，六朝时期灰坑15个、砖室墓7座。2013年的工作取得了重要收获。新发现一批仰韶晚期至石家河文化墓葬，使得下寨遗址这一时期墓葬的数量达到了133座，比较完整地揭露了该时期的墓地。尤其是M239发现有腰坑，内葬陶钵和陶壶各1件，这种腰坑葬式及出土陶器同头向朝西的墓葬如出一辙，因此可以判断，以M239为代表的头向朝东的墓葬的年代同头向朝西的墓葬基本一致，大致为石家河文化早期或略早。在2013年发掘区内发现王湾三期文化时期灰坑5个。以前的勘探和发掘认为下寨遗址该时期聚落主要分布在遗址的西南部。此次发现的灰坑距此较远，灰坑虽然数量较少，但是为进一步研究下寨遗址王湾三期文化的聚落分布及演变提供了新的材料。

（楚小龙）

【镇平县冢洼新石器时代至周代遗址】
发掘时间：2013 年 7～12 月
工作单位：河南省文物考古研究院

冢洼遗址位于南阳市镇平县曲屯镇曹营村冢洼组南部的高台地上，东距严陵河 400 米，向南 500 米为 312 国道。遗址南北长约 250 米，东西长约 300 米，面积约为 7.5 万平方米。宁西铁路增建二线从遗址北部建设控制地带的边缘经过，为配合工程建设，对其进行了发掘，揭露面积 800 平方米。此次发掘区距离遗址中心有一定的距离，因此遗迹现象并不丰富，仅发现灰坑 14 个、沟 4 条、墓葬 1 座，主要为西周和东周时期遗存。

借助此次难得的工作机会，还对冢洼遗址进行了较为全面的调查、勘探和测绘。经调查，遗址堆积深厚，文化内涵丰富，以仰韶文化中期和屈家岭文化晚期遗存为主，此外还有周、汉及宋、元等时期遗存。经勘探和测绘，发现遗址南、北部为古河道或水洼地，深度超过 4 米；西部有南北向的壕沟。从沟内包含的遗物看，壕沟最迟在仰韶文化中期已经存在，后来废弃，至屈家岭文化晚期逐渐被填平。

冢洼遗址的调查、勘探和发掘对揭示遗址本身的文化内涵和研究新石器时代南北文化的交流具有重要的意义，自然和人工设施共同构筑的防御体系，为研究该时期聚落形态提供了新的材料。

（曹艳朋）

【镇平县安国城新石器时代至汉代遗址】
发掘时间：2013 年 7～12 月
工作单位：河南省文物考古研究院

安国城遗址位于南阳市镇平县玉都街道办事处安国村王庄西南，地处东、西安国河（总称东三里河）交汇处的台地上。宁西铁路增建二线从遗址建设控制地带西北部经过，为配合工程建设，对其进行了发掘，共完成发掘面积 1000 平方米。发现灰坑 12 个、水井 2 眼、墓葬 14 座、沟 1 条、瓮棺墓 1 座，出土遗物主要为东周和汉代。

同时，借助此次难得的工作机会，考古队还对安国城遗址进行了较为全面的调查、勘探和测绘，结果表明：第一，遗址文化内涵十分丰富，包含有仰韶文化、王湾三期文化、两周以及汉代等不同时期的遗存，尤以仰韶、东周和汉代遗存最为丰富。第二，先前认为东、西安国河与宁西铁路既有线围合区域为遗址的范围。但从此次勘探的情况看，该区域实际主要为新石器时代遗存分布区，东周和汉代时期的活动范围则明显有所扩大。第三，遗址西北部西安国河以西岗地应为该遗址东汉时期的墓地。第四，以前调查中发现的两三处夯土，一直认为是汉代城墙。经过此次勘探，发现安国城遗址夯土 8 处。勘探结果表明，夯土成片分布，各自拐折及边界明显，加之在夯土层上往往有大量汉瓦及青砖，因而确认应为汉代夯土建筑基址。结合文献记载，推测与西汉初年“安国侯”王陵所筑之“安国城”有关。

（曹艳朋）

【淅川县金营新石器时代至汉唐遗址】
发掘时间：2013 年 3～7 月
工作单位：河南省文物考古研究院

金营遗址系 2011 年由河南省文物局南水北调文物保护经费资助的“丹淅流域（丹江库区）考古学区域系统调查与研究”实施过程中新发现的遗址。遗址位于河南省南阳市淅川县滔河乡金营村北，地处丹江和滔河交汇处，西与下寨遗址隔滔河相望。中心地理坐标为北纬 33°01′7.50″，东经 111°16′40.03″，海拔 159 米～163 米。遗址靠近村庄，遭到了一定的破坏。为配合南水北调的丹江口库区建设，河南省文物考古研究院对其进行了勘探和发掘。

勘探表明，遗址面积约 8 万平方米，

堆积厚度0.5米~2.8米。此次共完成发掘面积2000平方米，发现各类遗迹118个，其中灰坑112个、沟2条、灶1个、火膛1个、墓葬2座。采集铜、铁、瓷、陶和骨角等各种质地小件近百件。从调查和发掘的情况看，包含有六朝、两周、二里头、王湾三期文化、石家河文化和仰韶文化晚期朱家台类型（或称朱家台文化）的遗存。此次发掘区内以仰韶晚期朱家台类型和王湾三期文化遗存最为丰富，其他各时期仅见少量遗存。在发掘区的边缘发现两处坡状堆积，应为滔河的古河道。坡状堆积下部主要为淤积层，包含有少量王湾三期文化遗物；上部大致为东周时期的堆积。这说明该区域至少在新石器时代晚期为滔河的古河道，至东周时期经过淤积和人为作用下逐渐被填平，使得滔河河道向西移动。

金营遗址的发现和发掘，对于不同时期聚落、河流变迁和人地关系等方面的研究都具有重要的意义。

（曹艳朋）

【荥阳市高铁南一路新石器时代遗址】

发掘时间：2013年9~10月

工作单位：郑州市文物考古研究院

荥阳高铁南一路道路（京城路—碾徐村段）项目，位于荥阳市乔楼镇东南部，京城路以东，郑西高铁以南。

发掘面积100平方米。清理龙山时期灰坑25个、灰沟1条，宋代墓葬2座。遗迹分布较为密集，开口均于地层堆积层第②层下，多直接打破生土层，遗迹间多存有相互叠压打破关系。

龙山时期灰坑分布于整个发掘区，较为密集，相互间多存有叠压打破关系，深浅不等，排列无序。灰坑形状可分为圆形、椭圆形和不规则形，其中圆形和椭圆形数量最多，不规则形较少。这批灰坑形制结构基本一致，但坑体大小不一，多呈口小底大袋装，弧壁圜底或直壁平底等，坑内填土多呈灰褐土，夹杂大量炭粒、红烧土颗粒，并含有较多陶器残片及石器等，器形主要有陶罐、陶钵、陶盆、陶壶等，同时也出土有部分兽骨。

龙山时期灰沟1条，开口在②层下，方向为东南西北走向，口宽底窄，呈“V”字状，圜底，上口宽度达7.6米，深1.6米左右，填土为青褐色和浅灰色淤土，黏度较大，较纯净，出土有少量残陶片、兽骨等。其性质推测应为防御性的壕沟。

宋代墓葬2座，形制较相同，均为土洞墓，平面形状均呈“日”字形，坐北向南，均由墓道和墓室两部分组成。墓道位于墓室的南端，长方形竖穴状，直壁平底。墓门口未见有封门。墓室均为土洞室，形状呈长方形，平底，拱顶，均已坍塌淤实，盗扰严重，清理发现有棺木与骨架。墓葬内填土均为五花土及淤土，含有少量砖块及器物残片，出土了部分残碎随葬品等。

出土遗物均以陶器残片等为主，同时也出土了少量动物骨骼等，共清理出土陶器残片等40余包，出土物主要器形有陶罐、陶盆、陶钵、陶豆、石镰等。纹饰有绳纹、弦纹、方格纹、素面、彩陶等。动物骨骼主要以家畜中的牛骨和猪骨居多，亦有少量鹿骨。墓葬虽然多被盗扰，但仍有部分残碎随葬器物出土，器形主要有陶罐、瓷碗、铜钱等。

（魏青利　丁兰坡）

【确山县代楼龙山时代及商代遗址】

发掘时间：2013年6~7月

工作单位：河南省文物考古研究院

代楼遗址位于确山县新安店镇（原属于顺山店乡，现合并）代楼村北部，遗址平面分布呈近椭圆形，长年耕种使得遗址成为一个漫坡岗地，现高出附近地表1米左右。

2013年为配合京港澳高速公路驻马店

至信阳段改扩建工程，对该遗址进行了抢救性发掘。发掘采用探方法，共布设长、宽各5米的探方8个，方向为正方向，发掘面积200平方米。

发现并清理龙山时期灰坑21个，龙山时期瓮棺墓葬8座，商代灰坑2个，出土了一批龙山时期和商代的陶器、石器和少量的动物骨骼。龙山时期灰坑分圆形、椭圆形和不规则形三种，大部分灰坑形制较为规则，属有意为之，个别为规整的袋装坑。瓮棺一般以折沿深腹罐为葬具，个别使用大口罐或瓮，室内清理发现有婴幼儿的遗骸。

出土龙山时期陶器组合主要为深腹罐、侧装足鼎、深腹盆形甑、盆、钵、豆、器盖、瓮、鬶等，石器主要是石镞及其打制的毛坯。其性质应归属王湾三期文化范畴。

代楼遗址中商代遗存发现较少，仅有2个灰坑，且没有发现地层。出土商代陶器主要是鬲、甗、小口折肩罐、大口尊、直口缸等，应属于中商文化遗存。

（聂　凡　楚小龙）

【尉氏县新庄二里头文化遗址】

发掘时间：2013年8～11月

工作单位：河南省文物考古研究院

新庄遗址位于开封市尉氏县门楼任乡新庄村东北，是一处以二里头文化遗存为主的古文化遗址，现存面积约8万平方米。河南省规划的新郑机场—西华县的高速公路线路从遗址东部边缘穿过。为了配合高速公路建设，抢救性发掘了尉氏新庄遗址。

新庄遗址位于一低缓起伏的近南北向岗地边缘，遗址中心比四周高出约2米。由于历年村民的取土活动使得遗址南部遭到了严重破坏，目前遗址北半部保存较好，在乡村公路边的断崖上可见有灰坑以及二里头文化的陶片、兽骨等遗物。

此次发掘主要集中在高速公路路基范围内，发掘面积约700平方米，已发现了包括二里头文化、汉代以及明清等时期文化遗存，共发现了灰坑60多个，墓葬3座，水井5口，陶窑3座等，出土了包括陶器、铜器、石器、骨器、蚌器等大量的遗物。

二里头文化是此次发掘的最重要收获。二里头文化遗存主要分布在发掘区域的南部。发掘的遗迹种类较少，有水井和灰坑、灰沟。灰坑十余个，出土了丰富的陶器、石器以及骨、蚌器等文化遗物。其中，H35坑内发现有三具非正常死亡的人骨。H38坑内出土了完整的一猪一狗两具动物骨骼，有可能属于祭祀遗存。H51是二里头文化的一个大型灰坑，坑内出土了异常丰富的陶片，包含有较多可复原的陶器。水井J5内发现有木构井圈的痕迹，填土中还发现了一件青铜小刀，长约11厘米。

汉代文化遗存主要分布于遗址北部，发现有灰坑、水井等。其中，H15是一带井圈的水井，青砖沿井壁围砌而成井圈。J3是另一带陶井圈的水井，保存较好，井底发现有一件基本完整的陶罐。汉代灰坑中出土了较多的砖瓦等建筑材料，其中有板瓦、筒瓦。

明清时期文化遗存主要分布在遗址南部，遗迹数量较少，有灰坑和陶窑、墓葬等。Y1是一座保存较好的砖瓦窑，结构完整。墓葬皆为单人葬，未发现葬具，无随葬品。

新庄遗址二里头文化遗存的发现为研究豫东地区二里头文化时期的文化面貌提供了丰富的新资料，同时也为研究这一时期的夏文化与先商文化关系提供了重要的新资料。

（张小虎）

【郑州市二七区大观国际商贸中心项目商代遗址】

发掘时间：2013年3月19日～4月25日

工作单位：郑州市文物考古研究院

河南合智置业中部大观国际商贸中心

项目位于郑州市二七区乔家门路与东三马路交汇处，是郑州市天荣时装城升级改造项目，在配合此项目建设中发现商代遗址，共清理各类遗迹单位64处：商代灰坑17个、商代灰沟1条、东周灰沟1条、春秋时期墓葬29座、东汉墓葬2座、唐代墓葬1座、宋代墓葬10座、明代墓葬1座、清代墓葬1座。发掘面积1000余平方米。

商代灰坑形制多为长方形、椭圆形和圆形，填土均为灰色杂土，土质结构松软，含红烧土颗粒、炭粒等。内壁规整，直壁，底部平整。部分长方形灰坑两侧见脚窝。清理出土大量商代时期陶器残片，以及陶环、兽骨等。

墓葬45座，时代分别为春秋、东汉、唐宋、明清。其中春秋墓葬在该地区发现较为重要。清理的春秋墓葬均为竖穴式土坑墓，口略大于底，内壁较规整，多数一棺一椁，个别墓葬有腰坑、头坑。出土部分完整陶器，有陶盂、陶盘、陶壶、陶釜等随葬品。另发掘清理出几座完整的唐宋时期墓葬，出土了一批精美的随葬品尤其是M2（唐代）内出土铜镜1件，器形较大直径达27厘米，器表施满缠枝牡丹纹饰。

通过对该项目工程考古发掘，收获一批重要的文物标本，确认了该处遗迹的文化性质与时代，对研究郑州春秋至唐宋时期丧葬礼俗、社会经济发展等提供了重要的实物资料。

（高赞岭）

【郑州市二七区太康路旧城改造项目商代遗址】

发掘时间：2013年8月

工作单位：郑州市文物考古研究院

河南新田叁陆零置业有限公司太康路旧城改造项目位于郑州市西太康路北侧，彭公祠街东侧。

此次发掘揭露面积400平方米，清理各类古文化遗迹28处。其中商代灰坑17处，墓葬4座；宋代墓葬7座。同时出土了一批较精美的随葬品。

商代灰坑大多分布在发掘区域西北部，较密集，存在打破叠压关系，通过出土遗物的器形特征分析判断，时代属于二里岗上层及二里岗下层，同时存在人民公园期遗存。灰坑形制结构均为竖穴式，可分圆形、椭圆形、不规则形、长方形4种。圆形及椭圆形结构分布较多，多见直壁平地，长方形次之，内壁规整平直，较深，部分灰坑内壁见脚窝。出土遗物主要以陶器为主，同时出土有石器、骨器、蚌器等，另有动物骨骼，系食用后废弃及骨器加工半成品。

清理商代墓葬4座，位于发掘区东北部。形制均为长方形竖穴式，东西向，多数人骨已朽蚀无存，在填土内发现商代陶鬲、簋等。另见铜铃、玉饰、玉铲、玉戈、贝币等精美的随葬品。其中M3形制较小为长方形竖穴式，东北西南向，内葬人骨，朽蚀严重。头向东、面向南，其头北部有随葬品陶鬲、陶豆、陶簋各1件。

宋代墓葬7座，其中3座为“日”字形土圹洞室结构，由墓道、墓室两部分组成。剩余4座为长方形竖穴式土圹结构。部分墓葬内出土有精美瓷器。

通过对该项目工程进行考古发掘，清理出较丰富的商代文化遗存，特别是商代晚期墓葬的发现及一批玉器的出土，为研究郑州商城都城遗址的历史沿革及其内涵提供了实物资料。

（高赞岭）

【郑州市高新区布袋李商代遗址】

发掘时间：2013年12月~2014年1月

工作单位：郑州市文物考古研究院

遗址位于郑州市高新技术产业开发区长椿路西侧，冬青街南侧，东北毗邻洼刘西周贵族墓地，2004年在对该遗址的发掘中清理出一批仰韶文化时期遗存。2013年为配合基本建设，揭露遗址面积约800平方米，发现有殷墟三、四期以及宋代文化遗存。

发现的殷墟时期遗存为50处灰坑，平面形状有圆形、椭圆形、近长方形、不规则形、圆角长方形等，结构多较为规整，以斜壁、平底居多，少量直壁坑，填土多为深灰色或灰黑色。就其用途而言，以贮物窖穴为主，少量为取土坑。出土遗物主要有陶、石器等，陶器以鬲、罐为大宗，其中以殷墟时期的大袋足陶鬲最为典型，另有盆、瓮、纺轮等。石器主要有斧、镰等。此外，还出土有商代先民占卜使用的卜骨等。遗物中的陶纺轮保存完整、石镰加工精美，这对于了解晚商时期的手工业及农耕文化具有较高的研究价值。

宋代墓葬8座，分为“甲”字形砖室和长方形土洞墓两种。砖室墓由墓道、甬道、墓室三部分组成，多为长条形斜坡墓道，墓室呈圆形，底部铺砖。随葬品主要有陶罐、瓷碗、瓷豆、铜钱等，其中瓷豆较精美，豆盘较浅，豆柄呈喇叭形。

此次发掘表明该遗址为一处殷墟时期的小型聚落，面积约2万平方米，与其西部的关帝庙晚商聚落遗址或具有某种联系。晚商聚落、宋代墓葬的发掘对于研究当时的自然环境、社会生产、生活状况以及墓葬形态等都提供了重要的实物资料。

（鲍颖建）

【商城县马堆子西周遗址】

发掘时间：2013年8~10月

工作单位：河南省文物考古研究院

马堆子遗址位于信阳市商城县李集乡张瓦房村南侧，陈大庄东部，杨家楼村北部，芦上家村西侧，在当地人俗称“马堆子”的高岗地上。该遗址南北长约1000米，东西宽约600米。2001年为配合宁西铁路建设，对该遗址发掘600平方米。

为配合改建铁路宁西线信阳段（武汉局管段）增建第二线工程，再次对该遗址进行了正式考古发掘。发掘采用探方法，在宁西铁路既有线路南侧拟建路基范围内顺路基方向布设长、宽各5米的探方两排，共计12个，方向14°，发掘面积300平方米。

遗址为信阳地区比较典型的西周时期的墩台遗址，系人类长期活动、反复层层铺垫垃圾土和较为纯净的生土垫层堆积而成，因此遗物大多出土在人类活动铺垫的垃圾土垫层中。遗迹很少，发现并清理灰坑4个，房基2座。其中遗址底部坐落在生土上的F2保存较好，虽居住面不存，但墙基槽清晰可辨，整体平面基本呈长方形，基槽围拢部分南北长6.3米，东西宽4.4米~4.5米。长条形基槽宽约25厘米~50厘米，深约15厘米~40厘米，基槽内整齐排列有一周柱洞，大小共计30个，房屋中部有1个柱洞。从叠压F2垫土层和F2基槽内出土陶片看，F2的年代应该在西周时期。

出土遗物主要有西周时期的陶器标本，少量的石器。陶器主要是鬲、簋、豆、甑、罐、敛口钵等，石器有石刀、石斧、石镞等。

（周　通　楚小龙）

【荥阳市官庄两周城址】

发掘时间：2013年9月~2014年1月

工作单位：郑州大学历史学院

官庄城址位于荥阳市高村乡官庄村西部。自2010年起，该遗址陆续发现有外壕、大城与小城环壕、城墙基础、小城南门等重要遗迹现象。据此判断官庄城址始建年代不晚于西周晚期。

2013年发掘区位于大城内西北部，发掘面积600平方米。此次发掘是在基本了解城址结构的基础上，进一步对大城内遗存的分布与堆积情况予以揭露。

发掘区内地层堆积深度差异较大，东部堆积较薄，近现代层下直接暴露春秋时期文化层；西部堆积深度约 0.75 米 ~1.5 米，包括战国至春秋早期文化层。

清理战国时期房址 1 座，破坏较严重，残留面积约 5.6 平方米。灰坑 330 余个，包括窖穴、水井、蓄水池等。年代跨度自西周中晚期至春秋战国时期。其中 H423、H515、H578 等几个灰坑规模较大，直径（边长）可达 5 米 ~6 米，打破关系复杂，为之前发掘所未见，其功能与性质还有待探讨。另外，整个发掘区发现有 20 余个结构相似的圆形直壁灰坑，残深 1.04 米 ~2.2 米，部分灰坑底部发现有草木灰堆积与烧烤迹象，推测可能为一组相互关联的贮藏窖穴。其中 H347，直径 2.1 米 ~2.2 米，深 2.05 米，底部发现有直径约 1.2 米，平面略呈瓢形的灶址，西侧坑壁近底发现有可延伸至坑外的烟道。由于被其他灰坑打破，烟道走向不明。

2013 年发掘共清理墓葬 15 座，年代跨度自西周晚期至战国。其中竖穴土坑墓 10 座，M26 墓主人口中发现有口琀，包括玉片与贝币；瓮棺葬 5 座，大体呈直线排列，较为罕见。另发现灰坑葬 2 座，其中一例人骨有捆绑痕迹。

所发现陶器以灰陶为主、少量红褐陶，主要纹饰有绳纹、弦纹、瓦楞纹、刻划纹等；主要器形包括鬲、盆、豆、罐、盂、尊、器盖等。出土少量石器包括石铲、磨石等，另发现有骨簪、蚌镰等骨蚌器。

根据上述资料推测官庄城址大城内西北部自西周晚期至战国时期都有密集的人类活动。揭露出的居址与墓葬，特别是一些规模庞大、结构特殊的灰坑，为进一步讨论官庄城址大、小城使用年代，相互关系，城内布局与城市发展等问题提供了重要资料。

（陈 博 张继华 赵海洲）

【淅川县单岗两周至宋元遗址】

发掘时间：2013 年 3 ~6 月

工作单位：郑州大学历史学院

单岗遗址位于淅川县盛湾镇单岗村北约 250 米，丹江南岸的二级阶地上部。为配合南水北调中线工程丹江口库区建设，2011 年郑州大学历史学院对其进行了第一次发掘，发掘面积 5500 平方米，发现了保存较好的屈家岭、两周时期聚落。此次发掘位于第一次发掘区的西部，发掘面积 3500 平方米。

单岗遗址此次发掘的遗存以两周、宋元时期为主，另有部分属于汉代和南朝时期，其中周代遗存延续时间最长，也最为丰富。出土有铜、铁、石、陶、瓷、骨各类小件 70 余件（套）。

两周时期遗迹有灰坑、灰沟、墓葬、陶窑、房址等。灰坑 182 个，多为近圆形；灰沟 17 条，多为长条形。出土陶片以夹砂红陶多见，另有一些泥质灰陶和黑皮陶，可辨器形有鬲、豆、甗、盂、罐、壶、器盖等。此外，还发现有石刀、铜削刀、铜镞以及卜骨残块等其他类型遗物。墓葬仅发现 1 座，未见随葬品，墓主为壮年女性，仰身直肢葬式，两胫骨间发现有白色圆石块 1 枚，从残存棺痕来看应为独木棺葬。陶窑 2 座，Y6 为长条形横穴窑，长方形工作坑向东有凸起，方形火门，横剖面呈“U”字形火膛，“Y”字形火道，在北侧发现有红色土，推测可能为烟道所在；Y7 为竖穴窑，由方形工作坑、进火口、近圆形火膛和圆形窑室、烟道组成，保存较好。房址 3 座，形状有方形和圆形两种，均破坏严重，残存柱洞，其中 F37 为方形双间建筑，其余均为近圆形单间。

汉代遗迹较少，出土遗物也少见，在地层中出有铁锸 5 件。发现墓葬 1 座，为长方形竖穴土坑墓，墓主为壮年女性，仰身直肢葬式，头向西，面向上，双手交叉放于腹部，棺顶西侧居中随葬陶仓 1 件。

南朝时期发现墓葬1座，为长方形竖穴土坑小砖室，人骨保存极差，头向南，头部东侧出土“U”形铜簪1枚。

宋元时期遗迹有灰坑、墓葬、陶窑等。灰坑11座，均为近圆形，除1座为弧壁圜底外，其余均为直壁平底，出土遗物稍多，主要为瓷碗，也发现有少量陶盆、铜簪、铜钱、铁刀等。墓葬1座，保存极差，未见人骨和随葬品，仅见棺钉3枚，为长方形红色砂岩砌成。陶窑4座，保存较差，均为长条形，残存底部。

此外还发现近代沟7条，出土有瓷片、铁器以及部分早期陶片。

此次发掘将单岗遗址两周时期遗迹完全揭露，尤其是东周陶窑、房址的发现，进一步丰富和完善了该遗址的文化面貌，为探索两周时期中小型聚落变迁以及楚文化相关研究具有重要的学术意义。

（靳松安　张　建　魏继印）

【洛阳市东周王城南城墙遗存】

发掘时间：2013年11～12月

工作单位：洛阳市文物考古研究院

为配合城市基本建设，在位于涧河东侧、丽春路南侧发掘一段东周王城南城墙遗迹。夯土城墙呈东西走向，夯土上宽20.8米，下宽27.5米。根据夯土土质、土色不同，夯土可分为7块，夯土1与夯土3叠压在夯土2的两侧，均为浅黄褐色，土质硬，包含有外壁绳纹内壁布纹瓦残片，外壁绳纹内壁素面瓦残片、陶豆残片等。夯土2上宽7.7米，下宽11.6米。土色为灰褐色，含有炭灰、红烧土颗粒、少量料礓石和较多鹅卵石。土质较硬，夯层明显。包含有外壁绳纹内壁素面瓦残片、陶豆残片、陶罐口沿等。夯土4位于夯土3的南侧，叠压夯土3，土质细，黄褐色土，包含有外壁绳纹内壁布纹瓦残片，外壁绳纹内壁素面瓦残片、陶豆残片、陶罐残片等。夯土5叠压夯土4，土质硬，土色灰褐色，包含有外壁绳纹内壁布纹瓦残片、外壁绳纹内壁麻点瓦残片等。夯土6叠压在夯土4下，土质一般，土色黄花，夯层不明显。可能是早期灰坑经过处理。包含外壁绳纹内壁素面瓦残片、外壁绳纹内壁麻点瓦残片、陶罐残片等。夯土7位于夯土1的北侧，叠压夯土1，土质硬，土色浅灰褐色。夯土层较厚。包含有外壁绳纹内壁布纹筒瓦残片、陶盆口沿残片、陶豆残片等。

根据夯土间的叠压关系及夯土内的包含物，夯土城墙可分为三期：一期为夯土2和夯土6，时代东周。二期为夯土1和夯土3，应该为汉代补筑。三期为夯土4、5、7，为汉代修补。在夯土城墙的南侧发现有花土，呈斜坡状，北高南低，土质硬，但不见夯层，疑为城墙护坡。在护坡南侧有一条东西走向的渠，上口宽41米，底宽16米，深5.2米。渠内填土可分为三期：一期为浅灰色淤土，包含有外壁绳纹内壁素面板瓦残片，外壁绳纹内壁麻点板瓦残片、瓦钉、陶盆口沿残片、陶豆残片等。二期为黄灰色和红色淤土，包含有外壁绳纹内壁布纹板瓦残片、陶盆口沿、陶豆口沿残片等。三期为黄白色淤土，外壁绳纹内壁布纹板瓦残片。

（薛　方）

【洛阳市东周王城西城墙遗存】

发掘时间：2013年7月

工作单位：洛阳市文物考古研究院

为配合涧西区旧城改造项目建设，在位于洛阳市涧西区中州路北侧，菏泽街西侧，发掘一段东周王城西城墙遗迹。夯土城墙距地表约0.5米，方向5°。夯土城墙东西上宽14.2米，下宽17.2米。根据夯土土质、土色不同，夯土可分为A、B两块，两块夯土均土质坚硬，夯层明显，夯窝清晰。A块内包含有较多的外绳纹内素面碎瓦片、陶盆口沿残片、陶豆盘、陶豆柄残片等。B块位于A块西部，包含有外壁绳纹内壁素面碎瓦，外绳纹内布纹瓦片、卷云纹瓦当残片、陶豆盘残片、陶盆口沿等。

根据夯土间的叠压打破关系遗迹包含物特征，这段夯土城墙可分为两期，一期为A块，为东周时期；二期B块，应为汉代时期补筑。

2013年为配合理工学院附属中学学生食堂建设，在位于九都路北侧、珠江路东侧的理工学院附属中学院内还发掘另一段东周王城西城墙遗迹。夯土城墙为南北走向，方向10°。开口宽11米，底郭最宽为13.75米。夯土可分为4块，编号分别为A，B，C，D。根据夯土间的叠压打破关系遗迹包含物特征，这段夯土城墙至少可分为两期，一期为B块，为东周时期；二期包含A、C、D块，应为汉代时期补筑。

在此两段夯土城墙的西侧，有一条南北走向的渠，渠内填土为大量黄色淤土夹杂红褐色淤泥，土质松软，包含有外壁绳纹内壁布纹板瓦和筒瓦残片，以及卷云纹半瓦当残片等。

（薛　方）

【温县南平皋东周及汉代遗址】

发掘时间：2013年9～11月

工作单位：河南省文物考古研究院

为配合焦作市博爱县至新郑市薛店镇天然气管道工程，对焦作市温县南平皋遗址进行了考古发掘。

南平皋遗址位于焦作市温县赵堡镇南平皋村东北部，北平皋村西部，此次发掘分为南、北两区，布方面积为610平方米。

此次发掘共清理出东周、汉代等不同时期遗迹128处，其中东周灰坑103个、墓葬6座、陶窑2座、灰沟1条、灶1个，汉代灰坑8个、沟1条，汉代以后遗迹6处。东周时期的6座墓葬是此次发掘的主要收获，除了北区M2曾被盗外，Ⅱ区的5座墓葬保存较好。南区M1～M4均为长方形竖穴土坑墓，朝向较为一致，埋藏较深，出土有较为完整的陶器组合，主要是鼎、豆、壶等。另外，还出土有石圭片、玉覆面、骨簪等随葬品。

此次工程占压区域的考古发掘不仅获取了南平皋遗址文化堆积分布范围、时代等现状信息，也揭示出南平皋遗址文化内涵，更是通过小规模考古调查，进一步明确了南平皋遗址与周边同时期遗址（如北平皋遗址）之间的联系。

（杨树刚）

【新郑市北郊小李庄东周墓地】

发掘时间：2013年10～12月

工作单位：郑州市文物考古研究院

小李庄东周墓葬区南距郑韩故城北城墙约1000米，南距黄水河200米，为南北向分布的条带状低矮土岗，东西宽285米，南北约800米，其主体为东周时期平民墓葬区，包含少量汉、唐时期墓葬，2013年共清理各类墓葬321座。

墓葬区局部分布较为密集，打破叠压关系严重。东周墓葬平面多为长方形，竖穴土坑或竖穴砖室墓；汉代墓葬多为西汉后期、东汉时期墓葬，多为前后室结构或“甲”字形。东周墓葬按时代分为春秋晚期和战国时期两类；按形制分为：长方形土坑竖穴墓、长方形竖穴砖室墓两类或大、中、小三类；按葬具分为一棺、一棺一椁两类；按方向分为南北向、东西向两类；按墓葬随葬器物结构分为壁龛类、头厢类、腰下器物（腰坑）类；按葬式分为仰身直肢葬、仰身屈肢葬、侧身屈肢葬等。东周墓葬埋藏深浅不一，一般来说小型墓葬埋藏较浅，随葬器物简单，中、大型墓葬埋藏较深，随葬有仿铜陶器、铜器、玉器等。汉代墓葬多带墓道，墓道形制有刀把形、环形、居中形等，小砖垒砌。大墓分前后室或带耳室，小型墓葬单室。

出土遗物陶器分为仿铜陶礼器、实用

陶器、明器三类。

仿铜陶礼器：器物组合有鼎、盘、罍、匜、尊、舟、盏、盖豆、壶等。火候较低，多饰有彩绘或暗纹，耳、足、系等附件部分呈兽首状，器身多饰白衣。春秋后期、战国早中期流行。

实用陶器：器物组合有鼎、豆、壶、盂、盘、匜、罐、尊等，火候较高，多素面，朴实厚重，泥质灰陶为主。鬲和釜为红陶夹砂，多残留有火烧痕迹。

明器：专为随葬而制，形制较小，火候较低，多素面，部分残存白衣。器形有壶、盘、豆、舟、盂、匜、盏、鼎等。

同时，此次还发掘有玉石器和铜器。

玉石器：玛瑙环、水晶环、玉石碟片等。

铜器：因盗掘严重，出土铜器不能完整表示墓葬中随葬铜器概况。出土有球形敦、铜盏、铜匜、铜铃、铜璜、铜带钩、铜（车马）管件等，但未有完整铜器墓葬，铜器基本与陶器形成组合并出，说明这是一处普通的大型平民墓葬区。

墓葬主要分布在岗丘地上，距离郑韩故城较近。墓葬在同一时期南北向或东西向排列整齐，显示在不同时期较强的文化传承序列相当有规律。

（黄富成）

【郑州市航空港区韩庄东周遗址】

发掘时间：2013 年 7～11 月

工作单位：郑州市文物考古研究院

郑州市航空港区韩庄东周遗址位于郑州市航空港区韩庄村西北部。为配合郑州市新郑国际机场二期工程，对工程区内古文化遗存进行发掘。发掘面积 5000 余平方米，共清理东周时期灰坑 499 个，墓葬 62 座，沟 7 条，房址 1 座，祭祀坑 2 处。

以遗址中部南北流向的古河道 G2 为界，总体布局可分为东、西两部分。东部为居住区，除发现大量窖穴外，还发现有房址及烧结面、大型柱洞等。窖穴多为圆形和椭圆形，相当一部分为袋状，坑壁修整较好。房址由活动面、柱洞、门道等组成。西部为墓葬区，该区灰坑占比例较小，而成行排列的墓葬成为主体。墓葬排列较为有序，一般两座为一组。均为长方形竖穴土坑墓，多为一棺一椁，少量重棺，有些无任何葬具。祭祀坑位于墓葬区东南部，内发现有较完整的牛、马骨架。

遗址及墓葬内出土遗物主要为陶器，另有少量铜器、石器和骨器。出土完整陶器 150 余件，器形主要有罐、釜、豆、盆、盂、瓮、缸等，墓葬陪葬品有较为规律的器物组合，主要为釜、豆、盂、罐，另有盘、匜、罍、敦等。以灰陶为主，红陶次之。素面居多，有纹饰者多饰绳纹、弦纹及附加堆纹。铜器仅发现 1 件铜削，环首弧刃，制作精良。石器有石铲、石钺。另外，墓葬内发现有少量骨珠。

（刘青彬）

【洛阳市白马寺院东周和北魏遗存】

发掘时间：2013 年 6～11 月。

工作单位：中国社会科学院考古研究所洛阳汉魏城队

2013 年，中国社会科学院考古研究所洛阳汉魏城队在河南省洛阳白马寺院北院（原洛阳市牛奶场院内）配合考古勘察，发现一些与汉魏洛阳城有关的遗迹。主要收获有两点：一是发现了北魏西阳门外的道路遗迹；二是发现一条东周时期的沟状遗迹。

发现的道路遗迹位于白马寺院清凉台大殿以北 110 米～170 米处，东西走向。路土距地表 2.2～2.5 米，厚约 0.1 米～0.2 米，上部被唐代堆积层叠压。路土分为南、北两段，南侧一段路土较宽，南北宽度达到 48 米；北侧一段路土较窄，南北宽度 11 米～12 米。两段路土之间有路沟相隔，路沟打破路土，沟宽 1.3 米～3.5

米，深 0.8 米 ~ 1.4 米。该路沟叠压在唐代堆积层下，部分被唐代的灰坑打破。根据地层和出土遗物，初步判断该路土和路沟遗迹时代为北魏时期。根据残存遗迹和以往勘察的此类道路类似情况，这类道路应该是由中央主道和左、右两侧辅道和间隔的路沟组成。但由于勘察区域的限制，该道路的南侧路沟和辅道遗迹不明。据实测，该道路正东和北魏内城西墙西阳门缺口与以往勘探发现的西阳门外大道相对应，应该就是贯穿北魏洛阳西外郭城中部的西阳门外御道遗迹。

北魏洛阳城西阳门外御道的发现，与此前考察发现的西阳门遗址和西阳门内御道遗迹，共同构成了北魏洛阳城这条贯穿内城和郭城的重要东西向主干道路的相关资料，也进一步印证了北魏时期新辟西阳门的记载，为考察汉魏洛阳城不同时期的都城形制和道路路网变化提供了重要参照依据。

发现的东周时期沟状遗迹也位于白马寺院北院，为略呈西南—东北走向的南北向。该沟状遗迹开口在第④层汉代文化堆积层下，深距现在地表 2.9 米 ~3 米，开挖在生土中，系这一区域内目前所见最早的文化遗存。沟状遗迹断面呈倒梯形，底部较平，两壁斜向较陡亦较平整。上口宽 5.8 米 ~6 米，下口宽 2.6 米 ~2.7 米，深度 3.8 米 ~4.1 米。沟内填土为斜向堆积，且有规律交错层层叠压，从填土的硬度观察可能是经过压实或拍筑，但不见夯窝。填土较为纯净，颜色为红褐色土和青灰色土错层堆积。填土内出土有泥质灰陶的豆盘和豆柄、夹砂灰陶的鬲口沿残片、薄绳纹面手捏里和布纹里瓦片等，这些遗物均为东周时期的典型器物。由此推断，此沟状遗迹的时代约为东周晚期。

在此次勘察区内外基本判明，该沟状遗迹南北向长度超过 300 米，可能还继续向南、北延伸。此次发现的东周时期的沟状遗迹，位于东周成周城外（汉魏洛阳故城墙垣下的早期夯墙），且其结构与内涵均较为特殊，对其性质的认定还需要进一步的勘察和细致的研究。

（郭晓涛　钱国祥　刘　涛）

【洛阳市迎宾馆东周墓葬】

发掘时间：2013 年 10 ~11 月

工作单位：洛阳市文物考古研究院

为配合洛阳迎宾馆有限公司升级改造项目，对涉及区域进行抢救性考古发掘。工地位于洛阳市西工区，北临中州中路，东临人民路。该区域地层堆积比较简单，第①层杂填土，深 0.5 米，第②层浅灰色土层，深 0.5 米 ~ 1.1 米，厚约 0.6 米，土质较硬，含少量冲积土、炭灰。以下即为浅黄色生土。

经过考古发掘，该工地共发掘清理墓葬 9 座。9 座墓葬均为竖穴土坑墓葬，均呈南北向，墓壁规整平直，口底同大，墓圹内填五花土，葬具腐朽严重，结构已不清楚，只存少许灰痕。人骨已朽残，呈灰白色粉状，葬式难辨，头向朝北。出土器物组合多以陶鼎、豆、壶、罐、碗、盘为主，共出土各类陶器遗物计 20 余件。根据此批出土器物和墓葬的形制特点，可以初步推断此批墓葬为东周时期墓葬。

发掘区域位于洛阳东周王城遗址范围西部，出土的墓葬形制及 20 余件陶器，丰富和加深了对洛阳东周王城遗址范围内东周时期墓葬的认识。

（司马爽红）

【洛阳市老城区岳村战国墓葬】

发掘时间：2013 年 2 ~3 月

工作单位：洛阳市文物考古研究院

为配合智杰・揽翠城食品加工厂区改建工程，进行抢救性考古发掘。该工地位于洛阳市老城区岳村，西临建华东路，南临道北三路。该区域地层堆积比较简单，第①层为浅褐色土层，深0.3米，土质较硬，含少量碎陶片。第②层为浅黄色土层，深0.3米~0.8米，厚约0.5米，土质较硬，含少量冲积土。再下即为生土。

经过考古发掘，该工地共发掘清理墓葬37座。其中竖穴土坑墓36座、竖穴土坑洞室墓1座，其中17座墓葬因被近代建筑基础桩基破坏严重，墓葬清理后未见遗物，时代不详。

战国墓共发掘19座。均为竖穴土坑墓，呈南北向，墓壁规整平直，墓圹内填五花土，个别经夯打，葬具为一棺一椁，葬式为仰身直肢，头朝北，骨架已朽残。唐墓发掘1座。为小型斜坡墓道刀形土洞墓，由墓道、甬道、墓室三部分组成，墓室直壁、平底，顶已坍塌。

该工地共出土各类遗物共计89件(组)。战国时期墓葬出土器物组合以陶鼎、豆、壶为主，个别墓葬出土有少量铜器、玉饰、骨币等。根据墓葬的墓葬形制、葬式、出土的陶器器物组合，初步推断为战国中晚期墓葬。唐墓出土白瓷碗1件、铜钱1枚。

此发掘区域位于洛阳东周王城遗址范围北部，为以后研究东周王城的城市布局和战国时期的墓葬形制、分期及丧葬习俗提供了新的实物资料。

（司马爽红）

【洛阳市老城区定鼎北路战国秦汉墓地】
发掘时间：2012年7月~2013年3月
工作单位：洛阳市文物考古研究院

为配合洛阳协和置业有限公司改建工程，对该工地进行抢救性考古发掘。该项目位于洛阳市老城区定鼎北路西侧，道北三路北侧，道北五路南侧。该区域地层堆积比较简单，第①层为现代层，第②层为红褐色土，深0.3米~0.6米，厚0.6米，土质较硬，包含较多礓石等。第②层再下即为生土。

经过考古发掘，共清理有明确年代的古墓葬561座，另有1座墓葬年代不详，烧窑36座。其中有战国墓260座，秦墓184座，汉墓104座，唐墓1座，宋墓12座。

战国墓共发掘260座，均开口于第②层下。墓葬形制均为长方形竖穴土坑墓，墓壁较平直、平底，填土为五花土，个别夯打，南北向居多，东西向较少，墓室长2.4米~3米，宽1.5米~2.2米，葬具多一棺，葬式以仰身屈肢为主，个别仰身直肢，随葬器物以陶器为主，出土器物有陶制的壶、鼎、豆、罐、壶、盘、钵，以及骨器、铜镞等遗物，时代为战国时期。

秦墓共发掘184座，均开口于第②层下。墓葬形制均为长方形竖穴墓道土洞墓。其为单室土洞墓，由墓道、墓室两部分组成。墓道竖穴土坑，直壁，平底。墓室洞室为长方形，平顶，直壁，平底。墓道宽于墓室，填土花土，个别夯打，南北向居多，东西向较少，墓道长2.1米~2.5米，宽1.4米~1.8米，墓室长2.1米~2.6米，宽0.8米~1.2米，葬具多一棺，葬式以仰身屈肢为主，仰身直肢少见，随葬器物以陶器为主，出土器物有陶壶、鼎、豆、罐、盘、碗等遗物，时代为战国晚期。

汉墓共发掘104座，墓葬形制为长方形竖穴墓道土洞墓和空心砖室墓。土洞墓共102座，均开口于第②层下。墓葬形制均为长方形竖穴墓道土洞墓，由墓道、墓室两部分组成，南北向居多，东西向较少，葬具多一棺，葬式以仰身直肢为主，随葬器物以陶器为主，出土器物有陶制的仓、灶、井、罐、圈、狗、鸡，以及圭片、铜钱等遗物，时代为汉代时期。

空心砖室墓共2座，均开口于第②层下。墓葬形制均为长方形竖穴墓道土洞墓，为单室空心砖墓，由墓道、墓室两部分组成，均南北向。多数遭盗扰，随葬器物有组合彩绘盖陶钫，以及陶制的鼎、敦、壶、俑头、龙头等遗物，时代为汉代时期。

唐墓共发掘1座，开口于第②层下。墓葬形制为长方形土洞墓，填土淤土。墓葬遭盗扰严重，无随葬品出土。

宋墓共发掘12座，均开口于第②层下。墓葬形制为长方形斜坡墓道土洞墓。由墓道、墓室两部分组成，墓道长方形斜坡，部分有少量台阶。墓室洞室，形制不规则，一般与墓道方向垂直。方向均南北向，填土淤土。出土器物有陶罐、瓷盏、铁器、铜饰等遗物，时代为宋代。

此发掘区位于邙山陵墓群保护区域的西段南缘，汉魏故城的西部，隋唐洛阳城的北部。发掘562座古墓葬以小型墓居多，个别中型墓，墓主人身份多为平民。此次的考古发掘工作加深了对邙山地区战国、汉、唐、宋时期墓葬的认识。同时，出土的数量众多的随葬器物，对进一步研究洛阳邙山陵墓群在战国、汉、唐、宋时期的物质生活、社会风俗、文化艺术、人居生活状况，以及丧葬礼制的延续提供了一批更为翔实的考古资料。

（司马爽红）

【洛阳市协和置业战国汉代墓葬】

发掘时间：2013年9月28日~12月8日

工作单位：洛阳市文物考古研究院

墓葬群位于洛阳市老城区史家沟村南，烧沟村村北，西临定鼎北路，共计发掘墓葬221座，烧窑6座，出土大量文化遗物。

战国墓，共103座，其中96座为竖穴土圹墓，7座为土洞墓。竖穴土圹墓多数带有壁龛，除6座壁龛开在西壁外，其他一般都在墓室北壁开出一个壁龛，部分在其东、南、西部有生土二层台。墓室长度一般为2米~2.5米，宽1米~1.5米。壁龛一般长1米左右，进深0.3米~0.6米。葬具为一棺或者一棺一椁，多为仰身直肢葬。随葬品多为陶器，基本组合为鼎、豆、壶。另见有少量的铁带钩、石圭、铜钱等。C8M2046，长方形竖穴土圹墓，方向4°。墓室东、南、西部有生土二层台，墓室北部有壁龛。出土随葬品有陶鼎、陶豆、陶壶、陶碗、陶盘，小陶壶，石圭等。

汉墓，共4座。为砖室墓和土洞墓两种形制。C8M2168，为砖室墓。由墓道、甬道、墓室、棺床、后室组成。出土随葬品有陶壶、陶罐、陶鸡、陶狗、陶案、陶耳杯、铜钱、铜镜以及铜剑等。C8M2183，长方形带斜坡墓道土洞墓，南北向，出土随葬品有陶罐、陶仓、陶壶、陶鸡、陶狗、陶案等器物。

烧窑6座，形制基本相同，基本由操作坑、窑门、窑室、烟道四部分组成。这6座陶窑相距较近，可分南北两排，使用时间应为同一时期。由于遭扰乱较重，仅剩下窑底。从窑室结构分析，其时代应为汉代。

唐墓1座，为长方形竖穴土洞墓，见有封门砖，出土有陶罐、铜簪、铜钱等。宋墓1座，仅出土陶罐1件。

协和置业所发现这批古墓葬年代时间上虽跨度较长，但从出土随葬品器物组合以及典型器物型制发展演变关系来看，具有很强的连续性。协和置业墓葬群的发掘对于认识中原地区的此时期的埋葬制度、风俗，以及当时的社会生活等社会状况提供了考古实物资料。

（王富国　司马俊堂）

【郑州市S314沿黄快速通道项目战国汉代墓葬】

发掘时间：2013年10~11月，

工作单位：郑州市文物考古研究院

为配合郑州市公路管理局S314沿黄快速通道项目工程（荥阳张河村段）建设施工，郑州市文物考古研究院对其进行抢救性考古发掘。该项目位于荥阳市广武镇东北部，枯河南岸，张河村村南。

通过考古发掘，共清理古墓葬44座，

其中战国墓葬21座，汉代墓葬23座，另有汉代灰沟1条。

战国墓葬均为长方形竖穴土圹墓，口大底小，呈漏斗状，四壁较光滑平直，平底，方向均为南北向，略偏东或偏西，排列较为有序。墓葬均一棺一椁，多木质，已朽腐呈灰痕状，仅显其轮廓，个别椁室为空心砖砌成，保存较为完好。墓葬头向的壁面上，与椁室高度相等的位置多有壁龛，其深度大小不等，内多随葬有陶器数件。椁室内棺外未见有随葬品，棺内均有骨架一具，葬式多仰身直肢或侧身屈肢，腐朽严重，随葬品多为饰品。墓葬填土为黄褐色五花土，大部分被夯实，较硬，包含物较少。个别墓葬已被盗扰。

汉代墓葬形制分为长方形土洞墓、长方形空心砖室墓和长方形砖室墓三种。多由墓道、封门、甬道、墓室几部分组成，个别有耳室。内填红褐花土，质疏松，杂有较多碎砖块等。长方形土洞墓、长方形空心砖室墓，形制均较小，墓道多呈长方形竖井状，壁规整。封门多由小砖错缝平铺或空心砖砌成。部分空心砖墓的四壁、底部和顶均用砖铺砌而成，墓室平面长方形，墙体垂直整齐。土洞则无砖券。其中M14形制较大，方向坐西向东，由墓道、甬道、墓室几部分组成，墓道位于东端，形状呈长方形斜坡状，甬道为砖券，前端有蓝砖封门，墓室分主室与侧室，均呈长方形，侧室位于主室南侧，主室的北壁与西壁均预留砖券门，墓底为砖铺平底，盗扰严重，多仅剩少许残断砖墙。这批墓葬多被严重盗扰，出土有少量随葬品。

出土器物类别主要以陶器为主，另有少量玉器、铜器等。共清理出土遗物百余件，图案精美空心砖十余块。发掘清理出土战国时期的主要器形有陶鼎、壶、豆、盘、碗、罐、水晶环、铜带钩等，汉代主要器形有陶罐、陶仓、陶壶、陶耳杯、陶灶、陶井、陶猪圈、陶鸡、铜钱、铜镜等。同时也清理出土有严重朽腐的棺木与骨架等。

这批墓葬分布于枯河南岸、张河村南的土岗之上，分布较为密集，多时代共存，特征典型，排列有序，通过发掘清理出土的较多重要文物标本，确认了墓葬的文化性质与时代，获得了一批新的考古实物资料。

（丁兰坡　闫付海）

【郑州市金水区76号院战国及汉代墓葬】
发掘时间：2012年8~9月
工作单位：郑州市文物考古研究院

河南正道思达连锁商业有限公司的正道思达商务楼项目位于郑州市金水区76号院内，金水路南侧，京广铁路以东。

此次发掘共清理战国墓葬32座，汉代墓葬2座，宋代墓葬1座。其中战国墓葬为此次发掘的重要发现。

战国墓葬形制主要有两种。第一种为长方形竖穴土坑墓，这种墓葬形制占多数，墓壁斜直下内收，口大底小，呈斗状。墓壁较为光滑，平底。第二种由墓道、墓室两部分组成，为大墓道、小墓室的砖室墓，墓道为长方形竖穴状，口大底小，平底。墓室为土洞状，四周及上顶和底均用空心砖砌成，平面呈长方形。葬具多为单棺，少数为一棺一椁，人骨架多头向北，个别头向西，多仰身直肢，少数为侧身屈肢，骨架保存多不完整，随葬品多放置在人骨头处或北壁龛内。

汉代墓葬均为砖室墓，由墓道、甬道、前室、过洞、后室等组成。墓道呈长方形斜坡状，甬道短小，前室底平面近方形，后室底平面为纵长方形，两室间有过洞相连，墓葬遭扰严重。

宋代墓葬为土洞墓，由墓道和墓室两部分组成，墓道呈长方形竖井状，直壁平底，墓室为土洞，底平面呈长方形，遭严重盗扰。出土有少量陶片。

战国墓的出土遗物均以陶器等为主，另有少量铜器、铁器、玉器等，主要器形有陶鼎、豆、壶、盒、盘、匜、釜。铜器有铜镜、铜洗、铜带钩、铜璜等，另有少量玉饰件、铁带钩等。器物多以生活用品和模型明器为主。纹饰陶器主要为素面，另有弦纹等。汉代墓葬遭扰严重，出土有耳杯等。宋代墓葬出土有少量陶片，可辨有陶罐等。

这批墓葬分布于金水河西岸、沙口村北的土岗之上，分布较为密集，多时代共存，对于研究郑州地区战国和汉代时期社会文化的发展和延续，以及葬俗、葬制等提供了考古学实物资料。

（魏青利　丁兰坡）

【郑州市航空港区冢刘战国及汉代墓地】
发掘时间：2013年7～11月
工作单位：郑州市文物考古研究院

墓地位于郑州市航空港区四港联动大道东侧、孟庄镇冢刘村北部。为配合南水北调支线工程建设，对该项目规划范围内进行了文物勘探和考古发掘，共清理战国时期墓葬130座、汉代墓葬17座、魏晋时期墓葬1座、唐代墓葬1座、清代墓葬1座、战国时期灰坑2个。

墓葬形制共分两类：一类为长方形竖穴土坑墓，计112座，占数量最多；一类为砖室墓，计38座，其中长方形空心砖室墓31座、小青砖室墓7座（有“凸”字形和刀把形两种）。墓葬方向相对统一，除13座墓葬为东西向分布外，其余均为南北向。墓葬多斜直壁，平底，个别为台阶状或斜坡墓道，大部分见有人骨，部分见有棺椁痕迹，已朽。墓内填土均为五花土，其中发掘区西部的墓葬多土质疏松，含沙量大，质地较软，有个别经过夯打；发掘区中、东部百余座墓葬均土质紧密坚实，个别经过夯打，土质显得非常坚实。从墓葬形制及其出土物判断，墓葬时代的跨度为战国、汉代、魏晋、唐代至清代。

墓葬内出土文物相对丰富，随葬品共计156件，主要有陶器、铜器、铁器、骨器及水晶等。陶器计118件，器类主要有罐、鼎、壶、钵、豆、盘、匜、盒、瓮、杯、釜、马首等，其中陶罐42件、陶壶19件、陶钵14件、陶鼎10件、陶豆8件、陶盒6件、陶盘4件、陶匜3件、陶瓮1件、陶杯2件、陶釜附铁支架1件、陶马首1件、陶仓5件、陶器盖1件、陶单耳杯1件（匜状）。铜器计22件，器类有带钩、扣、镜、洗、环、铜钱、铜璜等，其中铜带钩14件、铜扣1、铜镜4、铜洗2、铜环1，另有铜钱50余枚（其中铜布币1枚）、铜璜29片（残片）。铁器计5件，其中铁刀3件、铁器1件、铁支架1件。骨器6件，其中骨环1件、骨珠5颗。另有水晶环1件。

此批墓葬的发掘与清理，对于研究该地区战国及汉代的社会生产、生活形态和丧葬习俗等提供了重要的实物资料。

（张永清）

【洛阳市西工区史家屯村战国秦汉墓地】
发掘时间：2013年5～7月。
工作单位：洛阳市文物考古研究院

史家屯墓地位于洛阳市西工区史家屯村西南，邙山南坡。北纬34°69′01″，东经112°42′36″，海拔165米。发掘面积约5万平方米，清理东周、秦汉时期墓葬1895座。

东周墓葬1122座，大部分为竖穴土坑墓，少量为侧室墓。多为南北向，也有少数为东西向。竖穴土坑均口大底小，部分有壁龛或生土二层台。壁龛多位于墓室北部、头部和底部，或在距墓室底部0.6米～1.4米，二层台高度依墓葬大小略有差异，一般高度在0.5米～1.5米之间。侧室墓墓室位于墓道长边一侧，洞室。竖穴土坑墓大部分无随葬品，人骨腐朽严重，从部分保存较好的遗骨分析，多为单人屈肢葬，也有合葬墓。随葬遗物以鼎豆（敦）、壶、石圭或鼎、豆（敦）、壶、盘、碗、匜、石圭组合为主。

秦汉时期墓葬共发现773座，可分4个类型。第一类为宽墓道窄墓室土洞墓，多南北向，随葬品一般放置在墓室口部或一侧，也有放置在墓室后部的，有蒜头壶、陶罐、方壶、鼎、盒等。部分陶器上戳印“河亭”字样，应为秦墓或西汉早期墓。第二类为墓道墓室同宽墓葬，南北、东西向皆有，均为土洞洞室墓，随葬品一般为一到三件陶罐。时代应为西汉早期或中期。第三类为竖穴墓道空心砖墓，共发现5座，随葬品有陶鼎、壶、方壶、盒、罐、陶马头、拐杖、俑头、盆、铜铃、铜镜、铅饰等，部分陶器上戳印“河市”字样。应为西汉中晚期墓葬。第四类为竖穴墓道洞室墓，有土洞和小砖券洞室墓两种。从随葬品分析应为西汉晚期或东汉早期墓葬。

史家屯墓地以东周和秦汉小型平民墓葬为主，此类情况应与邻近东周王城和汉河南县城有关，死者身份都应是居住在东周王城和河南县城内的普通平民。这批墓葬打破关系较多，类型多样、内涵丰富，演变序列完整，是近些年来洛阳地区较为重要的考古收获，随葬典型器物组合对探讨洛阳地区东周秦汉时期小型平民墓葬形制、埋葬习俗、发展序列演变等都具有重要意义。

（吴业恒）

【新安县汉函谷关遗址】

发掘时间：2012年6月~2013年8月

工作单位：洛阳市文物考古研究院、洛阳市新安县文物管理局

汉函谷关遗址位于洛阳市新安县东，地处秦岭山脉东段的峡谷之中，始建于公元前114年。为配合函谷关遗址保护规划的制定和丝绸之路申遗工作，洛阳市文物考古研究院对遗址进行了考古调查和发掘。勘探总面积约13.9万平方米，发现夯土墙17条，古道路2条，夯土台2座，活动面9处，并对凤凰山和青龙山上的夯土长墙进行了勘探。发掘面积3325平方米，揭露了城墙、道路和建筑遗址等重要遗迹，关城布局基本明晰。

关城东墙：位于望气台南侧，向南延伸至皂涧河北岸，与关城南墙相交。发掘长度44.8米。东墙气势宏伟，保存较好。北部用夯土修筑，南侧靠近皂涧河的位置用石头砌筑。夯筑部分由台基和墙体组成，台基东西宽32米，高2.8米，东西两侧以阶梯式逐渐向上递收，顶部为平台。墙体位于台基之上，东西宽22米，残高1.1米~4米。城墙南侧部分用青质砂岩垒砌，宽度22米。东墙经过修补，可分为早晚两期。在东墙附近还发现了护堤、城墙排水渠及马道等重要遗迹。

关城南墙：依皂涧河修筑，勘探发现长度约150米，宽度8米~18米。经过解剖，南墙为夹心墙，南北两端各有宽约1米的夯土墙，夯土质量好，中间部分夯土质量较差。

建筑遗址：发掘面积900平方米。共发现二期建筑，均为东汉时期。第一期建筑发现有通道、活动面、排水渠等遗迹。第二期建筑保存较差，仅发现4处夯土基槽和零星分布的柱础石，墙体部分被破坏。

古道路：共两条，编号分别是L1、L2。L1位于遗址中部，东西向贯穿遗址。勘探发现长度约370米。路土厚度达2.3米，从西汉建关时一直沿用到现代。L2位于遗址南侧，勘探发现长度约360米，宽度10米~15.7米，路土厚度约0.4米，时代为东周到西汉初期，是建关前古道，建关后被关城东墙阻断而废弃。

通关古道路土剖面（由南向北）

遗址出土遗物以陶制建筑材料为主，包括瓦当、筒瓦、板瓦、空心砖、方砖、条砖及建筑构件。其中以板瓦居多，筒瓦次之。出土陶器、瓷器、铁器、铜器等共250余件，钱币108枚。

根据此次的考古工作，可以看出汉函谷关遗址是一处东西狭长的小型城邑，城墙、道路和建筑遗址等要素均已发现。关城卡在峡谷之中，关城东墙与南北山上的夯土长墙相连接，达到军事防御和控制交通的目的。关城中部的古道路东西向贯穿关城，是唯一的通关道路；遗址南部、皂涧河北岸是主要的生活区。根据出土遗物和对遗迹的解剖，可以确定关城东墙、鸡鸣望气二台及台基西侧夯土墙为西汉建关时修建，关城南墙为汉代增建。

汉函谷关遗址的考古发现具有非常重要的学术价值。在以往的考古工作中，对关隘的研究工作一直非常匮乏，并且集中在边关，对地位如此重要的内关进行系统的考古工作更是第一次。此次发现，为秦汉关隘制度的研究提供了重要的参考资料，也为函谷关遗址的保护提供了重要依据。

（王咸秋　严　辉　赵菲菲）

【孟津县平乐镇汉墓群】
发掘时间：2013年9～12月
工作单位：洛阳市文物考古研究院

为配合310国道洛阳市境改建工程，在孟津县平乐镇发掘西汉、东汉、西晋、北魏等时期墓葬62座，出土器物300余件。其中，以两汉墓葬为主，发掘50座。

西汉墓发掘40余座，墓葬形制有两种：一为竖穴墓道土洞墓，占绝大多数。墓向主要为南向。均为长方形单室墓，个别带耳室。平顶，少数微弧。一些墓葬残存棺灰痕迹，大多为单棺，极个别为双棺。二为竖穴墓道空心砖墓，墓道多向南，个别向北。多为单室墓，墓室尾部向一侧或两侧延伸，构筑成耳室。

随葬器物有生活用具、生产用具、武器、模型明器等。材质以陶器为主，另外出土瓷器、铁器、铜器、铜钱等。其中，4座墓葬出土西汉中晚期半釉原始青瓷器13件。

东汉墓发掘近10座，墓葬形制有：竖穴墓道横列前堂多室墓，墓道向南。竖穴墓道长方形单室墓，个别带耳室。墓道有南向，也有北向。

随葬器物有生活用具、生产用具、武器、模型明器等。材质以陶器为主，另外出土铁器、铜器、铜钱等。

公元前249年，秦在洛阳置三川郡，郡治成周城（在今洛阳市东北，白马寺东汉魏故城附近）。西汉改三川郡为河南郡，洛阳仍为郡治，辖洛阳、河南、偃师、缑氏、平阴、新成、谷成等22县。

此次发掘区域位于汉洛阳县城附近，墓葬时代又以西汉墓为主流，二者间应存在必然联系。

此次发掘的西汉墓葬，形制与以往在汉河南县城附近发现的墓葬有一定差别；出土了一批造型独特、制作精美的器物，表明了二者在文化面貌上存在的差异。

（李继鹏）

【镇平县大宁营汉代墓地】
发掘时间：2013年10～12月
工作单位：河南省文物考古研究院

大宁营墓地位于南阳市镇平县县城北

部，地处大宁营村和镇平火车站之间，地势较周围略高。该墓地南北长约300米，东西长约400米，面积约12万平方米。墓地中心坐标为北纬33°3′22.84″，东经112°13′51.37″，海拔约201米。

为配合宁西铁路增建二线工程建设，河南省文物考古研究院对线路经过部分进行了勘探和发掘，共揭露面积500平方米，发现墓葬4座、灰坑3个、灰沟1条。其中砖室墓2座，皆为斜坡墓道，墓室平面呈纵长方形，拱顶。由于被盗扰严重，未见人骨和随葬品。仅从墓葬形制及墓砖特征分析，大致推测为汉代时期。土坑竖穴墓两座，其中M3保存完好，出土有陶瓮1件、陶釜2件、陶罐1件和五铢钱5枚，另外在墓室底部填土中发现柿蒂状铜饰10件，制作精美，形制有大小之分，大、小各5件，皆黄铜制成。从出土遗物特征判断，M3为西汉时期。此次发掘为准确把握该墓地墓葬的时代、布局等情况提供了科学的材料。

（曹艳朋）

【洛阳市陵园路汉代墓葬】

发掘时间：2013年3~4月

工作单位：洛阳市文物考古研究院

为了配合洛阳市顺峰房地产开发有限公司状元府邸（二期）住宅楼及地下车库建设，在洛阳市老城区邙山镇苗南村，道北三路与陵园路交叉口东侧，发掘清理汉代墓葬53座，均为带竖穴墓道的中小型洞室墓。根据墓室建筑材料的不同可分为空心砖墓、小砖墓、土洞墓。空心砖墓30座，可分两种单室平顶空心砖墓和双室平顶空心砖墓。随葬品陶器组合多为陶鼎、陶敦、陶壶，另还有陶俑头、陶马头、陶龙头、铜镜、铜盆、铜勺、铁釜、骨器等。小砖墓2座，均由墓道、甬道、前室、后室耳室组成。随葬品有陶仓、陶壶、陶瓮、陶罐、陶鼎、陶甑、铁釜、铜镜、铜饰、铜钱等。土洞墓21座，其中墓室略宽于墓道的小型墓葬较多。随葬陶器主要为陶罐，还有陶俑头、铜钱、铜镜等。

该工地处于邙山陵墓群南部边缘，周围各时代墓葬密集。此次发掘清理的53座汉代墓葬，不管是墓葬形制还是墓葬的建筑材料和建造方式，与以往发掘的洛阳烧沟汉墓中的一型、二型墓葬有许多相同之处。根据墓葬的形制以及出土器物分析，这批墓葬均为西汉墓，以西汉早中期居多。在此次发掘中，平顶空心砖墓数量超过一半，在个别墓室内的空心砖上，发现有用红色颜料书写的表示方位的字迹，这在以往的发掘中并不多见。这批墓葬的发掘为研究西汉的墓葬形制与埋葬习俗提供了新的考古资料。

（薛　方）

【洛阳市邙山陵墓群考古调查与勘测】

调查时间：2013年1~12月

工作单位：洛阳市文物考古研究院

根据“邙山陵墓群考古调查与勘测”项目第二阶段——帝陵的重点调查勘探工作的安排，对位于孟津县平乐镇北部的二汉冢、三汉冢东汉帝陵陵园遗址进行了调查勘探，钻探面积46.6万平方米。

二汉冢封土东部发现建筑基址，南部发现夯土墙和成排的夯土墩。封土北、西、东三面发现环绕墓冢的壕沟。

环壕外，墓冢东北方向发现大型建筑基址1处，由东、西两组建筑组成，外围构筑壕沟。基址东侧垣壕向南延伸，与三汉冢东侧垣壕相连，向北至高速公路，沟内见路土。沟口深1米~1.2米，底深4米~4.6米，宽5米~8米。北壕沟外发现一段东西向路土。路土口深1.2米~1.4米，保存厚度5厘米~10厘米，宽5米~10米。路土下及两侧均见鹅卵石。

三汉冢封土东部发现建筑基址1处，南部发现夯土墙和成排的夯土墩，北部发现曲尺形壕沟1条。壕沟东西长290米，东端折而向南。

垣壕外，封土东北方向发现由夯土条带构成的1处建筑基址，基址西、北、东三面构筑壕沟，东侧壕沟向北与二汉冢东侧垣壕连为一体，向南越过铁路线，沟底见路土。

通过钻探发现，在二汉冢、三汉冢东汉帝陵陵园遗址，均存在内、外两重环壕。

（严 辉 李继鹏 王文浩）

【郑州市高新区丁楼汉宋代遗址与墓葬】

发掘时间：2013年10～12月

工作单位：郑州市文物考古研究院

遗址位于郑州市高新技术开发区长椿路东侧、莲花街南侧，墓葬位于遗址的东南部，二者同处于丁楼村拆迁安置区，其西南部为仰韶文化的重要分布区。

丁楼遗址清理汉代遗迹共12处：灰坑8个、灰沟2条、陶窑1座、墓葬1座。灰坑平面形状有圆形、椭圆形、不规则形、圆角长方形、长方形等，结构多较为规整，其用途多为贮物窖穴或取土坑，其中包括大型粮仓2座（H1、H2）、蓄水池1处。H1直径4.5米，下部由4层卧砖平砌，上部有两层竖砖错缝堆砌，底部西侧残存有铺地砖；H2直径4.7米，上部仅残存一周平砌的卧砖。粮仓西侧发现1条蜿蜒向北流淌的排水沟，剖面呈斜坡状，贴近粮仓一侧较高，似专为粮仓排水而挖取的。蓄水池呈圆角长方形，长6.7米，宽3米，深0.88米，底部平砌卧砖，上部由竖砖错缝堆砌而成。陶窑呈不规则形，破坏较严重，仅残存窑室。墓葬为“日”字形土洞墓，由墓道与墓室组成。

遗址出土的陶器皆为泥质灰陶，纹饰多素面，少量绳纹，可辨器形有盆、罐、瓮、壶、器盖等。粮仓中出土有大量的筒瓦、板瓦和砖块等建筑材料，其西侧的一块竖砖上还刻有“车”字，较重要。

墓葬区共发掘各类遗迹20处，其中汉代墓葬3座、水井1口，宋代墓葬11座，清代墓葬5座。汉代、清代墓葬均为长方形竖穴土坑墓，汉代水井呈椭圆形，内填黄灰色淤土。宋代墓葬平面形状皆为长方形，分为竖穴墓、土洞墓两种。发掘区中部的宋代墓葬排列较集中、有序，可能为家族墓地。宋墓中出土有陶盆以及青白、酱色釉瓷碗等。

遗址区发现的大量粮仓、蓄水池等遗迹，非为一般聚落所有，具有某种军事用途性质，推测其应为一处汉代的屯兵聚落。汉代聚落、宋代家族墓地的发掘，为汉代、宋代物质文化研究提供了新材料。

（鲍颖建）

【禹州市杜庄汉代及明清时期墓地】

发掘时间：2013年1～5月

工作单位：河南省文物考古研究院

禹州杜庄墓地位于许昌市禹州市张得乡杜庄村北。南水北调支线工程许昌段从杜庄墓地中部穿过。为配合南水北调支线工程建设发掘了禹州杜庄墓地。

墓地位于杜庄村北的岗地上，岗地的东西两边各有一道南北向高1.5米左右的断崖，断崖间的岗地较平坦，岗地上有不同时期的古墓葬密集分布。

此次发掘共计完成发掘面积2600多平方米，清理汉、明、清等时期古墓葬76座，汉代建筑遗迹1处，明祭祀坑1个，道路1段，取得了一些比较重要的考古发现。

汉代墓葬共发现26座，主要分布在发掘区的东区和中区西部，个别分布在西区东部，与发现的汉代居住址明显隔开。墓葬形式以土洞砖室墓为主，多为中型墓，少数较大。洞室墓中数量最多的是长方形竖井墓道砖室洞室墓，另有少量的斜坡墓道土洞砖室墓、弧形墓道长方形砖室墓和长方形竖井墓道洞室墓。汉墓墓道位置多样，但绝少打破现象，体现了统一规划的家族墓特点。墓葬大多数被严重盗扰，仅残存有少量人骨、随葬品，许多墓砖亦被盗失，出土的随葬品有铜镜、铜钱、各种陶器、铁器等。

汉代建筑遗迹，面积较大，位于发掘区的北部，被明代家族墓地打破，保存情况不佳。此次仅发掘了其中的小部分，发现一段呈直角形的由碎瓦砾砸成的散水路面，屋内地面已不存在。

明代墓葬共发现37座，集中分布在发掘区的西部。其中长方形竖井墓道洞室墓就有30座，占明墓的绝大多数，另有少量长方形竖穴土坑墓和长方形砖石混合墓。墓葬形制大小差别亦不大。墓道大多南向，许多墓用明砖和汉代空心砖、画像砖、子母砖、石门、石条封门，洞室多为较规整的南北长条形拱洞。葬具单棺双棺均有，葬式均为仰身直肢，双棺中一棺内为一次葬，一棺内为二次葬。单棺墓中有些墓还在洞内一旁掏挖一不规则形的侧洞，洞里发现一些二次葬的人骨，也应为夫妻合葬墓。明墓也大多被盗扰，出土随葬品数量较少，主要为铜钱和少量饰品，个别葬有瓷碗等。明代墓葬排列有序，十分密集，墓葬之间很少有打破现象，当为一处经严格规划的家族墓地。

另外，在明代墓地中还发现近圆形祭祀坑1座，坑内用长方形砖干垒成带盖的砖室，出土完整的白地黑花梅瓶1件和青瓷盏1件，两器保存完好，应属酒器。

清代墓葬共发现13座，位于发掘区的中部。数量最多的是小型长方形土坑墓，墓葬排列密集有序，应是一处家族墓地，多数为明显的夫妻异穴合葬墓。多为长方形单棺，仰身直肢葬式，棺盖上多有朱砂书写的镇墓瓦，随葬品有瓷罐、铜钱、铜饰品、墓志砖、镇墓瓦等。另有个别洞室墓和规模稍大的砖石墓。

此次发掘为了解禹州地区汉代的丧葬习俗提供了新资料，新发现的明、清墓葬，为了解当时的丧葬习俗和家族制度提供了新资料。

（马俊才　张小虎）

【孟津县送庄镇汉唐墓葬】

发掘时间：2013年12月

工作单位：洛阳市文物考古研究院

为配合310国道洛阳市境改建工程，洛阳市文物考古研究院在孟津县送庄镇进行考古发掘，先后清理东汉、北魏、唐代等墓葬共计17座。

东汉墓5座。墓葬形制有两种：一为长斜坡墓道横列前堂砖室墓，2座。1座墓道西向，1座墓道向南。均由墓道、封门、甬道、墓室与后室组成。二为斜坡墓道土洞墓，3座。墓道向南，由墓道与墓室组成。出土器物40余件，有陶、瓷、铁、铜器等。以陶器为主，有罐、壶、仓、盒、耳杯等生活用具，瓦当等建筑用具，也有井、灶等模型明器。瓷器为四系豆绿釉罐。铁器有刀与铲。铜器有镜、钱币。

北魏墓2座。分别为竖穴墓道刀形土洞墓与长方形土洞墓。墓道均为南向，由墓道、墓室两部分组成。墓室平底、直壁、弧顶。出土器物2件，包括1件陶盘口壶与1件瓷双系盘口壶。

唐墓10座。均为竖穴墓道刀形土洞墓，墓道向南，由墓道、墓室两部分组成。出土器物较少，仅有陶罐、三彩陶片、墓志砖残块等。

此次发掘的墓葬均遭盗扰，仅汉墓中出土了较多器物。除陶案、陶盒、耳杯、陶魁等常见器物外，还出土了底部有不规则圆形穿洞的陶仓，敞口、折沿、束颈陶壶与四系瓷罐，在同期墓葬中较为少见，为探讨东汉时期的埋葬习俗提供了考古资料。

（赵菲菲　王文浩　李继鹏）

【孟津县朱仓“李密冢”东汉墓园遗址】

发掘时间：2013年1～12月

工作单位：洛阳市文物考古研究院

遗址位于洛阳市孟津县平乐镇朱仓村东，地处洛阳邙山陵墓群——东汉陵区陪葬墓区内。其主墓冢在2006年4月“邙山陵墓群考古调查与勘测”项目第一阶段——邙山古墓冢文物普查时发现，编号M683。在2009年9月“邙山陵墓群考古调查与勘测”项目第二阶段——进行重点勘探，确定墓园遗址范围，面积约10万平方米。周建两重环壕，园内分布5座大型墓冢。主墓冢平面方形，边长63米，墓葬形制为长斜坡墓道“甲”字形墓。南向。墓道长27米，宽4.3米。墓室土圹长10.4米，宽9.8米，主墓冢东侧有大型建筑基址。

因遗址遭到破坏，抢救性发掘工作从2012年3月开始，持续两年，截至2013年底，累计发掘面积约4500平方米，主要发现有大型夯土台基、院落、道路、排水渠、墓冢封土等遗迹。

夯土台基位于主墓冢东侧，平面呈长方形，东西长26.5米，南北宽21.5米。其上发现有大型石质柱础，分布于台基边缘，南、北缘5个，东、西缘4个。台基四周环以铺砖廊道，外围为卵石散水。台基面东，东侧正中为主通道。台基南侧有两处通道，台基西侧廊道南部有石质阶道通向中心台基。台基北侧无通道。

院落位于夯土台基东侧，三组庭院呈东西向排列，破坏严重，墙体均残存夯土基槽。发现有2处渗井，均方形，砖砌，根据落差，西高东底，中间连接有排水沟，由五边形陶质管道连接而成。

出土器物主要分建筑材料和日用陶器两大部分。建筑材料有陶质“长乐未央”卷云纹瓦当、绳纹板、筒瓦，五边形管道，几何纹、素面方砖、条形砖、石柱础、包边石、踏步、铁钉、钩等；日用陶器主要为盆、罐、碗、瓮等。

墓园南、北、西部解剖均未发现门址，根据墓园布局和解剖发现东部外环壕外存在道路的情况，推测东部存在门址。

解剖还发现，墓道北部叠压于封土之下，平面长方形，东西两侧内收2级台阶，底宽2.3米，深距开口7.1米。墓道及叠压封土存在明显二次开挖的分界线，说明合葬时重新开启。盗洞内发现墓室形制为砖石混合结构，墓室外围有回廊。盗洞内发现大量玉衣片。

根据M683方形封土形制，以及遗址、盗洞内出土器物的时代特征，该墓园遗址的年代应在东汉早期。

根据M683的巨大封土、方形回廊砖石结构墓室，以及出土玉衣的情况，墓主人身份应属东汉早期的诸侯王或列侯。

（张鸿亮）

【孟津县朱仓村东汉墓】

发掘时间：2013年1月

工作单位：洛阳市文物考古研究院

墓葬位于洛阳市孟津县平乐镇朱仓村东，当地农民铺设农田灌溉设施时，挖掘到墓室顶部，后随即进行抢救性考古发掘。

墓葬形制为斜坡墓道单砖室墓。由墓道、甬道、墓室组成。方向196°。墓道开口距地表仅0.2米，平面为长方形。口长5.12米，宽0.94米；底部斜坡，深距开口1.9米。墓道北端见砖封门，为单列平砖错缝顺砌，向外呈弧形，高距墓底1.74米，宽0.96米。内填红褐色花土，内杂有大量的砖瓦残块。甬道，小砖券。平底，直壁，拱形平顶，宽于墓道。长1.32米，宽1.26米，高1.4米。墓室，偏向甬道东侧，南北向长方形土洞，内用小砖构筑墓室。平底，直壁，拱形平顶。平面长方形。长5.52米，宽2.2米，高1.86米。

该墓未遭盗掘，但由于早期墓室进水，

木棺上浮，器物位置略有变化。棺两具，东、西并列，棺底均残留有白灰，四周有铁质棺底均匀分布。东棺长 2.2 米，宽 0.7 米，棺内人骨 1 具，头骨居南，葬式不详。西棺长 2.2 米，宽 0.7 米，残高 0.2 米，棺内人骨 1 具，头北面西，仰身直肢。随葬器物主要位于墓室西南角、东壁及两棺内。

出土器物共计 42 件（组），种类有陶器、铜器、铁器、铅器、玉石料器及铜钱等。其中陶器 25 件，多泥质灰陶，少数泥质红陶或褐陶。种类有壶、奁、勺、案、盘、耳杯、碗等生活用具，仓、灶、井、圈厕、狗、鸡等模型明器。奁、案、盘、耳杯、碗内壁及勺柄首涂有朱彩，井、狗、鸡等外涂白灰。铜器 5 件（组），种类有镜、器耳、泡钉、环等，镜 2 面，均为连弧纹，分别饰以“山”字纹和“长宜子孙”铭文。铁器 4 件，种类有灯、刀、剑等。铅车马器 1 组，有车軎、衔镳、盖弓帽等。玉石料器 5 件（组），种类石蝉、绿松石饰、琉璃耳瑱、蚌饰、玉石残料等。铜钱 2 组，完整者总计 266 枚，另有破碎五铢钱数十枚。种类有半两、五铢、货泉、无字钱等。

墓葬东棺出土铁剑，墓主应为男性，西棺出土琉璃耳瑱、绿松石等饰物，墓主应为女性，因此，推测该墓为夫妇合葬墓。

墓葬陶器组合，出现仓、灶、井、圈厕等模型明器；铜镜均为连弧纹镜；出土钱币，以两汉五铢为主，杂有数枚半两、货泉。推测墓葬年代为东汉晚期。

墓葬的地理位置位于邙山东汉陵区的陪葬墓区内，四周均有东汉时期的大型封土墓分布。经初步勘测，该墓南侧数十米处就有一座东汉大型封土墓。封土在新中国成立后被夷平，初步推测，该墓可能与这座大型封土墓为同一家族墓。

（张鸿亮）

【偃师市高崖东汉封土墓】

发掘时间：2013 年 10～12 月

工作单位：洛阳市文物考古研究院

2013 年，偃师市政府委托洛阳市文物考古研究院及偃师市文物旅游局对“林安物流”项目选址和建设规划进行考古调查和勘探，项目位于偃师市高龙镇高崖村南，邙山陵墓群东汉帝陵区南兆域陪葬区的东北部。

在调查勘探期间，总计钻探 20 余万平方米，发现夷平封土墓总计 20 座，另有数座墓葬没有封土。大部分封土直径在 16 米～25 米，少数封土直径在 30 米～35 米。绝大多数为土洞墓，只有 1 座为明坑墓。另外还发现夯土基址 1 处，面积约 300 平方米。由于所在区域全部位于保护区范围之内，此次仅对 9 座典型封土进行了揭露，对部分夯土区域进行了试掘，没有对墓葬进行发掘。

M1、M10、M11 三座墓葬连成一片，南北纵向排列，墓道全部朝东，开口均在耕土层下，封土破坏较严重，最高处残存不足 0.5 米。M1、M11 封土均呈不规则圆形，M1 直径约 22 米，M11 直径约 24 米，解剖沟显示 M1 和 M11 时代相同，封土底部均有一层统一的地层，应为统一规划建造。M10 墓道打破 M1、M11 封土，并将两者的部分封土破坏后作为自己的封土使用，封土直径不详，时代要晚于 M1、M11。

M2、M4、M6、M5、M13 五座墓葬连成一片，东西横向排列，墓道均朝北，封土均被唐宋地层叠压，表明封土的夷平时代较早。五座墓葬封土均呈圆形，残存高 0.5 米，直径均在 20 米左右，封土中间有包心，土质土色同外部夯土有明显区别，夯层均不明显。解剖沟显示这五座墓葬时代相同，相互之间没有叠压打破关系，在五座封土底部有一层统一的经过夯打的地层，应该是建造墓葬时平整场地的地层，也表明了这五座墓葬是统一规划建造的。在M2墓道的上方发现了一部分砖铺地，从地层以及砖的形制来看同墓葬时代相同，有可能属于墓祭的遗存。

M3墓道朝北，封土呈圆形，被唐宋地层叠压，保存较好，直径约30米，现存高度1.7米左右，夯层明显。墓道长约20米，两侧有一层内收台阶。

在西侧还发掘了部分夯土基址，不甚规则，可能为一处建筑基址。

此次发现封土墓葬体量大部分较小，属于东汉时期级别较低的封土墓。封土墓总体分布较杂乱，朝向不统一，也没有发现墙或沟之类的墓园建筑，紧密连成一排的排列方式也不似有血缘关系的墓葬，而是提前统一规划建造的。这些因素表明这一批墓葬绝非家族墓地，应该是帝陵的陪葬墓群。

此次发现的20座夷平封土墓为该区域首次发现，为邙山陵墓群东汉帝陵区南兆域研究补充了可观的材料，进一步加深了对陪葬区域的认识。

（刘　斌　严　辉）

【郑州市航空港区河刘沟生态治理项目汉晋时期遗存】

发掘时间：2013年6~7月

工作单位：郑州市文物考古研究院

此次是配合郑州市航空港区市政管理局河刘沟生态治理项目工程建设进行的考古发掘。该项目发掘地点位于郑州市航空港区郑港六路北侧，郑港四街西侧。

此次发掘揭露面积300平方米，清理各类古文化遗迹7处。其中清理汉代墓葬1座，晋代墓葬1座，汉代陶窑址4处，汉代灰坑1处。在清理的晋代墓葬内，出土了较为精美的随葬品。

晋代墓葬位于发掘区最北端，东西向，由墓道、甬道、墓室三部分组成。其墓道位于墓室东部，直壁平底、墓门处有小砖封门，烧制粗陋，火候较低，砌法为错缝平砌。墓室为土洞结构，内壁不太规整，较竖直，底部小砖铺地，为斜砖错缝平铺。清理中未见葬具，人骨已朽蚀无存。墓底西南部及北中部出土有双系陶罐1件、盘口罐1件、釉陶瓶1件、青瓷狮形水滴1件、日光镜1件。该墓葬内出土了1件精美的越窑青瓷狮形水滴，该器形制较小，长13米，高8厘米，造型为蹲狮状，狮背上驮有一圆筒形管状物，狮身为两边模印贴合而成，沿背中心线可见明显粘贴痕。全器集刻划、堆塑、镂雕等多种技法于一身，且刀法精湛，一丝不苟。虽然经过近2000年的地下埋藏及土壤的酸碱作用，仍保存完好，不失为一件西晋时期的越窑青瓷精品。

通过对该项目工程进行考古发掘，清理出较丰富的汉、晋时期文化遗存，特别是晋代墓葬的发现及青瓷狮形水滴的出土为汉、晋时期葬制葬俗及早期瓷器的研究提供了新的实物资料。

（秦德宁　高赞岭）

【洛阳市龙门大道西晋及唐代墓地】

发掘时间：2013年3~4月

工作单位：洛阳市文物考古研究院

龙门大道的晋唐墓地位于河南省地质矿产开发局第三地质勘察院内，该院地处洛阳市文物考古研究院龙门大道和关林大道交叉路口东南角。为配合院内棚户区改造项目，在工程范围内发掘清理西晋墓2座，唐墓30座。西晋墓均为竖穴土洞墓，略呈东西向，随葬遗物有陶四系罐、陶樽、陶碗、陶奁、耳杯等，墓葬形制是洛阳地区西晋墓的常见类型。唐墓均为刀形土洞墓，均略呈南北向，随葬遗物陶俑有镇墓兽、天王俑、仕女俑、文官俑、侍女俑、陶骆驼、马、牛等，三彩器有三彩子母盘、罐、马等，瓷器瓷罐、鸡首壶等，陶器有塔形罐、瓶、罐、器座等，铜器有铜镜、铜钱等。

这批墓葬以唐墓为主，位于洛南唐墓集中分布区域的中北部，墓葬规模小，形制单一，均为刀形土洞墓。据墓葬形制和随葬遗物特征，这批墓葬的埋葬年代应为唐代中晚期，墓主身份应为一般平民墓葬。这批墓葬保存较好，虽然墓葬规模较小，墓主身份不高，但是随葬遗物种类丰富，造型精美，具有较高的价值，是研究洛阳地区唐代墓葬文化的基础资料。

（吴业恒）

【汉魏洛阳故城北魏宫城四号建筑基址】

发掘时间：2012 年 3 月 ~2013 年 7 月

工作单位：中国社会科学院考古研究所洛阳汉魏城队

继 2011 年开始对北魏宫城四号建筑基址的前期勘察和相关准备工作之后，中国社会科学院考古研究所洛阳汉魏城队在 2012 ~2013 年开始对该遗址进行大规模发掘，发掘总面积 5700 平方米，获得了较大收获。由于该基址规模宏大，在北魏宫城中位置显赫，以往的勘察研究认为可能是宫城的正殿——太极殿，因此对其发掘位置和面积的选择较为慎重，确定了保留殿址西半部、主要发掘揭露殿址东半部的方案。

据发掘清理，在发掘区域内暴露的遗迹主要为主体建筑殿基的东半部。其夯土台基东西残长 53 米，南北残宽 60 米，残高 1.65 米 ~2 米。台基的主体部分为较为纯净的红褐色土夯筑而成，在其南、东、北三面有不同质地的夯土补筑。除北壁和东壁北端少部分台基边壁尚存外，其南壁和东壁外围皆被晚期破坏成沟槽状。结合殿基西半部的勘探资料复原了整个殿基东西长约 102 米，南北宽 59 米 ~64 米，面积约 6300 平方米。

发掘的殿基东半部现存夯土表面，除发现 9 个大型破坏坑外，未见其他建筑遗迹。这些坑 1.5 平方米 ~2.5 平方米，其内原应放置础石，但为晚期取石破坏成坑，部分坑底尚存碎石。它们分两排有规律的东西向排列，其中第一排 7 个，位于殿基夯土南壁北侧 5 米处东西一线，坑与坑间距 6.8 米（以中心点为准）；第二排仅在最东端分布 2 个，与第一排的坑间距也为 6.8 米。根据前期勘察遥感资料，整个殿基第一排一共有破坏坑 14 个。这些遗迹明显是有规律安置，极有可能是与殿台建筑柱网有关的础石或承础石有关。

在殿基南侧偏东位置，发现一条蹬升殿台的慢道或踏道遗迹。其东距殿基东南角约 17 米，南北残长 11 米，东西宽约 5.2 米，红褐色土夯筑而成，顶部被晚期房基破坏，两侧边壁抹墁有白灰墙皮。据勘探资料，在殿基南侧偏西相同位置也有同样遗迹残存。表明该大型宫殿台基的南侧，原设置有两条慢道或踏道。

殿基的北侧边壁保存较好，但形制较为特殊。其中间部分向北凸出 3 米，发掘部分东西残长 27.5 米，据勘探整个凸出部分长约 51 米。其凸出部分的夯土边壁外侧，用长方砖砌筑有宽 0.5 米的包砖墙，多已被晚期取砖破坏，再外侧是长方砖平铺的散水。在凸出部分的东端，还发现有自东向西蹬升殿台的踏道遗迹，东西残长 5.6 米，残宽 2.5 米，残存有少量方形铺地石板；另据勘探资料，在凸出部分西端也发现有同样遗迹，即自西向东蹬升殿台的踏道，表明该大型宫殿北侧原也设置有两条蹬升殿台的踏道。殿基北壁东、西两侧未凸出部分各长 25.5 米，边壁无包砖，是在夯土边壁上直接抹墁白灰墙皮，墙皮上还发现有宽约 0.4 米的朱红色竖直条带，其外侧未见砖砌散水或其他建筑遗迹。

在主体建筑殿基的东侧，还发现一座规模略小的夯土殿基，结合文献记载应是太极东堂的基址。其西距主体建筑殿基 14 米，发掘部分东西残长 5 米，南北宽约 24

米，残高1.2米，据勘探资料整个殿基东西长约48米。另据勘探，在主体建筑殿基西侧相同位置也有同样规模的小型殿基，也和文献记载的太极西堂相符合。

在主体建筑殿基和东侧小型殿基之间，还发现一座门址遗迹。门址位于二夯土台基之间正中，以宽约1.4米、残高1.1米的东西向夯土窄墙分隔内外，隔墙中间有一宽约4米的缺口，门道即设在此处，底部有门槛沟槽，两侧均有立颊础石。夯土隔墙的南、北两侧，各设置一排4块础石，使门址上形成面阔3间进深2间的间架结构。居中一间为门道，面阔4.2米，两侧稍窄是廊道，面阔3.6米，进深均为2.3米。其础石均为方形，居中4块体量较大，边长约1.1米，两侧的四块边长约0.9米。在门址南侧略偏东，还发现一条南北向的铺砖道路，路面为长方砖平铺，残长15米，宽约2米。

在发掘区的东北角，即东侧小型殿基北侧，还发现一组夯土窄墙围合的独立院落，内有房屋、天井庭院和排水沟槽等遗迹。庭院地面铺设石板，建筑规格较高。在东侧小型殿基与北侧院落之间，也发现一座东西向的门址，门道宽约4米，门址西侧前檐有础石。

此次发掘对四号建筑遗址的整体面貌和形制布局有了较全面的认识和把握，初步判明该大型殿基就是北魏时期的宫城正殿——太极殿。但作为宫城内建筑体量最大的中心建筑，其整个宫院的形制布局、始建年代、后期沿用与形制变化等问题还有待进一步的勘察发掘与研究来解决。

（钱国祥　刘　涛　郭晓涛）

【汉魏洛阳故城北魏内城西阳门遗址】

发掘时间：2013年1～8月

工作单位：中国社会科学院考古研究所洛阳汉魏城队

为配合大遗址保护和考古遗址公园建设，中国社会科学院考古研究所洛阳汉魏城队2013年对西阳门遗址进行了部分发掘，发掘面积1800平方米。西阳门是北魏内城西墙居中即南起第二座城门，系北魏迁都洛阳后新开辟的城门。

北魏太和年间，舍弃东汉至西晋时期位置偏南的大城西墙南起第二座城门西明门（汉代也称“雍门”）而不用，将新建的西阳门向北移至与东墙东阳门直对的位置，这一举措对北魏洛阳城的城市格局产生了重要影响。由此，在内城中部紧临宫城南墙外侧形成了一条新的东西贯通的御道，其与该城南北向的主干御道——铜驼街（也称阊阖前街）一起共同构成了都城的“T”字形主干交通网。

发掘表明，受晚期人为和自然原因造成的河水泛滥等因素影响，西阳门遗址保存较差。在东西向御道横穿内城西墙的位置处，形成一个南北宽30余米的门址缺口。缺口南北向断面呈“U”字形，最大深度近4米，缺口内为较厚的淤积土层，底部除了少量门址遗迹，大部为基址夯土。

该门址缺口北侧的城墙夯土宽15米～17米，南侧的城墙夯土宽约19米。门址缺口内仅残存有北侧门道的少量遗迹。该门道东西向，东西进深约13米，南北宽约5.9米。门道内有关城门设施的遗迹几乎无存，仅发现3块被扰动位置的石构件，推测为门道两侧的排叉柱础石或门跕石残件。础石略为方形，顶面中心有柱榫窝，其中一块0.7米见方，厚约0.5米，圆榫窝直径0.15米。

门道内的道路遗迹虽然已被破坏殆尽且被淤土叠压，但在城墙内外两侧的边缘部分均有部分路土残存。该道路呈西高东低的斜坡状，由城墙内侧向门道延伸并逐步抬高，出门道后路土有继续向西抬高的迹象。路土中有数道车辙沟槽痕迹，沟槽宽、深均约0.1米，车轮间距1.2米～1.3米。

在北门道下发现有保存较好的砖石砌筑的水槽遗迹，水槽东西向，残长约 20 米，系在地下夯土中开挖基槽后砌筑而成。基槽南北宽 1.7 米，底部衬石；两壁砖砌，砖槽内宽 0.6 米，深 0.9 米；顶部用石条封盖。水槽底部较平，略呈东高西低状，高差不足 0.1 米。水槽的东端被砌砖封堵，西端与城墙西侧一条向北的水沟相连。

北隔墙位于北门道南侧，仅残存夯土地基部分，平面为长方形，东西长约 13 米，南北宽约 4.4 米。在北隔墙以南，门址遗迹被晚期冲刷破坏，所见皆为淤土堆积层，已无任何中门道、南隔墙和南门道的遗迹。

西阳门遗址虽然保存状况较差，但通过考古勘察，对其具体位置和形制结构还是获得了重要的收获。结合 2012 年在门址内侧发现的北魏时期道路遗迹，不仅印证了文献中该门址为北魏时期新辟的记载，而且该道路“途分三道”的结构也与文献中北魏洛阳城“御道”的规制相吻合。此外，根据该门址仅残存北门道和北隔墙等相关遗迹，其规模尺度和以往发掘的内城东墙建春门形制规模基本一致。这些发现，不仅为汉魏洛阳城城市布局的研究提供了考古实据，同时也为该门址的进一步保护和复原研究提供了全面和科学的资料。

（刘　涛　钱国祥　郭晓涛）

【洛阳市西工区衡山路北魏大墓】

发掘时间：2012 年 7 月 ~2013 年 1 月

工作单位：洛阳市文物考古研究院

洛阳市西工区计划建设的衡山路北沿线（北环辅路—红山路），处于邙山陵墓群西段的北魏陵区。在前期调查钻探的基础上，洛阳市文物考古研究院对之进行了考古发掘。墓葬地处邙山南侧缓坡之上，北高南低。东北约 7 千米是位于官庄村的孝文帝长陵，东北约 4 千米是位于冢头村宣武帝景陵，东南约 2 千米是位于上寨村的孝庄帝静陵。

衡山路大墓是长斜坡墓道、前后甬道、单方室砖券墓，为北魏时期墓葬的典型形制。墓葬采用方坑明券的方式建造，先开挖明坑土圹，然后用砖石券建墓葬，建造完成后再填土覆盖。墓葬的土圹平面为“甲”字形，由墓道、前甬道、后甬道、墓室 4 部分组成。墓葬墓道朝南，全长 58.9 米，深 8.1 米，其中墓道长 39.7 米，宽 2.9 米，墓室长 19.2 米，宽 12 米。在墓室填土中发现了大量的壁画残块，说明墓葬原来应该有壁画存在。另外，还发现一些打磨非常光滑的石块残块和石门残件，在墓葬主室后部有一段石块垒砌的墙。

虽然经过多次盗掘，但是墓葬出土的遗物仍然比较丰富，可辨器形的有 120 余件，只是残损比较严重，几乎很少见到完整的器物，种类有陶器、瓷器、铜器、金币等，另外还有一些陶俑、模型等残块。陶器有陶壶、陶盏、陶案、陶杯、陶碗、陶盒、陶灯、陶盘、陶册等器物；瓷器有青瓷龙柄鸡首壶、青瓷碗两种；金币为拜占庭阿纳斯塔修斯一世金币。从墓葬形制结合出土器物，可以推测衡山路大墓的年代应为北魏洛阳期末年。

衡山路北魏大墓的复原形制同宣武帝景陵基本相同，规模也比较接近。从目前的考古资料来看，该处墓葬同北魏时期的帝陵制度相仿，是一座帝陵级别的墓葬，再加上它位于北魏帝陵区，很可能是一座未知的北魏帝陵。

北魏迁洛之后葬于或死于洛阳的皇帝有 6 位，其中孝文帝长陵、宣武帝景陵、孝明帝定陵、孝庄帝静陵这 4 座帝陵已经相对明确。另外还有长广王元晔、节闵帝元恭葬处不明。考虑到墓葬规模较大，建造时间较长，墓壁还有坍塌后修补的痕迹，墓葬应为事先预制。元晔在位时间极短，只有元恭有此可能。元恭，字修业，广陵王元羽之子。普泰元年（531）尔朱世隆，废元晔，立元恭，普泰二年（532），高欢命人毒杀元恭于洛阳门下外省，在位共1年3个月。元恭死后谥号为节闵帝，史又称前废帝。《魏书》记载其死后“葬用王礼”。综合上述因素，初步认为该墓应为北魏节闵帝元恭的墓葬。

墓葬出土的类似书卷样式的陶册尚未见于其他公开发表材料，应与其墓葬性质有密切联系。阿纳斯塔修斯一世金币在中国发现仅有数枚，经过科学考古发掘发现的更少，金币铸造时间和墓葬年代间隔时间比较短，充分说明了当时丝绸之路交通往来的频繁程度。

（刘　斌　严　辉）

【洛阳市隋代回洛仓遗址】

发掘时间：2013年1～10月

工作单位：洛阳市文物考古研究院

回洛仓遗址位于洛阳市瀍河区瀍河乡小李村、马坡村西。经过2012年的考古钻探和发掘，已基本了解了回洛仓遗址的规模和布局，掌握了仓窖的大致数量和保存状况，确定了仓窖使用和废弃的大致年代等。

2013年回洛仓遗址发掘工作的重点是为9月京杭大运河申遗工作提供较翔实的资料。发掘工作的重点是要了解仓窖内各种遗迹的保存情况，以及仓窖的地面建筑设施等遗迹。主要清理编号为C3、C46、C47、C143号等4座仓窖。

发掘出的4座仓窖形制基本一致，开口于第②、第③层下，距现地表1.1米～1.3米，夯土基槽开口直径15米～17.8米，仓窖底距现地表6米～9米。经清理仓窖近底部周壁保留的青膏泥、木板灰、苇席所组成的防潮层和仓窖顶塌落窖内的炭化草秆黑灰等遗迹。

C3号仓窖：

仓窖口周围由于长期受到雨水的冲刷导致原窖口的夯土塌落损毁严重，仅残存有一周宽1.9米～2.6米的夯土带。夯土带外直径16米，厚1.7米，夯层均匀，每层厚6厘米～8厘米，每一层夯土面上有呈圆形夯窝，直径5厘米～7厘米，深约0.3厘米～0.4厘米。仓窖口原直径已不详。现仓窖口径13.8米。（含夯土），底径7.5米，深7.5米。在仓窖的近底部，南、西、北三面窖壁上各清理出掏挖的圆洞一个。因该仓窖需进行保护展示，仅对仓窖壁和窖底部进行了小面积的局部清理。仓窖底平坦，经过夯打。仓窖底堆积分为自下而上的青膏泥、木板、苇席三层。青膏泥厚20厘米～25厘米，木板已腐朽，木纹清晰，板宽20厘米～25厘米，厚3厘米。在木板上发现有残存的席痕。窖底木板分为两层，均已腐朽。为保存上层木板的原状，下层木板仅在解剖沟内清理了0.5米宽，上下两层木板间距3厘米。

C46号仓窖：

仓窖口周围由于长期受到雨水的冲刷导致原窖口的夯土已全部塌落损毁，仅残存有夯土基槽。仓窖底部的窖壁保存完好，从仓窖夯土基槽底部往下4.2米深的这一段窖壁塌陷严重。在距仓窖底深0.7米～1.3米的窖壁保存完好，其上均匀地涂抹青膏泥。青膏泥窖壁上保存有清晰的使用长条形木板拍打加固的痕迹。在仓窖近底部，特别是仓窖壁周围清理出有较多散落的炭化草秆及草叶。因炭化草灰遗迹需进行保护展示，仅进行了局部清理。窖底平坦，经过夯打。仓窖底堆积分为自下而上的青膏泥、木炭、木板三层。

C47号仓窖：

因保护展示需要，仅对北半部进行了清理。原窖口的夯土已全部塌落损毁，仅残存有夯土基槽。窖底木板保存差，近底部窖壁保存完好，残存高0.5米～0.7米，分为青膏泥、木板两层，未发现席痕。在窖底东部靠近窖壁处发现一不规则的箕形坑，坑底东高西底。

C143 号仓窖：

窖口和窖壁均塌落严重，窖口原直径已不详。现仓窖口径 14.1 米（含夯土），底径 8.3 米，深 6 米。窖口往下 3.4 米深的窖壁塌落严重，在距仓窖底深 2.6 米的窖壁保存基本完好，窖底中间略底，呈圜底形。窖口仅残存有一周宽 0.6 米～1.7 米的夯土带，夯层均匀，每一层夯土面上有呈圆形的夯窝。在仓窖近底部，清理出有较多散落的炭化草秆及草叶。草秆、草叶呈黑色，多集中于仓窖的南壁和西壁附近。

在考古发掘工作中，积极采用各种现代科技手段，进行多学科的综合性研究。对清理出的木质灰痕、青膏泥、炭化的草秆、仓窖内的淤土层堆积等，各种遗迹遗物的标本进行科学的采集，为开展各种综合性研究提供了实物。同时与北京大学、中国科学院等院校及科研单位进行强强联合，共同研究。

回洛仓遗址的发掘为研究隋唐时期大型官仓的仓储制度及粮食储藏保管等，提供了可贵的实物资料，为京杭大运河申报世界文化遗产提供了重要的实物依据。

（王　炬　赵晓军）

【隋唐洛阳城宫城西墙及城门遗存】

发掘时间：2013 年 7～10 月

工作单位：洛阳市文物考古研究院

为了配合汉德置业有限公司洛玻地块五建设项目，洛阳市文物考古研究院在该地块布方发掘，发掘面积达 2892 平方米。发现隋唐洛阳城城墙 1 段、城门址 1 处（城门内有路土通向城内外）、城门外水渠 3 条、城门内外两两对称的砖铺路面 4 条、城门内侧道路两旁南北对应砖结构建筑 2 处。

墙宽 9.5 米，呈南北走向。根据钻探情况，该城墙除北部被破坏以外，其他部分保存较好。此次发掘长度为 70 米，位于该工地的偏南部。城墙残存高度近 1 米，部分墙外还残存有包边砖，墙基槽部分高约 1.5 米。夯土城墙是用较纯净的黄土层夯筑而成，夯土质量非常坚硬，夯层厚约 10 厘米，夯土面较平，少见夯窝。夯土层内包含物较少，夹有少量外素面内布纹陶片。

城门位于所发掘部分城墙的偏南部，城门南、北两边的墩台向城外凸出约 3 米。城门南部和城门南边的墩台被晚期沟渠破坏。城门北边墩台保存相对完整，其东西长约 12 米，南北宽约 8.5 米。城门内路土保存较好且较厚，其上也发现有车辙痕迹。通过路土的叠压关系及其内的包含物，基本可以确定城门的使用时间应从隋至北宋时期。

城门外距城门约 26 米处发现有叠压、打破关系的水渠 3 条。这 3 条水渠南北向和城墙基本平行，其应为城门外的排水设施。这 3 条水渠编号为 Q1（晚期砖砌小渠），Q2（中期砖砌大渠，被 Q1 打破），Q3（早期水渠，似是利用自然冲沟而形成）。其中 Q1 打破 Q2，Q2 打破并叠压 Q3。Q1 宽 1.5 米，其内发现有唐代的板瓦等物；Q2 宽 6 米，其内出土有三彩盘、陶罐等遗物；Q3 呈上宽下窄，上部基本和 Q2 同宽，向下逐步内收。

另外，城门内、外还发现用莲花纹方砖铺成的道路、砖砌建筑基址等遗迹现象。

通过城门内路土和城外水渠的叠压打破关系及遗址内所出土的包含物，初步判断城墙和城门的始建年代应在隋至唐初，一直沿用到宋代。结合文献，初步认为该城门应为文献记载的嘉豫门。

（潘付生）

【隋唐洛阳城九洲池遗址】

发掘时间：2013 年 4～12 月

工作单位：洛阳市文物考古研究院、中国社会科学院考古研究所洛阳唐城工作队

九洲池是隋唐洛阳城宫城内重要的园林建筑，始建于隋，唐宋年间相继沿用。

遗址位于洛阳隋唐城宫城西隔城中北部。2013年对该遗址进行了主动性考古发掘，共发掘长、宽各10米探方120个，发掘面积1.2万平方米。发掘的重要遗迹现象有九洲池内的岛屿，岛上的建筑基址，池岸边的建筑、道路，池子的进水口和出水口等；发现的重要遗物有陶质栏杆、陶佛像头、瓷碗、瓷罐、莲花纹方砖、戳印铭文砖、瓦等建筑材料。

池岸边基本上在近现代扰土层下就发现了唐代的遗迹现象；池内的地层堆积较复杂，淤土层较多且持续时间比较长，从隋唐一直到宋代都有分布。

池内岛屿共发现了10处岛屿遗迹。这些岛屿有生土岛和人工堆筑的活土岛两种。个别岛屿上还残存有亭台建筑基址，还有些岛上发现有汉代地层。

池子的进、出水口共发现有6处。其中池子的东北角和西北角各有一处进水口，池子的东南角和西南角各有一处进水口，池子南部偏中也有两处出水口。

九洲池的北岸发现有两条叠压的东西向道路。此次发掘有100多米长，其上有很多道车辙痕迹，其下压有唐宋时期的建筑基址，这条道路北部也有大型建筑基址的存在。建筑基址存在早晚分期，最早可能到隋至唐初，最晚可能到宋代。九洲池北部岸边靠中偏西部还发现一处宋代水榭遗址。九洲池的南部也发现有东西长100多米的夯土带，多为唐代夯土，其上有很多的宋代磉墩，应是在利用唐代夯土基址的基础上又重新修建建筑。

总之，通过此次发掘，可知九洲池遗址其范围东西长约250米，南北宽约180米，属皇家园林遗址。其南、北两岸发现了大面积的唐、五代、宋几个时期的建筑基址，池内遗物也多为这几个时期。这些都说明了九洲池作为皇家园林使用的时间非常长。

（赵晓军　潘付生）

【隋唐洛阳城宁人坊遗址】

发掘时间：2013年3～10月

工作单位：洛阳市文物考古研究院、中国社会科学院考古研究所洛阳唐城工作队

遗址位于洛阳市洛龙区聂泰路东、古城路北、赵村西、董庄村园区路南。经调查、钻探了解宁人坊的四至、坊门。坊内主要道路遗迹排水设施。对宁人坊西侧的从政坊、东侧的明教坊、北侧的宽政坊和南侧的外郭城南墙也进行了局部调查，调查总面积约243670平方米。

此次主要对宁人坊的南坊门、西坊门、部分坊墙，以及其附属排水设施进行了发掘。发掘面积1700平方米。遗址区地势北高南低，第①层为现代耕土层，第②层为金元文化层，第③层为宋代文化层，第④层为唐代文化层。第④层下即出土坊墙、坊门、道路、水沟等遗迹。

宁人坊南坊门位于南坊墙正中，由门道和门墩构成。门道宽3.2米，北接坊内南北向十字街，南接顺城街。门道内路土多夹杂石子、碎瓦片，其上有车辙、辙梁，路土向北逐渐扩宽至4.2米，路土西侧有一宽0.5米的路沟，路沟止于南坊墙。门道两侧各有一长方形门墩，门墩南北长2.33米，东西宽1.96米。门墩东西两侧连接南坊墙，坊墙宽1.45米。坊墙南为顺城街，顺城街路土较脏杂，夹杂大量碎石、瓦片等，再向南为外郭城城墙。南坊墙与外郭城城墙间距为50米。

宁人坊西门位于西坊墙正中，由门道和门墩构成。门道宽2.8米，向东连接坊内东西向十字街，向西连接坊间路，门道两侧各有一长方形门墩，北门墩东西长2.6米，南北宽1.6米～1.9米，南门墩东西长2.5米，南北宽1.8米。门墩南北两侧连接西坊墙，坊墙宽1.3米～1.5米。坊门以西为坊间路。坊墙西、坊间路南有一宽3.15米～5.3，深1.7米的路沟。东西向十字街南有一宽4.2米、深0.85米的路沟。通过做解剖沟发现，坊墙、路土和路沟都可分两期。

宁人坊西为从政坊，坊间路即位于宁人坊与从政坊之间，为南北向，宽70米，厚0.08米~0.15米，路面有数条车辙。路中间为一条南北向淤土沟，沟残宽9.2米，深0.9米。

通过发掘该遗址，详细了解了隋唐洛阳城宁人坊西、南坊门，以及部分坊墙和坊内排水系统，对宁人坊以西的坊间路也有所了解。对了解里坊的结构形制提供了更多的资料。

（屈昆杰　张如意　杨　勇）

【洛阳地区百济遗存调查与勘测】

调查时间：2013年6~12月

工作单位：洛阳市文物考古研究院

公元660年，唐与新罗联军灭百济，之后将百济国王扶余义慈、王室、贵族、将领等88人以及百姓万余人掳至洛阳。扶余义慈不久病死于洛阳，唐高宗诏令埋葬扶余义慈于三国吴末代王孙皓、南朝后主陈叔宝墓旁，太子扶余隆以及大将黑齿常之、黑齿俊父子死后也均葬于洛阳。

史书记载的孙皓、陈叔宝、义慈王这三座墓葬的封土早已夷平，有学者通过对陈叔宝兄弟陈叔明、陈叔荣墓志的考证得出二人墓葬位于今凤凰台村一带，故陈叔宝的墓葬位置也应在这一带。扶余隆的墓志在新中国成立前已经出土，现藏于开封博物馆，墓志记载其葬于北邙清善里，据考证应在今孟津县送庄镇凤凰台村东南一带。从两条证据可以推断义慈王墓葬的位置也应该在凤凰台村一带。

2013年在凤凰台村一带采用踏查和钻探相结合的方法进行考古调查，以期发现唐代百济人墓地的证据。截至2013年12月底，考古队已在该村北部和东部钻探了10多万平方米，发现唐代墓葬数十座，包括墓道10米以上带天井的唐代墓葬十余座，其中有数座带有封土，还有使用石室和石象生的高等级墓葬，这些唐墓的分布有一定的规律，不排除家族墓地的可能。另外还发现一些西晋和汉代墓葬。除墓葬之外还发现一些夯土墙和人工沟，两者之间是否存在关系尚需做进一步的工作。

目前可以肯定凤凰台村一带确有高等级唐墓存在，但是由于发现的这些墓葬均未发掘尚无法准确判断墓葬的时代以及墓主人身份。此次调查钻探的成果第一次为百济人墓地提供了考古材料，为确定其兆域所在提供了重要线索。

（刘　斌　李继鹏　严　辉）

【偃师市义井村古代沉船】

发掘时间：2013年9~12月

工作单位：洛阳市文物考古研究院、偃师市文物旅游局

沉船遗址位于偃师市首阳山镇义井村小湾自然村西南，现洛河北岸滩地上，北距洛河北堤50米左右，南距洛河河床480米左右，遗址在隋唐洛阳城东12.6千米，汉魏洛阳城宫城东部里坊区南侧，西距汉魏洛阳城宫城东墙500米左右，西南距汉魏时期太学遗址800米左右。沉船遗址坐标为北纬34°42′33.8″，东经112°38′30.7″，海拔114.83米。此处为原隋唐洛阳城漕渠故道，也是文献所记载的汉魏洛阳城阳渠南枝的一部分，是汉魏和隋唐时期漕运河道的重要组成部分。此次发掘面积800平方米。

第①层为近现代淤积层，厚0~3.6米，有三次较大的淤积。每次淤积下部为青沙，上部为黄褐色淤泥。

第②层为青沙层，深3.6米~5米，厚1.4米左右，内出少量绳纹瓦和素面瓦片、极少量青花瓷残片。

第③层青灰色淤积层，深5米~5.7米，厚0.7米左右，此层上部有0.5米厚的一层胶泥，下部为青沙层，内有极少量绳纹瓦片、青花瓷残片等遗物。

第④层黄色淤沙层：深 5.7 米～6.3 米，厚 0.5 米左右，内出少量绳纹瓦片、黑瓷残片等遗物。沉船位于此层中。

遗址中共发现沉船两艘。其中 1 号船呈东西向，船头西船尾东，方向 295°，东西长 20.15 米，最宽处 3.47 米，船体高 1.4 米左右。船正枋为圆木，分两半做成，两侧壁板厚 4 厘米～5 厘米。船上两侧有栈板，中部较为 0.4 米，首尾两端较窄宽为 0.2 米，船首栈板保存较好，但内侧护栏板残，船尾栈板和栈板以上壁板均残。船尾有舵口，舵已缺失。船体内共有 14 个舱，其中 1～3 号舱和 11～12 舱可能为生活舱，7 号舱较小为密封舱，14 号舱为船舵加固舱。1 号船南侧发现一铁锚，锚径 0.4 米左右，锚柄长 1 米左右，柄端有环连铁链，现发掘出长 8 米左右。铁锚东南连接 2 号船，2 号船东西向，侧翻放置，面朝向南，现正在发掘中。船体的详细结构和时代还有待进一步发掘和考证。

（张如意　赵晓军）

【洛阳市洛南新区北宋砖雕墓】

发掘时间：2013 年 7～11 月

工作单位：洛阳市文物考古研究院

墓葬地点位于洛阳市洛南新区龙门大道以东老洛宜铁路线下。

该墓葬为带双天井、台阶式墓道的八边形砖室墓，墓向为 180°，由墓道、过洞、天井、甬道、墓室组成。墓道南宽北窄，上窄下宽，呈倒喇叭口状。墓道南宽 1.4 米，北宽 1.28 米，底部中间为台阶，两侧为斜坡。距墓封门约 2.08 米处墓道为斜坡。两个天井均长 1.3 米，过洞长 1.7 米。墓门处为仿木构门楼结构。门楼高 2 米，墓门进深 0.95 米。墓葬封门为拱形门，上部为仿木斗拱结构，斗拱为一斗三升，斗拱上部为用砖烧制成瓦当形状的屋檐结构。墓室部分为微椭圆形墓坑，砖券八边形结构，东西长 2.54 米，南北宽 2.74 米。砖墓室从 1.14 米处开始起券。斗拱及以上部分坍塌严重，基本不存。

该墓葬砖雕内容由倚柱将其分为 7 个部分，包括灯擎、剪子、鐎斗、桌子、九棂窗、门、茶几等。所有画面砖雕下部为砖雕的弧方形花墙结构。

由于该墓葬没有发现明确的纪年，也未见随葬品，只能从墓葬形制及砖雕特征来推测其相对年代，通过和以往的发掘材料相比较初步将其年代定在北宋初期。北宋初期的砖雕墓葬在洛阳地区发现较少，该墓葬的发现为研究北宋初期的葬俗文化等提供了重要的实物资料，也为研究晚唐五代至宋元墓葬形制及葬俗的演变提供了重要的证据。

（司马爽红　顾雪军　王遵义）

【社旗县陈郎店宋元遗址】

发掘时间：2013 年 3～11 月

工作单位：河南省文物考古研究院、社旗县文物旅游局

社旗陈郎店遗址位于社旗县城郊乡谭营村陈郎店自然村东北的台地上，现为耕地和民居，东、北紧临赵河呈环状，西邻高速公路引线，东南距县城约 6000 米。遗址南北长约 450 米，东西宽约 280 米，面积约 1.2 万平方米。文化层最深约 2.8 米，浅处约 0.8 米，时代早到西周、战国，晚到元代，北宋至元文化层厚，遗迹、遗物多，特别是金元时期。

2013 年对该遗址进行了两次考古调查、勘探和南水北调支线工程渠线范围内的考古发掘。此次发掘面积 2000 平方米。

两次发掘共发现金末元初地道遗迹 15 处，按发现先后编号为 D1～D15，自东至西分别为 1～4 号地道系统，分布在路的两侧，皆为竖井、洞穴式，多层且相互贯通。路 3 条，其中 L1 南北向，厚 2.5 米，宽约

8 米～15 米，各个时代都有车辙痕，北宋至元代，官道性质。建筑基址 3 处，位于发掘区中部，路西侧，见于第④层下，坐北向南，东西向两排，排与排之间有 2 米的间隔。F1 中间间隔成不等的房间，F2 灰砖地基上土坯立砌，有间隔相等的柱石，推断是梁架结构，且有的房间用砖铺地，砖地东西长约 15 米，南北宽约 3 米。房基内出土陶器、瓷器、铁器等遗物，根据出土遗物的器形、釉色及上下层的叠压关系，该建筑基址废弃时间不晚于金代。墓葬 8 座，其中北宋墓 1 座、元代墓 1 座、明清墓 6 座。陶窑 1 座。灰坑 148 个。

此次发掘出土完整及可修复文物 300 余件，陶瓷标本 500 余袋。器类有陶、瓷、石、骨、铜、铁等十余种。主要有陶器、瓷器、石器、铁器、铜器、骨器、建筑材料等。陶器包括鼎、豆、壶、甑、瓮、缸、盆、罐、瓦当、滴水等。瓷器有罐、盆、瓶、枕、碗、盘、盏、洗、器盖、儿童玩具、棋子、骰子等十余种。釉色主要有白、青、陶质三彩、影青、钧釉、黑、褐、红禄彩、白底黑花、青花等。石器有石磨盘、石臼、石砚等。骨器有骨簪、器盖等。铁器有碗、刀、铁钱、釜、犁铧等。铜器包括镜、鎏金铜像、铜钱等。

通过对遗迹遗物的综合分析，取得了以下认识：第一，陈朗店遗址早在西周战国时期就有人在此生活居住。北宋时期这里开始繁华并形成具有码头、宗庙、街道性质的集镇，到金元时期这里成为当地经济文化中心，元末明初沿赵河南移至现山陕会馆周边地区。第二，地道是这次考古发掘的重要收获之一，在河南地区是首次发现。依据地层关系和出土遗物，这些地道的年代大约在金末元初，与当时的历史环境和朝代更替有关。尽管此次发掘面积有限，但是也取得了重要成果，对研究当地的历史、经济、文化具有重要意义。

（赵　宏　郭木森）

【洛阳市老城区望朝岭宋代墓葬】

发掘时间：2013 年 9～10 月

工作单位：洛阳市文物考古研究院

洛阳市老城区邙山镇新型中心社区项目考古工地共发掘宋代墓葬 8 座，均被盗扰。从形制上看，8 座墓葬中有长方形台阶土洞墓或长方形斜坡土洞墓，均由墓道、甬道、墓室三部分组成。出土墓志、石经幢、陶罐、瓷瓶、瓷碗、铜镜等重要器物。据出土墓志与经幢，其中一座墓葬主人为宋代开国功臣赵普之曾孙赵思温夫妇，葬于韩王赵普兆域之内。因此，该墓地应为北宋韩王赵普家族墓地的一部分。

（马占山）

【新郑市龙湖镇金元时期墓葬】

发掘时间：2013 年 4 月

工作单位：郑州市文物考古研究院

这批墓葬仅有 M8 为多块方砖拼垒而成，平面似“中”字，内置器物若干件，类似于迁葬衣冠冢性质。其余墓葬在结构上均为土坑竖穴洞室墓，南北方向偏东，墓道均北向。然而这批墓葬又不同于中原地区常见的宋代洞室墓，呈现以下几个特点：一是墓道为垂直竖穴而非斜坡状；二是墓道较宽，宽度大于或者接近于墓室宽度；三是墓室内普遍有木质棺材，极个别在墓室封口处有青砖封砌。

这批墓葬除因遭盗扰严重，随葬品并不丰富。仅 M8 因是迁葬墓，形制较小保存完好，出土有元祐通宝、至元通宝、至正元宝等宋金元时期铜钱，出土有墓志铭、双鱼纹铜镜、铜钱、铁灯、瓷罐、石砚台、五色石块等。惜墓志铭因受土浸严重，朱砂文字模糊不清，依据残余文字推测可能为某一地块的四周界至。但总的来说这批墓葬陪葬品中普遍出现五行石或五色石块，其体现出的五行文化等在中原地区其他时期墓葬中较为少见，在此简要说明：

一是墓葬中普遍随葬有五行石或五色

石。五行石的石块并不规则，大小不一，未经任何打磨，基本上类似于河滩卵石或碎石块。但五块石颜色各异，多为浅白、黄灰、褐紫、暗褐、灰褐等色。每块石块上均用朱砂写有“木精定”“水精定”“金精定”“木精”“水精”“火精”“金精”“土精”等，显示为金、木、水、火、土五行内容。

二是墓葬中的五行石基本分布于棺内四角或墓圹四角，有的在墓门处置放一块。但在墓道中绝无发现五行石块。

三是墓葬中多陪葬有带字灵符砖，多位于墓圹底端，砖上墨书写一“向”字，下有一竖杠向下指示方向，预示着逝后的灵魂世界要去的地方。

金、元为中国北方少数民族政权入主中原时期，在此之前黄淮流域等地发现的金元时期墓葬并不多见，且多为零星出现。而此次集中出土了7座金、元时期墓葬，墓葬特殊的结构以及独特的五行文化葬俗为研究北方少数民族入主中原地区后南北文化交流提供了难得的素材。

（黄富成）

湖北省

【陶家湖—笑城新石器时代城址区域调查】

调查时间：2013 年 11 ~12 月

工作单位：湖北省文物考古研究所、武汉大学历史学院考古系

此次调查的主要目的是了解城址的聚落分布状况及城址之间的关系，并通过对以上方面的观察来管窥长江中游地区社会的复杂化进程。

陶家湖城址与笑城城址地理位置相近，直线距离为 10 千米。此次调查范围覆盖了两座城址以及中间地带，面积约 66 平方千米。以皂市河为界，大致分南区和北区。北区以陶家湖城址为中心，东界沿杨岭垄岗向南延伸至皂市镇北部，北界在陶家湖以北约 2 千米处，西界为汤池镇以南的南北向垄岗和其西部的冲沟，南界为皂市河。区域内地形主要包括低岗丘陵、河谷平地和冰湖洼地。南区以笑城城址为中心，东部以老皂市河为界，北部以新皂市河为界，西部以姚家河为界，南至沪蓉高速。调查范围内地形主要为平原。和北区相比，南区范围内地势起伏落差相对较小。

调查采取系统区域调查法，以 100 × 100 平方米的范围为采集的基本单位，采集单位的确立以范围内有 3 片及以上的陶片分布为准。陶片密集分布的采集单位以 10 平方米范围作系统采集（抽样采集）。

在整个调查区域内，共计发现了 700 多个采集单位，2 万多片陶片。通过对陶质、陶色和器形的初步分类、统计及对比分析，可将这批材料分为如下几个时段：油子岭文化、屈家岭文化、石家河文化、后石家河文化、西周、东周、汉、六朝、唐、宋等。在空间分布上，陶家湖城址及其附近的陶片主要来自油子岭文化、屈家岭文化和石家河文化，其中以屈家岭和石家河文化为主。以 2 千米为半径，周围有多个同时期的遗址分布。笑城及其周围陶片从油子岭文化到唐代的各个时段均有发现，其中以屈家岭、石家河、东周、汉和六朝为主。屈家岭和石家河时期的陶片主要分布在笑城内部，少量分布在城址北部熊家岭高地并且向西北部延伸。东周、汉和六朝时期的陶片则延伸至笑城外围约 3 平方千米的范围内，其大部分位于笑城城东、城南、城北外围的平地。另外，两座城址及其周围聚落的分布范围大致以皂市河为界，相对独立。对这两座城址及其周围聚落的历时性观察将对探讨江汉地区城址出现的历史背景、人地关系、社会分化及文明演进具有重要意义。

（赵冰竹　向其芳）

【武汉市盘龙城杨家湾商代遗址及墓葬】

发掘时间：2013 年 10 月 ~2014 年 1 月

工作单位：武汉大学历史学院考古系、武汉市盘龙城遗址博物馆筹建处

为了解 2006 年盘龙城发现的大型建筑基址范围，向盘龙城遗址公园展示提供规划依据，2013 年在盘龙城杨家湾发掘面积 850 平方米，共清理遗迹包括灰坑 16 个、灰沟 2 条、墓葬 6 座。此次发掘所见遗存

年代均为早、中商时期。

此次发掘在2006年发掘区域的北面和西面布方，发掘区域地势北高南低。发掘区的南部和东北部发现有较丰富的文化堆积和遗迹。其中南部文化层呈倾斜状分布，往南地层堆积愈深，往北逐渐稀薄，至发掘区的北部未见文化层分布。此外，在发掘区的东北部有文化层分布。灰坑主要位于发掘区的南部，墓葬则集中分布在发掘区北部海拔较高的岗地。发掘区的东北部发现一条东南—西北走向的灰沟遗迹（G1）。

除在发掘区南部T0916发现有明确的柱础之外，此次发掘的其他探方未发现有建筑遗迹。在此次发掘区南部发现有少量的灰坑遗迹。其中H10、H23和H17为近圆形灰坑，内倾斜放置有完整的红陶缸，遗迹现象特殊。H21面积较大，未能完整揭露，从现有发掘来看，其内陶片密集，并完整发现有鹿角、下颌骨等动物骨骼。南部的灰坑和地层出土有大量的陶片，以红陶缸所占比例最大，同时见鬲、甗、罐、瓮、盆、簋、罍等，此外发现有少量的原始瓷和印纹硬陶。

商代墓地是此次发掘的另一重要收获，共清理墓葬6处，全部位于T0801和T0802之内，分布十分密集。其中M17和M19规模最大，出土遗物丰富。M17为一椁一棺，带腰坑。随葬品多放于椁室外侧，有铜器、陶器、玉石器、漆器等。青铜器有爵、斝、罍、觚形器、刀、戈，另见一残的兽面纹铜板，器形不明。玉石器则见有柄形器、玉钺、玉戈、管状饰等。在墓室北部，椁室外侧见有成排的漆器，可辨器形有觚。值得注意的是M17出土有一件镶嵌绿松石和金片的夔龙纹饰件，其中绿松石作夔躯干，金片装饰夔角、夔目和下颚。金器在郑州商城曾有发现，但其器形、出土背景不明，此次在盘龙城发现的金器饰件，系迄今发现年代最早、器形明确的金器，对于研究早期金器和镶嵌工艺具有重要意义。M19是规模仅次于M17的另一座商代墓葬，位于M17南面。M19也随葬有铜器、玉石器和漆器，并发现一件硬陶尊。铜器完整见有罍、鬲等，玉器见有柄形器、戈、刀。

此外，在M17和M19周边还发现有4座规模较小的墓葬。这批墓葬随葬品较少，仅零星见有铜器残件和玉器，M21则未发现有随葬品。墓葬在埋葬习俗和随葬品方面都显现出了一些自身的特点。M17随葬的觚形器、兽面纹铜板、镶嵌绿松石和金片的饰件等在之前盘龙城均未发现，在其他早、中商时期墓葬中也很少看到。此次发掘的墓葬并未发现完整的觚、爵、斝铜器随葬，在这一时期的贵族墓葬中也极具特征。之前在盘龙城杨家湾曾多次发现有商代墓葬，距此次发掘区多在100米的范围内，表明该区域存在商代的墓地。因此，此次墓葬的发现对于探讨早、中商时期墓葬葬俗和墓地布局具有重要意义。

2013年的发掘表明，杨家湾遗址所发现的大型建筑并未继续向西、北延伸。大型建筑主要集中在杨家湾发掘区中部坡度较小的平地上。而在发掘区地势较高的岗地上则分布有贵族墓葬。从地层关系以及遗物上来看，2013年和2006年发现的大型宫殿基址与贵族铜器墓葬均属于盘龙城遗址年代较晚的阶段，并晚于盘龙城宫殿基址和李家嘴墓葬。由此反映出在盘龙城遗址发展的尾声，杨家湾成了整个遗址的核心区域。2013年的发掘进一步证明了盘龙城遗址存在时间早晚的布局变化，对于研究盘龙城遗址布局演变和中商时期商王朝对于长江流域的经略过程都具有重要意义。

（孙　卓　陈　晖）

【随县周家塝西周遗址】
发掘时间：2013 年 10 月 8 日～2014 年 1 月 10 日
工作单位：湖北省文物考古研究所

随县周家塝遗址位于均川镇龙泉村四组，处于一高于周围 2 米左右的台地上。地理坐标北纬 113°12′34.31″，东经 31°37′58.22″，海拔 89 米。此次发掘是为配合麻谷高速公路建设进行的抢救性发掘。共布长、宽各 5 米探方 16 个，发掘面积 400 平方米。共清理灰坑 6 个，灰沟 1 条，房址 2 处，墓葬 3 座。

从出土器物及遗址地层来看，灰坑、灰沟和房址都属于西周中期偏早。H1、H2 为锅状坑，H3 和 H4 为桶状坑，均不见遗物，底部都有一层厚 5 厘米～20 厘米不等的纯净高岭土，这几个坑可能与制陶有关。H5 为不规整的锅状坑，面积达 30 余平方米，深 0 厘米～45 厘米，包含物较丰富，包括铜器 2 件，骨器 3 件，石器 3 件，可复原陶器 3 件（鬲 1 和簋 2），其中陶器可辨器形有鬲、簋、甗、杯、罐等。另包含大量动物骨骼，可辨动物有猪、黄牛、狗、梅花鹿、水鹿、麂、黑熊、虎、兔、獾、龟、鳖、鱼等。H6 为桶状坑，包含物很少。G1 西端被 H6 所打破，包含物较少。

F1 打破 F2，并且方向大致相当。F1 部分被 M1 打破残缺，剩余部分平面形状呈曲尺形，在有柱洞的范围内有 5 厘米～10 厘米厚的一层灰土面，灰土较纯，可能是 F1 的活动面。残存柱洞 17 个，平面形状有圆形、不规则形和方形。东部是一间南北向长方形房间，南部是一个向西拐折的分间，因破坏严重，门道及屋内其他相关遗迹不清楚。F2 残余部分不多，被上层文化层和 M1 扰乱严重，仅剩一些柱洞的下部分。残存 15 个柱洞，都近圆形，F2 分为 3 个隔间，门向应朝西。

M1、M2 和 M3 为明代墓葬，M1 为券顶砖室夫妻合葬墓，头朝西北，随葬 1 件瓷罐 1 件瓷碗，M2 和 M3 为竖穴土坑墓，头朝东北，M2 随葬 1 件瓷罐，2 件瓷碗，M3 随葬 2 件釉陶罐，2 件瓷碗。

（罗运兵　赵　军）

【随州市文峰塔东周曾国墓地】
发掘时间：2012 年 8 月～2013 年 1 月
工作单位：湖北省文物考古研究所、随州市博物馆

随州市文峰塔墓地属于随州市文峰塔社区所属工程，位于义地岗墓地的东南部，工作中心区南距交通大道 480 米，北距迎宾大道 200 米，北纬 31°42′30.63″，东经 113°23′11.35″，海拔 82 米。

此次抢救性发掘先后共清理墓葬 66 座，其中土坑墓 54 座、砖室墓 12 座，还发现车马坑 2 座、马坑 1 座。土坑墓皆为长方形或方形，大部分为东西向。其中，有 3 座大型墓葬发现有腰坑，坑内或葬狗，或葬陶器。

此次发掘最大的一座墓葬为 M18，墓坑平面呈“亚”字形，长方形阶梯墓道位于墓的南部，墓道残长 6.6 米，墓道阶梯共 15 级。墓口南北长 16.6 米，东西宽 15.6 米，墓口至墓底深 9 米，墓坑四周设有三级台阶。葬具为木质，棺椁部分得以保存，可区分为一椁三棺，分东、南、西、北、中五室，棺室居中。其中，北、西、南、中四室仅存少量随葬品，棺内未见人骨和随葬品，葬式不明。值得庆幸的是，唯东室未被盗掘，出土有鼎、簋、簠、鬲、方壶等 70 余件铜器。椁底设有“井”字形的垫木 10 根。在椁底板下的中部偏北处挖有一圆形腰坑，坑内放置陶罐 1 件。另在墓坑的东、北、西三面各有一长、宽各 2 米的器物葬坑，坑深 7.6 米。根据器物形制及打破关系，M18 的年代应为战国中期。在该墓附坑所出土的两件铜缶上皆见有“曾侯丙之赴缶硖以为长事”的铭文，根据墓葬规模和出土铭文推断，M18 应为

一代曾侯墓葬，墓主为曾侯丙，其年代略晚于曾侯乙墓。

所发掘的2座车马坑和1座马坑，由于离现地表不深，保存都不太完好，车皆为整体随葬，皆为两轮独辕。其中，1号车马坑为2马驾，从位置看应归属M43号墓。2号车马坑为4马驾，应归属M29。马坑1座，坑内共葬马8匹，由于附近没有与之对应的墓葬，其归属无法确指，可能属于墓地的祭祀坑。

除上述土坑墓外，此次还发掘了12座砖室墓，皆为小型，保存皆不好，全都被早期盗扰过，未见券顶，有的仅存底部。大多未见随葬品。除1座为东汉时期，残存少量瓷器外，其余皆为宋明清时期。

此次发掘所出铜、陶、瓷、漆木、骨、皮革、玉石等各类质地的文物1027件（套），其中铜器577件，铜器器类主要有鼎、簠、簋、方壶、缶、甗、鉴、盘、匜等。部分铜器上有铭文，铭文有“曾”“曾子”“曾公子”“曾孙”“曾大工尹”“曾大司马”等，根据铭文可知，土坑墓葬大多为东周曾国贵族墓葬。

文峰塔墓地是湖北省考古研究所于近年来在随州市所发掘的又一个重要的考古工地，此次发掘所获遗物众多，创造多个首例，其学术价值在于：

第一，首次在随州境内科学地、完整地揭示了一批春秋中晚期至战国早期的曾国墓葬，并出土了大批带有“曾”字铜器的铭文。对于判定墓葬国属及墓主身份具有重大的学术价值。曾、楚墓葬的同时发现，对确立楚灭曾的确切年代提供了重要的考古年代学依据。

第二，首次在随州地区发现了曾国的车马坑，已清理的2马驾和4马驾车马坑为3座。对认识和揭示春秋曾国车马殉葬制度提供了重要实物依据。

第三，新发现了一座战国曾侯丙墓，其年代略晚于曾侯乙墓，这是继曾侯乙墓和叶家山西周曾侯墓地发掘后所发现的又一代曾侯墓。对揭示曾国政治中心的变迁及重构曾国历史具有重大学术价值。同时，曾侯丙墓的发现将撼动长期以来人们对曾侯乙私名含义的结论，同时将引起学术界对中国古代日名问题已有认识的重新思考。

第四，首次在荆州甚至湖北省发现了东周时期“亚”字形的墓葬。根据墓葬规模和出土曾侯铭文，可判定文峰塔墓地应为春秋晚至战国的曾侯墓地。

第五，首次发现了春秋中晚期曾国青铜器失蜡法铸造法直接证据。在M33出土的一件青铜盘的铜梗上发现了众多清楚的蜡流痕迹，这一新发现使得迄今纷争不已的失蜡法铸造法有了一个定说。

M33 蜡流痕显微照

第六，首次发现了随国铜器。在M21中除出土了一批带“曾”字铭文的铜器外，同时还发现了一件带有“随”字铭文的铜器，铭文为“随大司马嘉有之行戈”。“随”字在此无疑作国名，这是新中国成立以来经科学发掘出土的第一件随国铜器。随国器出于曾孙邵的墓葬中，为曾即随说增添了又一重要的新证据。

（黄凤春　郭长江）

【荆州市松林岗东周至明清时期墓地】

发掘时间：2013 年 1～5 月

工作单位：荆州博物馆

松林岗墓地位于荆州市荆州区八岭山镇杨场村一组境内一条南北向岗地的南部，北距八岭山古墓群约 4.5 千米，东北距楚故都纪南城约 7 千米。因工程施工暴露而进行抢救性发掘，同时在工程建设用地范围内进行了考古勘探，钻探发现古墓葬 120 余座，其中此次已发掘东周至明清时期古墓葬 67 座。

东周墓 50 座，均为长方形竖穴土坑墓，开口位于耕土层下，但多被工程施工破坏，多数墓葬为南北向。墓坑原始深度约为 2 米～3 米，墓葬开口最大为 5.6 米。填土为花土，一些墓坑填土中含有烧土块和石制品。葬具为单棺或一棺一椁，葬式不明。其中 M47 墓坑结构较为特殊，该墓东西壁各带两个生土土墩。随葬器物置于壁龛内或墓坑一端，兵器置于一侧，随葬品主要有鼎、敦、壶、豆、簠等陶器，铜器主要为戈、匕首、剑、矛、斧等兵器或实用工具。根据墓葬形制及随葬器物特征，这些墓葬的时代应为春秋至战国中晚期。

汉墓 5 座，其中空心砖室墓 1 座（M3），竖穴土坑墓 4 座。墓葬开口均被施工破坏。M3 为带墓道的券顶砖室墓，其封门砖为大型空心砖竖立构成，空心砖残长约 1.1 米，其上压印纹饰；墓室内可见单棺痕迹，葬式不明；随葬器物有灶、盘口壶、瓮、盘等陶器，该墓葬与山西、陕西等地发现的西汉晚期至东汉早期空心砖墓的形制、空心砖纹饰和随葬器物组合及其形制特征极为接近。空心砖墓多分布于郑州洛阳地区，以往在长江以南地区发现的很少，这是湖北地区继老河口市北郊和丹江口库区潘家岭墓地之后，发现的为数不多的汉代空心砖墓。其余 4 座竖穴土坑墓被破坏十分严重，残存墓坑底部，随葬器物主要有鼎、壶、盂、瓮、仓、灶、井等陶器。

六朝墓 1 座。竖穴土坑墓，工程取土破坏墓坑至其底部，仅采集到釉陶罐 1 件。

宋墓 2 座。砖室墓，墓葬被施工破坏至底，残留局部。随葬“开元通宝”铜钱。

明代墓 4 座。竖穴土坑墓，葬具为单棺，仰身直肢葬。出土器物有陶罐、墓志、八卦砖、碗、筒瓦、铜棺构件、铜簪等。根据墓志记载，明墓构成辈分明确的万历至崇祯年间的程氏家族墓地。

清墓 1 座。竖穴土坑墓，葬式葬具不明，该墓被历年农业耕作破坏，残留墓坑极浅，出土陶箅 1 件。

年代不明墓 4 座，由于工程取土破坏极为严重而无法断定其年代。

此次抢救性考古发掘取得重要收获，为此研究楚文化提供了新的实物资料，尤为重要的是 M3 空心砖墓的发现，丰富了中国南方地区汉代砖室墓的类型。

（周玉端）

【荆州市八岭山冯家冢战国墓地】

发掘时间：2012 年 7 月～2013 年 5 月

工作单位：荆州博物馆

墓地位于荆州市荆州区八岭山林场中部，是一处大型战国时期楚国高等级贵族陵园。继 2011 年发掘 3 座墓葬之后，2012 年又发掘墓葬 4 座（编号为 BXM1、BXM7、BXM13、BXM19），均为土坑竖穴式小型楚墓。具有坑深、口大底小的特点，坑口上残存有低矮的灰白色封土。在坑位分布规律上，具有排列有序、规模相当、方向一致、间距均等的特点，其性质应为冯家冢 2 号墓的殉葬墓。每座墓内的葬具可辨单棺痕，人骨保存差。随葬品大多位于棺痕内，有铜器（带钩 1 件）、玉器（璧 8 件、玦 2 件、套环 2 套、珩 4 件、双龙佩 1 件、玦形管 2 件、贝形饰 26 件、珠 244 颗、碎玉 18 粒）、玛瑙器（环 1 件、珠1颗）、琉璃器（珠1颗）。在BXM13的坑壁下部有一壁龛，内置仿铜陶礼器鼎、敦、缶、盘、匜各1件。据器形特点分析，该墓年代为战国早期晚段至中期早段之间。其他殉葬墓的年代应与之一致。

发掘祭祀坑9座，其中JSK1～JSK3和JSK9位于殉葬墓BXM1西侧，大致呈南北向排列，不甚整齐。JSK4～JSK8位于北殉葬墓区与冯家冢2号墓的封土之间，呈东西向一字排列。祭祀坑均为竖井式土坑，深2.5米～4.5米。坑口多为边长1米左右的四边形，四角大多方正，接近正东西（或南北）向；个别坑口呈不规则形状，可能为当时崩塌所致。坑口大于坑底。坑壁一般较陡直，也有向一侧倾斜的。坑底均为四边形，较平坦。填土为花斑状黏土，土质较硬，但未发现夯筑痕迹。在JSK1、JSK4、JSK9中未见遗物，其余6座坑中埋有大块砂岩及陶器、板瓦残片。JSK3底部叠置玉珩2件、JSK6底部有玉璧1件，年代特征均为战国时期。从地层关系来看，祭祀坑的相对年代略晚于殉葬墓。

（张万高　赵晓斌）

【荆州市七星堰战国唐宋及明清时期墓地】

发掘时间：2013年7～12月

工作单位：荆州博物馆

七星堰墓地位于荆州市荆州区纪南镇三红村三、四组，属县级文物保护单位“拍马山古墓群”的一部分。为配合“卓尔·荆州国际城”工程项目建设，荆州博物馆在此勘探面积约25万平方米，发掘战国、唐、宋、明、清古墓葬共计127座；其中战国墓葬87座，唐墓3座，宋与明、清墓葬27座，出土文物约450余件（套）。

战国墓葬保存较差，葬具及人骨皆腐烂无存，墓葬形制主要为两类：一是带墓道的“甲”字形墓，数量较少；二是长方形竖穴土圹墓，占绝大多数。长方形竖穴土圹墓又可分为两种，即带龛与不带龛，带龛墓葬在墓地中规模最小，一般墓坑长度在1.5米～2米，宽度在0.8米～1米的墓葬存在头龛或壁龛，随葬器物置于龛中。而墓坑开口在长2.7米～3.4米，宽度在1.5米以上的墓葬，均无龛。一些规模较小的墓葬也无龛。

随葬器物按质地可分为铜器、陶器、玉石器、铁器等。从用途上可分为礼器、兵器、生活用品、装饰品等。其中铜器有鼎、敦、壶、盘、匜、匕、辅首、剑、箭镞、戈、戈镈、矛、矛镈、铜环权等；陶器有鼎、敦、壶、豆等；玉石器有玉璧、玉佩、玛瑙环、玉带钩、玉印章等；铁器为铁剑、铁锸和铁杆铜矛。绝大多数墓葬随葬品的摆放呈现出一定的规律性，单棺墓（暂时认定墓葬规模最小）的随葬品一般放置于头龛或者壁龛中，也有少量单棺墓的随葬品放置于人骨或棺木左右两侧（人骨及棺木腐烂无存，根据痕迹判断）及头端。几乎所有随葬品都集中顺序摆放，每件器物都有自己固有的摆放位置，一些陶或铜礼器的放置基本上是鼎、敦、壶成双放置，个别有混乱。

根据此次墓葬出土器物与典型器物的对比分析，七星堰墓地战国墓葬的绝对年代大致在战国中期至晚期之间，其中晚期墓葬较多。

在未被破坏的墓葬中，多数墓葬均有铜剑、铜矛、铜戈、匕首、箭镞等兵器出土，一方面反映了战国时期楚人尚武的风气，另一方面也有楚人“尚巫”及“辟邪护椁”之意。此外，七星堰墓地还出土一柄铁剑和一柄铁杆铜矛，对于研究楚国当时的冶铁及兵器制造技术都有重要的意义。

除出土楚国兵器外，七星堰墓地也出土了巴蜀及越人风格的器物，如柳叶形铜剑、柳叶形铜矛和越式铜鼎，以及越人风格的长墓道、深墓坑的墓葬形制，说明当时楚文化与巴蜀文化、越文化之间的交流较为频繁，也可能反映了越人迁徙至楚地的情况。

（刘建业　贾汉清）

【荆州市严家台秦至唐宋时期墓葬】

发掘时间：2013 年 7 ~ 8 月

工作单位：荆州博物馆

严家台墓地是荆州博物馆配合荆州绿地之窗一期工程而进行的抢救性考古发掘项目，该墓地位于荆州市荆州区郢城镇荆北村五组。勘探结果表明，该工程建设用地范围内共有古墓葬 10 座，后新发现 1 座，实际发掘 11 座，出土及采集文物共计 54 件（套），包括陶、铜、玉、铁、木、石等质地，墓地年代包含秦、汉、唐、宋、明等历史时期。

秦墓 2 座，均为长方形竖穴土坑墓，方向皆朝东。墓坑口大底小，四壁斜直，底部较平。墓口长 4.4 米 ~ 5.4 米，宽 2.84 米 ~ 4.5 米，墓坑残深 3.56 米 ~ 3.1 米。其中 M6 带斜坡墓道，棺椁保存较好，M5 可见棺椁痕迹。人骨腐朽无存。

秦墓出土随葬器物有陶器、铜器、玉器、漆木器。陶器类有鼎、敦、壶、豆等典型楚墓器物组合，另有陶杯、陶笙、陶棍等。铜器有鼎、敦、壶、勺、剑。玉器为玉璧。漆木器为木杆。

发掘西汉墓 3 座，均为长方形竖穴土坑墓，方向皆朝东。墓口长 2.5 米 ~ 4.2 米，宽 2.2 米 ~ 1.24 米，墓坑残深 1.6 米 ~ 0.2 米。西汉墓葬具和人骨均腐朽无存。

西汉墓出土随葬器物主要为陶器，器形有罐、盒、钫、盂等，还出土石砚一套。

唐、宋墓 5 座，除 M10 为土坑墓外，其余均为砖室墓，早期遭扰毁，保存较差。唐、宋墓出土随葬品有陶罐、瓷碗、铜镜、铜钱、铁釜。

明墓 1 座，为小形竖穴土坑墓，墓向朝东。单棺已朽，剩底部。人骨腐朽无存，出土器物有铜钱、陶钵。

此次严家台墓地考古发掘收获较大，尤其是 2 座秦代墓葬的发掘，为研究楚灭亡后荆州地区的丧葬习俗等方面提供了新的实物资料。M6 中纪年铭文铜剑的出土为楚地战国晚期秦人墓葬的断代提供了新的参考依据。这 2 座秦人墓葬中出土的鼎、壶等器物，形制有别于江汉平原地区楚墓中出土器物的标型器，丰富了荆州地区白起拔郢后战国晚期秦人墓的考古材料，具有较高的考古与历史研究价值。

（孙　凡）

【荆州市郢城西胡家台两汉六朝宋明时期墓地】

发掘时间：2013 年 10 月 24 日 ~ 至 12 月 15 日

工作单位：荆州博物馆

为配合荆州市郢城综合客运枢纽项目，对郢城综合客运枢纽项目选址范围的西胡家台进行了考古发掘，西胡家台是郢城综合客运枢纽二期项目建设用地范围内的一个小型台地，略高出周边平地 1 米。通过发掘，确定这是一处包含西汉、东汉、六朝、宋代、明代等五个时期的古墓地，其中不同时期的墓葬分布都比较密集，墓葬之间打破关系也比较复杂。经初步了解，该墓地不仅延续时间长，而且时代特征明显，这对于研究郢城历史变迁与考古学文化发展之间的关系提供了极好的例证。

此次共清理墓葬 27 座、灰沟 1 条，出土铜器、金器、玉器、陶器等各类文物达 189 件（套），其中以西汉时期的出土器物数量最多，约占总数的 73%。从类别看，这一时期随葬品以陶质明器为主，硬陶和铜器较少，明器多为仿日常生活的器具，形制有仓、灶、井组合；罐、盂、壶、盒、鼎、钵、豆等。

从墓葬形制看，此时除土坑墓外，已经出现了砖室墓、土坑墓与砖室墓并存的现象，说明西胡家台墓地正处于由西汉时期的土坑墓向东汉时期的砖室墓过渡阶段。结合随葬品特点分析，其年代大致处于西汉中晚期。

这一时期葬制以一棺一椁为主，此外夫妻合葬的两棺一椁也较普遍，随葬品均摆放在椁室内，这与周边地区发掘的年代略晚的东汉墓葬葬俗基本一致，一定程度上弥补了荆州郢城附近汉代墓葬在年代上的缺环，也为进一步研究该区域汉代随葬品的演变情况提供了更完整、更丰富的实物资料。

（李志芳）

【通城县团包山汉代墓地】

发掘时间：2013 年 11～12 月

工作单位：湖北省文物考古研究所、咸宁市博物馆

墓地位于通城县沙堆镇港背村七组方家北面的团包山上，西临蒲菖河，东临延绵的低丘岗地，西北距沙堆镇 1500 米，南距通城县城 12 千米。地理坐标为北纬 29°17′50.21″，东经 113°54′40.33″，海拔 102 米左右。

墓群是在平整 110KV 变电站基址时被发现的，在站址北区岗地范围内共发现 5 座东汉砖室墓和宋、明土坑墓各 1 座。

砖室墓分“凸”字形和长方形两种。其中“凸”字形 4 座，编号为 M1、M3、M5、M6，其中 3 座墓上部早年遭到破坏和此次工程对墓葬局部的毁坏，仅 M1 保存较完好。长方形墓 1 座，编号为 M2，墓上部和前端早年遭到破坏，宋、明土坑墓被工程毁掉。

“凸”字形砖室墓由墓道、墓门、甬道、墓室四部分组成。墓朝向各异，北面的一座墓道朝东，东面的一座墓道朝南，南面的一座墓道朝西，西面的一座墓道朝西北。墓室呈长方形，因室内地面后部高于前部 12 厘米，形成前后室；券顶采用正面呈梯形的榫形几何纹砖；地砖采用宽方形砖平铺。4 座砖室墓的长宽稍有差异，长方形单砖室墓为东西向，墓内已被扰乱，无铺地砖。

出土器物 68 件，分为陶器（含硬陶器）、瓷器（含低温釉陶）、铜器、铁器、玉石器五类。陶器有釜形鼎、小口矮罐、双耳罐、网坠，硬陶有侈口罐、矮领瓮、釜、盂形小罐、双耳侈口罐、折沿盆等。瓷器有浅黄釉壶、绿釉双耳瓶等。铜器有盉、带钩、鎏金铜扣（漆盘口沿）和五铢钱、货泉、大泉五十等。铁器有釜、环首刀、戟、剑、矛、匕首、钩形器、削刀等。玉石器有黛板、研石、石砚、白玉佩饰等。

5 座墓葬具均腐，仅 M2 残余部分棺钉，M3 残余少量漆皮，人骨腐朽无存，葬式不明，从随葬摆放位置和封门砖砌筑错乱的现象综合分析“凸”字形砖室墓应为夫妻合葬墓。5 座砖室墓分布相对集中，形制相同，随葬品特征相近，但墓朝向各异，应是一处家族墓。

硬陶罐是砖室墓随葬品大宗，每座墓均出土了不同形式的硬陶罐。M1 发现硬陶罐与原始瓷共出的现象，另有部分器物表面看到施釉的痕迹，呈现早期瓷器特征。综合墓形制特点，通城东汉墓具有浓厚的地域特色，这为研究鄂东南东汉社会、文化特征以及经济状况提供了重要的依据。

（杜　峰）

【谷城县肖家营汉宋墓群】

发掘时间：2013 年 5～9 月

工作单位：湖北省文物考古研究所

墓群位于襄阳市谷城县城关镇肖家营社区九组，北临谷（城）粟（谷）公路，西为居民区，东邻襄渝铁路，南距南河堤约 50 米。地理坐标为北纬 32°24′74″，东经 111°61′80″，海拔 77 米。

2013 年 3 月，襄阳钟兰纺织有限公司建厂房时发现古墓葬，湖北省文物考古研究所会同谷城县博物馆对该地进行了考古勘探和发掘。根据勘探情况正向布长、宽各10米的探方8个，实际发掘面积约550平方米，揭露出汉代文化层，发掘了8座汉代砖室墓和1座北宋砖雕壁画墓，出土一批汉、宋时期遗物。此次考古工作是肖家营墓地的第二次发掘。

其中一号北宋晚期砖雕壁画墓为此次考古的重要发现，此墓整体呈“凸”字形，由墓道、门楼、甬道、墓室等部分组成，墓葬全长17.6米，墓圹最宽处5米，坐北朝南，方向170°。该墓曾经被盗，出土瓷、铁、金器19件（套）。M1规模较大，墓葬结构保存完整，仿木构的墓门、梁枋、斗拱铺作、檐顶等砖雕保存好，墓葬涂白、黑、黄和红彩，墓室朱绘祥云、木作等壁画。此类墓在湖北地区属首次发现，南方地区也少见，该墓展示了宋代仿木结构墓葬的全貌，为研究当时人们居住、生活以及葬制葬俗提供了重要实物资料。同时，该墓的发掘为多学科研究提供了实例，如宋代建筑、壁画保护和三维扫描测绘等。

（田桂萍）

湖南省

【澧县宋家岗新石器时代遗址】

发掘时间：2013 年 11 月 ~2014 年 1 月

工作单位：湖南省文物考古研究所

遗址位于澧县涔南乡文家村四组，南距县城约 10 千米，北部约 3 千米为涔水，西距鸡叫城遗址仅 300 米。遗址所在处为高出周围田地约 2 米的长方形小型岗地，中心地理坐标为北纬 29°43′54.3″，东经 111°47′09.9″，海拔约 36 米。

发掘分为东、西两区，按正南北向布长、宽各 5 米探方。东区布探方 5 个，编号为T1 ~ T5；西区布探方 4 个，编号为 T6 ~ T9，共计发掘面积 160 平方米。

遗址文化层埋藏很浅，位于厚 10 厘米 ~20 厘米耕土层之下，即进入新石器时代的文化堆积。两个发掘区地层堆积有所差异，东区堆积共 4 层，以石家河文化和屈家岭文化时期的文化遗存为主；西区堆积 6 层，以屈家岭文化和彭头山文化时期的遗存为主。

此次发掘的主要收获为三个方面。

第一，揭露了多个新石器时代的文化地层，初步廓清了遗址的文化内涵。宋家岗遗址前后共有彭头山文化、大溪文化、屈家岭文化和石家河文化四个时期的文化遗存。彭头山时期的堆积主要见于遗址西部和南部，在东区地层中仅有零星陶片；大溪时期的遗存较少，此次只发现了这个时期的墓葬；屈家岭和石家河文化时期的堆积分布面积最大，在整个岗地均有分布。

第二，发现了一批分属不同新石器文化时期的遗迹和遗物。石家河文化的遗迹主要为灰坑，另有 4 座墓葬，以瓮棺葬为主；屈家岭文化遗存包括柱洞、灰坑和墓葬，其中 13 座墓葬的发现最为重要，墓为长方形竖穴土坑墓，排列基本有序，方向一致，反映了较强的规划性，但规格不高，长 1.5 米 ~1.8 米，宽 0.6 米 ~0.7 米，无人骨、葬具保留，可能大多为二次葬。墓内随葬器物丰富，主要器类有鼎、罐、壶、碗、陶球、簋形器等陶器和少量石斧，以泥质黑皮陶为主，也有一些红衣陶，表明墓主具有较高的身份地位，推测此处为屈家岭时期的一处氏族墓地。大溪文化时期只发现 4 座长方形竖穴土坑墓和 1 座瓮棺墓。发掘还揭露了保存较厚的彭头山文化地层，发现了柱洞、灰坑、房址和灶等遗迹。其中房址 4 座，有地面式和浅穴式。出土有大量陶器及少量石制品，陶器以夹砂红褐陶为主，纹饰除素面外，大部分为绳纹，另有少量圆点戳印纹，器形以圜底器为主，包括罐、双耳罐、钵、釜，也有少量平底器如盆和矮足器。石制品仅见打制石器，包括石核、石片、砍砸器和刮削器。据器物特征，属彭头山文化早期。

第三，浮选获得了数量较多的彭头山文化早期炭化稻米，为稻作农业在澧阳平原的发展提供了新的实物资料。经初步对浮选物分选，共获得 100 多粒炭化米。此前的发掘在彭头山遗址中仅在陶器胎内发现羼有稻秆、谷壳等，炭化实物主要发现于彭头山文化中晚期的 80 垱遗址中。此次发掘在彭头山文化地层内发现的炭化米应属于彭头山文化早期，因此这批材料应是目前澧阳平原发现最早的水稻遗存，为进一步对比研究早期炭化稻米的特征、稻作农业的发展阶段等课题提供了难得的资料。

（李意愿）

【澧县城头山新石器时代遗址】

发掘时间：2013 年 12 月

工作单位：湖南省文物考古研究所

城头山遗址位于常德市澧县县城西北约 10 千米处。1991～2002 年，由湖南省考古研究所主持，曾先后 11 次对进行其考古发掘，前后揭露面积约 6000 平方米，发现有汤家岗文化的水稻田、大溪文化的祭坛、大溪文化至屈家岭文化时期先后四次修建的城墙与环壕或护城河等重要遗迹。

为配合城头山国家考古遗址公园的建设，2013 年湖南省文物考古研究所对该遗址西北部的屈家岭文化墓葬区和西南部屈家岭文化护城河之外庙坟上台地的两个区域进行了发掘。

对遗址西北部屈家岭文化墓葬区的发掘，布设长、宽各 5 米探方 2 个，分别编号 T1301 和 T1302，实际发掘面积 32 平方米。最主要的收获是揭示出 15 座屈家岭文化晚期的墓葬，其中瓮棺葬 3 座，土坑墓 12 座。瓮棺葬为体量较大的泥质灰陶或褐陶釜罐类器，正位摆放，口部见有倒扣的陶钵。绝大部分土坑墓发掘时未能找到明显的墓边，是在发现成规律聚集的随葬陶器时，始确定有墓葬存在。随葬品主要有鼎、豆和罐，部分随葬品个体极小，明显为明器。随葬陶器皆泥质，以黑陶为主，见少量灰陶。

对庙坟上台地的发掘，共布设长、宽各 5 米探方 10 个，实际发掘面积 172 平方米，但除 T1～T4 发掘至生土层外，其他探方皆仅清理去表土。通过发掘，了解并确认了该台地为一处人工堆筑的大型遗迹，其时代当在屈家岭文化早中期，正好与三、四期城墙的修建同时。另外，在庙坟上台地底部，人工堆筑遗迹下部还发现早至大溪文化二期的系列柱洞与灰坑遗迹，可证在大溪文化时期，城头山聚落的居民并不完全是居住生活在城址内部，在城址外，地势较高的西南部，也有人居住生活。这一发现增进了对城头山城址内涵的认识。

（赵亚锋）

【澧县斑竹商周遗址】

发掘时间：2013 年 11 月～2014 年 1 月

工作单位：湖南省文物考古研究所

斑竹遗址位于澧县澧东乡斑竹村西的一块沙洲地上，澹水从遗址的西侧流过注入澧水。为研究澧水流域商周时期的考古学文化面貌问题，对该遗址进行了主动性考古发掘。此次发掘分Ⅰ、Ⅱ两区布方。Ⅰ区位于遗址的中部，布长、宽各 5 米的探方 8 个。Ⅱ区位于遗址的北部，布长、宽各 5 米的探方 4 个，两区总计发掘面积约 250 平方米，获得了一批商、西周、东周等不同时期的遗存资料。现将发掘情况做简要介绍。

斑竹遗址的地层堆积在Ⅰ、Ⅱ区因时代不同有所差异。东周时期的文化层主要分布在Ⅱ区，西周时期的文化层主要分布在Ⅰ区，而商代的文化层则只在Ⅰ区有分布。总体上看，Ⅰ区的地层堆积可分为 11 层，分别属近现代、明清、东周、西周、商代五个时期。Ⅱ区的地层堆积可分为 7 层，分别跨近现代、东周、西周三个时期。其中，西周时期的遗存最为丰富，是此次发掘最为主要的收获。

商代时期的遗迹主要有灰坑、灰沟等，数量较少。遗物主要为陶片，以泥质黑陶为主，纹饰多见弦纹、方格纹，此外还见有回纹、附加堆纹等。器类方面常见竹节状细高柄的豆、颈部饰多道弦纹的高领罐、卷沿釜、大口缸等，此外还见有圈足盘、盉等。西周时期的主要遗迹有灰坑、灰沟、灶、房基等。灰坑数量较多，形状多不规则。灰沟仅发现一条，平面大体呈长方形，斜壁平底，出土了大量陶片。房子和灶坑发现数量较少，且保存状况都较差。此次发掘西周时期的遗物极为丰富，主要为陶器，还发现少量石器和铜器。陶器以泥质灰陶为主，纹饰多见方格纹、弦纹、扉棱、乳钉纹，此外还有绳纹、网格纹、镂孔（包括圆形、方形和十字形）、云雷纹、附加堆纹等。陶器的主要器类以鼎、釜、罐、豆最为常见，此外还见有鬲、簋、甑、大口缸等。石器主要有石斧、支座等。铜器仅发现一件保存非常完整的柳叶状箭镞。东周时期的遗存发现数量较少，出土遗物主要为陶器，陶质多为泥质灰陶，纹饰多见粗绳纹，主要器类如鬲、盂、罐、豆等均与江陵地区战国时期楚文化器物相类似。

总体上看，斑竹遗址商、西周、东周时期遗存的文化面貌存在非常明显的差异，它们之间应存在较大的年代缺环。

【临湘市大畈东周遗址】

发掘时间：2013 年 5 月

工作单位：湖南省文物考古研究所

大畈遗址地处新墙河上游支流桃林河的一级台地上，行政区划上隶属临湘市桃林镇大畈村大畈组，东距现桃林镇集市约 2 千米，2013 年湖南文物考古研究所在配合大岳高速公路的建设中发现了大畈遗址，并随即对遗址相关区域进行了抢救性考古发掘，发现了一批东周时期的陶器、铁器等遗存。

遗址所处的台地现为菜地，保存较好。地层共分为 6 层，第①层为近现代耕土层，第②至第⑥层为东周时期的文化层，除开口一条灰沟外，第⑥层之下为生土。第③、第⑤层仅分布于发掘区的东部，其余各层均全方分布，文化层的堆积厚度为 50 厘米～70 厘米。

此次发掘的遗迹主要有灰坑、灶、沟三类，其中灰坑 17 个、灶 2 座、沟 1 条。灰坑的平面形状多为不规则形，亦有长方形者。灰坑及地层内的包含物主要为陶片，另有少量的铁器。从出土较多陶片的 G1、T1④等单位陶片的统计结果来看，较早阶段泥质陶和夹砂陶的比重大体相等，较晚阶段以夹砂陶为主，泥质陶的比重明显下降。在陶色上，较早阶段红陶的比重最大，较晚阶段则基本为夹砂红陶和灰陶，此外还有少量的黑陶（含磨光黑陶）、褐陶等。纹饰方面以绳纹最为普遍，另有少量的弦纹、附加堆纹、暗纹等，素面陶也占一定比例。陶器主要器类有鬲、豆、盂、罐、鼎、盆、甗和陶拍，其中以鬲的数量最多，豆、盂、鼎、罐、盆次之，甗和陶拍的数量最少。

依据地层关系和出土器物的类型分析，大畈遗址东周时期的遗存可分为三期，其中第一期以 G1 为代表，年代属春秋中晚期；第二期以 H10 为代表，年代属战国早期；第三期以 H8、T1④等单位为代表，年代在战国中期，部分单位或至战国晚期。从遗存的文化因素构成来看，大畈遗址的陶器可分为两组，一组以鬲、盂、罐、豆为主，表现出浓厚的楚文化特征，在遗存中占据绝对优势的地位。另一组以敛口鼎为主，数量较少，鼎足饰有刻槽，并常见管状中空的鼎足，具有明显的土著文化风格。

洞庭湖东岸及湘江下游地区经过报道的楚文化考古资料基本以墓葬材料为主，居址材料数量极少，因此大畈遗址的发掘对于从居址材料入手建立本地区楚文化遗存的年代序列提供了非常宝贵的资料。此外，关于楚文化进入湘江流域的时间和路线问题学术界多有争论，大畈遗址地域上恰好位于湘、鄂、赣的交界地带，濒临桃林河，是楚文化向南进入湘江流域的前沿阵地，在年代上其遗存上限可早至春秋中期，这对于探索楚文化进入湘江流域的时间和路线问题也是一批难得的新资料。

【常德市德山区战国西汉墓葬】

发掘时间：2012 年 12 月、2013 年 7 月

工作单位：湖南省文物考古研究所、常德市文物局

为配合石门至长沙铁路复线建设，在常德市德山开发区发掘 9 座墓葬，其中战国墓葬 3 座，西汉墓葬 5 座，清代墓葬 1 座。

战国墓葬（M7 ~ M9）位于墓地的北部，均为土坑竖穴，多南北向。

M7 为窄坑竖穴，长 2.3 米，宽 0.9 米，深 2.2 米，底部留有一周高 60 厘米生土二层台，墓主头部出有陶盂、豆、高领罐各 1 件。M9 为宽坑竖穴，长 2.9 米，宽 1.5 米，深 3.35 米，墓室下挖 3.2 米后见有白膏泥层，可辨出棺椁痕迹，东侧边厢出陶鼎、敦、长颈壶各 2 件，豆、匕各 1，棺室内出玉璧一方。依照常德楚墓分期，墓葬时代约为战国中晚期。

西汉墓葬（M2 ~ M6）位于墓地的中部和南部，均为宽坑竖穴。

M5、M6 并列，间距约 1.1 米，为带墓道竖穴土坑墓。其墓道朝东，墓室呈覆斗状。M5 墓室长 3.9 米，宽 2.6 米，出有滑石质鼎、盒、壶、钫两套，以及璧、盘、耳杯等；陶质鼎、盒、壶两套及灶，还有硬陶罐和泥半两钱等。M6 出滑石璧 1 件，陶器器类与 M5 相似。两者可能为夫妻异穴合葬，时代为西汉前期偏晚。

M4、M2、M3 为无墓道竖穴土坑墓。M4 居东，其西壁被 M2 打破，随葬品为陶质鼎、盒、壶两套，以及灶罐、泥钱等，时代约为西汉早期。M2、M3 墓向朝北，两墓间距约 0.9 米。M2 长 4.6、宽 3.4、深 2.54 米，出有滑石璧灯，陶质鼎、壶、罐、钵、仓、井、灶、灯、厕、圈，硬陶罐，泥钱等，时代估计为西汉中期。M3 长 3.5 米，宽 2.58 米，深 2.14 米，出有滑石璧镜印章，陶质鼎、盒、壶、罐、钵、灶等。M2、M3 方向相同，间距较近，可能为同一家族墓葬。

此次发掘的 8 座战国、西汉墓葬分布有序，为研究常德楚汉墓葬的分区分期增添了新的资料。

（袁　伟）

【中方县竹子园战国至西汉时期墓群】

发掘时间：2013 年 10 ~ 11 月

工作单位：湖南省文物考古研究所

竹子园墓群位于怀化市中方县中方镇岩头园村，地处沅水西岸的山前丘陵地带，属怀化市职业教育城项目中怀化市工业中专的建设用地范围。2013 年，湖南省文物考古研究所组织人员对墓群进行了考古调查，并随后对之进行了考古发掘。

此次共发掘战国至西汉时期的墓葬 11 座，其中战国时期的墓葬 6 座，西汉时期的墓葬 4 座，另有 1 座墓葬因未见随葬品而难以准确确定其年代。这批墓葬均沿一座“C”形山体的山脊分布，南部为战国墓，北部为西汉墓。

战国墓形制均为长方形土坑竖穴墓。墓室长度一般长 3.2 米 ~ 3.5 米，宽 2.5 米 ~ 2.8 米。从随葬品区分，这些墓葬可分为 A、B 两类。A 类墓葬共 4 座，以随葬鼎、敦、壶等仿铜的陶礼器为主，多数随葬剑、戈、矛等青铜兵器。其中有两座墓葬还发现鹿角随葬的现象。B 类为随葬豆、罐等日用陶器的墓葬，共 2 座。从随葬品的组合及形制分析，A 类墓葬的年代大体在战国晚期，B 类墓葬的年代属战国中晚期。

关于其余 4 座西汉墓葬（M8 ~ M11），M8 为带一条墓道的长方形土坑竖穴墓。M9、M10 为不带墓道的长方形土坑竖穴墓，同向并列，推测为一座夫妻合葬墓。M11 的形制最为特殊，为圆角长方形土坑竖穴墓，墓坑内沿东壁还设有三级台阶。

这批墓葬的随葬品组合、形制都较为接近，基本以鼎、盒、壶、钫、滑石璧为主，部分墓葬还见有滑石梳。M9、M10 还出土泥质汉半两钱。据此推测，这批墓葬的年代大体在西汉早中期。

此次发掘的战国至西汉墓葬尽管数量较少，但随葬品都较为丰富。这对于研究沅水上游地区楚汉时期的相关历史问题提供了较有价值的实物资料。

【益阳市兔子山战国秦汉时期遗址】

发掘时间：2013 年 4～12 月

工作单位：湖南省文物考古研究所、益阳市文物管理处

为配合益阳市易盛达置业有限公司“壹公馆”房产建设项目施工，对受工程影响的兔子山遗址进行了抢救性发掘。兔子山遗址位于益阳市赫山区三里桥铁铺岭社区，北距滨江路约 250 米，西距甘宁路约 100 米，东距铁铺岭巷约 60 米，南临原油脂厂职工住宅区，位处资水与兰溪河交汇处一条东北至西南走向的龙形山岗（铁铺岭）上，兔子山位处岗地最东北部的龙首位置，海拔约 45 米。兔子山遗址为铁铺岭城址的中心部位，铁铺岭城址于 20 世纪 80 年代第二次全国文物普查时被发现，由于历年来城市基本建设的破坏，该城址保存状况较差。

此次考古发掘面积 1000 平方米，共清理古井 16 口，灰坑 56 个，灰沟 7 条，房屋建筑遗存 9 处。除 J2、J10、J11、J12、J14 未出土简牍之外，其余 11 口水井都出土了数量不等的简牍，初步统计总数达 1.3 万余枚。其中 J3 出土简牍数量最多，8000 余枚，J6 次之，1000 余枚。从出土简牍的埋藏情况来看，大多数井的简牍与其他出土物混杂在一起，估计当时是作为垃圾陆续丢弃的；也有部分古井（如 J3）的简牍比较集中，且基本保持着成捆的状态，估计当时是集中处理的。从简牍的时代来看，从战国经秦、两汉直到三国孙吴时期，其中以两汉时期简牍数量最多。从简牍的内容来看，主要为战国至孙吴时期益阳县衙文书档案。在已经清洗、释读的简牍中，J8 出土的 1 件木觚和 J9 出土的 1 枚木牍最为引人注目。J8 出土的木觚上有“张楚之岁”字样，这是第一次出土关于张楚政权的考古资料，为研究张楚政权的性质和秦末汉初的历史提供了十分重要的资料。J9 出土的木牍即上面提到的秦二世即位时的文告，其部分内容可与北京大学藏西汉简牍中的《赵正书》互相印证，对于研究秦二世其人和秦代历史具有十分重要的价值。此次发掘为继马王堆汉墓、里耶秦简之后湖南省的又一重大考古发现。除出土大量不同时期的简牍之外，古井内还出土了大量板瓦、筒瓦、瓦当、空心砖、长条砖、陶瓷器、漆木器、铁器、铜器、动植物标本、木质生产工具等不同材质的文物。

J4 第⑥层器物出土情况

分层揭剥 J3 出土简牍

此次发掘意义重大。一是明确了兔子山遗址、铁铺岭城址及益阳故城县衙遗址的性质及其历史价值，它们是益阳城市文化之根；二是最为引人注目的大批量简牍弥足珍贵，简牍内容丰富，弥补了文献记载的不足，是研究战国、秦汉至三国时期益阳历史的珍贵实物资料；三是城址内与简牍共出的砖瓦、陶瓷等其他材质的文物也十分丰富，由于有准确出土单位与简牍纪年，这一批文物将为建立益阳物质文化历史序列提供精准的实物标本。鉴于该遗址的重要价值，相关文物部门已编制保护规划拟对遗址出土标本及本体进行专题保护。

（张兴国）

广 东 省

【南江旧石器时代地点群】

调查时间：2012 年 11 月～2013 年 1 月、2013 年 3 月

工作单位：广东省文物考古研究所、云浮市博物馆、郁南县博物馆、罗定市博物馆

南江位于广东省西部，为西江支流，南江流域西侧紧临广西。此次调查在南江中游两岸发现旷野类型旧石器时代地点群，主要集中分布于盆地东北缘郁南县河口镇与大湾镇境内，少量分布于罗定市华石镇等地，在约 20 平方公里的地域范围内已发现近 60 处地点。南江旧石器时代地点多发现于三级阶地与四级阶地。

此次采集到的石制品岩性以石英岩、砂岩与石英为主，原料来源于古南江河滩砾石，石器主要直接利用砾石进行加工，剥片多采用简单锤击法，石器修理技术以单面硬锤加工为主。石器类型较为丰富，有手镐、手斧、砍砸器、刮削器、小尖状器、凹缺刮器等，其中数量以手镐为最，其次为砍砸器与刮削器。

南江旧石器具有中国南方砾石石器工业的典型特征，与广西百色、湖南澧水、安徽水阳江等地的旧石器文化同属砾石石器工业系统。南江旧石器地点群发现的石器中最具特色的是舌形手镐与手斧，与西邻的广西百色旧石器在文化面貌上更为接近。

此次初步判断南江旧石器时代地点群的时代最早可至中更新世，文化面貌相近的广西百色旧石器年代数据最早可至距今 70 多万年前。南江旧石器地点群是广东地区首次发现旧石器时代早期遗存，其年代远早于马坝人化石，为广东地区迄今发现最古老的文化遗存。

（刘锁强）

【和平县谢屋背新石器时代至宋元时期遗址】

发掘时间：2013 年 8～10 月

工作单位：广东省文物考古研究所、和平县博物馆、中山大学人类学系

谢屋背遗址位于河源市和平县大坝镇上正村西侧的一处小山丘东坡上，地理坐标为北纬 24°31′，东经 114°55′，海拔 202 米，遗址东西宽约 56 米，南北长约 113 米，总面积约 6328 平方米。谢屋背遗址在 1991 年由和平县博物馆进行考古调查时发现，2009 年第三次全国文物普查时进行了复查。什溪河的两条支流在遗址南侧和东侧分别自东向西和自北向南流经遗址所在小山丘脚下后注入什溪河，什溪河在遗址东侧约 100 米自北向南流过。

2013 年，广东省文物考古研究所、中山大学人类学系与和平县博物馆联合组成考古队，对谢屋背遗址进行主动性考古发掘。在位于遗址东南部的断崖附近建立永久测量基点，采用象限法以正方向布方，使得遗址的大部分区域位于第四象限，共布设 4 排 19 个长、宽各 5 米探方，并在西侧小山包上布设长 4 米、宽 1 米探沟 1 条，总发掘面积 479 平方米。发现新石器时代

晚期墓葬3座、宋元时期墓葬1座、先秦至宋元时期的灰坑28个、灰沟4条、柱洞71个，清理出土了一批新石器时代晚期至宋元时期的陶、瓷、石器，为了解粤北地区古代人类文化提供了一批新的资料。

此次发掘中，尤为重要的收获是清理出土的3座新石器时代晚期的墓葬，这3座墓葬平行排列，均为长方形竖穴土坑墓，其中两座墓使用红烧土块作为墓室填土，这种做法在广东地区同一时期墓葬中比较少见。3座墓葬中出土的随葬陶器包括圜底陶罐、豆、圈足盘等，部分陶器的器表装饰细绳纹，这批陶器中部分陶器的器形在广东地区尚属首次发现。这3座墓葬从其随葬陶器的形制看，初步推断其时代为新石器时代晚期。3座墓葬所呈现的独特的墓葬形制和随葬品是否意味着代表一种新的考古学文化类型，尚有待于进一步的考古工作，发现更多的资料来证实。

（金志伟）

【普宁市葫芦山新石器时代遗址】

发掘时间：2013年10～11月

工作单位：广东省文物考古研究所、普宁市博物馆

遗址位于普宁市广太镇寨山头村葫芦山，东北距揭阳市区约13千米。葫芦山因多年水土流失、人为破坏等因素，导致发掘区域内遍布晚期树坑，排水沟及早期修建的梯田，地层堆积被扰乱，比较复杂。发掘面积1120平方米。

葫芦山遗址发掘成果丰富，发现有新石器晚期虎头埔文化时期堆积。共清理遗迹14处，其中新石器时代晚期灰坑13个，唐代土坑墓1座。

新石器时代文化层内出土大量陶片、石器和少量烧土块。陶片以条纹、交错条纹、曲折纹、重圈纹、附加堆纹及其组合纹饰为主。遗迹只有灰坑，灰坑多为不规则形，出土较多陶片和石器。可辨器形有矮圈足罐、圜底釜、器座、纺轮、陶球，石器有石镞、砺石、石球、石锛等。

唐代墓葬M1位于第①层下，打破第②层，为土坑墓，平面呈长方形。该墓保存条件较差，出有残损瓷壶2件，棺钉1根。

葫芦山遗址文化层内出土的陶片及器形与普宁虎头埔窑址的出土材料一致，对其更深层次的认识，还需进一步的整理工作。

（柏宇亮）

【揭西县乌宗岭新石器时代遗址】

发掘时间：2013年7～9月

工作单位：广东省文物考古研究所、揭西县博物馆

遗址位于揭阳市揭西县河婆镇回澜寨村的乌宗岭，北距揭西县城约2千米，为莲花山脉的山前侵蚀台地，因多年水土流失等因素，导致山顶文化层堆积较薄。发掘面积1200平方米。

遗址内发现有新石器晚期虎头埔文化时期堆积，遗迹主要有灰坑和灶址。灰坑多为不规则形，灶址为椭圆形地下坑穴类。出土大量陶片、炭粒和烧土块。陶片纹饰以条纹、交错条纹、曲折纹、重圈纹、附加堆纹及其组合纹饰为主。可辨器形主要有矮圈足罐、圜底釜，石器有石镞、砺石、石锛、石环等。乌宗岭遗址文化层内出土的陶片及器形与普宁虎头埔窑址的出土材料一致，对其更深层次的认识，还需进一步的整理工作。

（柏宇亮）

【普宁市平宝山新石器时代至商周遗址】

发掘时间：2013年11月～2014年1月

工作单位：广东省文物考古研究所、普宁市博物馆

遗址位于普宁市广太镇平宝山村平宝山，东北距揭阳市区约12千米。发掘面积

1000平方米。

平宝山遗址文化遗存性质比较复杂，表土层内有少量夔纹陶和原始瓷残片，文化层内出土的陶片以泥质硬陶、泥质软陶、夹砂陶为主，可辨器形有器座、圜底釜，矮圈足罐、纺轮等，石器有石镞、石锛、石环、砺石等。共清理遗迹14处，其中新石器时代晚期至商周时期灰坑8个，墓葬5座，灶址1个。

遗址表土层内的原始瓷片与粤东浮滨文化瓷片相似，表土层下文化层内出土的条纹、交错条纹、曲折纹等陶片和矮圈足底与普宁虎头埔窑址的出土材料一致，另外还有小方格纹陶片。

根据遗址内发现的各类石器、陶器和遗迹现象，判断普宁平宝山遗址应该是新石器晚期至商周时期。该遗址的发掘对研究粤东新石器晚期至商周时期的社会历史，提供了新的宝贵材料。

（柏宇亮）

【信宜市池洞屋背山隋唐遗址】

发掘时间：2013年11～12月

工作单位：广东省文物考古研究所、信宜市博物馆

池洞屋背山遗址位于信宜市池洞镇岭砥村屋背山山脊，西北距池洞镇区约2千米，西南距信宜市区约12千米。为了配合包茂高速广东段的建设，广东文物考古研究所于2013年4～6月通过田野考古调查发现该遗址。

屋背山西距鉴江上游主要支流东江（池洞镇段）约2千米，东侧有东江支流大波河由北向南流过山脚下。

此次发掘面积1100平方米，共发现唐代中晚期遗迹14处，均为灰坑，其中袋状坑12个。袋状坑多数坑口已垮塌，保存较好的坑口直径约80厘米，最大腹径1米～2.5米，深1米～3米。地层及灰坑出土了大量陶器残片，另有少量青瓷碗残片、石锛、砺石及滑石器残片。陶瓷器可复原数量达数十件，主要包括陶纺轮、内耳夹砂陶釜、宽沿大口陶尊形器、带鋬陶盘或陶钵、陶罐、陶提梁壶及尚难定名的陶器等。池洞屋背山遗址的主体地层年代依据该层出土的青釉瓷碗残片初步判断为唐代中晚期。池洞屋背山遗址发现的遗迹以袋状坑为主，出土遗物以陶器为主，大部分出土器物都具有明显的粤西地区地方特色，而且有石器遗存共存，这对于研究粤西地区唐代社会经济状况及复原隋唐时期粤西地区俚人的物质文明史都具有较重要的价值。

（石俊会）

【潮州市笔架山宋代窑址】

调查时间：2012年10月～2013年1月

工作单位：广东省文物考古研究所、粤东考古中心、潮州市博物馆

潮州市笔架山宋代窑址最早发现于1953年，广东省文物管理委员会、广东省博物馆等单位分别于1958年、1972年、1980年、1986年先后正式发掘、清理了11座窑址，按顺序编号为一至十一号窑址。1989年由潮州市人民政府划定公布了保护范围、建设控制地带，2001年6月被国务院公布为第五批全国重点文物保护单位。

为配合笔架山潮州窑遗址国家级大遗址保护规划的编制工作，联合考古队对窑址保存现状进行了全面调查，结果如下：

据文献资料，潮州笔架山自北向南由猪头山至蟹山面临韩江一面的西坡都是宋窑遗址堆积分布范围，尤其是江边河滩上到处可见宋窑遗址遗物堆积。此次调查结果表明，随着该区域几十年的发展，沿江道路及河滩整治已经把所有河滩遗物堆积覆盖掉了，笔架山西坡山脚下大量民居的建造、韩山师范学院的扩建及部分公司和企业厂房建设已经把大量有宋窑遗址堆积的山坡占用甚至挖掉。宋窑遗址堆积分布

范围急剧缩小，目前只剩下以十号窑址为中心的笔架山潮州窑遗址（全国重点文物保护范围）及其南北两侧部分区域尚有宋窑遗址。

经此次调查核实，已发掘、清理的11座窑址中，一至三、七至九、十一号窑址已经被建筑覆盖或因挖山建设而消失，四至六、十号窑址尚在已公布的文物保护及建筑控制地带范围内，其中四至六号窑址已确认其具体位置，十号窑上有1986年发掘后建造的保护棚，位置及保存现状清楚。

此外，此次调查还在已公布的文物保护范围内新发现3座窑址，但未进行发掘或清理工作，有待今后进行科学考古发掘获取更加准确和完整的窑址资料。

此次调查还采集了一批窑具及瓷器标本，并通过分区域统计和对比分析，发现不同区域窑址产品种类有明显区别，说明当时的瓷业生产已经有一定的专业分工。

（石俊会）

【大埔县余里明代窑址】

发掘时间：2013年11月~2014年1月

工作单位：广东省文物考古研究所、中国客家博物馆、大埔县文化广电新闻出版局、大埔县博物馆

余里窑址地处广东省东北部的大埔县三河镇。为深入了解该窑址瓷器生产的总体面貌和烧造工艺特征，联合考古队对余里窑址进行了主动发掘。此次工作共布长、宽各5米探方9个，探沟1条，发掘总面积约350平方米。发现并揭露了龙窑4座、房址2间、土灶1个、辘轳坑4个、灰坑9个、灰沟2条，同时出土大批窑具和瓷器标本。

现已揭露的龙窑都有不同程度破坏。其中Y3是一座阶梯龙窑，保存相对较好，残长14.86米，方向211°，整体坡度19°。除前部窑口外，共5个窑室，第五窑室北部还有一条烟道。除窑口、窑顶部分被破坏严重外，左、右两侧窑壁及各窑室隔墙、火道、窑门、窑床、窑尾烟道等结构都较为清楚。

Y1仅存3个窑室，残长6.26米，方向244°，整体坡度19.5°。Y2仅存一个窑室，残长3米，方向325°。后壁依山体修成，坡度26°。Y4也仅存1个窑室，打破Y3，残长3米，方向191°，坡度23°。

发现的房址砖墙遗迹应是当时窑业作坊隔墙。F1和F2仅一墙之隔，两者方向大致为45°，砖墙多为残砖斜砌，残存多为一层或两层，多则不过三层。其中F1东北至西南向长5米，西北至东南向宽4.5米。F2东北至南北向长3.5米，已露出的西北至东南向宽度达4.5米。其中F1西墙与F2西墙间有1米的过道。此外F1北面还有一条向北露出长3.7米、宽1.1米的残砖铺砌的过道。

发掘出土了大量青釉瓷器残件，主要器形有碗、盘、杯、碟、瓶、炉、砚台、盖罐、灯盏、烛台、印模等十余种日常用瓷，以及窑具匣钵、窑垫等生产工具。各类器形素面为主，但也有一些菊瓣纹等花纹。碗和碟上还多印有如“福”“禄”“寿”“安”“德”“宁”“玉”“用”等吉祥文字。另外，还发现一件刻有“庚子年记□”的纪年陶器座。

余里窑属浙江龙泉窑系，时代大致为明代中期，产品烧成采用南方地区流行的龙窑，用匣钵装烧，制瓷技术和烧成技术高超。据调查情况看，余里古窑址群分布范围较大，除已发掘的下村山尾睡外，周边的山坳及余里上村、五丰村岗岽坑等都有同类窑址发现，数量约有20多处。

余里窑址是广东省境内已知最早的仿龙泉青瓷窑业遗存，而且是同类窑址中罕见的保存较好、规模宏大的明代时期龙泉系青瓷窑场。从目前的考古发掘情况看，余里古窑群烧制的瓷器精致，造型典雅，装饰艺术富有特色，而且烧造延续时间较长，产量较大。从其所处的地理位置看，濒临韩江，水运便利，部分产品可能远销海外。

此次的发现不仅填补了大埔地区明代窑业遗存的空白，而且丰富了广东地区陶瓷文化的内涵，为探讨广东的陶瓷历史、探索大埔县的瓷业发展提供了重要线索，为研究余里窑的生产流程、窑炉技术、烧造工艺、销售路线等提供了资料。

（刘成基　肖达顺）

【揭西县宫墩村明清窑址】

发掘时间：2013 年 6 ~ 7 月

工作单位：广东省文物考古研究所、揭西县博物馆

为配合潮惠高速公路建设，对位于揭阳市揭西县河婆镇宫墩村的金斗科凹和旱坑清末窑址进行抢救性发掘。窑址北距揭西县城约 3 千米，发掘面积 1200 平方米，主要发现了金斗科凹 Y1 和旱坑 Y1。

金斗科凹 Y1 为依山而建的长条砖砌斜坡式龙窑，由出灰坑、火膛、窑室、窑床和投柴孔 5 部分组成，平均坡度 21°，方向 266°。出灰坑位于火膛的前端，平面略成圆形。火膛位于窑室的前端，大部分被破坏，具体形状不详。窑室平面呈喇叭形斜坡状，拱券顶。窑内出土大量的青花瓷碗和窑具残片，瓷器胎质细腻坚硬，胎色灰白或白色。器物成型以轮制为主，可辨器形有敞口圈足碗，窑具为漏斗形匣钵。

旱坑 Y1 为长条形砖砌龙窑，依山势建筑，前半段是阶梯式，后半段为斜坡式，由出灰坑、火膛、窑室、窑床和窑门 5 部分组成，平均坡度 18°，方向 4°。窑室前段阶级状，后段斜坡状，券顶已塌，形制不详。窑门共计 3 个，高度不详。由于早期大炼钢铁运动，该窑被利用炼钢，整个窑内并无遗物出土，窑床上残留有匣钵窑具的底部，匣钵底部有与钢渣粘连现象。

宫墩明清窑址是中国南方青花瓷民窑体系的重要组成部分，窑址地理位置优越，交通便利，植被茂密，瓷土丰富，山地坡度适中，具备修建龙窑的诸多有利条件。此次考古工作可以确认，宫墩窑址是明清一处大型的民间制瓷基地，金斗科凹 Y1、旱坑 Y1 作为其重要的组成部分，承载的研究信息特别丰富，对岭南乃至中国明清瓷器的成型技术、装烧工艺、窑炉水平及产品特征等提供了珍贵资料。

（柏宇亮）

海南省

【陵水县桥山新石器时代遗址】

发掘时间：2013 年 1 ~4 月

工作单位：中国社会科学院考古研究所、海南省博物馆

遗址位于陵水黎族自治县新村镇桐海村北约 2 千米的沙丘上，地理坐标为北纬 18°27′02.06″，东经 110°00′44.17″。2012 年初，中国社会科学院考古研究所与海南省博物馆（海南省文物考古研究所）联合进行考古调查，发现桥山遗址。初步判断该遗址面积约 5 万平方米，系海南地区发现的最大史前遗址之一。2013 年，联合考古队对遗址进行考古发掘，布设长、宽各 5 米探方 22 个，实际发掘面积约 250 平方米。

遗址分 3 层：第①层为表土层。第②层为扰乱层，黄色沙土，出土少量陶片。第③层表面为活动面，出土大量陶器及石器。下面为文化层，黄褐色沙土，结构稍紧，出土较多陶器和石器；第③层及以下为生土。

出土遗物按其所处层位而有所区别。第③层表面所出多系夹砂红褐陶，陶质较差，夹粗砂，器形较大，器壁较厚，口部多见敞口或盘口，底部多见圜底或圈足。下面所出陶片按其陶质可分两类：一类陶质较好，夹细砂，烧制火候较高，器形一般较小，器壁较薄；多见直口或微侈口，唇上多按压绳纹，器表或饰绳纹，或施磨光红陶衣。另一类陶质较差，夹粗砂，烧制火候较低，器形较大，器壁甚厚，器形难以辨别。

通过发掘和初步整理，可推测遗址早至距今 5000 年以上；第③层表层大面积密集分布陶片的现象，表明系古人某种特殊活动的遗留，其具体性质尚待进一步研究。

（付永旭　王明忠　寿佳琦　陈奋飞）

【儋州市洋浦古盐田考古调查】

调查时间：2013 年 1 月 10 ~17 日

工作单位：北京大学考古文博学院、陕西省考古研究院、儋州市博物馆、海南省文物局

2013 年 1 月，国家文物局“指南针计划专项项目——“中国海南洋浦海盐生产遗址调查与利用研究”课题组前往海南省儋州市洋浦古盐田展开考古调查和试掘。古盐田位于儋州市洋浦经济开发区新英湾办事处南侧 500 米外的儋州湾盐田村，这是一处使用火山玄武岩凿成的砚式盐槽制作海盐的古盐场。

课题组通过调查基本掌握了盐田的地面分布，为进一步探明遗址的地下堆积状况，决定选择合适地点进行试掘，以进一步了解其建造年代。鉴于盐田的地理位置特殊，此次选择了两处地点进行试掘。一是在盐田内废弃工棚间的小道上布探沟一条（长 2 米、宽 0.6 米，编号 2013HYT1），其堆积分为上、下两层，厚 0.11 米 ~0.12 米。表层为灰褐色沙土，下压黄褐色沙土，底部为火山玄武基岩。堆积内夹杂少量碎石块，无任何遗物。另一处在盐田中部高地边缘布探沟一条（长 2

米，宽0.8米，编号2013HYT2)，其堆积分为3层，厚0.17米～0.26米。第①层为较纯净的黄褐色沙土，第②层为夹杂有碎石、珊瑚的褐色沙土，第③层为纯净的红褐色沙土，下压火山玄武岩基岩。堆积内发现个别晚期陶瓷碎片，年代不详。

此次课题组还对盐田及周边的地理环境、景观地貌进行了调查，并采集部分土壤和火山玄武岩的样本。随后对洋浦半岛北侧的峨曼盐田进行了考察。

课题组早前还对盐田进行了航拍，获得了大尺度的航拍照片，明确了盐田的分布范围，详细统计了盐槽的数量。确认盐田可分为三区（南区、北区和海岸区），保护面积约750亩，现存卤水池122个，盐槽6171个（逐个进行了编号）。以上工作对洋浦盐田的保护及下一步的深入研究奠定了坚实的基础，也为全面考察海南岛西部的盐业生产、工艺技术等提供了重要资料。

（李水城　张建林　崔剑锋）

【万宁市大洲岛出水遗物点调查】

调查时间：2011年9月

工作单位：海南省文物考古研究所、万宁市博物馆

大洲岛，在海南省万宁市东南约15千米，古称独洲岭、独珠岭，唐宋以来一直是海运航线上的重要中继点。《道光琼州府志》载：“独洲山，一名独珠，在州东南海洋中，风帆半日可到，峰势插天，周围五十里有田数亩，鸟兽、番舟多息湾泊。”又载：“独洲洋，在州南五十里许，涛虽平，下有怪石错立，昔外番海寇之舟遇风飘，多覆于此。”

2009年8月，海南省水下文物普查队在大洲岛前港发现一处19世纪初蒸汽轮船遗址和一处遗物采集点，在沙堤及前港浅滩上采集了数量较多的清代陶、瓷碎片。普查队认为，该海域靠近航道，水流湍急，清代陶瓷片表明海底可能另有沉船。

2011年9月，海南省文物考古研究所开展海南岛东部沿海水下遗存线索调查，历经琼海、万宁、陵水等市、县，并对大洲岛遗物点（编号09DZS：I）进行了复查。采集到陶、瓷残片标本共37件。其中，釉陶片4件，包括酱釉陶罐口沿1件，旋涡纹腹片1件，罐底1件，钵口沿1件。青花瓷碗底30件，胎质厚重，多灰白胎，釉色白中泛青、润泽，钴料发色正，蓝中泛灰。圈足，内外施釉及底，部分外底上釉，有鸡心点，多数涩圈叠烧。

通过几次调查发现，大洲岛系大陆型基岩岛屿，海蚀形成，周围海域水深达100米，等深线变化极大，有与近海不同的海洋地貌结构。这批瓷片釉面磨蚀严重，混沌无光，瓷胎饱水，珊瑚附着，具有明显的出水瓷特征。同类型碗底重复多，应为沉船船货。通过比对，此次发掘的瓷片应属清代福建窑系产品。黑釉盏则是宋元时期福建建窑产品，与青花瓷非同一时代遗物。海域内是否有多艘沉船存在，还有待进一步调查。

（李　钊　张　聪）

广西壮族自治区

【左江流域考古调查】

调查时间：2013 年 8～12 月

工作单位：广西文物保护与考古研究所

为配合花山岩画文化景观申报世界文化遗产工作，广西文物保护考古研究所组织专业力量对左江流域进行了考古调查，重点对以左江岩画点为中心、半径为 10 千米区域内的洞穴、台地等遗址分布情况进行了细致调查，旨在了解左江流域古代遗存分布，进而帮助理清左江花山岩画的源流、年代、族属等。

调查组以左江龙州段为起点，顺江而下，途经龙州、宁明、江州、扶绥等地。复核和新发现了遗址 25 处，其中台地遗址 5 处（宁明 1、龙州 3、扶绥 1）、洞穴遗址 11 处（扶绥 2、龙州 7、宁明 1、江州 1）、岩厦遗址 8 处（江州 2、扶绥 2、龙州 4）、城址 1 处（龙州），所有遗址中贝丘遗址占 20 个。大部分遗址主体堆积为新石器时代，很多遗址曾有人类在上面活动。部分洞穴遗址堆积可能包含先秦岩洞葬。另外还有汉代城址 1 座。这些遗址的发现丰富了左江流域考古文化。

（杨清平）

【龙州县无名山岩厦新石器时代贝丘遗址】

发掘时间：2013 年 10～11 月

工作单位：广西文物保护与考古研究所

遗址位于龙州县上金乡卷逢村白雪屯对岸的无名山岩厦下，面积约 600 平方米。遗址所处的山峰大致为东西走向，崖壁面向左江，在距离地面约 20 米～30 米处伸出一较为平整、宽约 5 米的天然石檐，可挡雨水。遗址位于石檐下，距现江面高度约 10 米。为配合花山岩画文化景观申报世界文化遗产工作，对该遗址进行了试掘，试掘面积 16 平方米。

地层堆积可以分为 4 层。第④层为第一期，属于新石器时代，第②、第③层为第二期，属于历史时期，第①层为现代层。

第一期文化器物有石器、陶片、蚌器、骨器等。石器有打制和磨制两种。打制石器主要类型有砍砸器、刮削器、琢边石器、石核、石片等，以砍砸器为主，刮削器次之。砍砸器大部分用砾石直接打制而成，均为单面加工而成，器表大部分保留砾面。刮削器大部分直接用砾石直接加工而成，器形较小，器表大部分保留砾面。琢边石器，均利用砾石直接加工而成，分为双面加工和单面加工。磨制石器主要类型有石锛、石斧及砺石。锛、斧类大部分用砾石直接磨制而成，器体较小，残段较多。陶片共 3 片，均为夹砂陶，火候不高，1 片黑陶，2 片灰陶。黑陶饰素面，灰陶 1 片饰中绳纹，1 片饰细绳纹，均看不出器形。蚌器类型主要有穿孔蚌器、双肩蚌铲、锯齿刃蚌器、蚌刀、蚌器半成品及废料等。穿孔蚌器，直接在蚌壳的表面打一个圆形或椭圆形孔。双肩蚌铲多为直柄、斜肩、斜刃和直柄、平肩、弧刃两类。锯齿刃蚌器，选择较厚实的蚌壳作为材质，直接在蚌壳口沿薄边打出细密的锯齿作为刃部。

遗址中还出现一类特殊蚌器，一般选用小型的蚌壳作为材质，在蚌壳的尾端打出一个缺口，根据器物形态特征，初步推测为刮削类器物。骨器仅见骨锥 1 件。

第二期文化器物有陶器、铁器以及少量的石器、蚌器和骨器。石器、蚌器与第④层出土的同类器物差不多。骨器仅见 1 件骨针。陶片均为夹砂陶，大部分火候较低，少量火候较高的硬陶，有灰陶、红陶及黑陶，主要以灰、黑陶为主。根据陶片残段来看，器形以釜罐类为主，有圜底器，也有圈足器。绝大部分饰有纹饰，素面占少部分。纹饰主要以绳纹为主，见少量弦纹和米字纹。铁器见两个残断的铁锸。

综合地层及出土器物分析，初步认为无名山岩厦贝丘遗址第一期文化与宝剑山 A 洞洞穴贝丘遗址一期文化面貌总体上相类似，但年代略早，距今 6000 年左右，第二期文化主体年代为汉代。

（杨清平）

【龙州县沉香角岩厦新石器时代贝丘遗址】

发掘时间：2013 年 8 ~ 9 月

工作单位：广西文物保护与考古研究所

遗址位于龙州县上金乡两岸村小岸屯西北方向沉香角岩厦处，西依左江东岸，洞口面西，东临沉香角山半山腰崖壁，岩厦下为一缓坡。遗址处于沉香角岩画点下方，距最低岩画点约为 10 米。遗址呈南北走向，南北长约 10 米，东西宽约 5 米，分布面积约 50 平方米。为配合花山岩画文化景观申报世界文化遗产工作，对该遗址进行了试掘，试掘面积 8 平方米。

由于后期人为扰乱，不见原生文化层。

文化遗物主要为石器和陶片，多出土于第①层中。石器主要是以砾石为原料，大部分为打制石器，有砍砸器、刮削器，磨制石器有石斧等。陶片均为夹砂黑胎，器表颜色不均，大部分为红褐色夹细砂，偶有夹粗砂，火候较低，吸水性强。纹饰有粗绳纹、细绳纹、网格纹，以网格纹居多，其次是细绳纹，偶见粗绳纹。另外，在遗址采集到几块红色的石块，比较松软，是否与岩画原料有关需要进一步分析化验。

根据遗物综合分析，可初步判断该遗址主体年代为新石器时代晚期，但所发现的一些晚期文物说明历史时期也有人类在此活动。

（杨清平）

【龙州县宝剑山 A 洞新石器时代洞穴遗址】

发掘时间：2013 年 9 ~ 11 月

工作单位：广西文物保护与考古研究所

遗址位于龙州县上金乡两岸村小岸屯左江右岸、宝剑山岩画南面约 15 米的崖壁下岩洞内，北距宝剑山 B 洞洞穴遗址约 80 米。遗址所处的宝剑山为南北向的峰丛，东面临江。洞口距江面约 10 米，洞口方向朝东南。洞内面积约 120 平方米，分为外洞和内洞，外洞进深约 10 米，宽 7 米，内洞进深约 9 米，宽约 7 米。为配合花山岩画文化景观申报世界文化遗产工作，对该遗址进行了试掘，试掘面积 16 平方米。

遗址地层堆积分为 9 层，堆积的厚度最厚约达 250 厘米，第④ ~ 第⑨层为第一期文化，第②、第③层为第二期文化，属于岩洞葬。

第一期文化地层中含有大量螺壳及水陆生动物遗骸。遗迹共发现有三处墓葬和两处红烧土分布面。墓葬墓边不明显，均为屈肢葬。文化遗物多分布在第④、第⑥层，以石器、蚌器为主，陶器较少，在地层中偶有发现。石器是打制石器、磨制石器共存，砾石材质，以打制石器为主，磨制石斧、石锛做工比较精细。蚌器有鱼头形穿孔蚌器、双肩蚌铲、束颈蚌铲、锯齿刃蚌器等。尤其是双肩蚌铲不仅数量多，而且制作精美，出土的锯齿刃蚌器在广西古代贝丘遗址中首次发现。陶片数量少，无完整器，均为残碎的夹砂陶片，从残片分析，主要为敞口的釜罐类器物。纹饰主要为绳纹，也有刻划纹。有的陶片有穿孔现象。

第二期文化遗物以陶器和蚌器为主，有少量石器和骨器。石器均为磨制石器，磨制精美。器形有凤字形石斧、梯形石锛、双肩石锛等。蚌器有鱼头形蚌器、双肩蚌铲、束颈蚌铲、锯齿形蚌器等，以双肩蚌铲为主。陶器器形有釜、罐、碗、钵等，主要以夹砂釜罐类为主，大部分为圜底器，少量平底器，圈足器偶有发现。大多数为夹细砂、螺蚌壳粉陶，不见泥质陶。陶质较硬，陶色不均匀。纹饰主要为粗、细绳纹，尤其是以细绳纹为主，少量曲折纹、S形纹。少量陶器表面施薄陶衣，也有个别陶器颈部纹饰被抹平并磨光。骨器仅发现1件，为骨质剑形器，以动物肢骨磨制而成，短柄，长方形器身，器身侧伸两组倒钩。

从整个左江流域的文化面貌来看，宝剑山A洞洞穴遗址一期文化是一种带有显著地方特色的文化类型，受到顶蛳山文化一定的影响，其年代大约在距今5000～4000年左右。宝剑山A洞洞穴遗址二期文化面貌与武鸣弄山岩洞葬遗址、龙州更洒岩洞葬相似。由于岩洞葬埋葬方式的特殊性，其年代比较复杂，从遗物来看，其主体年代要比歌寿岩遗址晚，与龙州县更洒岩商代前期遗址相当，但从出土的骨质剑形器来看，可能延续到商周时期甚至略晚。

（杨清平）

【龙州县庭城西汉遗址】

发掘时间：2013年12月～2014年1月

工作单位：广西文物保护与考古研究所

遗址位于龙州县上金乡联江村委会舍巴屯东北面约500米，位于明江、丽江汇流形成的二级台地上，面积约2600平方米。遗址东南面与上金乡政府隔明江相望，距乡政府约1000米，西北面离舍巴屯台地贝丘遗址约400米，北面与石厂屯隔丽江相望。距明江、丽江现江面高度约20米。遗址略呈椭圆形，四周边缘地势较陡，其西面台地外有一山坡，北面紧临丽江，东、南面一级台地上有一宽阔的平地，遗址至平地落差约3米～5米。明江围绕东、南面平地在三角洲处与丽江交汇，流入左江。为配合花山岩画文化景观申报世界文化遗产工作，对该遗址进行了试掘，试掘面积约130平方米。

根据土质、土色和包含物与各探方、探沟地层的对比关系，对地层进行了统一划分，由上而下共分6层。第④层及其以下地层属于汉代地层。遗迹有柱洞、灰坑、散水等。遗物主要有瓦件、陶片、铜器、铁器和石器等。

瓦件是主要建筑材料，类型主要有筒瓦、板瓦和瓦当，制作规格统一，主要分布在第④层文化层。筒瓦，采用了泥坯切割的制作技术，泥条盘筑的痕迹十分清晰。瓦身呈圆弧形，均残。胎色大多数青灰色，少数灰黄或灰白。大部分正面装饰着绳纹，部分反面有凸点圆纹。绳纹多数纵向。少部分筒瓦正面能清楚看到绳纹加泥条盘筑痕迹。筒瓦的扣尾有平、翘之分。少量青灰色筒瓦反面有戳印痕迹，可能为陶文。板瓦，采用了泥坯切割的制作技术，均残。制作规整，边棱齐整。胎色多数灰黄或灰白色，少量红色和青灰色。部分正面施绳纹，有的施凹弦纹或凹弦纹加绳纹，部分反面有凸点圆纹。绳纹多数纵向。有戳印痕迹，可能为陶文。瓦当，仅见1件。从残断面看，为圆形瓦当，表面饰云树纹。陶器发现较少，除了少量的陶网坠和陶纺轮外，大部分陶片为残片。从出土陶器残片看，大部分为瓮、罐、钵类器物。大部分陶片为灰陶，泥质，火候较高，胎质较硬。部分陶片外表饰米字纹、方格纹和米字加戳印纹。铜器仅发现3件，铜箭头2件、铜钺1件，均残。铁器仅见铁环和铁足，均残。石器类型主要有砺石、砍砸器、石斧、石片和切割器等。

根据地层和现有遗物综合分析，该遗址第④层以上属于汉代以后的堆积，第④层及其以下地层属于西汉地层。初步推测该遗址是西汉一座军事性质的城址，城址被废弃后还有人类在上面活动。

（杨清平）

【贵港市贵县师范学校旧址汉代及明清墓葬】

发掘时间：2013年8月

工作单位：广西文物保护与考古研究所、贵港市博物馆

贵县师范学校旧址位于贵港市港北区市汽车总站和东湖公园之间，其东、北面分别紧临公园路和江北大道。因贵港市东湖综合整治工程项目的建设，工作单位对勘探及施工时发现的6座汉墓和2座明清墓进行了抢救性发掘清理。

汉墓分为土坑墓、砖室墓。土坑墓5座，均为竖穴土坑墓，墓室为长方形，遭到不同程度破坏。其中M2和M6尚残存少量墓道，M2墓室前部有台阶；另外3座仅残存墓室，M9墓室后部有生土二层台，M7和M10墓室底均有两条纵向枕木沟。共出土各类文物100余件（组）。随葬品以陶器为主，也有少量铜、铁器、串饰等。陶器主要有陶罐、钵、器盖、盂、洗、樽、四耳罐、魁、壶、直身罐、仓、屋、井、灶、甑、釜、鐎壶、熏炉、卮、簋、鼎、纺轮、灯、钫、盒等；铜器有铜镜、鐎壶、盆、簋、铜钱等；铁器有铁剑、削、釜等。另外还有玛瑙、水晶、琉璃珠、银手镯、石黛砚等。其中有些陶、铜器保存较好，尤其是M2和M6出土的铜镜，镜面纹饰清晰，具有较高的历史、艺术、科学价值。

砖室墓1座，破坏较为严重，残存部分仅剩长方形墓室下部，单砖错缝垒砌，铺错缝地砖，墓室前部有台阶。在后室西北角有1个长方形祭台。墓砖主要为青灰色，拍印斜绳纹，墓室扰土中出土1件方格纹陶罐。

2座明清墓均为长方形砖室墓，其中1座破坏严重，无任何出土物；另1座破坏较轻，墓壁为单砖错缝垒砌，无铺地砖。出土少量碎陶片和1件小口陶罐，另尚残留少量碎人骨。

这批汉墓和明清墓的发掘对于研究贵港地区汉代和明清时期的埋葬习俗、社会生活等方面具有较高的参考价值。

（邵天伟）

【桂林市正阳东巷明代靖江王府宗祠遗址】

发掘时间：2013年8～12月

工作单位：广西文物保护与考古研究所、桂林市文物局、桂林市文物工作队

因桂林市对靖江王府正阳门前的正阳东巷历史文化地段进行保护修缮整治工作，发现了与靖江王府相关遗存。联合考古队在考古勘探工作基础上，试掘200平方米，进一步明确了靖江王府宗祠的建筑布局等。

此次发掘表明，王府宗祠平面分布大致呈“回”字形，外面一圈由门楼、外围墙组成，里面一圈由前殿，左、右配殿，大殿，内围墙组成。内外围墙之间有道路连通，在外围墙的西南角开有一门与宗祠西面的院落相通。宗祠东西宽61米，南面由于被现代地基打破，分布情况不明，但在西南面清理通往宗祠西面院落的门道时发现了围墙转角，此处外围墙的东西长度已超过61米，加上前面的门楼，估计长度比宽度要大，宗祠平面应为长方形。外围墙以5层青砖作为基础，基础高约0.45米，宽1.75米，墙体露明部分未进行收分，墙体外部先批一层白色灰浆，然后再

在其上批一层红色灰浆，形成红墙。由于墙体已基本坍塌，墙高未明，墙体上部应该为屋脊式墙帽，因为在墙体内侧约10厘米处建有排水沟，当是为保护墙体用以承接墙帽滴水而建。围墙转角处墙体内部预留有排水沟，排水沟两头还用砖间隔形成砖篦子。内围墙宽度约1米，也是青砖砌筑，受破坏较严重，仅存局部，内围墙与左右配殿及前殿的墙体中部相接，内外围墙之间有一青砖铺砌的道路，道路紧贴着内围墙。内围墙墙体上部也应该为屋脊式墙帽，因为墙体下部建有排水沟与外围墙的排水沟相通。

现仅存明代靖江王府宗祠大殿的局部须弥座台基，台基之上被清代晚期岑春瑄家庙的基础部分覆压，因而台基之上的建筑情况不明，而岑春瑄家庙又于1944年日军轰炸桂林时被毁。大殿的须弥座台基与现仍保存的靖江王府承运殿台基砌法相仿，但从此次发现来看应只有一层台基。靖江王府宗祠围墙范围内的地下基础极为坚实。它的做法是先将建设范围内的地下部分挖至生土，然后在底部铺砌毛片石，毛片石一般铺两层，中间为厚约30厘米的夯土层，夯土层里夹杂碎砖、瓦及瓷片等，用挖地基时翻起来的泥土回填，因而里面夹杂有唐宋时期的遗物。个别地方可能由于原来的生土层不平，甚至铺砌6层毛片石层。毛片石层上又为6层夯土层，最下面的5层层面用碎青砖夯平，最上面一层则用小河卵石夯平。

除了以上重要发现外，同时出土了一批珍贵的明代琉璃瓦、柱础、象眼石、须弥座、青砖等建筑构件。

此次桂林城区的勘探及试掘工作发现了自唐代至近现代的各个历史时期的地层堆积及遗迹遗物，这些实物资料与史料记载的桂林各个时期城市建设相互印证，为了解和研究桂林城市发展史提供了难得的材料。

（韦　革）

重庆市

【巫山县柏树梁子新石器时代至汉代墓群】

发掘时间：2013 年 4 月

工作单位：重庆市文化遗产研究院、巫山县文物管理所

墓群位于巫山县曲尺乡伍佰村 3 社，地处长江左岸的缓坡地带。此次发掘面积为 1005 平方米，共清理墓葬、灰坑等遗迹 50 余座，出土文物 300 余件（套），时代涵盖新石器、战国、西汉等多个时期。

新石器时期遗存在文化内涵上属大溪文化，遗迹以墓葬为主体，共发现 10 座，葬式有屈肢葬、直肢葬和多人合葬等，出土有碗、釜、盆等陶器，斧、锛、凿等磨制石器，匕、锥等骨器，以及玦、环、吊坠等饰品。除墓葬外，鱼骨坑也有较多的发现，坑内可见有大量鱼骨堆积，并包含有少量陶片和石制品等。

战国时期墓葬共发现 20 座，皆为土坑竖穴墓，分布密集、朝向一致，出土带钩、镞、戈、矛、柳叶剑等大量铜器，具有浓郁的巴文化风格；西汉时期墓葬 10 座，均遭严重破坏，出土随葬品以罐、盒、壶、豆、釜等陶器为主。

（范　鹏）

【涪陵区黄荆背新石器时代至唐宋时期遗址】

发掘时间：2013 年 4 ~8 月

工作单位：重庆市文化遗产研究院、涪陵区博物馆

遗址位于涪陵区水口村 5 组，地处长江北岸二级阶地上。发掘面积 1052 平方米，共清理新石器时代灰坑 12 个、灰沟 4 条；汉代土坑墓 3 座、砖室墓 1 座；唐宋时期灰坑 5 个、灰沟 2 条；明清时期灰坑 2 个、灰沟 2 条。

新石器时代遗物以中坝文化为主体，出土陶片以夹砂灰陶为大宗，其次为夹砂红褐陶、夹砂灰褐陶，另有少量红陶、褐陶及夹石英砂红褐陶等。素面陶居多，纹饰以绳纹为主，其次为复合纹饰，如绳纹加附加堆纹、绳纹加篦划纹等。器形以盘口器为大宗，有较多的花边口沿缸、平底罐（尊），少量的瓮、盘、钵、罐、盆等。同时出土了大量的打制石片、石器半成品及少量磨制石器成品。

新莽时期土坑墓出土陶方壶、陶鼎、陶罐、陶盒、大泉五十钱、五铢钱等随葬品，东汉墓葬出土陶动物俑、陶人物俑、陶灯、五铢钱等。1 号土坑墓随葬陶罐中发现盛有禽类骨骼，墓底填土中发现蛋壳碎片，在同时期墓葬中较少见。

唐宋时期遗物以瓷片为大宗，可辨器形有青瓷罐、青瓷盘、青瓷碗、青瓷盏、瓷斗笠碗、瓷坛、瓷罐、瓷瓮等。另有少量陶罐、陶瓮等。

（周　勇　李大地）

【永川区汉东城新石器时代至明清时期遗址】

发掘时间：2013年10～12月

工作单位：重庆市文化遗产研究院、永川区文物管理所

遗址位于永川区朱沱镇汉东村6社，地处长江左岸二级台地。此次发掘面积共1000平方米，发现房址、墓葬、灰坑、水沟、道路、陶窑等各类遗迹80余座，出土遗物可分为陶、瓷、石、铜、铁等5大类，可辨器形有陶罐、陶器盖、陶钵、陶网坠、陶纺轮、瓷碗、瓷盏、瓷杯、瓷灯、瓷壶、瓷罐、石斧、铜钱、铜镞、铁钱、铁刀等，时代涵盖新石器、商周、汉代、唐宋元及明清各个时期。

此次考古发掘廓清了该遗址的考古学文化内涵及发展序列、获取该遗址古地理环境信息，对探讨遗址各时期聚落形态及其演变与发展等问题提供了重要参考。

（代玉彪　白九江）

【云阳县打望包战国至六朝墓群】

发掘时间：2013年5～7月

工作单位：重庆市文化遗产研究院、云阳县文物管理所

墓群位于云阳县青龙街道复兴社区1组，地处长江北岸一、二级阶地之上。墓群所在区域北高南低，整体地势坡度较大。南至长江，北依山坡与复兴社区集镇相望，东临龙溪沟，西达牛背脊梁，中心地理坐标北纬30°55′39.06″、东经108°45′48.64″，海拔高150米～175米。发掘面积850平方米，清理土坑墓8座、砖室墓2座，时代为战国至六朝时期，出土各类文物131件。

战国时期墓葬共3座，均为土坑墓，从鼎、敦、壶、豆等陶器组合来看，这批墓葬具有明显的楚文化因素，是这一时期楚文化沿峡江西进的重要实物载体；汉至六朝时期墓葬共7座，有土坑墓和砖室墓两种，出土陶罐、陶钵、陶瓮、陶盆、陶甑、陶仓、陶博山炉、陶盒、瓷钵、铜剑、铜饰件、铜泡钉等，这批墓葬朝向一致，排列有序，应是经统一布局的家族墓群，对研究峡江地区汉代丧葬习俗具有重要意义。

（邹后曦　龚玉龙）

【巫山县陈家包战国至六朝时期墓群】

发掘时间：2013年3～5月

工作单位：重庆市文化遗产研究院、巫山县文物管理所

墓群位于巫山县新县城神女小区内，地处长江北岸缓坡上。地势西高东低，为阶状斜坡地形。发掘面积共计1400平方米，共清理古墓葬34座，包含砖室墓7座、土洞墓4座、土坑墓23座，时代从战国晚期延续至东晋时期。

墓群规模较大、分布密集，虽然遭盗扰严重，但是仍然出土了铁釜、铜箭镞、铜钱币、琉璃耳珰及陶灶、仓、鼎、敦、壶、盒、盆、罐、釜、钵、俑等各类文物260余件（套）。“永和九年”纪年墓是此次最为重要的考古发现。该墓为刀把形砖室墓，顶部及中部被毁，墓室壁砖上发现了“永和九年岁在癸丑”的模印题记。“永和”为东晋穆帝所用年号，永和九年即为353年。该墓的发现对于三峡地区六朝时期的墓葬分期、历史地理及社会文化研究具有重要的参考价值。

（汪　伟）

【涪陵区珍溪汉代及明清墓群】

发掘时间：2013年4～8月

工作单位：重庆市文化遗产研究院、涪陵区博物馆

墓群位于涪陵区珍溪镇，沿该镇下游的长江北岸台地线状分布，包括转转堡、团坝、下湾及盐旱溪等4处墓地。发掘面积共2500平方米，共清理汉代土坑墓6

座、砖室墓6座，明代墓4座，清代墓1座。

此次发现的土坑墓大部分遭盗扰严重，出土随葬品以生活器具为主，有陶罐、陶盆、铁釜、铁剑、铁锸等、铜壶、铜镜、铜矛、铜鐎斗、钱币等。部分遗物尚有巴文化遗风，也保留有楚式器物特征，是反映巴、楚文化交流与融合的独特载体。砖室墓出土的随葬品除了陶壶、陶盆、瓷碗、瓷罐等生活器具外，新增了模型明器，如人物俑、动物俑、房屋等，进一步反映了两汉相交之际丧葬习俗的继承与变化。

明墓均为石室墓，以加工规整的长方形石板构筑，以多室墓为主，出土有瓷盏等遗物。清墓为灰椁墓，用石灰构筑，无随葬品。

（周　勇　李大地）

【江津区烟墩岗汉代墓地】

发掘时间：2013年6月

工作单位：重庆市文化遗产研究院、江津区文物管理所

墓地位于江津区白沙镇红花店子村1组，地处长江南岸二级阶地上。地理坐标北纬29°03′53.71″、东经106°05′33.02″，海拔260米。该区域原有较多的汉代砖室墓，因现代生产建设的破坏皆已不存。此次发掘面积共150平方米，清理砖室墓1座。

该墓出土画像石棺1具，陶、铜、铁及石等各类遗物70余件（套），初步判断该墓时代为东汉末期。此次发掘出土的画像石棺是渝西长江沿岸的首次发现，棺身画像为车马出行、双阙、楼阁、伏羲女娲等，棺盖则为柿蒂纹，在主题与布局上与四川省合江地区的画像石棺较为接近，均属这一时期升天思想的集中反映。

（邹后曦　范　鹏）

【彭水县郁山汉代墓群】

发掘时间：2013年4月~7月、12月

工作单位：重庆市文化遗产研究院、彭水县文物管理所

墓群位于彭水县郁山镇，沿该镇郁江及其支流中井河两岸多有墓葬分布。此次对其中的黄泥坝、偏坝、庙包、中井坝、打岩场、渡头坝、郭家坝等7处墓地进行了发掘，共清理砖室墓23座、土坑墓2座。出土铜、铁、陶质随葬品500余件（组），包括铜钱树、铜釜、铜洗、铜盘、铜杯、铜耳杯、铜镜、铁釜、铁削刀、陶罐、陶甑、陶锺、陶钵、陶盆、陶魁、陶匜及大量陶动物俑、模型明器等，时代均为东汉时期。

此次发现的东汉墓葬类型丰富、区域特征明显，部分墓葬规格高、保存状况较好，是研究渝东南地区汉代墓葬形制、分期、分区的重要实物参考，同时也对研究这一时期的丧葬制度、墓地分布和选址等具有重要意义。郁山境内东汉墓葬具有很明显的“集群”特征，主要分布在盐井集中的中井河及中井河与郁江的交汇处，从侧面反映出郁山这一时期盐业生产的繁荣及其“因盐而兴”的重要政治经济地位。

（代玉彪　白九江）

【丰都县马鞍山汉至南朝时期墓群】

发掘时间：2013年2~4月

工作单位：重庆市文化遗产研究院、丰都县文物管理所

墓群位于丰都县双路镇马鞍山村，地处长江右岸的山包上，西隔长江与江心小岛丰稳坝相望，北临刀鞘溪。地理坐标为北纬29°53′40.08″，东经107°44′59.07″，海拔175米~180米。此次发掘共清理墓葬23座，其中砖室墓7座、土坑墓16座。

这批墓葬朝向一致、排列整齐、布局有序，多数按西南—东北或西北—东南方向排列，应是一处经统一规划的家族墓地。

出土的随葬品包括铜锺、鍪、灯笼形器、龙形饰、璧形饰、耳杯扣、镯、五铢、四铢、货泉、太平百钱、大泉五十等；铁刀、剑等；陶盆、钵、罐、釜、锺、侍俑、动物俑、摇钱树座、锺、博山炉盖等；瓷盘口壶、四系罐、碗等。初步判断为西汉晚期至南朝时期。

此次发掘进一步丰富了峡江地区汉至六朝时期墓葬材料，为探讨峡江地区这一时期的社会、经济、文化等方面提供了重要参考。

（孙治刚　白九江）

【重庆市三环高速公路江津至綦江段东汉及宋明清墓群】

发掘时间：2013 年 9～10 月

工作单位：重庆市文化遗产研究院、江津区文物管理所、綦江区文物管理所

为配合重庆市三环高速公路江津至綦江段沿线建设，在征地区域内开展考古发掘 9 项，发掘面积 1650 平方米，清理了一批东汉、宋代及明清时期的遗存，出土文物标本 400 余件（套）。

东汉时期崖墓共 4 座，出土有陶罐、铜簪等。宋代时期遗存主要发现于江津区大秧田遗址，出土大量器盖、盏、盆、碗、罐等瓷器，是认识这一时期民窑产品的重要参考；位于綦江区龚家坝墓群 3 号宋墓发现了开光毬纹、供桌等精美雕刻，对研究宋代建筑装饰、家具及石雕工艺等具有一定价值。

（汪　伟　范　鹏）

【丰都县石板溪宋代窑址】

发掘时间：2013 年 4～8 月

工作单位：重庆市文化遗产研究院、丰都县文物管理所

窑址位于丰都县高家镇文溪村 1 社，地处长江右岸的一级台地。地理坐标北纬 29°58′34.07″、东经 107°49′40.78″，海拔 159 米。发掘区位于文溪与长江交汇的三角形地带，发现龙窑 1 座，出土遗物以碗、罐、壶、盆、瓮、盏、碟、钵、杯、器盖等瓷器为主；窑具也有较多的发现，以支座、垫圈、匣钵居多，时代在宋代。

宋代龙窑在重庆地区发现较少，此次发掘对了解峡江地区龙窑的形制结构与特点、装烧工艺以及民窑发展状况具有重要参考价值。

（白九江　冯　硕）

【丰都县沙溪嘴宋元遗址】

发掘时间：2013 年 4 月～6 月

工作单位：重庆市文化遗产研究院、丰都县文物管理所

遗址位于丰都县高家镇桂花村 5 社，位于长江右岸一、二级台地上。遗址所处台地东北有一条冲沟，东南为丰都至忠县公路，南为老洞岩溪沟，西邻长江。发掘面积 800 平方米，清理宋元时期遗迹 5 处，包括灰沟 1 条、灰坑 3 个、残窑址 1 座，出土器物 213 件（套），以瓷器为主，有罐、碗、钵、盏、匣钵等。

发掘区为宋元时期窑址的重要堆积，出土宋元瓷器丰富，对于认识和研究丰都沿江地区宋元土窑结构、产品特征和瓷器生产工艺具有重要意义。

（陈　东　白九江）

【合川区钓鱼城范家堰宋至明清时期遗址】

发掘时间：2013 年 10～12 月

工作单位：重庆市文化遗产研究院、合川区文物管理所

遗址位于合川区钓鱼城西部的二级阶地之上，背靠薄刀岭，下临水洞门段城墙。此次发掘面积共 2000 平方米，主要遗迹为两座宋代大型高台建筑基址，均条石垒砌，逐层收分，内部以红黏土夹杂石

块夯筑。保存状况较好，残高近6米。高台周边发现有排水暗沟等附属设施。另在两座高台建筑基址之间发现疑似“城门”的石砌拱券顶建筑一处，前后有八字挡墙（部分利用高台墙基），上部有连接两座高台的建筑基础。该拱券顶建筑废弃后，明清时期又作为排水沟的一部分加以利用，与高台建筑南部水池连通。高台建筑废弃堆积及内部夯土中，出土了一批陶瓷器、铁器、铜钱及板瓦、柱础等建筑构件。

在对周边区域开展的考古调查中，在发掘区东北部台地上发现了大量依山就势分布的建筑基址。

此次发掘对研究钓鱼城城市规划、功能分区、路网结构及排水系统等具有重要价值。此外，宋代高台基址及拱顶建筑均为钓鱼城首次发现，在丰富遗址文化内涵的同时，也为钓鱼城国家考古遗址公园建设提供了重要的展示利用对象。

（袁东山　蔡亚林）

【渝中区老鼓楼衙署宋至明清时期遗址】

发掘时间：2013年3月

工作单位：重庆市文化遗产研究院、渝中区文物管理所

遗址位于重庆市渝中区解放东路望龙门街道巴县衙门片区，地处金碧山下、长江左岸的台地之上。该遗址已进行了三期发掘，取得了一系列的重要收获，为进一步了解老鼓楼衙署遗址的内部结构及布局特点，2013年对该遗址进行了解剖性发掘，新发现房址3座（宋代1座、明代2座）、沟渠1条、墙体2处，出土了丰富的文化遗物。

此次发掘出了明代早中期的衙署遗存，进一步扩大了“寺庙”建筑范围，确认了高台建筑F1及其相关遗存的关系，为下一步解决老鼓楼衙署遗址的分期、各时期衙署的结构布局特点以及遗址兴废过程等问题奠定了坚实的基础。

（袁东山　王洪领）

【忠县临江二队明代炼锌遗址】

发掘时间：2013年6～8月

工作单位：重庆市文化遗产研究院

忠县临江二队炼锌遗址位于重庆市忠县洋渡镇沿江4社、长江右岸的二级台地上，埋藏面积约1.5万平方米。为开展三峡工程消落区文物保护工作，对该遗址进行了抢救性考古发掘，此次发掘面积为2100多平方米，共清理各类与冶炼相关遗迹125处，出土陶、瓷、铁器、铜器等遗物700余件。

此次发现的遗迹主要有炼锌炉10座、灰坑59个、柱洞51个、灰沟3条、灶1个、冶炼罐堆积1处。

炼锌炉，呈长条形，由炉床和窑室组成。保存较好的6座炼锌炉可分两型。A型炼锌炉共2座，炉床长约8.5米，宽约1.2米，高约0.1米。窑室为马槽形，由炉栅、端墙、侧墙等构成。炉床上置有32～33列炉栅；端墙位于炉子两端，用土坯或石块直接构砌在炉床上。侧墙位于炉栅两侧，用土坯构筑。炼炉两端或两侧分布有圆形柱洞，应为搭建炉顶棚所用。炼炉地势较高的一侧、顺着炼锌炉方向，有长条形排水沟。B型炼锌炉共4座，炉床长约10米～18米，宽约1.3米，高0.06米～0.12米。保存较好的7号炉炉床上残存16列炉栅，炉栅下部为汉砖，上部为土坯。残存的南部端墙由土坯构砌成，平面呈长方形，剖面呈梯形。侧墙用土坯构筑于炉栅上，平面呈长方形，剖面呈梯形。

灰坑，根据其形制和坑内堆积分为堆煤坑、炼煤坑、拌泥坑、蓄水坑等类。堆煤坑14个，坑底一般尚存3厘米～10厘米厚的原煤，推测其为堆放原煤所用。炼煤坑共14个，坑内下部堆积煤炭和黄泥的混合物，应为加工煤球所用。拌泥坑8个，位于炼煤坑与堆煤坑之间，坑内下部残留细腻的黄泥，推测其为加工黄泥所用。蓄水坑3个，位于炼煤坑、拌泥坑附近，坑壁四周可见积水线，坑底有一层薄薄的淤泥。

柱洞，大都位于炼锌炉四周，应为搭建其顶棚所用。少数柱洞沿一排堆煤坑呈直线分布，推断应为堆煤坑搭建顶棚用。

灶，位于1号炉西南部。火膛平面呈圆形，筒形平底。壁、底面为灰黑色烧结面，灶外壁有红烧土面。灶门由两块汉砖砌筑而成。灶内底部有草木灰。

冶炼罐堆积，位于1号炉南部，平面呈长条形，外侧用使用过的冶炼罐堆砌，大部分冶炼罐口部朝外，一行堆砌冶炼罐60～75个不等，罐间填塞石块、少量煤渣。内侧无规律放置使用过的冶炼罐，罐间填塞大量煤渣、炉渣。

炼锌炉 L1（由北向南）

出土遗物标本共计700余个，种类有陶、瓷、铜、铁、石器等。

遗物以冶炼用的装烧器皿—陶质冶炼罐以及冷凝区构件之一的冷凝窝为主。完整及可复原的冶炼罐计260余件，由反应室及冷凝区两部分组成。反应室为灰色夹粗砂的硬陶深腹罐，冷凝区即在罐体的肩部用黏土（耐火泥）上接一节口径约10厘米、高约6厘米的筒形物，上置铁质盖板，与罐口内放置的冷凝窝形成空腔。冷凝窝为耐火黄沙泥捏制而成，置于反应罐的口部，平面呈圆形，内凹，边缘上戳有一长方形的气道；冷凝窝用来盛接冶炼出的气态锌冷凝成的液态金属锌。

冶炼罐结构

日常生活陶瓷器以青花瓷器为主，器形主要有碗、盘、杯等，共计50余件，部分瓷碗底部有“大明成化年制（造）”款识。另有少量铜洗、铜锁、铁钩等。

临江二队炼锌遗址是三峡地区乃至全国目前所发现面积最大、时代最早的古代炼锌遗址。根据以往的考古发现，三峡炼锌遗址群主要分布在重庆市丰都、石柱等地，该遗址的发现丰富了三峡炼锌遗址群的材料，对于研究明代炼锌遗址的分布、技术传播和发展等具有重要意义。

临江二队炼锌遗址对于研究中国炼锌技术的起源、发展等问题具有重要的科学、历史价值。明末宋应星所著《天工开物》中关于用泥罐“开炼倭铅”的记载和配图，是中国有关炼锌技术的最早记载。此次出土了“成化年制”、“大明成化年制”纪年款的瓷片。此外，遗址第⑨层中还出土一枚“崇祯通宝”。出土的冶炼罐不见清代炼锌遗址常见的瘦长形冶炼罐。通过将出土器物与丰都县铺子河、庙背后等遗址出土器物进行比较，结合以上出土器物推断，临江二队炼锌遗址时代为明代中晚期。

临江二队炼锌遗址为考察炼锌遗址的选址和单个冶炼场内遗迹布局提供了丰富的实物资料。该遗址北面临江，东、西两侧有冲沟，从选址上充分考虑到了冶炼所需的原料、燃料及产品的运输问题，同时利于冶炼过程中的取水。此外，遗址预留了足够的空间堆放原材料和倾倒大量的冶炼废弃物。

遗址由6个冶炼场构成。单个冶炼场内主要分为工作区和废弃物堆积区。工作区内分布有炼锌炉、排水沟、柱洞、堆煤坑、炼煤坑、蓄水坑、拌泥坑等与冶炼相关的遗迹。炼锌炉是冶炼场的核心部分，分布在台地临江面，利用地形坡度进行自然抽风；排水沟位于炼锌炉地势较高一侧便于排水；堆煤坑、炼煤坑、蓄水坑、拌泥坑位于炼锌炉附近，以供冶炼时就近取水、用煤、拌煤。废弃物堆积区主要位于临江的断坎、低地和两侧的冲沟。

6号冶炼场（L7－L10）（由南向北）

此次清理两座保存较完好的炼锌炉是三峡地区乃至全国所发现保存最完好，结构最清晰的明代炼锌炉。这一发现对于复原这一时期炼锌炉的形制、探寻冶炼工艺流程提供了宝贵的实物资料，对探寻明代炼锌技术的产生、发展具有重大的学术价值。

（李大地　肖碧瑞）

【九龙坡区慈云寺明清遗址】

发掘时间：2013年9～12月

工作单位：重庆市文化遗产研究院、九龙坡区文物管理所

遗址位于九龙坡区走马镇慈云村西，东南距走马镇约2千米。此次发掘面积1800平方米，揭露寺庙主体及附属建筑遗迹33处，包括殿基址4处、房址2处、院1处、排水沟8条、道路4条、焚烧坑6个、佛台7个、佛龛1处，出土铜、铁、陶、瓷、石等各类遗物百余件。

此次发掘基本弄清了寺庙主体区域的布局与结构。寺庙基址共存五进建筑台基，台基之间以踏跺相连。第Ⅰ进建筑台基为院，第Ⅱ、Ⅲ进建筑台基为回廊，第Ⅳ、Ⅴ进建筑台基为寺庙主体建筑分布区，由东往西同一中轴线上依次分布关圣殿、大雄宝殿、观音殿基址，关圣殿左、右侧分别为钟、鼓楼遗址，关圣殿和大雄宝殿之间为院，院两侧以配殿相接。建筑基址的年代上限可及明代晚期，下限至乾隆五十四年；晚期建筑基址的修建年代则为乾隆五十五年。

该遗址是重庆地区已发现的保存最好的古代寺庙基址，布局清晰，结构完整，具有较高的历史、艺术和佛教考古价值，是认识与研究重庆地区的历史文化、明清时期佛教寺庙布局特点的重要实物参考。

（孙志刚　李大地）

【彭水县中井坝明清盐业遗址】

发掘时间：2013年5～7月

工作单位：重庆市文化遗产研究院

中井坝盐业遗址位于重庆市彭水县郁山镇南京社区2组，地处郁江支流中井河

左岸的台地上。为配合郁山古镇旅游综合开发项目建设，对该遗址进行了考古发掘，发掘面积共约940平方米，发现各类盐业相关遗迹36处，其中有12座盐灶、5座蓄卤池、2座黄泥加工坑、2座墙体、10个柱洞、1条排水沟、2个灰坑及2条灰沟，出土各类文物标本约200余件。

中井坝盐业遗址全景照

盐灶共12座，这些盐灶分布密集，两两相邻，排列有序。根据灶体结构不同可分为两类，一类由火膛、火道以及烟道组成。火膛呈马蹄状，两壁及底面为红烧土，其前部正中有卵石砌筑的出渣坑；火道与火膛相连，呈长条形，其两壁和底用夹小石子的黄色黏土筑成，内壁为红烧土。有些在火道后部还铺有吸卤水用的红色土球；烟道位于火道的尾部，由石块拱券成弧形顶，前后开通。另一类由火膛、火道、甑子以及沟槽、灰坑等相关附属设施组成。火膛呈马蹄形，两壁内侧垒砌有成行的土球，前部有卵石砌筑的出渣坑，后部用土球垒砌成圆弧状，中间留有空缺与火道相连；火道为长条形，两壁为红烧土，其内侧垒砌有成行的土球；甑子略呈半圆形，火道与甑子间有一道土球垒砌的隔墙，周壁为红烧土，其内满布土球；部分盐灶在甑子后部设置方形坑，另外一些盐灶隔墙顶部有沟槽类遗迹。

盐灶内垒砌的土球

蓄卤池共清理5座，分布于盐灶的周围。有单池和双池两类：单池均为长方形；双池为一深一浅两个池子相连的曲尺形，或为两个平行的池子相连的长方形。池壁由长方形石块或不规则卵石垒砌，多数蓄卤池的四壁外还有卵石护墙，卵石间填有防渗水用的黄色黏土。

出土遗物种类有陶器、瓷器、铜器和铁器，其中以生活用具为主，另有少量的工具。陶器有罐、擂钵、灯等；瓷器以青花瓷为主，器形有碗、罐、灯、壶等；铜器主要为铜钱币；铁器有镰、耙、凿等。根据出土器物的形制特点，初步判断该遗址的年代为明清时期。

另外积极开展多学科合作研究，在发掘中采集了各类遗迹内的土样标本，并对样本进行了科学检测。此外，为弄清郁山盐业遗存的分布特点和保存状况，还在郁山镇开展了盐业考古调查，发现了盐井、输卤笕道遗迹、制盐遗址等遗存。

中井坝盐业遗址是一处规模较大的制盐作坊遗址，为研究中国的制盐技术提供了重要的实物资料，对研究古代盐业史具有重要的意义。

第一，中井坝盐业遗址是中国井盐晚期制盐技术的代表。卤水浓度低是四川盆地东部盐矿的特点，如果直接对卤水进行熬煮会耗费大量的燃料，必须采取各种方法浓缩盐卤，因此节能降耗是制盐技术所考虑的重要因素。中井坝盐业遗址中展现了各种优异的余热利用技术，代表了中国井盐晚期制盐技术的较高工艺水平，为研究这一时期的制盐技术提供了不可多得的实物资料。

第二，中井坝盐业遗址是中国发现保存最为完好的一处制盐作坊遗址，各类遗迹保存完整，相关配套设施保存齐全。发现的盐灶、蓄卤池、黄泥加工坑、各类沟槽等生产设施，完整的反映了当时制盐生产的过程。特别是遗址内发现的盐灶是目前发现的结构最为清晰、规模最大、数量最多的盐灶群，对研究中国盐灶技术的发展具有重要意义。

第三，中井坝盐业遗址首次发现了“泼炉印灶”工艺的实物资料。同治本《彭水县志》记载清代郁山曾采用“泼炉印灶”的工艺制盐，“郁井盐灶之异在于泼炉印灶，灶以黄泥筑砌，一灶五锅，井水入锅不能成盐，以之浸渍于灶，咸水皆入灶泥之内，次日则掘此灶土，浸水煎熬五日，而灶掘尽。又另行作灶，浸之掘之亦如前法”。结合考古发掘的情况，中井坝遗址发现的盐灶就是使用该工艺制盐。

最后，中井坝盐业遗址中反映的工艺流程大致分为四个部分：输卤入池→泼炉印灶→掘灶制卤→入锅熬盐。首先，将卤水通过船运或竹笕等方式输送至灶房的单池类蓄卤池内。其次，当炉温升高到一定程度后，盐工便不断将单池类蓄卤池内的卤水通过竹笕或卤水沟浇淋到火膛、火道以及甑子内的土球上，经过一段时间后，土球内的盐分饱和，结成冰土。然后，将土球掘出，加工锤细成小碎块，并倒入双池类蓄卤池的前池内，将从单池类蓄卤池内引来的卤水浇淋到前池的冰土上，卤水吸收冰土内的盐分，浓度得到提高，制得的浓卤通过缺口或孔洞流入后池。最后，将浓卤舀入灶上的盐锅内熬煮成盐。

（白九江　牛英彬）

四川省

【大邑县高山古城新石器时代遗址】

发掘时间：2013 年

工作单位：成都文物考古研究所、大邑县文物管理所

经国家文物局批准，2012 年以来，成都文物考古研究所再次启动了大邑县盐店古城遗址的考古发掘工作，并将高山古城遗址的调查勘探作为其拓展项目。这是成都平原大遗址考古工作的重要内容之一。2013 年的工作取得了多项新成果。在高山古城遗址内外区域进行了详细的勘探，总面积近 200 万平方米。并在遗址的中部偏西南的地点（地理坐标为北纬 30°44′96.6″，东经 103°57′87.4″）、西城墙外侧地点（地理坐标为北纬 30°44′65.6″，东经 103°57′64.5″）选点进行了解剖性发掘。

地层堆积情况为：第①层为现代农耕土层，第②层为灰黄色黏土层，含有少许明清时期青花瓷片和明代龙泉窑瓷片，开口于本层下的遗迹有晚期沟。第③层为黑褐色粘砂土层，结构紧密，含有宝墩时期的陶片和少量石器，开口于本层下的遗迹有 H5、H6、H8 等。第④层为深褐色粘砂土层，略含沙，结构紧密，含有宝墩时期的陶片和少量石器，本层下无开口遗迹。第⑤层为深褐色粘砂土层，结构紧密，含有宝墩时期的陶片和少量石器，本层下无开口遗迹。第⑥层为浅黄色黏土层，包含有少量宝墩时期陶器残片，本层下无开口遗迹，直接叠压在原生土层之上。其中第①层系近现代耕土层，第②～第⑥均为文化堆积层。

发现的遗迹现象包括多处房屋建筑基址、灰坑、灰沟等。其中以底部垫圆形卵石的大型柱洞遗迹最为重要。出土石器、陶器数量极为丰富。石器以穿孔石刀、打制的燧石器（包括石核、石片及燧石原料等）较有特色；此外，又发现了一些宝墩文化的陶器新器形，如宽大耳器、直口壶形器等。从出土陶器的风格初步判定，高山古城遗址的年代处于宝墩文化的偏早阶段，还发现了一些略早于宝墩文化的线索，如第⑤层出土部分饰细线纹的泥质灰陶片等。这有助于建立成都平原更为完备的史前考古学文化序列和探寻宝墩文化的渊源。高山古城是时间和空间位置上与宝墩古城遗址关系最为密切的史前古城遗址，其最新考古成果无疑会对研究成都平原史前聚落的演进及环境的变迁提供新思路和新资料。

（周志清　陈　剑）

【大邑县祝坟园新石器时代及商周时期遗址】

发掘时间：2013 年

工作单位：成都文物考古研究所、大邑县文物管理所

祝坟园新石器时代及商周时期遗址位于大邑县三岔镇高山社区 14 组，处于高山古城遗址西城墙外侧 150 米～300 米处的台地之上，该台地高出周围地表约 3 米～4 米，总面积逾百万平方米。在台地南面地面发现商周时期灰坑遗迹，采集陶片的器

形包括甑、矮圈足器、矮领敛口罐、小平底罐等。在台地中部及东部边缘地带发现宝墩文化灰坑等遗迹，出土有较多的泥质灰白陶片、夹砂褐陶片、打制燧石器、磨制的石斧、石刀等遗物。遗址与高山古城的关系值得深入探讨。

台地上还分布有较多的汉代、宋代及现代墓葬，在台地南部及东部边缘地带发现陶窑遗址2座，对南边的1座进行了清理，窑室底部出土有汉代及宋代砖成品，表明其年代上限可以早至东汉时期。

（陈　剑　周志清）

【大邑县成功村新石器时代及商周时期遗址】

发掘时间：2013年

工作单位：成都文物考古研究所、大邑县文物管理所

成功村新石器时代及商周时期遗址位于大邑县上安镇成功村与乐善村交界处的台地之上，距离高山古城的东城墙约400米。台地面积达50余万平方米。勘探发现有十余处宝墩文化及商周时期的灰坑、土坑墓等遗迹现象。商周时期灰坑出土陶瓮、灯盏形高柄豆、小平底罐、鼓腹罐等陶器；宝墩文化灰坑出土陶直口壶形器、磨制石刀等遗物。

2012年，在高山古城遗址东城墙外侧100米处也曾发现了一处商周时期的十二桥文化遗址（与成功村遗址相隔一条河道）。加上西部的祝圾园新石器时代及商周遗址，自此在高山古城遗址周围共计发现有2处新石器文化遗址和3处商周时期遗址，这在目前所发现的8座成都平原史前城址中是独一无二的。这有助于分析成都平原先秦时期的文化演进与环境变迁的互动关系。

（陈　剑　周志清）

【新津县宝墩新石器时代遗址】

发掘时间：2013年10～12月

工作单位：成都文物考古研究所、新津县文物管理所

经国家文物局批准，成都文物考古研究所对宝墩遗址再次进行了考古发掘，2013年的发掘工作也是“中华文明探源工程”第四阶段的重要子课题之一。同时实施了四川大学考古学系2011级本科生的田野考古实习教学，有近40名师生参与了发掘，取得重要收获。此次发掘区域主要位于宝墩城址内城田角林东南，与1996年发掘区相接。揭露面积1000平方米，发现了新石器时代、汉代、唐宋至明清等时期的文化遗存。

其中宝墩文化时期的遗存十分丰富，有灰坑、房址、墓葬等。基本完整地揭露出了一个聚落区，该聚落区的房址集中分布，墓葬则位于该聚落区西北部附近，与居住区界限明显，清晰显示出田角林区域聚落的布局结构；墓葬均为东北—西南或西北—东南走向。部分墓葬人骨保存较好，为探讨成都平原最早人群的来源提供了很好的材料。此次发掘出土了大量陶器、石器等遗物。陶器中除前几次发掘常见的器形外，也有不少新器形；石器在常见的斧、锛等类型外，还发现了类似玉石质料的刀和箭镞等。

此次发掘还发现了较为丰富的汉、宋两个时期的遗迹。分布于发掘区东部的5处汉代建筑垫面显示出可能存在较大规模和级别的建筑遗迹。上述发现说明，大体在汉宋期间，宝墩聚落曾有密集的人类活动。这为重建宝墩聚落4500年以来景观历史提供了直观资料。此次田野发掘在总结以往积累的成功经验基础上，进一步扩大多学科协作的规模，发掘队伍集合了环境考古、动物考古、植物考古、石器分析、体质人类学、测绘技术、文物保护等领域的研究人员。明确的课题意识贯穿发掘始终，应用多种科技手段为后期研究提供多种信息。

此次田野考古完整揭示出了宝墩城址内城田角林区域聚落的历史变迁，同时，此次发掘所获信息对解读宝墩聚落的结构、形态具有重要价值，有助于成都平原龙山时代的社会复杂化程度以及文明进程的研究，将提升宝墩遗址研究在业界的学术地位和影响力，使其在“中华文明探源工程”第四阶段子课题中发挥更大的作用，也为《宝墩遗址保护规划》的编制打下了坚实的基础。

（何锟宇）

【成都市温江区红桥村新石器时代遗址】

发掘时间：2013 年

工作单位：成都文物考古研究所

遗址位于成都市温江区公平街办红桥村，地处江安河北岸约 50 米。2008 年成都文物考古研究所在四川金娇房地产开发有限公司开发的“西班牙森林”房地产项目区域进行文物勘探时，发现该区域有一处宝墩文化时期的遗址。2011 年底为了配合温江“丰隆城市综合体”房地产项目，成都文物考古研究所对该遗址进行了详细的钻探和测绘工作，确定了遗址的分布范围和面积。遗址位于江安河北岸的台地之上，台地呈不规则形，高出周围约 0.5 米～2 米，探明遗址的总面积约 19 万平方米。2011 年底和 2012 年对遗址进行了试掘。

2013 年项目施工方在铺设施工道路的过程中发现了宝墩文化时期遗物，成都文物考古研究所组织人员到现场进行了清理和保护工作，并对相关区域进行进一步的钻探和发掘工作。发现宝墩时期的家族式墓葬区，墓葬形制均为长方形竖穴土坑墓，成组分布，每一组墓葬的墓向一致。出土有陶器和石器，陶器可辨器形有绳纹花边口沿罐、高领罐、尊、圈足等；石器有小型的石斧、锛等。该遗址可以确认是一处宝墩文化时期的聚落址，年代大致处于宝墩文化三期前后。同时在发现有宝墩时期陶器的区域，清理出一座长方形竖穴土坑墓。该墓的墓壁较直，墓底平坦，墓坑长 1.9 米，宽 9.5 米～1.05 米，深 1.1 米。墓向南偏东 15°。人骨保存相对较好，骨架长约 1.65 米。经体质人类学鉴定为男性，年龄 30～35 岁。无其他随葬遗物，只在身体左侧发现 1 件杖形随葬品，与身体平行放置，长约 1.04 米，横断面略呈方形，下部呈尖状，最宽处约 4 厘米。其材质初步鉴定为骨质，疑是象牙（还需进一步做科学鉴定）。由于过去四川未发现过类似现象，其性质目前还不明。

（杨占风）

【成都市新都区永兴村新石器时代遗址】

发掘时间：2013 年

工作单位：成都文物考古研究所、新都区文物管理所

新都区位于川西平原西部，境内水系发达，重要的河流有清白江、毗河、西江河等，皆为沱江水系。新都区境内发现的先秦时期遗址区位与上述诸河流存在关联。新都区东北部发现较多遗址，大体上可以构成面积较广的先秦遗址群。永兴村遗址便发现于该遗址群范围内。为了配合中汽成都配件有限公司迁建项目建设，进行了考古发掘。该项目所在行政村为新都区龙虎社区永兴村四组，地理位置为北纬 30°50′3.05″，东经 104°14′19.53″。遗址原先为高台地，“大跃进”时期被推平很多。遗址南面水沟原先为大河，近代不断萎缩，北面相去不远为羊叉河。遗址面积约 7000 平方米，此次发掘布正方向长、宽各 10 米探方 5 个，发掘面积共计 500 平方米。出土较多陶器，少量石器，遗迹现象较单一，仅有灰坑。

永兴村遗址地表略有起伏，但地层堆

积层序比较一致。根据土质土色及包含物，将地层统一划分为四层。第①层，为现代耕土层。第②层，为明清文化层。该层下发现数座明代早期砖室墓。第③层，唐宋时期文化层。第④层，出土物有花边口沿罐、假圈足式器底、盘口尊、平折沿尊、敛口罐等。发掘区内在该层下发现有较多数量灰坑。第④层之下为纯净黄沙土。此次发掘揭露的先秦时期遗迹现象仅有灰坑9个，大体上依据坑口平面形制将灰坑分为四类。第一类为长方形坑，仅发现1个，即H6。第二类为圆形坑。仅发现2个，即H4、H7。第三类为不规则状坑，发现6个，即H1、H2、H3、H5、H8、H9。

出土遗物较为丰富，种类主要为陶、石器。陶器夹砂陶数量占多数，泥质陶也有相当数量。夹砂陶以褐陶系为主，有红褐、灰褐、黑褐等，还有少量橙红陶。泥质陶多黑皮或施黑衣，还有少量灰陶、灰白陶、灰黄陶、橙红等。素面略占多数，纹饰比较丰富，有绳纹、弦纹、划纹、镂空、附加堆纹、戳印等。可辨器形有各类绳纹花边罐、素缘罐、尊、豆、壶、器盖等。其中，绳纹花边罐、高领罐、尊等最为常见，另有曲沿罐、微卷沿溜肩罐、敛口罐富有特征，年代辨识度较高。石器出土较少，种类有斧、锛、凿及砺石等。

根据初步整理，H1～H9、第④层出土器物组合、器形特征都相近。绳纹花边罐、高领罐、尊等器物组合决定了该遗址的先秦遗存文化属性当为宝墩文化，而曲沿罐、微卷沿溜肩罐、敛口罐等与温江鱼凫村T9⑤、H73和新津柳河村H3等相近，表明该遗存年代大体上为宝墩文化四期或略早。永兴村遗址的意义有三点：第一，此次发掘揭示了一批共存关系较好的灰坑材料。与各类绳纹花边罐、高领罐、尊共存的敛口罐、微卷沿溜肩罐等与商周时期同类遗物颇有渊源，而此次发掘没有发现任何商周时期遗迹或遗物。值得注意的是，成都十二桥遗址出土遗物也有敛口罐等这两类遗物，致使某些宝墩文化遗址比对十二桥遗址被定性为“十二桥文化”。第二，该遗址进行了土样浮选，并择其植物籽实进行^{14}C测年，有望为成都平原宝墩文化四期的绝对年代提供首个准确年代数据。第三，为成都平原先秦文化序列提供了重要的宝墩文化四期基础材料，并鉴于新都区位置特殊性（靠近三星堆遗址、与三星堆遗址同为沱江水系等），这批材料为解决“三星堆文化”渊源问题提供了进一步思考的空间。

（陈云洪　王　波　左志强）

【成都市温江区天源村新石器时代及商周遗址】

发掘时间：2013年2～6月

工作单位：成都文物考古研究所

天源村遗址位于成都市温江区永宁镇天源村4组。地表原为农田，地势较为平坦。遗址呈西北—东南向长条形分布，总面积6.3平方米。地理坐标为北纬30°42′47.8″－30°42′59.7″、东经103°54′13.2″－103°54′23.4″，海拔约为530米。2011年12月温江文物保护管理所发现该遗址，2012年成都文物考古研究所对该项目地点进行了试掘。2013年的发掘布长、宽各10米探方13个，长、宽各5米探方1个，发掘面积1325平方米。

发掘的遗迹有灰坑、卵石坑、墓葬、房址等。清理灰坑58个，以圆形坑为主，其次为椭圆形坑，还有长方形坑和不规则形坑。卵石坑3个，平面形状均为长方形，坑壁直，底平，坑内填土为黄褐色土，底部布满卵石，卵石之间夹杂大量灰烬，坑壁有一层烧结面。墓葬6座，均为长方形竖穴土坑墓，墓坑较浅，人骨保存较差，均为仰身直肢葬。发掘区内发现大量的房屋基槽及柱坑、柱洞等，其中能确认的房址只有2座，均为木骨泥墙建筑，仅保存基槽部分，基槽内有木骨洞。柱坑共计6个，平面为圆形，坑壁垂直，坑底平坦，柱坑中部有圆形柱洞。出土遗物以商周时期为主，其中陶器占绝大多数，可辨器形有小平底罐、高领罐、绳纹敛口罐、素面敛口罐、圈足罐、高柄豆、盆、缸、器盖等。还发现有少量石器，有石锛、石斧等。还出有少量宝墩时期陶器，可辨器形有绳纹花边口沿罐、高领罐、尊等。这一时期遗存较少，几乎被商周时期遗存破坏殆尽。

（杨占风　蒋志军）

【什邡市星星村新石器时代至明清时期遗址】

发掘时间：2013年4～7月

工作单位：四川省文物考古研究院、德阳市文物考古研究所、什邡市文物管理所

星星村遗址位于什邡市南泉镇星星村14组，地处鸭子河冲积平原上，西距鸭子河3.6千米，东南距三星堆遗址约16千米里。为配合兰州—成都区间铁路建设，对该遗址进行了考古发掘。

遗址第①层为现代耕土层。第②层为夏商代文化层，厚0.15米～0.3米，遗迹均开口于第①层下或第②层下。遗存年代大致分为新石器时代晚期、夏商时期、商末周初、唐宋、明清几个时期。

由于晚期人类活动对遗址破坏严重，新石器时代晚期遗存仅发现1个灰坑，该灰坑开口于第②层下，坑口平面呈椭圆形，底部平，直径0.7米～1.3米，深0.3米。出土镂孔圈足、花边口沿罐、饰绳纹的器底及陶片，初步判断其年代稍早于三星堆一期遗存而晚于桂园桥早期遗存。

夏商时期遗存相对丰富，遗址第②层、大部分灰坑、灰沟均属于这时期。灰坑有圆形、椭圆形和不规则形几类，大小不一。大型灰坑形状略呈橄榄形，坑口长10.6米，宽3.76米，深1.1米。出土有小平底罐、高柄豆、敛口瓮、器盖、石锛、石斧、石凿等。沟多为长条形，筒形截面，长度多在10米以上，其内出土夏商时期陶片。此时期遗存年代大致与三星堆遗址第二期相当。

商末周初遗存此次仅见1个灰坑，形状不规则，坑口直径1.8米～1.9米，深0.6米。出土有厚唇卷沿高领罐、厚唇短颈鼓肩罐等。年代与成都平原的新一村文化相当。

唐宋时期遗存主要见于墓葬，有火葬墓及中小型砖室墓共14座。火葬墓墓室狭小，为长方形或梯形，长度不超过1.2米，骨骼经焚烧，随葬釉陶双耳小杯、釉陶双耳小罐等明器。砖室墓为梯形或长方形，均无墓道。出土有开元通宝、乾元重宝、瓷碗、釉陶罐、盘口壶等。

星星村遗址与三星堆遗址同处鸭子河冲积平原，地理位置相近。此次发掘发现的新石器时代晚期遗存、夏商时期遗存和商末周初遗存的年代分别相当于前三星堆文化（三星堆一期遗存以前）、三星堆文化早期（三星堆文化二期）及后三星堆文化时期（新一村文化），为研究三星堆文化的发展、变迁、衰落提供了重要材料。

（金国林）

【阿坝州早期遗址考古调查】

调查时间：2013年10月10～20日

工作单位：四川省文物考古研究院、故宫博物院、阿坝州文物管理所

此次调查是四川省文物考古研究院与故宫博物院合作开展的康巴地区民族考古综合考察项目之一。在州、县前期工作基础上，此次调查了马尔康、金川、壤塘、若尔盖等地十余处秦汉及以前聚落遗址、墓地。

此次主要调查了哈休遗址、孔龙遗址、木尔溪遗址、大伊里遗址、刘家寨遗址、石达秋遗址、泽根笼遗址、德翁遗址、曲

茹坚遗址、协玛坚遗址、德尔古石棺墓地。在地表或者新暴露出的断坎上采集到了十分丰富的遗物，如彩陶片、夹砂罐残片、陶球、石刀、磨盘、细石器等，提取了裸露在外的墓主骨骸。

在若尔盖县调查的几处新石器时代遗址均地处沙化地带，无植被，有沙丘。调查中可在地表或者沙层中找见绳纹陶片、细石叶、细石核等，尤以石制品居多。部分遗址采集物呈长条形分布，如协玛坚遗址平均宽度500米，长8000余米。根据之前试掘来看，这类遗址的沙层可以分为至少两层或更多，但地表其下的层位包含物甚少。

阿坝州地处川西北，与甘肃、青海交界，若尔盖县位于最北端，为黄河水系和长江水系犬齿交错地带，关注横断山区南北文化互动的学者历来重视该区域的材料。此次区域考古调查在探寻沙化地带古代遗址的调查方法、丰富南北文化交流材料上取得了一定成果，同时也为下一步有明确学术目的的课题研究打下了基础。

（陈　苇）

【四川凉山州孙水河和越西河考古调查】

调查时间：2013年10月

工作单位：凉山彝族自治州博物馆、成都文物考古研究所、喜德县文物管理所、越西县文物管理所、西昌市文物管理所

此次调查的重点是喜德县孙水河和越西县越西河流域的先秦文化，孙水河流域是除了安宁河流域，凉山地区大石墓最为集中分布的区域。大石墓分布的密集程度远超之前调查所知。此次在对孙水河南岸的调查中，新发现十几座大石墓，复查了四合、五合、幸福村大石墓，这些大石墓相较安宁河流域而言，规模较小，形制简单，可能代表了孙水河流域的区域类型。另外对火把村、复兴村遗址进行了钻探。复兴村遗址的时代为汉代，遗址规模较大，除了居住遗存外，还有大量汉代砖室墓，应引起重视。四合村、火把村遗址的时代可至商周时期，同安宁河上游商周时期的高坡遗存属于同一文化面貌，是高坡遗存在大凉山地区的延伸。

越西河流域主要是调查了新民古城、华阳墓地、廖家山墓地、普雄曲可地墓地、雀儿山石盖墓、周家湾遗址。调查发现，越西青铜时代遗存异常丰富，秦汉文化发达，尤其是汉代砖室墓异常丰富。普雄曲可地墓地出土蛇首青铜剑、铜钺、铜镯、铜臂，玛瑙等；雀儿山石盖墓出土穿孔砺石；廖家山墓地出土既有有蛇首青铜剑、铜斧、大单耳折腹铜罐，另有大量蜀文化因素的铜鍪、铜釜、铜洗等；华阳墓地出土巴蜀印章、铜蒜头壶、铜釜等。越西河流域先秦时期文化面貌复杂，具有鲜明的多样性特征，这里既有滇文化因素，也有蜀文化因素，同时还有大凉山腹地特有的石盖墓文化因素，如此多样的文化因素汇集于此，充分反映了当地特殊的地理位置和多元而复杂的文化面貌。

此次田野工作是自20世纪七八十年代后的一次较大规模系统的考古调查工作，不仅对孙水河流域一带的原有古文化遗存有了进一步了解，同时还获取了一批新资料，为喜德和越西地区考古遗存的保护与研究奠定了坚实的基础。该地位于灵光道的核心路线上，对于南丝路的研究提供重要素材。

（周志清　冯　强　刘　明　补　琦）

【成都市三星堆商代遗址】

发掘时间：2012～2013年

工作单位：四川省文物考古研究院

三星堆遗址分布面积约12平方千米，夏商时期的城址分布面积约3.5平方千米。2012～2013年，四川省文物考古研究院在三星堆遗址的北部和东南部进行了约3平

方千米的考古勘探，这是三星堆考古史上第二次大规模的考古勘探工作。所探区域均发现有丰富的文化遗存，遗迹种类有夯土台、墓葬、窑址、灰坑等，具有突破意义的是，通过人工铲探，在三星堆城址的北部初步确定了“仓包包城墙”和“北城墙”两道三星堆时期的夯土城墙，并在城址范围内发现了多条古水道。此外，进一步确认了2005年勘探发现的青关山人工土台。

三星堆遗址青关山发掘区航拍图

仓包包城墙位于三星堆城址东北部，现地表尚可见一条长约550米，宽20米~30米，高约1米的土埂。该城墙东抵东城墙北段并与之近直角相接，西端已不存，隔月亮湾城壕与月亮湾城墙垂直相望，南侧并行一条宽50米~60米的城壕并与月亮湾城壕相通。通过此次正在进行的考古发掘，一道残长550米，顶宽约20米，底宽近30米，残高2.7米的夯土城墙已基本得到确认，夯筑方法与三星堆遗址东城墙十分接近。

北城墙位于三星堆城址北部的真武宫梁子上，北临鸭子河，现地表可见一条长200余米，宽30米~40米，高约1米的土埂。该城墙东端与月亮湾城墙北端直角相接，如将“北城墙”现存部分东西直线延伸，则刚好可与东城墙的现存北端以及西城墙的复原北端直角或近直角相接，故推测其很可能为苦寻多年的北城墙。通过正在进行的考古发掘，一道残长200余米，顶残宽约14米，底残宽约21米，残高1.7米的夯土城墙已基本得到确认，夯筑方法与三星堆遗址月亮湾城墙几乎完全相同。

北城墙墙体东壁剖面及夯面脚窝结构

仓包包城墙和北城墙的发现发掘，使得三星堆城址的城墙由原来的5道变成了7道，外廓城也由于北城墙的可能存在而变得完整起来，这必将对上下延续千余年的三星堆城址的营建过程、布局以及功能区域的研究产生极大的推进作用。多条古水道与壕沟的发现，对三星堆古城极有可能存在的人工水系及其与自然水系关系的认识，具有十分重大的意义。

青关山土台位于三星堆城址西北部的高台地上，北濒鸭子河，南临马牧河，土台呈二级台地状，最高一级高出周围地面3米以上。根据2005年和2012年勘探结果，整个青关山土台均系人工夯筑而成，现存面积约1.6万平方米，其中第二级台地现存面积约8000平方米。勘探显示夯土台东西两侧均有水道环伺并与鸭子河、马牧河互通，可能为夯土台的环壕。2005年经考古发掘，在第二级台地南部局部揭露出一座大型红烧土建筑基址，后回填。

2012年冬，四川省文物考古研究院再次将其揭开并对其进行了追踪发掘，截至2014年1月，一座长逾65米，宽近16米，建筑面积逾1000平方米的红烧土建筑基址基本暴露出来。这座编号为F1的大型建筑基址，整体建筑于夯土台基之上，平面为长方形，呈西北—东南走向，与三星堆城址以及一、二号祭祀坑方向一致。根据目前发掘情况判断，F1由多间正室以及相对应的楼梯间组成，包括正室在内的所有房间分为两排，沿中间廊道对称分布，廊道宽2.5米左右，两侧各有3排共6列柱洞，每排柱洞目前能辨认出来的约有20个，柱洞排距1米左右，列距1米～1.4米，柱洞直径0.4米～0.5米，如此密集的柱网结构，推测F1当属干栏—楼阁式一类建筑。F1似在东西两侧开门，东部发现有门塾一类的夯土块4个，边长1米左右。F1南、北、西墙墙基内外分别有一排共约200个密集排列的檐柱遗迹，檐柱绝大多数为长方形，墙基和檐柱础部均由红烧土块垒砌、并夹杂有大量的卵石，红烧土块大多成形似砖，推测应为异地预制。十余处红烧土墙基、檐柱和室内夯土中有掩埋玉璧、石璧和象牙的现象。

F1北墙墙基掩埋的石璧

根据地层叠压关系、墙基内包含物以及建筑形制推断，F1的使用年代大约为商代，这是三星堆遗址迄今为止所发现的建筑面积最大的商代单体建筑基址，即使放在全国范围内比较，也应属最大的商代单体建筑之一。

勘探结果显示，在F1以北、同层位的青关山第二级台地下，还分布着大面积的红烧土与夯土，几乎遍布整个二级台地。据此，F1有可能仅为一个大型建筑群的一部分。在F1所在的大型建筑群以下，还普遍存在着3～4层厚薄大致相同的红烧土堆积，各红烧土层又分别与夯土层和文化层交互叠压，总厚度超过4米。这些现象表明，这里可能存在三星堆城址各个时期的最高等级建筑，换句话说，青关山夯土台很有可能在相当长的一个时期内，都是三星堆王国的宫殿区所在地。

2013年秋冬，四川省文物考古研究院一方面在青关山F1以北新辟发掘区，同时继续对F1进行追踪清理。截至2013年，F1以北约3米处又出现一座与其走向相同，面积基本相当的长方形红烧土建筑遗存，编号为F2。另一方面，F1的东翼还在延伸，分布面积还应有所扩大，但南北墙基以内的基本结构应该不会有太大变化。

三星堆遗址2012～2013年度的考古工作，是继1986年一、二号祭祀坑发现发掘以来，收获最大、取得突破最多的一次。它们的发现、试掘和基本确定，必将对三星堆遗址尤其是三星堆城址的认识产生极大的推动作用

（雷　雨）

【什邡市金桥村商周及汉晋时期遗址】

发掘时间：2013年7～8月

工作单位：四川省文物考古研究院、德阳市文物考古研究所、什邡市文物管理所

金桥村遗址位于什邡市南泉镇金桥村10组，西南距星星村遗址约800米，东南距三星堆遗址约16千米。为配合成都市—兰州区间铁路建设，对该遗址进行考古发

掘，发掘面积875平方米。

此次发掘共清理各时期灰坑49个、沟14条，分属商周、汉晋、唐宋及近现代四个时期。其中商周时期灰坑18个，形状不规则，坑浅，底部凹凸不平，内含夹砂陶片及河砾石。出土陶器多为夹砂陶，少量泥质，纹饰有凹弦纹、戳印纹、绳纹等；可辨器形有小平底罐、器盖、坩埚、敛口瓮、高柄豆、折沿罐、高领罐等，从出土器物特征上判断，其年代相当于三星堆文化三期晚段。

汉晋时期遗存包括灰坑26个、沟6条。灰坑多为圆形或椭圆形，少量不规则，多填以灰黑色黏土、石块，出土有绳纹板瓦、筒瓦、罐、瓮、壶、纺轮等。唐宋时期遗存仅发现沟1条，出土有碗圈足、饼足、罐等器物及酱釉、白釉、黑釉瓷片等。

金桥村遗址商周时期遗存相当于三星堆古城时代晚期，对于研究三星堆古城周边遗址文化面貌提供了重要材料。

（金国林）

【剑阁县颜家沟商周汉代宋明清时期遗址】

发掘时间：2013年3~5月

工作单位：四川省文物考古研究院

颜家沟遗址位于广元市剑阁县江口镇长江村3组，地处闻溪河与嘉陵江交汇处的一级阶地上。为配合亭子口水电站的建设，四川省文物考古研究院对其进行了考古发掘，发掘面积2400平方米。共发现商周时期、汉代、宋代、明清时期的房址、墓葬、灰坑、水沟、灶、窑等各类遗迹124处，出土各类铜、铁、石、陶、瓷、骨器小件141件。

商周时期遗迹为灰坑、灰沟。出土遗物以陶器为主，另有少量铜器、石器、兽骨。陶器有尖底盏、尖底杯、圜底钵、花边口沿罐、敛口罐、盆、器盖、纺轮等；铜器有铜镞；石器有石环、石刀等；兽骨多为哺乳类、鱼类骨骼，卜甲为龟腹甲，钻孔横列成排，孔内均有黑色灼痕。从陶器特征来看，应为十二桥文化时期。

汉代遗迹为崖墓。大体可分为两型，A型为单室墓，由墓道、甬道、墓室组成，个别墓葬有侧室，共5座；B型为小型墓葬，墓室长0.7米~0.9，宽0.6米~0.8米，保存较差，仅残存墓室底部，个别墓底铺砖，共3座。出土遗物有陶俑、陶罐、陶盆、铁器、铜钱等，应为东汉晚期到蜀汉时期。

宋代遗迹有房址、灰坑、墓葬、灶、窑、水沟。房址呈长方形，由基槽和柱洞构成，保存较差；墓葬为小型火葬墓，由砖砌而成，长约0.8米，宽约0.6米；灶、窑的保存状况较差，仅残余底部。出土遗物有瓷器、陶器、铁器、铜器、骨器等。

颜家沟遗址发现的十二桥文化遗存是川东北地区的首次发现，也是嘉陵江上游地区首次发现商周文化遗存，为研究商周时期成都平原地区与陕南汉中盆地、渝东峡江地区的文化交流提供了重要的线索。蜀汉时期崖墓的发掘也丰富了这一时期为数不多的考古材料。

（郑万泉）

【广汉市狮象村商代遗址】

发掘时间：2013年5~8月

发掘单位：四川省文物考古研究院、德阳市文物考古研究所、广汉市文物管理所

狮象村遗址位于广汉市新丰镇狮象村14组，北距广汉市城区约6千米，西北距三星堆遗址约15千米。为配合成都市第二绕城高速公路建设，对遗址处于建设用地范围内的部分进行了抢救性发掘，发掘面积1000平方米。

此次发掘共发现各类遗迹30余处，包括灰坑、灰沟、墓葬、房址等，以灰坑数量最多，其形状多不规整。出土遗物以陶

器为主，少量石器。陶器可辨器形的有盉、小平底罐、瓶形杯、高柄豆或豆形器、器盖、纺轮、器座、平底器、高领侈口器、圈足器等，以小平底罐和豆形器最多。陶质以夹砂陶为主，陶色包括褐、灰、黑、橙黄等，以褐色最多。泥质陶极少，多为黑皮陶或灰白陶。陶器制作既有手制亦有轮制。多素面，少量绳纹、弦纹、菱形纹，部分豆柄外壁饰有凸弦纹、附加堆纹或穿孔。出土遗物中的石器较少，其种类有石斧、石锛、石凿及砺石等，均为残器，形体较小、保存较差。

根据出土陶器分析，与三星堆遗址第三期和第四期文化最为接近，显示出狮象村遗址主要文化面貌与以三星堆文化为代表的蜀文化较为一致，为进一步探索和研究蜀文化提供了新的线索与资料。

（万　靖）

【木里县中铺子东周至汉代石棺葬墓地】

发掘时间：2013 年 10 ~ 12 月

工作单位：四川省文物考古研究院、凉山彝族自治州博物馆、木里县文物管理所

木里县中铺子石棺葬墓地位于凉山彝族自治州木里藏族自治县麦地龙乡中铺子村，地处雅砻江东岸的台地上。为配合杨房沟水电站的建设工程，联合考古队对其进行了考古发掘。发现东周到汉代的石棺葬、房址、水沟等遗迹，出土陶、石、骨器等，基本上了解了中铺子石棺葬墓地的年代、性质、范围等文化特性。

墓地主要分布在中铺子村下铺子组所在台地靠近山坡的位置上，分布范围较大。此次发掘的位置主要位于墓地的西南部，共发掘石棺葬 13 座，墓葬排列较为有序，形制多样，有三种形制：用石板砌成棺室的；用石块砌成棺室的；用石块和石板组合砌成棺室的，底部均无石板，顶部用石板由脚端向头端依次叠砌。此次发掘的墓葬均无随葬品出土，但在墓地东北部早年曾有较多的随葬品出土，现仅采集到双耳罐 1 件，初步判断该墓地已出现贫富差距，墓地的西南部与东北部可能分属经济地位不同的两个墓区。

遗址区的发掘情况表明，与墓地基本同时期的遗迹较为分散，堆积较浅，保存状况极差，房址呈零星分布，共发现三座房址，除 F1 为石墙且年代较晚外，其余两座中一个为基槽，一个为红烧土柱窝，均仅残存部分，且出土遗物较少。

中铺子石棺葬墓地的考古发掘，虽然出土遗物较少，但是墓葬形制多样，为该地区石棺葬文化研究提供了丰富的材料，具有较为重要的学术价值。

（郑万泉）

【成都市青白江区沿坨村战国墓葬群】

发掘时间：2012 年 4 月 ~2013 年 12 月

工作单位：成都文物考古研究所、青白江区文物保护管理所

为配合成都第二绕城高速公路青段江段的建设，联合考古队对该公路途经区域进行了详细的考古调查、勘探与发掘。经调查，成都市第二绕城高速公路青白江段所经地带共分布文物点 8 个，其中，古遗址 1 处、古墓群 7 处。沿坨村战国墓群所处青白江段 4 号文物点上，行政位置属于青白江区东部的城厢镇沿坨村 10 组，中心点地理坐标为北纬 30°50′48. 1″，东经 104°20′47. 9″。其中 4 号点沿坨村地点共布长、宽各 10 米探方 19 个，发掘面积约 2000 平方米，共发掘战国墓葬 23 座，墓葬编号 M4 ~ M27。所发掘的 23 座墓，除 1 座为上、下层同穴合葬墓外，其余均为单人墓。形制均为长方形竖穴土坑墓，墓圹长度在 4 米以上有 4 座，3 米 ~4 米之间的 10 座，3 米以下的共 9 座。葬具保存较差，除 M4、M5 等 2 座从残留的朽痕可辨认均为木质葬具，其余均未见葬具，大部分在墓

壁或底部仅见少许灰膏泥。骨架保存极差，大多无法辨别葬式，能够辨认葬式的墓葬仅7座（俯身葬4座，仰身葬3座）二次葬1座（M23）。墓葬均南北方向分布，能辨明头向的，随葬品多与头向一致，以此推测头向大部分向北，只有4座向南。

出土随葬品400多件，以陶器居多，陶器约400余件，包括釜、豆、盖、盏、罐、钵等；铜器30余件，包括剑、钺、矛、镞、斤、印章；另有少量玉饰件。从随葬品判断，时代约为战国中晚期。战国时期的墓葬群在四川地区多有发现，但在成都市青白江地区属于首次发现，而且此次发掘的墓葬，数量可观，随葬品丰富，为研究四川地区战国墓葬的年代序列以及该时期的政治、经济、军事、生产生活及葬俗等，增添了新的实物资料。

（王天佑　陈云洪）

【盐源县泸沽湖镇及前所乡考古调查】

调查时间：2013年3月22～26日

工作单位：凉山彝族自治州博物馆、成都文物考古研究所、盐源县文物管理所、西昌市文管所、四川大学考古学系

此次调查工作的重点，是对泸沽湖镇、前所乡一带已知古遗存进行复查并对新线索进行调查标点。在对泸沽湖东部和北部地点的调查中，联合考古队调查发现了舍夸村遗址、直普村遗址、格萨村遗址；在前所乡联合考古队对葛丹达杰寺和西番村遗址进行了复查。此次调查发现的遗址因自然和人为破坏，大多保存较差，文化层堆积较薄。舍夸村遗址位于川滇交界处，洼子河为天然的分界线，它将遗址分为东、西两部分，西部为云南省、东部为四川省。遗址位于河流入海口处，背山面湖，处于山麓冲积扇的扇缘，在洼子河河岸被河流纵切形成的断面上发现有陶片、石器、人骨和兽骨等，陶片为夹砂褐陶、红陶；可辨器形有带流器；石器有网缀。在河岸的断面上还发现有疑似房屋内垫土的痕迹。根据现场的状况分析此处可能为一处遗址。遗址面积约5000平方米，时代为汉代。

格萨村遗址位于泸沽湖的东岸，行政上隶属于泸沽湖镇舍夸村9～10组。遗址位于山麓冲积扇上，遗址面积约1万平方米。在遗址内文化层较薄，夹杂有少量石块，包含物有陶片，陶片为夹砂红褐陶、纹饰有绳纹，未发现可辨器形。时代为秦汉时期。

西番村遗址位于前所河的一级台地上，行政上隶属于前所乡。遗址面积约300平方米，遗址内文化层较薄，呈红褐色，距地表5厘米，厚5厘米～10厘米，夹杂有少量石块，包含物有零星陶片，陶片为夹砂红陶，器形不可辨。时代为秦汉时期。

此次田野工作是泸沽湖沿岸继20世纪七八十年代之后一次较大规模的考古调查工作，对泸沽湖一带的古文化遗存分布与保存现状有了进一步了解，获取了一批新资料；为盐源地区考古遗存的保护与研究奠定了一定的基础。发现说明秦汉时期泸沽湖地区已有大量居民生活，当地地处连接"从东北到西南边地半月形文化传播带"的重要位置，这些遗存的发现对于研究秦汉时期西南夷青铜文化和族群的分布、移动提供了重要资料。

（周志清　唐　淼　补　琦）

【梓潼县西坝汉代遗址】

发掘时间：2013年1～4月

工作单位：四川省文物考古研究院、绵阳市博物馆、梓潼县文管所

西坝遗址位于绵阳市梓潼县西坝村、连枝村，地处潼江河东岸一级台地。遗址分布面积200多万平方米，保存较好。残存北城墙约200米。第二次全国文物普查时将该处遗址命名为梓潼郡遗址。

2012年12月联合考队对古莲枝水厂

建设用地范围内进行了抢救性考古发掘，发掘面积2500平方米。清理灰坑、灰沟、房址、窑址、灶、井、墓葬等遗迹近300处，出土了陶器、筒瓦、板瓦、瓦当、铜器、铁器等大量遗物；陶器中可辨器形以盆、罐、碗、钵及陶饼为主，另有甑、釜等器形；瓦当多为云纹瓦当。

陶窑12座，其中3座在施工时遭到严重破坏，9座保存较好。根据烟道的变化可分三种形制：第一种为单烟道，清理一座；第二种底部一个烟道孔，上部为三个，清理一座；第三种为底部一个烟道孔，上部为一个。其中有两座和三座窑分别共用一个操作间。从窑内发掘出土器物看，主要还是烧制碗、盏、罐、盆、釜等生活用具和烧制瓦、瓦当等建筑材料。

灰坑中此次发现大量的长方形坑，底部形状呈“V”形，坑内填土多夹杂有少量灰烬，部分底部有石块，其功能应为焖土所用；另发现一部分器物坑。这些灰坑均与窑址有密切关系。

根据文献及文献记载，西坝遗址所在地为西汉初期广汉郡郡治梓潼县遗址所在。高祖六年（公元前201），析巴、蜀郡之地，于“扼控三巴，益州矜领”的梓潼神乡（又作乘乡、绳乡）置广汉郡，史称“分巴割蜀以置广汉”。《汉书·地理志》载，广汉郡辖梓潼（郡治）、雒县（今广汉市）等十三县、道。汉武帝元封五年（公元前106）置益州刺史部，广汉郡归隶之。初始元年（9），王莽代汉称帝，改国号“汉”为“新”，改广汉郡为就都郡，改梓潼县为子同县。

根据勘探及发掘出土的遗迹遗物看，西坝遗址从西汉早期一直延续至东汉时期。而发掘区地处遗址的东北部，紧临墓葬区，根据发掘情况可以确定为一处作坊区，规模较大，时代在西汉早中期。这为寻找广汉郡郡治遗址所在地提供了重要线索。

（李万涛）

【彭山县园宝山西汉墓】

发掘时间：2013年9～11月

工作单位：四川省文物考古研究院、彭山县文物管理所

园宝山墓位于彭山县武阳乡泉水村1组。配合成都至彭山公路建设，对该墓进行了发掘工作，在封土堆下共清理2座西汉土坑墓。

封土堆现存高度3.4米，平面呈圆形，底部直径约14.3米，上部直径约10.5米。根据解剖，封土堆为杵夯建筑而成。夯层呈水平分布，可知为整体分层夯筑而起。封土堆内包含物较少，含有少量碎裂鹅卵石，应为在夯筑时敲碎所致。

M1为带墓道竖穴土坑木棺墓，无木椁，位于封土堆东部，开口于封土堆顶部，打破封土堆及M2，方向95°。其平面呈“凸”字形，墓室顶部南北长4.4米，东西宽2.7米，底部长南北长3.84米，东西宽1.6米，深7.3米。墓道位于东壁，长2米，宽1.5米。墓道、墓室四壁经过拍打，较为光滑。M1被盗极为严重，木棺腐朽仅存朽痕，根据棺痕可知棺室长3.2米，宽1米，深0.5米。人骨不存，随葬品被盗一空，仅剩残片。但根据墓葬形制、残存随葬品分析，M1年代为西汉中期。

M2为竖穴土坑木椁墓，无墓道，开口于封土堆顶部耕土层下，方向270°。平面呈长方形，东西长8.26米，南北宽5.5米，深9米。M2是在封土堆形成以后，再从顶部开始向下挖掘墓室形成。M2椁室长5.6米，宽3米，深1.5米，内部有棺，腐朽严重。棺室内有2具人骨，保存较差，皆为仰身直肢葬，应为夫妻合葬墓。M2被盗严重，出土有陶罐、陶釜、陶壶、鎏金饰件等随葬品。在棺室靠近墓主头部，出土有数十枚汉半两钱。根据墓室形制、随葬品等判断，此墓年代为西汉早中期。

此次清理的园宝山墓，虽然被盗严重，但形制完整，并出土有部分随葬品，这对

研究彭山乃至成都平原地区汉代竖穴土坑墓提供了新资料。

（刘　睿）

【成都市天回镇“老官山”西汉木椁墓】

发掘时间：2012年7月～2013年8月

工作单位：成都文物考古研究所

墓葬位于成都市金牛区天回镇土门社区卫生站东，蓉都大道西侧，当地俗称“老官山”。中心坐标为北纬30°44′56.65″，东经104°6′41.96″。4座墓葬由南向北分布在蓉都大道西侧车道上，相距在南北长约50米，东西宽约10米的范围内。墓葬均为竖穴土坑木椁墓，其结构、大小、方向相近。方向为南北向，椁室长5米～7米，宽3米～4.5米，高2米～2.2米，多数墓葬有底箱，椁内放置一具或两具木棺。椁室内部及木棺均髹黑、红漆。共出土遗物620余件，其中陶器130余件，器形有罐、鼎、盆、钵、瓮、壶、井、灶等；漆器240余件，器形有耳杯、奁、几、盘、盒、木俑、马等；木器140余件，器形有璧、杖、器座、案、半圆形器、织机模型等；铜器（含钱币）100件，器形有弩机、带钩、扣饰、半两和五铢钱币等；另有少量铁器、竹编器、草（棕）编器等，在M1还出土十余件木牍、M2出土玉质印章、M3出土900余支（编号数量）竹简及人体经穴漆俑。M4出土4件竹木制织机模型。

M2北底箱器物出土情况

从墓葬的形制和出土的器物判断，墓葬的年代为西汉中期偏早，从已知墓葬的分布情况分析，该地点有可能是西汉时期墓葬分布的重要区域，此次发掘的墓葬地处于此墓地东南边缘位置。

出土大量西汉时期的简牍为四川地区首次发现，初步统计清理出木牍约十余件、竹简920余支，字迹清晰、书写流畅、绝大多数简牍均保存完整，多数竹简可分清册序，初步推测有10种不同书籍，现已知内容有遣册、医书，其中医书内容有制药、医方、病理等内容。这一发现使成都地区成为中国又一处重要汉代简牍出土地，对于推动汉代简牍研究特别是医史、医学研究具有重大意义。

出土西汉无缺损的完整人体经穴髹漆人像，人像高约14厘米，五官、肢体刻划准确，白色或红色描绘的经络线条和穴点清晰可见，不同部位还阴刻“心、肺……”等小字，应是迄今中国发现的最早、最完整的经络穴人像，同墓还出有铁杵、铁臼等与中医学有关的器物，对于中国汉代医学的发展水平具有重要意义。

出土4架完整西汉织机模型，一大三小，还伴出有彩绘织工木俑。是迄今中国发现的唯一有出土单位的汉代织机模型，也是中国唯一完整出土的竹木制织机模型，对于中国汉代纺织工业的研究意义重大。

大量漆木器、竹编器物的出土，推测该区域具备饱水漆木器等有机质文物埋藏环境，随着大量墓葬的不断发现，将使成都地区成为中国漆木器等有机质文物发现、研究与保护的又一重要区域。

（谢　涛）

【新津县大云山两汉崖墓群】

发掘时间：2012年9月～2013年5月

工作单位：成都文物考古研究所、新津县文物管理所

为配合成都市新津县“宝资山文旅项

目”一期建设，对施工范围内大云山崖墓群进行了抢救性发掘，发掘崖墓近70座。崖墓群位于成都市新津县邓双镇金龙村3组，中心点地理坐标为北纬30°24′9.6″，东经103°49′15.7″，平均海拔约455米。

墓葬按形制可分为竖穴岩坑墓、竖井墓道洞室墓、斜长墓道洞室墓三种。竖穴岩坑墓多单人葬，葬具用木棺。出土器物包括铜釜、铜盆、铜蒜头壶、铜鍪、铁削、铁鼎、陶瓮、陶罐、陶灶、陶井、陶盆、半两、西汉五铢等，时代在西汉中晚期。竖井墓道洞室多为单人葬，葬具为木棺。出土器物有铜釜、铜钵、铜棺钉、铁镰、铁削、陶壶、陶鼎、陶罐、陶仓、陶钵、西汉五铢等，时代自西汉晚期延续至东汉早期。斜长墓道洞室墓多为合葬，葬具多为陶棺，少数使用木棺或石棺。出土器物包括铜釜、铜壶、铜车马器、铜弩机、铁镰、铁锸、铁刀、铁剑、铁削、铁釜、陶漆盘、鎏金耳杯、铜印章、陶俑、陶瓮、陶罐、陶仓、陶井、陶釜、陶钵、西汉五铢、大泉五十、货泉、东汉五铢等，时代从西汉晚期延续至东汉中期。

从已发掘墓葬看，该墓群墓葬规模巨大、类型丰富、修建规整。墓葬中出土完整文物400余件，可修复文物2000余件，其中新莽早期墓葬M35未被盗扰，出土精美文物百余件，从该墓出土印章和印泥看，墓主人与“武阳令”关系密切。该墓群为成都地区发现的最重要崖墓群，其发掘将为研究西南地区崖墓的起源和发展、天井在墓葬中的产生和消失，以及中国汉墓从封闭性的竖穴墓葬向开放性的横向墓葬转变过程等方面提供了宝贵的实物资料。

（刘雨茂　龚扬民）

【广汉市瓦店汉代遗址】

发掘时间：2013年8～10月

工作单位：四川省文物考古研究院、广汉市文物管理所

遗址位于广汉市向阳镇瓦店村7组。为配合成都—兰州铁路建设，在2010年发掘工作的基础上再次进行发掘，发掘面积585平方米，共清理汉代灰坑60个、灰沟7条、陶窑1座、柱洞14个。

灰坑口部形状为长方形、圆形、椭圆形或不规则形，以直壁居多，底部多较平。其中有9座长方形坑，呈南北向两列分布，坑的长边或为南北向，或为东西向，每坑内均对称放置两件形制相同的小陶罐，陶罐或带盖，或以残瓦覆盖。陶罐的放置位置可大致分为两种：南北向坑的陶罐大多置于坑的南端或北端两角，东西向坑的陶罐则均放置于长边上对称的壁龛内。这些长方形坑和放置其内的陶罐，均系有意为之，其性质或与祭祀或某种仪式有关。灰沟均为南北向，长条形，斜壁，圜底。陶窑破坏严重，仅残余底部，平面呈圆形，填充红烧土。柱洞为圆形，直壁，平底，但未发现与之相关的房子等遗迹。

出土遗物以陶片、瓦当、筒瓦、板瓦和砖为主，另有陶纺轮、铜钱等。陶器多见泥质灰陶和夹砂红陶；纹饰以粗绳纹较为常见，多施于筒瓦和板瓦，素面亦占较大比重，几乎见于各类陶容器和砖，卷云纹较为少见，仅见于瓦当；器类主要有鼎、盛、盏和罐等。根据陶器形制推测该遗址主体堆积的年代为西汉中晚期。

根据灰沟和大部分灰坑出土大量残破陶瓦的情况来看，瓦店遗址应是一处烧制陶瓦的作坊遗址，发掘区属于作坊的废弃物堆放区，由堆积的倾斜方向推测陶瓦烧造区应在发掘区东侧。9座长方形坑的发现，是四川地区乃至全国的首例，为研究汉代四川地区的制陶业及相关历史问题提

供了极为宝贵的资料。

（雷　雨　冉宏林）

【广汉市落经村汉代墓群】

发掘时间：2013年6～10月

工作单位：四川省文物考古研究院

落经村墓群位于广汉市三水镇落经村，由李家坟墓地、陈家院子北墓地、大坟坝墓地、圈圈地墓地、棺山墓地等5个墓地组成，墓群分布范围超过20万平方米，为两汉时期该地区重要墓群。为配合成都市第二绕城高速公路东段项目建设，四川省文物考古研究院对该墓群进行了考古发掘，发掘面积2000平方米。

此次发掘共发现汉代墓葬38座。墓葬分布较为密集，墓葬形制结构多样；出土器物丰富，种类齐全，墓葬演变序列清楚，发掘取得了重要的成果。

墓葬形制方面包括竖穴土坑墓、木椁墓、砖土混合墓、砖室墓。其中砖室墓按墓葬可分为“凸”字形、刀把形、长方形三种。按大小可分为大、中、小三种类型，大型墓葬长度超过10米。墓葬结构有单室墓和双室墓两种，以单室墓为主。单室墓大多券顶、带有斜坡墓道，部分墓葬带有甬道。墓砖以长方形砖为主，也见有楔形砖、榫卯砖等，花纹砖种类丰富，多达数十种且多见复合纹饰，其中的动物纹、人物纹、车马出行纹较为重要。墓葬年代涵盖西汉早期、新莽时期至东汉晚期。整个墓地墓葬形制演变序列明显，揭露了广汉地区西汉土坑墓向东汉砖室墓的发展演变过程。

墓葬出土器物较多，种类丰富，包括陶、铜、银、铁、漆、铅等。陶器以生活用品类、人物俑和动物俑、模型类为主。人物俑造型丰富，其中M29出土陶俑个体较大，造型生动。动物俑主要有马、鸭、鸡、猪、狗、蟾蜍等。模型器有楼房、仓、井、水塘等。铜器以出土摇钱树最有特色。共有8座墓葬出土有摇钱树残枝。随葬摇钱树是此区域汉墓的一个重要特色。除摇钱树外，铜人像、四神铜镜、铜灯、耳杯、蒜头壶等也是此次发掘重要的出土器物。铅器中出土的盖弓帽证明了墓葬中随葬车马器的可能。

落经村地理位置位于汉代蜀郡与广汉郡两大重镇的重要枢纽区域。此次发掘的墓葬从西汉早期到东汉晚期演变序列明显，为成都平原乃至四川地区的汉墓分期研究提供了新材料。

（刘化石　连　锐）

【达县三里坪汉墓】

发掘时间：2013年12月

工作单位：四川省文物考古研究院、达州市达川区文物管理所

为配合当地基本建设，对位于达州市达川区（原达县）县级文物保护单位——三里坪汉墓进行了发掘。

该墓坐南朝北，方向为正方向，单室砖室墓。墓室现残长8.2米，宽2米，高2.6米。墓室前端和墓道已被施工破坏，墓顶为子母榫砖单层横联券拱，大部被毁，两砖纹饰相拼为叶脉纹。墓壁和墓底保存较好，墓壁为错缝横砌，墓底为错缝平铺。墓壁和墓底砖纹饰皆为几何纹。该墓在后壁外侧发现有盗洞，而后壁和墓底前部又有明显后期修补痕迹。估计是后壁被盗洞破坏后，后人进入墓室修葺过，修补用砖为叶脉纹，不同于原墓顶砖。

随葬品有日常生活用器以及人俑、动物俑、陶房等。前者以红胎釉陶为主，有极少量灰陶。釉色多为褐黄色，较厚，多施于器物内壁、外壁上部。器形有罐、壶、釜、耳杯、盘、碗等，完整器物较少。人俑类器物多为灰陶，火候高，陶质较好。

该墓形制较大，具备川东地区砖室墓典型的特征。随葬器物以釉陶为主，且火候高，釉色饱满。墓葬有多次使用的痕迹，该墓年代应为东汉晚期到三国时期。

（刘　睿）

【剑阁县闻溪乡东汉六朝崖墓群】

发掘时间：2013年4～5月

工作单位：四川省文物考古研究院、广元市文物管理所、剑阁县文物管理所

配合亭子口水库建设工程，在剑阁县闻溪乡发掘一批崖墓，共68座。墓葬主体分布于闻溪河西岸，在400余米的岩体之上自西北向东南密集分布57座，中段个别地方错落两排分布；在闻溪河东岸零散分布11座。根据墓葬形制及器物特征，这批崖墓大致可分为东汉、六朝两个时期。

东汉时期：分布于西岸中、北段及东岸，共计53座。一般由墓道、甬道、主室、棺床、壁龛、灶台等组成，全部为单室；墓顶分为弧顶和穹顶；墓室不见装饰；墓葬主室与甬道、墓道呈一条直线，主墓室两边是棺床、灶台等附属设施；部分在墓室后部、左右两侧凿龛；排水沟一般开凿于墓道中间，延伸至岩体外。墓室底一般后高前低，便于排水，形制规整对称。

随葬品以陶器为主，也发现有铁器、铜器等。陶器主要为两大类：生活用器和陶俑。生活用器包括罐、碗、盘、甑、釜、壶等；陶俑有人物俑、伎乐俑、家禽家畜俑等，造型丰富。铜器包括釜、铜镜、弩机及五铢钱、货泉等。铁器主要是刀、剑，也有生活用具釜。

六朝时期：共15座。形制较小，长1.2米～3.6米。由墓道、墓门、甬道、墓室、棺床等构成。均为竖穴式，一般在墓室一侧利用原岩凿出高约0.1米的棺床，棺床一般呈长方形，少量呈梯形。墓室底后高前低，便于排水。

大部分没有发现随葬品，仅几座墓葬有随葬品。主要为陶罐等，另发现有铜手镯、玻璃器等装饰品。

整个墓地，布列整齐，中段交叉出现两排，极少见打破现象。墓葬多数受到破坏，部分坍塌严重，但仍出土了大量随葬品。此次是广元地区一次性发掘数量最多的崖墓群，为四川崖墓研究提供了丰富的实物资料，也必然对该地区汉代社会发展研究起到积极促进作用。

（郭　富）

【成都市绕城高速公路东段汉晋肖家窝崖墓群】

发掘时间：2013年3～5月

工作单位：成都文物考古研究所、青白江区文物管理所

为配合成都市第二绕城高速公路建设，2013年3月，对青白江段开始进行发掘。

2013年仅有寂光寺遗址和肖家窝崖墓群A点两处文物点能进场发掘，其他大部分文物点征地拆迁工作没有完成，致使考古发掘工作无法进行。

肖家窝崖墓群A点位于青白江姚渡镇永和村3组，中心点地理坐标北纬30°82′80.1″，东经104°35′52.1″。共清理发掘崖墓11座。由于该崖墓群常年裸露在地表外，遭盗扰严重，加之20世纪70年代炸山取石，墓葬保存较差，发掘的11座墓葬均为残墓，随葬品也多遭破坏。

肖家窝崖墓群A点虽然遭破坏较严重，但墓葬形制丰富，出土了陶罐、陶俑残片，根据墓葬形制和出土器物情况判断，时代大约在蜀汉晋时期。该崖墓点的发掘，对了解四川地区崖墓的发展提供了新的材料。

（王天佑　陈云洪）

【成都市后子门体育中心唐代至明清时期遗址】

发掘时间：2013年10～12月

工作单位：成都文物考古研究所

体育中心遗址位于成都市后子门体育

中心内南侧区域。为配合体育中心升级改造项目的建设，开展考古发掘工作，至2013年12月末，第一阶段的考古发掘面积已达到600平方米，揭露出唐代、五代、两宋、元代、明代各时期的道路、房址、水井、排水沟、灰坑等遗迹现象，出土大量瓷器、陶器、钱币等遗物。

明代遗存处于明代蜀王府的范围，发现道路、建筑基槽、水坑各1处，分别编号L1、C1、K1。L1正东西走向，路面使用长方形素面砖丁砌，局部被现代坑打破。C1平面近圆形，剖面呈锅底形。K1现仅揭露坑体东侧局部，未发掘至底部。坑内均为回填形成的堆积，泥土夹杂大量瓦砾，堆积层次杂乱，出土物以宋元时期日用瓷器的残片为主。属于明代的遗物发现较少，有少量的琉璃和灰陶筒瓦、板瓦、瓦当、滴水等建筑构件。

元代地层为发掘区的第③层，出土物以瓷器残片为主，典型窑口代表有龙泉窑、钧窑、湖田窑、琉璃厂窑、磁峰窑等，未见青花瓷器。元代地层下发现房屋、灰坑等遗迹。

南宋地层为发掘区的第④层，形成年代约在南宋中晚期，出土物以瓷器残片为主，大多属于本地邛窑、磁峰窑、琉璃厂等窑场制品。南宋地层下发现排水沟、水井、道路、房屋等建筑遗迹。G1砖筑，分为主沟和附沟两部分，主沟平面呈“L”状，附沟为主沟的增补部分，与主沟交叉略呈“人”字形。J2平面呈圆形，砖筑，井内出土陶器、瓷器残片及钱币。L2分北、西两段，平面交叉呈“L”形。路面用大小不一的卵石铺筑，形成多个葵花图案。F2推测为房屋的天井部分，平面略呈长方形。

五代至北宋早期地层为发掘区的第⑤层，出土物以瓷器残片为主，大多属于成都周边的邛窑、琉璃厂窑制品。该层下发现一处院落遗址（F3），由十字街道、天井、井台、排水沟等几部分组成，因未做解剖，其下叠压情况不明。

唐代地层为发掘区的第⑥、第⑦层，形成年代约在盛唐至唐代中期，出土物较少，有陶器、瓷器、瓦当等，陶器和瓷器可辨碗、盏、罐、盆、灯台等，瓷器中见有少量南朝时期长江中游青瓷窑场制品。唐代地层下发现一条排水沟（G3），砖筑，平面呈长条形，东南—西北走向。

根据明清时期的成都地方志和地图资料，综合历年来的考古成果，该遗址发现的明代遗存应处于明代蜀王府的范围内。其中L1为砖筑路面，路面较窄，可能属于府苑之内的一条支路或小道。K1为一座大型水坑或水塘遗迹，可能属于文献记载摩珂池的一部分，坑内大量回填杂乱的泥土和瓦砾堆积，出土物中最晚的遗物可以见到元代中晚期的瓷器残片，推测水坑大约在元末明初之际被逐渐填平，随后被划入蜀王府的范围，并在填平的地表修建了蜀王府最早的一批建筑（例如编号C1的建筑基槽）。F3为第一阶段发掘揭露的最重要的遗迹单位之一，其使用年代主要在唐代，下限至五代或北宋早期。这座院落建筑规模大，形制规整，修筑精良，可能属于当时的官署、府邸或其他等级较高的建筑，其具体性质和功能还有待今后进一步的工作。唐代地层内发现有较多的汉晋及南朝时期遗物，提示该发掘区内可能存在汉晋及南朝时期的地层或遗迹现象，需要下一步的考古工作中引起重视。

（易　立　张雪芬　江　滔）

【剑阁县永归坝唐宋至明清时期遗址】

发掘时间：2013年3~5月

工作单位：四川省文物考古研究院、剑阁县文管所

永归坝遗址位于广元市剑阁县店子乡店子河北侧的永归坝台地上。永归坝呈西高东低的走向，北靠山体，其余三面环水。

为配合亭子口水库建设，对遗址进行了考古发掘。发掘区域位于永归坝西侧的高地上，为台地最高区域。发掘面积1000平方米，为一处唐宋至明清时期遗址。发现房址3座，灰坑6个，灶1座。

F2保存稍好，开口于第②层下，属于明清时期遗存。坐北朝南，南北长11.2米，东西宽2.1米，墙基宽0.7米~1.1米。两开间，西侧宽4.1米，东侧宽5.6米。房内有较明显的活动面。北侧和东侧被后期破坏。F2东边前部为Z1。Z1平面呈较规则椭圆形，斜壁平底，南北长1.2米，东西宽0.5米，深0.15米。坑壁口部有较明显的红烧土壁，底部不甚明显，坑内填土有大量红烧土颗粒和木炭颗粒。

该遗址出土遗物较少。主要是唐宋和明清时期遗物。明清时期的遗物多见青花瓷片，可辨识有口沿、器底、器耳等部位，可辨器形有碗、碟、杯等，流行圈足，釉色基本为天蓝色和蓝中偏灰两色。并出土有少量釉陶，为酱褐色，表面有斜方格网纹纹饰。

唐宋时期见有莲花纹瓦当、板瓦、陶片、钱币等，器形可辨者有罐、碗、钵等。唐代器物流行大饼足（假圈足），至宋则流行矮圈足，时代特征明显。器物底部多留有支钉烧痕迹，内部施全釉，外表上半部施釉，釉色多为酱黄色。

（刘　睿）

【石渠县吐蕃时期石刻群】

调查时间：2013年4月、6月

工作单位：四川省文物考古研究院、石渠县文化局

2013年对石渠县境内的早期石刻开展调查工作中，联合考古队在石渠县长沙干马乡和洛须镇发现3处吐蕃时期石刻群遗存，分别为须巴神山石刻群、白马神山石刻群、洛须村石刻，总计石刻17幅，取得了重大收获。这批石刻遗存保存状况良好，题材丰富，包括五方佛、大日如来像、菩萨像、度母像、古藏文题记等，皆是吐蕃时期流行的典型题材和内容，图像特征符合吐蕃时期的典型风格，并发现吐蕃时期题刻。

须巴神山石刻群全景（由北向南）

须巴神山石刻群是此次新发现的重要文物点，此一处就发现石刻14幅，皆为吐蕃时期遗存，是规模最大、数量最多、分布最密集的一处，题材内容包括古藏文题记和佛教内容图像。第1幅与第11幅菩萨和飞天分别着吐蕃贵族服饰并戴高筒帽，是吐蕃佛像图像本土化的典型特征。第7幅古藏文石刻是现今保存完整，极为珍贵的佛像赞颂诗。难能可贵的是，题记中发现了重要信息，两处提到“赞普赤松德赞父子”及“由卓玛勒贡书写”等内容，据此可明确须巴神山石刻群的施造人为卓玛勒贡，始凿时间为赤松德赞在位时期（730~797）。四川石渠县须巴神山石刻群的发现尤为重要，是研究吐蕃时期佛教图像和古藏文的重要资料。

须巴神山石刻群第7幅拓片

因青海玉树、西藏江达县、察雅县、芒康县等地吐蕃石刻的分布情况，近年来学术界开始把唐蕃古道的走向转移在金沙江流域。关于其具体走向仍存在资料空白，此次石渠县洛须镇新发现的白马神山石刻群、洛须村石刻加上2005年调查的照阿拉姆石刻，为唐蕃古道沿金沙江流域的走向提供了确切的资料证据。同时，位于雅砻江流域的大型石刻群须巴神山石刻群的发现亦把唐蕃古道的走向指向了雅砻江流域，为学术界提供了新的线索。

6月，四川省文物考古研究院联合故宫博物院、中国藏学研究中心、陕西省考古研究院的相关专家对石渠新发现的吐蕃石刻进行了复查，对石刻的题材内容、断代和价值进行了准确的认定。

经过现场复查，认为石渠县是四川省首次发现成片吐蕃时期石刻的地区；石渠县成为中国现存已发现吐蕃时期石刻分布较密集、数量较多的县；石渠县新发现的石刻群丰富的古藏文题记，能够准确断代，为吐蕃时期佛教考古的研究提供了重要的新的资料；石渠县吐蕃石刻的大量分布使其成为唐蕃古道的重要节点，为唐蕃古道走向或文成公主进藏路线的考证提供了新的资料，填补了青藏高原东部唐蕃古道走向重要环节的资料空白，为研究吐蕃时期佛教史、佛教艺术史、唐和吐蕃关系史提供了十分珍贵的资料。

（王　婷）

【都江堰市唐至宋代玉堂窑遗址】

发掘时间：2013年7月9～31日

工作单位：成都文物考古研究所、都江堰市文物局

玉堂窑遗址位于四川省都江堰市西南的玉堂镇凤岐村、凤凰山浅丘山地之中，距都江堰市区约10千米，山地地势西高东低，海拔715～825米。遗址内现存窑包17座。为配合制定玉堂窑的大遗址保护工作规划，联合考古队对玉堂窑遗址开展了考古调查工作。此次工作的主要目的是进一步确认玉堂窑保存最完好的马家窑包（编号Y6）的遗存分布范围，但由于时值雨季和汛期，加之窑包区域内植被茂密，做全面试掘的条件尚不具备，故此次将工作重点选择在窑包的北面区域，实际试掘面积约25平方米，揭露出建筑活动面、灰坑、灰沟等遗迹现象，同时获得了一批重要的出土物。

由于此次发掘的T1面积很小，揭露的遗迹现象并不丰富，仅发现灰沟1条（编号G1）、灰坑1个（编号H1），另外在探方的东北部揭露出一片房屋建筑的瓦砾活动面（编号F1）。G1开口距地表深约0.36米，受发掘面积所限，仅揭露了局部一小段。沟体平面呈长条形，斜壁弧底，揭露部分长2.74米，深0.08米，沟内填土呈灰黑色，出土少量碎小的瓷器残片。H1开口距地表深约0.6米，南面一部分位于探方之外。坑体平面形状不规则，斜直壁平底，揭露部分南北长2米，东西宽1.9米，深0.3米。坑内填土呈暗褐色，包含少量青灰色黏土，夹杂炭屑、烧土块、砖瓦、陶器、瓷器和窑具残片，可辨器形有碗、盏、器盖、炉、罐、盆、支钉、垫

具等。F1其西北部被G1打破，属于人工铺筑的瓦砾活动面，可能属于房屋建筑的一部分，堆积紧密，厚0.03米~0.05米，表面可见到密集的陶器、瓷器和窑具残片以及砖瓦残块，可辨器形有碗足、壶流、垫圈、支柱、垫板等，中间部分有一处用大小不一的卵石堆积形成的环状体。

出土遗物可分瓷器、陶器、窑具、建筑材料四类，以瓷器的数量最多，类型最丰富，可辨器形有碗、盘、盏、盆、碟、瓶、器盖、炉、罐、注壶、器柄等，均为日常生活用具。瓷胎一般选用当地黏土，制备胎料后拉坯成型，胎体烧结程度都很高，质地坚硬，胎色有灰、灰褐、黑、黑灰、红、棕等之分，有的胎体表面挂有白色或灰色化妆土，外壁化妆土多挂半截不及底，施釉的范围仅覆盖化妆土，釉色有淡青、青绿、青蓝、酱、酱黄、白、黑等色，大部分釉面呈乳浊失透状。瓷器表面以素面无纹饰居多，极少数可见到绿色彩绘和出筋等装饰做法。此外，碗、盘的内底通常残留有支钉痕或石英垫烧痕。

总体而言，玉堂窑马家窑包此次试掘的地点应处在窑场的作坊区范围内，其文化遗存可以分作两期，第一期以T1第⑤层和H1为代表，年代在北宋晚期；第二期以T1第③、第④层和G1、F1为代表，年代主要在南宋。在装烧工艺上，第一、二期的共同特征是瓷器大量采用明火叠烧，匣钵的使用量很小，二者的差异则体现在釉色品种和间隔窑具的使用方面。第一期大量生产乳浊釉瓷器，器物之间通常以齿状支钉做间隔，第二期主要生产透明白釉瓷器，通常以垫圈和石英砂堆作间隔。乳浊釉瓷器在晚唐、五代之际首先在十方堂邛窑一带出现，并且在整个两宋时期都很兴盛，齿状支钉也是十方堂邛窑自始至终一直流行的窑具，因此玉堂窑马家窑包的第一期文化遗存应与十方堂邛窑存在十分密切的联系。透明白釉瓷器以垫圈和石英砂堆做间隔，这种方式在都江堰金凤窑、彭州磁峰窑和成都琉璃厂窑极为普遍，因此玉堂窑马家窑包的第二期文化遗存应与上述三座窑口存在十分密切的联系。

（易　立　刘雨茂　徐　军）

【乐山大佛及其周边区域考古调查】

调查时间：2013年6~9月

工作单位：四川省文物考古研究院、峨眉山—乐山大佛管委会

通过此次考古调查，基本上弄清了乐山大佛遗产范围文物的分布状况，并发现了一批新的文物资料。

第一，东汉至蜀汉时期的崖墓调查取得重大进展。此次调查在乐山大佛及其周边区域发现5处崖墓群，崖墓总数1068座，其中具有画像雕刻的崖墓126余座。遗址范围内崖墓分布密集，规模宏大，雕刻精美，反映了四川东汉至蜀汉时期政治、经济、文化、思想等。通过此次调查，不仅完善了乐山地区崖墓的文化内涵，更为深入剖析了东汉至蜀汉时期“儒、道、佛”思想的演变提供了重要的素材。

第二，乐山大佛及其周边区域龛窟的调查取得重要成果。此次考古调查首次对乐山大佛两侧及其北门的龛窟进行了全面的三维扫描和详细的调查，调查共发现龛窟200余座，且龛窟内涵丰富、造像精美，与乐山大佛共同构成规模庞大的石刻造像群。

第三，乐山大佛佛前建筑有了新的发现。乐山大佛脚下的礼佛台遗存进行了清理，共清理柱洞49个。柱洞主要分布在大佛两脚之间和两脚的外侧，柱洞内含有大量明代的瓦片、瓦当、琉璃瓦等物，说明其最后一次被毁的时间应在明代。这为乐山大佛佛前建筑和大像阁的研究提供了重要的材料。

第四，宋元三龟九顶城的调查有了新的认识。为弄清三龟九顶城的形制和文化内涵，调查队对三龟九顶城进行了全面的考古调查和勘探，调查和勘探表明三龟九顶城是由三龟城、九顶城和乌尤城三座城组成，各城均由城墙、马面、炮台等部分组成，城墙基本上沿山势修建。这是首次全面科学的对于该城的调查，对于全面认识南宋时期的山城的形制和文化内涵提供了重要依据。

通过3个多月的考古调查，从东汉至蜀汉崖墓中的佛像，到乐山大佛及其周边龛窟，再到宋元古城的修建与湮没，最后到乐山大佛脚下礼佛台遗存，等等。在这4平方千米之内，完整地呈现了乐山大佛的修建、兴盛和衰败的宏大历史背景。总之，通过此次调查为全面科学的研究乐山大佛提供了必要的材料，亦为景区的可持续发展提供了基础素材。

（陈卫东）

【峨眉乐都宋墓】

发掘时间：2013年9月

工作单位：四川省文物考古研究院、峨眉山市文物管理所

峨眉乐都宋墓位于乐都镇新农村8组，处于冷水河的左岸的一级台地上。峨眉山市乐都镇村民在修水渠时发现，随即进行了抢救性发掘，发掘墓葬1座。

乐都宋墓是一座三室墓，墓葬上部有半圆形的石围封土，长4.6米，宽3.6米。墓葬为长方形竖穴土坑，由3个石室构成，每个室的长约2.5米，宽约1米，高约1.3米。墓内出土器物极少，仅在中墓室出土铜镜1件。该墓葬最有特点的是每个墓室内的雕刻，墓门两侧雕刻有题记，题记内容相似，即在墓门左侧雕刻有“丙辰庆元孟夏”，右侧雕刻有“绥山住唐子忠”；墓室左、右两壁雕刻有“折枝牡丹”“莲花”“鹿衔草”等图案；后龛设有仿木建筑结构雕刻，特别是顶部雕刻出屋顶，后龛内立有墓主人造像，造像的两侧立有雕刻着“花卉”或“武士”图案立石。

该墓葬建筑结构特殊，特别是石围封土和墓室内特殊的构造，在四川地区的宋代墓葬中比较罕见，对进一步研究四川地区宋代历史提供了重要的资料。

（陈卫东）

【金堂县怀安军宋代城址】

发掘时间：2013年

工作单位：成都文物考古研究所、金堂县文物管理所

为配合金堂县淮口镇科玛小镇项目的建设和金堂县对怀安军城址的保护规划，对怀安军城址进行了再次发掘。此次发掘是在2012年度发掘的基础上继续向下层发掘，并向北面扩方，共发掘长、宽各10米探方95个，长30米、宽5米探沟1条，长100米、宽11米探沟1条，发掘面积共计1万余平方米。发现了丰富的遗迹，主要有东城墙，排水沟19条，房屋17座，道路1条，坑9个，并出土大量遗物。

2013年发掘区的地层堆积较简单，已发掘至第③层。第①层：现代层；第②层：明清时期堆积。第③层：南宋时期，发现的遗迹均开口于该层下。第③层下暂未发掘。

怀安军北外城为此次重要的发现。2013年根据20世纪60年代卫星地形图像，结合现场调查和勘探，在2008年发现的北城墙北侧约150米处另发现一道北城墙，城墙夯土土质较杂，夯层明显。紧临城墙外侧为宽约10米的护城河。因此推断怀安军城可能存在北外城。

东城墙也是此次较为重要的发现。城墙位于沱江西侧的一级台地上，利用台地与沱江河滩的落差，在台地的边缘修筑城墙。城墙平行于沱江，与2007年发现的北城墙垂直。墙体遭破坏较严重，仅存底部，残宽3米～5米。从残存部分来看，城墙的修建方式是先铺一层鹅卵石，再夯一层纯净黄土，然后再铺一层鹅卵石，如此依次修建而成。紧靠城墙的内侧为排水沟（G58），依城墙走向，某些沟段形成曲尺形转折。平面略呈不规则形，剖面呈倒梯形，沟口残宽1米~1.5米，沟底残宽0.3米~1米，残深0.4米~1.3米。该区域的排水系统较复杂，与G58相连的还有G72、G73，其主体明显经过统一规划。

房屋发现于第③层下，根据修建的时间可分为早晚两段。早段以F33、F36~F41为代表，此组房屋与L13同时规划并修建，规划性较强。晚段以F31、F32、F42为代表，是在早段房屋毁坏后的废墟上修建而成。L13为东北—西南走向。路面揭露部分长68米，残宽3.3米，道路有明显的两次使用痕迹。该道路与东城墙发现的城内主干道L8平行，略窄于L8。L13两侧保存较好的房屋有F37、F38及F33。F37位于L13东面，平面略呈长方形。先修建一个台地，台地埋有陶制排水管的暗沟。台地四周用条石包边，基址仅剩北、西两面，残长约22米，残宽约15米，面积约330平方米。门道位于其西侧，与L13相通。房外有一周石条砌筑的排水沟。F38位于L13西面，平面略呈“凸”字形，为一座较大型的房屋，大部被破坏，已发掘部分面积约450平方米。建造方式与F37略同，只是结构更为复杂，现保存有滴水、排水沟、墙基、门道等。F31、F32平面略呈长方形，呈西南—东北向，F31打破F32。残存柱础，柱础内夯填密集的鹅卵石。F31长9.5米，宽6米，面积57平方米，未见门道；F32长9米，宽8米，面积72平方米，未见门道。F31是在F32使用过程中增建部分。F42平面略呈长方形，长4.5米，宽5米，面积23平方米，未见门道。

通过发掘出土了大量遗物，种类有瓷器、陶器、石器和少量铜、铁器等。以瓷器为主，可辨器形有带系罐、碗、盏等。陶器可辨器形有罐、盆、缸等。另出土有大量板瓦、筒瓦、少量瓦当及滴水残件。板瓦外壁素面，内壁多有布纹。瓦当以莲花纹为主。石器多为建筑构件如柱础，另有石缸、石臼等，大多位于建筑基址附近。

此次发掘有以下几方面重要收获：第一，发现了怀安军城的北外城，对于怀安军城的整体形制有了进一步的了解。第二，确认了东城墙，并对其走向、修建方式、结构有了详细的了解。第三，对于发掘区域遗迹的分布规律有了较为详细的认识，发掘区域以东城墙及其排水沟为东界，以L13为中轴线，两侧规划临街住宅，住宅基址与道路平行，门道均朝向街道并与街道相连通，在房屋与街道间有宽约4米的隔离地带，其可能是作为私用房屋与公用街道的缓冲。第四，了解到城内房屋建筑翻建行为频繁，根据以往的发掘，可知怀安军城有过两次较大的修建行为，时间为北宋和南宋，但是从此次发掘来看，城内房屋局部还经常有一些小规模的翻建。所发现遗迹的时代虽然大致为南宋或略晚，但明显可以分为早晚两段。

总之，通过多次发掘和调查，对怀安军城形制、布局、演变有了进一步的了解。怀安军城由主城和北城组成，四周有城墙，已经发现北城门，城外有护城河。城市的修建规划性明显，道路、排水系统应由官方规划，以此为基础规定不同的功能区域，北城内发现寺庙遗迹；欣耀鞋厂内（城中部）发现城内主道路，两侧为民房；城东南发现大型房屋，规格较高。从已知布局来看，官署衙门极有可能在城址的中部偏北。四川地区保存较好的宋代城址不多，特别是进行了正式考古发掘的更是少见，怀安军城址的考古发现是近几年来四川省唐宋时期考古的重大发现，对四川地区唐宋时期历史的研究具有极其重要的意义。城址中出土的大量唐宋时期遗物，门类多、涉及面广，也将对这一时期社会经济、生产、生活等诸多方面的深入研究提供丰富的实物资料。对怀安军城址的进一步发掘，不仅将会详细了解宋代怀安军城的布局以及城内居民的社会生活情况，还可以了解其在整个川西平原城市体系中的军事作用，将给其他相关城址考古发掘提供借鉴，促进四川地区城市考古的发展。

（索德浩）

【泸州市桥头山宋代石室墓】

发掘时间：2013 年 9～10 月

工作单位：四川省文物考古研究院

桥头山石室墓因暴露在外遭到盗掘，四川省文物考古研究院对其进行了抢救性考古发掘，墓室内雕刻了大量的图案，总计清理出各类石刻 50 余块。

墓葬为双室合葬墓，依照男左女右的原则。由墓道、墓门、墓室构成，墓道呈梯形。墓门为仿木结构的两扇石门，非常厚重，可以开合，上面雕刻武士、衔草瑞兽等，门槛处有踏步。墓底的棺台四周有排水沟，墓室两侧的壁柱和侧龛上都雕刻有高浮雕的武士、舞伎、乐伎、花卉图案等，侧龛的过梁上则雕刻青龙、白虎，后龛雕刻有帷帐、墓主人坐像和男女侍仆等。墓顶为三重藻井顶，横梁上雕刻朱雀和玄武，盖顶石为穹隆形。根据墓葬形制和雕刻内容特征，桥头山石室墓的年代为南宋。

桥头山石室墓的雕刻题材和内容都非常丰富。该石室墓的发现无疑为研究南宋时期的政治、经济、文化、社会生活、雕刻艺术等提供了更为直观的实物资料。

（辛中华）

【成都市龙泉驿区五星村明代石室墓】

发掘时间：2013 年 4 月 22 日～5 月 9 日

工作单位：成都文物考古研究所、龙泉驿区文物保护管理所

2013 年，龙工北路西沿线的建设将直接经过墓葬所在位置，联合考古队对之进行发掘清理。墓葬编号为 2013LDWM1（以下简称 M1）。M1 位于龙泉驿区大面镇五星村二组（现已合并为洪河村 16 组），当地名“烧火棚”，中心地理位置北纬 30°19′35″，东经 103°58′14″，海拔 510 米。墓葬坐南朝北，墓向 13°。封土大部分已被破坏，叠压于耕土层下。

M1 为单室墓，平面近似长方形，由墓圹、墓道、八字挡土墙、封门墙、墓门、甬道和墓室组成，墓道和墓顶均被破坏，墓顶仅残存后室后半部分，墓葬残长 7.9 米，宽 3.2 米，通高 3.35 米。八字形挡土墙位于墓门外东西两侧。封门共计两层。内层为三块长方形石板横向立砌而成，外层为长方形砖错缝不规则平铺而成，砖之间用糯米浆、石灰黏合。两室墓门形制相同，宽 1.6 米，高 1.66 米，进深 0.3 米；门檐两侧内安装了两扇由外向内开启的石门，带转轴，单扇石门宽 0.79 米，通高 1.44 米，厚 0.16 米，石门为素面。

甬道平面形状近似方形，左、右两壁各由两块长方形立石和一龛组成，甬道地面由两块石板平铺而成。甬道进深 1.6 米，宽 1.96 米，高 1.79 米。

墓室平面形状呈长方形，长 4 米，宽 1.96 米，高 1.79 米。底部由数块方形石板平铺而成，与两侧壁之间形成排水沟。在石板上砌筑棺台，其上放置木棺，木棺大部分已腐朽，未见人骨。墓室左、右两侧壁各由四块长方形立石和三个壁龛组成，两壁形制相同，后壁亦开龛，龛上方横置一整石，整石正中刻有一匾额，匾额内等距篆书刻“净乐宫”三字，两侧题款楷书刻有“维大明成化十五年十月十五日丁酉吉置”。龛后壁正中留有一花边圆形凹槽，凹槽内应放置有铜镜等器物，墓顶仅残存后室后半部，券拱砖石体共计 4 层。

由于屡遭盗扰，墓内仅出土 4 件釉陶明器。谷仓罐 2 件，保存均完整，由器盖和器身组成，器表施酱色铅釉，器盖带尖纽，器身直口，圆唇，短颈，圆肩，圈足。梅瓶2件，颈部以上残缺，器形一致，鼓腹，束腰，喇叭口圈足，红胎，通身施铅绿釉。

此次发掘的这座明代墓葬建造规模虽不大，但内部结构保存较完整，装饰精美。从墓葬形制结构看，与成都红牌楼、新北小区、沙竹苑、土桥等地点清理的明代墓葬较为一致，属于成都地区典型的蜀藩太监墓，结合周边区域以往曾发现同类墓葬的情况，这一带可能属于蜀藩太监的某个墓区。根据墓室后龛的题记内容可知，墓主人约葬于明宪宗成化十五年（1479），即蜀惠王朱申凿在位期间。惠王陵在今龙泉驿区洪河镇，该墓地理位置与之相距较远，是否仍处于惠王陵的陵区范围还有待进一步的考古工作来明确。另外，墓室后壁装饰太极图案，后龛龛檐匾额处篆刻“净乐宫”三字，表明墓主人生前可能还与道教信仰有密切联系。总之，五星村明墓的发掘为研究明代四川社会和蜀藩历史提供了重要的参考资料。

（易　立　刘雨茂　胡　义　袁云基）

【宜宾市明代礼部尚书周洪谟墓】

发掘时间：2013年7～9月

工作单位：四川省文物考古研究院、宜宾市博物院

周洪谟墓位于宜宾市翠屏区白沙湾街道黄桷坪村12组，长江北岸的螺丝山南坡上，南距长江1千米。该墓是在宜宾市第七初级中学迁建工程的施工过程中发现，随即对其进行抢救性发掘。

墓葬坐北向南，并列双石室，由排水沟、祭台、碑座、墓圈石、石室组成。排水沟自墓前中部引出，在墓前东部弧形南流至断崖处，排水沟底部为砖砌；祭台、碑座位于墓前，被破坏较为严重；圈墓石呈“U”字形，位于墓室南半部；石室为前后室结构，由前室和东西后室组成，顶部现已不存，局部墓壁破损。墓内雕刻较为丰富，在前室、后室的两壁雕刻有卷草纹、云纹，后壁雕刻瓶插花，后龛内阴线刻牌位，“明故太子少保周文安公之墓”题刻位于西室后龛内。

周洪谟是宜宾古代乃至四川明代历史上标杆式的文化名人，儒学造诣极深，著述甚丰，为官颇有建树，对宜宾文化教育产生过重大影响。同时，该墓规模较大，墓内雕刻精美，具有很高的历史文化和艺术价值。总之，周洪谟墓的发现与发掘对研究明代品官的丧葬制度及社会文化等问题都具有重要的学术价值。

（郑万泉）

【平昌县圈井村清代碗墓】

发掘时间：2013年5～7月

工作单位：四川省文物考古研究院

2013年4月底，巴中市平昌县白衣镇圈井村6组村民因建设工程发现碗墓，暴露出大量白石灰以及青花瓷碗。四川省文物考古研究院随即对墓地进行了抢救性发掘，共清理墓葬3座，出土青花瓷器约8000件。

3座墓葬平行排列，其中M1、M2是土坑竖穴墓，棺椁结构。木棺，椁由青花瓷碗堆砌而成，俗称“碗墓”“碗坟”“碗山”。两座碗墓的建筑堆砌方式有明显的差异，M3为石室墓。

M1墓椁瓷碗重叠纵向规整排列构成墓顶及墓两侧，再由同类瓷碗重叠横向呈拱形规整紧密铺设，最上层由瓷碗倒扣紧密铺设，间隙添上瓷杯或正放或倒扣，两侧规整扣上若干瓦片，尾部拱形顶两侧半重叠斜倒扣小瓷碗。墓椁前部倒扣数个大瓷碗，间隙夹有小瓷碗或正放或倒扣。瓷碗之间由三合土黏合而成，发现的器类主要有青花瓷碗和青花瓷杯。杯、碗皆是圈足、侈口、鼓腹，白胎薄釉，图案、纹饰有人物、花卉纹、几何纹等。墓椁组成的青花瓷器物总数约5000个。

M2墓椁青花瓷碗统一倒扣错列堆叠排列成梯形，左侧堆设可见有7层，右侧堆设可见有8层。瓷碗之间由石灰和泥土黏合而成，间隙夹杂少许鹅卵石。瓷碗全是青花瓷碗，圈足，侈口，鼓腹。大部分是白胎未施釉，纹饰以花卉居多，另有几何、人物纹等。墓椁组成的青花瓷器总数约3000个。M2墓内出土有瓷碗墓志铭，据墓志铭可知：墓主人陈怀嵩，祖籍江西抚州府人。墓葬年代为清代中期。

鉴于墓葬的特殊形制及建筑方式，此次田野考古并不对墓葬进行完全发掘，清理完墓椁券顶部分后便对墓室进行了初步清理。然后对两座碗墓墓椁部分采取了整体托取的方法搬迁至室内，计划在室内进行二次清理工作。

碗墓为明清时期的一种特殊的葬俗，四川仅在达州市通川区、广安市岳池县等地发现过单座碗墓，但保存状况均不理想。相关研究认为碗墓为特定地区某部分少数人群的一种特定葬俗，而在四川是一种移民葬俗，对于研究四川明清移民史、移民发展史具有特殊的价值。

（刘化石）

贵州省

【六枝特区硝洞旧石器时代遗址】

调查时间：2013 年 2 月

工作单位：贵州省文物考古研究所

遗址位于六枝特区龙场乡红旗村岔河组六枝至龙场公路上方。分上洞和下洞两个，上洞较高，高出河床近 80 米，洞前较陡，过去有金姓人家在此居住，故名金家洞。

下洞因过去长期在洞内熬硝，故名硝洞。洞口东南向，高 5 米 ~7 米，洞宽 18 米，最深 15 米。高出河床约 10 米。熬硝使遗址文化层遭受严重破坏，仅北壁残存有厚约 1 米的地层剖面，出露地表部分可分为 3 层。

第①层为黄沙岩浆层，厚 15 厘米 ~20 厘米，土质坚硬，纯净无物。

第②层为黄褐色土层，土质较紧，厚约 60 厘米，含烧土颗粒、炭屑和动物碎骨。

第③层为黑褐色灰烬层，厚 20 厘米，含大量动物碎骨、烧骨、燧石和砾石断块等。

第③层下地层情况不清。

采集标本主要是石制品和碎骨，没有发现陶片。石制品包括石锤 1 件，砍砸器 1 件，刮削器 1 件，石核 2 件，断块 2 件。其中石锤呈长条椭圆形，两端和一面有密集的打击疤痕，另一面有磨制痕。动物碎骨数量较多，相当部分被焚烧过，且较细碎，种属未辨。

出土的石制品和动物碎骨与六枝桃花洞基本相同，年代亦当接近，应在旧石器时代晚期。

（张合荣）

【黔西县苏家岩洞史前洞穴遗址】

调查时间：2013 年 8 月

工作单位：贵州省文物考古研究所

遗址位于黔西县红林彝族苗族乡新坪村，地理坐标北纬 27°05′50.1″，东经 105°53′11.10″，海拔 1404.7 米。

苏家岩洞坐西南朝东北，洞口宽约 10 米，高约 20 米，洞深约 150 米，洞内宽约 10 米 ~20 米，面积约 300 平方米。洞口朝洞内向下倾斜，洞外为一凹地，四周小山环绕，仅东北处有一较平坦的地，洞口处靠内侧有一“之”字形石墙，推测应为明清时期修建，残高约 1 米 ~3 米。

在洞内采集标本有陶器残片、动物碎骨和石制品等。陶器残片 10 片，皆夹砂灰褐陶或黑褐陶，砂粒较粗，陶质松软，火候不高。部分器表饰波折纹、平行划纹和绳纹，部分为素面，细碎器形难辨。动物碎骨 3 块，皆动物肢骨，钙化较深。石制品不多，仅 1 块砾石石核较典型，人工台面，打片疤清晰。

根据采集的陶器和动物碎骨初步推测，苏家岩洞遗址年代在旧石器时代晚期至新石器时代。

（张合荣）

【平坝县牛坡洞新石器时代遗址】

发掘时间：2013 年 9～12 月

工作单位：中国社会科学院考古研究所、贵州省文物考古研究所

牛坡洞遗址位于平坝县（现属贵安新区）马场镇平寨村魁山（又名龟山、坤山）组东的牛坡山麓，由 3 个洞穴组成，编号为 A、B 和 C 洞。2013 年联合考古队对遗址的 A、B 两洞进行了第二次正式发掘。

经过第一个季度的试掘，对遗址的文化堆积状况获得初步的认识。2013 年开始扩大发掘规模，在 A 洞外布长、宽各 2 米探方 7 个，B 洞外布长、宽各 2 米探方 4 个，实际发掘面积约 30 平方米。尝试进一步了解遗址的堆积状况以及遗址洞内与洞口外的堆积关系，以明晰遗址的文化面貌和内涵等。此外，还清理了 2012 年度发现的两座墓葬以及 2013 年新发现的一座墓葬。

根据初步清理得知，A、B 两洞的堆积均较深。其中，A 洞内堆积深度超过 2 米，洞口外堆积最深处约 5 米；B 洞内堆积深度超过 2 米，洞外堆积深约 3.3 米。以 B 洞口外堆积为例，可分为 14 层。其中，第③层出土有数量较多的陶片和少量石制品、兽骨等；第④至⑭层只有大量石制品和兽骨出土，不见任何陶片。

文化遗物以打制燧石石制品最多，包括石片石器及石料、断块、石核、石片、碎屑等。有数量较多的两面带凹的砾石石器。另有少量磨制石器。陶片较多，多为敞口束颈鼓腹的平底器，均夹砂，饰方格纹、绳纹、刻划纹等。骨器包括磨制的骨铲、骨锥等。

据 A、B 两洞出土遗迹及遗物判断，两个洞穴应该被同时使用，但推测其功能应有所不同。A 洞出土灶址和大量的兽骨，以及用来加工坚果类食物的凹石，推测可能为生活区；B 洞出土大量燧石石器和石料、断块、石核、石片、碎屑等石制品，推测可能为石器加工场所。在贵州发现的洞穴遗址中，极少见到有关陶器和墓葬的报道，但在牛坡洞遗址却出土了相当数量的陶片和 4 座墓葬。这对研究贵州地区的洞穴遗址具有开创性的意义，将为深入探讨平坝、黔中乃至贵州史前考古学文化谱系，云贵高原地区的新旧石器时代过渡，史前人类行为模式，人类生存环境、体质特征等提供重要证据。

（付永旭）

【六枝特区雨滴新石器时代遗址群】

调查时间：2013 年 2 月

工作单位：贵州省文物考古研究所

遗址群位于六枝特区梭夏乡安柱村雨滴村民组附近，地处乌江上游重要支流的老坡底大河北岸，隔河与岩脚镇老坡底遗址群相望，共包括雨滴遗址、白岩脚遗址、上座落遗址、狮子口遗址、落洞麻窝遗址、跨岩遗址、苗子地遗址、云南大地遗址、廖嘴岩遗址等处。遗址分布很有特点，从河谷所在的山麓直到山顶均有遗址分布，最大相对高度近 200 米。

各个遗址地层堆积厚薄不一，出露断面大多可初步分为 3 层：

第①层：黑褐色耕土层，厚 15 厘米～20 厘米，表面有较多碎陶片。

第②层：颗粒状夹较多灰白色细石粒的黑褐色土层，土质较松软，厚约 40 厘米，包含较多烧土颗粒和碎陶片，是遗址主要文化层。

第③层：黄褐色土层，厚 10 厘米～30 厘米，包含少许烧土颗粒。

采集陶片标本很多。陶质均夹砂，部分陶片砂粒较粗，陶胎厚薄不一，有的厚度超过 1 厘米，陶色以黄褐色为主，还有少量红褐陶和灰黄陶。总的来说陶色比较接近，素面陶较多，纹饰主要是不同形状和粗细的方格纹，器形可辨者主要是罐类。

石制品主要有疤砾石和两面磨成窝状的圆形石器。

梭夏雨滴遗址群同大河对岸的老坡底遗址群出土陶器的陶质、陶色、纹饰和器形均基本相同，应是同时期相同文化的聚落遗址，年代亦大约在新石器时代晚期至商周时期。

（张合荣）

【清镇市马洞商周时期遗址】

调查时间：2013 年 10 月

工作单位：贵州省文物考古研究所

遗址位于清镇市暗流乡长坎村长坎组马洞，暗流至新街公路西（左）侧约 0.6 公里处，地理坐标为北纬 26°51′43.41″，东经 106°21′05.42″，海拔 1184 米。

洞口朝向东北约 70°，马洞前为一较深的沟壑，高出沟底约 100 米，其间为缓斜坡相连，斜坡被开凿成块状或条状的土地，意即马洞在半山坡上，洞前视野开阔。

洞内有一形如卧马的钟乳石，故得名。洞内较平坦，在距洞口约 8 米处有一楔形小洞向下倾斜，洞口宽 14.5 米，进深 10.3 米，高约 4.1 米，洞厅面积约 60 平方米；洞口向外另有一面积约 30 平方米的缓坡地，其上荆棘丛生。

在洞口和洞外缓坡地上皆有文化层堆积，其中以洞口处堆积较好，分 2 层，第①层为扰乱层，厚约 5 厘米，内杂石块、植物根茎、瓦片；第②层为文化层堆积，厚约 40 厘米（不到底），其下堆积情况不明，该层为黑褐色土，土质较松散，内含炭屑、烧土颗粒、石块，在其内采集到较多陶片及少量烧骨。

陶片 15 件，皆夹砂陶，陶色有黄褐色、灰褐色、黑褐色等，以黄褐色陶为主，纹饰有绳纹、交错绳纹、划纹、弦纹、戳印纹等，以绳纹为主；所出陶片可见 3 件口沿，其中 1 件口沿残片较大，为尖唇敛口器，口沿外壁有慢轮修整痕迹，器表施戳印纹和绳纹的复合纹饰，余皆为碎片，器形不明。部分陶片的表面为黑灰色烟垢，为实用器。烧骨为股骨碎片，其表面呈灰黑色。

从陶片的特征推测其所代表年代可能为商周时期。

（杨　洪）

【毕节市高洞商周时期遗址】

调查时间：2013 年 10 月

工作单位：贵州省文物考古研究所

遗址位于毕节市七星关区何官屯镇新华村高洞，何官屯至云南黑树镇公路东（右）侧约 150 米处，地理坐标为北纬为 27°26′08.98″，东经 105°14′26.43″，海拔 1846 米。

洞口朝向正南，为大幅白岩底部的小偏岩，宽约 12 米，进深 3 米，高 2.5 米，有水滴从洞顶向下滴落，洞底平坦，其上铺有晚期的石板，洞前开阔，视野较好。

在洞外有长约 15 米、宽 30 米的斜坡将洞与其外侧的地面相连，在偏岩中部距洞口 8 米处的斜坡被开凿成小块土地。该地的面积约 40 平方米，地表多见石块、少量的烧土颗粒和木炭碎屑，在其内采集到较多的陶片和极少量的动物骨头。由此推知偏岩外侧的斜坡地内应皆有文化层堆积，面积近 500 平方米，堆积厚度 1 米 ~ 2.5 米。

陶片 76 片，皆夹砂陶，陶色有黄褐色、灰褐色、浅红褐色、灰黑色、黑褐色等，以黄褐色和黑褐色为主，纹饰有绳纹、划纹和压印纹，所采集陶片中有 1 件口沿，侈后、尖圆唇、矮领，为罐釜类器物。

动物骨头 1 件，为下颌骨，种属不明。

高洞白岩遗址所采集陶片与毕节青场瓦窑遗址的陶片近似，其时代应大体相当，为商周时期。

（杨　洪）

【水城县坪寨大洞商周时期遗址】

调查时间：2012 年 12 月

工作单位：贵州省文物考古研究所

遗址位于水城县坪寨乡坪寨村大坪子西北侧，北盘江上游可渡河东侧，高出可渡河约 100 米，从平寨至拖泥湾的乡村公路从洞前经过，将洞前堆积全部压住。

洞口正南向，洞前为一小洼地，前方约 100 米处有一小石山，不高。洞东南侧为大坪子坝子，面积虽不大，但在群山围绕的可渡河峡谷岸边已觉异常开阔，坝子中水田片片，并出露一些小土丘，自然环境相当优越。

洞口高约 5 米，洞宽 15 米，深 18 米，洞口向洞内逐渐变窄，面积约 200 平方米。洞表有一层较厚的淤泥，在洞口东侧出露文化层堆积，土质灰褐色，夹杂有较多炭屑等，包含物有大量陶片、碎骨、石制品和螺壳等。

陶片 40 余片，大小不一，均夹砂，陶色主要是黄褐陶和黑褐陶，部分陶片为素面陶，有纹饰者主要是细绳纹和交错绳纹。器形可辨者主要是矮领的罐类，有的罐颈内壁打磨光滑。

石制品原料主要是砾石和少量燧石，包括石核 3 件，石片 6 件，断块 6 件。碎骨近 20 块，有明显砍砸痕，大部分为烧骨，并有牙齿 1 颗，种属不辨。螺壳 4 个，个体较小，钙化程度不深。

从洞内堆积看，这是一处保存较好的洞穴遗址，根据陶片初步推测，年代可能在商周时期。

（张合荣）

【清镇市敞口洞战国秦汉时期遗址】

调查时间：2013 年 10 月

工作单位：贵州省文物考古研究所

遗址位于清镇市麦格乡卖西村麻窝田，地理坐标为北纬为 26°45′17.65″，东经 106°25′29.50″，海拔 1212 米。

洞口朝向东北，洞外侧南面地势较为平坦，为一山间小坝子，洞前约 5 米处有一南北向小溪流过。敞口洞名为敞口，实则为偏岩，在岩厦的靠里处另有一面积较大的石灰石溶洞；偏岩下遭破坏严重，其地面有较多的乱石，其间荆棘丛生；岩厦宽约 40 米，最大进深 10 米，高 15 米。

岩厦内向山体延伸的溶洞，洞口宽约 7.6 米，进深 17.5 米，高 2.8 米，该洞的洞厅较为平坦，略低于岩厦底部约 0.5 米，洞内面积约 80 平方米，其上有较多的钟乳石垂挂。

在溶洞的洞口与岩厦交接处，发现有面积约 20 平方米的堆积，堆积分 2 层，第①层为扰乱土，土色较杂，厚约 15 厘米，内含石块、瓦砾；第②层为黑褐色土，土质较疏松，厚约 30 厘米（不到底），其内含有少量的炭屑、石块，于其中采集到石制品、陶片等遗物，另有少量的动物骨骼出土，皆较小的骨头残段，种属不辨。

石制品 1 件，石质为黑色燧石，可见锤击法打制痕迹，疑为长条形刮削器，长 5 厘米，宽 2.5 厘米~3.5 厘米，厚 1.5 厘米。

陶片 3 件，皆夹砂陶，陶色有深灰褐色和黄褐色，胎土中羼和有乳白色的砂石颗粒。器表饰压印方格纹，陶片火候较高，厚约 0.4 厘米，陶片皆为碎片，器形不明。

从所出陶片的特征推测其所代表年代为战国至秦汉时期。

（杨　洪）

【盘县狗场坝老营山战国秦汉时期遗址】

调查时间：2013 年 3 月

工作单位：贵州省文物考古研究所

遗址位于盘县普田乡狗场坝村（原马戛公社）马戛寨背后的石灰岩小山上。小山南北向，高约 80 米，山体西北角最高，西坡、北坡较陡，东南向平缓，遗址主要分布在山体南侧，四周被一圈石墙围绕，面积3万余平方米。

遗址区岩石裸露，有数座现代坟。岩石之间形成大小、高低不一的黑褐色土堆积，厚薄不一，里面夹杂较多砾石断块和粉化细石粒。黑土中夹有较多的红烧土颗粒。在一岩石所包围的一小块地里挖出大量陶片、少量石制品和动物烧骨，标本相当丰富。

采集陶片上百片，基本上皆夹砂陶，陶胎厚薄不一，最厚者达2厘米。陶色主要是灰褐陶，还有一定数量的黄褐陶、红褐陶，纹饰主要是粗细绳纹、交错绳纹和篮纹等，绳纹占80%以上，器形有罐、釜等。石制品包括磨石断块2件、残石锤1件、石核1件和残石纺轮1件等。

根据陶片初步推测，遗址年代在战国秦汉时期即古夜郎活动时期。在贵州西南部发现的众多山顶遗址中，均有石围墙围绕，这些石墙相当部分是明清时期防御性营盘建筑遗迹，但在包括老营山遗址在内的部分遗址，围墙内很少发现明清时期遗物，其围墙是否有部分或局部是早期形成的，这是值得思考和认真对待的事，因为这对解决古夜郎人群的防御体系相当重要。

（张合荣）

【六盘水市钟山区清华洞先秦时期遗址】

调查时间：2012年12月

工作单位：贵州省文物考古研究所

遗址位于钟山区虹桥新区石桥村7组，高出新区坝子（水城至双水）近200米。洞前方有一片斜坡地带，左、右两侧并立两个小山头，有如自然形成的山门一般。

洞口处有一小块平地，砌有石墙，可能系晚期形成。

洞略东南向，洞高5.8米，口宽5.3米，深近30米，面积100余平方米。洞内钟乳石发育良好，千姿百态。洞东壁距地表约2米处有“清华仙洞”4个大字，每字20厘米见方，旁署“桂林董良相题”一行小字，但未题记年代。

据清光绪二年编《水城厅采访册》，林董良为广西桂林举人。清乾隆二十七年（1762）署水城厅通判，乾隆二十八年离任，则“清华仙洞”题刻年代应在其任内的乾隆二十七年至二十八年间。

调查时在近洞口堆积中挖掘出陶片、石制品和动物碎骨等文化遗物。陶片14片，陶质均夹砂，但有少量陶片砂粒细，接近泥质陶，打磨光滑，陶色有黄褐、灰褐和黑褐几种。器表多素面，少部分饰绳纹，器形可辨者仅罐1种。碎骨少，仅采集到2块烧骨，种属不辨。石制品主要是燧石，包括石核1件、石片1件、断块2件和刮削器1件。

洞内还出土一散乱的人骨架，骨架旁有一青铜箭镞。骨架包括头骨和肢骨，基本没有钙化。铜镞1件，为双翼三棱镞，保存基本完整。

从采集的陶片、石制品和青铜镞等推测，该洞穴可能存在早、晚两个时期的文化堆积，早期可能在商周时期，晚期可能在战国秦汉时期，洞内人骨架和青铜镞的出土似乎表明有战国秦汉时期洞葬存在。

（张合荣）

【贵安新区沙坡及野猫坟汉晋至明清时期遗址】

调查时间：2013年6~8月

工作单位：贵州省文物考古研究所

2013年贵州省文物考古研究所在进行贵安新区磊马路、茶园路文物考古调查时，在沙坡和野猫坟两地各发现汉晋至明清遗址一处。

沙坡遗址位于贵安新区马场镇刘家村沙坡（即马场中学东侧，大松山水库北侧），该地地理坐标为北纬26°23′50.5″，东经106°27′15.8″。遗址分布在几个小山坡上，距大松山水库的水面约25米，遗址面积近2万平方米。遗址文化层厚约1.2

米，分为 5 ~ 6 层。在遗址中采集较多青、白釉、酱釉、青花瓷片等。

野猫坟遗址位于贵安新区马场镇谢家寨野猫坟，该地地理坐标为北纬 26°22′53.8″，东经 106°27′12.3″。遗址分布在相邻的两个小山坡上及坡脚处，遗址面积近 1 万平方米。遗址文化层厚约 1 米，分为 3 ~ 4 层。在遗址中采集较多青釉、白釉、酱釉、青花瓷片等。

根据采集的瓷片及马场两晋南朝唐宋墓分布情况，沙坡、野猫坟遗址年代应为魏晋至明清。这两个遗址的发现，对于马场镇汉晋至明清文化的全面研究具有重要意义。

（胡昌国）

【兴仁县交乐二十号汉墓】

调查时间：2013 年 3 月

工作单位：贵州省文物考古研究所

2013 年 3 月，当地村民在交乐墓群保护范围内修建房屋时发现 1 座汉代砖室墓，延续此前编号称二十号墓，贵州省文物考古研究所对之进行了抢救性清理发掘。

二十号墓为“凸”字形竖穴砖室墓，由墓室和甬道组成。墓向 15°。封土已被破坏，基本不见，顶部大部分已坍塌，墓室及甬道皆为券顶，墓室后墙因自然压力变形，向墓室内倾斜。墓室长 4 米，宽 2.4 米，残高 0.12 米 ~ 0.94 米，墓道长 2.02 米，宽 1.6 米，残高 0.36 米 ~ 0.48 米。墓室破坏较严重，墓室高度不详，右墓壁及后壁保存较好，墓壁用长方形几何纹砖砌筑，剖面呈梯形。长方形几何纹砖铺地，铺地砖略向四壁倾斜，起到排水、防潮的作用。墓室填土基本与墓壁持平，上面填土中包含大量的券顶砖，较为凌乱，出土有少量的原始瓷和青花瓷片，在靠近底部 0.3 米位置填土较为纯净，为黄褐色黏土，黏性较大，发现有少量漆皮，未见棺椁痕迹和遗骸。墓室修筑时，系在当时地面下掘墓坑，将墓底平整后铺设地砖，墓壁起于地砖之上，然后券顶。

该墓因被盗扰，随葬品仅存 2 件，陶罐 1 件，环首铁刀 1 件，均出自于墓室后侧。交乐二十号墓从墓葬形制结构和出土的随葬器物，都显示出与之前发现墓葬同一化的风格，具有典型的汉式墓葬文化特征。据《贵州兴仁交乐汉墓发掘报告》（以下简称《报告》）中分析，在交乐发掘墓葬中，土坑墓的年代为两汉之际；石室墓在东汉早中期；砖室墓已到东汉晚期。M20 中出土的陶罐与《报告》M6 ∶ 55 的单耳陶罐基本一致，据此推断其年代早不过两汉之际，晚到东汉晚期。这座墓的发现与发掘为兴仁汉墓提供了珍贵资料，进一步丰富了贵州汉墓材料。但这座墓被盗扰严重，影响了对其年代、性质和墓主人身份认定等问题的深入研究。

（彭　万）

【遵义市海龙囤宋至明代遗址】

发掘时间：2013 年 8 月 ~2014 年 1 月

工作单位：贵州省文物考古研究所

继 2012 年度第一季大规模发掘之后，经国家文物局批准，此次对海龙囤遗址展开了历时近 5 个月的第二季考古发掘，取得重要收获。

一是基本厘清了“新王宫”中轴线。

“新王宫”是近两年来海龙囤考古工作的重心。2012 年的发掘确定了“新王宫”的范围及大体格局，探明“新王宫”是一组有封闭围墙、面积达 1.8 万平方米的带有土司衙署性质的明代建筑群。

贵州省文物考古研究所把梳理“新王宫”中路建筑作为主要发掘任务，并基本厘清了其格局。经清理，“新王宫”中路建筑自前而后依次为九级踏道（或十一级，散乱较甚）、五级踏道（三阶）、大门（两侧有八字墙，外与城墙相连）、左右转角楼（F26、F27，在仪门台基下，略呈曲尺形，故名）、九级踏道（三阶）、仪门（面阔三间，两侧带耳室）、左右两厢（各面阔三间，与仪门及两厢台基下F26、F27相互对应）、庭院及中央甬道（两端有踏道上下）、月台、大堂（即今海朝寺之所在，清理出柱础4个，其通面阔与进深与F7基本相当，详细结构因叠压于海朝寺下尚难探明）、两厢及庭院，末端为二堂。如此，“新王宫”中轴线上大门、仪门、大堂、二堂及两侧的两厢、中央的庭院等形成了三进的空间。

《明史·舆服志》：“三品至五品，厅堂五间七架，屋脊用瓦兽，梁栋檐桷青碧绘饰，门三间三架，黑油锡环。”播州宣慰使官阶为从三品，其厅堂面阔五间、大门三间，合乎礼仪。

二是通过城垣对海龙囤格局的变迁有了新认识。

经调查，海龙囤现存城墙约5.7千米，根据砌筑方式的不同可分作三种类型。第一类，页岩（黏土岩）平铺或直砌，即墙体用扁平的页岩平铺叠砌筑而成，局部则将片状页岩直立栽于泥中，其上覆以平铺页岩。两种筑法混为一体，一般外侧墙体平铺，内侧直砌，中填以土，石材向外一面往往经加工，多留有錾痕。石材多干砌，偶用石灰作为黏合剂。囤顶南、北两侧城墙、环转山城墙以及所谓“土城墙”均是这类砌筑方式。第二类，页岩斜置，即墙体的上半部用倾斜的页岩垒砌而成，无黏合剂，也不见加工痕迹。这类砌法见诸后关两侧及“新王宫”城墙的局部。第三类，方正青石（泥灰岩）错缝叠砌，即用经过加工的、豆腐块状方正青石错缝砌筑内外墙壁，普遍以石灰作黏合剂，中填以斜置页岩。所有关隘及与之相接的城墙（后关除外）均系此类做法。

飞凤关、朝天关两处发现第一、三类城墙间的叠压关系，即方正青石砌筑的关隘城墙叠压于页岩平铺或直砌的南城墙上，两者之间的相对早晚关系至为清楚。据此，可将城垣分为早晚二期。平铺或直砌页岩砌筑的城垣为第一期遗存，斜置的页岩和方正青石砌筑的墙体为第二期遗存。万安关以里的所谓“土城墙”，经发掘是一道以页岩平铺或直砌的方式砌筑而成的墙体，长176米，墙基宽8.9米~10.5米，最高处近3米。其与囤之南北同样砌法的城墙连为一体，并于中央及南北两端各开一门道，门道略呈“凸”字形，宽1.4米~2.15米，长约10米，外端设门，出土较多板瓦，知原有城楼。从目前调查与试掘的情况看，该墙应是第一期城垣的最西端，其外的万安关、西关、后关及两两围合成的月城、土城应是万历时向西扩建而成的。囤东飞龙、朝天二关关隘铭文有“重建”二字，知万历时期“于囤前筑九关”时该处本有关隘，它们应与囤顶南北城墙、土城墙等一起，构成第一期城的轮廓。囤东顺山势蜿蜒而下的城垣及飞虎、铁柱、铜柱三关，为第二期遗存。第二期城垣应为万历时期遗存，而第一期城垣的年代还需进一步确认，很可能即是宋代遗存。

三是对囤上道路交通进行了初步梳理。

囤上道路在2000年前后因旅游开发而进行过一次较大范围的改造，因此现行路网不能反映囤上当时的交通状况。鉴于此，此次发掘在调查的基础上以试掘的方式对道路交通进行了梳理，探明飞凤关至“新王宫”之间较完整的明代道路200余米。路宽约2米，主要以扁平的页岩平铺而成，间用小片页岩直立嵌在大石板间的缝隙里。局部铺路石板下发现少量明代青花，知其为明代路面。此外，1999年清理出长474米的“龙虎大道”，是一条开凿于飞龙关和飞虎关间石崖上的登囤大道，凿下的石材可就近砌筑关隘与城墙。道路梳理对认识不同遗迹间的相互关系有着积极的意义，是下一阶段仍需继续推进的工作。

（李 飞 陈 卿）

【遵义市新蒲杨氏土司墓群】

发掘时间：2013 年 4 ~ 12 月

工作单位：贵州省文物考古研究所

2012 年，为配合遵义市中桥水库工程建设，对中桥水库工程淹没区进行了文物调查和勘探工作，确认有 8 处文物点处在淹没区内，其中杨烈墓和挨河墓为既往发现的文物点，也最为重要。杨烈墓早在 1982 年便被贵州省人民政府公布为省级重点文物保护单位。

2013 年，考古队进驻新浦，率先对杨烈墓（M1）和挨河墓（M2）展开发掘，取得了重要收获。基于此处是播州杨氏土司重要的家族墓地和很有可能还有别的重要遗迹的可能性，考古人还对墓葬周边区域进行了细致深入的考古调查和钻探，也有了新的发现。

遵义旧属播州，公元 9 ~ 17 世纪为杨氏所据，从杨端入播州至末代土司杨应龙时传 27 代 30 世，即 30 人先后出任播州统领。新浦杨氏土司墓群的发掘，丰富了上述信息。出土墓志铭表明，挨河墓为杨氏第 21 世杨铿的夫妇合葬墓。根据杨铿墓志的内容，结合现场勘查，杨氏第 14 世杨价的墓葬可能也在附近。

杨烈墓为双石室并列的夫妻合葬墓，居于整个墓地的最西端，背靠营盘山，面向老鸦岩，前临仁江（即文献记载的官渡河）。地表原立有墓碑，标明墓主为杨氏第 29 世杨烈。2013 年 11 月，启动对杨烈墓的发掘，这次对杨烈墓的发掘是在 1998 年发掘的基础上进一步全面的发掘清理。

该墓依坡而建，距洪江河面垂直高度约 70 米。墓地常年耕种，多次被盗，不仅墓门已完全暴露，连巨大的墓顶石也暴露一段。残存的封土堆顶部平坦，东西宽约 13 米，南北 14 米。女室顶部封土厚 1.5 米，男室封土厚 1 米，男、女两室结构基本相同，规模也近似。墓室用巨大的青石营建而成，平顶，平底，无龛。墓前存石翁仲一对，高近 3 米，相向而立。另有残石碑两通，碑座尚存。

杨铿墓与杨烈（杨氏第 29 世）墓相距仅 180 米，墓葬背山临水，后靠营盘山（即官坟大山），前临洪江（后改称仁江），面向熊家岩，处在营盘山前一坡度平缓的小土丘前端。墓葬遭到数次盗掘，墓室墓门等已悉被打开，破坏较为严重。

杨铿墓全景（由东北向西南）

发掘清理表明，杨铿夫妇墓系用巨大条石砌筑而成的大型同坟异穴合葬墓，共三个独立的墓室，结构、大小均相同，仅墓门、墓顶等装饰略有差异，由甬道、墓门和后室三部分组成，每室间砌有隔墙，护墙为八字形土墙，各面扣合处凿有榫槽。中、南两室墓前两米处中轴线上，埋有墓志铭两合。墓室呈长方形，三室结构基本相同，中室甬道室与墓室之间为墓门，墓门外横陈封门条石和顶门石。墓门有门扉一扇，中有门扣，另一扇已毁坏。墓顶中部为覆斗形藻井，藻井中部为存放铜镜的凿孔，凿孔周围篆刻四字，待进一步释读，两侧壁有龛无装饰，后壁无龛饰有减地壶门。墓底为一整石砌成，上面放置棺床，棺床与左、右、后三壁形成三道沟槽，起排水防潮作用。

南（田氏夫人墓室）、北墓室结构同中室。南室墓门等已完全不存，但两侧壁龛、藻井和石棺床保存较好，前室残存有一定数量的随葬品。北墓室抵门条石、封门大石板和墓门虽被局部破坏，但均有保留，在前室（甬道）内亦有一定数量的随葬品出土。

杨铿墓中室、南室前方均发现有残存的碑座垫石和埋藏墓志的石函各一处，出土墓志铭两合，分别为杨铿墓志和田氏墓志。两合墓志铭均有篆书志盖和楷书正文各一方，两方铭文相对叠合，外用铁皮封成十字，出土时盛装在一石盒中。杨铿墓志在杨铿墓中室墓门外中轴线上出土，志文文字阴刻，表面涂朱，墓志盖篆刻有“明故亚中大夫播州宣慰使司宣慰使杨公墓志铭”，志文楷书，约3000字，记录了播州杨氏家族史、部分土司传承关系，并重点记录了杨铿向明朝廷臣服后，杨铿为朝廷率军出征的功绩等。田夫人墓志在杨铿墓右室墓门外中轴线上出土，志文文字阴刻，墓志盖篆刻有“明故播郡太淑人田氏墓志铭”，志文楷书，900余字，记载了部分田氏家族史和部分土司传承关系及周边宣慰使司的姻亲关系。

杨铿墓志盖拓片

杨铿墓虽然被盗扰严重，但是在清理过程中出土的随葬遗物有骑马俑、香炉、铜镜残片、玉叶和料珠等，共52件（套），出土的骑马俑较为完整，形象丰富，为研究明代播州人物形象、服饰、雕塑艺术、社会生活等方面的实物例证，极为珍贵。

杨铿墓北室出土的骑马俑

杨铿墓志记，其死后祔葬于“洪江原”“威灵英烈侯墓之右”。据《杨氏家传》，杨氏先人中，仅第14世杨价获封“威灵英烈侯”。以死者之左右为左右，并审以“风水”，价墓应在铿墓以西、烈墓以东，俗称“石墙”的高敞之地。

石墙位于新浦新区新浦村官堰组，仁江河西岸。经调查，发现有两圈石墙——石板墙与石墙，构筑方式、墙体结构、范围、时代不同，部分有重叠。在墙内外两侧有大量的瓦砾堆积，在解剖时出土了大量滴水瓦、勾头瓦、筒瓦、板瓦、脊兽残片，另有少量建筑石构件，这些建筑构件制作较为精细，气势宏大，非寻常人所有，应为官式建筑构件，这些构件仅在石墙周围发现。杨烈墓在石墙之内，居于其左前侧。据杨爱墓修墓题记，爱墓有“石坟、石门、八字墙、周围城”等，官堰的石墙或即“周围城”。

在发掘同时，此次对杨铿墓和杨烈墓的周边进行了细致调查，新发现遗址数处，计有新场遗址、营盘遗址、溪脑壳遗址、官殿堡遗址、窑址坪窑址、干溪窑址、挨河窑址、采石场、跳墩桥遗址等，并重点对新场遗址进行发掘清理，发现少量建筑基础和大量建筑构件。此外，在杨铿墓及其周边展开重点针对窑址和采石场的调查和清理，确认了几处窑址和采石场，确定了修墓所需砖和石料等建筑材料均就近取用。

遵义市新浦有已知的杨烈墓，新确认的杨铿墓以及可能存在的杨价墓组成的杨氏土司墓群，是播州杨氏土司较为集中的祖茔之一，是贵州考古的一项重要新发现，具有极其重要的历史和科学价值，必须及时采取积极的保护措施，对其进行科学的、有效的保护。

（周必素　彭　万）

【高坪杨氏土司墓葬群】

发掘时间：2013 年 12 月

工作单位：贵州省文物考古研究所

高坪杨氏土司墓葬群位于遵义市汇川区高坪镇鸣庄村永兴组之南山北坡，包括播州土司杨文墓（南宋）、杨昇墓（明）、杨纲墓（明）、杨爱墓（明）。20 世纪 70 年代贵州省博物馆考古队曾发掘清理过这批古墓，出土了残碑、墓志铭、圹志铭、修墓题记以及陶俑等文物。此次新发现位于杨昇墓前的 1 座带周围城残毁石墓，高坪中学后的 2 座一室墓和 1 座两室墓，皆遭盗损。

此次为配合遵义海龙囤军事城堡申遗工作，再次对这 4 座土司墓进行了清理测绘、拓片制作，并对周边墓葬进行了调查。4 座土司墓均坐南朝北，平面为长方形，原覆封土，现皆不存。皆系夫妇合坟，少则 2 个墓室，多至 4 室并列。每室用巨大石板砌成，榫卯扣合，之间有石墙相隔，结构布局相同，均由前室（甬道）、墓门、墓室三部分组成。部分墓室前封门石、墓门不存。在墓门、墓内侧壁、顶壁等部位，分别雕刻仿木隔扇门、盆景花卉、圆日祥云等纹饰图案。在清理杨昇墓中、东室的前室（甬道）内分别出土了 7 颗人牙（含牙床），若干残陶俑、漆皮、棺钉，数片青花、青瓷瓷片。

（杨　磊）

云南省

【景洪市娜咪囡旧石器时代遗址】

发掘时间：2012年11月~2013年5月

工作单位：云南省文物考古研究所、西双版纳州文物管理所、景洪市文化馆

遗址位于西双版纳州景洪市景哈乡土鲁村巴勒村民小组北偏西30°的1.7千米处，为晚更新世至早全新世洞穴遗址。2011年11月至2012年5月曾对该遗址靠西位置剖面进行发掘，发掘面积15平方米。此次又对第一次发掘的剖面重新进行了细致的清理。全部发掘物均经过干筛，分选的收集物除大量石、骨、角、蚌制品及少量陶片外，还包括大量植物种子、植物碎片、无脊椎动物（螺类、蚌类）以及脊椎动物（鱼、两栖、爬行、哺乳类）骨骼。

此次发掘取得重大成果：

第一，在洞穴靠西位置清理出厚6米多的地层剖面，在原地层划分序列的基础之上，在原来6大文化层之下又划分出103个小层，使该遗址的地层剖面更加完整和系统。

第二，发现了一批丰富的文化遗物，包括石器5000余件，动物化石20000余件。包括早期的陶器残片，时代较早的研磨器，具有和平工业特征的以一种特殊的“不定型化”技术加工的石器等。

第三，发现了若干结构完整，保存状况良好，学术意义非常重要的遗迹现象，包括火膛、灰烬层以及沟、坑等目前还用途不明的遗迹现象。

第四，采集了大量的可供各种科学手段检测的样品，系统和随机采集沉积土样土壤微结构59个、NPP非孢粉类植物样29个、孢粉样233个；测年碳样215个；浮选土样106个。

该遗址文化层年代跨度大约在距今22000~10000年间，是澜沧江中下游连接东亚、东南亚和南亚关键纽带区域的重要遗址。该遗址处于中缅边境地带，为研究和探索东亚和东南亚地区史前时代人群的迁徙和扩散，文化的交流与传播提供了重要的线索；遗址文化层堆积较厚，地层剖面完整、系统和相对连续，其剖面在精确的地层划分和考古埋藏学记录下可以建立高精度的文化地层年代构架，为东亚及东南亚地区旧石器向新石器过渡阶段的考古学研究树立了一个系统的地层年代学标尺；此次发掘采集了大量的可供各种科学手段检测的样品，这些样品在行将建立新的年代构架下为对该遗址展开多学科、多角度的系统深入研究提供了重要材料。

（高　峰）

【元谋县磨盘山新石器时代遗址】

发掘时间：2012年7月~2013年1月

工作单位：云南省文物考古研究所、楚雄州博物馆、元谋县博物馆

遗址位于元谋县元马镇乐甫村委会南溪村东北500米。发掘面积116.5平方米，地层堆积有15层，最厚处达2.9米。清理各类遗迹89处，包括墓葬4座，房址41

座，灰坑30个，沟1条，窑址1座，沟槽3条，活动面9处。房址堆积为最多，房址按其构建方法分为两类：一类为半地穴房址；另一类为地面起建的沟槽加柱洞式或柱洞式房址，数量上以后者居多，其平面形状多呈长方形或方形，圆形较少。清理墓葬形制既有竖穴土坑石板墓，亦有竖穴土坑墓，其中2座为合葬墓，2座为单人葬。葬式上既有一次葬，亦有二次葬。随葬器物以陶器为主，器形有罐、壶、瓶、杯等，尚有石锛、砺石，骨器、蚌饰及贝。

发掘完场景

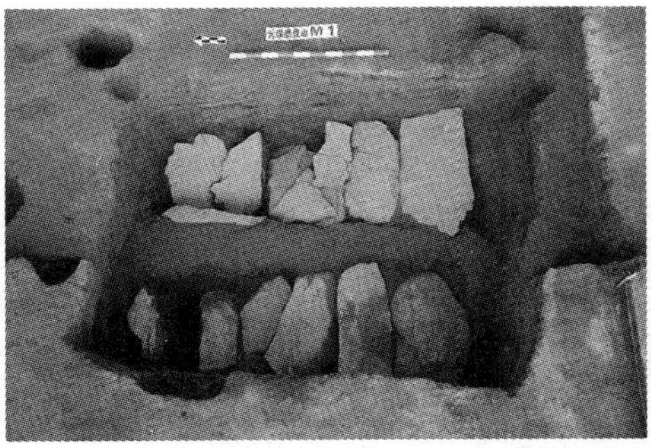

1号墓葬

发掘采集环境土样（植硅石和孢粉）262份，浮选土样100多份。出土遗物较多，依次分为人工遗物和自然遗存两部分。人工遗物有石器、骨角器、蚌器及陶器（片）等。石器有箭镞、斧、锛、凿、刀、纺轮、砺石及饰品等；骨角器有凿、箭镞、锥和饰品。蚌器以蚌饰为多；陶器可辨器形有罐、壶等。自然遗存中的人类骨架均已获取，通过筛选和浮选等手段获取了丰富的动物类遗存和植物类遗存。共出土各类动物骨骼1500多件。大致可分为四类：哺乳类、鸟禽类、鱼类及无脊椎类。哺乳类主要有猪、牛、马、羊、狗、鬣狗、猕猴、兔、鼠、河狸、鹿和麂等；鸟禽类主要有各种鸟和鸡；鱼类有鲤鱼和草鱼等；无脊椎类主要有蚌、螺、蜗牛等。其中个体数量最多的为啮齿类，其次为猪、牛、马，再次为鸡、狗、羊。植物类遗存有果核等，其种类和数量尚待进一步检测。

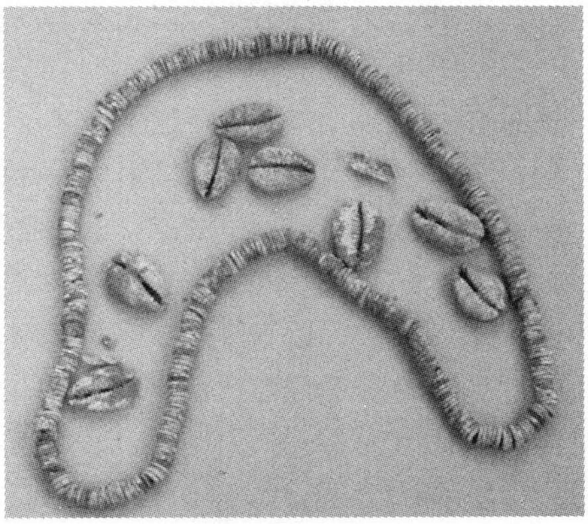

贝珠饰物

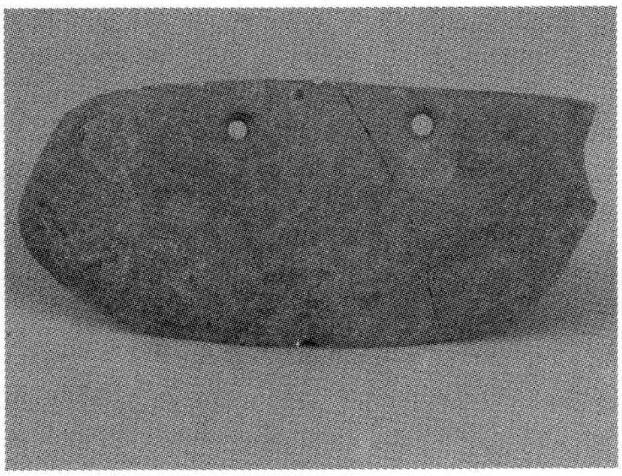

石刀

此次发掘对遗址的分布范围和堆积厚度有了明确的了解及认识，该遗址保存9000多平方米，堆积最厚近5米。此次发掘是元谋继大墩子遗址之后的又一次科学而重要的发掘，发掘以解决和了解金沙江中游地区的元谋盆地新石器时代的编年、分期、文化谱系和文化面貌等问题而开展，并对其聚落形态进行初步了解。发掘所获资料对于磨盘山遗址和大墩子遗址的对比研究，以及细化该区域分期分区等问题具有十分重要的意义。

（康利宏）

【镇沅县菜籽田新石器时代至明清时期遗址】

发掘时间：2013 年 4 ~5 月

工作单位：云南省文物考古研究所、普洱市文物管理所、镇沅县文物管理所

遗址位于普洱市镇沅县振太乡庄房村东北的澜沧江东岸，为配合糯扎渡电站建设，对其进行抢救性考古发掘。发掘清理面积共 3000 平方米，布长、宽各 10 米正南北向探方 26 个，以及长 10 米、宽 5 米南北向探沟 8 个，清理了元、明、清时期地层。发掘出土了大量石制品、少量枣核形陶网坠、陶片、瓷片、铁斧、铜锁、实心铜坠及明、清时期铜钱币等。

石器主要有打制石斧、磨制梯形石斧、尖状器、砍砸器、刮削器、网坠、石片、石核、断块等。打制的双肩石斧是发掘出土最多的一类石制品，多以澜沧江漫滩的砾石为原料（以花岗岩为主），均以锐棱砸击石片为坯，使用锤击法、琢击法进行加工。背面多保留自然砾石面，腹面有明显的加工痕迹。从石制品的形制及加工方式推测，它们应属于新石器时代晚期至青铜时代遗物。

陶片以夹砂橙黄陶、夹砂灰褐陶为主，部分器表由于火候不均而颜色斑驳，多素面，施纹的陶片以绳纹为主，另有极少量刻划纹、蓖点纹等。可辨器形有宽沿釜、折沿罐、带鋬器，这些遗物应属于新石器时代晚期至青铜时代；还出土了少量泥质灰陶片、青瓷、青花瓷、酱釉瓷片等，可辨器形有玉壶春瓶、碗、平底罐等，属于元、明、清时期遗物。

菜籽田遗址的发掘获取了较多的实物资料。从出土的遗物和地层分析，早在新石器时代晚期至青铜时代，该地已有人类在此活动，由于后期人类活动及江水冲刷，早期文化层被严重扰动、破坏。出土遗物反映了澜沧江流域的古文化面貌，这些珍贵的文化遗存，将为澜沧江流域及滇西南区域文物考古、历史、民族研究提供重要的实物资料。

（闵　锐）

【昌宁县大甸山青铜时代墓地】

发掘时间：2012 年 11 月 ~2013 年 3 月

工作单位：云南省文物考古研究所、保山市博物馆、保山市文物管理所、昌宁县文物管理所

大甸山墓地位于保山市昌宁县田园镇龙泉村委会漆树坡小组东南侧的大甸山上。

此次完成的昌宁大甸山墓地考古工作，发掘面积 2500 平方米，共清理各类墓葬 198 座，出土随葬品 268 件（套）。

墓地西侧清理完的土坑墓

墓葬按形制可分为竖穴土坑墓、土洞墓和瓮棺墓三种，其中竖穴土坑墓 174 座，土洞墓 23 座，瓮棺墓 1 座。墓地原生地层破坏殆尽，所有墓葬都开口于表土层下。竖穴土坑墓都是直接开挖在砂石土中，分

布在墓地东南侧、西侧和北侧。墓坑较浅，以小型墓葬为主，出土器物较少，器形也小，大部分为空墓，出土器物的墓葬仅 34 座；土洞墓出土随葬品的有 19 座，是大甸山墓地发现的极具特点的墓葬形制，主要分布于墓地南坡和山顶区域，即墓地的核心区。墓葬均为竖穴式，开挖在膏泥土之下，不带墓道，无腰坑或头坑之类遗迹。纵剖面都为靴形，墓顶或为弧顶或为斜平顶。墓口较小，墓坑窄长，斜坡状墓底，一般 3 米 ~4 米长。墓穴都非常狭小，这是由于墓坑都是挖在膏泥土之下，而膏泥土遇水出现变形、挤压和下沉等情况，使得原先的墓坑慢慢变小、变窄。人骨大多已朽，个别墓葬发现有人骨和牙齿残留痕迹。墓葬的葬式不明，部分墓葬发现有棺木炭化痕迹，应该存在有棺木葬具。墓葬出土随葬品也较丰富，以青铜器为大宗，主要是各类兵器，如弯刀、矛和钺等，随葬品中不见陶器，陶器与青铜器不共存；瓮棺墓仅发现 1 座，分布在墓地东南角，葬具为夹砂灰褐色陶器，器表饰绳纹。此外，在发掘区西南部，发现很厚的黑炭层，可能为火葬场的痕迹，因而推测大甸山墓地局部应该存在有火葬墓。

随葬品按质地可分为石器、陶器、青铜器、铜铁合制品、铁器、琥珀、海贝、麻织品、竹藤物（炭化严重难以取出）等，以青铜器为大宗。青铜器数量较大，按器物功能可分为生活用具、生产工具、兵器、礼器和装饰品等，器形多样，可分为铜弯刀（含人面纹弯刀）、铜扣饰、铜镯、铜矛、铜剑、铜钺、铜钏、铜盒、铜镦、铜斧、铜凿、铜牛角、铜象牙、铜盖、铜器座、铜指护、铜带铃圆环、铜钟、铜铃等，以及采集到的疑似铜鼓、铜釜、铜剑鞘等残片，以铜弯刀（含人面纹弯刀）、铜矛、铜钏、铜钺、铜剑、铜扣数量居多；石器有石范、砺石、石纺轮、石锛以及绿松石等；陶器有单耳陶杯、陶罐、陶釜、陶纺轮等；铜铁合制品有铜柄铁矛和铜柄铁削等；铁器有铁矛、铁削、铁剑、铁镯等；琥珀都为琥珀串珠饰；海贝为贝币；竹藤物为藤篾腿套等。

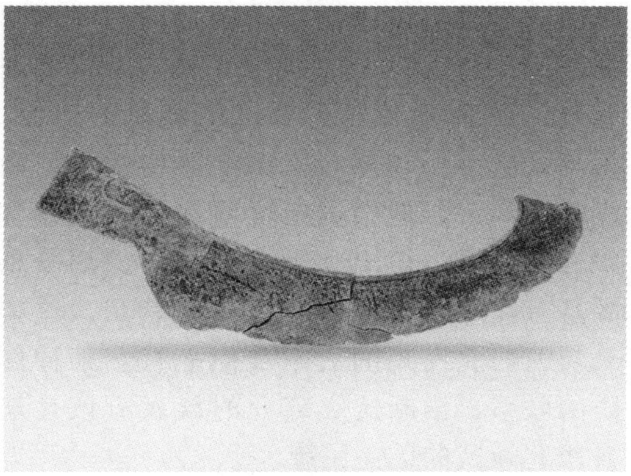

1 号墓出土的人面铜弯刀

2 号墓出土的铜臂穿

50 号墓出土的铜钺

通过对大甸山墓地的发掘，有以下几点基本结论：

首先，大甸山地区应该是前后有几种墓葬形制共存的区域。滇西地区特别是保山周边发现的青铜时代的墓葬极少，使得大甸山墓地没有可以相互对比的对象，因而绝对的年代难以确定。根据出土的器物以青铜器为主，也有极少量铁器，可以大致将墓地的年代断在青铜时代，不排除个别土坑墓早至新石器晚期或晚至铁器时代早期的可能。

其次，大甸山墓地反映的是一种全新

的具有典型特点的云南本地青铜文化。从墓葬形制和出土器物来看，墓地存在不同的两个族群的文化。根据《后汉书》和《华阳国志》记载，大甸山墓地发现的土洞墓在年代上和器物类型上，应该与古哀牢国的史料记载和研究是一致的，因而土洞墓应该是古哀牢的遗存。关于土坑墓的族属，由于大部分墓葬位于墓地的边缘，墓葬规格小，空墓多，出土器物极少，族属难以断定。但根据土坑墓都是开挖在有碎石的区域，填土中也含有碎石，部分墓葬甚至在墓坑中竖立有石块等特点，这类墓与滇西北发现的石棺墓似乎有着某种性质的联系，推断这类墓葬的族属应该是来自西北地区的氐羌民族。

最后，大甸山墓地的发现与发掘，对研究古哀牢国提供了很好的材料。昌宁地处哀牢腹地，在保山坝子、腾冲坝子、昌宁坝子以及周边的临沧、德宏等地相继采集到一些造型奇特的青铜器，器物主要有铜鼓、铜盒、铜弯刀、靴形钺、半圆弧刃钺、铜案、铜编钟、铜矛、山字格铜剑、铜铃、铜镯、铜钏等。这些东西是否是构筑成哀牢文化的典型器物呢？这就需要更多的科学考古发掘活动来予以解答。

（杨　帆）

【大理市大墓坪青铜时代汉代及明清时期遗址】

发掘时间：2013 年 9～10 月

工作单位：云南省文物考古研究所、大理州文物管理所、大理市文物管理所、大理市博物馆

遗址位于大理市海东镇向阳下节村西约 1 千米处。为配合大墓坪健康养生度假项目及主题公园工程建设，对其进行抢救性考古发掘。

发掘分为遗址区和墓葬区两个部分。遗址区主要位于山体东部，以螺壳堆积为主，发掘探方面积 58 平方米，共划分文化层 7 层，堆积不均匀，厚 0.4 米～1.25 米，未发现遗迹现象，出土遗物数量较少，有青花瓷片、青瓷片、酱釉瓷片、夹砂红褐陶片、夹砂灰陶片、铜镯、铁器等，陶片纹饰有网格纹、细绳纹、栉纹等，器形多为陶罐，小件器物以枣核形陶网坠、陶纺轮为主；墓葬区发掘面积共计 1462 平方米，清理墓葬 312 座，包括青铜时代墓葬 8 座、大理国至明代火葬墓 285 座、明清时期土坑墓 19 座。

墓葬中青铜时代墓葬数量较少，且分布分散，大多遭破坏严重。墓葬没有规整的墓圹，略呈长方形，墓向较一致，头向南或东南，脚向北或西北；大理国至明代火葬墓数量最多，集中在山顶部南坡。墓圹有圆形、椭圆形、不规则形，填土内含有石块及大量炭块，埋藏较浅，大部分火葬墓遭到破坏。葬具多为两层或者三层陶罐，也有少量单罐；明末清初土坑墓数量比青铜时代墓略多，且多为合葬墓的形式，墓向基本一致，头向西北，脚向东南。均为长方形墓圹，较规整，人骨保存较好，随葬品数量较少，多为风水罐或陶俑，陶俑有人物俑及十二生肖俑。

发掘出土的遗物有石器、铜器、陶器、瓷器等共计 1100 余件。石器数量较少，且均残，均为磨制，器形有石锛、石凿、穿孔石刀、穿孔石器等。但均为地表采集或耕土层出土，为晚期扰动所致。铜器多为青铜墓出土，十余件，多为饰品、生活用品及兵器，有铜镯、铜钏、铜饰品、铜针、尖叶形铜矛、铜镦、铜箭镞等。陶器数量最多，分为两类：一类是文化层堆积中的陶片，数量较少，且较破碎，多为夹砂陶，也有少量泥质陶。另一类是火葬墓葬具，数量较多，有绿釉陶罐、红褐陶罐、灰陶罐等。绿釉罐多为内罐，带盖，圈足，外壁施釉，但胎为红色陶土，且火候较低，外壁饰有莲瓣等纹饰。红褐陶多为外罐，大敞口，鼓腹，平底或圈足，外壁多刻划

组合几何形纹饰。瓷器数量较少，多为青瓷、青花瓷，青釉泛黄，多为云南本地烧制的瓷器。器形为罐、碗、瓶等。

此次发掘确定了发掘区内零散分布有少量的青铜时代墓葬，遗址最早的文化层堆积为汉代，火葬墓最早至大理国时期。

（康利宏）

【维西宗咱西周至汉代遗址】

发掘时间：2013 年 9 ~ 12 月

工作单位：云南省文物考古研究所、迪庆州文物管理所、维西县文物管理所

遗址位于维西县巴迪乡真朴村者阶自然村东，为配合里底水电站工程建设，对其进行考古发掘工作。

遗址紧临澜沧江，所处山体北面为临江悬崖，东、南、西三面有明显坡度。发掘面积 1600 平方米，清理出石砌房基 16 座、大小石墙 45 道、石沟 1 条、灰坑 1 个，出土了大量的陶片及动物骨骼，发现陶器、石器、骨器等标本器物 560 余件。遗址文化层堆积较为深厚，深度多在 1 米 ~2 米，最深处可达 4.5 米。遗址顶部及东部文化层堆积均较为深厚，包含物丰富。遗址西南部坡度较大，堆积略薄。

遗址内发现遗迹均采用石材垒砌。房屋可分为两排，分别分布于山顶及山腰，每排皆环绕山体呈弧形分布。房屋平面形状为方形，长、宽均在 5 米左右，采用石块垒砌，石缝之间有黏土粘接。部分房屋保存较好，石墙高度可达 1.8 米。房屋依山而建，墙体垒筑于斜坡上。靠近房屋石墙的底面上分布有石板，应为柱础石。房屋内均没有发现明显的门道。房屋底面铺垫有黄土，屋内地面没有发现灶坑；石墙可分为护坡墙、围墙及房屋残墙。护坡墙一般为单面垒砌，大多环绕山体沿等高线分布，从山腰到山顶有多道石墙分布，部分护坡墙有交叉。东南角护坡墙呈三层台阶状递升至山顶，层层内收，每层高 1 米。遗址东部发现的外围石墙构筑规整，双层垒砌，宽度可达 1.4 米，石墙中部拐角处垒砌有方形垒石加固。部分残缺石墙可能为残存房屋；遗址内发现有石沟一道，以较为光滑的圆石垒砌，为遗址早期遗迹。

遗址出土大量陶器残片。陶片大多为夹砂灰陶及红褐陶，纹饰以素面居多。陶器多在耳部有贴塑、刻划、戳印纹饰。遗址内出土大量动物骨骼，种类极为丰富，涉及牛、羊、熊、鹿、猴、獐、狗、猪等动物；遗址内还发现陶器、石器、骨器、铁器等标本器物 560 余件。陶器主要有陶罐、纺轮、陶管，石器有石斧、石锛、石刀、石镞、砺石等，骨器有骨锥、骨针、骨管、骨镞等，同时发现少量铁爪镰及铜钱等。亚腰形打制石刀尚属首次发现，具有鲜明的地域特征。遗址内发现的一枚五铢钱，在滇西北的考古发掘中极为罕见，有力证实了汉代时期维西与内地间的交流联系极为密切。通过采样浮选，在遗址土样内发现多种炭化粮食种子。

根据出土遗物初步判断遗址年代跨度为西周至汉代（距今 3000 ~ 1800 年），遗址内大量的石砌建筑属于汉代。遗址所处山体临近水源，地势险要，并有多道护坡墙环绕山体，房屋建筑居高临下，布局有序，具有较强的军事防御性质。

遗址堆积深厚、年代跨度大、出土物丰富、遗迹保存较好，极大地丰富了对澜沧江上游地区考古学文化的认识。

（杨　帆）

【东川玉碑地青铜时代遗址】

发掘时间：2013 年 3 ~ 5 月

工作单位：云南省文物考古研究所、昆明市博物馆、东川区文物管理所

遗址位于昆明市东川区铜都街道办事处营盘村南，处于金沙江支流的碧谷江西

岸一独立台地上。发掘面积近300平方米。

此次发掘取得了重大突破，揭露出房屋、灰坑、柱洞、活动硬面及瓮棺葬等遗迹，并出土了陶器、青铜器、石器以及动物骨骼、矿石炼渣和炭化稻等重要遗物，同时基本摸清了遗址的分布范围。玉碑地台地为南北向长条形，东、西两侧地势较低，中间略高，呈缓坡状。发掘区位于遗址中部偏西。文化层堆积为台地中间薄，两端厚。文化层厚从0.5米~3米不等。

发掘共清理房屋15座、灰坑49个和瓮棺6座。房屋均为圆形半地穴或浅地穴式房屋，地穴深0.1米~1米，直径一般为4米，较大者为5米。房屋内堆积出土物较少。在探方中还发现数量较多的柱洞，但大多无排列规律可循；灰坑大多数为圆形，有少量呈不规则形和长条形；瓮棺6座，部分瓮棺保存完好，多个瓮棺内清理出遗骨，其中W6中随葬有玛瑙、绿松石等饰品。

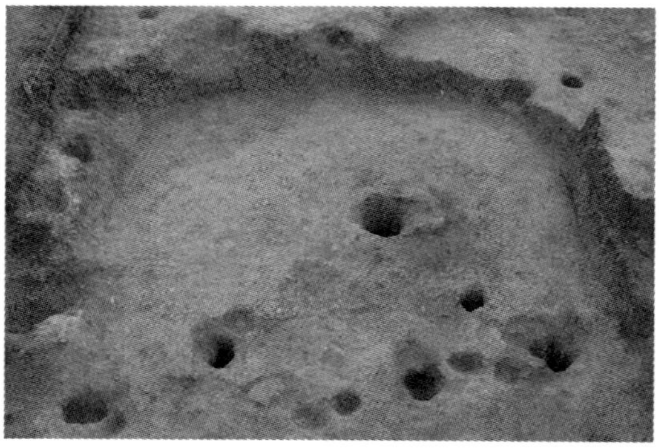

3、4号房址

出土器物比较丰富，有陶器、青铜器、石器和骨器。陶器绝大部分为夹砂灰陶，火候很高，大多为素面，部分陶片表面经抹光，纹饰陶较少，有刻划纹、戳印纹、乳钉纹、方格纹等，器底大多有叶脉纹。可辨器形有罐、碗、豆等，此外还有各种形制的陶纺轮。部分陶片因烧制温度过高，严重变形，断面上可见密集的气泡；青铜器主要为铜镞、铜针、鱼钩、铜锥、铜削等小件器物；石器发现有弧背石刀（双孔和多孔）、石镞、残玉镯等；骨器发现有骨针、骨锥和骨镞等。

器物口沿2

器物口沿3

此次发掘在地层和灰坑中出土了数量较多的铜矿石、炼渣和铜块，并且在灰坑内及屋内硬地面上发现有炼渣堆积层，遗址内无论地层还是遗迹单位内都堆积着大量的灰烬，这些现象极可能反映了玉碑地遗址是一处青铜冶炼遗址。通过对探方内地层及遗迹单位堆积土样的干筛，发现大量的动物骨骼，涉及动物种类繁多；发现的炭化稻和大量的植物种子，有待进一步的分析鉴定。

23号灰坑炼渣堆积

33号灰坑出土炭化稻

玉碑地遗址的发掘丰富了云南青铜时代考古学文化内涵，初步确定该遗址为战国时期及其以前的（包含青铜冶炼）聚落遗址。已有的迹象表明其文化面貌（尤其陶器群）和已知的石寨山文化（滇文化）不同，极可能是金沙江支流小江流域一支新的考古学遗存（文化），进一步的认识有待对该遗址的材料进行整理和测年分析以后才能确定。该遗址的居民极可能从事冶炼（铸）行业，对研究石寨山文化的起源具有十分重要的意义。

（蒋志龙）

【大理市龙泉东周至明清时期遗址】

发掘时间：2013 年 2～4 月

工作单位：云南省文物考古研究所、大理州文物管理所、大理市文物管理所、大理市博物馆

龙泉遗址位于大理州大理市古城西天龙八部影视城西北，为配合大理王宫项目建设，对该遗址进行抢救性考古发掘。发掘区域位于天龙八部影视城西北，发掘面积 1000 平方米。该区域保存了春秋至汉代、南诏大理以及明清时期文化层，文化堆积相对完整，遗存较丰富。共清理春秋至汉代冲沟 4 条、柱洞 4 个，南诏大理时期沟 11 条、灰坑 3 个，元明时期火葬墓 1 座、沟 1 条，清至近现代坑 6 个。

春秋至汉代的冲沟基本呈西南—东北走向，以春秋至汉代的夹砂红陶、夹砂褐陶片为主，少量陶片年代更早，可早至新石器时代晚期至青铜时代早期；南诏大理时期的沟以东北—西南向为主，部分沟平面呈“L”形，宽约 60 厘米～80 厘米，深 30 厘米～50 厘米，填土疏松，出土少量夹砂陶片；元明时期的火葬墓堆积可分为上、下两层：表层被现代人类活动破坏，残存方砖 1 块、泥质灰陶片若干；下层应为原火葬墓墓坑，位于扰坑北端，平面近长圆形，长约 80 厘米，宽约 50 厘米，深 25 厘米，随葬锡提梁壶 1 件、青铜壶 1 件，锈蚀严重。墓底铺有 1 石板。

发掘出土的遗物有铜器、铁器、锡器、陶器及大量夹砂陶片。陶片以春秋至汉代、南诏大理时期为主，另有少量南诏大理时期有字瓦，明清时期瓷片、瓦片等。

春秋至汉代的陶片多出自冲沟内，均为夹砂陶，以夹砂红陶为主，有少量夹砂红褐陶、夹砂褐陶，部分陶片施红陶衣。多素面，器内壁磨光。少量器表施纹饰，以刻划纹、戳印纹、压印纹为主，流行组合几何纹饰，压印纹主要为绳纹。可辨器形有侈口罐、敛口钵、缸等，另出土少量完整的陶纺轮。南诏大理时期陶片数量相对较少，以夹砂红陶为主，有少量泥质灰陶、泥质橙黄陶片，均素面，火候较高。由于破碎严重，器形不明，明清时期瓷片以青瓷、青花瓷为主，瓦片均为泥质灰瓦，素面。

此次发掘为大理王宫建设用地范围内文化堆积保存较好的区域，确定了遗址早期的主要文化堆积为春秋战国至汉时期；晚期的主要堆积以南诏大理至明时期为主。遗址遗迹、遗物丰富，为大理地区各时期文物考古、历史研究提供重要的实物资料。

（闵　锐）

【陆良县薛官堡汉代墓地】

发掘时间：2013 年 7～10 月

工作单位：中国社会科学院考古研究所、云南省文物考古研究所、曲靖市文物管理所、陆良县文物管理所

薛官堡墓地位于陆良县马街镇薛官堡村，2012 年进行了首次发掘。此次发掘目的在于为进一步了解墓地文化内涵，并确定墓地分布范围。

发掘面积 400 余平方米，清理墓葬 56 座、灰坑 8 个、灰沟 1 条，其中墓葬大多为汉代或稍早的西南夷土著文化墓葬，另有少量明清时期墓葬。西南夷土著文化墓葬均为长方形竖穴土圹墓，未见封土痕迹，大多为东南—西北向，排列密集，打破关系复杂。以小型墓居多，一般长 1.5 米～2.5 米，宽 1 米以下。另发现少量大、中型墓，其中最大的 M168 东西长 4.25 米～4.5 米，南北宽 2.45 米～3.15 米，残深约 1.86 米。此次发掘有相当一部分墓葬发现板灰痕迹或黑色炭化物质，可能与木质葬具有关，其中 M168 内清晰可见“井”字

形椁痕。墓葬大多未见人骨，葬式不明。从部分墓葬的随葬品尤其是装饰品的摆放看，头向可能多朝东南。M168 等墓圹填土及椁室内发现大量细小的孔雀石石块，可能与某种葬俗有关。由于被盗严重，出土随葬品不多，主要有铜器和玉石器等，多发现于墓底位置。

此次发掘工作圆满完成，达到预期目标。首先，通过发掘，对墓地性质、年代、文化面貌及内涵均有了进一步的了解。其主体年代应在西汉时期，是西南夷某一地方部族的一处公共墓地。此次发掘发现一些规模较大的墓葬，虽然被盗严重，但是从一个方面表明该部落已有等级分化。其次，通过发掘，确定了墓地的范围，对其布局及形成过程也有了新的认识。墓地的范围主要在周家坟和唐家坟，这两处地点实际可连为一体，与周围相比地势较高，面积超过 3000 平方米。最后，通过发掘又获取了一批重要的考古资料，对相关学术研究尤其是滇东高原西南夷时期的考古学文化谱系、族群分布、文化变迁等问题的探讨具有重要意义，同时也为薛官堡附近及整个陆良盆地下一步的考古工作奠定了基础。

（杨　勇　朱忠华　王洪斌）

【盐津县乌蒙王府遗址】

发掘时间：2012 年 12 月 ~2013 年 5 月

工作单位：云南省文物考古研究所、昭通市文物管理所、盐津县文体广电旅游局

遗址位于昭通市盐津县普洱镇小洞村夷都山石马埂上。发掘面积 3000 多平方米，同时对 20 多年前已被盗掘一空的乌蒙王疑冢及附近相关的另外两座古墓（镇远将军墓、耆老将军墓）进行了清理。相传此埂上的无字碑古墓为宋代乌蒙王疑冢，墓西南约 120 米处的古建筑遗址为王府遗址。1980 年该墓被公布为盐津县文物保护单位，2005 年被公布为昭通市级文物保护单位。

现存王府遗迹为依山就势逐级而上的三级建筑，全为石板铺地、石条砌边，并有石条铺砌的台阶、排水沟等，显示当初的建筑规模宏大并有统一的规划。出土遗物多为明清时期的瓦片、瓷片、石柱础、铺地石板石条及少量明清时期的铜钱等。疑冢及另外两座古墓墓室全用石条、石板砌筑，墓室后壁上均有石雕图案。其中疑冢为两室，镇远将军墓为五室，耆老将军墓为七室，均为半地穴式，地表有巨大坟包。疑冢前立有无字碑及石马、石羊、石虎各一对，耆老将军墓前仅余石马一个，但立有雕刻回头鹿的石板两块。

以乌蒙王疑冢及王府遗址为中心的夷都山区域广泛分布着明清时期罗氏家族的建筑及墓葬遗迹，夷都山屏江堑成“U”字形，是一地形地貌封闭独立又自成一体的地理单元，宋至清时期居住于此且自称祖籍为江西的罗氏家族与乌蒙王有着千丝万缕的联系。通过发掘和清理，查清了王府遗址的范围、建筑布局、建筑特点及保存状况，对三座大型古墓葬的结构、特点及相互关系等也有了基本的了解。为研究乌蒙文化及与罗氏家族的关系，以及当地称为“生基坟”的墓葬的时代性质等提供了第一手的考古资料。

（何金龙）

【芒市召贺芒城明清遗址】

发掘时间：2013 年 4 ~6 月

工作单位：云南省文物考古研究所、德宏州文物管理所、芒市文物管理所

召贺芒城遗址位于德宏州芒市遮放镇户弄村拱下小组北侧的一平缓台地上，为配合龙瑞高速公路的建设，对其进行考古发掘工作。

考古发掘面积 3000 平方米，出土大量各类夹砂陶片、泥质陶、硬陶片等 3000 余

片，地层和遗迹单位出土小件109件（套），工地采集24件（套）出土物，总计小件133件（套）。出土小件按质地可分为陶器、石器、铁器、矿渣以及铜器等，以陶器为主，石器次之，其他质地器物仅有数件。此外，还在各类遗迹现象中采集到早期的红烧土块、骨骼、牙齿和炭化稻等。清理各类遗迹现象共60余个，大致可分为土坑墓、灰坑和火葬墓、沟槽以及疑似干栏式建筑遗迹的柱洞等。

城址中出土不少人类日常生活使用的陶片等实物，清理的遗迹也多为水沟等与人类平时生活息息相关的建筑遗迹；清理的壕沟中未发现任何具有军事用途的遗物和遗迹现象，反而出土了一些日常生活用的器具。壕沟很浅，北高南低，在东南和西南角各有一缺口，因此壕沟的作用应该是防火、防兽、防洪之用，而不具有防御敌人的军事功能；虽然疑似柱洞大量分布，但城址中可以判定的干栏式建筑房屋不是很多，房屋分布也不密集；根据城址所出土的大量陶片和各类具有明显汉文化的器物，说明城址应该是在元末明初汉人迁徙到云南以后才开始兴建的，城址中也未见清晚期至民国时期的器物。综上所述，可以断定召贺芒不是一座秦汉古城址，而更可能是明中晚期至清中期的一座小型聚落遗址。

芒市召贺芒城遗址的发掘是德宏第一次对明清时期古城址的考古发掘，城址所出土的遗物、发现的遗迹现象和结构布局，对相关城址的研究提供了重要的实物资料，也为研究德宏历史提供了丰富的考古发掘材料。

（杨　帆）

【瑞丽市姐东吕城明清遗址】

发掘时间：2013年5~6月

工作单位：云南省文物考古研究所、德宏州文物管理所、瑞丽市文物管理所

姐东吕城遗址位于德宏州瑞丽市勐卯镇姐东吕村，为配合龙瑞高速公路的建设，对其进行考古发掘工作。

发掘面积共3000平方米，揭露出房基17座、灶膛1个、排水沟9条、灰坑38个。房屋基址有木或竹柱、梁结构的房屋，类似早年当地傣族群众就地取材建造的房屋；沟有开口于第②层以下的古城居民居住时期的自然冲沟和先民刻意开挖的排水沟；围绕古城有一条闭合的护城壕沟，西侧的壕沟因修路等原因已遭破坏，东侧壕沟保存相对较完整；灰坑大小不等，多为袋状。也有上、下等大的桶形和规则形。坑内多没有烧灰，一般仅有少许陶片或没有，其中几个坑内有大量陶片，可复原的有罐、瓶、盆、碗等类型。

出土器物以陶器为主，多为破碎的陶片，还有少许瓷片、铁器残件及个别铜器残件，小件共计133件（套）。陶器器形有罐、瓶、壶、盆、碗、钵、杯等类型，另有拍2件，支钉1个。瓷器没有发现完整器，仅有少量的瓷片；铁器有铁环1件，保存完整。另有铁凿1件，略呈弧形的铁片1件以及残断铁条4段，均严重锈蚀。残铁刀1件，有刀把和刀身之分；铜器仅有铜镜残件1件；石斧2件；砺石4件。

此次发掘揭示的是民族聚居区或古老村寨的风貌，是傣族明清时期的聚落区。由于发掘未涉及姐东吕城遗址的核心区域，因此，对古城址的认识并不全面。姐东吕城遗址的发掘揭开了德宏地区众多古城遗址神秘面纱的一角，为相关城址研究提供了可靠的实物依据。

（刘　旭）

【华坪县龙井明清墓地】

发掘时间：2013年7~8月

工作单位：云南省文物考古研究所、丽江市博物院、华坪县博物馆

墓地位于丽江市华坪县石龙坝乡龙井村东侧龙井口一缓坡地带，为配合金沙江

中游观音岩水电站的建设，对其抢救性考古发掘。发掘面积1500平方米，清理墓葬108座，出土各类随葬品61件（套）。

墓葬均为小型的长方形竖穴土坑墓，都直接开口于表土层下。由于改地等原因，墓坑中上部都被完全破坏，仅存墓底，甚至部分墓葬墓坑太浅，很多随葬品上部都被破坏。墓葬大部分为空墓，仅38座墓葬出土随葬品，一般1～2件（套），最多的也只有5件（套）。墓葬方向都较一致，近似东西向。大部分墓葬都未发现有任何葬具痕迹，仅在西南侧的部分墓葬底部发现有棺木朽痕，推测葬具为单棺。墓葬非常狭小，一般面积1.5～2平方米，不排除存在裸葬的可能。墓主的性别由于人骨腐朽严重，大多难以断定，只能根据其随葬品推断。墓葬的葬式大部分为仰身直肢葬，也存在其他葬式的可能，如M24，人骨保存完好，其葬式为仰身屈肢葬。

墓地发现各类随葬品61件（套）。墓葬出土小件按质地可分为陶器、瓷器、铁器、铜器、银器、动物骨骼以及其他质地金属器等。随葬品都为日常生活用具，部分墓葬也随葬一些装饰品。还发现多个墓底未被扰乱的墓葬，其随葬品有变形或残破现象。随葬品以瓷器和陶器为主，瓷器以青釉为主，青花器仅数件；陶器都为夹砂陶，以灰褐色为主，器形有陶釜和陶罐等，部分陶器有绳纹和压印的方格纹饰。墓葬所出土的随葬品几乎不见典型的少数民族器物，说明该地已受到一定程度的汉文化影响。所出土的瓷器，与华坪县相邻的永胜烧制的瓷器有一定的相似，推断为附近的永胜地区所烧制。

墓地的绝对年代，没有非常明确的实物，仅M60出土的一枚“崇祯通宝”钱币，说明部分墓葬年代在明晚期。在龙井村北侧的缓坡地带，还发现有光绪年间的墓葬，墓堆、墓碑清晰可见，其墓葬结构与龙井墓地发现的墓葬形制差异较大，不属同一时期，因而龙井墓地最晚不到清中晚期。综上所述，墓地年代大致在明中晚期至清中期。

龙井墓地的发掘是华坪县第一次正式的考古发掘工作，丰富了华坪县明清时期的历史文化，对研究滇西北地区的历史提供了考古材料，也对研究金沙江流域中游的历史、民族相关问题提供了实物资料。

（杨　帆）

【永胜县营盘遗址调查】

调查时间：2013年8～11月

工作单位：云南省文物考古研究所、永胜县文物管理所

遗址位于永胜县六德乡玉水村委会营盘自然村，西北面为营盘村墓群，2006年被公布为第六批全国重点文物保护单位。墓群及遗址是明清时期居住于此的彝族支系“他留人”的墓群及屯堡。为配合营盘村墓群及营盘遗址保护规划的编制，对其进行考古调查和勘探。

调查对遗址的2、3号房址、三口水井及遗址东段约100米长的古道等三类遗迹进行了重点全面揭露，揭露面积约2000平方米。勘探未向下清理至生土面，为以后可能的展示保留了这三类遗迹的完整性。

营盘遗址位于他留山山顶的缓坡地带上，东北西三面为山峰环绕，南面地势开阔，地势北高南低，营盘平面轮廓呈半圆形，面积约130万平方米。营墙仅残留局部地段，或用土夯筑，或土石混筑，或石块砌筑等。遗址内分布有高氏土司府衙遗址、他留十姓建筑遗址、古道、水井及大德寺等遗迹。高氏土司府衙位于遗址的东部，此地是遗址内地势最平坦之处，平面形状呈北南向长方形，地表遗迹已荡然无存；他留十姓建筑遗址南北向鳞次栉比密集分布于遗址内高氏土司府衙遗址四周的缓坡地带，其中尤以西南两面为主，建筑遗址各自按姓氏划分不同的区域而不混杂

居住，建筑遗迹及瓦砾于地表到处明显可见，数量多达近百处；每院落有单独的排水口；居民区内有不规则的村内大道多条；遗址内现仍存有水盈至井口的大量水井遗迹，水井砌筑规范，初步统计多达近百口；营盘村地处滇西北的川滇要道处，川西南—丽江—迪庆—西藏及川西南—大理—保山—德宏—缅甸等两条古道在营盘遗址内交叉穿过，多数地段的古道从表面已难看出，局部地段或为荆棘覆盖，或仍在作为村内小道使用。

建筑遗址勘探中发现的出土遗物有清代康熙、嘉庆、道光、咸丰等四朝通宝及他留古代建筑上的筒瓦、板瓦、瓦当、滴水，他留人用过的农具如犁铧，生活用具如石磨盘等；古道勘探中的出土遗物有3枚十分罕见的民国通宝等。

他留人的祖先是大理国时期高氏从巍山带至永胜的一支彝族亲兵，后来其中的一部分在元明清时期专门屯驻于今营盘村并构筑了营盘，死者则葬于营盘外西北侧的界牌梁子上。从坟林的石雕及建筑遗址的平面布局等来看，他留人在保留本民族文化特色的同时又吸收了汉族、白族的文化，从而形成了独特的他留文化。遗憾的是营盘在清代后期被杜文秀军队付之一炬，营盘成为一片瓦砾废墟。通过此次考古调查勘探，大致掌握了营盘遗址的范围、平面布局、遗迹的种类、性质、结构及保存状况等，从而为保护规划的制定及以后的开发展示利用提供了依据，也为他留古代文化的研究提供了形象的实物资料。

（何金龙）

西藏自治区

【拉孜县廓雄新石器时代遗址】

调查时间：2013 年 9 月

工作单位：西藏自治区文物保护研究所

西藏自治区文物保护研究所在开展拉孜县查木钦墓群保护规划勘测补充工作时，根据当地百姓提供的线索对墓葬周围开展调查，在该县曲玛乡境内意外地发现了一处史前文化堆积的遗址。

遗址位于昌庆村至藏村路段的公路北侧，被称为廓雄（Khog gzhung）的一处南北向冲积扇的前缘，北靠大山、南临雅鲁藏布江。根据对地面及断崖剖面可见的陶器残件等遗物进行目测，遗址的分布面积大约为 4000 平方米。因冲积扇高处的水源与夏季雨水的冲刷，遗址内形成有冲沟断崖，崖面暴露有两个灰坑。其中一个灰坑堆积厚达 1.2 米，最宽度 1.1 米，可分五个层位的堆积。从遗址范围及灰坑内采集到的陶器残片看，具有较为明显的西藏史前文化遗物的特征。陶片多数是从地面采集，有 20 余件，主要分布于遗址的西南面。以褐陶为主，少量灰黑陶、极少量红褐陶；多数为细砂陶、少量夹砂陶、极少量薄胎陶为泥质；部分器物表面有抛光与烟熏痕迹。从采集的三块器物口沿残件看，推测原器物中有直口高领器，但因未发现反映器物部位特征的残件而无法判明其具体器身形制。几块陶片残件可见的纹样有刻划纹、斜线网格纹、竖线刻纹、弦纹等纹样。器物表面均不平整，应为手制。胎厚 0.3 厘米 ~0.6 厘米。口沿残片上，除了器表还在器物内表也有打磨，显得光亮。

从灰坑的层位内采集到了土样、炭屑等测年用样本，后经中国社会科学院考古研究所科技中心检测，发现土样中含有青稞种子，经鉴定遗址时间为 3200 年之前。廓雄遗址是迄今在日喀则地区乃至雅鲁藏布江中上游流域发现的第一座新石器时代晚期的遗址，也是在该地区境内发现的第一座具有科学测年数据的史前遗址。它的发现，不仅对雅鲁藏布江中上游流域史前时代古代人类文明的研究，而且对探讨西藏地区的史前农业文明具有极其重要的学术价值。

（夏格旺堆）

【日土县洛布措环湖考古调查】

调查时间：2013 年 7 ~8 月

工作单位：西藏自治区文物保护研究所、陕西省考古研究院

西藏自治区文物保护研究所与陕西省考古研究院联合组队，在阿里地区文物局和日土县文广局的协助下，对位于日土县热帮乡的洛布措环湖区域进行了首次全面考古调查。洛布措湖周边发现的各类遗迹密集分布在临湖岩壁和湖滨山坡上，海拔 4350 ~4550 米之间，可分为 4 个遗迹区。此次调查共计发现岩画 618 组，其中有 529 组为新发现；墓葬 57 座，其中 43 座为新发现；新发现的还有祭祀坑 24 个、大型石片图案 1 组、石构遗迹 4 组、石墙 4 道。

果热遗迹区位于洛布措西南岸，依遗

迹分布的疏密从东向西分可为4个小区域。Ⅰ区到Ⅲ区遗迹较单纯，仅有岩画，均分布在同一山脉下临湖的岩壁上。岩画的题材包括牦牛、鹿、马、狗、飞禽、鱼、人物、塔形图案、日、月、“卍”字符号等。其中，日、月、树、身体内刻划斜线或“S”纹图案的动物这几类图像较有特点，被后期凿刻、划刻或浅浮雕的图像、藏文六字真言等叠压打破的画面相对较多也是这三区岩画的一个特点。Ⅳ区位于Ⅲ区西部的山坡上，遗迹种类包括岩画、吐蕃时期墓葬群、石砌墙基三类。岩画均刻在山坡的散石上，数量较少，图像种类包括牦牛、双峰驼等动物形象和人物等。部分岩画石块被用作墓葬砌石，表现出岩画与墓葬之间的相对年代关系。墓葬保存状况整体较差，仅部分墓葬边框砌石保存较好、较清楚，边圹局部可观察到微内弧的现象。该区域共计调查发现岩画163组，其中有141组为新发现；墓葬18座，有5座为新发现；石墙4道，均为新发现。

聂诺遗迹区位于洛布措西南的大片开阔山坡地带，与果热遗迹区相邻，之间以一道黑石山脊隔开，为2013年新发现的遗迹区。该区遗迹种类包括岩画、祭祀坑、石构遗迹、吐蕃时期墓葬四类。其中岩画遍布整个遗迹区，数量很大，刻在大小、形状不一的单体石块上，以中上部三道黑石矮梁区域最为集中，与其他三类遗迹呈现出交错分布的现象，部分岩画石块成为早期祭祀坑、石构遗迹和吐蕃墓葬的砌石。岩画的题材主要有牦牛、鹿、羊、马、狗、鹰，以及人物、面具形图案、塔形图案等，其中面具形图案、舞蹈人物、三角形人体是该区较有特点的三类图像。早期祭祀坑外圹形制包括椭圆形、长方形、近方形三种，内部用石块围砌成长方形单格、双格或五格，以单格和双格居多。以K1为代表，内圹双格，清理后发现有散乱的动物骨骼和黄白色、褐色玻璃珠若干。内圹北侧竖立的石块上有早期敲凿的岩画，反映了岩画与祭祀坑之间的密切联系以及可能存在的早晚关系。石构遗迹均位于岩画与祭祀坑集中的山梁东侧陡坡上。最高处三组砌石保存较多，每组由2～3部分组成；其下偏东处一组分为东、西两部分，砌石保存较少。石片图案位于湖滨第一阶地的开阔平缓处，周围有岩画数组。图案整体平面近长方形，图案由侧立并半埋于地下的片石构成，边框内部和四角有片石摆砌的图案。图案以几何形为主，有三角波折纹、二方连续菱形纹、雷纹等图案。图案内散布有白卵石，原应为填充图案所用。吐蕃时期墓葬土石混筑封土平面以梯形为主，部分墓葬砌石保存较多，垒砌规整，侧边内弧较明显。该遗迹区共计调查发现岩画304组、祭祀坑24个、石片图案1组、石构遗迹4组、吐蕃时期墓葬39座，均为新发现。

莫日遗迹区位于洛布措北岸黑山梁下部，与果热遗迹区隔湖相望。遗迹仅有岩画一类，分布在山梁中、下部岩壁上，以下部最为集中。以图像较少、叠压打破关系较少的小画面为主，仅有MY16、MY39等少数几组画面较为复杂。图像种类主要有牦牛、羊、马、鹿、塔形图案、车、人物等。其中对称的一组小型人物与塔、车、骑马人物群像等三类图像具有区域特征。该遗迹区共计调查发现岩画47组，其中29组为新发现。

拉格色布遗迹区位于洛布措东北岸的湖滨，与热帮乡政府之间有河谷相通，遗迹仅有岩画一类。根据岩画分布疏密程度，可将该区分为两个小区域。Ⅰ区在东北部，岩壁中下部集中分布有数十组画面；Ⅱ区位于Ⅰ区西南侧，岩画集中在西南侧岩壁上。图像种类主要有牦牛、马、羊、鹿、鸟、狗、人物、塔形图案、三角形波折纹、圆圈组合的图案、波折纹图案、逆时针和顺时针的“卐”图案等。其中以塔形图案、“卐”图案、三角形波折纹与圆圈组合图案、持盾和兵器的人物等几类较为独特，较大较复杂的画面数量也相对较多。Ⅰ区共计确认发现岩画72组，Ⅱ区共计确认发现岩画32组，合计104组。其中，新发现画面有55组。

洛布措新发现的各类遗迹数量大、类型丰富，仅新发现的岩画数量就多达529组，加之以往发现的89组，该地区的岩画数量已是经科学调查记录所知的西藏境内岩画数量最多的地点。洛布措岩画从内容题材、制作技法、表现形式、风格特征上来看，延续时间较长，初步推测主要集中在青铜时代至早期铁器时代。更为重要的是，洛布措岩画还与不同时代的祭祀坑、石构遗迹、墓葬等遗迹共存，为学术界提供了具有不同早晚与组合关系的典型资料。吐蕃时期墓葬群的确认将吐蕃墓葬分布的西界延伸到了西藏最西北部的日土县，是吐蕃时期统治藏西地区的又一证明。

洛布措虽然面积较小，但是环湖区遗迹数量大、种类多、延续时间长、文化面貌多样，表明该区域是古代西藏西部族群的重要活动区域，与周边地区存在着较为密切的交流与联系，在整个西藏西部地区古文化中具有十分重要的地位。

（席　琳　张建林　何　伟）

陕西省

【南郑县龙岗寺旧石器时代遗址】

发掘时间：2013 年 10～12 月

工作单位：陕西省考古研究院

龙岗寺遗址东侧隔汉江与汉中市相望，距汉江约 1 千米，南距濂水河约 4 千米，西南距南郑县城约 16 千米，为第六批全国重点文物保护单位古遗址之一。早在 20 世纪 50 年代，龙岗寺一带便有旧石器遗迹。20 世纪 80 年代以后，陕西省考古研究院和西安矿业学院、中国科学院古脊椎动物与古人类研究所的学者多次考察报道了梁山龙岗寺等遗址采集的数以千计的石制品，引起国内外学术界的广泛关注。

2013 年 10 月，为配合龙岗寺考古遗址公园建设，在国家文物局专项发掘资金支持下，由陕西省考古研究院和中国科学院古脊椎动物与古人类研究所、南京大学、汉中市文物旅游局以及南郑县龙岗寺文管所联合组队，对龙岗寺旧石器遗址首次进行考古试掘，以查清龙岗寺旧石器遗址地层堆积、古人类旧石器文化遗存的埋藏情况和石器工业面貌。

2013 年，选择以前未被认识的遗址第四级阶地部分试掘，发掘面积 56 平方米。截至 2013 年 12 月中旬，发掘地层深度已达 5 米，可见遗址地层堆积为含钙质结核的 6 条古土壤以及相间的黄土旋回序列，已出土各类石制品 3.2 万余件。绝大多数石制品为石英制品，火山岩和石英岩制品只占极少数。石制品的种类包含石核、石片、修理的工具和废片屑（块）等。工具中包含刮削器、尖状器、雕刻器和数量很少的砍砸器。值得注意的是，以前在龙岗寺和汉中盆地其他遗址调查中大量采集到的石球、手镐和手斧等重型工具在此次发掘中尚未看到。

在遗址发掘的同时还同步采集了土壤粒度、花粉、古地磁、光释光以及地层同位素等样品 200 余份，将对遗址地层堆积进行同位素碳、锶和钕等元素以及植物花粉分析，重建古人类生存的古环境背景。利用古地磁和光释光等新的测年技术，建立遗址的年代学框架。此次发掘和研究将对汉中盆地旧石器遗址年代学序列、古环境背景以及石器工业性质的确定产生重要的影响。

（王社江）

【白水河流域考古调查与发掘】

发掘时间：2013 年 6～8 月

工作单位：陕西省考古研究院

2013 年白水河流域考古工作继续开展，主要是对下河西村遗址进行考古勘探和发掘，对李家河遗址进行考古发掘。

下河西村遗址勘探 20 万平方米，目标是为寻找庙底沟时期的墓葬，勘探发现的遗迹有灰坑、陶窑和沟等。对其中的一条沟进行了考古发掘，出土物丰富，大致可分为半坡文化东庄类型和庙底沟文化两种遗存。H57 出土有石灰加工遗迹和龙山文化晚期遗存，这是洛河中游区域首次发现该时期遗存。

李家河遗址位于北山头村，此次发掘

144平方米，发现房址1座（F1），沟1条（G1）。F1被G1打破，残存面积84.8平方米，复原面积在200平方米以上，是一座庙底沟文化时期的大型房址，房址内墙宽50、外墙宽70厘米；墙体为夯筑而成，夯窝直径5厘米、深1厘米，夯窝间距4厘米，分布无规律，夯层和分段夯筑情况不清，应为乱夯而成；在墙体中清理出一些动物骨，可能与夯筑时的祭祀活动有关。内墙有扶墙柱19个，室内地面有柱洞1个。地面为上、下两层白灰面，白灰面下各有一层草拌泥，在下层草拌泥之下为10厘米厚的生土夯层，表面呈褐色，夯窝清晰可见，直径5厘米、深1厘米，夯窝间距4厘米。地面距墙体1米范围内呈黑色，可能曾经涂抹有机物。

通过2013年勘探与发掘，丰富了白水河流域史前考古学文化的内容，使白水河流域史前文化谱系更加清晰。

（张鹏程）

【三水河流域先秦遗存调查】

调查时间：2013年11月10～30日

工作单位：西北大学文化遗产学院

为配合国家文物局"'古豳地'考古调查发掘与研究"项目的开展，对三水河流域先秦时期遗存进行了较为系统的调查。

此次调查区域为渭北黄土高原沟壑丘陵地带，地形复杂，植被多样，拉网式系统调查难以开展，因此采用地表遗物采集，地表暴露遗迹记录的传统调查方式，但在调查中也十分注意记录遗址分布和地形地貌等地理信息。此次调查集中于咸阳市旬邑县境内，共调查遗址34处，新发现遗址2处，其中新石器时代遗址12处，商周时期遗址8处，新石器时代和商周共存遗址14处。

此次调查的遗址大多遗存丰富，其中仰韶文化遗存数量最多，也有相当数量的先周与西周时期遗存，龙山时期遗存发现数量相对较少。仰韶时期遗存在三水河上中下游均有发现，其中庙底沟时期遗存最为丰富，文化分布范围也最广泛，半坡时期和仰韶晚期遗存数量相对较少。三水河流域龙山时期遗存数量少，发现的遗址中白灰面建筑较为普遍，部分遗址采集陶片可见花边口沿等特征，其文化面貌与客省庄文化有一定的相近性，但仍不太清晰。先周时期遗存集中分布于三水河下游，西周文化控制区域则扩展至三水河中游地区。结合前两年调查资料，商周时期遗址多集中分布于泾河与其支流交汇处以及河流几字形绕流处，先周与西周文化分布范围多有重合。此次调查的枣林河滩、枣林子、孙家、马宝泉、下坳子咀5处遗址，分布集中，均位于三水河绕流处的两岸二级台地上，各遗址相互在可视范围之内。同时，各遗址主体年代均为商周时期，既有遗址也有墓葬，在此采集较多先周时期孙家类型典型陶鬲和西周文化早中期典型陶鬲标本，可见该遗址群应为一处较高等级的大型聚落群。

通过此次调查，加深了古豳地先秦时期文化遗存面貌和分布规律的认识，特别是商周时期大型聚落群的确认，对进一步廓清"先周文化"的年代与文化内涵，探讨周文化源流以及商周时期"古豳地"社会演进等问题具有重要意义。

（王　振　豆海锋　刘　斌）

【岐山县双庵新石器时代至战国时期遗址】

发掘时间：2013年9月～2014年1月

工作单位：北京大学考古文博学院、陕西省考古研究院

双庵遗址位于宝鸡市岐山县与扶风县交界处，属岐山县京当镇双庵村，遗址现存面积大约12万～15万平方米，文化堆积不连续，跨北窑、北祁和双庵三个自然村。

2013年，经国家文物局批准，北京大学双庵考古队再次对双庵遗址进行了发掘和初步整理。此次发掘面积约1500平方米，发掘范围主要在遗址南部，并在遗址中部偏东有小范围工作。发掘共清理了灰坑351个（含窖穴和各种坑状堆积）、墓葬19座、瓮棺2个、房址4处、陶窑12个、灰沟12条。这些遗存的时代主要包括仰韶晚期、客省庄二期、商代和战国等不同阶段。

仰韶晚期阶段遗存主要分布在发掘的南区。在双庵遗址中部略高的北区和中区，均未见明确的仰韶阶段遗存。发现比较丰富的仰韶晚期文化遗存，及一批保存较好的陶窑，陶窑成组分布，形成了一定的规律。

客省庄二期遗存遍布三处发掘地点。其中北部、中部仅有零星灰坑，均未见明确的文化层；南区的客省庄遗迹和文化堆积则比较丰富。客省庄阶段的房址共编号4处，其中保存尚好的有2处，均为地穴式方形结构，在房屋一侧有门道，中部有火膛，并在壁上发现类似火炉的壁龛状遗留。尽管这次发现的不是白灰面铺垫地面和墙体的房址，但其结构、体量和营建方式均同20世纪70年代末期双庵遗址发掘的房子一致。

商代遗存十分丰富，并有商人墓葬一批，包括规格较高的墓葬2座，有二层台，随葬殉人、甲骨、铜器和玉器。从分布规律看，发掘区外不排除还有同等级墓葬的可能性。考虑到商代京当类型之前尚无明确墓葬出土铜器，在双庵继续开展商代考古研究具有相当的潜力。

（秦　岭）

【高陵杨官寨新石器时代遗址】

发掘时间：2013年1～12月

工作单位：陕西省考古研究院

2013年杨官寨遗址的考古工作主要是由陕西省考古研究院与美国加州大学洛杉矶分校合办的中美田野考古学校，在杨官寨遗址举办了第四期田野考古培训，对环壕东北角的T4737、T4837两探方进行了发掘。

在2009年度工作的基础上，对环壕聚落中心区继续发掘，发掘面积450平方米。发现有半坡四期的瓮棺葬，不仅为杨官寨遗址半坡四期瓮棺葬的形制、葬俗等方面的研究提供了科学材料，同时为半坡四期遗存在杨官寨遗址的分布区域划定提供了依据。另外，在聚落中心区发现了汉代道路及车辙痕迹，确认了汉代遗存在该区域的分布。

通过2013年的发掘，对该区域的遗迹分布、性质及功能有了较为清晰的认识。另外，对环壕西南角进行了保护回填，对遗址南区2004～2006年发掘的考古资料进行整理，初步完备了杨官寨遗址考古发掘资料GIS的数据。

（杨利平）

【神木石峁新石器时代遗址】

发掘时间：2013年4～11月

工作单位：陕西省考古研究院

在2012年工作的基础上，继续对石峁城址外城东门南北两侧城墙区域进行全面发掘，同时还对后阳湾地点进行了抢救性清理。另外，在深入调查和勘探中，发现了樊庄子祭坛、祭祀遗迹以及皇城台夯土基址、池苑遗址。

勘探发现的樊庄子祭坛、祭祀遗迹位于石峁城址外城东南方向，距离外城城墙约300米。祭坛为三层台阶结构，自上而下分别为圆丘形土筑遗迹和一小一大两层方形石构基址。祭坛最底部的石构基址边长约90米，整体高度距现地表8米。在祭坛周边，分布有数座“活土坑”，面积3～5平方米，最深距地表约3米。

皇城台位于石峁城址内城中部偏西，

历年来发现的遗迹遗物最为丰富和集中。2013年调查和勘探发现了皇城台顶部的夯土基址和池苑遗址。夯土基址为板块夯筑，面积超过1500平方米；池苑遗址紧接夯土基址北部，位于皇城台门道一侧，平面大致呈长方形，现存面积约300平方米，深逾2米。

石峁城址外城东门两侧城墙位于山脊之上，外侧为自然而成的深沟险壑，内侧是地形开阔的低缓坡地。在外城东门两侧发掘清理出城墙、马面、角台等遗迹，进一步丰富了对遗址内涵与结构的认识。北侧城墙发掘的一号马面系“石包土”结构，呈近长方形，长11.7米，宽9.4米~10.8米，高逾3米；南侧城墙发掘的一号角台与马面建造结构相同，略呈长方形，长18米，宽16米，高约4米。

后阳湾地点位于石峁城址内城东北部，崖坎上暴露有较为集中的房址遗存，在2012年试掘三座房址的基础上，2013年清理了房址5处，有窑洞式和地面式之别，常见白灰面铺设地面和涂抹墙裙。尤为重要的是2013T2内揭露的三座房址为成排分布，均为筑土为墙的地面式建筑，门道西南向，朝往山坡底部，屋外的活动面系人工铺设的一层棕红色胶泥土，将三座房址相互连接。

2013年在外城东门两侧城墙区域的发掘，揭露出包括城墙、马面、角台在内的完整防御体系，樊庄子祭坛、祭祀遗迹以及皇城台夯土基址、池苑遗址的发现，深化了对石峁遗址性质的研究内容。

2014年度，石峁遗址计划完成小流域50平方公里的考古调查，进一步确认石峁遗址在秃尾河流域的聚落等级，为下一步更大规模的聚落考古调查做好铺垫。针对遗址内的祭坛和墓地进行800平方米的考古发掘，目的在于厘清石峁城址的内部规划，清晰内部各个聚落单元之间的关系。

（邵　晶）

【神木神圪垯梁新石器时代遗址】

发掘时间：2013年8~11月

工作单位：陕西省考古研究院

神圪垯梁遗址位于神木县大保当镇西约4800米处，野鸡河村六祖的神圪垯梁南部缓坡上。该遗址勘探发现有墓葬、灰坑、房址等遗迹，地面有龙山晚期陶片遗存，初步判断遗址年代为龙山晚期。

对该遗址进行发掘共清理面积1800平方米，发现遗迹85处，其中墓葬13座、房址12处、灰坑58个、沟2条。

墓葬均为竖穴土坑墓，其中M7长4米、宽3米、深3.3米，西壁墓口处有一壁龛，随葬有陶器6件，墓底北部有一殉人，屈肢，从埋葬情况看，系被绑缚后埋入。一座合葬墓，一座墓殉葬有猪1头，其余墓葬均为单人葬，无随葬品。除M7有原木制作的棺外，其余墓均无葬具。

房址分半地穴和地面式两种，地面式仅发现2处，其余为半地穴式。圆形地面式房址如F4，直径7.5米~9米，周围有一条环沟，沟内有柱洞，房址内有11个柱洞，房内南、北两侧各有一近长方形坑。半地穴式如F11，平面呈圆形，口部直径为2.8米，残深0.1米，直壁，平底，门道向北，底部中间有一灶，四周分列有4个柱洞。

灰坑发现较多，多为圆形，少量为方形、椭圆形和不规则形。

发现两条沟，对其中一条（G2）进行了发掘。长约30米，宽2米，深2米，两边有台阶，沟底不平，出土遗物极少。

从已发掘情况看，神圪垯梁遗址房址、灰坑等与墓葬混杂，没有发现单独的墓地或居址。已发掘的13座墓葬，排列没有一定的规律，其中的M7是迄今陕北地区发现的史前时期规模最大的墓葬，与陶寺遗址墓葬特征一致，但设壁龛放置随葬品，与朱开沟遗址部分墓葬雷同。另外，墓葬中也随葬猪。

神圪垯梁遗址和墓葬中出土的陶器，与新华遗址、木柱柱梁遗址、石峁龙山晚期遗存等同类器物特征一致，故其年代应为龙山时代晚期。该遗址的发掘对研究陕北地区同时期的墓葬制度、聚落布局等提供了重要资料。

（郭小宁）

【清涧县辛庄商代遗址】

发掘时间：2013 年 4 ~ 12 月

工作单位：陕西省考古研究院

辛庄遗址位于无定河下游支流川口河上游的辛庄村东的梁峁上，西南距清涧县城约 20 千米，东距南流黄河 30 千米。该遗址是第三次文物普查时发现的，2012 年勘探发现了 20 处集中连片分布条状夯土遗迹，引起学界关注。

在 2012 年工作的基础上，重点对山峁顶部的夯土遗迹进行了解剖发掘。最为重要的收获是，发现了一组由主体建筑和两级回廊组成的大型建筑遗迹，总面积约 6000 平方米。

主体建筑位于峁顶正中（编号 F1），长方形坑状，东西残长 35 米，南北宽 22 米，面积不小于 770 平方米，最深处达 2.7 米。西壁无存，其余三壁版筑夯土包边，夯土分段夯筑，现存顶部宽约 2 米，夯层明显，层厚约 8 厘米 ~10 厘米。室内地面尤其是靠壁部分经过夯打，表面为厚 2 厘米 ~3 厘米踩踏面。

在东壁中部略偏北处有一宽约 1.8 米的通道，当为门道，两侧为残长 3.2 米、宽 2 米东西纵向的版筑夯土壁，自门口向外，间隔 1.4 米，两壁南北对称成组立有边长约 0.15 米的方形壁柱，现残留 3 组 6 个。门口内部铺有一块长约 1.8 米、宽约 1 米类似“过门石”的完整石板。门道内横铺有宽 0.15 米 ~0.2 米不等的木板，两侧纵置有类似“地脚线”的方木痕迹。

在 F1 的内部，西部发掘区有 3 条长约 2 米的被烧方形横木。东北角利用拐角围成一长宽相若，约 2 米的方形小房子（编号 F2），西壁与南壁夯墙宽约 1 米，南壁中部有一宽 0.5 米的门道。房内地面坚硬、光滑整齐，略高于室外地面，在靠近东、西、南墙壁各发现一个圆形柱洞，四角发现有火烧痕迹。从房内及门道发现木质遗存，底部填土未见淤土迹象，推测 F1 上部应有屋顶，但或因发掘面积有限，尚未发现柱洞痕迹，内部结构难以明了。

回廊见于主体建筑的南、东两面，西面被破坏，北面仅局部解剖，情况不明。南面的东西向廊式建筑坐北朝南分两级（编号 F4 与 F5），F4 居北处高，F5 居南偏低，两廊平行分布，水平相距 10 米，地面落差约 4 米。其中，F4 廊宽 1.3 米，残长 16 米，后壁为贴生土分段夯筑而起的夯土墙，现存顶部宽 2 米，高 1.4 米。前壁地面起墙，夯筑而成，现存高度仅约 0.05 米。前壁外侧贴壁东西等距发现 5 个柱洞，应为廊之“擎檐柱”，但后壁处未发现对应的柱洞痕迹。推测后壁顶部或有稍窄之地面矮墙，前壁当为护栏式矮墙，擎檐柱或有横梁相连，低于后壁高度，廊顶一端直接搭于后墙上，一端搭于前壁梁柱结构之上，由此搭建成一个前敞后封的“一面坡式”建筑。F5 与 F4 结构基本相同。东面廊仅发现一级（编号 F3），坐西朝东，分为宽窄不同的南北两段。南段残长 9.2 米，实宽 2.7 米，北段残长 10.6 米，实宽 3.8 米。两段前壁与地面一以贯之，后壁相接处折成直角，形成一宽一窄两段。特殊的是，南段与主体建筑门道特征相同，前后壁刻槽立柱，两两对称分布，底铺木板，板痕清晰。北段则与 F4、F5 近同。

需要强调的是，南面廊均与主体建筑南北两壁、门道基本平行；东面之廊与主体建筑东壁平行，门道垂直。东面廊 F3 与南面廊 F4 垂直分布，地面近同水平，几近相连，因被破坏，难以确证相通。凡此，或可说明这些建筑实乃同组建筑。根据出土的层位及遗迹、遗物形制特征判断，建筑遗迹的年代为商代晚期。该组大型建筑遗迹，规模宏大，是目前除殷墟以外发现的商代晚期规模最大者。形制结构奇特，在已发现的夏商周三代遗址中均未发现，应是某种具有礼仪性质的建筑遗迹。

（孙战伟）

【周原遗址调查】

调查时间：2013年7～12月

工作单位：陕西省考古研究院、北京大学考古文博学院、周原博物馆

为深化周原遗址商周时期聚落的布局研究，促进相关课题研究的深入，同时为编制遗址保护规划提供依据，组成联合考古队，按照“聚落结构研究”的理念，以“全方位调查、准确定位”为思路，在梳理以往数据与成果基础上，采取踏查、勘探、航拍、寻访等方式，对现存的地表遗存分布及微地貌情况进行详细记录，对既往发现进行重新定位，基本上搞清了遗址不同时期古文化遗存的分布状况。

调查总面积约50平方千米，调查断坎600条，记录遗存采集点近3000个，抽样勘探面积近10万平方米，获得了丰富的商周时期遗址聚落布局资料。分类简介如下：

墓地与墓葬：确认墓地与零散墓葬点共77处，其中墓地64处，包括商文化京当型4处，先周墓地4处，西周墓地56处。大致理清了墓地的数量，了解了多数墓地的规模和范围。尤为重要的是在7处墓地中发现、记录了9座带墓道大墓。

手工业作坊：以往对作坊遗存的了解较多，共记录了20余处，此次调查新增36处，共计已达56处之多，成规模的有28个。其中铸铜作坊共7处，制骨作坊20处，角器作坊4处，玉石器作坊7处，蚌器或漆木器作坊5处，制陶作坊（点）13处。需强调的是，在齐家沟东岸，由北至南长约1700米、面积约1.1平方千米的范围内集中连片分布着上述6类6处作坊，形成一个手工业作坊区。诸作坊年代多从西周早期一直延续到西周晚期。据以往研究，作坊工匠基本均为殷遗民。作坊产品均较单一，表明其专业化程度甚高。另在前述出土族徽符号旁均连缀有“王”字，有些陶器或石器上单刻有“王”字，或说明这一作坊区与王室有着密切的联系。

大型夯土建筑类遗存：以往发掘和调查的大型夯土建筑近40座。此次调查发现了170多个大型夯土建筑的堆积单位，包括夯土基槽、柱础、散水、地面、瓦砾坑、建筑倒塌堆积、火烧坑、台基与台阶等10类，初步归并为133处单体建筑，分布于43个功能区之中。既有集中连片分布形成建筑区域者，也有零散于作坊区或外围居住点者。

青铜器出土地点：通过采访发掘者、当事人，翻阅资料，对103座青铜窖藏及89座青铜器墓葬进行定位记录。在此基础上，根据区位背景与“遗迹组合”判断，确定至少有35座窖藏应该为墓葬，另有26座疑为墓葬者，基本上都位于大型夯土建筑区内或单体建筑旁。

公共设施遗存：主要包括城墙、池渠壕沟遗存与道路三类。（1）在20世纪80年代于凤雏南及贺家北发现两段夯土墙基础上，通过航片分析与勘查判断，确认发现一座西周晚期城，东西长约1510米、南北宽约640米，面积近90万平方米。城内已发现10处大型夯土建筑院落。（2）发现大面积水池4处，沟渠遗存40余条，由此构成了以水池为中心的四大水系，形成聚落的给排水系统。（3）以往曾发现过一条宽约10米的道路。此次调查又发现了13条。

此次调查是迄今对周原遗址最为全面系统的一次调查，大致厘清了商周时期的聚落结构，初步揭示了周原“聚邑成都，两系一体”的聚落面貌与社会特征，无疑将周原布局研究推上新阶段。同时，“周原考古及遗址保护利用 GIS”的构建，为遗址的长期保护与宏观管理提供了新的平台，必将促进文化遗产保护事业的发展。

（种建荣）

【西安市长安区西周丰京遗址】

发掘时间：2013 年 2 ~12 月

工作单位：中国社会科学院考古研究所陕西第三工作队

2013 年对丰京遗址开展了大面积考古勘探和重要遗存小面积发掘工作。丰京遗址此次勘探面积 30 余万平方米，发现西周时期灰坑、墓葬、窑、井、水池和道路等遗迹约 700 处。对曹寨北水面、大原村东南墓葬、冯村东南水池和冯村北制骨作坊遗址等 4 个地点进行了发掘，发掘总面积 296 平方米。发现西周时期灰坑 7 个和西周墓葬 3 座，出土大量骨料、骨器、铜器、陶器和蚌器等。

通过 2013 年的考古工作，初步确定曹寨水面为丰京遗址内一处发挥着重要作用的西周时期人工水面；大原村东南 2 座墓葬为西周晚期中型墓葬；冯村东南水池为宋元以后水池遗迹；冯村北制骨遗址的年代为西周中晚期，其中心区应在 2011 年发掘地点周边，并已经被取土破坏了大部分。该遗址制作的骨器以工具和生活用品为主，可能有专人管理生产骨器。以上发掘资料为研究西周骨器制造业等手工业和丰京遗址聚落布局提供了重要资料。

通过系统勘探和发掘，对丰京遗址以往工作较少区域地下遗存的分布状况和典型、重要遗存的地点及特征有了较全面系统的了解。

（付仲杨　徐良高）

【宝鸡市石鼓山商周墓地】

发掘时间：2012 年 6 月 ~2013 年 12 月

工作单位：陕西省考古研究院、宝鸡市考古研究所、宝鸡市渭滨区博物馆

石鼓山墓地位于宝鸡市区正南的渭河南岸台地上，是 2012 年 6 月石鼓山村民建房时偶然发现的。之后，省、市、区三级考古文博单位即组成联合考古队，在详细调查与全面钻探的基础上，连续两年进行发掘，共清理墓葬 15 座，出土了各类文物共计 230 余件（组）。其中，多达 92 件的青铜礼器与 23 组铭文及族徽符号，特别引人瞩目。这不仅是中国古代青铜文化又一次精彩的亮相，也堪称陕西乃至全国商周考古的一次重要发现。

钻探表明，墓地南北长约 800 米，东西约 300 米。根据墓葬聚散程度，整个墓地可划分为北区和西南区，呈现“大稀疏、小聚集”的分布态势。墓葬均为长方形竖穴土圹，按规模大小，可分为中型和小型两类：小型墓的墓室面积均不足 3 平方米，两区各有 5 座；中型墓墓室面积 13 平方米以上，共 3 座仅见于北区，大体呈西北——东南一线分布，依次为 M3、M4、M9。另外，北区还有 2 座形制、规模不明者。

所有墓葬均南北向，多数墓室口小底大，墓底有熟土二层台，个别小墓为生土二层台；中型墓有数量不等的壁龛。木质葬具或一棺，或一椁一棺，或一椁两棺。葬式可辨者均为仰身直肢，墓主头朝地势较高的方位，即朝向台地中脊。小型墓大多于头端二层台上随葬一、两件陶器，或单鬲、单罐，或 1 鬲 1 罐，极少见青铜器。随葬陶鬲均为高领袋足鬲。而此次发掘备受关注的两座中型墓（M3 与 M4），随葬品种类丰富，数量多，尤以铜器为最，多出于壁龛内。

M3 有 6 个壁龛，5 个内出土青铜礼器

14类31件，计有鼎、簋、卣各6件，禁、斗各2件，甗、彝、罍、壶、尊、觯、盉、爵、盘各1件；M4壁龛8个，出土青铜礼器10类52件，包括簋16、鼎15、壶2、甗4、甑2、罍4、簠2、尊2、盘1、盂2件。两墓北壁西端壁龛各出1件高领袋足鬲。另，M3二层台及椁室顶部随葬有兵器、车马器及其他小件遗物。棺内均随葬有少量玉器。此两墓相距不远，墓向一致，规模相若，形制相同，出土器物种类与摆放位置接近。凡此表明，两座墓葬的关系密切。两墓均出土见“臣辰先”铭文铜器，更进一步支持这一判断。

M3：25，1号禁

精彩夺目的是出土的92件青铜礼器。不仅数量多，种类丰富，而且铸工精湛，装饰绮丽，也不乏形制新颖、造型异特之器，皆弥足珍贵。如禁、簠、四耳簋、圆腹簋、方座簋、牺尊等都极具特色。更重要的是，这些铜器上发现了包括“户”“亞羌”“父丁”“史母庚”等23组铭文及符号。总体而言，这批铜器具有浓厚的商器因素，但又略有差异。从组合上看，少酒器，而食器突出，体现出一种重食轻酒的文化特色。

根据随葬陶器与铜器特征判断，墓葬年代集中于商末周初。该墓地既有如M3、M4这样规模大、随葬品丰富的中型墓，还有较多规模小、随葬品少的小型墓，显示出一般平民与高级贵族两个层级的人群结构。两座中型墓，也是高领袋足鬲文化迄今为止最高等级的墓葬。高领袋足鬲伴同大量青铜器集群性出土于墓地，在宝鸡地区还是第一次。同时，发掘的数座同时期灰坑，内涵亦以高领袋足鬲为主，弥补了以往这类居址遗存甚少的缺憾。这有利于以前根据零散而多见的信息所作的、此类鬲代表的是姜姓族团考古学文化的观点。同时，改变了以往高领袋足鬲不可能晚到西周的观点。

M3：29高领袋足鬲

居址与墓地俱全，聚落基本要素完整，由此确认这里当是一处商周时期聚落（封国或采邑），为描绘西周特别是周初政治地理增添了浓墨重彩的一笔。

该墓地的发现与发掘，为该区域姜姓戎人与姬姓周人的交融与变迁研究提供了较为系统的考古资料，对于深入研究宝鸡地区乃至周原、关中地区商周之际姜戎考古学文化，西周考古学文化的面貌意义重大。

（王占奎　丁　岩）

【宝鸡市贾家崖西周墓地】

发掘时间：2013年6～11月

工作单位：陕西省考古研究院

贾家崖墓地位于宝鸡市陈仓区贾家崖村北，西距宝鸡市区约22千米。为配合第十五届全省运动会新建射击馆建设，在前期勘探的基础上，陕西省考古研究院联合市、区相关单位对该墓地进行了抢救性发掘。

此次发掘共清理西周时期墓葬148座，墓葬之间没有互相打破现象，排列整齐。形制均为长方形竖穴土坑的中小型墓葬，无腰坑无壁龛，个别墓底有生土二层台。一座为东西向，余均南北向，头朝北，方向基本一致。葬具遭盗扰及腐朽严重，可辨的分为一棺一椁和单棺两种。葬式可辨的有53座仰身直肢葬，36座仰身或侧身屈肢葬。共出土各类随葬品100余件（组），计有陶器120余件，器类仅鬲、罐两类，组合为一鬲一罐、单鬲或单罐，出土5件青铜车马器。

根据随葬陶器特征判断，墓地年代从西周中期延续至西周晚期。从墓葬的规模，最大的墓室面积6.4平方米，一般在2~3平方米，墓主人身份为士一级的中小贵族和普通平民。从葬俗特征看，墓主族属为西土集团族群。但陶器文化因素构成包含有姜戎文化的孑遗及西部寺洼文化因素，与周原、周公庙遗址相异。另在发掘区内清理灰坑33个，陶窑1座，年代亦与墓地年代相同，墓地与居址混杂一处。

在发掘墓地的同时，考古队对周围区域进行了初步调查，发现了先周晚期至西周晚期的遗存，确认在这一带存在一处规模不小于周公庙的商周时期聚落，为探讨周原边缘区域文化变迁与族群互动提供了新的数据。

（赵艺蓬　陈　钢）

【澄城居安墓地】

发掘时间：2013年3~12月

工作单位：陕西省考古研究院

2013年，陕西省考古研究院继续对澄城县居安墓地开展考古调查勘探工作，勘探区域位于北胡同沟以北，东围沟以西的范围，勘探面积约50万平方米，新发现各类遗迹共1240处，其中墓葬1157座，灰坑66个，活土坑2个，房址2座，围沟13条。其中，墓葬多为小型竖穴墓葬，面积多在10平方米以下，灰坑为早期遗迹。至此，居安墓地北部边缘已经探清，已探明墓葬3211座，按照墓葬分布范围及密集度计算，居安墓地墓葬总数应该逾4000座。

通过2013年的考古勘探，已明确居安墓地的范围，南北长约1600米，东西宽约1000米，墓葬密集区位于北半部。居安墓地西北部发现早期灰坑，证明居安遗址与居安墓地相连接，居安遗址范围可能进一步向北扩大；通过对居安城的调查发现，居安城是由东、南、北三面城墙与西边自然沟合围而成，面积约20万平方米。根据城的地理位置、相关设施及城内建筑判断，该城为沿沟而建，居险设守的军事城池。

发掘墓葬2座，其中M8为竖穴土坑墓，南北向，口大底小，葬具为一棺一椁，仰身屈肢。出土器物多在头箱处，有陶、铜、玉、石及煤精制品等，其中铜器有鼎、簋、戈、箭头、刀，陶器有鼎、豆、罐等，另有石圭及玉器饰件。M158为长方形竖穴土坑墓，东西向，口大底小。墓室南北各有一壁龛，各殉人一具。葬具为一棺一椁，仰身直肢，随葬器物放于头箱内，有铜、陶、玉、铁、石及煤精制品等，器物有铜鼎、盘、簋、刀、铃及陶罐、鬲、石圭、玉饰件等。

2013年的考古勘探，使居安墓地的范围、规模及遗存分布情况更加明晰。发掘出土的器物带有典型秦人文化特征，时代为春秋中晚期，M158出土的陶鬲带有周人因素，时代可能略早于M8。该墓葬的发掘对于确定该墓地的时代、性质及文化内涵提供了确切依据。

（马金磊）

【宝鸡市太公庙秦平阳城址与秦公陵园】

发掘时间：2013 年

工作单位：陕西省考古研究院

秦公陵园位于宝鸡市虢镇的太公庙村，20 世纪 80 年代曾因村民取土时发现秦公镈钟祭祀坑而举世瞩目，据其铭文虽为早期秦公之器，但仅此一坑，相关遗存背景无从谈及。

近年来，随着礼县大堡子山 M2 和陕西凤翔南秦公一号大墓的西墓道南侧相继发现乐器和车马祭祀坑，认定太公庙乐器祭祀坑的东北方向应该有秦公大墓存在的可能。

2013 年初，为推动陕西地区早期秦文化深入开展，陕西省考古研究院按照传统经验和秦公陵园的布局规律，在太公庙村勘探发现了秦公大墓和车马坑，在其东西两侧分别发现了疑似陵园的兆沟设施。该大墓的发现证明秦公陵园的存在，对墓葬及周边文化遗存的考古调查，在墓葬附近发现了城址的线索，其时代和性质都指向秦的第五处都邑——平阳城。

太公庙大墓与车马坑进一步证明《史记·秦本纪》的记述，据记载，秦平阳宫城系宪公新建之都，陵园也随之附设，葬于此园的有其后四位国君，即秦武公、执政于雍城初期的秦德公、宣公和成公，而平阳都的第一代国君宪公却远葬于其先祖之茔——西陲陵区。据推算，自秦宪公二年（公元前 714）至秦武公二十年（公元前 678），秦置都平阳共 36 年。

宝鸡太公庙遗址勘探发现了秦公大墓和车马坑，是探索早期秦文化的重大发现，对推动以秦都平阳为纽带的早期秦文化研究具有非常重要的意义。

（田亚岐）

【凤翔县秦雍城遗址】

调查时间：2013 年 1～12 月

工作单位：陕西省考古研究院

在 2012 年东区工作取得重要收获的基础上，2013 年重点对城址核心区马家庄一带约 3.2 平方千米范围进行了全面考古调查与勘探，并取得了重要收获。

在马家庄雍城核心区以往发现秦宗庙、朝寝等大型建筑遗址周围发现环沟遗存，形成相对独立的城市空间，而以沟河环绕的情形是秦人“城堑河濒”的显著特征。因此，上述环沟可能与内城的功能相关，它与此前已经明确的雍城大城墙圈形成内、外城结构，使马家庄一带主城区整体布局全面显现。这一发现对东周时期列国都城“大城无郭”的学术观点提出了新的实物例证。

主城区域发现了多座大型建筑、中型建筑、高台建筑和祭祀坑等遗存，这与以往判断出的宫寝、宗庙的建筑性质吻合；此次新发现具有大范围踩踏面却无建筑遗迹的区域，四周以墙围堵，与文献记载的“前朝后市”的“市场”吻合，可能是当时雍城主城区的“宫市”。

在主城区以南是聚落分布区，城内的聚落遗存呈现“国人”生产、生活居住面貌，并随着城市的初期营建与后期扩建而变化，与建筑遗址同期的聚落皆处在城内，至于晚期的聚落形成则说明雍城废弃之后秦汉时期居住人群的继续存在。

2013 年秦雍城主城区考古发现的主要学术意义在于，早期秦都城在雍城后期表现为全面城市功能化；内、外城结构是此次重要考古新发现；宫寝、宗庙内涵形式的变化标志着礼制建筑自西周以来庙寝合一向后来“突出天子之威”，即宫寝在城的中心，而宗庙则慢慢退居次要地位的方向过渡。秦雍城整体布局结构证明了古文献“筑城以卫君，造郭以卫民”的思想。

（田亚岐）

【西安市阎良区战国秦汉栎阳城遗址】

发掘时间：2013 年 4 月

工作单位：中国社会科学院考古研究所、西安市文物保护考古研究院

汉栎阳城遗址位于西安市阎良区武屯镇官庄村和御宝屯一带，是 2001 年国务院公布的第五批全国重点文物保护单位。栎阳城是战国中期秦国的都城，西汉初年也一度作为临时国都来使用，东汉末年废弃。20 世纪 60 年代和 80 年代，陕西省文物管理委员会和中国社会科学院考古所先后两次对栎阳城遗址进行过考古调查与勘探，基本确认了栎阳城的大致范围，并探出南墙和西墙，东、北二墙未探出。

2013 年联合考古队在阎良区文体局的大力配合下，重新开始了栎阳城的考古工作。初步确认在战国秦汉时期此处先后存在三座古城（按考古发现的时间顺序编为一、二、三号古城），择地发掘了 8 条探沟，基本确定二号古城为西汉时期。同时，考古队运用较先进的测绘仪器，对勘探发掘的墙址等遗迹现象准确测绘定位，初步建立起了栎阳城考古地理信息系统。

该考古项目为跨年度项目，通过两三年系统、全面的考古调查、勘探与局部发掘，以期确认秦汉栎阳城及其周边其他秦汉遗存的范围、年代、性质与布局，探寻秦汉栎阳城的路网、水网布局，了解不同遗存的特点、关系及形成过程，开展区域环境整体分析，探寻相关遗址的形成条件与原因，为秦汉栎阳城遗址的研究保护与利用，提供第一手的科学资料。

（田亚岐）

【咸阳市秦咸阳城遗址】

调查时间：2013 年 1～12 月

工作单位：陕西省考古研究院

2013 年，秦咸阳城工作主要是大面积考古勘探，目的是为解决秦咸阳城址的确切范围及城内布局与结构。年度勘探面积 60 余万平方米，主要集中在冶家台村西和秦咸阳宫南部及西部。发现夯土建筑基址 117 处、活土坑 145 个、墓葬 296 座、踩踏面 7 处、古道路 2 条、窑址 22 座。

先前的研究认为，秦咸阳城遗址“头道塬”西毛村以西为秦墓葬区，通过勘探发现秦墓葬主要分布在“头道塬”和“二道塬”交界，海拔 420 米左右处。新发现的 190 多座秦墓以小型墓葬为主，墓葬分布密集，打破关系较多，发现同时期东西向古道路一条。秦墓均位于道路北侧，道路以南未发现秦墓，且能够确定为秦时期的堆积较少，基本为汉唐墓葬，应为咸阳城近郊。通过在咸阳宫南部和西侧空白区域勘探，新发现夯土建筑基址 117 处、踩踏面 5 处、础石 3 个，使咸阳城宫室建筑的分布及核心区的布局研究材料更加丰富。另外，完成了秦咸阳城遗址考古地理信息系统，为调查、勘探和发掘工作的系统性与长期性提供了技术保障。

（耿庆刚）

【西安市临潼区秦东陵遗址】

发掘时间：2013 年 3 月～12 月

工作单位：陕西省考古研究院

2013 年，继续对 20 世纪 80 年代发现的二、三号陵园区域进行大面积考古勘探。

根据 20 世纪 80 年代初步勘探资料，二号陵园位于一号陵园东北方向 1500 米处，东西长 500 米，南北宽 300 米，总面积为 15 万平方米；三号陵园位于武家沟村北 100 米处，东南距一号陵园 1500 米，陵园西、北两侧利用天然壕沟作为其兆沟，东、南两面兆沟为人工开凿。东西长 280 米，南北宽 180 米，总面积 5 万平方米。

2013 年的考古勘探完成了二、三号陵园面积约 100 万平方米区域的基础勘探工作，其中二号陵园周边面积约 45 万平方米区域共发现与陵园相关的“中”字形墓葬 1 座、“甲”字形墓葬 5 座、陪葬坑 9 座、

小型墓葬17座、壕沟1段，另发现晚期墓葬11座、冲击沟6条；三号陵园面积约50万平方米区域发现与陵园相关的“中”字形墓葬2座、陪葬坑6座，围绕其中一座“中”字形的壕沟1条、小型墓葬106座，另发现晚期墓葬14座、窑址1座、冲击沟2条等遗存。

与20世纪80年代勘探结果相比，二号陵园新发现“甲”字形墓葬2座，陪葬坑8个，小型墓葬17座；三号陵园新发现围绕“中”字形墓葬的壕沟遗存、1座“中”字形墓葬、6个陪葬坑及106座小型墓葬遗存，其中新发现的壕沟东西长约120米，南北宽约87米，深0.5米~2.9米。

经过2013年的考古勘探，基本确定了二、三号陵园的具体遗迹分布范围及地下文化内涵，进一步完善了秦东陵区域地下文化遗存的分布，为秦东陵大遗址保护提供了明确的基础资料。

（孙伟刚）

【秦始皇陵园遗址】

发掘时间：2009年~2013年

工作单位：秦始皇帝陵博物院

随着2009年秦始皇帝陵博物院的建立、2010年秦始皇帝陵考古遗址公园的开放，秦始皇陵的考古工作在大遗址保护的框架下进入了一个新的阶段。近年来的收获与发现，为恢复秦始皇帝陵本来面目提供了新材料。

针对长期以来，秦始皇陵考古工作与资料管理的分散、分割现状，为适应大遗址、考古遗址公园形式下考古工作的需要，此次进行了系统的考古规划与分区，并基于分区、规划与GIS建立了秦始皇帝陵考古信息系统，统一管理秦始皇陵的田野考古工作与各类资料记录。秦始皇陵近年的新发现包括勘探发掘的新材料以及在此基础上的新收获、新认识两个层面的内容。

调查勘探的新材料主要有：自2009年以来，在秦始皇陵地区开展了系统的考古调查与勘探，包括自然环境、人地关系以及遗存等方面。通过系统的考古工作，在墙垣、道路、门阙、外藏、陪葬以及祭祀建筑等方面的遗存发现上取得了新收获。

近年完成了对墙垣遗存的系统勘探，并且进行了精确测绘。在内城北部区域新发现一条南北向墙垣，这一墙垣遗存的发现对认识陵园的格局有关键性意义。系统地在秦始皇陵范围内发现了呈环形、十字形分布道路8条，这些道路共同构成了秦始皇陵的道路系统。此次已经确认秦始皇陵两重城垣上共有9座门址，均设置于两条轴线上。在前期的工作基础上新发现北内外城间也存在着与西、东内外城间的类似的门阙建筑，此次已发现两处与阙相关的建筑遗存以及两侧的墙垣。

截至2013年，外藏坑已发现了188个。近年在鱼池南侧新发现1个，在南、西内外城间新发现2个，此外近年还对K9801进行了复探，对其形制及内部结构有了更进一步的认识，弥补了早年工作的不足。内城区域封土北侧新发现1个陪葬坑，此外封土西北侧原认为是“甲”字形墓的遗存经过复探确定为1个外藏坑。

陵园内外新发现和确定5处墓葬遗存，基本上可以确定与陵墓的陪葬有关。在陵园外复探确认了兵马俑坑西侧的1座“甲”字形大墓，在陵园西侧砖房一带新发现3座“中”字形大墓，在陵园的南内外城区域新发现7座中小型秦代墓葬，陵园西内外城间新发现74座小型墓坑，陵园内城北部东区在以前发现34座墓的基础上又发现了99座排列规整的中小型墓葬。

2010年在陵园内城北部西区发现了面积达17万平方米的11排建筑遗存；2012~2013年，在西内外城区域新发现面积达12万平方米的建筑遗存；在北内外城区域发现6.8万平方米的建筑遗址。

陵园遗存重点发掘的新材料主要有：自2009年以来，分别对K9901进行了整体发掘，对陵寝建筑遗址进行了局部发掘，还继续对兵马俑一号坑T23方进行发掘。

此次发掘对K9901的平面形制、结构组成、内涵有了全面系统的认识。该坑填土层上部大范围、连续的踩踏层的发现，证明该坑不设封土，并且早于覆土施工时段。此外"宫藏"文字戳印的发现，说明该坑与兵马俑一号坑陶俑为同一批人所作，所以时代相同。从该坑的第3过洞出土了33～34个陶俑个体，第2过洞出土3～4个陶俑个体，以及一大批金属、石质、陶质遗物来判断，这也是始皇陵的一处外藏坑，其具体内涵、性质还需等陶俑修复后进一步判断。

K9901发掘场景

内城北部西区建筑遗址的发掘，学术界进一步认识到这一建筑群具有前朝后寝式格局；建筑的主要方向也是坐北朝南；在建筑群内部，级别自南向北有所差别。通过发掘，证明了该建筑群就是文献记载的陵侧之寝。这一认识进一步深化了对秦代寝制尤其是陵寝制度相关问题的理解认识。

对内城从葬墓园10座小型墓葬的发掘证明这是一批带斜坡墓道的小型洞室墓，个别墓葬在洞室内设有单棺，棺内人骨不存，有的在棺内设有随葬品；墓道填土内均发现有散乱人骨，判断为未成年女性。这些迹象说明这批墓葬在埋葬过程中举行了一些特殊的葬仪。结合勘探资料，更进一步认识到这是一处有意设置的从葬墓园，主要集中埋葬了秦始皇的后宫人员。

2013年继续进行的兵马俑一号坑T23的发掘，出土陶俑70多个，发现重要遗迹70余处，深化了对兵马俑坑的认识。

兵马俑坑2013年T23发掘（俯视现场）

通过对陵园以及更大范围的道路遗存、门阙建筑、墙垣建筑的系统勘探，学术界对陵墓的整体格局在前人认识的基础上有了更深入的理解；外藏、祔葬、祭祀建筑等遗存新的发现增加了对陵墓制度的理解；特别是陵园内大量建筑遗址的发现，对认识、理解陵寝制度在这一时期的变化有重要的意义。此外通过对K9901、内城陵寝建筑、内城从葬墓和兵马俑一号坑等的发掘，对认识始皇陵丧葬礼仪进程与遗迹建造先后关系、建制结构体系、遗存的空间布局、朝向等秦始皇陵研究中的重要问题提供了新的材料。

陵寝建筑遗址发掘照片

【临潼马额秦墓】

发掘时间：2013 年 6～10 月

工作单位：陕西省考古研究院

为配合关中环线天然气管线调峰工程，对位于西安市临潼区马额街道办事处冢王村西南的一处古墓葬进行了考古发掘。

根据前期勘探资料，此处为一处古墓葬遗存，为确定该墓地的范围及墓地结构等信息，考古队在墓葬周边进行了详细的考古调查与勘探，确定墓葬分布区范围为东西长约 1200 米，南北宽约 300 米，面积约 36 万平方米的区域。在面积约 6500 平方米区域共发掘墓葬 50 座，其中秦墓 45 座，汉墓 1 座，晚期墓葬 4 座。

此次发掘的 45 座秦墓，形制为竖穴土坑墓和竖穴墓道洞室墓。其中竖穴土坑墓 3 座，竖穴墓道洞室墓 42 座（其中一条围沟内并列两座墓葬）；均为一棺结构、单人屈肢葬；45 座秦墓中随葬有鼎、壶等仿铜陶礼器的墓葬 30 座，多为鼎、壶、罐、盆、甑、釜组合；随葬日用陶器的墓葬 10 座，多为罐、盆、甑、釜组合；另有 5 座墓葬无随葬器物。

根据墓葬形制及出土器物，这批秦墓时代较为集中，为战国晚期至秦；部分陶器上有“丽”“戏”字陶文，初步判断该墓地为从属于丽邑或戏的一处重要小型秦墓地，与秦始皇帝陵建设密切相关。该墓地的发掘对于研究丽邑、戏的地望及秦始皇帝陵周边小型秦墓分布等意义重大。

（孙伟刚）

【西安市北郊渭桥遗址】

发掘时间：2013 年 2～12 月

工作单位：陕西省考古研究院、中国社会科学院考古研究所、西安市文物保护考古研究院

渭桥遗址位于西安市北郊汉长安城遗址北侧渭河故道，2012 年 4 月在鱼塘挖沙中暴露木桩，测量确定其南对应汉长安城北侧城门厨城门，编号“厨城门一号桥”。之后，相继发现“洛城门桥”“厨城门二号桥”“厨城门三号桥”“王家堡桥”“厨城门四号桥”“厨城门五号桥”等共 3 组 7 座渭桥。

厨城门一号桥，正南 1200 米左右为长安城厨城门遗址，正北 3000 米左右为今渭河南岸大堤，东距离洛城门桥约 1700 米。发掘确定，厨城门一号桥为南北向木梁柱桥，横跨于东西向的渭河之上，以自南向北第二组桥桩东、西两侧桥桩测量，桥桩外皮间宽约 15.4 米（约合秦汉六丈六尺）。厨城门一号桥的北端经勘探、发掘确定，位于今发掘区南端向北约 200 米处，南端据物探及早期测绘资料，暂定于唐家村北旧皂河河道附近，南北估计长约 880 米。

厨城门一号桥桥桩均木质，残长 6.2 米～8.8 米，周长 0.5 米～1.5 米。该桥使用时间较长，应经过多次维修、续建。厨城门一号桥还清理出土大量青石、砂岩质等多种形状与规格不等的大型石构件。较多石构件上有一处或多处刻字或墨书题记，内容多为编号、人名。在清理直接埋藏石块的粗砂层时，出土“康熙通宝”铜钱，据此及同出青花瓷片判断，发掘区至迟到康熙时仍在渭河主河道范围之内，尚未淤积成滩。

厨城门一号桥桥桩（由北向南）

经鉴定，厨城门一号桥桥桩用材主要有侧柏属、云杉属、冷杉属、桢楠属、香椿属等树种。而对石构件上白灰及一组桥桩测年分析，石构件白灰为战国晚期至西汉早期。桥桩样品中南排多为杉木（云杉属、冷杉属）的桥桩相当于西汉中期至东汉初期，北侧一排多为侧柏属桥桩年代相当于东汉至魏晋时期。

厨城门三号桥位于厨城门一号桥东约200米，为南北向木梁柱桥，东、西两侧桥桩宽约8.3米，南、北两排桥桩间距6米~7米。受发掘区南北现代建筑及垃圾影响，桥梁长度暂且不详。经鉴定，三号桥桥桩用材多为硬木松类。^{14}C测年揭示，三号桥相当于唐代。

厨城门四号桥位于一号桥西约40米，受场地限制，此次仅清理出南、北两排桥桩5根，东西向桥桩分布宽仅4米（暂无法确定桥宽），南、北两排桥桩中心距约5.2米。^{14}C测年显示，桥大体为战国晚期。

洛城门桥南750米为长安城北墙东侧城门洛城门，北3500左右为今渭河南岸大堤，亦为南北向木梁柱桥，东、西两侧桥桩之间约15米，发掘区内已发现东西3排桥桩，相邻两排桥桩间距约9米~10米。受场地所限，桥长尚待确定。^{14}C测年显示，桥大体相当于西汉晚期至东汉早期。

渭桥遗址的发现地—西安，是周、秦、汉、唐的都城所在，秦始皇都城规划即为“渭水贯都，以象天汉；横桥南渡，以法牵牛”。在汉高祖刘邦定都长安，惠帝建设城墙后，渭河桥梁即成为京师的最要津梁。而受长安城西、南存在以建章宫等宫观为核心的上林苑影响，长安城形成东、北两向交通格局，故城北渭桥为北向、西向交通关键。汉文帝入京继位大统、张骞出使西域、南匈奴单于归顺入京等一系列事件均发生于渭桥。从发掘情况看，厨城门一号桥体量巨大，为同时期全世界最大的木梁柱桥，是丝绸之路从汉长安城出发的第一座桥梁，填补了桥梁学研究空白。“康熙通宝”等清代遗物的发现，揭示出渭河河道西安段的大规模北移应不超过康熙时代，对渭河变迁史、关中环境史的复原研究均具有重要价值。

（刘　瑞）

【汉长安城未央宫南宫门遗址】

发掘时间：2013年7~9月

工作单位：中国社会科学院考古研究所汉长安城工作队

遗址位于西安市未央区未央宫街道办事处西马寨村西南。发掘面积2000余平方米。发掘揭示的主要遗迹为南、北两组夯土基址，应为两重宫门建筑的基础部分。

北侧宫门的门道东西宽3.45米。门道东侧的夯土基址东西长约43.2米，南北宽约6.45米；门道西侧的夯土基址东西长约43米，南北宽6.45米~7.7米。在门道西侧较宽与较窄夯土基址之间的南、北两侧，各伸出一个夯土基址，北侧基址东西宽4米，南北长6.83米（西边）~7.32米（东边），南侧基址东西宽4.3米，南北长6.1米（西边）~7.08米（东边），南、北两个基址的东边在南北一线上，西边稍有错位。此宫门的东、西两端没有连接宫墙。

南侧宫门的门道东西宽3.6米。门道东侧的夯土基址东西长约43.2米，南北宽约6.2米；门道西侧的夯土基址东西长约

43.55米，南北宽约6.2米。在西侧夯土基址中部的南、北两侧，各伸出一个夯土基址，北侧基址东西宽3.87米，南北长6.78米，南侧基址东西宽4.38米，南北长6.25米，南、北两个基址的东边在南北一线上，西边稍有错位。在西侧夯土基址西部南侧向南又伸出一个夯土基址，东西宽0.74米，南北长7.37米，向南有1.07米宽的缺口，表面似有很薄的踩踏面，再向南为一东西向夯土基址，东西长约29.7米，南北宽约1.1米。此宫门的东、西两端连接宫墙，宫门以西清理宫墙长约27.7米，其上设有一个侧门。宫门以东清理宫墙长约3.8米。宫墙南北宽3米多。

南北二宫门的门道基本对应，其间相距约14.5米。

在扰土层、文化层和早期填土层内均出土有遗物，大多数为建筑材料，有板瓦、筒瓦、瓦当等，时代均属西汉时期。因为没有出土汉代以后的遗物，说明此宫门在汉末废弃后未再重建。

此次发掘基本搞清了未央宫南宫墙的宽度以及南宫门的规模和基本形制，为未央宫结构布局的研究提供了新资料。

（刘振东　徐龙国　张建锋）

【汉长安城西安门外建筑遗址】

发掘时间：2013年4～6月

工作单位：中国社会科学院考古研究所汉长安城工作队、西安市文物保护考古研究院

为配合西安市第一污水处理厂二期建设工程，在汉长安城西安门外的西南方、今大兴西路北侧发掘了一组大型建筑群遗址，发掘面积约8800平方米。发掘揭露的遗迹主要由围墙、主体建筑和附属设施组成。

在建筑群的西、南、北三面均发现夯土围墙的墙基。西围墙南北长约100米，墙基东西宽约2.2米，北围墙发掘东西总长约87米，墙基南北宽2.1米～2.5米，南围墙勘探、复原总长约146米，墙基南北宽约2.1米。北墙和南墙的东端在发掘区外，因此东围墙的位置未能确定。

主体建筑主要由十多个廊院组成，廊院四周以夯土墙围合，中部为庭院，四周顺墙为廊道，廊道面对庭院的方向以土坯墙封堵，形成廊房，有的房间地面用土坯铺装。廊道或廊房大小不等，如位于发掘区北部的一个廊院东西长约56米，南北宽约13米，面积较大；而位于发掘区东部的一个廊院东西长约13米，南北宽约11米，面积较小。廊墙的两侧以及廊道或廊房的外侧多分布有柱础石。

建筑的附属设施有水井、排水管道和道路等。

发掘出土了大量西汉砖、板瓦、筒瓦、瓦当、铁钉等建筑材料，另有陶器残件和“五铢”“大泉五十”等钱币。据此判断，该建筑遗址的时代为西汉中晚期至新莽时期。

从建筑群的平面布局和特征看，建筑的性质以用于戍卫的可能性较大。

（张建锋　张翔宇　刘振东　徐龙国）

【高陵县邓家塬汉唐墓葬】

发掘时间：2013年4～7月

工作单位：陕西省考古研究院

泾渭中小企业园一期项目，位于高陵县姬家乡邓家塬村东南，共计发掘墓葬40座，其中汉代墓葬32座及汉代围沟4组，共计出土文物167件。唐代墓葬7座，清代墓葬1座。此次发掘较为重要的发现是4组汉代围沟及其中的26座汉代墓葬。

G1位于4组围沟的中部，平面呈梯形，东西长5.75米，南宽3.6米，北宽3.7米。G1剖面上宽下窄，斜壁平底，上口宽2.2米～2.9米，底宽0.74米～0.8米，开口距地表深约1.2米～1.3米，沟底距地表2.9米～3.2米，沟内最深约2

米。G1 内发掘汉代墓葬 14 座。

G2、G3 并列位于 G1 的南部，与 G1 相距约 20 米，方向与 G1 一致。

G4 位于 G1 的北部，方向与 G1 一致。G2 内未发现墓葬，G3 发掘汉代墓葬 4 座，G4 内发掘汉代墓葬 8 座。

围沟内墓葬出土器物为陶鼎、方壶、罐、盆、灶、仓、铁剑等。

根据 G1 内墓葬出土器物及填土内出土陶片初步判断 G1 时代当为秦末汉初。综合判断，相比较而言，G1 内墓葬面积较大且时代较早，G3 次之，G4 最晚，但不晚于西汉中期。此次发掘的围沟墓当为西汉家族墓地。

泾渭中小企业园一期邓家塬墓群为近几年来发现的较为完整的西汉早期围沟墓。墓葬排列有序，打破关系的仅有唐墓打破汉墓或唐墓打破汉代围沟。西汉墓葬出土器物中，还没有成套的典型汉墓所拥有的仿铜陶礼器出现，时代特征明显。此次发掘对该区域古墓葬的分布、形制结构，丧葬习俗，家族墓葬制度研究有重要意义。

（肖健一）

【西安市雁塔区金浮沱汉唐墓葬】

发掘时间：2012 年 5 月 ~2013 年 4 月

工作单位：陕西省考古研究院

为配合“西安中海城（A 地块）”建设工程，陕西省考古研究院对位于西安市雁塔区曲江街办金浮沱村征地范围内发现的汉唐古墓葬进行了考古发掘，共发掘汉、唐、宋、元、明清墓葬 205 座，出土文物 700 余件（组）。

汉代墓葬多为中小型的斜坡墓道单室土洞墓，出土物以陶器和铜币为主，亦有印章、铜镜、带钩等小件器物。汉代墓葬虽然大多被盗，但是出土物仍较为丰富，墓葬分布密集且有打破关系，说明凤栖原早在汉代就是重要的墓葬区。

唐代墓葬以开元九年（721）杨贵夫妇墓最为典型，该墓系斜坡墓道带 3 个天井的单室土洞墓，墓室被盗严重，但是壁龛内的唐三彩随葬器物保存完整。共出土唐三彩人物俑、动物、模型明器等 30 余件，皆制作精致、造型优美，是难得的唐三彩标型器物。

总体而言，此次发掘清理的古墓葬墓主身份不高，出土器物普通。但该处地点作为墓葬区延续时间较长，从西汉中期到明清时期的墓葬皆有发现。此次发掘对了解西安周边地区古代墓葬形制的演变、墓葬的埋葬习俗具有重要意义。

（李　明）

【西安市未央区梨园路汉代墓葬】

发掘时间：2012 年 7 月 13 日 ~8 月 8 日

工作单位：中国社会科学院考古研究所汉长安城工作队、西安市文物保护考古研究院

墓葬位于西安市未央区梨园路北侧，在汉长安城的东南郊，北距汉长安城南城墙约 620 米。配合未央区住房保障工程——未央住保大厦的建设，在已挖出的建筑基坑内发掘了 11 座墓葬，另在基坑外探出数座，说明当时这里是一处墓地。

墓葬大多规模较小，残存墓口一般长 2 米，宽 1 米左右，个别规模稍大一些，墓室长 6 米，宽 4 米多。多数为竖穴土坑墓，也有竖井墓道土洞墓、竖井墓道砖室墓等形制。其中 M2 和 M3 保存较好。

M3 为竖井墓道土洞墓，南北向。墓室底部南北长 3 米，东西宽 0.7 米 ~0.9 米，墓室高 0.94 米 ~1.2 米。墓道位于南部，南北长 2.78 米，东西宽 0.81 米。墓室和墓道之间有一较短的甬道。墓室内有长方形木棺灰痕，南北长 2.06 米，东西宽 0.54 米。棺内有尸骨 1 具，头朝南，腐朽严重。在棺外甬道处随葬灰陶罐 4 件，棺内发现五铢钱 11 枚、骨窍塞 1 件。

M2 为竖井墓道砖室墓，东西向。砖砌

墓室东西长3.8米，南北宽1.92米，残存深1.3米。墓道位于东部，东西长2.38米，南北宽0.9米。墓室底部距现地表约6.5米。棺木朽毁，尸骨不存，仅在墓室西部发现1片头盖骨。墓内出土陶器30余件、五铢钱5枚、骨窍塞1件、石蝉1件。

这批墓葬在发掘之前已被严重破坏，墓葬的上部结构均不清楚，有的墓葬被挖至墓底，棺椁情况也遭严重扰乱。出土的陶器分灰陶器、彩绘陶器、釉陶器三大类，以灰陶器为主。釉陶器主要有鼎、盒、壶、仓等，彩绘见于罐、鼎、盒、仓等器物上。器物以模型明器为主。M1～M8均出土五铢钱。从出土陶器及五铢钱综合判断，墓葬年代应为西汉中期。总的来看，墓主并不富裕，应是西汉长安城内的一般居民。

（徐龙国　刘振东　张建锋）

【咸阳市西汉帝陵】

调查时间：2013年2～11月

工作单位：陕西省考古研究院

2013年，西汉帝陵的考古工作主要是对汉昭帝平陵和上官皇后陵园进行考古调查和勘探。

截至2013年，探明了平陵陵园的形制布局，确定了昭帝陵园与上官皇后陵园在平陵陵园中的位置及结构，平陵邑的位置和范围，发现建筑遗址7处，外藏坑1234个，葬墓8座。

探明的平陵陵园平面呈长方形，东西长2097米，南北宽1396米。陵园四周有夯筑园墙，宽3.5米。勘探发现陵园有5座门址，其中东南西北各有一门与汉昭帝陵相对，另在北墙偏西的位置辟有一门。园墙外还发现两条围沟，其中一条距城墙3米左右；另一条距城墙60米～80米。另外，在东、西、北三座门址外侧60米～80米处各发现一组夯土基址，通长约100米，宽3.5米～15米，它由两座对称的曲尺形夯土台基组成，中间有3条通道与陵园门道相对，初步推测为陵园门外的阙类建筑。

汉昭帝陵园位于平陵陵园中部略偏东南的位置，平面呈正方形，边长422米，外有夯筑园墙，墙宽3.5米。四墙正中各辟一门，有“三出”门阙。门址面阔100米～132米，进深8米，中部门道宽6米。帝陵位于陵园正中，封土呈覆斗状，墓葬形制为“亚”字形。围绕封土分布46座外藏坑，其中东侧7座，南侧15座，西侧11座，北侧13座。外藏坑为长方形竖穴坑道，有一部分两端带有梯形坡道，坑内有动物骨骼、板灰和红漆皮等。

上官皇后陵园位于平陵陵园的西北部，平面呈正方形，边长376米，有夯筑园墙，宽约3.5米。陵园四面正中各设一门，有门阙建筑，面阔104米，进深6米，中间门道宽约4.5米～5.6米。封土位于陵园正中，覆斗形，墓葬形制亦为“亚”字形，除东墓道外，其他3条墓道均压于封土之下。陵园内分布外藏坑8座，其中封土东侧3座，南侧1座，西侧4座。外藏坑为两侧带有梯形坡道的长方形竖穴坑道。

平陵陵园共发现建筑遗址7处，四周均有围墙，内部有夯土基址，上有瓦砾堆积。分别位于帝陵东南部、帝陵陵园北神道东、西两侧和皇后陵园北神道东、西两侧。

平陵陵园（除帝陵陵园、皇后陵园）共有外藏坑1234个，主要分布于帝陵的4条司马道两侧。外藏坑可分为竖穴坑道和坑道两侧带洞室的两种类型。竖穴坑道式200座，两端带有梯形坡道，坑内为木椁建筑，陪葬品放置于木椁内；竖穴坑道两侧带洞室的外藏坑1034座，陪葬品放置于坑道两侧的洞室中，勘探发现多为动物骨骼。

平陵陵园东北部发现葬墓8座，均为“甲”字形墓。墓葬东西2座一排，南北分布。墓葬区外围西、南发现有围沟。

位于陵园东北部为平陵邑。陵邑平面

呈刀形，四周夯筑有城墙，外有围沟。陵邑南北长4523米，北宽2794米，南宽1774米，面积12.15平方千米。陵邑内有东西主干道6条，南北3条。另外，城墙内还有绕城道路，陵邑的东西、南北主干道均与此相通，形成完整的道路系统。

通过2013年的工作，搞清了汉昭帝平陵陵园的规模和形制布局，特别是对帝、后陵园北侧建筑的勘探，了解到此类建筑的形制结构，根据文献和考古发掘资料，初步判断其为帝、后陵的寝殿、便殿建筑。其中，4号遗址的位置、规模、形制与汉景帝阳陵的陵庙遗址（“罗经石”遗址）大致相同，可断定其为平陵的陵庙建筑。对平陵邑的考古勘探确定了其位置和范围，发现了城内的道路分布，使西汉帝陵陵邑的整体认识渐次清晰。

（杨武站）

【西安市东郊石家街汉代墓葬】

发掘时间：2012年5月~2013年1月

工作单位：西安市文物保护考古研究院

墓葬位于西安市新城区太华路街道办事处东元西路东段，东距东二环约100米。该墓葬处于汉长安城东侧，西距汉长安城东南角约6千米。

该墓为一座“甲”字形带封土的斜坡墓道砖、木椁墓。主要由封土、墓道、墓室及陪葬坑组成。

现存封土近椭圆形，底径约45米，顶部宽约28米，高约7.5米。封土为夯筑而成。

墓道位于墓室南侧，平面呈长方形，部分压在南侧建筑物下，发掘长度14.8米，上口宽15.5（南）米~18.0（北）米，底部宽13米~13.2米，深4.2（南）米~5.7（北）米。墓道西壁有三层台阶，台阶之间有踏步相连，东壁原应与西壁结构相同，但后期修筑陪葬坑时将东壁的台阶破坏。

墓道内靠近墓室处有东、西两并列的陪葬坑。其中东侧陪葬坑（K3）平面呈长方形，长约15.2米，宽约5.8米~6米，深4.2米，条砖错缝平铺底部并顺缝平砌东、西两壁及南壁。K3被盗严重，出土有少量的铜质车马器及铜弩机。

墓道西侧陪葬坑K2，南半部叠压于建筑物之下未发掘。K2平面呈长方形，为木框架结构，破坏严重，仅可由两壁及底部发现木板及枋木痕迹判断其结构，坑底横铺木板，顶部破坏严重，结构不详。竖穴式坑体内放置随葬品，出土了大量的裸体陶俑、铜质车马器等，并出土有4具马骨，在陶俑周围还发现有铜镞、铜带钩、铁剑等器物。

该墓墓室为大开挖，墓圹中央以砖、木修筑墓室。墓圹东西长30.4米，南北宽24米。墓圹东、西、北三面各有四层平台，每层平台之间以“之”字状的台阶相连。每段踏步有5~7级台阶。墓室位于墓道北侧，墓圹中央。以条砖砌成，平面呈东西横长方形，东西长19.3米，南北宽约15.2米，砖墙高约6.3米。墓室底部条砖顺缝平铺两层。全墓因被火烧，其内部结构遭到破坏，但在墓底存留有大量灰烬，并发现有木炭，因此推测砖椁之内原应有木椁，并有积炭。墓室被盗十分严重，仅出土残石磬、玉片、残陶俑、俑头及铜钱等。

墓葬东南约19米处还有南北向陪葬坑一个（K1）。K1南北向长条形，发掘长度5.75米，上口宽2.1米，底宽1.73米，为地下隧道式木框架结构，竖穴式坑体，坑底横铺木板，坑壁两侧分别有熟土二层台。K1北端近坡道处用近方形方木竖向构筑两层封门。陪葬坑内填土经夯筑。K1被盗，出土有铜钫、铜壶、铜盆、陶壶等器物，还发现有漆器、动物骨骼及木匣痕迹等。

该墓被盗情况十分严重，主要出土有

各类陶俑、铜质车马器、铜盆、铜钫、铜壶、铜钱、玉璜残片、玉片、石磬等600余件。

墓葬东北侧约30米处还发现有建筑遗迹，已被破坏，根据地面残存痕迹判断，遗迹平面为东西向长方形，长约35.5米，宽约24米。根据其位置判断可能为此墓的墓上建筑。

综合出土陶器及铜钱的时代特征，并结合该墓形制及其他出土器物，此墓的时代应在西汉中晚期。

石家街大型汉墓的规模宏大，其在墓葬规划及陪葬品使用等方面等级较高。此墓不仅存在墓上建筑，且在墓葬内部及其周围均存在陪葬坑。随葬品等级较高，尤其是陪葬坑K3内出土的数量众多的裸体着衣式陶俑，在质地及形制均与汉阳陵陪葬坑出土的裸体男、女陶俑极为相似。综合上述，此墓的墓主应为汉代高等级贵族，其身份至少应是列侯级别。

此墓在墓葬形制、修筑方式上具有与众不同的特点，丰富了长安地区汉代高等级汉墓的类型，对研究汉代大型墓葬的形制、演变及长安地区汉代大型墓葬的分布规律、丧葬制度等方面都具有重要的意义。

（张翔宇　孙　武　柴　怡）

【西安市北郊万达广场汉墓】

发掘时间：2012年4～6月、2013年5～6月

工作单位：西安市文物保护考古研究院

西安市文物保护考古研究院在配合北郊万达广场基建的过程中前后发掘25座汉墓，这批汉墓中大多规模宏大，虽多经盗扰，但仍出土一批珍贵文物，尤其是M5、M19、M20共出土的19件原始瓷器，M16、M18出土的两组石磬（一组14件，另一组15件），M20、M24出土两套铁铠甲及M23出土的铜投壶、陶埙等一批珍贵文物，为西安地区汉代墓葬与汉文化研究提供了重要材料，现将这批墓葬发掘情况作一简要报道。

墓葬形制，25座墓葬形制可分为三大类，即竖穴土圹砖（石）椁墓、斜坡墓道洞室墓和竖穴墓道洞室墓。

砖椁墓：8座（M3、M7、M16、M18、M21、M22、M23、M24）形制结构基本相同，均无墓道。墓圹向下多有收分，部分有二层台，一角多有角窝，部分椁室之外积沙，墓圹填土多经夯打，随葬器物多置于小龛之内。

M16，墓圹开口，长6.9米，宽5.7米，残深3.16米。底部为东西并列双椁，形制结构大小基本相同，条砖砌壁，两层平砖错缝横铺地。东椁，四壁向内伸出宽0.12米的平台，平台上残留有朽木的痕迹，当为木质椁板痕迹。椁室长3.1米～3.5米，宽1.6米，高1.62米。椁室经遭盗扰，出土釉陶壶、鼻塞、肛塞、大泉五十等器物。墓圹南侧与椁室对应的有两个小龛，东龛内出土陶壶、陶案、陶盘、熏炉、陶箸、陶勺、陶樽，西龛内出土陶壶、陶案、耳杯、陶箸、石磬、衔镳、当卢、横末饰、盖弓帽、辖軎、铁戟。

石椁墓：2座（M19、M20）。东西并列，形制相同，均为斜坡墓道竖穴土圹石椁墓，石椁由卵石、石块垒砌而成，2～4不等，大石块缝隙间填充小石块，这些石块无明显加工痕迹，部分石块之上朱书文字，石椁之内置木椁。M19，平面呈“甲”字形，由斜坡墓道、墓室、小龛三部分组成。墓道，平面呈梯形，底部为斜坡状，墓道底部高于墓室底，残长11.2米，宽2.3米～3.2米。墓圹，开口向下有两级二层台；石椁部分石块用朱砂书写“廿二”“廿九”等文字。石椁之内有木椁。墓圹西侧前部有小龛，保存完好，出土器物有原始瓷壶、弩机、铜构件、铁铠甲、玉饰。封门为砖石结构，底部有近似椭圆形的卵石，上部为条砖错缝。墓圹填土上部经夯

打，下部积沙积石。

斜坡墓道洞室墓：12 座（M1、M2、M4、M5、M6、M10、M11、M12、M14、M15、M17、M25）。

M5，由墓道、过洞、天井、耳室、墓室五部分组成。墓道，位于墓室的东侧。过洞，拱顶土洞，斜坡状底。天井，竖井土圹结构，口小底大。南、北两壁有对称的脚窝。耳室，位于过洞的北侧，长方形砖室券顶结构，子母对缝券顶，长条砖砌壁。出土有陶仓 5 件、陶樽 1 件、原始瓷壶 9 件、原始瓷瓿 2 件、陶罐 1 件、陶釜 1 件、陶甑 1 件、熏炉 1 件、陶盆 1 件、铁釜 1 件、铜灯 1 件、衔镳 1 件、车軎 2 件、盖弓帽 2 件。墓室，子母砖券顶，条砖砌壁，条砖“人”字形铺地。出土有铜钱 38、铜泡钉 1 件、鼻塞 1 件。土洞长 4.24 米，宽1.42 米～3.1 米，洞高 2.5 米。

竖穴墓道洞室墓：3 座（M8、M9、M13），出土器物 500 余件（铜钱除外），质地有陶、铜、铁、玉石等。陶器器类有鼎、盒、壶、灶、罐、仓、盆、箸、埙等生活明器。铜器有投壶、车马器、印章、弩机、铜镜、镜刷、铜钱等。铁器有剑、锛、戟、铠甲等。玉石器有九巧塞、玉握、石磬、剑首等。

从墓葬形制及出土器物的特征看，这几座墓的年代大体相同，即西汉末年至新莽时期。M5、M16、M18，M19、M24 几座墓，从墓葬的规模与出土器物分析墓主人均应是中级以上官吏，尤其是 M19、M24 出土铁铠甲，说明这两座墓的主人生前可能是军队中的官吏。

此次发掘的 8 座砖椁墓、2 座石椁墓，其形制结构在西安地区尚不多见。从目前的考古资料看，砖椁墓在黄河下游的山东地区多有发现，尤其以鲁北地区更为流行，西安发现的这几座砖椁墓的主人或许是来自黄河下游山东地区的移民。

几十年来，西安北郊经过考古发掘的汉墓近万座，该墓地位于汉长安城东偏南约 4800 米，墓主人应是汉长安城内的居民。

（张翔宇　刘汉兴　高　博）

【眉县柳巷汉魏城址】

发掘时间：2013 年 3～12 月

工作单位：陕西省考古研究院

2013 年，继续对柳巷汉魏城址内南北向道路两侧区域进行考古勘探，并对城内北部建筑遗址进行考古发掘。

勘探区域位于城址南门及南北向中轴线道路及道路东、西两侧，勘探面积约 3600 平方米。发现道路两侧分布有多处砖铺地，北端距北城墙约 20 米处发现有较大规模的夯土堆积，初步判断为城址主体建筑的夯土台基遗迹。

随后，对勘探发现的夯土台基进行了发掘。发掘面积 1500 平方米。发掘显示，该夯土台基分为上、下两层，上层东西长 16.5 米，南北宽 14.5 米，高约 0.2 米；下层东西长约 30 米，南北宽约 30 米，高约 1.5 米。上层台基位于下层台基的北部，东、南、西三面分布有较密集的柱洞，柱洞可分为方、圆两种形状，大小和深度不等，且分布较杂乱，个别柱洞底部发现有用作柱础的残砖块，应该为多次或多个建筑的残留。出土了大量的砖瓦等建筑材料，主要为单面细绳纹条砖及细绳纹板瓦、筒瓦。另有少量素面砖瓦及一侧带有纹饰的条砖，另外，出土有石质夯头、铜权、陶权、兽面砖、剪轮五铢等遗物。该建筑遗址位于城内北侧中心位置，且面积较大，应为城址的主体建筑。从地层堆积情况并参照前期发掘成果，初步判断下层夯土台基应始建于东汉时期，后经过多次修整，上层台基为晚期增筑，年代不晚于北魏时期。

2013 年的发掘，进一步确定了柳巷城址的始建年代以及城内各遗存的相对关系等问题，厘清了城址在使用过程中的整修与重建脉络，为柳巷城址的形制布局、性质内涵等方面的研究提供了更多的资料。

（李　坤）

【白水县索家寨墓地东汉 M1】

发掘时间：2013 年 4～10 月

工作单位：陕西省考古研究院

索家寨墓地位于渭南市白水县史官镇西章村西部，因黄（陵）—韩（城）—侯（马）铁路工程从墓地穿过，对工程穿越的墓葬 M1 进行了发掘清理。

M1，东西向，方向 5°，由封土、墓道和墓室三部分组成。其中封土近圆锥形，高约 10 米，直径约 17 米，夯筑而成。在封土底部、墓室之上，铺设南北向棚木 22 根，东西向 7 根，未经加工，对墓室起到支撑作用，防止封土垮塌。墓道为长斜坡，位于封土的东部，部分叠压于封土之下，长约 17 米，宽 2.2 米～3.6 米。墓室由前室、中室、后室及侧室组成，墓室平面呈方形，均为竖穴土坑砖室穹隆顶，各室之间由甬道相连。

由于该墓遭盗扰严重，出土器物较少，主要为陶器和少量铜钱，陶器主要为绿釉陶楼、陶仓、陶罐、盆、狗、猪、房等，根据出土器物特征判断，该墓时代为东汉晚期或稍晚。出土的绿釉陶楼为上、下两层结构，造型复杂、形制特殊，在陕西地区东汉墓中并不多见。

在发掘之余，此次发掘对索家寨墓地周边进行了考古调查，发现该墓地共有墓葬 8 座，均带封土，墓葬相隔在数百米之内，其中 M1 现存封土最大，其他略小。索家寨墓地离原衙县（西汉设）相隔很近，推测墓主可能与当时衙县的高级行政长官密切相关。

此次发掘，是渭北高原地区首次对封土大墓进行的考古发掘，通过对该墓的清理，为研究东汉时期渭北高原地区墓葬形制、结构与文化特征等信息提供了新的考古资料。

（马金磊）

【长安茅坡汉唐墓葬】

发掘时间：2013 年 3～6 月

工作单位：陕西省考古研究院

长安万科城二期项目位于陕西师范大学长安校区北侧、原长安区茅坡村西北。2011 年 11 月开始发掘，至 2012 年底发掘各类墓葬 193 座。2013 年继续对其余的 49 座墓葬进行发掘，出土各类器物 240 余件（组）。

经过发掘确认，除 1 座王莽时期墓葬、3 座东汉墓葬外，其余均为唐代墓葬。

其中 1 座东汉墓为竖穴土坑墓，其余 2 座为长方形砖券墓，出土器物类型主要为陶奁、陶仓、陶罐、陶豆、陶鼎、陶壶等，还有铜镜、铜带钩、车器、弩机等，特别值得提出的是在两座砖券墓中还出土了两把铁剑，其中一把为铜格，全长超过 1 米，保存尚好。

唐墓多为带墓道的土洞墓。其中 M231 保存较好，带斜坡墓道和两个天井，呈刀把形。人骨已朽，仅留部分痕迹。出土陶罐、陶钵、铜钵、三彩女俑、银簪、银戒指、贝壳、滑石猪、瓷碗、瓷瓶、铜钱、铜镜、铁剪刀等 20 余件（组）。位于三彩女俑下的钱币中包含一枚北周时期的“永通万国”。另外，还出土砖墓志一合。根据墓志记载，墓主为司农寺丞郑福善第四女，年仅 12 岁，去世时间为大周长安二年（702）十一月，埋葬地点为长安县高阳原宋满村。

通过此次发掘，全面掌握了这一区域古墓葬遗存的分布范围、内涵等信息，为研究唐长安城南部中小型唐墓的分布范围、区域墓葬分区特征等提供了重要材料。

（田有前）

【延安市蛇连沟北朝至明代墓地】

发掘时间：2013 年 6～10 月

工作单位：陕西省考古研究院

为配合延安至延川高速公路工程建设，在延安市宝塔区冯庄乡蛇连沟村山地上发现一处墓地，陕西省考古研究院和延安市文物保护研究所联合组队，对该工程建设范围内发现的古墓葬进行了考古发掘，共清理墓葬 24 座，砖窑 1 座，发掘面积 650 平方米。24 座墓葬中砖室墓 7 座，土洞墓 17 座。在 7 座砖室墓中，有 4 座有仿木结构，M3 和 M11 是这批仿木结构砖室墓的典型代表，M3 结构复杂，全长 16 米，由墓道、封门、甬道、前堂、过洞、六边形仿木结构主墓室和侧室 7 部分组成，六面除一面与前室相连外，其余五面各开辟一平面呈长方形的侧室，其中主墓室入口处出土的壁画保存较为完整，仿木结构部分均施以黑、红、白三色彩绘装饰。砖窑的发现预示着墓地砖室墓的用砖可能是就地烧造。

这批墓葬中有 3 座墓葬都出土有形制近似、大小有别的双耳釜、长颈瓶等，是陕北地区北朝墓葬较典型的器形之一。其余土洞墓，均呈现出在土洞墓室中构筑有生土棺床的共同特点，且占据了墓室的绝大部分面积，仅有过道与墓道相通，随葬品中多以黑釉瓷器随葬，亦可见数量不多的青釉瓷器和无釉瓷器，器形主要有碗、盏、碟等，时代大致介于元末明初。

蛇连沟墓地是延安地区北朝、宋、金、元时期墓葬数量最多的一次考古发掘，为研究这一地区北朝、宋金元时期墓葬形制葬俗等提供了新的资料。

（段 毅）

【西安市西郊隋代墓地】

发掘时间：2013 年 2～3 月

工作单位：陕西省考古研究院

万科金色悦府二期工程项目位于西安市枣园西路和仁义路十字向北约 80 米处，北临陇海铁路，原为三民村宅基地，为配合该项目建设，共发掘古墓葬 30 座，均为小型洞室墓。

发掘区主要集中于建设用地的西北部，清理的 30 座墓葬形制大多为斜坡墓道单室土洞墓，由墓道、封门、墓室三部分组成，南北向，其中 4 座平面呈直背刀形或弧背刀形，26 座平面呈梯形。这批墓葬形制规模较小，开口较浅，墓葬上部结构均遭到不同程度破坏，最小的墓圹开口长 0.9 米，宽 1 米，最大的长 3.5 米，宽 1.66 米，深 0.46 米～3.6 米；葬具均为木棺，葬式均为仰身直肢葬，除 M18 为两人合葬外，其余皆为单人葬，依据残留的墓主遗骸可以判别性别的女性墓 5 座，男性墓 2 座，其余不详。

随葬器物可见青釉六系罐、武士俑、笼冠俑、风帽俑、小冠俑、跪坐俑、笼冠俑、持箕俑、镇墓兽、狗、猪、羊、鸡、井、灶、仓、磨、碓等，大多数墓葬都出土数量不等的隋代五铢钱。

此次发掘的所有墓葬均为小型墓葬，数量较多，分布集中，墓室底面均为斜坡，个别墓室和墓道为同一斜坡，坡度 4°～18°。尽管以往在西安周边常有隋代墓葬发现，然而如此集中而墓葬形制又大多相似的情形却不多见，初步推断这些墓葬可能属于同一族群的墓地。该墓地的发掘为研究西安乃至全国中小型隋代墓葬提供了新资料。

（段 毅）

【三原县唐代帝陵】

发掘时间：2013 年 3～11 月

工作单位：陕西省考古研究院

2013 年，唐代帝陵的主要工作是对永康陵、庄陵进行全面勘探及对唐武宗端陵陵园东门北侧门阙和南神道西侧蕃酋殿遗址进行了考古发掘，对陵园南神道和北神道掩埋于地下的石刻进行清理，并对石刻进行测量记录等工作。

唐永康陵为唐高祖李渊祖父李虎之墓，位于三原县陵前乡石马道村北及侯家村西南约100米处。现已探明陵园垣墙、南神道、两座陪葬墓，陵园垣墙平面为正方形，边长约100米，在垣墙外侧约20米还发现一圈围沟。

唐敬宗李湛庄陵位于陕西省三原县东北15千米陵前镇柴家窑村东，现已探明陵园垣墙、封土形制、南神道范围和神道石刻分布、下宫遗址范围等信息。

唐武宗端陵位于陕西省三原县东北约17千米的徐木乡桃沟村东北，东距唐高祖李渊献陵4千米，西北距唐敬宗庄陵约6千米。2013年发掘地点的选择，一是为了搞清楚晚唐时期唐帝陵陵园建筑的建筑方式、工艺技术等详细信息；二是为了补充勘探成果，对勘探结果不太清楚的西侧蕃酋殿址区域进行发掘，以期了解殿址的准确布局和形制；三是为了验证勘探结果，了解门址的准确布局，为唐帝陵建筑形制演变提供准确依据。

发掘显示，东门北侧门阙基址为夯土结构，平面形状为梯形，东西长约24米，南端宽约15米，北端宽约13米。阙体主体现存高约3.5米，平面为梯形，未见夯筑“三出”结构；在蕃酋像北侧1米发现了一段东西走向的散水包砖，揭露了蕃酋殿址的全貌，西侧蕃酋殿址位于南门西侧门阙以南10米，平面形状为曲尺形，南北长17米，东西宽18米。仅残存夯土基址，在殿址东北部残存部分散水包砖。殿址内清理出5块石础和6件蕃酋像残块。

端陵地面现存石刻较少，只有4件石人，2件石马，2件翼马，1通石柱，其余石刻或遭损毁，或者掩埋于地下。2013年发掘共清理石刻37处近50件（组）。

2013年，通过对东门北侧门阙的发掘搞清了阙体的形制和保存情况，对西侧番酋殿址的发掘补充了端陵陵园勘探资料的不足。对陵园石刻的清理发现了大量掩埋于地下的陵园石刻，为制定保护规划和对倒伏于地下的石刻进行扶正复位提供了参考依据。

（张　博）

【咸阳市渭城区唐昭容上官氏墓】

发掘时间：2013年8～9月

工作单位：陕西省考古研究院

唐昭容上官氏墓位于咸阳市渭城区北杜镇邓村北，陕西省考古研究院在对西咸新区空港新城园区南大道Ⅰ标段进行考古勘探时发现。

该墓葬系斜坡墓道多天井和小龛的单室砖墓，坐北朝南，全长36.5米，深10.1米，由斜坡墓道、5个天井、5个过洞、4个壁龛、甬道和墓室等部分组成。壁龛内出土随葬陶俑150余件，甬道内出土墓志一合。墓室采用明圹砖券，正方形，开口边长6.5米。清理时发现墓室顶部全部塌陷，四壁残余部分最高1.38米，未发现棺椁痕迹。从北端两个天井、甬道和墓室被大范围破坏的情况判断，不似一般盗墓所致，应系大规模、有组织的破坏行为，可能是“官方毁墓”行为。根据出土墓志记载，该墓主人是唐代著名女诗人、政治家上官婉儿，下葬于景云元年（710）八月。上官婉儿系唐中宗昭容，两唐书有传。墓志记录了昭容上官氏的世系、经历、死因、下葬时间和地点等信息，且特意提到太平公主赙赠葬礼并对上官氏之死表示哀伤。结合史料记载，上官氏的礼葬、追赠谥号、文集编纂都与太平公主有关；该墓的毁坏也应该在太平公主被赐死后不久。该墓下葬时间和墓主人身份明确且系历史名人，出土文物较为丰富、保存情况良好，为唐代历史文化研究提供了珍贵的实物资料。

（李　明）

【西安市未央区梨园路唐代粮仓遗址】

发掘时间：2012 年 7 月 13 日～8 月 8 日

工作单位：中国社会科学院考古研究所汉长安城工作队、西安市文物保护考古研究院

粮仓遗址位于西安市未央区梨园路北侧，在唐长安城西北的禁苑内。配合未央区住房保障工程—“未央住保大厦”的建设，在已挖出的建筑基坑内发掘了 4 座粮仓，另在基坑内外探出数座，根据粮仓的排列规律推算，现知这一带至少存在 3 排 21 座，它们东西成行、南北成排分布。在勘探范围之外还应有粮仓分布，但因现代建筑与道路占压，无法探明。

发掘的 4 座粮仓上部均已不存，残存口部平面呈圆形，底部大致为平底或锅底形，周壁呈弧形。以 1 号仓为例，残存口径 9.25 米～9.4 米，底径 6.94 米～7 米，仓壁近底部稍向内收，似二层台，台高约 1.2 米。底部至残存口部 2.8 米，距现地表 7.8 米。

从仓壁的斜度推测，粮仓原始口径要比现存的口部大得多。每座粮仓底部都经过严格的防潮处理，从解剖情况看，防潮层约有三至四层，每层铺有红烧土、草木灰、木板、席子等，其间还夹杂垫土层，并经夯打。粮仓周壁经过烘烤，再用木板、席子等铺垫而成。

各粮仓内均发现大量炭化的谷物堆积，从谷物形状目测，可能是谷子。在 3 号仓的谷物中发现 2 枚唐“开元通宝”钱，在 4 号仓的底部铺有多块唐代手印砖，再参考其他地方发现的粮仓形制，判断这组粮仓属于唐代。粮仓位于西安北郊龙首原的高爽地带，并在唐都长安之北的禁苑之内，而且靠近漕渠，十分有利于粮食的运输、保存及安全。此新发现对研究唐代粮食的漕运路线、储备技术、都城粮食供应及唐长安城的布局都有十分重要的意义。

（徐龙国　刘振东　张建锋）

【西安市航天基地唐代墓葬】

发掘时间：2013 年 6～8 月

工作单位：西安市文物保护考古研究院

该墓位于西安市长安区民用航天基地航天学校工地内，为斜坡墓道土洞墓，平面呈刀形，总长 7.2 米，由墓道、甬道、墓室三部分组成。出土有镇墓兽、天王俑、陶俑、动物俑、陶罐、瓷瓶、瓷罐、铜钱、铁器、石器、贝壳等物，出土墓志一合。根据墓志可知该墓墓主为唐龙朔元年（661），楚州刺史归仁公夫人，高阳郡君许氏，葬于万年县义善乡兴善坊之西。

（杨军凯　郭永淇　辛　龙）

【西安市郭杜镇唐代田仁亮墓】

发掘时间：2013 年 4～6 月

工作单位：西安市文物保护考古研究院

该墓位于西安市郭杜产业园雅居乐国际花园工地内，平面略呈“甲”字形，坐北朝南，总长 21.6 米，由墓道、过洞、天井、甬道、墓室等部分组成。

该墓甬道东西壁及墓室小部分可见壁画，脱落较严重。出土有天王俑、镇墓兽、陶俑、铜钱、铅马镫等物，其中出土墓志一合。根据墓志可知该墓墓主为田仁亮，渔阳人，曾任临翼郡司功参军，卒于天宝九年（750），其宅位于义宁里，次年葬于高阳原。

（杨军凯　郭永淇　辛　龙　郑旭东）

【西安市航天基地 M1】

发掘时间：2013 年 3 月

工作单位：西安市文物保护考古研究院

该墓位于西安市长安区民用航天基地航天服务外包项目 6 号基坑西部，为长方形斜坡墓道土洞墓，墓葬平面呈刀形，由墓道、过洞、天井、甬道、墓室组成。墓主人骨架保存较为完整，大腿骨和骨盆处铺垫有石膏块，出土有白瓷杯、白瓷盏托、四系罐、陶壶、铜镜、铜熏炉、铜器等文

物。

（杨军凯 郭永淇 辛 龙 郑旭东）

【富平县桑园唐代窑址】

发掘时间：2013 年 6～12 月

工作单位：陕西省考古研究院

桑园窑址位于富平县宫里镇桑园村与涧头村西侧，唐定陵陵山的西南侧，是一处唐代砖瓦窑遗址，2006 年被公布为陕西省重点文物保护单位。

经过 2013 年考古调查与勘探，发现唐代砖瓦窑 495 座，分为 12 组，每组均呈南北方向、两两相对的两排布列，两排间为操作通道。整个窑址分布面积达 0.9 平方千米。

根据勘探结果，对 1000 平方米区域进行了考古发掘，共发掘揭露遗迹包括窑 15 座、操作道 3 道、斜坡道 3 条、灰坑 3 个、水井 1 口。出土遗物主要是砖、瓦烧成品与生坯，另外有少量陶制工具、陶片、瓷片与铜镞等。

15 座窑址皆为马蹄形半倒烟式窑炉，窑门朝东或朝西，通向南北向分布的操作通道。窑内堆积为泥沙、砖瓦泥坯及少量砖瓦残块，在 Y228 与 Y227 窑床上有摆放砖形成的印痕，为南北向成排分布，排与排之间以碎瓦片间隔。2 座窑壁上有刻划的成篇文字，可识别的有“王”“亳”“九”“论”等，部分文字重复出现。操作通道为南北向长的壕沟，窑炉分列在其两侧，窑门通向通道，通道底部与窑门外侧底部平。斜坡通道为从地面通向操作通道的道路，宽 1 米，长 6 米～8 米。灰坑南北向分布，灰坑内堆积包含草木灰、砖瓦残块与砖坯。水井 1 口，打破 Y229，直径 1 米，深度大于 12 米，内部堆积包含砖块与黑釉瓷片。

遗址出土遗物以砖为主，有正方形、长方形和梯形三种。正方形的砖边长 36 厘米，厚 6 厘米，有莲花纹和素面两种，数量较少。长方形的砖，长 36 厘米，宽 16 厘米，厚 8 厘米，表面有绳纹或手印纹。梯形砖长 36 厘米，宽 16 厘米～17 厘米，厚 8 厘米，该类型的砖小端均为烧结成釉质，平面附着有烧结的粘接泥皮，该类型的砖多出自窑内堆积。出土的瓦数量较少，外素面，内布纹，均残破。各单位均有出土，尤其在窑床上为多。砖坯出土于操作通道与斜坡通道中，有绳纹与莲花纹两种，均残破。

该窑址位于定陵西南侧附近，是迄今唐代砖瓦窑规模最大、数量最多、保存最好的窑群，对研究唐代砖瓦制作工艺有重大意义。另外，该窑址之规模，远超其他唐代帝陵附近发现的砖瓦窑址，该处窑址在当年的管理、用途及与周围遗址的关系也应该比其他窑址要复杂得多，还需要进一步的考古发掘与研究。

（于春雷）

【西安市东兆余唐代郭钊墓】

发掘时间：2013 年 3～4 月

工作单位：西安市文物保护考古研究院

壁画墓位于西安市长安区东兆余村西，北邻航拓路，西邻神舟六路，南邻飞天路。该墓为长斜坡墓道多天井单室砖室墓，原有封土，坐北朝南，由墓道、过洞、天井、甬道和墓室组成，总长 31 米。

第一、第二过洞下分别带有两小龛；甬道为砖券拱顶，墓室为大开挖土圹方坑，四角带有圆柱形土柱，壁面光滑向下内收并有脚窝，方坑内筑砖券穹隆顶墓室。甬道、墓室均绘制壁画。甬道南半部个别画面保存较好，东、西壁各绘 7 人，东男西女。墓室内壁画脱落严重，漫漶不清。

根据出土墓志可知墓主郭钊为唐汾阳王郭子仪之孙，驸马都尉、拜骑省左常侍、赠左仆射郭暧之子。夫人沈素为唐故驸马都尉检校右庶子沈宇之第二女，代宗皇帝的外孙。郭钊及夫人沈素分别葬于唐大和四年（830）、咸通十一年（870）。

（杨军凯 郭永淇 辛 龙）

【靖边县统万城遗址】

发掘时间：2013 年 5 ~10 月

工作单位：陕西省考古研究院

统万城遗址 2013 年考古工作主要是，外郭城东部区域系统调查，西城东北部考古勘探，东城中东部大型夯土建筑基址的发掘和墓葬的清理，配合统万城遗址马面的保护工程清理西城南垣外 4 ~7 号马面基础等。

通过对西城东北部的考古勘探，发现夯土建筑基址、井、灰坑等遗迹 50 余处（组），特别是西城北门内建筑沿北门内南北大道成片分布。建筑基本面南，深度在现地表以下 3 米 ~5 米，从勘探出的陶瓷片等分析，年代多为唐代，是统万城内布局结构研究的重要收获。

东城内大型夯土建筑基址的发掘，解决了东城的建造年代问题。这组建筑东西长 96 米，南北宽 48 米。从其所处位置来看，应是东城的主体建筑之一。在其南 78 米的另一处建筑，东西长 55 米，南北宽 25 米，应该与这处建筑为同一组建筑的前后院落。部分建筑基址已发掘完毕，中心夯土台东西宽 28.3 米，南北进深 26.7 米，面积 755 平方米。夯土边缘与城垣方向一致。夯土台外地面出土数十件兽面瓦当，另有沙石雕刻的莲花座、门内雕刻的残佛头等。发掘表明该建筑年代为晚唐至五代，对于认定统万城东城的建造年代为晚唐五代时期提供了依据，可能与西夏建立者李元昊的祖先拓拔思恭及其继任者夏州刺史、定难军节度使有关。

为配合统万城马面的保护工程。对统万城西城南垣外自西向东 4 ~7 号马面基础进行了清理。南垣外 7 个马面，除 4 号与南城垣连接外，其余马面均独立存在，而其余三面墙垣外的马面，似乎都与城垣连为一体。马面基础均在现地表以下 4 米 ~8 米，马面现存高度为 11 米 ~12 米。部分马面及城垣基础外均有五排柱洞，可能更多的作用是防御。首先是自然地理形势，都城选择建立在红柳河、纳林河形成的三角形台地，这两条河流成为防御的第一道屏障；其次为护城壕，西城南、北、西垣外均发现夯土筑就的护城壕；最后是城垣及马面组成的立体防御系统，可以从三面自上而下攻击入侵的敌人。另外，在城垣及马面外以及西城东北部与外郭城连接的夯土大道均发现有成排成片的柱洞。通过发掘，对统万城防御体系有了更全面的了解。

（邢福来）

【甘泉县宋金画像砖墓】

发掘时间：2013 年 6 ~10 月

工作单位：陕西省考古研究院

甘泉画像砖墓位于延安市甘泉县道镇清泉沟柴窑村东 500 米的山坡上，海拔 1168 米。

该墓为竖穴台阶式墓道，仿木砖结构多室墓。由墓道、封门、甬道、前堂、后室、西侧室、东侧室等几部分构成，全长 12.35 米。

墓室为砖券五室，均为大开挖明箍而成。该墓原应有封冢，因多年水土流失及生产生活破坏，现已不存。

前堂为攒尖穹隆顶，顶部四刹面用条砖叠涩回缩为 14 层，主室直壁底部四周为方砖叠涩错缝平砌 6 层而成的砖圹，其上直壁至四刹面为仿木结构，枋额、斗拱、屋檐、椽、瓦沟等一应俱全。四角各有一根砖雕四棱立柱，并涂黑色，柱顶用一层条砖顺向平砌向外凸出的砖枋额，枋额以上为砖雕斗拱。四角柱头斗拱呈偷心出翘一斗三升式，四面补间斗拱亦为出翘的一斗三升式。斗拱上檐枋，用一层条砖丁向平砌，檐枋以上每面砖雕方椽 10 根，方椽上覆盖条砖雕刻的瓦沟。东、北、南壁在过道两侧用方砖减地围砌成二重屏风式画框，西壁两侧过道中间彩绘一幅蝶戏牡丹供养图，底部有高约0.12米的地仗，上涂红彩。

主室地面用方砖错缝平铺而成，南北进深1.84米，东西宽1.77米，通高3.13米。后室位于墓葬最北端，平面近方形，攒尖穹隆顶。四直壁用方砖围砌成二重减地屏风式画框，东、西两壁二重各有画框八屏，北壁二重十屏，南壁过道两侧上、下各有两屏，共有砖雕彩绘壁画30屏。画框上、中、下各有两层条砖平砌的栏额，画框间用一立砖侧砌间隔。地面用方砖错缝平铺七列六行，南北进深1.96米，东西面宽2.16米，通高2.35米。

该墓共出土画像砖116块。前堂、后室、东、西侧室内，四直壁上均装饰有画像砖，并进行彩绘装饰。画像砖内容主要为二十四孝图的啮指痛心、伯俞泣杖、董永遇仙三种。社火内容为八仙的钟离权、击鼓图、劳作图。以及雀鸟、花卉、球露纹装饰五类。画像砖制作方法为先模制烧造，后期加彩，在人物、动物重点部位用黑彩点染，整体画面色彩以黑色、红色、白色为主。

后室出土三彩狮形枕1件、黑瓷碗1件。东侧室甬道北壁书“高太”二字，疑为画工的名字，在宋金墓葬中多见。

此次工作是首次对陕北画像砖墓进行的发掘，对墓葬的形制、建筑结构、墓内画像砖的分布与内容、画像砖的制法和用法有了详细的了解，画像砖为模制，镶入墓葬的壁面上，彩绘为后期在墓室内完成。画像砖的内容反映了宋金时期陕北地域文化的重要特点。比如击鼓图和劳作图，生动表现了当时人们庆祝丰收的场景；仿木建筑结构做工精细，彩绘鲜艳；墓葬保存完整，画像砖内容丰富，为研究当时的宗教信仰、建筑工艺、文化艺术等提供了珍贵的资料。

（刘呆运）

【高陵县院张明代家族墓】

发掘时间：2013年1～9月

工作单位：陕西省考古研究院

院张明代家族墓位于高陵县院张村北西光园区内，2013年继续对该墓地西区进行发掘，清理墓葬21座，分为东、南、北三区；同时，对以前在室内的3具漆绘彩棺揭盖后进行了室内清理。

东区墓葬共6座，平面呈“人”字形分布。其中，斜坡墓道石室墓4座，竖穴墓道砖室2座，依形制可分为单室墓和并列双室墓两类，有砖室、石室以及砖石混筑3种。墓葬主要为长方形券顶洞式墓，南北向，头向北，葬具为木质一棺一椁，棺椁以榫卯结构相连，素面，棺外侧黑漆地上绘制彩绘。大部分墓均有门楼，雕刻出门脊、瓦当、滴水以及斗拱等相关构件，多在门脊和门额处雕饰花卉图案，在阑额处都题刻有墓主及夫人姓氏等信息。共出土墓志2合，随葬有瓷碗、钵、金戒指、耳环、扣饰及锡壶、口琀、玛瑙坠子等100余件（组）。

南区墓葬9座，布局无规律。均为南北向，竖穴墓道，形制均为单室墓，包括砖室和土洞室两种。砖室墓均有门楼，多在门额处雕饰花卉图案，在阑额处题刻墓主人姓氏。葬具葬式保存较差。随葬品有陶炉、瓷碗、钵、盏、盅、锡罐及银耳环等28件。

另对北区6座墓葬墓室内部进行了清理，除3具棺椁盖未揭外，共出土各类随葬品60余件（组）。

根据墓志和墓门阑额题刻可知，东部墓地设于明隆庆六年至万历三十六年（1572～1608），记载有9代人的姓名等，为另外一支张姓平民墓地。

通过2013年发掘，使院张明代二支张

姓家族墓葬结构渐次清晰，出土的墓志文纪年、人物关系和重要事迹等记载清楚，出土的随葬品种类繁多，器形多样，是研究明代家族墓葬制度的珍贵资料。

（王望生）

【澄城尧头元明清时期窑址】

发掘时间：2013 年 3 ~4 月

工作单位：陕西省考古研究院

2013 年为配合尧头窑遗址区的保护开发，陕西省考研究院对该遗址进行了大范围考古调查。尧头窑烧造瓷器技艺于 2006 年入选第一批国家非物质文化遗产名录，此后又于 2008 年被公布为陕西省重点文物保护单位。始烧年代不晚于元代，明代得到极大的发展，清代、民国为其鼎盛期，新中国成立后逐渐衰落。

此次共调查遗迹点 318 处（组），其中窑炉 130 处，民居 75 处，作坊 68 处，祠庙 17 处，废料堆积区 6 处，原料矿 5 处，加工厂 5 处，城址 5 处，其他遗迹 9 处，面积达 7.5 平方千米。

遗址内窑炉整体保存状况较好，现地面有广泛分布。窑炉主要分布于白家城、张家咀、宋家道、西坡、后寨子、旧城等，而后湾分布虽少，但较集中。发现有明确纪年最早的窑炉是道光二十四年（1844），保存较好。另据调查可知，尧头镇在 20 世纪中叶烧造瓷业是分区和分家族进行的。

古民居主体以晚清民国为主，清早中期较少，此次见到最早纪年为康熙三十七年（1698）。民居绝大多数为窑洞式，主要分布于遗址东部，典型建筑布局为“五凤楼”，即由正屋两孔窑洞，对面三孔窑洞组成。

作坊遗迹基本都和窑炉交叉成组分布，每个窑炉都有对应的作坊，并分属不同的家庭或家族使用。

祠庙主要是当地家族祠堂，还有公共祠庙如窑神庙、药王庙、东岳庙等。

废料区主要是两处大型的瓷片堆积区，当地称“瓷瓦坡”，在宋家道发现有一处东西长 180 米，南北宽 70 米，最厚处可达 16 米的瓷器堆积，器形主要为瓷碗，多白底黑花瓷。加工场包括耙泥池、碾料盘等对原料进行加工准备的场所，所有耙泥池都已被一处煤场填埋于地下。城堡共有五座，分别为旧城、白家城、宋家城、古家城和南城等，瓷器烧造区及商业区分布于五城之间，俗称“五星环抱”。其他遗迹包括原料产地，有研货窑、煤窑、运研道路。

尧头窑瓷以其特有的粗瓷而闻名各方，分别有碗窑、黑窑、瓮窑、砂窑四个窑系。产品以碗、碟、壶、罐、盘、瓮等器皿为主，风格粗犷，尤以黑釉刻花为其代表，具有典型的民窑风格，完整地保存着传统文化和地域文化的特色，充满着浓郁的乡土气息。

（于春雷）

【周至县清代佛坪厅故城调查】

调查时间：2013 年 5 月、10 ~12 月

工作单位：西安市文物保护考古研究院、
周至佛坪厅文物保护管理所

佛坪厅故城是秦蜀古道之傥骆道上最大的一处古城址，位于秦岭南北分界岭以南，太白山东岭下，四面环山，海拔 1737 米。距西安市约 185。佛坪厅为清道光五年（1825）始建，1912 年改为县治，1925 年遭匪患后县治迁至今佛坪县址，之后故城逐渐废弃，俗称周至老县城。2003 年，被公布为第四批陕西省文物保护单位。

故城平面呈不规则的长方形，东西长约 550 米，南北宽约 250 米。城墙为三七灰土夯筑而成。内外均垒砌大卵石及自然毛石，基宽 6 米，顶宽 3 米，高 6.1 米，保存较完整，现存东、西、南三面城墙中的砖砌城门，北门未建成就已废弃。城内现存东西向道路一条。据佛坪厅志载，城内有马王庙、文庙、县衙署、监狱及住宅等，现完整建筑仅存荣聚站一处。城外有接官亭遗址、城隍庙、佛爷庙、白云塔、土地庙、舂米场等遗存。大部分建筑已破坏殆尽，基址残存地下，部分柱础暴露于田野。

在2012年对故城西北部考古调查的基础上，2013年联合考古队对城墙西门马道遗址进行了调查，确定了马道遗址的结构；对城东城隍庙、东城门内南侧老文庙遗址、西门内路北把总署遗址进行了初步探查，初步确定了城隍庙的布局和结构，探明了城内路北建筑格局并绘制了故城平面图。为佛坪厅故城保护规划的编制提供了第一手考古资料。

【旬阳古矿洞专题调查】

调查时间：2013年3～4月

工作单位：陕西省考古研究院

在2012年考古调查的基础上，陕西省考古研究院继续对该区域的古汞矿洞、栈道遗迹进行调查，并对土法炼汞技术和有关汞矿开采冶炼的传说进行民族学调查，同时，对几处汞矿洞口的文化堆积进行了试掘。

通过调查，基本完成旬阳公馆、青铜沟余留部分古代汞矿洞的调查工作，新发现古矿洞137座，截至2013年，共发现古汞矿洞328座，对该区域古代汞矿洞的分布概况有了较为确切的认识。

对位于公馆河道右（南）岸的山崖石壁上的栈道进行了考古调查，共发现三段栈道的柱洞遗迹，长度约150米，距现水面约1.2米～3米。共发现柱洞65个，有方形、圆形两类，以方形为多，深度8厘米～20厘米。柱洞呈上、下两列分布，个别柱洞内有残石柱遗存。通过对古栈道的考古调查，了解了该区域古代的交通状况，积累了研究朱砂（汞）对外传播路径的相关资料。对青铜沟附近的一处土法炼汞设施作了调查，绘制炉灶图样，掌握了冶炼原理与过程。

在调查的基础上，对旬阳公馆、青铜沟区域三处矿洞的洞口堆积进行了考古发掘，总面积约147平方米，共发现遗物102件，主要有铁质工具、容器、瓷容器、石质工具等，为研究矿洞的开采年代提供了确切的实物资料。

在上述工作的基础上，与北京科技大学冶金与材料史所合作，尝试对旬阳朱砂或金属汞进行分析做前期的准备工作，为探索此类古矿研究提供新思路和新方法。

（丁　岩）

【西安市周边地区高光谱遥感考古】

发掘时间：2013年6～12月

工作单位：陕西省考古研究院

遥感考古以各类飞行器为平台，在高空利用波谱和可见光认识、探测地表或地表以下保存的古代遗迹，并将得到的数据通过计算机、地理信息系统、全球定位系统等技术在室内进行数字化的分析、研究，进而利用考古学的方法进行整合、虚拟和复原，开展包括资源、社会、人文等全方位的保护和研究。由于其具有成本低、覆盖范围广、破坏性小的特点，越来越受到重视和推广。

西安周边地区古遗址、古墓葬丰富，时代延续长，列入国家大遗址保护项目的有西周丰镐遗址、汉长安城遗址及西汉帝陵汉宣帝杜陵等。为了适应关天经济区、西咸新区经济建设快速发展的新形势，探索积极有效的文物保护方式，2013年在陕西省文物局支持下，陕西省考古研究院与陕西省文物考古工程协会、陕西省文物保护研究院、陕西国一四维航测遥感公司联合对西安周边地区进行了遥感考古工作。

此次工作使用的是运12飞机，工作时速为600千米，高度为1千米。搭载设备为推扫式光谱成像仪及数码相机。工作区域面积达1000平方公里，取得数据资料有400～970纳米之间的光谱数据、彩色航空照片、彩红外影像照片。利用光谱数据在袁旗寨村西北发现了地下0.6米的道路，在户县十六村东北部发现了190×130平方米的地下异常，这些道路、地下异常在航空照片中均难以发现。目前，高光谱数据分析、比对、研究及地面验证工作正在紧张进行中。

西安周边地区高光谱遥感考古工作区域广，使用的设备先进，获得的信息量大，发现了较多的地下遗迹及异常区，为遥感考古工作的深入开展积累了经验与资料，同时对探索地下遗迹无损勘察及大遗址保护具有重要意义。

（杨武站）

甘肃省

【岷县山那树扎新石器时代遗址】

发掘时间：2013 年 3～8 月

工作单位：甘肃省文物考古研究所

遗址位于定西市岷县县城北 10 千米茶埠镇洮河西岸的二级台地上，东西长 1000 米，南北宽 500 米，面积 50 万平方米。2013 年的工作在 2012 年的发掘基础上继续进行，除 2012 年遗留的 600 平方米外，又布设长、宽各 10 米，方向 342°的探方 8 个，总计发掘面积 1400 平方米。清理各类遗迹 183 处，其中灰坑 173 个，灰沟 2 条，房址 2 座，灶 6 个。出土陶、石、骨、玉各类遗物 3800 余件。

灰坑依其平面形状可分为圆形、椭圆形、圆角长方形、不规则形等几类。灰坑内堆积深浅不一，大部分包含物丰富，多为陶片、兽骨及石器。有些灰坑系利用自然地形直接倾倒形成，亦有部分灰坑，直接打破生土，形制规整，多呈袋状。房址均为近方形的半地穴式单间建筑，F2 保存较好，由主室、门道、柱础石及附属设施三个灶、三个储藏坑组成。灰沟皆为长条形，沟壁不甚规整，G1 沟壁多凹坑及坡状小台，沟底有起伏，不平整，可能是利用自然地形经过长期堆积形成。灶有独立灶坑和灶台两类，平面呈圆形或椭圆形，多数灶台在底部铺设一层石子，有些灶台近外壁处平置 1 个夹砂红褐陶罐（或为火种罐）。

出土遗物以陶器为主，兼有大量石器和骨器，玉器及蚌器较少。陶器有夹砂和泥质两类，陶色以红陶、灰陶及橙黄陶为主，彩陶占有一定比例，有内彩和外彩，纹饰多样，构图精美。主要纹饰有平行宽细带纹、旋涡纹、圆点纹、垂弧纹、弧边三角纹、网格纹、垂帐纹、变体蛙纹、蝌蚪纹、圆点十字形纹、锯齿状三角纹等。可辨器类有曲腹盆、宽平沿盆、卷沿盆、重唇口尖底瓶、敛口钵、平底瓶、缸、罐、甑、壶、碗、器盖、器座、陶刀、陶纺轮、陶钩、陶环、陶球、陶笄、陶塑人像等。石器有打制和磨制两种，器类有石锛、石刀、石纺轮、石斧、石环、石球、石网坠、石叶（核）、石凿、盘状器等。骨器多为磨制，有骨笄、骨柄刀、骨匕、骨梭形器、骨针、骨锥和骨镞。玉器仅发现玉刀及少量磨制玉料。蚌器有穿孔蚌壳及残损的窄长条形穿孔蚌饰。

通过对出土遗迹现象和遗物的初步分析，该遗址是一处包含了仰韶中期庙底沟、仰韶晚期及马家窑类型三种文化因素的重要史前遗址，不仅为研究仰韶晚期文化与马家窑文化的关系及马家窑文化的来源问题提供了新线索，也为研究洮河流域这一时期人类的生业模式，生产、生活方式及人与自然环境的关系问题等提供了重要的资料。

（赵雪野　蒋超年　王　山）

【会宁县牛门洞新石器时代至青铜时代遗址】

调查时间　2013 年 6 ~ 7 月

工作单位　甘肃省文物考古研究所

牛门洞遗址位于甘肃省中部的会宁县头寨子镇牛门洞村西北，遗址分布于黄土堆积侵蚀形成的山梁、沟壑、台地等地形比较平缓向阳避风的山湾两侧及山梁上。2006 年 7 月被公布为国家级重点文物保护单位。

为牛门洞遗址保护和规划的需要，2013 年甘肃省文物考古研究所对牛门洞遗址进行调查和大面积的勘探，搞清了牛门洞遗址分布范围、面积、文化堆积厚度、埋藏情况、文化内涵、破坏程度等。牛门洞遗址范围主要分布于牛门洞村东北长约 2 千米、宽约 2 千米的山梁、山湾、沟壑两侧相对平缓的山坡上，遗迹、遗物相对集中的区域主要是背后湾—黑林湾区、华岔阳屲区、红沟阳屲区、清明湾—回条湾区、小西湾区、鸡山嘴—大嘴梁区、献羊湾区、大刘屲区。该遗址文化类型丰富，延续时间长，从仰韶晚期文化经马家窑文化、常山下层文化、马家窑文化半山类型、马厂类型到齐家文化。其是一处具有集聚落考古、环境考古、古气候、水文、植被等综合研究的较典型的遗址。

通过对该遗址进行大面积的考古勘探和调查，对遗址区内各区域文化性质、功能和主要分布状况有了全面的认识，也为今后有效保护、考古研究及开发利用提供了科学依据。

（毛瑞林）

【甘谷县毛家坪周代遗址】

发掘时间：2013 年 3 ~ 11 月

工作单位：早期秦文化联合考古队

毛家坪遗址位于渭河南岸台地，东距甘谷县城 25 千米，总面积约 60 万平方米，分沟东和沟西两部分。沟西的北部为居址区，大部分被村庄叠压，沟西的南部为墓葬区；沟东为墓葬区，严重被盗。2012 年早期秦文化联合考古队开始对毛家坪遗址进行发掘。2012 年选择发掘 3 处地点，即 A、B、C 发掘点。

2013 年早期秦文化联合考古队再次对毛家坪遗址进行发掘，共发掘 6 处地点，即 D、E、F、G、H、I 点。发掘面积近 2700 平方分米。发掘墓葬 153 座，遗迹包含铜容器墓、车马坑、灰坑、灰沟、瓮棺、房址、与居址相关的踩踏层、柱洞及柱坑、陶窑、灶址等，出土各类遗物 1000 余件，器类包含铜器、陶器、玉石器、骨角器、铁器等，成果丰硕。

经过两年的勘探发掘可知，毛家坪遗址面积不少于 60 万平方米，墓葬总数逾千座。应可以与古文献记载的某处历史名城或县邑对应，可能是古冀县的县治。发掘的周代秦文化遗存，为研究早期秦文化的编年、秦人的迁徙路线、秦与西戎的关系提供了重要资料。发掘的车马坑对探讨秦人车制及其独特的车马殉葬文化有重要意义。

（侯红伟）

【张家川马家塬战国墓地】

发掘时间：2012 年 8 ~ 12 月

工作单位：早期秦文化联合考古队

张家川回族自治县桃源乡马家塬战国墓地至 2013 年已连续进行 8 个年度的考古发掘工作。已探明墓葬及祭祀坑 62 个，其中已清理墓葬 32 座、祭祀坑 2 个，出土战国晚期马车遗迹 44 辆。2013 年的主要考古工作是清理和解剖 2006 ~ 2012 年期间部分墓葬内出土的马车遗迹，以了解该墓地出土车辆的装饰、形制、结构等相关信息。

此次分别对已提取至室内的 M18 的 1 号车、M21 的墓道内随葬车辆共 2 辆进行清理揭露；对存放于墓葬原址内的 M14 的 1、2、3 号车，M16 的 2、3、4、5 号车共

7 辆车进行了现场解剖发掘。通过对上述 9 辆马车的清理、解剖工作，基本了解了马家塬墓地出土车辆的类型，根据车舆形制的不同大致可分为以下四类：

第一类：以直边圆弧转角的方形或长方形车軫为底框，其上安装纵横木条相交构成的棂格形车軨。车軨两侧再贴附数块竖立条板并缝拼接而成的高于车軨的栏板，栏板外立面上以金、银、嵌金银铁、铜、锡、料珠、髹漆彩绘等不同质地的饰件进行装饰。前轼为棂格形车軨或在其外侧附着与车軨等高的木板并贴附装饰物，后门以铜质或嵌金银铁质折角、长条形、亚腰形饰件进行装饰。这一类型的车在整个墓地出土车辆中数量最多，约占 60%。各车区别只是表面装饰物的质地、繁复程度不同，从而显示墓主人的身份级别和财富多寡。

第二类：以直边圆弧转角的方形或长方形车軫为底框，其上安装棂格形车軨，车軨两侧再附着弧边板状棂格形的车耳。车舆通体髹黑漆。出土数量仅次于第一类车型，约占 30%。

第三类：以直边圆弧转角的方形车軫为底框，其上安装棂格形车軨，并在前端设有高出车軨的前轼和斜坡状的掩板。这一类型的车仅出土 1 辆，为 M14 的 3 号车。

第四类：以近似圆形的车軫为底框，其上安装棂格形车軨，俯视车舆呈圆圈形。多为素车。如 M16 的 5 号车。在整个墓地中出土相对较少，近 10%，多与一、二类车组合随葬于中型墓葬墓道内最后（西）端。

上述四类车又以车辀形制的不同分为独辀车和三辀车。

马家塬墓地出土的所有车辆其受力部位皆无金属质地的加固和承力构件，但却非常注重车体表面的装饰，装饰程度可谓极尽奢华。从力学角度分析车辆构件，基本难以承重行驶，部分车辆附着装饰物后甚至无法转动，推测该墓地中出土的车辆应是依照实用车样式进行制作后专门用于陪葬的明车。

马家塬墓地出土马车的解剖工作使学术界对战国晚期车辆的形制、结构以及装饰等有了比较全面的了解和认识，并为这一时期车辆的研究、复原和展示提供了翔实依据。

（谢　焱　刘兵兵）

【肃北县马鬃山玉矿遗址】

发掘时间：2013 年 10 ~ 11 月

工作单位：甘肃省文物考古研究所

马鬃山玉矿遗址地处河西走廊西北部，东临内蒙古，西接新疆，北界蒙古国，行政区划上属肃北县，位于马鬃山镇西北约 20 千米的河盐湖径保尔草场。在 2011 年、2012 年调查和发掘基础上，2013 年进一步开展了调查、测绘及试掘工作。调查面积 20 平方千米，测绘面积 650 万平方米，试掘面积 185 平方米。

通过调查进一步确定，遗址整体呈西北至东南向，遗存沿矿脉走向分布，面积 600 万平方米。南北长约 5400 米，东西宽 1400 米 ~ 1850 米，周长 13500 多米。

调查共发现遗存 383 处，其中矿坑 290 个，房屋 33 座，岗哨 31 处，石料堆积 29 处。矿坑的形制主要有浅坑、深井、沟槽几类。其中老矿坑 266 个，均为露天开采，浅坑 240 个，沟槽 26 个。现代开采新坑 24 个，其中浅坑 14 个，深井 10 口，深井多是在老坑基础之上进行开采形成。房址多位于矿坑的东侧，可分为两期，一期以半地穴式作坊为代表，有少量地面立柱建筑及砌墙建筑，二期以石围墙作坊为代表。半地穴式作坊形制规整，平面呈方形，坐西朝东，方向略偏东南，主要由柱洞、门道、储藏坑、土台、操作台（坑）、灶台等几部分组成，地面存留有各类砺石、玉料、废石料等，部分地面火烧痕迹明显，残留灰土。石围墙作坊平面呈长方形，呈西北至东南向，以单间为主，有少量多间结构，平地起建，墙体较矮，石块堆砌，部分倒塌，墙体残高10厘米～50厘米，宽40厘米～80厘米，房屋内部及周围有石锤、玉料石皮、小块玉料、陶片等散布。岗哨所处地势较高，多在小山包之上，平面呈长方形，石块堆砌形成矮墙，墙体宽80厘米～100厘米，高度多在30厘米左右，面积小者不及5平方米，大者逾20平方米。岗哨内及周边亦发现石器及玉料碎片、陶片等。

通过此次调查、测绘与试掘，进一步确定了遗址的范围，从宏观上把握各类遗存的分布状况，进一步了解了遗址区的文化堆积，确定了遗址的中心区域。

（陈国科）

【张掖市西城驿遗址】

发掘时间：2013年7～9月

工作单位：甘肃省文物考古研究所、北京科技大学冶金与材料史研究所、西北大学文化遗产学院、中国社会科学院考古研究所

西城驿遗址地处河西走廊中部、黑水河流域中游，位于张掖市甘州区明永乡西北部，介于黑水国南城和北城之间，紧临312国道，东距黑水河10千米。

2013年发掘面积625平方米，发现遗迹单位41处，其中房址15座，独立墙体1段，灰坑16个，灰沟6条，墓葬3座。

房屋主要有有土坯建筑和地面立柱建筑两类。立柱建筑略晚于土坯建筑，集中在发掘区的中部，而土坯建筑在整个发掘区均有分布。地面立柱建筑，目前可确定6间，为方形建筑。残留有柱洞、活动面、火烧面、活动堆积等，有些房间内还残留有储藏坑、储藏罐等。土坯建筑9间，平面均呈方形，有多间和单间两类。单间房屋面积多在15平方米左右，小的仅10平方米。多间结构形式多样，目前发掘较完整的有两座，一座为四间结构（F77），一座为两间结构（F79），面积在35平方米左右。房屋整体呈西北至东南向，门道多开在东南角。

墓葬均为小孩墓，破坏较为严重。M18为竖穴土坑，推测有头龛；M16、M17墓葬因破坏严重形制难以确定。三座墓葬均为仰身直肢，骨骼保存极差。M16、M18头向东南，M17头向西南。M16随葬陶罐2件；M18随葬夹砂红陶罐3件，绿松石串饰2颗；M17无随葬品。

出土器物主要包括陶器、骨器、石器、铜器等。出土铜器4件，其中铜锥2件，铜泡1件，铜刀1件。铜刀发现于F78活动面，为凹背、弧刃，环形首，环首端依稀可辨一圆雕羊头，刀尖上翘，通体长19.5厘米，刃部最宽处2.5厘米。

此次发掘有效揭示了黑水国三期的聚落形态，对于土坯建筑的建筑方式也有了进一步的认识。带有圆雕羊头的环首铜刀的发现，为探讨区域文化间的交流及区域性的技术创新提供了新资料。

（陈国科）

【泾川县泾州古城汉唐至明清时期遗址】

发掘时间：2012年12月～2013年5月

工作单位：甘肃省文物考古研究所

泾州古城遗址位于泾川县城北600米，泾河北岸的一级台地上，为省级文物保护单位。据《汉书》《泾州志》等文献记载，泾川古城始筑于西汉，北周、唐、宋代补修。平面略呈长方形，南北长3600米，东西宽3500米，面积约12.6平方千米，城墙为黄土夯筑。现只有部分东城墙、北城墙及西城墙有所保存，其余城墙皆已毁坏。城内曾出土有西周铜簋、车马饰，北周造像塔座、唐代大云寺舍利塔基等。

为配合西平铁路的建设，对该古城遗

址工程施工辖区内进行抢救性考古勘探和发掘，布长、宽各10米探方20个，发掘面积2000平方米。发掘区域内的文化堆积薄厚不同，根据层位堆积和出土遗物该古城遗址有4个时段，分别是汉代、唐代、宋代和清代。清理不同时期的房址、灰坑、窖穴、水井、墓葬等各类遗迹140余处，出土有钱币、残铁器、骨角器、石器、陶器、瓷器及残片、砖及瓦当等各类遗物约300余件。

发掘清理房址2处，PJT064002F4开口于第⑤层下，平面长方形，东西长18米，南北残宽16米，面积约290平方米。西墙及部分北墙保存。西墙用石块平铺错逢垒砌而成，宽34厘米，残高40厘米；北墙仅有西段与西墙相接处残存，残长400厘米，宽40厘米～60厘米、残高30～45厘米，用青砖平铺错缝垒砌而成；此房址北墙以南保存有东西向的柱础基槽两列，每列有柱础基槽4处，两列之间间隔为7.1米；西墙以东现存南北向柱础4行，每行有柱础基槽2处，每行之间间隔为4.1米。从西、北墙及柱础基槽判断此房址应为东西面阔4间，南北进深2间的一处大殿式建筑。柱础基槽平面为方形或长方形，基槽内一层黄土一层木炭分层夯筑而成，一般由一层黄土夹一层木炭。个别基槽之上残存有长方形或梯形的石柱础。房址内西北角保存有青砖修砌的圆形灶坑，该基址为宋代建筑。

PJT064002F5开口于第⑨层下，平面长方形，南北3.9米，东西4.9米，面积约18.5平方米。四面墙除西南角被毁外其余地段保存较好，墙用石块平铺错逢垒砌。在墙内嵌有木柱，现木柱不存，只剩柱洞，柱洞圆形，共有柱洞13个。门位于房址的西南角，门向朝南。此房址内活动面不明显。PJT064002F5为汉代建筑。

发现水井遗迹12处，水井平面圆形，直径0.9米～1.2米，有口小底大的袋状形和直筒形，大部分为直筒形，井口至井底3米～5米不等，井壁平整光滑，个别井壁存有脚窝。井内堆积多为灰土和废弃砖瓦，但也有个别井如J8内的堆积为较纯的汉代绳纹板瓦残片及黏红泥土。

共发现灰坑130个，平面形状包括圆形、长方形、椭圆形及不规则形等。灰坑直径多在1.5米～4米之间，个别灰坑直径可达5米，其内堆积以砖瓦、灰陶片及兽骨为主。

清理墓葬4座，均为清代墓葬。墓葬方向均为正北，竖穴墓道土坑结构，其中M3带头龛，墓道长2米～2.2米，宽0.6米～0.8米、深1米～1.4米。出土遗物均较少，主要包括瓷盘、瓷碗、铜钱、铜铃、锡盏等。

通过发掘，基本上搞清了“西平铁路”建设施工范围内所涉及泾州古城遗址的文化堆积及内涵，从发掘区出土的遗物判断此城最早文化堆积为东汉时期，主要文化堆积和遗物为唐、宋代，基本上和《泾州志》等文献记载吻合。随着发掘资料的整理，可能对泾川古城的始建年代、使用年代及被毁原因得到进一步比较准确的考证，也对平凉市泾川地区及陇东地区的汉、唐、宋、元、明、清时期的政治、经济、宗教、文化研究提供丰富的实物资料。

（毛瑞林　周　静）

【西气东输三线工程酒泉段魏晋墓群】

发掘时间：2013年4～5月

工作单位：甘肃省文物考古研究所

2013年甘肃省文物考古研究所对西气东输三线工程在甘肃酒泉段的几个主要古遗址和墓葬群进行实地踏查和发掘。其所经过的主要遗址有酒泉玉门市金鸡梁墓群、白土梁墓群和肃州区的半截墩墓群、双古堆墓群、三坝湾墓群等。经过调查需要发掘的墓葬群只有金鸡梁和三坝湾两处。

金鸡梁墓群位于玉门市清泉乡清泉村

三组西1000米312国道北小山北侧。现为较平坦的戈壁滩，北侧为深沟。墓群内有48座带封土的墓葬，从东到西可分三片，封土大小不等，直径1米~3米，深约8米，多被早期盗掘，墓道处残留有盗洞痕迹。年代一般在魏晋时期。地理坐标北纬39°55′46″，东经97°44′34.6″，海拔1735米。管线在遗址东南部穿越约1000米。此次三线工程区的西段需要发掘的魏晋时期墓葬4座，墓葬基本被早期盗空，只有2件陶器和一些丝绸残片，及一块有七星图案的木棺封挡板。

三坝湾墓群位于酒泉市肃州区丰乐乡三坝村北4300米处。东西长2400米，南北宽4500米。现地表为戈壁滩，封土犹存，属市级保护单位。地理坐标北纬39°25′45″，东经98°56′16.7″，海拔1590米。

2013年5月，在丰乐三坝村北部道路与管道交叉处西100米左右的管道北有3座墓葬，管道南有3座墓葬，均为魏晋时期属两个家族的墓地。但大部分墓葬已被早期盗过，其中仅墓葬M1没有被盗，出土随葬品30余件。该墓群共清理出土器物40余件（组），有罐、壶、碗、杯、碟、盘、仓、灶、井、镜、麻钱等。另外还有买地券和棺盖画（伏羲、女娲图）等。收获颇丰，为进一步研究魏晋时期河西地区的经济、文化、生活方式等提供了许多实物证据。

（赵建龙）

【敦煌市祁家湾晋十六国时期墓群】

发掘时间：2013年3~6月

工作单位：甘肃省文物考古研究所

祁家湾墓群位于敦煌市西北部孟家桥乡，面积1700万平方米，省级文物保护单位。为了配合敦格铁路工程建设，对其进行了抢救性考古发掘，共清理墓葬96座。

以族聚方式分布的墓葬，地表茔圈与封土明显；以斜坡墓道洞室墓为主，斜坡墓道或有台阶，或带一个天井，或有甬道；以土坯封堵墓门。葬式以仰身直肢葬为主，分单人葬、双人葬或三人葬；葬具或木棺，或尸罩，或薄帘。

墓葬保存状况不好，大多数被盗扰，出土各类器物400余件（组），以陶器盘、罐、盆、钵和纪年斗瓶为主，间有少量铜、铁、木器。其中画像砖2块（均残），一块出土在墓室后壁正中，一块出土在木棺侧面正中。后者青砖，方形，边长35厘米，厚6.5厘米。方砖磨平后，以白灰涂地帐，墨线条描绘各种图案，为墓主人宴饮图。上部天空中有飞禽，下部右侧墓主人坐帷帐之中，左侧是三人奏乐场景。

另一件重要的出土物是一组完整的栻盘，与其伴出的纪年斗瓶有晋元康七年（297）和建兴八年（320）。天盘半球状，底面直径3.5厘米，厚1厘米；地盘方形，上边长5.3厘米，下边长4.2厘米，厚0.6厘米。天盘中心阴刻北斗七星，并连线，外列十二神。斗魁第一星指向魁戌，斗柄指向天罡。天罡之后顺时针依次为大一、胜先、小吉、传送、从魁、魁戌、徵明、神后、大吉、功曹和大冲。地盘四角对列天、地与人、鬼四门；四边外侧是廿八星宿，内侧混列八干十二支。其中在鬼地门之间，顺时针列寅、甲、卯、乙、辰和箕、尾、心、房、氐、亢、角。

此次发掘的墓葬形制、出土器物与1986年发掘所获近似，两次出土物互为补充，为进一步认识祁家湾墓群的内涵提供了实物证据，也为研究西晋十六国时期的敦煌社会生活习俗提供了宝贵资料。

（张俊民）

【泾川县宋明佛教遗迹】

发掘时间：2013年1~12月

工作单位：甘肃省文物考古研究所

2012年12月31日，泾川县城关镇共池村在修整道路时，于现大云寺博物馆东侧发现一处佛教造像窖藏坑。随后甘肃省文物考古研究所对其进行了清理发掘。共布长、宽各5米探方20个，发掘500平方米。其中清理窖藏坑2个、砖函1个、灰坑20个、井8口、沟1条、墓葬1座、殿基1座，出土佛教造像260余件（组）、陶棺1具、铭文砖1块、部分砖瓦建筑构件、陶器、铜器、瓷器等。

佛教造像窖藏坑，均呈长方形，造像于坑中分层埋藏。

菩萨像

棺函砖砌而成，长方形，顶部被毁。棺函东侧出土铭文砖一块。函内放置陶棺1具。陶棺出土时残破，内放置漆盒2个，佛骨4层，方形琉璃瓶2个。漆盒中各出长颈球形琉璃瓶2个，其中1个残，内装舍利散落，修复时收集到约1772粒。舍利大小如米粒状，晶莹剔透。

井均圆形，内壁抹修平整。出土物较为杂乱，有砖瓦、瓷片、烧土、炭渣等。

灰坑圆形、方形或不规则形。其内填土多五花土、黑褐色土等，出土瓦当、陶器、瓷片、钱币等。

沟长方形，自南向北贯穿整个发掘区，叠压在台基址下。沟内填土褐色，土质较松软。沟上宽下窄。包含物有少量陶片。

殿基因破坏严重，现存部分为不规则形。底部由东南向西北水平倾斜。表面较为坚硬，内含有小石子，明显为踩踏面。

墓葬开口距地表约0.65米。墓葬由墓道、过道、墓室组成。墓向268°。墓室平面呈圆角长方形、拱形顶。双人葬，一人有木棺，腐烂严重，仅底板保存较好，仰身直肢，头向西。出土瓷碗、瓷罐、陶灶（残）各1件、镇墓券一块，上书朱砂文字，有明嘉靖四十一年（1562）明确纪年。另出土崇宁重宝一枚。

出土的造像从质地分有石、陶、泥等。类型上又可划分为造像碑、造像塔（龛）、背屏式造像、单体圆雕造像等，其中单体圆雕造像数量较多。碑像内容有释迦多宝二佛并坐、三佛、维摩文殊、树下思惟菩萨等。背屏式造像以一佛二菩萨像为主。单体圆雕造像常见立佛像、菩萨像、天王等。造像表面进行贴金或彩绘的妆奁。造像年代历经北魏、西魏、北周、隋、唐、宋等时期，延续时代较长，是甘肃近年佛教考古的一重大发现。

1号窖藏坑二层

出土的纪年铭文砖明确记载：宋真宗大中祥符六年（1013），龙兴寺曼殊院僧云江、智明同收诸佛舍利二千余粒并佛牙佛骨，藏于本院文殊菩萨殿内。这使学术界对砖函及陶棺的埋藏有较为清晰的认识。同时陶棺及舍利的出土反映了宋代龙兴寺舍利埋藏的状况。

此次发现并清理的佛教造像及其他遗物，具有多方面的重要价值，是甘肃乃至西北地区有关佛教考古的重要发现。

（吴　荭）

宁夏回族自治区

【彭阳县打石沟新石器时代遗址】

发掘时间：2013年4~7月

工作单位：宁夏回族自治区文物考古研究所、彭阳县文物管理所

打石沟新石器时代遗址位于彭阳县古城镇店洼村水库东50米的坡地上，西距古城镇7千米，东距彭阳县城9千米。2013年为配合宁夏彭阳县彭青公路基本建设，联合考古队对之进行了考古发掘。此次发掘了遗址的甲区和丙区，其中甲区发掘探方3个，丙区发掘探方13个，面积共计1600平方米。

甲区地表下遗迹，主要为灰坑，次为墓葬。共计发掘灰坑44个，墓葬7座。灰坑主要为袋形坑，出土的遗物主要以陶器为主，另外还有数量较多的石器、骨器、角器以及少量的玉器。陶器为泥质红陶、泥质灰陶和夹砂灰陶，器形主要有鬲、斝、盖瓮、敛口器、双耳罐、单耳罐、折腹盆、钵、双耳杯、单耳杯等。纹饰包括绳纹、篮纹、戳刺纹、附加堆纹以及刻划纹等。石器主要有斧、刀、凿等。骨、角器有骨针、鹿角以及有灼烧痕迹的羊头骨等。玉器主要为加工玉器时的残片、残段。墓葬发现不多，7座。M1为3个幼年个体合葬，其余均为单人葬，头向或南或北。基本无随葬品，M6随葬有陶器。

丙区的主要遗迹为房址，其次为灰坑，共计发掘房址15座，灰坑21个。房址可分为地面式、窑洞式以及半地穴式三种。地面式房址共计12座，平面为圆角长方形，由门道、圆形灶以及两道侧墙和后墙组成。房屋朝向多为向南和向东。地面式房址的建筑方式为先在房屋左、右两侧用黄土夯筑起墙，在墙夯筑之后，用泥填抹，再用草拌泥抹平，之后再施以白灰抹墙面及地面。地面式建筑均采用共用夯土墙体，发掘区自南向北，依次F1、F5、F9、F10以及F14、F15之间，都为相互之间共用墙体修建房屋，形成一个相当规模的聚落。窑洞式共计2座，其建筑方式为直接在生土上掏挖拱顶形窑洞，之后再用细泥抹平。窑洞下部墙裙及地面用白灰抹面。半地穴式共计1座，平面呈圆形，门道向东，斜坡式。仅地面用细泥抹平，墙面未见加工痕迹。灶位于房屋东北，为红烧土烧结面。房址中出土遗物较少，仅有陶器，彩陶双耳杯以及石器、骨器、玉器等。灰坑22个，以长方形灰坑为主，多分布于房址之前，其内出土遗物较少。

打石沟新石器时代遗址是宁夏继海原菜园遗址后又一次发掘的新石器时代聚落遗址。根据出土遗物，初步认定为龙山时期客省庄二期文化的聚落遗址。该遗址的房址呈排状分布于山坡的两侧，具有大分散小集中的特征。对于研究宁夏南部和泾水流域新石器时代晚期文化及聚落形态提供了重要资料。

（马　强　郭家龙）

【隆德县沙塘新石器时代遗址】

发掘时间：2013 年 6 ~ 11 月

工作单位：宁夏回族自治区文物考古研究所

沙塘遗址位于宁夏隆德县沙塘镇北侧塬地上，地势较为平坦，南距渝河约 1 千米，北临东毛高速公路，台地南侧和西侧由于修路和取土形成多处断崖。地理坐标为北纬 35°35′21.8″，东经 105°59′18.2″，海拔 1924 米。为了了解宁夏南部新石器文化类型、发展序列及与周围地区考古学文化关系等学术问题，宁夏回族自治区文物考古研究所对沙塘遗址进行了正式的考古发掘。

发掘面积约 400 平方米，遗迹有房址 9 座、灰坑 90 个及灰沟 1 条。房址有半地穴式和窑洞式两种，半地穴是房址 8 座，有的平面为“凸”字形，底部和壁面铺抹有白灰面，有的为窖穴式，底部正中有一柱洞。窑洞式房址只有 1 座，保存基本完整，可分洞室、过洞、洞前活动场所三部分。洞室顶部为穹隆顶，底部发现有柱洞 6 个，可能用作支撑顶部，底面有一层厚约 2 厘米的黑垆土踩踏面，表面坚硬光滑，局部黑垆土上还发现有白灰皮，在洞室西南角发现有一立式灶。此次发掘的灰坑数量较多，可分袋状坑、圜底状、筒状坑及不规则坑等几种。

该遗址出土遗物相对较丰富，有陶器、石器、骨器等。陶器主要有侈口罐、单耳罐、双耳罐、双耳杯、盆、斝、瓮、器盖、豆、陶拍、纺轮等，这些陶器均为实用器，大多器表有火熏的痕迹。石器主要有石刀、石斧、石镞、石凿等，均为生产工具；骨器有骨针、骨锥、骨镞等，制作较精细。陶器大多为夹砂陶，其次为泥质陶；以红陶为主，其次为褐陶，还有少量的灰陶和磨光黑陶。

沙塘遗址的发掘对研究宁夏南部新石器文化有较为重要的意义，此次初步认为该遗址文化面貌接近菜园林子梁遗址三期和四期，同时与齐家文化及关中地区客省庄二期文化遗存存在着一定的关系。

（杨　剑　王晓阳）

【彭阳县幸福城秦汉墓地】

发掘时间：2013 年 8 ~ 9 月

工作单位：宁夏回族自治区文物考古研究所、彭阳县文物管理所

幸福城墓地遗址位于彭阳县白阳镇姚河村岭儿队幸福城小区内。2013 年 8 月，咸阳市房地产开发公司彭阳分公司在彭阳县幸福城居住小区工程范围内修建房屋地基时，发现墓葬 5 座。联合考古队对其进行了抢救性考古发掘。部分墓葬形制已经被修建房屋地基时挖毁，所幸墓葬尚未遭盗掘。

此次发掘墓葬共计 10 座，M1、M3、M6 为带斜坡墓道的洞室墓，M2、M4、M5、M7、M8、M9 为竖穴土洞墓，M10 为竖穴墓。

M1、M3、M6 为带长斜坡墓道的洞室墓。M1、M3 由墓道、耳室、前室、洞室四部分组成。M1、M3 前室发现有生土二层台，且 M1 二层台及前室底部有大量木炭堆积，殉葬有车马，其中 M3 殉葬三匹整马。M1、M3 洞室内均为一棺一椁，M1 为单人仰身直肢葬，M3 棺外中部盖有一副铁质铠甲，呈鱼鳞状，从文物保护的角度考虑，已将 M3 的棺整体套箱搬回，在室内进行清理。

M6 由墓道、过洞、前室、洞室四部分组成，前室内无二层台，洞室为半洞室，人骨大部分埋葬在前室，仅脚部在洞室内。洞室内出土的彩绘陶鼎、锺、盆等为宁夏秦汉时期考古增加了新的实物资料。

M2、M4、M5、M7、M8、M9 为竖穴土洞墓，均为先挖竖穴，然后向侧面掏挖洞室。规模较大的，如 M2、M4、M5，竖穴内挖有耳室和小龛，且都有脚窝。M7、

M8、M9 规模较小。其中 M5 出土的铜壶，分别在肩部和腹部刻有铜器铭文，初步辨认应该为战国文字，铭文的释读正在进行过程中。

M1～M9 墓内出土各类遗物计 260 余件，仅 M10 为迁葬墓，未见人骨及随葬品。出土遗物为铜器、铁器、陶器、石器、漆器、车马器构件等，另外还有出土的马头以及采集用的铜器和陶器中的粮食作物和蛋类标本等。铜器的器形主要有壶、鼎、钫、釜、盆、铜镜、铜环、铜铃、铜灯、铜钱等。铁器主要为灯、刀等。陶器主要为茧形壶、罐、甑以及彩绘陶鼎、鍑等。石器主要为石璧、石球以及磨光石器等。漆器因保存条件较差，可辨器形主要有碗、钵等。车马器主要为盖弓帽、当卢、铜泡饰等。

根据墓葬形制和出土遗物，墓地时代为秦至西汉早期。该墓地未被盗掘，出土遗物丰富，大部分遗物在宁夏属首次发现，填补了宁夏秦至西汉早期文物资料的空白；墓葬形制不尽相同，随葬遗物的具体位置也有别，反映出秦至西汉早期在社会变化过程中的丧葬习俗，为研究宁夏秦汉时期历史文化提供了十分重要的考古材料。

（郭家龙　杨宁国）

【固原市须弥山石窟圆光寺区考古调查】

调查时间：2013 年 5～9 月

工作单位：宁夏回族自治区文物考古研究所、浙江大学文化遗产研究院

须弥山石窟位于宁夏回族自治区固原市原州区西北 55 千米处的须弥山东麓。石窟范围南起寺河，北迄黑白沟，东始和尚坟，西止青山梁，南北长 1800 米，东西宽 700 米。洞窟分别开凿于山麓东南向崖面，呈扇形分布，160 余座，已编号 132 座。按自然地理分布划为八个区域，即大佛楼区、子孙宫区、圆光寺区、相国寺区、桃花洞区、松树洼区、三个窑区和黑石沟区。现保存较好的洞窟仅 13 座，113 龛，造像 315 尊。石窟始凿于北魏中晚期，北魏、北周、隋、唐均在此地点有开窟造像、修筑寺院活动。

须弥山石窟是宁夏境内最大的石窟群，地处偏僻，有关文献记载甚少。1961 年被公布为宁夏回族自治区重点文物保护单位，1982 年被公布为全国重点文物保护单位。

2011 年 9 月，宁夏回族自治区文物考古研究所邀请浙江大学文化遗产研究院对须弥山石窟进行初步田野考察，并决定双方联合组成考古调查队，利用全新的 3D 高保真数字技术对须弥山石窟全范围进行考古调查，以求补充和完善以往历次调查工作，并探索全新技术手段下的石窟寺考古调查工作方法。2012 年 4 月，双方研究确定由技术人员组成考古调查队，选取洞窟、造像保存相对较好，内容相对丰富的，主要始凿于北周时期的圆光寺区进行田野考古测绘、调查工作。调查工作包括建立须弥山石窟地理信息系统，利用正射影像技术采集洞窟、佛龛、造像形制、位置、现状等全方位数据，并依据采集数据建立洞窟全息模型、崖壁、洞窟壁面、佛龛立面、剖面正射影像图，同时完成各洞窟文字记录 20 余万字。至 2012 年 9 月，完成本阶段田野工作。至 2013 年上半年，文字录入及全息模型基本建立，为完善洞窟数据信息并最终形成考古调查报告初稿，2013 年调查队对须弥山圆光寺区石窟进行了第二阶段田野调查工作。在此次工作中，利用航拍技术制作了须弥山石窟全景数字地图，对正射影像数据缺损位置进行补偿采集，并现场参照实物，以正射影像图为基础，绘制各石窟平剖面实测图及洞窟壁面、佛龛立面图。

通过两个阶段的田野调查活动，工作组在前人认识的基础上，进一步廓清了北周时期石窟、造像的类型学特征，区分了北周时期造像与后代重装行为的关系，并结合文献、碑刻记载对历史上的景云寺、圆光寺的位置和寺院建筑遗迹所反映的寺院建筑特点有了初步的认识。

（王　宇）

【中宁县石空寺天王殿遗址】

发掘时间：2013 年 6 月

工作单位：宁夏回族自治区文物考古研究所

天王殿遗址，位于中宁县石空镇石空大佛寺中寺遗址处，在石空寺最大的洞窟式佛殿——九间无梁寺门前。其始建年代尚有争议，明清以来一直沿用，与北面山体上的九间无梁寺洞窟、南侧的山门等共同构成石空寺中寺的主体，是佛殿前竖立四大天王及韦陀、弥勒和尚的重要基址。20 世纪 80 年代宁夏考古所曾组织人员进行考古发掘，已全面揭露出其形制特征等，后因风沙长期掩埋，表面已无痕迹。

2013 年为了配合大佛寺九间无梁洞的维修保护、加强文物的保护工作，派人对此遗址进行小规模考古试掘。试掘工作历时计月余，计布长、宽各 10 米探方 4 个、探沟 1 条，实际发掘面积达 230 平方米。计清理出天王殿基址一处、西厢房三间，出土泥胎塑像、砖雕建筑构件等上百件。

地基：从九间无梁洞洞窟门口向南，从试掘的情况来看，地表由青砖铺成，砖有长条形、方形等，铺法多采用错缝平铺，但个别地方亦有不同，如天王殿遗址处，其底部铺地砖较之其他地方要稍高且全采用斜向平铺；而西厢房处，铺地砖亦较外侧高，且边缘有竖向平铺一道。从这些铺地砖特征、结合其他特征来看，这些铺地砖似不是一次性铺设而成。

天王殿：位于九间无梁洞门洞正前方，相距门道 18 米。残甚，仅存底部残迹。边长 12 米。外墙砌砖，个别砌石处有凸雕的莲花、异型砖等。筑造十分精致。南、北两侧出檐，底部有柱础石痕迹，两边各 4 个，个别处石块尚存；东、西两侧残存高台，是紧贴外侧墙体而建的，质地坚硬，似经夯打。残高 1.5 米，宽 1.2 米。上部残留有泥塑的四神天王塑像座龛等，塑像今已无存，多已坍塌、掉落在高台前。遗址的中间，亦有一座方形高台，边长 1.2 米，高 1 米，四壁外壁施以彩绘莲花图案，顶部不甚平整，表面有泥塑基座痕迹，周围有塌落的韦陀泥塑等，残损甚重，塑像多成残块。但从残存的臂膀、头像等残块来看，此塑像十分高大，形象威武，雕琢工艺精湛，表面施以金、蓝绿、赭红等色。

西厢房：位于天王殿遗址的西侧，基本紧贴今石空寺上寺斜坡沙面而建，面阔三间，进深两间，面东辟门，其与天王殿遗址间有一道供人进出的回廊。其中偏南侧形制较规整，内有土炕、灶台、壁龛等物，亦有后期盘筑的土炕。此间应属和尚居住之地。偏北侧为一间单间，仅有一处土炕痕迹。

在石空寺天王殿遗址试掘工作中，采集遗物可达百余件，其中以砖饰建筑构件为大宗，有花纹砖、异型砖等，另有少量的铁器、泥塑佛像等。

石空寺天王殿遗址的试掘初步搞清了天王殿遗址的分布、面积及现状，采集到一批珍贵的宗教类遗物等，为今后的工作提供了可资借鉴的基础资料。

（周　赟）

青海省

【通天河流域细石器遗存调查】

调查时间：2012～2013年

工作单位：青海省文物考古研究所

地处长江源流通天河南侧的一级支流登额曲河，发源于青海省玉树、杂多两县交界处，其上游河段自东南向西北流经开阔的高原草甸区，下游河段与当江科河合流后，折向东北穿行于高山峡谷间，最后汇入通天河，全长约103千米。

“三江源地区青海玉树藏族自治州古墓群考古与文物保护项目”联合考古队在2012～2013年度的田野考古调查中，于通天河流域的登额曲河两岸首次发现细石器地点26处。石器地点大多分布于登额曲河两岸一、二级阶地上，少数地点处于三级阶地。在两个年度的调查中，联合考古队对参雄尕朔、尕琼两个地点进行了小规模试掘，出土有典型的细石器产品及动物骨块等遗物，初步确认参雄尕朔地点是一处与石器工具制作有关的遗址。

参雄尕朔遗址位于登额曲河左岸台地，遗存面积约1平方千米，主要遗存区约15000平方米。遗址中心坐标点为北纬33°48′16.24″，东经96°02′35.20″，海拔4030米。

田野工作将该遗址分为六区，主体遗存区（Ⅰ、Ⅱ、Ⅲ区）位于登额曲河左岸三级阶地上，与河面相对高差25米～30米，地表有较多石制品分布，尤以Ⅰ区（阶地前缘西部）最为密集，Ⅱ区（阶地前缘东部）、Ⅲ区（阶地最高处）也有较多石制品；Ⅳ区（二级阶地）、Ⅴ区（一级阶地）、Ⅵ区（两河交汇处的西侧缓坡）仅发现少量石制品。在Ⅰ区布方试掘揭露60平方米，在Ⅱ区、Ⅲ区试掘4.5平方米。

通过试掘，确认参雄尕朔遗址Ⅰ区堆积可分为6层，第②、第④、第⑤层出土有石制品，尤以第⑤层出土量最大，在面积不足50平方米，厚约5厘米～20厘米的地层中共出石制品1200多件，约占该遗址试掘出土石制品总数的60%。在第⑤层层面（第④层下）发现多处石堆遗迹，石堆由近扁平砾石和块石堆成，砾石或石块一般体积都不大，亦未见被火烧燎的痕迹。石堆面积大者3～4平方米，小者不足1平方米，类似的遗迹在第②层下亦有发现。石堆下的灰土层（第⑤层）中出有较多石制品和少量动物骨块，其中石制品绝大多数为石片、断块、细石叶、细石核数量较少。细石核中有相当数量是半成品，细石叶中也有较多形制不甚规整或带有石皮的标本，诸多迹象表明该区域极可能是一处制作石器工具的场所。

两个年度的调查试掘共获石制品5000多件，其中大部分为细石器技术产品，少数为以刮削器类工具为主的小型石片石器。总体上看，登额曲河流域的细石器遗存有与石片石器技术共存的特点，但主体仍是典型的细石器技术产品。5000余件石制品多以灰、绿、黄等各色硅质岩为原料，另有少量角岩、石英、玛瑙等，原材料大多取自附近的河滩砾石，不同类别的石制品并没有明显的石料种类区别。石核标本大多有修理台面的技术特征，较大的石核多保留砾石面，从石片和石叶的剥片特征观察，人工台面明显多于自然台面。细石核的台面修理较为精细，核体形态以近锥体为多，扁体石核亦占一定数量。细石叶的剥制始终集中在石核台面的一侧，未见两侧剥制或沿台面周缘剥制的标本，故可认为锥形石核应是扁体的楔形石核经剥制石叶的最后阶段产品。扁体楔形细石核的底部和一侧缘多呈斜刃状，多采用交互修理技术，可能是为了便于固定石核以利剥制石叶。值得注意的是，参雄尕朔遗址Ⅰ区第②层所出细石叶宽度多在 2 毫米 ~3 毫米之间，而第⑤层所出细石叶则多在 4、5 毫米以上，这种形制上的差异是因技术早晚的特点或是仅因发掘的偶然性所致，还需深入的分析与比较来确定。

细石核

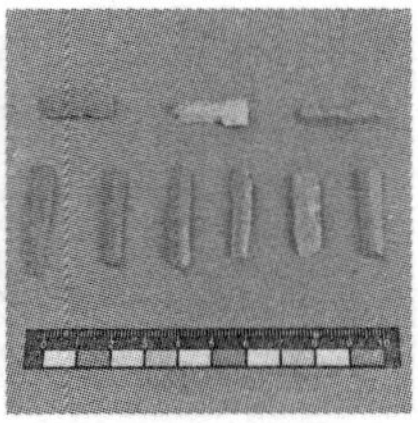

细石叶

登额曲河流域 26 处细石器地点集中分布在下游河段的高山峡谷地带，在上游河段较开阔的草场宽谷地带却鲜有发现，并且分别以参雄尕朔遗址和角莱遗址为中心构成了两个相对集中的石器点群，这种现象对于了解青南高原细石器遗存所代表的人群的移动或聚合通道，以及青南高海拔区早期聚落的分布和环境特征，应有一定的参考意义。参雄尕朔遗址地层中测试的 2 个 ^{14}C 数据，则分别为 6590 ± 30 BP (Cal BC 5615 – 5585) 和 7290 ± 30 BP (Cal BC 6225 –6070)，说明青南高原可能存在时代上早于黄河上游共和盆地“拉乙亥文化”的人群活动。二者的细石器遗存在原材料和技术上亦存在一些差异，这对认识青海地区新石器时代早期文化与高原“旧石器文化”的交替，以及其后与以彩陶器、粟作农业为标志的黄河流域新石器文化的接触地带，无疑将是极为重要的工作线索和观察证据。

（何元洪　蔡林海　李　佩　杜　玮）

【化隆县安达其哈遗址调查】

调查时间：2013 年 10 月

工作单位：中国社会科学院考古研究所甘青工作队

遗址位于化隆回族自治县群科镇以东的黄河北岸二级阶地，黄河南岸为青海尖扎县，黄河的小支流伊沙尔沟与黄河交汇的东南侧台地上，地形略有起伏，遗址在安达其哈村西约 100 米靠近沟的区域。如今化隆县的新县城正在迁建于群科镇的这个黄河河谷地带，遗址随之面临着巨大威胁。因此，中国社会科学院考古研究所甘青工作队与青海省文物局沟通，在化隆县文化局及文管所的配合下实地调查了格尔麻遗址（发现了较厚的灰层堆积，出土典型马家窑类型的陶片等遗物）和安达其哈遗址。

安达其哈遗址，也被称为沙隆卡遗址，一个是以村庄命名，一个是以更小的小地名命名。遗址曾经在 2003 年青海省文物考古研究所配合黄河公伯峡水电站建设做过大面积发掘，发现仰韶文化庙底沟类型房址和其他较丰富的遗存。与民和县官亭盆地的胡李家遗址类似，是庙底沟时期遗址分布最西的位置。已有资料显示，仰韶文化遗址在青海高原的发现也仅有几处。安达其哈遗址发掘出土了较多的细石器，是其突出的文化特征。

2010 年兰州大学的环境考古师生在遗址考察采样，从暴露在伊沙尔沟一侧的遗址断面上，意外发现了在庙底沟文化遗存堆积层之下，还有一个灰层，并在该层中采集到石叶、石片等一些较典型的细石器，而未见陶片，推断是一个年代更早的文化堆积。经^{14}C测定和树轮校正，年代距今8000年左右。初步认为可能属于单纯的细石器文化遗存。

此次调查仍可见在庙底沟遗存地层之下的确有一个较薄的灰色层，堆积层中含灰较少其颜色也略浅。该层比较单纯，包含物罕见。经两次到现场都没有在这一地层里发现文化遗物，但明显见到木炭并做了采集。观察地层剖面，暴露的断面系伊沙尔沟的沟谷冲积物在台地形成的地层，是沟的砂层沉积，高于沟的冲积地面约10米，应是覆盖或沉积在黄河二级阶地上的沟谷剖面。观察砂层的自然沉积，有无数层理，皆是沟的冲积物，而不是黄河的沉积。砂层断面暴露的文化层高约7米~8米，两个文化堆积地层均较靠上部。

属于庙底沟类型的上文化层，灰土堆积明显，色较深，包含物较多，有陶片、石器、石块、骨头、炭屑等，地层厚30厘米~40厘米。隔着约50厘米砂层以下，是下文化层，厚约10厘米。断面的台地顶部较平，是一片果园。2003年发掘即是在果园下面。因上下文化层之间有50多厘米厚的自然间隔，当时没有暴露也没有发现下层堆积。

目前，急迫需要通过再次考古发掘或试掘，对下文化层进行更多更深入的了解和认识，进一步验证其细石器遗存的准确性及文化属性。同时，通过发掘采集更大量更确定的土样和分析测试样品进行多学科研究。

安达其哈遗址在同一个遗址地点，保存了上下两个时期的属于青海比较早期的文化遗存的堆积，十分宝贵；考虑格尔麻遗址的马家窑文化遗存，表明在这一不大范围内新石器文化是较丰富的。

（叶茂林）

【民和县喇家新石器时代遗址】

发掘时间：2013年5~10月

工作单位：青海省文物考古研究所、青海民和县喇家遗址博物馆

2013年，喇家遗址博物馆为配合青海省申报国家考古遗址公园之需，委托青海省文物考古研究所联络陕西的考古勘探公司，对喇家遗址进行了大面积勘探工作。勘探面积约85万平方米，发现遗迹588处，主要位于二级阶地上，分为西区、北区和南区三部分。其中房址136座，墓葬40座，灰坑235个，灰土范围9处，活土坑139个，窑址1座，冲积沟20条，沙石范围4处，石块范围4处。

房址按平面形状可分为方形与圆形两种，其中西区和南区方形占大多数，北区则圆形居多。大部分方形房址为窑洞式，多利用自然沟道边沿、断崖或缓坡丘陵处掏挖而成，开口位于红胶泥下，房址内部堆积多含淤土、淤沙，底部发现白灰面，上部堆积含有黄河洪水沉积的淤泥，房址与已考古发掘的房址属同一类型，有着典型的齐家文化时期房址特点，应为毁于地震与洪水的喇家先民所居住。圆形房址则平地起建，建筑技术较为进步，受自然地势影响较少，建筑于红胶泥堆积层之上，应晚于方形房址，为洪水退去后人类重新在此地区进行生产生活所居住，与这些圆形房址处于同一层位上的方形房址与早期的窑洞式方形房址也不同，应为洪水退去后的遗迹。

墓葬大部分集中分布于西区中部、G2西侧，平面为长条形，多为斜坡墓道洞室墓，其中有一部分墓葬墓室为砖结构，西区北部的十几座墓葬明显为晚期遗迹。北区墓葬大部分集中分布于北区东南角台地边缘附近。南区仅发现墓葬1座，内填较致密黄褐色土，含少量陶片、炭屑。

灰坑整体分布较分散，但房址附近相对密集，平面多为椭圆形或不规则形且含

草木灰、淤沙，部分灰坑内发现陶片、红土颗粒。灰土范围平面为不规则形，大部分于台地边缘或自然沟附近，内部堆积含淤沙、草木灰、陶片，部分灰土范围内发现白灰颗粒。

此次勘探的意义，首先，扩大了先前确定的遗址范围，将遗址范围延伸到了喇家村的外围。其次，极大丰富了遗址内涵。尤其是墓葬的勘探展现更为清晰一些，遗址北部、上喇家附近的墓葬呈现辛店文化特征；遗址西区北部、小李家附近部分砖结构墓葬则明显为晚期，大致可判断为汉晋时期；遗址南区、大部分下喇家南部为齐家文化特征；下喇家东半部分的墓葬以及灰坑则可能为马家窑时期。

值得思考的是，勘探未发现集中的墓葬区和制陶等加工作坊遗迹，也未确定环壕。作为一个较大规模的聚落遗址，是否存在公共墓地？究竟在何处？陶器、玉器等来自何处制作？是否另有专业化分工的手工作坊存在于遗址范围外？这些都是有待进一步考古发掘解决的问题。

此外，2010 年开始至 2013 年期间，在喇家遗址资料整理过程中，发现了一些史前时期的白陶碎片，这些残片一般都较小、较薄，是之前多年的发掘工作中都没有及时注意到的现象。经初步统计，约有数十片。从陶系上分，均夹砂，陶色基本上呈灰白色或黄白色，颜色的白度并不十分突出，但是也明显不同于其他陶系的陶片。2013 年考古队挑选并提供了部分标本交由王增林采用电镜上的能谱仪进行分析，获得了比较好的测试结果。

测试基本数据如下：Al30.34%，Sl58.04%，K5.96%，Ca1.05%，Fe4.61%。表明此白陶属于高铝含量的硅酸盐材料，说明其陶土原料含铝量几乎快接近三分之一，这个数值对比其他已经得以确认为白陶的某些相关史前文化白陶的铝含量还要高一些。因此此次初步认为，喇家遗址新发现的这批资料是白陶似无疑议。

喇家遗址是以齐家文化遗存的堆积为主，只有个别马家窑文化的灰坑在地层中保留了下来，但马家窑文化的地层几乎不存，都被齐家文化遗存的堆积破坏殆尽，马家窑文化的陶片等遗物或多或少散落在喇家遗址各处，而比较集中分布的范围也大致可确定。经过细致工作，可以明确，马家窑文化不仅彩陶片能够区分，绝大部分素陶和粗陶残片也都可以较准确与齐家文化陶片区分。初步认定喇家遗址发现的白陶片属于马家窑文化。

关于喇家遗址白陶的发现，还需做更多的工作和进一步深入研究，解决相应的一些问题。但这批史前白陶的发现，无疑大大开阔了学术界对于史前期白陶发现和分布的新认识，这是在西北地区首次发现史前白陶，毋庸置疑其具有重要的意义。

（范小慧　王增林　叶茂林　蔡林海）

【共和县达连海卡约文化遗址】

调查时间： 2013 年 5～6 月

工作单位： 中国社会科学院考古研究所甘青工作队、中国地质科学院地质力学研究所课题组

该遗址是中国地质科学院地质力学研究所地质与环境方面专家开展相关青藏高原古湖泊与气候变化课题研究的野外考察中发现的。其位于海南州共和县沙珠玉乡，甘青队介入后确认为新发现的一处古遗址，初步拟定名为达连海遗址。

遗址位于共和县城恰卜恰镇西 30 千米左右，在沙珠玉乡的东边，是在古湖残余今缩小成的一部分，现称为达连海的东坡上。

沙珠玉乡位于青海湖的南边的青海湖南山的南坡下，为黄河的北岸，属于当地藏民称为塔拉的高阶地上。在青海共和盆地，地貌上既有黄河河谷的多级河流阶地，

也有这种以藏语塔拉命名的三级塔拉阶地，实际上它是反映高原古湖的一种湖相阶地地貌。青铜时代的卡约文化时期，黄河河谷仍有保持农业生产的遗址，但高阶地区域上已经明显属于牧业经济形态。青海牧区发现较多这类遗址，但往往考古资料不详。

在沙珠玉绿洲周围已经发现多处古遗址，基本上都属卡约文化，一般很少见到文化堆积地层，陶片较多散见于地面。遗址所在地点的高处仅被定为古生物化石地点。

达连海遗址高于达连海湖底 40 米～50 米，是在湖东坡的半坡腰间形成的一个缓坡地带，遗址在缓坡上，是自湖底向上的第二个湖相层的坡沿，两个湖相层沿估计高差在 30 米左右。初步目测，干涸的湖边第一级湖相沉积大约厚（高）在 5 米，应该是现代的湖岸，第二级湖相沉积层，应是古代的湖岸，距今约 3000 年，湖畔的古遗址对于确定古湖存在时期的相对年代，具有重要的科学价值。考古定年可更准确解决古湖的年龄，而且对于古湖环境变化和人地关系研究都有科学意义。

遗址在湖岸东坡上的东北部，海拔约 2800 米。这是湖畔一个相对较好的地势和适宜位置，调查获知其范围约可延伸 50 米～60 米宽，估计面积 2000～3000 平方米，发现的地层堆积厚 50 厘米左右，堆积中见灰土、碎骨头、炭屑、陶片和石块等。

发现的遗迹主要有灶址，是一个凹弧形的椭圆形小坑，堆积了灰土和砂子，以及一些陶片、骨头、炭屑和石块等，其中还有较大的石板，或有可能是灶址上的搁板。

出土遗物有残陶片，陶片在沙漠环境中已变成较坚硬、被风吹和沙子打磨成表面较光滑的状态；石器包括石磨盘、磨制石器等。还采集到较多动物碎骨。进一步的认识有待继续深入的考古调查或试掘及多学科合作的采样和研究。达连海遗址的新发现，提供了高原牧区史前考古研究与自然环境变化研究的一个很好结合，其考古学术意义和青藏高原气候环境变化的多学科研究意义，均较重要。

（邵兆刚　叶茂林）

【互助县海东工业园区汉墓群】

发掘时间：2013 年 10～12 月

工作单位：青海省文物考古研究所、互助县文物管理所

墓群位于互助县高寨镇东庄村东北，北邻高寨墓群，西到西庄村东侧的水泥路，南至东庄村，东到高寨墓群东侧南北向自然冲沟的西侧。中心地理坐标为：北纬 36°32′53.70″，东经 101°58′41.84″，海拔为 2197 米。为配合海东工业物流园区建设，对该墓群进行了抢救性发掘，共发掘竖穴土坑墓葬 9 座，砖室墓葬 20 座，窑址 4 座。出土随葬品有陶、铜、铁、金、漆木、骨、琉璃、料、贝、泥、钱币等 500 余件（套）。

竖穴土坑墓包括魏晋时期墓葬 1 座，为侧身屈肢葬，随葬品有铜包边漆木器、铜带扣、连珠纹兽面石质串饰等。明清时期墓葬共 7 座，仰身直肢葬，随葬品有铜、骨制扣饰，乾隆通宝等。此外还有捡骨葬 1 座，无随葬品。

砖室墓可依墓室形制分为单室券顶墓、前后室券顶墓、单穹隆顶墓、前穹隆顶后券顶墓和前后室双穹隆顶墓，共五型。随葬品中，陶器以泥质灰陶为主，器形有鼓腹罐、瓶、仓、灶、囷、甑、灯、釜、勺等，铜器见有罐、盆、镜、带扣、带钩、指环、顶针、印、车马器等。铁器有釜、剑、灯、棺钉。漆木器均为红漆木胎，部分包有铜边，可辨器形者有案、盒、盘、耳杯等。随葬的钱币多为五铢，伴有半两、货泉、大泉五十。泥器有灯、灶、罐、甑等。棺木内多出土有琉璃耳珰、玛瑙珠、绿松石饰、琥珀串饰等遗物。

窑址 4 座，形制基本相同，均为双火膛单窑室三烟道的复窑。由操作坑、投柴口、火膛、窑室、窑床、烟道六部分组成，在 Y4 的窑床上仍见有排列整齐的砖坯。

经初步研究，这些砖室墓与窑址的年代应属东汉时期。此次发掘为这一时期汉王朝领土在西北地区的扩张、迁移及河湟地区土、客文化关系的研究提供了重要的物证。

（李冀源）

【玉树治多东周时期及北朝至唐代墓葬】

发掘时间：2013 年 7 月 1 日 ~9 月 5 日

工作单位：青海省文物考古研究所、四川大学考古学系、成都博物院考古研究所

2013 年联合考古队对青海省玉树藏族自治州治多县东部地区展开系统细致的考古调查，不仅丰富了原有的调查成果，同时对调查中发现破坏严重的普卡贡玛墓群、聂龙加霍列墓群和章齐达墓群等三处墓葬群进行考古发掘工作。

三处墓葬群均位于通天河流域的一级支流的阶地上，是典型的高原草甸区，同时也处于高原平原区与高原峡谷区的分界区域，地理环境位置比较特殊，平均海拔 4100 米。

普卡贡玛墓群具体位置位于治多县加吉博洛镇东 6 千米处，共发掘墓葬 9 座。由于埋藏深度较浅，大部分墓葬均暴露于地表，但结构相对保存完整，人为破坏因素较小。墓葬形制全部以石棺作为葬具，葬式为单人仰身直肢，最引人注意的是人骨下方垫石现象为其他区域所未见。墓地经过规划，排列有序，但规模远远小于周边区域已知发掘的墓群。出土遗物比较丰富，有陶器、石器、骨器、青铜器等，玛瑙、骨和料珠饰品不仅数量多，组合和形制也极富有浓郁的本土因素。出土的桦树皮制成的箭箙及形制各异的箭镞，也预示着其社会经济形态、生活方式等众多问题。陶器普遍烧制火候不高，不容易起取，其器形与周边陶器类型有密切的联系。墓地年代初步推测为春秋战国时期。

聂龙加霍列墓群位于治多县治曲乡治加村的聂龙沟内。共发掘墓葬 13 座。根据墓葬所处的地形特征和分布情况，考古队将墓地分为 3 区。墓葬封堆形制全部为梯形，大部分墓室结构并不复杂，先挖竖穴，深度较浅，平面大多为长条形，边壁不是很规整。上有大型石板封顶，层层叠压，类似石棺葬顶部封砌的特点。底部铺有小碎石，不铺底板。墓室中用石条分割区域的现象最为值得注意。有些墓葬不见人骨，大部分墓葬人骨骨骼不全，类似于二次葬或捡骨葬，个别墓葬中仅发现骨灰。墓葬的随葬品主要有银器、铁器、漆器、陶器等。漆器数量较多，红底黑彩，器形大抵有盘、碗一类。纹饰以几何纹为主，有平行线纹、回纹、圆圈纹等。纹饰最有特点的是联珠纹的出现。银器仅见于 M1、M13，均为带饰。铁器有刀、铁片等，锈蚀严重。

章齐达墓群位于治多县立新乡叶青村，共发掘墓葬 2 座。整个墓地中以编号 M1 规模最为宏大，梯形，前端边长 17.3 米，后端边长 12.6 米，侧边长 12.5 米，高度 1.7 米左右。M2 的规模仅次于 M1，圆形，直径约 9 米，高为 0.6 米。从墓葬此次发掘情况来看，封堆采用岩石人工垒砌，中间加以碎石填充。封堆墙体逐级收分，呈三级台阶状。M1 封堆内部结构最为复杂，采用岩石砌成的网格状石墙将封堆上部划分成 7 个不同的单元，内部填充黄土。墓室位于中间的一格位置。由墓道、天井、主室、侧室以及主侧室与天井相通的甬道组成。墓道开口于封堆顶部。通过 9 级级踏到达天井。天井平面呈长方形。天井南侧通甬道与主室相连、西侧通甬道与侧室相连。主室与侧室平面呈圆形，略不规整，下半部采用平砌，上半部采用立券，逐渐收分成穹隆顶。顶部留有圆形空洞，用石板封砌墓室顶部。人骨不完整，初步判别为男性。人骨旁还有一个羊的头骨随葬。出土物不丰富，有石器和残碎陶片。M2 墓室位于中央，石板封顶，平面呈十字形，无分割相互贯通。无出土物。

后两处墓地从出土文物和墓葬形制综合分析，墓葬年代可初步定为北朝晚期至初唐阶段。墓葬成群分布，具有明显的主从关系。墓地处于河流的中下游，处于山谷山坡处，无疑为复原当时的活动范围、生产方式具有积极意义。

三处墓地周围根据调查，共同地点区域内有着丰富的相关的遗迹的发现，从细石器遗址、石棺葬地点、岩画各类遗迹的分布，表明文化上的关联与延续。尤其是墓地周边建筑遗迹的发现，给学术界留下丰富的研究空间。

（蔡林海）

新疆维吾尔自治区

【且末县石门水库细石器遗址】

发掘时间：2013年3～4月

工作单位：新疆维吾尔自治区文物考古研究所

遗址位于且末县奥依亚依拉克乡色日克阔勒村，北距兵团农二师38团（苏塘镇）80千米，这里是莫勒切河出山口处，遗址因建于此地的石门水库而得名。

石门水库细石器遗址分布范围较大，从莫勒切河出山口向北10千米范围内东西两岸台地上均有分布，其中二级、三级、四级台地上分布较为集中，一级台地上有零星分布。此次重点对水利工程建设规划用地区域内进行了发掘。发掘中根据石器分布情况，分为五个区域，共布长、宽各5米探方95个，并在各区中选取重点探方进行发掘，发掘面积400平方米。共采集、发掘出土石片、石核、细石叶、细石核、桂叶形石矛等石器近2000件。其中以Ⅳ区出土石器数量较多，从Ⅳ区探方土层较厚处发掘情况来看，地层堆积可分为2层，在第①层下发现有红烧土和木炭遗迹两处。

除对工程建设用地范围内细石器遗址进行发掘外，此次发掘还对水库周边区域进行了调查和采集，共标注采集点40余个。通过调查和采集标本发现遗址各类遗物分布具有一定规律，其中莫勒切河东、西两岸四级台地上的石器主要为大型石片、石料，基本不见细石器，也不见典型成型器物。两岸二级、三级台地上采集器形除石片、石核、石料外，器形以细石叶、细石核为主。初步推测两岸四级台地上分布石器年代可能早于二级、三级台地上的细石器遗存；同时发现遗址分布范围内均有大量黑色砾石，其质地与所发现的各类石器石质一致，分析石门水库石器石料可能即为就地取材；在Ⅳ区及部分采集点中发现有大量石器集中分布，其中尤其以细石叶最为典型，呈堆状密集分布且基本无使用痕迹，据此推测石门水库细石器遗址性质应为一处大型石器加工场。

石门水库细石器遗址石器类型丰富，数量巨大，在新疆地区非常罕见，是该地区近年来细石器时代考古最重要的发现之一，对研究塔里木盆地南缘及整个新疆石器时代文化，具有非常重要的意义。

（胡兴军　艾　涛　覃大海）

【哈巴河县托干拜二号青铜时代墓地】

发掘时间：2013年9月15日～10月3日

工作单位：新疆维吾尔自治区文物考古研究所

2013年，新疆维吾尔自治区文物考古研究所阿勒泰考古队对哈巴河县托干拜2号墓地进行了抢救性发掘，清理墓葬3座，祭祀遗迹1处。

托干拜2号墓地东西向分布在哈巴河县萨尔塔木乡喀布哈塔勒村东北的一道山梁上，墓葬地表有白色石英岩围成的石围，标志清楚，西部有石人，石人头部损坏。

发掘的M2用白色石英岩石围筑成长方形石围，长约35米，宽约26米，其间东西方向上各有一石板构筑的石棺，两座石棺均被盗掘。西部石棺内碎的人骨较多，可辨认有7具成人、4具小孩骨架，随葬有石罐，盗墓时被砸碎。东部石棺内壁有以红色颜料描绘对角线长方形图案，菱形格内随意涂抹红点。东部石棺南有一小石棺，内有一石罐，可能为祭祀遗迹。

M3地表有石块，东边有一立石，可能是石人残段，石块下有石板，作为石棺的盖板，石棺用石板构筑而成，内葬有4人，随葬有石勺和石镞。

M4东侧有一石人，头部残缺，仅余嘴部及下颌的I字形胡须，石人颈部有项圈类饰物，身上应雕刻有甲衣类衣物，两臂抱于胸前。西距石人约20米处为一较大的石棺，石棺平面近似边长2.4米的正方形。石棺盖板使用两块石板，一块长2.6米，宽1.4米，厚0.26米。棺内骨架凌乱、碎朽，仔细辨认有婴儿骨骼，可能葬有两成人、一婴儿。石棺南北内壁上刻划有图案，北面有4张人脸，有的涂红，南壁上浅刻有抽象的图案。石棺盖板上有人工加工出的菱形图案。

此次发掘对于研究哈巴河以至于阿勒泰地区早期考古学文化有着重要的意义，从墓葬结构及出土遗物初步分析，这些墓葬属于青铜时代的切木尔切克文化，距今有4000多年，是目前阿勒泰地区考古发掘中最早的古代文化。这不仅仅扩展了切木尔切克文化的研究视野，而且对于亚欧草原早期文明的研究有着不可替代的意义。

（于建军）

【哈密市萨伊吐尔墓地】

发掘时间：2013年4月

工作单位：新疆维吾尔自治区文物考古研究所

萨伊吐尔墓地位于哈密市花园子乡杜西村4组西端的戈壁台地上，地理坐标北纬42°42′03.9″，东经93°29′04.30″。

此次共发掘墓葬14座，墓葬地表未见有任何标志，以竖穴土坑墓为主，仅一座墓葬有生土二层台，墓室平面呈南、北向长径的椭圆形。有的墓葬在墓口棚架有棚木，棚木上层有一张芦苇席，此席上再铺一层芨芨草。以单人侧身屈肢葬为主，仅一座3人合葬墓，以一次葬为主，有一些二次扰乱葬，二次扰乱葬一般上身扰乱，盆骨以下处于生理位置。墓主头向不甚一致，有向南的亦有向北的。个别墓葬在墓主身下铺有草席。随葬品放置较为随意，有的放置于墓主脚部，有的放置于墓主腹部一侧，有的放置于头部一侧。以陶器为主，其基本组合为一罐一钵，钵内往往放置有羊后肢，其余器物仅见铜锥、铜耳环以及金耳环。

从墓地中出土陶器来看，萨伊吐尔墓地是一处天山北路文化墓地，其出土最大量的双耳罐在哈密地区的天山北路墓地、南湾墓地中均可见到。

（胡望林）

【尼勒克县恰勒格尔青铜时代遗址】

发掘时间：2013年5月

工作单位：新疆维吾尔自治区文物考古研究所

恰勒格尔遗址位于尼勒克县科克浩特尔蒙古民族乡恰勒格尔村东，地处喀什河吉仁台峡谷谷口右侧，博罗科努山的山脚缓坡上，西距县城约23千米，省道S315线公路从遗址南部穿过，南距喀什河仅30米。

遗址地层堆积较薄，由于位于山前，地层堆积由北向南稍微倾斜，厚约40厘米。共清理房址2座，出土少量陶片和石磨盘、马骨等遗物。

从发掘的遗迹遗物看，与尼勒克县的穷科克遗址、喀拉苏遗址、新源县阿尤赛沟口遗址文化内涵基本一致，均为房屋居址建筑。出土遗物以陶器、石器及动物骨骼为主，陶器主要是夹砂灰陶的无耳折肩罐、敛口罐、高领罐等缸形器，大多为平底器，器底较小，大多素面，少量陶片口沿和腹部见戳刺纹饰。石器主要为马鞍形石磨盘和饼形石器。其文化性质均与中亚著名的青铜时代文化——安德罗诺沃文化极为相近。是一处属于青铜时代晚期的文化遗存。其年代在距今3000年左右，大体相当于安德罗诺沃文化晚期。

（阮秋荣　王永强　谈　宁）

【布尔津县图瓦新村青铜时代至铁器时代墓地】

发掘时间：2013年7月31日~9月1日

工作单位：新疆维吾尔自治区文物考古研究所

图瓦新村古墓地位于布尔津县喀纳斯乡喀纳斯村、图瓦新村东西两侧坡地上，谷地基本呈南北走向，三角形，地势平坦，东西两侧为高山，山脚下有南北及东南走向的喀纳斯河及其支流，河流在谷地的东南角汇合流出山谷。

发掘现场

墓地分布面积大，共有墓葬55座。多数墓葬中部有凹陷现象，其中，有34座石堆墓、3座土堆墓，大致呈南北走向，绵延至北部山脚下。石堆墓直径3米~16米，最大高度为1.2米，最大土堆墓直径25米，高1.1米。其他墓葬直径5米~11米。有些墓葬中部有塌陷，直径3米~10米。石堆墓均由卵石堆积而成，卵石为白色或灰色，以灰色卵石石堆墓较多。

此次选择发掘的9座墓葬集中在墓地西部，邻近道路和活动频繁的区域，出土随葬器物40余件，有陶器、铁器、铜器、金器、石器、骨器等。经过发掘发现，墓葬均为岩石块堆积成大致呈圆锥状封堆，有的封堆边缘处有石圈。墓室均为竖穴土坑，葬具有木棺、石棺等。部分墓葬被盗扰，从保存较好的墓葬来看，葬式多为仰身直肢。

M1、M5是其中比较典型的墓葬。M1位于墓地北端，封堆呈低矮圆锥形，直径约17，高1米。封堆外侧有环壕。环壕外径23米，宽约1.5米，深约0.5米。封堆由土石混合堆筑，外围用较大石块围砌成西北缺失一少部分的石圈，缺口可能是堆积时有意留下的。墓室开口于封堆下原初层面中部，口呈近东西向长方形，向下0.4米为由数块石板围砌而成的竖穴石棺，内填有大量石块，被盗扰。石棺长1.7米，宽0.85米，深0.8米，仅在墓室东北角填土中发现头骨残片两块，并发现1件鹿首铜饰和1枚石珠。墓口向东延伸出一长方形浅坑，长2米，宽1.7米，深0.4米，内葬有1匹马，不见头骨，马肩胛骨附近，出土有铜节约、铜环、铜扣、铜饰件等遗物。

揭去表土后墓葬的封堆

M5北为M9，东南为M1，封堆由卵石、石块和沙土堆积而成低矮圆锥形，中部塌陷，直径10.5米，高0.45米。墓室为正东西向长方形，开口于封堆下原初层面中部，长2.7米，宽1.9米，深1.9米。墓室内填卵石和黄土，下半部用松木原木构成木棺，棺内死者尸骨头向东面北，仰身屈肢，右腿胫骨被扰至木棺原木下。从牙齿和其他骨骼来看，应为成年女性。人骨上有朽木痕迹，下不见铺木，推测为无底木棺。头部东侧出土有羊骶骨和颈椎骨，在椎骨中发现有1柄铁刀。头骨附近发现有若干金箔碎片，耳部附近出土有2枚金耳环。脚部见有1陶壶。木棺北侧殉葬有1匹完整的、俯卧状马，前半身俯卧在一块长条形石板上，马嘴中含有1件铁马衔。

M5 墓室底部

清理发掘的9座墓葬中，6座墓葬有整匹马随葬，马都在木棺北侧。M2葬有17只羊首、1只牛首、1只马首。出土器物中有变形的绵羊纹饰，有动物牌饰，既表现出与巴泽雷克文化相近的特点，也有自身文化特征。马匹及其马衔的随葬，反映出游牧经济在当时占据了主导地位。

墓葬形制均为竖穴土坑，葬具有简单的木棺、石棺，出土遗物有铁马衔、铁刀、陶罐（火候较低、制作稍显粗糙的红陶）、铜刀、金饰、石珠等。祭祀遗迹是用石板围成方形，东侧中部竖立有向外延伸的两块石板，石围中间有小坑，可能是祭祀留下的痕迹。

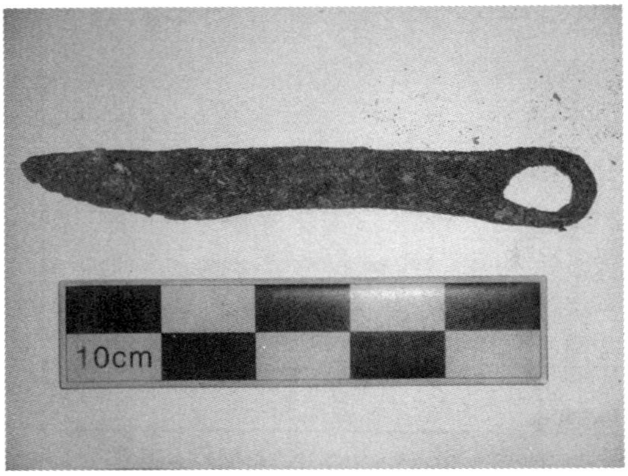

出土遗物

在墓葬M1、M4封堆中发现有2尊鹿石，M1发现的鹿石正反面雕刻有双虎，虎尾上卷，嘴稍上扬，耳目抽象化，身体像是横放的“S”形。另一为鹿石上半部残段，刻划有圆环，圆环下有椭圆点线，侧面有双斜道。

图瓦新村墓地所在为山间谷地，草场面积不大，水源充沛，从此次发掘以及以往调查来看，古人在这里生活的时间长远，从青铜时代一直延续到早期铁器时代，乃至隋唐。墓地规模不是很大，表明当时人群数量不是很多，有限的草场限制了人口数量的增长，相对封闭的环境可能是此地考古学文化得以延续久远的原因之一。

M8出土的陶罐、M5出土的陶壶与东塔勒德墓地中发现的同类器物相近，一些墓葬结构也比较接近，如M1与东塔勒德墓地中的M5。图瓦新村墓地主体墓葬应该是早期铁器时代的遗存，表现出与东塔勒德墓地比较相近的考古学文化属性。

根据出土遗物以及墓葬形制分析，初步判断墓葬年代在青铜时代—早期铁器时代，青铜时代与切木尔切克文化属性一致，早期铁器时代与阿尔泰山北部的巴泽雷克文化相近，更晚的一座墓葬可能属于隋唐时期突厥人的墓葬，这对于建立当地考古学文化序列有着重要的意义。

（于建军　胡兴军）

【和静县哈布其罕萨拉青铜时代唐代遗址和墓群】

发掘时间：2013 年 7 ~8 月

工作单位：新疆维吾尔自治区文物考古研究所

哈布其罕萨拉墓群位于和静县西北、天山山脉中段腹地。2013 年的工作主要是对哈布其罕萨拉沟内的遗迹进行测绘和解剖性发掘。共发掘墓地 5 处，墓葬 33 座；石构建筑遗址 1 处，面积 1300 余平方米。其中：大西沟 1 号墓地 6 座、大西沟 4 号墓地 1 座、那仁哈布其罕沟墓地 5 座、乔恩恰克勒德克墓地 15 座及熊库勒乌兰墓地 2 座。1 处遗址为哈布其罕萨拉沟 2 号遗址。地理坐标为北纬 42°37′41.47″~42°47′30.07″，东经 86°13′41.06″~85°57′19.05″。

墓葬地表均有标志，根据地表标志的不同可将之分为石堆墓和石围墓两种。石围墓 25 座。石围平面呈马镫形或椭圆形。底边平直，顶端圆弧。是用长条形卵石和山石纵向围砌一周而成。部分墓葬石围底边外有一座小祭祀石围、顶端有一堆立石。墓室位于石围内近中部位置。剖面呈袋状，平面一般呈椭圆形。墓底修筑石室。一般有横搭的石盖板。石室有两端不封闭、一端封闭和全部封闭 3 种。部分石室修建有短墓道和石门。有单人葬和多人多次葬两种。葬式以屈肢葬为主。随葬品比较丰富，共计 100 余件，有陶、铜、骨、木、石、金和铁器等。石堆墓 4 座，平面略呈圆形或椭圆形，由卵石、土混合堆积而成。墓室位于封堆下，平面呈椭圆形，均较浅，单人仰身直肢葬。仅出土铜带扣 1 件。

遗址位于哈布其罕萨拉中段位置，由东西向并列的两间房屋组成。此次发掘的是位于西侧的 F1。从清理的情况看，F1 为一间单独的房屋，平面呈东西向长方形，属于半地穴式石构建筑。内部堆积主要为废弃之后形成，可以分为 4 层。上部三层为黄色沙土层，较纯净。第④层为灰层，遗物多位于此层。墙体用卵石和砾石构筑。石门开于房址东北位置，门柱为两块侧立巨石。门内地面上出土较多的兽骨和陶片。房址内另有窖穴 1 座。窖穴位于 F1 东北部，平面呈南北向椭圆形，剖面呈口小底大的袋装，平底。有呈穹隆顶状的石盖板。内部用石块砌成石室。窖穴内部堆积为黄色沙土，遗物有木炭、陶片和兽骨等。

石围墓与 1992 年发掘的哈布其罕 1 号墓地文化特征基本相同，属察吾乎文化范畴，年代当在青铜时代。石堆墓从出土的 1 件铜带扣看，年代稍晚，当属晋唐时期。F1 从形制和出土遗物看，与 2012 年发掘的和静重工业园区房址大致相同，年代当在青铜时代。

（王永强　党志豪　吴　勇）

【尼勒克县乌吐兰青铜时代至汉代墓地】

发掘时间：2013 年 8 月

工作单位：新疆维吾尔自治区文物考古研究所

乌吐兰墓地地处喀什河南岸、胡吉尔台萨依沟口北侧的河谷阶地上，西距县城约 23 千米。为配合胡吉尔台乡砂石黏土采区地理环境治理项目，新疆维吾尔自治区文物考古研究所共发掘墓葬 17 座，祭祀遗址 3 处。

此次发掘区域位于墓地的西南角，西邻喀什河。墓葬地表均有平面略呈圆形的土石封堆，封堆直径大小不等，较大者 30 米左右，较小者 7 米左右。墓葬形制分为竖穴土坑墓、竖穴石棺墓、竖穴木椁墓、竖穴偏室墓等。根据出土遗物和墓葬形制等文化特征判断，此次发掘明显分为青铜时代、早期铁器时代和战国至汉代三期遗存。

青铜时代墓葬计7座，依墓室结构可分为竖穴土坑墓（3座）、竖穴木椁墓（2座）和竖穴石棺墓（2座）。埋葬风俗以土葬为主，存在少量火葬，也有土葬和火葬集于一墓者，土葬或火葬，其墓室营建和随葬遗物没有区别。土葬者一律左侧身屈肢，双手置于胸前，个别人骨有撒赭石粉的现象，随葬遗物以圈足或平底的缸形陶器为主。

早期铁器时代墓葬计8座，其中竖穴土坑墓1座，墓室较浅且被扰乱。竖穴偏室墓7座，且呈南北链状依次横向排列，墓葬形制及规格、葬式葬俗、随葬品特征等大同小异，相差无几。墓葬地表均有平面略呈圆形的土石混合堆，竖穴墓道内填纯净黄土，且夹杂较多石块，偏室均开口于墓坑北壁，墓室以条石封堵；室内均为单人一次仰身直肢葬，陶器（彩陶居多）、铁刀等随葬品一般置于墓主人头骨右侧。

战国至汉代墓葬计2座，地表封堆较大，封堆结构为地表上先堆黄土，然后黄土表面铺一些卵石，封堆外围往往铺有石环圈，如M6在其石环圈内还栽有一圈片石。墓葬形制为竖穴土坑石棺墓，棺室规整，墓葬较深，石棺口距地表较深，石棺口上多盖石板。墓坑中也有大量填石。流行单人一次葬，仰身直肢，头西脚东，随葬素面陶器和铁器。

此次另外一个重要发现就是3处祭祀遗址的发掘，祭祀遗址与墓葬同属一个区域，相距较近，位于墓葬区南部，遗址填石中出土的“饼”形石器与尼勒克穷科克遗址、恰勒格尔遗址、喀拉苏遗址、新源阿尤赛沟遗址完全一致，因此可以初步判断遗址是与墓葬是同时代或稍早的安德罗诺沃文化遗存。3处祭祀遗址基本呈“品”字形分布，形制基本一致，平面均呈方形，大小相近。类似遗存在东欧洞室墓文化被认为是“礼仪遗址”。遗址形制奇特，在新疆尚属首次发现，其时代、文化属性、祭祀对象及内容等诸多问题相对复杂，研究空间较大。

此次乌吐兰墓地考古发掘，发掘墓葬数量较少，但其文化内涵整体跨度时间长，上至青铜时代，下至汉代。文化遗存现象复杂，特征鲜明，对研究、构建伊犁河谷史前考古学文化序列及谱系关系提供了宝贵的材料。

（阮秋荣　张　杰）

【拜城县多岗春秋战国和两汉时期墓地】

发掘时间：2013年4～6月

工作单位：新疆维吾尔自治区文物考古研究所

墓地位于拜城县亚吐尔乡都干买里村东北约3千米处，地处天山山脉支脉博依尼山南麓、喀拉苏河西岸戈壁台地上。墓地东北部、喀拉苏河西岸断崖上分布有喀拉苏石窟寺、寺院遗址，墓地东南部有喀拉苏古城。

墓地东西长约800米，南北宽约300米。有墓葬380余座。1999年中国社会科学院考古研究所发掘墓葬101座。此次发掘墓葬210座，出土遗物530余件（组）。

墓葬地表多有石堆或石围石堆标志。墓葬类型可分为竖穴墓、火葬墓、房式墓和祔葬墓等四种。其中竖穴墓占绝大多数。墓室形制有（圆形、椭圆形）竖穴以及斜坡墓道圆角长方形竖穴两种形制。部分墓室口部有南北向棚木，有些在棚木上铺草，有些在棚木上放置人骨。墓口东部大多存在再次葬人的现象。部分墓葬有葬具，主要有长方形木质尸床、木板上铺草编席、直接铺草席或垫石等。葬式有一次葬、二次葬两种形式。一次葬有仰身直肢一次葬和侧身屈肢一次葬，包括单人葬和合葬；二次葬以多人多次合葬为主，最多的一座墓葬埋有40余个个体。陶器等随葬品基本放置于墓底西侧，部分墓底西侧向外掏挖形似小龛区域，内置器物，个别大型器如带流罐内再放置单耳钵等器形较小的遗物，并且器耳均被毁损。另在部分墓葬封堆中随葬铜马衔等马具、陶器及动物骨骼。男性多随葬刀、箭镞等，女性多随葬眉笔、纺轮、料珠等，体现出明显的男女分工。

出土遗物的质地有陶、铜、铁、石、金、骨、木等。其中以陶器居多，大多为实用器。陶质以夹砂红陶和夹砂灰陶为主。器类有罐、钵、杯、壶等，其中带流罐、钵和碗是较为常见的组合方式。同时墓室内还随葬马骨、羊骨等动物骨骼。

多岗墓地考古发掘出土器物数量较多，种类丰富，不仅有当地本土特色的带流器，还有来自异域的漆器、珊瑚、海贝等。这些不仅为探源拜城历史文化提供了实物资料，也为更进一步研究本地区历史发展演变及其与周边地区古代文化的交流与互相影响提供了一批珍贵资料，具有重要的学术价值和研究意义。

（田小红　吴　勇）

【尼勒克县多尔布津战国至西汉墓地】

发掘时间：2013 年 5～6 月

工作单位：新疆维吾尔自治区文物考古研究所

多尔布津墓地位于尼勒克县尼勒克镇多尔布津村东南，西北距尼勒克县城 1 千米，南距喀什河约 300 米。地理坐标为北纬 43°46′18.1″，东经 082°31′10.6″，海拔 1098.8 米。墓地现存墓葬 5 座，封堆均较大。大致呈东北—西南向链状分布。

其封堆均为土堆，含较多卵石，封堆直径 20 米左右，规模较大，呈链状分布。墓室为竖穴土坑。从发掘情况看，墓室都经过扰乱，墓底不见或仅存少量人骨，葬式等均已不详。就封堆规模和排列方式而言，与尼勒克县吉林台库区、特克斯县恰普其海库区等发掘的中大型墓葬基本一致。M1 出土陶壶和陶罐各 1 件。陶壶表面上半部饰网格纹红彩，与 M2 出土的陶片装饰手法和纹饰相同。该类器物特征是微侈口、高束颈、垂腹、圜底，器表一般施红彩，纹饰为网格纹。这类器物多见于伊犁河谷一些较大规模的墓葬中。M4 出土的铜镜、石研磨器在以往发掘中均有同类器出土。

有研究认为，类似多尔布津墓地五、六座墓葬成群，自北而南排成链状分布，容器多为圜底等现象是早期乌孙墓葬的主要特点。此次发掘的多尔布津墓地文化面貌与上述考古学文化特征是一致的，初步推断这批墓葬的年代相当于战国晚期至西汉前期。

（阮秋荣　王永强　谈　宁）

【且末县古大奇铁器时代至汉代墓地】

发掘时间：2013 年 5 月

工作单位：新疆维吾尔自治区文物考古研究所

古大奇墓地位于巴音郭楞蒙古自治州且末县阿羌乡阿羌村东北 10 千米处。地理坐标北纬 37°19′33.7″，东经 85°31′17.0″，海拔 2890 米。墓地地处昆仑山北麓的古大奇萨依（沟）东岸，现河岸地表高出河床约 7 米。

墓葬在埋葬之后被后期的自然风积土覆盖，地表不见任何封堆特征，原封堆开口于现地表 2 米以下。由于冰雪融化，位于河沟东岸台地的部分墓葬被冲出，并悬挂于断崖中部。此次对其进行了抢救性发掘，共发掘墓葬 8 座。

墓葬沿断崖大致呈东南至西北向链状排列分布，部分墓葬西半部已被洪水冲毁不存。墓葬均为竖穴石室，石室制作是从墓室底部沿墓壁竖立大块板状石块作为侧板，侧板上又横向压放长条状石块，并逐渐内收，在顶部用大石板封盖。石室呈东北西南向，墓主葬式为仰身直肢，头东脚西，在身体两侧随葬陶器、羊头等遗物。陶器均为手制、夹砂红陶、圜底，且器物以带流罐、单耳罐、圜底罐、单耳杯（圜底杯）为组合类型。从陶器器形来看，与察吾乎墓地、扎滚鲁克墓地二期文化遗存、拉萨曲贡石室墓陶器类型有一定相似性。据出土器物和墓葬形制，推测古大奇墓地年代约为早期铁器时代至汉代，结合地望及历史文献记载，这批墓葬可能属于《汉书·西域传》中记载的小宛国或先小宛国的文化遗存。

（胡兴军　艾　涛　覃大海）

【巴里坤县红山口—石人子沟遗址群】

发掘时间：2012年6～10月、2013年7～8月

工作单位：西北大学文化遗产学院、新疆维吾尔自治区文物考古研究所

红山口—石人子沟遗址群位于巴里坤县石人子村和红山农场以南的东天山北麓，是一座古代游牧文化大型聚落遗址群，由红山口、石人子沟（东黑沟）、西沟、小黑沟、大黑沟、泉儿沟等6个大、中型聚落遗址组成，分布范围36.43平方千米。2012～2013年发掘了石人子沟遗址西南部1座大型石围居址和红山口遗址南部1座石围居址以及3座墓葬。同时，在新疆维吾尔自治区文物局委派下，对西沟遗址南部1座被盗掘的墓葬进行了抢救性发掘。总揭露面积约2000平方米。

石人子沟遗址南部的大型石围居址呈方形，长约85.5米，宽约50米，四周有高大石垣墙，是该遗址规模最大的建筑之一。2013年在其内中部偏北布设了长、宽各5米探方9个。发掘得知该居址在建成之后经过多个时期的使用和改建，文化层堆积厚达4米～5米。在下层堆积中发现了保存完好的古代人类活动的地面，并有灰坑、烧面、柱洞等遗迹。居址内出土遗物丰富，包括陶器、石器、骨器等，可能属于不同的时期。

红山口遗址发掘的石围居址位于遗址南部一座隆起的冰碛垄台地上，平面呈长方形，东西长约20米，南北宽约10米，四周有石围墙，中部有隔墙将其分为前后两间，门位于东墙中段。居址呈半地穴式，后间地面发现火膛、灰坑、灰堆等遗迹，沿围墙发现一周柱洞。出土大型石磨盘、石磨棒和高领罐、圜底釜等大型陶器，与2006～2007年发掘石人子沟遗址中高台出土物一致，说明二者属于同类文化遗存。

红山口遗址发掘的3座墓葬都位于发掘居址内西北部，且都打破居址。均为竖穴土坑墓，直径3米～5米，其中2座墓为多人多次埋葬，人骨多侧身屈肢。出土单耳罐、铜耳环、羊距骨等随葬品，和哈密地区焉不拉克、寒气沟、拜其尔等墓地出土物形式相类。

西沟遗址抢救性发掘墓葬位于该遗址南部。地表有直径13米的圆形石封堆，封堆西南侧有一殉马坑，内葬一匹无头的马。墓葬为竖穴土坑，深约7米，墓室北侧二层台上殉葬一匹马。圆木搭建的木椁位于墓底偏南，椁内人骨保存较差，头向西，随葬品和动物骨骼位于椁室西侧，其中发现24件虎形、羊头形、格里芬形动物纹金饰片和镶嵌绿松石的金耳环等。该墓葬的形制、葬俗、出土物等方面均与石人子沟遗址2006～2007年发掘的Ⅳ区M12接近，应属于战国晚期至西汉早期。

（任　萌）

【哈密市柳树沟遗址和墓地】

发掘时间：2013年6～7月、9～11月

工作单位：新疆维吾尔自治区文物考古研究所、西北大学文化遗产学院及考古学研究中心

柳树沟遗址和墓地位于哈密市柳树沟乡亚喀敦村东北约1千米处，地处天山山脉南麓柳树沟出山口东侧的山前坡地上。地理坐标为北纬43°23′06.28″，东经92°42′53.00″，海拔1746米。为配合工程建

设对其进行了发掘，共计发掘墓葬108座，居址2处。

墓葬分布于山前坡地上，原地表上有厚30厘米～50厘米堆积层。根据墓室内有无葬具及随葬品种类的差异可以将墓葬分为两类。一类为竖穴石棺或木棺墓。该类墓葬地表有石围石堆或石堆。封堆南或东南多附属用于祭祀的小坑，坑内放置1件陶器。使用木棺、石棺作为葬具。绝大多数为单人葬，个别为合葬，流行屈肢葬。出土器物以铜器为主，另有少量的石器和骨器，陶器极少。另一类为竖穴土坑墓，共计3座，均为单人一次葬。2座葬式为仰身屈肢葬，1座为仰身直肢葬。随葬器物以陶器为主，有双耳罐、豆和单耳罐。

2处居址各由两间房子组成。房址内发现窖藏坑5个、灰坑1个、灶址十余处。房屋均依地势而建。其中F1和F2平面呈长方形，东西相连，整体坐南朝北。堆积含石块、草木灰等，出土有兽骨、石器和陶片等。

柳树沟墓地较之哈密盆地诸墓地出现了诸多地方特征：其一，墓葬地表有卵石堆砌的石围石堆或石堆；其二，墓葬地面建筑的南或东南侧普遍构筑规整的祭祀坑，坑内放置陶器；其三，柳树沟墓地的墓葬普遍使用石棺或木棺作为葬具；其四，在使用石质或木质葬具的墓葬中，随葬品基本不见陶器等。柳树沟发现的居址从出土遗物看，尤其是陶器特征上，与墓地出土陶器有相近之处。柳树沟是哈密盆地通往巴里坤的重要牧业通道，遗址和墓地的发掘为进一步研究天山南北诸文化的交流和发展提供了宝贵资料，对于探讨天山山脉与哈密盆地交叉地带早期居民生活方式、经济形态也具有重要意义。

（王永强　张　杰　胡望林　习通源）

【且末县托盖曲根一号东汉至魏晋时期墓地】

发掘时间：2013年5月

工作单位：新疆维吾尔自治区文物考古研究所

托盖曲根一号墓地位于巴音郭楞蒙古自治州且末县库拉木勒克乡巴什克其克村北3千米处，东邻车尔臣河。为配合巴什克其克梯级电站工程建设，共发掘墓葬32座。

墓葬地表封堆由沙土夹小砾石或卵石堆积而成，砾石主要集中在封堆边缘，中部无石且部分墓葬中部塌陷。封堆直径2米～13米，高0.15米～2米。墓葬形制有竖穴土坑、竖穴石棺、竖穴泥棺、无墓室墓四种，其中以竖穴土坑墓为主。墓主头向基本向东，葬式分为仰身直肢和侧身直肢两种，葬俗有单人葬、合葬两种。墓葬中普遍存在殉牲习俗，通常在墓室东侧出土有一只整羊的骨骼，且羊骨下发现有木器痕迹，推测是将一整只羊宰杀并稍加处理后，放置在木盆或木几中随葬。出土遗物主要为一些生活用品，因墓主性别不同存在一定差异，如男性主要随葬铁刀，多出土于腰部；女性主要为耳环、项链、戒指、铜镜等装饰用品，出土于生前佩带时的耳、颈、指等部位。根据墓地出土陶罐、连弧纹铜镜、漆器等遗物，初步推测墓葬年代为东汉至魏晋。

此次发掘为进一步了解车尔臣河流域及新疆汉晋考古文化面貌、内涵提供了一批新的材料。

（胡兴军　艾　涛　覃大海）

【和静县巴伦台至伊尔根铁路沿线考古调查】

调查时间：2013年7～8月

工作单位：新疆维吾尔自治区文物考古研究所

为配合巴伦台至伊尔根铁路及伴行公

路建设，对施工区内的哈布其罕萨拉沟、哈尔哈提沟以及巴音布鲁克草原小珠勒图斯盆地东北山前地带内遗迹进行调查和测绘，共计调查、测绘石构遗址及墓地40余处。

石构遗址均位于哈布其罕萨拉沟和哈尔哈提沟内，主要分布于沟谷两岸较为开阔的二、三级台地之上。遗址和墓葬具有大分散小集中的分布特点。石构建筑大致可分为房屋、畜圈、拦水堤、草场地埂和沟渠等，其中以草场地埂最为常见。房屋多为不规则的圆形或椭圆形，根据发掘情况来看，多数应为半地穴式建筑，面积大小不等。墙体均用卵石或山石构筑而成，残高多在0.5米左右，保存较好的高近1米。畜圈多为不规则圆形或椭圆形，分布于房屋周围，系用卵石或山石直接构筑于原地表之上，现多仅剩1~2层，面积较大。拦水堤多分布于山脚处，采用较大的山石垒砌一道或两道。草场地埂多为常见，系将草场内的石块捡拾堆砌于草场的四周，多为低矮的卵石堆积，无排列规律，草场多呈梯田状分布。

墓地墓葬类型较为统一，分为石堆墓与石围墓两种类型。石堆墓在巴音布鲁克草原小珠勒图斯盆地分布较多，哈布其罕萨拉沟和哈尔哈提沟内相对较少。封堆土石混筑，平面形状以圆形与椭圆形为主，高多在0.4米~0.5米。石围墓均位于哈布其罕萨拉沟和哈尔哈提沟内，在小珠勒图斯盆地没有发现。墓葬分布相对集中，最多一处墓地有300余座。石围平面形状多呈马镫形，部分大型墓葬石围呈圆角长方形，用卵石或山石立砌而成。镫柄多朝向西部或西南部，镫柄端多有立石。

此次调查、测绘工作贯穿整个哈布其罕萨拉沟，涉及哈尔哈提沟，并扩展至巴音布鲁克草原小珠勒图斯盆地，获取了大量数据。转入室内整理阶段后，将对采集的数据进行电子化录入以及图形修整，成果以总分布图与单个遗址区、墓葬区分布图分别进行发布，并拟在此基础上建立基本的地理信息系统平台，为以后进一步的保护与研究提供翔实的基础材料。

（王永强　党志豪　吴　勇）

第三篇

中国考古学会及学会团体会员单位

中国考古学会

中国考古学会是由从事考古工作的事业单位、科研院所、社会团体及个人自愿结成的全国性、学术性、非营利性社会组织。

1979 年 4 月 6 ~ 12 日中国考古学会在西安召开成立大会，并举行第一次年会。大会推选产生了由 64 人组成的第一届理事会，夏鼐任理事长，裴文中、尹达、苏秉琦任副理事长，王仲殊任秘书长，王振铎、安志敏、陈乔、陈滋德、张政烺、贾兰坡、顾铁符、宿白为常务理事。截止 2015 年 10 月，学会共召开十六次年会，产生过六届理事会。第二届选举夏鼐任理事长，第三届选举苏秉琦任理事长，第四届选举宿白任名誉理事长，徐苹芳任理事长，第五届选举宿白任名誉理事长，张忠培为理事长。2013 年 10 月 23 ~ 27 日在西安召开了第十六次年会暨第六届会员代表大会，选举产生了由 126 人组成的第六届理事会，宿白任名誉理事长，王巍任理事长，童明康、赵辉、李季为副理事长，陈星灿为秘书长，常务理事共 19 人。

中国考古学会近年新成立了多个专业指导委员会，主要有中国考古学会公共考古专业指导委员会；中国考古学会两周专业指导委员会；中国考古学会人类骨骼考古专业指导委员会；中国考古学会文化遗产保护指导委员会；中国考古学会植物考古专业委员会；中国考古学会秦汉考古专业委员会；中国考古学会夏商考古专业指导委员会；中国考古学会动物考古专业委员会；中国考古学会旧石器考古专业委员会；中国考古学会新兴技术考古专业委员会；中国考古学会三国至隋唐考古专业委员会等。

中国考古学会的宗旨是团结全国考古工作者，在马克思主义理论的指导下，遵守实事求是的优良学风，提高考古学研究的科学水平，为推动我国考古事业的健康发展而积极努力。

中国考古学会受业务主管单位中国社会科学院和社团登记管理机关中华人民共和国民政部的业务指导和监督管理。学会住所：北京市王府井大街 27 号，邮编 100710。

北京市

北京市文物研究所

一、人员构成

在职职工人数：49 人

合同制职工人数：54 人

研究馆员人数：2 人

副研究馆员人数：12 人

中级职称人数：10 人

初级职称人数：16 人

二、主要领导

书　记：刘文华

所　长：白　岩

副所长：郭京宁

三、学术委员会

主　任：齐　心

副主任：赵福生

委　员：郁金城　靳枫毅　陈　平　夏连保

四、通信地址

地　址：北京市西城区地安门西大街 26 号

邮　编：100009

中国国家博物馆

一、考古部人员构成

在编人员人数：31 人

研究馆员人数：5 人

副研究馆员人数：8 人

聘用技术工人人数：3 人

二、主要领导

书　记：黄振春

馆　长：吕章申

副馆长：黄振春　张　威　陈履生
　　　　李六三　陈成军

三、学术委员会

主　任：吕章申

副主任：黄振春　张　威　陈履生
　　　　陈成军　相瑞花

委　员：王宏钧　孙　机　刘　罡
　　　　陈　煜　苏东海　杨　林
　　　　铁付德　夏燕月　黄燕生
　　　　曹欣欣　谢小铨　潘　路

四、通信地址

地　址：北京市东城区东长安街 16 号

邮　编：100006

网　址：http：//www. chnmuseum. cn/

天津市

天津市文化遗产保护中心

一、主要领导

主　任：梅鹏云

副主任：盛立双

二、学术委员会

无

三、通信地址

地　址：天津市河东区大直沽中路 51 号

邮　编：300170

河北省

河北省文物研究所

一、人员构成

在编人员人数：54 人

研究员人数：7 人

副研究员人数：13 人

二、主要领导

书　记：金　岚

所　长：李耀光

副所长：段宏振　毛保中

三、学术委员会

主　任：李耀光

副主任：段宏振　毛保中

秘书处成员：胡金华　雷建红
　　　　　　刘连强

秘书长：刘连强

委　员：魏振军　韩金秋　高建强
　　　　刘连强　张晓峥　王会民
　　　　张春长　雷建红　赵战护
　　　　胡金华　黄　信

四、通信地址

地　址：河北省石家庄市建华南街 82 号

邮　编：050031

网　址：http：//www. hbwwkg. com/

山西省

山西省考古研究所

一、人员构成

人员编制总数：57 人

在编职工人数：46 人

聘用人员人数：39 人

研究员人数：6 人

副研究员人数：11 人

二、主要领导

书　记：马　昇

所　长：谢尧亭

副所长：王晓毅　范文谦

三、学术委员会

主　任：谢尧亭

秘书长：王晓毅

委　员：谢尧亭　马　昇　王晓毅
　　　　范文谦　王益人　薛新明
　　　　田建文　吉琨璋　韩炳华

四、通信地址

地　址：山西省太原市文庙巷33号

邮　编：030001

网　址：www. sxkaogu. net

内蒙古自治区

内蒙古自治区文物考古研究所

一、人员构成

现有职工人数：62 人

研究馆员人数：10 人

副研究馆员人数：6 人

文博馆员人数：13 人

助理馆员人数：13 人

其他工作人员人数：20 人

二、主要领导

所长兼书记：陈永志

副所长吉平：张文平　盖志勇（2014 年 12 月）　张红星（2014 年 11 月，兼党支部副书记）

三、学术委员会

无

四、通信地址

地　址：内蒙古自治区呼和浩特市赛罕区展览馆南巷1号

邮　编：010011

辽宁省

辽宁省文物考古研究所

一、人员构成

在编人员人数：51 人

研究员人数：8 人

副研究员人数：9 人

技术工人人数：5 人

二、主要领导

书　记：李新全

所　长：吴炎亮

副所长：李龙彬

三、学术委员会

主　任：吴炎亮

委　员：李新全　李龙彬　孙立学
　　　　万　欣　朱　达　梁振晶
　　　　万雄飞

四、通信地址

地　址：辽宁省沈阳市和平区九纬路十九号甲

邮　编：110003

网　址：http：//www. lnwwkg. com

沈阳市文物考古研究所

一、人员构成

在编人员人数：26 人

研究员人数：1 人

副研究员人数：6 人

聘用技术工人人数：10 人

二、主要领导

所　长：姜万里

副所长：王　洋　赵晓刚

三、学术委员会

主　任：郭大顺

副主任：姜念思　姜万里

委　员：郭大顺　姜念思　田立坤
　　　　朱　泓　李仲元

四、通信地址

地　址：辽宁省沈阳市皇姑区北塔街27号

邮　编：110033

吉林省

吉林省文物考古研究所

一、人员构成

在编人员人数：59 人

研究馆员人数：3 人

副研究馆员人数：14 人

二、主要领导

书　记：吴　辉（兼副所长）

所　长：安文荣

副所长：郝　君

三、学术委员会

主　任：安文荣

副主任：吴　辉

委　员：王志刚　徐　坤　李　东　梁会丽　张玉春

四、通信地址

地　址：吉林省长春市经济技术开发区浦东路 22 号

邮　编：130033

黑龙江省

黑龙江省文物考古研究所（黑龙江省文物保护中心）

一、人员构成

单位编制人员人数：58 人

在编人员人数：52 人

研究馆员人数：9 人

副研究馆员人数：14 人

二、主要领导

所　长（兼省文物保护中心主任）：张　伟

副所长：于建华　赵永军　刘晓东

省文物保护中心专职副主任：王　剑

三、学术委员会

主　任：李陈奇

副主任：张　伟　赵永军

委　员：于建华　赵虹光　赵哲夫　刘晓东　田　禾　王　剑

四、通信地址

地　址：黑龙江省哈尔滨市南岗区宣德街 44 号

邮　编：150008

上海市

上海博物馆考古研究部

一、人员构成

工作人员人数：9 人

研究员人数：3 人

副研究员人数：1 人

馆员人数：3 人

助理馆员人数：2 人

二、主要领导

主　任：宋　建

副主任：陈　杰

三、学术委员会

无

四、通信地址

地　址：上海市人民大道 201 号

邮　编：200003

网　址：http：//www. shanghaimu se-um. net

江苏省

南京博物院考古研究所
（江苏省考古研究所）

一、南京博物院及南京博物院考古研究所主要领导

南京博物院院长：龚　良

南京博物院副院长：黄鲁鸣　王奇志

南京博物院考古研究所（江苏省考古研究所）所长：林留根

南京博物院考古研究所（江苏省考古研究所）副所长：周润垦　李则斌

二、南京博物院学术委员会

主　任：龚　良

委　员（按姓氏笔画排序）：

万　俐　王奇志　谷建祥

张小朋　陆建芳　陈同乐

林留根　龚　良　鲁　力

三、南京博物院通信地址

地址：江苏省南京市玄武区中山东路321号

邮编：210016

网址：http：//www.njmuseum.com

浙江省

浙江省文物考古研究所

一、人员构成

在编人员人数：63人

聘用技术工人人数：34人

研究馆员人数：26人

副研究馆员人数：8人

二、主要领导

书　记：沈岳明

所　长：李小宁

副所长：王海明　刘　斌　黄　斌

三、学术委员会

主　任：李小宁

副主任：蒋乐平（常　务）

方向明（兼所刊常务编辑）

陈云根

委　员（按姓氏笔画排序）：

丁　品　方向明　王宁远

田正标　孙国平　李小宁

芮国耀　张书恒　张　苹

陈元甫　陈云根　陈　易

邵浦建　郑云飞　郑嘉利

胡继根　赵　晔　徐新民

曹锦炎　黄　滋　蒋乐平

四、通信地址

地　址：浙江省杭州市拱墅区假山路假山新村26号

邮　编：310014

杭州市文物考古研究所

一、人员构成

核定编制人员人数：15人

在编人员人数：13人

研究员人数：3人

副研究员人数：4人

聘用技术工人人数：11人

二、主要领导

所　长：唐俊杰

副所长：郎旭峰

三、学术委员会

主　任：唐俊杰

副主任：郎旭峰

委　员：刘卫鹏　杨　曦　李蜀蕾

四、通信地址

地　址：浙江省杭州市上城区凤凰山脚路164－1号

邮　编：310008

网　址：http：//www.hzwestlake.gov.cn

宁波市文物考古研究所

一、人员构成
在编人员人数：12 人
研究员人数：3 人
副研究员人数：2 人
助理研究员人数：6 人
聘用技术工人人数：10 人
二、主要领导
所　长：王结华
副所长：王力军　林国聪
三、学术委员会
主　任：王结华
副主任：李永宁
委　员：王力军　林国聪　张华琴
四、通信地址
地　址：浙江省宁波市海曙区蓝天路 203 号丽园尚都 A1－601
邮　编：315012

安徽省

安徽省文物考古研究所

一、人员构成
在编人员人数：41 人
研究员人数：4 人
副研究员人数：7 人
二、主要领导
所　长：李　虹
副所长：宫希成　杜世安
三、学术委员会
无
四、通信地址
地　址：安徽省合肥市金寨路 469 号
邮　编：230061

福建省

福建博物院

一、人员构成
在编人员人数：127 人
研究员人数：14 人
副研究员人数：18 人
聘用技术工人人数：12 人
二、主要领导
院　长：吴志跃
副院长：陈淑琤　龚张念　张焕新
三、学术委员会
主　任：吴志跃
副主任：陈淑琤
委　员：楼建龙　陈兆善　范雪春　高健斌　曾伟希　张焕新　陈邵龙
四、通信地址
地　址：福建省福州市湖头街 96 号
邮　编：350001
网　址：http：//www.fjbwy.com/

江西省

江西省文物考古研究所

一、人员构成
在编人员人数：25 人
研究员人数：5 人
副研究员人数：8 人
聘用技术工人人数：3 人
二、主要领导
书　记：王季华
所　长：徐长青
副所长：王上海

三、学术委员会
主　任：徐长青
副主任：王上海
委　员：周广明　张文江　肖发标
四、通信地址
地　址：江西省南昌市新洲路2号
邮　编：330008

山东省

山东省文物考古研究所

一、人员构成
在编人员人数：40人
研究员人数：5人
副研究员人数：6人
二、主要领导
书　记：郑同修
所　长：郑同修
副所长：孙　博　孙　波
三、学术委员会
主　任：郑同修
副主任：刘延常
委　员：孙　博　魏成敏　李曰训
李振光　孙　波
四、通信地址
地　址：山东省济南市市中区上新街51号
邮　编：250012

河南省

河南省文物考古研究院

一、人员构成
在编人员人数：78人
研究员人数：17人
副研究员人数：13人
聘用技术工人人数：114人
二、主要领导
书　记：魏周兴
院　长：贾连敏
副院长：刘海旺　魏兴涛　杨文胜
陈家昌
三、学术委员会
主　任：孙新民
副主任：贾连敏
委　员：赵新平　李占扬　方燕明
胡永庆　刘海旺　樊温泉
魏兴涛　赵志文
四、通信地址
地　址：河南省郑州市管城回族区陇海北三街九号
邮　编：450000
网　址：http：//wenyansuo. hawh. cn/

洛阳市文物考古研究院

一、人员构成
在编人员人数：84人
研究员人数：4人
副研究员人数：12人
聘用技术工人人数：71人
二、主要领导
书　记：周　立（兼副院长）
院　长：史家珍
副院长：吕劲松
三、学术委员会
主　任：史家珍
副主任：周　立　吕劲松
委　员：俞凉亘　严　辉　程永建
赵晓军　司马国红　吴业恒
王　炬　商春芳
四、通信地址
地　址：河南省洛阳市洛龙区开元大道232号文博大厦6楼
邮　编：471023

郑州市文物考古研究院

一、人员构成
在编人员人数：35 人
研究馆员人数：2 人
副研究馆员人数：11 人
聘用技术工人人数：105 人
二、主要领导
院　长：顾万发
副院长：李建和　杜　新
三、学术委员会
无
四、通信地址
地　址：郑州市文物考古研究院位于郑州市建设路 31 号（碧沙岗公园内）
邮　编：450052
网　址：http：//www. zzkaogu. com/

湖北省

湖北省文物考古研究所

一、人员构成
在编人员人数：59 人
研究员人数：10 人
副研究员人数：14 人
助理研究员人数：23 人
二、主要领导
书　记：万全文
所　长：方　勤
副所长：孟华平　张艺军　罗运兵
三、学术委员会
主　任：方　勤
委　员：方　勤　万全文　孟华平　张艺军　罗运兵　周松峦　蔡路武　王纪潮　周国平　冯少龙　李炎胜
四、通信地址
地　址：湖北省武汉市武昌东湖路 70 号
邮　编：430077
网　址：http：//www. hbww. org/

荆州博物馆

一、主要领导
书　记：张治根
馆　长：王明钦
副馆长：刘德银　张万高　贾汉清　彭　昊　杨开勇　陈华亮
二、学术委员会
主　任：贾汉清
委　员：张绪球　张万高　丁家元　金　陵　李　红　杨开勇
三、通信地址
地　址：湖北省荆州市荆中路 166 号
邮　编：434020
网　址：www. jzmsm. org

湖南省

湖南省文物考古研究所

一、人员构成
在岗职工人数：75 人
在编人员人数：42 人
聘用人员人数：33 人
研究员人数：8 人
副研究员人数：8 人
二、主要领导
所　长：郭伟民
副所长：顾海滨　周　能　吴顺东
三、学术委员会
主　任：郭伟民
副主任：顾海滨
委　员：贺　刚　吴顺东　柴焕波

张春龙　尹检顺　高成林

四、通信地址

地　址：湖南省长沙市东风路东风二村巷18号

邮　编：410008

网　址：www. hnkgs. com

长沙市文物考古研究所

一、主要领导

书　记：何旭红

所　长：何旭红

副所长：黄朴华

党总支副书记：李云辉

二、学术委员会

主　任：何旭红

副主任：黄朴华

委　员：李云辉　何　佳　赵晓华　黎石生

三、通信地址

地　址：湖南省长沙市中山路74号

邮　编：410005

网　址：http：//www. cswwkg. com/

广东省

广东省文物考古研究所

一、人员构成

在编人员人数：29人

研究员人数：4人

副研究员人数：2人

聘用技术工人人数：3人

二、主要领导

所　长：何　斌

副所长：邓宏文　刘成基

三、学术委员会

无

四、通信地址

地　址：广东省广州市水荫四横路34号演音大楼B座9楼

邮　编：510075

广州市文物考古研究院

一、人员构成

在编人员人数：33人

聘用人员人数：33人

研究馆员人数：2人

副研究馆员人数：7人

聘用技术工人人数：30人

二、主要领导

书记、副院长：韩维龙（主持工作）

副院长：朱海仁

三、学术委员会

主　任：韩维龙

副主任：朱海仁

委　员：张强禄　闫晓青　易西兵　邝桂荣　胡晓宇　张金国　李克义

四、通信地址

地　址：广州市文德北路146号8楼

邮　编：510000

海南省

海南省文物考古研究所

一、人员构成

在编人员人数：84人

研究馆员人数：2人

副研究馆员人数：8人

聘用技术工人人数：3人

二、主要领导

所　长：丘　刚

副所长：何凡予

三、学术委员会
主　任：丘　刚
副主任：何凡予
委　员：陈　江　郝思德　王辉山
王明忠　王育龙　何国俊
四、通信地址
地　址：海南省海口市琼山区国兴大道 68 号
邮　编：570203
网　址：http：//www. hainanmuseum. org/

广西壮族自治区

广西文物保护与考古研究所

一、人员构成
现有人员人数：41 人
在编人员人数：21 人
研究员人数：9 人
副研究员人数：3 人
聘用技术工人人数：20 人
二、主要领导
所　长：林　强
副所长：黄槐武
三、学术委员会
无
四、通信地址
地　址：广西壮族自治区南宁市科园大道 68 号 2 号楼
邮　编：530003
网　址：www. gxkaogu. com

重庆市

重庆市文化遗产研究院（重庆文化遗产保护中心）

一、人员构成
在编人员人数：41 人
研究馆员人数：7 人
副研究馆员人数：5 人
聘用技术工人人数：37 人
二、主要领导
院　长：邹后曦
副院长：袁东山　白九江
三、学术委员会
主　任：邹后曦
委　员：邹后曦　袁东山　林必忠
白九江　方　刚　杨小刚
刘继东　李大地
四、通信地址
地　址：重庆市渝中区枇杷山正街 72 号
邮　编：400013
网　址：http：//www. cqkaogu. com

四川省

四川省文物考古研究院

一、人员构成
在编人员人数：77 人
研究馆员人数：6 人
副研究馆员人数：14 人
聘用技术工人人数：45 人
二、主要领导
院　长：高大伦
副院长：陈显丹　周科华　唐　飞

三、学术委员会

主　任：高大伦

副主任：唐　飞

委　员：陈显丹　周科华　孙智彬
　　　　姚　军　陈德安　张肖马
　　　　王鲁茂　霍　巍　李映福
　　　　李永宪　罗二虎　江章华
　　　　谢志诚　张建世　乔　栋

四、通信地址

地　址：四川省成都市人民南路四段5号

邮　编：610041

网　址：http：//www.sckg.com

成都博物院

一、主要领导

书　记：罗传孝

院　长：王　毅

副院长：蒋　成　蒋阵奇　江章华
　　　　李明斌　李　平

二、学术委员会

名誉主任：王　毅

主　任：江章华

委　员：王　毅　江章华　蒋　成
　　　　李明斌　刘雨茂　雷玉华
　　　　朱章义　陈云洪　周志清

三、通信地址

地　址：四川省成都市十二桥街18号

邮　编：610072

贵州省

贵州省文物考古研究所

一、人员构成

在编人员人数：19人

研究员人数：6人

副研究员人数：5人

聘用技术工人人数：19人

二、主要领导

所　长：周必素

副所长：张　元　曹　波　李　飞

三、学术委员会

主　任：周必素

常务副主任：李　飞

委　员：张　元　曹　波　张合荣
　　　　赵小帆　宋先世

四、通信地址

地　址：贵州省贵阳市北京路136号省图书馆17楼

邮　编：550004

云南省

云南省文物考古研究所

一、人员构成

在编人员人数：36人

研究员人数：7人

副研究员人数：8人

聘用技术工人人数：4人

二、主要领导

书　记：刘正雄

所　长：刘　旭

副所长：李炳南　闵　锐

三、学术委员会

无

四、通信地址

地　址：云南省昆明市春苑小区春明里15栋1单元

邮　编：650118

网　址：www.ynkgs.cn

西藏自治区

西藏自治区文物保护研究所

一、人员构成
在编人员人数：17 人
研究员人数：1 人
副研究员人数：2 人
二、主要领导
所 长：哈比布
副所长：李林辉

陕西省

陕西省考古研究院

一、人员构成
在职职工人数：118 人
研究员人数：14 人
副研究员人数：23 人
中级职称人数：34 人
初级职称人数：26 人
聘用技术工人人数：37 人
二、主要领导
书 记：陈显琪
院 长：王炜林
副院长：陈显琪 王小蒙 范桂强 孙周勇
三、学术委员会
主 任：王炜林
委 员：马永赢 王占奎 王小蒙 田亚岐 孙周勇 杨军昌 杨亚长 张建林 岳连建 胡松梅 赵西晨 闫毓民
四、通信地址
地 址：陕西省西安市雁塔区乐游路31号
邮 编：710054
网 址：www. shxkgy. cn

西安市文物保护考古研究院

一、主要领导
书 记：冯 健
院 长：尚民杰
副院长：王自力 张翔宇
二、学术委员会
主 任：尚民杰
副主任：冯 健 王自力 张翔宇
成 员：杨军凯 张全民 张小丽 赵凤燕
三、通信地址
地 址：陕西省西安市碑林区友谊西路68号
邮 编：710068

甘肃省

甘肃省文物考古研究所

一、人员构成
在编人员人数：44 人
研究员人数：5 人
副研究员人数：8 人
聘用技术工人人数：8 人
二、主要领导
书 记：李 敏（2014 年 1～8 月）
安 华（2014 年 11 月至今）
所 长：王 辉
副所长：董保家
三、学术委员会
主 任：王 辉
副主任：李 敏
成 员：赵建龙 赵雪野 闫渭清 张俊民 吴 葒 毛瑞林 邓天珍 谢 焱 陈国科

四、通信地址

地　址：甘肃省兰州市城关区和平路165号

邮　编：730000

网　址：http：//c. lzhongdian. com：83/

宁夏回族自治区

宁夏回族自治区文物考古研究所

一、人员构成

在编人员人数：42人

研究员人数：2人

副研究员人数：7人

主业技术人员人数：32人

二、主要领导

所　长：罗　丰

副所长：朱存世

三、学术委员会

无

四、通信地址

地　址：宁夏回族自治区银川市兴庆区利民街121号

邮　编：750000

青海省

青海省文物考古研究所

一、人员构成

在编人员人数：36人

研究员人数：1人

副研究员人数：9人

聘用技术工人人数：4人

二、主要领导

书　记：陆晓华

所　长：任晓燕

副所长　贾鸿健

三、学术委员会

主　任：任晓燕

副主任：肖永明

委　员：任晓燕　贾鸿健　陈海清　肖永明　乔　虹　张成志　高志伟　宋耀春

四、通信地址

地　址：青海省西宁市城东区为民巷15号

邮　编：810007

新疆维吾尔自治区

新疆维吾尔自治区文物考古研究所

一、人员构成

在编人员人数：37人

研究员人数：7人

副研究员人数：4人

二、主要领导

所　长：于志勇

副所长：安尼瓦尔·哈斯木　李文瑛

三、学术委员会

主　任：于志勇

副主任：李文瑛

委　员：伊弟利斯　张玉忠　吴　勇　阮秋荣　刘玉生　于建军　安尼瓦尔·哈斯木

四、通信地址

地　址：新疆维吾尔自治区乌鲁木齐市北京南路东二巷3号

邮　编：830011

北京大学考古文博学院

一、人员构成
在编人员人数：54 人
在职教授人数：23 人
副教授人数：12 人
讲师人数：1 人
助理教授：2 人
二、主要领导
院　长：杭　侃
副院长：吴小红　张　弛　孙庆伟
三、学术委员会
主　任：孙　华
委　员：赵　辉　王幼平　林梅村
　　　　张　弛　吴小红　杭　侃
　　　　王　巍　宋向光
四、通信地址
地　址：北京市海淀区颐和园路 5 号
　　　　北京大学考古文博学院
邮　编：100871
网　址：http：//archaeology. pku. edu. cn/

吉林大学边疆考古研究中心

一、人员构成
考古学系在编人员人数：29 人
考古学系教授人数：18 人
考古学系副教授人数：8 人
考古学系讲师人数：3 人
考古学系助理教授：2 人
博物馆学系在编人员人数：8 人
博物馆学系教授人数：5 人
博物馆学系讲师人数：3 人
二、主要领导
主　任：朱　泓
副主任：滕铭予　王立新　刘　艳
吉林大学文学院副院长：赵宾福
考古学系主任：井中伟
考古学系副主任：段天璟
博物馆学系主任：张文立
博物馆学系副主任：唐　淼
三、学术委员会
主　任：林　沄
副主任：朱　泓
委　员（按姓氏笔画排序）：
　　　　王　巍　乔　梁　赵　辉
　　　　高　星　霍　巍
四、通信地址
地　址：吉林省长春市前进大街 2699 号
邮　编：130012
网　址：吉林大学边疆考古研究中心
　　　　http：//bjkg. jlu. edu. cn/
　　　　吉林大学文学院
　　　　http：//wxy. jlu. edu. cn/

山东大学文化遗产研究院

一、人员构成
考古学与博物馆学系教师人数：19 人
考古学与博物馆学系教授人数：6 人
考古学与博物馆学系副教授人数：3 人
文化遗产研究院教师人数：4 人
文化遗产研究院教授人数：1 人
文化遗产研究院副教授人数：2 人
二、主要领导
历史文化学院院长：方　辉
历史文化学院考古学与博物馆学系主任：王　芬
文化遗产研究院院长：方　辉
文化遗产研究院副院长：王　青
三、学术委员会
主　任：加里·费曼
副主任：栾丰实
委　员：加里·费曼　宫本一夫

王　睦（Mayke Wagner）
赵　辉　白云翔　郑同修
栾丰实　方　辉　靳桂云

四、通信地址

地　址：山东省济南市山大南路27号
邮　编：250100
网　址：山东大学历史文化学院
http：//www. history. sdu. edu. cn/new14/
山东大学文化遗产研究院
http：//www. whycyjy. sdu. edu. cn/

西北大学文化遗产学院

一、人员构成

在编人员人数：49人
专业教师人数：36人
教授人数：10人
研究馆员：1人
副教授人数：9人
讲师人数：16人

二、主要领导

书　记：卜晓军
院　长：陈洪海
科研副院长：孙满利
教学副院长：刘军民
行政副院长：李　伟
考古学系系主任：钱耀鹏
文物保护科学系系主任：刘　成
文化遗产管理学系系主任：吴铮争

三、学术委员会

主　任：陈洪海
副主任：段清波　孙满利
委　员：张宏彦　王建新　赵丛苍
铁付德　王丽琴　徐卫民
钱耀鹏　冉万里　刘　成
刘军民

四、通信地址

地　址：陕西省西安市太白北路229号
邮　编：710069
网　址：http：//www. nwu. edu. cn/

四川大学历史文化学院考古学系

一、人员构成

在编人员人数：25人
教授人数：6人
副教授人数：7人
讲师人数：10人

二、主要领导

院　长：霍　巍
分管副院长：李映福
系主任：李永宪
副系主任：吕红亮　白　彬

三、学术委员会

无

四、通信地址

地　址：成都市望江路29号
邮　编：610064
网　址：http：//archeol. lab. scu. edu. cn/

郑州大学历史文化学院考古系

一、人员构成

考古学专业在编人员人数：22人
教授人数：6人
副教授人数：7人
讲师人数：9人

二、主要领导

书　记：安国楼
副书记：荀书民
院　长：韩国河

副院长：张民服　许俊平　谢晓鹏
考古系主任：赵海洲

三、学术委员会

主　任：韩国河
委　员：安国楼　张民服　谢晓鹏
　　　　张旭华　王星光　张国硕

四、通信地址

地　址：河南省郑州市科学大道100号郑州大学历史学院
邮　编：450001
网　址：http：//www. zzu. edu. cn/history/

南京大学历史系考古文博专业

一、人员构成

在编人员人数：18人
教授人数：10人
副教授人数：5人
人员名单：水　涛　贺云翱　周晓陆
　　　　　杨　休　徐艺乙　张学锋
　　　　　黄建秋　刘兴林　张良仁
　　　　　周学鹰　程立宪　李　文
　　　　　周　言　吴桂兵　赵东升
　　　　　王晓琪　张敬雷　冯　慧

二、主要领导

历史系考古学专业负责人：水　涛
文化与自然遗产研究所所长：贺云翱
文物与文化研究所所长：杨　休

三、学术委员会

无

四、通信地址

地　址：江苏省南京市汉口路22号南京大学
邮　编：210093
网　址：http：//history. nju. edu. cn/

厦门大学

一、人员构成

在编人员人数：7人
教授人数：2人
副教授人数：2人

二、考古专业负责人

考古教研室主任：王新天

三、学术委员会

无

四、通信地址

地　址：福建省厦门市思明区思明南路422号
邮　编：361005
网　址：厦门大学考古人类学实验教学中心 aalc. xmu. edu. cn
　　　　厦门大学海洋考古学研究中心 cmaxmu. xmu. edu. cn

中山大学社会学与人类学学院

一、人员构成

在编人员人数：13人
教授人数：5人
副教授人数：5人
人员名单：许永杰　郑君雷　刘文锁
　　　　　姚崇新　郭立新　王　宏
　　　　　李宁利　李法军　朱铁权
　　　　　金志伟　谭玉华　熊仲卿
　　　　　周繁文

二、主要领导

社会学与人类学学院副院长人类学系主任：郑君雷
社会学与人类学学院人类学系副系主任：刘文锁

三、学术委员会

无

四、通信地址
地　址：广东省广州市海珠区新港西路135号
邮　编：510275
网　址：http：//ssa. sysu. edu. cn/ http：//anthropology. sysu. edu. cn/

山西大学历史文化学院

一、人员构成
在编人员人数：15人
教授人数：4人
副教授人数：1人
二、主要领导
主　任：李　君
副主任：赵　杰　王　炜
三、学术委员会
无
四、通信地址
地　址：山西省太原市小店区坞城路92号
邮　编：030006
网　址：http：//history. sxu. edu. cn/

复旦大学文物与博物馆学系

一、人员构成
在职教职工人数：22人
教授人数：10人
副教授人数：2人
二、主要领导
系主任：陆建松
副系主任：朱顺龙　吕静　陈刚
三、学术委员会
无
四、通信地址
地　址：上海市邯郸路220号复旦大学（校内200号）
邮　编：200433
网　址：www. chm. fudan. edu. cn

首都师范大学历史学院考古系

一、人员构成
在编人员人数：11人
教授人数：5人
副教授人数：4人
讲师人数：2人
人员名单：袁广阔　刘乐贤　宁　强　欧阳启名　钱益汇　王　涛　后晓荣　朱光华　袁　泉　尤　悦　陈宥成
二、主要领导
主　任：袁广阔
三、学术委员会
无
四、通信地址
地　址：北京市海淀区西三环北路83号
邮　编：100089
网　址：http：//history. cnu. edu. cn/index. asp

中央民族大学民族学与社会学学院

一、人员构成
在编人员人数：11人
教授人数：2人
副教授人数：4人
讲师人数：4人
外教人员人数：1人
二、主要领导
院　长：丁　宏
副院长：戴成萍　苏发祥　任国英

三、学术委员会

主　席：杨圣敏

委　员：丁　宏　杨筑慧　潘　蛟
苏发祥　包智明　戴成萍
肖小勇　任国英

四、通信地址

地　址：北京市海淀区中关村南大街27号

邮　编：100081

网　址：http：//mzx. muc. edu. cn/

北京联合大学应用文理学院历史文博系考古学专业

一、人员构成

在编人员人数：13 人

教授人数：5 人

副教授人数：1 人

讲师人数：7 人

二、主要领导

考古学专业（硕士点）带头人：
韩建业

文物与博物馆学（本科）负责人：
冯小波

三、学术委员会

无

四、通信地址

地　址：北京市海淀区北土城西路197 号

邮　编：100191

网　址：http：//www. ygi. edu. cn/index. jsp

中国社会科学院考古研究所

一、主要领导

书　记：刘　政（兼副所长）

所　长：王　巍

副所长：白云翔　陈星灿

二、学术委员会

主　任：王　巍

副主任：陈星灿

委　员：（按姓氏笔画排序）
王震中　王　巍　冯　时
白云翔　朱岩石　许　宏
齐东方　李裕群　杜金鹏
陈星灿　施劲松　赵志军
赵　辉　袁　靖　傅宪国

三、通信地址

地　址：北京市东城区王府井大街27 号

邮　编：100710

网　址：http：//www. kaogu. cn/

（本篇内容截稿时间到2015 年5 月）

第四篇

学术会议

【“中国考古学会第十六次年会暨第六届会员代表大会”在陕西省西安市召开】

2013年10月24～27日，由中国考古学会主办、陕西省文物局协办、陕西省考古研究院承办的“中国考古学会第十六次年会暨第六届会员代表大会”在陕西省西安市召开，来自全国的200多名考古工作者参加了会议。中国考古学会名誉理事长宿白先生、国家文物局励小捷局长向大会发来了贺信。陕西省文物局副局长刘云辉、故宫博物院院长单霁翔、中国考古学会理事长张忠培先后发表了致辞。国家文物局副局长童明康分别就大遗址考古、大型古墓葬的保护工作、考古发现成果的宣传和考古工作经费的管理等几个方面发表了重要讲话。

会议的主题是“全球视野下的古代中国——以周秦汉唐为中心”，来自全国各地的考古同仁分别就史前考古、商周考古、秦汉考古和隋唐考古展开研讨。大会共收到论文170余篇，先后有120余位代表进行了小组发言，最后还推举出10位代表向大会做了主题报告，内容涉及古代文明起源、古代农业、都城、陵墓、墓葬建筑、石窟寺、建筑技术、动物考古、聚落考古、文物研究以及中外比较考古等诸多方面。

26日至27日召开的中国考古学会第六届会员代表大会，讨论并原则通过赵辉做的代表资格审查报告，王巍做的第五届理事会工作报告和陈星灿做的有关《中国考古学会章程》修订报告，在之后进行的中国考古学会第六届会员代表大会和第六届理事会上，经过分组酝酿推荐、主席团讨论，全体代表和理事分别投票选举产生了126名中国考古学会第六届理事会理事、19位中国国考古学会第六届理事会常务理事、理事长，副理事长和秘书长。王巍任理事长，童明康、赵辉和李季分别任副理事长、陈星灿任秘书长。

【“中国社会科学院考古学论坛·2012年中国考古新发现”在北京举行】

2013年1月9日，由中国社会科学院主办，中国社会科学院考古研究所考古杂志社承办的第十二届“中国社会科学院考古学论坛·2012年中国考古新发现”在北京举行。评审委员会从全国各地考古机构推荐的数十项考古发掘项目中遴选出最终结果。入选项目如下：江苏泗洪顺山集新石器时代遗址、陕西神木石峁遗址、新疆温泉阿敦乔鲁遗址与墓地、山东沂水纪王崮春秋墓、河北邺城遗址东魏北齐佛寺遗迹和佛教造像埋藏坑、贵州遵义海龙囤遗址。每个项目进行了学术汇报，与会学者进行了热烈的提问和讨论。

【“西北五省一校2012年联席会”在甘肃省兰州市召开】

2013年1月10～11日，西北五省一校2012年度考古工作联席会在甘肃省兰州市召开。会议由甘肃省文物考古研究所承办，陕西省考古研究院、宁夏回族自治区文物考古研究所、青海省文物考古研究所、新疆维吾尔自治区文物考古研究所、西北大学文化遗产学院的部分领导和学者参与了此次会议。五省一校的19位学者就本地区近年来开展的重要考古的工作进行了汇报，对部分考古课题进行了深入探讨与交流。会议还就联合开展丝绸之路沿线汉唐考古工作和开展早期周文化、齐家文化的合作研究达成了共识。

（杨月光）

【“国际动物考古协会第九届骨器研究学术研讨会”在河南省郑州市举行】

2013年4月14～19日，由河南省文物局主办，河南省文物考古研究院承办的“国际动物考古协会第九届骨器研究学术研讨会（9th Worked Bone Research Group

Meeting)”在河南省郑州市召开。来自匈牙利、美国、法国、西班牙、英国、新西兰、捷克、罗马尼亚等9个国家十多个学术机构的17名专家学者，以及中国社会科学院考古研究所、中国科学院古脊椎与古人类研究所、北京大学、吉林大学、山东大学、中国科学技术大学、上海博物馆、陕西省考古研究院、湖南省文物考古研究所、湖北省文物考古研究所等国内15个学术机构的24位学者参加了此次研讨会。

骨（包括角、牙和贝壳）制品是考古遗址出土最多的文化遗物之一，其承载着古代人类社会的生产工具、生产技术和意识形态等诸多信息，对深入研究考古遗址的内涵具有重要的科学价值。骨器研究组（WBRG）隶属于国际动物考古协会（ICAZ）。该研究组的首次会议于1997年在伦敦的大英博物馆举行，此后每两年举办一次国际会议。研究组成员采用多学科的分析手段研究不同历史时期的骨制品，以此探讨古代人类在制骨过程中获取原材料的方式、加工的技术和其中所体现的认知过程等。

此次研讨会共举行了20场口头学术报告和15次海报展讲。会上各国专家学者从各自的研究成果出发，对骨器制品的生产技术、使用方式及其蕴含的古代人类社会意识形态等诸多信息进行了深入剖析和研究，交流和分享了骨器研究领域最新的研究方法和成果。

（侯彦峰）

【“水洞沟遗址发现90周年纪念大会暨国际学术研讨会”在宁夏回族自治区银川市举办】

2013年6月26～29日，中国科学院古脊椎动物与古人类研究所和宁夏回族自治区文化厅主办，宁夏考古研究所等单位承办的“水洞沟遗址发现90周年纪念大会暨国际学术研讨会”在宁夏回族自治区银川市举办。此次会议的主题为“东北亚晚更新世人类互动与迁徙”，会议包括了“亚洲旧石器考古联合会第六次年会”“垂杨介与她的邻居们第十八次国际学术研讨会”和“中国史前遗址博物馆论坛”等三个主要学术活动。

来自中、俄、英、美、法、韩、日等11个国家的专家、学者包括哈佛、剑桥等29所著名高校和研究机构的外国学者，来自中国科学院古人类所、地质与地球物理所、中国社会科学院考古所等28所国内旧石器和第四纪研究机构，以及北京大学、香港大学等国内14所著名高校的学者，与会代表共计134人。

21世纪以来，水洞沟遗址的发掘、研究成果斐然，在第1、2、3、4、5、7、8和12地点出土了数万件石器和相关标本，信息量巨大，发掘团队发表了数十篇有关旧石器考古、第四纪环境和人类文化研究的论文和3部专著，引起了国内外考古学、第四纪环境学和年代学界的广泛关注。会议期间举行了60多场专题报告，围绕水洞沟遗址的研究、中国早期现代人的起源、迁徙与发展、人类文化的环境适应与扩散等主要议题，并结合以亚洲为主的全球旧石器材料与研究展开了热烈的讨论。来自水洞沟、周口店、泥河湾、万寿岩和和县人等博物馆的负责人和专家对中国史前博物馆的发展前景做了积极的探讨。

中国科学院古脊椎动物与古人类研究所研究员高星、研究员王惠民等分别介绍了水洞沟遗址近年来的发掘、研究的进展和对水洞沟文化的新认识，指出了水洞沟遗址不同文化层所在时段的文化归属，揭示了水洞沟遗址人类文化的多样性和丰富性的特质，水洞沟石叶技术的源流与本土文化的关系，水洞沟地区晚更新世古人类生存环境的变迁，4万年以来东北亚现代人的互动与迁徙脉络和多样化特征。水洞沟遗址研究团队的其他成员也从地层学、环境学、埋藏学、年代学和特别材料等不同研究角度阐述了上述问题。学者们还对近期国内外发现的重要旧石器遗址和研究材料进行了重点介绍。

会间，代表们参观了水洞沟、西夏王陵和贺兰山岩画等宁夏古人类和古文化遗址。

（王惠民）

【“彩陶中国——纪念庙底沟遗址发现60周年暨首届中国史前彩陶学术研讨会”在河南省三门峡市召开】

2013年6月27～28日，为了纪念庙底沟遗址发现60周年，并以此为契机研讨中国史前彩陶术，由中国社会科学院考古研究所、河南省文物局、三门峡市政府联合主办，河南省文物考古研究院、三门峡市文物局、中国社会科学院考古研究所聚落考古中心承办的“彩陶中国——纪念庙底沟遗址发现60周年暨首届中国史前彩陶学术研讨会”在河南省三门峡市召开。这是中国学术界召开的第一次以彩陶为专题的全国性学术研讨会。会议期间，还在三门峡市博物馆举办“彩陶中国——庙底沟遗址出土文物精品展”，展出庙底沟遗址出土彩陶标本300余件。

【“平湖庄桥坟遗址原始文字学术研讨会”在浙江省嘉兴市平湖举办】

2013年7月6日，由浙江省文物考古研究所、平湖市文体局等共同主办的“平湖庄桥坟遗址原始文字学术研讨会”在嘉兴平湖举行。来自国内各研究机构、高校的十多名古文字专家与会。

平湖庄桥坟遗址首次在石器上发现良渚时期原始文字在业界引起轰动，经过现场观察与研究，与会专家们认为，石钺上出现的符号是良渚原始文字。

国家夏商周断代工程首席专家、北京大学考古文博学院教授李伯谦说，石钺上出现的字符排列有序，重复出现，符合文字的一些特点，而且从原始文字的发展阶段来看，这些文字已经处于高级阶段。浙江大学文化遗产研究院常务副院长曹锦炎则认为，这些字符已经跳出了刻划符号的思路，连续排列的字符表明了某种具体的语意。还有专家说，这些原始文字中的某几个与甲骨文中的一些字有些类似，与汉字比较相像。

同时，专家们也表示，庄桥坟遗址的这些良渚原始文字与甲骨文是否一脉相承还有待进一步考证，从目前来看，两者可能不是一个系统的文字，庄桥坟的良渚原始文字或许是一种地域文字、部族文字。这给我们在文字研究领域开拓了新的方向，对文字史的研究意义重大。

（徐新民）

【“中华文明探源工程石峁遗址研讨会”在神木石峁召开】

2013年7月24～25日，由中华文明探源工程执行项目专家组、陕西省考古研究院、榆林市考古勘探工作队及神木县文体局联合主办的“中华文明探源工程石峁遗址研讨会”在神木县顺利召开。来自中国社会科学院考古研究所、国家博物馆、中国科学院遥感所、北京大学、清华大学、河南、浙江、四川、江西、安徽等地文博机构的近50名专家学者参加了此次会议。学者们实地考察了石峁遗址2011～2013年考古调查及发掘成果，听取了石峁考古队的工作汇报，充分肯定了石峁遗址考古调查和发掘工作所取得的丰硕成果，对发掘工作中积极探索并使用的技术手段，比如测年、遥感、三维信息提取、航拍、动植物研究等给予了高度评价。

来自探源工程的相关领域专家表示，石峁遗址是中华文明探源工程新的课题重点及亮点，是探索中国早期国家形成阶段的重要资料，多学科的联合攻关是推动石峁遗址考古工作走向深入的重要途径。陕西省考古研究院院长王炜林对参加此次会议的专家学者表示了由衷感谢，感谢他们为石峁遗址提供的多学科合作设想及工作计划。

会议由中华文明探源工程首席科学家王巍主持，北京大学考古文博学院教授、探源工程首席科学家赵辉部署了下一步探源工程多学科联合攻关的工作安排，希望石峁遗址的考古发掘及研究成为中华文明探源工程中多学科合作的一个典范。

（夏 楠）

【“首届世界考古·上海论坛”在上海举行】

2013年8月23日，首届“世界考古·上海论坛”在上海中国艺术宫（即上海世博会中国馆）的艺术剧场隆重开幕。全球范围内重大田野考古和研究成果评选是“世界考古·上海论坛”的重要组成部分，评选强调新思想、新理念和创新性，强调对当今世界和人类共同未来的重要性，以此推进考古学研究水平的提高和知识创新，提高公众对考古学重要性的认识，促进对世界考古资源和文化遗产的保护，推动更加广泛的国际交流与合作。

入选的重大田野考古发现名单：

1. 危地马拉塞哇遗址的早期祭祀遗迹和玛雅文明起源

2. 印度南部历史早期手工业暨贸易中心库都马纳遗址的考古发掘

3. 乌拉尔最古老的冶金祭祀场所

4. 埃及吉萨金字塔城聚落考古

5. 寻找消失的文明：良渚古城考古新发现

6. 秘鲁亚马孙河上游古代神庙的考古研究

7. 土耳其东南哥贝克力石阵：巨石神庙和新石器革命

8. 墨西哥特奥蒂瓦坎庙宇建筑所体现的世界观和社会史

9. 石峁：公元前两千纪中国北方石城

10. 追踪迈锡尼拉科尼亚的统治者：迈锡尼王国宫殿聚落的发掘

入选的重大考古研究成果名单：

1. 中国西南晚更新世—全新世过渡时期古老型人类的发现

2. 复杂社会初始阶段规律性的差异

3. 缔造社会不平等：君主制、奴隶制和帝制的根基

4. 柬埔寨吴哥：巨型低密度城市化进程

5. 南高加索库拉河流域新石器时代人地关系研究

6. 吴哥文明的起源

7. 美国西南古代村庄聚落的历史生态动力机制

8. 秘鲁特鲁希略太阳神庙和月亮神庙的考古调查

9. 中华文明探源工程研究

每个项目进行学术汇报之后，大会还进行了“古代文明的比较考古学”主题演讲、公众考古讲座和圆桌会议。

【“龙游荷花山遗址暨钱塘江早期新石器时代文化学术研讨会”在浙江省龙游县召开】

2013年9月14～15日，“浙江省龙游荷花山遗址暨钱塘江早期新石器时代文化学术研讨会”在浙江省龙游县召开。著名考古学家张忠培、严文明，部分国内考古机构和高校的专家学者共30余人参加。浙江省文物考古研究所在会上公布了近年荷花山遗址及金衢盆地遗址群的调查和发掘成果。

与会专家学者，在实地考察荷花山遗址考古现场、观摩遗址出土文物后，认为荷花山遗址的新发现是目前浙江省内保存最完整、时间最早的新石器时代遗址，也是上山文化的典型遗址，其内涵丰富、器

物组合多样，为研究浙江和长江下游早期新石器时代文化的区域分布、源流关系，特别是上山文化与跨湖桥文化的发展演变以及与周边考古学文化的关系提供了珍贵的资料。在荷花山等上山文化遗址中，普遍发现有水稻小穗轴、炭化稻米、水稻植硅石等稻作遗存，充分反映水稻栽培在早期阶段的驯化变异。专家们认为，这些发现证明钱塘江上游地区是世界稻作农业文化的发祥地之一，为稻作农业起源这一世界性课题的研究提供了很好的素材和重要条件。

（蒋乐平）

【“汉阙与秦汉文明学术研讨会”在四川省渠县召开】

2013 年 9 月 27 ~ 30 日，由中国秦汉史研究会、四川省文物考古研究院、中共渠县县委、渠县人民政府共同主办的“汉阙与秦汉文明学术研讨会”在四川省渠县召开。来自中国社会科学院考古研究所、中国社会科学院历史研究所、北京大学、中国人民大学、香港科技大学、南京大学、中山大学、山西大学、四川大学、陕西省考古研究院、宁夏回族自治区文物考古研究所、四川省文物考古研究院等 30 余位专家、学者，共聚渠县，就汉阙与秦汉文明研究展开广泛、深入的讨论。会议共提交论文 32 篇，可分为两大类：一类是对渠县汉阙与渠县地域文化的研究，一类是对更大范围内汉阙的研究。主办方还组织与会学者实地考察了渠县现存的 6 处 7 座汉阙。渠县汉阙文化研究会也在此次会议上正式成立，以更好地开展渠县汉阙文化的研究、传承和保护等工作。

（赵宠亮）

【“第三届黄淮七省考古论坛”在安徽省合肥市成功举办】

2013 年 10 月 11 ~ 13 日，由安徽省文物局、安徽省文物考古研究所主办的“第三届黄淮七省考古论坛”在合肥市天鹅湖酒店顺利召开。

来自江苏、山西、山东、陕西、河北、河南、安徽 7 省与会代表，国家文物局、中国社会科学院考古研究所、北京大学、文物出版社、科学出版社等单位领导和专家学者，以及安徽省社会科学院、中国科技大学、安徽大学、安徽省博物院、安徽省鉴定站等相关单位领导和专家参加了开幕式。开幕式之后，来自 7 省的 14 位代表分别做了 2012 年以来各省的工作汇报，并围绕此次论坛的主题“秦汉考古”做了专题汇报。之后大会邀请来自北京大学和中国社会科学院考古研究所的 3 位专家学者做了专题报告。

此次论坛的成功举办，为展示黄淮地区考古工作成果、深化学术交流与合作提供了平台，通过这个平台展示了各省新的科研成果和发展理念，着力引导考古学研究的学术动态和热点话题。大家相互学习、分享经验，推进合作，共同提高，最终推动考古学研究的深化。

（方　林）

【“农业起源与传播国际学术研讨会暨中国植物考古学新进展学术会议” 在山东省济南市召开】

2013 年 10 月 18 ~ 20 日，由山东大学文化遗产研究院和历史文化学院联合主办的“农业起源与传播国际学术研讨会暨中国植物考古学新进展研讨会”在山东大学中心校区顺利举行。来自加拿大、美国、日本和国内高校科研机构等单位的 50 余位代表参加了此次会议。此次会议论文涉及的植物遗存材料，覆盖了江淮、西北与西南、华北与东北、新疆等地区；植物遗存的分析类别包括木炭、种子、果实、植硅体、淀粉粒以及稳定同位素等。与会代表就东亚地区农业起源与传播、单个物种的驯化与早期传播、植物考古研究理论与方法、中国植物考古学最新研究成果等问题展开了讨论。

（陈雪香）

【“中国公众考古·仰韶论坛”在河南省三门峡市举行】

2013年10月20日，由中国社会科学院考古研究所、河南省文物局共同主办，河南省三门峡市人民政府承办的“中国公众考古·仰韶论坛”在三门峡市举行。来自中国社会科学院考古研究所、河南省文物局、复旦大学、上海博物馆、重庆市文化遗产研究院的专家学者，新华社、人民日报、中新社、中国文化报、中国社会科学报、中国考古网、考古汇网站等媒体代表，以及北京大学、吉林大学、西北大学、南京大学、南京师范大学、安徽师范大学、浙江工商大学等高校的学生代表参加了此次论坛。会议有三大环节，包括“公众考古的窗口：网站、博物馆、杂志”“公众考古在大学”以及公众考古主题演讲。此次论坛旨在为学者、学生、媒体和公众搭建良好的沟通平台，尝试运用多手段的宣传、报道方式，推动中国公众考古事业的发展。

【“夏商都邑考古暨纪念偃师商城发现30周年国际学术研讨会”在河南省偃师市举行】

2013年10月28日，来自日本、美国、中国香港等国家和地区及内地的百余位专家学者，齐聚河南偃师，纪念著名的偃师商城遗址发现30周年，以夏商都邑考古为中心议题展开研讨。此次“夏商都邑考古暨纪念偃师商城发现30周年国际学术研讨会”是由中国社会科学院考古研究所、中国殷商文化学会、河南省文物局和偃师市人民政府联合主办。

议题涉及夏商考古研究史、中原早期国家文明的结构和形成过程、夏商都邑布局与夏商文化分界、中国早期铜玉礼器等制品的生产和消费、夏商时期的环境与动植物利用、三代王朝与周边青铜文化的互动等多个方面。若干新材料与新观点引人注目，相信会大大推进相关领域研究的深入。

【“2013郑州中华之源与嵩山文明研究会年会暨嵩山文明与早期中国学术研讨会”在河南省郑州市召开】

2013年10月30日，由中国社会科学院古代文明研究中心、中国社会科学院考古研究所聚落考古研究中心、郑州中华之源与嵩山文明研究会与郑州师范学院共同主办的“2013年郑州中华之源与嵩山文明研究会年会暨嵩山文明与早期中国学术研讨会”在河南省郑州市举行。100多名来自中国社会科学院、北京大学、吉林大学、南京大学、香港中文大学、台湾大学的专家学者会聚一堂，围绕嵩山文明与早期中国的主题进行热烈讨论。

会议进行大会主题演讲之后，分成四个小组进行讨论。第一组重点讨论嵩山与中原的关系问题；第二组讨论文化谱系与社会变迁；第三组集中讨论农业、手工业、人口等问题；第四组侧重于理论探讨。

【“考古与文化遗产保护专题研讨会”在南京博物院召开】

2013年11月7日，江苏省考古研究所承办的“考古与文化遗产保护专题研讨会”在南京博物院召开。来自中国社会科学院考古研究所、北京大学、国家博物馆及重庆、四川、甘肃、山东、安徽、浙江、河南洛阳、江苏南京及无锡等省、市文博、考古机构的十多位主持考古与文化遗产保护工作的代表出席。会议由北京大学震旦文明研究中心主任李伯谦和国家文物局专家组成员徐光冀共同主持。与会学者积极探讨考古及文化遗产保护与社会经济发展间的关系，交流各地考古与文化遗产保护工作的经验，展示所在地区公众考古的成果及考古发掘新收获，阐释了田野考古与考古学研究在中国文化遗产保护事业中的地位和作用。

（顾　筼）

【“多维视域下的当代考古学学术研讨会”在河南省郑州市召开】

2013 年 11 月 9 ~ 10 日，由考古杂志社、郑州大学历史学院、郑州大学历史文化遗产保护研究中心联合主办的“多维视域下的当代考古学学术研讨会”在郑州大学召开，来自高校、科研院所和考古类期刊编辑部、出版社的 50 余名专家学者参加了会议。

郑州大学党委副书记吴宏亮、中国社会科学院考古研究所副所长白云翔、文物出版社总编辑葛承雍在研讨会开幕式上先后致辞。北京大学考古文博学院教授刘绪、中国社会科学院考古研究所研究员施劲松、研究员袁靖和郑州大学历史学院院长韩国河分别做了主题演讲。与会代表围绕“当代考古学与中原考古”“当代考古学与学术期刊”“当代考古学与人才培养”“当代考古学与多学科合作研究”四个专题进行了深入交流和探讨。来自郑州大学的代表还介绍了郑州大学考古学科在中原地区考古及多学科合作领域的工作。

（郜向平）

【“文化遗产区域保护与活化学术研讨会暨全国首届文化遗产保护研究生论坛”在北京召开】

2013 年 11 月 23 ~ 24 日，由北京联合大学应用文理学院和文化遗产研究所主办的“文化遗产区域保护与活化学术研讨会暨全国首届文化遗产保护研究生论坛”在北京召开。共有来自北京大学、清华大学、中国人民大学等高校和中国科学院、中国文化遗产研究院、中国艺术研究院等科研院所共 60 多家单位的 100 余名学者参会。中国工程院院士李文华、文化部非遗司副司长屈盛瑞、北京文物局局长舒小峰、中国文化遗产研究院院长刘曙光、中国民间文艺家协会分党组书记罗杨、中国文物报总编辑曹兵武、北京联合大学校长卢振洋等出席了会议。与会专家从不同角度对大遗址、历史街区、古村落、传统文化生态保护区、重要农业文化遗产地等重要文化遗产的区域综合保护和活化等问题进行了深入的研讨，经过初选的来自全国各地 20 余所高校的 50 余名博士生和硕士研究生参加了论坛演讲，15 名学生获奖。

（韩建业）

【“中国百越民族史研究会第十六届年会暨岭南民族文化学术研讨会”在中山大学召开】

2013 年 12 月 2 ~ 4 日，由挂靠厦门大学的中国百越民族史研究会主办，广东省文物考古研究所、广州市文物考古研究所和中山大学人类学系联合承办的“中国百越民族史研究会第十六届年会暨岭南民族文化学术研讨会”在中山大学召开。来自国内各省市的专家学者 80 余人参加了会议。会上，关于岭南考古发现、民族文化与遗存、民俗与民间信仰等方面共收集论文 67 篇，围绕岭南考古、岭南民族、百越文史及百越与海洋文化等议题，56 位参会代表分别在此次会议上做了专题发言。与会人员对相关问题展开广泛而深入的讨论，其中“汉至南朝岭南地区的陆路交通工具”“贵州崖洞葬的考古新发现”“华南‘洞穴人家’的族属”等议题引起了与会学者浓厚的兴趣。代表们还赴广州南越王博物馆和广东省博物馆进行了参观考察。会议期间，百越民族史研究会还召开了理事会扩大会议，并增补贵州省考古研究所副所长李飞为新任理事。

（王新天　靳静山）

【“2013 年度中国边疆考古论坛”在北京举行】

2013 年 12 月 4 日，由中国社会科学院考古研究所边疆考古研究中心主办的“2013 年度中国边疆考古论坛”在北京召开。来自中国社会科学院考古研究所，历史研究所，北京大学，中国人民大学，中央民族大学、国家博物馆等相关单位的学者及各大媒体近百人参加了此次会议。会议以中社会科学院考古所边疆考古研究所研究中心 2013 年度在新疆、西藏和内蒙古的重要考古发掘为主题，包括新疆温泉阿敦乔鲁居址与墓葬、青河三海子遗址、帕米尔曲曼墓地、吐鲁番吐峪沟石窟遗迹，西藏阿里故如甲木墓地与曲踏墓地，内蒙古呼伦贝尔谢尔塔拉墓地与岗嘎墓地等 6 项，展示了最新的考古发现和初步的研究成果，引起了与会代表广泛的关注和热烈的反响。

【“佛教造像碑与佛教艺术学术研讨会”在山东博物馆召开】

2013 年 12 月 13～15 日，山东博物馆主办的“佛教造像碑与佛教艺术学术研讨会”在山东省济南市召开。来自北京、河南、四川、甘肃、山东等省市的 14 家考古文博单位的 30 余名专家学者参加了会议。

研讨会以山东地区佛教造像碑研究为内容主线，兼及山东地区单体石造像、印度早期佛教造像、中国舍利地宫、民间佛教组织等专题，以及近年来河北邺城、甘肃泾川、山西太原童子寺、山东济南神通寺等地的佛教考古新发现。德国弗赖堡大学博士胡海燕、中国社会科学院考古研究所研究员李裕群、故宫博物院研究员冯贺军以及山东博物馆佛教造像课题组成员等在会上将自己的研究心得同与会学者进行了深入的交流与探讨。

（周浩然）

【“禹会村遗址与淮河流域文明研讨会”在安徽省蚌埠市举行】

2013 年 12 月 21 日，由中国社会科学院古代文明研究中心、安徽省文化厅、蚌埠市人民政府联合主办的“禹会村遗址与淮河流域文明研讨会”在安徽省蚌埠市隆重召开。来自北京、天津、河南、山东、江苏、上海、浙江等省市的 60 多名专家学者齐聚一堂，就禹会村遗址的重要发现和淮河文明等课题进行研讨。中国社会科学院考古研究所研究员王吉怀在会上详细介绍了近年来禹会村遗址的发掘与研究成果，同时《蚌埠禹会村》考古发掘报告在会上首发。会议分为三个小组，围绕禹会村遗址的分期和年代、跨文化的比较研究、器物研究、古史考证以及淮河文明进行了深入的讨论。

【“中国社会科学院考古学论坛·2013 年中国考古新发现”在北京举行】

2013 年 12 月 27 日，由中国社会科学院主办，中国社会科学院考古研究所、考古杂志社共同承办的第十三届“中国社会科学院考古学论坛·2013 年中国考古新发现”在北京举行。国家文物局和中国社会科学院等部门的有关领导，以及在京的考古研究机构、高等院校、博物馆和有关出版单位的专家、学者 200 余人出席了会议。评审委员会从全国考古机构推荐的数十项“2013 年全国最新考古发现”中遴选出 6 项重要发现，入选项目如下：甘肃张掖西城驿遗址、湖北随州文峰塔东周曾国墓地、西安秦始皇帝陵园、成都天回镇老官山汉墓、西安渭桥遗址、江苏扬州隋炀帝墓。每个项目进行了学术汇报，与会学者进行了热烈的提问和讨论。

【“第四届全国动物考古学研讨会”在湖北省武汉市召开】

2013年12月28～30日，“第四届全国动物考古学研讨会”在湖北省武汉市召开。此次大会由湖北省博物馆、湖北省文物考古研究所和动植物考古国家文物局重点科研基地共同举办。大会共有来自中国社会科学院考古研究所、国家博物馆、河南省文物考古研究所、中国科学院大学、吉林大学等18家科研院所单位近50位代表参加，主要学者有袁靖、袁家荣、汤卓伟、安家瑗、胡松梅、马萧林、胡耀武等。

此次研讨会重点围绕2013年度中国动物考古学研究的新成果与新发现展开，会议共收到学术论文和摘要32篇，内容涉及中国动物考古学的理论方法建设、专题研究和遗址个案3个方面。大会遴选了12位代表做学术报告。大会还讨论了成立中国考古学会动物考古专业委员会的筹备事宜。

（罗运兵　陶　洋）

第五篇

学术交流

【中国社会科学院考古研究所】

出访

2013年1月4～10日，应日本山口大学人文学部的邀请，中国社会科学院考古研究所夏商周考古研究室主任许宏和汉唐考古研究室副研究员石自社赴日本，参加由该校主办的“东亚诸国都城及都城制的比较史综合研究”国际公开研讨会，在会上分别做有关中国古代都城考古研究成果的学术演讲。

2013年1月18～26日，应印度贝拿勒斯大学艺术学院的邀请，中国社会科学院考古研究所所长王巍、副所长陈星灿、科技考古中心副主任赵志军和博士常怀颖赴印度进行学术访问，就中外古代文明比较研究开展学术交流活动。

2013年2月1～4日，应日本宗像·冲之岛与之关联遗产群世界遗产推进会议会长日本福冈县知事小川洋先生的邀请，中国社会科学院考古研究所所长王巍赴日本参加“宗像·冲之岛和与之关联的遗产群”国际专家会，就宗像·冲之岛和与之关联遗产群在申请世界文化遗产中的学术价值进行研讨。

2013年2月11～18日，应日本筑波大学的邀请，中国社会科学院考古研究所汉唐考古研究室主任朱岩石赴日本进行学术访问，参加该校艺术系八木春生准教授正在开展的一项以南北朝佛教考古为基础的研究项目的讨论。该项目题目为“作为统一样式的唐代初期美术样式研究”。与日方学者共同讨论相关研究议题和学术资料收集的认识等。

2013年3月1～5日，应日本冈山理科大学的邀请，中国社会科学院考古研究所科技考古中心主任袁靖、博士李志鹏和博士吕鹏赴日本进行学术访问，参加由该校举办的“水陆交界带的鱼类和人类：稻作起源研究的新方法”国际学术研讨会，并分别做演讲。袁靖的演讲题目是《从中国动物考古学来看鱼类咽齿研究及其未来》；李志鹏的演讲题目是《从殷墟出土的动物遗存来看家畜化》；吕鹏的演讲题目是《中国贝丘遗址的发现和研究》。

2013年3月13～15日，经中国社会科学院的推荐，应联合国教科文组织国际中亚研究所的邀请，作为中国社会科学院的代表，中国社会科学院考古研究所副所长陈星灿赴土耳其参加国际中亚研究理事会第十五次会议，就进一步增进双方的合作与交流关系同与会学者进行深入交流。

2013年3月17～4月14日，应法国高等研究实验学院第四系（历史和哲学科学）的邀请，中国社会科学院考古研究所副所长陈星灿赴法国进行学术访问，并在该校就中国考古学研究的新发现与新进展进行四次讲课。

2013年4月3～8日，应美国哈佛大学人类学系的邀请，中国社会科学院考古研究所科技考古中心副主任赵志军和边疆民族考古研究室副研究员郭物赴美国夏威夷参加“全美第78届考古学年会”，在年会中的“古代中国的年代问题”国际学术研讨会，分别进行学术演讲。赵志军的演讲题目为《中国北方旱作农业起源》，郭物的演讲题目为《古代新疆年代学的再思考》。

2013年4月14～20日，应危地马拉旅游局的邀请，中国社会科学院考古研究所史前考古研究室副主任李新伟赴危地马拉进行学术访问，并参加题为“古代文明对话：以过去为未来之窗”的文明对话活动。此次文明对话活动由美国国家地理协会、泛美发展银行和危地马拉政府联合组织，危地马拉国家旅游局承办。对话邀请研究世界五大文明，即埃及文明、美索不达米亚文明、印度河文明、中国文明和玛雅文明的学者发表学术演讲，以促进考古学家和科学家的交流，进而提升公众对古代文化和历史的兴趣。李新伟做题为《中国相互作用圈和中华文明起源》的演讲。

2013年6月3～17日，应法国国家科学研究院东亚文明研究中心的邀请，中国社会科学院考古研究所科技考古中心研究员袁靖赴法国进行学术访问，并在该中心做题为《中国动物考古学研究的新进展》的学术演讲。

2013年6月17～22日，应希腊塞萨洛尼基亚里士多德大学的邀请，中国社会科学院考古研究所科技考古中心主任赵志军赴希腊参加希腊塞萨洛尼基植物考古国际学会第16届大会，在大会的"史前食物全球化"研讨会上担任评议人并进行总结。

2013年6月18日～21日，应韩国国立文化财研究所的邀请，中国社会科学院考古研究所副所长白云翔赴韩国参加由该所举办的"东亚古代铁器文化研究国际学术论坛"，并以《燕地铁器文化的起源与发展及其东渐》为题做演讲。

2013年8月29～10月10日，应乌兹别克斯坦科学院考古研究所的邀请，中国社会科学院考古研究所汉唐考古研究室主任朱岩石、副研究员刘涛、考古技师郭松波、冯小振赴乌兹别克斯坦进行学术访问，参加中乌合作考古发掘工作。

2013年9月4～10日，应东亚文化遗产保护学会的邀请，中国社会科学院考古研究所文化遗产保护研究中心主任杜金鹏研究员赴韩国参加由该学会主办的"东亚文化遗产保护学会国际学术研讨会"，在会上做题为《实验室考古理论与实践》的演讲。

2013年9月13～16日，应日本北九州市立自然史·历史博物馆的邀请，中国社会科学院考古研究所副所长白云翔赴日本进行学术访问，出席该馆主办的"遥望邪马台国——日本古代的原风貌"特别展览开幕演讲会，在会上做题为《考古学所见战国秦汉与日本弥生时代文化上的联系》的演讲。

2013年9月19～23日，应日本京都大学人文科学研究所的邀请，中国社会科学院考古研究所汉唐考古研究室主任朱岩石和边疆民族考古研究室主任李裕群赴日本进行学术访问，就中国南北朝时代佛教文化及源流考古学研究开展学术交流活动。

2013年10月7～14日，应乌兹别克斯坦科学院考古研究所的邀请，中国社会科学院考古研究所副所长白云翔、边疆民族考古研究室主任李裕群赴乌兹别克斯坦进行学术访问，到中乌合作考古发掘工地参观并现场指导工作。

2013年10月12～16日，应联合国教科文组织亚太地区非物质文化遗产国际信息和网络中心的邀请，中国社会科学院考古研究所副所长陈星灿作为国际中亚研究理事会成员，赴韩国参加国际中亚研究理事会国际专家会议和第十六次会议。此次会议由该中心与联合国教科文组织国际中亚研究所、亚洲舞蹈文化研究所联合举办。

2013年10月16～18日，应韩国文化财厅国立文化财研究所的邀请，中国社会科学院考古研究所科技考古中心主任赵志军研究员赴韩国参加"第一届东亚农耕研究——从自然科学分析农耕的出现"国际学术研讨会，并在会上做题为《中国史前时代农耕化过程》的演讲。

2013年10月23～27日，应韩国瓦当学会的邀请，中国社会科学院考古研究所研究员刘庆柱赴韩国参加由该学会举办的"城郭与瓦当"国际学术研讨会，在会上做题为《瓦当年代学的考古研究》的学术演讲。

2013年10月28日～11月1日，应韩国国立文化财研究所的邀请，中国社会科学院考古研究所汉唐考古研究室副主任董新林赴韩国参加由该所主办的"2013年亚洲考古学：2013年国外考古调查与发掘成果”国际学术研讨会，在会上做《辽上京皇城西山坡佛寺遗址发现和研究》的学术演讲。

2013 年 11 月 16～2014 年 1 月 29 日，应日本早稻田大学的邀请，中国社会科学院考古研究所汉唐考古研究室副主任董新林赴日本进行学术访问，继续完成日本学术振兴会论文博士项目。其论文题目是《东北亚视角的辽代陵寝制度考古学研究——以辽祖陵和庆陵为中心》，日方指导教授是早稻田大学的冈内三真教授。

2013 年 11 月 17～21 日，应韩国东亚细亚文化财研究院的邀请，中国社会科学院考古研究所副所长白云翔和汉唐考古研究室副研究员徐龙国赴韩国参加国际学术研讨会，并参观考古发掘工地。在国际学术研讨会上，两人均做学术发言，白云翔发言的题目是《从韩国上林里到日本平原村：论中国古代青铜工匠的两次东渡》，徐龙国发言的题目是《论中国古代的城、邑、里》。

2013 年 12 月 12～16 日，应韩国僧伽大学的邀请，中国社会科学院考古研究所汉唐考古研究室副主任龚国强赴韩国参加由该校主办的“东亚佛教考古学研究现状”的学术研讨会，在会上做题为《中国佛教考古学研究状况》的学术演讲。

2013 年 12 月 13～16 日，应日本中国考古学会的邀请，中国社会科学院考古研究所所长王巍和夏商周考古研究室主任许宏赴日本进行学术访问，并出席日本考古学会 2013 年度大会。在会上，两人分别做学术演讲，王巍演讲的题目为《中华文明探源工程新进展》，许宏的演讲题目为《“新中原中心论”的学术史解析》。

来访

2013 年 2 月 27 日，应中国社会科学院考古研究所的邀请，日本奈良县立橿原考古学研究所所长菅谷文则、主任研究员东影悠、铃木一议一行三人到考古所访问，并分别做了题为《日本的罗城》《飞鸟京遗址池塘的构造和功能》的学术报告。副所长白云翔、副所长陈星灿会见并参加学术报告会。

2013 年 3 月 8 日，中国社会科学院考古研究所副所长陈星灿会见了前来考古所访问的德国慕尼黑大学亚述学与赫梯学研究所的沃瑟·萨尔博格教授（Prof. Dr. Walther Sallaberger）和慕尼黑大学亚洲研究所汉学系的托马斯·赫尔曼教授（Thomas O. Hollmann）。副所长陈星灿陪同客人参观了考古研究所的陈列室以及科技考古中心，并介绍了考古研究所的基本情况和近期的课题、田野工作。沃瑟·萨尔博格教授等就中德之间在考古学及文化遗产保护等学术领域的交流情况与陈星灿进行了交流。双方还就如何从科研的角度加强合作进行了探讨。

2013 年 3 月 12 日，应中国社会科学院考古研究所的邀请，美国斯坦福大学 Katrinka Reinhart 博士到考古所访问，并在考古所做题为《偃师商城的陶器定量分析研究》的学术报告。

2013 年 3 月 21 日，应中国社会科学院考古研究所的邀请，意大利博洛尼亚大学文化遗产系 Callieri 教授到考古所访问，并在考古所做了题为《从宫殿到城镇：伊朗—意大利联合考古代表团在伊朗的考古活动》的学术演讲。

2013 年 3 月 22 日，应中国社会科学院考古研究所的邀请，日本早稻田大学教授冈内三真一行四人到考古所访问，并在考古所做了题为《中国新疆吐鲁番出土的五铢钱》的学术报告。中国社会科学考古研究所所长王巍会见并主持了报告。

2013 年 3 月 26 日，应中国社会科学院考古研究所的邀请，英国牛津大学墨顿学院院长、著名考古学家杰西卡·罗森教授（Dame Jessica Rawson）和牛津大学考古系主任切尔斯·戈斯登（Chris Gosden）教授一行到考古所访问。中国社会科学院考古研究所所长王巍会见并与英国客人就双方感兴趣的领域进行了交谈。罗森教授具有英国爵士称号，同时也是一位具有广泛影响的、对中国考古与艺术具有相当深入研究的学者；戈斯登教授对与亚洲地区，尤其是与中国开展合作研究也表示了强烈的愿望，期待在诸如文化遗产保护、中西文化交流和中西文化交流中比较考古学等方面开展实质性的合作。双方基本达成了签署合作研究框架的意向。

2013年4月9日，应中国社会科学院考古研究所的邀请，希腊驻华大使赛德罗斯·耶奥卡凯罗斯、教育和文化专员艾兰娜博士到考古所访问。中国社会科学院考古研究所所长王巍会见并与客人深入交流。王巍希望我国借鉴其有关考古学研究和文化遗产保护的先进理论、方法和技术，还具体建议双方采取合作举办论坛的灵活形式，开展古代文明比较对话、文化遗产保护交流等。赛德罗斯大使表示将全力支持希中文化交流与合作，积极努力将文化合作尽快纳入中欧合作的大框架中，从而进一步推进希中两国以及欧中的文化交流与合作。

2013年4月15日～6月30日，应中国社会科学院考古研究所的邀请，美国加州大学洛杉矶分校人类学系博士研究生博凯龄（Katherine Brunson）到考古所进修。进修主要内容是动物考古学。中方接待教授是考古所夏商周考古研究室副主任何努，他将具体负责学术活动安排。专业指导工作由考古所科技考古中心研究员袁靖负责。

2013年8月18～25日，应中国社会科学院考古研究所的邀请，日本奈良文化财研究所的今井晃树、栗山雅夫、森先一贯、川畑纯四位先生来华进行学术访问。此次访问主要是到考古研究所洛阳工作站考察中日合作汉魏洛阳城研究项目出土的瓦当，并与有关学者进行深入交流。

2013年8月20～26日，应中国社会科学院考古研究所的邀请，日本东北学院大学教授佐川正敏等20位国外学者来华进行学术访问，参加由中国社会科学院考古研究所与内蒙古自治区文物考古研究所在内蒙古自治区巴林左旗联合主办的“十至十二世纪东亚都城和帝陵考古与辽文化国际学术研讨会”。

2013年8月20～27日，应中国社会科学院考古研究所的邀请，乌兹别克斯坦科学院考古研究所教授马特巴巴耶夫·波奇用（Matbabayev Bokijon）和乌兹别克斯坦费尔干纳州立大学历史系教授穆罕穆德·伊萨谜底诺夫（Muhammad Isamiddinov）两人来华进行学术访问，并到上海参加上海世界考古论坛。

2013年9月1日～2014年8月30日，应中国社会科学院考古研究所的邀请，韩国岭南大学文化人类学科副教授郑仁盛来华进行学术访问。此访主要是就中国战国秦汉时代的考古学研究与有关学者进行深入的交流，完成有关研究论文。中方接待教授是考古所副所长白云翔，他将负责指导其论文的撰写和安排其来华学术交流活动。

2013年10月19日～11月5日，应中国社会科学院考古研究所的邀请，法国国家自然历史博物馆让·丹尼斯（Jean Denis）来华进行学术访问。此次访问主要是参观考古所保存的中国考古遗址出土的古代黄牛骨骼，商讨开展合作研究中国家养黄牛起源的课题，并就有关动物考古研究进行学术演讲。中方接待学者是考古所科技考古中心研究员袁靖。

2013年10月26～31日，应中国社会科学院考古研究所的邀请，日本驹泽大学文学部教授饭岛武次等15人来华参加

"夏商都邑考古暨纪念偃师商城发现30周年国际学术研讨会"。

2013年10月27日～11月15日，应中国社会科学院考古研究所的邀请，英国杜伦大学考古系的博士安娜·林德霍尔姆（Anna Linderholm）来华进行学术访问。此次访问主要是与考古所科技考古中心DNA实验室的研究人员共同对考古遗址出土的猪骨和狗骨进行DNA研究工作。中方接待学者是考古所科技考古中心的研究员袁靖和博士赵欣。

2013年11月4～16日，应中国社会科学院考古研究所的邀请，法国巴黎国家自然历史博物馆的博士安妮·诸塞特（Anne Tresset）来华进行学术访问。此次访问主要是与考古所科技考古中心有关研究人员共同对考古遗址出土的动物遗骸进行考古研究。安妮·诸塞特在法国长期从事贝丘遗址的发掘及出土动物遗骸的研究工作。

2013年11月21日，应中国社会科学院考古研究所的邀请，英国艺术与人文研究理事会首席执行官、英国研究理事会执行主席里克·莱伦斯（Rick Rylance）一行到考古所访问。中国社会科学院考古研究所副所长陈星灿会见客人。双方就考古学研究和文化遗产保护等方面开展合作事宜进行深入的交流。英国布里斯托大学历史系教授罗伯特·毕可思（Robert Bickers）和英国研究理事会驻北京联络处有关负责人一同来访。

2013年12月15～30日，根据中国社会科学院与韩国庆北大学的合作协议，应中国社会科学院的邀请，韩国庆北大学考古与人类学系教授朴天秀来华进行学术访问。

（白雪松）

【辽宁省文物考古研究所】

出访

2013年4月5～10日，应韩国蔚山文化财研究院邀请，所长吴炎亮、副所长华玉冰、所长助理孙立学、调研员陈兴业一行四人赴韩国进行学术演讲和业务交流。在韩国蔚山文化财研究院，所长吴炎亮做了《明辽东镇长城发现与研究》、副所长华玉冰做了《东大杖子战国墓地发掘与研究》、孙立学做了《文化遗产保护与实践》三个学术演讲。此外副所长华玉冰应韩国岭南考古学会邀请，做了《辽东与韩半岛青铜至初期铁器朝代的文化交流》的学术演讲。

（王 宇）

来访

2013年3月17～20日，日本奈良文化财研究所小池伸彦、高妻洋成、清野孝之、栗山雅夫一行四人来辽宁省文物考古研究所交流访问。此次访问内容分为两部分：一是就彩绘文物、石质文物等易风化难于保存的文物进行调研，以期在双方都面临的此类文物保护的问题进行进一步的交流与研讨；二是就即将开展的"辽西地区东晋十六国时期都城文化研究"第三年度工作进行协商，确定今年的合作重点是"棘城"及相关遗迹研究。日方前往牛河梁遗址工作站、朝阳县博物馆等地调研彩绘文物、石质文物的保存现状。

（李 霞）

2013年10月8～12日，韩国蔚山文化财研究院崔奉仁、金贤植等6名学者来辽宁省进行了学术交流和考察。韩方学者金训熙、吴光燮分别做了《关于附有蕨手装饰的铁器》和《文化财保存科学与考古学——以韩国蔚山新华里遗址1号木棺墓为中心》的学术演讲。

（熊增珑）

2013年11月23～30日，日本奈良文化财研究所小池伸彦等4名学者来辽宁省文物考古研究所进行学术交流和考察。日方学者赴朝阳实地考察了与合作研究有关的朝阳房身墓地（南台子）、房身北沟墓地（徐四花营子）和三官营子遗址，参观了朝阳北塔博物馆、锦州博物馆和辽宁省博物馆展览的相关文物。在考古所观摩了与合作研究有关的北票金岭寺遗址出土的瓦当，以及大板营子遗址出土的铁器和铜器。

（郑　宇）

【吉林省文物考古研究所】

2013 年 9 月 19～23 日，吉林省文物考古研究所馆员徐坤、刘晓溪受俄罗斯科学院远东分院历史民族研究所的邀请，参加了在俄罗斯滨海边疆区符拉迪沃斯托克市举办的“俄罗斯远东中世纪考古——相关的问题与历史文化遗产保护情况”国际学术会议。会上，徐坤做了题为《通化市自安山城的发掘》的学术演讲，刘晓溪做了题为《辉发城址的发掘与收获》的学术演讲。会议期间，与会学者还对俄罗斯科学院远东分院历史民族研究所历时 60 年发掘的赛加城址进行了学术考察，阿尔杰米耶娃女士在现场对城址的结构、城内布局和对城址的认识做了详细的介绍。

（刘晓溪　徐　坤）

2013 年 10 月 24 日，吉林省文物考古研究所所长宋玉彬应东北亚历史财团的邀请，对东北亚历史财团进行了学术访问，并做了题为《瓦视角下的文化传承与文化因素影响》的学术演讲。10 月 25 日，宋玉彬应韩国瓦学会、韩国城郭学会的邀请，出席了在忠清大学召开的“城郭与瓦——2013 年度国际学术会议”，在会议上做了题为《渤海瓦当的纹饰构图探源及文字瓦的使用》的学术演讲。

（宋玉彬）

【南京博物院考古研究所（江苏省考古研究所）】

2013 年 11 月 6 日，南京博物院考古研究所所长林留根受邀出席韩国百济文化学会主办的“百济与马韩时期的社会性格”学术讨论会，同日于韩国湖南文化财研究院，做《江南土墩墓建筑遗存的发现与研究》主题演讲。

【洛阳市文物考古研究院】

2013 年 8 月 12 日，由来自日本国立山形大学、山口大学、太宰府市教育委员会等大学和文化机构的考古及文化历史学教授所组成的参观团一行八人，到回洛仓、含嘉仓的遗址发掘保护现场进行参观交流。

（王　炬）

【湖南省文物考古研究所】

2013 年 3 月 1 日—9 日，湖南省文物考古研究所副研究员莫林恒赴日本参加在冈山理工大学召开的“水陆交界带的稻作和渔捞”国际学术讨论会，并做了《高庙遗址出土鱼类遗存》的。该文主要通过对高庙遗址的鱼类骨骼进行鉴定、统计、测量，并推算捕获鱼类的年龄、体长、体重、卡路里值，进一步分析高庙先民捕获和加工利用鱼类的方式等。

（莫林恒）

【重庆市文化遗产研究院】

出访

2013 年 9 月 17～22 日，应日本东北学院大学亚洲流域文化研究所的邀请，重庆市文化遗产研究院副院长白九江及助理馆员牛英彬赴日本仙台参加“日中比较盐业史研究学术研讨会”，分别做了《四川盆地古代盐业技术——以考古遗迹和遗物为中心》《渝东南地区的盐业考古——以郁山盐场为中心》的学术报告。

来访

2013年10月20日，应重庆市文化遗产研究院的邀请，俄罗斯考古学家尼古拉院士到访重庆市文化遗产研究院，双方就共同成立重庆中俄科技考古研究所等合作交流事宜进行了座谈。

2013年11月8日，应重庆市文化遗产研究院的邀请，丹麦冶金考古学家华道安教授来华访问，双方就重庆地区的冶锌考古、青铜器的铸造工艺等进行了学术交流。

2013年12月11日，日本爱媛大学教授村上恭通一行访问重庆市文化遗产研究院，双方就中、日古代冶锌技术进行了学术讨论。

【云南省文物考古研究所】

2013年7月28日~8月6日，应希腊文化教育协会主席 Asimakis Stayropoulos 先生的邀请，云南省文物考古研究所研究员蒋志龙赴希腊 Aigio 市参加“第一届世界民俗与考古学学术研讨会”，并在会上做了 *The Artifact of Dian Culture* 的交流发言，发言引起了与会各国学者对中国青铜文明的浓厚兴趣。会后代表团成员考察了著名的雅典卫城遗址、博物馆、奥林匹亚遗址群落等文物古迹，并与雅典方进行了有关考古发掘和文物保护方面的交流。

（蒋志龙）

【陕西省考古研究院】

出访

2013年3月15~20日，陈显琪、侯改玲随陕西省文物局中德合作文物保护交流团访问德国。

2013年4月9~15日，宋远茹赴美国旧金山，参加在亚洲艺术博物馆举办的“中国秦兵马俑展学术研讨会”，并做了题为《秦镜及秦人的毁镜习俗》演讲。

2013年6月3~28日，梁嘉放赴德国罗马日耳曼中央博物馆对法门寺出土银器进行前期数据处理等工作。

2013年6月6~12日，应美国 Freer/Sackler Galleries of Smithsonian Institution 邀请，杨军昌赴美国华盛顿参加 Chinese Object Study Workshop：Chinese Bronze Study Workshop 的授课及其他学术交流活动，就未来合作开展学术交流进行了探讨。

2013年6月11~15日，王炜林赴芬兰参加“当传奇与历史相会：陕西西安兵马俑——来自中国的始皇帝宝藏文物展开幕式”。

2013年6月14~19日，张建林参加罗马尼亚国家历史博物馆举办的“华夏瑰宝展”及学术会议。

2013年7月29日~8月2日，孙周勇参加瑞士伯尔尼历史博物馆举办的“兵马俑军队与统一的秦汉王朝——中国陕西出土文物展”学术研讨会。

2013年9月6日，张建林参加澳大利亚悉尼 TAASA（澳大利亚亚洲艺术、社会论坛）主办的“内亚洲历史研究会——2013年报告会”，在会议上发表题为《8—9世纪西藏的佛教造像——西藏与东亚、中亚的文化互动》的学术报告。

2013年11月1日—2日，张建林参加由尼泊尔喜马拉雅基金会、联合国教科文组织驻尼泊尔办事处、尼泊尔文化部考古局、加德满都大学联合举办的“木斯塘文化遗产保护国际研讨会”，发表《阿底峡与托林寺——托林寺的考古发现》学术报告。

来访

2013年2月23~28日及8月27日~9月1日，日本东京文化财研究所文物保存修复科学中心主任冈田健一行先后两次访问陕西省考古研究院，并与我院研究员张建林、乾陵博物馆专家共同召开文物保护技术座谈会，日方在会议中介绍了墓葬壁画的记录保存、光学调查和分析技术等。

2013年5月22日，瑞士Abegg基金会主席多米尼克·凯勒先生、纺织品博物馆馆长尼古拉·邵塔博士一行访问陕西省考古研究院，并与王炜林等进行座谈。

2013年8月16日，美国加州大学教授罗泰及北京大学教授李零考察石峁遗址考古发掘工地。

2013年8月17～20日，美国加州大学教授罗泰访问陕西省考古研究院，并考察了杨官寨遗址考古发掘工作。

2013年9月10日，日本驹泽大学教授饭岛武次访问陕西省考古研究院，在周原遗址进行考察，并与我院合作进行"渭河流域西周时期的遗址调查"的课题。

2013年10月25日，澳大利亚墨尔本大学东尼·艾克菲尔德教授访问陕西省考古研究院，并与我院洽谈交流合作事宜。

2013年11月17日—21日，韩国国立庆州文化财研究所所长崔孟植、学艺研究士金东烈、行政主事补李煐辰一行三人访问陕西省考古研究院，就进一步加强中韩文物考古研究领域的交流与合作与院长王炜林进行磋商，并签订学术交流与合作意向书。18日，金东烈学艺研究士在我院举行题为《遗迹发掘成果与新罗陵陵墓》的学术讲座。

【北京大学考古文博学院】

出访

2013年2～4月，韦正教授访问意大利威尼斯大学中文系，讲授"中国考古学"。

2013年4月，李水城教授受邀前往美国夏威夷参加"全美第78届考古学年会"，并在会上做了*Eternal Glory: The origins of Eastern jade burial and its far-research influence*（永垂不朽：玉敛葬的起源及深远影响）学术演讲。

2013年5月7日，魏正中副教授在德国柏林亚洲艺术博物馆举办讲座"An archeological Interpretation of the Rock Monasteries of Kucha"。

2013年5月8日，魏正中副教授在德国柏林自由大学举办讲座"Caves of the so-called First Style in Kucha"。

2013年7月16日～9月18日，秦大树教授主持"中国和肯尼亚合作实施拉穆群岛地区考古项目（课题研究部分）"，前往肯尼亚与肯尼亚国立博物馆滨海考古部合作开展肯尼亚马林迪周边地区陆上考古发掘工作和出土中国瓷器的调研工作。

2013年7月，林梅村教授应英国中东考古学家康耐特（Derek Kannet）博士邀请，赴杜伦大学考古系调查威廉姆森伊朗收集品。

2013年8月起，韦正教授获得北京大学高级人文基金项目资助，在美国芝加哥大学艺术史系做访问学者。

2013年10月1～7日，林梅村教授应剑桥大学考古系主任马丁·琼斯（Martin Jones）教授邀请，赴剑桥大学做学术演讲。

2013年10月27～31日，林梅村教授应韩国教育部邀请，赴韩国庆州市参加"2013年世界人文科学文化节"，出席"丝绸之路：抚今思昔人文科学研讨会"，10月28日上午做大会主题发言。

2013年11月，秦大树教授前往挪威卑尔根博物馆考察CODE博物馆所藏中国文物。

2013年12月，徐怡涛副教授受邀参加比利时鲁汶大学雷蒙德国际遗产保护研究所（RLICC）举办的"第十三届建筑遗产记录方法研究会"。

来访

2013年5月，秦大树教授邀请韩国明知大学教授尹龙二来北京大学讲课，内容是高丽青瓷的考古发现与研究。

2013年6月，徐怡涛副教授邀请并支持比利时鲁汶大学教授Thomas Coomans在北京大学举办法鼓人文讲座"From Western-Christian to Chinese-Christian. Architecture as Tool of Inculturation in China 1919－1939。"

（王书林）

【山东大学文化遗产研究院】

出访

2013年1月20～27日，应德国考古研究院欧亚考古研究所所长王睦（Mayke Wagner）博士的邀请，山东大学文化遗产研究院教授靳桂云、副教授陈淑卿对德国进行了为期一周的学术访问。访德期间，靳桂云等首先与德国考古研究院欧亚考古研究所的王睦等学者进行了学术交流，并就将来的合作研究交换了意见。此后重点访问了萨克森—安哈尔特（Sachsen-Anhalt）州立考古博物馆，参观了该博物馆的文物修复实验室，与实验室负责人Christian-Heinrich Wunderlich就考古遗存的分析与保护进行了深入交流。

（陈淑卿）

2013年4月2～7日，山东大学文化遗产研究院靳桂云、王芬、王强、宋艳波和博士生李建赴美国参加了"全美第78届考古学年会"。在"New Developments in Chinese Archaeology"分会场，靳桂云做了题为*New Evidence on Neolithic Rice Exploitation in Northern China*的学术报告；王芬做了题为*Reconstructing the Food Structure of Ancient Coastal inhabitants from Beiqian Village: Stable Isotopic Analysis of Fossil Human Bone*的学术报告；王强做了题为*Grinding Stone Tools and Subsistence Pattern in Neolithic Shandong Coast: A Case study of Beiqian Site*的学术报告；宋艳波老师做了题为*New investigation of the animal resources in Neolithic Shandong peninsula: a case study of Beiqian site*的学术报告。在"Finding Solutions for Protecting and Sharing Archaeological Heritage Resources"分会场，博士生李建代方辉做了题为*Cultural Heritage Education in China*的学术报告。

（宋艳波）

2013年7月8～13日，受韩国东亚细亚文化财研究院的邀请，山东大学文化遗产研究院院长方辉、考古系教授栾丰实、校国际处李薇访问团一行来到韩国马山，对韩国东亚细亚文化财研究院进行交流访问。到访后，东亚细亚文化财研究院院长辛勇旻介绍研究院的基本情况并与院长方辉就双方未来交流合作进行了讨论，随后代表团先后参观了研究院考古资料室、文物修复室、动物考古研究室等。9日，访问团一行来到位于釜山市的东亚大学。院长方辉与东亚大学校长权五昌进行会谈，双方相互介绍了各自学校的历史概况及学科优势，就双方可能开展合作的学科领域进行了初步探讨，并约定后续将进行更加具体的讨论。随后，院长方辉与教授栾丰实参观了山东大学文化遗产研究院考古系三名同学所在的松亭发掘工地。

（詹森杨）

2013年9月17～22日，应日本东北学院大学教授谷口满的邀请，山东大学文化遗产研究院教授王青赴日本仙台市进行了盐业考古方面的交流与考察。教授王青参加了由东北学院大学亚洲流域文化研究所主办的"日中比较盐业史研究学术研讨会"，并做了《山东省南河崖西周煮盐遗址的考古发现与研究》的学术报告。

（付永敢）

来访

2013年3月10～11日，德国法兰克福大学汉学家阿麦隆在中国科学院传统工艺与文物科技研究中心主任苏荣誉的陪同下来访山东大学。来访期间，两位教授参观了学校博物馆和国家级考古实验教学示范中心，考察了济南大辛庄出土文物，并就感兴趣的话题与考古系教师座谈。阿麦隆教授是世界知名汉学家，曾于1992年就读于山东大学。此次系重访，就山东大学与法兰克福大学之间校际合作进行了深入交流。

（陈淑卿）

2013年5月12～17日，加拿大英属哥伦比亚大学人类学系教授David Pokotylo访问山东大学文化遗产研究院。访问期间，他参观了山东大学博物馆，研究了钱益汇博士为开展大辛庄遗址和安阳黑河路遗址石器对比研究建立的数据库，并对2003年大辛庄遗址发掘出土的石器进行了分析。16日下午，Pokotylo教授为文化遗产研究院师生开设了关于非洲旧石器时代肯尼亚高原地区的阿舍利文化遗址研究的讲座。

2013年5月14～23日，美国得克萨斯大学奥斯汀分校教授Arlene Rosen受应邀访问山东大学，并受聘为山东大学2013年度立青讲座教授。访问期间，Arlene Rosen做了关于地质考古学方面的系列学术讲座，内容包括地学考古中河流问题、地学考古中湖泊和沙漠问题、土壤沉积物分层分析的实践课程。

（蔡　宁）

2013年5月24～26日，美国欧柏林学院人类学与东亚学系副教授Joshua Wright和密歇根大学人类学系博士研究生Ji-Hyun Rachel Lee对山东大学文化遗产研究院进行学术访问，并分别为山东大学文化遗产研究院师生带来题为*An Overview of Mongolian Archaeology*和*The Archaeology of Early Korea：Jeulmun，Mumun，and Three Kingdoms Periods*的学术报告。

（王　祁）

2013年6月3～19日，美国科学院院士，密歇根大学人类学系教授Henry Wright应邀对山东大学文化遗产研究院访问。访问期间Henry Wright就西南亚和南美洲早期国家形成及发展的最新研究做了三次学术报告，题目分别是*Mesopotamia：the First State*；*Mesopotamia：Warring State and the First Empire*；*From Village to Empire in the Central Andes*。随后赴曲阜继续进行曲阜宋城调查及曲阜古代地质与环境调查研究。

（王庆铸）

2013年6月3～6日，美国哈佛大学人类学系教授傅罗文（Rowan K. Flad）对山东大学文化遗产研究院进行学术访问，并带来题为“成都平原考古调查与社会复杂化”的学术讲座。他于2001—2011年与北京大学、成都市文物考古研究所合作在成都平原进行区域系统考古调查，借此分析成都平原社会复杂化进程。这场报告是对他在成都平原近十年工作成果的总结。

（朱晓芳）

2013年10月25～31日，美国波士顿大学东亚考古学和文化史国际中心的高德（David J. Cohen）教授应邀对山东大学文化遗产研究院进行学术访问，并于29日做了题为《两万年前的陶器和长江中游早期聚落遗址：对于新石器时代和农业起源的新观点》的学术报告。

（王庆铸）

2013年10月18日，美国菲尔德自然历史博物馆的教授加里·费曼（Gary M. Feinman）和研究员琳达·尼古拉斯（Linda M. Nicholas）来山东大学，参加由文化遗产研究院和历史文化学院主办的“农业起源与传播国际学术研讨会暨中国植物考古学新进展”。10月22日～11月13日，加里·费曼和琳达·尼古拉斯带领考古系4名研究生赴胶南进行考古调查。11月16日下午，加里·费曼为考古系师生举办学术讲座。

（龙　啸）

2013年11月3～10日，美国耶鲁大学人类学系教授Anne Underhill和山东大学文化遗产研究院院王芬及考古学系数名研究生在日照两城镇、尧王城、丹土、苏家村、大桃园等遗址周围进行考古调查。此次调查活动是耶鲁大学人类学系和山东大学考古系长年合作考古研究项目的内容之一，工作内容是调查遗址周边区域的陶土、水文等资源，对相关位置进行详细记录、定位和采样，为下一步进行遗址出土陶器、遗址周围土壤的成分和结构的研究奠定基础。

（陆青玉）

2013 年 11 月 8 ~ 10 日，山东大学文化遗产研究院教授方辉、博士唐仲明、计算机学院教授潘荣江赴美参加哈佛大学艺术与建筑史系和哈佛大学费正清东亚研究中心举办的“中国早期艺术与科技虚拟研讨会”，并做了《三维扫描技术在考古工作中的应用》《三维扫描技术的发展及考古应用前景分析》专题报告，向与会代表全面介绍了山东大学在跨学科、跨领域的交叉研究中取得的最新进展。

（唐仲明）

【南京大学历史系考古学与博物馆学专业】

出访

2013 年 10 月 4 ~ 7 日，张学锋教授应邀赴日本京都出席国际著名中国史专家谷川道雄先生的追悼、追思会，并代表中国学者致辞。

2013 年 12 月 4 ~ 9 日，张学锋教授应邀赴韩国罗州出席韩国百济学会 2013 年年会，并做了题为《“卑离”、“夫里”与“buri”——马韩早期社会中的百越文化因素》的主题讲演。

【厦门大学人文学院历史系考古专业】

出访

2013 年 6 月 20 ~ 23 日，厦门大学人文学院历史系教授吴春明教授在美国哈佛大学成功举办“哈佛燕京学社学术工作坊——‘亚洲—太平洋的早期航海：海洋考古学的视野’”，会议邀请了哈佛大学人类学系教授傅罗文（Rowan Flad）、英国牛津大学海洋考古学研究中心教授 Brian Fahy 等世界海洋考古相关领域专家 23 人，主要就 16 世纪至 18 世纪亚洲—太平洋间的马尼拉帆船沉船考古发现、船货经济、航路网络、港口港市等进行了深入探讨。

（王新天）

来访

2013 年 11 月 15 日，美国夏威夷大学人类学系 Barry Rolett 教授来厦门大学访问，并做了题为《太平洋失地的考古探索》的演讲。

（王新天）

【中山大学社会学与人类学学院】

来访

2013 年 5 月 1 ~ 4 日，英国阿伯丁大学校长秘书 Steve Cannon、考古学系系主任教授 Neil Price 和考古部主任 Keith Dobney 一行三人来华访问。5 月 2 日上午，双方签署了合作研究备忘录。

（靳静山）

2013 年 11 月，俄罗斯科学院物质文化史研究所研究员谢尔盖·米尼亚耶夫受邀访问中山大学人类学系。在访期间，做了“俄罗斯近年匈奴墓考古新发现和匈奴贵族墓葬”的讲座。

（刘文锁）

【复旦大学文物与博物馆学系】

来访

2013 年 1 月，美国亚利桑那州立大学社区资源与发展学院主任 Kathleen L. Andereck 到复旦大学文物与博物馆学系访问。

2013 年 2 月，澳大利亚阿德莱德大学历史与政治学院艺术史系高级讲师 Claire Roberts 到复旦大学文物与博物馆学系访问。

2013年3月，应复旦大学文物与博物馆学系邀请，美国乔治华盛顿大学博物馆学系系主任Kym Rice到访，并进行主题为“美国博物馆教育、展示与观众研究”系列讲座和研讨。

2013年3月，日本大阪市立东洋陶瓷美术馆主任学艺员小林仁到访，并举办“中国北方早期白瓷和青瓷的新探索”的讲座。

2013年3月，日本爱媛大学法文学部教授藤田胜久到访，并做题为“中国简牍与日本古代木简”的讲座。

2013年4月，美国亚特兰大市高等艺术博物馆教育总监Patricia Cain Rodewald到访，并举办讲座“The Museum Experience：Engaging Young Audiences”。

2013年4月，英国剑桥大学菲茨威廉博物馆亚洲部主任林政昇到访，并做题为“剑桥的大学博物馆”的讲座。

2013年9月，日本爱媛大学法文学部教授藤田胜久、教育学部副教授矢泽知行及研究生一行六人来访，参加由复旦大学文物与博物馆学系和日本爱媛大学法文学部共同主办的交流项目“中日大学关于文化遗产的学习与研究”。

（刘守柔）

【北京联合大学应用文理学院】

出访

2013年6月26日~7月3日，韩建业、尹凌、黄可佳、宋蓉出访德国考古研究院、匈牙利艾斯特哈奇卡洛里（Eszterhazy Karoly）学院，就合作研究、留学访学等事宜进行了会谈，并参观德国佩加蒙博物馆、柏林都佩尔村落遗址博物馆、内布拉遗址和遗址博物馆、哈勒博物馆、匈牙利国家历史博物馆等。韩建业在柏林自由大学做了以《‘彩陶之路’与早期中西文化交流》为题的学术报告。

（韩建业）

2013年7月24日~9月1日，考古学专业9名研究生应邀参加了法国人类古生物研究所Lazaret和Arago两处旧石器时代洞穴遗址的发掘工作，对法国旧石器时代田野考古工作的理念和方法有了实际认识。

（刘　越）

来访

2013年3月7日，德国慕尼黑大学亚洲研究所教授贺东劢（Thomas O. Höllmann）、亚述与赫梯研究所教授Walther Sallaberger，柏林自由大学地质与古生物研究所教授佟派（Pavel Tarasov），德国考古研究院欧亚考古研究所副所长王睦（Mayke Wagner）教授等一行六人来北京联合大学应用文理学院进行学术访问，并参观了应用文科综合实验教学中心和文博馆等。

（韩建业）

2013年3月29日，德国考古研究院欧亚考古研究所副所长王睦（Mayke Wagner）教授和柏林自由大学地质与古生物研究所佟派（Pavel Tarasov）教授访问北京联合大学应用文理学院，王睦教授做了《木腿人——中国吐鲁番墓葬出土的公元前三世纪至二世纪实用腿假肢》的学术报告。

（韩建业）

【中央民族大学】

出访

2013年3月，祁春英前往匈牙利佩奇大学、匈牙利博物馆及意大利佛罗伦萨博物馆进行交流。

2013年5月26~31日，肖小勇参加国际岩画联合会在美国新墨西哥州阿尔布奎基举办的“国际岩画联合会2013年国际岩画年会”，发言题目为《中国河南具茨山岩画的发现与意义》。

2013年9月~2014年8月，马赛通过国家留学基金委青年骨干教师出国研修项目到美国斯坦福大学访问一年。

2013 年 9 月 ~2014 年 7 月，潘守永在美国乔治华盛顿大学和史密森学会、美国国家自然历史博物馆担任富布莱特学者，并展开“博物馆的历史叙事学：中美的比较”的研究工作。

2013 年 10 月，张铭心受土耳其文化部邀请，参加“突厥世界上的丝绸之路文化遗产国际学术研讨会”，发言题目为《公元七世纪初高昌国周边的政治形势》。

2013 年 11 月，潘守永在美国乔治华盛顿大学博物馆研究所发表题为“Bringing Cultural Heritage to Life in China's Museums and Historical Villages/Towns”的演讲。

来访

2013 年 9 月 23 ~ 24 日，邀请斯坦福大学教授杨晓能做了题为《西方对二十世纪中国水墨画的收藏、研究和展览》的讲座。

2013 年 12 月 26 日，邀请美国阿拉斯加大学人类学系副教授本·波特（Ben A. Potter）做了题为“Social Organization and Adaptive Responses to Climate Change in Beringia”的讲座。

第六篇

考古教学

2013 年毕业的本科生人数

北京大学考古文博学院考古学专业	17 人
北京大学考古文博学院博物馆学专业	7 人
北京大学考古文博学院文物建筑专业	6 人
吉林大学文学院考古学专业	24 人
吉林大学文学院博物馆学专业	20 人
山东大学历史文化学院考古学系	18 人
西北大学文化遗产学院考古学系考古学专业	51 人
西北大学文化遗产学院文物保护学系文物保护专业	27 人
郑州大学历史学院考古学系考古专业	19 人
南京大学历史学系考古学与博物馆学专业	11 人
南京大学历史学系文物鉴定与修复专业	16 人
南京师范大学社会发展学院文物与博物馆学系	33 人
厦门大学人文学院历史系考古学专业	11 人
中山大学社会学与人类学学院人类学系考古专业	22 人
武汉大学历史学院考古学系考古学专业	24 人
山西大学历史文化学院考古学系考古学专业	22 人
南开大学历史学院考古与博物馆学系考古学及博物馆学专业	23 人
复旦大学文物与博物馆学系博物馆学专业	25 人
中央民族大学民族学与社会学学院文博系	28 人
北京联合大学应用文理学院历史文博系历史学（文物博物馆）专业	32 人

2013年毕业的硕士研究生

所属院校	学生姓名	专业方向	论文题目	指导教师
北京大学考古文博学院	张成睿	新石器及夏商周考古	环太湖地区马家浜文化的发展进程与区域交流	赵辉
北京大学考古文博学院	逄博	同上	河南禹州瓦店遗址出土铲类石制品研究	张弛
北京大学考古文博学院	卢一	同上	战国漆器的考古学研究	徐天进
北京大学考古文博学院	王冬冬	同上	铜陵师姑墩遗址出土器物的初步分析——兼论皖江流域中段三代考古学文化及相关问题	同上
北京大学考古文博学院	吴正龙	同上	东周楚系玉器风格研究	同上
北京大学考古文博学院	陈燕茹	同上	新石器时代窑洞研究	雷兴山
北京大学考古文博学院	冉宏林	同上	琉璃河遗址西周时期的文化、聚落与社会	同上
北京大学考古文博学院	余兆冰	同上	厉王三器综合研究	董珊
北京大学考古文博学院	李梦静	汉唐考古	汉代墓地的初步研究	赵化成
北京大学考古文博学院	范佳楠	同上	魏晋南北朝铜容器研究	齐东方
北京大学考古文博学院	卢方琦	同上	明清南昌城复原研究	韦正
北京大学考古文博学院	王佳月	同上	北朝崔氏墓研究	同上
北京大学考古文博学院	朴南巡	同上	赞皇北朝李氏家族墓葬的初步整理和研究	同上
北京大学考古文博学院	宋嘉莉	动物考古学	2012年郑州老奶奶庙旧石器时代遗址动物遗存鉴定与初步分析	黄蕴平
北京大学考古文博学院	苏光圣	同上	南关里东遗址陆地哺乳动物骨骼研究与生计策略探讨	同上
北京大学考古文博学院	李晴	中外文化交流考古	元上都与中外文化交流	林梅村
北京大学考古文博学院	谢西营	陶瓷考古	唐宋境内越窑瓷器流布的阶段性研究	秦大树
北京大学考古文博学院	朴俊炯	同上	闽北地区宋代黑釉瓷器的初步研究	杭侃
北京大学考古文博学院	边钰鼎	佛教考古	《造像量度经》比例研究：以居庸关、海棠山为例	李崇峰

续表

所属院校	学生姓名	专业方向	论文题目	指导教师
北京大学考古文博学院	李盈	博物馆学	当代中国博物馆中的族群与文化表述	宋向光
北京大学考古文博学院	胡少泉	同上	北京街乡博物馆发展解析	同上
北京大学考古文博学院	铁铮	文化遗产保护	文化遗产的网络传播方式	杭侃
北京大学考古文博学院	王彦玉	同上	北京大学考古专业课程建设研究(1952—1966)	同上
北京大学考古文博学院	闫欣	科技考古	早期农业遗址土壤样品的^{14}C年代学研究	吴小红
北京大学考古文博学院	郑晗	中国古代建筑	明前期官式建筑斗拱形制区域渊源研究	徐怡涛
北京大学考古文博学院	张洁	同上	圆明园西北部景区建筑基址的考古发现与研究	杭侃
北京大学考古文博学院	吕淑贤	文物保护	中国传统手工纸老化检测方法研究	胡东波
北京大学考古文博学院	杨晨	同上	几种空鼓壁画灌浆材料的基本性能研究	周双林
吉林大学文学院	杨宽	旧石器时代考古	内蒙古林西白音长汗遗址出土兴隆洼文化石铲的功能研究	陈胜前
吉林大学文学院	王晓阳	同上	辽宁本溪地区旧石器及相关问题的研究	陈全家
吉林大学文学院	孙明明	新石器时代考古	乌苏里江流域的早期新石器文化研究	赵宾福
吉林大学文学院	于怀石	同上	左家山下层文化研究	同上
吉林大学文学院	王菁	同上	岱子坪墓地研究	段天璟
吉林大学文学院	王蒙	同上	王油坊文化研究	同上
吉林大学文学院	石晓轩	商周考古	后套木嘎遗址汉书二期文化墓葬的分期与墓地结构分析	王立新
吉林大学文学院	张冰冰	同上	出土西周銮铃研究	同上
吉林大学文学院	刘晨	同上	中国北方地区青铜斧钺研究	井中伟
吉林大学文学院	李连娣	同上	商周考古——中国北方系青铜短剑研究	同上

续表

所属院校	学生姓名	专业方向	论文题目	指导教师
吉林大学文学院	任秀芬	北方青铜时代	东周时期北方长城地带的双耳罐研究	杨建华
吉林大学文学院	王琪越	西亚考古	纳吐夫文化再研究	杨建华
吉林大学文学院	蔡彦	战国秦汉考古	战国到汉初砖瓦制作工艺	滕铭予
吉林大学文学院	周明琴	同上	三峡地区东周墓葬研究	同上
吉林大学文学院	孙海彦	同上	两汉至南北朝时期金属首饰研究	潘玲
吉林大学文学院	张文静	同上	春秋战国时期至魏晋南北朝时期实用铺首形制研究	同上
吉林大学文学院	王策	同上	魏晋隋唐考古——朝鲜玉桃里高句丽墓葬研究	王培新
吉林大学文学院	王欣	宋元考古	辽墓与五代十国墓的布局、装饰、葬具的共性研究	冯恩学
吉林大学文学院	马天夫	同上	宋元考古—辽金时期女真渔猎生活的考古学研究	同上
吉林大学文学院	武夏	陶瓷考古	江苏省出土的隋唐五代瓷器研究	彭善国
吉林大学文学院	桂冠	同上	陶瓷考古——建窑黑釉瓷器研究	同上
吉林大学文学院	张馨芳	同上	陶瓷考古——唐、五代陶瓷器中的外来文化因素	同上
吉林大学文学院	赵琪	文物研究	景德镇元青花人物故事纹饰研究	吕军
吉林大学文学院	许哲	同上	魏晋南北朝及隋时期鸡首壶研究	同上
吉林大学文学院	张悦	同上	唐宋时期砚台初步研究	同上
吉林大学文学院	王向	环境考古	GIS 辅助下的红山文化研究	汤卓炜
吉林大学文学院	刘岩	同上	GIS 支持下的中国东北地区中西部新石器时代人地关系初步研究	同上
吉林大学文学院	侯侃	体质人类学	山西榆次高校新校区明清墓葬人骨研究	朱泓

续表

所属院校	学生姓名	专业方向	论文题目	指导教师
吉林大学文学院	孙洋	考古 DNA	陶寺和二里头遗址古代黄牛分子考古学研究	蔡大伟
吉林大学文学院	寇淑愉	同上	中国古尸保护研究初探	张全超
吉林大学文学院	徐俐媛	博物馆学	智能手机应用与博物馆教育研究——兼谈广东革命历史博物馆手机应用	史吉祥
吉林大学文学院	孙晓晔	同上	智能手机在博物馆导览工作中的应用与展望——以中国国家博物馆为例	同上
吉林大学文学院	武洪君	同上	博物馆建筑艺术初论	同上
吉林大学文学院	关德仁	同上	史前遗址类博物馆陈列的方式方法	同上
吉林大学文学院	李顺	同上	免费开放以来博物馆功能变化初探	张文立
山东大学历史文化学院考古学系	杜春磊	史前考古	灵井许昌人遗址第 5 层出土石制品研究	栾丰实 李占扬
山东大学历史文化学院考古学系	樊榕	同上	北阡遗址大汶口文化时期居民健康状况试析——以人骨生物考古学为视角	栾丰实
山东大学历史文化学院考古学系	王永磊	同上	环太湖地区马家浜时期文化研究	同上
山东大学历史文化学院考古学系	王清刚	同上	2012 年度上海广富林遗址山东大学发掘区发掘报告	同上
山东大学历史学院考古学系	王忠保	同上	海岱地区大汶口——龙山文化陶礼器试析	王青
山东大学历史学院考古学系	赵益超	商周考古	东周时期齐国关隘的考古学研究	方辉
山东大学历史文化学院考古学系	孙智富	同上	东周列国都城城市布局形态研究	同上
山东大学历史文化学院考古学系	朱世乾	汉唐考古	汉代齐国官制封泥及相关问题研究	崔大庸

续表

所属院校	学生姓名	专业方向	论文题目	指导教师
山东大学历史文化学院考古学系	翟春丽	文物与博物馆学	山东地区东汉铜镜研究	崔大庸
山东大学历史文化学院考古学系	王龙	同上	山东地区汉代博山炉研究	陈淑卿 肖贵田
山东大学历史文化学院考古学系	李晓霞	同上	军持之研究	马书波 王青
山东大学历史文化学院考古学系	施宇莉	同上	宋元明雕漆研究	任相宏
山东大学历史文化学院考古学系	王雯雯	同上	试论烟台民间剪纸艺术及其传承、保护与发展	于海广
山东大学历史文化学院考古学系	田冬梅	同上	非物质文化遗产文化空间保护研究——以环县道情皮影为例	同上
山东大学历史文化学院考古学系	付鑫	同上	中国博物馆的历史沿革及公共服务职能探析——以济南地区博物馆为例	同上
山东大学历史文化学院考古学系	傅萍	同上	汉代金银器的初步研究	同上
山东大学历史文化学院考古学系	邢永超	同上	姜寨遗址聚落形态研究	王青
西北大学文化遗产学院	郭晓兰	新石器时代考古	华阴兴乐坊遗址分期及相关问题研究	张宏彦
西北大学文化遗产学院	张改课	同上	贵州北盘江流域新石器时代遗存的初步研究	同上
西北大学文化遗产学院	马明志	同上	中国北方地带史前至夏商时期陶鬲的谱系源流	钱耀鹏
西北大学文化遗产学院	慕占雄	同上	磨沟墓地墓葬多次使用中墓道处理方式研究	同上
西北大学文化遗产学院	杨谊时	同上	岷县占旗寺洼文化墓地研究	赵雪野 钱耀鹏
西北大学文化遗产学院	孟庆旭	同上	陕北地区早期石城址研究	王炜林 陈洪海

续表

所属院校	学生姓名	专业方向	论文题目	指导教师
西北大学文化遗产学院	郭辉	考古人类学	黄陵寨头河战国中晚期戎人墓地出土人骨的肢骨研究	陈靓
西北大学文化遗产学院	张燕	同上	陕西黄陵县寨头河战国戎人墓地人骨古病理研究	同上
西北大学文化遗产学院	张晨	植物考古学	青海民和喇家遗址浮选植物遗存分析	赵志军 陈洪海
西北大学文化遗产学院	王太职	商周考古	清水李崖遗址西周遗存分析——兼论西周时期商式鬲及相关问题	赵丛苍
西北大学文化遗产学院	李帅	同上	西安地区与洛阳地区西周时期腰坑墓对比研究	同上
西北大学文化遗产学院	刘锐	同上	黄河中下游地区周代陶窑研究	张天恩 钱耀鹏
西北大学文化遗产学院	方苞	同上	玉琮功能发展演变研究	刘云辉 赵丛苍
西北大学文化遗产学院	李光亮	同上	2012 年丰镐遗址调查及勘探报告	岳连建 赵丛苍
西北大学文化遗产学院	刘肖睿	秦汉考古	关中地区秦汉瓦当等级探讨——眉县尧上遗址瓦当分期	段清波
西北大学文化遗产学院	卢烈炎	同上	汉长安城未央宫出土骨签初步研究	同上
西北大学文化遗产学院	马乐	同上	战国秦汉釦器的考古学初步研究	同上
西北大学文化遗产学院	热娜古丽·玉素甫	同上	吐哈盆地史前葬俗比较研究	王建新
西北大学文化遗产学院	李进	同上	秦汉墓葬围沟问题初探	焦南峰 王建新
西北大学文化遗产学院	王慧	同上	秦始皇帝陵园建造渊源比较研究	田亚岐 徐卫民
西北大学文化遗产学院	周兴	隋唐考古	西安地区北朝至隋镇墓类俑研究	王维坤

续表

所属院校	学生姓名	专业方向	论文题目	指导教师
西北大学文化遗产学院	沈晓文	隋唐考古	新疆地区佛寺遗址储藏设施的考古学研究	冉万里
西北大学文化遗产学院	董梅	同上	关中地区隋唐时期石椁及其相关问题研究	同上
西北大学文化遗产学院	曾科	隋唐考古	7 世纪中叶至 9 世纪中叶吐蕃大型墓地研究	张建林 王建新
西北大学文化遗产学院	吴元	同上	2012 靖边统万城地区唐五代墓葬发掘报告	王小蒙 冉万里
西北大学文化遗产学院	孙振楠	文化遗产保护规划研究	民办博物馆推行 NGO 模式的探索	王建新
西北大学文化遗产学院	刘一思	同上	大明宫遗址公园建设过程中的相关经济学问题探讨	同上
西北大学文化遗产学院	刘娟	同上	世界双遗黄山风景区文化遗产解读体系的建构	同上
西北大学文化遗产学院	王佳星	同上	西安地区近代名人故居保护利用研究	刘军民
西北大学文化遗产学院	蔡文超	同上	神木段明长城保护规划研究	同上
西北大学文化遗产学院	张昱	同上	考古遗址展示的初步研究	陈洪海
西北大学文化遗产学院	李杨	同上	澄城尧头窑遗址的保护与发展研究	周萍 刘军民
西北大学文化遗产学院	马倩娜	同上	统万城考古遗址公园展示设计研究	同上
西北大学文化遗产学院	方晓晓	同上	生态博物馆在北方地区文化遗产保护领域的研究——以陈炉古镇为例	同上
西北大学文化遗产学院	周瑞婷	同上	红山口—石人子沟考古遗址公园建立的可行性研究	葛承雍 王建新
西北大学文化遗产学院	曹雪利	同上	汉阴凤堰梯田保护与利用模式研究	陈洪海 王建新

续表

所属院校	学生姓名	专业方向	论文题目	指导教师
西北大学文化遗产学院	孙莹	文化遗产保护规划研究	城郊型大遗址保护规划实施评价机制研究	李颖科 赵丛苍
西北大学文化遗产学院	姚楠	同上	陕西商洛崖墓保护管理对策研究	赵荣 刘军民
西北大学文化遗产学院	吴晨	文物保护学	气质联用技术对彩绘文物蛋白类胶料的鉴定研究	王丽琴
西北大学文化遗产学院	杨莹	同上	陶质文物中常见可溶盐的脱盐研究	同上
西北大学文化遗产学院	王健	同上	混频光谱技术在文物产地及原料来源鉴定上的预研究	同上
西北大学文化遗产学院	姚雪	同上	汉阳陵外藏坑遗址热湿环境时空分布特征及影响因素研究	孙满利
西北大学文化遗产学院	赵凡	同上	降雨对榆阳区明长城单体建筑破坏的初步研究	同上
西北大学文化遗产学院	姚黎暄	同上	非平面类连砖揭取壁画的支撑体病害分析与保护研究	刘成
西北大学文化遗产学院	朱伯轩	同上	虎门威远炮台石质文物病害成因分析	同上
西北大学文化遗产学院	门元元	同上	重庆钓鱼城九口锅遗址病害调查与保护工艺探索	同上
西北大学文化遗产学院	周亦超	同上	石质文物表面微生物原貌灭杀处理方法研究——以东莞市苏氏祠堂为例	同上
西北大学文化遗产学院	李立	同上	山东济南华阳宫古建筑壁画病害及其治理对策研究	同上
西北大学文化遗产学院	严妍	同上	新疆克孜尔石窟保存环境与遗址病害调查方法研究	同上
西北大学文化遗产学院	胡可佳	同上	陕西安康紫阳北五省会馆壁画制作工艺及材质研究	白崇斌
西北大学文化遗产学院	李蔓	同上	铜绿颜料的分析探究	夏寅 王丽琴

续表

所属院校	学生姓名	专业方向	论文题目	指导教师
西北大学文化遗产学院	李欢	文物保护学	黑城遗址保护加固方案设计	王旭东 孙满利
西北大学文化遗产学院	寇天骄	同上	遗址博物馆环境下土遗址本体水单向蒸发及其影响因素的研究——以汉阳陵为例	马涛 王丽琴
西北大学文化遗产学院	李超	同上	唐顺陵石刻本体状况与保存环境的监测评估	马涛 刘成
西北大学文化遗产学院	王妮	文物鉴定	关中地区出土隋唐时期白瓷初步研究	尹夏清 赵丛苍
西北大学文化遗产学院	吴晓璇	同上	关中地区唐代墓志纹饰及相关问题探讨——以〈大唐西市博物馆藏墓志〉为例	同上
西北大学文化遗产学院	汶翰	同上	陕西地区出土唐三彩整理研究与鉴定	同上
西北大学文化遗产学院	张琨	博物馆学	陕西地区寺庙遗址博物馆发展现状与问题分析	陈洪海
郑州大学历史学院考古学系	郑龙龙	新石器考古	汉水中游地区新石器时代出土玉器研究	靳松安
郑州大学历史学院考古学系	孙凯	同上	淅川单岗遗址先秦文化遗存研究	同上
郑州大学历史学院考古学系	王洪领	同上	淅川下寨遗址龙山晚期遗存及相关问题研究	同上
郑州大学历史学院考古学系	李军强	夏商周考古	论先秦东夷文化分布范围的演变	张国硕
郑州大学历史学院考古学系	李志鹏	同上	两周时期葬马遗存研究	同上
郑州大学历史学院考古学系	王龙霄	同上	夏都斟寻研究	同上
郑州大学历史学院考古学系	燕飞	同上	龙山文化墓葬与二里头文化墓葬的比较研究	郜向平
郑州大学历史学院考古学系	余洁	同上	商代头饰与发式研究	同上

续表

所属院校	学生姓名	专业方向	论文题目	指导教师
郑州大学历史学院考古学系	王双双	秦汉考古	汉墓出土禽兽纹带镜初步研究	韩国河
郑州大学历史学院考古学系	项文	同上	战国空心砖研究	同上
郑州大学历史学院考古学系	杨震	同上	湘西地区战国墓葬初步研究	赵海洲
郑州大学历史学院考古学系	刘朝	隋唐考古	北朝至两宋时期河南古塔研究	李锋
郑州大学历史学院考古学系	周润山	同上	河西地区魏晋十六国墓葬研究	同上
郑州大学历史学院考古学系	金海旺	同上	隋唐时期石质葬具研究	同上
郑州大学历史学院考古学系	张鹏林	同上	邺城地区东魏北齐时期石窟研究	同上
郑州大学历史学院考古学系	吴慎	历史文化遗产保护与研究	南阳地区汉画像石保护及研究	许俊平
郑州大学历史学院考古学系	葛龙	同上	唐宋金银发钗探析	姚智辉
郑州大学历史学院考古学系	曹向珂	同上	神木大保当汉代墓葬所反映的若干南匈奴问题研究	孙危
郑州大学历史学院考古学系	郑雷	同上	谢尔塔拉文化的发现与初步研究	同上
郑州大学历史学院考古学系	王佳涵	同上	战国韩三都比较研究	王琳
郑州大学历史学院考古学系	王俊	同上	郑州纪信墓及碑刻的研究和保护	任伟
郑州大学历史学院考古学系	李文超	文物与博物馆专业硕士（不分方向）	新郑郑韩电器墓地仿铜陶礼器墓发掘简报	靳松安
郑州大学历史学院考古学系	汪翔	同上	郑州市正兴商务大厦商代遗址发掘报告	张国硕
郑州大学历史学院考古学系	赵小蕊	同上	鹤壁刘庄下七垣文化墓地墓葬制度研究	郜向平

续表

所属院校	学生姓名	专业方向	论文题目	指导教师
郑州大学历史学院考古学系	左弼文	文物与博物馆专业硕士（不分方向）	郑州商城出土二里冈文化时期遗物空间分析	郜向平
郑州大学历史学院考古学系	牛伟	同上	论博物馆公共文化服务建设	韩国河
郑州大学历史学院考古学系	杨红梅	同上	安阳木版年画收藏展示现状调查研究——广义博物馆观念下的综合考察	同上
郑州大学历史学院考古学系	华玥	同上	析论数字博物馆中藏品信息管理技术	赵海洲
郑州大学历史学院考古学系	宋婷	同上	新郑市合兴石业东周墓地发掘报告	李锋
郑州大学历史学院考古学系	李清丽	同上	虢国博物馆馆藏文物腐蚀情况调查	姚智辉
郑州大学历史学院考古学系	陈倩	同上	博物馆在非物质文化遗产保护中的作用	孙危
郑州大学历史学院考古学系	倪金萍	同上	博物馆旅游发展研究——以郑州市博物馆为例	同上
郑州大学历史学院考古学系	姜瑞敏	同上	探索博物馆解说系统	同上
郑州大学历史学院考古学系	张坤	同上	关于中小型博物馆发展模式的思考——以平顶山博物馆为例	王琳
郑州大学历史学院考古学系	高明	同上	博物馆文化产业开发研究	徐玲
郑州大学历史学院考古学系	裴佳丽	同上	博物馆志愿者管理研究	同上
南京大学历史学系考古学与博物馆学专业	王懿	新石器考古	江苏宜兴骆驼墩遗址出土石器研究	黄建秋
南京大学历史学系考古学与博物馆学专业	王程	夏商周考古	广富林文化陶器研究	水涛
南京大学历史学系考古学与博物馆学专业	吴晓阳	战国秦汉考古	战国西汉墓随葬陶仓、囷的考古学观察	刘兴林

续表

所属院校	学生姓名	专业方向	论文题目	指导教师
南京大学历史学系考古学与博物馆学专业	张勇盛	六朝考古	北朝瓷器研究	贺云翱
南京大学历史学系考古学与博物馆学专业	黄孟	汉唐考古	大云山汉江都王陵出土金属类文物铭文研究——兼说汉代诸侯王墓随葬金属器体制	贺云翱
南京大学历史学系考古学与博物馆学专业	薛玲玲	同上	盱眙项王城遗址出土筒瓦、板瓦及瓦当的制作工艺研究	黄建秋
南京大学历史学系考古学与博物馆学专业	付龙腾	同上	宿迁青墩遗址的遗迹及相关问题研究	吴桂兵
南京大学历史学系考古学与博物馆学专业	苏鹏举	同上	宿迁青墩遗址陶器的初步研究	同上
南京大学历史学系考古学与博物馆学专业	刘聪	同上	北朝墓葬中佛教因素遗存的相关研究	同上
南京大学历史学系考古学与博物馆学专业	忻瑞	同上	北朝隋唐间的乐器实物遗存与中外音乐交流史	张学锋
南京大学历史学系考古学与博物馆学专业	张蕾	同上	唐代赵氏墓志行文结构分析	同上
南京大学历史学系考古学与博物馆学专业	张永堃	同上	汉代任子制研究	同上
南京大学历史学系考古学与博物馆学专业	曹玲玲	文化遗产	作为水利遗产的都江堰研究	贺云翱
南京大学历史学系考古学与博物馆学专业	吴伟	古代建筑考古	“启门”题材汉画像砖石研究	周学鹰
厦门大学人文学院历史系考古学专业	潘国平	海洋考古	“蕃客”与“番鬼”：广州外国人史迹考察	吴春明
厦门大学人文学院历史系考古学专业	张敏	海洋考古	厦港沙坡尾船坞周遭海洋性聚落变迁	王新天
厦门大学人文学院历史系考古学专业	徐琴	海洋考古	闽江口明清炮台岸防的变迁	刘淼
中山大学社会学与人类学学院人类学系考古学专业	陈遵	民族考古学	后冈二期文化研究	许永杰

续表

所属院校	学生姓名	专业方向	论文题目	指导教师
中山大学社会学与人类学学院人类学系考古学专业	魏源	文化遗产与博物馆学	川渝地区船棺葬的考古学研究	郭立新
中山大学社会学与人类学学院人类学系考古学专业	蔡波涛	断代考古	淮河中游龙山时代考古学文化研究	许永杰
中山大学社会学与人类学学院人类学系考古学专业	张倩	同上	陕北高原汉代墓葬研究	郑君雷
中山大学社会学与人类学学院人类学系考古学专业	王洋	不分方向	关中郃城汉墓研究	许永杰
中山大学社会学与人类学学院人类学系考古学专业	张潇	同上	河北南部汉代聚落遗址研究	郑君雷
中山大学社会学与人类学学院人类学系考古学专业	黄宝利	同上	博物馆观众行为和心理调查与研究——以广东省博物馆为例	郭立新
中山大学社会学与人类学学院人类学系考古学专业	杨萌萌	同上	辽代金银器的分期研究	姚崇新
中山大学社会学与人类学学院人类学系考古学专业	李舒涵	同上	赫章可乐墓地研究	郭立新
中山大学社会学与人类学学院人类学系考古学专业	吴莉	同上	萨珊波斯式联珠纹研究	姚崇新
中山大学社会学与人类学学院人类学系考古学专业	蒙长旺	同上	广西合浦两汉六朝墓葬研究	许永杰
中山大学社会学与人类学学院人类学系考古学专业	何咏诗	同上	珠江流域中下游几何印纹陶研究	郭立新
中山大学社会学与人类学学院人类学系考古学专业	张欢	文物与博物馆专业硕士（不分方向）	广东省博物馆文物保护实验室建设与管理研究	郑君雷
中山大学社会学与人类学学院人类学系考古学专业	李宗康	同上	汉代墓葬出土佩玉的研究	刘文锁
中山大学社会学与人类学学院人类学系考古学专业	李旭滨	同上	清代广彩工艺相关研究	朱铁权
中山大学社会学与人类学学院人类学系考古学专业	黄裕	同上	城中村的文化遗产——广州龙眼洞村的个案研究	郭立新

续表

所属院校	学生姓名	专业方向	论文题目	指导教师
中山大学社会学与人类学学院人类学系考古学专业	蒲艺方	文物与博物馆专业硕士（不分方向）	唐代女子头部妆饰研究	刘文锁
中山大学社会学与人类学学院人类学系考古学专业	文祥磊	同上	北朝敦煌写经书法研究	姚崇新
中山大学社会学与人类学学院人类学系考古学专业	郑克祥	同上	广州出土南汉青瓷的产地窑口研究	朱铁权
中山大学社会学与人类学学院人类学系考古学专业	肖达顺	同上	河北临城黑沙遗址	郑君雷
中山大学社会学与人类学学院人类学系考古学专业	王丹丹	同上	试论博物馆中动态陈列的应用——以广州地区博物馆为例	李宁利
中山大学社会学与人类学学院人类学系考古学专业	吴文丽	同上	中国区域系统考古调查方法研究	王宏
武汉大学历史学院考古学系专业	余涛	新石器时代考古	淅川全岗 2012 年度发掘新石器时代遗存研究	陈冰白
武汉大学历史学院考古学系	袁飞勇	同上	新地里良渚文化墓地初步研究	余西云
武汉大学历史学院考古学系	俞同辉	同上	陕西地区庙底沟二期文化研究	同上
武汉大学历史学院考古学系	陆昊	同上	枣林岗东周墓地研究	同上
武汉大学历史学院考古学系	林丹	楚文化考古	襄阳市区东周墓葬研究	王然
武汉大学历史学院考古学系	张志龙	新石器时代考古专业硕士	大汶口文化墓葬装饰品研究	陈冰白
武汉大学历史学院考古学系	刘长秀	同上	鹤壁刘庄遗址的研究	余西云
武汉大学历史学院考古学系	叶青	文物学	殷墟青铜礼器试析	余西云
武汉大学历史学院考古学系	何凌	博物馆学	新形势下博物馆绩效管理探析	张昌平

续表

所属院校	学生姓名	专业方向	论文题目	指导教师
武汉大学历史学院考古学系	吴聪	博物馆学	当代中外博物馆机构设置比较研究	张昌平
武汉大学历史学院考古学系	邬涵	科技考古	两湖地区古代陶瓷窑炉研究	李清临
武汉大学历史学院考古学系	谷鹏慧	中国古代陶瓷研究	重庆涂山窑的初步研究	贺世伟
山西大学历史文化学院考古学系	王永红	商周考古	西周早中期墓葬用鼎制度探讨	赵瑞民
山西大学历史文化学院考古学系	韩姣姣	汉唐考古	东汉买地券研究	郎保利
山西大学历史文化学院考古学系	武卓卓	同上	北魏晚期墓发现发性服饰研究	张庆捷
山西大学历史文化学院考古学系	梁芳	同上	丝绸之路与北朝晚期晋阳	渠传福
复旦大学文物与博物馆学系	肉克亚古丽·马合木提	考古学及博物馆学	吐鲁番坎儿井保护研究	杨志刚
复旦大学文物与博物馆学系	牛慕青	同上	非物质文化遗产的展示理论研究	陈红京
复旦大学文物与博物馆学系	俞繁莉	同上	场景式展示手法研究	同上
复旦大学文物与博物馆学系	陈明辉	同上	裴李岗时期的文化与社会	高蒙河
复旦大学文物与博物馆学系	戎静侃	同上	考古科普著作研究	同上
复旦大学文物与博物馆学系	刘璟煜	同上	遗址博物馆展示传播研究	陆建松
复旦大学文物与博物馆学系	程博丽	同上	试论放马滩秦简《日书》所见之民间信仰	吕静
复旦大学文物与博物馆学系	张学津	同上	北方地区传统手工造纸工艺研究	陈刚

续表

所属院校	学生姓名	专业方向	论文题目	指导教师
复旦大学文物与博物馆学系	曹媛	考古学及博物馆学	清末醴陵瓷业改革研究	朱顺龙
复旦大学文物与博物馆学系	王平	同上	十八世纪外销英国的纹章瓷研究	刘朝晖
复旦大学文物与博物馆学系	向文思	文物与博物馆	苏步青纪念馆展览文本	陆建松
复旦大学文物与博物馆学系	王文彬	同上	从展示传播角度看地方博物馆藏品体系建设	同上
复旦大学文物与博物馆学系	刘萌	同上	文物信息多元阐释研究	朱顺龙
复旦大学文物与博物馆学系	王嘉勉	同上	艺术品市场调整期古玩城的现状调查与未来探索研究	同上
复旦大学文物与博物馆学系	赵梦莹	同上	当下艺术市场瓷杂部分价格走势分析	同上
复旦大学文物与博物馆学系	杨凤玉	同上	龙泉窑传统工艺恢复研究——以赖氏青瓷作坊为例	同上
复旦大学文物与博物馆学系	陈垠昶	同上	岳麓书院藏秦简《占梦书》研究	吕静
复旦大学文物与博物馆学系	崔倩	同上	越窑中心窑区窑具研究——以寺龙口越窑址为例	刘朝晖
复旦大学文物与博物馆学系	张蒙	同上	河南省部分孔庙调查报告	杨志刚
中央民族大学民族学与社会学学院文博系	邵蕊	文化遗产保护	从“宫庙”和“皇会”看天津妈祖信仰的变迁	戴成萍
中央民族大学民族学与社会学学院文博系	刘凯茜	同上	布达佩斯城市历史景观的保护历程及现状研究	同上
中央民族大学民族学与社会学学院文博系	马云飞	考古学	宁夏汉代墓葬研究	肖小勇
中央民族大学民族学与社会学学院文博系	张琦	同上	商周时期口琀的初步研究	同上

续表

所属院校	学生姓名	专业方向	论文题目	指导教师
中央民族大学民族学与社会学学院文博系	戴玥	考古学	河西黑河流域魏晋十六国墓葬分期的初步研究	肖小勇
中央民族大学民族学与社会学学院文博系	李东风	同上	赤峰市阴河人面形岩画研究	张亚莎
中央民族大学民族学与社会学学院文博系	阮晋逸	同上	赤峰地区人面岩画研究	同上
中央民族大学民族学与社会学学院文博系	刘思文	同上	试论新疆准噶尔盆地周缘地区史前时期石构墓葬	杨楠
中央民族大学民族学与社会学学院文博系	龙静璠	同上	试论新疆天山南麓史前时期的石构墓葬	同上
中央民族大学民族学与社会学学院文博系	韦陆艳	同上	试论西藏史前时期的石构墓葬	同上
中央民族大学民族学与社会学学院文博系	雷磊	博物馆学	傣族文身图谱研究	刘军
中央民族大学民族学与社会学学院文博系	龙一嫡	同上	首都博物馆运营模式分析	同上
中央民族大学民族学与社会学学院文博系	钟晨	同上	厦门博物馆中地域文化的展示	刘连香
中央民族大学民族学与社会学学院文博系	于梦思	同上	由墓志论汉族官员在辽代的社会地位	同上
中央民族大学民族学与社会学学院文博系	朱长余	同上	金东北三路出土铜镜研究	同上
中央民族大学民族学与社会学学院文博系	杨静兮	出土文献研究	中国古代山水画中的建筑	张铭心
中央民族大学民族学与社会学学院文博系	付珺	同上	隋李和墓研究	同上
中央民族大学民族学与社会学学院文博系	王慧聪	考古学专业硕士	邺城遗址京港澳高速公路沿线南区土坑墓发掘报告	肖小勇 朱岩石
中央民族大学民族学与社会学学院文博系	黄盼	同上	邺城遗址京港澳高速公路沿线北区土坑墓发掘报告	同上

续表

所属院校	学生姓名	专业方向	论文题目	指导教师
中央民族大学民族学与社会学学院文博系	刘军淼	考古学专业硕士	邺城遗址京港澳高速公路沿线唐代土洞墓发掘报告	篠原典生 朱岩石
中央民族大学民族学与社会学学院文博系	韩贝贝	同上	邺城遗址京港澳高速公路沿线砖室墓发掘报告	同上
中央民族大学民族学与社会学学院文博系	徐品	同上	方城西北部及东南部岩画调查报告	张亚莎 朱岩石
中央民族大学民族学与社会学学院文博系	张珍	同上	方城西部及南部岩画调查报告	同上
中央民族大学民族学与社会学学院文博系	章懿	同上	周原遗址姚家墓地性质分析	杨楠 朱岩石
中央民族大学民族学与社会学学院文博系	张俭	同上	试论周原姚西居址角镞的制作工艺	同上
中央民族大学民族学与社会学学院文博系	刘伶	同上	2012 年度苏州木渎古城塘湾里及千年寺地点考古实习报告	马赛 朱岩石
中央民族大学民族学与社会学学院文博系	雷娜	同上	2012 年度苏州木渎古城博士坞地点及善山墓地考古实习报告	同上
中央民族大学民族学与社会学学院文博系	许璐	博物馆学专业硕士	论博物馆陈列展览中说明文字的运用	刘连香 黄燕生
中央民族大学民族学与社会学学院文博系	沈敏	同上	再造翡冷翠——“佛罗伦萨与文艺复兴”展览研究	潘守永 黄燕生
中央民族大学民族学与社会学学院文博系	刘剑辉	文物学专业硕士	二王法帖目录整理及相关问题研究（故宫博物院古书画部实习报告）	张铭心 胡国强
中央民族大学民族学与社会学学院文博系	于慧楠	同上	魏晋南北朝女性墓志整理及初步研究（故宫博物院专业实习报告）	同上
中央民族大学民族学与社会学学院文博系	曹静伟	同上	东汉墓碑书式研究（北京石刻艺术博物馆实习报告）	张铭心 庾华
中央民族大学民族学与社会学学院文博系	张丽颖	同上	中国烟具及烟文化	卡丽娜 们发延
中央民族大学民族学与社会学学院文博系	郎朗天	同上	《皇清职贡图》中西洋人物形象及服饰研究	戴成萍 胡国强

续表

所属院校	学生姓名	专业方向	论文题目	指导教师
中央民族大学民族学与社会学学院文博系	王琪琳	文物学专业硕士	试论京派青铜器的传统修复技艺	戴成萍 胡国强
中央民族大学民族学与社会学学院文博系	张斯齐	同上	跨界融合——民族博物馆文化主题酒店可行性分析	祁春英 们发延
北京联合大学应用文理学院历史文博系	程鹏飞	北方物质文化史	仰韶文化庙底沟期大型半地穴式房址研究	韩建业
北京联合大学应用文理学院历史文博系	李金涛	同上	仰韶文化秦王寨类型彩陶研究	同上
北京联合大学应用文理学院历史文博系	王月梅	同上	仰韶文化前期明器初步研究	同上
中国社会科学院研究生院考古系	孙丹	中国新石器时代考古	中国史前墓葬随葬猪下颌骨习俗研究	陈星灿
中国社会科学院研究生院考古系	于龙成	文化遗产保护与管理	大型基本建设与文化遗产的研究、保护和利用——"南水北调"中线工程河南段基本建设与文化遗产的共生双赢	杜金鹏
中国社会科学院研究生院考古系	丁思聪	夏商周考古	晚商墓葬的用玉制度——以安阳黑河路墓葬出土玉器为例	唐际根
中国社会科学院研究生院考古系	涂栋栋	中国新石器时代考古	山东沂沭河流域细石器遗存研究	傅宪国

2013 年毕业的博士研究生

所属院校	学生姓名	专业方向	论文题目	指导教师
北京大学考古文博学院	盛起新	新石器及夏商周考古	崧泽、良渚文化的纹饰系统	赵辉
北京大学考古文博学院	张东	同上	江淮走廊的新石器时代文化研究	同上
北京大学考古文博学院	贾昌明	同上	桐林遗址的磨制石器工业	同上
北京大学考古文博学院	郭明	同上	黄河流域商周时期建筑的考古学观察	刘绪
北京大学考古文博学院	李雨生	汉唐考古	北方地区中晚唐墓葬研究	齐东方

续表

所属院校	学生姓名	专业方向	论文题目	指导教师
北京大学考古文博学院	张雯	佛教考古	云冈与龙门——北魏晚期中原北方两大佛教石窟中心的关系	李崇峰
北京大学考古文博学院	冀洛源	城市考古	9至12世纪幽、云地区的城址	宿白
北京大学考古文博学院	陈殿	陶瓷考古	明代官窑青花瓷装饰工艺研究	秦大树
北京大学考古文博学院	戴柔星	同上	东南亚发现的宋元时期沉船出水陶瓷研究及相关问题	同上
北京大学考古文博学院	曹周妍	同上	韩国京畿道广州地区朝鲜时代前期窑业遗存研究	秦大树 王光尧 权奎山
北京大学考古文博学院	舒涛	科技考古	豫晋新石器中晚期遗址先民的食性研究——以线性回归方法对δ13C和δ15N数据的深化分析	吴小红
吉林大学文学院	蒋志龙	先秦两汉考古	金莲山墓地研究	杨建华
吉林大学文学院	春斌	战国秦汉考古	汉代陶器生产技术研究	滕铭予
吉林大学文学院	邓鸿山	宋元考古	越南11—14世纪的砖瓦与屋顶装饰材料	冯恩学
吉林大学文学院	吴大洋	东北先秦考古	朝鲜半岛北部地区青铜时代石构墓葬研究——兼论与中国东北邻境地区之比较	朱永刚
吉林大学文学院	张盟	中国北方青铜器	公元前1千纪的内陆亚洲山麓通道	杨建华
吉林大学文学院	孙蕾	体质人类学	郑州汉唐宋墓葬出土人骨的综合研究——荥阳薛村遗址和新郑多处遗址为例	朱泓
吉林大学文学院	赵永生	同上	甘肃临潭磨沟墓地人骨研究	同上
山东大学历史文化学院考古学系	聂政	史前考古	胶东半岛大汶口文化早期的聚落与生业	栾丰实
山东大学历史文化学院考古学系	魏峭巍	商周考古	鲁北商周社会变迁研究：实践理论在考古学的应用	任相宏
山东大学历史文化学院考古学系	朱晓芳	同上	山东地区两周乐钟研究	方辉

续表

所属院校	学生姓名	专业方向	论文题目	指导教师
郑州大学历史学院考古系	石晓霆	夏商周考古	黄河中下游地区商周时期青铜格斗兵器研究	张国硕
南京大学历史学系考古学与博物馆学专业	贺辉	新石器考古	新石器时代祭祀类遗迹研究	贺云翱
南京大学历史学系考古学与博物馆学专业	李溯源	夏商周考古	新疆伊犁河谷史前考古学文化研究	水涛
南京大学历史学系考古学与博物馆学专业	葛俐杉	文化遗产	文化遗产与文化创新——基于文化学的视角	贺云翱
南京大学历史学系 2013 年出站博士后	田晓四	环境考古	同位素和重金属元素恢复的典型遗址生态环境	水涛
厦门大学人文学院历史系考古学专业	佟珊	东南区考古	中国古代牌符研究	吴春明
厦门大学人文学院历史系考古专业	［斯里兰卡］Gamint Ranasinghe	海洋考古	古代斯里兰卡与中国海洋文化关系的考古学研究	吴春明
中山大学社会学与人类学学院人类学系考古学及博物馆学专业	王海娜	区域考古与出土文献研究	清中晚期岭南地区建筑陶塑屋脊研究	郑君雷 许永杰
中山大学社会学与人类学学院人类学系考古学及博物馆学专业	陈啟	同上	青岛近代城市遗产保护研究	许永杰
中山大学社会学与人类学学院人类学系考古学及博物馆学专业	刘业沣	同上	仰韶时代长江中游地区考古学文化谱系	许永杰
中山大学社会学与人类学学院 2013 年出站博士后	谭玉华	秦汉考古	合浦汉墓研究	许永杰
复旦大学文物与博物馆学系	周婧景	考古学及博物馆学	博物馆儿童教育研究	陆建松
复旦大学文物与博物馆学系	周进	同上	我国博物馆陈列艺术设计思想发展研究	同上

续表

所属院校	学生姓名	专业方向	论文题目	指导教师
复旦大学文物与博物馆学系	付文军	文物学	文物行政许可制度研究	杨志刚
复旦大学文物与博物馆学系	李以超	同上	清代书学中的汉碑研究	沃兴华
中国社会科学院研究生院考古系	郭梦	中国新石器时代考古	青龙泉遗址陶器的制作与生产	陈星灿
中国社会科学院研究生院考古系	文载范	汉唐考古	中国东北及长城地带战国秦汉魏晋北朝时期铁器的考古学研究	白云翔
中国社会科学院研究生院考古系	黄益飞	古文字	西周金文礼制研究	冯时
中国社会科学院研究生院考古系	刘羽阳	动物考古	先秦时期家马研究	袁靖

2012—2013 年开设的本科生专业课程

所属院校	课程名称	教师	课程时长
北京大学考古文博学院	中国考古发现与探索	杭侃等	34 学时
北京大学考古文博学院	中国考古学（上一）	王幼平	34 学时
北京大学考古文博学院	中国考古学（上二）	赵辉	34 学时
北京大学考古文博学院	中国考古学（中一）	雷兴山	36 学时
北京大学考古文博学院	中国考古学（中二）	杨哲峰	36 学时
北京大学考古文博学院	中国考古学（下一）	沈睿文	32 学时
北京大学考古文博学院	中国考古学（下二）	秦大树	36 学时
北京大学考古文博学院	中国佛教考古	李崇峰	34 学时
北京大学考古文博学院	战国文字通论	董珊	34 学时
北京大学考古文博学院	丝绸之路考古	林梅村	32 学时
北京大学考古文博学院	科技考古	吴小红	32 学时
北京大学考古文博学院	美术考古	齐东方	32 学时
北京大学考古文博学院	古代近东考古与艺术	吴欣	16 学时
北京大学考古文博学院	田野考古学概论	赵辉	32 学时
北京大学考古文博学院	人体骨骼学	何嘉宁	34 学时

续表

所属院校	课程名称	教师	课程时长
北京大学考古文博学院	动物考古学	黄蕴平	32 学时
北京大学考古文博学院	文化人类学	李水城	36 学时
北京大学考古文博学院	考古测量与 GIS	张海	36 学时
北京大学考古文博学院	植物考古	秦岭	32 学时
北京大学考古文博学院	冶金考古	陈建立	34 学时
北京大学考古文博学院	考古学通论	孙庆伟　韦正	64 学时
北京大学考古文博学院	考古学导论	张弛	32 学时
北京大学考古文博学院	田野考古实习	秦汉组	
北京大学考古文博学院	博物馆学概论	宋向光	34 学时
北京大学考古文博学院	文化遗产管理	王伟华	34 学时
北京大学考古文博学院	博物馆教育	宋向光	34 学时
北京大学考古文博学院	中国古代物质文化史	张辛	34 学时
北京大学考古文博学院	文物法规与行政管理	宋向光	24 学时
北京大学考古文博学院	文物研究与鉴定	张辛	36 学时
北京大学考古文博学院	文化遗产学概论	孙华	32 学时
北京大学考古文博学院	不可动文物保护	周双林	51 学时
北京大学考古文博学院	文物保护材料科学	周双林	32 学时
北京大学考古文博学院	建筑初步	白静	102 学时
北京大学考古文博学院	建筑设计（一）	杨昌鸣	102 学时
北京大学考古文博学院	建筑设计（四）	徐怡芳	105 学时
北京大学考古文博学院	美术色彩基础	宋焕成	96 学时
北京大学考古文博学院	美术素描基础	宋焕成	102 学时
北京大学考古文博学院	外国建筑史	方拥	32 学时
北京大学考古文博学院	文化遗产踏查与测绘实习	徐怡涛	480 学时
北京大学考古文博学院	文化遗产保护实践	徐怡涛	60 学时
吉林大学文学院考古学与博物馆学专业	西伯利亚考古	冯恩学	32 学时
吉林大学文学院考古学与博物馆学专业	体质人类学	张全超	56 学时
吉林大学文学院考古学与博物馆学专业	中国古代冶金史	滕铭予	32 学时
吉林大学文学院考古学与博物馆学专业	战国秦汉考古	潘玲	64 学时
吉林大学文学院考古学与博物馆学专业	世界遗产概论	李伊萍	32 学时
吉林大学文学院考古学与博物馆学专业	高句丽渤海考古	王培新	48 学时

续表

所属院校	课程名称	教师	课程时长
吉林大学文学院考古学与博物馆学专业	博物馆学概论	张文立	48 学时
吉林大学文学院考古学与博物馆学专业	分子考古学	蔡大伟	48 学时
吉林大学文学院考古学与博物馆学专业	旧石器考	古方启	72 学时
吉林大学文学院考古学与博物馆学专业	旧石器考古专题	陈全家	40 学时
吉林大学文学院考古学与博物馆学专业	环境考古学	汤卓炜	56 学时
吉林大学文学院考古学与博物馆学专业	考古学导论	段天璟	48 学时
吉林大学文学院考古学与博物馆学专业	科技考古	汤卓炜	40 学时
吉林大学文学院考古学与博物馆学专业	西亚考古	杨建华	32 学时
吉林大学文学院考古学与博物馆学专业	商周考古	井中伟	64 学时
吉林大学文学院考古学与博物馆学专业	宋元考古	吴敬	64 学时
吉林大学文学院考古学与博物馆学专业	北方青铜器时代	杨建华	32 学时
吉林大学文学院考古学与博物馆学专业	考古测量	赵俊杰	40 学时
吉林大学文学院考古学与博物馆学专业	民族学概论	李伊萍	48 学时
吉林大学文学院考古学与博物馆学专业	藏品管理学	吕军	48 学时
吉林大学文学院考古学与博物馆学专业	新石器考古	段天璟	64 学时
吉林大学文学院考古学与博物馆学专业	田野考古学	冯恩学	32 学时
吉林大学文学院考古学与博物馆学专业	西方博物馆史	张文立	32 学时
吉林大学文学院考古学与博物馆学专业	文物保护技术	刘爽	48 学时
吉林大学文学院考古学与博物馆学专业	日本考古学	陈国庆	32 学时
吉林大学文学院考古学与博物馆学专业	动物考古学	陈全家	48 学时
吉林大学文学院考古学与博物馆学专业	文物政策法令	唐淼	32 学时
吉林大学文学院考古学与博物馆学专业	骨化学考古	蔡大伟	48 学时
吉林大学文学院考古学与博物馆学专业	考古绘图	王春雪	40 学时
吉林大学文学院考古学与博物馆学专业	考古学史	陈胜前	48 学时
吉林大学文学院考古学与博物馆学专业	博物馆教育学	史吉祥	32 学时
吉林大学文学院考古学与博物馆学专业	汉以前东北考古	霍东峰	48 学时
吉林大学文学院考古学与博物馆学专业	中国古代建筑	魏存成	48 学时
吉林大学文学院考古学与博物馆学专业	文物政策法令	唐淼	32 学时
吉林大学文学院考古学与博物馆学专业	魏晋—隋唐考古	彭善国	64 学时
吉林大学文学院考古学与博物馆学专业	遗址博物馆学	吕军	32 学时
吉林大学文学院考古学与博物馆学专业	陶瓷考古	彭善国	32 学时

续表

所属院校	课程名称	教师	课程时长
吉林大学文学院考古学与博物馆学专业	考古与科技	蔡大伟	30 学时
吉林大学文学院考古学与博物馆学专业	古玉鉴赏与收藏	吕军	30 学时
山东大学历史文化学院考古学系	考古学导论	栾丰实　王青	36 课时
山东大学历史文化学院考古学系	考古学通论	郎剑锋	36 课时
山东大学历史文化学院考古学系	史前考古	宋艳波　王芬	108 课时
山东大学历史文化学院考古学系	旧石器时代考古	宋艳波	36 课时
山东大学历史文化学院考古学系	体质人类学	宋艳波	36 课时
山东大学历史文化学院考古学系	夏商周考古	王青　陈雪香	72 课时
山东大学历史文化学院考古学系	汉唐考古	唐仲明　陈章龙	72 课时
山东大学历史文化学院考古学系	考古绘图	王芬	36 课时
山东大学历史文化学院考古学系	考古测量	宋艳波	36 课时
山东大学历史文化学院考古学系	现代自然科学技术在考古学中应用	靳桂云	36 课时
山东大学历史文化学院考古学系	植物考古	靳桂云	54 课时
山东大学历史文化学院考古学系	动物考古	宋艳波	54 课时
山东大学历史文化学院考古学系	外国考古学	陈雪香	36 课时
山东大学历史文化学院考古学系	中国古代钱币研究	王强	36 课时
山东大学历史文化学院考古学系	中国古代玉器研究	王芬	36 课时
山东大学历史文化学院考古学系	考古专业英语	王强	36 课时
山东大学历史文化学院考古学系	中国古代青铜器	郎剑锋	36 课时
山东大学历史文化学院考古学系	考古学文献检索	陈淑卿	36 课时
山东大学历史文化学院考古学系	古文字学	杨加深	36 课时
山东大学历史文化学院考古学系	文化遗产保护概论	于海广	36 课时
山东大学历史文化学院考古学系	中国古代建筑	谷建辉	36 课时
山东大学历史文化学院考古学系	文化人类学	陈淑卿	36 课时
山东大学历史文化学院考古学系	博物馆学	李慧竹	36 课时
山东大学历史文化学院考古学系	田野实习	王芬	一学期
山东大学历史文化学院考古学系	考古学与世界文明史	陈雪香　宋艳波 王强　陈章龙	36 课时
郑州大学历史学院考古学系	考古学导论	靳松安	64 学时
郑州大学历史学院考古学系	中国考古学 I	崔天兴	64 学时

续表

所属院校	课程名称	教师	课程时长
郑州大学历史学院考古学系	中国考古学Ⅱ	郜向平　张继华	64 学时
郑州大学历史学院考古学系	中国考古学Ⅲ	赵海洲	64 学时
郑州大学历史学院考古学系	中国考古学Ⅳ	李锋　陈朝云	64 学时
郑州大学历史学院考古学系	中国青铜器	张继华　郜向平	64 学时
郑州大学历史学院考古学系	陶瓷考古	华国强	64 学时
郑州大学历史学院考古学系	中国历代货币	陈隆文	32 学时
郑州大学历史学院考古学系	文化遗产概论	张继华	64 学时
郑州大学历史学院考古学系	博物馆学	徐玲	64 学时
郑州大学历史学院考古学系	世界考古学概论	孙危	32 学时
郑州大学历史学院考古学系	丝绸之路考古	华国强	32 学时
郑州大学历史学院考古学系	科技考古	崔天兴	32 学时
郑州大学历史学院考古学系	文物保护技术	姚智辉	32 学时
郑州大学历史学院考古学系	考古技术Ⅰ	徐玲　崔天兴 惠夕平	96 学时
郑州大学历史学院考古学系	考古技术Ⅱ	惠夕平　陶大卫	64 学时
郑州大学历史学院考古学系	阅读与写作	郜向平	32 学时
南京大学历史学系考古学与博物馆学专业	旧石器时代考古	张敬雷	57 学时
南京大学历史学系考古学与博物馆学专业	新石器时代考古	黄建秋	57 学时
南京大学历史学系考古学与博物馆学专业	夏商周考古	周言	51 学时
南京大学历史学系考古学与博物馆学专业	战国秦汉考古	刘兴林	51 学时
南京大学历史学系考古学与博物馆学专业	三国两晋南北朝考古	吴桂兵	51 学时
南京大学历史学系考古学与博物馆学专业	隋唐考古	张学锋	57 学时
南京大学历史学系考古学与博物馆学专业	宋元明考古	贺云翱	57 学时
南京大学历史学系考古学与博物馆学专业	世界考古学史	洪霞	34 学时
南京大学历史学系考古学与博物馆学专业	田野考古方法	张敬雷	34 学时
南京大学历史学系考古学与博物馆学专业	考古绘图	赵东升	34 学时
南京大学历史学系考古学与博物馆学专业	田野考古实习	水涛　赵东升 张敬雷	4 个月
南京大学历史学系考古学与博物馆学专业	博物馆学概论	赵东升	34 学时
南京大学历史学系考古学与博物馆学专业	中国陶瓷史	贺云翱	57 学时
南京大学历史学系考古学与博物馆学专业	环境考古学	朱诚	38 学时

续表

所属院校	课程名称	教师	课程时长
南京大学历史学系考古学与博物馆学专业	中国佛教考古概论	杨晓春	38 学时
南京大学历史学系考古学与博物馆学专业	水下考古	赵东升	38 学时
南京大学历史学系考古学与博物馆学专业	体质人类学	张敬雷	34 学时
南京大学历史学系考古学与博物馆学专业	秦汉史	武黎嵩	34 学时
南京大学历史学系考古学与博物馆学专业	考古学通论	张敬雷	38 学时
南京大学历史学系考古学与博物馆学专业	古文字学	周言	34 学时
南京大学历史学系考古学与博物馆学专业	中国古代钱币	刘兴林	34 学时
南京大学历史学系考古学与博物馆学专业	中国古代建筑史	周学鹰	38 学时
南京大学历史学系考古学与博物馆学专业	中国书画史	王菡薇	57 学时
南京大学历史学系考古学与博物馆学专业	中国美术史	王菡薇	51 学时
南京大学历史学系考古学与博物馆学专业	中国工艺美术史	周晓陆	51 学时
南京大学历史学系考古学与博物馆学专业	中国青铜器发展史	赵东升	38 学时
南京大学历史学系考古学与博物馆学专业	非物质文化遗产概论	徐艺乙	51 学时
南京大学历史学系考古学与博物馆学专业	中国的民俗与民间物质文化	徐艺乙	57 学时
南京大学历史学系考古学与博物馆学专业	科技考古与文物保护学概论	王晓琪	34 学时
南京大学历史学系考古学与博物馆学专业	静物素描	陈佳	34 学时
南京大学历史学系考古学与博物馆学专业	考古方法论与文物法规	黄建秋	34 学时
南京大学历史学系考古学与博物馆学专业	古代建筑鉴定	周学鹰	72 学时
南京大学历史学系考古学与博物馆学专业	中国工艺品鉴定	周晓陆	57 学时
南京大学历史学系考古学与博物馆学专业	中国古代书画鉴定	杨休	34 学时
南京大学历史学系考古学与博物馆学专业	中国书法	陶小军	38 学时
南京大学历史学系考古学与博物馆学专业	文物鉴定实习	杨休	72 学时
南京大学历史学系考古学与博物馆学专业	玉器鉴定	殷志强	38 学时
南京大学历史学系考古学与博物馆学专业	中国金属器鉴定	王金潮	38 学时
南京大学历史学系考古学与博物馆学专业	中国陶瓷鉴定	程晓中	51 学时
南京大学历史学系考古学与博物馆学专业	书画鉴定专题	王义强、颜明	38 学时
南京大学历史学系考古学与博物馆学专业	中国文化史专题	范金民、胡阿祥	38 学时
南京大学历史学系考古学与博物馆学专业	中国古籍版本与目录鉴定	曹红军	38 学时
南京大学历史学系考古学与博物馆学专业	展览与陈列设计	吴阗	38 学时
南京大学历史学系考古学与博物馆学专业	艺术品经营与拍卖	李力	34 学时
南京大学历史学系考古学与博物馆学专业	文物市场与文物法规	殷洁	38 学时

续表

所属院校	课程名称	教师	课程时长
南京大学历史学系考古学与博物馆学专业	文物保护概论	万俐	34 学时
南京大学历史学系考古学与博物馆学专业	考古专业英语	王晓琪	34 学时
厦门大学人文学院历史系考古学专业	考古学通论（上）	钟礼强	54 学时
厦门大学人文学院历史系考古学专业	考古学通论（下）	吴春明	54 学时
厦门大学人文学院历史系考古学专业	旧石器时代考古	蔡保全	36 学时
厦门大学人文学院历史系考古学专业	新石器考古	钟礼强	36 学时
厦门大学人文学院历史系考古学专业	夏商周考古	张闻捷	36 学时
厦门大学人文学院历史系考古学专业	战国秦汉考古	王新天	36 学时
厦门大学人文学院历史系考古学专业	魏晋隋唐考古	刘淼	36 学时
厦门大学人文学院历史系考古学专业	宋元明考古	刘淼	36 学时
厦门大学人文学院历史系考古学专业	考古学史	吴春明	36 学时
厦门大学人文学院历史系考古学专业	博物馆学概论	刘淼	54 学时
厦门大学人文学院历史系考古学专业	考古摄影与绘图	王新天	36 学时
厦门大学人文学院历史系考古学专业	田野考古方法论	张闻捷	36 学时
厦门大学人文学院历史系考古学专业	体质人类学	蔡保全	36 学时
厦门大学人文学院历史系考古学专业	中国古代陶瓷	刘淼	36 学时
厦门大学人文学院历史系考古学专业	环境考古	蔡保全	36 学时
厦门大学人文学院历史系考古学专业	古文字学	刘家军	36 学时
厦门大学人文学院历史系考古学专业	科技考古方法概论	葛威	36 学时
厦门大学人文学院历史系考古学专业	考古学专业英语	葛威	36 学时
厦门大学人文学院历史系考古学专业	植物考古学	葛威	36 学时
厦门大学人文学院历史系考古学专业	海洋考古学	王新天	36 学时
厦门大学人文学院历史系考古学专业	海岸与海岛考古	焦天龙	36 学时
中山大学社会学与人类学学院人类学系考古学专业	人类学概论	张应强	72 学时
中山大学社会学与人类学学院人类学系考古学专业	考古学导论	许永杰	54 学时
中山大学社会学与人类学学院人类学系考古学专业	人类学系列讲座	人类学系老师	54 学时
中山大学社会学与人类学学院人类学系考古学专业	中国古代史（上）	刘文锁	72 学时

续表

所属院校	课程名称	教师	课程时长
中山大学社会学与人类学学院人类学系考古学专业	中国古代史（下）	姚崇新	72 学时
中山大学社会学与人类学学院人类学系考古学专业	秦汉考古	郑君雷	54 学时
中山大学社会学与人类学学院人类学系考古学专业	法国的亚洲考古	谭玉华	36 学时
中山大学社会学与人类学学院人类学系考古学专业	美国考古学概论	熊仲卿	36 学时
中山大学社会学与人类学学院人类学系考古学专业	古典考古学	周繁文	36 学时
中山大学社会学与人类学学院人类学系考古学专业	田野考古学	考古教研室	36 学时
中山大学社会学与人类学学院人类学系考古学专业	田野考古实习	考古教研室	一学期
中山大学社会学与人类学学院人类学系考古学专业	灵长类进化论	张鹏	36 学时
中山大学社会学与人类学学院人类学系考古学专业	中国民族学	麻国庆 谭同学	54 学时
中山大学社会学与人类学学院人类学系考古学专业	文化遗产的认知与实践	李宁利	36 学时
中山大学社会学与人类学学院人类学系考古学专业	史前考古学	金志伟	90 学时
中山大学社会学与人类学学院人类学系考古学专业	考古技术	朱铁权	54 学时
中山大学社会学与人类学学院人类学系考古学专业	民俗学概论	朱爱东	54 学时
中山大学社会学与人类学学院人类学系考古学专业	魏晋—宋元考古	刘文锁	72 学时
中山大学社会学与人类学学院人类学系考古学专业	外国考古学史	李宁利	36 学时
中山大学社会学与人类学学院人类学系考古学专业	专业英语	李宁利	36 学时

续表

所属院校	课程名称	教师	课程时长
中山大学社会学与人类学学院人类学系考古学专业	考古学理论与方法	金志伟	36 学时
中山大学社会学与人类学学院人类学系考古学专业	博物馆学概论	郭立新	54 学时
中山大学社会学与人类学学院人类学系考古学专业	环境考古	熊仲卿	36 学时
中山大学社会学与人类学学院人类学系考古学专业	体质人类学	陈华	54 学时
中山大学社会学与人类学学院人类学系考古学专业	东南亚考古	熊仲卿	36 学时
中山大学社会学与人类学学院人类学系考古学专业	民族考古学	李宁利	54 学时
中山大学社会学与人类学学院人类学系考古学专业	南方考古	王宏	54 学时
中山大学社会学与人类学学院人类学系考古学专业	文物鉴赏与鉴定	王宏	54 学时
中山大学社会学与人类学学院人类学系考古学专业	古文字学	刘昭瑞	36 学时
中山大学社会学与人类学学院人类学系考古学专业	中国历史文献	姚崇新	54 学时
中山大学社会学与人类学学院人类学系考古学专业	中亚考古	谭玉华	36 学时
中山大学社会学与人类学学院人类学系考古学专业	中国考古学史	刘文锁	36 学时
中山大学社会学与人类学学院人类学系考古学专业	人体测量学	李法军	36 学时
武汉大学历史学院考古系	战国秦汉简牍	刘国胜	36 课时
武汉大学历史学院考古系	文物政策法令	倪婉	36 课时
武汉大学历史学院考古系	博物馆学概论	倪婉	36 课时
武汉大学历史学院考古系	田野考古实习	陈冰白 何晓琳	270 课时
武汉大学历史学院考古系	中国考古学（二）	何晓琳 徐承泰	108 课时

续表

所属院校	课程名称	教师	课程时长
武汉大学历史学院考古系	古文字学	李天虹	54 课时
武汉大学历史学院考古系	中国古代历史文献	何有祖	36 课时
武汉大学历史学院考古系	考古学概论	余西云	54 课时
武汉大学历史学院考古系	考古学论文写作	胡保华	36 课时
武汉大学历史学院考古系	中国古代陶瓷	贺世伟	36 课时
武汉大学历史学院考古系	中国古代铜镜	徐承泰	36 课时
武汉大学历史学院考古系	中国文化史	杨华	54 课时
武汉大学历史学院考古系	田野考古基础	陈冰白　徐承泰 李清临	90 课时
武汉大学历史学院考古系	中国考古学（三）	王然　贺世伟	108 课时
武汉大学历史学院考古系	考古学文化研究方法	陈冰白	36 课时
武汉大学历史学院考古系	体质人类学	戴冀斌	36 课时
武汉大学历史学院考古系	文化遗产法规	倪婉	36 课时
武汉大学历史学院考古系	出土文献与民间 文献通论（一）	刘国胜	36 课时
武汉大学历史学院考古系	出土文献与民间 文献通论（二）	刘安志	36 课时
武汉大学历史学院考古系	考古学专题	陈冰白等	54 课时
武汉大学历史学院考古系	中国考古学（一）	陈冰白　李英华	108 课时
山西大学历史文化学院考古学系	考古学导论	郎保利	36 学时
山西大学历史文化学院考古学系	旧石器时代考古	宋艳花	72 学时
山西大学历史文化学院考古学系	新石器时代考古	赵杰	72 学时
山西大学历史文化学院考古学系	夏商周考古	赵瑞民	72 学时
山西大学历史文化学院考古学系	战国秦汉考古	郎保利	72 学时
山西大学历史文化学院考古学系	三国两晋南北朝隋唐 宋元明考古	李君	72 学时
山西大学历史文化学院考古学系	考古学史	王炜	36 学时
山西大学历史文化学院考古学系	田野考古学	王小毅	36 学时
山西大学历史文化学院考古学系	中国陶瓷	刘辉	36 学时
山西大学历史文化学院考古学系	中国青铜器	陈小三	36 学时
山西大学历史文化学院考古学系	中国古代建筑	郑庆春	36 学时

续表

所属院校	课程名称	教师	课程时长
山西大学历史文化学院考古学系	科技考古	李垚	36 学时
山西大学历史文化学院考古学系	体质人类学	宋艳花	36 学时
山西大学历史文化学院考古学系	博物馆学	李垚	36 学时
复旦大学文物与博物馆学系	考古与人类	高蒙河　潘碧华	36 学时
复旦大学文物与博物馆学系	考古发现与探索	潘碧华　高蒙河	36 学时
复旦大学文物与博物馆学系	文物赏析与体验	褚馨	36 学时
复旦大学文物与博物馆学系	博物馆文化解读	杨志刚　刘守柔	36 学时
复旦大学文物与博物馆学系	中国古代工艺美术	赵琳	36 学时
复旦大学文物与博物馆学系	民俗学概论	吕静	36 学时
复旦大学文物与博物馆学系	中国文字源流	朱顺龙	36 学时
复旦大学文物与博物馆学系	博物馆经营管理	陆建松	36 学时
复旦大学文物与博物馆学系	中国书法史	沃兴华	36 学时
复旦大学文物与博物馆学系	文物摄影	麻赛萍	36 学时
复旦大学文物与博物馆学系	专业论文写作	各导师	36 学时
复旦大学文物与博物馆学系	中国钱币学	陈刚	36 学时
复旦大学文物与博物馆学系	中国文物考古元典导读	赵琳	36 学时
复旦大学文物与博物馆学系	中国陶瓷史	刘朝晖	36 学时
复旦大学文物与博物馆学系	专业英语	姚一青	36 学时
复旦大学文物与博物馆学系	文物绘图	潘碧华	36 学时
复旦大学文物与博物馆学系	展览形式设计	陈红京	36 学时
复旦大学文物与博物馆学系	中国美术考古	邓菲	36 学时
复旦大学文物与博物馆学系	纸质文物修复	俞蕙　陈刚	36 学时
复旦大学文物与博物馆学系	博物馆学概论	陈红京　吕建昌	36 学时
复旦大学文物与博物馆学系	世界博物馆概论	姚一青	36 学时
复旦大学文物与博物馆学系	田野考古学	潘碧华	36 学时
复旦大学文物与博物馆学系	考古学导论	潘碧华　高蒙河	36 学时
复旦大学文物与博物馆学系	古代中国文明	吕静	36 学时
复旦大学文物与博物馆学系	展览内容策划	陆建松	36 学时
复旦大学文物与博物馆学系	中国绘画史	沃兴华	36 学时
复旦大学文物与博物馆学系	中国青铜器	麻赛萍	36 学时
复旦大学文物与博物馆学系	文物学导论	刘朝晖	36 学时

续表

所属院校	课程名称	教师	课程时长
复旦大学文物与博物馆学系	文物保护基础	陈刚	36 学时
复旦大学文物与博物馆学系	博物馆教育	郑奕	36 学时
复旦大学文物与博物馆学系	博物馆藏品管理	姚一青	36 学时
复旦大学文物与博物馆学系	博物馆信息化	陈红京	36 学时
复旦大学文物与博物馆学系	古陶瓷修复	俞蕙	36 学时
复旦大学文物与博物馆学系	学年论文		18 学时
复旦大学文物与博物馆学系	社会实践		108 学时
复旦大学文物与博物馆学系	毕业论文		72 学时
中央民族大学民族学与社会学学院文博系	考古学导论	朱萍　戴成萍	54 学时
中央民族大学民族学与社会学学院文博系	文物学概论	潘守永	36 学时
中央民族大学民族学与社会学学院文博系	中国古代史（一）	肖小勇	54 学时
中央民族大学民族学与社会学学院文博系	民族学导论	张曦	36 学时
中央民族大学民族学与社会学学院文博系	博物馆学概论	刘连香	54 学时
中央民族大学民族学与社会学学院文博系	中国书法鉴赏	张铭心	36 学时
中央民族大学民族学与社会学学院文博系	专业外语	潘守永	36 学时
中央民族大学民族学与社会学学院文博系	博物馆管理	刘连香	36 学时
中央民族大学民族学与社会学学院文博系	中西文化交流	篠原典生	36 学时
中央民族大学民族学与社会学学院文博系	版本目录学	刘连香	36 学时
中央民族大学民族学与社会学学院文博系	博物馆与观众	朱萍	36 学时
中央民族大学民族学与社会学学院文博系	中国陶瓷	马赛　篠原典生	36 学时
中央民族大学民族学与社会学学院文博系	汉唐考古	篠原典生	36 学时
中央民族大学民族学与社会学学院文博系	文博技术	马赛	54 学时
中央民族大学民族学与社会学学院文博系	石器时代考古	李海军	36 学时
中央民族大学民族学与社会学学院文博系	社会学概论	朴光星	36 学时
中央民族大学民族学与社会学学院文博系	古文字学	马赛	36 学时
中央民族大学民族学与社会学学院文博系	中国青铜器	朱萍	36 学时
中央民族大学民族学与社会学学院文博系	中国考古学（二）	肖小勇	54 学时
中央民族大学民族学与社会学学院文博系	中国玉器	潘守永	36 学时
中央民族大学民族学与社会学学院文博系	原始艺术	张亚莎	36 学时
中央民族大学民族学与社会学学院文博系	博物馆陈列设计	朱萍	54 学时
中央民族大学民族学与社会学学院文博系	体质人类学	李海军	36 学时

续表

所属院校	课程名称	教师	课程时长
中央民族大学民族学与社会学学院文博系	宗教人类学	丁宏	36 学时
中央民族大学民族学与社会学学院文博系	中国历史地理	张薇薇	36 学时
中央民族大学民族学与社会学学院文博系	中国美术史	张亚莎	36 学时
中央民族大学民族学与社会学学院文博系	商周考古	马赛	36 学时
中央民族大学民族学与社会学学院文博系	文化遗产概论	潘守永	36 学时
中央民族大学民族学与社会学学院文博系	物质文化史	戴成萍	54 学时
中央民族大学民族学与社会学学院文博系	中国古代史（二）	张薇薇	54 学时
中央民族大学民族学与社会学学院文博系	中国考古学（一）	朱萍	54 学时
中央民族大学民族学与社会学学院文博系	西方美术史	龚田夫	36 学时
中央民族大学民族学与社会学学院文博系	世界通史	篠原典生	54 学时
中央民族大学民族学与社会学学院文博系	中国民族志	杨筑慧	36 学时
中央民族大学民族学与社会学学院文博系	国外博物馆概览	篠原典生	36 学时
中央民族大学民族学与社会学学院文博系	考古信息技术	刘建国	36 学时
中央民族大学民族学与社会学学院文博系	中国历史地理	张薇薇	36 学时
中央民族大学民族学与社会学学院文博系	古钱币鉴定	袁凯铮	36 学时
中央民族大学民族学与社会学学院文博系	中国书画	张铭心	36 学时
中央民族大学民族学与社会学学院文博系	石窟寺考古	篠原典生	36 学时

2012—2013 年开设的硕士研究生专业课程

所属院校	课程名称	教师	课程时长
北京大学考古文博学院	考古学研究	张弛	51 学时
北京大学考古文博学院	亚欧草原考古专题	林梅村	51 学时
北京大学考古文博学院	夏商考古研究（上）	雷兴山	36 学时
北京大学考古文博学院	夏商周考古研究（下）	徐天进	34 学时
北京大学考古文博学院	中国旧石器时代考古研究	王幼平	51 学时
北京大学考古文博学院	博物馆学管理	宋向光	34 学时
北京大学考古文博学院	中国古代木构建筑年代学研究纲要	徐怡涛	51 学时
北京大学考古文博学院	文物建筑保护及规划实践	徐怡涛	51 学时

续表

所属院校	课程名称	教师	课程时长
北京大学考古文博学院	战国文字研究	董珊	51 学时
北京大学考古文博学院	外国古代建筑史	方拥	32 学时
北京大学考古文博学院	魏晋南北朝隋唐考古研究	齐东方	48 学时
北京大学考古文博学院	国外旧石器时代考古研究	王幼平	36 学时
北京大学考古文博学院	中国陶瓷史研究	秦大树	54 学时
北京大学考古文博学院	考古年代学实验技术	吴小红	36 学时
北京大学考古文博学院	考古学理论与方法	张弛	36 学时
北京大学考古文博学院	文物保护与修复理论及其文化背景	胡东波	32 学时
北京大学考古文博学院	陶瓷工艺学基础	崔剑锋	36 学时
北京大学考古文博学院	中国文化与古代文物研究	张辛	54 学时
北京大学考古文博学院	宋元明考古研究	秦大树	45 学时
北京大学考古文博学院	学术讲座	杭侃	54 学时
北京大学考古文博学院	文物保护研究	孙华	48 学时
北京大学考古文博学院	遗产学理论与方法	孙华	48 学时
北京大学考古文博学院	犍陀罗与秣菟罗佛教艺术	李崇峰	36 学时
北京大学考古文博学院	考古文献研读（上）	赵辉	36 学时
北京大学考古文博学院	东周秦汉考古文献研读	杨哲峰	32 学时
北京大学考古文博学院	博物馆展览策划与推广	杭侃	32 学时
北京大学考古文博学院	《左传》与周代社会	孙庆伟	32 学时
北京大学考古文博学院	古人类学	何嘉宁	54 学时
北京大学考古文博学院	冶金考古	陈建立	36 学时
北京大学考古文博学院	植物考古：应用与融合	秦岭	32 学时
北京大学考古文博学院	GIS 考古与空间分析	张海	48 学时
北京大学考古文博学院	中国古代建筑专题	方拥	54 学时
北京大学考古文博学院	古代近东考古与艺术	吴欣	16 学时
北京大学考古文博学院	《洛阳伽蓝记》研读	杭侃	36 学时
北京大学考古文博学院	秦楚文化研究	赵化成	54 学时
北京大学考古文博学院	植物考古学	秦岭	32 学时
北京大学考古文博学院	现代科技与考古	吴小红	36 学时
北京大学考古文博学院	田野考古实习		

续表

所属院校	课程名称	教师	课程时长
北京大学考古文博学院	博物馆实习		
北京大学考古文博学院	学术讲座		
北京大学考古文博学院	实习与实验		
北京大学考古文博学院	教学实践		
吉林大学文学院考古学与博物馆学专业	西亚考古	杨建华	72 学时
吉林大学文学院考古学与博物馆学专业	古人种学	朱泓	72 学时
吉林大学文学院考古学与博物馆学专业	陶瓷考古	彭善国	72 学时
吉林大学文学院考古学与博物馆学专业	第四纪环境学	汤卓炜	72 学时
吉林大学文学院考古学与博物馆学专业	文化人类学	李伊萍	54 学时
吉林大学文学院考古学与博物馆学专业	秦汉魏晋南北朝史料学	沈刚	54 学时
吉林大学文学院考古学与博物馆学专业	博物馆学史	张文立	72 学时
吉林大学文学院考古学与博物馆学专业	新石器时代考古泛论	赵宾福	72 学时
吉林大学文学院考古学与博物馆学专业	旧石器考古方法论	陈全家	72 学时
吉林大学文学院考古学与博物馆学专业	中国第四纪哺乳动物学	王春雪	72 学时
吉林大学文学院考古学与博物馆学专业	东北燕秦汉考古	朱永刚	72 学时
吉林大学文学院考古学与博物馆学专业	人体形态学	方启	54 学时
吉林大学文学院考古学与博物馆学专业	博物馆观众研究	史吉祥	72 学时
吉林大学文学院考古学与博物馆学专业	考古学史	杨建华	72 学时
吉林大学文学院考古学与博物馆学专业	博物馆学理论与方法	史吉祥	72 学时
吉林大学文学院考古学与博物馆学专业	外国旧石器	方启	54 学时
吉林大学文学院考古学与博物馆学专业	宋元文献	彭善国	54 学时
吉林大学文学院考古学与博物馆学专业	魏晋隋唐考古	王培新	72 学时
吉林大学文学院考古学与博物馆学专业	苏秉琦与区系类型理论	赵宾福	72 学时
吉林大学文学院考古学与博物馆学专业	考古 DNA 原理与方法	蔡大伟	54 学时
吉林大学文学院考古学与博物馆学专业	战国秦汉考古研究	滕铭予	72 学时
吉林大学文学院考古学与博物馆学专业	动物骨骼解剖学	陈全家	72 学时
吉林大学文学院考古学与博物馆学专业	分子生物学概论	蔡大伟	72 学时
吉林大学文学院考古学与博物馆学专业	文物鉴定方法论	吕军	72 学时
吉林大学文学院考古学与博物馆学专业	古人类学	张全超	72 学时
吉林大学文学院考古学与博物馆学专业	日本考古学	陈国庆	54 学时
吉林大学文学院考古学与博物馆学专业	宋辽考古	冯恩学	72 学时

续表

所属院校	课程名称	教师	课程时长
吉林大学文学院考古学与博物馆学专业	考古论文设计与写作	赵宾福	54 学时
吉林大学文学院考古学与博物馆学专业	东北新石器、青铜时代考古	朱永刚	72 学时
吉林大学文学院考古学与博物馆学专业	史前考古埋藏学概论	王春雪	54 学时
吉林大学文学院考古学与博物馆学专业	人体测量学	魏东	54 学时
吉林大学文学院考古学与博物馆学专业	中国收藏史	史吉祥	54 学时
吉林大学文学院考古学与博物馆学专业	金元考古	冯恩学	72 学时
吉林大学文学院考古学与博物馆学专业	东北考古文献导读	朱永刚	54 学时
吉林大学文学院考古学与博物馆学专业	地貌与第四纪	陈全家	72 学时
吉林大学文学院考古学与博物馆学专业	考古学方法论	赵宾福	72 学时
吉林大学文学院考古学与博物馆学专业	欧美博物馆史	张文立	72 学时
吉林大学文学院考古学与博物馆学专业	商周青铜器	林沄	72 学时
吉林大学文学院考古学与博物馆学专业	动物考古	陈全家	72 学时
吉林大学文学院考古学与博物馆学专业	环境考古方法论	汤卓炜	72 学时
吉林大学文学院考古学与博物馆学专业	古病理学	朱泓	54 学时
吉林大学文学院考古学与博物馆学专业	汉唐时期东北考古	王培新	54 学时
吉林大学文学院考古学与博物馆学专业	计算机考古	滕铭予	54 学时
吉林大学文学院考古学与博物馆学专业	区域史前考古格局与谱系	李伊萍	72 学时
吉林大学文学院考古学与博物馆学专业	动物考古学研究方法与理论	王春雪	72 学时
吉林大学文学院考古学与博物馆学专业	新石器考古专题	陈国庆	72 学时
吉林大学文学院考古学与博物馆学专业	商周考古	井中伟	72 学时
吉林大学文学院考古学与博物馆学专业	战国秦汉时期北方边疆考古	潘玲	72 学时
吉林大学文学院考古学与博物馆学专业	文物研究专题	吕军	72 学时
吉林大学文学院考古学与博物馆学专业	两河流域史前时代	杨建华	72 学时
吉林大学文学院考古学与博物馆学专业	考古学理论	陈胜前	72 学时
吉林大学文学院考古学与博物馆学专业	汉代考古学	滕铭予	54 学时
吉林大学文学院考古学与博物馆学专业	朝鲜半岛考古	成璟瑭	54 学时
吉林大学文学院考古学与博物馆学专业	考古学文化研究	段天璟	54 学时
吉林大学文学院考古学与博物馆学专业	北方青铜器	杨建华	72 学时
吉林大学文学院考古学与博物馆学专业	文物识鉴学	吕军	54 学时
吉林大学文学院考古学与博物馆学专业	石器分析	陈胜前	54 学时
吉林大学文学院考古学与博物馆学专业	陶瓷工艺基础	彭善国	72 学时

续表

所属院校	课程名称	教师	课程时长
山东大学历史文化学院考古学系	考古学理论与方法	王青	48 课时
山东大学历史文化学院考古学系	田野考古发掘	方辉 栾丰实等	48 课时
山东大学历史文化学院考古学系	新石器时代考古专题研究	栾丰实	36 课时
山东大学历史文化学院考古学系	中国文明起源研究	栾丰实	36 课时
山东大学历史文化学院考古学系	夏商周考古专题研究	方辉 任相宏	36 课时
山东大学历史文化学院考古学系	战国秦汉考古专题	任相宏 崔大庸	36 课时
山东大学历史文化学院考古学系	先秦文献选读	任相宏	36 课时
山东大学历史文化学院考古学系	古文字学与考古研究	方辉	36 课时
山东大学历史文化学院考古学系	专业英语	方辉	36 课时
山东大学历史文化学院考古学系	植物考古研究	靳桂云	36 课时
山东大学历史文化学院考古学系	环境考古研究	王青	36 课时
山东大学历史文化学院考古学系	博物馆学与文化遗产保护	于海广	36 课时
山东大学历史文化学院考古学系	文化遗产保护与管理研究	于海广 崔大庸	36 课时
郑州大学历史学院考古学系考古学及博物馆学科学学位	中国考古学Ⅰ	郜向平	72 学时
郑州大学历史学院考古学系考古学及博物馆学科学学位	中国考古学Ⅱ	孙危	72 学时
郑州大学历史学院考古学系考古学及博物馆学科学学位	新石器时代考古研究	靳松安	72 学时
郑州大学历史学院考古学系考古学及博物馆学科学学位	夏商周考古研究	张国硕	72 学时
郑州大学历史学院考古学系考古学及博物馆学科学学位	秦汉考古研究	韩国河	72 学时
郑州大学历史学院考古学系考古学及博物馆学科学学位	隋唐考古研究	李锋	72 学时
郑州大学历史学院考古学系考古学及博物馆学科学学位	宋元考古研究	陈朝云	72 学时
郑州大学历史学院考古学系考古学及博物馆学科学学位	中国古代墓葬研究	李锋	72 学时
郑州大学历史学院考古学系考古学及博物馆学科学学位	古代陵寝制度研究	韩国河	72 学时

续表

所属院校	课程名称	教师	课程时长
郑州大学历史学院考古学系考古学及博物馆学科学学位	中原地区史前文化研究	靳松安	72 学时
郑州大学历史学院考古学系考古学及博物馆学科学学位	先秦城市研究	张国硕	72 学时
郑州大学历史学院考古学系考古学及博物馆学科学学位	宋元城市考古	陈朝云	72 学时
郑州大学历史学院考古学系考古学及博物馆学科学学位	北方民族考古	孙危	72 学时
郑州大学历史学院考古学系考古学及博物馆学科学学位	博物馆学专题	徐玲	72 学时
郑州大学历史学院考古学系考古学及博物馆学科学学位	科技考古	姚智辉	72 学时
郑州大学历史学院考古学系考古学及博物馆学科学学位	文物保护技术	姚智辉	72 学时
郑州大学历史学院考古学系考古学及博物馆学科学学位	陶瓷鉴定	许俊平	72 学时
郑州大学历史学院考古学系考古学及博物馆学科学学位	玉器鉴定	王琳	72 学时
郑州大学历史学院考古学系考古学及博物馆学科学学位	中国古代建筑	赵海洲	72 学时
郑州大学历史学院考古学系文物与博物馆专业硕士学位	考古学理论与方法	李锋	32 学时
郑州大学历史学院考古学系文物与博物馆专业硕士学位	文化遗产理论与方法	孙危	32 学时
郑州大学历史学院考古学系文物与博物馆专业硕士学位	博物馆学理论与方法	徐玲	32 学时
郑州大学历史学院考古学系文物与博物馆专业硕士学位	陶瓷鉴定与研究	许俊平	32 学时
郑州大学历史学院考古学系文物与博物馆专业硕士学位	青铜器鉴定与研究	张国硕	32 学时

续表

所属院校	课程名称	教师	课程时长
郑州大学历史学院考古学系文物与博物馆专业硕士学位	玉石器鉴定与研究	王琳	32 学时
郑州大学历史学院考古学系文物与博物馆专业硕士学位	史前考古学专题	靳松安	32 学时
郑州大学历史学院考古学系文物与博物馆专业硕士学位	历史考古学专题	韩国河	32 学时
郑州大学历史学院考古学系文物与博物馆专业硕士学位	田野考古学专题	赵海洲	32 学时
郑州大学历史学院考古学系文物与博物馆专业硕士学位	博物馆展示策划专题	徐玲	32 学时
郑州大学历史学院考古学系文物与博物馆专业硕士学位	博物馆藏品信息采集	徐玲	32 学时
郑州大学历史学院考古学系文物与博物馆专业硕士学位	文物保护专题	姚智辉	32 学时
郑州大学历史学院考古学系文物与博物馆专业硕士学位	专业文献选读	徐玲	32 学时
郑州大学历史学院考古学系文物与博物馆专业硕士学位	专业英语	惠夕平	32 学时
南京大学历史学系考古学与博物馆学专业	考古学理论与方法	周言　王晓琪　吴桂兵	57 学时
南京大学历史学系考古学与博物馆学专业	中国考古学综论	周言　王晓琪　吴桂兵	57 学时
南京大学历史学系考古学与博物馆学专业	中国考古学史	贺云翱	57 学时
南京大学历史学系考古学与博物馆学专业	城市考古与城市文化	贺云翱	38 学时
南京大学历史学系考古学与博物馆学专业	夏商文化研究	水涛	38 学时
南京大学历史学系考古学与博物馆学专业	西方考古学理论	黄建秋	38 学时
南京大学历史学系考古学与博物馆学专业	夏商周边疆地区青铜文化	水涛	38 学时
南京大学历史学系考古学与博物馆学专业	汉唐史料学	张学锋	38 学时
南京大学历史学系考古学与博物馆学专业	汉唐文物资料研究	张学锋	38 学时
南京大学历史学系考古学与博物馆学专业	先秦两汉农业考古研究	刘兴林	38 学时
南京大学历史学系考古学与博物馆学专业	战国秦汉考古专题	刘兴林	38 学时
南京大学历史学系考古学与博物馆学专业	中国古代建筑营造学	周学鹰	38 学时

续表

所属院校	课程名称	教师	课程时长
南京大学历史学系考古学与博物馆学专业	中国古代建筑史专题研究	周学鹰	38 学时
南京大学历史学系考古学与博物馆学专业	商周史料学	周言	38 学时
南京大学历史学系考古学与博物馆学专业	民俗学专题研究	徐艺乙	57 学时
南京大学历史学系考古学与博物馆学专业	魏晋南北朝考古研究专题	吴桂兵	38 学时
南京大学历史学系考古学与博物馆学专业	非物质文化研究	徐艺乙	38 学时
南京大学历史学系考古学与博物馆学专业	中国古代美术史研究	王菡薇	38 学时
南京大学历史学系考古学与博物馆学专业	元四家研究	王菡薇	38 学时
南京大学历史学系考古学与博物馆学专业	明四家研究	杨休	38 学时
南京大学历史学系考古学与博物馆学专业	文物鉴定专题研究	杨休	38 学时
南京大学历史学系考古学与博物馆学专业	文物学研究	周晓陆	38 学时
南京大学历史学系考古学与博物馆学专业	古器物与古文字研究	周晓陆	38 学时
南京大学历史学系考古学与博物馆学专业	考古专题讲座	张敏	38 学时
厦门大学人文学院历史系考古学专业	华南及东南亚民族考古	吴春明	40 学时
厦门大学人文学院历史系考古学专业	环中国海海洋考古	吴春明	40 学时
厦门大学人文学院历史系考古学专业	聚落考古学	焦天龙	40 学时
厦门大学人文学院历史系考古学专业	环境考古	蔡保全	40 学时
厦门大学人文学院历史系考古学专业	田野考古实践	王新天	40 学时
厦门大学人文学院历史系考古学专业	科技考古方法概论	葛威	40 学时
中山大学社会学与人类学学院人类学系考古学专业	考古学理论与方法	许永杰	72 学时
中山大学社会学与人类学学院人类学系考古学专业	考古人类学研究	郭立新　李宁利	54 学时
中山大学社会学与人类学学院人类学系考古学专业	考古学文献导读	许永杰	54 学时
中山大学社会学与人类学学院人类学系考古学专业	中国边疆考古	谭玉华	54 学时
中山大学社会学与人类学学院人类学系考古学专业	科技考古	朱铁权	36 学时
中山大学社会学与人类学学院人类学系考古学专业	艺术史与艺术考古	姚崇新	54 学时

续表

所属院校	课程名称	教师	课程时长
中山大学社会学与人类学学院人类学系考古学专业	博物馆学理论与实践	熊寰	36 学时
中山大学社会学与人类学学院人类学系考古学专业	公众考古学	谭玉华	36 学时
中山大学社会学与人类学学院人类学系考古学专业	中国古代史研究	刘文锁　姚崇新	54 学时
中山大学社会学与人类学学院人类学系考古学专业	古典考古学研究	考古学教研室	36 学时
中山大学社会学与人类学学院人类学系考古学专业	中国考古学研究	周繁文　刘昭瑞　姚崇新	54 学时
中山大学社会学与人类学学院人类学系考古学专业	文化遗产理论与实践	郭立新	54 学时
中山大学社会学与人类学学院人类学系考古学专业	科技考古	朱铁权	36 学时
中山大学社会学与人类学学院人类学系考古学专业	文化遗产理论与个案研究	郭立新	36 学时
中山大学社会学与人类学学院人类学系考古学专业	考古学通论与田野考古实践	金志伟	36 学时
中山大学社会学与人类学学院人类学系考古学专业	文物保护与科技考古	朱铁权	36 学时
中山大学社会学与人类学学院人类学系考古学专业	文物研究	熊寰	36 学时
中山大学社会学与人类学学院人类学系考古学专业	前沿讲座	郑君雷	36 学时
中山大学社会学与人类学学院人类学系考古学专业	实习	郑君雷	72 学时
武汉大学历史学院考古学系	考古学理论与方法	陈冰白	54 课时
武汉大学历史学院考古学系	考古学研究前沿	陈冰白	54 课时
武汉大学历史学院考古学系	中国古代历史文献及史料学	谢贵安等	54 课时
武汉大学历史学院考古学系	古文字学	宋华强	54 课时
武汉大学历史学院考古学系	博物馆学理论与实践	倪婉	54 课时
武汉大学历史学院考古学系	中国旧石器时代考古	李英华	54 课时

续表

所属院校	课程名称	教师	课程时长
武汉大学历史学院考古学系	中国新石器时代考古	陈冰白	54 课时
武汉大学历史学院考古学系	秦汉考古	陈冰白	54 课时
武汉大学历史学院考古学系	新石器化与文明探源	余西云	54 课时
武汉大学历史学院考古学系	楚文化考古	王然	36 课时
武汉大学历史学院考古学系	专业英语	余西云	36 课时
复旦大学文物与博物馆学系	专业英语	陈淳	36 学时
复旦大学文物与博物馆学系	中国古代外销瓷研究	刘朝晖	36 学时
复旦大学文物与博物馆学系	先秦考古学	高蒙河	36 学时
复旦大学文物与博物馆学系	文物学理论与方法	朱顺龙	54 学时
复旦大学文物与博物馆学系	简帛学研究	吕静	36 学时
复旦大学文物与博物馆学系	传统造纸工艺与纸张保护	陈刚	36 学时
复旦大学文物与博物馆学系	考古学理论	陈淳	54 学时
复旦大学文物与博物馆学系	地层学与类型学	潘碧华	36 学时
复旦大学文物与博物馆学系	文物保护专题	陈刚	54 学时
复旦大学文物与博物馆学系	出土简帛文献研究	吕静	36 学时
复旦大学文物与博物馆学系	陶瓷鉴定与研究	刘朝晖	36 学时
复旦大学文物与博物馆学系	中国古陶瓷标本研究	朱顺龙	36 学时
复旦大学文物与博物馆学系	藏品管理	陈红京	54 学时
复旦大学文物与博物馆学系	博物馆学理论与实践	陆建松	54 学时
复旦大学文物与博物馆学系	文化遗产研究专题	杨志刚	54 学时
复旦大学文物与博物馆学系	展示设计	陈红京	54 学时
复旦大学文物与博物馆学系	展览策划	陆建松	36 学时
复旦大学文物与博物馆学系	公众考古学	高蒙河	36 学时
中央民族大学民族学与社会学学院文博系	考古学理论	杨楠	36 学时
中央民族大学民族学与社会学学院文博系	遗产学理论与方法	戴成萍	54 学时
中央民族大学民族学与社会学学院文博系	藏品管理学	刘连香	54 学时
中央民族大学民族学与社会学学院文博系	古文献研究	张铭心	54 学时
中央民族大学民族学与社会学学院文博系	博物馆学理论与方法	刘连香	36 学时
中央民族大学民族学与社会学学院文博系	原始艺术	张亚莎	36 学时
中央民族大学民族学与社会学学院文博系	考古学研究方法	肖小勇	36 学时
中央民族大学民族学与社会学学院文博系	新石器时代考古研究	杨楠	36 学时

续表

所属院校	课程名称	教师	课程时长
中央民族大学民族学与社会学学院文博系	夏商周考古研究	马赛	36 学时
中央民族大学民族学与社会学学院文博系	现代科技与考古	袁凯铮	36 学时
中央民族大学民族学与社会学学院文博系	先秦考古文献研读	杨楠	36 学时
中央民族大学民族学与社会学学院文博系	敦煌吐鲁番学	张铭心	36 学时
中央民族大学民族学与社会学学院文博系	考古学学术前沿	朱萍	36 学时
中央民族大学民族学与社会学学院文博系	考古学研究	肖小勇	36 学时
中央民族大学民族学与社会学学院文博系	文物学研究	戴成萍	36 学时
中央民族大学民族学与社会学学院文博系	博物馆学研究	刘连香	36 学时
中央民族大学民族学与社会学学院文博系	文博专题	庚华等	36 学时
中央民族大学民族学与社会学学院文博系	博物馆陈列设计	朱萍	36 学时
中央民族大学民族学与社会学学院文博系	文化遗产学 理论与实践	戴成萍	36 学时
中央民族大学民族学与社会学学院文博系	出土文献研究	张铭心	36 学时
中央民族大学民族学与社会学学院文博系	田野考古学	马赛	36 学时
中央民族大学民族学与社会学学院文博系	世界博物馆	篠原典生	36 学时
中央民族大学民族学与社会学学院文博系	博物馆信息化研究	祁庆国	36 学时
中国社会科学院研究生院考古系	中国考古学通论	白云翔　朱乃诚 许宏　朱岩石等	72 学时
中国社会科学院研究生院考古系	考古学理论与方法	殷玮璋	72 学时
中国社会科学院研究生院考古系	中国考古学史	王世民	72 学时
中国社会科学院研究生院考古系	历史文献学	冯时	72 学时
中国社会科学院研究生院考古系	考古学专题研讨课	刘庆柱　陈星灿 袁靖　唐际根等	36 学时
中国社会科学院研究生院考古系	科技考古	赵志军 张雪莲等	36 学时
中国社会科学院研究生院考古系	新石器时代考古	陈星灿	72 学时
中国社会科学院研究生院考古系	夏商周考古	王巍	72 学时
中国社会科学院研究生院考古系	汉唐考古	白云翔	72 学时
中国社会科学院研究生院考古系	汉唐考古	董新林	72 学时

续表

所属院校	课程名称	教师	课程时长
中国社会科学院研究生院考古系	佛教考古	李裕群	72 学时
中国社会科学院研究生院考古系	动物考古	袁靖	72 学时
中国社会科学院研究生院考古系	植物考古	赵志军	72 学时
中国社会科学院研究生院考古系	古文字学	冯时	72 学时
中国社会科学院研究生院考古系	田野考古实习课	各方向导师	36 学时

2012—2013 年开设的博士研究生专业课程

所属院校	课程名称	教师	课程时长
北京大学考古文博学院	考古学研究	张弛	51 学时
北京大学考古文博学院	亚欧草原考古专题	林梅村	51 学时
北京大学考古文博学院	中国旧石器时代考古研究	王幼平	51 学时
北京大学考古文博学院	博物馆学管理	宋向光	34 学时
北京大学考古文博学院	中国古代木构建筑年代学研究纲要	徐怡涛	51 学时
北京大学考古文博学院	文物建筑保护及规划实践	徐怡涛	51 学时
北京大学考古文博学院	战国文字研究	董珊	51 学时
北京大学考古文博学院	外国古代建筑史	方拥	32 学时
北京大学考古文博学院	夏商考古研究（上）	雷兴山	36 学时
北京大学考古文博学院	夏商周考古研究（下）	徐天进	34 学时
北京大学考古文博学院	魏晋南北朝隋唐考古研究	齐东方	48 学时
北京大学考古文博学院	国外旧石器时代考古研究	王幼平	36 学时
北京大学考古文博学院	中国陶瓷史研究	秦大树	54 学时
北京大学考古文博学院	考古年代学实验技术	吴小红	36 学时
北京大学考古文博学院	考古学理论与方法	张弛	36 学时
北京大学考古文博学院	文物保护与修复理论及其文化背景	胡东波	32 学时
北京大学考古文博学院	陶瓷工艺学基础	崔剑锋	36 学时
北京大学考古文博学院	中国文化与古代文物研究	张辛	54 学时
北京大学考古文博学院	宋元明考古研究	秦大树	45 学时
北京大学考古文博学院	学术讲座	杭侃	54 学时
北京大学考古文博学院	文物保护研究	孙华	48 学时

续表

所属院校	课程名称	教师	课程时长
北京大学考古文博学院	遗产学理论与方法	孙华	48 学时
北京大学考古文博学院	犍陀罗与秣菟罗佛教艺术	李崇峰	36 学时
北京大学考古文博学院	考古文献研读（上）	赵辉	36 学时
北京大学考古文博学院	东周秦汉考古文献研读	杨哲峰	32 学时
北京大学考古文博学院	博物馆展览策划与推广	杭侃	32 学时
北京大学考古文博学院	《左传》与周代社会	孙庆伟	32 学时
北京大学考古文博学院	古人类学	何嘉宁	54 学时
北京大学考古文博学院	冶金考古	陈建立	36 学时
北京大学考古文博学院	植物考古：应用与融合	秦岭	32 学时
北京大学考古文博学院	GIS 考古与空间分析	张海	48 学时
北京大学考古文博学院	中国古代建筑专题	方拥	54 学时
北京大学考古文博学院	古代近东考古与艺术	吴欣	16 学时
北京大学考古文博学院	《洛阳伽蓝记》研读	杭侃	36 学时
北京大学考古文博学院	秦楚文化研究	赵化成	54 学时
北京大学考古文博学院	植物考古学	秦岭	32 学时
北京大学考古文博学院	现代科技与考古	吴小红	36 学时
北京大学考古文博学院	田野考古实习		
北京大学考古文博学院	博物馆实习		
北京大学考古文博学院	学术讲座		
北京大学考古文博学院	实习与实验		
北京大学考古文博学院	教学实践		
吉林大学文学院考古学与博物馆学专业	石器时代与青铜时代考古经典释读	赵宾福	72 学时
吉林大学文学院考古学与博物馆学专业	新石器时代区域考古专题	陈国庆	72 学时
吉林大学文学院考古学与博物馆学专业	魏晋—隋唐考古文献导读	王培新	72 学时
吉林大学文学院考古学与博物馆学专业	石器时代与青铜时代考古研究历史与前沿	赵宾福	72 学时
吉林大学文学院考古学与博物馆学专业	战国秦汉边疆考古研究专题	潘玲	72 学时
吉林大学文学院考古学与博物馆学专业	博物馆文化导论	张文立	72 学时
吉林大学文学院考古学与博物馆学专业	商周考古文献导读	王立新	72 学时

续表

所属院校	课程名称	教师	课程时长
吉林大学文学院考古学与博物馆学专业	中国人种史概论	朱泓	72 学时
吉林大学文学院考古学与博物馆学专业	人类起源论	朱泓	72 学时
吉林大学文学院考古学与博物馆学专业	魏晋—隋唐历史文献导读	王培新	72 学时
吉林大学文学院考古学与博物馆学专业	新石器时代考古泛论	陈国庆	72 学时
吉林大学文学院考古学与博物馆学专业	战国秦汉考古研究专题与学科新进展	滕铭予	72 学时
吉林大学文学院考古学与博物馆学专业	博物馆文献选读	史吉祥	72 学时
吉林大学文学院考古学与博物馆学专业	考古报告阅读解读与运用	赵宾福	72 学时
吉林大学文学院考古学与博物馆学专业	石器时代与青铜时代考古专题研究	赵宾福	72 学时
吉林大学文学院考古学与博物馆学专业	宋元考古专题与最新进展	冯恩学	72 学时
吉林大学文学院考古学与博物馆学专业	商周考古文献导读	王立新	72 学时
吉林大学文学院考古学与博物馆学专业	科技考古研究专题与学科最新进展	张全超	72 学时
吉林大学文学院考古学与博物馆学专业	动物骨骼解剖实践	陈全家	72 学时
吉林大学文学院考古学与博物馆学专业	博物馆学研究专题与学科最近进展	张文立	72 学时
吉林大学文学院考古学与博物馆学专业	先秦历史文献导读	林沄	72 学时
山东大学历史文化学院考古学系	考古学理论	栾丰实　方辉	48 课时
山东大学历史文化学院考古学系	田野考古发掘	方辉　栾丰实等	36 课时
山东大学历史文化学院考古学系	新石器时代考古专题研究	栾丰实　王青	36 课时
山东大学历史文化学院考古学系	夏商周考古动态研究	方辉　任相宏	36 课时
山东大学历史文化学院考古学系	战国秦汉考古专题	任相宏　崔大庸	36 课时
山东大学历史文化学院考古学系	汉唐考古专题	刘凤君　崔大庸	36 课时
山东大学历史文化学院考古学系	古文字学与考古研究	方辉	36 课时
山东大学历史文化学院考古学系	专业英语	方辉	36 课时
山东大学历史文化学院考古学系	植物考古专题	靳桂云	36 课时
山东大学历史文化学院考古学系	环境考古专题	王青	36 课时
山东大学历史文化学院考古学系	美术考古专题	刘凤君	36 课时
山东大学历史文化学院考古学系	博物馆学与文化遗产保护	于海广	36 课时
郑州大学历史学院考古学系	三代文明研究	张国硕	72 学时

续表

所属院校	课程名称	教师	课程时长
郑州大学历史学院考古学系	夏商周考古专题	张国硕	72学时
郑州大学历史学院考古学系	秦汉考古专题	韩国河	72学时
南京大学历史学系考古学专业	中国古代史研究	范毓周	38学时
南京大学历史学系考古学专业	先秦社会历史文化专题	范毓周	38学时
南京大学历史学系考古学专业	中国青铜时代考古学文化专题研究	水涛	38学时
南京大学历史学系考古学专业	汉唐基础史料研读	张学锋	38学时
南京大学历史学系考古学专业	中国中世纪文物资料研究	张学锋	38学时
南京大学历史学系考古学专业	中国古代史研究理论与方法	张学锋	38学时
南京大学历史学系考古学专业	文化遗产研究专题	贺云翱	38学时
南京大学历史学系考古学专业	古杂项研究	周晓陆	38学时
厦门大学人文学院历史系专业	考古学概论	吴春明	56学时
厦门大学人文学院历史系专业	环中国海海洋考古	吴春明	56学时
厦门大学人文学院历史系专业	华南及东南亚民族考古	吴春明	40学时
厦门大学人文学院历史系考古学专业	中国考古	吴春明	56学时
厦门大学人文学院历史系考古学专业	聚落考古学	焦天龙	40学时
厦门大学人文学院历史系考古学专业	田野考古实践	王新天	40学时
中山大学社会学与人类学学院人类学系考古学专业	考古学理论与方法	许永杰	60学时
中山大学社会学与人类学学院人类学系考古学专业	中国考古学	刘文锁等	60学时
中山大学社会学与人类学学院人类学系考古学专业	考古学文献导读	许永杰	60学时
中山大学社会学与人类学学院人类学系考古学专业	博士论文写作导读	全体博导	36学时
武汉大学历史学院考古学系	考古学理论与方法	陈冰白	54课时
武汉大学历史学院考古学系	文化人类学专题	余西云	36课时
武汉大学历史学院考古学系	新石器考古专题	余西云	36课时
武汉大学历史学院考古学系	专业英语	余西云	36课时
山西大学历史文化学院考古学系	史前考古专题	李君	54学时
山西大学历史文化学院考古学系	晋文化考古专题	赵瑞民	54学时
山西大学历史文化学院考古学系	北朝考古专题	张庆捷	54学时

续表

所属院校	课程名称	教师	课程时长
复旦大学文物与博物馆学系	专业外语	各导师	36 学时
复旦大学文物与博物馆学系	考古学方法论	陈淳	54 学时
复旦大学文物与博物馆学系	展示规划设计研究	陆建松	36 学时
复旦大学文物与博物馆学系	文物研究法	高蒙河	54 学时
复旦大学文物与博物馆学系	文化遗产领域的实务与规范	杨志刚	54 学时
复旦大学文物与博物馆学系	中国文化遗产事业导论	杨志刚	54 学时
复旦大学文物与博物馆学系	中国书法美学	沃兴华	54 学时
复旦大学文物与博物馆学系	博物馆学的理论与实践前沿	陆建松	54 学时
复旦大学文物与博物馆学系	明清江南家具的风格及其人文精神研究	陈红京	54 学时
复旦大学文物与博物馆学系	考古学器物研究	陈淳	54 学时
复旦大学文物与博物馆学系	中国古陶瓷烧造工艺研究	朱顺龙	54 学时
中国社会科学院研究生院考古系	中国考古学通论	白云翔　朱乃诚　许宏　朱岩石　等	72 学时
中国社会科学院研究生院考古系	考古学理论与方法	殷玮璋	72 学时
中国社会科学院研究生院考古系	中国考古学史	王世民	72 学时
中国社会科学院研究生院考古系	历史文献学	冯时	72 学时
中国社会科学院研究生院考古系	考古学专题研讨课	刘庆柱　陈星灿　袁靖　唐际根　等	36 学时
中国社会科学院研究生院考古系	科技考古	赵志军　张雪莲等	36 学时
中国社会科学院研究生院考古系	新石器时代考古	陈星灿	72 学时
中国社会科学院研究生院考古系	夏商周考古	王巍	72 学时
中国社会科学院研究生院考古系	汉唐考古	白云翔	72 学时
中国社会科学院研究生院考古系	汉唐考古	董新林	72 学时
中国社会科学院研究生院考古系	佛教考古	李裕群	72 学时
中国社会科学院研究生院考古系	动物考古	袁靖	72 学时
中国社会科学院研究生院考古系	植物考古	赵志军	72 学时
中国社会科学院研究生院考古系	古文字学	冯时	72 学时
中国社会科学院研究生院考古系	田野考古实习课	各方向导师	36 学时

第七篇

逝世考古学家

黄宣佩

宋 建

中国考古学会第三、四届理事，上海博物馆原副馆长黄宣佩，因病于2013年6月13日在上海逝世，享年83岁。

黄宣佩，1930年生于浙江省宁波市鄞县石桥村。1949年毕业于江苏省立水产学校渔捞科（现上海海洋大学），1952年被分配到上海博物馆筹备处工作，1954年黄宣佩被派参加了第三届全国考古工作人员训练班并顺利毕业。训练班学员后来多成为各省市的考古业务骨干。黄宣佩是1949年之后上海第一位参加过正规田野考古训练并具有田野发掘经验的人，这为此后上海田野考古的发展及人才队伍的培养奠定了基础。1956年，上海博物馆成立了考古组，隶属于研究部，由黄宣佩担任考古组组长。当时的上海正处于无古可考的情况中，考古组成立后，在上海境内寻找新的遗址成了当时的主要工作。

1959年年底至1960年年初，黄宣佩第一次领队对马桥遗址进行了发掘，这是上海第一次真正意义上的考古发掘。经过两个多月的考古发掘，在地层中发现良渚文化、马桥文化（当时尚未定性和命名）和吴越文化的叠压关系，收获巨大。后经过细致的讨论研究，对这批遗存的年代有了科学的认识，并将这批遗存命名为“马桥文化”，这一命名得到了全国同行们的认同。1961年，黄宣佩主持发掘崧泽遗址，在下层马家浜文化之上，发现另有一种新石器时代的文化。这种新的文化类型，经过黄宣佩的发掘与研究，后来获得了“崧泽文化”的命名。在崧泽遗址发现了上海最早的古人，使研究上海史的年代推前到六千余年。上海古史在地下遗址发现之前，仅据晋建沪渎垒的记载，以为在距今一千六百多年前只是一处海滨渔村。崧泽遗址的发掘，第一次在本地区发现了距今六千年前的马家浜文化遗址；此后，又在青浦福泉山和金山区的查山遗址也发现这类文化遗存。

马家浜文化以首次发现于浙江嘉兴的马家浜而得名，是中国长江下游太湖地区现知最早的新石器时代古代遗存之一。由考古发掘所发现的猪骨经鉴定属于饲养猪。此外还发现了许多已经炭化的稻茎和谷粒，属人工培育稻，是当时全国最早的古水稻标本。这表明距今六千年前后，上海古人已经种植水稻。

经过对马桥和崧泽遗址的科学发掘，不仅完善了长江流域的考古学文化谱系，培养了一支考古队伍，也为黄宣佩个人的学术研究奠定了基础。在每次发掘完成后，他都能及时整理公布发掘成果，这促进了长江下游地区的考古学研究。

黄宣佩主持的青浦福泉山遗址的发掘，第一次揭开了良渚高台贵族墓地并非利用天然土山，而是人工堆筑高台的秘密，在学术界引起巨大反响。考古界的老前辈、中国考古学会前理事长苏秉琦给予高度评价，称人工建造的福泉山良渚高台墓地，是“中国的土建金字塔”，这一发现，其意义远远超过该遗址玉器的出土，促进了江浙地区对同类型遗存的认识，为良渚文化的考古研究开创了新局面。

良渚文化是考古学上的重点研究课题之一。黄宣佩一方面积极开展上海地区的田野考古发掘，积累材料；另一方面则着眼于整个良渚文化并进行深入的研究，对于良渚文化的分期、分布范围、玉器工艺等作出了重要的贡献。

关于上海的成陆年代，在20世纪中后期成为学术界非常关心的一个问题，论证主要集中在几条古海岸遗迹年代的推断上。1959年，黄宣佩主持闵行区马桥古遗址的发掘，发现叠压在贝壳沙之上的古代文化层，自下而上有距今四五千年新石器时代的良渚文化，夏商时代的马桥文化，春秋战国时代的吴越文化，唐宋元明清的遗物堆积层等，打破了原先此地是两千年海岸线的推论，证明该处古海岸年代早于良渚文化，可以推断为距今五千五百多年，从而为研究上海成陆年代提供了坚实的依据。

1979年，黄宣佩被任命为上海博物馆副馆长，主管文管委工作及文物保护技术科学实验室。他将大部分精力用于主持筹建青浦、嘉定、松江、奉贤等区县博物馆，以及对上海市重要文物保护单位的修缮，促进了区县文博事业的发展。

黄宣佩毕其一生致力于他所热爱的考古文博事业，足迹踏遍了上海的每一处古遗址，是上海地区田野考古的奠基人，长江下游地区考古学研究的开拓者之一。在学术研究之外，也承担了行政职务。历任上海博物馆考古组组长、历史研究部副主任、考古部主任、副馆长、上海文物保管委员会委员，上海文物博物馆学会副理事长（常务），国家教委华东师大城市与环境考古遥感开放研究实验室学术委员，中国社会科学院古代文明研究中心专家委员会委员，上海大学文学院兼职教授，上海市文物书画收购鉴定委员会委员，上海市地方志编撰委员会委员，中国考古学会理事。1993年获国务院颁发的为文化艺术事业作出突出贡献证书。

钟　　侃

母少娟

中国考古学家、原宁夏博物馆馆长、宁夏文物考古研究所所长钟侃先生于2013年7月9日因病在银川逝世，享年75岁。

钟侃1938年9月出生于江西定南县，1956年考入西北大学历史系，学习考古专业。1960年大学毕业后被分配到正在筹建中的宁夏博物馆。先后担任宁夏博物馆馆长、宁夏考古研究所所长、中国考古学会理事、宁夏历史学会副会长、宁夏回族自治区文物管理委员会委员、自治区政协委员。1988年获文化部优秀专家称号，1991年获国务院特殊津贴。

钟侃先生是新中国成立后宁夏考古的拓荒者。1960年9月，22岁的钟侃被分配到宁夏博物馆从事文物考古工作，1961调查了青铜峡广武新田的细石器遗址，紧接着调查发现了中卫铁路沿线和陶乐县高仁镇等处的新石器时代遗址，1964年至1965年，钟侃两次配合中国科学院地球物理研究所在宁夏进行地震考察活动，试掘了石嘴山市西夏城址，这是宁夏城址考古的首次尝试。1965年调查清理了固原店河齐家文化墓群。这一系列密集紧凑的工作拉开了宁夏考古工作的序幕，引起国内考古学界的关注。

1966年至1971年，“文革”动乱，钟侃先生被下放到干校劳动。1971年，他回到宁夏展览馆文物组工作。也是在这一年，他以一名考古学家的严谨和睿智发现了西夏王陵。1972年，钟侃和他的同事们开始对西夏王陵进行发掘。西夏田野考古在当时为学术界所鲜知，钟侃、李范文先生等一批宁夏历史学界中的中坚力量，在4年多的时间里，完成了8号陵和4座陪葬墓的发掘，以及2号陵碑亭的清理工作，收集了大批西夏文、汉文残碑等重要考古资料，初步揭开西夏王陵的基本面貌，填补了中国西夏考古的空白。

灵武水洞沟遗址是中国最早被发现和研究的旧石器时代遗址。1963年夏天，中国科学院古脊椎动物与古人类研究所决定发掘水洞沟遗址，钟侃先生参与了这次发掘工作。这次考古挖掘进行了一个多月，出土的新石器时代的器物，推翻了1923年德日进认为“水洞沟文化遗址里只有旧石器”的论断，将水洞沟的考古工作推向一个新阶段。1980年钟侃先生又主持了对水洞沟遗址的再次发掘工作，取得了重大成果：第一次发现磨石，第一次采用了地质地貌、孢粉分析、^{14}C测定等多种综合手段，证明了我国学者关于水洞沟遗址属旧石器晚期推断的正确性，把水洞沟遗址的研究水平推向一个新阶段，受到著名考古学家贾兰坡的高度赞誉。被学界称为“水洞沟历次发掘中最成功的一次”。

1984年，钟侃担任宁夏博物馆馆长，1986年，又担任刚刚组建的宁夏文物考古研究所所长，繁忙的行政事务并没有使他轻疏业务工作，相反却以更大的精力去投入，先后主持发掘了同心倒墩子墓地和彭堡于家庄墓地。同心倒墩子汉代匈奴墓的发掘，使中国考古界第一次较深入地了解了汉代匈奴墓的特点及匈奴文化的内涵，具有重要的考古价值。

20世纪60年代末到90年代，宁夏发现了上百座青铜文化墓葬。特别是固原杨郎墓地和固原彭堡于家庄墓地，墓葬数量多，出土文物丰富，文化特征明显，代表了宁夏这类文化遗存的基本概况。钟侃先生于1986年作为领队主持发掘了彭堡于家庄墓地。这次发掘出土文物1400余件，较全面地揭露了这种青铜文化遗存的内涵。从而可将宁夏这类文化遗存与周边邻近地区的相似文化遗存联系起来进行对比研究，为进一步推测这类文化遗存所代表的族属提供了可能。

1997年，钟侃先生第二次担任宁夏博物馆馆长，一直到2001年退休。退休之后他完成了21世纪初国家文物局重点工作《中国文物地图集·宁夏分册》的编纂。

钟侃先生从大学毕业后就来到宁夏，五十余年的时间里，他在这片热土上用手铲书写着自己精彩的人生华章，成为宁夏文博界同仁们景仰和怀念的开拓者。

第八篇

考古学文献资料目录

考古学书目

壹 总类

一 考古学通论（附：金石学）

考古学的过去与未来（牛津通识读本） ［英］保罗·巴恩（Paul Bahn）著 覃方明译 译林出版社 2013年5月 108页 32开 译自*Archaeology: a Very Short Introduction*

考古·文物·历史文化（山西师范大学史学专业选修课系列教材） 畅海桦著 合肥工业大学出版社 2013年9月 221页 插图78幅 16开

百年中国考古 黄建秋著 江苏人民出版社 2013年1月 408页 32开

当代中国考古学 陈虹编著 浙江大学出版社 2013年12月 257页 插图189幅 16开

考古学：关于其若干基本概念和理论的再思考（张光直作品系列） 张光直著 曹兵武译 生活·读书·新知三联书店 2013年1月 164页 32开 译自*Rethinking Archaeology*

考古人类学随笔（张光直作品系列） 张光直著 生活·读书·新知三联书店 2013年1月 247页 32开

美术、神话与祭祀（张光直作品系列） 张光直著 郭净译 生活·读书·新知三联书店 2013年1月 146页 32开 译自*Art, Myth and Ritual: the Path to Political Authority in Ancient China*

中国考古学论文集（张光直作品系列）张光直著 生活·读书·新知三联书店 2013年3月 440页 32开

济南考古 济南市考古研究所编著 科学出版社 2013年1月 362页 插图393幅 16开

山西考古学文化与古代文明 杨子荣编著 三晋出版社 2013年3月 327页 插图369幅 16开

历程：吉林省文物考古研究所成立30周年纪念（1983～2013） 吉林省文物考古研究所编 宋振鹏、王志刚主编 吉林人民出版社 2013年7月 74页 16开

考古山东 山东博物馆编著 青岛出版社 2013年5月 169页 彩版、插图191幅 16开

江苏考古（2010～2011） 江苏省文物局编 刘谨胜主编 南京出版社 2013年9月 270页 彩版543幅 16开

广州考古六十年 广州市文物考古研究所编 冯永驱主编 广州人民出版社 2013年11月 274页 彩版533幅 16开

凿破鸿蒙：纪念董作宾逝世五十周年（历史文物陈列馆丛书，4） 李宗焜编著 中研院历史语言研究所 2013年10月 199页 图版、书影140幅 16开

黄文弼研究论集（新疆师范大学黄文弼中心丛刊）朱玉麒、王新春编 科学出版社 2013年10月 288页 照片、书影 16开

石璋如先生口述历史（“中央研究院”近代史研究所口述历史系列） 陈存恭、陈仲玉访问 任育德记录 九州出版社 2013年3月 455页 照片33幅 16开

夏鼐日记：温州篇 夏鼐著 华东师范大学出版社 2013年8月 文527页 照片、书迹8页 16开

叩访远古的村庄：石兴邦口述考古 石兴邦口述 陕西师范大学出版社 2013年8月 257页

16开

番薯人的故事：张光直早年生活自述（张光直作品系列） 张光直著 生活·读书·新知三联书店 2013年1月 82页 32开

西域考古记（汉译世界学术名著丛书）［英］奥里尔·斯坦因（Aurel Stein）著 向达译 商务印书馆 2013年2月 424页 32开 译自 *On Ancient Central-Asian Tracks*

跟北大考古人一起“穿越” 北京大学中国考古学研究中心、北京大学公众考古与艺术中心编 北京大学出版社 2013年8月 290页 16开

少儿考古入门 四川省文物考古研究院编 文物出版社 2013年11月 32页 16开

铁蹄驰骋：考古文物中的马 赵超著 上海书画出版社 2013年5月 161页 插图184幅 16开

宋代古器物学笔记材料辑录 林欢著 上海人民出版社 2013年3月 182页 16开

西北民族大学图书馆于右任旧藏金石拓片总目提要 杨莉、赵兰香编著 甘肃文化出版社 2013年11月 文653页 图版12页 16开

吴大澂和他的拓工（海豚书馆）白谦慎著 海豚出版社 2013年6月 103页 32开

两位中国艺术品收藏家的交汇：端方与福开森 ［美］罗覃（Thomas Lawton）著 苗巍译 山东画报出版社 2013年1月 183页 插图65幅 32开 译自 *A Time of Transition*：*Two Collectors of Chinese Art*，1991

卢芹斋传 ［法］罗拉（Géraldine Lenain）著 卞婉钰译 新世纪出版社 2013年 文242页 照片、图版24页 32开 译自 *C. T. Loo*，*a Biography*

二 考古学方法

水下文化遗产行动手册：联合国教科文组织2001年《保护水下文化遗产公约》附件之指南（国家文物局水下文化遗产保护中心译著系列）（丹麦）蒂斯·马尔拉维尔德（Thijs Maarleveld）、［德国］乌吕克·格林（Ulrike Guerin）、（奥地利）芭芭拉·埃格（Barbara Egger）著 国家文物局水下文化遗产研究中心译 文物出版社 2013年10月 309页 插图215幅 16开 译自 *Manual for Activities Directed at Underwater Cultural Heritage*：*Guidelines to the Annex of the UNESCO* 2001 *Convention*

简明考古统计学 陈铁梅、陈建立著 科学出版社 2013年6月 238页 16开

文物摄影概论 赵广田编著 甘肃文化出版社 2013年12月 248页 16开

三 论文集

中国考古学会第十五次年会论文集（2012） 中国考古学会编辑 文物出版社 2013年10月 657页 插图331幅 16开

东亚考古的新发现（中研院第四届国际汉学会议论文集） 陈光祖、臧振华主编 中研院 2013年 416页 16开

东亚考古学的再思：张光直先生逝世十周年纪念论文集（中研院历史语言研究所会议论文集之十一） 陈光祖主编 中研院历史语言研究所 2013年10月 文507页 插图149幅 照片、书迹34页 16开

考古学与永续发展研究（考古学专题研究丛书） 邱斯嘉、臧振华主编 中研院人文社会科学研究中心考古学研究专题中心 2013年12月 511页 插图59幅 16开

古代文明（第9卷） 北京大学中国考古学研究中心、北京大学震旦古代文明研究中心编 文物出版社 2013年12月 266页 插图108幅 插表67幅 16开

边疆考古研究（第13辑） 吉林大学边疆考古研究中心编 科学出版社 2013年7月 文341页 插图136幅 彩版4页 16开

边疆考古研究（第14辑）吉林大学边疆考古研究中心编 科学出版社 2013年12月 文356页 插图151幅 彩版4页 16开

东方考古（第10集）　山东大学文化遗产研究院编　科学出版社　2013年12月　文470页　插图231幅　彩版8页　16开

南方民族考古（第九辑）　四川大学博物馆、四川大学考古学系、成都文物考古研究所编　科学出版社　2013年12月　文466页　插图209幅　彩版27页　16开

西安文物考古研究（第二辑）　西安市文物保护考古研究院编　三秦出版社　2013年3月　422页　插图194幅　16开

文物研究（第二十辑）　安徽省文物考古研究所、安徽省考古学会编　科学出版社　2013年8月　文314页　插图258幅　彩版24页　16开

长沙考古文存（第一辑）　长沙市文物考古研究所编　何旭红主编　岳麓书社　2013年1月　文571页　插图385幅　彩版29页　16开

荆楚文物（第一辑）　荆州博物馆编　张治根主编　科学出版社　2013年10月　文267页　插图124幅　彩版4页　16开

四川省文物考古研究院青年考古文集　四川省文物考古研究院编　科学出版社　2013年10月　590页　插图285幅　16开

成都考古研究（二）　成都文物考古研究所编著　科学出版社　2013年11月　455页　插图235幅　16开

天津考古（一）（天津文化遗产保护成果系列之一）　天津市文化遗产保护中心编著　科学出版社　2013年3月　文319页　彩版60页　16开

天津考古（二）（天津文化遗产保护成果系列之二）　天津市文化遗产保护中心编著　科学出版社　2013年3月　文304页　彩版44页　16开

齐鲁文物（第二辑）　山东博物馆编　科学出版社　2013年12月　文354页　插图334幅　彩版4页　16开

周口文物考古研究（二）凌全贞、李全立主编　中州古籍出版社　2013年10月　383页　16开

朔州文物考古文集　雷云贵选编　三晋出版社　2013年1月　全二册　803页　插图577幅　16开

岭南考古研究（12）　广东省珠江文化研究会岭南考古研究专业委员会编　张镇洪主编　中国评论学术出版社　2013年4月　221页　16开

岭南考古研究（13）　广东省珠江文化研究会岭南考古研究专业委员会编　郑卓主编　中国评论学术出版社　2013年9月　274页　16开

文化遗产研究集刊（第六辑）　复旦大学文物与博物馆学系、复旦大学文化遗产研究中心编　陈淳主编　复旦大学出版社　2013年8月　471页　32开

湖南省博物馆馆刊（第九辑）　陈建明主编　岳麓书社　2013年4月　文671页　彩版34页　16开

博物馆学刊（第三辑）　四川博物院编　科学出版社　2013年6月　文258页　插图160幅　彩版15页　16开

南京博物院建院八十周年纪念文集　南京博物院编　生活·读书·新知三联书店　2013年1月　1125页　16开

南京博物院集刊（13）　南京博物院编　龚良主编　文物出版社　2013年5月　文261页　插图178幅　彩版6页　16开

南京博物院集刊（14）　南京博物院编　龚良主编　文物出版社　2013年9月　文292页　彩版4页　16开

陕西历史博物馆馆刊（第二十辑）　陕西历史博物馆编　成建正主编　三秦出版社　2013年12月　437页　插图307幅　16开

江西省博物馆集刊（四）　江西省博物馆编　彭明瀚主编　文物出版社　2013年12月　文348页　插图204幅　彩版8页　16开

春华秋实：福建博物院建院80周年纪念文集（1933～2013） 福建博物院编 吴志跃主编 福建教育出版社 2013年10月 文283页 照片27页 16开

长江文明（第十一辑） 重庆中国三峡博物馆、重庆博物馆编 重庆出版社 2013年3月 100页 16开

长江文明（第十二辑） 重庆中国三峡博物馆、重庆博物馆编 重庆出版社 2013年9月 100页 16开

长江文化论丛（第九辑） 南京大学文化与自然遗产研究所主办 贺云翱主编 南京大学出版社 2013年10月 265页 16开

广州文博（陆） 广州市文化广电新闻出版局、广州市文物博物馆学会编 程存洁主编 文物出版社 2013年6月 文495页 彩版16页 16开

考古学视野下的城市、工艺传统与中外文化交流：刘庆柱先生七十华诞祝寿论文集 《刘庆柱先生七十华诞祝寿论文集》编辑委员会编 姜波、申熙权、洪石主编 科学出版社 2013年8月 文351页 插图91幅 照片4页 16开

法国汉学（第十五辑）：文明的记忆符号——文字与墓葬 《法国汉学》丛书编辑委员会编 ［法］杜德兰（Alain Thote）、［法］风仪诚（Olivier Venture）、邓文宽主编 中华书局 2013年4月 文313页 插图101幅 彩版18页 16开

新疆文物考古资料汇编（新疆通史研究丛书）新疆文物考古研究所编 伊弟利斯·阿不都热苏勒、安尼瓦尔·哈斯木主编 新疆人民出版社 2013年10月 全三册 1964页 16开

内蒙古文史研究通览：文物考古卷 陈永志、连吉林主编 内蒙古大学出版社 2013年9月 682页 16开

高明学术论集 高明著 上海古籍出版社 2013年12月 688页 插图141幅 16开

邵望平史学、考古学文选（山东大学东方考古研究书系） 邵望平著 山东大学出版社 2013年5月 536页 16开

中国历史考古学论文集 张勋燎著 科学出版社 2013年7月 全三册 1155页 16开

罗宗真文集：历史考古卷（南京博物院学人丛书） 罗宗真著 南京博物院编 文物出版社 2013年9月 242页 16开

张敏文集：考古卷（南京博物院学人丛书） 张敏著 南京博物院编 文物出版社 2013年10月 全三册 1062页 16开

吉林文物考古文集（长白丛书·研究系列） 董学增著 吉林文史出版社 2013年11月 文398页 插图180幅 照片5页 16开

黄明兰洛阳考古纪实录 黄明兰著 黄吉博、黄吉军编 中州古籍出版社 2013年12月 351页 插图72幅 16开

补 遗

东北亚历史考古译文集 ［日］甲元真之等著 姚义田译 辽海出版社 2011年12月 全二册 1150页 插图221幅 16开

百年国博纪念学术文集 中国国家博物馆编 吕章申主编 安徽人民出版社 2012年6月 1013页 16开

四 历史图谱、博物馆陈列说明和藏品图录

早期中国：中华文明系列展（一）中国文物交流中心编 文物出版社 2013年5月 227页 插图24幅 彩版114幅 16开

石窟、丹青、吉金，文化传承与国家命运：博物馆馆长讲博物馆 上海博物馆、中国博物馆协会博物馆管理专业委员会编 北京大学出版社 2013年10月 527页 插图400幅 16开

故都神韵：南京市博物馆文物精华 南京市博物馆编 文物出版社 2013年1月 241页 彩版

202 幅　16 开

东山撷芳：江宁博物馆暨东晋历史文化博物馆馆藏精萃　江宁博物馆、东晋历史文化博物馆编　许长生主编　文物出版社　2013 年 11 月　238 页　彩版 247 幅　16 开

皖西博物馆文物撷珍　皖西博物馆编著　陈曙光主编　文物出版社　2013 年 12 月　199 页　彩版 198 幅　16 开

蜀风雒韵：广汉文物艺术精粹　三星堆博物馆、三星堆研究院、广汉市文物管理局、广汉市文物管理所编　张跃辉主编　巴蜀书社　2013 年 1 月　255 页　彩版 183 幅　16 开

东江臻萃：深莞惠三地文物精品联展图录　深圳博物馆、东莞市博物馆、惠州市博物馆编　文物出版社　2013 年 6 月　179 页　彩版 131 组　16 开

百色文物珍品　黄霖珍主编　广西美术出版社　2013 年 2 月　141 页　彩版 152 幅（组）　16 开

金辉玉德：西安博物院藏金银器玉器精萃　西安博物院编　王梅主编　文物出版社　2013 年 12 月　199 页　插图 16 幅　彩版 144 幅　16 开

铜川文物精萃　惠善利主编　世界图书出版公司　2013 年 11 月　251 页　彩版 246 幅　16 开

渭南文物精粹　渭南市文物保护考古研究所编　赵县民主编　三秦出版社　2013 年 12 月　190 页　彩版 208 幅　16 开

朔色长天：宁夏博物馆藏历史文物集萃　宁夏博物馆编　李进增、陈永耘著　文物出版社　2013 年 6 月　459 页　彩版 300 组　12 开

固原文物精品图集（下册）宁夏固原博物馆编　程云霞主编　宁夏人民出版社　2013 年 10 月　265 页　彩版 231 幅　16 开

哈密文物精粹　哈密博物馆编　马迎霞主编　科学出版社　2013 年 1 月　314 页　彩版 391 幅　16 开

河南博物院（带你走进博物馆）河南博物院编著　刘玉珍主编　文物出版社　2013 年 5 月　108 页　插图 80 幅　24 开

阿拉善博物馆（带你走进博物馆）阿拉善博物馆编著　景学义主编　文物出版社　2013 年 8 月　119 页　24 开

阿克苏博物馆（带你走进博物馆）新疆维吾尔自治区文物局编著　张青主编　文物出版社　2013 年 11 月　95 页　插图 103 幅　24 开

伊犁哈萨克自治州博物馆（带你走进博物馆）新疆维吾尔自治区文物局编著　葛承雍主编　文物出版社　2013 年 11 月　119 页　插图 150 幅　24 开

大理白族自治州博物馆馆藏文物精粹　大理白族自治州博物馆编　云南人民出版社　2013 年 5 月　234 页　彩版 223 幅　16 开

补　遗

荆楚英华：湖北全省博物馆馆藏文物精品联展图录　湖北省博物馆编　湖北人民出版社　2011 年 6 月　351 页　16 开

西安文物精华：三彩　西安市文物保护考古所编著　世界图书出版公司　2011 年 1 月　148 页　彩版 128 幅　16 开

西安文物精华：印章　西安市文物保护考古所编著　世界图书出版公司　2011 年 1 月　220 页　彩版 372 幅　16 开

西安文物精华：金银器　西安市文物保护考古所编著　世界图书出版公司　2012 年 7 月　208 页　彩版 211 幅　16 开

凤翔遗珍：凤翔县博物馆藏品精萃　凤翔县博物馆编　郁彩玲主编　三秦出版社　2012 年 7 月　182 页　彩版 186 幅　16 开

湖南省博物馆　陈建明主编　中西书局　2012 年 2 月　192 页　彩版 174 幅　16 开

固原文物精品图集（中册）宁夏固原博物馆编　程云霞主编　宁夏人民出版社　2012 年 8 月　278

页 插图 9 幅 彩版 248 幅 16 开

五 科技考古

科技考古进展 王昌燧编著 科学出版社 2013 年 3 月 300 页 插图 224 幅 16 开

考古探索新思路 赵海春主编 安徽美术出版社 2013 年 4 月 195 页 32 开

鲤鱼墩：一个华南新石器时代遗址的生物考古学研究 李法军、王明辉、朱泓等著 中山大学出版社 2013 年 4 月 文 307 页 彩版 8 页 16 开

动物考古学（第二版）［美］瑞兹（Elizabeth J. Reitz）、［美］维恩（Elizabeth S. Wing）著 中国社会科学院考古研究所译 科学出版社 2013 年 4 月 441 页 插图 92 幅 附图 24 幅 表 27 幅 附表 8 幅 16 开 译自 *Zooarchaeology*, 2nd Edition

喇嘛洞墓地三燕文化居民人骨研究（吉林大学边疆考古研究中心系列学术著作） 陈山著 科学出版社 2013 年 3 月 文 255 页 图版 8 页 16 开

稳定同位素分析方法在探讨稻粟混作区先民（动物）食物结构中的运用（浙江大学人文学科青年学者文丛） 郭怡著 浙江大学出版社 2013 年 7 月 123 页 32 开

马家塬墓地金属制品技术研究 黄维、陈建立、王辉、吴小红著 北京大学出版社 2013 年 4 月 文 304 页 插图 233 幅 彩版 16 页 16 开

三峡地区春秋战国至汉代青铜器科技研究（长江三峡工程重庆库区文物保护研究丛书） 杨小刚著 科学出版社 2013 年 9 月 文 175 页 插图 188 幅 彩版 21 页 16 开

北京龙泉务窑辽代瓷器科技研究（北京文物与考古系列丛书） 北京市文物研究所编著 刘乃涛执笔 科学出版社 2013 年 11 月 211 页 插图 139 幅 16 开

环境考古概论 朱诚、李兰、刘万青等主编 科学出版社 2013 年 9 月 308 页 插图 183 幅 插表 34 幅 16 开

数字环境考古理论与实践 杨瑞霞、鲁鹏等著 科学出版社 2013 年 10 月 205 页 插图 143 幅 16 开

内蒙古全新世环境演变与古文化发展（临沂大学博士教授文库） 申洪源著 山东人民出版社 2013 年 10 月 161 页 插图 50 幅 16 开

六 工具书

中国考古学年鉴（2012） 中国考古学会编 文物出版社 2013 年 11 月 目录 17 页 正文 714 页 32 开

中国文物年鉴（2012）国家文物局编 文物出版社 2012 年 11 月 444 页 16 开

陕西文物年鉴（2012）陕西省文物局编 吴晓丛主编 陕西人民出版社 2013 年 11 月 文 352 页 照片 24 页 16 开

足迹：湖北省博物馆、湖北省文物考古研究所 2012 年鉴 湖北省博物馆、湖北省文物考古研究所编 王亮主编 湖北美术出版社 2013 年 4 月 159 页 彩版 132 幅 16 开

中国文物地图集：河北分册 国家文物局主编 段宏振主编 文物出版社 2013 年 8 月 全三册 547 页 982 页 16 开

古文物称谓图典［修订版］ 罗西章、罗芳贤著 百花文艺出版社 2013 年 1 月 464 页 16 开

中国新石器时代考古学文献目录（1923～2006）［增订本］ 缪雅娟等编 中州古籍出版社 2013 年 12 月 717 页 16 开

越文化研究论著目录汇编（越文化研究丛书） 孟文镛编 中国社会科学出版社 2013 年 11 月 419 页 16 开

第一次全国可移动文物普查工作手册 国家文物局第一次全国可移动文物普查工作办公室编 文物出版社 2013 年 7 月 439 页 16 开

北京考古志：平谷卷　张利芳著　上海古籍出版社　2013年11月　目录11页　文174页　彩版40页　16开

北京考古志：昌平卷　王燕玲著　上海古籍出版社　2013年11月　目录12页　文191页　彩版、图版53页　16开

郑州市文物志（郑州历史文明丛书）　郑州市文物志编辑委员会编　中华书局　2013年8月　368页　插图103幅　16开

五莲文物志　郭公仕编著　齐鲁书社　2013年1月　401页　16开

补　遗

郭沫若研究文献汇要（1920～2008）卷十一：考古、古文字卷　陈仕益、杨晓宇主编　上海书店出版社　2012年7月　401页　32开

贰　田野考古资料

一　调查发掘报告

窦店与长阳（北京文物与考古系列丛书）　北京市文物研究所编著　科学出版社　2013年9月　文174页　彩版80页　16开

明蓟镇长城：1981－1987年考古报告（第六卷）：喜峰口、洪山口　河北省文物研究所编著　郑绍宗主编　文物出版社　2013年1月　目录28页　文、图版340页　16开

明蓟镇长城：1981－1987年考古报告（第九卷）：金山岭、古北口　河北省文物研究所编著　郑绍宗主编　文物出版社　2013年1月　目录23页　文、图版374页　16开

明蓟镇长城：1981－1987年考古报告（第十卷）：白马关、亓连口　河北省文物研究所编著　郑绍宗主编　文物出版社　2013年12月　目录36页　文、图版570页　16开

黄河蒲津渡遗址　山西省考古研究所编著　刘永生主编　科学出版社　2013年3月　全二册　文590页　彩版88页　16开

内蒙古文物考古文集（第四辑）：配合国家基本建设专集　内蒙古自治区文物考古研究所编　吉平主编　科学出版社　2013年4月　文668页　彩版44页　16开

内蒙古自治区长城资源调查报告　内蒙古自治区文化厅（文物局）、内蒙古自治区文物考古研究所编著　安泳锝主编　文物出版社　2013年11月　全二册　文437页　彩版353页（664幅）　16开

代海墓地　辽宁省文物考古研究所编著　文物出版社　2013年1月　目录13页　文158页　插图137幅　彩版64页　16开

姜屯汉墓　辽宁省文物考古研究所编著　文物出版社　2013年1月　全二册　目录17页　文567页　插图422幅　彩版264页　16开

穿越宜溧山地：宁杭高铁江苏段考古发掘报告　南京博物院编著　林留根主编　科学出版社　2013年8月　文232页　插图233幅　彩版116页　16开

穿越长三角：京沪、沪宁高铁江苏段考古发掘报告　南京博物院编著　林留根主编　科学出版社　2013年8月　文228页　插图245幅　彩版70页　16开

梁王城遗址发掘报告：史前卷（南水北调东线先导工程之沂、沭、泗河洪水东调南下工程文物保护项目）　南京博物院、徐州博物馆、邳州博物馆编著　林留根主编　文物出版社　2013年10月　全二册　目录19页、11页　文594页　插图483幅　彩版357页　16开

南京考古资料汇编　南京市博物馆编　凤凰出版社　2013年5月　全四册　2509页　16开

句容鹅毛岗土墩墓发掘报告（印记与重塑：镇江博物馆考古报告集，二）　镇江博物馆编著　杨正宏主编　江苏大学出版社　2013年12月　文160页　插图132幅　表28幅　彩版　67页　16开

萧山柴岭山土墩墓　杭州市文物考古研究所、萧山博物馆编著　文物出版社　2013年5月　目录13页　文379页　插图355幅　彩版143页　16开

余杭小横山东晋南朝墓　杭州市文物考古研究所、余杭博物馆编著　文物出版社　2013年5月　全二册　目录26页　文400页　插图146幅　彩版280页　16开

南宋御街遗址（临安城遗址考古发掘报告）　杭州市文物考古所编著　文物出版社　2013年1月　全二册　文271页　插图184幅　彩版239页　16开

南宋临安府治与府学遗址（临安城遗址考古发掘报告）　杭州市文物考古所编著　文物出版社　2013年2月　328页　插图112幅　彩版154幅　16开

傅家山：新石器时代遗址发掘报告（宁波文物考古研究丛书，乙种第一号）　宁波市文物考古研究所编著　科学出版社　2013年1月　目录20页　文178页　插图98幅　彩版112页　16开

郭童岙：越窑遗址发掘报告（宁波文物考古研究丛书，乙种第二号）　宁波市文物考古研究所编著　科学出版社　2013年8月　文280页　彩版136页　16开

永丰库：元代仓储遗址发掘报告（宁波文物考古研究丛书，乙种第三号）　宁波市文物考古研究所编著　科学出版社　2013年8月　文158页　彩版124页　16开

蚌埠禹会村　中国社会科学院考古研究所、安徽省蚌埠市博物馆编著　科学出版社　2013年11月　目录19页　文486页　插图235幅　彩版28页　图版82页　16开

潜山林新战国秦汉墓　安徽省文物考古研究所编著　文物出版社　2013年9月　目录9页　文208页　插图161幅　彩版48页　16开

天长三角圩墓地　安徽省文物考古研究所编著　科学出版社　2013年9月　目录24页　文497页　插图332幅　彩版99页　图版41页　16开

庐江汉墓　安徽省文物考古研究所编著　科学出版社　2013年9月　前言、目录24页　文374页　插图379幅　彩版64页　图版139页　16开

钟离君柏墓　安徽省文物考古研究所、蚌埠市博物馆编著　阚绪杭主编　文物出版社　2013年9月　全三册　目录21页　文699页　插图334幅　彩版274页　16开

莲花池山遗址：福建漳州旧石器遗址发掘报告（1990～2007）　福建博物院编著　范雪春、杨丽华主编　科学出版社　2013年1月　文171页　插图59幅　彩版8页　图版19页　16开

海岱考古（第六辑）　山东省文物考古研究所编　郑同修主编　科学出版社　2013年10月　文492页　插图375幅　彩版8页　图版56页　16开

大辛庄遗址研究（山东大学东方考古研究书系）　方辉主编　科学出版社　2013年12月　全二册（资料卷、研究卷）　文762页　插图247幅　彩版6页　16开

临淄齐故城　山东省文物考古研究所编著　文物出版社　2013年10月　目录26页　文555页　插图448幅　图版70页　16开

章丘女郎山　济南市考古研究所编著　科学出版社　2013年1月　目录21页　文620页　插图355幅　彩版32页　16开

梁山薛垓墓地（南水北调东线一期工程文物保护项目，山东省考古发掘报告，第一号）　山东博物馆、济宁市文物局、梁山县文物管理所编著　杨波主编　文物出版社　2013年8月　目录23页　文271页　插图230幅　彩版72页　16开

白河流域史前遗址调查报告　北京大学考古文博学院、南阳市文物考古研究所编著　张弛、樊力主编　文物出版社　2013年12月　目录14页　文359页　插图342页　彩版45页　16开

偃师商城（第一卷）　中国社会科学院考古研究所编著　科学出版社　2013年9月　全二册　目录40页　文853页　插图398幅　彩版12页　图版107页　附图1袋　16开

民权牛牧岗与豫东考古　郑州大学历史学院考古系（张国硕、赵俊杰）编著　科学出版社　2013年11月　目录21页　文301页　插图130幅　图版12页　16开

淇县大马庄墓地（南水北调中线工程文物保护项目，河南省考古发掘报告，第九号）　西安市文物保护研究院编著　尚民杰主编　科学出版社　2013年5月　目录19页　文220页　插图144幅　彩版16页　图版72页　16开

淅川柳家泉墓地（南水北调中线工程文物保护项目，河南省考古发掘报告，第十号）　辽宁省文物考古研究所、沈阳市文物考古研究所编著　科学出版社　2013年2月　目录22页　文279页　插图183幅　彩版24页　图版40页　16开

新乡王门墓地（南水北调中线工程文物保护项目，河南省考古发掘报告，第十一号）　河南省文物考古研究所、新乡市文物考古研究所编著　李慧萍主编　科学出版社　2013年9月　目录19页　文299页　插图239幅　彩版52页　图版72页　16开

安阳北朝墓葬（南水北调中线工程文物保护项目，河南省考古发掘报告，第十二号）　安阳市文物考古研究所编著　孔德铭主编　科学出版社　2013年7月　目录15页　文116页　插图45幅　拓片17幅　彩版140页　16开

黄河小浪底水库考古报告（四）：新安盐东　河南省文物管理局、洛阳市文物考古研究院编著　中州古籍出版社　2013年10月　目录10页　文341页　插图175幅　彩版16页　图版34页　16开

洛阳考古勘探报告（第四辑）　洛阳市文物管理局、洛阳市文物钻探管理办公室编　桑永夫、李春敏主编　中州古籍出版社　2013年9月　245页　16开

洛阳纪年墓　洛阳博物馆编　谢虎军、张剑主编　大象出版社　2013年11月　目录32页　文739页　插图633幅　彩版24页　16开

宜昌杨家湾　湖北省文物考古研究所编著　科学出版社　2013年4月　全二册　目录25页　文1020页　插图484幅　彩版16页　图版139页　16开

襄阳黄家村（襄阳古邓城考古发掘成果之三）　襄阳市文物考古研究所编著　科学出版社　2013年6月　全二册　目录33页　文646页　插图456幅　彩版28页　图版84页　16开

襄阳陈坡　湖北省文物考古研究所、襄阳市文物考古研究所、襄阳市襄州区文物管理处编著　文物出版社　2013年9月　目录20页　文448页　插图416幅　彩版40页　图版112页　16开

阳新大路铺　湖北省文物考古研究所、湖北省黄石市博物馆、湖北省阳新县博物馆编著　冯少龙主编　文物出版社　2013年11月　全二册　目录29页　文876页　插图719幅　彩版44页　图版68页　16开

湖北南水北调工程考古报告集（第一卷）（南水北调中线一期工程文物保护项目，湖北省考古发掘报告集，第一号）　湖北省文物局等编著　沈海宁主编　科学出版社　2013年1月　文428页　插图441幅　彩版28页　16开

湖北南水北调工程考古报告集（第二卷）（南水北调中线一期工程文物保护项目，湖北省考古发掘报告集，第二号）　湖北省文物局等编著　沈海宁主编　科学出版社　2013年12月　文405页　插图374幅　彩版28页　16开

丹江口牛场墓群（南水北调中线一期工程文物保护项目，湖北省考古发掘报告，第二号）　湖北省文物考古研究所编著　周国平主编　科学出版社　2013年5月　目录25页　文570页　插图386幅　彩版4页　图版208页　16开

丹江口潘家岭墓地（南水北调中线一期工程文物保护项目，湖北省考古发掘报告，第三号）　成都文物考古研究所编著　科学出版社　2013年6月　目录12页　文211页　插图182幅　彩版2页　图版50页　16开

郧县上宝盖（南水北调中线一期工程文物保护项目，湖北省考古发掘报告，第四号）　宁夏文物考古研究所、长沙市文物考古研究所、复旦大学文物与博物馆学系编著　科学出版社　2013年12月　文266页　插图284幅　彩版40页　16开

湖北省长城资源调查工作报告　湖北省文化厅古建筑保护中心、武汉大学历史学院考古系、华中师范大学历史文化学院编著　沈远跃主编　文物出版社　2013年12月　177页　彩版141幅　16开

安乡汤家岗：新石器时代遗址发掘报告　湖南省文物考古研究所编著　科学出版社　2013年11月　全二册　目录26页　文514页　插图463幅　彩版60页　图版118页　16开

桂阳刘家岭宋代壁画墓　湖南省文物考古研究所编著　文物出版社　2013年1月　198页　插图

105 幅 彩版 138 幅 16 开

南海考古资料整理与评述（国家文物局水下文化遗产保护中心著作系列） 范伊然编著 科学出版社 2013 年 6 月 206 页 插图 326 幅 16 开

深圳咸头岭：2006 年发掘报告 深圳市文物考古鉴定所编著 文物出版社 2013 年 8 月 目录 19 页 文 447 页 插图 309 幅 彩版 104 页 16 开

广西考古文集（第五辑） 广西文物考古研究所编著 科学出版社 2013 年 8 月 文 403 页 插图 277 幅 彩版 20 页 16 开

广西田东么会洞早更新世遗址 广西壮族自治区自然博物馆编著 王頠主编 科学出版社 2013 年 12 月 文 170 页 彩版 20 页 16 开

成都考古发现（2011） 成都文物考古研究所编著 科学出版社 2013 年 11 月 文 597 页 插图 553 幅 彩版 20 页 图版 4 页 16 开

水井街酒坊遗址发掘报告 成都文物考古研究所、四川省文物考古研究院、四川省博物院编著 文物出版社 2013 年 5 月 目录 11 页 文 171 页 插图 67 幅 彩版 100 页 16 开

茂县营盘山石棺葬墓地 成都文物考古研究所、阿坝藏族自治州文物管理所、茂县羌族博物馆编著 文物出版社 2013 年 7 月 目录 18 页 文 328 页 插图 294 幅 彩版 120 页 16 开

金沙遗址考古发掘资料集（一） 成都文物考古研究所、成都金沙遗址博物馆编著 王毅主编 科学出版社 2013 年 12 月 文 362 页 插图 299 幅 彩版 14 页 16 开

奉节白马墓地（长江三峡工程文物保护项目报告，乙种第二十二号） 重庆市文化遗产研究院、宜昌博物馆编著 肖承云、吴义兵主编 科学出版社 2013 年 6 月 目录 14 页 文 336 页 插图 297 幅 彩版 28 页 图版 39 页 16 开

丰都镇江汉至六朝墓群（长江三峡工程文物保护项目报告，乙种第二十三号） 重庆市文化遗产研究院、重庆文化遗产保护中心编著 白九江主编 科学出版社 2013 年 11 月 全二册 文 832 页 插图 700 幅 彩版 40 页 图版 44 页 16 开

个旧市黑蚂井墓地第四次发掘报告（云南省文物考古研究所田野考古报告，第十三号） 云南省文物考古研究所、红河哈尼族彝族自治州文物管理所、个旧市博物馆编著 科学出版社 2013 年 5 月 文 208 页 插图 151 幅 彩版 64 页 16 开

保山陶官（云南省文物考古研究所田野考古报告，第十四号） 云南省文物考古研究所、保山市文物管理所编著 云南美术出版社 2013 年 7 月 文 90 页 彩版 139 页 16 开

李家崖（陕西省考古研究院田野考古报告，第六十六号） 陕西省考古研究院编著 文物出版社 2013 年 9 月 目录 22 页 文 379 页 插图 283 幅 彩版 32 页 图版 72 页 16 开

秦雍城豆腐村战国制陶作坊遗址（陕西省考古研究院田野考古报告，第六十七号） 陕西省考古研究院、宝鸡市考古研究所、凤翔县博物馆编著 科学出版社 2013 年 9 月 目录 14 页 文 398 页 插图 222 幅 彩版 112 页 16 开

潼关税村隋代壁画墓（陕西省考古研究院田野考古报告，第五十六号） 陕西省考古研究院编著 文物出版社 2013 年 1 月 目录 9 页 文 169 页 插图 130 幅 彩版 100 页 附图 1 袋 16 开

西安南郊明墓（陕西省考古研究院田野发掘报告，第五十四号） 陕西省考古研究院编著 三秦出版社 2013 年 4 月 目录 12 页 文 183 页 插图 143 幅 彩版 44 页 16 开

水洞沟：2003～2007 年度考古发掘与研究报告（宁夏文物考古研究所丛书之二十一） 宁夏文物考古研究所、中国科学院古脊椎动物与古人类研究所编 高星、王惠民、裴树文、陈福友等著 科学出版社 2013 年 6 月 目录 15 页 文 377 页 插图 129 幅 彩版 68 页 16 开

彭阳海子塬墓地发掘报告（宁夏文物考古研究所丛刊之二十二） 宁夏文物考古研究所、彭阳县文物管理所编著 上海古籍出版社 2013 年 10 月 目录 8 页 文 136 页 插图 30 幅 插表 27 幅 彩版 64 页 16 开

西夏六号陵（宁夏文物考古研究所丛刊之二十四） 宁夏文物考古研究所、银川西夏陵区管理处编

著　科学出版社　2013年9月　目录25页　文450页　插图384幅　彩版72页　图版140页　16开

新疆萨恩萨伊墓地　新疆文物考古研究所编著　文物出版社　2013年9月　目录10页　文261页　插图265幅　彩版99页　16开

二　出土文物图录

新世纪中国考古新发现（2001～2010）（考古学专刊，乙种第四十三号）　考古杂志社编著　白云翔、施劲松主编　中国社会科学出版社　2013年11月　429页　彩版791幅　16开

2012中国重要考古发现　国家文物局主编　文物出版社　2013年4月　181页　16开

长沙重大考古发现　长沙市文物局编　宋少华主编　岳麓书社　2013年1月　366页　插图296幅　16开

再现文明：青海省基本建设考古重要新发现　青海省文物考古研究所编著　任晓燕主编　文物出版社　2013年6月　190页　彩版536幅　16开

寻踪觅古：洛阳市文物考古研究院近年重要考古发现成果　洛阳市文物考古研究院编　史家珍、周立主编　中州古籍出版社　2013年7月　178页　彩版155幅　16开

夜郎寻根：六盘水市史前至夜郎时期考古调查新发现　贵州省文物局、贵州省文物考古研究所、六盘水市文物局编　周必素主编　贵州人民出版社　2013年8月　270页　彩版626幅　16开

天府丽宝图：四川省文物考古研究院60年出土文物选粹　四川省文物考古研究院编著　周科华主编　文物出版社　2013年11月　242页　彩版200幅　16开

随州叶家山：西周早期曾国墓地　湖北省博物馆、湖北省文物考古研究所、随州市博物馆编　方勤主编　文物出版社　2013年12月　287页　插图7幅　彩版143组　16开

山栖越魂：柴岭山土墩墓考古发掘成果展　萧山博物馆编著　文物出版社　2013年5月　104页　彩版121幅　16开

金锡璆琳：蓝田吕氏家族墓出土文物　陕西历史博物馆编　程旭主编　三秦出版社　2013年9月　183页　插图34幅　彩版50组　16开

长毋相忘：读盱眙大云山江都王陵　南京博物院编　译林出版社　2013年12月　473页　彩版266幅　6开

叁　考古学分论

一　人类起源与旧石器时代

中国的旧石器时代（宁夏文物考古研究所丛刊之二十三）　［法］布勒（Marcellin Boule）、［法］步日耶（Henry Breuil）、［法］桑志华（Emile Licent）、［法］德日进（Teilhard de Chardin）著　李英华、邢路达译　科学出版社　2013年6月　文122页　图版30页　16开　译自 *Le Paleolithique de la Chine*，1928

北京猿人80周年纪念：第14届垂杨介与她的邻居们国际学术研讨会　高星、［韩］李隆助主编　海洋出版社　2013年6月　文198页　照片13页　16开

泥河湾与垂杨介：第16届垂杨介与她的邻居们国际学术研讨会　［韩］李隆助、高星、谢飞主编　海洋出版社　2013年6月　文304页　照片16页　16开

当代北京周口店遗址史话（当代北京史话丛书）杨亦武著　当代北京编辑部编　当代中国出版社　2013年3月　168页　插图52幅　32开

山西旧石器时代考古　宋艳花著　山西人民出版社　2013年6月　190页　16开

湖南旧石器时代文化与玉蟾岩遗址　袁家荣著　岳麓书社　2013年10月　文309页　插图59幅　彩版48页　16开

中国南海古人类文化（中国南海文化研究丛书） 张镇洪、邱立诚著 广东经济出版社 2013年7月 176页 插图112幅 16开

荆楚文明曙光（荆楚文化丛书：史传系列） 刘玉堂、张硕编著 武汉出版社 2013年12月 178页 插图105幅 32开

补 遗

盘县大洞：贵州旧石器初期遗址综合研究 中国科学院古脊椎动物与古人类研究所、贵州省六盘水市文体广电局等编 黄慰文、侯亚梅、斯信强主编 科学出版社 2012年12月 176页 16开

二 新石器时代

中国文明起源的比较研究［增订本］（当代中国学者代表作文库） 王震中著 中国社会科学出版社 2013年3月 文494页 彩版34页 32开

中国文明起源新探（人民·联盟文库） 苏秉琦著 人民出版社 2013年8月 157页 32开

早期中国研究（第一辑） 北京联合大学考古学研究中心编 文物出版社 2013年11月 248页 插图21幅 16开

先秦考古研究：聚落形态、人地关系与早期中国 韩建业著 文物出版社 2013年3月 255页 插图49幅 插表12幅 16开

先秦考古研究：文化谱系与文化交流 韩建业著 文物出版社 2013年3月 308页 插图124幅 插表16幅 16开

稻作与史前文化演变 吕烈丹著 科学出版社 2013年1月 文356页 表61幅 插图8幅 彩版2页 16开

英德牛栏洞遗址：稻作起源与环境综合研究 广东省珠江文化研究会岭南考古研究专业委员会、中山大学地球科学系、英德市人民政府、广东省珠江文化研究会农业文明研究专业委员会编著 江惠生主编 科学出版社 2013年5月 文202页 彩版、图版24页 16开

史前的现代化：中国农业起源过程的文化生态考察（吉林大学边疆考古研究中心系列学术著作） 陈胜前著 科学出版社 2013年12月 359页 插图42幅 16开

昂昂溪考古文集 中国社会科学院考古研究所、黑龙江省文物考古研究所、齐齐哈尔市昂昂溪区人民政府编 科学出版社 2013年12月 文328页 插图150幅 彩版4页 图版20页 16开

红山文化学术研讨会论文集 辽宁省文物考古研究所编 吴炎亮主编 辽宁人民出版社 2013年12月 374页 插图208幅 16开

鸭绿江、图们江及乌苏里江流域新石器文化研究（成都考古研究丛书） 杨占风著 文物出版社 2013年11月 274页 插图100幅 16开

大汶口文化（图说山东） 禚柏红、鲁元良编著 山东美术出版社 2013年1月 98页 插图113幅 16开

龙山文化（图说山东） 佟佩华等编著 山东美术出版社 2013年1月 101页 插图192幅 16开

河姆渡文化国际学术论坛论文集 余姚市河姆渡遗址博物馆编 杨瑶娜主编 中国时代经济出版社 2013年3月 225页 16开

神巫的世界（杭州全书·良渚丛书） 刘斌著 杭州出版社 2013年12月 247页 插图309幅 16开

纹饰的秘密（杭州全书·良渚丛书） 梁丽君著 杭州出版社 2013年12月 213页 插图166幅 16开

良渚人的衣食（杭州全书·良渚丛书） 俞为洁著 杭州出版社 2013年12月 221页 插图111幅 16开

良渚文明的圣地（杭州全书·良渚丛书） 赵晔著 杭州出版社 2013年12月 191页 插图139

幅　16开

从村居到王城（杭州全书·良渚丛书）　王宁远著　杭州出版社　2013年12月　199页　插图130幅　16开

神人兽面的真像（杭州全书·良渚丛书）　方向明著　杭州出版社　2013年12月　187页　插图206幅　16开

考古余杭：先秦时期　中国江南水乡文化博物馆编　陆文宝主编　西泠印社出版社　2013年5月　175页　彩版278幅　16开

长江中游文明化进程中的人地关系：以新石器时代为例（湖北省博物馆、湖北省文物考古研究所成立六十周年纪念丛书）　笪浩波著　上海古籍出版社　2013年10月　358页　插图41幅　16开

湘西史前遗存与中国古史传说　贺刚著　岳麓书社　2013年10月　文602页　插图175幅　彩版31页　16开

上海文化起源与早期文化生态：近年上海及周边考古研究（转型期中国〈上海〉文化生态研究丛书）　张童心著　上海大学出版社　2013年4月　337页　插图165幅　16开

苍洱地区史前文化　万娇著　文物出版社　2013年11月　238页　插图77幅　16开

洱海区域史前考古研究　李云晋著　云南科技出版社　2013年6月　233页　16开

西樵山遗址与西樵山文化文集（南海博物馆丛书）　张杰龙主编　广东旅游出版社　2013年8月　331页　插图200幅　16开

澳门黑沙玉石作坊　邓聪、郑炜明主编　香港中文大学出版社　2013年6月　339页　图版251幅　16开

中国东北及华北地区之字纹研究　王闯著　辽宁人民出版社　2013年12月　199页　插图47幅　16开

历程；纪念半坡遗址发现60周年　西安半坡遗址博物馆编　马雨林主编　三秦出版社　2013年6月　86页　16开

补　遗

桐庐新石器时代文化初探（桐庐县第三次全国文物普查丛书）　桐庐博物馆编著　赵志楠主编　西泠印社出版社　2011年12月　255页　16开

辽河流域文明起源史　张星德著　辽宁大学出版社　2011年11月　272页　32开

衣服的起源与树皮衣展览图录：珠海史前树皮布文化　香港中文大学中国考古艺术研究中心、珠海市博物馆编　邓聪主编　2012年5月　99页　彩版117幅　16开

三　夏商周时代

商文明（张光直作品系列）　张光直著　张良仁、岳洪彬、丁晓雷译　生活·读书·新知三联书店　2013年2月　451页　32开　译自 *Shang Civilization*

中国青铜时代（张光直作品系列）张光直著　生活·读书·新知三联书店　2013年3月　510页　32开

夏商周考古学（吉林大学边疆考古研究中心系列教材）　井中伟、王立新著　科学出版社　2013年5月　目录24页　文576页　插图269幅　彩版24页　16开

三代考古（五）中国社会科学院考古研究所夏商周考古研究室编著　科学出版社　2013年10月　293页　插图90幅　插表17幅　16开

金玉交辉：商周考古、艺术与文化论文集（“中央研究院”历史语言研究所会议论文集之十三）　陈光祖主编　中研院历史语言研究所　2013年11月　690页　插图266幅　附图25幅　16开

夏商周：从神话到史实　郭静云著　上海古籍出版社　2013年11月　537页　插图149幅　16开

二里头文化研究　袁广阔著　线装书局　2013年2月　202页　插图197幅　16开

夏夷商三种文化关系研究　徐昭峰著　科学出版社　2013年5月　250页　插图47幅　插表7幅

附表 12 幅 16 开

殷代商王国政治地理结构研究（北京大学震旦古代文明研究中心学术丛书） 韦心滢著 上海古籍出版社 2013 年 4 月 437 页 插图 98 幅 16 开

商邑翼翼，四方之极：殷墟文物里的晚商盛世（中国国家博物馆国内交流系列丛书） 中国国家博物馆、中国社会科学院考古研究所编 安徽美术出版社、安徽人民出版社 2013 年 4 月 237 页 彩版 186 幅 16 开

商王朝文物存萃：甲骨、青铜、玉器 中国社会科学院考古研究所编著 唐际根主编 科学出版社 2013 年 9 月 彩版 121 页 16 开

颜色与祭祀：中国古代文化中颜色涵义探幽（早期中国研究丛书）［英］汪涛著 郅晓娜译 上海古籍出版社 2013 年 3 月 299 页 插图 22 幅 32 开 译自 *Colour Symbolism in late Shang China*

周原（第一辑） 宝鸡市周原博物馆编 张亚炜主编 三秦出版社 2013 年 9 月 343 页 插图 96 幅 彩版 35 页 16 开

国王与诸侯：中国河南青铜文明展 河南省文物局主编 中州古籍出版社 2013 年 3 月 211 页 彩版 114 幅 16 开

郑州青铜文化研究（中华之源与嵩山文明研究系列丛书） 李维明著 科学出版社 2013 年 10 月 文 459 页 插图 46 幅 插表 55 幅 彩版 4 页 16 开

中国云南与越南的青铜文明（西南边疆历史与现状综合研究项目：研究系列） 李昆声、陈果著 社会科学文献出版社 2013 年 3 月 607 页 插图 307 幅 插表 28 幅 16 开

楚史、楚文化研究 郭德维著 湖北人民出版社 2013 年 3 月 文 456 页 插图 64 幅 彩版 8 页 16 开

南国楚宝，惊采绝艳：楚文物珍品展 秦始皇帝陵博物院编 曹玮主编 三秦出版社 2013 年 4 月 154 页 彩版 109 幅（组） 8 开

曾侯乙墓礼乐制度研究 黄敬刚著 人民出版社 2013 年 3 月 395 页 插图 106 幅 16 开

楚简楚文化与先秦历史文化国际学术研讨会论文集 中国先秦史学会、清华大学出土文献研究与保护中心、武汉大学中国地域文化研究所编 罗运环主编 湖北教育出版社 2013 年 8 月 1088 页 16 开

四 秦汉及汉以后各代

嬴秦西垂文化：甘肃秦文化研究会首届学术研讨会论文集 雍际春、田佐、南玄子主编 甘肃人民出版社 2013 年 9 月 320 页 16 开

秦汉城邑考古学研究 徐龙国著 中国社会科学出版社 2013 年 5 月 文 480 页 彩版 8 页 16 开

秦汉土墩墓考古发现与研究：秦汉土墩墓国际学术研讨会论文集 中国社会科学院考古研究所、浙江省文物考古研究所编著 文物出版社 2013 年 12 月 文 210 页 彩版 16 页 16 开

秦都咸阳遗存文化研究 唐群著 陕西人民出版社 2013 年 11 月 328 页 16 开

秦始皇帝陵博物院（总叁辑） 秦始皇帝陵博物院编 曹玮主编 三秦出版社 2013 年 8 月 476 页 插图 224 幅 16 开

考古工作者手札：2009～2012 年秦始皇帝陵考古纪实 秦始皇帝陵博物院编 曹玮主编 2013 年 6 月 184 页 彩版 117 幅 16 开

秦始皇帝陵珍宝 秦始皇帝陵博物院编 陕西旅游出版社 2013 年 8 月 151 页 16 开

西汉"黄肠题凑"葬制的考古发现 北京市大葆台西汉墓博物馆编 周正义、白岩主编 北京燕山出版社 2013 年 1 月 文 597 页 插图 372 幅 彩版 14 页 16 开

马王堆汉墓文物珍品展 成都金沙遗址博物馆、湖南省博物馆编著 四川人民出版社 2013 年 5 月 183 页 彩版 16 开

马王堆汉墓研究 陈建明主编 岳麓书社 2013 年 10 月 文 578 页 插图 10 幅 彩版 48 页

16 开

汉代长沙国考古发现与研究　何旭红著　岳麓书社　2013 年 10 月　302 页　插图 25 幅　16 开

汉代扬州区域文明发展（人文传承与社会发展研究丛书）　徐俊祥著　社会科学文献出版社　2013 年 4 月　202 页　16 开

汉唐考古与历史研究（南京大学史学丛书）　张学锋著　生活·读书·新知三联书店　2013 年 1 月　460 页　16 开

魏晋南北朝考古　韦正著　北京大学出版社　2013 年 6 月　591 页　插图 281 幅　32 开

六朝文明　［美］丁爱博（Albert E. Dien）著　李梅田译　社会科学文献出版社　2013 年 4 月　目录 18 页　文 562 页　插图 373 幅　地图 4 幅　插表 6 幅　16 开　译自 *Six Dynasties Civilization*

六朝文化：考古与发现（南京大学史学丛书）　贺云翱著　生活·读书·新知三联书店　2013 年 4 月　445 页　16 开

西夏遗珍　陈震、刘亚谏、李肇伦主编　文物出版社　2013 年 1 月　203 页　插图 182 幅　彩版 195 幅　8 开

西夏考古论稿（宁夏文物考古研究所丛刊之二十）　牛达生著　上海古籍出版社　2013 年 11 月　423 页　16 开

西夏陵　银川西夏陵区管理处编　宁夏人民出版社　2013 年 12 月　232 页　彩版、图版 270 幅　16 开

宝山辽墓：材料与释读　巫鸿、李清泉著　上海书画出版社　2013 年 6 月　212 页　16 开

辽金历史与考古（第四辑）　辽宁省辽金契丹女真史研究会编　辽宁教育出版社　2013 年 5 月　文 486 页　插图 156 幅　彩版 8 页　16 开

辽代墓葬艺术中的捺钵文化研究　乌力吉著　文化艺术出版社　2013 年 12 月　215 页　彩版 75 幅　16 开

白山·黑水·海东青：纪念金中都建都 860 周年特展　首都博物馆、黑龙江省博物馆编著　文物出版社　2013 年 8 月　311 页　插图 57 幅　彩版 273 幅　16 开

大朝春秋：蒙元考古与艺术　林梅村著　故宫出版社　2013 年 12 月　367 页　插图 209 幅　16 开

明朝都城（明朝文化研究丛书）　孟凡人著　南京出版社　2013 年 5 月　267 页　16 开

补　遗

汉阳陵与汉文化研究（第二辑）　汉阳陵博物馆编　三秦出版社　2012 年 12 月　356 页　插图 124 幅　16 开

肆　考古学专论

一　甲骨卜辞（附：古文字研究）

新中国甲骨学六十年（1949～2009）（中国哲学社会科学学科发展报告）　王宇信著　中国社会科学出版社　2013 年 11 月　序、目录 28 页　文 679 页　图版 10 页　16 开

甲骨文与殷商史（新三辑）　宋镇豪主编　上海古籍出版社　2013 年 4 月　457 页　16 开

俄罗斯国立爱米塔什博物馆藏殷墟甲骨　中国社会科学院历史研究所、俄罗斯国立爱米塔什博物馆编著　宋镇豪、［俄］玛丽娅（М. Л. Меньшикова）主编　上海古籍出版社　2013 年 12 月　20 页　188 页　8 开

殷墟 YH127 坑宾组甲骨新研（出土文献译注研析丛刊）　张惟捷著　万卷楼图书公司　2013 年 8 月　634 页　16 开

甲骨拼合三集　黄天树主编　学苑出版社　2013 年 4 月　572 页　16 开

契合集　林宏明著　万卷楼图书公司　2013 年 9 月　381 页　278 页　16 开

三鉴斋甲骨文论集　陈炜湛著　上海古籍出版社　2013 年 10 月　414 页　16 开

甲骨文与殷商时代神灵崇拜研究（中国社会科学博士论文文库） ［韩］具隆会著 中国社会科学出版社 2013 年 12 月 510 页 16 开

图释甲骨文（高校社科学文库） 曹兆兰著 光明日报出版社 2013 年 1 月 259 页 32 开

中国最早的历史空间舞台：甲骨文地名体系概述（中国地名文化遗产研究丛书） 马保春、宋久成著 学苑出版社 2013 年 1 月 437 页 16 开

中国古文字学导论 ［美］夏含夷（Edward L. Shaughnessy）主编 赵平安、刘乐贤等译 中西书局 2013 年 8 月 342 页 16 开 译自 *New Sources of Early Chinese History: An Introduction to the Reading of Inscriptions and Manuscripts*

中国汉字文物大系 刘志基主编 大象出版社 2013 年 12 月 全十五册 16 开

中国文字（新三十九期） 中国文字编辑委员会编 艺文印书馆 2013 年 12 月 220 页 16 开

安徽大学汉语言文字研究丛书：何琳仪卷 何琳仪著 程燕选编 安徽大学出版社 2013 年 3 月 504 页 16 开

安徽大学汉语言文字研究丛书：高岛谦一卷 ［加］高岛谦一著 刘学顺等译 安徽大学出版社 2013 年 3 月 473 页 16 开

安徽大学汉语言文字研究丛书：李家浩卷 李家浩著 安徽大学出版社 2013 年 5 月 419 页 16 开

三晋文字编（国别文字编） 汤志彪编著 作家出版社 2013 年 10 月 全六册 文 3383 页 检字表 65 页 16 开

出土文字资料所见先秦秦汉祖先神崇拜的演变（“中国早期文字与文化研究”成果之一） 何飞燕著 科学出版社 2013 年 8 月 218 页 16 开

石鼓文概述 任晓麓著 齐鲁书社 2013 年 8 月 188 页 16 开

补遗

朱歧祥学术文存 朱歧祥著 艺文印书馆 2012 年 12 月 583 页 16 开

二 商周铜器及铭文

中国青铜器辞典 陈佩芬编著 上海辞书出版社 2013 年 8 月 全六册 1677 页 8 开

第一册，青铜器论述、青铜器分类、青铜器器名、青铜器纹饰、青铜器铭文及释文

第二册，重要青铜器（饪食器）

第三册，重要青铜器（饪食器、酒器）

第四册，重要青铜器（酒器）

第五册，重要青铜器（酒器、水器、乐器、兵器、度量衡）

第六册，重要青铜器（日用器、杂器），青铜器铸造技术，出土青铜器主要遗址、墓葬和窖藏，金石学家，青铜器书目

礼在东方：中国青铜器（中国文明探微） 丁孟著 北京教育出版社 2013 年 4 月 159 页 插图 134 幅 16 开

青铜器入门 李学勤著 商务印书馆 2013 年 5 月 154 页 32 开

鼎盛中华：中国鼎文化 河南博物院编 张文军、赵辉主编 大象出版社 2013 年 9 月 313 页 插图 97 幅 彩版 197 幅 16 开

青铜器与西周史论集（文史哲大系） 何树环著 文津出版社 2013 年 8 月 418 页 插图 28 幅 32 开

湖南商周青铜器研究 熊建华著 岳麓书社 2013 年 10 月 597 页 插图 253 幅 16 开

商周青铜器与青铜器雕塑艺术（中国书籍文库） 张耀著 中国书籍出版社 2013 年 1 月 180 页 16 开

淅川楚国青铜器精粹 淅川县博物馆编著 齐延广、胡永庆主编 中州古籍出版社 2013 年 8 月

193 页　彩版 179 幅　16 开

商代青铜器铭文集目（中国语言文字研究辑刊，四编）　谭步云著　花木兰文化出版社　2013 年　181 页　16 开

商代青铜器铭文研究（国家哲学社会科学成果文库）　严志斌著　上海古籍出版社　2013 年 3 月　604 页　16 开

商周铭文选注释　马如森著　上海大学出版社　2013 年 1 月　401 页　16 开

商周金文辞汇释　董莲池著　作家出版社　2013 年 6 月　全三册　1159 页　16 开

商周青铜器铭文文学研究　丁进著　西北大学出版社　2013 年 9 月　240 页　插图 38 幅　16 开

天亡簋铭研究（殷周青铜器铭文集释丛书）　黄人二、朱人贤著　高文出版社　2013 年 1 月　106 页　16 开

宋代著录金文编　王玉哲编著　天津古籍出版社　2013 年 11 月　516 页　16 开

宣德彝器图谱二十卷（古刻新韵）（明）吕震编　浙江人民美术出版社　2013 年 4 月　影印本　293 页　32 开

三　简牍、帛书、文书写本

简帛研究（2011）　中国社会科学院简帛研究中心、中国社会科学院历史研究所秦汉魏晋南北朝室主办　卜宪群、杨振红主编　广西师范大学出版社　2013 年 6 月　271 页　16 开

简帛研究（2012）　中国社会科学院简帛研究中心、中国社会科学院历史研究所魏晋南北朝研究室主办　卜宪群、杨振红主编　广西师范大学出版社　2013 年 10 月　314 页　16 开

简帛（第八辑）　武汉大学简帛研究中心主办　陈伟主编　上海古籍出版社　2013 年 10 月　581 页　16 开

楚地出土战国简册合集（二）：葛陵楚墓竹简、长台关楚墓竹简　武汉大学简帛研究中心、河南省文物考古研究所（彭浩、贾连敏、刘国胜）编著　文物出版社　2013 年 1 月　文 160 页　图版 86 页　16 开

岳麓书院藏秦简（叁）　朱汉民、陈松长主编　上海辞书出版社　2013 年 6 月　358 页　附放大本　8 开

肩水金关汉简（叁）　甘肃简牍博物馆、甘肃省文物考古研究所、甘肃省博物馆、中国文化遗产研究院古文献研究室、中国社会科学院简帛研究中心编　中西书局　2013 年 12 月　全三册　彩版 250 页　红外线图版 250 页　释文 148 页　8 开

长沙走马楼三国吴简·竹简（柒）　长沙简牍博物馆、中国文化遗产研究院、北京大学历史学系、故宫博物院古文献研究所走马楼简牍整理组编著　王素、宋少华、罗新、邬文玲编　文物出版社　2013 年 12 月　全三册　1018 页　8 开

楚帛书研究（十一种）　李零著　中西书局　2013 年 12 月　287 页　插图 72 幅　附图 10 幅　16 开

战国竹书论集（出土文献与古文字研究丛书）　陈剑著　上海古籍出版社　2013 年 12 月　465 页　16 开

上博战国楚竹书（一）文字考释　吴建伟著　齐鲁书社　2013 年 12 月　219 页　32 开

上博楚简文字声系（一～八）　徐在国著　安徽大学出版社　2013 年 12 月　全八册　3452 页　16 开

初识清华简　李学勤著　中西书局　2013 年 6 月　212 页　16 开

清华大学藏战国竹简（壹）读本　王楡桢等撰　艺文印书馆　2013 年 11 月　397 页　16 开

包山楚简综述　朱晓雪著　福建人民出版社　2013 年 12 月　文 913 页　字编 121 页　16 开

出土秦简牍文化研究　洪燕梅著　台北：文津出版社　2013 年 3 月　220 页　32 开

天水放马滩秦简集释　孙占宇著　甘肃文化出版社　2013 年 3 月　24 页　296 页　8 开

秦汉简牍研究存稿（厦门大学国学研究院资助出版丛书） 杨剑虹著 厦门大学出版社 2013年4月 425页 32开

居延新简释校 马怡、张荣强主编 天津古籍出版社 2013年12月 全二册 928页 32开

敦煌马圈湾汉简集释（甘肃秦汉简牍集释） 张德芳编著 甘肃文化出版社 2013年12月 700页 8开

长沙走马楼三国竹简研究（吉林大学哲学社会科学学术文库） 沈刚著 社会科学文献出版社 2013年5月 234页 16开

流沙坠简（浙江文丛） 罗振玉、王国维撰 何立民点校 浙江古籍出版社 2013年7月 254页 16开

出土文献（第四辑） 清华大学出土文献研究与保护中心编 李学勤主编 中西书局 2013年12月 314页 插图28幅 16开

出土文献与古文字研究（第五辑） 复旦大学出土文献与古文字研究中心编 刘钊主编 上海古籍出版社 2013年9月 611页 16开

出土材料与新视野（“中央研究院”第四届国际汉学会议论文集） 李宗焜主编 台北“中央研究院” 2013年9月 671页 32开

书馨集：出土文献与古文字论丛（出土文献与古文字研究丛书） 刘钊著 上海古籍出版社 2013年12月 文500页 彩版4页 16开

出土文献文字与语法研读论文集（第一辑）（出土文献译注研析丛刊） 陈廖安、杨如雪、黄丽娟主编 台北万卷楼图书公司 2013年9月 298页 16开

出土文献与法律史研究（第二辑）（出土法律文献研究丛书） 王沛主编 上海人民出版社 2013年11月 293页 32开

黄文弼所获西域文献论集（新疆师范大学黄文弼中心丛刊） 荣新江编 科学出版社 2013年10月 332页 16开

中国国家图书馆藏敦煌遗书总目录：新旧编号对照卷 方广锠著 中国人民大学出版社 2013年4月 17页 989页 16开

新疆博物馆新获文书研究 中国文化遗产研究院、新疆维吾尔自治区博物馆编 刘绍刚、侯世新主编 中华书局 2013年10月 351页 166页 彩版72幅 8开

四 古代碑刻、墓志

山东石刻分类全集 《山东石刻分类全集》编委会编 青岛出版社 2013年5月 全八卷 2528页 8开

卷一、秦汉碑刻 万良主编

卷二、云峰刻石 焦德森主编

卷三、卷四：北朝佛教刻经 赖非主编

卷五、历代墓志 赖非主编

卷六、卷七、汉代画像石 赖非主编

卷八、佛教窟龛、单体造像 张广存主编

新日下访碑录：房山卷 北京石刻艺术博物馆编著 刘卫东、贾瑞宏主编 北京燕山出版社 2013年11月 501页 16开

河南碑刻类编 张世科编著 大象出版社 2013年7月 155页 16开

碑林集刊（第十九辑） 西安碑林博物馆编 三秦出版社 2013年12月 345页 16开

陕西药王山碑刻艺术总集 陕西省考古研究院、陕西省铜川市药王山管理局编 张燕编著 赵超编审 上海辞书出版社 2013年12月 全七卷 2348页 8开

药王山碑刻（陕西金石文献汇集） 曹永斌编著 三秦出版社 2013年12月 349页 图版174幅

8 开

富平碑刻（陕西金石文献汇集）　刘兰芳、刘秉阳编著　三秦出版社　2013 年 5 月　409 页　图版 115 幅　16 开

邢台开元寺金石志　冀金刚、赵福寿主编　国家图书馆出版社　2013 年 9 月　476 页　16 开

汉魏唐刻石精粹　济宁市任城石刻艺术馆编　胡广跃、孙峻、李伟编著　三秦出版社　2013 年 9 月　全二册　254 页　203 页　照片 13 页　16 开

草原金石录　王大方、张文芳编著　文物出版社　2013 年 10 月　文 238 页　彩版 16 页　16 开

集安高句丽碑　集安市博物馆编著　吉林大学出版社　2013 年 1 月　213 页　16 开

西域碑铭录（《新疆通史》研究丛书）　戴良佐编著　新疆人民出版社　2013 年 2 月　598 页　16 开

丽水宋元墓志集录　浙江省文物考古研究所、丽水市博物馆编　郑嘉励、梁晓华编　浙江古籍出版社　2013 年 4 月　171 页　16 开

北京大学图书馆藏历代墓志拓片目录　北京大学图书馆金石组（胡海帆、汤燕、陶诚）编　上海古籍出版社　2013 年 12 月　全二册　1406 页　16 开

洛阳流散唐代墓志汇编　毛阳光、余扶危主编　国家图书馆出版社　2013 年 12 月　全二册　19 页　661 页　拓本 322 组　8 开

大唐西市博物馆藏墓志研究　吕建中、胡戟主编　陕西师范大学出版社　2013 年 3 月　331 页　16 开

大唐西市博物馆藏墓志研究（续）　吕建中、胡戟主编　陕西师范大学出版社　2013 年 3 月　全二册　289 页　231 页　16 开

新见北朝墓志集释（高校人文学术成果文库）　王连龙著　中国书籍出版社　2013 年 7 月　213 页　16 开

越窑瓷墓志（上林湖丛书）　厉祖浩编著　上海古籍出版社　2013 年 10 月　207 页　插图 52 幅　彩版 94 幅　16 开

补　遗

"中央研究院"历史语言研究所藏辽金石刻拓本目录（"中央研究院"历史语言研究所目录索引丛刊）　洪金富主编　"中央研究院"历史语言研究所　2012 年 2 月　308 页　彩版 8 幅　16 开

邯郸运河碑刻　王兴、李亚主编　河北美术出版社　2012 年 1 月　146 页　摹拓、图版 137 幅　8 开

大同新出唐辽金元志石新解　殷宪著　三晋出版社　2012 年 6 月　276 页　32 开

五　古代玉器

石之美者：中国玉器（中华文明探微）　张广文著　北京教育出版社　2013 年 4 月　157 页　32 开

故宫玉器图典（故宫经典）　故宫博物院编　许晓东编著　故宫出版社　2013 年 11 月　300 页　彩版 222 幅　12 开

湖湘出土玉器研究　喻燕姣著　岳麓书社　2013 年 10 月　400 页　插图 355 幅　16 开

玉器的故事（杭州全书·良渚丛书）　蒋卫东著　杭州出版社　2013 年 12 月　231 页　插图 202 幅　16 开

玉魂国魄：玉器·玉文化·夏代中国文明展　中华玉文化中心、中华玉文化工作委员会编　朱乃诚、蒋卫东、唐琳主编　浙江古籍出版社　2013 年 11 月　269 页　插图 74 幅　彩版 193 幅　16 开

玉石之魂：中国社会科学院考古研究所发掘出土商周玉器精品　中国社会科学院考古研究所、深圳博物馆编　文物出版社　2013 年 3 月　159 页　插图 24 幅　彩版 231 幅　16 开

天地之灵：中国社会科学院考古研究所发掘出土商与西周玉器精品展　中国社会科学院考古研究所、良渚博物院编　浙江古籍出版社　2013 年 4 月　324 页　彩版 240 幅　16 开

天地之灵：中国社会科学院考古研究所发掘出土商与西周玉器精品展　中国社会科学院考古研究所、北京艺术博物馆编　北京美术摄影出版社　2013 年 4 月　309 页　插图 46 幅　彩版 240 幅　16 开

虢国墓地出土玉器（壹）　虢国博物馆编著　王治国主编　科学出版社　2013 年 7 月　165 页　16 开

玉叶金枝：明代江西藩王墓出土玉器精品展（广东省博物馆展览系列丛书）　广东省博物馆、江西省博物馆编　岭南美术出版社　2013 年 3 月　214 页　16 开

聚赏珍玉：馆藏中国古代玉器陈列（天津博物馆文物展览系列图集）　天津博物馆编　曹平主编　文物出版社　2013 年 6 月　79 页　16 开

古玉图考（古刻新韵：二辑）　（清）吴大澂著　浙江人民美术出版社　2013 年 8 月　影印本　306 页　32 开

曲石古玉研究文选　曲石著　文物出版社　2013 年 10 月　文 438 页　插图 28 幅　彩版 14 页　16 开

六　古代货币

中国钱币大辞典：压胜钱编　《中国钱币大辞典》编纂委员会编　刘春声主编　中华书局　2013 年 1 月　995 页　彩版 4 页　16 开

杭州蒋村古钱币窖藏　杭州市文物考古研究所编著　文物出版社　2013 年 1 月　16 页　162 页　16 开

吐鲁番博物馆藏历代钱币图录　吐鲁番博物馆、吐鲁番学研究院编　曹洪勇主编　上海古籍出版社　2013 年 11 月　204 页　彩版 490 幅　16 开

西夏钱币研究（西夏研究丛书）　牛达生著　宁夏人民出版社　2013 年 10 月　268 页　16 开

补　遗

新乡濮阳周口钱币发现与研究（河南出土钱币丛书之八）　孙文俊、郭章才、马新生等著　河南人民出版社　2012 年 5 月　文 431 页　彩版 8 页　16 开

七　玺印、封泥

天津博物馆藏玺印　天津博物馆编　文物出版社　2013 年 11 月　159 页　彩版 197 组　16 开

封泥考略十卷（古刻新韵：二辑）　（清）吴式芬、（清）陈介祺撰　浙江人民美术出版社　2013 年 8 月　影印本　1068 页　32 开

八　铜镜

汉广陵国铜镜　徐忠文、周长源主编　文物出版社　2013 年 10 月　344 页　彩版 150 幅　16 开

洛镜铜华：洛阳铜镜发现与研究（洛阳市文物考古研究院学术系列丛书）　霍宏伟、史家珍主编　科学出版社　2013 年 11 月　全二册　420 页　彩版 300 幅　16 开

九　古代兵器

中国古兵二十讲［插图珍藏本］　杨泓、李力著　生活·读书·新知三联书店　2013 年 1 月　314 页　插图 342 幅　16 开

秦三晋纪年兵器研究（出土文献与中国古代文明研究丛书）　苏辉著　上海古籍出版社　2013 年 10 月　297 页　插图 372 幅　16 开

伍　美术考古

一　通论

艺术史研究（第十五辑）　中山大学艺术史研究中心编　向群主编　中山大学出版社　2013 年 12 月　436 页　插图 227 幅　16 开

中国美术研究（第八辑）：美术考古、美术史研究　华东师范大学艺术研究所主办　阮荣春主编　东南大学出版社　2013 年 12 月　148 页　16 开

美术考古文存（中国书籍文库）　何志国著　中国书籍出版社　2013 年 1 月　342 页　16 开

古代墓葬美术研究（第二辑）　巫鸿、朱青生、郑岩主编　湖南美术出版社　2013 年 8 月　399 页　16 开

逝者的面具：汉唐墓葬艺术研究（艺术史丛书）　郑岩著　北京大学出版社　2013 年 2 月　421 页　插图 370 幅　16 开

王伯敏美术史研究文汇　王伯敏著　中国美术学院编　中国美术学院出版社　2013 年 9 月　全三册　485 页　446 页　446 页　16 开

齐国艺术研究　张越、张要登著　齐鲁书社　2013 年 3 月　312 页　16 开

中华佛教史：佛教美术卷　金维诺著　山西教育出版社　2013 年 7 月　408 页　插图 86 幅　16 开

北周佛教美术研究：以长安造像为中心　王敏庆著　社会科学文献出版社　2013 年 7 月　目录 13 页　文 283 页　插图 175 幅　16 开

佛教与图像论稿续编（中国国家博物馆学术丛书系列）　李翎著　文物出版社　2013 年 1 月　250 页　16 开

中国汉画学会第十四届年会论文集　中国汉画学会、济宁市任城汉文化研究中心编　三秦出版社　2013 年 10 月　484 页　16 开

吕梁汉代画像石选　王金元、刘晋平、王双斌著　山西人民出版社　2013 年 6 月　171 页　16 开

汉代画像石审美研究：以陕北、晋西北地区为中心（图像·历史·艺术丛书）　王娟著　文物出版社　2013 年 10 月　316 页　插图 65 幅　32 开

徐州画像石（符号江苏）　张道一著　译林出版社　2013 年 1 月　251 页　插图 193 幅　16 开

补　遗

西都：汉长安城美术史迹的发现与研究　林通雁著　陕西人民美术出版社　2012 年 12 月　文 471 页　插图 442 幅　彩版 5 页　16 开

二　古代雕塑和石刻艺术

中印佛教造像源流与传播　张同标著　东南大学出版社　2013 年 9 月　文 571 页　插图 314 幅　彩版 16 页　16 开

早期佛像研究　何志国著　华东师范大学出版社　2013 年 11 月　文 275 页　插图 147 幅　彩版 21 页　16 开

旅顺博物馆馆藏文物选粹：中国古代佛教造像卷　旅顺博物馆编　郭富纯主编　辽宁人民出版社　2013 年 6 月　243 页　彩版 142 幅　16 开

四川出土南朝佛教造像　四川博物院、成都文物考古研究所、四川大学博物馆编著　盛建武主编　中华书局　2013 年 11 月　275 页　插图 69 幅（组）　彩版 81 幅（组）　16 开

武周时期的佛教造像：以长安光宅寺七宝台的浮雕石佛群像为中心　杨效俊著　文物出版社　2013 年 8 月　文 488 页　彩版 16 页　32 开

唐宋时期南方民间佛教造像艺术　司开国著　中国社会科学出版社　2013 年 2 月　263 页　插图 23

幅 附图 64 幅 16 开

陇右遗珍：甘肃汉晋木雕艺术 山西博物院、甘肃省博物馆、武威市博物馆、高台县博物馆编著 山西人民出版社 2013 年 8 月 119 页 16 开

郑州开元寺北宋石刻艺术 郑州博物馆 海燕出版社 2013 年 6 月 95 页 16 开

三 石窟寺

石窟寺研究（第四辑） 中国古迹遗址保护协会石窟专业委员会、龙门石窟研究院编 孙英民主编 文物出版社 2013 年 12 月 文 404 页 插图 425 幅 彩版 4 页 16 开

龟兹佛教艺术史 新疆龟兹石窟研究院主编 王建林、朱英荣著 上海文化出版社 2013 年 8 月 文 193 页 插图 137 幅 彩版 16 页 16 开

区段与组合：龟兹石窟寺院遗址的考古学探索 ［意］魏正中（G. Vignato）著 上海古籍出版社 2013 年 3 月 195 页 插图 98 幅 16 开

麦积山（中国石窟艺术） 花平宁、魏文斌主编 江苏美术出版社 2013 年 7 月 206 页 彩版 207 幅 16 开

庆阳北石窟寺内容总录 甘肃北石窟寺文物保护研究所编著 文物出版社 2013 年 12 月 全二册 519 页 插图 471 幅 图版 365 幅 16 开

须弥山石窟艺术研究（宁夏师范学院学人文库） 宋永忠著 阳光出版社 2013 年 1 月 162 页 16 开

敦煌石窟艺术总论（敦煌讲座书系） 赵声良著 甘肃教育出版社 2013 年 11 月 382 页 插图 179 幅 16 开

吐蕃统治时期敦煌石窟研究（国家哲学社会科学成果文库） 沙武田著 中国社会科学出版社 2013 年 3 月 40 页 553 页 16 开

龙门石窟研究院文物藏品集 龙门石窟研究院编 刘景龙编著 文物出版社 2013 年 8 月 122 页 彩版 54 幅 16 开

北响堂石窟刻经洞：南区 1、2、3 号窟考古报告 峰峰矿区文物保管所、芝加哥大学东亚艺术中心著 文物出版社 2013 年 11 月 文 168 页 彩版 59 页（126 幅） 拓片 43 页 16 开

2009 年中国重庆大足石刻国际学术研讨会（大足学研究文库，乙种第一号） 大足石刻研究院编 黎方银主编 重庆出版社 2013 年 5 月 705 页 16 开

补 遗

瓜州东千佛洞西夏石窟艺术 宁夏大学西夏学研究院、甘肃省古籍文献整理编译中心编 张宝玺著 学苑出版社 2012 年 12 月 311 页 彩版 90 组 横 8 开

四 古代建筑

中国建筑史论汇刊（第柒辑）清华大学建筑学院主办 王贵祥主编 中国建筑工业出版社 2013 年 1 月 435 页 16 开

中国建筑史论汇刊（第捌辑） 清华大学建筑学院主办 王贵祥主编 中国建筑工业出版社 2013 年 10 月 577 页 16 开

傅熹年中国建筑史论选集（当代中国建筑史家十书） 傅熹年著 辽宁美术出版社 2013 年 4 月 502 页 16 开

王世仁中国建筑史论选集（当代中国建筑史家十书） 王世仁著 辽宁美术出版社 2013 年 4 月 599 页 16 开

王贵祥中国建筑史论选集（当代中国建筑史家十书） 王贵祥著 辽宁美术出版社 2013 年 4 月 836 页 16 开

钟晓青中国建筑史论选集（当代中国建筑史家十书） 钟晓青著 辽宁美术出版社 2013 年 4 月

560页　16开

张十庆东亚建筑技术史文集（当代中国建筑史家十书）　张十庆著　辽宁美术出版社　2013年4月　478页　16开

大明宫　杨鸿勋著　科学出版社　2013年6月　380页　彩版287幅　16开

四川古建筑测绘图集（第三辑）　四川省文物考古研究院编　科学出版社　2013年11月　文282页　插图245幅　彩版20页　16开

山西古建筑文化综论　柴泽俊著　文物出版社　2013年6月　301页　16开

东方建筑遗产（2013年卷）　保国寺古建筑博物馆编　文物出版社　2013年11月　190页　16开

柳林香严寺：研究与修缮报告　乔云飞著　文物出版社　2013年9月　294页　插图406幅　附图24幅　16开

新城开善寺　刘智敏编著　文物出版社　2013年10月　文、附图313页　图版72页　16开

元代永乐宫纯阳殿建筑壁画线描：楼阁建筑的绘制方法　王卉娟著　文物出版社　2013年9月　121页　16开

重庆古塔（重庆文化遗产保护系列丛书）　重庆市文化遗产研究院、重庆文化遗产保护中心编著　科学出版社　2013年12月　223页　彩版270幅　16开

江苏名塔　朱同芳主编　南京出版社　2013年10月　184页　插图186幅　16开

陕西瓦当艺术研究　黄缨著　陕西科学技术出版社　2013年月　306页　16开

补　遗

古代门阙概说　白冬梅编著　汉阳陵博物馆编　三秦出版社　2011年12月　205页　16开

五　陶瓷与窑址

远古之花：甘肃省博物馆彩陶精品　贺春妮主编　文物出版社　2013年1月　130页　彩版130幅　16开

华夏之花：庙底沟彩陶选粹　河南省文物考古研究院编著　上海古籍出版社　2013年6月　209页　彩版261幅　16开

新疆彩陶研究（新疆艺术研究，第一辑：美术研究卷）　魏久志著　新疆美术摄影出版社　2013年11月　文195页　彩版16页　16开

故宫博物院藏品大系：陶瓷编（一）：新石器时代至汉代　故宫博物院编　董健丽主编　河北教育出版社、故宫出版社　2013年7月　330页　彩版200幅　8开

故宫博物院藏品大系：陶瓷编（四）：隋唐五代（一）　故宫博物院编　徐巍主编　河北教育出版社、故宫出版社　2013年12月　298页　彩版200幅　8开

故宫博物院藏品大系：陶瓷编（五）：隋唐五代（二）　故宫博物院编　徐巍主编　河北教育出版社、故宫出版社　2013年12月　282页　彩版200幅　8开

故宫博物院藏中国古代窑址标本：北京、山东、陕西、宁夏、辽宁　故宫博物院编　冯小琦主编　故宫出版社　2013年2月　397页　16开

故宫博物院藏中国古代窑址标本：山西、甘肃、内蒙古　故宫博物院编　冯小琦主编　故宫出版社　2013年2月　362页　16开

故宫博物院藏中国古代窑址标本：河南　故宫博物院编　故宫出版社　2013年5月　全二册　741页　16开

故宫博物院藏中国古代窑址标本：河北　故宫博物院编　冯小琦主编　故宫出版社　2013年11月　405页　彩版307幅　16开

大英博物馆大维德爵士藏中国陶瓷精选（海外藏家与博物馆系列丛书）　康蕊君（Regina Krahl）、霍吉淑（Jessica Hraaison-Hall）著　黄薇、李宝平等译　文物出版社　2013年11月　179页　插图10幅　彩版50组　16开　译自 *The British Museum Chinese Ceramics: Highlights of the Sir Percival David Collec-*

tion

中国陶瓷史　方李莉著　齐鲁书社　2013年12月　全二册　947页　插图848幅　16开

陶瓷手记：陶瓷史思索和操作的轨迹　谢明良著　上海古籍出版社　2013年6月　415页　16开

瓷器的故事　秦伟著　故宫出版社　2013年4月　207页　16开

李辉柄陶瓷论集（故宫博物院学术文库）　李辉柄著　故宫出版社　2013年11月　文456页　插图202幅　彩版4页　16开

渤海三彩：渤海上京城出土釉陶　黑龙江省文物考古研究所（赵哲夫、李陈奇）著　文物出版社　2013年11月　文8页　彩版279页　16开

南宋陶瓷史（南宋及南宋都城临安研究系列丛书）　邓禾颖、方忆著　上海古籍出版社　2013年3月　337页　16开

北宋官窑的发现和考证　董明著　中国书籍出版社　2013年8月　273页　16开

宋代官窑瓷器［二版］李辉柄著　故宫出版社　2013年6月　223页　16开

辽金元陶瓷考古研究（吉林大学边疆考古研究中心系列学术文库）　彭善国著　科学出版社　2013年12月　292页　16开

碧彩去天：辽代陶瓷　北京辽金城垣博物馆编　王清林、刘大志主编　北京燕山出版社　2013年9月　150页　彩版93幅　16开

青花的世纪：元青花与元代的历史、艺术、考古　上海博物馆编　北京大学出版社　2013年1月　215页　16开

元明瓷器研究　李辉柄、陈焕伦著　北京燕山出版社　2013年1月　167页　16开

景德镇陶瓷考古研究　江建新著　科学出版社　2013年9月　288页　插图543幅　16开

浮梁翠色：江西景德镇元明青花瓷　湖北省博物馆编　方勤、彭明瀚、江建新主编　文物出版社　2013年8月　199页　16开

叠翠：浙东越窑青瓷博物馆藏青瓷精品　北京大学中国考古学研究中心、浙东越窑青瓷博物馆编著　秦大树、陈国桢主编　文物出版社　2013年11月　全二册　613页　16开

越窑青瓷与邢窑白瓷研究（中国古陶瓷研究辑丛）　中国古陶瓷学会编　王亚民、王莉英主编　故宫出版社　2013年10月　文479页　插图880幅　彩版7页　16开

洪州遗珍：洪州窑青瓷博物馆“洪州窑青瓷展”资料汇编　罗劲松主编　江西人民出版社　2013年11月　221页　16开

龙泉窑瓷器研究（中国古陶瓷研究辑丛）　中国古陶瓷学会编　王亚民、王莉英主编　故宫出版社　2013年11月　文459页　彩版7页　16开

发微求真，走进定窑：定窑考古全记录（2009～2011）　河北省文物考古研究所编著　韩立森主编　科学出版社　2013年5月　178页　16开

钧瓷雅集：故宫博物院珍藏及出土钧窑瓷器荟萃　故宫博物院编　吕成龙主编　故宫出版社　2013年10月　359页　16开

磁州窑瓷器研究（中国古陶瓷研究辑丛）　冯小琦主编　故宫出版社　2013年11月　文448页　彩版7页　16开

繁昌窑青白瓷集萃　繁昌县博物馆编著　徐繁主编　文物出版社　2013年11月　194页　16开

珠光青瓷·德化白瓷·克拉克瓷（厦门社科丛书：闽南非物质文化遗产系列）　曾莹、彭维斌著　鹭江出版社　2013年3月　184页　32开

2012’海上丝绸之路：中国古代瓷器输出及文化影响国际学术研讨会论文集　沈琼华主编　浙江人民美术出版社　2013年9月　421页　16开

古代外销瓷器研究（中国古陶瓷研究辑丛）　冯小琦主编　故宫出版社　2013年11月　文458页　彩版7页　16开

瓷韵中西：南昌大学博物馆藏外销瓷精品展　江西省博物馆编　彭印砚、余春明主编　上海锦绣文

章出版社　2013年5月　127页　16开

晋善晋美，三晋窑火：中国古代山西陶瓷特展　晋中市文物局、介休市文物局、深圳望野博物馆编著　文物出版社　2013年6月　343页　16开

巴蜀古陶瓷文集　李铁锤著　四川美术出版社　2013年3月　285页　16开

灵土与窑火的艺术：镇江出土瓷器研究　刘丽文著　江苏大学出版社　2013年11月　179页　插图109幅　16开

中国古代陶瓷纹饰　刘兰华、张南南编著　故宫出版社　2013年12月　605页　图576幅　16开

补　遗

瓷之韵：大英博物馆、英国维多利亚与艾伯特博物馆藏瓷器精品（中国国家博物馆国际交流系列丛书）　吕章申主编　中华书局　2012年6月　395页　彩版148组　16开

逐波泛海：十六至十七世纪中国陶瓷外销与文明扩散国际学术研讨会论文集　郑培凯主编　香港城市大学中国文化中心　2012年　文352页　插图406幅　彩版24页　16开

南国瓷珍：潮州窑学术研讨会论文集　黄挺、李炳炎主编　香港中文大学文物馆　2012年6月　文252页　插图274幅　彩版16页　16开

六　古代绘画

湖南出土帛画研究　陈建明主编　岳麓书社　2013年10月　333页　插图146幅　彩版16页　16开

色挂形象穷神变：中国古代壁画源流　西安曲江艺术博物馆编著　周天游主编　文物出版社　2013年10月　126页　彩版91幅　16开

线条艺术的遗产：唐乾陵陪葬石椁线刻划　樊英峰、王双怀编著　文物出版社　2013年6月　271页　拓本、线描图138组　16开

敦煌壁画艺术论（欧亚历史文化文库）　李映洲主编　兰州大学出版社　2013年7月　全二册　文537页　彩版72页　32开

新疆壁画中的乐舞艺术（新疆艺术研究，第一辑：壁画艺术卷）　周菁葆、孙大卫编著　新疆美术摄影出版社　2013年12月　152页　彩版79幅　16开

新疆壁画中的图案艺术（新疆艺术研究，第一辑：壁画艺术卷）　周菁葆、孙大卫编著　新疆美术摄影出版社　2013年12月　152页　彩版99幅　16开

新疆壁画中的服饰艺术（新疆艺术研究，第一辑：壁画艺术卷）　周菁葆、孙大卫编著　新疆美术摄影出版社　2013年12月　152页　彩版111幅　16开

新疆壁画中的供养人画（新疆艺术研究，第一辑：壁画艺术卷）　周菁葆、孙大卫编著　新疆美术摄影出版社　2013年12月　152页　彩版107幅　16开

新疆壁画中的人体艺术（新疆艺术研究，第一辑：壁画艺术卷）　周菁葆、孙大卫编著　新疆美术摄影出版社　2013年12月　152页　彩版121幅　16开

新疆壁画中的动物形象（新疆艺术研究，第一辑：壁画艺术卷）　周菁葆、孙大卫编著　新疆美术摄影出版社　2013年12月　152页　彩版93幅　16开

新疆壁画中的民俗文化（新疆艺术研究，第一辑：壁画艺术卷）　周菁葆、孙大卫编著　新疆美术摄影出版社　2013年12月　152页　彩版104幅　16开

丝绸之路流散国宝：吐鲁番壁画　贾应逸编著　山东美术出版社　2013年1月　169页　32开

丝绸之路流散国宝：克孜尔石窟壁画　霍旭初编著　山东美术出版社　2013年1月　193页　32开

金元道教信仰与图像表现：以永乐宫壁画为中心（儒道释博士论文丛书）　刘科著　巴蜀书社　2013年12月　326页　32开

神祇众相：山西水陆寺观壁画中的艺术与科技价值　史宏蕾著　中国社会科学出版社　2013年3月　300页　16开

岩画研究（2012～2013） 宁夏岩画研究中心编 宁夏人民出版社 2013年12月 253页 16开

宁夏灵武岩画考察报告 宁夏岩画研究中心编 乔华主编 宁夏人民出版社 2013年12月 文235页 插图434幅 插表12幅 彩版、拓本46页 16开

新疆岩刻划（新疆艺术研究，第一辑：美术研究卷） 苏北海著 新疆美术摄影出版社 2013年11月 591页 插图936幅 16开

图说中国酒泉古代砖画 姚舜飞、姚舜腾编著 甘肃文化出版社 2013年9月 172页 16开

七 古代书法

第九届中国书法史论研讨会论文集 雅安博物馆、文物出版社编 文物出版社 2013年10月 261页 插图90幅 16开

《甲骨文精粹释译》书法选集 王宇信、李来付著 上海大学出版社 2013年1月 902页 16开

中国简帛书法大字典（第一部） 吴巍编著 清华大学出版社 2013年6月 1590页 16开

湖南出土简牍选编 郑曙斌、张春龙、宋少华、黄朴华编著 岳麓书社 2013年6月 390页 8开

中国美术·设计分类全集（书法卷）：隋代碑志系列 蒋文光等编著 辽宁美术出版社 2013年3月 全二册 320页 320页 16开

晋阳古刻选：隋唐五代墓志卷 太原市三晋文化研究会、《晋阳古刻选》编辑委员会编 文物出版社 2013年4月 一函三册 32页 593页 16开

瘗鹤铭研究（中国书法研究系列丛书） 罗勇来著 荣宝斋出版社 2013年3月 330页 彩版8页 32开

蜀道宝藏：中国石门摩崖石刻 冯岁平主编 何健编著 三秦出版社 2013年4月 文359页 彩版16页 16开

西岳华山庙碑长垣本解读 强跃编著 陕西师范大学出版社 2013年3月 230页 16开

洛阳龙门百品 关百益选编 洛阳市地方史志办公室编 中华书局 2013年12月 12开［据《伊阙魏刻百品》（1917年）影印］

八 古代工艺美术

金色中国：中国古代金器大展 南京博物院、内蒙古博物院、陕西历史博物馆、湖北省博物馆、云南省博物馆编 译林出版社 2013年11月 447页 插图81幅 彩版378幅 16开

大漆中的记忆（中国记忆丛书） 国家图书馆编 国家图书馆出版社 2013年6月 243页 16开

中国古代漆器（王世襄集） 王世襄著 生活·读书·新知三联书店 2013年7月 164页 8开

湖南楚汉漆木器研究 聂菲著 岳麓书社 2013年10月 460页 插图198幅 16开

漆艺骈罗，名扬天下 温州博物馆编 中国对外翻译出版公司 2013年12月 157页 彩版166幅 16开

珠子的故事：从地中海到印度河谷文明的印章珠 朱晓丽著 广西美术出版社 2013年2月 246页 16开

中国古代珠子（修订版） 朱晓丽著 广西美术出版社 2013年6月 355页 16开

敦煌丝绸（敦煌讲座书系） 赵丰、王乐著 甘肃教育出版社 2013年12月 242页 插图143幅 16开

明代大藏经丝绸裱封研究 杨玲主编 学苑出版社 2013年3月 303页 16开

新疆古代服饰艺术（新疆艺术研究，第一辑：美术研究卷） 阿迪力·阿布力孜编著 新疆美术摄影出版社 2013年11月 115页 插图235幅 16开

中国北方古代少数民族服饰研究（一）：匈奴、鲜卑卷 孙晨阳主编 东华大学出版社 2013年12月 296页 插图137幅 16开

中国北方古代少数民族服饰研究（二）：回鹘卷　沈雁主编　东华大学出版社　2013 年 12 月　224 页　插图 125 幅　16 开

中国北方古代少数民族服饰研究（三）：契丹卷　李甍主编　东华大学出版社　2013 年 12 月　214 页　插图 221 幅　16 开

中国北方古代少数民族服饰研究（四）：吐蕃卷，（五）党项、女真卷　张竞琼、孙晨阳主编　东华大学出版社　2013 年 12 月　312 页　插图 241 幅　16 开

中国北方古代少数民族服饰研究（六）：元蒙卷　曹喆主编　东华大学出版社　2013 年 12 月　198 页　插图 191 幅　16 开

补　遗

锦程：中国丝绸与丝绸之路（中国文化中心讲座系列）　赵丰著　香港城市大学出版社　2012 年　330 页　插图 135 幅　32 开

中国古代漆器研讨会论文集　香港中文大学文物馆　2012 年 5 月　101 页　插图 155 幅　16 开

陆　古代科学技术

考古视野中海河域史前科技文明述要　吕变庭著　中国社会科学出版社　2013 年 4 月　297 页　32 开

云南科学技术简史（民族文化与科技研究丛书）　李晓岑著　科学出版社　2013 年 11 月　346 页　16 开

荆楚科技史话（荆楚文化丛书：史传系列）　后德俊编著　武汉出版社　2013 年 12 月　202 页　插图 14 幅　16 开

历史与考古：农史研究新视野（南京大学史学丛书）　刘兴林著　生活·读书·新知三联书店　2013 年 1 月　351 页　插图 25 幅　16 开

考古学视野下的江南纺织史研究（厦门大学国学研究院资助出版丛书）　刘兴林著　厦门大学出版社　2013 年 1 月　321 页　插图 39 幅　32 开

铜绿山古铜矿遗址记忆（中国矿冶考古）　大冶市铜绿山古铜矿遗址保护管理委员会编　张国祥主编　科学出版社　2013 年 10 月　252 页　16 开

铜绿山古铜矿遗址考古发现与研究（中国矿冶考古）　大冶市铜绿山古铜矿遗址保护管理委员会编　科学出版社　2013 年 10 月　全二册　1208 页　16 开

广西贵港地区古代冶铁遗址调查与炉渣研究　黄全胜著　漓江出版社　2013 年 5 月目录 11 页　文 214 页　插图 173 幅　插表 53 幅　16 开

中国印刷发展史图鉴　胡福生　山西教育出版社　2013 年 1 月　789 页　16 开

中国古代印刷工程技术史（中国古代工程技术史大系）　方晓阳、韩琦著　山西教育出版社　2013 年 9 月　文 347 页　插图 149 幅　彩版 8 页　16 开

中国造船通史　席龙飞著　海洋出版社　2013 年 3 月　644 页　插图 452 幅　16 开

柒　古代文化生活

尘封的绝响：钟离国钟磬乐器研究（蚌埠学院淮河文化研究中心、蚌埠市淮河文化研究会研究文库）　李清、杨和平、李敬民著　苏州大学出版社　2013 年 4 月　198 页　16 开

先秦编钟研究　王友华著　广西师范大学出版社　2013 年 5 月　456 页　32 开

探源溯流：青铜编钟谱写的历史　关晓武著　大象出版社　2013 年 12 月　268 页　插图 140 幅　16 开

中国玉石璧音乐性能研究　幸晓峰、韩宝强、沈博著　中国戏剧出版社　2013 年 12 月　425 页　插

图 90 幅　图版 196 幅　16 开

龟兹乐器的历史流变及音响特性：以达玛沟三弦琵琶为例　张寅著　天津大学出版社　2013 年 10 月　187 页　16 开

中国历代服饰集萃　刘永华著　清华大学出版社　2013 年 11 月　229 页　彩版 111 幅　16 开

中国古代军戎服饰　刘永华著　清华大学出版社　2013 年 3 月　302 页　16 开

中国古代车舆马具　刘永华著　清华大学出版社　2013 年 11 月　305 页　插图 282 幅　16 开

中国盐业考古（第三集）：长江上游古代盐业与中坝遗址的考古研究　李水城、罗泰（Lothar von Falkenhausen）主编　科学出版社　2013 年 9 月　文 486 页　彩版 20 页　16 开

商周时期渤海南岸地区的盐业（北京大学震旦古代文明研究中心学术丛书之二十九）　燕生东著　文物出版社　2013 年 9 月　306 页　插图 177 幅　16 开

味无味：餐桌上的历史风景（文物·图像·历史系列）　王仁湘著　四川人民出版社　2013 年 9 月　181 页　插图 150 幅　16 开

味中味：味蕾上的历史记忆（文物·图像·历史系列）　王仁湘著　四川人民出版社　2013 年 9 月　191 页　插图 130 幅　16 开

捌　少数民族地区考古

交流与互动：民族考古与文物研究　肖小勇主编　中央民族大学出版社　2013 年 11 月　文 282 页　彩版 12 页　16 开

前吐蕃与吐蕃时代（中国边疆民族考古文库）　中国社会科学院边疆考古研究中心编　李裕群、仝涛主编　文物出版社　2013 年 11 月　469 页　插图 206 幅　16 开

呼伦贝尔民族文物考古研究（第一辑）　王巍、孟松林主编　科学出版社　2013 年 12 月　538 页　插图 193 幅　16 开

呼伦贝尔民族文物考古研究（第二辑）　王巍、孟松林主编　科学出版社　2013 年 12 月　537 页　插图 138 幅　16 开

黄金草原：中国古代北方游牧民族文物　湖北省博物馆编　包东波、塔拉主编　文物出版社　2013 年 1 月　182 页　16 开

伊犁草原文化：寻找游牧人的历史轨迹　伊犁哈萨克自治州博物馆编著　文物出版社　2013 年 8 月　127 页　16 开

伊犁河流域塞人和乌孙的古代文明（欧亚历史文化文库）　［苏］К. А. 阿奇舍夫、（苏）Г. А. 库沙耶夫著　孙危译　兰州大学出版社　2013 年 5 月　22 页　274 页　插图 153 幅　图版 11 幅　32 开

永顺老司城：八百年溪州土司的踪迹　柴焕波撰文、摄影　岳麓书社　2013 年 1 月　237 页　16 开

老司城遗址周边遗存调查报告　湘西自治州文物管理处、永顺县文物局、永顺县老司城遗址管理处编著　龙京沙、张小河、吴燕周主编　岳麓书社　2013 年 9 月　文 229 页　插图 18 幅　彩版 37 页　16 开

西南地区北方谱系青铜器及石棺葬文化研究　四川省文物考古研究院编著　高大伦、［日］宫本一夫主编　科学出版社　2013 年 10 月　文 266 页　插图 164 幅　彩版 12 页　图版 24 页　16 开

广西古代崖洞葬（广西文物保护与考古研究所学术丛书）　彭书琳著　广西科学技术出版社　2013 年 5 月　267 页　16 开

云南早期文明演进研究　李安民著　云南人民出版社　2013 年 12 月　341 页　插图 75 幅　16 开

夜郎寻踪：战国秦汉时期的贵州（贵州文化遗产丛书之考古系列）　张合荣著　贵州人民出版社　2013 年 12 月　140 页　16 开

叩问黄土：一个考古工作者的田野札记（贵州文化遗产丛书之考古系列）　李飞著　贵州人民出版社　2013 年 12 月　154 页　16 开

从边疆到海疆：王恒杰南海考古与边疆民族研究文集　王恒杰著　张雪慧整理　辽宁民族出版社　2013年10月　文360页　插图80幅　照片、彩版22页　16开

补　遗

匈奴与中原：文明的碰撞与交融　张文军主编　中州古籍出版社　2012年4月　185页　16开

滇青铜文化与艺术研究　樊海涛著　云南科技出版社　2012年12月　241页　插图184幅　16开

玖　宗教遗迹与遗物

中国古代舍利瘗埋制度研究（考古新视野丛书）　冉万里著　文物出版社　2013年2月　506页　插图62幅　32开

禅宗六祖慧能胜迹录　广东省文物考古研究所编著　科学出版社　2013年8月　全二册　447页　16开

辽金经幢研究　张明悟著　中国科学技术出版社　2013年11月　180页　插图52幅　16开

拾　历史地理与名胜古迹

北平历史地理　侯仁之著　邓辉、申雨平、毛怡译　外语教学与研究出版社　2013年11月　215页　插图54幅　16开　译自 *An Historical Geography of Peiping.*

山东文化遗产：重点文物保护单位卷　山东省文物局编　科学出版社　2013年6月　452页　16开

山东文化遗产：第三次全国文物普查重要新发现卷　山东省文物局编　科学出版社　2013年6月　222页　16开

广东文化遗产：石刻卷　广东省文物局编　肖一亭主编　科学出版社　2013年8月　10页　262页　16开

广东文化遗产：塔幢卷　广东省文物局编　黄道钦主编　科学出版社　2013年8月　10页　241页　16开

广东文化遗产：古墓葬卷　广东省文物局编　邱立诚主编　科学出版社　2013年8月　11页　266页　16开

广东文化遗产：不可移动文物名录　广东省文物局编　曹桂梅主编　科学出版社　2013年11月　全二册　997页　16开

邯郸大遗址　王兴、李亚编著　河北人民出版社　2013年2月　447页　插图230幅　16开

中原文化探微：安阳殷墟　张文波主编　世界图书出版公司　2013年7月　262页　插图176幅　16开

古都安阳（中国古都系列丛书）　郭胜强、陈文道著　杭州出版社　2013年9月　275页　插图265幅　16开

古都寻珍：西安市第三次全国文物普查手记　西安市文物局编　向德主编　三秦出版社　2013年11月　332页　16开

东方古都西安研究　郑育林、王锋钧著　陕西人民出版社　2013年12月　369页　插图328幅　16开

汉长安城未央宫遗址（丝绸之路《陕西段》文化遗产丛书）　陕西省文物局编　陕西旅游出版社　2013年8月　103页　16开

唐长安城大明宫遗址（丝绸之路《陕西段》文化遗产丛书）　陕西省文物局编　陕西旅游出版社　2013年8月　109页　16开

彬县大佛寺石窟（丝绸之路《陕西段》文化遗产丛书）　陕西省文物局编　陕西旅游出版社　2013年8月　99页　16开

西夏陵突出普遍价值研究　银川西夏陵区管理处编　科学出版社　2013 年 12 月　文 212 页　插图 56 幅　图版 8 页　16 开

旺苍明清墓葬（三普丛书）　旺苍县文物保护管理所编　向长卫主编　重庆出版社　2013 年 3 月　187 页　16 开

酒都文物：宜宾市第三次全国文物普查成果集成　宜宾市博物院编著　罗培红主编　文物出版社　2013 年 11 月　全二册　929 页　16 开

保国寺新志　保国寺古建筑博物馆编著　余如龙主编　文物出版社　2013 年 11 月　275 页　16 开

辽宁历史文化（典藏辽宁文化）　张松编著　辽宁人民出版社　2013 年 8 月　198 页　插图 158 幅　16 开

补　遗

最后的记忆：慈溪市第三次全国文物普查成果图集　慈溪市文物管理委员会办公室编　徐宏鸣主编　文物出版社　2012 年 12 月　全三册　1064 页　16 开

拾壹　中外关系与中外文化交流

突厥汗国与欧亚文化交流的考古学研究　陈凌著　上海古籍出版社　2013 年 1 月　文 278 页　彩版 8 页　16 开

丝绸之路流散国宝：新疆古代雕塑　李军、贾应逸编著　山东美术出版社　2013 年 1 月　215 页　32 开

丝绸之路流散国宝：钱币及其他文物　龚国强编著　山东美术出版社　2013 年 1 月　175 页　32 开

古代中国与日本及朝鲜半岛诸国的关系（中国社会科学院学部委员专题文集）　王仲殊著　中国社会科学出版社　2013 年 8 月　247 页　插图 45 幅　16 开

丝路帆远：海上丝绸之路文物精粹　福建博物院编　丘刚等主编　福建教育出版社　2013 年 10 月　286 页　16 开

宋代沉船“南海一号”（岭南文化知识书系）　曾宪勇著　广东人民出版社　2013 年 9 月　137 页　32 开

华光礁 I 号沉船遗珍　山西省博物馆院、海南省博物馆编　山西人民出版社　2013 年 12 月　123 页　16 开

拾贰　文物保护、大遗址保护、文化遗产保护

一　文物修复与保护

中国文物保护技术协会第七次学术年会论文集　中国文物保护技术协会编　科学出版社　2013 年 7 月　507 页　16 开

文物保护科技专辑（一）：金属、陶瓷、颜料（中国文化遗产研究院中央级公益性科研院所基本科研业务费专项成果丛书，2013 年）　中国文化遗产研究院编　文物出版社　2013 年 9 月　355 页　16 开

文物保护科技专辑（二）：岩土文物、岩画、彩画（中国文化遗产研究院中央级公益性科研院所基本科研业务费专项成果丛书，2013 年）　中国文化遗产研究院编　文物出版社　2013 年 9 月　376 页　16 开

万俐文集：科技保护卷（南京博物院学人丛书）　万俐著　南京博物院编　文物出版社　2013 年 9 月　403 页　16 开

馆藏文物保护修复　赤银忠、韩凯英著　花山文艺出版社　2013 年 10 月　328 页　32 开

中国古代壁画保护规范研究　王旭东、苏伯民、陈港泉、汪万福编著　科学出版社　2013 年 12 月　260 页　插图 234 幅　16 开

唐墓室壁画与彩绘陶俑修复与保护：以唐乾陵永泰公主墓、章怀太子墓为例（历史文化遗产保护科学研究系列丛书）　李玉虎编著　科学出版社　2013 年 12 月　125 页　彩版 110 幅　16 开

萨迦寺壁画保护修复工程报告　段修业等编著　文物出版社　2013 年 5 月　260 页　16 开

石质文物保护与研究（南京博物院文物保护科技丛书）　南京博物院编　江苏美术出版社　2013 年 8 月　360 页　16 开

西汉彩绘兵马俑修复与保护（历史文化遗产保护科学研究系列丛书）　李玉虎编著　科学出版社　2013 年 12 月　132 页　彩版 142 幅　16 开

补　遗

青铜文物保护与修复（南京博物院文物保护科技丛书）　南京博物馆编　江苏美术出版社　2012 年 9 月　文 362 页　彩版 8 页　16 开

二　大遗址保护

大遗址保护荆州高峰论坛文集　国家文物局编　文物出版社　2013 年 1 月　321 页　16 开

国际古迹遗址理事会（ICOMOS）第 15 届大会论文选编　中国古迹遗址保护协会编　科学出版社　2013 年 3 月　600 页　16 开

中国大遗址保护与利用制度研究（中国大遗址保护博士论丛）　陈理娟著　科学出版社　2013 年 7 月　190 页　16 开

文化线路保护管理研究（中国大遗址保护博士论丛）　周剑虹著　科学出版社　2013 年 7 月　274 页　16 开

大遗址外部性治理研究（中国大遗址保护博士论丛）　赵宇鸣著　科学出版社　2013 年 8 月　169 页　16 开

土遗址保护关键技术研究　王旭东、李最雄等著　科学出版社　2013 年 12 月　697 页　16 开

文物保护工程与规划专辑（一）：体系与方法（中国文化遗产研究院中央级公益性科研院所基本科研业务费专项成果丛书，2013 年）　中国文化遗产研究院编　文物出版社　2013 年 9 月　433 页　16 开

文物保护工程与规划专辑（二）：技术与工程实例（中国文化遗产研究院中央级公益性科研院所基本科研业务费专项成果丛书，2013 年）　中国文化遗产研究院编　文物出版社　2013 年 9 月　502 页　16 开

新疆文物保护工程勘察设计方案集（一）（新疆文物保护研究丛书）　新疆维吾尔自治区文物古迹保护中心编　科学出版社　2013 年 1 月　435 页　16 开

文物保护工程典型案例（第三辑）　《文物保护工程典型案例》编委会编　王立平、周萍主编　科学出版社　2013 年 2 月　303 页　16 开

新疆苏巴什佛寺遗址保护研究（新疆文物保护研究丛书，甲种本之一）　梁涛著　科学出版社　2013 年 3 月　220 页　16 开

周口店遗址保护工程报告　周口店北京人遗址管理处编著　文物出版社　2013 年 5 月　264 页　8 开

国际化视野下的西安大遗址保护（中国大遗址保护博士论丛）　朱晓渭著　科学出版社　2013 年 6 月　140 页　16 开

郑州市大遗址保护规划汇编（第一辑）（郑州历史文明丛书）　郑州市文物局编　阎铁成主编　科学出版社　2013 年 11 月　305 页　16 开

大遗址的文化地理空间分析：以咸阳原为例（中国大遗址保护博士论丛）　张祖群著　科学出版社　2013 年 11 月　298 页　插图 42 幅　16 开

补　遗

绍兴印山越国王陵原址保护工程报告　南京博物院、绍兴县文化发展中心、湖北省文物保护技术中心、浙江古典建筑工程监理有限公司编著　万俐主编　西泠印社出版社　2011 年 10 月　227 页　插图

139 幅　插表 81 幅　彩版 16 幅　16 开

三　文化遗产保护

考古与文化遗产保护：理论与实践　湖南省文物考古研究所编著　上海古籍出版社　2013 年 4 月　文 354 页　彩版 8 页　16 开

历史与现实：文化遗产保护及发展国际学术会议论文集　郑巨欣主编　山东画报出版社　2013 年 5 月　491 页　16 开

文化遗产研究（第二辑）　中国社会科学院考古研究所文化遗产保护研究中心编　科学出版社　2013 年 6 月　373 页　16 开

东亚文化遗产保护学会第二次学术研讨会论文集　东亚文化遗产保护学会、内蒙古博物院、中国文物保护技术协会编　科学出版社　2013 年 8 月　目录 13 页　文 535 页　插图 526 幅　照片 6 页　16 开

国际文化遗产保护理念在中国的适用性研究（中国大遗址保护博士论丛）　吴铮争著　科学出版社　2013 年 8 月　211 页　16 开

社会科学专辑（一）：考古调查与文献研究（中国文化遗产研究院中央级公益性科研院所基本科研业务费专项成果丛书，2013 年）　中国文化遗产研究院编　文物出版社　2013 年 9 月　290 页　16 开

社会科学专辑（二）：政策法规与综合研究（中国文化遗产研究院中央级公益性科研院所基本科研业务费专项成果丛书，2013 年）　中国文化遗产研究院编　文物出版社　2013 年 9 月　317 页　16 开

中国大运河文化遗产保护技术基础（空间信息技术与文化遗产保护丛书）　谭徐明等著　科学出版社　2013 年 7 月　文 223 页　地图 24 页　16 开

文化遗产地管理对策研究：以秦始皇帝陵为例（中国大遗址保护博士论丛）　张颖岚著　科学出版社　2013 年 8 月　227 页　16 开

中国文化遗产展示体系研究（中国大遗址保护博士论丛）　卜琳著　科学出版社　2013 年 12 月　319 页　16 开

文物与文化：曹兵武文化遗产学论集　曹兵武著　故宫出版社　2013 年 12 月　436 页　16 开

拾叁　域外考古

谢列姆贾旧石器时代晚期文化（黑龙江省文物考古研究所学术译著丛书）［俄］А. П. 杰列维扬科（А. П. Деревянко）、［俄］П. В. 沃尔科夫（П. В. Волков Ли Хонджон）、［韩］李宪宗著　李有骞译　科学出版社　2013 年 5 月　396 页　插图 212 幅　16 开　译自 Селемджинская Позднепалеолитическая Культура

俄罗斯滨海边疆区渤海文物集粹　吉林省文物考古研究所、俄罗斯科学院远东分院民族历史·考古·民族研究所编著　［俄］А. Л. 伊夫里耶夫［А. Л. Ивлиев］、［俄］В. И. 格尔曼（Е. И. ГеЛьман）主编　文物出版社　2013 年 3 月　278 页　彩版 457 幅　16 开

俄罗斯滨海边疆区女真文物集粹　吉林省文物考古研究所、俄罗斯科学院远东分院民族历史、考古、民族研究所编著　宋玉彬、［俄］Н. Г. 阿尔杰米耶娃（Н. Г. Артемъева）主编　文物出版社　2013 年 3 月　258 页　彩版 500 幅　16 开

美索不达米亚：文明的起源（西洋史系列）　刘增泉著　台北五南图书公司　2013 年 8 月　301 页　32 开

曙光时代：意大利的伊特鲁里亚文明　湖北省博物馆编著　文物出版社　2013 年 9 月　299 页　16 开

圣坛之石：一部欧洲的岩画学史（武陵文库：民族学研究系列）　杨超著　世界图书出版公司　2013 年 11 月　326 页　插图 139 幅　16 开

阿兹特克文明（汉译经典）［美］乔治·C. 瓦伦特（George C. Vaillant）著　朱伦、徐世澄译　译

林出版社　2013年5月　272页　32开　译自 *La civilizacion Aztecaz*

茶胶寺庙山建筑研究（中国文化遗产研究院吴哥古迹保护研究系列第一种）　温玉清著　文物出版社　2013年9月　序、前言7页　目录22页　文484页　插图173幅　实测图95幅　彩版265幅　历史照片10幅　16开

补　遗

韩国国立庆州博物馆文物精品展　陕西历史博物馆编　成正建主编　三秦出版社　2012年9月　164页　16开

（编辑：张文辉）

考古学论文资料索引

（刊后第一个数字是期号，第二个是页码；2013 年）

壹　总论

一　综述

王巍：努力开创有中国特色的考古学派　祝立业　东北史地 5：3～6

立足当下　面向未来　面向世界：关于现阶段考古学学科建设的思考与建议　方辉　南方文物 1：24～27

中国考古学理论的演进　余西云　中国社会科学报 7 月 24 日 B5 版

中国现代考古学的开创及其建构路向——论李济的考古学理论与实践　胡逢祥、杨天通　学术研究 7：94～103

傅斯年的史料观与古史重建　徐峰　华夏考古 3：124～130

考古学研究的问题来自哪里？　陈胜前　南方文物 2：94～100

考古学本质刍议——一个田野考古者的思考碎片　蒋乐平　南方文物 2：101～107

考古学研究什么？　贺云翱　大众考古 1：17～19

哈里斯矩阵：考古地层学理论的新进展　汤惠生　考古 3：91～99

对考古地层学的认识　杨立强　文物世界 1：22～24

类型学——考古学者的"利器"之一　贺云翱、毛敏　大众考古 2：21～25

考古地层学——考古学者的又一"利器"　贺云翱　大众考古 3：22～25

从"考古学文化"到"考古文化学"——考古学者的"利器"之三　贺云翱　大众考古 4：25～29

具有解构思维特征的"文化因素分析法"——考古学者的"利器"之四　贺云翱　大众考古 5：26～28

"考证方法"在考古学中的运用——考古学者的"利器"之五　贺云翱　大众考古 6：25～28

考古学文化刍议　陈淳　岭南考古研究（9）1～8

"重瓣花朵"与"多元一体"　吴春明　南方文物 1：6～9

理解后过程考古学：考古学的人文转向　陈胜前　东南文化 5：6～16

作为社会科学的考古学　迈克尔·史密斯等著　惠夕平译　方辉校　南方文物 4：141～145

性别考古学研究综述——以中国考古学为中心　曹芳芳　南方文物 2：113～118

论军事考古学的现实意义　赵丛苍　中国文物报 8 月 16 日 6 版

漫谈博弈论思想在考古学研究中的应用　徐廷　中国文物报 3 月 15 日 6 版

民族考古学定义问题之再回顾　夏爱华　岭南考古研究（9）81～86

有关建立环境考古地层堆积序列的认识　刘锐　陕西历史博物馆馆刊（第 19 辑）71～74

环境考古的实践与理论　周昆叔　早期中国研究（第 1 辑）221～227

出土文物（文献）与中国美学史　吴功正　齐鲁学刊 1：115～122

亚洲动物考古的回顾与展望　汤卓炜等　吉林大学社会科学学报 2：72～80

动物考古学 2012 年发展综述　吕鹏、李志鹏　中国文物报 2 月 1 日 6 版

浅谈体质人类学的科学发展　朱泓、方启　中国文物报 2 月 1 日 6 版

考古学的深入发展需要分子人类学的合作　张居中　红叶集 292～299

考古学与人类起源　陈淳　大众考古 1：57～60

实用考古学——替未来“挖掘”过去　*Paul E. Minnis*　考古学与永续发展研究49～65

现代中国的城市（镇）化与“应用考古学”　唐际根　考古学与永续发展研究411～439

近十年来国内公共考古学研究述评　刘文科　丝绸之路 14：30～33

我国公共考古学发展现状及对策——兼谈广西公共考古的建设　郑好　岭南考古研究（10）260～268

“公众考古学”和“公众考古理念”辨析　范佳翎　南方文物 4：121～124

论中国公众考古不是西方舶来品　高蒙河、郑好　东南文化 6：24～29

考古与媒体、公众关系思考　吕春华　中国文物报 11 月 8 日 7 版

考古三维复原动画与公众考古　陈超、王倩　中国文物报 9 月 27 日 7 版

纸上得来终觉浅　绝知此事要躬行——公共考古学与博物馆实践　高震　中国文物报 12 月 20 日 7 版

甲骨文与公众考古学　臧振华　古今论衡 25：51～60

编写考古普及读物的思考——考古人，科普路　郭大顺　大众考古 4：19～20

基于“百度指数”关键词搜索的考古大众化分析　高振龙　中国文物报 10 月 11 日 5 版

可持续的教育及观光资源——台中考古遗址学习之旅　屈慧丽　考古学与永续发展研究 441～474

中英考古异同之简单介绍　翟跃群　旅顺博物馆学苑（2011）47～52

考古发掘报告应该考虑的体例和内容　袁靖　中国文物报 3 月 1 日 6 版

《敦煌石窟全集》考古报告编撰的探索　樊锦诗　敦煌研究 3：40～46

传统文物术语固化方式试析　何流　中国文物报 1 月 11 日 6 版

考古与文化遗产保护三论——文化遗产视野下的考古与考古学　郭伟民　考古与文化遗产保护——理论与实践 3～14

文化遗产语境下的考古学　宋建忠　考古与文化遗产保护——理论与实践 15～20

新世纪以来我国田野考古的态势和特点　白云翔　中国文物报 4 月 26 日 5 版

记录考古　记录中国——中国考古记录片的现状及发展方向　宋雨晗　中国文物报 8 月 2 日 7 版

二重证据法：疑古与释古之间——以近年出土文献研究为例　梁涛　中国社会科学 2：151～162

操作链和动态类型学：石器图像分析　吴伟鸿　岭南考古研究（13）103～110

操作链理论与陶器制作技术研究　郭梦　考古 4：96～104

补遗

以“二重证据法”推动历史学和考古学的发展——访历史学家、古文字学家李学勤　赵讴　中国社会科学报 2012 年 10 月 24 日 A5 版

二　考古学史和考古学家传记

遗老遗少考古所　关中牛　大众考古 5：19～21

考古学的探索史　曹兵武　大众考古 6：21～24

分子考古学技术发展简史　陈曦　中国文物报 4 月 26 日 6 版

我国水下文化遗产保护的历史进程研究　朱坚真等　深圳大学学报（人文社科版）4：144～149

论金文研究兴起于宋代的原因　马晓风　图书馆理论与实践 7：71～74

宋仁宗对宋代金石学兴起的贡献　史正浩　南京艺术学院学报（美术与设计版）1：49～52

论宋代金文研究的发展与演进　马晓风　兰州学刊 5：172～175

宋人对青铜器铭文的摹录及其价值论析　马晓风　延边大学学报（社科版）2：57～63

论清代金石学的学术自觉与理论价值　王雪玲　吉林大学社会科学学报 2：81～89

西方传教士与中国甲骨学国际化 邹芙都、樊森 学习与探索 9：151～156
历尽沧桑 再现辉煌——纪念敦煌藏经洞文物发现一百周年 段文杰 丝绸之路 20：7～8
伯希和对库车地区的科考及其所获汉文书 耿昇 楚学论丛（第 2 辑）135～156
伯希和西域探险团队库车地区的考察及其所获汉文书 耿昇 龟兹学研究（第 3 辑）45～65
伯希和西域探险日记（一）、（二） ［法］伯希和著 耿昇译 丝绸之路 21：47～53、23：61～65
再论抗战时期的西北科学考察团 李怀顺 敦煌研究 6：81～85
西北艺术文物考察团唐陵考察活动述评 田有前 中国国家博物馆馆刊 2：41～58
再见考古弟兄——由《史语所档案》“考”字档说起 廖淑媚 古今论衡 24：129～140
20 世纪 70 年代北京市大葆台汉墓发掘史料 方立霏 北京档案史料 1：220～237
刘济墓考古发掘记 刘乃涛 大众考古 2：26～33
江西考古往事——我所经历的万年仙人洞与吊桶环遗址、新干大洋洲遗址发掘 肖宇、曹柯平 中国文物报 3 月 29 日 7 版
回忆在宁家埠发掘的日子 于海广 大众考古 3：19～21
“城子崖”寻梦 张学海 大众考古 4：21～24
怀念前掌大考古的岁月 朱绍鸿 中国文物报 10 月 2 日 4 版
长岛考古琐记 严文明 中国文化遗产 5：89～95
跨越千年的生活掠影——大同市沙岭北魏壁画墓发掘纪实 刘俊喜 发现山西——考古人手记 137～149
触摸彩绘的历史——太原市北齐徐显秀墓发掘记 常一民 发现山西——考古人手记 151～175
一次具有里程碑意义的考古论证会——对国家文物局专家组南越国宫署遗址广州论证会的回忆（上） 程存洁 中国文物报 11 月 22 日 7 版
岭南中心 2000 年——南越国宫署考古发掘记 李灶新 大众考古 4：30～38
考古记忆 巫惠民 广西博物馆文集（第 7 辑）407～414
前蜀皇帝王建永陵的发现与保护 李钢 大众考古 1：44～48
遵义海龙囤考古手记三则 李飞 中国文化遗产 3：76～85
辽陈国公主墓发掘记 孙建华 草原华章——契丹文物精华展 1～4
董家窖藏西周铜器铭文剔清记 罗西章 周原（第 1 辑）205～208
周原记忆 赵丛苍 周原（第 1 辑）209～215
文革期间的西安大遗址（上）、（中）、（下） 钱玉成 中国文物报 3 月 1 日 7 版、3 月 15 日 7 版、3 月 29 日 7 版
莫高轶事——我的敦煌生涯（3） 孙儒僩 敦煌研究 3：15～21
再谈敦煌壁画临摹 李其琼 敦煌研究 3：22～27
黄易与济宁汉魏碑刻 王潇夏、朱卫华 中国汉画学会第十四届年会论文集 91～96
许瀚金文学初探 郭妍伶 传统中国研究集刊（第 11 辑）320～328
叶昌炽早期金石学成就与潘祖荫的影响 马洪菊 敦煌学辑刊 2：174～180
一组新发现的伪满中央国立博物馆 1943 年收购罗振玉旧藏文物的目录 王振芬 旅顺博物馆学苑（2008）67～76
新发现罗振玉早期甲骨文研究手稿初探 王若 旅顺博物馆学苑（2010）25～29
从《金文名象疏证——兵器篇》看吴其昌金文研究 陶智 汉学研究通讯 128：23～27
我的古玉情缘——忆胡厚宣教授 曲石 文物天地 9：100～101
我的学术自述——以敦煌学为例 饶宗颐 民族艺术 3：5～7
中流自在心——饶宗颐先生的治学之道 邵晓峰 民族艺术 3：8～14
饶宗颐先生的学术实践对我们的启迪 李伯谦 古代文明研究通讯 58：31～37

罗继祖先生二三事　付百臣　东北史地6：3～10

金文大家蒋维崧——纪念先生逝世七周年　王邕　中国文物报11月6日7版

抗战时期王献唐之护宝南迁　于芹　中国文物报6月5日5版

从传统金石学走向科学考古学——郭沫若甲骨文、青铜器研究中考古学方法的应用　徐明波　郭沫若学刊1：58～61

李济：中国考古学之父　陈洪波　大众考古2：34～36

梁思永：与生命赛跑的考古学家　陈洪波　大众考古4：61～64

再谈梁思永先生与中国考古学——“纪念梁思永先生发掘昂昂溪遗址80周年暨昂昂溪文化学术研讨会”上的发言　张忠培　文物7：38～44

大汉·古道·西风——“中国西北考古第一人”黄文弼　张弛、谢颖璐　大众考古3：55～58

筚路蓝缕功至今——纪念黄文弼先生诞辰120周年　孙丽萍　吐鲁番学研究2：132～135

从《夏鼐日记》看夏鼐与蒋廷黻的一段学术因缘　尹媛萍　清华大学学报（哲社版）5：119～127

十字街头钻古塔——夏鼐与中国近代史研究的一段因缘　戴海斌　读书2：112～122

苏秉琦先生与赤峰考古　赤峰学院历史文化学院考古教研室　中国文物报1月4日3版

俞伟超先生小传　信立祥　秦始皇帝陵博物院（总1辑）420～440

俞伟超与三门峡考古二三事　刘杜刚　中国文物报12月18日3版

悼念挚友冯孟钦先生　邱立诚　岭南考古研究（13）272～274

刘敦愿先生与山东龙山文化研究——纪念刘敦愿先生逝世16周年　佟佩华等　中国文物报2月13日3版

怀冯先铭先生　刘涛　中国文物报4月10日7版

陕西考古的拓荒者——追忆陕西省考古研究所（院）奠基人王家广　王学理等　中国文物报8月21日4版

大德必寿　仁者长在——悼念侯仁之先生　赵夏　中国文物报10月25日3版

侯仁之教授1975年在承德的报告和发言（上）、（下）　李晓东等　中国文物报11月6日3版、11月8日3版

怀念为建筑界留下“史记”的三位“先贤”　金磊　中国文物报5月1日3版

罗哲文：苏州虎丘塔抢险加固工程的领导者——纪念罗老逝世一周年　潘千里　中国文物报4月19日3版

一代宗师　风范长存——纪念恩师罗哲文先生逝世一周年　李成岗　中国文物报5月17日8版

用生命丈量长城　倾毕生保护文物——著名古建专家罗哲文逝世周年纪念　陈庆立　中国文物报6月21日3版

结缘虎丘塔——纪念罗哲文先生逝世一周年　钱玉成、徐建成　中国文物报11月20日3版

跟徐苹芳先生读名篇学写作　许宏　中国文物报5月29日3版

春风化雨　永系我心——怀念我们的恩师马世长教授　唐仲明　中国文物报7月17日3版

心香一炷祭吴师　吴小平　中国文物报8月2日7版

田野人文追当年——深切缅怀黄宣佩先生　陈燮君　上海文博论丛3：8～13

田野人文追当年——深切缅怀黄宣佩先生　陈燮君　中国文物报8月2日3版

送别黄宣佩先生　宋建　中国文物报6月26日3版

上海的考古奠基者和文物守护人——纪念黄宣佩先生　宋建　上海文博论丛3：14～16

我印象中的黄宣佩先生　蒋赞初　上海文博论丛3：17～18

追忆可爱的老人家黄宣佩先生　蒋卫东　上海文博论丛3：19～20

一位文博老人的自述——黄宣佩馆长为馆庆六十周年纪录片接受采访　黄薇　上海文博论丛3：21～26

段文杰先生生平事迹及学术、艺术成就　本刊编辑部　丝绸之路20：5～6

段文杰：敦煌文物事业的开创者和推动者　樊锦诗　丝绸之路20：11～12

创办敦煌石窟保护研究基金会　推动石窟保护研究事业发展——深切缅怀段文杰先生　李最雄　丝绸之路20：18

敦煌研究院史上的“段文杰时代”　刘进宝　丝绸之路20：26～27

又想起了杨富斗　张忠培　中国文物报7月5日7版

论许明纲　王嗣洲　旅顺博物馆学苑（2011）1～6

许明纲先生学术贡献管窥　刘俊勇　旅顺博物馆学苑（2011）10～15

忆许明纲先生　张翠敏　旅顺博物馆学苑（2011）16～18

严文明先生与浙江新石器时代考古　方向明　南方文物1：10～16

深邃的目光　睿智的思想——严文明学术思想评介　周广明、和奇　南方文物1：17～23

农业、仰韶与华夏文明的形成——严文明先生考古学思想寻绎　曹兵武　南方文物3：9～16

我的考古半世纪　刘庆柱　考古学视野下的城市、工艺传统与中外文化交流——刘庆柱先生七十华诞祝寿论文集319～333

著名考古学家刘庆柱先生访谈录　康香阁　考古学视野下的城市、工艺传统与中外文化交流——刘庆柱先生七十华诞祝寿论文集334～351

老当益壮　愈久弥坚——陈铁梅先生访谈录　陈铁梅、陈建立　南方文物3：17～21

岭南文物考古的先行者——杨式挺　肖一亭　岭南考古研究（12）89～95

有奋斗、有目标才是学科——牟永抗先生访谈录　牟永抗、方向明　南方文物2：17～24

抚今忆往　心系大遗址保护——谢辰生先生访谈录　中国文物报11月15日3版

记考古学家温玉成教授　艾丽　社会科学战线3：254～258

专访常莎娜：“真”爱敦煌　保护第一　张晶、闵捷　中国文物报7月31日3版

疾风知劲草——王劲先生访谈录　王劲、王然　南方文物4：9～16

考古测绘生涯记略　张守中　中国文物报9月11日4版

安特生：中国现代考古学的开山人　陈洪波　大众考古1：29～32

霍恩勒与国际“龟兹学”的起源——纪念“库车文书”发现120周年　王冀青　龟兹学研究（第5辑）587～620

张光直先生遗下的学术资产——代序　陈光祖　东亚考古学的再思——张光直先生逝世十周年纪念论文集Ⅰ～Ⅺ

伊安·霍德（*Ian Hodder*）教授访谈录　［英］伊安·霍德（*Ian Hodder*）、温成浩著　艾婉乔译　陈伯桢校　南方文物1：40～44

周南（*Robert Dick Drennan*）教授访谈录　［美］罗伯特·周南（*Robert Dick Drennan*）等　南方文物2：25～30

让-丹尼斯·维涅（*Jean-Denis Vigne*）访谈录　［法］让-丹尼斯·维涅（*Jean-Denis Vigne*）等著　李英华译　南方文物3：22～28

加里·费曼（*Gary M. Feinman*）教授访谈录　［美］加里·费曼（*Gary M. Feinman*）、方辉　南方文物4：17～26

江村治树及其汉学研究　李维维　南方文物3：129～132

超越性别的性别考古学——纪念珍妮特·斯佩克特尔　徐坚　中国社会科学报6月5日B6版

补遗

南水北调中线工程中的先商文化墓地：鹤壁刘庄遗址发掘亲历记　赵新平　河南文史资料2011年4：69～84

近代中国西北考古：东西方的交融与碰撞——以黄文弼与贝格曼考古之比较为中心　王新春　敦煌学辑刊2011年4：145～154

“透物见人”：考古学的真实境界：访考古学家刘庆柱　周群、陈静　中国社会科学报2012年9月

19 日 A4 版

三　考古学方法与现代考古学技术

综述

实验室考古理论与实践的初步探索　杜金鹏　文化遗产研究（第 2 辑）44～66

实验室考古导论　杜金鹏　考古 8：3～11

考古世界里的精准科技探测　王晓琪　大众考古 1：66～71

科技考古在小河文化研究中的应用　小河文化多学科研究课题组（李文瑛）　中国文物报 11 月 8 日 7 版

遗址的探查与发掘

陶瓷窑址田野发掘若干问题的思考　毕锋林　中国文物报 6 月 21 日 7 版

古代炼炉遗存的磁法探测试验与研究——以大冶铜绿山卢家垴、岩阴山脚遗址考古发掘区为例　湖北省文物考古研究所、中国地质大学（武汉）（王传雷等）　江汉考古 2：97～106

蓝田咀头遗址的磁测考古　杨天民等　文博 2：84～87

磁选法在考古发掘中的应用——记章丘东平陵故城考古发掘中的磁选铁质标本的实践　李刚　中国文物报 2 月 1 日 6 版

全站仪在田野考古测绘中的实际应用及相关思考　陈丁山　广西考古文集（第 5 辑）376～381

遥感与地理信息系统在特殊区域文物普查中的应用　雷生霖　中国文物报 9 月 13 日 7 版

良渚遗址群考古地理信息系统构建探索　姚娅　南方文物 3：125～128

GIS 支持下的古窑址与地理环境关系研究——以福建省为例　谢立华等　文物保护与考古科学 4：100～105

无线传感器网络在考古发掘现场动态环境监测的应用研究　祁浩等　敦煌研究 1：113～119

基于遗传算法局部方向梯度的古墓葬圆形土壤标志检测（英文）　［韩］*KIM Wonsok* 等　遥感学报 3：671～678

年代的测定

中坝遗址的 ^{14}C 年代研究　吴小红等　中国盐业考古（第 3 辑）338～375

放射性碳素测定年代报告（三九）　中国社会科学院考古研究所等　考古 7：88～90

仰韶文化年代讨论　张雪莲等　考古 11：84～104

黄河上游官亭盆地喇家遗址地层光释光测年研究　张玉柱等　地理学报 5：626～639

补遗

苏北阜宁停翅港新石器时代遗址考古地层学研究　贾天骄等　地层学杂志 2012 年 4：741～746

ESR－铀系联合分析与等时线法结合在考古遗址化石测年中的应用探索　韩非　核技术 2012 年 12：923～928

成分分析

创新联盟（浙江省）分析检测平台初步建立　张雯　中国文物报 11 月 29 日 7 版

黄河上游官亭盆地红粘土层成因机制再探讨　殷志强等　第四纪研究 5：995～1004

基于粘土矿物 XRD 分析的良渚古城城墙土特征及物源探讨　胡薪苹等　岩石矿物学杂志 3：373～382

周原考古发掘地层土质分析　徐海兵、刘成　周原（第 1 辑）186～191

大冶铜绿山岩阴山脚遗址东周时期地层中“风化壳”的成因分析　秦颍等　江汉考古 4：116～119

秦始皇陵一号兵马俑陪葬坑“红土层”堆积分析　许卫红、刘春华　文博 4：18～24

陕西凤栖原西汉墓 M25 耳室土壤中金属元素空间分布规律研究　陈港泉等　敦煌研究 1：44～50

吐鲁番大、小桃儿沟及雅尔湖石窟壁画成分分析　徐佑成等　吐鲁番学研究 1：79～90

一幅唐墓壁画颜料的扫描电镜与能谱分析研究　王佳　陕西历史博物馆馆刊（第 19 辑）327～334

江孜白居寺吉祥多门塔壁画制作材料与绘画工艺研究　王力丹、郭宏　中国藏学 4：174～180

明代古墓葬壁画颜料的显微拉曼光谱分析　刘照军等　中国激光 6：0615003～1～0615003～4

吉林永平寺庙址出土彩绘颜料及工艺研究　高秀华　北方文物 3：50～54

陕西安康紫阳北五省会馆壁画颜料分析研究　胡可佳等　文物保护与考古科学 4：65～72

四川康定县清代古经堂壁画颜料分析研究　李春华等　四川文物 3：79～87

拉曼光谱在彩绘文物颜料分析中的应用　付倩丽　回顾与创新——秦始皇兵马俑博物馆开馆三十周年纪念文集（创新篇）835～841

汉阳陵文物彩绘的结构观察及颜料成分分析　张益等　文物保护与考古科学 3：88～92

新疆阿斯塔那唐墓出土彩塑的制作工艺和颜料分析　郑会平等　文物保护与考古科学 2：31～38

新疆阿斯塔那墓地出土唐代木质彩绘的显微激光拉曼分析　司艺等　光谱学与光谱分析 10：2607～2611

关于西安市古建彩绘的分析研究——地仗层中淀粉粒子的测定　金兰、邵振宇　西安文物考古研究（第 2 辑）403～417

近红外光谱结合化学计量学无损鉴定书画印泥研究　谷岸、沈伟　文物保护与考古科学 2：59～64

榆林横山大古界遗址出土仰韶晚期陶器的科学分析　容波等　文物保护与考古科学 3：82～87

北阡遗址史前陶器化学成分和物性特征分析　王芬、陈淑卿　东方考古（第 10 集）137～153

化隆县纳卡遗址彩陶颜料的拉曼光谱分析　钟黎等　南方文物 3：139～142

山西襄汾陶寺遗址陶土成分分析　王小娟、王晓毅　考古与文物 2：106～111

良渚古城遗址陶器的分析研究　鲁晓珂等　中国科学（技术科学）4：460～466

广西钦州唐代宁道务陶碑的初步研究　刘铮峰等　南方文物 4：160～162

化学元素分析技术在古陶瓷产地研究中的应用　张欢　中国陶瓷 4：81～83

河北临漳曹村窑址青釉器物工艺特征研究　陈岳等　岩矿测试 1：64～69

河北临漳曹村窑与内丘邢窑陶瓷器的胎釉组成对比分析　张茂林等　中国陶瓷 2：57～59

清凉寺窑出土汝官瓷与民汝青瓷胎釉配方及工艺的对比研究　丁银忠等　故宫博物院院刊 3：62～73

临水窑与介休窑白底彩绘工艺的对比研究　胡彩虹等　文物保护与考古科学 3：71～81

杭州南宋遗址出土官窑类瓷片的科技研究　李合等　南方文物 2：72～80

景德镇仿龙泉青瓷与龙泉青瓷组成特征研究　吴隽等　光谱学与光谱分析 8：2246～2250

明代官窑釉里红瓷器 SR－XRF 微区线扫描分析　管理等　核技术 7：070103～1～070103～4

对一件院藏明洪武釉下彩宝座所用彩料的科技研究　李合等　故宫博物院院刊 3：74～79

马王堆汉墓锡涂陶制作工艺研究　王宜飞　中国文物保护技术协会第七次学术年会论文集 393～403

新石器晚期祭祀彩石的多种谱学方法研究　汪海港等　光谱学与光谱分析 9：2305～2310

宝石之冠——从两件蒙兀儿扳指之检测谈起　陈东和　故宫文物月刊 3：88～99

湖北荆州出土战国玻璃珠的 pXRF 无损分析及相关问题研究　李青会等　敦煌研究 1：92～97

鸿山越墓出土战国玻璃的无损分析及相关认识　夏晓伟等　南方文物 3：143～149

广州出土汉代玻璃制品的无损分析　付强等　硅酸盐学报 7：994～1003

南水北调河南辉县路固汉代墓群出土白色粉块的化学分析及相关问题　赵春燕等　华夏考古 3：142～148

河南邓州南北朝砖墓灰浆分析研究　李博等　中原文物 5：87～92

皖南牌坊传统灰浆的科技研究　魏国锋等　光谱学与光谱分析 7：1973～1976

南京大报恩寺塔建筑琉璃构件的科技研究　丁银忠等　南方文物 2：81～84

辽宁清代建筑琉璃釉乳浊效果的初步分析　李合等　中国国家博物馆馆刊 4：143～149

故宫清代年款琉璃瓦釉的成分及相关问题研究　康葆强等　南方文物 2：67～71

故宫符望阁内檐装修金属构件材质与制作工艺的科学分析　曲亮等　文物保护与考古科学 1：

30～39

从一片大足石刻千手观音表面金箔分析获得的信息　周双林、陈卉丽　电子显微学报1：90～93

西安南郊出土一枚拜占廷金币的科学分析与制作工艺研究　邵安定等　考古与文物5：124～128

中国古代银锭金属成分研究　周卫荣等　中国钱币3：5～14

青铜器金相分析原理探讨　刘睿良、刘成　周原（第1辑）182～185

微观世界里的青铜器　长孙樱子　大众考古2：67～69

山西周家庄遗址出土龙山时期铜片的初步研究　王建平、王力之　中国国家博物馆馆刊8：145～154

郑州二里岗期青铜礼器的合金成分研究　田建花等　中原文物2：90～96

后母戊鼎西南足腐蚀产物物相分析　韩英等　中国国家博物馆馆刊7：132～144

科技考古视野下的商王朝锡料来源与“金道锡行”　易德生　中国社会科学5：162～184

克什克腾旗关东车遗址出土铜器成分与金相组织研究　李延祥等　中原文物6：98～106

新疆小河墓地出土部分金属器的初步分析　梅建军等　西域研究1：39～49

山东莱芜嬴城遗址炼铜渣初步研究　李延祥等　文物保护与考古科学2：1～6

云南曲靖八塔台墓地铜器分析　赵凤杰等　中原文物1：99～104

凤翔地区出土春秋铜建筑构件的检测分析　贾腊江等　西北大学学报（自然科学版）4：664～669

重庆地区出土青铜器铅同位素比值研究　杨小刚等　文物保护与考古科学3：55～63

重庆巫山地区出土鎏金和鎏银铜器初步研究　杨小刚等　江汉考古3：131～134

涪陵小田溪墓群出土部分青铜器科技分析　杨小刚等　文物春秋3：42～47

开县余家坝遗址出土青铜兵器与工具金相学研究　杨小刚等　文博2：80～83

湖北郧县乔家院墓地出土战国及东汉铜器的成分与金相分析　金锐等　文物保护与考古科学2：7～14

吉家院墓地出土青铜器的矿料来源初探　廖华军等　华夏考古2：140～144

北周武帝孝陵出土部分金器和鎏金铜器的初步科学分析　王贺等　中国国家博物馆馆刊2：129～137

清宫旧藏宣铜器无损检测研究示例　李米佳　文物春秋2：49～54

呷拉宗炼铁遗址出土冶炼渣的地球化学分析　中西哲也　西南地区北方谱系青铜器及石棺葬文化研究237～243

申明铺遗址出土铁器的工艺考察　戎岩等　文物保护与考古科学3：64～70

传统粘蜡胶的研制及应用性能研究　孔艳菊等　文物保护与考古科学3：1～8

DNA分析技术在考古学中的应用——见微知著　管东华　大众考古4：77～80

北阡遗址人和动物骨的C，N稳定同位素分析　王芬等　东方考古（第10集）122～136

即墨北阡遗址人骨稳定同位素分析：沿海先民的食物结构研究　王芬等　东方考古（第10集）108～121

同位素示踪研究的新探索——科技考古漫谈之十三　袁靖　中国文物报8月2日6版

新疆古墓沟墓地人发角蛋白的提取与碳、氮稳定同位素分析　屈亚婷等　地球化学5：447～453

新疆巴里坤东黑沟遗址出土人骨的碳氮同位素分析　凌雪等　人类学学报2：217～225

关中两汉先民生业模式及与北方游牧民族间差异的稳定同位素分析　张国文等　华夏考古3：131～141

补遗

西安理工大学曲江校区西汉壁画墓颜料分析研究　冯健等　西北大学学报（自然科学版）2012年5：771～776

淀粉粒分析揭示的赣江中游地区新石器晚期人类对植物的利用情况　万智巍等　中国科学（地球科学）2012年10：1582～1589

湖北出土战国青铜剑表面富锡层的材料学特征　何康等　材料保护2012年11：50～53

光谱分析技术在彩绘文物颜料分析中的应用　韩炜师、王丽琴　光谱学与光谱分析2012年12：3394～3398

古代动物分析

广西崇左三合大洞的早更新世猪属材料　董为等　人类学学报1：63～76

关于历史时期动物考古学研究的思考——科技考古漫谈之十四　袁靖、邓惠　中国文物报9月13日6版

陕西省蓝田县新街遗址全新世鸟类分类学记述　张玉光等　地质评论1：149～158

中国古代家鸡的再探讨　邓惠等　考古6：83～96

一石激起千层浪——质疑中国牛的管理起源　袁靖　中国文物报12月20日6版

陶寺遗址古代黄牛的母系遗传研究　孙洋等　农业考古4：238～241

辽西地区新石器时代动物遗存　索秀芬、李少兵　草原文物1：43～49

桦甸仙人洞遗址出土的动物化石与孢粉　陈全家等　人类学学报1：52～62

北阡遗址鱼骨研究　宋艳波、饶小艳　东方考古（第10集）180～188

北阡遗址2009、2011年度出土动物遗存初步分析　宋艳波　东方考古（第10集）194～215

东初遗址出土动物遗存分析　宋艳波、饶小艳　东方考古（第10集）189～193

陕北横山杨界沙遗址动物遗存研究　胡松梅等　人类学学报1：77～92

新石器时代和青铜时代中坝遗址的动物资源开发　傅罗文著　李志鹏译　中国盐业考古（第3辑）254～293

山西黎城楷侯墓地出土祭祀动物骨骼鉴定与分析　侯彦峰等　江汉考古4：106～115

古代川藏高原的动物利用——以呷拉宗遗址和本家地遗址为中心　菊地大树　西南地区北方谱系青铜器及石棺葬文化研究253～263

古代植物分析

中国常见食用豆类淀粉粒形态分析及其在农业考古中的应用　王强等　文物春秋3：3～11

魏家窝铺红山文化遗址出土植物遗存综合研究　孙永刚、赵志军　红山文化学术研讨会论文集49～57

吉林白城双塔遗址孢粉分析与古环境　汤卓炜等　考古学报4：534～538

广富林遗址（2008年）浸水植物遗存分析　王海玉等　南方文物2：139～147

江苏龙虬庄遗址单粒炭化稻DNA片段提取与RAPD扩增　李晨等　神农文化——稻作农业起源与炎帝文化暨第三届农业考古国际学术讨论会论文集178～180

江苏昆山姜里新石器时代遗址孢粉记录与古环境初步研究　萧家仪等　文物1：86～89

江苏昆山姜里新石器时代遗址植物遗存研究　邱振威等　文物1：90～96

河姆渡、罗家角两遗址的水稻硅酸体形状特征之比较　郑云飞等　神农文化——稻作农业起源与炎帝文化暨第三届农业考古国际学术讨论会论文集184～188

田螺山遗址古菱角埋藏环境调查与保护对策的初步研究　郭怡等　南方文物1：126～132

山东济南长清月庄遗址植物遗存的初步分析　［加］*Gary W. Crawford*等　江汉考古2：107～116

章丘西河遗址（2008）植物遗存分析　吴文婉等　东方考古（第10集）373～390

山东即墨北阡遗址木炭遗存的初步分析　王育茜等　东方考古（第10集）216～238

山东即墨北阡遗址（2007）炭化种子果实遗存研究　靳桂云等　东方考古（第10集）239～254

山东即墨北阡遗址（2009）炭化种子果实遗存研究　王海玉、靳桂云　东方考古（第10集）255～279

河南省内黄县三杨庄全新世以来的孢粉学记录　刘耀亮等　第四纪研究　3：536～543

陕西两处仰韶时期遗址浮选结果分析及其对比　刘焕等　考古与文物4：106～112

湖北天门市石家河古城三房湾和谭家岭遗址出土植物遗存分析　邓振华等　考古1：91～99

李洲坳东周古墓棺木用材树种鉴定及材性分析　潘彪等　南京林业大学学报（自然科学版）3：87～91

“南澳1号”船板的初步检测分析　吕淑贤　文化遗产研究（第2辑）152～158

中坝遗址浮选结果分析报告　赵志军、傅罗文　中国盐业考古（第3辑）394～419

中坝制盐遗址的孢粉分析与古植被、古环境　李宜垠等　中国盐业考古（第3辑）420～435

四川阆中市郑家坝遗址浮选结果及分析——兼谈四川地区先秦时期炭化植物遗存　闫雪等　四川文物4：74～85

宴尔龙遗址及本家地遗址出土的炭化种子　高宫广土　西南地区北方谱系青铜器及石棺葬文化研究221～236

古代人骨分析

广西崇左智人洞早期现代人龋病及牙槽骨异常研究　吴秀杰等　人类学学报3：293～301

全新世中国北方人群第一臼齿齿冠面积和齿尖相对面积的测量分析　周亚威等　人类学学报3：319～329

中国西北地区古代人群头骨的欧洲人种特征　张银运等　人类学学报3：274～279

六顶山渤海墓葬群的体质人类学研究　张旭　社会科学战线8：122～124

吉林省镇赉县乌鸦山村古代墓葬出土骨骼初步分析　杨春等　草原文物1：96～98

山东地区古代居民体质特征演变初探　曾雯、赵永生　东南文化4：65～70

山东北阡遗址出土之大汶口时期人骨　中桥孝博等　东方考古（第10集）13～51

山东省即墨北阡遗址出土大汶口文化人骨牙齿形态之研究　北川贺一、栾丰实　东方考古（第10集）52～64

山东省即墨市北阡遗址出土大汶口文化时期人骨之口腔病理研究　冈崎健治、栾丰实　东方考古（第10集）65～79

北阡遗址大汶口文化时期居民体质量初探　樊榕　东方考古（第10集）80～90

北阡遗址人类颅骨的形态学研究　刘超等　东方考古（第10集）91～98

北阡新石器时代人类颅内膜　刘超等　东方考古（第10集）99～107

湖北郧县青龙泉新石器时代居民牙齿磨耗及健康状况　周蜜等　人类学学报3：330～344

鲤鱼墩遗址出土人牙的牙齿磨耗和龋齿　陈伟驹、李法军　人类学学报1：46～51

鲤鱼墩新石器时代居民头骨的形态学分析　李法军等　人类学学报3：302～318

壮族地区岩洞葬人骨研究　彭书琳　广西博物馆文集（第6辑）76～91

川西高原青铜时代的人　中桥孝博等　西南地区北方谱系青铜器及石棺葬文化研究164～191

川西高原史前时代的亲属关系　田中良之　西南地区北方谱系青铜器及石棺葬文化研究244～252

河南荥阳薛村遗址早商人骨种系研究　孙蕾等　华夏考古1：55～64

青海大通上孙家寨古代居民 mtDNA 遗传分析　张芃胤等　人类学学报2：204～218

呼图壁县石门子墓地人骨研究报告　曹浩然、陈靓　新疆文物2：103～106

新疆伊犁吉林台库区墓葬人骨牙齿形态特征的观察与研究　张林虎、朱泓　西域研究3：95～105

库车县苏巴什古墓改形女颅的研究　王博、傅明方　龟兹学研究（第3辑）237～247

2007年库车古墓出土人颅的种族研究　王博　龟兹学研究（第4辑）117～151

计算机技术的应用

全系列三维激光扫描技术在文物及考古测绘中的应用　白成军等　天津大学学报（社科版）5：436～439

三维激光扫描技术在文物及考古测绘中的应用　白成军、王其亨　文物3：88～93

三维激光扫描在文物考古中应用述评　魏薇、潜伟　文物保护与考古科学1：96～107

浅谈三维数字技术在古代青铜器保护中的应用——以绛县横水西周墓地青铜器三维扫描为例　程虎伟等　文物世界6：57～60

三维测绘与虚拟复原嫁接唐陵大遗址考古　张建林、张博　中国文化遗产 2：20～25

三维激光扫描技术在洛阳孟津唐墓中的应用　周立、毛晨佳　文物 3：83～87

三维扫描技术在龙门石窟研究中的应用　李兴隆　石窟寺研究（第 4 辑）326～333

三维激光扫描仪在四川石窟寺考古测绘中的运用与思考　谭登峰等　石窟寺研究（第 4 辑）334～342

实时三维技术在交河故城遗址保护中的应用　李肖等　文物保护与考古科学 1：24～29

数字考古在考古学中的应用潜力——以秦始皇陵兵马俑考古工作为例　孟中元　秦俑博物馆开馆三十周年秦俑学第七届年会国际学术研讨会论文集 327～337

秦俑规范化主题词研究初探　马生涛　回顾与创新——秦始皇兵马俑博物馆开馆三十周年纪念文集（创新篇）789～801

唐陵数字化背后的新技术　孙征　中国文化遗产 2：26～29

考古发掘现场遗存器物几何结构信息提取及数字化虚拟复原　袁鸿、赵西晨　中国文物报 2 月 8 日 7 版

简码法数字化测图技术在田野考古中的应用——以成都城厢镇包家梁子汉代墓地测绘为例　白铁勇、钱素芳　中国文物报 3 月 15 日 7 版

Adobe Photoshop CS 应用于青铜器病害图绘制的尝试　杨巍　文化遗产研究（第 2 辑）218～224

敦煌文化遗产数字化保护之浅见　马德　敦煌学辑刊 2：158～161

历史遗产数位典藏——建置 Lapita 陶器研究专用之线上数位资料库　邱斯嘉　考古学与永续发展研究 475～511

基于 PSO－CA 的景德镇南河流域窑址景观演变模　刘陶、肖绚　计算机应用研究 2：462～464

物联网技术在文物保存环境监控领域中的应用　马笑然、汤春山　中国文物报 11 月 15 日 7 版

西汉铸钱工艺中钱币型腔和内浇道对充型过程影响的计算机模拟试验　廉海萍、杨弋涛　文物保护与考古科学 4：24～36

其他

石叶微痕研究　陈虹、连蕙茹　草原文物 2：125～131

石制品使用微痕多阶段成型轨迹的实验研究　陈虹等　人类学学报 1：1～18

河南孟津寨根、班沟出土裴李岗晚期石磨盘功能分析　［美］刘莉等　中原文物 5：76～86

新石器时代长江下游出土的三角形石器是石犁吗？——昆山遗址出土三角形石器微痕分析　［美］刘莉等　东南文化 2：36～45

东汉岭南地区出土青铜器表面纺织残留物电子显微研究　黄烘等　电子显微学报 2：127～132

关于田野考古档案管理的思考　李文喜　丝绸之路 6：145～146

汉画像石摄影略谈　杜鹏　江淮文化论丛（第 2 辑）361～365

文物摄影的影像语汇　王钜元　故宫文物月刊 7：102～109

文物摄影内容与形式的关系　李凡　中国文物报 6 月 28 日 6 版

基于壁面曲率分析的壁画数字化摄影采集方法研究　吴健等　敦煌研究 1：108～112

文物摄影中镜头特点对照片质量的影响　王宇新　中国文物报 1 月 11 日 7 版

河北省张家口及保定市大遗址航空摄影考古工作纪实　姚乐音等　中国文物报 9 月 27 日 7 版

文物摄影与图片编辑漫谈　张晓悟　中国文物报 10 月 2 日 7 版

略谈考古器物绘图　黄丽荣　陕西历史博物馆馆刊（第 20 辑）87～100

甲骨传拓技法　贾双喜　甲骨文与殷商史新三辑 433～451

甲骨传拓技法小议　何海慧　甲骨文与殷商史新三辑 452～455

如何传拓玉石类文物　钟学利、任超　天津博物馆论丛 366～370

汉画像石拓片的制作工艺　马骥　中国汉画学会第十四届年会论文集 450～454

全形拓考略　贾树　文物天地 6：104～107

多测量手段集成古建筑物精细测绘方法——以武当山两仪殿为例　胡庆武等　文物保护与考古科学2：39～44

射线探伤无损检测方法在文物考古现场应用最新进展　周华等　敦煌研究1：35～43

四　文物保护与修复

综述

《文物保护法》修订建言　严驰恒　中国文物报8月14日3版

《文物保护法》修法工作应重视的几个问题　何流　中国文物报11月29日6版

《文物保护法》的立法不足与完善措施　韩雪、韩长松　中国文物报7月26日3版

《文物保护法》修订要建立文物侵权民事责任追究制度　李云辉　中国文物报7月31日3版

《文物保护法》修订应规范基建中的考古发掘及法律责任　郑清森　中国文物报8月7日3版

有关《文物保护法》的几个文法和逻辑的商榷　毛保中　中国文物报8月9日3版

对《文物法》第29条规定的探讨　刘颂华　中国文物报9月27日3版

再谈尚未公布为文物保护单位的不可移文物法律保护　李晓东　中国文物报10月30日3版

20世纪70年代前后中国文物保护工作述略　刘建美　当代中国史研究4：47～55

中国的考古管理政策和考古遗址保护　童明康　文化遗产研究（第2辑）240～243

广州地区考古遗存的保护模式　易西兵　中国文物报7月5日5版

田野文物保护的几点思考——以陕西兴平茂陵保护区田野文物保护为例　魏乾涛　中国文物报1月9日3版

全球化视域下西藏重点文物资源的保护对策与建议　霍巍　西南民族大学学报（人文社科版）1：30～37

薪火相传——四川省文物考古研究院文物保护修复六十年　四川省文物考古研究院文物保护修复中心（谢振斌、王冲）　四川文物3：88～96

“十一五”期间文物保护科技成果综述　杨军昌、张静　留住文明——陕西“十一五”期间大遗址保护及课题考古概览（2006～2010）242～260

文物本体的定义与应用　龚德才、朱展云　中国文物报10月18日7版

文物保护行业标准浅谈　马金香　天津博物馆论丛357～365

文物保护标准体系构建的探讨　何流　东南文化3：14～18

文物保护学的理论模型再探讨　龚德才、徐津津　中国文物报5月3日6版

不可移动文物保护的社会参与　齐然　中国文物报1月25日3版

文物古迹预防性保护浅议　郑军　中国文物报11月29日6版

文物移动安全问题与对策　田凯　中国文物报1月4日3版

文物的保养　贾文忠　文物天地9：99

全面建立我国文化遗产保护的法律制度　朱兵　历史与现实——文化遗产保护及发展国际学术会议论文集233～247

文化遗产保护工程理论实践与应用　汪万福等　石窟寺研究（第3辑）315～331

百年来世界文化遗产保护理论体系的形成与发展　吴铮争、刘军民　西北大学学报（哲社版）5：95～99

文化遗产保护“范式”的研究　葛川等　中原文物3：99～101

遗产及其文化边界——基于中国例证对西方范式的挑战　（比）威勒姆·德尔德著　张成渝译　徐嵩龄校　文化遗产研究（第2辑）359～372

中日文化遗产保护的反思与借鉴　张爱萍　历史与现实——文化遗产保护及发展国际学术会议论文集274～282

试论文化遗产保护中“人”的因素　吕宁　中原文物1：91～95

Shaping Cultural Identity Through Heritage: *The Problems Faced by Hong Kong* *Celine Lai* 文化遗产研究（第2辑）267～282

金属器的保护

浅谈青铜器修复与保护　王俊勇　中国文物保护技术协会第七次学术年会论文集42～48

青铜器的保护方法探讨　杨苗蒲、秦雯雯　周口文物考古研究Ⅱ316～320

青铜器修复和保护方案的初探　孙晓敏　黑龙江史志5：29～31

青铜文物的科学分析与腐蚀机理及保护方法略述　袁晓红、侯秀敏　洛阳考古（总第3期）83～87

青铜器电化学腐蚀机理探讨　张艳红、刘根亮　天津博物馆论丛371～376

青铜文物缓蚀剂效率及封护剂抗腐蚀能力的比较研究　陈淑英等　文物保护与考古科学4：46～53

由金属文物的封护兼谈文物保护原则　王子尧　中国文物保护技术协会第七次学术年会论文集49～55

试论铜器变形的形式与整形的因素　霍海峻　文化遗产研究（第2辑）166～176

青铜展示环境湿度的对照控制　沈建东　故宫文物月刊9：74～79

妇好墓青铜提梁盉再修复　王琛　中原文物4：102～105

丰白簠的修复和保护　宋笑飞　中国文物报2月8日7版

陕西沣镐遗址出土西周车马器金属材料及锈蚀产物研究　张西生等　文博1：86～89

窃曲纹鼎的修复与分析研究　靳鹏等　中国文物保护技术协会第七次学术年会论文集11～15

春秋青铜缶的保护修复　杨苗蒲　周口文物考古研究Ⅱ306～310

春秋填漆青铜鼎的保护修复　杨爱民　中国文物报7月26日7版

战国五山镜的修复　潘炼　南京博物院集刊（13）219～221

河南淅川县徐家岭楚墓出土战国青铜戈的保护　翟荣　西安文物考古研究（第2辑）364～370

故宫博物院藏楚王酓璋戈的保护修复　高飞等　中国文物保护技术协会第七次学术年会论文集16～22

战国铜马衔的保护与修复　郭海燕　丝绸之路14：18～19

陈璋壶病害调查分析与对策　范陶峰、万俐　南京博物院集刊（13）215～218

广东出土先秦时期脆弱青铜器保护修复技术研究　莫鹏　岭南考古研究（13）128～140

对鄂尔多斯青铜器保护修复的思考　陈志芬、王雅倩　中国文物保护技术协会第七次学术年会论文集38～41

海南铜鼓修复暨铸造相关问题探讨　李静生　殷都学刊4：116～119

秦陵出土青铜水禽锈体组织结构的初步分析　郭菲等　文物保护与考古科学4：37～45

秦俑坑新出土金属文物的科学保护修复研究　兰德省　回顾与创新——秦始皇兵马俑博物馆开馆三十周年纪念文集（创新篇）817～826

一件出土西汉青铜鍪的保护修复　马文婷　丝绸之路4：132～133

汉代青铜钫的修复保护　贾晓燕　西安文物考古研究（第2辑）371～379

喇嘛洞墓地甲骑具装的考古发现与复原　禺斤　大众考古1：72～75

铜镜的现代科技保护及效果　唐剑玲　广西博物馆文集（第6辑）254～257

两尊金属佛教造像的保护修复　程旭、杨文宗　陕西历史博物馆馆刊（第18辑）345～353

激光清洗技术在一件鎏金青铜文物保护修复中的应用　张晓彤等　文物保护与考古科学3：98～103

泰山九连菩萨的修复　孙学武　中国文物报4月5日7版

故宫灵沼轩金属构件的病害分析及其成因研究　曲亮等　故宫博物院院刊2：125～138

现代分析技术在文物修复中的应用——以广东民间工艺博物馆铜爵修复为例　牛沛　陕西历史博物馆馆刊（第20辑）409～413

AMT复合剂ACN1体系中氯离子的测定——氯离子选择性电极法　万俐等　中国文物保护技术协会第七次学术年会论文集3～10

出土铁器文物的保护实践　范陶峰、万俐　中国文物保护技术协会第七次学术年会论文集 23～29

谈谈铁质文物的保护　杨苗蒲、秦雯雯　周口文物考古研究Ⅱ311～315

小议铁器的现场保护　史文利　周口文物考古研究Ⅱ331～334

浅谈铁质文物保护及表面封护　陈安道　丝绸之路 24：56～57

从秦俑坑出土铁器保护处理谈铁器文物的保护修复　兰德省　秦始皇帝陵博物院（总 1 辑）396～407

一件汉代铁戟的实验室分析与保护　曲亮　中国文物保护技术协会第七次学术年会论文集 30～37

东塔勒德墓地出土错金铁泡保护修复报告　宋俊荣、于建军　新疆文物 1：90～94

刍议铁器文物修复中的适度——以修复两件葫芦岛出土的铁器为例　孟丹、金冉　辽宁省博物馆馆刊（2012）268～274

石质文物的保护

潮湿环境下石质文物的修复与保护　李渝成　成都文物 2：67～73

石质文物保存环境控制与预防性保护　范子龙、冯太彬　石窟寺研究（第 4 辑）343～356

ZB－WB－S 砂岩加固材料的性质表征和加固作用的初步研究　苏伯民等　敦煌研究 1：7～12

梵天寺石质文物粘接和加固材料性能研究　徐飞等　南京博物院集刊（13）233～243

表面污物对石雕艺术价值影响评估初探　周伟强等　江汉考古 4：125～127

摩崖石刻保护技术研究　肖役生等　中国文物保护技术协会第七次学术年会论文集 189～199

对馆藏石质文物保护的几点思考——以河南博物院石质文物保护为例　韩凯英　中原文物 5：93～95

四川阆中大佛寺摩崖造像保护修复　韦荃　博物馆学刊（第 3 辑）178～185

乐山大佛“黑鼻子”形成机理与防治对策浅析　江滔　四川文物 6：84～88

泰山经石峪大字金刚经历史研究及保护方法初探　孙学武、宗世强　石窟寺研究（第 3 辑）389～397

泰山经石峪大字金刚经历史研究及保护方法初探　孙学武　黑龙江史志 12：39～42

安岳圆觉洞石刻区防风化加固保护研究　杨盛等　中国文物保护技术协会第七次学术年会论文集 206～213

黄岭庙抢救保护石碑刻　罗春玲、屈江　中国文物报 4 月 5 日 7 版

水月观音像保护修复技术报告　范景锐等　洛阳考古（总第 2 期）83～92

句容南朝萧绩墓石刻保护　杨毅等　南京博物院集刊（13）222～232

中日乾陵石刻保护修复工程项目述略　刘向阳　乾陵文化研究（六）41～50

唐乾陵内城北门石刻的考古发现与保护　宋少宇　乾陵文化研究（四）497～501

故宫室外石质文物保护研究　王时伟等　中国文物保护技术协会第七次学术年会论文集 214～219

歙县石坊的病害调查和保护对策　安静平、魏国峰　南方文物 4：168～172

地藏寺经幢的清洗　陈颢　中国文物报 4 月 19 日 7 版

广西花山岩画表面污染物去除研究　周伟强等　中原文物 2：97～100

甘肃天水隋唐彩绘围屏石榻的保护与修复　马琳燕　文物 7：83～89

松香白蜡在琥珀玉石类文物修复中的应用　蒙顺安　广西博物馆文集（第 6 辑）258～259

玉器修复工艺初探　杨植震等　广西博物馆文集（第 7 辑）271～274

古建筑的保护

文物建筑残损勘察中的统计学方法——以三星祠（李平章家庙）残损勘察为例　阳承良　中国文物报 8 月 23 日 7 版

文物保护原则在维修工程中的体现——以河南焦作嘉应观为例　余晓川　中国文物报 12 月 13 日 6 版

有害生物对古建筑的危害及其防治　汪建策、邹龙旺　南方文物 1：169～171

古建筑振动标准分级探讨 马蒙等 文物保护与考古科学 1：54～60

中国传统血料灰浆的应用历史和科学性 张坤等 文物保护与考古科学 2：96～102

最后的工匠 故宫里的官式古建筑营造技艺 李永革、王俪颖 中国文化遗产 3：24～33

从两处古迹保护谈考古发掘在文物建筑勘察中的作用 阳承良 考古与文化遗产保护——理论与实践 113～124

湖南洪江黔城南正街历史建筑群保护研究 符炫、谌贵阳 考古与文化遗产保护——理论与实践 325～352

山西孝义古城保护与发展初探 王晓丽 文物世界 5：63～65

晋城市古建筑类文物保护单位的现状调查与保护对策 张沁洋 文物世界 5：66～67

城市化进程与近现代遗产的保护——从青岛八大关近代建筑遗产保护谈起 朱懿 文化遗产研究集刊（第 6 辑）371～380

长城保护勘察设计十年分析 李宏松等 中国文物报 5 月 17 日 5 版

齐长城总体保护方式刍议 齐敏等 博物馆学刊（第 3 辑）195～200

齐长城墙体的病害及成因 张艳群、程留斌 中国文物报 11 月 15 日 6 版

吉林省大遗址保护的实践与探索——以长城资源保护为例 韩洋 中国文物报 11 月 22 日 7 版

实施大同长城保护与利用战略的对策建议 刘媛 文物世界 1：61～67

浅谈荆州城墙损伤与维修 严烽 中国文物报 8 月 23 日 7 版

新疆北庭故城病害特征及保护加固研究 郭青林等 敦煌研究 1：13～17

交河故城垛泥墙体裂隙注浆工艺研究 孙满利等 文物保护与考古科学 1：1～5

西安地区古城垣保护与展示模式初探 王自力 西北大学学报（哲社版）5：88～94

浅谈平遥县古城墙的保护与利用 张照红 文物世界 4：64～65

几种有机硅材料在南京城砖防护上的应用研究 杨隽永等 文物保护与考古科学 3：35～40

UV 固化聚氨酯－丙烯酸酯乳液的制备及对砖瓦质文物的保护作用 徐吉成等 涂料工业 10：32～38

紫禁城城墙现状调查与保护初探 曹晓丽等 故宫学刊（第 9 辑）342～353

我国古代建筑绿色琉璃构件病害的分析研究 段鸿莺等 故宫博物院院刊 2：114～124

洛阳山陕会馆古建琉璃构件白色腐蚀病害研究 惠任等 考古与文物 6：105～108

古建糟朽角梁抗弯性能数值模拟研究 周乾 文博 1：90～93

带雀替木构架榫卯节点特性的试验研究 李卫等 文博 3：80～85

邢台天宁寺前殿斗拱修复方案试析 李轩鹏 文物春秋 4：43～47

古建筑圆柱形木构件内部缺陷筛查方法研究 廖春晖等 北京林业大学学报 1：123～126

故宫中和殿某中金檩断裂分析 周乾等 文物保护与考古科学 1：40～46

论南宁孔庙的迁建保护与利用 李文 广西博物馆文集（第 6 辑）232～239

零陵文庙修缮方案设计思路与方案解析 符炫、谌贵阳 考古与文化遗产保护——理论与实践 284～324

涪陵蔺市文庙搬迁前勘察测绘工程分析 叶建华 文物保护与考古科学 3：41～47

恭城武庙戏台的修缮 覃玉东 广西博物馆文集（第 7 辑）253～258

宗教建筑维修中的点滴认识与实践 杨新 文化遗产研究（第 2 辑）254～266

宁波保国寺大殿残损分析及结构性能研究 淳庆等 文物保护与考古科学 2：45～51

新疆焉耆县七个星佛寺遗址结构病害分析 赵冬等 中国地质灾害与防治学报 2：111～115

论横县大滩伏波庙的后殿修复 陈显灵 广西博物馆文集（第 6 辑）226～231

浅谈古代建筑彩画保护修复理念 曹怀义 文物世界 1：58～60

故宫咸福宫区建筑彩画保护研究 杨红等 中国文物保护技术协会第七次学术年会论文集 286～296

高要学宫檐下彩画的修复与研究 邹伟初 岭南考古研究（9）187～197

应县木塔保护的世纪之争（上）、（下）　侯卫东　中国文物报8月23日3版、8月28日3版

应县木塔勘察测绘研究回顾　中国文化遗产研究院项目组（永昕群、侯卫东）　中国文物报8月30日3版

应县木塔结构变形监测　中国文化遗产研究院木塔项目组（王林安、侯卫东）　中国文物报9月6日3版

应县木塔的抗风和抗震　中国文化遗产研究院木塔项目组（王林安、侯卫东）　中国文物报9月13日3版

应县木塔结构研究探索　中国文化遗产研究院木塔项目组（王林安、侯卫东）　中国文物报9月18日3版

应县木塔结构现状与已有加固措施　中国文化遗产研究院项目组（永昕群、侯卫东）　中国文物报9月20日3版

应县木塔保护维修的实施途径探索　中国文化遗产研究院项目组（侯卫东）　中国文物报10月2日3版

西安万寿寺塔“改斜归正”成功纠偏2米　庞博　中国文物报12月20日2版

成都望江楼公园吟诗楼、濯锦楼测绘与维修　唐明娟、庄裕光　四川文物1：79～96

日昇昌票号总号旧址保护修缮工程述要　赵鹏图　文物世界3：61～65

晋祠博物馆建筑小样修复技术　祁伟成　中国文物报8月23日7版

国子监辟雍池桥安全性检测评估与加固　姜玲　北京文博文丛4：98～107

圆明园如园延请堂遗址局部勘探所获建筑材料的评价及其保护建议　张卓燕等　文物保护与考古科学4：96～99

补遗

从《威尼斯宪章》到《曲阜宣言》——罗哲文的文物古建筑保护思想与实践　马炳坚　中国艺术报2012年9月7日3版

壁画的保护

古代壁画的复原性临摹　郝建文　中国文物报11月1日7版

薄荷醇及其衍生物对彩绘遗迹表面的影响　王春燕等　文博4：75～76

早期失效保护修复材料对壁画的影响　成倩等　文物保护与考古科学2：77～82

文物病害术语“酥碱”的再认识　何流　中国文物报4月19日7版

曲江翠竹园综合楼基槽内西汉壁画墓的保护处理　金兰、曹铭婧　西安文物考古研究（第2辑）380～396

西安理工大学西汉壁画墓现场保护技术研究　冯健等　文博4：85～89

嘉峪关魏晋墓腐蚀壁画真菌群落组成分析　武发思等　敦煌研究1：60～66

魏晋五号壁画墓保存环境中空气微生物监测研究　俄军等　敦煌研究6：109～116

朔州水泉梁北齐墓葬壁画病害的初步调查与分析　胡文英　文物世界1：76～80

龟兹壁画临摹与文化传承　史晓明　龟兹学研究（第5辑）400～410

唐章怀太子墓壁画《侍女内侍图》的再修复　付文斌　陕西历史博物馆馆刊（第18辑）354～359

唐章怀太子墓壁画《仪卫图》的模拟修复　蔡昌林　陕西历史博物馆馆刊（第20辑）404～408

《马球图》壁画中裂缝的自动虚拟修复方法研究　王慧琴等　中国文物保护技术协会第七次学术年会论文集311～316

关中地区唐代壁画墓的保护与研究——以蒲城唐高力士墓为例　张基伟、贺林　文物7：90～96

浅谈唐墓壁画上展前的保护修复培训　黄方　陕西历史博物馆馆刊（第19辑）322～326

新疆和田达玛沟遗址出土壁画修复试验报告　樊再轩等　敦煌研究1：18～22

新疆和田策勒县达玛沟出土壁画保护修复研究　薛止坤等　吐鲁番学研究1：73～78

敦煌莫高窟第98窟壁画表面菌斑的群落结构分析　武发思等　微生物学通报9：1599～1608

塔尔梁五代墓葬壁画现场保护揭取工作的思考　张晓岚等　中国文物保护技术协会第七次学术年会论文集 317～322

内蒙古博物院藏五代壁画的保护修复　杜晓黎等　中国文物报 4 月 5 日 7 版

南京南唐二陵彩画修复与冷凝水的治理　李玉虎等　中国文物报 11 月 29 日 7 版

西安经二十六路宋代砖雕壁画墓的搬迁保护　赵凤燕、李书镇　西安文物考古研究（第 2 辑）397～402

贡嘎曲德寺病害调查研究　方云等　石窟寺研究（第 4 辑）364～373

石家庄毗卢寺壁画保存状况调查及霉菌类群鉴定　严苏梅　回顾与创新——秦始皇兵马俑博物馆开馆三十周年纪念文集（创新篇）858～863

亟待破解的难题——清代建筑壁画的保护　黄利平、康薇　中国文物报 1 月 11 日 6 版

中德合作陕西紫阳北五省会馆壁画保护修复　马琳燕　中国文物报 11 月 15 日 7 版

南京堂子街太平天国壁画的保护　毛晓玲　中国文物报 5 月 3 日 7 版

石窟寺的保护

纵观当前的石窟保护　黄克忠　石窟寺研究（第 4 辑）V－Xii

多学科知识在古遗址保护中的应用——以库木吐喇石窟寺遗址为例　殷弘承　龟兹学研究（第 3 辑）138～143

龟兹石窟保护维修的回顾与展望　彭杰　龟兹学研究（第 3 辑）111～120

龟兹石窟保护现状　何林　龟兹学研究（第 3 辑）144～150

敦煌莫高窟第 108 窟西壁岩体内温湿度变化规律研究　林波等　敦煌研究 1：86～91

突发性强降雨对莫高窟洞窟微环境影响分析　张正模等　敦煌研究 1：120～124

云冈石窟污染物与砂岩结合状态的分析检测研究　张秉坚等　石窟寺研究（第 3 辑）332～355

云冈石窟表面有害污染物调研　赵林娟　文博 3：90～93

云冈石窟石质文物表面污染物清洗效果检测技术实验　周华等　文物保护与考古科学 1：15～23

核磁共振（NMR）T2 分布对云冈石窟风化的初步研究　周华等　文物保护与考古科学 4：106～113

龙门石窟小型露天窟龛的尝试性保护方法　李建厚　洛阳考古（总第 2 期）79～82

龙门石窟奉先寺病害调查研究　方云等　石窟寺研究（第 3 辑）356～362

龙门石窟保护修复工程综述与探讨　杨刚亮　石窟寺研究（第 3 辑）363～380

龙门石窟栈道结构加固中碳纤维的应用　范子龙　石窟寺研究（第 3 辑）381～388

龙门石窟病害调查与评估方法的探索与研究　高东亮　石窟寺研究（第 4 辑）357～363

龙门石窟的保养维护　陈建平、杨刚亮　石窟寺研究（第 4 辑）374～379

龙门石窟偏高岭土——超细水泥复合灌浆材料研究　严绍军等　石窟寺研究（第 4 辑）393～404

飞来峰摩崖造像环境地质病害现状及修缮加固方法　王丽雅等　文化遗产研究（第 2 辑）225～236

漆木器的保护

考古现场出土木漆器的保护　张金萍　中国文物保护技术协会第七次学术年会论文集 88～91

出土漆木器保护研究现状概述　王子尧　江淮文化论丛（第 2 辑）334～342

测量脆弱膜强度的夹具的研制及其在漆器修复中的应用　王丽琴等　文物保护与考古科学 3：93～97

剔采玄光：馆藏漆器特展专题之四——漆器文物之劣化损坏及其修护　林永钦　历史文物 6：41～51

大河口西周墓 M1 出土漆木器后期维护保存　李存信　文化遗产研究（第 2 辑）139～151

虢国博物馆藏盾牌的修复　宋笑飞　中国文物报 5 月 31 日 7 版

汉代出土饱水漆枕的保护研究　云悦、陈潇俐　中国文物保护技术协会第七次学术年会论文集 92～95

海洋出水木质文物保护中的硫铁化合物问题　沈大娲等　文物保护与考古科学 1：82～88

可溶性淀粉脱水加固定型出土饱水木质文物研究　夏璐　江汉考古 1：113 ~ 116

饱水木质文物的细菌病害及其诊断技术的进展　徐润林　文物保护与考古科学 3：104 ~ 110

一件良渚时期木鱼的加固和脱盐脱水保护　杜树志　中国文物报 2 月 22 日 7 版

Study of Excavated Wooden Combs in East Asia—Significance of Preservation and Identification of Wood Species　Naoko Kizawa　历史与现实——文化遗产保护及发展国际学术会议论文集 37 ~ 51

河北宣化辽墓群出土木质文物的保护修复研究　雷金明　中国文物保护技术协会第七次学术年会论文集 109 ~ 118

志丹苑元代水闸遗址木构件侵蚀微生物的防治研究　李东风等　文物保护与考古科学 4：73 ~ 76

符望阁迎风板研究与清洗保护　王文涛　中国文物保护技术协会第七次学术年会论文集 119 ~ 130

浅谈清紫檀雕莲叶龙纹宝座的修复　马如高　文物保护与考古科学 2：103 ~ 106

清华战国竹简《筮法》卷册的揭取保护　赵桂芳　出土文献（第 4 辑）311 ~ 314

银雀山汉墓竹简饱水保护　白广珍　中国文物保护技术协会第七次学术年会论文集 103 ~ 108

纸质品的保护

纸张的脱酸与还原技术　马艺蓉　陕西历史博物馆馆刊（第 19 辑）335 ~ 340

明矾在纸质文物中的应用研究　王亚龙　南方文物 1：154 ~ 156

馆藏文物防霉纸的研究　郑冬青　博物馆研究 1：93 ~ 96

几种植物染料染色修复配纸的适用性研究　巩梦婷、陈刚　文物保护与考古科学 3：9 ~ 15

热老化模式对纸张性能的影响　张金萍等　文物保护与考古科学 3：16 ~ 19

烫蜡法复原硬黄纸的初步研究　金玉红、李晓岑　文物保护与考古科学 3：20 ~ 24

纸张厚度及收卷直径对书画类文物的影响　李涛　文物保护与考古科学 3：25 ~ 34

简论古书画文物的保护管理与收藏利用　李文喜　丝绸之路 4：134 ~ 135

书画伤损之类型、鉴识与修护——以故宫典藏为核心之研究　刘芳如　故宫学术季刊 30 卷 3：179 ~ 231

书画盒对书画作品的保护　吴春龙　中国文物报 2 月 22 日 7 版

古代书画装裱工序——绢本画的覆背　汪自强、施珩　历史与现实——文化遗产保护及发展国际学术会议论文集 160 ~ 165

《明·三人影像轴》绢本工笔重彩画的修复保护　王博　中国文物报 4 月 19 日 7 版

《牛瑄对联轴》修复工艺探析　扬扬　中国文物报 11 月 1 日 7 版

清《洪范竹石图》修复简述　王岩菁　中国文物保护技术协会第七次学术年会论文集 147 ~ 149

故宫藏“贴落画”修复纪实　周海宽　北京文博文丛 1：106 ~ 110

南京博物院院藏扇面画的修复及保护研究　朱庆贵、薛宏涛　中国文物保护技术协会第七次学术年会论文集 142 ~ 146

南京博物院院藏《蔡仲岐观察说帖》的保护修复　何子晨等　中国文物保护技术协会第七次学术年会论文集 150 ~ 154

从《前出师表》残缺拓片的修复看修复理念的变化　张兴伟　中国文物保护技术协会第七次学术年会论文集 155 ~ 159

江西省古籍保护工作的现状与思考　程学军　南方文物 1：179 ~ 181

文献复制工作中残旧外观的形成机理与仿制方法　崔雪祯　中国文物报 5 月 3 日 7 版

传统印刷技术在纸质文献复制工作中的应用　崔雪祯　中国文物报 7 月 26 日 7 版

馆藏纸质文物保护修复在实践中的应用　陈晓琳　中国文物报 8 月 9 日 7 版

巴音郭楞博物馆馆藏元代文书保护修复方法简述　牛耕等　苏州文博论丛（总第 3 辑）20 ~ 25

江苏江阴明墓出土粘连纸质文物的揭展和研究　郑冬青等　中原文物 1：105 ~ 108

纸质文物的清洗研究——以清代册页清洗为例　陈潇俐等　文物保护与考古科学 2：65 ~ 68

纺织品的保护

如何选择纺织品文物加固修复材料和适用方法　殷红　文化遗产研究（第2辑）206～217

SO_2气体对丝织品文物影响的试验研究　王婷等　文物保护与考古科学4：19～23

浅议合成染料染色技术在古代纺织品修复中的应用　吴海涛　丝绸之路24：52～55

纺织品文物的提取保护　黄悦、王亚蓉　中国文物报5月31日7版

环十二烷在彩绘织物湿洗中的临时性封护工艺研究　路智勇等　文物保护与考古科学1：61～67

天然材料在丝织品文物清洗保护中的应用综述　何俊等　文物保护与考古科学2：83～93

新疆出土毛纺织服饰及与之相应的技术保护措施　木娜瓦尔·哈帕尔　文博4：90～93

马王堆汉墓帛画保护的探索与实践　游振群　中国汉画学会第十四届年会论文集430～438

徐州狮子山楚王陵丝绸消失之谜探析　龚德才等　中国文物报1月11日7版

徐州狮子山楚王陵丝绸消失之谜再探——兼与龚德才、杨弢、葛明宇商榷　李桂云、梁勇　中国文物报3月22日7版、7月5日6版

唐代花卉纹夹缬绢幡身的修复与保护　殷红　旅顺博物馆学苑（2009）170～173

新疆吐鲁番阿斯塔那古墓群出土唐代麻布修复报告　吐鲁番学研究院技术保护研究所（玛尔亚木·依不拉音木、徐东良）　吐鲁番学研究2：109～114

唐卡的科学化保护与修复研究综述　方小济　中国文物保护技术协会第七次学术年会论文集179～186

北京市石景山区出土清代干尸服饰清理保护　陈超　文化遗产研究（第2辑）86～106

巡阅北洋海防图修护纪实　高宜君　故宫文物月刊8：82～91

亚洲新视界——院藏亚洲织品保存维护概观　蔡旭清　故宫文物月刊9：80～91

补遗

丙烯酸树酯 Paraloid B72 用于脆弱丝绸文物加固保护的工艺条件和加固效果评价　周旸、张秉坚　蚕业科学2012年5：879～884

陶瓷器的保护

馆藏浮放陶瓷文物地震摇晃响应振动台试验　周乾等　文物保护与考古科学3：48～54

浅谈馆藏几件陶瓷类文物的复制　李晓艳、李晨　辽宁省博物馆馆刊（2012）259～267

中国传统古陶瓷修复技艺探源　俞蕙、张学津　文化遗产研究集刊（第6辑）381～389

对陶质文物保护技术的基本认识　杨立强　文物世界3：78～80

秦俑博物馆文物保护三十年　吴永琪　秦俑博物馆开馆三十周年秦俑学第七届年会国际学术研讨会论文集489～492

秦俑修复技术探索总结　容波等　秦始皇帝陵博物院（总1辑）386～395

秦俑新出土陶俑修复粘接研究　兰德省等　中国文物保护技术协会第七次学术年会论文集70～76

秦俑一号坑新出土兵马俑的保护修复——以T23:G9:9号高级军吏俑为例　兰德省　中国文物报11月1日7版

秦俑一号坑新出土兵马俑的病害与防治　兰德省　文博4：77～84

秦俑一号坑第三次发掘出土兵马俑保护修复进展　兰德省等　秦始皇帝陵博物院（总2辑）496～507

秦俑二号坑T21G19出土陶俑彩绘现场保护　王春燕　回顾与创新——秦始皇兵马俑博物馆开馆三十周年纪念文集（创新篇）842～844

秦俑彩绘紫色颜料的再研究　夏寅等　秦俑博物馆开馆三十周年秦俑学第七届年会国际学术研讨会论文集493～496

彩绘秦俑科学保护修复预规范　兰德省等　回顾与创新——秦始皇兵马俑博物馆开馆三十周年纪念文集（创新篇）809～816

洛阳唐代壁画墓出土彩绘陶俑的分析研究与保护修复　袁晓红等　中国国家博物馆馆刊10：143～153

彩绘陶质文物病害及其劣化因素探析 张尚欣、付倩丽 秦始皇帝陵博物院（总2辑）517~525

出土残缺陶质彩绘文物的粘接 惠娜 秦俑博物馆开馆三十周年秦俑学第七届年会国际学术研讨会论文集 497~501

陶质彩绘文物保存环境设计 李华 秦始皇帝陵博物院（总2辑）508~516

陶质彩绘文物保护修复技术规范化初步探索 容波 回顾与创新——秦始皇兵马俑博物馆开馆三十周年纪念文集（创新篇）805~808

汉代彩绘茧形壶的修复保护研究 刘江卫 回顾与创新——秦始皇兵马俑博物馆开馆三十周年纪念文集（创新篇）849~857

无机—有机原位复合材料加固保护脆弱陶质文物的研究 赵静等 文物保护与考古科学 2：24~30

长“白毛”的陶质蟋蟀盒的腐蚀机理研究及保护 刘亮 文物春秋 5：48~52

清代中期釉陶“太平有象”尊的修复 杨植震等 文化遗产研究集刊（第6辑）390~395

瓷器修复中最容易忽视的细节 李奇 中国文物报 5月31日7版

论古瓷在各种不同的修复中补配材料的选用 邓任生 广西博物馆文集（第7辑）263~267

散形单色釉瓷器的黏接 李奇、李西林 中国文物报 12月13日7版

修瓷人的加减法 李奇 中国文物报 6月28日7版

火灾损伤瓷器的保护修复研究 王志强 博物馆研究 4：92~94

简述四川大学“汶川5·12地震”损毁瓷器修复作色过程中现代技法与传统笔绘的结合 郝国江 文化遗产研究（第2辑）192~197

酱釉模印云龙纹瓷碗的修复 徐军平 中国文物保护技术协会第七次学术年会论文集 56~59

临安水丘氏墓出土越窑青瓷的病害评估与成因分析探讨 楼署红 文物保护与考古科学 2：15~23

龙泉窑青瓷修复与青瓷仿釉效果评价研究 李冰 中国文物保护技术协会第七次学术年会论文集 60~69

南宋吉州窑白地褐彩缠枝花卉纹瓷枕的修复 陈秀媚 南京博物院集刊（13）244~247

华光礁Ⅰ号出水瓷器脱盐方法研究 陈岳等 江汉考古 1：117~122

几件西沙华光礁Ⅰ号沉船遗址出土瓷器的保护研究 胡晓伟 文物保护与考古科学 4：54~64

元青花莲池纹玉壶春瓶修复记 李奇 文物天地 9：78~80

遗址的保护

大遗址保护理念与我国文化遗产事业管理体系研究 刘德胜 华夏考古 4：135~140

大遗址保护中的敏感问题 付清远 中国文物报 11月1日5版

新形势、新任务、大视野——大遗址考古与大遗址保护工作的几个问题 郭伟民 考古与文化遗产保护——理论与实践 36~42

大型遗址考古规划浅谈——以《曲阜鲁国故城考古规划》编制为例 孙华、刘延长 考古与文化遗产保护——理论与实践 43~62

融合大遗址保护理念的我国文化遗产事业管理体系研究 刘德胜、孙树栋 文物 11：92~96

新农村建设与大遗址保护 韩立森 考古与文化遗产保护——理论与实践 70~76

江苏大遗址保护的探索与实践——以考古资料和学术研究成果为基础的大遗址保护 林留根 考古与文化遗产保护——理论与实践 63~69

文化遗产视野下的大遗址考古（报告出版篇）——以江西樟树筑卫城为例 刘慧中、周广明 南方文物 2：181~187

城市中大遗址保护现状与对策的思考——以郑州商城遗址为例 马玉鹏 中华之源与嵩山文明研究（第1辑）155~160

大遗址环境问题与整治的思考——以靖江王陵遗址为例 阳引 广西博物馆文集（第7辑）217~222

科技信息化视角下的吉林省大遗址保护 韩洋 博物馆研究 3：82~85

大运河沧州段修缮中——传统工艺与现代科技并举　姚文靖、郑志利　中国文物报3月8日7版

大遗址保护与国家考古遗址公园　徐光冀　洛阳考古（总第1期）83～86

考古遗址公园辨证论　杜金鹏　考古与文化遗产保护——理论与实践21～27

考古遗址公园辩证论　杜金鹏　文化遗产研究（第2辑）1～8

从良渚遗址谈关于遗址公园建设的思考　刘斌　考古与文化遗产保护——理论与实践28～35

从遗址博物馆到遗址公园——试论考古遗址的科学保护和合理利用　郎保利、王炜　中国博物馆学会考古与遗址博物馆专业委员会成立大会论文集33～42

考古遗址公园三论　王新文　东南文化3：19～25

萧山跨湖桥独木舟遗址土体的加固保护　杨隽永等　南京博物院集刊（13）211～214

土遗址加固材料性能及加固效果研究　于龙龙等　中国文物保护技术协会第七次学术年会论文集235～244

干旱区PS加固土建筑遗址风化耐久性现场试验研究　王晓东等　敦煌研究1：29～34

薄荷醇及其衍生物在考古现场脆弱遗迹加固中的应用　王春燕等　北方文物4：43～45

植物对土遗址的保护作用初探——以内蒙古东部地区遗址为例　王菲等　文物保护与考古科学1：6～14

植物对汉阳陵帝陵封土遗址的影响　程蓓　文博3：86～89

遗址博物馆内土遗址本体可溶盐和霉菌危害预防与治理的进展　夏寅等　文物保护与考古科学4：114～119

冻融循环作用下不同含盐土体微细结构变化初步研究　陈雨等　敦煌研究1：98～107

考古现场土遗址保护中环境干湿度判定指标体系的建立与应用　张明泉等　兰州大学学报（自然科学版）4：465～469

潮湿环境土遗址保护理念探索与保护技术展望　王旭东　敦煌研究1：1～6

张家港东山村遗址孳生苔藓病害治理研究　张慧等　中国文物保护技术协会第七次学术年会论文集245～249

浅议气候变化对西安半坡土遗址保存环境的影响　刘慧芳等　文博3：94～96

江苏考古遗址保护利用的思考　吕春华　中国文物报3月27日3版

古遗址价值认知与保护展示工作中的三组概念　唐际根　考古与文化遗产保护——理论与实践77～80

湖南省澧县城头山古文化遗址考古工作规划　张涛　考古与文化遗产保护——理论与实践125～158

关于新乐遗址整体保护可行性研究　郭春修　辽宁省博物馆馆刊（2012）275～280

浅谈偃师二里头遗址的保护与展示　郭宏涛　中国古都研究（总第24辑）36～42

郑州商城遗址保护工程的学习心得　钱燕　中国文物报1月11日7版

大辛庄遗址的遗址保护调查与研究　曹楠　炎黄文化研究（第16辑）114～128

临淄齐国故城门址遗迹现场处置与保护　王晓莲　中国文物报6月21日7版

秦始皇陵规划保护范围研究　朱思红　文博6：33～37

秦俑一号坑第三次发掘现场防霉保护研究　严苏梅　秦始皇帝陵博物院（总1辑）408～413

秦俑坑考古发掘现场脆弱遗迹提取保护　容波等　秦始皇帝陵博物院（总2辑）489～495

浅议扬州古城门遗址考古与保护利用　池军　江淮文化论丛（第2辑）214～219

兴业绿鸭冶铁遗址的保护意见　梁婵　广西博物馆文集（第7辑）212～216

浅谈金堂怀安军遗址的保护与利用　刁觉民等　成都文物3：32～34

永顺老司城遗址本体保护设计方案　张涛、康克蓉　考古与文化遗产保护——理论与实践205～257

老司城遗址考古发掘现场抢救性保护试验工程　张涛等　考古与文化遗产保护——理论与实践258～283

江阴黄山小石湾炮台遗址修复后灰土性能检测　张慧　南京博物院集刊（13）248～250

新疆吐鲁番坎儿井及其保护　徐佑成、周欣　中国文物报1月25日6版
通古斯巴什古城的保护和旅游开发　邢春林　龟兹学研究（第3辑）84～93
现代信息技术在文物遗址环境监测中的应用　李库等　文博5：88～91
虢国墓地遗址保护和利用的实践　王治国、刘社刚　中国博物馆学会考古与遗址博物馆专业委员会成立大会论文集43～49
见证西周国君虢季墓复原保护　李书谦　中国文物报2月8日7版
虢国车马坑的修复保护　李清丽　中国文物报6月14日7版
随州叶家山：考古现场的文物保护　李玲等　中国文物报7月12日5版
石灰在熊家冢殉葬墓保护中的试验研究　陈华等　中国文物保护技术协会第七次学术年会论文集253～257
荆门獾子冢搬迁车马土体分析研究　袁鸿等　敦煌研究1：82～85
山西太原王家峰北齐徐显秀墓保护工程　太原北齐壁画博物馆　中国文物报3月22日8版
山西太原北齐徐显秀墓原址保护　中国文物报9月6日8版
浅谈唐乾陵地面建筑及其遗址的保护性复建　李晓国　乾陵文化研究（三）63～72
王建墓发掘保护沿革考证　李钢　成都文物1：25～30
昭西陵遗址价值及整体保护建议　王兆华等　文物春秋4：48～52
思勤江流域古墓保护的思考　钟凌丽　广西博物馆文集（第8辑）264～267
东莞虎门陈莲峰墓群勘察与修缮设计简述　赖旻　岭南考古研究（9）198～206

补遗

硅酸钾材料加固土遗址耐风蚀颗粒元模拟分析　张晓平等　岩土力学2012年11：3465～3471

其他

论文物认知能力对文物保护修复工作的意义——以四川博物院为例　刘宇　博物馆学刊（第3辑）186～194
论文物保护中的密封技术　张益　回顾与创新——秦始皇兵马俑博物馆开馆三十周年纪念文集（创新篇）831～834
论考古发掘中遗迹的预防性保护　张涛　考古与文化遗产保护——理论与实践87～93
浅谈考古发掘现场几种脆弱质文物的保护　黄建华　回顾与创新——秦始皇兵马俑博物馆开馆三十周年纪念文集（创新篇）827～830
文物保护工程基础性问题的基本思考　陈学斌　考古与文化遗产保护——理论与实践101～109
谈文物保护与管理中的信息化建设　王婷　秦始皇帝陵博物院（总2辑）484～488
现代化条件下纤维质文物的保管——以衢州市博物馆为例　程勤　中国文物报12月13日7版
用于文物保护的十八烷基三甲基溴化铵抗菌石蜡制备与表征　王冲　四川省文物考古研究院青年考古文集546～589
博物馆陈列展览中的文物保护　李佳颖　周口文物考古研究Ⅱ335～339
浅谈馆藏文物的保护　崔卫华、刘香勤　周口文物考古研究Ⅱ340～343
封闭式博物馆室内展厅秋季颗粒物数浓度变化特征　徐方圆等　文物保护与考古科学4：1～7
送风方式对文物保存展柜微环境气流分布的影响　王丽娜等　文物保护与考古科学4：8～13
竹炭净化文物保存微环境中低浓度二氧化硫的研究　王震文等　文物保护与考古科学4：14～18
博物馆怎样进行环境监测——以复旦大学博物馆为例　付蓉　中国文物报5月1日6版
以铁器为例浅谈博物馆环境对文物的影响　李蔓　中国文物报3月8日7版
博物馆藏品保管中的保护问题　金平　中国文物报6月28日7版
博物馆临展微环境温湿度监控分析　黄乐　中国文物报7月10日8版
首都博物馆文物保存环境监控简述　何海平　北京文博文丛3：106～110
馆藏文物脱氧封存机理及方法　成都博物院文物保护与修复中心（杨盛等）　成都文物4：67～70

文物入藏前的清洁与消毒　贾文忠　文物天地 11：102
文物的消毒处理——器具消毒　贾文忠　文物天地 12：97
我国文物生物病害有多重？　中国科学院生物研究所等　中国文物报 12 月 13 日 8 版
低温冷冻法对标本害虫白腹皮蠹防治效果的研究　张波　文物保护与考古科学 4：77～81
河北曲阳北岳庙动物病害调查与防治对策研究　武发思等　文物保护与考古科学 4：82～88
秦俑文物环境监测研究进展　李华　秦始皇帝陵博物院（总 1 辑）414～419
西安张安世墓葬 M1 墓室内的大气环境调查　曹军骥等　文物保护与考古科学 2：69～76
被动采样在考古发掘现场大气监测中的应用　李华等　文物保护与考古科学 1：89～95
文物出土现场保护移动实验室在考古发掘现场应用支撑研究中分析体系的构建　于宗仁等　敦煌研究 1：51～55
浅谈馆藏甲骨的保存与修复　翟跃群　旅顺博物馆学苑（2013）152～159
弘扬汉字之根，再铸甲骨之魂　王浩天、霍海峻　文化遗产研究（第 2 辑）176～191
金沙遗址出土卜甲的修复　孙杰　文物保护与考古科学 1：75～81
磷灰石——胶原仿生复合材料在甲骨文物保护中的应用　王恺、胡东波　中国国家博物馆馆刊 3：141～152
胶原基复合骨组织工程支架材料在骨质文物保护中的应用　刘晓清等　文物保护与考古科学 1：68～74
天津蓟县桃花园墓地明清人骨保护与研究述要　盛立双、李法军　天津博物馆论丛77～88
西安大明宫出土唐代封泥的处理与保护　王丹　文化遗产研究（第 2 辑）107～114
南华禅寺大雄宝殿泥雕佛像的维修及体会　禤细贤　岭南考古研究（9）207～209
谈馆藏泥人的保护修复　刘根亮　天津博物馆论丛377～381
成都地区灰霾对彩塑文物的影响及病害防治　付祺　中国文物报 8 月 9 日 7 版
我国水下文化遗产安全监控初探——以福建漳州“半洋礁号”遗址监控为例　范伊然　南方文物 2：173～180
出水海洋古沉船的保护　李国清　中国文化遗产 4：66～67
玻璃文物保护与修复　薛吕　中国文物保护技术协会第七次学术年会论文集77～80
追寻紫禁之“光”——浅谈对一类清代宫廷灯具的保护修复　陈杨等　故宫学刊（第 9 辑）333～341
揭秘清宫“御制”仿西洋式木楼钟——记一座清宫“御制”西洋式木楼钟的修复　亓昊楠　文物世界 5：77～80
智化寺馆藏明代龙纹大鼓的修复与保护　杨薇、杨志国　中国文物保护技术协会第七次学术年会论文集96～102
“4·20”芦山地震四川文物保护单位受损情况调查报告　四川省文物考古研究院（唐飞、黄静）四川文物 3：3～8

贰　考古学分论

一　综述

中国的由来　唐际根　早期中国——中华文明系列展 I：36～62
2011 年日本的殷、周、春秋史研究　［日］水野卓著　杨振红译　中国史研究动态 2：80～86
2012 年先秦史研究概览　苏辉　中国史研究动态 5：5～19
汉唐考古学几个问题的思考　冉万里　秦汉研究（第 4 辑）104～109
三江平原地域族体考古文化研究综述　王禹浪、刘加明　黑龙江民族丛刊 2：78～89
60 年藏区文物考古研究成就及其走向（上）、（下）　王启龙、阴海燕　西南民族大学学报（人文

社科版）1：38～49、2：30～35

史前河洛文化与早期华夏文明　蔡靖泉　楚简楚文化与先秦历史文化国际学术研讨会论文集981～1000

20世纪黑龙江地区史前考古简论　石岩　东北史地4：16～25

2012聚焦黑龙江考古新成果　黑龙江省文物考古研究所　黑龙江日报1月14日第5版

我认识的环渤海考古——在中国考古学会第十五次年会上的讲话　张忠培　考古9：99～104

辽宁"环渤海考古"的新进展——1990年大连环渤海考古会后　郭大顺　旅顺博物馆学苑（2008）1～7

辽宁古代文化特征及形成之背景　田立坤　辽宁大学学报（哲社版）2：33～37

大连考古发现与文明大连建设研究　刘俊勇等　旅顺博物馆学苑（2013）75～83

北京市房山区夏商周考古发现与研究　盛会莲　首都师范大学学报（社科版）2：27～34

周秦汉唐考古的新进展——以陕西大遗址考古为例　王炜林　考古与文物5：45～52

内蒙古东南部先秦考古的新发现、新课题　孙金松、党郁　内蒙古文物考古文集（第4辑）657～665

先秦秦汉时期徐淮地域文化的变迁　王健　史学月刊8：35～43

华南与东南亚早期文化关系研究述评　陈洪波、吴双　广西考古文集（第5辑）323～335

大都无城——论中国古代都城的早期形态　许宏　文物10：61～71

古都郑州与华夏都城之源　马世之　中华之源与嵩山文明研究（第1辑）120～129

中国古代的城、邑、里　徐龙国　考古学视野下的城市、工艺传统与中外文化交流——刘庆柱先生七十华诞祝寿论文集17～26

中国第一次古代帝国的形成——以龙山文化时期到汉代的聚落形态研究为视角　［日］渡边信一郎著　魏永康译　杨振红校　中国史研究4：5～29

加强三代基层聚落的考古发掘与微观研究　陈挈　中华之源与嵩山文明研究（第1辑）161～163

浅谈中国古代厚葬文化的发展　晏翔　楚学论丛（第2辑）377～384

论中国古代陵墓制度的尊西习俗　赵晓军等　洛阳考古：69～82

中原地区古代墓葬制度概论　张志清　红叶集86～97

先秦秦汉建旗制度及丧葬习俗中的旗制考析　宋艳萍　中国汉画学会第十四届年会论文集283～294

中国古代社会的生活实态——明器中的写实世界　吕静　文化遗产研究集刊（第6辑）82～91

逝者的再现，无形的参列——战国秦汉墓葬艺术中人像观念的转变　来国龙著　王滢译　郑岩、张翀校　古代墓葬美术研究（第2辑）19～53

关于中日古代坟丘墓起源的研究现状　刘振东　秦汉土墩墓考古发现与研究——秦汉土墩墓国际学术研讨会论文集151～163

北京地区仿木构墓葬初论　于璞　北京文博文丛1：45～53

商周两汉的土墩墓　施劲松　秦汉土墩墓考古发现与研究——秦汉土墩墓国际学术研讨会论文集12～22

岭南腰坑葬及相关问题探讨　洪德善　广西博物馆文集（第6辑）92～101

广西地区的古代火葬遗存　陈文　广西博物馆文集（第8辑）94～98

云南昭通地区先秦至两汉时期墓葬综述　李霞、万杨　岭南考古研究（11）37～44

成都地区秦汉三国墓葬概说　罗开玉　成都文物2：27～36

旧石器时代至商周时期贵州遗址空间分布及其自然环境背景　李开封等　地理学报1：58～68

河洛文明演进与地理环境变迁相互关系　万晔　兰州大学学报（自然科学版）2：226～232

商丘古城与通济渠史地关系研究　杜金鹏等　文化遗产研究（第2辑）9～43

河流廊道与先秦时期都城分布的流域性特征　王尚义　中国古都研究（总第24辑）16～24

内蒙古中南部先秦两汉时期人地关系的考古学观察——以浑河下游区域性考古调查资料出发　党郁

考古与文物 4：54～63

从邯郸地区汉代以前遗址的跨时分布看环境、社会变迁与聚落发展 黄铭崇等 金玉交辉——商周考古、艺术与文化论文集601～689

二 人类起源及旧石器时代

总述

有关中国旧石器时代文化特点的理论探讨 高星 北京猿人 80 周年纪念——第 14 届垂杨介与她的邻居们国际学术研讨会12～23

The Early PPS Man from China ［韩］Hyeong－woo Lee 北京猿人 80 周年纪念——第 14 届垂杨介与她的邻居们国际学术研讨会 191～198

狩猎采集觅食模式及其在旧石器时代考古学中的应用 仪明洁等 人类学学报 2：156～168

关于旧石器时代石制工具定义的探讨 刘扬 南方文物 4：119～120

旧石器时代石制品热处理研究：回顾与展望 周振宇等 人类学学报 1：19～30

手斧与石斧浅析 贺存定 中国文物报 7 月 5 日 6 版

石片研究 卫奇、裴树文 人类学学报 4：454～469

云贵高原与广西百色盆地旧石器比较研究 蒽礼峰 广西博物馆文集（第 8 辑）99～104

人类起源

走“出”非洲，还是走“入”非洲？——人类起源探索 黄慰文 大众考古 2：40～45

法国考古学者艾瑞克·博伊达眼中的早期人类起源与扩散 余西云 中国文物报 4 月 26 日 7 版

The Origin of Modern East Asians（东亚现代人的起源） *Milford H Wolpoff*、*Rachel Caspari* 著 徐欣、崔娅铭译 人类学学报 4：377～410

Long Evolution Processes in Palaeolithic China ［比］Marcel OTTE 北京猿人 80 周年纪念——第 14 届垂杨介与她的邻居们国际学术研讨会 97～112

早期现代人在中国的出现与演化 刘武 人类学学报 3：234～246

The Research Progress on Gigantopithecus Faunas and Modern Human Evolution from Chongzuo, Guangxi, South China JIN Changzhu 北京猿人 80 周年纪念——第 14 届垂杨介与她的邻居们国际学术研讨会 71～78

青藏高原东缘古人类活动及其“遗存” 王明珂 东亚考古学的再思——张光直先生逝世十周年纪念论文集 135～158

华北地区

河南旧石器时代打制石器及相关问题研究 周军 红叶集 59～85

“泥河湾层”考究 迟振卿、卫奇 文物春秋 5：3～10

泥河湾陆相沉积物光释光年代学研究及其对古湖泊演化的指示意义 年小美等 第四纪研究 3：403～414

远古遗踪——芮城县西侯度遗址发现始末 王益人 发现山西——考古人手记5～27

鄂尔多斯乌兰木伦遗址发现带铤石镞及其对现代人迁徙研究的启示 刘扬 中国文物报 11 月 8 日 6 版

灵井“许昌人”遗址研究概述 李占扬 北京猿人 80 周年纪念——第 14 届垂杨介与她的邻居们国际学术研讨会 79～87

“许昌人”头骨化石发现记——非洲移民还是东亚土著 李占扬 大众考古 3：39～42

清水河畔的篝火——吉县柿子滩人社会生活一瞥 赵静芳 发现山西——考古人手记29～41

山西吉县柿子滩旧石器时代遗址出土装饰品研究 宋艳花、石金鸣 考古 8：46～57

柿子滩遗址穿孔饰品的穿系方式研究 宋艳花、石金鸣 中原文物 1：17～22

对新密李家沟遗址的几点认识 秦洪源、周书灿 中原文物 5：17～19

李家沟遗址的石器工业　王幼平等　人类学学报 4：411～420

李家沟遗址与中原地区旧、新石器时代过渡　王幼平　中华之源与嵩山文明研究（第 1 辑）15～21

大窑遗址二道沟地点坡积地层出土的石核及其剥片技术　徐廷等　人类学学报 4：441～453

补遗

考古发掘表明，人类大约二百万年前已生活在这里：泥河湾，挑战人类起源地　杨雪梅　人民日报 2012 年 8 月 24 日 1 版

东北地区

Preliminary Study on Stone Artifacts from Dadong Site in Helong City, Jilin Province　CHEN Quan－jia　北京猿人 80 周年纪念——第 14 届垂杨介与她的邻居们国际学术研讨会152～154

黑龙江省海林市杨林西山旧石器遗址（2008）石器研究　陈全家等　北方文物 2：3～14

法库五里山旧石器地点发现的石器研究　陈全家等　文物春秋 4：20～31

华南地区

广东云浮蟠龙洞人类化石地点铀系测年初步结果　涂华等　岭南考古研究（11）6～9

马坝人生活居住区之谜　禤细贤　岭南考古研究（12）8～16

旧石器时代早期古人类的利手分析——以百色盆地高岭坡遗址为例　袁俊杰　华夏考古 1：21～27

广西百色公篓遗址石制品的初步研究　刘扬、黄胜敏　人类学学报 1：31～36

Mid－Pleistocene Bifacial Tools at Fengshudao Site in West Bose Basin, South China　Wang Wei　北京猿人 80 周年纪念——第 14 届垂杨介与她的邻居们国际学术研讨会 36～37

浅谈广西的锐棱砸击石片　吴雁　广西博物馆文集（第 8 辑）105～110

西南地区

重庆远古人类与旧石器文化　武仙竹、邹后曦　江汉考古 3：87～94

四川盆地旧石器时代晚期石器工业　何锟宇、丁燕飞　华夏考古 4：27～33

贵州黔北地区旧石器时代遗存初步研究　张改科、王新金　四川文物 3：19～28

试探西藏史前时期的历史古迹文化资源及研究价值　次旺　西藏研究 6：15～26

西北地区

从张光直对宁夏水洞沟旧石器的研究谈起　邓聪　东亚考古学的再思——张光直先生逝世十周年纪念论文集 159～180

水洞沟遗址的石料热处理现象及其反映的早期现代人行为　周振宇等　科学通报 9：815～824

水洞沟旧石器考古研究的新进展与新认识　高星等　人类学学报 2：121～132

河西走廊西部全新世气候环境变化的元素地球化学记录　李小强等　人类学学报 1：110～120

其他地区

新发现的和县直立人牙齿化石　范小筱等　人类学学报 3：280～292

鄂西南古人类活动性新证据　周振宇等　第四纪研究 3：565～574

三　新石器时代

总述

中国新石器时代的产生与与早期特征问题初探　［美］刘莉　东亚考古学的再思——张光直先生逝世十周年纪念论文集 181～206

探索中国新石器时代文化的几个学术问题　佟柱臣　神农文化——稻作农业起源与炎帝文化暨第三届农业考古国际学术讨论会论文集 41～47

重建中国的史前基础　李新伟　早期中国研究（第 1 辑）1～18

总结经验，拓展视野，开辟未来——新年寄语聚落考古　严文明　南方文物 1：65～67

2012 年中国聚落考古新进展田野报告与专题讨论　中国社会科学院考古研究所聚落考古中心　南方文物 1：73～84

试论“考古聚落学”——“聚落考古”专栏导读　赵春青　南方文物1：63~64

2012年度中国史前聚落考古研究综述　赵春青　中国社会科学院古代文明研究中心通讯24：5~12

聚落形态演变过程中的考古学研究　徐光辉　旅顺博物馆学苑（2008）51~56

新发现　新成果　新观点　新方法　新理念：2012年度中国史前聚落考古研究的新进展　赵春青　南方文物1：68~72

略论中国上古的疆域“四海”　武家璧　早期中国研究（第1辑）44~57

华南与东南亚新石器时代考古研究的价值和意义　陈洪波　中国文物报5月24日6版

长江流域史前城址特征　郑好、高蒙河　文化遗产研究集刊（第6辑）20~41

民族的融合迁徙和粟稻的交流传播　游修岭　神农文化——稻作农业起源与炎帝文化暨第三届农业考古国际学术讨论会论文集170~177

淮河流域新石器时代采集与渔猎经济的观察　解华顶、张海滨　华夏考古1：41~46

黄河流域史前人口性别研究　王建华　四川文物1：28~35

从随葬工具的性别关联探讨中国新石器时代的性别分工　陈建立等　南方文物2：39~48

石锛的开料和研磨实验——磨制石器制作工艺研究之一　时萧、黄建秋　岭南考古研究（13）95~102

论磨制石器工业的资源问题　贾昌明　南方文物2：119~123

轴承还是研孔——澳门黑沙和桐庐方家洲发现的启示　方向明　南方文物4：62~65

中国新石器时期排房建筑概况及其成因初探　曹曼青等　华夏考古3：56~68

略论新石器时代我国的干栏式建筑　魏华　文物世界2：8~10

全新世中国北方沙地人类活动与气候变化关系的初步研究　卓海昕等　第四纪研究2：303~313

作为制陶工具的卵石　葛人　中国文物报5月24日7版

从考古发现看新石器时代蟾蜍和蛙崇拜现象的产生　李井岩　辽宁省博物馆馆刊（2012）213~223

新石器时代彩陶鸟纹装饰特征探究　王嫚　中国陶瓷3：73~76

试论黄河流域彩陶旋纹的形式演变　胡桂芬　兰州学刊2：222~224

以器观道——从彩陶底足形制观中国传统造物观　董玉姝等　中国陶瓷10：85~89

补遗

论原始彩陶鱼纹的文化语义　俞丹　艺术探索2012年5：99~100

文明起源研究

中华文明探源工程及其主要收获　王巍、赵辉　东亚考古学的再思——张光直先生逝世十周年纪念论文集207~218

由“酋邦”到“古国”——关于20世纪中国文明起源的理论与模式述评　张宏彦　西北大学学报（哲社版）2：127~131

中国早期国家时期的邦国与方国　袁建平　历史研究1：37~53

探究早期文明社会的世界观　陈淳　文化遗产研究集刊（第6辑）1~19

从考古学文化中寻找文明　艾力江·艾沙　陕西历史博物馆馆刊（第19辑）75~78

略论“天地之中”文明的起源与形成　杨肇清、姚俊英　中华之源与嵩山文明研究（第1辑）108~119

从“龙山形成期”到“相互作用圈”——张光直先生对中国文明起源研究的认识和贡献　陈星灿　东亚考古学的再思——张光直先生逝世十周年纪念论文集219~228

张光直“玛雅——中国文化连续体”与“环太平洋文化底层”说的再思考　陈光祖　东亚考古学的再思——张光直先生逝世十周年纪念论文集413~442

有关炎帝文化的几个问题　石兴邦　神农文化——稻作农业起源与炎帝文化暨第三届农业考古国际学术讨论会论文集48~52

试论华胥氏在中华民族历史发展上的重要地位　袁长江　西安文物考古研究（第2辑）13~17

中国化进程的一个区域视角——舜葬九嶷与湖南华夏化的历史过程　郭伟民　早期中国研究（第1辑）115～127

黄河流域华夏文明起源与史前大洪水　夏正楷、张俊娜　考古学与永续发展研究119～155

甘肃古代文化与中华文明的形成　王巍　光明日报4月11日11版

推进中华文明探源研究彰显嵩山文明实质特征　朱士光　中华之源与嵩山文明研究（第1辑）56～59

考古发现和“文化探源”之二：陶器　田野　大众考古2：60～62

考古发现与“文化探源”之三：工业文化起源　田野　大众考古3：59～61

考古发现与“文化探源”之四：城市起源　田野　大众考古4：65～67

考古发现与“文化探源”之五：文字起源　田野　大众考古5：66～68

考古发现与“文化探源”之六：“一夫一妻制家庭”的起源　田野　大众考古6：58～62

从甲骨金文与考古资料的比较看汉字起源时代——并论良渚文化组词类陶文与汉字的起源　王晖　考古学报3：283～296

史前青铜冶铸业与中原早期国家形成的关系　张海、陈建立　中原文物1：52～59

黄河中游地区

略论中原地区史前聚落的演变　赵春青　中华之源与嵩山文明研究（第1辑）26～30

中原核心文化区的形成与早期中国　段宏振　早期中国研究（第1辑）97～106

浅析中原地区史前城墙的建筑技术　曹金萍　中国文物报5月24日6版

中原史前城址的产生与发展　李昌韬　中华之源与嵩山文明研究（第1辑）31～40

关中地区新石器时代文化发展规模的统计分析　张小虎　华夏考古2：21～30

渭水流域新石器时代家猪的驯化与饲养策略　王华等　考古9：87～98

山西临汾盆地史前聚落群聚形态研究　裴安平　南方文物4：42～51

晋东南地区的仰韶文化早期遗存　雷生霖　中国文物报8月16日6版

环嵩山地区9000－3000aB. P. 聚落演替模式及其与地形的关系　鲁鹏、田燕　第四纪研究5：965～971

河南新密溱水流域全新世人类文化演化的环境背景研究　许俊杰等　第四纪研究5：954～964

史前郑州地区地貌与水系演化问题初探　徐海亮　历史地理（第28辑）33～44

周口东夷文化初探　焦华中　周口文物考古研究Ⅱ166～170

贾湖骨牌——最早的信物？　葛人　中国文物报7月19日7版

渭水流域仰韶文化聚落研究的回顾与思考——以关中地区为中心　翟霖林　西安文物考古研究（第2辑）2～12

碾子坡遗址仰韶文化遗存的初步分析　翟霖林　考古与文物2：17～22

鱼化寨遗址仰韶文化遗存分期研究　邸楠、翟霖林　考古与文物3：19～24

试析泾水中游地区仰韶文化　翟霖林　文博4：29～35

沟湾遗址仰韶文化的研究　郑万泉　四川省文物考古研究院青年考古文集44～89

仰韶、半坡与庙底沟——纪念仰韶文化发现九十周年　曾骐　岭南考古研究（13）70～75

关于大地湾遗址环壕的几个问题　于璞　中国文物报3月29日6版

宝鸡北首岭遗址仰韶文化瓮棺葬初探　刘娟、郭罗　陕西历史博物馆馆刊（第20辑）79～86

渭水流域仰韶早期居民身高研究　崔俊俊　陕西历史博物馆馆刊（第20辑）71～78

晋南仰韶早期遗存的分类研究　沈莎莎　草原文物2：87～100

试析仰韶文化中期的五边形房址　翟霖林　华夏考古1：28～33

龙岗寺半坡文化墓地布局研究　陈畅、唐雪梅　江汉考古1：63～72

炎帝神农氏二重考——湖北枣阳雕龙碑遗址与大汶口文化遗址　张佩琪　神农文化——稻作农业起源与炎帝文化暨第三届农业考古国际学术讨论会论文集92～106

庙底沟文化时代的剖面——灵宝西坡　李新伟　大众考古 6：29～38
庙底沟时代：早期中国文明的第一缕曙光　陈星灿　中国文物报 6 月 21 日 5 版
庙底沟遗址：六十年的发现与研究　樊温泉　中国文物报 5 月 10 日 12 版
史海遗珍——吉县沟堡遗址的调查和发掘　王京燕　发现山西——考古人手记43～51
追逐太阳　向往光明——读庙底沟类型鸟龙纹彩陶盆　张朋川　中国文物报 6 月 5 日 4 版
灵宝仰韶文化聚落群与炎黄有关的历史传说　李友谋　红叶集 1～11
宗教学视角下的西水坡 45 号墓　朱磊　中原文物 1：46～51
丹江岸边的史前城址——淅川龙山岗　梁法伟　大众考古 6：39～45
高平寨遗址出土仰韶文化“戈形器”正名　李德方等　洛阳考古（总第 2 期）66～68
中原地区仰韶人的伟大发明创造——火种器　马依莎、李德方　中华之源与嵩山文明研究（第 1 辑）22～25
郑州地区仰韶文化彩陶艺术分析及其相关问题　靳松安、张建　中国社会科学院古代文明研究中心通讯 25：29～39
远古的回声——大河村遗址彩陶艺术美学分析　牛金梁　中原文物 3：102～105
山中藏锦绣　无花亦芬芳——广武山官峪村北诸遗址的调查与思考　梁西乾　中国文物报 9 月 20 日 3 版
文明从这里升起——芮城县清凉寺墓地的发掘　薛新明　发现山西——考古人手记53～73
清凉寺史前墓地——文明起源的横截面　薛新明　大众考古 6：52～57
从考古学角度试论“黄帝在涿鹿”　常文鹏、王刚　文物春秋 3：12～16
彩陶之路与中原早期文化的西向拓展　刘学堂、程景楠　中国社会科学院古代文明研究中心通讯 25：40～56
最初“中国”的考古探索简析　何努　早期中国研究（第 1 辑）36～43
陶寺城址的布局与规划初步研究　牛世山　古代文明研究通讯 57：1～12
临汾盆地陶寺遗址附近全新世黄土剖面的环境指标分析　李拓宇等　北京大学学报（自然科学版）4：628～634
山西襄汾陶寺都邑形成的环境与文化背景　李拓宇等　地理科学 4：443～449
“禹都阳城”——登封王城岗龙山文化城址研究　方燕明　中华之源与嵩山文明研究（第 1 辑）60～73
龙山时代晚期嵩山以西地区遗存的性质——从王湾遗址第三期遗存谈起　段天璟　中原文物 6：13～21
从石峁遗址的石人看龙山时代中国北方同欧亚草原的交流　郭物　中国文物报 8 月 2 日 6 版
石峁古城是黄帝部族居邑　沈长云　光明日报 3 月 25 日 15 版
再说黄帝与石峁古城　沈长云　光明日报 4 月 15 日 15 版
不要把考古与传说轻易挂钩：也说石峁古城　陈民镇　光明日报 4 月 15 日 15 版
石雕像里的先民图腾　赵津　中国文物报 1 月 2 日 8 版
戚城遗址龙山文化红陶鬶制作工艺研究　马学泽　四川文物 6：80～83

补遗

环嵩山地区 9000a B. P. －3000a B. P. 聚落规模等级　鲁鹏等　地理学报 2012 年 10：1375～1382

黄河下游地区

水文和地貌条件对胶东半岛聚落选址的影响　史本恒　华夏考古 4：34～45
北辛文化与镇江营文化的比较研究　魏曙光　华夏考古 3：44～55
再论大汶口文化向龙山文化的过渡续——也谈仰韶时代与龙山时代之间的转折　孙波　早期中国研究（第 1 辑）146～165
胶东半岛区域视野下的北阡考古　栾丰实等　东方考古（第 10 集）1～12

山东即墨北阡遗址出土磨盘、磨棒类工具研究　王强等　东方考古（第10集）154～179

蒙城尉迟寺遗址单人墓人口自然结构及相关问题研究　王建华、曹静　东方考古（第10集）409～417

周口大汶口文化陶器与文化分布特点　赵娅　周口文物考古研究Ⅱ20～23

江苏邳州梁王城遗址大汶口文化墓地出土人骨研究　朱晓汀等　东南文化4：53～64

浅谈大汶口文化时期的红陶钱纹壶　孙晶　中国文物报8月28日7版

鲁东南沿海地区考古调查发现石器研究　Geoffrey Cunnar著　方堃杨、董豫译　方辉校　东方考古（第10集）336～372

试论城子崖遗址对中国史前考古学的贡献　田继宝　中国博物馆学会考古与遗址博物馆专业委员会成立大会论文集50～60

龙山时期海州湾地区的生业经济与社会进程　徐峰　农业考古6：29～34

龙山文化居民食物结构研究　靳桂云　文史哲2：99～111

“看得见的华夏历史文化”系列之三——从龙山黑陶高足杯与灰陶三足鬶谈黄帝与蚩尤　苏启明　历史文物3：92～96

“七足镂孔器”及相关问题考释　徐峰　寻根1：82～88

长江中游地区

长江流域早期城市初论　罗二虎　文物2：67～76

长江中游新石器时代聚落分布与环境关系（上）　笪浩波　华夏考古3：36～43

长江中游新石器时代文化中心的转移与文化整合运动　刘辉　早期中国研究（第1辑）128～145

长江中游生态环境对新石器时代陶器制作的影响　笪浩波　中原文物1：40～45

邓家湾遗址石家河文化墓葬相关问题再探讨　王银平　江汉考古4：84～92

石家河文化的北渐及其对豫中西地区的影响　刘俊男　中原文物1：23～39

三峡地区新石器时期的渔业经济　李一全　农业考古6：219～225

补遗

宜都新石器时代陶器审美形态研究　曹贵　南京艺术学院学报（美术与设计版）2012年6：111～118

长江下游地区

论海湾三角洲与海洋文明的形成——以杭州湾三角洲考古学考察为例　陈仲玉　南京博物院集刊（13）86～92

环太湖地区新石器时代考古学文化分区研究　刘志岩　四川省文物考古研究院青年考古文集1～43

长江下游考古时代遗址分布的空白区　孙林、熊凯　文化遗产研究集刊（第6辑）323～339

关于长江下游地区新石器时代管钻技术的若干认识　盛文嘉　南方文物4：66～70

钱塘江流域的早期新石器时代及文化谱系研究　蒋乐平　东南文化6：44～53

太湖流域史前素陶文化研究　季红、鲁龙豪　浙江学刊2：46～51

跨湖桥遗址所出刻划符号补释　牛清波　中原文物1：60～62

跨湖桥遗址的人类生态位构建模式　潘艳等　东南文化6：54～65

新石器时代刻纹玉版玉龟为“八卦图”考　蒋材旺　广西博物馆文集（第8辑）111～118

河姆渡遗址动植物遗存的鉴定研究　浙江省博物馆自然组　姚江田野考古67～82

河姆渡文化遗址调查概况　刘军　姚江田野考古100～118

梦回远古，从河姆渡到田螺山　孙国平　大众考古5：30～41

固镇“垓下”淮河流域史前第一城　王志　大众考古4：39～43

上海考古发现的新石器时代水井　孙维昌　农业考古3：6～9

试析凌家滩墓地　甘恢元　南京博物院集刊（13）28～35

中华文明的先声——凌家滩文化　朱乃诚　中国社会科学院古代文明研究中心通讯24：25～28

从凌家滩墓地看古国的社会分化　宋建　中国社会科学院古代文明研究中心通讯24：29～33

原始社会的护身符——安庆墩头遗址发现的石雕人面像　吴悦　中国文物报7月5日6版

记嘉兴博物馆藏两件崧泽文化刻划陶器　吴海红　东南文化1：97～100

环太湖地区崧泽文化末期考古学文化面貌及聚落的变迁——兼谈崧泽文化与良渚文化的分界　仲召兵　东南文化3：60～70

良渚文化迅速崛起原因探析　侯峰涛　重庆交通大学学报（社科版）2：97～101

卞家山出土漆觚的启示　吕琪昌　华夏考古3：69～73

重说赵陵山遗址　左骏　中国文化遗产1：90～95

论广富林文化侧装三角鼎足的来源　王程　上海文博论丛2：63～68

闽台两广地区

东南沿海史前经济考古的再思考　焦天龙（Tianlong Jiao）东亚考古学的再思——张光直先生逝世十周年纪念论文集21～36

二十一世纪台湾海峡考古学研究的契机　李匡悌　东亚考古学的再思——张光直先生逝世十周年纪念论文集37～82

岭南早期文化即呈海洋性特征　陈洪波　中国社会科学报5月8日A5版

对封开黄岩洞遗址特征和内涵的一点思考　陈楚源　岭南考古研究（10）19～23

浅析广西地区史前墓葬中的几种特殊习俗　杨清平、何安益　广西博物馆文集（第8辑）70～75

广西史前遗址水生动物营养学分析　闫少朋　岭南考古研究（10）24～30

广西新石器时代研磨器初步研究　李大伟　岭南考古研究（13）111～118

广西盆地新石器时代遗存分期及相关问题　许永杰、彭万　北方文物3：3～11

桂林史前生业形态　韦军　广西博物馆文集（第7辑）50～53

那坡感驮岩遗址相关问题分析　彭长林、周然朝　广西博物馆文集（第8辑）60～69

小议大石铲　冯孟钦　岭南考古研究（12）24～28

大石铲与稻作农业　覃芳　岭南考古研究（13）49～54

石铲发现之探讨研究　刘文　岭南考古研究（9）36～39

桂林大石铲遗址的发现与研究　蒋廷瑜　广西博物馆文集（第7辑）54～60

柳州新石器时代遗址初探　潘晓军　岭南考古研究（9）40～46

树皮布文化研究——兼谈南岛语族起源问题　潘俊杰　广西博物馆文集（第8辑）216～221

南海岛民史前生态与文化特征　肖一亭　岭南考古研究（13）76～88

台湾新石器时代早期居民的环境认知与资源利用　臧振华　考古学与永续发展研究237～260

聚落选择与灾变——从二〇〇九年莫拉克灾区楠梓仙溪流域考古遗址分布谈起　刘益昌　考古学与永续发展研究261～297

末次冰期以来台湾东部海岸山脉南段之海岸变迁与遗址分布之关系　杨小青、陈文山　岭南考古研究（13）89～94

再思大坌坑文化圈与南岛语族的起源地问题　臧振华　东亚考古学的再思——张光直先生逝世十周年纪念论文集1～20

大马璘文化的研究及其相关问题　刘益昌　东亚考古学的再思——张光直先生逝世十周年纪念论文集83～108

再论"有槽石棒"　连照美　东亚考古学的再思——张光直先生逝世十周年纪念论文集109～134

人类采集影响史前贝类族群的改变——以台湾南端鹅銮鼻第二遗址发掘为例　李匡悌　考古学与永续发展研究329～373

地理资讯系统在集域分析及地景空间的应用：以鹅銮鼻第三四文化相遗址为例　刘亭攸　考古人类学刊79：47～70

宜兰县丸山遗址内部空间配置初探：地理资讯系统的运用　江芝华、刘益昌　考古人类学刊79：

7～46

西南地区

文明方兴时期的瑶先民反抗兼并的考古学文化——民族考古学文化视野的瑶先民反兼并文化研究系列之一　郑文成、盘福东　岭南考古研究（12）52～62

西藏早期游牧文化聚落的考古学探索　霍巍　考古4：57～67

桂圆桥遗址与成都平原新石器文化发展脉络　万娇、雷雨　文物9：59～63

大渡河中上游史前遗址的比较研究　杨洋　中华文化论坛4：45～52

大窑石棺墓的年代再订　陈苇　西南地区北方谱系青铜器及石棺葬文化研究216～220

中坝出土石器映射的社会组织、区域互动和环境演变　关玉琳著　洪玲玉译　中国盐业考古（第3辑）376～393

宝墩遗址调查及川西南山地考古的新进展　陈剑、邱艳　成都文物2：74～80

龙马宝墩——古蜀第一城　冯晓枫　大众考古1：23～28

玉溪坪文化扩张动因考察　代玉彪　四川文物5：48～52

川西彩陶产地来源新说检讨　任瑞波等　四川文物2：40～45

西北地区

青藏高原东北缘全新世人类活动与环境变化——以青海湖江西沟2号遗迹为例　侯光良等　地理学报3：380～388

从考古遗存看河洮岷古民俗的形成与演变　宁文忠　西北师大学报（社科版）4：68～72

甘青地区史前陶器“太阳—鸟”之文化人类学意义　赵李娜　西北民族研究4：186～192

彩陶起源的仿生学分析　祁继庆、马小庆　丝绸之路18：23～24

试论马家窑文化的历史地位　裴蕾　楚学论丛（第2辑）508～518

试论马家窑文化的发展去向　张久献、魏聪　楚学论丛（第2辑）453～466

论马家窑文化的渊源与属性　李淮东、段小强　楚学论丛（第2辑）467～480

马家窑文化神人折带纹与龙起源　赵光国　楚学论丛（第2辑）481～489

马家窑彩陶旋涡纹解读　边润桃　楚学论丛（第2辑）497～507

马家窑彩陶中的蛙纹　张楠　楚学论丛（第2辑）519～526

从马家窑彩陶看中国早期几何学的运用　费晓华　楚学论丛（第2辑）527～534

“看得见的华夏历史文化”系列之一——从馆藏马家窑花叶水波纹彩陶看华夏文明起源　苏启明　历史文物1：66～69

“看得见的华夏历史文化”系列之二——从辛店双勾纹彩陶大罐谈羌族传说　苏启明　历史文物2：60～63

宁夏切刀把墓地形成过程研究　夏一博、陈畅　华夏考古4：52～59

宗日彩陶“二人抬物”纹寓意探析　刘铮　文博2：31～34

宗日彩陶“二人抬物”纹寓意新探　刘铮　草原文物1：39～42

青海昆仑山山口发现的细石器考古新材料　汤惠生等　科学通报3：247～253

从甘肃地区出土的玉琮看齐家文化农耕文明　贾晓龙　楚学论丛（第2辑）490～496

黄河上游的早期青铜文明——临潭磨沟遗址齐家文化墓地　毛瑞林　大众考古5：42～47

甘肃省博物馆藏蚕纹双联杯　叶静　陇右文博2：37

东灰山人的生活、生产及信仰　陈之伟、张秀莲　陇右文博1：60～63

页河子文明考证与研究　杨慧玲　丝绸之路6：89～90

补遗

史前彩陶之路：“中国文化西来说”之终结　刘学堂　中国社会科学报2012年11月21日A5版

东北及内蒙古地区

辽西地区新石器文化的序列与谱系再认识　张星德　红山文化学术研讨会论文集38～48

辽西地区早期文明的特点及相关问题　朱乃诚　考古 5：55～61

环境变迁与“文化”的兴衰——以中国北方西辽河流域为考察对象　滕海键　东北史地 1：29～33

聚落内的空间布局与社会关系——西辽河地区早期社会复杂化研究　刘潼、温科学　辽宁省博物馆馆刊（2012）198～212

从考古新材料看西辽河流域古代科技发展水平　席永杰　古玉今韵——朝阳牛河梁红山玉文化国际论坛文集 265～273

地理区位与文化的交流与发展　赵学峰、滕海键　社会科学战线 5：111～113

海拉尔河——伊敏河地区的古文化　朱延平　内蒙古文物考古文集（第 4 辑）595～596

西拉木伦河流域新石器时代考古学文化序列　索秀芬、李少兵　早期中国研究（第 1 辑）179～192

第二松花江流域新石器时代考古学文化纵横关系　刘伟　北方文物 2：15～21

吉林白城市双塔遗址一、二期遗存的相关问题　段天璟等　考古 12：58～70

中国东北地区发现万年前后陶器——吉林白城双塔遗址一期遗存的发现与初步认识　王立新、段天璟　吉林大学社会科学学报 2：65～71

浅谈小拉哈遗址的文化内涵　颜祥林　黑龙江史志 3：51～52

兴隆洼文化的类型研究　索秀芬、李少兵　考古 11：52～61

那斯台遗址再认识　索秀芬、李少兵　草原文物 2：72～78

内蒙古中南部仰韶早中期火种炉研究　包曙光　中国国家博物馆馆刊 7：6～12

写在牛河梁遗址发掘报告出版之际　郭大顺　红山文化学术研讨会论文集 1～11

红山文化的聚落群聚形态　徐昭峰、谢迪昕　红山文化学术研讨会论文集 19～26

中国早期文明的红山模式　朱乃诚　中国社会科学院古代文明研究中心通讯 25：57～70

中国早期文明的红山模式　朱乃诚　红山文化学术研讨会论文集 168～188

中国相互作用圈视角下的红山文化　李新伟　中国社会科学院古代文明研究中心通讯 24：34～39

红山文化的位置　李新伟　红山文化学术研讨会论文集 189～200

红山文化区原是诸沃之野　雷广臻、金延美　古玉今韵——朝阳牛河梁红山玉文化国际论坛文集 274～279

红山文化研究新视角　王闯　草原文物 2：79～86

试论牛河梁及周边地区的红山文化晚期社会　栾丰实　红山文化学术研讨会论文集58～79

红山文化社会的管理系统　雷广臻　红山文化学术研讨会论文集 80～90

牛河梁遗址与红山文化晚期复杂化社会　刘国祥　古玉今韵——朝阳牛河梁红山玉文化国际论坛文集 215～218

史前北斗信仰与猪神崇拜之关系初探——从红山文化礼器中的猪母题说起　董家宁　社会科学论坛 8：92～97

气息之神与神的气息——史前猪崇拜意义试析　曲枫　古玉今韵——朝阳牛河梁红山玉文化国际论坛文集 444～450

性文化视野下的玉猪礼器、女神庙、庙后山台　黄守愚　古玉今韵——朝阳牛河梁红山玉文化国际论坛文集 328～353

红山文化中晚期的祭祀活动及其特点初探　乌兰　内蒙古社会科学 2：57～61

渔猎文化与“萨满式文明”　郭大顺　红山文化学术研讨会论文集 91～101

红山玉神与民族信仰——揭秘牛河梁　朱成杰　古玉今韵——朝阳牛河梁红山玉文化国际论坛文集 51～68

论东山嘴祭坛与中国古代的郊社之礼　田广林　古玉今韵——朝阳牛河梁红山玉文化国际论坛文集 231～240

从牛河梁遗址论先秦坛庙制度之递嬗　俞美霞　古玉今韵——朝阳牛河梁红山玉文化国际论坛文集 241～259

牛河梁红山文化遗址布局与饕餮纹玉 孙刚 古玉今韵——朝阳牛河梁红山玉文化国际论坛文集 428～431

鸟兽纹玉佩与牛河梁第二地点方位布局的设计理念探析 董婕、朱成杰 红山文化学术研讨会论文集 27～37

红山文化人塑像 索秀芬、李少兵 红山文化学术研讨会论文集 102～124

关于敖汉新出土坐姿人形陶像的性质 田广林 中国社会科学院古代文明研究中心通讯 24：40～49

论红山文化坐姿人形造像的性质 田广林 红山文化学术研讨会论文集 125～140

敖汉旗兴隆沟红山文化陶塑人像的初步研究 冯时 中国社会科学院古代文明研究中心通讯 24：50～59

牛河梁遗址出土红山文化斜口筒形器 黄建秋 红山文化学术研讨会论文集238～250

红山文化勾连涡纹纹样的演变——以牛河梁遗址的发现为中心 郭明 红山文化学术研讨会论文集 364～373

魏家窝铺红山文化遗址出土植物遗存综合研究 孙永刚、赵志军 农业考古 3：1～5

从殷商传统看红山文化 于建设 红山文化学术研讨会论文集 201～206

以图像对比分析方法讨论红山文化与商文化渊源 孙力 红山文化学术研讨会论文集 207～237

哈民忙哈史前聚落遗址发掘述要与初步认识 朱永刚 红山文化学术研讨会论文集 12～18

浅析富河文化 陈国庆 内蒙古文物考古文集（第 4 辑）597～601

南宝力皋吐遗址若干问题探讨 方燕明 内蒙古文物考古文集（第 4 辑）602～607

南宝力皋吐新石器时代墓地初记 黄家祥 内蒙古文物考古文集（第 4 辑）608～611

小河沿文化界说 赵宾福等 北方文物 1：10～20

内蒙古庙子沟、大坝沟遗址出土纺轮的分析与探讨 汪英华、吴春雨 草原文物 1：91～95

从地域文化的角度认知史前文明——以沈阳及新乐遗址为例 陆海英 旅顺博物馆学苑（2011）33～38

石棚山墓地分期与布局结构研究 郑钧夫 考古与文物 6：20～31

新开流文化研究 胡秀杰 北方文物 4：7～13

四 夏文化探索

问禹为何物：顾颉刚先生的夏史研究——读《顾颉刚古史论文集》《顾颉刚日记》和《顾颉刚书信集》札记之二 孙庆伟 古代文明研究通讯 57：30～51

有心还是无意：李济汾河流域调查与夏文化探索 孙庆伟 南方文物 3：108～116

“嵩山”非“崇山”辩——夏族起源新探之一 刘铮 中原文物 2：28～32

新砦城址的聚落性质探析 李龙 中州学刊 6：118～121

先夏与夏初都城迁徙考 贾俊侠 陕西历史博物馆馆刊（第 20 辑）101～112

夏人“十迁”及夏都老丘考释 李玉洁 中州学刊 2：112～117

嵩山地区与夏文化几个相关问题的探讨 杨育彬 中华之源与嵩山文明研究（第 1 辑）74～78

二里头文化时期环渤海地区文化互动的考古学观察（简稿） 段天璟 中国社会科学院古代文明研究中心通讯 24：64～70

试论洛阳盆地二里头文化的形成背景 张东 中原文物 3：27～34

论鄂豫陕间二里头文化时期的文化格局及势力变迁 赵东升 中原文物 5：20～25

编年与阐释——二里头文化年代学研究的时间观 张东 文物 6：74～81

南关外期（型）遗存平议 李维明 中原文物 2：23～27

郑州市二里头文化晚期与二里岗下层一期两组单位陶器统计数据分析比较 李维明 中华之源与嵩山文明研究（第 1 辑）101～107

论夏末商初的“汤之亳”在郑州 尚友萍 中国国家博物馆馆刊 9：26～33

夏末商初都邑分析之一——二里头遗址与偃师商城遗存比较　刘绪　古代文明研究通讯56：1～22
夏末商初都邑分析之一——二里头遗址与偃师商城遗存比较　刘绪　中国国家博物馆馆刊9：6～25
郑州大师姑遗址二里头文化五段一组地层单位文化性质分检　李维明　早期中国研究（第1辑）193～197
河南禹州瓦店遗址出土石铲制品的初步研究——嵩山地区夏商时期石铲生产工业管窥　逄博等　华夏考古2：45～52
新砦陶铃初探　汤威、王文亮　中华之源与嵩山文明研究（第1辑）51～55
试论镶嵌绿松石牌饰的起源　陈小三　考古与文物5：91～100
“看得见的华夏历史文化”系列之四——从二里头白彩大罐说夏朝　苏启明　历史文物4：78～81
贡纳与贸易——早期国家的玉石器生产和流通问题初探　黄可佳　早期中国研究（第1辑）198～211
夏与西北　易华　丝绸之路10：5～13

五　殷商

商王朝考古学编年研究中的两个问题　李伯谦　金玉交辉——商周考古、艺术与文化论文集1～21
关中地区商代考古学研究的回顾与展望　宋江宁　周原（第1辑）112～120
先商文化研究二题　徐昭峰　史学集刊1：90～95
豫东地区的考古学文化与先商文化探索　高天麟　东亚考古学的再思——张光直先生逝世十周年纪念论文集229～256
商朝、商人与郑州商城——3600年前郑州人的衣食住行与社会文化　窦志力　中华之源与嵩山文明研究（第1辑）143～154
关于“大司空一期”的上限年代及相关问题　谢肃　华夏考古4：46～51
安阳前期殷人经略地域的方向转换与青铜资源保护　金正耀　金玉交辉——商周考古、艺术与文化论文集219～234
晚商文化的分布及其意义——以山东地区为例的初步探讨　黄铭崇等　东亚考古学的再思——张光直先生逝世十周年纪念论文集257～338
商代晚期平民生活的缩影——河南荥阳关帝庙商代聚落的考古发掘　李素婷　故宫文物月刊1：120～125
夏商时期江淮河地区与中原地区的地域间文化动态关系——以陶器资料分析为中心　秦小丽　江汉考古2：54～72
商周之际青铜制造重心徙移的观察　张天恩　金玉交辉——商周考古、艺术与文化论文集235～255
从“事神”到“敬德”：商周“气物”观的变迁　黄鸿春　历史研究2：4～13
昌黎商周文化概述　吕艳彬　文物春秋3：17～20
浅析殷商都城中轴线古地理环境　高长海等　殷都学刊2：115～121
从都城变迁论商代社会的发展　郜向平　郑州大学学报（哲社版）1：141～144
商都西亳城与迈锡尼城文明之比较　董延寿、史善刚　中华文化论坛2：30～35
盘庚迁都于洹北商城考　秦文生　红叶集112～122
河南长垣宜丘遗址发掘的意义　袁广阔　中原文物4：46～50
论新郑望京楼商城东一城门　顾万发　中原文物4：36～45
论盘龙城为商王南土行都　程涛平　楚简楚文化与先秦历史文化国际学术研讨会论文集889～912
商代盘龙城——武汉之根　刘松余　寻根4：132～138
商代的“二室一厅”与“四合院”　李宏飞　大众考古5：57～60
殷商时期东夷文化的变迁　李龙海　华夏考古2：53～58
商代中原地区奠基遗存初探　杨谦　中原文物3：35～42

从葬日制度看商周时期祖先崇拜的变化　商晓辉　殷都学刊3：13～16

试谈商周墓葬的几个问题——以山东地区为例　毕经纬　考古与文物3：25～30

商周家族墓地出土族徽铜器与所见族氏结构　雒有仓　中国国家博物馆馆刊4：51～60

郑州商城铜器墓研究　王炜　中国国家博物馆馆刊9：34～45

殷墟西北冈1001号大墓出土雕花骨器的研究　内田纯子　中央研究院历史语言研究所集刊（第八十四本）第四分601～650

殷墟妇好墓、亚长墓的位置及功能刍议　翟胜利　四川文物4：29～34

论殷墟新发现的两座"甲骨贞人"墓　何毓灵　甲骨文与殷商史新三辑329～340

殷墟族墓地中的"夫妇合葬墓"及相关问题　耿超　首都师范大学学报（社科版）2：35～39

益都苏埠屯亚醜族商代大墓的几点思考　王恩田　金玉交辉——商周考古、艺术与文化论文集23～39

林遮峪铜器墓年代及其相关问题　常怀颖　古代文明研究通讯57：13～22

大辛庄遗址商代石刀生产工艺分析　钱益汇　华夏考古3：74～81

殷墟文化时期的觚与觚形尊——记2013苏富比春拍的几件青铜器　张昌平、汪涛　南方文物3：135～138

"好"汽柱甑形器　顾永杰　中原文物1：111～112

商周时期盛色器功用考辩　胡洪琼、申明清　中原文物6：37～42

补遗

试论夏商周时期胶东半岛的东莱文化　沈岩　文化学刊2012年6：103～107

六　西周

边界互动与历史进步——对商周之际历史大势的一点认识　张博　中国文物报3月1日6版

殷周王家关系研究　郭静云　考古与文物2：53～68

"夏商周断代工程"十年后之批判——以西周诸王在位年代为例证　夏含夷　出土材料与新视野——第四届国际汉学会议论文集341～380

"天命"下的秩序——周王朝的制度特色　王纪潮　早期中国——中华文明系列展I74～91

西周礼乐文化浅说　陈全方　周原（第1辑）143～151

西周社会结构的考古学观察　张天恩　考古与文物5：53～62

西周西土的考古学初探　刘绪　周原（第1辑）31～39

泾、洛、渭河上游西周文化边界及相关问题初论——"边地半月形文化传播带"历史与文化研究之一　路国权　考古与文物3：48～56

从"镇江营类型"看西周文化在太行山东麓北段的发展　豆海锋、冯丹　草原文物1：50～56

太行山东麓地区西周文化分期研究　豆海锋　华夏考古2：70～86

论西周时期的"南国"　朱凤瀚　历史研究4：4～15

论鄂东南地区西周时期的考古学文化格局及政治势力变迁　赵东升　华夏考古2：59～69

早期王朝时期的鲁西南地区——试论鲁国发展之社会背景　黄川田修　金玉交辉——商周考古、艺术与文化论文集327～356

先秦苏国的历史与苏氏之源　张新斌　红叶集123～139

试析夏商周时期的曾国　张国硕、王琼　楚简楚文化与先秦历史文化国际学术研讨会论文集17～25

两周时期曾国及其族属考辨　曹芳芳　古代文明研究通讯59：32～50

古随地曾、噩、厉三国考　黄敬刚　楚简楚文化与先秦历史文化国际学术研讨会论文集35～44

汉东的𨛭国、曾国与随国考　笪浩波　楚简楚文化与先秦历史文化国际学术研讨会论文集26～34

湖北境内出土的有铭曾器及相关问题　黄凤春　金玉交辉——商周考古、艺术与文化论文集307～326

西周封国徙封的文献举证——以宜侯夨簋铭文等四篇文献为中心　于薇　中国历史地理论丛 1：25～33

先周谱系试探　罗琨　中国社会科学院历史研究所学刊（第 8 集）1～16

先周文化的探索历程　尹盛平　周原（第 1 辑）90～99

周族起源于山西说问疑　牛世山　古代文明研究通讯 57：23～25

从周原遗址的考古发现看古公亶父的历史地位　张高举　周原（第 1 辑）160～167

周公庙商周时期聚落动物资源利用初识　林永昌等　考古与文物 3：39～47

西周丰镐成周说　臧振　周原（第 1 辑）152～159

周公营建洛邑相关问题考释　史善刚、董延寿　光明日报 6 月 1 日 11 版

周原遗址田野考古工作的检讨与反思　种建荣、张亚炜　周原（第 1 辑）107～111

周原遗址商周聚落性质的观察　张天恩　周原（第 1 辑）50～56

西周时期周原遗址性质的思考　孙周勇　周原（第 1 辑）57～62

浅谈周原西周礼制建筑　步雁　陕西历史博物馆馆刊（第 20 辑）65～70

周原遗址西周大型建筑基址的发现与研究　徐良高　周原（第 1 辑）100～106

周原凤雏甲组建筑"宗庙说"质疑　郭明　中国国家博物馆馆刊 11：6～17

西周时期采邑的城邑形态　李春利　中国国家博物馆馆刊 4：61～70

商代的楚蛮与西周初年的楚国　尹弘兵　华夏考古 1：65～73

西陵峡周代考古学文化与早期楚文化　尹弘兵　考古 4：68～82

鄂西北地区西周遗存与早期楚文化　傅玥　楚简楚文化与先秦历史文化国际学术研讨会论文集 642～653

河南淅川下王岗遗址西周遗存新发现与早期楚文化问题　高江涛　楚简楚文化与先秦历史文化国际学术研讨会论文集 654～660

淅川下王岗西周遗存初析　傅玥　华夏考古 4：66～72

襄阳楚王城或为楚熊渠所封鄂王城初考　王先福　楚简楚文化与先秦历史文化国际学术研讨会论文集 638～641

从"敬神"到"事鬼"——墓葬资料所见周代贵族生死观的变迁　张闻捷　考古与文物 6：48～58

从考古发现看西周墓葬的"分器"现象与西周时代礼器制度的类型与阶段（下篇）　黄铭崇　中央研究院历史语言研究所集刊（第八十四本）第一分 1～82

沣西地区殷遗民的社会地位及其变迁　张礼艳　考古与文物 2：41～52

石鼓山西周墓葬的初步研究　王颢等　文物 2：77～85

东阳墓地相关问题探讨　刘锐　文博 2：35～43

礼县大堡子山大墓墓主及其相关问题　辛怡华　秦俑博物馆开馆三十周年秦俑学第七届年会国际学术研讨会论文集 212～219

试论陇东之于周人——建立在墓葬视角上的微观分析与宏观比较　张博　文博 4：40～45

试析崇信于家湾周墓　刘静　文物 7：51～58

叶家山曾侯墓地所见西周早期丧葬礼制四则　杨华　江汉考古 4：93～98

30 年，40 里——曾侯乙的祖先在哪里？　黄凤春　大众考古 3：26～33

随州叶家山西周曾侯墓地发掘的主要收获　黄凤春　楚简楚文化与先秦历史文化国际学术研讨会论文集 7～11

随州叶家山西周墓地第二次发掘笔谈　江汉考古　4：58～63

随枣走廊话曾国——随州的曾侯墓地　黄凤春　中国文化遗产 5：70～81

随州叶家山西周墓地曾侯名试议　李维明　中国文物报 12 月 20 日 6 版

发现被历史遗忘的古国——绛县横水墓地发掘记　宋建忠等　发现山西——考古人手记 75～95

掀开古黎国的神秘面纱——黎城县西周墓地的发掘与研讨　张崇宁　发现山西——考古人手记

115～123

狄人女首领还是燕国女将军？——关于北京昌平白浮 M2 墓主人身份的讨论　韩建业　内蒙古文物考古文集（第 4 辑）642～645

辍车转辚考　曹玮　秦始皇帝陵博物院（总 1 辑）182～190

西周椑棺装饰研究　吉琨璋　金玉交辉——商周考古、艺术与文化论文集 509～557

周代饰棺串饰研究　王洋　周原（第 1 辑）127～142

镇江营遗址商周第三、四期遗存陶器分期的再认识　杨勇　华夏考古 1：80～88

从新见材料谈《仪礼》饮酒礼中之醴柶及所用酒器问题　张光裕　文物 12：67～75

箕子朝鲜与周代燕曩　葛英会　北京文博文丛 2：82～92

补遗

解读高青县陈庄西周遗址　吕茂东　管子学刊 2011 年 4：110～118

七　东周

从考古发现谈战国时期秦楚关系　高崇文　秦俑博物馆开馆三十周年秦俑学第七届年会国际学术研讨会论文集 187～193

论豫北冀南地区东周时期的考古学文化　张渭莲　中原文物 4：51～58

从考古发现看东夷郯国　杨锡开、管恩洁　中国文物报 9 月 13 日 6 版

滹沱河、唐河流域东周时期考古学文化试析　张渭莲　中国国家博物馆馆刊 11：26～35

句章故城若干问题之探讨　王结华等　东南文化 2：94～100

中原地区东周铜器墓分类新论　滕铭予、张亮　考古 2：76～85

河套东部地区春秋战国时期墓地的分期及相关问题　蒋刚、陆韵语　考古与文物 4：69～80

战国王陵形制的东西差别　梁云　社会科学战线 6：103～113

战国西汉时期中原墓葬建筑材质和内部空间转变及其社会原因　董睿　郑州大学学报（哲社版）1：145～150

郑韩故城近年发现的铜礼器墓葬分期研究　樊温泉　楚简楚文化与先秦历史文化国际学术研讨会论文集 661～665

河南商丘潘庙发现的东周宋、魏墓葬　唐际根等　东亚考古学的再思——张光直先生逝世十周年纪念论文集 339～378

出土大量青铜器的湖北随州曾公子去疾墓　黄凤春、郭长江　文物天地 6：60～63

从礼制视角看曾侯乙钟梁、漆器文字与书法艺术　黄敬刚　湖北社会科学 2：186～190

从曾侯乙墓镈钟出土想到的问题　王从礼、彭昊　楚学论丛（第 2 辑）369～404

忻州窑子墓地社会学研究　陈畅　考古与文物 2：78～82

关于新郑中行遗址青铜器坑和马坑性质的讨论　谢肃　中国国家博物馆馆刊 11：18～25

"面缚"新释　谢肃　中原文物 3：51～52

先秦时期莲瓣造型流变及其含义　何志国　民族艺术 4：141～145

韩城梁带村两周遗址涉及的问题考辨　杨东晨　陕西历史博物馆馆刊（第 18 辑）28～39

梁带村芮桓公夫妇墓随葬青铜器的性别观察　王洋　考古与文物 2：69～77

京津地区战国秦汉时期的燕系铁器及冶铁遗存　郭京宁　北京文博文丛 1：37～44

战国中山国黑陶赏析　刘卫华　收藏家 10：46～50

侯马、温县载书与东周"盟国人"仪式　董芬芬　甘肃社会科学 2：111～115

秦文化

三十年来早期秦文化研究综述　徐卫民　秦俑博物馆开馆三十周年秦俑学第七届年会国际学术研讨会论文集 33～41

大秦帝国崛起之路　梁云、蔡庆良　中国文化遗产 2：30～38

新史料发现与“秦族东来说”的坐实　王洪军　中国社会科学 2：163～185

秦人从哪里来　寻踪早期秦文化　赵化成　中国文化遗产 2：39～47

早期秦文化的新认识——华夏文化中的独特地域性文化　黄永美　秦汉研究（第 5 辑）166～177

甘肃礼县早期秦文化研究项目综述　白红琴　丝绸之路 6：79～80

礼县早期秦文化考古收获　白红琴　陇右文博 2：55～58

毛家坪遗址秦文化因素管窥　黄小永、卢冬　陇右文博 2：46～54

从文献与出土文物看早期秦国融入华夏的历程　陈昭容　出土材料与新视野——第四届国际汉学会议论文集 271～310

论嬴秦西迁及甘肃东部秦文化的年代　梁云　秦始皇帝陵博物院（总 2 辑）268～299

秦族源、秦文化与秦文字的时空界限　王辉　秦俑博物馆开馆三十周年秦俑学第七届年会国际学术研讨会论文集 9～32

早期秦文化多元因素逐步形成及其特征　田亚岐　秦俑博物馆开馆三十周年秦俑学第七届年会国际学术研讨会论文集 201～208

为什么说周原还是秦文化的发祥地　刘军社　周原（第 1 辑）63～67

略论秦文化与北方文化的关系　杨建华　考古与文物 1：45～51

秦都雍城及历史作用研究　徐卫民、裴蓓　秦汉研究（第 7 辑）88～96

秦雍城遗址考古工作回顾与展望　田亚岐　秦始皇帝陵博物院（总 2 辑）110～134

秦都雍城布局研究　田亚岐　考古与文物 5：63～71

雍城时代三百年　秦国建置最久之都　田亚岐　中国文化遗产 2：48～56

两千年前战国秦代古城现身渭河河床初步判断——当是秦孝公所筑咸阳城　雷依群　秦汉研究（第 3 辑）50～51

东都咸阳　帝国的巅峰　侯宁斌、耿庆刚　中国文化遗产 2：58～63

秦墓屈肢葬含义的检讨与蠡测　刘建安　秦俑博物馆开馆三十周年秦俑学第七届年会国际学术研讨会论文集 209～211

秦屈肢葬渊源及其相关问题试探　武丽娜　回顾与创新——秦始皇兵马俑博物馆开馆三十周年纪念文集（创新篇）554～559

秦墓的头向及其相关问题讨论　陈洪　回顾与创新——秦始皇兵马俑博物馆开馆三十周年纪念文集（创新篇）547～553

墓葬所见秦人殉葬制度的变化　田有前　秦始皇帝陵博物院（总 2 辑）213～220

秦公王陵研究综述　柴怡、陈波　西安文物考古研究（第 2 辑）24～38

大堡子山秦公陵园述略　祝中熹　丝绸之路 8：46～50

战国秦陵研究　梁云　古代文明研究通讯 58：1～30

秦孝文王寿陵位置蠡测　刘卫鹏　秦俑博物馆开馆三十周年秦俑学第七届年会国际学术研讨会论文集 228～235

小型秦墓木棺尺寸与葬式的关系——以凤翔西村、凤翔西沟道、咸阳塔儿坡墓地为例　陈洪　秦始皇帝陵博物院（总 1 辑）131～137

孙家南头秦国春秋铜器墓的相关问题　田亚岐、刘爽　考古与文物 4：81～91

也谈睡虎地墓地使用者的族属　陈洪　秦始皇帝陵博物院（总 1 辑）138～145

试论三门峡秦人墓　李书谦　中原文物 2：33～39

秦墓中出土的 S 形饰研究　于焕金　考古与文物 5：101～107

礼县秦早期金饰片的再认识　张天恩　秦始皇帝陵博物院（总 1 辑）173～181

补遗

秦三易都城之区域背景考察　吴布林、丁阳　管子学刊 2011 年 4：100～103

关中地区秦墓出土铁器初步研究　邸楠　郑州大学学报（哲社版）2012 年 6：146～150

晋文化

羊舌　一个千古之谜——曲沃县羊舌墓地的发掘与思考　吉琨璋　发现山西——考古人手记 97～113

古国的祭礼——侯马市西高祭祀遗址的发掘与思考　王金平等　发现山西——考古人手记 125～135

介绍一件战国早期晋国的保温陶杯　李文洁　文物世界 2：16～17

楚文化

关于楚史的几个问题　刘俊男　楚简楚文化与先秦历史文化国际学术研讨会论文集 579～601

早期楚文化研究的困惑与突破　蔡靖泉　三峡大学学报（人文社会科学版）3：78～82

从河南境内的楚文化遗存看楚文化对中原地区的影响　程有为　楚简楚文化与先秦历史文化国际学术研讨会论文集 868～876

周口市楚国文化遗存的初步研究　李全立　周口文物考古研究Ⅱ59～70

论战国后期吴越地区的楚文化　叶文宪　楚简楚文化与先秦历史文化国际学术研讨会论文集 877～888

浅谈村名含“郢”现象与楚文化的变迁和传播——以安徽省为重点区域的考察和分析　秦让平　楚学论丛（第 2 辑）185～198

楚文化西渐历程考察　朱萍　交流与互动——民族考古与文物研究 18～36

鄂西南地区楚文化考古研究两题　傅玥、高旭旌　楚学论丛（第 2 辑）366～374

由楚系铜器铭文中“吉日”选择观念看东周时期楚文化变迁　黄锦前　楚简楚文化与先秦历史文化国际学术研讨会论文集 64～69

浅析东楚鄂王城的建筑理念及保护思路　陈晨、郝少波　楚学论丛（第 2 辑）204～211

楚墓年代学研究问题　张昌平、陈晖　楚简楚文化与先秦历史文化国际学术研讨会论文集 621～628

楚族坟墓制度管窥　邓宏亚　郑州航空工业管理学院学报（社科版）2：50～52

关于“陈郢”楚墓埋葬习俗的思考　王锦春、李全立　周口文物考古研究Ⅱ85～87

陈楚关系及周口楚墓初探　李韶　周口文物考古研究Ⅱ71～76

“三峡第一棺”记略　孙凡　中国人文田野（第 5 辑）77～84

补遗

楚文化考古与楚学研究　刘咏清　社科纵横 2012 年 10：119～120

吴越文化

论吴人土墩墓　叶文宪　苏州文博论丛（总第 3 辑）1～13

常州先秦时期古城遗址　张彩英　中国文化遗产 6：68～72

从已见越国墓葬探析越国用乐等级的存在　朱国伟　浙江艺术职业学院学报 2：54～58

简析广西战国时期文化面貌的演变——以贺州马东墓、恭城秧家墓和宾阳韦坡墓为例　胡章华　岭南考古研究（10）31～38

八　夏商周时期周边地区的青铜文化

东北及其附近地区

关于东北青铜时代考古学文化研究的几个问题　朱永刚　内蒙古文物考古文集（第 4 辑）612～621

夏家店下层文化综论　王立新　内蒙古文物考古文集（第 4 辑）　622～641

从雪山三期陶器看大坨头文化和夏家店下层文化的异同　韩嘉谷　北京文博文丛 4：53～70

试论夏家店下层文化生业方式——以植物考古学为中心　孙永刚　内蒙古社会科学 5：45～48

千山和龙岗山脉在辽东青铜文化分区上的考古学意义——兼论辽东青铜文化的区系特征和族系渊源　王绵厚　旅顺博物馆学苑（2008）18～30

试论双砣子文化、双房类型与大连地区青铜时代的关系　刘立丽　旅顺博物馆学苑（2013）92～95

对大连地区青铜时代起始时间的探讨　刘立丽　华夏考古 1：74～79

四平地区近年青铜时代考古的收获与认识 梁会丽等 吉林师范大学学报（人文社会科学版）6：43～46

对代国与燕、赵两国关系的探讨 陶宗冶、王培生 文物春秋6：3～6

营口盖州牌坊村石棚群考略 崔艳茹 高句丽与东北民族研究（2009）165～172

“草拌泥红烧土块”之研究——以大嘴子青铜时代遗址为例 于洪志 旅顺博物馆学苑（2009）22～27

大嘴子遗址第三期聚落形态的初步认识 徐昭峰、于海明 旅顺博物馆学苑（2010）78～82

大连地区积石墓浅见 张志成 旅顺博物馆学苑（2010）73～77

朝阳袁台子甲类墓葬的年代和文化因素分析 潘玲、于子夏 北方文物1：43～48

内蒙古朱开沟遗址甲类遗存墓葬研究 王乐文 华夏考古2：31～44

谈玉皇庙文化的几个问题 陶宗冶 文物春秋1：6～11

略论玉皇庙墓地的分期与年代 洪猛 考古10：99～104

双房类型叠唇罐及相关问题初探 张翠敏 东方考古（第10集）391～408

论旅顺博物馆收藏的两件“花边鬲” 郭大顺 旅顺博物馆学苑（2011）19～26

大山前遗址夏家店下层文化石铲的功能研究 陈胜前等 考古6：50～61

东南地区

试论桂林商周时期文化 李珍 广西考古文集（第5辑）336～345

从罗定出土青铜器看礼制文化进入岭南与岭南早期的游击战 陈大远 岭南考古研究（11）45～53

闽南粤东地区先秦时期考古学文化分期及相关问题 许永杰、范颖 北方文物4：14～24

莞史探源——从考古资料看先秦时期的东莞 邱立诚 岭南考古研究（9）28～35

从考古学文化观察潮汕文化的历史积淀 邱立诚 岭南考古研究（12）35～38

“看得见的华夏历史文化”系列之七——从印纹陶谈百越历史 苏启明 历史文物7：52～57

土墩墓及其相关概念之辨析 杨楠 东南文化5：34～41

西南地区

东南亚青铜时代文化百年研究综述 陈晓倩、李昆生 思想战线1：135～136

云贵高原青铜时代的文化谱系研究 彭长林 广西博物馆文集（第6辑）29～53

长江三峡地区夏商时期巴文化遗存发现与研究 杨华等 楚简楚文化与先秦历史文化国际学术研讨会论文集913～935

夏商时期巴文化与先前“石家河文化”的关系 杨华、何怀红 重庆师范大学学报（哲社版）3：31～38

西陵峡地区夏商周时期考古文化的变迁 金国林 四川省文物考古研究院青年考古文集90～157

先秦时期蜀滇的青铜文化交流 吕金颖 巴蜀文化研究集刊（7）330～334

川东北地区先秦时期考古发现与考古学文化 白九江等 四川文物2：46～55

川东北地区先秦时期考古学文化初步研究 蒋晓春等 楚简楚文化与先秦历史文化国际学术研讨会论文集957～973

滇文化用贝习俗分析 吴艾妮、叶荣波 四川文物6：28～32

三星堆文化与西南丝绸之路 李学勤 巴蜀文化研究集刊（7）11～12

论三星堆与南方丝绸之路青铜文化的关系 段渝、刘弘 巴蜀文化研究集刊（7）33～40

古蜀象牙祭祀考 段渝 巴蜀文化研究集刊（7）211～216

田东古代青铜文化研究 黄秋艳 广西博物馆文集（第6辑）165～168

边地文化传播带：以石寨山文化的考古发现为中心 郭物 考古学视野下的城市、工艺传统与中外文化交流——刘庆柱先生七十华诞祝寿论文集240～267

白马石类型遗存的再认识 刘志岩 西南地区北方谱系青铜器及石棺葬文化研究211～215

沉睡数千年 一醒惊天下——三星堆遗址的发现、发掘与研究 雷雨 早期中国——中华文明系列

展 I63~73

川西北石棺葬与甘青地区青铜时代墓葬　黄家祥　西南地区北方谱系青铜器及石棺葬文化研究 192~210

石棺葬的起源与扩散——以中国为例　李水城　西南地区北方谱系青铜器及石棺葬文化研究 120~129

四川地区石棺葬的时代特征　万娇　西南地区北方谱系青铜器及石棺葬文化研究158~163

四川茂县牟托石棺葬小议　高大伦　西南地区北方谱系青铜器及石棺葬文化研究130~136

川西高原石棺墓文化和北方青铜器　宫本一夫　西南地区北方谱系青铜器及石棺葬文化研究 107~119

雅砻江流域中上游地区石棺葬文化初论　陈卫东、唐飞　西南地区北方谱系青铜器及石棺葬文化研究 137~157

剑川鳌凤山竖穴土坑墓的分期与年代　万娇　四川文物 1：45~49

西北地区

甘青地区史前时期未成年人埋葬问题分析　陈洪海、周浩然　考古与文物 2：23~31

甘青地区青铜时代土洞墓的初步研究　马金磊　考古与文物 2：32~40

说"七"——求索青铜时代孔雀河绿洲居民的精神世界　王炳华　交流与互动——民族考古与文物研究 127~139

掀起拜城史前文化的盖头　张平　龟兹学研究（第 3 辑）248~258

南疆史前水文化拾零　刘高明　龟兹学研究（第 4 辑）193~200

塔里木盆地考古学文化的起源问题　肖小勇　中央民族大学学报（哲社版）4：16~22

论东黑沟遗址的年代与性质　刘文锁　交流与互动——民族考古与文物研究 3~17

寻找黑山头早期青铜器时代军事遗迹　尼葛丽　中国文物报 9 月 13 日 7 版

西域史前晚期墓葬类型研究　肖小勇　西域研究 1：50~60

哈巴河县东塔勒德墓地初步研究　于建军、马健　新疆文物 1：82~89

新疆哈巴河东塔勒德墓地初步研究　于建军、马健　文物 3：53~57

哈密艾斯克霞尔南墓地与早期铁器时代白杨河流域的生活状况　艾先木汗·肉孜　中国文物报 4 月 26 日 6 版

论克尔木齐文化和克尔木齐墓地的时代　王明哲　西域研究 2：69~80

新疆洋海墓地先民的食物结构及人群组成探索　司艺等　科学通报 15：1422~1429

博拉提墓群考古发掘记　于建军　大众考古 6：73~77

浅析卡约文化陶器与周边地区的文化交流　乔虹　四川文物 3：29~35

卡约文化金属制品及其文化意蕴　乔虹　青海师范大学学报（哲社版）4：74~77

九　秦代

2008 年中国大陆秦汉史研究概况　秦汉　秦汉研究（第 4 辑）260~272

2010 年中国大陆秦汉史研究综述　秦汉　秦汉研究（第 6 辑）354~369

从信宫到骊山陵——论秦代至上神与祖神的变革　张卫星　回顾与创新——秦始皇兵马俑博物馆开馆三十周年纪念文集（创新篇）560~573

浅议秦都咸阳与秦始皇陵形制规模及设计思想　倪小勇　秦汉研究（第 3 辑）204~209

秦咸阳六国宫室新探　刘卫鹏　秦始皇帝陵博物院（总 1 辑）93~98

秦十二铜人再研究　王根权　秦汉研究（第 5 辑）111~117

秦始皇陵园"击鼓坪"遗址　张占民　考古与文物 2：112

丽山园：秦始皇统一中国战争的备战基地　孙嘉春　军事历史 4：26~31

中国年代最早规模最大的秦造船遗址　乔娇　文物天地 12：18~20

秦汉基层社会单元“里”的结构与功能　王子今　古代庶民社会 85～102
秦汉北方长城沿线地带城邑平面形制形成原因初探　赵旭　文博 6：38～43
江阴秦汉时期的文化遗存　唐汉章　江阴文博 2：92～95
秦汉时期的丧葬风水与墓葬选址　高凤　秦汉研究（第 7 辑）223～230
秦汉帝陵制度研究综述（1949—2012）　高凤、徐卫民　秦汉研究（第 7 辑）285～322
秦汉帝陵管理制度试探　高凤　秦汉研究（第 6 辑）286～299
秦汉帝陵外藏系统（从葬坑）的性质问题　赵化成　秦始皇帝陵博物院（总 1 辑）119～130
浅析秦汉帝陵陵邑发展　李帅　西安文物考古研究（第 2 辑）64～68
秦汉帝陵祭祀制度研究　徐卫民　秦汉研究（第 4 辑）25～33
试论秦陵墓制度的演变特征　田有前　秦汉研究（第 5 辑）139～149
近年秦陵秦俑研究平议　张文立　秦俑博物馆开馆三十周年秦俑学第七届年会国际学术研讨会论文集 1～9
秦始皇帝陵考古的历史、现状与研究思路——基于文献与考古材料的讨论　曹玮、张卫星　秦始皇帝陵博物院（总 1 辑）49～78
秦始皇陵文献、文物丛考（之一）　史党社　秦始皇帝陵博物院（总 1 辑）229～231
秦始皇陵　秦的奇迹　张卫星　中国文化遗产 2：64～71
秦始皇帝陵的营建　刘占成　回顾与创新——秦始皇兵马俑博物馆开馆三十周年纪念文集（创新篇）574～579
秦始皇陵的选址、规划与范围　张卫星、付建　文博 5：40～45
秦始皇陵墓中的水银及其来源　王学理　文博 3：12～16
秦皇陵中的水银——是否有水银，水银来自何方　谢学锦等　地质通报 10：1485～1492
秦始皇帝陵墓向问题研究　刘占成、张立莹　秦始皇帝陵博物院（总 2 辑）135～139
秦始皇陵封土研究　刘占成等　秦俑博物馆开馆三十周年秦俑学第七届年会国际学术研讨会论文集 220～227
秦始皇帝陵形制与地宫结构探析　刘珺、秦鉴　秦始皇帝陵博物院（总 2 辑）140～151
秦始皇帝葬具蠡测　申茂盛　秦始皇帝陵博物院（总 1 辑）232～238
秦始皇帝陵陵寝建筑探析　张卫星　秦始皇帝陵博物院（总 2 辑）152～171
秦始皇陵陪葬坑建筑形式研究　张卫星　西安文物考古研究（第 2 辑）39～50
秦始皇帝陵园陪葬坑破坏现象解析　陈治国　秦始皇帝陵博物院（总 1 辑）146～160
秦兵马俑一号坑军队指挥系统试析　邵文斌　秦始皇帝陵博物院（总 2 辑）190～201
对秦俑矩阵（一号坑）编成的诠释　王学理　秦俑博物馆开馆三十周年秦俑学第七届年会国际学术研讨会论文集 236～246
四号坑与“三军”制　李铨　秦俑博物馆开馆三十周年秦俑学第七届年会国际学术研讨会论文集 247～252
秦俑二号坑出土一件彩绘陶俑刻文浅析　兰德省　秦俑博物馆开馆三十周年秦俑学第七届年会国际学术研讨会论文集253～255
由马厩坑铜壶上新发现的铭文谈谈对上焦村马厩坑 64 号坑的再认识　卢轩等　回顾与创新——秦始皇兵马俑博物馆开馆三十周年纪念文集（创新篇）584～586
秦始皇陵园动物坑性质试探　陈治国　回顾与创新——秦始皇兵马俑博物馆开馆三十周年纪念文集（创新篇）580～583
秦始皇帝陵园百戏俑坑（K9901 陪葬坑）焚毁及相关问题　孙伟刚　秦始皇帝陵博物院（总 2 辑）172～176
秦始皇帝陵 K0006 陪葬坑性质研究述评　蒋文孝　秦始皇帝陵博物院（总 2 辑）177～189
“其旁行三百丈”新解　王志友、朱思红　考古与文物 6：69～73

临潼发现的砖椁墓研究　武丽娜　秦始皇帝陵博物院（总2辑）230～238
成都天府广场出土石犀、汉碑为秦汉三国蜀郡府衙遗珍说　罗开玉　四川文物3：51～59
咸阳长陵车站61XYCLJC3的再发现　耿庆刚　文博3：17～19
谈策释锻　党士学　秦始皇帝陵博物院（总2辑）324～331
秦代文物纹饰与农业发展的相关性思考　张蕾　农业考古3：266～269
秦汉时期龙形象的羽化研究　魏崴　中国美术研究（第8辑）51～62
试析秦汉时期求仙方式的改变与丹砂的开采利用　申茂盛　秦俑博物馆开馆三十周年秦俑学第七届年会国际学术研讨会论文集403～407
可乐文化因素在中南半岛的发现及初步认识　杨勇　考古9：76～86

一〇　汉代

关东地区地域文化的整合与汉文化的形成　宋蓉　早期中国研究（第1辑）166～178
汉代聚落形态试说　黄今言　史学月刊9：94～102
从海盐县城沦湖谈上海地区的汉代大水灾　韩嘉谷　历史地理（第28辑）12：45～56
墓室里的信仰与生活　李文博　大众考古1：49～53
木结构建筑对中原地区汉代墓葬的影响　张卓远　华夏考古1：126～133
试论北方长城地带汉墓的若干葬俗　刘煦　殷都学刊1：46～48
两汉王侯陵墓“外藏”的初步研究　朱晨露　秦汉研究（第7辑）237～244
葬礼与图像——以两汉北朝材料为中心　郑岩　美术研究4：64～76
大连与中原地区两汉时期墓葬比较研究　韩晓洁　旅顺博物馆学苑（2009）46～51
峡江汉墓的形制演变与文化发展　杨金东　秦汉研究（第7辑）130～144
两汉墓葬出土陶井的考古类型学研究　余静、王涛　东南文化4：71～80
试论汉长安的性质及方向的转变　刘爽　西安文物考古研究（第2辑）90～101
汉长安曾是秦咸阳的渭南新区——论两代都城城址的重叠　王学理　西安文物考古研究（第2辑）69～89
从汉长安城未央宫骨签看河南工官的设置　高杰　华夏考古4：78～85
汉建章宫若干问题初探　晏波　秦汉研究（第5辑）150～155
汉昆明池的兴废与功能考辨　张宁、张旭　文博3：47～51
汉渭河三桥的新发现　梁云等　中国国家博物馆馆刊4：27～34
略论阳陵邑遗址调查和钻探的意义——中国魏晋隋唐时期都城布局形式的源头　冉万里　西北大学学报（哲社版）1：133～137
汉始安城的历史与考古探索　贺战武　广西博物馆文集（第6辑）130～137
南越国宫署遗址与名城广州　韩维龙　红叶集189～200
大连地区汉代城址考辨　张翠敏、姜宝宪　辽宁省博物馆馆刊（2012）171～178
大连地区汉代城址与墓葬研究　刘俊勇　旅顺博物馆学苑（2009）32～38
普兰店张店汉城与熊岳汉城再踏查椠记　王绵厚　旅顺博物馆学苑（2010）83～86
熊岳及周边地区汉代文化遗存简述　阎海　旅顺博物馆学苑（2009）52～56
西汉五行思想与汉阳陵帝陵陵园设计　石宁　文博5：75～78
汉武帝求仙活动对墓葬的影响　刘丹　秦汉研究（第5辑）279～285
西汉帝陵的陪葬坑　刘卫鹏　秦汉研究（第4辑）147～158
西汉帝陵诸问题的探讨　岳起　秦汉研究（第4辑）51～61
西汉帝陵形制要素的分析与推定　焦南峰　考古与文物5：72～81
西汉诸侯王墓陪葬车马及相关问题探讨　刘尊志　华夏考古4：86～93
西汉诸侯王陵陪葬墓封土、墓域略论——以大云山江都王陵陪葬墓为例　李则斌　秦汉土墩墓考古

发现与研究——秦汉土墩墓国际学术研讨会论文集 183～188

交通幽明——西汉诸侯王墓中的祭祀空间　施杰　古代墓葬美术研究（第2辑）73～93

江苏西汉诸侯王陵墓考古的新进展　李银德　东南文化 1：87～96

徐州西汉前期楚王墓的序列、墓主及相关问题　刘照建　考古学报 2：213～238

徐州西汉楚王墓塞石的开凿与封填　耿建军　考古 3：75～85

也谈徐州狮子山西汉楚王陵的墓主　杨效雷、郭汉丽　文物春秋 4：3～6

西汉楚国第三代楚王刘戊藏地考辩　张玉、刘照建　东南文化 5：61～67

江苏大云山江都王陵 10 号墓墓主人初步研究　李则斌、陈刚　东南文化 1：70～73

"同制京师"——大云山西汉王陵形制初识　焦南峰　东南文化 1：74～80

关于江苏盱眙大云山汉墓考古研究的几个问题　刘庆柱　东南文化 1：81～86

北京大葆台汉墓墓葬年代与墓主人考略——兼谈北京老山汉墓墓葬年代及墓主人　靳宝　秦始皇帝陵博物院（总2辑）221～229

冀中南中小型汉墓的分期与年代研究　宋蓉　文物春秋 5：11～18

胶东地区汉墓概述　石锡建　文物春秋 2：6～10

汉任城王墓黄肠石题刻研究　胡广跃　中国汉画学会第十四届年会论文集 48～61

汉代历史的立体画卷——临沂吴白庄汉墓　朱华　中国文物报 11月20日7版

从永城汉墓看西汉梁国的生态环境　薛瑞泽　农业考古 4：112～116

洛阳偃师后杜楼村西汉画像石椁墓　杨会霞、徐婵菲　中国国家博物馆馆刊 2：6～24

西安地区汉代墓葬演变述论　张翔宇　西安文物考古研究（第2辑）102～116

西安地区西汉墓文化因素分析　张翔宇　考古与文物 5：108～115

张骞墓考古记述　卜琳等　考古与文物 2：83～88

蓝田支家沟汉墓墓主身份蠡测　段毅　考古与文物 6：74～76

新丰汉墓相关问题的初步研究　杨帆　秦汉研究（第6辑）196～200

略论西安北郊王莽时期的一座墓葬　王望生　秦汉研究（第6辑）129～133

天长纪庄汉墓墓主身份蠡测　邬文玲　简帛研究（2011）84～93

试论马王堆三号汉墓墓主的知识构成　于兵　社会科学辑刊 5：148～153

马王堆羽棺蠡测　傅萍、王同海　楚学论丛（第2辑）382～388

西丰永淳墓地土坑墓辨析　杨丽敏、许志国　辽宁省博物馆馆刊（2012）133～140

大连与中原汉代墓葬比较研究　韩晓洁　辽宁师范大学学报（社科版）5：764～768

辽南汉墓分区研究　刘俊勇、王博妍　辽宁师范大学学报（社科版）2：285～295

广西西汉早期墓葬初步研究　梁旭达　广西博物馆文集（第7辑）71～88

贵县罗泊湾一号墓墓主身份探究　陈小波　广西博物馆文集（第7辑）61～70

罗泊湾一号墓墓主非赵光论　蓝日勇　广西博物馆文集（第7辑）89～94

贵县罗泊湾二号墓墓主并非"秦后"说　蓝日勇　岭南考古研究（9）47～53

再谈"秦后"戳印　吴凌云　岭南考古研究（10）39～40

试谈浙江长兴地区秦汉时期土墩遗存的堆积成因——以长兴夏家庙土墩墓为例　孟国平　秦汉土墩墓考古发现与研究——秦汉土墩墓国际学术研讨会论文集 58～62

长兴县秦汉土冢遗存概要　梁亦建　秦汉土墩墓考古发现与研究——秦汉土墩墓国际学术研讨会论文集 63～70

汉代土墩墓的发现与研究　陈超　秦汉土墩墓考古发现与研究——秦汉土墩墓国际学术研讨会论文集 23～32

汉代土墩墓分区和传播浅识　刘兴林　秦汉土墩墓考古发现与研究——秦汉土墩墓国际学术研讨会论文集 33～43

浙江"汉代土墩墓"的发掘与认识　胡继根　秦汉土墩墓考古发现与研究——秦汉土墩墓国际学术

研讨会论文集 44～51

论浙江汉代土墩遗存中的“越地”因素　李晖达　秦汉土墩墓考古发现与研究——秦汉土墩墓国际学术研讨会论文集 71～76

汉代土墩墓的社会经济背景考察——以湖州杨家埠汉代土墩墓群为例　程厚敏　秦汉土墩墓考古发现与研究——秦汉土墩墓国际学术研讨会论文集 77～83

汉代土墩遗存为家族茔地论——以浙江汉代土墩遗存为例　刘建安　秦汉土墩墓考古发现与研究——秦汉土墩墓国际学术研讨会论文集 84～90

苏州地区汉代“土墩墓”的两点观察　徐良高、唐锦琼　秦汉土墩墓考古发现与研究——秦汉土墩墓国际学术研讨会论文集 91～96

孤例化流——常德土墩墓的时代及其他　刘瑞　秦汉土墩墓考古发现与研究——秦汉土墩墓国际学术研讨会论文集 109～115

山东沿海地区汉代墩式封土墓有关问题探讨　郑同修　秦汉土墩墓考古发现与研究——秦汉土墩墓国际学术研讨会论文集 116～128

滇东八塔台文化墓地的特征和年代及相关问题　杨勇　秦汉土墩墓考古发现与研究——秦汉土墩墓国际学术研讨会论文集 129～142

东北亚坟丘墓（土墩墓）构造的比较　［韩］林永珍　秦汉土墩墓考古发现与研究——秦汉土墩墓国际学术研讨会论文集 143～150

东汉洛阳宫城制度研究　方原　秦汉研究（第 3 辑）159～165

东汉洛阳手工业遗存、市场、里居研究　方原　陕西历史博物馆馆刊（第 19 辑）85～91

从水源问题看汉魏洛阳城址的迁移　杨俊博　河南师范大学学报（哲社版）5：96～99

桂东南的小型马蹄窑为木炭窑析　李铧　广西博物馆文集（第 6 辑）183～187

咸阳“周陵”属性研究　段清波、朱晨露　西北大学学报（哲社版）3：40～46

论陕北东汉画像石墓的门扉样式　宋莉　西北大学学报（哲社版）1：152～157

东汉晚期至西晋时期洛阳地区墓葬形制研究　杨晓芳、潘玲　辽宁省博物馆馆刊（2012）141～159

南阳地区画像墓葬的考古发现与研究现状　王怀满　前沿 6：121～126

再论“魏武王”铭刻是曹操墓的铁证——兼评最近出现的“赏赐论”与“陪葬说”　曹定云　中国社会科学报 7 月 15 日 B1 版

关于曹操墓有关问题探析　杨坤　丝绸之路 8：65～66

曹操墓出土“慰项石”考　武家璧　华夏考古 4：94～95

东汉冀州刺史部西北部地区砖室墓的分期及初步分析（上）、（下）　王音　文物春秋 5：19～27、6：16～24

下邳国王陵初考　徐娟　丝绸之路 2：86～89

安徽宿县褚兰汉画像石墓研究　岳翔等　郑州航空工业管理学院学报（社科版）4：160～163

沈阳修女院汉代墓群分期初探　孙继艳　东北史地 2：29～32

从营城子壁画墓看汉代大连与中原地区的联系　刘立丽　旅顺博物馆学苑（2009）39～42

“图像铭记”与祭奠空间——以辽阳壁画墓墓主画像与明器台（室）为中心　李林　艺术探索 4：29～36

广西汉晋石室墓研究　洪德善　岭南考古研究（9）54～63

桂东北地区石室墓的发现与研究　黎文宗　四川文物 5：64～70

重庆插旗山崖墓（M1）人工开凿与装饰痕迹观察　邹后曦等　江汉考古 3：123～130

云贵高原汉墓研究　万靖　四川省文物考古研究院青年考古文集 158～245

昭阳区梁堆墓及其保护状况　李文奇　岭南考古研究（11）27～36

关于长江中上游地区汉墓出土江东类型陶瓷器的初步考察　杨哲峰　秦汉土墩墓考古发现与研究——秦汉土墩墓国际学术研讨会论文集 189～209

陕西历史博物馆藏“东井灭火”铭陶井浅析　呼啸　秦汉研究（第7辑）197～204
“东井戒火”陶井画像补证　魏秋萍　文博4：46～49
陕西历史博物馆藏“东井灭火”铭陶井浅析　呼啸　陕西历史博物馆馆刊（第20辑）336～341
略论汉代陶仓　王毅　西安文物考古研究（第2辑）135～138
西安北郊香客林小镇汉陶囷谈　许卫红　回顾与创新——秦始皇兵马俑博物馆开馆三十周年纪念文集（创新篇）631～639
汉代建筑明器所见防御性设施及其功用　郭建设　中原文物3：67～73
考辨汉代建筑之篰　刘冠　中国汉画学会第十四届年会论文集116～121
合浦汉代文化博物馆馆藏马座陶灯辨识　谢广维　广西考古文集（第5辑）346～350
吐舌状镇墓兽及其文化意义的探讨　宾娟　四川文物6：46～56
巫鬼信仰视域下东汉巴蜀镇墓俑的功用分析　谢洪波　求索4：84～86
长沙汉墓随葬动物形象的“器物观念”　杨平平　南方文物2：54～60
浅析汉代虎子的发展与演变　邬红梅　江阴文博2：15～20
简说汉代耳杯　林晓平　华夏考古4：73～77
论神兽辟邪与佛教中狮子的关系——从汉元帝渭陵出土的两件玉辟邪谈起　杨岗　秦汉研究（第6辑）134～139
四川汉墓出土“西王母与杂技”摇钱树枝叶试探——兼论摇钱树的整体意义　王煜　考古11：72～83
从墓葬出土的百枝灯看东汉人的神话思想观念　王久刚　西安文物考古研究（第2辑）129～134
汉代墓葬语境中的阳遂　练春海　民族艺术1：133～139
博山饰源流考　练春海　民族艺术5：134～139
汉代方形牌饰的初步研究　吴小平　考古10：91～98
汉代虎符考略　杨桂梅　中国国家博物馆馆刊5：39～58
胜金店墓地出土腰机研究　陈新勇　吐鲁番学研究2：100～108
先秦至秦汉时期焚香之风与香具——兼谈五凤熏炉的命名　向祎　中原文物6：51～53
从马王堆一号汉墓出土香料与香具探析汉代用香习俗　陈东杰、李芽　“汉代文化研究”论文集（第1辑）306～315
广州汉墓出土熏炉　邝桂荣　文物天地12：45～49
汉墓遣册词语考释七则　刘玥　宁夏大学学报（人文社科版）5：14～16
东汉实物铭刻文字的社会人文价值　刘志梅　学术界7：205～213
汉画与文字题记——汉代墓葬记铭的两种形式　黄佩贤　中国汉画学会第十四届年会论文集40～47
汉画自始至终表现着阴司　杨建东　中国汉画学会第十四届年会论文集108～113
汉代墓地祠堂名称小考　王海玉　中国汉画学会第十四届年会论文集28～32
中国最早假肢发现记　丁兰兰　大众考古2：63～64
广州地区出土的汉代船模　朱海仁　文物天地12：39～41
乌桓、扶余抑或匈奴？——西岔沟墓地族属之谜　潘玲　大众考古3：43～45
中原因素在汉代西域考古学文化演变中的作用　肖小勇　交流与互动——民族考古与文物研究48～59
大月氏人的原始故乡——兼论西域三十六国之形成　林梅村　西域研究2：90～104
考古学视野下的西域都护府今址研究　林梅村　历史研究6：43～58
西域都护府乌垒城遗址考　张安福　齐鲁学刊3：51～56
新疆巴里坤东黑沟遗址出土铁器研究　陈建立等　文物10：77～84
新疆发现的早期铜盘研究　邵会秋、熊增珑　旅顺博物馆学苑（2009）148～152
新疆考古发现的两汉时期石磨　王博　龟兹学研究（第5辑）125～138

汉代中原文化在贵州的扩散　郑朝彬、吕幼樵　贵州民族研究 4：147～150

夜郎考古若干问题的思考　杨勇　交流与互动——民族考古与文物研究 37～47

A Comparative Study of Citis：Rome and Han China　［意］*Anna Razeto*　考古学视野下的城市、工艺传统与中外文化交流——刘庆柱先生七十华诞祝寿论文集 53～57

异域魅惑——汉帝国及其北方邻国　杰西卡·罗森　古代墓葬美术研究（第 2 辑）55～71

越南汉墓的分期研究——以越南北部清化省出土考古资料为中心　［日］俵宽司著　谢崇安译　广西博物馆文集（第 6 辑）54～75

补遗

从南越国宫署遗址看海上丝路发展　程浩　艺术家 2012 年 4：400～403

汉唐间疏勒河下游地区环境演变　郑炳林、曹红　敦煌学辑刊 2012 年 3：1～20

试论汉代镇墓习俗中灵魂信仰　王亚军　管子学刊 2012 年 3：106～109

鉴定曹操高陵的各项证据　李凭　史学月刊 2012 年 11：5～13

青海“四灵”文物解析　柳春诚、李朝　青海民族研究 2012 年 4：169～172

一一　三国两晋南北朝

汉末魏晋南北朝时期墓葬中神仙与佛教混合图像　杨莹沁　石窟寺研究（第 3 辑）37～90

安徽马鞍山地区吴墓的文化因素辨析　付龙腾　东南文化 1：41～50

三国时期曹魏墓葬的观察与研究　连锐　四川省文物考古研究院青年考古文集246～312

魏晋人盗用汉代坟墓材料造墓研究　杨爱国　中国国家博物馆馆刊 12：47～60

佛冈民安晋墓与“八王之乱”　邱立诚　岭南考古研究（10）96～101

西安曲江雁南二路西晋墓的发现与初步研究　翟霖林　西安文物考古研究（第 2 辑）139～144

晋代堆塑灰陶谷仓罐浅析　姜俊华　陇右文博 1：31～33

墓葬随葬輂车配件的辨识——以冯素弗墓随葬品为中心　沈睿文　中国文物报 5 月 24 日 6 版

慕容鲜卑早期落脚点“棘城之北”考　林林等　草原文物 2：104～106

再论吐鲁番出土随葬衣物疏中的“蹹麴囊”　常萍　敦煌学辑刊 2：132～138

南北朝墓葬文化的正统争夺　倪润安　考古 12：71～83

南京六朝历史与考古三题　罗宗真　南京博物院集刊（13）77～80

南朝郊祀祭坛制度与尺度初探　段智钧　中国建筑史论汇刊（第 7 辑）66～72

湛江石墓的分布、特色与价值意义　李岚　岭南考古研究（11）75～79

北魏洛阳城乡里结构探讨　刘连香　考古学视野下的城市、工艺传统与中外文化交流——刘庆柱先生七十华诞祝寿论文集 74～95

对于内蒙古自治区文物保护单位“北魏御苑遗址”的新认识　张文平等　中国文物报 12 月 20 日 6 版

北魏平城的水环境研究　孟万忠、王尚义　晋阳学刊 3：17～21

邺南城的宫城形制　郭济桥　殷都学刊 2：34～37

关于西安发现的北周粟特人墓和罽宾人墓之我见　王维坤　碑林集刊（总第 19 辑）161～176

关于统万城周边墓葬的几个问题　邢福来　考古与文物 3：62～66

鹿善墓葬地研究　刘呆运　考古与文物 4：92～94

昙鸾墓址探究　高秀平　中国文物报 6 月 21 日 6 版

北齐范粹墓及同期墓葬中的西域文化　古花开　中原文物 5：26～30

北魏鲜卑丧葬习俗考论　范兆飞　学术月刊 9：129～137

北朝隋唐石墓门的发现与研究　尹夏清　乾陵文化研究（三）154～164

北魏平城时期的葬具　林圣智　古代墓葬美术研究（第 2 辑）191～213

北周萨保的生活空间——以安伽墓所出石榻屏风画为中心　黄楼　陕西历史博物馆馆刊（第 20 辑）

206～215

天水出土屏风石棺床再探讨　李宁民　中原文物3：85～91

北朝隋唐时期墓葬中的龟甲纹装饰试析　王雪迪　碑林集刊（总第19辑）322～330

说“马人”　温玉成　陕西历史博物馆馆刊（第18辑）268～270

北周史君墓“四臂神”研究　杨军凯　西安文物考古研究（第2辑）179～191

北朝镇墓兽造型与鲜卑族汉化的关系解析　谢洪波　贵州民族研究2：145～148

读《北魏虎符跋》札记　马剑斌、彭维斌　中国国家博物馆馆刊5：59～62

北魏奇特的风俗——铸像以卜　金申　收藏8：99～103

从遗迹调查和历史文献的结合上深化高句丽研究　张福有　高句丽与东北民族研究（2009）48～75

走在高句丽历史与考古的边缘　耿铁华　高句丽与东北民族研究（2009）85～98

亲历集安高句丽文物考古工作三十年　孙仁杰　高句丽与东北民族研究（2009）99～110

本溪地区高句丽考古三十年　梁志龙、李新全　高句丽与东北民族研究（2009）111～117

三十年来抚顺地区的高句丽考古发现与相关问题研究　肖景全、郑辰　高句丽与东北民族研究（2009）118～139

追踪探寻高句丽古城和起源研究四十年　王绵厚　高句丽与东北民族研究（2009）76～84

我国东北高句丽山城大遗址群研究　吕海平　沈阳建筑大学学报（社科版）5：11～13

从辽东“梁貊”故城到高句丽早期山城的考古调查与思考　王绵厚　高句丽与东北民族研究（2011）31～38

高句丽城的设施　孙仁杰　高句丽与东北民族研究（2011）39～50

关于高句丽建国初期王都的探讨——以卒本和纥升骨城为中心　梁志龙　高句丽与东北民族研究（2011）70～82

冬寿及其墓葬的考辨　李乐营　高句丽与东北民族研究（2009）140～150

高句丽龟甲莲花墓、美人墓拾零　赵俊杰、马健　北方文物2：22～25

平壤及周边地区高句丽中期壁画墓的演变　赵俊杰、马健　考古4：83～95

集安七星山96号高句丽积石墓时代小议　马健　博物馆研究3：66～69

尼雅95MNIM8随葬弓矢研究——兼论汉代丧葬礼仪对古代尼雅的影响　张弛　新疆文物2：123～128

一二　隋唐五代

隋唐东都城考古所见城门遗址的初步类型学考察　李鑫等　洛阳考古（总第2期）66～78

唐《仓库令》与隋唐仓窖的粮食保存方法　杨清越　中国国家博物馆馆刊12：61～70

试谈河南安阳置度村M8的时代、性质与青瓷伎乐俑的价值　彭晓丹、周伟　文博6：44～48

河南安阳地区隋墓的发现与研究简述　周伟、彭晓丹　中国文物报9月13日6版

试析辽宁朝阳地区隋唐墓葬的文化因素　吴炎亮　文物6：50～56

隋唐舍利瘗埋空间中的世界图像　杨效俊　文博5：52～61

Reconstructing the Residential Wards in Tang Period Chang'an Based on a Theoretical Ward Categorization System　C. K. Heng、Y. Wang　中国建筑史论汇刊（第8辑）473～488

唐乾陵陵园与唐长安城大明宫设计思想初探　刘向阳、邹林　乾陵文化研究（三）35～41

武则天与唐东都洛阳城的建设　张剑　中国古都研究（总第24辑）76～84

唐扬州城布局略论　任广、程召辉　洛阳考古（总第3期）71～74

双室墓葬与唐代政治　齐东方　乾陵文化研究（二）19～37

三峡地区唐宋时期的借室葬研究　吴小平　江汉考古4：99～105

唐陵研究缘起　沈睿文　乾陵文化研究（二）335～355

唐代陵墓建筑地下结构名称考释　程义　乾陵文化研究（七）350～356

唐代帝陵陵园形制的发展与演变　张建林　考古与文物 5：82 ~ 90
昭陵石室初探　张建林　乾陵文化研究（二）38 ~ 41
昭陵陪葬墓石门概述　李浪涛　乾陵文化研究（七）404 ~ 409
唐昭陵牛进达墓石门简析　刘群　乾陵文化研究（七）410 ~ 416
唐顺陵营建过程研究　田有前　考古与文物 4：100 ~ 105
唐乾陵陵园城垣考　穆兴平　文博 6：54 ~ 58
乾陵的陵寝制度似为前、后双室之蠡测　王维坤　乾陵文化研究（二）50 ~ 74
从乾陵的营建看唐代的科技水平　穆兴平　乾陵文化研究（三）42 ~ 56
唐乾陵 6 号陪葬墓封土内出土文物简述　宋少宇、郑勋　乾陵文化研究（六）299 ~ 301
唐代对乾陵的管理和保护　樊英峰　中国文物报 6 月 7 日 18 版
2011 年唐贞顺皇后敬陵被盗文物追索纪要　师小群、呼啸　陕西历史博物馆馆刊（第 19 辑）250 ~ 252
唐代帝陵陪葬墓的分布及其规律　程义　乾陵文化研究（五）80 ~ 95
唐代太子陪葬墓述略　许怡　乾陵文化研究（三）57 ~ 62
唐代公主丧葬礼俗研究　武莹莹　碑林集刊（总第 19 辑）201 ~ 218
山西唐代薛儆墓几个问题的再思考　李雨生　中国国家博物馆馆刊 5：6 ~ 15
唐节度使墓葬谜团重重——北京房山发现唐大型墓葬　李雪　中国文化报 6 月 27 日第 7 版
唐段伯阳墓相关问题探讨　杨维娟　文博 5：46 ~ 51
吴忠西郊唐墓中的未成年人埋葬浅析　郑言午　丝绸之路 18：11 ~ 12
乾陵陪葬墓“狩猎类”文物浅析　侯晓斌　乾陵文化研究（四）502 ~ 513
乾陵陪葬墓出土木俑浅析　赵维娜、景文娟　乾陵文化研究（七）20 ~ 24
洛阳关林唐代鎏金铜龙　高虎　洛阳考古（总第 3 期）92
唐宋墓葬所见“仪鱼”与葬俗传播　崔世平　东南文化 4：81 ~ 86
略谈唐代镇墓石　郭永淇　西安文物考古研究（第 2 辑）259 ~ 265
略谈唐代镇墓石　韩严振　周口文物考古研究Ⅱ96 ~ 103
唐镇墓天王俑与毗沙门信仰推论　沈睿文　乾陵文化研究（五）138 ~ 152
浅析扬州出土唐代器物中的外来因素　陈允兰　江淮文化论丛（第 2 辑）317 ~ 326
再议何家村遗宝的主人、年代和埋藏地点　杭志宏　陕西历史博物馆馆刊（第 19 辑）256 ~ 265
试论唐代执壶、凤首瓶与胡瓶的关系　赵晶　西安文物考古研究（第 2 辑）266 ~ 274
略论唐代狮形香炉造型的宗教含义及其源流——一个印度造型创意的传播　冉万里　文博 4：50 ~ 54
中山营子唐墓出土的铁工具是唐代修车工具吗？　禺斤　中国文物报 9 月 27 日 6 版
法门寺地宫出土的唐开元廿九年石函　水田、法良　乾陵文化研究（五）168 ~ 169
试析五代木雕双人首蛇身神怪俑　徐霄　江淮文化论丛（第 2 辑）343 ~ 347
五代后梁郏璘墓葥　孟庆沄、计忠　中国文物报 2 月 13 日 7 版
“柘枝”从唐到宋之迭嬗——冯晖墓彩绘砖雕花冠舞伎考　贾嫚　文艺研究 8：61 ~ 67
五代吴越王室贵族墓葬形制等级制度探析　陈元甫　东南文化 4：87 ~ 95
敦煌河仓城址考　李岩云　敦煌研究 6：86 ~ 92
塔克拉玛干沙漠考古发现记　张弛　大众考古 1：20 ~ 22
新和县境内唐代遗址群有关问题的探讨　邢春林等　龟兹学研究（第 4 辑）152 ~ 169
唐代龟兹军镇驻防史迹的调查与研究　张平　龟兹学研究（第 5 辑）176 ~ 208
都兰吐蕃三号墓鹿与鹰文化内涵的解读　德吉措　西藏研究 2：82 ~ 87
俄罗斯滨海地区渤海考古研究现状　［俄］亚历山大·伊夫里耶夫著　宁波译　渤海史论集 640 ~ 645

20世纪黑龙江省渤海时期考古的历史与成就　石岩　北方文物2：31～37
渤海早期王城研究中的几个问题　王培新　中国边疆史地研究2：32～39
新安遗址渤海遗存性质新论　梁会丽　东北史地2：22～25
浅谈国内外史学界对渤海墓葬的调查、发掘与研究　郭素美　渤海史论集238～244
渤海“珍陵”问题的再检讨——纪念金毓黻先生逝世50周年　刘晓东　北方文物3：36～42
渤海“珍陵”问题的再探讨——纪念金毓黻先生逝世50周年　刘晓东　渤海史论集63～76
切尔尼雅基诺-5渤海古墓群的古墓类型与出土遗物　［韩］郑焟培、［俄］Yu. G. 尼基京著　李东源译　渤海史论集381～415
渤海渔业考　梁玉多、黄巍　北方文物3：60～63

补遗

近30年来渤海上京城研究综述　王禹浪等　黑龙江民族丛刊2012年6：84～91
新疆吐鲁番阿斯塔那彩绘镇墓兽　高愚民　新疆地方志2012年4：41～42
阿里考古新发现有望填补象雄文明研究空白　张春海、郝欣　中国社会科学报2012年10月17日A1版
王深墓的形制问题探讨　华阳　社科纵横2012年19：125

一三　宋至明清

略论河北宋辽金时期考古　陈钊　黑龙江史志3：8～9
浅谈扬州宋代平山堂城与堡城的连结　王小迎、汪勃　江淮文化论丛（第2辑）37～42
“香积厨”与“茶酒位”——谈宋金元砖雕壁画墓中的礼仪空间　邓菲　存思集——中古中国共同研究班论文萃编377～402
“香积厨”与“茶酒位”——谈宋金元砖雕壁画墓中的礼仪空间　邓菲　艺术史研究（14）465～498
“一堂家庆”的新意象——宋金时期的墓主夫妇像与唐宋墓葬风气之变　李清泉　古代墓葬美术研究（第2辑）319～337
墓饰“妇人启门”含义蠡测　梁白泉　南京博物院集刊（13）69～76
由墓葬装饰品看赵宋王朝北方“民间盛宴”　陈章龙　民俗研究4：143～149
巩义宋陵考察散记　潘晟、鲁鑫　中国人文田野（第5辑）163～171
嵩山之阴的皇朝记忆　刘毅　中华之源与嵩山文明研究（第1辑）257～279
试论江西出土宋代石室墓的形制与意义　费和平、贺云翱　南方文物2：61～66
河南地区北宋时期壁画墓区域特征分析　黄林纳　中原文物6：31～36
试论宋代对死亡士卒的收瘗及管理——以漏泽园为中心　钱俊岭　文物春秋3：21～25
贵州遵义南宋杨粲墓道教因素试析　龚扬民、白彬　四川文物4：53～65
深圳南春花果园出土魂坛初探　伍扬、刘昉　岭南考古研究（9）64～67
四川简阳东溪园艺场遗迹性质与年代探讨　黄晓枫　考古与文物3：80～100
新世纪初年的辽金史研究　景爱　东北史地1：18～28
近十年来东北、内蒙古东部辽金元考古的发现与研究　彭善国、吕曌馨　辽金历史与考古（第3辑）83～91
营口地区辽金时期的文化遗迹　崔艳茹　辽金历史与考古（第3辑）63～69
阜新地区辽金时期考古及研究成果　胡健　辽金历史与考古国际学术研讨会论文集（上）25～30
北京海淀区辽金元时期考古发现与研究　张利芳　文物春秋6：31～35
大连地区辽代考古发现与研究　张翠敏　辽金历史与考古（第3辑）53～62
辽代燕京地区的手工业　章永俊　北京文博文丛1：78～84
辽代“北老河”古道考　李鹏　北方文物1：90～94

辽祖陵黑龙门遗址初探 董新林 辽金历史与考古国际学术研讨会论文集（上）1～3
辽代祖陵黑龙门所见“五瓣蝉翅” 王子奇 中国文物报11月22日6版
关于辽代皇陵的几点认识 刘毅 中国国家博物馆馆刊3：37～53
吐尔基山辽墓概况 塔拉、张亚强 草原华章——契丹文物精华展5～8
辽代辽沈地区的绘雕艺术、丧葬习俗及其特色——以考古资料为中心 张国庆、王金荣 东北史地1：46～51
宝山辽墓三题 巫鸿 古代墓葬美术研究（第2辑）303～317
宝山辽墓——契丹墓葬艺术中的“国俗”与身份建构 李清泉 艺术史研究（14）399～464
辽祖州石室新考 刘喜民 北方文物1：84～89
旅顺博物馆馆藏辽代面罩的分类与研究 刘立丽 辽宁师范大学学报（社科版）1：149～152
探秘瓜州锁阳城 赵建龙 大众考古3：83～86
宁夏省鬼城遗址的前世今生——西夏古城今安在 吕春华 大众考古6：87～89
西夏陵陵园形制布局研究 孟凡人 故宫学刊（总第8辑）55～95
西夏陵陵园形制布局溯源及陵园形制寓意探析 孟凡人 交流与互动——民族考古与文物研究60～78
玉泉营西夏墓群初探 哈彦成 文物世界3：24～26
西夏木缘塔考补 刘茂德 丝绸之路14：23～25
从黑水城出土文物谈西夏时期黑水城人文社会 裴海霞 丝绸之路12：16～19
金代女真社会生活述论 刘丽萍 白山·黑水·海东青——纪念金中都建都860周年特展72～78
大连地区金代考古发现与相关问题研究 张翠敏 辽金历史与考古国际学术研讨会论文集（上）31～42
金中都考古学研究 刘庆柱 白山·黑水·海东青——纪念金中都建都860周年特展33～42
金中都再认识 王世仁 北京文博文丛2：93～103
沈阳城市考古之金代遗存 赵晓刚 辽金历史与考古（第3辑）45～52
集宁路城址布局的考古学探索 赵立波 河北师范大学学报1：54～59
论元上都遗址的突出普遍价值 安泳锝、陈永志 元上都论3～9
揭开游牧文明的废墟——元上都遗址的考古发掘 陈永志 元上都论165～170
蒙元时期汪古部投下城邑探考 张文平 草原文物2：114～124
陕西地区蒙元墓葬的发现与研究 李举纲、杨洁 陕西历史博物馆馆刊（第18辑）44～51
略论“洛—渭”流域蒙元墓葬的区域与时代特征 袁泉 华夏考古3：105～114
沽源梳妆楼蒙元贵族墓葬墓主考略 黄可佳 草原文物1：72～77
物与像：元墓壁面装饰与随葬品共同营造的墓室空间 袁泉 故宫博物院院刊2：54～71
蒙元壁画墓的时代特征初探——兼论登封王上等壁画墓的年代 董新林 美术研究4：77～80
洛渭地区蒙元墓随葬明器之政治与文化考 袁泉 中国国家博物馆馆刊10：61～78
高安元代窖藏之再研究——窖藏埋藏年代及其主人身份考 刘金成、刘璟邦 南方文物4：101～118
元中都遗址出土阿拉伯幻方之研究 佟健华 中国国家博物馆馆刊3：76～83
明清北京城礼制建筑研究 姜波 考古学视野下的城市、工艺传统与中外文化交流——刘庆柱先生七十华诞祝寿论文集96～120
桂林石堡寨文化研究 贺战武 广西考古文集（第5辑）357～375
明清两代陵墓的石供桌 姚进庄著 徐胭胭校 古代墓葬美术研究（第2辑）359～375
明清时期水族墓葬文化研究 宋先世 交流与互动——民族考古与文物研究79～88
明清时期通州城垣修建考 李伟敏 北京文博文丛4：89～93
道在便溺——明代播州土司王宫遗址的厕所考古 李飞 大众考古1：54～56

明代开原、中固及新添堡城址调查与研究　刘明等　文物春秋6：48～53

王尚学墓的发现及其意义　陈坚　岭南考古研究（10）138～141

南阳地区明代墓葬考古记——追寻大明的足迹　燕睿　大众考古4：86～89

柳州鹿寨、融安两处土巡检司墓的调查与研究　陈坚、叶亮　岭南考古研究（10）142～148

云南镇雄明代石室墓与“改土归流”的关系　成忠义　岭南考古研究（12）63～68

圆寂之“道”——重庆真武宫发现明代纪年僧侣墓纪实　黄伟　大众考古1：76～79

非书画吴扇的源起及性别建构——基于明代墓葬出土非书画折扇的分析　刘芝华　艺术史研究（14）499～524

祛灾雅制，却暑芳姿——从一件明代墓葬出土的剪纸折扇说起　周利宁　大众考古2：78～81

试论明代晚期董裕墓葬建筑文化与艺术价值　刘芹、陈小浪　宁夏大学学报（人文社科版）1：68～71

“小白礁Ⅰ号沉船”水下考古探析　涂师平　浙东文化论丛（2012年第1、2合辑）103～108

清代王爷园寝琉璃构件铭文之观察　周莎　中国文物报1月25日6版

河北易县岭东村果恭郡王弘瞻园寝宝顶主人考　丁利娜　文物春秋2：37～42

论清代下嫁外藩公主丧葬　武亚芹　内蒙古民族大学学报（社科版）5：5～7

清朝固伦雍穆长公主墓内“以谷随葬”之性质考　韩佺　农业考古6：278～280

康熙女固伦荣宪公主与蒙古驸马及其墓葬文物　安英　文物天地6：72～78

杨廷理及家族墓葬与清明中后期刘氏家族墓葬形制调查及研究　程州　岭南考古研究（9）124～137

补遗

塔子城古城和辽代大安七年刻石　张涛　黑龙江史志2012年21：35～36

蒙元时期的成吉思汗祭祀地　奇·斯钦　内蒙古社会科学2012年6：69～75

从蒙元汗廷金帐看元上都的性质和地位　那顺乌力吉　广播电视大学学报（哲社版）2012年4：84～88

清永陵的坐龙文化考证　赵维和、王建中　满族研究2011年4：27～31

一四　其他

新疆史前考古所出角觿考　王鹏辉　文物1：77～83

试析四川出土汉代陶灯盏　魏崴　博物馆学刊（第3辑）90～94

汉代灯具研究综述　麻赛萍　文化遗产研究集刊（第6辑）260～270

东汉墓葬中的灯具——兼论与道教灯仪的可能关联　林圣智　艺术史研究（14）265～298

古镫新考　田立坤　文物11：50～62

錣策、钉齿镳与镝衔——公元前二千纪至前三世纪中西方御马器比较研究　井中伟　考古学报3：297～324

洛川县博物馆收藏的历代陶灶赏析　刘忠民　陕西历史博物馆馆刊（第18辑）291～293

泥土塑造的童年——古代陶瓷儿童玩具　朱海彬　收藏9：70～75

谈陶瓷熨斗与虎子　杨静荣　文物天地5：104～105

论我国境内出土的下颌托　吴小平　考古8：97～104

角帽考——考古发现与明清小说的比较研究　李零　秦始皇帝陵博物院（总1辑）213～228

旅顺博物馆藏新疆干尸概述　吕媛媛　旅顺博物馆学苑（2012）109～112

广西出土古尸研究　彭书琳　广西博物馆文集（第8辑）119～122

浅析重首现象与人头崇拜现象的区别　韦姗杉　四川文物3：39～45

中国龙　唐小惠、唐世钦　中国汉画学会第十四届年会论文集423～428

浅析早期龙纹的流变及“龙文化圈”的初步形成　刘莉等　文博4：36～39

中国古代的龟崇拜——以“龟负”的神话、图像与雕像为视角 徐峰 中原文物 3：43～50
秦鹿小考 吕劲松、杨琦 文博 6：63～68
“剺面截耳与椎心割鼻”图解读 张庆捷 乾陵文化研究（四）85～92

叁 考古学专论

2012 年甲骨文、金文、古文字学研究概述 宋华强 简帛（第 8 辑）477～504
2012 年战国出土文献研究概述 何有祖 简帛（第 8 辑）505～513

一 甲骨文

评“三论武乙、文丁卜辞” 林沄 出土材料与新视野——第四届国际汉学会议论文集 1～26
历组卜辞具体认定现状研究 萧晟洁 语言研究 3：97～100
无名组卜辞的发现与著录 刘义峰 甲骨文与殷商史新三辑 400～409
上𩛥廿祀卜辞与帝辛廿祀祀谱——甲骨复原法的应用与改进 王恩田 殷都学刊 2：1～8
谈甲骨重片与甲骨著录的一些问题 林宏明 甲骨文与殷商史新三辑 385～399
甲骨钻凿形态研究 周忠兵 考古学报 2：147～184
试述牛胛骨形态在甲骨研究中的具体应用 刘影 甲骨文与殷商史新三辑 418～424
从甲骨卜法看数字卦例 王化平 殷都学刊 1：21～24
读《笏之考文手稿》 赵鹏 甲骨文与殷商史新三辑 283～316
新发现罗振玉早期甲骨文研究札记二种 王若、宝卫 甲骨文与殷商史新三辑341～362
《新编甲骨文字形总表》中的异体字整理与研究 陈婷珠、李新城 华夏考古 2：119～129
“看得见的华夏历史文化”系列之五——从「卜夕」甲骨浅谈商代甲骨文 苏启明 历史文物 5：68～72
骨刻文是甲骨文的主要源头 刘凤君 文史哲 5：66～71
骨刻文字型分类及其与甲骨文传承关系研究 刘凤君 南京博物院集刊（13）24～27
甲骨金文释证三则 王进锋 中华文化论坛 3：62～66
论殷墟花园庄东地 H3 的记事刻辞 刘一曼、曹定云 甲骨文与殷商史新三辑257～277
谈新公布的牛距骨刻辞 刘钊 中国国家博物馆馆刊 7：38～47
商汤时的祖先崇拜与社神崇拜 常玉芝 甲骨文与殷商史新三辑 82～92
“神不歆非类，民不祀非族”漫议 林小安 甲骨文与殷商史新三辑 136～141
殷墟卜辞中的“东母”“西母”与“东王公”“西王母”神话传说之研究 常耀华 中国国家博物馆馆刊 9：47～53
论殷高宗“𪏽祀”及相关问题 葛英会、闫志 中国国家博物馆馆刊 4：36～41
论武丁的三配与三子 蔡哲茂 金玉交辉——商周考古、艺术与文化论文集41～67
“备子之责”与“唐取妇好” 陈剑 出土材料与新视野——第四届国际汉学会议论文集169～188
试析甲骨记事刻辞中的“妇某来” 苗利娟 史学月刊 10：21～25
小臣墙刻辞与小臣墙身份 王进锋 中国国家博物馆馆刊 9：54～61
殷商甲骨卜辞中所见巫史系统及其叙事结构 郑晓峰 文艺评论 4：4～9
《春秋》《左传》与甲骨卜辞对读数例——兼谈春秋诸侯史官承袭殷人史官笔法问题 刘源 甲骨文与殷商史新三辑 142～157
甲骨文字反映的自然地理景观 张兴兆 甲骨文与殷商史新三辑 102～116
甲骨金文中所见的殷商建筑称名 宋镇豪 甲骨文与殷商史新三辑 5～34
关于王都以外商王的常居地 韦心滢 甲骨文与殷商史新三辑 117～126
卜辞中所见“𡿺美方”考 孙亚冰 甲骨文与殷商史新三辑 93～101
卜辞所记“𬽡”地新探 郑杰祥 中国国家博物馆馆刊 1：61～66

释读两片征盂方卜辞　李学勤　甲骨文与殷商史新三辑 1～4
甲骨文"震"及相关研究　冯时　甲骨文与殷商史新三辑 35～51
甲骨文四方风名再探　蔡哲茂　甲骨文与殷商史新三辑 166～188
浅析甲骨文中种子类词语　郑春兰　语言研究 2：85～88
从丰豊同形谈商代的新酒与陈酿　李宗焜　出土材料与新视野——第四届国际汉学会议论文集 189～212
甲骨文从"苣"之字及其相关意义之探讨　季旭升　出土材料与新视野——第四届国际汉学会议论文集 137～168
殷墟甲骨"告"类刻辞考论　梅军　中山大学学报（社会科学版）1：83～88
殷商甲骨文"册""典"系字与图书　刘书芬　华南师范大学学报（社科版）3：128～133
殷墟"易卦"卜甲与《周易》关系考论　张金平　殷都学刊 4：10～14
周公庙"肜祭"卜辞及其天象与年代　武家璧　殷都学刊 2：17～23
试论出土和传世文献传递的西周年代　张培瑜　周原（第 1 辑）3～25
周原地域甲骨文与金文记研　杜廼松　周原（第 1 辑）26～30
周原甲骨"二王"同猎与"文王囚羑里"——兼论周原卜辞族属　曹定云　甲骨文与殷商史新三辑127～135
周原庙祭甲骨与"文王受命"公案　李桂民　历史研究 2：14～28
再论周原任家村腹甲卜辞　李学勤　周原（第 1 辑）1～2
记杭州藏友收藏的甲骨文　曹锦炎　甲骨文与殷商史新三辑 278～282
金璋甲骨的收藏始末　郅晓娜　甲骨文与殷商史新三辑 363～384
清华藏战时安阳所出的一坑甲骨述要　任会斌　甲骨文与殷商史新三辑 410～417
中坝甲骨——早期盐业遗址中的占卜证据　傅罗文著　曲彤丽译　中国盐业考古（第 3 辑）294～337
《中国社会科学院历史研究所藏甲骨集》缀合三则　李爱辉　甲骨文与殷商史新三辑425～427
《甲编》新缀五例与《甲编》之误缀　陈逸文　故宫学术季刊 30 卷 4：245～289
龟腹甲左前甲新缀六例　李延彦　甲骨文与殷商史新三辑 428～432
龟腹甲新拼合六例　李延彦　故宫博物院院刊 3：80～85
出组卜王卜辞缀合八例　王红　故宫博物院院刊 3：86～92
读一版新见出组田猎卜辞　刘源　殷都学刊 1：13～16
出组祭祀卜辞新缀六则　何会　殷都学刊 1：17～20
殷墟卜骨新缀五则　李延彦　汉字文化 1：58～59
出组龟腹甲新缀五组　刘影　殷都学刊 3：17～19
释安阳邓鸿诸家藏大龟一版　杨杨　甲骨文与殷商史新三辑 317～328
甲骨文戎字研究述评　姚磊　宁夏大学学报（人文社科版）2：14～18
由甲骨文的"隹"部文字看殷商的图腾崇拜　潘启聪　殷都学刊 2：9～16
甲骨文所见的动物之"麇"　单育辰　出土文献（第 4 辑）108～114
甲骨文"鸟"字释读辨析——兼释《尚书·尧典》的"星鸟"等语　张富祥　殷都学刊 1：1～12
读殷墟卜辞札记四则　刘桓　甲骨文与殷商史新三辑 189～196
黄组卜辞中的"舎巫九备"试论　朱凤瀚　甲骨文与殷商史新三辑 158～165
《殷墟花园庄东地甲骨》中新见的"羔"字　莫伯峰　甲骨文与殷商史新三辑227～230
试论殷墟卜辞之"周"为金文中的妘姓之琱　董珊　中国国家博物馆馆刊 7：48～63
殷墟卜辞"築"字考释　时兵　安徽大学学报（哲社版）1：68～72
释甲骨文中的"叔"字　谢明文　出土文献研究（第 12 辑）1～9
甲骨文"枢"字考　韩江苏　殷都学刊 4：7～9

释“丁”　郑慧生　甲骨文与殷商史新三辑 222～226

甲骨文“[illegible]”、“[illegible]”、“[illegible]”字考　郭静云　甲骨文与殷商史新三辑197～221

古文字考释三则：释狐、释蒦、释饮/歓酓　谭步云　中山大学学报（社会科学版）6：63～68

甲骨文研究二题——说[illegible]与[illegible]（助）　张惟捷　殷都学刊 3：1～12

甲骨文所谓的“内”当释作“丙”　王子扬　甲骨文与殷商史新三辑 231～237

据新出楚简谈谈甲骨卜辞中的“梏”、“圉”等字　张新俊　楚简楚文化与先秦历史文化国际学术研讨会论文集 501～510

甲骨文“戠”代表的颜色词义　金洋　语文学刊 1A：42

从甲骨文“㠯”、“以”字形看考古资料中的耜器——兼论甲骨文中“㠯”、“以”字的几种用法　王晖　陕西历史博物馆馆刊（第 18 辑）1～17

再论甲骨文“巴”字是“妇女怀孕”之状——兼答谷斌、刘雁二同志之“商榷”　曹定云　殷都学刊 4：1～6

释甲骨金文中的“将”——兼说古文字“将”之流变　王子杨　出土文献（第 4 辑）115～120

甲骨金文凵、[illegible]、[illegible]为“双音词组文字”说　王晖　殷都学刊 2：70～73

论“惟殷先人，有册有典”及相关问题——兼释《英藏》1616 中另类“典”字　曹定云　考古 9：68～75

中国古代文字考　［美］方法敛著　任平生译　甲骨文与殷商史新三辑 238～256

殷墟甲骨文形声字所占比重的再统计——兼论甲骨文“无声符字”与“有声符字”的权重　黄天树　出土材料与新视野——第四届国际汉学会议论文集 27～136

论“疋戈为武”的形成和会意　芦金峰　殷都学刊 4：15～25

甲骨文叠体字构形分析　杨军会　宁夏大学学报（人文社科版）5：11～13

甲骨文时间表达式“A 向 B”研究　郭仕超、喻遂生　古汉语研究 2：24～29

甲骨文“暨”连词用法说　喻遂生　古汉语研究 4：64～68

殷墟甲骨文中所见的“名动相因”现象　黄天树　首都师范大学学报（社科版）3：84～92

文例对纠正卜辞误读的重要作用　刘影　首都师范大学学报（社科版）3：102～105

补遗

说卜辞中的“舞”　徐山　艺术百家 2011 年 1：176～177

甲骨文刑具类器物字所反映的刑罚制度　邹渊　黑龙江史志 2012 年 19：11～13

二　青铜器与铭文研究

综述

认识青铜器的方法浅释　杨苗蒲、刘慧潜　周口文物考古研究Ⅱ321～326

金文“标准器断代法”考论　陈荣军　殷都学刊 1：25～30

《殷周金文集成（修订增补本）》存在的几个问题　刘传宾　华夏考古 2：115～118

历史人类学视域下的青铜礼乐器社会教化功能述论　邹芙都　西南大学学报（社科版）5：135～143

国王、诸侯与他们的青铜器——从中原青铜文明谈起　高西省　上海文博论丛 4：43～54

再谈青铜器与山西古代史的关系　李学勤　山西大学学报（哲社版）4：67～71

东胡人的青铜文明　安英、安丽　文物天地 1：86～92

我国青铜器发展地域特征比较研究初探——以中原青铜文化、鄂尔多斯青铜文化、巴蜀青铜文化为例　王龙、刘建忠　语文学刊 9B：72～74

松嫩平原商周至西汉时期青铜器的发现与初步研究　李陈奇　北方文物 3：12～25

论中国古代鼎的起源与发展　蔡全法　中华之源与嵩山文明研究（第 1 辑）79～100

青铜提梁壶与卣之界定　裴书研　考古与文物 6：44～47

青铜器狞厉之美——以甘肃省博物馆馆藏青铜器为例　曹宇　丝绸之路 22：16～18

两周秦汉时期的圆形扣饰及其纹样　邓凌虹　装饰 7：125～126

中国古代漆绘青铜器研究　贾国宁、李军平　岭南考古研究（11）15～26

商周家族墓地所见族徽文字与族氏关系　雒有仓　考古 8：58～70

商周铜器族徽中所见家族职事研究　卢中阳　殷都学刊 1：31～37

金文所见商周时期的臣辰史官世家　王进锋　考古 11：62～71

新见两通王献唐书札述略　唐友波　传统中国研究集刊（第 11 辑）1～4

补遗

殷周青铜纹饰中的“夔纹”及其含义　曹峻　中国社会科学报 2012 年 11 月 28 日 A5 版

辽西区早期铜器及相关问题探讨　曾祥江、毕德广　黑龙江史志 2012 年 23：21～25

夏及殷商

河南夏代青铜器综论　张锴生　红叶集 98～111

夏商交替期的青铜器生产与商文化的形成　［日］宫本一夫　金玉交辉——商周考古、艺术与文化论文集 163～189

庄重与灵动的和谐——谈商周青铜器的造型特征　朱凤瀚　收藏 2：64～73

商代的酒器与青铜礼器　［日］内田纯子　金玉交辉——商周考古、艺术与文化论文集69～91

发掘初期“安阳”文物的国际性移动——以罗振玉赠日本汤岛圣堂的礼物为例　陈芳妹　金玉交辉——商周考古、艺术与文化论文集 117～161

由殷墟出土北方式青铜器看商人与北方族群的联系　朱凤瀚　考古学报 1：1～28

A Preliminary Enquiry into the Scale of Bronze Production at Anyang［加］Roderick B. Campbell　考古学视野下的城市、工艺传统与中外文化交流——刘庆柱先生七十华诞祝寿论文集160～172

山西地区所见商代青铜礼器浅析　穆洁　中国国家博物馆馆刊 7：24～36

灵石旌介商墓铜器研究　严志斌　金玉交辉——商周考古、艺术与文化论文集93～115

“大禾方鼎”寻钥——兼论殷商巫觋的身份　郭静云　楚简楚文化与先秦历史文化国际学术研讨会论文集 781～819

关于郑州商城窖藏大铜方鼎相关问题的思考　陈旭　红叶集 12～22

司母戊鼎：还有多少待解之谜？　李维明　中国文物报 9 月 27 日 5 版

对一件动物纹青铜鼎的辨伪　何媛媛　收藏 11：137～139

河北正定新城铺出土商周青铜鼎　岳改荣　中国文物报 2 月 13 日 8 版

故宫博物院所藏商周青铜簋的分期断代　李米佳　故宫博物院院刊 4：106～116

A Technical Study of the Double－ram Zun Ancient Chinese Bronze Vessel in the British Museum　Quanyu Wang、Sascha Priewe　金玉交辉——商周考古、艺术与文化论文集257～283

商周时期的鸟兽形铜尊——从妇好鸮尊谈起　李琴　故宫文物月刊 1：112～119

山丹出土商代青铜人像及相关问题　李永平、卢冬　陇右文博 2：23～29

龙耳尊动物造型猜想——海马与龙　青耶　大众考古 4：51～53

商周青铜鸟兽尊赏析　李宝军　收藏家 12：59～64

谈首都博物馆收藏的一件青铜罍的真伪　刘云、李健　收藏家 4：57～62

铜曲刃戈形器造型来源及年代试析　代丽鹃　中国国家博物馆馆刊 7：13～23

伊犁河谷铜鍑研究　李溯源等　文物 6：82～91

商代青铜器饕餮纹饰浅析　崔卫华、刘香勤　周口文物考古研究Ⅱ36～39

商代青铜器纹饰“一首双身”造型母题的来源与演变　姜永帅　南京艺术学院学报（美术与设计版）3：38～43

从商、西周时期动物纹饰中所见的六种野生动物　［日］林巳奈夫著　陈起译　王小庆校　南方文物 3：166～171

宋至清末商代金文的著录与研究概述　苗利娟　中国史研究动态 2：5～12

20 世纪初至今商代铜器铭文的著录与研究概述　苗利娟　中国史研究动态 3：21～33

殷周金文“献纳”义动词释论　武振玉、周晓凤　深圳大学学报（人文社科版）1：141～147

商周青铜器自名新解——以匜、盉为例　王帅　中原文物 4：75～77

日本白鹤美术馆藏小子逢卣铭文时代考　邓飞　文献 5：47～55

《戍铃方彝》的摹本问题及补释　毕秀洁　中国国家博物馆馆刊 1：67～70

湖南宁乡出土商代大型铜瓿　张筱林、李乔生　文物 3：74～76

郑州博物馆藏商周有铭铜器　汤威、陈尽忠　文物 11：73～75

粗犷古朴的商代青铜鼎　张慧　浙江文物 1：28

沧州市博物馆馆藏铜器选介　刘金霞　文物春秋 4：77～78

补遗

商代青铜器上的兽面纹饰及其精神内涵　孙微言　中国海洋大学学报（社科版）2011 年增 1：84～86

“亚若癸”组铭文补释　毕秀洁　宁夏大学学报（人文社科版）2012 年 6：7～12

西周

皖南沿长江地区周代铜器研究　张爱冰　考古学报 4：469～500

西周青铜礼器演变与宗教政治观之变革　陈春会　西北大学学报（哲社版）6：16～20

西周春秋的用鼎制度研究　邵蓓　中国社会科学院历史研究所学刊（第 8 集）29～64

周公“制礼作乐”与西周青铜文化的转型　曹芳、张懋镕　求索 6：64～66

周原铜器族属浅议　张懋镕　周原（第 1 辑）68～69

周原金文周史新证——从《殷周金文集成释文》著录周原出土青铜器看其特点　张恩贤　周原（第 1 辑）70～77

周原遗址青铜器窖藏性质的再认识　马赛　周原（第 1 辑）78～89

Miniature Bronzes from Western Zhou Tombs at Baoji in Shaanxi Province　Jessica Rawson　金玉交辉——商周考古、艺术与文化论文集 357～398

湖北西周青铜礼乐器分群研究　傅玥　江汉考古 2：73～85

邓国铜器综考　徐少华　考古 5：62～75

流散海内外的应国铜器　聂凡、王安坤　收藏 8：88～93

从莒地出土两周十四国金文看莒文化的交流与影响　孙敬明　山东师范大学学报（人文社科版）2：122～129

有“鄀”铜器与鄀国历史新论　胡刚　文物 4：81～85

试论匜形斗的命名、年代与功能　王庆光　农业考古 6：165～170

石鼓山西周墓葬出土铜器初探　辛怡华等　文物 4：59～62

宝鸡石鼓山惊现西周铜禁　刘军社　收藏 10：119～121

西周铜禁与姜戎人　刘军社　中国文物报 7 月 19 日 6 版

鉴古——端方旧藏柉禁的称谓及图像纪录方式　孔令伟　历史与现实——文化遗产保护及发展国际学术会议论文集 81～93

商周考古中的禁类器物　牛长立　中国社会科学报 1 月 16 日 A5 版

从宝鸡新出亚共尊看西周特殊的具鋬铜器　任雪莉　文物世界 2：11～15

宅兹中国——何尊新说　董珊　故宫文物月刊 9：60～73

鹿邑“长子口”墓的青铜工艺　刘昱午　寻根 4：56～58

浅析“漂伯”卣暨筒形提梁卣　何保军、王倩倩　殷都学刊 1：40～44

试说叶家山 M65 青铜器　李学勤　楚简楚文化与先秦历史文化国际学术研讨会论文集1～2

论随州叶家山西周墓地曾国青铜器的生产背景　张昌平　文物 7：45～50

静方鼎的年代及相关历史问题　沈长云　中国国家博物馆馆刊7：64～70

虎簋断代与淅川楚墓中的复古现象　周亚　楚简楚文化与先秦历史文化国际学术研讨会论文集55～63

简论作册吴盉及相关铜器的年代　韩巍　中国国家博物馆馆刊7：71～80

略论颂簋的年代及相关问题　杨鑫、李栋　文物世界1：19～21

询簋新探　王治国　华夏考古1：89～95

琱生簋与厉王事件　程一凡　湖南大学学报（社科版）4：13～20

青铜器装饰纹样：窃曲纹的构成及形式美研究　祝瑜　电影评介3：82～84

西周金文里的“孝”及与东周孝观念之异　江瑜　文化遗产研究集刊（第6辑）309～321

周代策命的礼仪背景及文体特点　董芬芬　南京师大学报（社科版）1：120～127

论陕西金文中的诗乐批评思想　曲艳秋　甘肃联合大学学报（社科版）4：52～55

西周时期的“南国”、“南土”范围刍议　赵燕姣　南方文物4：52～56

西周金文中的“秦夷”问题　史党社　秦始皇帝陵博物院（总2辑）239～267

从铜器铭文析古邓国的婚姻与文化　徐少华　出土材料与新视野——第四届国际汉学会议论文集245～270

倗、霸及其联姻的国族初探　谢尧亭　金玉交辉——商周考古、艺术与文化论文集285～305

西周青铜器铭文丛论　连劭名　陕西历史博物馆馆刊（第18辑）18～27

金文“某人”考　李春利　考古与文物6：92～95

周文王四友的事迹考述　杨亚长　文博6：59～62

周初铜器铭文“王在阑𠂤”与“王祀于天室”新探　郑杰祥　中华之源与嵩山文明研究（第1辑）171～176

西周早期的召公家族世系——以青铜器铭文为中心的考察　李宝军　洛阳考古（总第3期）64～70

石鼓山三号墓器铭选释　李学勤　文物4：56～58

宝鸡戴家湾出土的用征器及相关问题　刘树满　文物春秋1：3～5

我方鼎铭文与西周丧奠礼　冯时　考古学报2：185～212

内史亳觚与西周王号生称　涂白奎　考古与文物3：101～102

荆子鼎与成王岐阳之盟　黄锦前　中国国家博物馆馆刊9：62～70

随州叶家山新出“[illegible]子鼎”铭文简释　凡国栋　楚简楚文化与先秦历史文化国际学术研讨会论文集12～16

燕侯旨鼎铭文与周代的朝见礼　连劭名　文物春秋2：3～5

柞伯簋铭文射礼简析　张惠祥等　体育文化导刊5：116～118

关于《论令彝铭文的年代与人物纠葛》一文的补正　贾洪波　中国史研究1：30

再论麦方尊与宾射礼　袁俊杰　中原文物4：59～70

匍盉铭文再考　张亮　中原文物4：71～74

匍盉铭文研究　黄益飞　考古2：66～75

考霸伯盂铭文释西周宾礼　张亮　求索2：81～83

翼城大河口霸伯簋试解　王保成　中原文物2：44～47

新见金文与穆王铜器断代　张懋镕　文博2：19～26

读金短札：伯雍父是殷人还是周人　刘源　出土文献（第4辑）130～135

史墙盘铭文所见西周政治史　冯时　出土材料与新视野——第四届国际汉学会议论文集213～244

论墙盘铭文中的微氏家族　高明　考古3：54～61

西周史墙盘铭新释　陈斯鹏　中山大学学报（社会科学版）6：69～72

铭文中的司士与讯讼无关——从曶鼎铭文的补字谈起　王晶　考古与文物6：96～99

“楚季”其人与“楚季钟”的年代　武家璧　楚学论丛（第2辑）351～365

吴虎鼎铭文反映的土地制度　贾海生　农业考古 4：180～184
浅谈虢季氏家族青铜器兼论西周晚期卿权　田率　四川文物 2：56～59
鬲攸比鼎文集释及西周时期土地侵占案件审理程序初探　王晶　农业考古 1：48～52
西周铭文法律词语“許”与“许”训释　王晶　汉字文化 3：66～67
西周金文“宕”字释义重探　沈培　出土材料与新视野——第四届国际汉学会议论文集381～418
出土文献中“迁”字的使用习惯与何尊“迁宅”补说　李守奎　出土文献（第 4 辑）121～129
金文校读三则　白于蓝　楚简楚文化与先秦历史文化国际学术研讨会论文集707～714
金文校读三则　白于蓝　考古与文物 6：100～104
说交鼎铭文中所谓的“即”字　谢明文　文史 4：265～266
金文中的“征”与“伐”　商艳涛　殷都学刊 2：94～97
河南周口出土两周铜器初识　李全立　周口文物考古研究Ⅱ32～35
青铜重器伯矩簋的世纪面世　刘幼铮　文物天地 12：98～99
湖北随州新出西周曾国青铜器鉴赏（上）、（下）　院文清、院琨　收藏家 3：3～10、4：13～20
祸福跌宕的宝盘　田率　大众考古 2：88～89
河南商丘出土西周铜簋　刘昭允　文物 11：76～77
环带纹鼎与蟠龙纹壶　王长启　收藏 3：104～105
君子蛮音——銮铃在周文化中的意义与转化　吴晓筠　金玉交辉——商周考古、艺术与文化论文集399～433

补遗

齐国青铜艺术新探　张越　东岳论丛 2012 年 10：76～83
《国史金石志稿》所录西周克钟铭文校释　杨现昌　语文学刊 2012 年 8B：24～25
金文词汇同义连用现象探究　王秀丽　宁夏大学学报（人文社科版）2012 年 6：1～6
周代训诰铭文的发生及其文体特征　陈彦辉　文艺评论 2012 年 12：4～8

东周

江汉淮间春秋青铜器研究　刘彬徽　楚简楚文化与先秦历史文化国际学术研讨会论文集685～706
东周时期巴蜀青铜器使用礼制研究　袁艳玲　江汉考古 3：105～112
汉代以前角形器的考古研究——兼论柳州博物馆藏云雷纹青铜角形器　陈洪波　广西博物馆文集（第 8 辑）84～93
浅论青铜敦与簋、鼎的关系　谷朝旭　陕西历史博物馆馆刊（第 20 辑）59～64
秦公诸器的研究琐谈　张翀　炎黄文化研究（第 16 辑）109～113
秦子、秦公编钟初论　高西省　金玉交辉——商周考古、艺术与文化论文集435～466
秦公簋及“十又二公”考　雍际春　社会科学战线 6：114～121
秦公大墓铜饰片　马建营　中国文物报 6 月 5 日 8 版
青铜车形器　疑义相与析　祝中熹　陇右文博 1：36～44
“西祠器”铭铜豆考释　马建营　陇右文博 2：43～45
“楚屈子赤角簠”新研　李世佳　楚简楚文化与先秦历史文化国际学术研讨会论文集70～78
荆楚光华：青铜器　张闻捷　大众考古 2：73～77
对一件战国燕式铜豆器表装饰工艺的再探讨　李健、刘云　文物春秋 1：12～20
京叔盨与京叔铜器　梁彦民　陕西历史博物馆馆刊（第 19 辑）253～255
枣庄峄城宋公鼎与䣄公鼎　王恩田　管子学刊 1：101～102
“看得见的华夏历史文化”系列之六——蟠龙方壶与东周之变　苏启明　历史文物 6：52～57
“改善鼎”的年代、国别、地理及相关问题　袁广阔等　首都师范大学学报（社科版）4：32～40
生动流畅　诡秘神奇——淮阴高庄战国墓刻纹铜箅形器鉴赏　王厚宇、刘振永　收藏家 9：53～56
淮阴高庄战国墓青铜器群制作工艺研究　田建花　华夏考古 1：96～100

解读牛虎铜案　张金芬　中国文物报4月10日4版
南京博物院藏战国透空蟠龙纹青铜器　万俐　东南文化6：72～76
金文“玄镠”新探　易德生　江汉论坛9：121～124
春秋金文反书研究　杨秀恩　殷都学刊2：74～78
春秋金文的异体字与构件差异　郭利芳　名作欣赏32：32～33
春秋金文构件统计及构字能力分析　郭利芳　黑龙江教育学院学报4：133～134
战国工官题铭与文字装饰　吴晓懿　文化遗产3：142～147
战国兵器铭文人名考释七则　汤志彪　考古与文物1：109～112
春秋宗妇鼎与列、郮二国　王进锋　考古与文物4：64～68
春秋宗妇鼎铭文别解　王进锋　中原文物5：31～37
晋公戈铭文历朔研究　叶正渤　殷都学刊1：38～39
随州新出随大司马[illegible]有戈小议　黄锦前　江汉考古1：80～83
随大司马[illegible]有之行戈“[illegible]”字考辨　罗运环　江汉考古1：127～130
秦铜器铭文补释三则　王伟　出土文献（第4辑）143～148
秦公簋作年考　倪晋波　秦俑博物馆开馆三十周年秦俑学第七届年会国际学术研讨会论文集269～274
二十九年弩机考　吴镇烽、朱艳玲　考古与文物1：25～27
战国兵器铭文的重要史料价值：以秦、三晋为中心　苏辉　史学史研究3：93～102
齐城左戈铭补考　张俊成　文物春秋1：21～24
鲍子鼎铭文别解——兼谈郜公典盘铭文的“及”字　涂白奎　中国国家博物馆馆刊9：71～74
关于以色列耶路撒冷国家博物馆所藏楚大师编镈　朱凤瀚　楚简楚文化与先秦历史文化国际学术研讨会论文集45～54
河南淅川所出镇墓兽铭文中之人名称谓新考　张丹　楚简楚文化与先秦历史文化国际学术研讨会论文集674～678
试析淅川徐家岭M11“郮夫人”小口铜鼎　宋华　华夏考古3：82～84
曾姬壶铭文柬释　冯时　楚简楚文化与先秦历史文化国际学术研讨会论文集3～6
蔡侯盘、蔡侯尊铭文历朔与时代考　叶正渤　中原文物5：46～48
黄子鼎与瘳子鼎——兼谈黄国与鄝国的地望问题　曹锦炎　楚简楚文化与先秦历史文化国际学术研讨会论文集679～684
徐王容居戈铭文考释　孔令远等　文物3：77～79
“越王差郐戈”铭文新研　李家浩　出土材料与新视野——第四届国际汉学会议论文集311～340
珍秦斋藏越王差徐戈铭文史地补释　王伟　秦始皇帝陵博物院（总2辑）372～376
北食铜鼎铭文考略　蔡梦珂、蔡运章　洛阳考古（总第1期）87～89
战国文字考释两篇　刘洪涛　出土文献研究（第12辑）80～90
古文字“囟”字考辨　林小安　楚简楚文化与先秦历史文化国际学术研讨会论文集468～470
说“盨”　刘秋瑞　中原文物2：48～50
山东沂水春秋古墓新出铜盂铭“滥”字释读　苏影　殷都学刊2：86～88
李三孤堆楚器的传奇经历　程露　大众考古4：90～92
战国云雷纹兽首铜鼎　王厚宇、刘振永　收藏家7：46
浅谈新发现的几件秦国青铜器　王宏等　文博4：25～28
越王者旨於睗剑　李志祥　中国文物报7月3日8版
独具魅力的新疆古代铜器　赵勇　文物天地1：93～95
补遗

楚季宝钟之我见 郭德维 江汉论坛2012年11：117～119

错红铜鸟兽纹壶——色彩华丽的铸镶红铜工艺——《中国古代艺术铸造系列图说》之七十一 谭德睿 特种铸造及有色合金2012年11：1077～1078

宴乐渔猎攻占纹壶——精湛的铜器表面刻纹技艺——《中国古代艺术铸造系列图说》之七十二 谭德睿 特种铸造及有色合金2012年12：1175～1176

略论战国前青铜器玉器造型纹饰中的“回首律” 王政 装饰2012年12：68～69

从曾侯乙墓钟磬铭文书法艺术看其礼制 黄敬刚 黄钟2012年4：43～50

秦汉及以后

广西汉代细线刻纹青铜文化艺术之初步研究 覃国宁 岭南考古研究（10）55～65

试论西安新出土汉代九鼎的意义 张懋镕 西安文物考古研究（第2辑）117～128

大连出土汉代青铜器略说 唐子尧 旅顺博物馆学苑（2011）44～46

永城南山一号汉墓1号陪葬坑出土铜锺铭文考释 郑清森 中国国家博物馆馆刊2：60～64

鎏光溢彩——青州市博物馆藏稷山汉墓出土鎏金青铜器赏析 徐清华 收藏家5：57～58

庆阳窖藏出土的汉代青铜器 郭丽荣 陇右文博1：29～30

天水家马鼎的年代及其用途 晏波、雍际春 文物世界2：18～23

西汉长私官铜鼎铭文考略 蔡梦珂、蔡运章 洛阳考古（总第3期）88～91

茂陵博物馆收藏的西汉吉语器 张文玲 文物7：68～71

“鼎钟二钧”鼎与“淮阳上官𢈪四分”鼎——记湖北荆州谢家桥出土的两件刻铭铜鼎 赵晓斌 楚简楚文化与先秦历史文化国际学术研讨会论文集1069～1073

十堰市博物馆收藏的一件铭文铜鼎 杨海莉等 文物3：80～82

奇丽隽秀 光耀千年——中山古灯赏析 杨洁 文物世界3：69～71

新见王莽地皇二年侯骑钲考论 呼啸 秦汉研究（第5辑）178～182

泥箭浅议 王偈人 东南文化3：79～83

对东汉永寿二年错金钢刀的初步认识 田率 中国国家博物馆馆刊2：65～72

浅谈东汉博山盖神兽纹铜樽 陈安道 丝绸之路4：63～64

“熏炉盖”还是匈奴青铜神鸟冠考述 柳春诚 青海师范大学学报（哲社版）4：58～61

皇家的“高仿”——陕西历史博物馆收藏的几件高仿青铜器 蔡昌林、王喜梅 陕西历史博物馆馆刊（第18辑）302～304

辽代铜印形“秦二世诏书”文字印版辨疑 赵中文、冯永谦 中国文物报7月31日7版

吉林省出土金代铜器初步考察 田丽梅 辽金历史与考古国际学术研讨会论文集（下）502～505

清宫铜器制造考——以雍、乾二朝为例 张丽 故宫博物院院刊5：94～133

补遗

宁县普照寺金贞元铜钟和庆城慈云寺金泰和铁钟铭文考 张宝玺、宋文玉 敦煌学辑刊2012年3：92～100

敦煌研究院藏拉萨下密院金马年铜釜考 张延清等 敦煌学辑刊2012年4：144～150

其他古文字研究

骨刻文——中国早期的文字 刘凤君 大众考古1：38～41

山东地区骨刻文分布与分期 刘凤君 山东社会科学6：63～66

大汶口陶罍文字及其相关问题 蔡运章 山东师范大学学报（人文社科版）2：129～138

庄桥坟遗址发现良渚文化原始文字 徐新民 浙江文物4：13

甘桑石刻文初步研究 班弨、肖荣钦 文化遗产5：100～105

中原出土商代玉石文及其释读 王蕴智 中国国家博物馆馆刊4：42～50

战国陶文释丛（八则） 汤志彪 江汉考古2：122～125

谈齐陶文中的“陈贺” 徐在国 安徽大学学报（哲社版）1：63～67

秦封宗邑瓦书铭文研究述补 刘杰 湖南科技大学学报（社科版）4：165～168

秦兵马俑一号坑新出陶文与“物勒工名” 秦始皇帝陵博物院（许卫红） 秦始皇帝陵博物院（总2辑）361～371

读“秦始皇陵园新出土的陶文”札记 袁仲一 秦始皇帝陵博物院（总2辑）400～407

秦汉铭刻丛考 陈晓捷、穆兴平 秦俑博物馆开馆三十周年秦俑学第七届年会国际学术研讨会论文集481～488

广州发现的“番禺”铭文 应浩 文物天地12：15～16

西汉铅梳铭文考 袁仲一 秦汉研究（第4辑）1～4

试析汉晋时期朱书陶文的镇墓功能 何颖 文博3：28～33

再谈商水扶苏城出土的陶文 刘秋瑞 中国国家博物馆馆刊4：82～85

洛阳吉利区西晋墓出土刻砖铭文释读 鹏宇 文物8：95～96

康宁广州——广州晋墓出土“永嘉”砖铭纪略 陈鸿钧 文物天地12：50～51

江苏镇江铁瓮城出土“官”字砖瓦探析 刘建国 东南文化6：77～85

北朝瓦文考略 王银田 华夏考古1：137～148

补遗

中国早期文字骨刻文的释读方法 刘凤君 山东大学学报（哲社版）2012年6：120～124

“刻文骨”与“骨刻文”之性质推断与价值蠡测 蔡先金 烟台大学学报（哲社版）2012年4：72～78

从曹操宗族墓群砖文字谈汉代的坊间苍天意识 蔡洪勇 重庆科技学院学报（社科版）2012年13：120～121

三 简牍、帛书、文书、写本

综论

简帛佚籍的发现与重写中国古代学术史 李学勤 河北学刊1：1～5

社会人文环境影响下的简牍及简牍学 翟伟原 丝绸之路10：32～33

近三十年来有关出土简牍与民族问题研究综述 阎盛国 中国史研究动态3：34～42

试说简牍文献的年代梯次 陈伟 出土材料与新视野——第四届国际汉学会议论文集493～500

浅议简册制度中的“序连”——以出土战国秦汉简为例 何晋 简帛（第8辑）451～469

2012年秦汉魏晋简牍研究概述 鲁家亮 简帛（第8辑）516～553

汉、吴简官牛簿整理与研究 凌文超 简帛研究（2011）184～202

先秦古简与生态环境史研究 李金玉 中原文物1：68～72

论甲金文“册”之造形依据及简牍的出现时代 蒋书红 殷都学刊4：83～87

战国秦汉出土文献“尿”字通考 郭静云 简帛研究（2011）50～59

楚简文字与甲骨文、金文之间的形体演变特点 匡鹏飞、廖媛媛 古汉语研究1：48～56

战国文字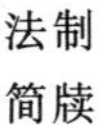的来源考辨 赵平安 深圳大学学报（人文社科版）1：60～63

释秦汉简牍所见“利津隧” 何有祖 出土文献研究（第12辑）181～187

秦汉法制简牍中“三环”释义新探 赵进华、牟瑞瑾 秦汉研究（第7辑）185～196

秦汉简牍“自告”、“自出”再辨析：兼论“自诣”、“自首” 万荣 江汉论坛8：75～81

出土秦汉户籍简的类别及登记内容的演变 王彦辉 史学集刊3：20～29

“齐民”之不齐——一份两千多年前司法文书揭示的社会 杜正胜 古代庶民社会1～33

试论秦汉简牍中的“室”和“室人”——以秦汉奴婢为中心 文霞 史学集刊3：30～36

秦汉出土文献中的“知死”与“事死”——一个基于“形成框架”的试分析及方法论上的思考 郭珏 简帛（第8辑）49～67

秦汉《日书》所见“序”和住宅及家庭结构再探 ［韩］尹在硕 简帛（第8辑）391～408

秦汉年龄分层与相关问题考察 赵宠亮 四川省文物考古研究院青年考古文集313～352

秦汉简牍中记载的“行钱”与“行金”研究 丁光勋 西安财经学院学报5：101～103

秦汉时期的“尉”、“尉律”与“置吏”、“除吏”——兼论“吏”的属性 杨振红 简帛（第8辑）333～341

楚惠王居“宛郊”试释——兼谈古文字中的几个相关字 杨蒙生 深圳大学学报（人文社科版）1：79～84

从出土简牍看秦苍梧郡建制的相关问题 陈丁山 广西考古文集（第5辑）351～356

一粟居读简记（一） 王辉 陕西历史博物馆馆刊（第18辑）122～132

补遗

流失海外简帛文书的具体分布及其编纂研究 赵彦昌、陈聪 档案学通讯2012年6：16～19

战国简

谈战国文字的特殊形构——承继与创新 林素清 出土材料与新视野——第四届国际汉学会议论文集501～526

楚简札记三则 罗小华 出土文献研究（第12辑）74～79

竹简所见战国时期楚地居民的里居形态 陈絜 楚简楚文化与先秦历史文化国际学术研讨会论文集407～414

楚简中祭祀用玉问题探索 黄尚明 楚简楚文化与先秦历史文化国际学术研讨会论文集746～756

谈楚文字中从“胖”的几个字 徐在国 楚简楚文化与先秦历史文化国际学术研讨会论文集484～487

楚简的推行对楚国纹样的促进作用 张庆 文艺研究7：163～164

“徒夷屯”新解及相关问题 黄锦前 楚学论丛（第2辑）1～15

从楚简疑“《诗》、《书》、执礼”的“执”应读为“埶” 黄尚明 楚学论丛（第2辑）31～35

“京”、“亭”考辨 赵平安 复旦学报（社会科学版）4：87～92

论战国古文“仁”字 刘宝俊 中南民族大学学报（人文社科版）3：154～158

櫝枳、竹枳、枳铭 李家浩 出土文献研究（第12辑）10～15

包山卜筮祭祷简字迹分类分析 朱晓雪 出土文献研究（第12辑）47～57

包山楚简“越异”小考 晏昌贵 楚简楚文化与先秦历史文化国际学术研讨会论文集393～396

包山楚简“鄦易”考 吴良宝 楚简楚文化与先秦历史文化国际学术研讨会论文集397～400

包山楚简所见楚邑新探 王准 中国史研究1：15～29

郭店竹简《六德》所言丧服制度 贾海生 楚简楚文化与先秦历史文化国际学术研讨会论文集834～839

论郭店楚简《太一生水》文本内涵、结构与性质 玄华 中州学刊8：111～116

《太一生水》的再认识——以宇宙为中心 陶磊 简帛研究（2011）1～8

说战国竹简《成之闻之》与《尚书·君奭》的“惟冒丕单称德” 黄冠云 汉学研究2：227～250

楚简《缁衣》的“谨言慎行”论——第十五至十六章的本义考 郭静云 学术研究1：87～96

郭店简《语丛四》“窃钩诛，窃邦侯”与《墨子》之渊源关系 吴劲雄 湖南大学学报（社科版）5：35～39

郭店楚墓竹简书法本存在的问题 刘传宾 楚学论丛（第2辑）98～101

郭店楚简背面新发现的字迹 官琼梅 中国文物报5月8日8版

九店56号楚墓第1～3号简考释 林清源 出土材料与新视野——第四届国际汉学会议论文集573～598

楚简札记三则 杨华 楚简楚文化与先秦历史文化国际学术研讨会论文集387～392

望山楚简名物考释（二则） 刘国胜 楚简楚文化与先秦历史文化国际学术研讨会论文集415～420

清华简的文献特色与学术价值 李学勤 文艺研究8：32～34

清华简与先秦诗乐舞传统　江林昌　文艺研究 8：43～47
《清华大学藏战国竹简》与《诗经》学史的若干问题　姚小鸥　文艺研究 8：34～36
清华简一一三辑字形校补札记　贾连翔　出土文献（第 4 辑）97～104
清华藏简异文释读二题　禤健聪　江汉考古 2：117～121
清华简补释四则　刘洪涛　考古与文物 1：102～108
一粟居读简记（二）　王辉　楚简楚文化与先秦历史文化国际学术研讨会论文集471～477
一粟居读简记（二、三）　王辉　陕西历史博物馆馆刊（第 19 辑）124～132
由金文字形评估清华藏战国竹简　朱歧祥　楚简楚文化与先秦历史文化国际学术研讨会论文集 457～467
“京宗”地望辨析　尹弘兵、吴义斌　江汉考古 1：73～79
从楚文字资料看先秦时期的杀狗习俗　袁金平　古代文明 3：74～77
刑名学与中国古代法典的形成——以清华简、《黄帝书》资料为线索　王沛　历史研究 4：16～31
由清华简论“颂”即“容”及其文化学意义　江林昌、孙进　中国高校社会科学 3：97～114
谈谈商代开国名臣伊尹　宋镇豪　楚简楚文化与先秦历史文化国际学术研讨会论文集 252～259
试论清华竹简伊尹三篇的关联　肖芸晓　简帛（第 8 辑）471～476
清华简“武王戡黎”考辨　朱彦民　楚简楚文化与先秦历史文化国际学术研讨会论文集 278～291
从清华简看周初“三监”的史实　汤威　寻根 1：20～23
试说令尹子春即郚公子春　黄浩波　楚学论丛（第 2 辑）44～48
《尹至》“夏有祥”小议　邢文　楚简楚文化与先秦历史文化国际学术研讨会论文集 260～261
清华简《尹至》补释　王云飞　楚简楚文化与先秦历史文化国际学术研讨会论文集 262～264
清华简《程寤》主旨试探　申超　管子学刊 1：96～100
清华简《程寤》与文王受命　陈颖飞　清华大学学报（哲社版）2：132～140
清华简《程寤》、《保训》文王纪年探研　陈颖飞　楚简楚文化与先秦历史文化国际学术研讨会论文集 370～380
礼与刑：清华简《保训》文王传“中”的两个维度　刘光胜　楚简楚文化与先秦历史文化国际学术研讨会论文集 359～369
清华简《保训》补释　黄怀信　考古与文物 2：102～105
上甲微史迹传说钩沉——兼说清华简《保训》“微假中于河”　陈民镇　史学月刊 4：25～38
清华简《保训》与周代德治文化的渊源　方铭　文艺研究 8：36～38
《保训》之“中”应训为“常”　李军政　中国哲学史 1：41～44
清华简《保训》与儒家道统说再检讨（下）——兼论荀子在道统中的地位问题　梁涛　国学学刊 2：91～105
清华简“耆夜”初读及其相关问题　李峰　出土材料与新视野——第四届国际汉学会议论文集 461～492
清华竹简《耆夜》的饮至礼　李家浩　出土文献（第 4 辑）19～31
从《耆夜》“饮至”看商周之出行典礼　常耀华　楚简楚文化与先秦历史文化国际学术研讨会论文集 306～332
清华简《耆夜》诗试解二则　郭永秉　楚简楚文化与先秦历史文化国际学术研讨会论文集 333～338
清华简《耆夜》中与音乐有关的术语“终”　王志平　楚简楚文化与先秦历史文化国际学术研讨会论文集 339～349
清华简《耆夜》篇中的饮至礼考释二则　曹建墩　楚简楚文化与先秦历史文化国际学术研讨会论文集 350～358
清华简《耆夜》为伪作考　姜广辉等　故宫博物院院刊 4：86～94
清华简《周武王有疾周公所自以代王之志（金縢）》是伪作　房德邻　故宫博物院院刊 6：41～51

从清华简《金縢》看周公与《鸱鸮》的关系　杜勇　理论与现代化 3：56～60

清华简《金縢》与“三监”　邢文　深圳大学学报（人文社科版）1：68～71

清华简《金縢》性质与成篇辨证　程浩　上海交通大学学报（哲社版）4：88～95

清华简《金縢》有关历史问题考论　杜勇　楚简楚文化与先秦历史文化国际学术研讨会论文集 265～277

清华简《皇门》与《逸周书·皇门解》篇校释　杨兆贵　楚简楚文化与先秦历史文化国际学术研讨会论文集 292～305

清华简《皇门》句义商兑　申超　西北大学学报（哲社版）3：52～55

清华简《祭公之顾命》“康㝅之，保𠈃之，肰母夕要”句解　杨蒙生　出土文献研究（第 12 辑）33～39

《楚居》“𡕒必夜”与商代的“夕”祭　罗琨　出土文献（第 4 辑）38～48

谈《楚居》中“及”字的一个特殊用法　刘丽　出土文献（第 4 辑）49～55

清华简《楚居》“渭自胁出”与“巫并赅亓胁以楚”小识　单周尧　楚简楚文化与先秦历史文化国际学术研讨会论文集 122～133

《楚居》中季连年代问题小议　谢维扬　楚简楚文化与先秦历史文化国际学术研讨会论文集 151～155

《楚居》中楚先祖的年代问题　尹弘兵　楚简楚文化与先秦历史文化国际学术研讨会论文集 171～180

试论清华简《楚居》之古史观　牛鹏涛　楚简楚文化与先秦历史文化国际学术研讨会论文集 181～188

楚简秦溪、章华台略议——读清华简《楚居》札记之二　黄锡金　楚简楚文化与先秦历史文化国际学术研讨会论文集 189～196

从清华简《楚居》看丹淅人文区位形成　沈建华　楚简楚文化与先秦历史文化国际学术研讨会论文集 197～203

由清华简《楚居》“秦溪之上”说起　王伟　楚简楚文化与先秦历史文化国际学术研讨会论文集 238～241

《楚居》简 9“𡉚”字及相关诸字考释　苏建洲　楚简楚文化与先秦历史文化国际学术研讨会论文集 156～170

楚先祖的诞生故事———兼论商与楚的关系　［美］柯鹤立（Constance A. Cook）　楚简楚文化与先秦历史文化国际学术研讨会论文集 134～150

《楚居》记载的季连至鬻熊迁徙与活动地域考述　李玉洁　楚简楚文化与先秦历史文化国际学术研讨会论文集 204～211

清华简《楚居》中夷屯和发渐地望试探　夏麦陵　楚简楚文化与先秦历史文化国际学术研讨会论文集 212～219

《楚居》东周之前地理考　周运中　楚简楚文化与先秦历史文化国际学术研讨会论文集 220～237

吴人入郢后楚昭王不可能迁居《左传》所言之“乾溪”　肖洋　楚简楚文化与先秦历史文化国际学术研讨会论文集 242～248

清华简《楚居》与早期楚人世系及迁徙　卢川　楚简楚文化与先秦历史文化国际学术研讨会论文集 249～251

《楚居》季连居地试析　尹弘兵　楚学论丛（第 2 辑）16～30

清华简《楚居》地名札记二则　王伟　陕西历史博物馆馆刊（第 18 辑）133～137

竹书《楚居》“问期”“胁出”“熊达”的释读与史实　刘信芳　江汉考古 1：123～126

清华简《楚居》所见楚人早期居邑考　杜勇　中国国家博物馆馆刊 11：37～47

初读清华简《楚居》的古史传说——对有关《楚居》古史传说研究的一点思考　夏麦陵　中国国

家博物馆馆刊11：48～55

《楚居》中季连年代问题小议 谢维扬 社会科学4：146～149

《清华简·楚居》记载的夏商之际楚人活动地域 李玉洁 郑州大学学报（哲社版）5：164～167

清华简《楚居》中的山与神 于文哲 中国文化研究3：65～71

摄政未必便称王 当国未必是僭越——从出土文献看共伯和摄政称王问题 陶兴华 西北师大学报（社科版）5：40～45

清华简“系年”所记西周史事考 朱凤瀚 出土材料与新视野——第四届国际汉学会议论文集

读《系年》第三章及相关铭文札记 李学勤 出土文献（第4辑）56～58

清华简《系年》“徒林”考 袁金平 楚简楚文化与先秦历史文化国际学术研讨会论文集102～108

清华简《系年》“徒林”考 袁金平 深圳大学学报（人文社科版）1：72～75

清华简《系年》“周亡王九年”及两周之际相关问题新探 魏栋 楚简楚文化与先秦历史文化国际学术研讨会论文集109～121

清华简《系年》所见的“卫叔封” 董珊 楚简楚文化与先秦历史文化国际学术研讨会论文集98～101

伍员与柏举之战——从清华战国简《系年》谈起 李均明 楚简楚文化与先秦历史文化国际学术研讨会论文集81～89

清华简《系年》所记楚昭王时期吴晋联合伐楚解析 李守奎 楚简楚文化与先秦历史文化国际学术研讨会论文集90～97

齐长城新研——从清华简《系年》看齐长城的若干问题 陈民镇 中国史研究3：5～19

读《清华简·系年》札记三则 程钟书 楚学论丛（第2辑）36～43

清华简《系年》与秦人西迁新探 田旭东 秦汉研究（第6辑）36～41

清华简《系年》与两周之际史事的重构 晁福林 历史研究6：154～163

清华战国竹简《繫年》第十一章笺疏 康小燕 语文学刊8A：30～31

由清华简《系年》重释沫司徒疑簋 李学勤 中国高校社会科学3：83～85

从清华简《系年》看“共和”与“共和行政” 陶兴华 古代文明2：57～62

清华大学藏竹书《系年》的文献学考察 陈伟 史林1：43～48

清华简《系年》第十二章及相关史事考 王红亮 文史4：217～222

清华简《系年》中的𬱖羌钟相关史实发覆 王红亮 古代文明3：64～68

论清华简《系年》的性质 刘全志 中原文物6：43～50

从清华简《系年》看康叔的始封 路懿菡 西北大学学报（哲社版）4：136～141

清华简《说命》与《礼记·缁衣》 彭裕商 出土文献（第4辑）59～61

清华简《说命上》札记（二则） 程薇 出土文献（第4辑）62～64

从清华简《说命》看古书的反思 杜勇 天津师范大学学报（社科版）4：1～7

出土文献给我们的启示——以清华简《尚书·说命》为例 傅刚 文艺研究8：41～42

论清华简《周公之琴舞》的结构 李学勤 深圳大学学报（人文社科版）1：58～59

清华简《周公之琴舞》乐制探微 王志平 出土文献（第4辑）65～79

周代古乐的歌、乐、舞相关问题探讨——兼论清华简《周公之琴舞》 陈鹏宇 出土文献（第4辑）80～93

试说《周公之琴舞》“右帝在路” 马楠 出土文献（第4辑）94～96

从《周颂·敬之》看《周公之琴舞》的性质 吴洋 出土文献研究（第12辑）40～46

《周公之琴舞》的组成、命名及表演方式蠡测 赵敏俐 文艺研究8：39～41

《芮良夫毖》与文献相类文句分析及补释 马楠 深圳大学学报（人文社科版）1：76～78

清华简《良臣》的性质与时代辨析 韩宇娇 中国高校社会科学3：90～93

清华简《良臣》所见三晋《书》学 马楠 中国高校社会科学3：93～96

君陈、君牙臆解　程浩　深圳大学学报（人文社科版）1：85～87

清华简《赤鹄之集汤之屋》与先秦“小说”——略说清华简对先秦文学研究的价值　黄德宽　复旦学报（社会科学版）4：81～86

由清华简《赤鳉之集汤之屋》看伊尹传说——兼论该篇传说的文化内涵　谭生力　文艺评论10：4～6

《清华简·赤鹄》篇与“后土”人格化　姚小鸥、卢翮　民俗研究3：95～98

清华简《赤鹄之集汤之屋》与伊尹间夏　刘国忠　深圳大学学报（人文社科版）1：64～67

略论《筮法》的解卦原则　程浩　出土文献（第4辑）105～107

清华简《筮法》与数字卦问题　李学勤　文物8：66～69

清华简《筮法》篇与《说卦传》　廖名春　文物8：70～72

清华简《算表》的文本形态与复原依据　李均明　出土文献研究（第12辑）16～32

清华简《算表》概述　李均明、冯立昇　文物8：73～75

上博楚简《从政》研究　梁静　故宫博物院院刊4：95～105

《上海博物馆藏战国楚竹书（八）·桐颂》考释　季旭昇　中央研究院历史语言研究所集刊（第八十四本）第四分651～694

上博简《姑成家父》补释　黄国辉　史学史研究3：121～123

上博（六）《申公臣灵王》疏解及其性质和意义　汤志彪　东北师大学报（哲社版）5：76～81

《上博七·郑子家丧》“悄”字补释　李咏健　宁夏大学学报（人文社科版）3：5～10

“命”与“语”：上博简《吴命》补释——兼论“命”的文体问题　王青　史学集刊4：47～55

读简札记二则　李锐　出土文献研究（第12辑）69～73

上博简《武王践阼》的版本问题　高华平　楚简楚文化与先秦历史文化国际学术研讨会论文集443～452

说上博简《容成氏》“民乃宜怨”的“宜”及古书中的相关字词　邬可晶　出土文献研究（第12辑）58～68

上博简《容成氏》九州补论　周书灿　楚简楚文化与先秦历史文化国际学术研讨会论文集436～442

说《容成氏》“民乃赛”及相关问题　唐洪志　文物8：76～78

楚简《容成氏》新识　王坤鹏　中国国家博物馆馆刊1：77～84

竹书《凡物流形》试解六则　刘信芳　楚简楚文化与先秦历史文化国际学术研讨会论文集381～386

楚文字“闻”、“问”考论——兼谈《凡物流形》“闻”字的读法　靳腾飞　楚简楚文化与先秦历史文化国际学术研讨会论文集488～493

《昭王毁室》的再研究　单育辰　楚简楚文化与先秦历史文化国际学术研讨会论文集421～425

《上博五·鲍叔牙与隰朋之谏》“量之以䰞沽”解　季旭昇　楚简楚文化与先秦历史文化国际学术研讨会论文集426～435

《鲍叔牙与隰朋之谏》与《荀子》对读　鲁金良　楚简楚文化与先秦历史文化国际学术研讨会论文集453～456

《孔子见季桓子》字形简析　李天虹　楚简楚文化与先秦历史文化国际学术研讨会论文集478～483

《上博八·命》简9“必内瓜之于十友又三”释读　苏建洲　简帛研究（2011）9～15

论上博八《成王既邦》为几种不同文本被整理者误合为一篇　李松儒　简帛研究（2011）16～28

由上海博物馆藏竹书《景公疟》补释陆梁地问题　辛德勇　历史地理（第27辑）395

《天子建州》首章重释　曹锦炎　出土文献（第4辑）156～161

《仲弓》篇中孔子思想探析　赵炳清　楚简楚文化与先秦历史文化国际学术研讨会论文集848～855

从新蔡楚简探楚族的起源　徐文武　楚简楚文化与先秦历史文化国际学术研讨会论文集401～406

曾侯乙墓简与江陵天星观一号墓简从“争”之字　萧圣中　楚简楚文化与先秦历史文化国际学术研讨会论文集517～520

浙江大学藏简辨伪　杨德春　辽东学院学报（社科版）1：54～60

补遗

秦楚简文构形差异比较研究　楼兰　古汉语研究 2012 年 4：85～90

清华简《系年》中周平王东迁的相关年代考　王红亮　史学史研究 2012 年 4：101～109

秦简

秦简绽放　十多批重要秦简的发现与影响　程薇　中国文化遗产 2：72～75

秦简牍复生故事与移风易俗　陈侃理　简帛（第 8 辑）69～82

先农与灵星：秦汉地方农神祭祀丛考　田天　中国国家博物馆馆刊 8：60～67

睡虎地秦简文书档案探析　吴荣政　档案学研究 2：91～96

睡虎地秦简所见"禀衣"制度研究　于洪涛　楚学论丛（第 2 辑）84～97

秦简《为吏之道》与《为吏治官及黔首》研究　林素清　简帛（第 8 辑）279～307

秦、汉初"士"与"吏"的性质——以《为吏之道》和《为吏治官及黔首》为中心　［韩］金庆浩　简帛（第 8 辑）309～331

云梦睡虎地秦简《秦律十八种》校读（五则）　陈伟　简帛（第 8 辑）343～349

《睡虎地秦墓竹简》"城旦舂"考释　李程　海南大学学报（人文社科版）5：63～67

放马滩秦简编连十二例　孙占宇　简帛（第 8 辑）351～361

《天水放马滩秦简》校读记　王辉　秦始皇帝陵博物院（总 1 辑）367～385

放马滩简《邸丞谒御史书》中的时间与地点　晏昌贵　出土文献（第 4 辑）297～303

放马滩秦简《日书》中的月星关系与古度初考　钟守华　简帛（第 8 辑）379～390

周家台秦简《日书》与《卅六年日》编联补说　程少轩　简帛（第 8 辑）363～378

周家台秦简《日书》"占物"臆解　曾磊　四川文物 2：60～62

里耶秦简牍缀合（六则）　何有祖　楚学论丛（第 2 辑）49～53

龙山里耶秦简之"徒簿"　湖南省文物考古研究所（张春龙）　出土文献研究（第 12 辑）101～131

从《里耶秦简（一）》"作徒簿"管窥秦代刑徒制度　高震寰　出土文献研究（第 12 辑）132～143

解读里耶秦简——秦代地方行政制度　［加］叶山　简帛（第 8 辑）89～137

从里耶秦简和秦封泥探讨"泰"字的造字意义　［日］大西克也　简帛（第 8 辑）139～148

里耶秦简"计录"与"课志"解读　李均明　简帛（第 8 辑）149～159

论里耶秦简的单独简　［日］角谷常子　简帛（第 8 辑）161～178

里耶秦简所见秦代郡县的文书传递　［日］藤田胜久　简帛（第 8 辑）179～194

秦简所见赀钱与赎钱——以里耶秦简"阳陵卒"文书为中心　马怡　简帛（第 8 辑）195～213

里耶秦简所见"户赋"及相关问题琐记　邬文玲　简帛（第 8 辑）215～228

宁府、尉府、监府——里耶秦简所见郡级行政的基础研究之一　游逸飞　简帛（第 8 辑）229～237

《里耶秦简（一）》校释四则　高一致　简帛（第 8 辑）239～244

里耶秦纪日简牍劄记　赵岩　简帛（第 8 辑）245～250

秦"课"刍议　徐世虹　简帛（第 8 辑）251～267

里耶秦简与秦代政府之运作　藤田胜久　秦俑博物馆开馆三十周年秦俑学第七届年会国际学术研讨会论文集 449～459

里耶秦简中所反映的秦对南方的统治　金庆浩　秦俑博物馆开馆三十周年秦俑学第七届年会国际学术研讨会论文集 460～466

从里耶秦简看秦代官府买卖徒隶的问题　王健　秦俑博物馆开馆三十周年秦俑学第七届年会国际学术研讨会论文集 467～472

里耶秦简所见秦代"生分"　薛洪波　中国史研究 3：206～208

岳麓秦简"占梦书"的文字特征试论　陈松长　出土材料与新视野——第四届国际汉学会议论文集

599～612
岳麓秦简校读（七则）　鲁家亮　出土文献研究（第12辑）144～151
岳麓秦简《数》算题新解（三则）　许道胜　楚学论丛（第2辑）63～65
岳麓秦简《数》新劄　许道胜　简帛（第8辑）273～277
岳麓秦简《质日》释地九则　李都都　楚学论丛（第2辑）66～77
岳麓秦简《为吏治官及黔首》读记——为吏之道的文本　黎明钊　简帛研究（2011）29～49
一粟居读简记（四）　王辉、王巧英　陕西历史博物馆馆刊（第20辑）141～150
一粟居读简记（四）　王辉　出土材料与新视野——第四届国际汉学会议论文集419～440
读《岳麓书院藏秦简（贰）》札记三则　蔡丹　江汉考古4：120～121
岳麓书院藏秦简《为狱等状四种》概述　岳麓书院藏秦简整理小组（陶安）　文物5：77～83
岳麓秦简《为狱等状四种》卷册一的编联——依据简背划线和简背反印字迹复原卷轴原貌　［德］史达著　李婧嵘译　湖南大学学报（社科版）3：20～25
岳麓秦简“为伪私书”案例及相关问题　陈松长　文物5：84～89
岳麓秦简与秦封邑瓦书文字考释一则　张新俊　中国国家博物馆馆刊11：56～60
张家山汉简《奏谳书》与岳麓书院秦简《为狱等状四种》的初步比较［德］劳武利著　李婧嵘译　湖南大学学报社科版3：5～9
试析《岳麓书院藏秦简》中的工程史料　肖灿　湖南大学学报（社科版）3：26～28
北京大学藏秦水陆里程简册初步研究　辛德勇　出土文献（第4辑）177～279
北京大学藏秦水陆里程简册的性质和拟名问题　辛德勇　简帛（第8辑）17～27
北大秦简《公子从军》的编连与初读　朱凤瀚　简帛（第8辑）1～10
北大秦简《算书》土地面积类算题初识　韩巍　简帛（第8辑）29～42
北大秦简《祓除》初识　田天　简帛（第8辑）43～48
北大藏秦简读后记　刘国胜　简帛（第8辑）83～88
谈秦简《数》117简的“般”及相关问题　彭浩　简帛（第8辑）269～272

汉简

甘肃汉简研究综述　田芸、杨吉宁　丝绸之路16：9～10
简牍所见西汉马政　黄敬愚　“汉代文化研究”论文集（第1辑）379～387
简牍和考古所见汉代河西走廊与蜀地之间的交往及相关的几个问题　李永平　丝绸之路研究——交通与文化59～68
汉简所见“葆”宫考释　李欣　秦汉研究（第4辑）255～259
浅谈汉简人名身份的补充和区分问题　王辉　中国文物报8月14日8版
汉画所见简牍时代的书写　马怡　中国汉画学会第十四届年会论文集274～282
汉简释读过程中存在的几类问题字　孔德众、张俊民　敦煌研究6：93～100
汉代葬俗中的时日信仰　刘增贵　古代庶民社会325～360
肩水金关汉简缀合八则　杨小亮　出土文献研究（第12辑）280～285
《居延新简》语词劄记　路方鸽　西南交通大学学报（社科版）1：23～27
《居延新简》词语札记四则　路方鸽　燕山大学学报（哲社版）3：51～53
说肩水金关汉简、张家山汉简中的地名“赞”及其相关问题　周波　出土文献研究（第12辑）286～309
肩水金关汉简中的“葆”探论　马智全　西北师大学报（社科版）1：55～59
说肩水金关“清酒”简文　王子今　出土文献（第4辑）280～288
《肩水金关汉简（壹）》所见淮阳简　黄浩波　历史地理（第27辑）276～278
《肩水金关汉简（壹）》纪年简考释　罗见今、关守义　敦煌研究5：99～104
《居延新简》用字调查　葛红丽　西安建筑科技大学学报（社会科学版）4：69～74

居延简《宣与幼孙少妇书》——汉代边吏的私人通信 马怡 “汉代文化研究”论文集（第1辑）356～367

“属国秦胡卢水士民”及相关问题 李永平 陕西历史博物馆馆刊（第20辑）161～167

汉居延置所在置喙——以居延里程简E.P.T59：582为中心 高启安、沈渭显 敦煌研究5：105～113

居延汉简地名校释六则 马孟龙 文史4：267～275

从居延汉简看汉代居延绿洲的开发 赵建平等 丝绸之路14：25～27

居延汉简“车祭”简所见出行占色 曾磊 中国史研究2：5～11

悬泉汉简拾遗（五） 初昉、世宾 出土文献研究（第12辑）234～252

悬泉汉简所见敕令文书初探 张俊民 简帛研究（2011）107～123

悬泉汉简日书《死吉凶》研究 晏昌贵 中国史研究2：13～31

悬泉汉简所见敬称与谦称 张俊民 秦汉研究（第4辑）78～91

悬泉汉简中的马、马政文书及相关问题 李永平 陕西历史博物馆馆刊（第19辑）133～138

悬泉汉简所见律令文与张家山《二年律令》 张俊民 秦汉研究（第5辑）57～68

悬泉汉简与班固《汉书》所引诏书文字的异同 张俊民 文献2：55～61

从悬泉汉简中的使者看西域与内地的关系 刘春雨 中州学刊6：122～127

敦煌悬泉置考论——以敦煌悬泉汉简为中心 吕志峰 敦煌研究4：66～72

敦煌悬泉汉简所见河西的羌人 高荣 楚学论丛（第2辑）195～210

精读王国维先生《流沙坠简（中）》牛慕青等 文化遗产研究集刊（第6辑）271～308

敦煌汉简所见汉赋考 石明秀 社会科学战线3：151～154

敦煌汉简中有关汉代秩级“真二千石”的新发现 任攀 史学月刊5：38～45

汉代敦煌诸置研究 石维娜 秦汉研究（第5辑）223～229

武威汉代医简出土四十年研究综述 杨耀文 丝绸之路2：75～77

英藏《苍颉篇》辑录 梁静 楚学论丛（第2辑）54～62

汉简名物词考释二则 伊强 简帛（第8辑）433～438

西北汉简中的“葆” 沈刚 简帛研究（2011）124～133

西北汉简所见廪盐制度蠡测 李斯 简帛研究（2011）134～145

《尹湾汉墓简牍》释文商兑 刘玉环 宁夏大学学报（人文社科版）4：7～10

张家山汉简校释札记 何有祖 楚简楚文化与先秦历史文化国际学术研讨会论文集1065～1068

张家山汉简《二年律令·秩律》所见郡吏补考 游逸飞 出土文献研究（第12辑）261～271

张家山二四七号汉墓《二年律令·秩律》抄写年代研究——以汉初侯国建置为中心 马孟龙 江汉考古2：89～96

张家山汉简《二年律令·史律》之“史书”及周至汉初史官职掌之变 杨英 简帛研究（2011）60～69

张家山汉简《奏谳书》所见秦律令探析 陈治国 秦俑博物馆开馆三十周年秦俑学第七届年会国际学术研讨会论文集473～480

张家山汉简《脉书》考释四则 陈魏俊 中山大学学报（社会科学版）1：92～98

战国秦汉时期的盗铸钱和盗铸组织 ［日］柿沼阳平 中国社会科学院历史研究所学刊（第8集）65～81

比《史记》还早的南越国木简 李灶新 文物天地12：20～22

阜阳汉简《诗经》用字习惯考察 周朋升 学术交流5：189～192

阜阳双古堆汉简“说类杂事”研究 胡平生 出土材料与新视野——第四届国际汉学会议论文集613～668

阜阳双古堆汉简《庄子》 中国文物研究所等（胡平生） 出土文献研究（第12辑）188～201

日照海曲汉墓出土遣策概述 刘绍刚、郑同修 出土文献研究（第12辑）202～212

松柏汉墓35号木牍侯国问题初探 马孟龙 存思集——中古中国共同研究班论文萃编1～20

松柏木牍《二年西乡户口簿》人口资料辨析 袁廷胜 简帛研究（2011）70～83

松柏西汉墓簿籍牍考释 杨振红 “汉代文化研究”论文集（第1辑）346～355

《银雀山汉墓竹简（二）》释文校订和相关问题的说明 杨安 简帛（第8辑）425～432

银雀山汉简《为国之国》的文献结构与性质 ［日］草野友子 简帛（第8辑）417～424

银雀山汉墓竹简《孙子兵法》之文献学价值刍议 黄朴民 清华大学学报（哲社版）2：116～125

《东阳田器志》考 陈小波 广西博物馆文集（第6辑）169～175

出土《苍颉篇》“姓名简”研究 梁静 简帛（第8辑）409～416

孔家坡汉简校释丛札 王强 出土文献研究（第12辑）253～260

云梦睡虎地汉简《算术》释文与注释 李薇、许道胜 楚学论丛（第2辑）78～83

安徽天长纪庄汉墓“贲且”书牍解释 ［日］广濑薰雄 简帛研究（2011）94～102

长沙走马楼西汉简《都乡七年垦田租簿》初步考察 马代忠 出土文献研究（第12辑）213～222

以简牍为视角看西汉寡妻的生活情态 施宇 丝绸之路12：14～15

长沙五一广场出土J1③:285号木牍解读 赵平安、罗小华 齐鲁学刊4：38～40

长沙五一广场出土东汉木牍“直符”文书解析 李均明 齐鲁学刊4：35～37

长沙东汉简所见王皮案件发微 刘国忠 齐鲁学刊4：41～43

长沙东牌楼东汉简牍《光和六年自相和从书》研究 邬文玲 “汉代文化研究”论文集（第1辑）368～378

长沙东牌楼东汉简牍缀合研究二则 徐俊刚 出土文献研究（第12辑）319～326

东汉简“合檄”封缄方式试探 何佳、黄朴华 齐鲁学刊4：44～47

东汉建初四年“序宁简”考释 下仓涉 古代庶民社会361～390

汉代“坞壁”再探 王海 简帛研究（2011）146～163

“本事”签牌考索 杨小亮 齐鲁学刊4：48～50

汉晋衣物疏补释五则 窦磊 江汉考古2：126～128

《文子》与《淮南子》关系再认识——以《文子》古文书写系统为中心 苏晓威 中国国家博物馆馆刊1：85～90

三国简·西晋简

走马楼吴简师佐家属籍注记“屯将行”及“单身”与孙吴军法 蒋非非 简帛研究（2011）164～183

论长沙走马楼吴简中“生口”及相关问题 熊曲 出土文献研究（第12辑）327～339

走马楼三国吴简中的“立节校尉”考述 雷长巍 出土文献研究（第12辑）340～346

长沙走马楼吴简“嘉禾六年（广成乡）弦里吏民人名年纪口食簿”集成研究——三世纪初江南乡里管理一瞥 侯旭东 古代庶民社会103～147

走马楼吴简“枯兼波簿”新探 张固也 吉林师范大学学报（人文社会科学版）1：18～23

走马楼吴简“小”、“大”、“老”研究中的若干问题 凌文超 中国国家博物馆馆刊11：61～73

再论走马楼吴简中的诸吏 蒋福亚 史学月刊1：22～41

从走马楼吴简看孙吴时期的口算与徭役 李恒全 南京农业大学学报（社科版）2：123～129

走马楼吴简字词札记 谭翠 西南交通大学学报（社科版）3：5～9

走马楼吴简三州仓出米简的复原与研究——兼论“横向比较复原法”的可行性 邓玮光 文史1：231～254

“真吏”别解 凌文超 出土文献研究（第12辑）347～366

从湖南省郴州苏仙桥遗址J10出土的晋简看西晋上计制度 戴卫红 中国社会科学院历史研究所学刊（第8集）155～173

"西晋建兴元年临泽县廷决断孙氏田坞案册"所反映的河西乡里制 赵莉、周银霞 敦煌研究4：73～77

唐简

新疆龟兹研究院藏木简调查研究简报 新疆龟兹研究院等（庆昭蓉等） 文物3：25～52

新疆龟兹研究院藏吐火罗语文字资料研究概况 赵莉、台来提·乌布力 文物3：94～96

从吐火罗B语词汇看龟兹畜牧业 庆昭蓉 文物3：58～66

新疆龟兹研究院藏龟兹语诗文木牍 荻原裕敏 文物12：76～80

吐蕃在于阗与罗布泊的军事体系及其活动 ［日］武内绍人著 朱悦梅译 吐鲁番学研究1：91～104

佚存日本的《魏徵时务策》钩沉——日本出土木简对中国佚书复原研究的意义 葛继勇 文物12：81～86

毕家滩出土衣物疏补释 窦磊 考古与文物2：94～97

补遗

简文《见吴王》与《史记·孙子列传》关系考论 熊剑平、黄朴民 中国人民大学学报2012年6：133～139

帛书

楚帛书《四时》篇神话研究 张玉新、李立 清华大学学报（哲社版）2：126～131

《楚帛书十二月神图》图式考 陈锽 红叶集140～161

马王堆汉墓帛书《木人占》探述 王树金 出土文献研究（第12辑）223～233

马王堆帛书《德圣》校读 韩宇娇 出土文献（第4辑）289～296

从战国古文释马王堆帛书《式法》中的几个字 范常喜、刘杰 考古与文物3：103～106

《马王堆汉墓帛书［肆］》补释 刘玉环 贵州师范大学学报（社科版）3：75～78

马王堆帛书《二三子》疑难字句释读 丁四新、汪奇超 周易研究4：5～17

文书与写本

论敦煌吐鲁番文献流失海外的原因、经过及具体分布 赵彦昌、李晓光 辽宁省博物馆馆刊（2012）386～404

敦煌、吐鲁番、黑水城出土史籍刻本残页考 秦桦林 敦煌研究2：57～63

中国国家图书馆藏敦煌遗书的分类与解说 方广锠 敦煌吐鲁番研究（第13卷）525～547

俄藏敦煌文献整理中的几个问题 赵鑫晔 文献2：62～68

国图敦煌遗书编号的历史与现状 方广锠 文史3：129～146

甘肃省图书馆藏敦煌文献述评 李芬林、曾雪梅 敦煌研究6：69～72

黑水城文献出土地辨析试考——以黑水城出土千字文文书为中心 刘广瑞 宁夏大学学报（人文社科版）5：79～83

文书

读侯马盟书文字札记三则 张道升 江汉考古4：122～124

《诅楚文》补说 王挺斌 汉字文化4：47～50

唐代的"神山路"与拔换城 陈国灿 龟兹学研究（第3辑）9～19

"魁"与"盔"——中古"名"、"物"系联例释 张小艳 复旦学报（社会科学版）4：26～34

敦煌社邑文书词语辑考 张小艳 敦煌吐鲁番研究（第13卷）97～124

陷蕃前的敦煌文书——S. 11287新探 陈菊霞 敦煌吐鲁番研究（第13卷）183～196

唐宋敦煌染料与紫服制度的被突破——以P. 3644为中心 刘再聪、赵玉平 敦煌吐鲁番研究——文献与文明96～110

敦煌文书S. 5747《张承奉祭风伯文》性质再探 黄沚青 敦煌研究2：64～67

敦煌文书《阴阳书·葬事》补正数则 吴羽 敦煌研究2：68～73

英藏敦煌古藏文文献中三份相关经济文书之解析　卓玛才让　西藏研究 3：58～73

关于敦煌文书《比丘法坚发愿文》的几个问题研究　邹旭、张晓磊　高等函授学报（哲社版）2：73～75

唐代书仪中的丧服衣服图解析——以法藏敦煌西域文献为例　朱晓宇　长安大学学报（社科版）1：23～27

从敦煌《荣亲客目》文书看唐宋婚俗中的“添箱”习俗　刘再聪　西北师大学报（社科版）4：54～62

敦煌文献服饰词考释二则　叶娇　语言研究 3：22～24

敦煌出土文书所见“五逆之罪”考　李博　丝绸之路 2：27～30

敦煌藏经洞所出两件度牒相关文书研究　杨宝玉　吐鲁番学研究 2：21～29

两篇敦煌具注历日残文新考　邓文宽　敦煌吐鲁番研究（第 13 卷）197～201

敦煌写本吐蕃文雇工契 P. T. 12974　李并成、侯文昌　敦煌吐鲁番研究——文献与文明 34～46

敦煌写本时日宜忌文书叙录——英藏、法藏篇　宁宇　兰州大学学报（社科版）1：33～40

敦煌西域古藏文雇佣契约研究　［日］武内绍人著　杨铭、杨公卫译　西域研究 4：13～22

5 件文书所反映的敦煌吐蕃时期写经活动　赵青山　中国藏学 4：99～104

从 P. 2942 文书看河西陷蕃前后变通运用律令的问题　僧海霞　敦煌吐鲁番研究——文献与文明 126～133

唐前期敦煌农业开发述略——以 P. 2005《沙州都督府图经》为中心　潘春辉　敦煌吐鲁番研究——文献与文明 134～142

从敦煌文书看晚唐五代敦煌地区布纺织业　金滢坤　敦煌吐鲁番研究——文献与文明 111～125

敦煌文书中所见晚唐五代宋初的灵州道　赵贞　丝绸之路研究——交通与文化 43～58

归义军入奏活动中的贡品进奉与礼物馈赠　杨宝玉、吴丽娱　隋唐辽宋金元史论丛（第 3 辑）79～90

从敦煌《新集杂别纸》看后唐明宗时代河北州镇的地缘关系与领地拓展——《新集杂别纸》研究之一　吴丽娱　唐研究（第 19 卷）361～421

《河西节度使判集》（P. 2924）有关问题考　李并成　敦煌吐鲁番研究——文献与文明 11～17

P. 2979《唐开元廿四年岐州郿县县尉牒判集》研究　潘春辉　敦煌吐鲁番研究——文献与文明 18～33

《北凉高昌郡高宁县条次烽候差役更代簿》考释　陈国灿　吐鲁番学研究 2：1～9

《高昌主簿张绾等传供帐》再研究——兼论阚氏高昌国时期的客使接待制度　裴成国　西域研究 4：67～73

中央民族大学收藏吐鲁番出土文书初探　张铭心、凌妙丹　中央民族大学学报（哲社版）6：115～121

《吐鲁番出土文书》图文本与释文本对照　张远华　吐鲁番学研究 1：123～137

样人考论——以吐鲁番唐代样人文书为中心　程喜霖　敦煌吐鲁番研究（第 13 卷）203～226

《沙州都督府图经》纂修年代及其相关问题考　朱悦梅、李并成　敦煌吐鲁番研究——文献与文明 1～10

德藏吐鲁番出土 Ch. 1635 文书研究　翟旻昊　敦煌研究 5：92～98

吐鲁番阿斯塔那墓出土之唐代三件文书的研究　陈守忠　敦煌吐鲁番研究——文献与文明 47～63

关于《吐鲁番出土文书》中“床”的探讨　黄兆宏　敦煌吐鲁番研究——文献与文明 64～75

从吐鲁番文书看唐代西州县以下行政建制　刘再聪　敦煌吐鲁番研究——文献与文明 143～160

吐鲁番出土唐前期给粮帐初探　吴超　敦煌吐鲁番研究——文献与文明 161～173

唐代安西都护府与丝绸之路——以吐鲁番出土文书为中心　荣新江　龟兹学研究（第 5 辑）154～166

吐鲁番唐代军事文书研究简论　陈习刚　中国文物报6月21日6版
吐鲁番出土文书词语考释三则　张小艳　中国语文6：550～557
吐鲁番文书中的“武周载初元年壹月”所指日期辨正　张新国　中南大学学报（社科版）5：223～226
吐鲁番出土文书疑难词语新考　王启涛　古汉语研究1：27～28
回鹘语廿七宿与十二宫图表——吐鲁番文书TⅡY29（部分）与U494译释　马小鹤　敦煌吐鲁番研究（第13卷）321～339
唐代吐鲁番高昌城周边的水利开发与非汉人居民　［日］荒川正晴著　沈玉凌、平劲松译　吐鲁番学研究2：122～131
论唐代西州镇戍——以吐鲁番唐代镇戍文书为中心　程喜霖　西域研究2：9～19
“雇人上烽契”与唐代“雇人上烽”研究　尚珩　文物春秋4：7～14
交河故城出土回鹘文《高昌王及王后颂词》研究　张铁山　吐鲁番学研究2：10～20
库车出土汉文文书与唐安西都护府史事　陈国灿　龟兹学研究（第5辑）146～153
唐代于阗文书折冲府官印考释——兼论于阗设置折冲府的时间　刘后滨、王湛　西域研究3：23～30
《伏阇达五年蠲除契约》案牍　段晴　敦煌吐鲁番研究（第13卷）291～304
南宋基层文官履历文书考释——以浙江武义县南宋徐谓礼墓出土文书为例　周佳　文史4：163～180
宋代印纸批书试论——以新发现“徐谓礼文书”为例　魏峰　文史4：181～198
西夏末期黑水城的状况：从两件西夏文文书谈起　［日］佐藤贵保著　冯培红、王蕾译　敦煌学辑刊1：163～180
黑水城出土勘合文书种类考　潘洁　内蒙古社会科学5：42～44
黑水城汉文刻本文献定名商补　刘波　文献2：69～76
明教“五佛”考——霞浦文书研究　［美］马小鹤　复旦学报（社会科学版）3：100～114
甘肃岷县大崇教寺明清契约文书研究　彭晓静　青海民族研究3：74～81
清代诰命与敕命封赠文书研究　王学深　中国国家博物馆馆刊6：111～129
一帖晚清科考文书——记录清代士子漫长的科举之路　程道德　中国文物报11月20日5版
写本
新见国家图书馆藏敦煌经部写本残页录校研究　许建平　敦煌吐鲁番研究（第13卷）63～78
中国国家图书馆藏敦煌遗书六种目录述略　方广锠　上海师范大学学报（哲社版）4：35～46
四川博物院藏敦煌吐鲁番写经叙录　林玉、董华锋　敦煌研究2：45～56
敦煌写卷P. 5034v《春秋后语》校补　萧旭　敦煌吐鲁番研究（第13卷）125～140
南北朝隋唐时期的道教类书——以敦煌写本为中心的考察　王卡　唐研究（第19卷）499～527
敦煌写本二《南》校记　秦丙坤　敦煌吐鲁番研究——文献与文明225～228
敦煌写本《吴都赋》校释　秦丙坤　敦煌吐鲁番研究——文献与文明229～232
敦煌遗书中隋独孤皇后施造“一切经”及有关问题　杜斗城、吴通　兰州大学学报（社科版）5：8～14
敦煌算经九九表探析　张小虎　敦煌吐鲁番研究——文献与文明79～87
敦煌遗书中的民法文卷考　李并成　敦煌吐鲁番研究——文献与文明88～95
英藏敦煌藏文文献《普贤行愿王经》及相关问题研究　索南　西藏研究6：58～65
日本古辞书所引《本草》与敦煌本《本草》比较研究　张磊　敦煌学辑刊1：67～72
敦煌写本功德记释录补遗　杨晓宇　甘肃社会科学5：119～122
敦煌写本《春秋后语》残片再发现　郭丹　文献5：66～72
法藏《白泽精怪图》（P. 2682）考　［日］佐佐木聪　存思集——中古中国共同研究班论文萃编

283～299

馆藏敦煌初唐写本《黄仕强传·普贤菩萨说证明经》　陈平　地涌天宝——雷峰塔及唐宋佛教遗珍特展 7～12

敦煌写本 P. 3315 所见古文考　马楠　敦煌研究 2：111～118

俄藏三件敦煌宫廷写经初步研究　赵和平　敦煌研究 3：153～156

敦煌子部文献的范围及分类　许建平　敦煌研究 3：181～187

关于《浙藏敦煌文献》中的古笔题最澄书　王宏理　敦煌研究 5：73～76

一件珍贵的唐五代敦煌俗家弟子诵经录——敦煌研究院藏 D0218 号残卷新探　张先堂　敦煌研究 6：40～49

敦煌《抱朴子》残卷的抄写年代及文献价值　秦桦林　敦煌研究 6：60～68

敦煌写本《玉耶经》的传译校勘及相关问题探讨　宋学春　丝绸之路 18：5～7

德藏吐鲁番出土《幽通赋注》写本的性质、年代及其流传　徐畅　吐鲁番学研究 2：30～60

吐鲁番出土《唐人习字》文书初探　张艳奎　吐鲁番学研究 2：69～78

吐鲁番写本《文选》残卷及其价值　秦丙坤　敦煌吐鲁番研究——文献与文明 233～239

《德藏吐鲁番本〈文选〉校议》商兑补校　秦丙坤　敦煌吐鲁番研究——文献与文明 240～247

《德藏吐鲁番本〈文选〉校议》摭遗补校　秦丙坤　敦煌吐鲁番研究——文献与文明 248～259

书写与属性——再论大谷文书中的医学残片　陈明　西域研究 2：105～116

大谷文书中十三则《千字文》残片之定名与缀合　张新朋　敦煌研究 5：67～72

新出犍陀罗语佛教写卷中的词语辨析　陈明　敦煌吐鲁番研究（第 13 卷）305～320

杏雨书屋藏《秦妇吟》残卷缀合及研究　陈丽萍　隋唐辽宋金元史论丛（第 3 辑）139～147

俄罗斯科学院东方文献研究所收藏的契丹大字手稿书　［俄］维·彼·扎伊采夫（В. П. Зайцев）著　任震寰译　隋唐辽宋金元史论丛（第 3 辑）242～261

俄藏黑水城文献之汉文《阿含经》考论　汤君　敦煌学辑刊 2：121～131

补遗

中古民俗文化管窥：以敦煌写本医籍为中心　王亚丽　敦煌学辑刊 2011 年 4：111～117

敦煌东晋纪年《法句经》写本研究　王菡薇　学术研究 2012 年 12：111～117

新疆出土佉卢文书中所见收养人给付送养人“奶费”现象管窥　李博　中南大学学报（社科版）2012 年 6：207～210

敦煌写本 P. 3081 号文书与唐代五月五日禁忌研究　宁宇　敦煌学辑刊 2012 年 4：60～73

“蘊伏靈善”——丝路出土残片的药名溯源　陈明　敦煌学辑刊 2012 年 4：1～15

敦煌契约文书词语考释十三则　陈晓强　甘肃联合大学学报（社科版）2012 年 6：74～78

中国人民大学博物馆藏和田出土契约文书及相关问题的讨论　丁俊　新疆大学学报（哲学·人文社科版）2012 年 5：61～69

傑謝营田与水利——和田新出《傑謝作状为床和田作等用水浇溉事》研究　刘子凡　新疆大学学报（哲学·人文社科版）2012 年 5：70～76

黑水城出土婚姻类文书探析　马立群　图书馆理论与实践 2012 年 11：54～56

四　碑刻

综述

西安碑林与“丝绸之路”　景亚鹂、白雪丽　陕西历史博物馆馆刊（第 20 辑）44～50

泰山“无字碑”考异（上）、（下）　刘慧　中国文物报 11 月 20 日 7 版、12 月 4 日 7 版

典故破解与石刻文字考证　毛远明　古汉语研究 3：72～77

中国古代碑之“穿”释　王文广　装饰 8：82～82

中国古代佛教摩崖刻经略论　尚荣　现代哲学 4：116～121

吐蕃石刻文献评述 巴桑旺堆 中国藏学 4：75～79

秦、汉

石鼓文的物质文化与神话图像研究 胡建升 民族艺术 2：133～140

《峄山刻石》梳理 徐家骥 秦汉研究（第 3 辑）177～181

芝加哥菲尔德博物馆藏秦汉碑拓初探 张宗炜 古今论衡 25：89～122

芝加哥菲尔德博物馆藏秦汉碑拓七种题跋辑录 张忠炜 国学学刊 2：60～70

汉碑珍宝——“禳盗刻石”的文化价值探究 卢志顺、曹鹏 中国汉画学会第十四届年会论文集 346～349

“乙未地震”与天府广场汉代石碑的联想 王锦生 成都文物 3：25～28

《平山神祠碑》旧释建丞属国应为遼丞属国考 陈世庆 学术界 3：197～203

汉任城王墓出土题记刻石及其相关问题研究 胡广跃 碑林集刊（总第 19 辑）125～129

宜兴东汉《司农刘夫人碑》考证与研究 徐建亚 无锡文博 1：40～44

邹城新发现汉安元年文通祠堂题记刻石 胡新立 中国汉画学会第十四届年会论文集62～75

汉石经《尚书》异文与今本《尚书》校议 赵立伟 宁夏大学学报（人文社科版）3：11～13

曹操高陵石碑文字“胡粉”考 赵宠亮 中原文物 2：40～43

《汉魏六朝碑刻校注》校读举正 梁春胜 传统中国研究集刊（第 11 辑）75～93

魏、晋、南北朝

魏晋南北朝石刻文字的特征及成因 张颖慧 兰州大学学报（社科版）5：33～37

魏晋南北朝石刻俗字考释 梁春胜 中国语文 4：380～382

关于重庆忠县邓家沱石阙铭与墓主的推断 杨晓春 中国国家博物馆馆刊 2：25～32

从辟雍碑看西晋时期的教育和礼仪制度 李艳婷 中原文物 6：107～109

晋初礼制与司马氏帝室——《大晋龙兴皇帝三临辟雍碑》胜义蠡测 童岭 学术月刊 10：148～160

高句丽好太王碑及其相关研究综述 王明月 高句丽与东北民族研究（2011）93～119

集安高句丽碑调查报告 集安博物馆（郭建刚等） 东北史地 3：3～6

集安麻线高句丽碑小识 林沄 东北史地 3：7～16

集安麻线高句丽碑碑文补释 张福有 中国文物报 4 月 10 日 3 版

集安麻线高句丽碑碑文补释与识读解析 张福有 东北史地 3：40～49

中国新出“集安高句丽碑”试析 徐建新 东北史地 3：17～31

集安高句丽碑文识读 孙仁杰 东北史地 3：50～53

集安麻线高句丽碑试读 梁志龙、靳军 东北史地 6：21～26

关于新出集安高句丽碑的几点思考 魏存成 东北史地 3：32～39

集安新出土高句丽碑的重要价值 耿铁华 东北史地 3：54～61

新发现的集安高句丽碑初步研究 耿铁华、董峰 社会科学战线 5：1～11

集安麻线高句丽碑之我见 李新全 东北史地 6：27～29

集安麻线高句丽碑探综 张福有 社会科学战线 5：12～26

论四川阆中南齐《隗先生铭》 蒋晓春等 中国国家博物馆馆刊 5：73～79

摩崖刻经产生背景考略 邓代昆 成都文物 2：9～14

《水经注》徵引石刻文献刍议 张鹏飞 中国文化研究 2：124～133

北魏《邸府君之碑》考释 梁松涛等 文物 11：78～81

涉县林旺响堂石窟摩崖碑刻题记校释 任乃宏 文物春秋 1：44～49

中皇山北齐刻经经主和刊刻时间辨析 刘元堂 南京艺术学院学报（美术与设计版）3：44～47

《马天祥造像记》与北齐武平九年纪年 辛德勇 文史 4：233～252

《晖福寺碑》相关问题蠡测 刘东平 文博 5：84～87

补遗

南北朝造像记与羌族宗教信仰 曾晓梅、吴明冉 西北民族大学学报（哲社版）2012 年 6：51 ~ 56
北朝碑刻所见女性弥勒、观音信仰探析 唐嘉、宋筱清 贵州社会科学 2012 年 12：82 ~ 84 北朝

隋、唐、五代

唐代少数民族碑刻述略 严木初、吴明冉 前沿 6：177 ~ 179
论唐五代社会与政治中的词臣与词臣家族——以新出石刻资料为例 陆扬 北京大学学报（哲社版）4：5 ~ 16
理想与现实——碑志所见唐代的武将形象 刘琴丽 中国社会科学院历史研究所学刊（第 8 集）221 ~ 245
随庵唐宋石刻碑志的收藏与校雠 李弘毅 文献 5：61 ~ 65
“圆仁石刻”再考之比较研究 ［日］葛继勇著 王建岐译 碑林集刊（总第 19 辑）309 ~ 315
北石窟寺历代题记辑录 詹社红、米万忠 敦煌研究 4：42 ~ 52
昭陵碑林名碑考述 李浪涛 乾陵文化研究（二）186 ~ 189
唐初名将尉迟敬德碑研究三题 拜根兴 乾陵文化研究（七）224 ~ 234
唐杨再思墓碑现存文字记事 李阿能 乾陵文化研究（五）153 ~ 157
《大唐都督杨公纪德颂》碑校读 吴景山、张洪 西域研究 1：16 ~ 22
记美国芝加哥富地自然史博物馆藏唐代镇墓石刻 白彬、葛林杰 文物 11：87 ~ 91
北京市文物局图书资料中心藏《唐云麾将军李思训碑》拓本浅识 韩建识 北京文博文丛 3：63 ~ 67
《雁塔圣教序碑》之褚遂良署衔何以不同 路远 文博 1：53 ~ 54
《硖石寺大隋远法师遗迹》碑刻及相关问题考述 于飞 文物世界 2：41 ~ 43
新见《佛堂铭》中舍宅为寺及佛教灵验叙事浅析 傅清音、张安兴 文博 6：89 ~ 93
许昌千佛造像幢研究——兼与黄留春先生商榷 张松莉 中国文物报 10 月 9 日 7 版
新发现的唐武宗会昌元年石刻《心经》 李宝宗 中原文物 2：77 ~ 81
《八关斋会报德记》石幢考述 陈帅 中原文物 5：65 ~ 68
道格尔古碑即唐蕃赤岭划界碑考辨 李宗俊 民族研究 1：67 ~ 73
《苏吉碑》纪年及其记录的“十姓回鹘” 白玉冬 西域研究 3：106 ~ 115
关于五代后汉《陇西公奉宣祭渎记》碑的几个问题 高东海、陈彦堂 华夏考古 3：101 ~ 104
常熟碑刻精品赏析 王燕华 苏州文博论丛（总第 3 辑）44 ~ 51
试析苏州碑刻博物馆义庄、义田类碑刻 陆雪梅 东南文化 2：101 ~ 104
十至十一世纪漠北游牧政权的出现：叶尼塞碑铭记录的九姓鞑靼王国 白玉冬 民族研究 1：74 ~ 86

补遗

唐代长安佛教经幢题记与题名研究：以佛教信众的社会结构为中心 杜文玉 人文杂志 2012 年 6：116 ~ 127
读《暾欲谷碑》札记——*türk sir* 与“锻奴” 包文胜 敦煌学辑刊 2012 年 3：101 ~ 109
唐代洛阳景教经幢再考察 谭红艳 国学学刊 2012 年 4：63 ~ 69

宋、辽、金、元

论永福百寿岩石刻的价值 邓贵银 广西博物馆文集（第 8 辑）143 ~ 148
柳州“拱真岩功德铭”摩崖石刻研究 潘晓军 岭南考古研究（10）173 ~ 177
宋人汉中褒谷石门题刻考续 马强 陕西历史博物馆馆刊（第 18 辑）234 ~ 240
白鹤梁题刻与宋史研究 高远 四川文物 3：73 ~ 78
桂平西山“畅岩”石刻考 冼伟鹏、黄思宁 广西博物馆文集（第 6 辑）188 ~ 190
北宋定州军人的佛事活动——以开元寺塔内石刻文献为中心的探讨 梁松涛、陈丽娜 文物春秋 6：25 ~ 30

定州塔《李德泽等修塔记》碑考析　王晓薇、孙斌　文物春秋 4：72 ~ 76
宋《创修真定府中渡浮桥记》补释　吴玉梅、陈瑞青　文物春秋 3：48 ~ 52
黄文节公书李白诗《忆旧游寄谯郡元参军》碑浅析　姚远　文物世界 2：55 ~ 58
北宋太学石质图书馆——《嘉祐石经》　宋廷位　图书馆理论与实践 6：98 ~ 99
宋代邵熙府儒学碑考　彭慧　四川文物 1：57 ~ 62
重庆中国三峡博物馆藏《皇宋中兴圣德颂》碑考述　刘兴亮　三峡大学学报（人文社科版）4：6 ~ 10
《皇宋中兴圣德颂》摩崖碑的学术价值　刘兴亮　中国文物报 1 月 30 日 7 版
桂林《静江府城池图》疏析　申艳君　岭南考古研究（12）81 ~ 88
宋《开州守廨题名记》石刻研究　刘业沣、刘继东　文物 6：92 ~ 96
《辽代石刻档案研究》补正　李宇峰　辽金历史与考古（第 3 辑）337 ~ 345
《辽代石刻文续编》校点琐议　周阿根　语言科学 2：219 ~ 224
与《契丹藏》有关的二件刻石——辽咸雍四年残经幢及旸台山清水院藏经记碑　齐心、伊力　辽金历史与考古国际学术研讨会论文集（下）371 ~ 379
辽南京地区城镇中的经幢三例　冀洛源　文物 6：57 ~ 65
阜新地区辽代石经幢及其相关问题的研究　梁姝丹　辽金历史与考古（第 3 辑）263 ~ 268
《龙兴观创造香幢记》：一则辽代民间道教的珍贵史料　尤李　中国道教 1：54 ~ 55
金元明时期金代石刻的著录和研究　王新英　辽金历史与考古国际学术研讨会论文集（下）541 ~ 545
近年来女真大字石刻的新发现　金适、凯和　辽金历史与考古国际学术研讨会论文集（下）535 ~ 540
金《武德将军幢记》相关问题再辨　王玉亭　北京文博文丛 3：43 ~ 44
龙泉雾金代武德将军尊胜经幢考　马垒　东北史地 1：52 ~ 55
银川承天寺“两碑”与夏初三朝元老刘仁勖　牛达生　陕西历史博物馆馆刊（第 19 辑）231 ~ 236
西夏碑最初发现地考证研究　王丽霞　丝绸之路 8：62 ~ 64
泉州景教石刻与佛教关系发微　李静蓉、林振礼　东南学术 1：225 ~ 231
圣水峪元至正摩崖题记考释　马垒　文物春秋 6：63 ~ 70
喃答失太子《有元重修文殊寺碑铭》再考　张宝玺　龟兹学研究（第 3 辑）201 ~ 210
元代藏传佛教在福建地区的遗迹考——以泉州清源山三世佛石刻题记为中心　陈立华　中国藏学 4：105 ~ 108
宝坻区刘深墓碑考释　杨新　天津博物馆论丛 104 ~ 110
元代《刘氏祖宗大碑》考释　曹凌子　中原文物 4：91 ~ 92
元赵孟頫书《投龙简记》碑考释　冯军　中原文物 5：69 ~ 72

补遗

北宋《真定府洪济禅院敕文札子碑》考析　杨倩描　河北大学学报（哲社版）2012 年 6：36 ~ 42
陕西鄠县草堂寺阔端太子令旨碑相关问题讨论　史冬游　社科纵横 2012 年 11：120 ~ 122
广州元代高丽穆斯林剌马丹墓碑补考　帅倩　回族研究 2012 年 4：20 ~ 26

明、清

入赘、酗酒与早婚——通江县三通明清告示摩崖石刻考　任江、席凯　碑林集刊（总第 19 辑）227 ~ 237
论明清以来清水江下游天柱地区碑刻的分类、内容与学术价值　李斌等　贵州大学学报（社科版）3：37 ~ 43
明清碑刻所见山西泽州民间“水官”规制　姚春敏　历史档案 2：44 ~ 49
浅析两处摩崖石刻题记与“古道”的联系　刘明　中华文化论坛 1：43 ~ 45

沈丘窦氏祖墓及墓碑考　窦中言　周口文物考古研究Ⅱ140～144
明秦府宝山寺香幢考　陈晓捷　碑林集刊（总第19辑）136～144
德胜寺残碑校释　王浩　故宫学刊（第10辑）430～439
正定崇因寺明神宗旨碑　杜平　文物春秋1：54～58
解读《郑和布施锡兰山佛寺碑》　［斯里兰卡］查迪玛、武元磊　济南大学学报（社科版）3：19～21
明代辽东女真高僧塔铭《圆公塔铭序》考释　杨瑶、高辉　文物春秋5：65～68
房山谷积山院的圣旨与助缘太监芳名碑　罗炤　中国文物报12月4日5版
南京鸡鸣寺现存明碑《重修鸡鸣禅寺记》探析　杨晓春　东南文化5：96～103
南京静海寺残碑与郑和宝船　席龙飞　国家航海（第5辑）73～81
晋祠《夫子庙堂记》书迹考略　贾莉莉　文物世界4：50～52
从明代碑文看肃王贡马营的变迁　岳峰　陇右文博1：69～73
《宝贤堂集古法帖》的镌刻与传承　罗芸　文物世界1：55～57
由《近溪隐君家训》碑说吕坤　刘涛　文物世界6：49～50
《慈母石图》碑考　杜忠义、周建山　周口文物考古研究Ⅱ136～139
武陵山片区明代金石碑刻所见土家族土司的“中华情结”　成臻铭　青海民族研究1：126～138
浅谈下马碑的古今作用　岳巍娜　中国文物报1月30日7版
解析“寿”字碑　黄立志　天津博物馆论丛329～332
清代王爷园寝碑文上的错别字　周莎　中国文物报11月15日6版
山东昌邑清代刘炳勋墓碑考释　刘洪波　中原文物1：96～98
清乾隆二十五年“凉州儒学廪膳生员修缮钟楼”碑　刘茂德　陇右文博2：73～76
跋邛崃福康桥功德碑　陈剑　巴蜀文化研究集刊（7）245～253
会川永安桥碑简考　雷万鑫、杨君谊　丝绸之路18：13～22
河南长葛营坊村《创建天妃宫碑记》考释　张富春　中原文物2：86～89
辽阳博物馆馆藏“东丹王宫”刻石　李智裕　博物馆研究3：86～87
晋祠藏“罗洪先悬笔诗碑”　田立勤　文物世界5：43～44
乾隆《阅永定河记》碑与永定河的治理　付艳华　文物春秋6：71～78
重庆出土清代《沿河查盗章程》碑考　唐治泽　中华文化论坛1：52～57
犵鸟蛮花新画本　玉螭虎纽古碑文——周子仲生平及其艺术初探　张晓东　文物世界4：38～43

补遗

石刻整理常见误录探因——广西石刻研究之五　杜海军　广西师范大学学报（哲社版）2012年5：104～110
清水河县的两方明代长城界址碑　孙驰、李铁钢　中国边疆史地研究2012年4：58～64
河南贡院清代碑记两通　陈宁宁　历史档案2012年4：49～50

附　墓志及地券

汉、魏、晋、南北朝

墓志源流考辨　顾涛　湖北社会科学7：107～109
中古女性墓志略论　谭淑琴、罗艳梅　博物馆学刊（第3辑）64～75
墓志整理三题　王素、任昉　故宫博物院院刊6：34～40
买地券与中国古代土地信仰　高朋　南京博物院集刊（13）107～112
告地策研究评述　张文瀚　中国史研究动态1：5～12
南阳汉代画像石墓志题记题刻研究　曾宪波、王郅庚　中国汉画学会第十四届年会论文集76～80
汉至唐宋买地券校补记　陈杏留　华夏考古1：134～136

出土墓志所见中古谱牒探迹　陈爽　中国史研究4：69～100
东晋南朝墓志文体演进及其文化意蕴考察　朱智武　交流与互动——民族考古与文物研究193～208
《北齐乐陵王高百年墓志》发微　黄寿成　交流与互动——民族考古与文物研究218～227
北魏元融墓志小札　徐冲　存思集——中古中国共同研究班论文萃编117～137
河北曲阳北魏崔楷墓的年代及相关问题　倪润安　中国国家博物馆馆刊2：33～40
安丘出土的一方北魏墓志　刘冠军　中国文物报9月25日8版
邙洛近年新出北魏冯聿、源模、张懋墓志商补　李建平、尚磊明　中原文物5：96～98
北魏元苌墓志补释探究　刘军　郑州大学学报（哲社版）5：151～155
北魏时期杨播家族建构祖先谱系过程初探——以墓志为中心　尹波涛　中国史研究4：101～116
北周莫仁相、莫仁诞父子墓志释解　周伟洲　考古与文物1：73～79
北周史君墓双语铭文及相关问题　杨军凯　文物8：49～58

补遗

六朝墓志俗字的构建变化简析　魏平　重庆工商大学学报（社科版）2012年6：155～160
试析北魏元遥墓志的史料价值　刘军　史学史研究2012年4：110～117

隋、唐、五代

长安地区新出隋代墓志铭十种集释　王其祎、周晓薇　碑林集刊（总第19辑）5～27
隋代刺史辑补　倪广龙　碑林集刊（总第19辑）254～308
隋墓志所见“仁寿宫”史料三例　王其祎、周晓薇　乾陵文化研究（六）331～342
长安新出隋开皇十八年《韩恒贵墓志》疏证　王其祎、周晓薇　文博4：55～57
隋刘度墓志文字校补　舒韶雄　中原文物5：99
咸阳出土隋元威夫妇墓志考说　王静　碑林集刊（总第19辑）66～77
隋姚勋墓志勘误　胡元超　乾陵文化研究（六）343～345
西安新出隋代聘陈使主《薛舒墓志》考证　王其祎、周晓薇　陕西历史博物馆馆刊（第20辑）244～246
长安新出隋《秦僧伽暨妻徐氏墓志》小考——兼说北朝隋唐墓志中的“地主”一词　王其祎、周晓薇　考古与文物6：82～85
隋唐时期敦煌令狐家族谱系考略　马强、潘玉渠　敦煌研究6：73～80
近二十年陕西学者对唐代墓志的整理与研究　曹印双　乾陵文化研究（三）148～153
《唐代墓志汇编续集》释文校补举隅　杨宁　重庆科技学院学报（社科版）6：119～120
唐代墓志撰人、书人、题额者及相关问题考探　刘儒　文博1：66～71
隋唐墓志新见隋唐经籍辑考　刘本才　图书馆杂志7：96～100
新出墓志与唐代文学研究的拓展——以《大唐西市博物馆藏墓志》为中心　胡可先　北京大学学报（哲社版）4：42～48
入唐高丽移民墓志及其史料价值　拜根兴　陕西师范大学学报（哲社版）2：159～165
唐代墓志刻工三题　刘儒　中南大学学报（社科版）4：247～251
唐代公主结缡年龄考——以墓志为中心　郭海文　碑林集刊（总第19辑）186～200
唐墓埋葬告身的等级问题　王静、沈睿文　北京大学学报（哲社版）4：35～41
唐人“守选”年限再考察——以墓志铭记载为核心　蒋爱花　交流与互动——民族考古与文物研究228～237
唐代宗正进士考　郭桂坤　北京大学学报（哲社版）4：27～34
唐墓志中所见宦官监军使　尚民杰　西安文物考古研究（第2辑）192～209
谈洛阳、西安出土的唐代商贾墓志　赵振华　乾陵文化研究（三）131～143
新见李建成墓志管窥唐太宗的政治主张　伏海翔、李超　文博6：72～76
初唐名将屈突通事迹新考——以墓志铭为主的考察　薛婧、马强　陕西历史博物馆馆刊（第18辑）

212～220

盛唐诗人许景先生平事迹、诗文考述——以新出土《许景先墓志铭》为主的考察　马强　陕西历史博物馆馆刊（第19辑）187～194

补《新唐书·宰相世系表》韦氏世系——以《大唐西市博物馆藏墓志》为中心　赵水静　陕西历史博物馆馆刊（第20辑）247～251

长安高阳原出土唐班繇及妻李氏墓志探考——对《元和姓纂》中“扶风平陵班氏”的几点补正　李举纲　文博2：57～62

耀县出土唐永隆元年《折娄惠墓志》小考——兼析北朝胡姓“折娄”氏的渊源递嬗　潘萍、王菁　文博6：77～80

唐代博陵安平大房崔氏出土墓志考　柳金福　乾陵文化研究（四）393～419

新出土唐人墓志与唐代历史地理研究的新拓展　马强　中国历史地理论丛4：84～92

唐《樊方墓志》、《樊兴墓碑》与庆善宫考　曹发展　乾陵文化研究（四）378～392

新见两方有涉大明宫的墓志——兼说唐代文学、皇室婚配和仕进制度　胡明曌　长安大学学报（社科版）1：19～22

郭子仪家族及其京城宅第——以新出墓志为中心　荣新江、李丹婕　北京大学学报（哲社版）4：17～26

“孝义是魏国的国都”又有新发现　田世升　文物世界6：46～48

“鸡水”考——唐代杨赍墓志校释　任乃宏　中原文物6：65～69

唐华文弘墓志中有关昆丘道行军的资料——近年新刊墓志所见隋唐西域史事考释之一　王素　西域研究4：81～89

从墓志看唐代妇女的道教信仰　赵娟宁、焦杰　乾陵文化研究（二）190～194

一篇道教史研究的珍贵文献——唐代《薛赜墓志铭》探析　王永平　文献2：77～82

新见《程紫霄墓志》与唐末五代的道教　雷闻　隋唐辽宋金元史论丛（第3辑）115～127

杜嗣先、井真成墓志与唐代中日关系研究　拜根兴　陕西历史博物馆馆刊（第18辑）204～211

唐高宗、武则天时期墓志研读札记二题　马强　陕西历史博物馆馆刊（第20辑）235～243

关于姚崇夫人刘氏墓志的几个问题　高文文　乾陵文化研究（六）176～181

唐赵王李福、妃宇文修多罗墓志考释　黄清发　碑林集刊（总第19辑）78～84

唐韦贵妃墓志著录补阙　董临渊　乾陵文化研究（七）365～371

《唐昭容上官氏墓志》笺释——兼谈唐昭容上官氏墓相关问题　李明、耿庆刚　考古与文物6：86～91

唐郭仲恭及金堂长公主墓志考释　杨军凯　文博2：52～56

《大唐故金仙长公主志石之铭》考释　陈晓娥　乾陵文化研究（二）177～180

李唐宗室《李僅墓志》与《李傀墓志》钩沉　樊波　乾陵文化研究（三）144～147

新出土《唐故突骑施王子志铭》考释　葛承雍　文物8：79～83

两方新公布的武氏后裔墓志铭考释　拜根兴　乾陵文化研究（三）125～130

新出唐邠宁节度使张公（献甫）妻崔氏墓志考释　陈晔　文博5：79～83

河北正定出土唐成德节度使王士真墓志初探　冯金忠、赵生泉　中国国家博物馆馆刊5：80～86

唐洛州刺史贾敦颐墓志浅析　黄吉军、田建红　洛阳考古（总第2期）93～95

唐乾陵令宗瑾墓志跋　赵振华　乾陵文化研究（六）325～330

《唐乾陵令宗瑾墓志跋》匡补——兼与赵振华先生商榷　陈晔、穆兴平　文博2：66～68

唐乾陵袝葬墓刘濬墓志补考　穆兴平、郑勋　乾陵文化研究（七）25～36

唐《五通观冯仙师墓志铭》疏证　王原茵、李举纲　乾陵文化研究（二）181～185

《唐崇福寺故僧录灵晏墓志》考释　介永强　陕西历史博物馆馆刊（第19辑）195～198

新见唐《独孤法王墓志》考释　张婷、谷朝旭　文博2：63～65

河南洛阳新出豆卢轨墓志研究　李永　郑州大学学报（哲社版）5：156～160

唐《杨志忠墓志》考　傅清音、张宁　碑林集刊（总第19辑）28～34

新出唐《卫巨论墓志》考释　赵水静　碑林集刊（总第19辑）44～51

唐《渤海郡君高氏墓志》考略　郑旭东　碑林集刊（总第19辑）95～99

唐孙则墓志考　卢治萍　辽宁省博物馆馆刊（2012）190～197

唐刘祎之墓志疏证　柳金福　乾陵文化研究（七）357～364

唐冯孝忠墓志刊布并跋　胡元超　乾陵文化研究（七）372～376

唐史献墓志读考　陈晓捷、杨敏侠　乾陵文化研究（七）377～382

唐《郭幼贤墓志》考释　刘林　陕西历史博物馆馆刊（第19辑）202～205

新出唐丁元裕墓志研究　赵力光　唐研究（第19卷）601～611

祁惠墓志考　焦华中　周口文物考古研究Ⅱ110～114

唐李府君墓志略考　焦华中　周口文物考古研究Ⅱ115～119

唐王宰墓志考释　张应桥　四川文物4：39～46

《唐李文举墓志》考释　马志祥　文博1：60～65

唐洋州司马窦匪石墓志铭考略　张翔宇　文博3：52～57

唐郭嗣本与长孙四娘夫妇墓志考释　张占民、倪润安　文博4：58～64

《唐张仁宪神道碑考》补　宋燕鹏、董劭伟　文物春秋1：50～53

唐代封祯墓志铭考释　张国华、沈阳　文物春秋2：58～60

唐代张爽墓志略考　张红军、贾红霞　文物世界4：25～26

北京出土唐代崔载墓志考释　鲁晓帆　中国国家博物馆馆刊8：68～77

新出土唐刘宪墓志疏证　毛阳光　中原文物1：80～87

《大周处士郭君墓志铭》的文化价值　刘珊　中原文物2：109～111

唐代徐峤墓志　王金文　中原文物4：106～109

唐李衡、李洪钧墓志考　张红军　中原文物6：70～72

唐故蓟州司仓参军李洪墓志　张云燕　北京文博文丛3：36～42

试论新出李商隐撰书《太原王公墓志铭》　张玖青　武汉大学学报（人文科学版）4：97～102

唐史光墓志考释　鲁晓帆　收藏家4：35～39

唐王仲堪墓志考释　鲁晓帆　收藏家9：29～34

国内城高氏：最早入唐的高句丽移民——新发现唐上元元年《泉府君夫人高提昔墓志》释读　王其祎、周晓薇　陕西师范大学学报（哲社版）3：54～64

高句丽遗民高提昔墓志铭研究　［韩］金荣官　碑林集刊（总第19辑）85～94

阿史那施（勿施）墓志笺证考释　朱振宏　乾陵文化研究（四）180～211

西安新发现唐代葛啜王子古突厥鲁尼文墓志之解读研究　芮跋辞、吴国圣　唐研究（第19卷）425～442

《葛啜墓志》突厥文铭文的释读　成吉思　唐研究（第19卷）443～446

《故回鹘葛啜王子墓志》之突厥如尼文考释　张铁山　西域研究4：74～80

新出唐史善应、史崇礼父子墓志及突厥早期世系　汤燕　唐研究（第19卷）569～587

五代前蜀许氏父子墓志考述（一）、（二）　薛登　成都文物3：9～17、4：20～26

五代韩氏墓志考　李洪冰　华夏考古3：96～100

后晋夏银绥宥等州观察支使何德璘墓志铭考释　陈玮　中国国家博物馆馆刊3：68～75

补遗

论墓志文体志文和铭文的特点、功用及相互关系——以新出土唐代墓志为中心的考察　孟国栋、胡可先　浙江大学学报（人文社科版）2012年6：49～59

唐官宦墓志首题职官书写的趋尊倾向　杨向奎　语文学刊2012年9A：4～6

宋、辽、金、元

墓志四题　郑嘉励　大众考古2：55~59

陈谅墓志考略　沈浩注　陕西历史博物馆馆刊（第20辑）255~261

苏州博物馆藏宋代道士《景祥墓志》释读　程义　碑林集刊（总第19辑）100~105

宋杜镐妻钟氏墓志及其相关问题　邵磊　碑林集刊（总第19辑）106~115

宋故侍其先生墓志铭释析　姚晨辰、许平　苏州文博论丛（总第3辑）52~55

《宋姚奭墓志》考释　杨玮燕　文博3：64~67

张守节墓志发微　付志杰、李俊芳　文物春秋3：53~57

郑州黄岗寺北宋贾正之及其妻蔡氏墓志考　信应君、信宇鹏　中原文物1：88~90

范仲淹撰贾昌龄墓志研究——兼及出土文本与传世文本的比较　陈朝云、许世娣　中州学刊11：120~125

北宋《折克柔墓志铭》考释　高建国　河北大学学报（哲社版）2：30~33

北宋陕州漏泽园士兵墓志文研究——以番号墓志文为中心　淮建利　中国史研究2：87~108

《成都市二仙桥南宋墓发掘简报》券文校补　黄敏　中国国家博物馆馆刊9：75~79

《宋故万一直阁李君圹志》考　陶渊旻　东南文化5：92~95

新发现《宋拱卫大夫康州刺史田公墓碑》及其相关问题考释　崔峰、蔡副全　史学集刊2：59~64

略述辽宁地区发现的辽人墓志的分区　盖恩存、李宇峰　辽金历史与考古国际学术研讨会论文集（下）520~530

辽朝文官阶制再探——以新近出土的《梁颖墓志铭》为中心　陈晓伟　辽金历史与考古国际学术研讨会论文集（下）608~617

辽代墓志生肖图案的考古学观察　杨玥　考古与文物1：94~101

辽耶律氏是“陈”姓后裔？——《大契丹国夫人萧氏墓志》新释　熊鸣琴　文献5：56~60

辽代平州节度使耶律胡咄石棺及墓志　项春松　辽金历史与考古（第3辑）275~281

巴林左旗辽韩匡嗣家族墓地发现耶律度剌墓志　张兴国　辽金历史与考古（第3辑）293~299

辽《耶律宗福墓志》校勘补述　王利华等　辽金历史与考古（第3辑）300~315

辽《驸马萧公平原公主墓志》再考释　韩世明、都兴智　文史3：101~111

《萧琳墓志铭考释》补述　穆启文　辽金历史与考古（第3辑）282~285

契丹小字《萧徽哩辇·汗德墓志铭》为赝品说　刘凤翥　辽金历史与考古国际学术研讨会论文集（下）506~513

辽《萧莹墓志》略考　都兴智　辽金历史与考古国际学术研讨会论文集（下）514~519

辽《高士宁墓志》考释　左利军　辽金历史与考古（第3辑）286~291

辽《张守节墓志》考　张力　辽金历史与考古（第3辑）316~322

巴林左旗发现两处辽代墓幢　李学良　辽金历史与考古（第3辑）323~325

辽代《刘宇一墓志》考释　杜守昌、李宇峰　辽宁省博物馆馆刊（2012）123~132

金代张守仁墓志考　倪彬　文物春秋3：58~63

山东济南发现两合刘豫伪齐时期墓志　王兴华等　中国国家博物馆馆刊10：55~60

金代《徐方墓志铭》考释　王新英　东北史地5：24~25

元《乡丈王忠墓志》略考　杨军　碑林集刊（总第19辑）52~57

明、清

南京出土明代皇族墓志考　邵磊、王泉　中国国家博物馆馆刊3：84~97

西安碑林藏明代宗室墓志综述　张岩　文博2：69~73

两方明代崇王王妃墓志铭考释　杜忠义　周口文物考古研究Ⅱ131~135

明中山王徐达家族成员墓志考略　邵磊　南方文物4：180~187

明平江伯陈瑄家族成员墓志考　邵磊　天津博物馆论丛89~103

读明《许从震墓志》　张小丽、张婷　碑林集刊（总第19辑）58～65
《咸宁马景魁室人申氏圹志铭》考释　张鸣　陕西历史博物馆馆刊（第19辑）206～208
明薛己母颜太宜人墓志铭考析　金宏久、严建蔚　苏州文博论丛（总第3辑）56～59
任天祚为其父任铎买地券　王菁　天津博物馆论丛116～119
明《诰封太淑人张氏墓志铭》考　贺晏然　华夏考古1：149～152
明肃藩引礼舍人徐公夫妇墓志及相关问题考释　郑国穆　华夏考古4：125～134
明《徐孺人顾氏墓志铭》考略　贺晏然　中国国家博物馆馆刊3：98～102
周藩颍川恭顺王合葬墓志铭考略　葛奇峰、肖启荣　中国国家博物馆馆刊3：103～108
明代唐藩仪正成氏家族墓志考略　张国芝　中原文物5：73～75
西宁出土明代骠骑将军田应龙墓志铭考释　崔永红　青海社会科学6：174～180
从一方墓志铭谈明清时期泉州与琉球的关系　黄伟　福建史志3：22～24
王朝雍及其妻室墓志考释　党斌　上海文博论丛4：37～42
清《拓文运墓志》考释　牛晓春、闫华军　碑林集刊（总第19辑）120～124
唐乾陵陪葬墓区出土一合清代墓志　赵润华　乾陵文化研究（六）357～359
清初《吴公暨配吝恭人墓志》考释　郭宝书、王芳琳　陕西历史博物馆馆刊（第20辑）262～265
福建中国闽台缘博物馆藏清卢毅亭墓志铭浅谈　张雅真　南方文物4：188～190
刘墉祖父为安丘李沁撰写的墓表　刘冠军　中国文物报11月6日7版
《王征南墓志铭》考论　梁宇坤、洪浩　学术交流2：207～210
略谈长沙市博物馆收藏的清同治十三年何绍基墓志　张海军　收藏家4：71～72

补遗

明昭信校尉宋玺墓志疏证　付保珂　语文学刊2012年10B：17～18
清秦慈君墓志考略　付保珂　语文学刊2012年11B：14～15

五　玉器

综述

深化玉器研究的几个问题　杨建芳　文物10：55～60
中国玉文化发展阶段的划分及其特点　刘金山、彭冠英　岭南考古研究（9）68～80
中国历代玉器鉴定通则　殷志强　文物天地7：92～97
中国与中美洲玉文化的初步比较　徐琳　玉器考古通讯1：69～78
南阳独山玉　张帅峰　收藏3：74～79
试论先秦时期古玉的用材及其特点　范勇、陈志学　博物馆学刊（第3辑）76～82
古人存古——玉琮在古代墓葬中的诸意义　苏芳淑　古代墓葬美术研究（第2辑）1～17
中越牙璋竖向刻纹辨识　邓聪　巴蜀文化研究集刊（7）185～199
玉觿研究　么乃亮、黄晓雷　辽宁省博物馆馆刊（2012）228～235
简析中国古代玉璧的发展与演变　邱向军　丝绸之路4：60～62
玉玦功能的演进　施俊　文物天地6：80～83
简析玉器龙纹的发展轨迹　邱向军　中原文物2：101～108
中国古代玉器造型设计中的神性、物性与人性　李兴华、肖绚　江南大学学报（人文社科版）1：100～104
玉敛葬相关问题初探　刘芳菲　天津博物馆论丛120～124
试论裸礼的用玉制度　何景成　华夏考古2：87～94
佩玉有德与佩玉规则　朱纪　收藏8：60～65
西玉东输与华夏文明的形成　叶舒宪　光明日报7月25日11版
西玉东输与华夏文明的形成　叶舒宪　丝绸之路6：5～7

从《说文·玉部》看先秦两汉时期的相玉　孙庆伟　周原（第1辑）121～126
江阴出土玉器概述　翁雪花　江阴文博1：89～91

补遗

中国古代玉器中的螭纹　朱文楷　重庆科技学院学报（社科版）2012年21：162～163

新石器时代

新石器时代玉器鉴定之玉器类型（上）、（下）　殷志强　文物天地8：104～109、9：94～98
中国史前玉神器探微　杨伯达　故宫博物院院刊6：6～12
史前玉钺的形上观察　杨立民　华夏考古1：34～40
史前琢玉的切割工艺　方向明　南方文物4：57～61
卑南玉器概述　方向明　岭南考古研究（9）9～27
"璇玑"、"玉牙璧"辨析——兼论"夷玉"与岫岩玉的关联　杨伯达　旅顺博物馆学苑（2008）8～17
璇玑·辽东半岛与山东半岛之比较　王嗣洲　旅顺博物馆学苑（2008）31～38
大连四平山积石塚出土"牙璧"新论　杨伯达　旅顺博物馆学苑（2009）1～17
辽东半岛与洛阳地区新石器时代玉器浅析　徐昭峰、易航舟　旅顺博物馆学苑（2011）27～32
辽西玉文化与史前精神文化　李健民　古玉今韵——朝阳牛河梁红山玉文化国际论坛文集426～427
东北古玉的发生与中华礼制文明的起源　田广林　旅顺博物馆学苑（2008）57～61
劳佛与美国菲尔德博物馆的中国玉器收藏　殷志强、殷晓旭　文物天地12：90～96
旅顺博物馆藏三叉形玉器辨伪　孙传波　旅顺博物馆学苑（2009）122～123
甘肃静宁县博物馆馆藏玉器价值述论　阎惠群　丝绸之路16：13～14
浅谈玉器鉴定——以红山文化玉器为例　洪殿旭　文物天地2：102～104
"红山系玉器"研究的再思　邓淑苹　红山文化学术研讨会论文集321～346
红山玉器的历史定位　郭大顺　古玉今韵——朝阳牛河梁红山玉文化国际论坛文集13～15
红山文化古玉在早期国家起源研究中的意义　张星德　古玉今韵——朝阳牛河梁红山玉文化国际论坛文集96～101
牛河梁红山玉器——中国玉文化之源　吕军　古玉今韵——朝阳牛河梁红山玉文化国际论坛文集85～95
红山玉人的传承、意义探讨　张明华　古玉今韵——朝阳牛河梁红山玉文化国际论坛文集110～119
牛河梁遗址出土玉器承载的历史信息　孟昭凯　古玉今韵——朝阳牛河梁红山玉文化国际论坛文集27～33
从牛河梁出土两件绿松石坠说起——东北地区史前出土的绿松石问题　栾秉璈　古玉今韵——朝阳牛河梁红山玉文化国际论坛文集280～284
红山文化玉器蕴藏着黄帝及龙凤文化信息　雷广臻　古玉今韵——朝阳牛河梁红山玉文化国际论坛文集16～26
阴阳和谐的红山玉文化　颜祥富　古玉今韵——朝阳牛河梁红山玉文化国际论坛文集204～212
牛河梁遗址出土玉器初析　崔岩勤　古玉今韵——朝阳牛河梁红山玉文化国际论坛文集34～50
红山文化礼玉美术襁俗析疑——探索牛河梁玉雕四象所凸现的史前天地四神观　叶伟夫、叶芃　古玉今韵——朝阳牛河梁红山玉文化国际论坛文集354～425
牛河梁出土玉器和中国象形文字源起的探索　梅宇　古玉今韵——朝阳牛河梁红山玉文化国际论坛文集285～301
故宫博物院藏红山文化玉器研究　徐琳　红山文化学术研讨会论文集262～284
牛河梁红山文化古玉玉质来源浅析　邱晓辉　古玉今韵——朝阳牛河梁红山玉文化国际论坛文集432～437
从牛河梁遗址出土玉器纵观中国史前用玉思想和古代玉器的发展规律　周郁成　古玉今韵——朝阳

牛河梁红山玉文化国际论坛文集 302～318

关于勾云形玉器的相关问题　杨晶　红山文化学术研讨会论文集 285～303

黄帝受命有云瑞　夷巫事神琢瑞云——解读红山文化牛河梁遗址出土玉勾云形器的文化基因密码兼论其与黄帝云瑞之关联　杨伯达　古玉今韵——朝阳牛河梁红山玉文化国际论坛文集 3～12

管窥勾云形玉器——以牛河梁第二地点 M14 出土勾云形玉器为例　郭明　古玉今韵——朝阳牛河梁红山玉文化国际论坛文集 136～143

勾云形玉器文化内涵的自然属性　董婕、李雪梅　古玉今韵——朝阳牛河梁红山玉文化国际论坛文集 167～172

红山文化勾云形玉器内涵探讨——兼及古代纹饰的释读及其方法问题　王先胜　古玉今韵——朝阳牛河梁红山玉文化国际论坛文集 173～203

红山文化"带爪鹰面勾羽形佩"之形式发展及其余绪　黄翠梅　古玉今韵——朝阳牛河梁红山玉文化国际论坛文集 125～135

良渚玉器（神人）兽面像与红山勾云形玉器的比较研究　方向明　红山文化学术研讨会论文集 347～363

关于红山文化抽象变形类玉器的解读——以玉猪龙和玉勾云形器为例　周晓晶　红山文化学术研讨会论文集 304～320

也谈红山文化 C 形玉龙的工艺　牟永抗　东南文化 6：66～71

龙凤佩——红山文化一重玉　郭大顺　故宫文物月刊 4：68～73

红山文化的鹰形玉器与中国东北地区的猎鹰信仰　黄翠梅　红山文化学术研讨会论文集 141～157

红山文化的鹰形玉器与猎鹰信仰　黄翠梅　故宫文物月刊 4：74～83

红山文化玉兽面饰考识　方殿春、朱达　古玉今韵——朝阳牛河梁红山玉文化国际论坛文集 120～124

红山文化玉箍形器及其器用制度初探　冉宏林　玉器考古通讯 1：22～26

斜口筒形玉器非龟壳说　蒋卫东　红山文化学术研讨会论文集 251～261

红山文化斜口筒形玉器新解　蒋卫东　收藏家 9：22～28

红山文化玉琮与良渚文化玉琮的比较研究　王冬力　古玉今韵——朝阳牛河梁红山玉文化国际论坛文集 438～443

纵使相逢未尽识——牛河梁 IIZ1M21 出土玉器探析　许晓东　古玉今韵——朝阳牛河梁红山玉文化国际论坛文集 144～157

承前启后的红山文化玉器——牛河梁第二地点一号冢 21 号墓玉器研究　周晓晶　古玉今韵——朝阳牛河梁红山玉文化国际论坛文集 158～166

红山文化玉器功能之我见——食品说、胚胎说、祭祀祷雨说　臧振　古玉今韵——朝阳牛河梁红山玉文化国际论坛文集 102～109

红山文化牛河梁遗址玉器的次生附着物对比初探　周述蓉等　古玉今韵——朝阳牛河梁红山玉文化国际论坛文集 260～264

薛家岗文化类型的几件玉饰品　程霁红、宋康年　中国文物报 1 月 2 日 8 版

灵宝出土仰韶文化玉器赏析　杨海青、常军　收藏家 4：25～30

关于凌家滩文化肖生玉的历史成就　张宏明、钟向群　收藏家 4：40～46

三位一体：凌家滩玉鹰的文化阐释　徐峰　四川文物 6：22～27

新石器时代最早的玉"神面"——凌家滩玉版　方向明　东南文化 2：84～89

良渚文化"人鸟兽"合一玉器蕴意新解　十工　大众考古 1：33～37

良渚玉文化研究的综合思考　吕宇斐　玉器考古通讯 1：27～33

试论良渚玉器与战汉玉器的刀法继承　郑波　中国文物报 3 月 1 日 6 版

从"神人兽面纹"看良渚文化玉琮形制　许边疆　南京艺术学院学报（美术与设计版）4：46～50

山东龙山文化用玉制度的考古学观察　曹芳芳　玉器考古通讯 2：60～86

龙山文化玉礼器的审美特质　李晶晶　河北大学学报（哲社版）1：149～152

延安出土史前玉器综合考察与研究——以芦山峁出土玉器为中心　段双印、张华　玉器考古通讯 2：15～30

关于陕北芦山峁玉器的若干问题　朱乃诚　玉器考古通讯 2：31～38

玉文化先统一中国说：石峁玉器新发现及其文明史意义　叶舒宪　民族艺术 4：11～20

从石峁到喇家——史前西部玉器新发现的文化史意义　叶舒宪　丝绸之路 19：5～9

补遗

红山文化玉器用料探究　李明华　内蒙古社会科学 2012 年 6：82～84

夏、商、周

夏商出土古玉鉴考——读玉笔记之二　杨伯达　故宫学刊（第 9 辑）8～95

从“天地之灵玉器展”谈公元前第二千纪的华夏大地　邓淑苹　玉器考古通讯 1：34～49

礼失求诸野——试论“牙璋”的源流与名称　孙庆伟　金玉交辉——商周考古、艺术与文化论文集 467～508

企立鹰玉笄首的年代、形制演变和文化传统　朱乃诚　故宫文物月刊 1：100～111

企立鹰玉笄首的年代与形制演变——从妇好墓出土的鹰笄首谈起　朱乃诚　玉器考古通讯 1：50～58

玉柄形器功能新识　魏继印　考古与文物 1：38～44

浅议商代玉器主要形制及装饰手段　雷雨　文物世界 6：15～17

商代玉器之管窥——《天地之灵——中国社会科学院考古研究所发掘出土商与西周玉器精品展》展品概说之一　穆朝娜　收藏家 8：39～47

安阳博物馆藏殷墟玉器分类研究　杨红梅　玉器考古通讯 2：7～14

玉石之魂——商周玉器精品　乔文杰　收藏 10：50～55

商周玉鱼　宋笑飞　收藏 10：56～59

商周玉鹿鉴赏　杨爱民　收藏 11：72～77

浅谈商周玉戈　张帅峰　收藏家 12：36～40

周口出土商周玉器的初步研究　李全立　周口文物考古研究Ⅱ24～31

流光溢彩，翠绕珠围——西周至春秋早期的梯形牌联珠串饰　黄翠梅　金玉交辉——商周考古、艺术与文化论文集 559～600

“周代的玉璜组配与梯形牌联珠串饰”内容简摘　黄翠梅　玉器考古通讯 1：59～63

从鹿邑长子口墓玉礼器看我国礼玉文化　焦华中、史文利　周口文物考古研究Ⅱ40～44

浅谈长子口墓虎首跽坐人鸮佩与良渚文化“玉琮王”纹饰的关系　焦华中、李红学　周口文物考古研究Ⅱ45～48

虢季墓出土的玉兵器　张秀玲、赵昂　中国文物报 10 月 23 日 7 版

应国西周早中期组玉佩赏析　杨海青　收藏家 10：51～57

质胜于文　真性乃显——略论芮国出土的改制玉器　蔡庆良　故宫文物月刊 9：46～59

梁带村芮国墓地出土玉器几点认识　张伟　文博 6：27～32

一件年代复杂的大型分段连缀式玉璜　丁哲　中国文物报 8 月 16 日 6 版

再谈陕西地区秦国玉器　王蔚华　西安文物考古研究（第 2 辑）51～63

关于鸿山越墓“玉覆面”的讨论　褚莘、杨茜　文化遗产研究集刊（第 6 辑）92～105

曾侯乙墓出土玉器选析　陈春、段涛涛　江汉考古 2：86～88

楚人玉饰之良器——馆藏战国玉佩选介　陈伟容　中国文物报 1 月 2 日 8 版

晚期巴文化玉器研究　方刚　四川文物 1：36～44

补遗

河图的原型为西周凤纹玉器说　叶舒宪　民族艺术 2012 年 4：27 ~ 32

秦、汉

“汉八刀”之管见　王宁邦　大众考古 5：83 ~ 86

从汉代玉璧论璧在中国文化史上的意义　邓淑苹　故宫学术季刊 30 卷 3：1 ~ 44

汉代玉璧的随葬制度　石文嘉　中原文物 3：61 ~ 66

西汉至新莽宝玉石微雕——从系臂琅玕虎魄龙说起　左骏　故宫文物月刊 12：90 ~ 103

玉中奇物——汉代玉刚卯　李皓　收藏 8：66 ~ 67

刚卯　于军　无锡文博 2：64 ~ 65

浅论玉衣的发展与消失过程　梁晗清　周口文物考古研究Ⅱ88 ~ 92

刘疵墓与金缕玉衣　尹世娟　中国文物报 10 月 23 日 8 版

难得一见的丝缕玉衣　叶丹洋　文物天地 12：36 ~ 38

汉代龙凤玉器珍品赏析　祝静　文物世界 1：8 ~ 11

汉代“舞人”玉雕探析　张亮　南方文物 4：191 ~ 193

宝鸡凉泉汉墓出土玉人分析　田亚岐、许卫红　考古与文物 6：77 ~ 81

西汉长沙国奢华生活象征——长沙陡壁山王室墓玉器选介　张海军　收藏家 7：72 ~ 74

汉玉的巅峰——南越王墓的玉器　李郁　文物天地 12：31 ~ 35

徐州汉墓出土凤纹玉器　尹钊等　收藏 11：78 ~ 81

隋、唐及以后

隋唐至元代佛教玉概述　金泉　博物馆研究 3：70 ~ 72

西安何家村唐代窖藏九环玉带制作时代考　刘思哲　考古与文物 4：95 ~ 99

唐朝出土玉带赏析——绚烂之极　归于平淡　秦伟　大众考古 4：54 ~ 56

西安西郊出土唐玉带图像考　王自力　文物 8：59 ~ 65

唐代女性玉首饰　董洁　文博 1：42 ~ 48

唐代玉梳背考略　董洁　文物世界 5：68 ~ 73

唐乾陵李仙蕙墓出土玉器鉴析　田宾锋　乾陵文化研究（二）257 ~ 259

骨咄玉新考　刘云辉　陕西历史博物馆馆刊（第 18 辑）264 ~ 267

芳草桥边花满溪——国家博物馆藏宋代花形玉佩浅谈　李宏坤　文物世界 6：3 ~ 9

国家博物馆藏宋代玉童子佩　李红坤　文物世界 3：3 ~ 6

宋代玉璧的分类与鉴定　陈立鼎　收藏家 2：61 ~ 68

生动活跃的宋代玉鱼雕刻　张宏明　收藏家 8：59 ~ 68

宋代玉鱼的文化认识　方林　文物世界 5：3 ~ 5

独运匠心的辽代玉器　周晓晶　辽金历史与考古国际学术研讨会论文集（下）475 ~ 479

明前期礼仪用玉研究　徐琳　故宫学刊（第 10 辑）174 ~ 192

明清玉器种类与装饰题材　靳彦乔　收藏家 5：59 ~ 65

小玩意与大世界——武汉博物馆藏玉佩饰撷珍　陈朝霞　收藏家 10：21 ~ 28

光洁温润　白如羊脂——沈阳故宫珍藏的清宫白玉（下）　李理等　收藏 1：82 ~ 91

清宫遗韵传古今——沈阳故宫藏清代瓷器珐琅玉器精品展（下）　栾晔、张莹　收藏家 9：8 ~ 12

清代中期和田贡玉探析　白文源　天津博物馆论丛 65 ~ 71

乾隆皇帝与玉扳指　吴伟苹　故宫文物月刊 10：94 ~ 109

游于艺——乾隆帝的玉石之趣　许晓东　文物天地 5：52 ~ 57

乾隆与玉（一）、（二）　李宏为　收藏家 6：37 ~ 45、7：57 ~ 64

乾隆时期的仿古玉　许晓东　收藏家 9：35 ~ 43

玉勒赏析　齐蒙喜、车奇凯　收藏家 9：85 ~ 86

六　货币

综述

2012 年中国钱币学研究综述　秦慧颖等　中国钱币 3：67～73

清以前的钱币学研究及其撰述简论　潘胜强　中国钱币 6：16～23

故宫钱币收藏研究的意义　章宏伟　中国钱币 4：31～34

凿边钱由来的进一步探讨　吴文强　新疆钱币 2：19～21

中国古代银锭铸造工艺研究　周卫荣等　中国钱币 4：3～11

“看得见的华夏历史文化”系列之十——馆藏先秦货币　苏启明　历史文物 10：45～51

吐鲁番博物馆藏古代钱币综述　曹洪勇　新疆文物 3～4：100～111

商、周

贝币三题　袁水清　收藏 4：80～83

先秦吴越货币若干问题探讨　周祥　上海文博论丛 2：54～57

刀币起源国别问题的探讨　冯括　中国钱币 3：14～20

齐刀流通区域的历史地理考察　陈隆文、王星光　中国古都研究（总第 24 辑）143～153

春秋战国时期最为精美的齐大刀系列货币　戎畋松　收藏 4：88～91

从临淄出土齐刀范看齐刀币的分期及相关问题研究　陈旭　中国钱币 1：3～5

华夏古泉网藏珍　贾晖、刘伟　收藏 4：98～100

雪堂旧藏“封氏”三孔布闻见录　赵梓凯　收藏 4：86～87

“五陉·十二朱”小型三孔布　戎畋松　收藏 11：99～101

春秋布币鉴定　姚江波　文物世界 1：48～50

空首布的演变　唐晋源　收藏 4：84～85

战国布币鉴定　姚江波　文物世界 3：45～47

浅谈战国时期三晋货币方足布的品类　马静　文物世界 6：10～14

介绍一枚新见“郭”字三孔布　黄锡全　中国钱币 2：3～5

战国“宅阳”方足布　王舒乙　收藏 10：66

两枚方足布新品　朱安祥、孙辉　中国钱币 5：8～9

战国“共”系币铭文新释　段颖龙　中国文物报 4 月 26 日 6 版

陕西出土战国时期货币钩沉　党顺民　收藏 4：92～97

解析一枚珍稀环钱——出土文献、传世文献、古币文字互证之一例　黄锡全　出土文献（第 4 辑）149～155

圜钱珍品两枚　贾晖、刘伟　收藏 6：78～79

楚都徙寿春　黄金有几何——寿县博物馆藏战国寿春城遗址的楚国金钣　许建强　文物天地 6：64～71

“鍿两”与“圣朱”　陈治军　中国钱币 5：3～7

汉、南北朝

广西北部湾地区汉代货币经济的产生与发展　黄启善　广西博物馆文集（第 6 辑）176～182

临潼新丰汉墓出土五铢钱研究　方琳　秦汉研究（第 6 辑）201～205

具有双重版式的汉半两钱　董良义　收藏 8：68

成都青白江西汉木椁墓出土的半两钱　成都博物院、青白江区文物保护管理所（曾咏霞、杨晓明）中国钱币 5：43～49

西汉蛇目半两钱赏析　董良义、董文萍　中国钱币 5：76～77

论西汉的两种货币——黄金和铜钱　韩严振　周口文物考古研究Ⅱ185～192

湖北竹山出土的西汉金饼　李菲　中国钱币 5：51

《汉书》所记白金货币材质新探　赵晓明、黄方　陕西历史博物馆馆刊（第20辑）319～323
从“大泉五十”铜钱范看王莽币制改革　贺祥　收藏9：102
“汉佉二体钱”新考　储怀贞等　新疆钱币4：1～3
湖南常德出土一批汉代金银饼　王永彪　文物6：66～73
南朝萧梁铸“两柱五铢”　周金科　收藏1：96
犍陀罗佛像起源问题的重要实物依据——贵霜佛陀钱币研究　赵玲　吐鲁番学研究1：42～56
辽宁朝阳博物馆收藏的波斯萨珊王朝银币　朝阳博物馆（韩国祥）　文物7：72～74

唐、五代

新疆博物馆馆藏波斯萨珊朝银币　伊斯拉菲尔·玉苏甫、安尼瓦尔·哈斯木　龟兹学研究（第1辑）114～135
唐高宗与乾封泉宝钱　张鑫　乾陵文化研究（二）262～265
唐代开元通宝的分期　郭永淇等　西安文物考古研究（第2辑）282～287
奇台发现折十型大历元宝铜钱——兼谈安西都护府铸币　邱德美、邱璞玉　新疆钱币2：14～18
库车县出土唐代窖藏钱币的研究　颜松　新疆钱币3：1～8
也说“元”字钱和“中”字钱　刘延文、刘建铭　新疆钱币3：53～54
唐代密戏钱　金长宝　收藏11：101
突骑施钱币的文字　吴中华　新疆钱币1：37～47
从突骑施钱币看唐代中原经济文化对西域的影响　李达　新疆钱币1：63～64
也说突骑施钱币——兼介绍一枚突骑施小钱币　刘延文　新疆钱币2：12～13
洛阳五代墓出土开元通宝钱初析　潘付生　中国钱币1：6～12
试析旅顺博物馆藏“高昌吉利”钱的年代及性质　吕媛媛　旅顺博物馆学苑（2009）139～144

宋及以后

柳城洛王窖藏铜钱要览　胡玉圣　广西博物馆文集（第7辑）380～385
对川汇新区宋代钱币窖藏的解析　焦华中　周口文物考古研究Ⅱ120～130
北宋“庆历直十”创见品　贾晖、刘伟　收藏5：98～99
“大观通宝”旋读折三银钱考　朱浒　中国钱币5：10～12
“靖康元宝”篆书折二钱　王舒乙　收藏1：100～101
精美的“绍兴元宝”篆书折二钱　王泰初　收藏1：101
巫山窖藏银铤初探　丁丹　中国钱币5：52～53
辽代年号钱赏析　李丽新　辽金历史与考古（第3辑）332～336
金代窖藏铜钱研究　张崴、王德朋　辽金历史与考古（第3辑）70～82
北京右安门出土金代窖藏钱币初探　李维　中国钱币6：52～53
金代吏员俸禄及相关问题研究　王雷等　中国国家博物馆馆刊10：40～54
打制有汉字的金帐汗国术赤银币　［俄］贝里亚耶夫、斯达诺维奇著　李铁生译　中国钱币4：23～30
从“大明通行宝钞”纸币看西域与中原的联系　阿迪力·阿布力孜　新疆钱币2：38～40
叶尔羌汗国钱币及其相关问题再探讨　李江霖、李霭然　新疆钱币3：11～15
明代市舶太监韦眷墓出土的威尼斯银币　刘斌　文物天地12：55～56
浅谈天命通宝钱版别　洪炜　中国钱币3：31
台湾南明郑氏第四次铸钱考析　林建顺　中国钱币5：33～37
新疆红钱中的两个问题　石刚　新疆钱币1：1～3
浅议一枚异年号合背新疆红钱　张建功　收藏12：77～79
咸丰重宝宝泉当五十无纪值大钱　徐鹏　中国钱币5：7
特大古钱“咸丰重宝”赏析　林嘉华　江阴文博2：21～22

咸丰宝源局铸造铁质制钱　田显豪　中国钱币 6：75～78
清代奉天光绪银币考述　钱屿　上海文博论丛 2：40～53
清末五省币模出处考　［美］孙浩　中国钱币 2：14～23
陕西榆林出土的清代私铸钱币　黄维、王小塔　中国钱币 1：13～16
锦州北郊出土的清末樊恩煦藏泉　刘鲰　中国钱币 1：20～26
清代“受天百禄”吉语花钱　程思明　收藏 2：103

七　铜镜

铜镜出土状态研究　王锋钧、杨宏毅　中原文物 6：22～30
战国汉唐丝绸与铜镜纹饰的比较研究初探　王晨　江淮文化论丛（第 2 辑）220～232
略论中国铜镜纹饰构图与描绘手法的演变　黄诗金　草原文物 2：107～113
海外藏中国古代铜镜概述　苏强　收藏 5：112～129
旅顺博物馆藏龙纹镜　宋艳秋　收藏家 2：35～40
旅顺博物馆藏龙纹镜　宋艳秋　文物天地 7：76～79
角王巨虚铭文镜的类型内涵与时代　张宏林　收藏家 10：29～34
四川地区早期带柄铜镜的初步研究　郭富　四川文物 6：33～45
四川出土铜镜概述　高大伦、岳亚莉　四川文物 4：66～73
潜山县博物馆藏战国两汉铜镜　李丁生　文物 2：86～91
大连地区出土汉代铜镜略说　唐子尧　旅顺博物馆学苑（2012）12～14
洛川博物馆馆藏铜镜介绍　杨军　陕西历史博物馆馆刊（第 19 辑）247～249
从馆藏四枚铜镜管窥西汉晚期铜镜　李洪霞　天津博物馆论丛 246～251
阜阳出土新莽“井田”铭博局镜及相关问题　杨玉彬　南方文物 2：205～208
日光镜铭新释　李学勤　文博 1：16～17
国博馆藏西汉新莽铜镜的类型与分期　苏强　中国国家博物馆馆刊 5：124～140
也谈济源汉代铜镜铭文的学术价值　朱文通　中国文物报 3 月 27 日 7 版
平度西汉墓随葬铜镜初探——日本古墓随葬铜镜溯源　王趁意　中原文物 5：49～55
汉镜撷英　尹钊等　收藏 3：100～103
西汉神人禽兽纹镜上的猪象之辨　王趁意　收藏家 3：65～67
汉代镜铭纹饰与文献记载中的仙道人物（上）　张宏林　收藏家 12：47～52
从汉代铜镜看当时人们的生活与思想　霍艳洁　丝绸之路 24：11～12
神兽镜上的巨虚及其相关问题探讨　王振芬　旅顺博物馆学苑（2009）115～121
东汉纪年蜀镜的初步考察　苏奎　中国国家博物馆馆刊 12：80～91
济源市博物馆收藏的两件汉代铭文铜镜　李晓音　中国文物报 2 月 13 日 8 版

一面图文并茂的东汉画像镜——镜铭“盛如长安南，贤如鲁孔子”传递的文化信息　王纲怀　收藏家 5：73～76

再论徐州地区出土的三角缘神兽镜　杨金平　秦始皇帝陵博物院（总 2 辑）340～344

三国吴“佛”字铭佛像镜研究（一——四）　清华大学《汉镜文化研究》课题组　中国文物报 3 月 27 日 7 版、4 月 10 日 7 版、4 月 24 日 7 版、5 月 8 日 7 版

三国吴太元二年铭纪年镜释考　王纲怀　中国文物报 6 月 19 日 7 版

中日画纹带佛兽镜探秘——中日画纹带佛兽镜的同模镜考（一——四）　王趁意　收藏家 6：67～71、7：25～29、8：77～80、9：79～84

隋唐墓出土的“古镜”——兼论隋唐铜镜图文的复古问题　范淑英　古代墓葬美术研究（第 2 辑）271～301

扬州铸镜与隋唐铜镜的发展　陈灿平　江淮文化论丛（第 2 辑）275～301

隋唐铜镜研究综述 张小丽、郃紫琳 西安文物考古研究（第2辑）210～220
试论隋唐时期的瑞兽镜 张小丽 西安文物考古研究（第2辑）221～258
精美华贵 绚丽多姿——谈宝应博物馆收藏的唐代铜镜 唐华荣 江淮文化论丛（第2辑）366～369
洛阳唐代有铭铜镜综述 程永建、张翠玲 洛阳考古（总第1期）90～95
从唐代鸾鸟类铜镜看唐代女性的情感生活 杨瑾 乾陵文化研究（六）278～284
吐鲁番出土的“秦王镜” 李春长、徐静 新疆文物3～4：112～116
唐代道教“孝道”的物质载体：真子飞霜镜 刘艺 宗教学研究1：96～102
大唐盛世映镜中——唐代扬州铜镜珍赏 徐忠文 文物天地1：96～99
朝阳博物馆藏宋代铜镜 徐效慧 辽宁省博物馆馆刊（2012）240～244
阜阳市博物馆藏宋代铜镜 司学标 文物2：92～94
宋辽金铜镜中的人物故事 李建廷 收藏7：96～98
建州“官”镜见证千年“丰国监” 鄢智 中国钱币1：19
抱泉斋藏辽金铜镜及有关问题 刘一、梁钦祥 旅顺博物馆学苑（2009）96～106
两心同长存 佛光照乾坤——Lloyd Cotsen先生捐赠的辽代莲花人物镜之考古学研究 胡嘉麟 上海文博论丛1：47～61
金代铜镜两个问题的探讨 尤洪才 黑龙江史志3：53～54
丹东市发现“官”字款瑞兽镜辨伪 陈章龙 辽金历史与考古（第3辑）357～361
锦州市博物馆藏金代铜镜及初探 刘鲡 辽金历史与考古国际学术研讨会论文集（下）490～498
旅顺博物馆藏金代刻款铜镜考略 刘俊勇 旅顺博物馆学苑（2008）235～241
旅顺博物馆藏金代海舶镜 徐媛媛 旅顺博物馆学苑（2013）116～120
金代精品铜镜 布明虎 中国文物报8月28日7版
浅谈明伯牙鼓琴纹铜镜的历史价值 王丽蓉 丝绸之路2：84～85

八 度量衡

再论楚国的衡制与量制 陈治军 中国钱币2：6～9
平都量再考 陈晓捷 秦始皇帝陵博物院（总2辑）345～351
清陈介祺辑拓审订秦始皇诏瓦量残字稿本考略 徐钢城、钱铁颖 收藏家9：13～21
陈簠斋旧藏莽量的重新发现与研究 苏辉 文博1：36～41
古浪出土的大司农平斛 景泽时 陇右文博2：38～39
北宋熙宁十年铜权 戴泽瑞、郑金席 浙江文物3：26
馆藏元代大都路铜权及相关问题研究 都惜青 辽宁省博物馆馆刊（2012）245～258
元代铜权的初步研究 蔡明 考古6：62～82
元代大都路造四体铭文铜权及相关问题研究 于力凡 北京文博文丛2：74～81

九 玺印与封泥

罗福颐《增订汉印文字征》述略——兼议罗振玉序言所述整理古文字方法 白建新 故宫学刊（第9辑）371～383
金什文宝赏鉴 朱纪 历史与现实——文化遗产保护及发展国际学术会议论文集341～360
由陕西出土的几枚古代印章简论中国历代印风 付海翔 西安文物考古研究（第2辑）315～323
战国玺印自名解 田炜 中山大学学报（社会科学版）6：73～76
新见秦印资料录识 韩祖伦 秦俑博物馆开馆三十周年秦俑学第七届年会国际学术研讨会论文集428～435
“和氏璧”磨制“传国玺”考辨 李银德 秦俑博物馆开馆三十周年秦俑学第七届年会国际学术研

讨会论文集 420～427

西汉南越国墓出土铭刻补释三题　谢崇安　考古与文物 1：68～72

“楚骑尉印”及“蕲城宋父”印相关问题考　严烨　文物春秋 2：55～57

“汉匈奴归义亲汉长”印考释　许红梅　丝绸之路 18：8～10

南越玺印不寻常　李秋晨　文物天地 12：29～30

从“广陵玉玺”和“汉委奴国王”金印看汉官印制度　杜爱华　南京博物院集刊（13）180～183

陕西历史博物馆藏三枚印章考证　董洁　陕西历史博物馆馆刊（第 20 辑）332～335

汉印精华——周叔弢先生捐献玺印选释（上）　尤仁德　天津博物馆论丛 49～56

唐代陶质官印相关问题探讨　程义　中国文物报 3 月 29 日 6 版

“中书门下之印”鉴赏　张泽兵　博物馆研究 2：94～96

辽代玺印艺术的民族风格与文化特色　辛蔚　前言 15：183～184

“契丹节度使印”的性质与年代问题　辛蔚　辽金历史与考古国际学术研讨会论文集（下）465～474

辽阳博物馆馆藏两方金代铜印考释　李智裕、高辉　辽金历史与考古国际学术研讨会论文集（下）499～501

“韩州刺史之印”的收藏与研究　田丽梅　北方文物 4：40～42

西夏大阿阇梨帝师官印考释　陈庆英、邹西成　西北民族大学学报（哲社版）2：25～38

八思巴遗宝“大朝国师统领诸国僧尼中兴释教之印”考　黄明　西藏研究 3：27～40

明崇祯五年常安镇土巡检司印考析　覃启革　广西博物馆文集（第 7 辑）176～179

秦封泥分期释例　刘瑞　考古 10：82～90

秦封泥中的川渝史料　高子期　四川文物 3：46～50

秦封泥中“左般”与“右般”考释　陈治国、谷朝旭　文博 3：20～22

西安中国书法艺术博物馆藏秦封泥　庞任隆　中国文物报 5 月 8 日 7 版

秦玺印封泥研究五题　王伟　秦俑博物馆开馆三十周年秦俑学第七届年会国际学术研讨会论文集 436～441

西安中国书法艺术博物馆馆藏秦郡县封泥的文化价值　庞任隆　秦俑博物馆开馆三十周年秦俑学第七届年会国际学术研讨会论文集 442～448

“皇帝信玺”封泥及其时代的再探讨　王伟　陕西历史博物馆馆刊（第 20 辑）151～155

补遗

黑龙江出土的金代文物　王丽梅　黑龙江史志 2011 年 23：31～32

一〇　铜鼓

也谈铜鼓发源地与原始形态鼓　邱明、邱钟仑　广西博物馆文集（第 7 辑）295～301

铜鼓“祭祀图”祈年仪式探幽　罗坤馨　广西博物馆文集（第 8 辑）242～254

论越南古代铜鼓的分类　黄启善　广西博物馆文集（第 7 辑）302～315

广西与越南古代铜鼓葬具文化的比较研究　黄启善　岭南考古研究（13）119～127

铜鼓文化在泛北部湾历史研究中的重要地位　蒋廷瑜　广西师范大学学报（哲社版）1：8～10

简论容县出土的北流型铜鼓　邓敏乔　广西博物馆文集（第 7 辑）148～150

浅析广西“北流型铜鼓”　黄子珊　文物世界 4：46～49

论岭南三种硕形铜鼓的文化内涵　孔义龙、曾美英　中国音乐学 2：50～55

试论桂平出土的乘骑带驹饰铜鼓　朱丽彬　广西博物馆文集（第 8 辑）237～241

一一　兵器

对辽东地区南端青铜武器的几点认识　成璟瑭　旅顺博物馆学苑（2008）39～44

从青铜兵器看巴蜀文化的传承关系　刘明科　收藏 12：90～99
商周戈之使用略谈　石晓霆　中原文物 1：63～67
一件罕见的西周青铜戈鞘　刘云、李健　文物天地 11：66～68
三晋器铭辨伪与纪年铜戈的类型　苏辉　中国社会科学院历史研究所学刊（第 8 集）17～28
珍秦斋藏郾戈、钟戈考　吴良宝　出土文献（第 4 辑）136～142
安徽出土“寿之行”戈及相关问题　陈治军　楚学论丛（第 2 辑）378～381
新见十四年上郡守匽氏戈考　吴镇烽　秦始皇帝陵博物院（总 2 辑）319～323
浅镈与镦的区分　徐占勇　文物春秋 5：53～54
古殳校考　张洪安　中原文物 3：53～60
中国早期铍的源流——蛇矛燕戟弛锋芒　叶文宪　大众考古 3：62～65
再论铍的起源与演变——兼论吴越系双耳剑的演变　叶文宪　考古 3：62～74
略谈黄河中下游地区商周装柄长刀　石晓霆　华夏考古 4：60～65
哈尔滨师范大学文博馆馆藏青铜刀年代研究　侯静波　中原文物 4：78～80
关于商周青铜栋脊柄刀的分类及其技术渊源　何堂坤　中原文物 5：38～45
哈密鹿首铜刀及相关问题考　王明哲　新疆文物 3～4：94～99
绥德县文管所藏铜刀与铜镳　康宁武　考古与文物 6：32～43
商代中国西南青铜剑的来源　段渝　巴蜀文化研究集刊（7）119～127
试论两周时期的青铜剑　田伟　考古学报 4：431～468
山东新泰出土吴王诸樊之子通剑　张勇、毕玉梅　华夏考古 2：95～96
“看得见的华夏历史文化”系列之八——从金柄铜短剑谈古代刀剑演进　苏启明　历史文物 9：48～53
欧亚草原与中国新疆和北方地区的有銎战斧　邵会秋、杨建华　考古 1：69～86
战国中期魏国兵器断代研究　吴良宝、张丽娜　安徽大学学报（哲社版）1：73～78
秦俑坑出土刻铭纪年兵器研究　蒋文孝、刘占成　秦始皇帝陵博物院（总 1 辑）239～250
秦俑坑出土青铜弩机生产的标准化及相关劳动力组织　李秀珍等　秦始皇帝陵博物院（总 1 辑）251～263
广州出土的两件秦纪年兵器　麦英豪　文物天地 12：13～14
“㯕栝”考论　陈洪、李宇　考古与文物 1：52～54
论汉代的环首刀　陆锡兴　南方文物 4：72～82
首都博物馆藏明代铜火铳火炮　于力凡　文物春秋 3：64～69
明长城发现的防御性武器陷马陶筒　罗军　文物春秋 5：69～72

补遗

殷商五兵考略：以青铜兵器为例　芦金峰　军事历史研究 2012 年 3：18～23

一二　服饰

我国古代佩绶服饰的演变　邵晨霞　东南文化 5：123～126
佛像的衣着种类及安陀会、偏衫问题　费泳　敦煌研究 5：12～21
论古代玉簪饰的发展演变　施俊　文物春秋 4：15～19
古代冠蝉考释　吴爱琴　中原文物 2：51～55
玉翠珠儿金步摇　陈建平　收藏家 12：41～46
新疆考古发现的饰品初探　周宁　新疆文物 1：111～116
红山文化权贵的头饰　宋建　红山文化学术研讨会论文集 158～167
中国北方夏至战国时期联珠形铜饰初步研究　包曙光、付琳　北方文物 4：25～32
三星堆服饰：古蜀农耕文化的历史映像　甄娜　中华文化论坛 2：36～39

甘肃发现的两周时期的“胡人”形象　王辉　考古与文物 6：59～68

玉皇庙文化青铜带钩研究（上）　王继红、吕砚　文物春秋 6：7～15

吴王光铜带钩小考　曹锦炎　东南文化 2：90～93

六安白鹭洲出土铜灯人像的发型与服饰及相关问题　王方　考古 5：76～84

战国秦汉漆奁内盛物品探析　刘芳芳　文物世界 2：24～30

秦代服饰的实验考古学研究——以秦始皇陵考古资料为背景的复原研究　王亚蓉　文化遗产研究（第 2 辑）115～125

浅谈秦俑军服的构成要素　王学理　陕西历史博物馆馆刊（第 18 辑）40～43

铜缕石甲胄再研究　王望生　秦俑博物馆开馆三十周年秦俑学第七届年会国际学术研讨会论文集 265～268

新疆山普拉出土的带图案裤服：它的来源和传记　［德］王睦等著　贺婧婧译　新疆文物 1：100～110

两汉河西屯戍吏卒的衣装特点　赵兰香　甘肃社会科学 4：163～166

两套匈奴服饰的推定复原　琥璟明、王芙蓉　东华大学学报（社科版）1：11～18

江都王陵出土的带钩——探赜索隐　钩深致远　李默默　大众考古 3：46～49

中国及欧亚草原出土的长方形腰饰牌与饰贝腰带研究　单月英　交流与互动——民族考古与文物研究 140～181

金珰与步摇——汉晋命妇冠饰试探　韦正　文物 5：60～69

汉代化妆用具试析　汪飞英　秦汉研究（第 6 辑）240～277

吐鲁番阿斯塔那墓地出土木梳的型式研究　鲁礼鹏、万洁　吐鲁番学研究 1：20～31

高句丽的帻、骨苏与罗冠　郑春颖　华夏考古 4：107～113

从古壁画看 4～5 世纪高句丽服饰的地域差异　宋磊　高句丽与东北民族研究（2008）79～85

高句丽的钉鞋　郑春颖　东北史地 5：26～30

从敦煌僧人服饰看汉化、世俗化的形成因素　蔡伟堂、卢秀文　丝绸之路 4：26～31

南北朝早期佛衣类型探源　陈悦新　石窟寺研究（第 3 辑）91～98

巩县石窟上衣重层式佛衣的探讨　陈悦新　中原文物 2：65～70

供养人服饰图案与中西文化交流　卢秀文　龟兹学研究（第 5 辑）384～399

龟兹壁画中的人物发髻发式——与高昌壁画人物发髻之比较　刘翠连　龟兹学研究（第 4 辑）371～381

一对北魏时期的龙形金耳饰　古顺芳　收藏家 11：71～75

隋唐服饰述略　武天合、张艳喜　乾陵文化研究（五）252～265

唐朝女子襦裙服之演变考　王丽娜　宁夏大学学报（人文社科版）3：61～66

昭陵文物反映的初唐妇女服饰的多样化与时尚性　刘群　乾陵文化研究（六）292～298

武惠妃石椁线刻女性服饰与装束考　田小娟　文博 3：39～46

从何家村窖藏出土文物看唐代皇家女性的时尚之风　万晓　陕西历史博物馆馆刊（第 19 辑）270～273

乾陵陪葬墓壁画线刻划仕女批帛研究　王晓莉　乾陵文化研究（六）302～310

从墓室壁画看唐代庶民男子的服饰　纳春英　乾陵文化研究（三）105～109

唐代胡俑“袍”的领型　万芳　乾陵文化研究（四）123～130

库木吐喇第 79 窟世俗供养人服饰研究　沈雁　龟兹学研究（第 3 辑）273～281

木垒县干沟墓地出土的铜带具　田小红　新疆文物 1：95～99

略谈契丹服饰文化对宋朝的影响——以“钓墩”为例的考察　姜念思　旅顺博物馆学苑（2008）64～66

美人形枕与缠足风俗　李郁　收藏 6：72～77

南宋“罗双双”银鞋考述　毛慧　博物馆学刊（第3辑）149～154
从辽代莲花童子金耳坠看契丹人的社会生活　梁姝丹　辽金历史与考古（第3辑）326～331
“洗尽铅华试佛妆”——辽代妇女面饰习俗探析　邱靖嘉　辽金历史与考古国际学术研讨会论文集（上）180～191
契丹袍与女真袍　李甍、万芳　装饰4：74～75
西夏服饰“吊敦背”考　彭向前　楚学论丛（第2辑）404～411
从服饰管窥元代的身份制度　任冰心、吴钰　宁夏大学学报（人文社科版）1：62～67
从传世实物、容像及出土衣物看明代女子服饰　张航　陇右文博1：74～80
从出土文物看明代服饰演变　刘冬红　南方文物4：83～93
云肩在明代汉族服饰中的运用　王玥　甘肃联合大学学报（社科版）4：125～128
从明代墓葬出土服饰看明代服饰制度的僭越　徐志明、王为刚　丝绸之路2：82～83
明代玉带的文化学解读　肖弋　湖南科技大学学报（社科版）3：167～169
读物小札：明代耳环与耳坠　扬之水　南方文物2：124～128
额上风情——从南昌市江联小区明墓出土玉饰片论及明代妇女头箍　何莉　南方文物4：194～196
清代朝珠述论　李芝安　中国国家博物馆馆刊6：102～110
鬓边春色乱琼珍——清宫首饰的一次集中展示　扬之水　收藏家9：47～52
清代宫廷生活中的梳具　付超　收藏家12：11～15

补遗

从考古发现看东周晋地服饰及其艺术风格　蒋莉　装饰2012年11：102～103
唐代长安胡帽考略　陈霞　美苑：鲁迅美术学院学报2012年5：109～111
唐宋时期回鹘与汉族女性妆饰的相互影响　沈雁　东华大学学报（社科版）2012年3：170～173
符号学视野下的清代冠服体系研究　刘静轩　云南艺术学院学报2012年4：66～69

一三　其他

江阴博物馆馆藏青铜器、服饰、宗教文物概述　刁文伟　江阴文博1：94～96
略论秦汉至两宋时期的香料　王颖竹等　文物5：70～76
辽代出土琥珀初步研究　王春燕　辽金历史与考古国际学术研讨会论文集（下）455～464
浅析元代八思巴文铁质银字符牌　杨凤明　丝绸之路20：34～35
盛京遗珍——沈阳故宫院藏珍宝特展（上）　李理、尚文举　收藏家12：3～10
弦轮旋密运　针表恰相交——清代宫廷钟表展　栾晔　收藏家12：19～26
笃慕永思　用昭世守——故宫收藏的御赐品　杨勇、刘岳　收藏家7：3～14
异趣·同辉——广东省博物馆藏清代广式外销艺术精品展（上）、（下）　白芳　收藏家9：3～7、10：9～15

肆　田野考古

一　北京市

北京凤凰山化石地点发掘简报　王波等　人类学学报4：470～476
北京平谷杜辛庄汉代窑址发掘报告　北京市文物研究所（胡传耸等）　北京考古（第2辑）1～11
北京市通州区武夷花园二期项目遗址考古发掘报告　北京市文物研究所（张智勇、刘风亮）　北京考古（第2辑）12～59
北京市大兴新城北区8号地考古发掘报告　北京市文物研究所、大兴区文物管理所（于璞等）　北京考古（第2辑）60～92

奥运村绿化隔离带工程考古发掘报告　北京市文物研究所、朝阳区文物管理处（于璞、刘风亮）　北京考古（第2辑）93～119

延庆县东王化营魏晋十六国墓葬发掘报告　北京市文物研究所（胡传耸等）　北京考古（第2辑）120～127

北京市大兴区高米店北齐、唐、明、清墓葬发掘简报　北京市文物研究所（于璞、朱志刚）　北京文博文丛3：23～35

唐幽州节度使刘济墓在北京发现　程利等　中国文物报2月1日8版

北京市大兴区高米店村唐代窑址、清代房址发掘简报　北京市文物研究所（于璞等）　北京文博文丛2：48～55

北京市海淀区东升乡明清墓葬发掘简报　北京市文物研究所（于璞、李华）　北京文博文丛2：56～73

北京市通州区梨园镇半壁店旧村明清墓葬发掘简报　北京市文物研究所（于璞等）　北京文博文丛4：30～44

延庆县东王化营窑址、墓葬发掘报告　北京市文物研究所（胡传耸等）　北京考古（第2辑）128～145

昌平张营遗址北区墓葬发掘报告　北京市文物研究所（孙勐等）　北京考古（第2辑）146～367

京平高速公路工程考古发掘报告　北京市文物研究所、平谷区文物管理处（于璞、韩鸿业）　北京考古（第2辑）368～411

北京市物资储备学校住宅楼工程2007年考古发掘报告　北京市文物研究所、海淀区文物管理所（于璞、李华）　北京考古（第2辑）420～445

奥林匹克森林公园工程考古发掘报告　北京市文物研究所、朝阳区文物管理所（于璞、李华）　北京考古（第2辑）446～466

机场南线工程考古发掘报告　北京市文物研究所、朝阳区文物管理所（于璞、韩鸿业）　北京考古（第2辑）467～486

圆明园北夹墙考古勘探报告　北京市文物研究所（张治强、孙勐）　北京考古（第2辑）487～500

北京大兴德寿寺遗址考古新发现　刘乃涛、朱志刚　中国文物报5月10日8版

二　天津市

天津旧石器考古获最新成果——天津人文史提前至距今4万年以前　盛立双　中国文物报11月27日1版

蓟县2005年旧石器考古调查报告　天津市文化遗产保护中心、吉林大学边疆考古研究中心（盛立双等）　天津考古（一）3～16

天津蓟县小平安旧石器地点调查简报　王春雪、盛立双　北方文物4：3～6

蓟县大星峪旧石器地点调查简报　盛立双、王春雪　文物春秋4：32～36

天津蓟县北台旧石器地点调查简报　吉林大学边疆考古研究中心、天津市文化遗产保护中心（王春雪、盛立双）　中原文物4：4～7

天津蓟县太子陵旧石器地点调查简报　王春雷、盛立双　人类学学报1：37～44

蓟县东北部考古调查　天津市文化遗产保护中心（梁宝玲）　天津考古（一）23～47

蓟县青池遗址试掘简报　天津市文化遗产保护中心、蓟县文物保管所（刘健）　天津考古（一）119～132

记青池遗址出土的石器和石雕器　天津市文化遗产保护中心（梁宝玲）　天津考古（一）17～22

宝坻县歇马台遗址试掘报告　天津市文化遗产保护中心、宝坻县文化馆（梁宝玲等）　天津考古（一）133～162

静海县谷庄子遗址考古调查　天津市文化遗产保护中心、静海县文化馆（赵晨等）　天津考古

（一） 48～53

蓟县南城子遗址试掘 天津市文化遗产保护中心（梁宝玲、邸明） 天津考古（一）163～166

蓟县大安宅村战国、汉水井群遗址发掘简报 天津市文化遗产保护中心、蓟县文物保管所（梅鹏云） 天津考古（一）167～184

武清区城关镇大桃园汉代窑址的发掘 天津市文化遗产保护中心（梅鹏云） 天津考古（一）185～192

蓟县独乐寺西墙外停车场抢救性发掘 天津市文化遗产保护中心、蓟县文物保管所（张瑞） 天津考古（一）202～210

蓟县上宝塔唐墓 天津市文化遗产保护中心、蓟县文物保管所（戴滨） 天津考古（二）1～7

宝坻区辛务屯唐代遗址的发掘 天津市文化遗产保护中心、宝坻区文化馆（梅鹏云） 天津考古（一）193～201

蓟县小毛庄唐代窑址发掘简报 天津市文化遗产保护中心、蓟县文物保管所（姜佰国） 天津考古（一）211～215

蓟县千像寺遗址的清理与发掘（附蓟县盘山千橡寺碑文 4 篇） 天津市文化遗产保护中心（梁宝玲、梅鹏云） 天津考古（一）225～281

蓟县千像寺造像田野调查报告 天津市文化遗产保护中心、蓟县文物保管所（姜佰国等） 天津考古（一）216～224

蓟县洇溜镇五里庄辽墓的发掘 天津市文化遗产保护中心（梁宝玲、邸明） 天津考古（二）8～17

大港区发现金代窖藏铜钱 天津市文化遗产保护中心（梁宝玲、邸明） 天津考古（一）295～301

蓟县东营房金代窑址及明清墓地发掘报告 天津市文化遗产保护中心、蓟县文物保管所（甘才超） 天津考古（二）41～60

大港区沈青庄和小苏庄遗址的发掘 天津市文化遗产保护中心（相军、盛立双） 天津考古（一）282～294

宝坻区辛务屯元、明、清代墓地发掘报告 天津市文化遗产保护中心、宝坻区文化馆（梅鹏云） 天津考古（二）18～40

蓟县小毛庄明清墓地 2009 年度发掘报告 天津市文化遗产保护中心（刘健） 天津考古（二）76～130

蓟县上宝塔明清墓地发掘报告 天津市文化遗产保护中心、蓟县文物保管所（甘才超） 天津考古（二）144～169

东丽区大宋庄遗址考古勘查报告 天津市文化遗产保护中心、东丽区文化广播电视局（赵晨） 天津考古（一）83～89

蓟县龙庭庄园清代墓葬考古发掘报告 天津市文化遗产保护中心、蓟县文物保管所（姜佰国等） 天津考古（二）61～75

东丽区朱庄村墓葬的发掘 天津市文化遗产保护中心、东丽区文化广播电视局（张瑞） 天津考古（二）131～143

东丽区牧场新村墓葬的发掘 天津市文化遗产保护中心、东丽区文化广播电视局（张瑞） 天津考古（二）138～143

蓟县上宝塔清代墓地发掘报告 天津市文化遗产保护中心、蓟县文物保管所（戴滨） 天津考古（二）170～304

2009 年大沽口南炮台遗址考古勘探报告 天津市文化遗产保护中心、大沽口炮台遗址保护管理所（盛立双、戴滨） 天津考古（一）96～105

大沽海神庙遗址的发掘（附碑记 4 篇） 天津市文化遗产保护中心（相军、盛立双） 天津考古（一）313～319

北洋水师大沽船坞遗址考古勘探报告 天津市文化遗产保护中心（盛立双） 天津考古（一）90～95

仁正营炮台遗址勘探报告 天津市文化遗产保护中心（戴滨、盛立双） 天津考古（一）106～116

玉皇阁后院遗址的发掘 天津市文化遗产保护中心（甘才超） 天津考古（一）302～312

三 河北省

泥河湾发现一处规模巨大的旧石器加工场 贾真秀、贺伟 人类学学报4：502

大名县赵鸭窝新石器时代遗址试掘简报 邯郸市文物保护研究所（乐庆森、尹建兵） 文物春秋4：37～42

河北唐山市丰润区施家营遗址考古发掘报告 河北省文物研究所等（张晓峥） 北方文物1：21～31

河北鹿泉西龙贵汉代墓葬 四川大学历史文化学院考古系等（罗二虎等） 考古学报1：111～146

河北临漳县邺城遗址赵彭城北朝佛寺2010～2011年的发掘 中国社会科学院考古研究所邺城考古队、河北省文物研究所（何利群等） 考古12：25～35

河北邺城遗址赵彭城北朝佛寺与北吴庄佛教造像埋藏坑 中国社会科学院考古研究所邺城考古队、河北省文物研究所（朱岩石等） 考古7：49～68

河北省邺城遗址赵彭城北朝佛寺及北吴庄佛教造像埋藏坑考古发掘与收获 中国社会科学院考古研究所邺城考古队、河北省文物研究所 中国文物报3月15日5版

河北内丘城区出土隋代莲花纹瓦当范 贾城会、巨建强 中国文物报3月29日8版

河北鹿泉市西龙贵墓地唐宋墓葬发掘简报 四川大学历史文化学院考古系（罗二虎等） 考古5：29～54

井陉柿庄宋墓群发现唐代纪年墓 井陉县文物保护管理所（康金喜等） 文物春秋6：36～37

河北曲阳发现大型唐代砖室墓 张春长 中国文物报2月1日8版

河北平山发现摩崖造像 房树辉、赵艳龙 文物春秋3：34～36

石家庄市建华大街北延工程古墓葬清理简报 石家庄市文物保护研究所（夏素颖等） 北方文物3：44～49

固安县大王村辽墓清理简报 廊坊市文物管理处（杨光、李一萱） 文物春秋6：42～47

廊坊市晓廊坊小区金代墓群发掘简报 廊坊市文物管理处（张洪英） 文物春秋3：26～33

元代张弘略及夫人墓清理报告 河北省文物保护中心等（任亚珊） 文物春秋5：28～41

四 山西省

山西吉县柿子滩旧石器时代遗址S14地点2002～2005年发掘简报 柿子滩考古队（宋艳花、石金鸣） 考古2：3～13

山西吉县柿子滩遗址S12G地点发掘简报 柿子滩考古队（宋艳花、石金鸣）考古与文物3：3～8

2012年度陶寺遗址发掘的主要成果 中国社会科学院考古研究所山西队等（高江涛、何驽） 中国社会科学院古代文明研究中心通讯24：60～63

山西翼城县大河口西周墓地M1实验室考古简报 中国社会科学院考古研究所文化遗产保护研究中心、山西省考古研究所翼城大河口考古队（李存信、谢尧亭） 考古8：12～24

山西长子发现大型西周墓地 韩炳华等 中国文物报10月25日8版

晋阳古城开化墓群考古发掘获重大收获 张光辉等 中国文物报9月13日8版

新绛南马墓地出土四件青铜器 王晓毅等 文物世界5：11～12

山西文水苍儿会寨峁调查简报 李雁等 文物世界1：14～18

太原晋阳古城遗址二〇一二年考古新收获 韩炳华 中国文物报7月19日8版

山西沂州出土北朝至唐佛教造像 李培林、郭银堂 中国文物报11月1日2版

太原龙山童子寺佛阁遗址发现中原地区保存年代最早的唐代寺院壁画　李裕群、阎跃进　中国文物报 12 月 4 日 1 版

晋城市城东景观水系项目文物勘探报告　程勇　文物世界 1：12～13

山西大同东风里辽代壁画墓发掘简报　大同市考古研究所（江伟伟）　文物 10：43～54

山西晋中发现金代正大五年墓　王俊、闫震　中国国家博物馆馆刊 10：6～10

山西阳城发现元代居民　贺大龙等　中国文物报 10 月 23 日 3 版

五　内蒙古自治区

内蒙古东部地区配合基本建设的考古新发现　吉平　内蒙古文物考古文集（第 4 辑）1～14

2012 年内蒙古自治区文物考古研究所考古发现综述　内蒙古自治区文物考古研究所　草原文物 1：1～8

内蒙古大窑遗址考古发掘的新收获　徐廷等　中国文物报 1 月 18 日 8 版

内蒙古金斯太遗址 2012 年的新发掘和新收获　汪英华等　中国文物报 7 月 5 日 8 版

内蒙古通辽哈民遗址第三次发掘又获重要发现　阿如娜、吉平　中国文物报 4 月 26 日 8 版

赤峰翁牛特旗赛日乌苏小乌力吉山遗址调查　内蒙古自治区文物考古研究所等（赵国栋、武成）　内蒙古文物考古文集（第 4 辑）15～31

赤峰翁牛特旗杖房川遗址调查　内蒙古自治区文物考古研究所（武成、吉平）　内蒙古文物考古文集（第 4 辑）32～61

扎鲁特旗荷叶花遗址调查　朱永刚、朱秀娟　内蒙古文物考古文集（第 4 辑）62～68

翁牛特旗二道窝铺遗址发掘简报　内蒙古自治区文物考古研究所等（赵国栋等）　内蒙古文物考古文集（第 4 辑）89～128

翁牛特旗老牛槽沟红山文化遗址发掘简报　内蒙古自治区文物考古研究所（吉平、武成）　内蒙古文物考古文集（第 4 辑）129～171

赤峰翁牛特旗下山湾遗址发掘报告　内蒙古自治区文物考古研究所等（赵国栋等）　内蒙古文物考古文集（第 4 辑）172～190

通辽市扎鲁特旗道老杜粮库遗址发掘简报　内蒙古自治区文物考古研究所（武成等）　内蒙古文物考古文集（第 4 辑）254～267

内蒙古巴林左旗富河沟门遗址发掘丰富了“富河文化”实物资料　马小飞等　中国文物报 12 月 6 日 1 版

清水河县白泥窑遗址 E 点和 F 点调查简报　内蒙古社会科学院（崔树华）　草原文物 2：18～23

内蒙古喀喇沁旗红山文化积石冢调查简报　李凤举　北方文物 1：3～9

赤峰市陈家营遗址发掘报告　内蒙古自治区文物考古研究所（胡晓农）　内蒙古文物考古文集（第 4 辑）309～372

内蒙古赤峰市松山区板地营与二龙山遗址的复查　林森等　内蒙古文物考古文集（第 4 辑）409～416

赤峰市敖汉旗西粉房遗址发掘简报　内蒙古自治区文物考古研究所、赤峰市博物馆（马凤磊等）　内蒙古文物考古文集（第 4 辑）417～439

通辽市奈曼旗薄等沟遗址发掘简报　内蒙古自治区文物考古研究所（李树国）　内蒙古文物考古文集（第 4 辑）452～459

通辽市奈曼旗小东沟遗址发掘简报　内蒙古自治区文物考古研究所（党郁、王仁旺）　草原文物 2：24～35

和林格尔县胜利营东沟子遗址发掘简报　内蒙古师范大学历史文化学院考古文博系、内蒙古自治区文物考古研究所（齐溶青等）　草原文物 1：9～16

和林格尔县大堡山墓地发掘报告　内蒙古师范大学历史文化学院、内蒙古自治区文物考古研究所

（齐溶青等）　草原文物2：36～51

卓资县土城子村遗址发掘简报　内蒙古自治区文物考古研究所等（赵杰）　草原文物2：52～66

呼和浩特市赛罕区沟口子村汉墓清理报告　内蒙古自治区文物考古研究所、呼和浩特博物馆（武成、李权）　草原文物2：67～71

内蒙古陈巴尔虎旗发现“人面双马纹”鲜卑贵族金饰件　白永才等　中国文物报12月6日8版

通辽市奈曼旗东梁遗址发掘简报　内蒙古自治区文物考古研究所、通辽市奈曼旗王府博物馆（李树国、张铭远）　内蒙古文物考古文集（第4辑）460～466

通辽市科尔沁左翼后旗伊和浩坦塔拉遗址发掘简报　内蒙古自治区文物考古研究所（李树国等）　内蒙古文物考古文集（第4辑）467～488

通辽市奈曼旗白音敖包遗址发掘简报　内蒙古自治区文物考古研究所（王仁旺、党郁）　内蒙古文物考古文集（第4辑）495～503

内蒙古巴林左旗辽上京皇城西山坡佛寺遗址考古获重大发现　中国社会科学院考古研究所内蒙古第二工作队、内蒙古文物考古研究所（董新林等）　考古1：3～6

巴林右旗浩乐包吉山石砌辽墓清理简报　内蒙古自治区文物考古研究所、巴林右旗博物馆（武成、吉平）　内蒙古文物考古文集（第4辑）489～494

巴林右旗巴根吐金代界壕发掘简报　内蒙古自治区文物考古研究所、巴林右旗博物馆（武成、吉平）　内蒙古文物考古文集（第4辑）512～517

尼尔基金代边堡发掘报告　内蒙古自治区文物考古研究所等（武成等）　内蒙古文物考古文集（第4辑）518～587

赤峰市喀喇沁旗美林镇两家村大黑山金墓发掘简报　内蒙古自治区文物考古研究所、赤峰市博物馆（王仁旺、赵国栋）　内蒙古文物考古文集（第4辑）588～594

察右前旗巴音镇二台沟金元时期墓葬发掘简报　内蒙古自治区文物考古研究所（孙建华）　草原文物1：24～33

配合僧格林沁王府复建前的考古试掘——建筑地基局部发掘简报　内蒙古自治区文物考古研究所（吉平等）　草原文物1：34～38

六　辽宁省

沈阳市康平县东小陵西山旧石器地点的石器研究　付永平等　草原文物2：1～7

沈阳市道义镇郭七遗址发掘简报　沈阳市文物考古研究所、吉林大学边疆考古研究中心（霍东峰等）　考古4：7～19

沈阳市千松园遗址2010年发掘简报　沈阳市文物考古研究所（赵晓刚、李树义）　考古9：3～22

大连营城子汉代墓群发掘概要　吴青云　旅顺博物馆学苑（2009）28～31

牧羊城（一）、（二）——南满洲老铁山麓汉及汉以前遗迹　［日］原田淑人著　黄子文、刘俊勇译　旅顺博物馆学苑（2009）184～201、（2010）212～230

普兰店市姜屯汉代墓地发掘的主要收获　白宝玉、徐政　旅顺博物馆学苑（2011）39～43

辽宁抚顺李石开发区四号路墓群发掘简报　辽宁省文物考古研究所、抚顺市博物馆（高振海等）　北方文物4：33～39

沈阳营盘山山城和董楼子山城考古调查　赵晓刚　东北史地2：19～21

昌图四面城城址2010年调查及城址东北角探沟发掘简报　辽宁省文物考古研究所、铁岭市博物馆（周向永）　辽金历史与考古（第3辑）33～44

鞍山千山区和台安县辽金时期遗址调查报告　李刚、张旗　辽金历史与考古国际学术研讨会论文集（上）19～24

锦州市黑山辽墓群清理简报　吴鹏、尹世丹　辽宁省博物馆馆刊（2012）179～183

朝阳市林四家子辽墓发掘简报　辽宁省文物考古研究所（万雄飞、孙烨）　北方文物2：38～49

辽宁法库县蔡家沟发现一座辽墓 赵晓刚、林栋 考古 1：100～104

辽宁昌图县塔东辽代遗址的发掘 辽宁省文物考古研究所等（李龙彬等）考古 2：56～65

辽宁宽甸双山子发现明代关隘城堡遗址 姜晓杰、王晔昕 中国文物报 10 月 25 日 8 版

沈阳城市考古重大发现——清太祖努尔哈赤的“汗王宫”露真容 沈阳市文物考古研究所 中国文物报 3 月 27 日 4 版

龙引泉遗址考察报告 孙桂翠 旅顺博物馆学苑（2013）84～91

七 吉林省

吉林省扶余市富康东山旧石器地点调查简报 陈全家等 草原文物 2：8～17

吉林白城双塔遗址新石器时代遗存 吉林大学边疆考古研究中心、吉林省文物考古研究所（王立新等） 考古学报 4：501～533

吉林图们市曲水苗圃遗址的发掘 吉林省文物考古研究所（梁会丽、郑增万） 考古 11：35～51

吉林抚松新安遗址发掘报告 吉林省文物考古研究所（梁会丽等） 考古学报 3：347～390

村民发现并报告文物部门——吉林集安新见高句丽石碑 集文 中国文物报 1 月 4 日 2 版

高句丽古城调查琐记 张福有 高句丽与东北民族研究（2011）1～30

辽金城市考古的新发现：白城城四家子城址的发掘 梁会丽等 中国文物报 12 月 20 日 8 版

松原市前郭县查干湖东岸辽金聚落城址调查报告 范博凯、景阿男 博物馆研究 2：82～86

吉林白城永平金代寺庙址一号房址发掘简报 李丹、谢峰 辽金历史与考古国际学术研讨会论文集（上）4～18

四平市铁东区项家沟遗址发掘简报 田永兵 东北史地 6：14～16

八 黑龙江省

黑龙江省富锦市富珍遗址调查与试掘简报 孙雪松 北方文物 3：26～27

黑龙江友谊凤林城址 2000 年发掘报告 黑龙江省文物考古研究所（赵永军等） 考古学报 4：539～575

杜尔伯特蒙古族自治县后新西岗子汉代墓葬 孙凤军 理论观察 4：67～68

汤原新城辽墓调查简报 李可鑫 文物春秋 2：21～23

九 上海市

2012 年上海广富林遗址考古获重要成果 广富林考古队 中国文物报 6 月 21 日 8 版

福泉山遗址实验室考古清理的实践与思考 陈杰等 文化遗产研究（第 2 辑）67～79

上海青龙镇考古再现唐宋贸易重镇繁荣景象 青龙镇考古队 中国文物报 2 月 6 日 1 版

2010～2012 年青龙镇考古的主要收获 青龙镇考古队 上海文博论丛 1：35～46

一〇 江苏省

苏北马陵山地旧石器再调查 房迎三 南京博物院集刊（13）4～11

江苏泗洪新石器时代遗址调查报告 南京博物院（马永强等） 南京博物院集刊（13）12～18

江苏泗洪县顺山集新石器时代遗址 南京博物院考古研究所、泗洪县博物馆（林留根等） 考古 7：3～14

苏州草鞋山遗址抢救性考古发掘简报 苏州市考古研究所（孙明利、王霞） 穿越长三角——京沪、沪宁高铁江苏段考古发掘报告 147～164

常州新岗遗址考古发掘简报 常州博物馆（彭辉等） 穿越长三角——京沪、沪宁高铁江苏段考古发掘报告 188～204

江苏句容城上村遗址考古调查、勘探报告　南京博物院、江苏句容博物馆（朱晓汀、文茂秀）　南方文物 2：31～34

江苏张家港东山村遗址 M101 发掘报告　南京博物院、张家港博物馆（钱峻等）　东南文化 3：26～34

江苏邳州梁王城遗址大汶口文化遗存发掘简报　南京博物院等（胡颖芳等）　东南文化 4：21～41

常州小山遗址调查、发掘、钻探报告　常州博物馆（黄健康等）　穿越长三角——京沪、沪宁高铁江苏段考古发掘报告 131～139

江苏昆山姜里新石器时代遗址 2011 年发掘简报　苏州市考古研究所等（王霞、丁金龙）　文物 1：4～24

江苏常州象墩遗址的考古调查与发现　郑铎　中国文物报 5 月 10 日 8 版

苏州昆山发现良渚文化高台墓地、祭坛与聚落遗址　丁金龙　中国文物报 8 月 30 日 8 版

溧水二塘头遗址发掘报告　徐州博物馆（原丰、郑洪全）　穿越宜溧山地——宁杭高铁江苏段考古发掘报告 32～56

江宁湖熟曹家边遗址考古发掘报告　南京市博物馆、江宁区博物馆（王光明）　穿越宜溧山地——宁杭高铁江苏段考古发掘报告 1～31

溧阳水西土墩墓群发掘报告　常州博物馆（彭辉等）　穿越宜溧山地——宁杭高铁江苏段考古发掘报告 68～79

宜兴百合村土墩墓群 D1－D4 发掘报告　南京博物院、宜兴市文物管理委员会（田名利等）　穿越宜溧山地——宁杭高铁江苏段考古发掘报告 80～136

镇江丹徒辛丰薛家村大墩、边墩发掘报告　南京博物院、镇江博物馆（李永军、孙研）　穿越长三角——京沪、沪宁高铁江苏段考古发掘报告 103～117

江苏句容鹅毛岗 1 号土墩墓发掘简报　镇江博物馆、句容市博物馆（杨正宏、王克飞）　江汉考古 2：22～30

江苏苏州高新区东渚馒首山土墩墓发掘简报　苏州市考古研究所、苏州高新区教育文体局（丁金龙等）　东南文化 5：42～51

溧水秀才墩土墩墓发掘报告　南京博物院、镇江博物馆（何汉生、陈念）　穿越宜溧山地——宁杭高铁江苏段考古发掘报告 57～67

南京溧水大圩东村土墩墓发掘简报　南京市博物馆、溧水县博物馆（王光明等）　东南文化 5：52～60

句容茶叶山春秋遗址发掘简报　南京博物院（盛之翰、田名利）　穿越长三角——京沪、沪宁高铁江苏段考古发掘报告 43～63

句容下蜀中心山土墩墓发掘简报　南京博物院（盛之翰、田名利）　穿越长三角——京沪、沪宁高铁江苏段考古发掘报告 118～130

镇江官塘桥镇鬼山遗址发掘报告　镇江博物馆（霍强、王克飞）　穿越长三角——京沪、沪宁高铁江苏段考古发掘报告 70～95

江苏宿迁凤凰墩春秋贵族墓 M20 发掘简报　南京大学历史系、宿迁市博物馆　（晁剑虹、王宣波）　东南文化 6：30～34

苏州周家浜 D2 发掘简报　苏州市考古研究所（闻惠芬等）　穿越长三角——京沪、沪宁高铁江苏段考古发掘报告 220～228

南京六合李岗汉墓（M1）发掘简报　南京市博物馆、南京市六合区文化局（王宏、徐华）　文物 11：16～27

徐州石户城村汉代遗址发掘简报　徐州博物馆（吴公勤、吕健）　穿越长三角——京沪、沪宁高铁江苏段考古发掘报告 12～24

徐州荆山村西汉墓群发掘简报　徐州博物馆（郑洪全）　穿越长三角——京沪、沪宁高铁江苏段考

古发掘报告 25～42

徐州新发现一批汉画像石的调查 朱存明 中国汉画学会第十四届年会论文集469～475

江苏徐州苏山头汉墓发掘简报 徐州博物馆（孙爱芹等） 文物 5：29～46

江苏盱眙县大云山西汉江都王陵一号墓 南京博物院、盱眙县文广新局（李则斌、陈刚） 考古 10：3～68

江苏盱眙县大云山西汉江都王陵东区陪葬墓 南京博物院、盱眙县文广新局（陈刚、李则斌） 考古 10：69～81

江苏盱眙大云山江都王陵二号墓发掘简报 南京博物院、盱眙县文广新局（李则斌、陈刚） 文物 1：25～66

江苏盱眙东阳汉墓群考古发掘获重要收获 李则斌、陈刚 中国文物报 7 月 5 日 8 版

江苏盱眙大云山江都王陵 M9、M10 发掘简报 南京博物院、盱眙县文广新局（李则斌、陈刚） 东南文化 1：51～69

江苏盱眙东阳汉墓群 M30 发掘简报 南京博物院、盱眙县博物馆（陈刚、李则斌） 东南文化 6：35～43

徐州贾汪段文物点发掘简报 徐州博物馆（吴公勤等） 穿越长三角——京沪、沪宁高铁江苏段考古发掘报告 3～11

南京市雨花台区孙吴墓 南京市博物馆、雨花台区文化广播电视局（岳涌等） 考古 3：26～41

宜兴紫云山茶厂古代墓地发掘报告 南京博物院（李则斌、马永强） 穿越宜溧山地——宁杭高铁江苏段考古发掘报告 137～190

宜兴百合村六朝墓、窑址及宋墓发掘报告 南京博物院（刘勤等） 穿越宜溧山地——宁杭高铁江苏段考古发掘报告 191～206

宜兴梅园村墓群发掘报告 南京博物院等（邵栋等） 穿越宜溧山地——宁杭高铁江苏段考古发掘报告 207～214

宜兴南岳寺保护区墓葬勘探发掘报告 南京博物院等（邵栋等） 穿越宜溧山地——宁杭高铁江苏段考古发掘报告 215～217

宜兴紫云山墓群发掘报告 南京博物院等（邵栋等） 穿越宜溧山地——宁杭高铁江苏段考古发掘报告 218～226

宜兴狄家坟墓群调查报告 南京博物院等（邵栋等） 穿越宜溧山地——宁杭高铁江苏段考古发掘报告 227～229

镇江施家村、乌龟山六朝墓地发掘简报 南京博物院（马永强等） 穿越长三角——京沪、沪宁高铁江苏段考古发掘报告 96～102

镇江高资乌龟山墓地发掘报告 镇江博物馆（孙研） 穿越长三角——京沪、沪宁高铁江苏段考古发掘报告 179～187

南京江宁鳄儿岗晋墓发掘简报 南京市博物馆、南京市江宁区博物馆（陈大海、徐华） 文物 11：28～35

镇江丹阳高楼村墓地发掘简报 镇江博物馆（李永军） 穿越长三角——京沪、沪宁高铁江苏段考古发掘报告 205～209

南京市雨花台区西善桥南朝刘宋墓 南京市博物馆、雨花台区文化广播电视局（周保华、祁海宁） 考古 4：33～42

扬州基建发现古墓 出土隋故炀帝墓志 扬文 中国文物报 4 月 17 日 1 版

扬州城遗址蜀岗上城垣城濠蠡测 汪勃 江淮文化论丛（第 2 辑）43～62

镇江唐宋罗城西垣考古勘探与发掘报告 镇江博物馆（霍强、王克飞） 穿越长三角——京沪、沪宁高铁江苏段考古发掘报告 167～178

扬州蜀岗古代城址的考古勘探 汪勃等 中国文物报 11 月 8 日 8 版

鉴真第六次东渡和黄泗浦遗址　高伟　中国文化遗产 1：70～81

无锡锡山区华巷、周巷上土墩遗存发掘简报　南京博物院等（陈刚）　穿越长三角——京沪、沪宁高铁江苏段考古发掘报告 140～146

江苏仪征真州城东门水门遗址考古发掘简报　扬州市文物考古研究所、仪征市博物馆（刘勤等）　东南文化 4：43～51

宜兴霞墅村墓群发掘报告　南京博物院等（邵栋等）　穿越宜溧山地——宁杭高铁江苏段考古发掘报告 230～232

宝应明代刘家堡减水闸考古发掘简况　倪学萍等　江淮文化论丛（第 2 辑）27～36

江苏常州怀德南路明墓发掘简报　常州博物馆（谭杨吉等）　文物 1：67～76

江苏泰州森森庄明墓发掘简报　泰州市博物馆（王为刚）　文物 11：36～49

江南地区明代墓葬考古的新成果——钱一本墓园结构保存完整特征突出　郑铎　中国文物报 9 月 27 日 8 版

江苏常州钱一本墓园考古发掘与初步研究　南京博物院等（郑铎）　东南文化 3：44～54

南京将军山明代沐昂夫妇合葬墓及 M6 发掘报告　南京市博物馆、江宁区博物馆（祁海宁、周保华）　东南文化 2：46～63

南京将军山明代沐昂侧室邢氏墓及 M21 发掘简报　南京市博物馆、江宁区博物馆（许志强、祁海宁）　东南文化 2：64～69

南京将军山明代沐斌夫妇合葬墓发掘简报　南京市博物馆、江宁区博物馆（马涛等）　东南文化 2：70～83

明宪宗孝贞皇后王氏家族墓的考古发现与初步研究　邵磊、骆鹏　东南文化 5：68～84

镇江金刚坟明代墓地发掘简报　镇江博物馆（胡秋莉、何汉生）　穿越长三角——京沪、沪宁高铁江苏段考古发掘报告 64～69

镇江李家大山墓地发掘简报　南京博物院（李虎仁、马永强）　穿越长三角——京沪、沪宁高铁江苏段考古发掘报告 210～219

中国大运河　江南第一闸——江苏镇江考古发现明清京口闸遗址　霍强、陈长荣　中国文物报 5 月 15 日 1 版

江苏镇江考古发现明清京口闸遗址　霍强、陈长荣　中国文物报 8 月 16 日 8 版

江苏淮安天妃坝遗址的发掘及意义　祁小东　博物馆学刊（第 3 辑）157～162

一一　浙江省

河姆渡遗址第一期发掘报告　浙江省文物管理委员会、浙江省博物馆　姚江田野考古 1～66

浙江河姆渡遗址第二期发掘的主要收获　河姆渡遗址考古队　姚江田野考古 83～99

余姚田螺山遗址 2004 年考古发掘简报　浙江省文物考古研究所等（孙国平、黄渭金）　姚江田野考古 230～253

浙江余姚田螺山遗址 2012 年发现成果丰硕　孙国平等　中国文物报 3 月 29 日 8 版

浙江余姚市鲞架山新石器时代遗址调查　河姆渡遗址博物馆考古调查组（姚晓强、黄渭金）　姚江田野考古 119～124

余姚市鲞架山遗址发掘报告　孙国平、黄渭金　姚江田野考古 125～171

浙江余姚市鲻山遗址发掘简报　浙江省文物考古研究所、厦门大学历史系（王海明等）　姚江田野考古 192～208

宁波慈湖遗址发掘简报　浙江省文物考古研究所、宁波市文物考古研究所（丁有甫、王海明）　姚江田野考古 172～191

宁波慈城小东门遗址发掘简报　浙江省文物考古研究所（王宁远）　姚江田野考古 209～229

宁波新发现两处河姆渡文化遗址　林国聪、王光远　中国文物报 10 月 11 日 8 版

浙江桐庐小青龙新石器时代遗址发掘简报　浙江省文物考古研究所、桐庐博物馆（仲召兵、刘志方）　文物11：4～15

浙江桐庐小青龙遗址考古发掘收获　仲召兵等　中国文物报5月10日8版

良渚官井头遗址发现大型崧泽—良渚文化墓地　赵晔　浙江文物5：5

浙江良渚官井头遗址发掘取得重要成果　赵晔　中国文物报8月30日8版

杭州吉如遗址实施考古发掘　杨曦　浙江文物6：16

浙江海宁徐家庄遗址良渚文化墓葬发掘简报　浙江省文物考古研究所、海宁市文物保护管理所（许赛君、周建初）　东南文化3：35～43

平湖庄桥坟遗址发现良渚文化原始文字　徐新民等　中国文物报6月21日6版

杭州萧山老虎洞遗址发掘收获　杨金东　中国文物报10月11日8版

萧山老虎洞遗址发掘取得重要收获　杭州市文物考古研究所　浙江文物4：19

余姚市低塘石屋山古墓葬发掘简报　余姚市文物保护管理所（叶树望）　姚江田野考古298～309

杭州萧山柴岭山、蜈蚣山商周土墩墓发掘取得重大收获　杨金东、崔太金　中国文物报1月18日8版

杭州萧山柴岭山土墩墓（D30）发掘简报　杭州市文物考古研究所、萧山博物馆（杨金东、崔太金）　文物5：4～15

杭州萧山蜈蚣山土墩墓（D4）发掘简报　杭州市文物考古研究所、萧山博物馆（崔太金等）　文物5：16～28

余姚老虎山一号墩发掘　浙江省文物考古研究所（陈元甫）　姚江田野考古255～297

杭州萧山湖山墓地发掘取得重要成果　杨曦等　中国文物报10月11日8版

安吉古城及上马山汉墓群的调查与发掘　田正标、游晓蕾　秦汉土墩墓考古发现与研究——秦汉土墩墓国际学术研讨会论文集52～57

余姚市湖山乡汉——南朝墓葬群发掘报告　宁波市文物考古研究所、余姚市文物管理委员会办公室（鲁怒放）　姚江田野考古310～338

浙江宁波鄞州蔡沟塘晋墓发掘简报　浙江宁波市文物考古研究所、浙江宁波市鄞州区文管办（许超、王结华）　南方文物3：29～32

浙江宁波北仑凤凰山两晋纪年墓葬发掘简报　浙江宁波市文物考古研究所、浙江宁波市北仑博物馆（王光远等）　南方文物3：33～36

浙江余杭小横山南朝画像砖墓M109发掘简报　杭州市文物考古研究所、余杭博物馆（刘卫鹏、陈益女）　文物5：47～59

浙江宁波南宋渔浦码头遗址发掘简报　浙江宁波市文物考古研究所（张华琴、丁友甫）　南方文物3：40～41

浙江宁波北仑灵峰禅寺旧址考古调查简报　浙江宁波市文物考古研究所、浙江宁波北仑博物馆（张华琴、丁友甫）　南方文物3：37～39

一二　安徽省

安徽泗县新石器时代晚期至商周遗址调查报告　安徽省文物考古研究所（张小雷）　东方考古（第10集）418～470

安徽蚌埠市禹会龙山文化遗址祭祀台基发掘简报　中国社会科学院考古研究所安徽工作队、蚌埠市博物馆（钱仁发、王吉怀）　考古1：7～31

安徽马鞍山市申东商周遗址考古发掘收获　叶润清、罗虎　中国文物报11月8日8版

安徽铜陵县师姑墩遗址发掘简报　安徽省文物考古研究所（朔知等）　考古6：3～23

安徽南陵龙头山西周土墩墓群发掘简报　安徽省文物考古研究所、南陵县文物管理所（陈小春）　文物10：4～10

安徽繁昌板子矶周代遗址发掘简报　安徽省文物考古研究所、繁昌县文物管理局（叶润清、徐繁）　文物10：11～22

春秋钟离君柏墓发掘报告　安徽省文物考古研究所、蚌埠市博物馆（阚绪杭等）　考古学报2：239～282

安徽当涂陶庄战国土墩墓发掘简报　安徽省文物考古研究所等（叶润清、罗虎）　文物10：23～35

安徽六安市城东一批出土漆衣陶的墓葬　秦让平　楚简楚文化与先秦历史文化国际学术研讨会论文集974～980

宿淮铁路宿迁段考古发掘汉代墓葬群　晁剑虹　中国文物报1月4日8版

二〇一二年安徽固镇谷阳城遗址发掘重要收获　许冠群、赵东升　中国文物报7月5日8版

萧县陈沟墓地（西区）发掘简报　安徽省文物考古研究所（周水利等）　南方文物3：47～52

安徽萧县陈沟墓群（东区）发掘简报　安徽省文物考古研究所、安徽省萧县博物馆（司学标等）　东南文化1：31～40

安徽繁昌顺风山林场南朝墓发掘简报　繁昌县文物管理局（汪发志）　文物10：36～42

隋唐大运河安徽泗县段邓庄遗址发掘简报　安徽省文物考古研究所（赵彦志等）　南方文物3：53～59

安徽淮北柳孜运河遗址第二次考古发掘再获重要发现　陈超、丁新　中国文物报12月11日1版

安徽青阳金龟原北宋滕子京家族墓地清理简报　青阳县文物管理所（朱献雄）　中原文物3：22～26

一三　福建省

福建漳平市奇和洞史前遗址发掘简报　福建博物院、龙岩市文化与出版局（范雪春等）　考古5：7～19

福建政和县发现东汉晚期至三国时期窑址　福建博物院（陈明忠）　南方文物4：31～35

福建晋江深沪湾明末清初古沉船遗址　林清哲　东南文化3：55～59

一四　江西省

抚吉高速乐安县石田村古遗址发掘简报　江西省文物考古研究所等（张文江等）　南方文物1：45～56

江西樟树观上横里龚家对门山东汉墓发掘简报　江西省文物考古研究所、江西樟树市博物馆（黄水根、马思义）　南方文物1：57～62

江西吉水县晋墓发掘简报　江西省文物考古研究所、江西吉水县博物馆（胡胜、叶翔）　南方文物4：27～30

江西乐平南窑窑址调查报告　江西省文物考古研究所等　中国国家博物馆馆刊10：11～38

景德镇南窑发现唐代最长的龙窑遗址　李政　中国文物报12月13日1版

江西龙南围角头窑业堆积清理简报　江西省文物考古研究所、江西龙南县文管所（胡胜）　南方文物3：42～46

江西南昌市江联小区明墓发掘简报　江西南昌市博物馆（田庄等）　南方文物4：36～39

江西南昌市出土明代阌乡县君朱氏墓　何莉　南方文物4：40～41

一五　山东省

北阡所在青岛丁字湾沿岸史前早期遗址的资源域调查与分析　丁字湾沿岸史前早期遗址资源域研究课题组（王青等）　东方考古（第10集）280～335

山东日照苏家村遗址调查勘探简报　山东大学考古系（聂政）　中原文物4：8～13

山东滕州东康留周代墓地发掘简报 山东省文物考古研究所、滕州市博物馆（高明奎等） 文物4：24～38

山东新泰周家庄东周墓发掘简报 山东省文物考古研究所、新泰市博物馆（刘延常等） 文物4：4～23

山东淄博市临淄区刘家新村春秋墓 临淄区文物局（王永霞等） 考古5：20～28

山东沂水县纪王崮春秋墓 山东省文物考古研究所等（郝导华等） 考古7：33～48

山东淄博市临淄区辛店二号战国墓 临淄区文物局（王会田、李民） 考古1：32～58

临淄齐国故城十号宫殿建筑遗址二〇一二年度发掘成果 吕凯 中国文物报5月24日8版

山东临淄齐故城冶铸遗存考古调查与发掘取得重要收获 杨勇等 中国文物报7月19日8版

济南市章丘于家埠墓地考古发掘收获 房振等 中国文物报2月1日8版

烟台发现汉代白酒 闫勇 中国文物报6月21日8版

武氏墓群汉墓、祭坛勘测简报 魏萍、刘欣 中国汉画学会第十四届年会论文集8～11

山东龙口市东梧桐晋墓发掘简报 烟台市博物馆、龙口市博物馆（赵娟等） 考古4：20～32

山东德州乐陵发现唐代六板耳铁釜 程小明、王建成 中国文物报9月13日8版

即墨东障墓地发掘报告 青岛市文物保护考古研究所、即墨市博物馆（郑禄红） 中国国家博物馆馆刊6：62～74

济南市长清区发掘宋代石室墓 刘剑等 中国文物报8月30日8版

胶东地区首次发现宋代纪年壁画墓 闫勇等 中国文物报12月6日8版

山东淄博临淄区元代墓葬发掘简报 淄博市临淄区文物局（王会田、武晓颜） 文物4：39～55

一六 河南省

2012年度河南省五大考古新发现 方燕明 华夏考古3：149～152

淮阳环城湖的考古调查和发掘——再议环城湖的形成时代与成因 高礼祥、王海燕 周口文物考古研究Ⅱ49～58

河南栾川孙家洞旧石器遗址2012年发掘简报 洛阳市文物考古研究院、栾川县文化广电新闻出版局（史家珍等） 洛阳考古（总第1期）4～10

河南栾川孙家洞旧石器洞穴遗址——河南境内首次在中更新世时期出土有明确地层的直立人牙齿化石（史家珍） 中国文物报1月4日8版

河南栾川蝙蝠洞洞穴遗址考古调查简报 河南省文物考古研究所等（侯彦峰等） 华夏考古3：3～9

庙底沟遗址第二次发掘的重要收获及研究 樊温泉 中国社会科学院古代文明研究中心通讯25：6～28

河南淅川龙山岗仰韶时代晚期城址发掘收获 梁法伟 中国文物报3月29日8版

南阳淅川马山根仰韶文化遗址发掘成果 乔保同等 中国文物报12月20日8版

河南新郑市华阳城遗址的调查简报 郑州市文物考古研究院、新郑市旅游文物局（索全星、姜楠） 中原文物3：4～21

河南省濮阳市铁丘遗址2012年发掘简报 首都师范大学、濮阳市文物保管所（朱光华等） 中原文物6：4～12

洛阳福温联合置业有限公司紫金城C区补探文物钻探报告 高来定 洛阳考古勘探报告（第4辑）67～77

中国洛阳浮法玻璃集团有限责任公司洛玻俱乐部地块14#楼文物钻探报告 孙乃哲 洛阳考古勘探报告（第4辑）208～214

河南荥阳市官庄西周城址 郑州大学历史学院、郑州市文物考古研究院 中国文物报3月15日5版

河南荥阳市官庄遗址西区发掘简报 郑州大学历史学院考古系（韩国河、朱津） 考古3：3～14

南水北调中线工程南阳夏响铺鄂国贵族墓地发掘成果　崔本信、王伟　中国文物报1月4日8版

伊川新城故城勘察记　赵晓军等　洛阳考古（总第2期）3～11

洛阳市碧联房地产开发有限公司七一路6、8、10号院改造文物钻探报告　叶剑等　洛阳考古勘探报告（第4辑）158～165

洛阳升龙置业有限公司西工区汉屯路小学文物钻探报告　张抗　洛阳考古勘探报告（第4辑）166～178

河南新郑市华阳城遗址东周遗存的调查与发掘　郑州市文物考古研究院、新郑市旅游文物局（索全星等）　考古9：23～39

洛阳涧西区辽宁路战国墓地发掘简报　洛阳市文物考古研究院（吴业恒等）　洛阳考古（总第2期）12～32

河南荥阳凤凰台遗址战国墓葬发掘简报　郑州市文物考古研究院、荥阳市文物保护管理所（魏青利等）　洛阳考古（总第3期）3～15

河南新郑发现一批战国墓葬　王凯、郭宗岭　中国文物报7月10日2版

河南淅川县马川遗址发掘简报　郑州大学历史学院等（李锋等）　中原文物2：15～22

郑州市金水区廊桥水岸战国晚期秦墓发掘简报　郑州市文物考古研究院（张永清、高赞岭）　中原文物4：14～25

洛阳联信房地产开发有限公司都市雅居建材市场A区文物钻探报告　李东霖　洛阳考古勘探报告（第4辑）53～66

洛阳衡达置业有限公司衡达·锦运大厦文物钻探报告　唐伟红、林润霞　洛阳考古勘探报告（第4辑）104～114

洛阳市老城区史家沟村整体改造指挥部史家沟村整体改造文物钻探报告　席俊伟　洛阳考古勘探报告（第4辑）115～150

洛阳合和置业有限公司阳光富邸文物钻探报告　罗亦凡、马瑞康　洛阳考古勘探报告（第4辑）186～193

洛阳隆达房地产开发有限公司富阳佳苑（二期地下车库）文物钻探报告　杨孟娜　洛阳考古勘探报告（第4辑）194～200

河南绿都置业有限公司绿都·阳光佳苑项目文物钻探报告　潘丹丹　洛阳考古勘探报告（第4辑）201～207

洛阳顺峰房地产开发有限公司状元府邸一期（1#～6#、13#～17#楼及地下车库）文物钻探报告　兰晶巍　洛阳考古勘探报告（第4辑）215～223

洛阳市智杰房地产开发有限公司智杰亚秀丽都天和1#～5#、7#、8#楼和1#沿街商铺文物钻探报告　周华、胡静　洛阳考古勘探报告（第4辑）224～232

洛阳澳事达置业有限公司富尔家文物钻探报告　王惠芬　洛阳考古勘探报告（第4辑）240～245

洛阳邙山新近出土的西汉原始青瓷　张翠玲、卢青峰　中国文物报11月8日6版

河南唐河县湖阳镇罐山10号汉墓发掘简报　河南省文物考古研究所、南阳市文物考古研究所（翟京襄等）　华夏考古2：3～9

河南焦作白庄三座汉墓　焦作市文物工作队、焦作师范高等专科学校美术学院（冯春艳等）　中国国家博物馆馆刊8：6～27

南水北调中线工程焦作苏蔺段汉代窑址发掘简报　焦作市文物工作队、河南省文物局南水北调办公室（冯春艳、张满堂）　中原文物4：31～35

新安函谷关遗址考古调查发掘获得重大收获　洛阳市文物考古研究院（严辉等）　中国文物报10月25日6、7版

河南禹州杨庄墓地汉墓M100发掘简报　许昌市文物工作队（陈军锋、姚军英）　中原文物2：12～14

洛阳瀍河拦沟村两座东汉墓发掘简报 洛阳市文物考古研究院（吕劲松等） 洛阳考古（总第3期）16~24

河南郏县黑庙M79发掘简报 河南省文物局南水北调办公室等（王红卫） 华夏考古1：14~20

河南荥阳后真村汉代遗存发掘简报 郑州大学历史学院考古系、河南省文物局南水北调文物保护办公室（靳松安等） 华夏考古2：10~20

河南禹州新峰墓地东汉画像石墓发掘简报 河南省文物考古研究所、许昌市文物工作队（姚军英、陈军锋） 华夏考古3：10~22

河南禹州新峰墓地两座汉代画像砖墓 许昌市文物工作队（姚军英、陈军锋） 中原文物2：4~11

南阳市仲景花鸟市场M2发掘简报 南阳市文物考古研究所（郭照川、付建刚） 中原文物4：26~30

河南洛阳市汉魏故城魏晋时期宫城西墙与河渠遗迹 中国社会科学院考古研究所、日本独立行政法人国立文化财机构奈良文化财研究所联合考古队（钱国祥等） 考古5：3~6

洛阳市涧西王湾西晋墓发掘简报 洛阳市文物考古研究院（刘德胜、黄吉军） 华夏考古4：3~10

荥阳市苜蓿洼墓地西晋墓M19发掘简报 刘良超等 洛阳考古（总第3期）25~36

郑州上街盛世新城小区西晋墓发掘简报 郑州市文物考古研究院（魏青利、丁兰坡） 洛阳考古（总第3期）37~43

北魏淮南王元遵墓发掘简报 洛阳市文物考古研究院（吴业恒等） 洛阳考古（总第2期）33~37

洛阳衡山路发现北魏大墓——推测可能为北魏节闵帝元恭的墓葬 刘斌 中国文物报11月6日1版

隋唐洛阳城定鼎门遗址区域考古调查勘探（一期）工作报告 余勇 洛阳考古勘探报告（第4辑）1~52

隋唐洛阳城宁仁坊区域考古调查报告 洛阳市文物考古研究院、洛阳市文物钻探管理办公室（吕劲松等） 洛阳考古（总第1期）11~19

洛阳市定鼎北路唐代砖瓦窑址发掘简报 洛阳市文物考古研究院（张西峰等） 洛阳考古（总第1期）20~28

唐代张文俱墓发掘报告 洛阳市文物考古研究院（黄吉军等） 中原文物5：4~16

宦官张承嗣墓发掘简报 洛阳市文物考古研究院（商春芳等） 洛阳考古（总第2期）38~42

唐武攸宜夫人李氏墓发掘简报 洛阳市文物考古研究院（陈南南等） 洛阳考古（总第3期）44~50

河南省洛阳荣康医院整体搬迁新址扩建项目文物钻探报告 马丽君、李飞 洛阳考古勘探报告（第4辑）78~87

洛阳市洛南新区村民拆迁安置居住区工程建设指挥部龙康小区（E区）文物钻探报告 李飞、王璐 洛阳考古勘探报告（第4辑）88~103

河南隆安房地产开发有限公司隆安大厦文物钻探报告 赵光付 洛阳考古勘探报告（第4辑）151~157

洛阳市曲剧团多功能演艺厅和综合办公楼文物钻探报告 董成圈、蔡小莉 洛阳考古勘探报告（第4辑）179~185

洛阳顶泰置业有限公司“白马城邦”经济适用房小区文物钻探报告 李想 洛阳考古勘探报告（第4辑）233~239

淮阳弦歌湖M34、M35唐代墓葬发掘综述 高礼祥、庞守忠 周口文物考古研究Ⅱ104~109

河南禹州新峰墓地唐墓发掘简报 河南省文物考古研究院、许昌市文物工作队（姚军英、陈军锋） 华夏考古4：11~22

河南安阳市北关唐代壁画墓发掘简报 安阳市文物考古研究所（郑汉池等） 考古1：59~68

巩义芝田唐墓发掘简报 郑州市文物考古研究院（汪旭等） 文物春秋2：11~20

唐代洛州刺史贾敦颐墓的发掘 洛阳市文物考古研究院（黄吉军等） 中国国家博物馆馆刊8：

28～58

河南商丘汴河遗址（南关段）考古发掘收获　刘海旺等　中国文物报8月2日8版

河南孟津东山头唐衡怿墓发掘简报　洛阳市文物考古研究院（李继鹏等）　洛阳考古（总第2期）43～49

洛阳孟津新庄五代壁画墓发掘简报　洛阳市文物考古研究院（王炬等）　洛阳考古（总第1期）29～36

洛阳龙盛小学五代壁画墓发掘简报　洛阳市文物考古研究院（顾雪军、程召辉）　洛阳考古（总第1期）37～47

洛阳芒山镇营庄村北五代壁画墓　洛阳市文物考古研究院（潘付生等）　洛阳考古（总第1期）48～57

洛阳龙盛小区两座小型五代墓葬的清理　洛阳市文物考古研究院（潘付生等）　洛阳考古（总第2期）50～58

河南洛阳市苗北村五代、宋金墓葬发掘简报　洛阳市文物考古研究院（吴业恒等）　考古4：43～56

洛阳经三路宋代石棺墓发掘简报　洛阳市文物考古研究院（赵菲菲等）　洛阳考古（总第2期）59～65

洛阳苗北村壁画墓发掘简报　洛阳市文物考古研究院（贾中宝等）　洛阳考古（总第1期）58～65

河南滑县宋代古船的发掘　安阳市文物考古研究所、滑县文物保护管理所（焦鹏等）　考古3：42～53

河南荥阳市官庄遗址宋墓发掘简报　郑州大学历史学院考古系、郑州市文物考古研究院（赵海洲、李昆仑）　四川文物4：16～20

河南浚县黎阳仓遗址考古获重要发现　郭木森等　中国文物报3月1日8版

郑州黄岗寺北宋纪年壁画墓　郑州市文物考古研究院、河南省南水北调文物保护管理办公室（信应君）　中原文物1：4～9

新郑发现一批金元时期古墓葬　王凯、宋守杰　中国文物报4月26日2版

河南南召县云阳镇明代纪年墓　南召县博物馆（范云刚）　华夏考古4：23～26

济源市东街明代壁画墓发掘简报　济源市文物工作队、河南古代壁画馆（陈良军）　中原文物1：10～16

一七　湖北省

湖北丹江口市杜店旧石器时代遗址发掘简报　吉林大学边疆考古研究中心、湖北省文物事业管理局（陈全家等）　考古11：7～21

湖北郧县后房旧石器遗址发掘简报　武汉大学历史学院、南京大学地理与海洋科学学院（李英华、孙雪峰）　江汉考古1：6～15

丹江口库区果茶场Ⅱ旧石器遗址发掘简报　李浩等　人类学学报2：144～155

湖北郧西庹家湾遗址发掘报告　湖北省文物考古研究所等（梁柱）　考古学报1：59～110

随州叶家山西周墓地第二次考古发掘的主要收获　湖北省文物考古研究所、随州市博物馆（黄凤春、郭长江）　江汉考古3：3～6

湖北随州叶家山M28发掘报告　湖北省文物考古研究所、随州市博物馆（黄凤春等）　江汉考古4：3～57

湖北随州叶家山最大古墓葬揭秘　南方地区首次发现西周马坑　喻珮、王贤　中国文物报7月5日1版

随州叶家山曾国墓地二期考古发掘再获大批西周青铜器——出土西周早期编钟及新见曾侯铭文并首次在墓葬中发现铜锭　黄凤春等　中国文物报10月25日8版

湖北孝昌武家岗墓地第二—四次发掘报告　湖北省文物考古研究所等（梁柱）　江汉考古1：16～62

湖北随州文峰塔墓地考古发掘的主要收获　湖北省文物考古研究所（黄凤春、郭长江）　江汉考古1：3～5

湖北随州发现曾公子去疾墓　黄凤春、郭长江　中国文物报2月20日2版

湖北随州文峰塔墓地发掘获重大发现　黄凤春、郭长江　中国文物报5月24日8版

湖北大冶铜绿山岩阴山脚遗址发掘简报　湖北省文物考古研究所、大冶市铜绿山古铜矿遗址保护管理委员会（陈树祥等）　江汉考古3：7～27

湖北襄阳沈岗墓地M1022发掘简报　襄阳市文物考古研究所（王伟）　文物7：4～19

荆州嵘峨山楚墓2010年发掘简报　荆州博物馆（刘建业）　江汉考古2：31～41

湖北武当山柳树沟墓群2010年发掘简报　湖北省文物考古研究所（黄文新等）　江汉考古2：42～53

湖北沙洋县程新村花果山战国楚墓的发掘　武汉大学历史学院考古系、荆门市博物馆（王然等）考古2：14～28

大冶市铜绿山卢家垴冶炼遗址发掘简报　湖北省文物考古研究所、大冶市铜绿山古铜矿遗址保护管理委员会（陈树祥等）　江汉考古2：3～21

湖北郧县上宝盖遗址2010年发掘简报　复旦大学文物与博物馆学系等（潘碧华等）　江汉考古4：64～78

湖北襄阳余岗墓地M714发掘简报　襄阳市文物考古研究所（梁超）　文物7：20～25

湖北襄樊樊城菜越三国墓发掘报告　襄樊市文物考古研究所（刘江生）　考古学报3：391～425

湖北谷城六朝画像砖墓发掘简报　谷城县博物馆（李广安、程红敏）　文物7：26～37

湖北谷城发现宋代仿木结构砖雕壁画墓　湖古文　中国文物报8月14日2版

一八　湖南省

湖南道县后背山福岩洞2011年发掘报告　李意愿等　人类学学报2：133～143

二十年风云激荡　两千年沉寂后显真容　湖南省文物考古研究所　中国文物报12月6日6、7版

益阳市兔子山遗址考古发掘概况　兔子山考古队　中国文物报12月6日6、7版

湖南常德南坪汉代土墩墓　龙朝彬　秦汉土墩墓考古发现与研究——秦汉土墩墓国际学术研讨会论文集97～108

湖南长沙风盘岭汉墓发掘简报　长沙市文物考古研究所、长沙市望城区文物管理局（赵晓华、张景尧）　文物6：27～38

湖南长沙五一广场东汉简牍发掘简报　长沙市文物考古研究所（黄朴华等）　文物6：4～25

湖南长沙坡子街南宋木构涵渠遗址发掘简报　长沙市文物考古研究所（何佳、黄朴华）　文物6：39～49

湖南永顺老司城遗址考古发掘新进展　张涛　中国文物报9月13日8版

一九　广东省

广东省第三次全国文物普查工作的初步收获　邱立诚　岭南考古研究（11）63～70

广东南江流域旧石器时代考古调查取得重要突破　刘锁强　中国文物报5月24日8版

发现广州"第一人"——南沙人　张强禄　文物天地12：12～13

广东五华狮雄山秦汉城址的发现和初步研究　尚杰　东南文化1：23～30

广东仁化县石马龙地明墓发掘　广东省文物考古研究所（毛远广）　南方文物2：35～38

广东首次发现明代墓园及墓祠建筑基址　胡晓宇　中国文物报3月1日8版

二〇　广西壮族自治区

百色大梅遗址 A 区发掘报告　广西文物保护与考古研究所（陈晓颖等）　广西考古文集（第 5 辑）3 ~ 42

田东檀河遗址发掘简报　广西文物保护与考古研究所、田东县博物馆（李珍等）　广西考古文集（第 5 辑）43 ~ 57

广西田林县风洞遗址 C 地点发掘简报　广西文物保护与考古研究所等（刘康体等）　广西考古文集（第 5 辑）58 ~ 74

广西驮娘江流域新石器时代遗址考古调查报告　广西文物保护与考古研究所等（胡章华等）　广西考古文集（第 5 辑）101 ~ 137

平乐纱帽山新石器时代遗址的发现与收获　何安益　广西博物馆文集（第 7 辑）40 ~ 49

广西柳州鹿谷岭遗址 2010—2011 年度发掘简报　广西文物保护与考古研究所等（陈坚等）　广西考古文集（第 5 辑）75 ~ 100

广西贵港市孔屋岭汉墓 2009 年发掘简报　广西文物考古研究所、贵港市博物馆（谢广维等）　考古 9：40 ~ 67

金秀县王二墓群四座东汉墓发掘简报　柳州市文物考古队、金秀瑶族自治县博物馆（潘晓军等）　广西博物馆文集（第 8 辑）287 ~ 294

贺州凤凰岭古墓群考古发掘报告　广西文物保护与考古研究所、贺州市博物馆（谢广维等）　广西考古文集（第 5 辑）138 ~ 252

兴安县届首骨伤医院东汉墓发掘简报　兴安县博物馆（李珍等）　广西考古文集（第 5 辑）253 ~ 266

广西梧州近年发现的三座古墓葬　梧州市博物馆、蒙山县文物管理所（周学斌）　广西考古文集（第 5 辑）267 ~ 284

广西金秀县王二墓群四座东汉墓考古发掘简报　柳州市文物考古队、金秀瑶族自治县博物馆（潘晓军等）　岭南考古研究（11）54 ~ 62

柳侯祠文物遗址调查及考古发掘简报　柳州博物馆（汪遂先等）　岭南考古研究（10）149 ~ 161

广西桂林发现南汉时期佛教摩崖造像　贺战武等　中国文物报 8 月 2 日 2 版

广西灵川县迪塘村清代古墓简报　莫志东　广西考古文集（第 5 辑）285 ~ 298

广西钦州乌雷炮台清理简报　广西文物保护与考古研究所、钦州市博物馆（富霞、陈显灵）　广西考古文集（第 5 辑）299 ~ 310

天等清代赵焜墓的发现和处理　蒋廷瑜　广西考古文集（第 5 辑）311 ~ 320

二一　重庆市

重庆古盐井（场）探访之旅纪实（一）　朱圣钟等　中国人文田野（第 5 辑）46 ~ 76

重庆丰都玉溪遗址北部新石器时代遗存 2004 年度发掘简报　重庆市文化遗产研究院、丰都县文物管理所（白九江等）　江汉考古 3：28 ~ 43

重庆市北碚区大土遗址新石器时代遗存发掘简报　重庆市文化遗产研究院、北碚区文物管理所（白九江、许高民）　四川文物 2：3 ~ 7

重庆万州嘴嘴墓群发掘简报　重庆市文物考古所等（刘春迎等）　华夏考古 1：3 ~ 13

重庆涪陵槽沟洞战国巴人洞穴居址调查简报　重庆师范大学等（武仙竹等）　江汉考古 3：44 ~ 50

重庆丰都县火地湾、林口墓地发掘简报　重庆市文化遗产研究院、丰都县文物管理所（黄伟等）　江汉考古 3：51 ~ 69

重庆市丰都县汇南墓群 2003 年度发掘简报　四川省文物考古研究院等（陈德安、曾俊）　四川文物 2：8 ~ 31

重庆丰都县天平丘东汉墓发掘简报　西南民族大学民族研究所等（乔栋）　华夏考古 3：23～35

重庆市丰都县汇南墓群 2000 年度发掘简报　四川省文物考古研究院等（陈德安、曾俊）　四川文物 4：3～15

重庆云安镇东大井区宋代至民国制盐遗址的发掘及相关研究　高健斌　中国盐业考古（第 3 辑）78～115

老鼓楼衙署遗址——重庆城市考古的重大发现　袁东山、蔡亚林　中国文物报 1 月 18 日 6、7 版

重庆丰都炼锌遗址群 2004～2005 年发掘报告　重庆市文化遗产研究院、丰都县文物管理所（李大地等）　江汉考古 3：70～86

重庆市巴南区石马湾明墓发掘简报　重庆市文化遗产研究院、重庆文化遗产保护中心（杨鹏强、白九江）　四川文物 6：16～21

二二　四川省

对甘孜地区历史文化的考古调查　温玉成　社会科学战线 3：243～253

四川汉源县麦坪遗址 B 区 2010 年发掘简报　四川大学历史文化学院考古学系等（陈亚军等）　四川文物 1：3～15

四川乡城县卡心坝遗址调查简报　四川省文物考古研究院、甘孜藏族自治州文化局（万娇等）　四川文物 5：11～13

四川汉源县龙王庙遗址 2008 年发掘简报　四川省文物考古研究院等（郭富等）　四川文物 5：14～30

四川什邡桂圆桥新石器时代遗址发掘简报　四川省文物考古研究院等（万娇、雷雨）　文物 9：4～12

川西高原青铜器集成　宫本一夫等　西南地区北方谱系青铜器及石棺葬文化研究87～104

三星堆遗址考古再获重大突破　川古　中国文物报 2 月 22 日 1 版

炉霍县宴尔龙石棺葬墓地发掘报告　四川省文物考古研究院等（金国林等）　西南地区北方谱系青铜器及石棺葬文化研究 11～34

四川炉霍呷拉宗遗址考古发掘简报　四川省文物考古研究院等（陈卫东等）　西南地区北方谱系青铜器及石棺葬文化研究 35～71

2010 年中日合作雅江县呷拉遗址考古发掘简报　四川省文物考古研究院等（李万涛等）　西南地区北方谱系青铜器及石棺葬文化研究 72～86

四川宜宾沙坝墓地 2009 年发掘简报　四川省文物考古研究院等（刘志岩等）　文物 9：13～34

四川渠县发现战国秦汉时期的特大型遗址　四川省文物考古研究院　中国文物报 8 月 30 日 6、7 版

成都传说中的千年石兽现身追踪　陈四四、肖雨杨　中国文物报 1 月 11 日 1 版

成都“老官山”汉墓　成都文物考古研究所　中国文物报 12 月 20 日 4 版

四川剑阁县闻溪乡崖墓群考古发掘收获　闵凯等　中国文物报 8 月 2 日 8 版

四川南部县发现东汉崖墓　张枥　中国文物报 9 月 4 日 2 版

绵遂高速公路（三台段）后底山隋代崖墓群发掘简报　四川省文物考古研究院、三台县文物管理所（黄家祥、黄家全）　四川文物 5：31～43

四川石渠县新发现吐蕃石刻群调查简报　四川省文物考古研究院、石渠县文化局（王婷）　四川文物 6：3～15

四川甘孜石渠发现大规模吐蕃石刻群——填补青藏高原东部唐蕃古道研究重要资料空白　李政　中国文物报 10 月 11 日 1 版

四川石渠县发现大规模吐蕃石刻群　四川省文物考古研究院、故宫博物院　中国文物报 10 月 11 日 6、7 版

四川仪陇县新政镇宋代石室墓清理简报　仪陇县文物管理所（范启裕等）　四川文物 5：44～47

四川南江米仓道调查简报　四川省文物考古研究院等（任江、王婷）　文物 9：35～46

金堂县怀安军城址 2012 年度考古发掘简述　成都市文物考古工作队（索德浩、马春燕）　成都文物 2：24～26

沿江村宋代墓葬发掘简报　都江堰市文物局（刘文强等）　成都文物 3：29～31

四川资中县大包山宋墓发掘简报　四川省文物考古研究院、资中县文物管理所（陈卫东等）　四川文物 1：16～27

宜宾地区古代酿酒作坊、遗址调查简报　四川省文物考古研究院、宜宾市博物院（刘睿、万靖）　四川文物 4：21～28

四川宜宾喜捷槽坊头明代白酒作坊遗址发掘简报　四川省文物考古研究院、宜宾市博物院（万娇、王鲁茂）　文物 9：47～58

二三　贵州省

贵州赫章发现早更新世哺乳动物化石　赵凌霞等　人类学学报 4：477～484

铜仁锦江流域先秦时期遗址发掘的主要收获　张改科、李飞　贵州文史丛刊 2：105～109

贵州贞丰县浪更燃山汉代石板墓　贵州省文物考古研究所、贞丰县文物管理所（杨洪）　考古 6：37～49

贵州桐梓县马鞍山观音寺宋墓清理简报　贵州省文物考古研究所、桐梓县文物管理所（周必素）　江汉考古 4：79～83

贵州遵义市海龙囤遗址　贵州省文物考古研究所、遵义市汇川区文体广电局（李飞等）　考古 7：69～82

两千里疆土家与国——贵州遵义海龙囤遗址考古发掘收获重大成果　海龙囤考古队　中国文物报 1 月 4 日 6、7 版

杨铿夫妇合葬墓——遵义新浦杨氏土司墓群考古新收获　周必素、彭万　中国文物报 12 月 20 日 8 版

二四　云南省

元谋磨盘山新石器时代遗址发掘收获　康利宏　中国文物报 3 月 15 日 8 版

云南昭通昭鲁坝子的新石器时代文化　李文奇　岭南考古研究（12）17～23

云南江川光坟头遗址考古发掘收获　李小瑞　中国文物报 6 月 21 日 8 版

云南个旧市麻玉田青铜时代墓葬的发掘　云南省文物考古研究所等（肖明华、万杨）　考古 3：15～25

云南抚仙湖水下考古简介　黄懿陆　南京博物院集刊（13）60～68

云南陆良县薛官堡墓地　中国社会科学院考古研究所等（杨勇等）　考古 4：3～6

二五　西藏自治区

西藏日土洛布措环湖考古调查取得重要收获　席琳等　中国文物报 10 月 18 日 1 版

二六　陕西省

2012 年陕西省考古研究院考古发掘新收获　陕西省考古研究院　考古与文物 2：3～10

洛南盆地再次发现阿舍利手斧等工具组合　王社江等　中国文物报 1 月 25 日 1 版

丹江上游商丹盆地新发现的旧石器及其埋藏黄土地层　王社江等　人类学学报 4：421～431

宜川龙王辿遗址　王小庆　留住文明——陕西“十一五”期间大遗址保护及课题考古概览（2006～2010）2～8

白水下河遗址　张鹏程　留住文明——陕西“十一五”期间大遗址保护及课题考古概览（2006～2010）9～18

榆林市的仰韶时期遗存　康宁武　考古与文物4：45～53

陕西神木县石峁遗址　陕西省考古研究院等（孙周勇等）　考古7：15～24

陕西淳化枣树沟脑遗址2007年发掘简报　西北大学文化遗产学院等（王振等）　文物2：55～66

凤凰山（周公庙）遗址　种建荣　留住文明——陕西“十一五”期间大遗址保护及课题考古概览（2006～2010）20～37

西安市汉唐昆明池遗址区西周遗存的重要考古发现　中国社会科学院考古研究所、西安市文物保护考古研究院阿房宫与上林苑考古队（刘瑞等）　考古11：3～6

周原遗址庄白取土场2003年度发掘报告　宝鸡市周原博物馆、宝鸡市考古研究所（李亚龙等）　周原（第1辑）220～263

周原遗址池渠遗存的钻探与发掘　宝鸡市周原博物馆、宝鸡市考古研究所（张亚炜等）　周原（第1辑）164～296

周原遗址召陈村北西周残墓的清理　宝鸡市周原博物馆（刘万军等）　周原（第1辑）297～300

陕西周原姚家墓地考古取得重要收获　种建荣　中国文物报3月1日1版

陕西省宝鸡市石鼓山西周墓　石鼓山考古队（刘军社等）　考古与文物1：3～24

陕西宝鸡石鼓山西周墓葬发掘简报　石鼓山考古队（刘军社等）　文物2：4～54

陕西宝鸡石鼓山发现西周早期贵族墓葬（刘军社等）　中国文物报1月18日8版

韩城梁带村芮国墓地　孙秉君、张天恩　留住文明——陕西“十一五”期间大遗址保护及课题考古概览（2006～2010）38～50

秦雍城遗址　田亚岐　留住文明——陕西“十一五”期间大遗址保护及课题考古概览（2006～2010）51～66

陕西凤翔孙家南头春秋秦墓发掘简报　陕西省考古研究院等（田亚岐等）　考古与文物4：3～34

西安市长安区西甘河村古墓葬发掘收获　朱连华等　中国文物报4月26日8版

关中监狱战国秦墓群发掘概况　刘卫鹏　秦汉研究（第6辑）76～83

关中监狱战国秦墓群的发掘　刘卫鹏　秦始皇帝陵博物院（总2辑）96～109

凤翔六道村战国秦墓发掘简报　陕西省考古研究院、宝鸡市考古研究所（田亚岐等）　文博2：3～12

凤翔翟家寺两座小型秦墓的清理　陕西省考古研究院等（田亚岐等）　文博3：8～11

陕西凤翔路家村墓葬发掘简报　陕西省考古研究院等（田亚岐等）　文博4：3～10

陕西凤翔雷家台墓地发掘简报　陕西省考古研究院等（田亚岐等）　文博5：15～21

西安南郊曹家堡清理九座秦墓　张小丽、刘汉兴　中国文物报7月19日8版

陕西咸阳周陵贺家发掘一批战国秦墓　耿庆刚、田亚岐　中国文物报9月27日8版

秦直道遗址　张在明、肖健一　留住文明——陕西“十一五”期间大遗址保护及课题考古概览（2006～2010）82～91

秦始皇帝陵园　孙伟刚　留住文明——陕西“十一五”期间大遗址保护及课题考古概览（2006～2010）68～81

秦始皇帝陵园暴露遗迹调查报告　秦始皇帝陵博物院（张卫星等）　秦始皇帝陵博物院（总1辑）1～28

秦始皇帝陵园城垣遗迹调查勘探简报　秦始皇帝陵博物院（张卫星等）　秦始皇帝陵博物院（总1辑）29～48

秦始皇帝陵内城陵寝建筑勘探简报　秦始皇帝陵博物院（张卫星等）　秦始皇帝陵博物院（总2辑）1～26

秦始皇帝陵陵区北部I区2010年度钻探简报　秦始皇帝陵博物院（邵文斌等）　秦始皇帝陵博物

院（总2辑）27～67

秦始皇陵园内城东西向墙垣城门勘探简报　秦始皇帝陵博物院（张卫星等）　秦始皇帝陵博物院（总2辑）68～71

秦始皇帝陵K201002陪葬坑勘探简报　秦始皇帝陵博物院（张卫星等）　秦始皇帝陵博物院（总2辑）72～76

秦始皇帝陵封土西侧三号陪葬坑勘探简报　秦始皇帝陵博物院（张卫星等）　秦始皇帝陵博物院（总2辑）77～85

秦始皇帝陵又有新发现　付建等　中国文物报10月30日1版

秦代窝棚遗址复探简报　秦始皇兵马俑博物馆考古部（刘占成等）　秦俑博物馆开馆三十周年秦俑学第七届年会国际学术研讨会论文集262～264

陕西考古发现秦汉渭桥遗址为同时期全世界最大木构桥梁　渭桥考古队　中国文物报1月16日1版

汉长安城遗址　徐龙国等　留住文明——陕西“十一五”期间大遗址保护及课题考古概览（2006～2010）92～107

西汉帝陵　马永嬴等　留住文明——陕西“十一五”期间大遗址保护及课题考古概览（2006～2010）108～124

西汉帝陵园　新视野下的再发现　焦南峰等　中国文化遗产2：10～15

汉元帝渭陵考古调查、勘探简报　陕西省考古研究院、咸阳市文物考古研究所（王东等）　考古11：22～34

西安北郊香克林小镇M38发掘简报　陈钢、李卓　秦始皇帝陵博物院（总2辑）86～95

西安北郊百花村汉代石椁墓（M6）发掘简报　西安市文物保护考古研究院（柴怡等）　文博5：3～14

西安南郊曲江羊头镇西汉墓发掘简报　西安市文物保护考古研究院（刘汉兴等）　文博6：3～17

西安东郊石家街发现汉代列侯级别墓葬　柴怡等　中国文物报8月16日8版

西安北郊发现汉代砖（石）椁墓　刘汉兴等　中国文物报9月27日8版

陕西蓝田支家沟汉墓发掘简报　陕西省考古研究院（段毅）　考古与文物5：3～30

陕西宝鸡凉泉汉墓发掘简报　陕西省考古研究院、宝鸡市考古研究所（许卫红等）　考古与文物6：3～19

西安羊头镇住宅小区发掘古墓葬　刘汉兴、高博　中国文物报11月8日8版

西安北郊滹沱村安置楼工地发掘七座古墓　张翔宇等　中国文物报1月4日8版

西安南郊郭杜镇西晋墓发掘简报　西安市文物保护考古研究院（杨军凯等）　文博3：3～7

统万城遗址　邢福来　留住文明——陕西“十一五”期间大遗址保护及课题考古概览（2006～2010）126～134

陕西靖边县统万城周边北朝仿木结构壁画墓发掘简报　陕西省考古研究院等（邢福来等）　考古与文物3：9～18

西安北周张氏家族墓清理发掘收获　杨军凯等　中国文物报8月2日8版

陕西咸阳隋鹿善夫妇墓发掘简报　陕西省考古研究院、咸阳市文物考古研究所（刘呆运等）　考古与文物4：35～44

凤翔翟家寺隋唐墓葬发掘简报　陕西省考古研究院等（田亚岐等）　文博1：3～10

唐长安城遗址　龚国强等　留住文明——陕西“十一五”期间大遗址保护及课题考古概览（2006～2010）150～158

关于小雁塔塔基考古的收获　张全民、龚国强　西安文物考古研究（第2辑）295～303

神木麟州古城遗址　肖健一等　留住文明——陕西“十一五”期间大遗址保护及课题考古概览（2006～2010）178～183

唐代帝陵　张建林等　留住文明——陕西“十一五”期间大遗址保护及课题考古概览（2006～

2010）159～176

唐高祖献陵陵园遗址考古勘探与发掘简报　陕西省考古研究院（张博等）　考古与文物5：31～44

唐郭仲恭及夫人金堂长公主墓发掘简报　西安市文物保护考古研究院（杨军凯等）　文博2：13～18

陕西发掘唐昭容上官氏墓　李明、耿庆刚　中国文物报9月11日1版

西安西郊唐突骑施奉德可汗王子墓发掘简报　西安市文物保护考古研究院（柴怡等）　文物8：4～19

西安市唐代李倕墓冠饰的室内清理与复原　陕西省考古研究院、德国美茵兹罗马～日耳曼中央博物馆（杨军昌等）　考古8：36～45

西安市西郊杨家围墙唐墓M1发掘简报　西安市文物保护考古研究院（杨军凯等）　考古与文物2：11～16

西安南郊唐代张夫人墓发掘简报　西安市文物保护考古研究院（张小丽、赵晶）　文博1：11～15

唐代故济州司马郝君夫人达奚令婉墓发掘简报　西安市文物保护考古研究院（张小丽等）　文博4：11～17

蓝田五里头北宋吕氏家族墓地及宗庙遗址　张蕴等　留住文明——陕西“十一五”期间大遗址保护及课题考古概览（2006～2010）184～201

西安乳家庄宋代砖雕墓发掘简报　西安市文物保护考古研究院（张小丽、朱连华）　文物8：20～26

渭南靳尚村金元壁画墓　岳连建　留住文明——陕西“十一五”期间大遗址保护及课题考古概览（2006～2010）202～205

西安曲江元代张达夫及其夫人墓发掘简报　西安市文物保护考古研究院（张小丽等）　文物8：27～48

明秦藩王陵考古调查　肖健一等　留住文明——陕西“十一五”期间大遗址保护及课题考古概览（2006～2010）224～228

二七　甘肃省

甘肃张家川杨上遗址旧石器考古新发现　陈福友等　中国文物报11月13日1版

甘肃省2009年水洛河、清水河流域旧石器调查和发掘　李锋等　北京猿人80周年纪念——第14届垂杨介与她的邻居们国际学术研讨会24～35

甘肃省徐家城旧石器遗址的年代　李锋等　人类学学报4：433～440

张家川与西戎相关的几处遗址及墓葬的调查　马悦　陇右文博2：12～14

甘肃张家川马家塬出土车厢侧板的初步实验室考古清理　韩非、马燕如　文化遗产研究（第2辑）80～85

甘肃张家川县马家塬战国墓地M4木棺实验室考古简报　甘肃省文物考古研究所、陕西省考古研究院（黄晓娟等）　考古8：25～35

甘肃泾川县佛教遗存抢救性发掘清理取得阶段性成果　甘肃省文物局　中国文物报1月30日1版

鹅池洞调查与研究　田永强、黄丽宁　陇右文博1：8～12

环县“三普”中发现的北宋城寨遗址概述　沈浩注、李媛　陇右文博1：18～22

甘肃庄浪发现宋“熙宁”二年券砖　王江平等　中国文物报8月16日8版

和政县张家庄金代砖雕墓清理简报　临夏回族自治州博物馆（张有才）　陇右文博2：15～19

安定区西巩镇苦河金墓清理简报　安定区博物馆　陇右文博2：20～21

甘肃武威塔尔湾西夏遗址调查简报　于光建、黎大祥　陇右文博1：13～17

二八　青海省

贵南拉乙亥遗址　王国道　再现文明——青海省基本建设考古重要发现1～4

格尔木三岔口东细石器地点　胡晓军、陈海清　再现文明——青海省基本建设考古重要发现8～10
格尔木纳赤台细石器地点　肖永明　再现文明——青海省基本建设考古重要发现5～7
化隆安达其哈遗址　乔虹　再现文明——青海省基本建设考古重要发现11～17
尖扎河东台遗址　孙鸣生　再现文明——青海省基本建设考古重要发现18～22
化隆亚曲滩遗址　王忠信　再现文明——青海省基本建设考古重要发现23～26
尖扎拉毛遗址　王倩倩　再现文明——青海省基本建设考古重要发现27～33
大通上孙家寨史前时期墓地　卢耀光、李国林　再现文明——青海省基本建设考古重要发现 69～83
尖扎直岗拉卡遗址　陈海清　再现文明——青海省基本建设考古重要发现84～88
青海民和马家窑文化墓葬发现马骨　铁元神　中国文物报 9 月 13 日 2 版
贵南尕马台遗址与墓地　任晓燕　再现文明——青海省基本建设考古重要发现34～45
乐都柳湾遗址　肖永明　再现文明——青海省基本建设考古重要发现 46～50
大通长宁遗址　任晓燕、王倩倩　再现文明——青海省基本建设考古重要发现51～63
化隆纳卡遗址　陈海清　再现文明——青海省基本建设考古重要发现 64～68
大通黄家寨墓地　崔兆年、陈荣　再现文明——青海省基本建设考古重要发现89～92
青海互助县金禅口遗址的考古发现及其意义　王倩倩　青海社会科学 5：156～159
尖扎鲍下藏遗址　吴平　再现文明——青海省基本建设考古重要发现93～97
化隆吉亥塘墓地　吴平　再现文明——青海省基本建设考古重要发现98～100
平安东村墓葬及窑址　任晓燕　再现文明——青海省基本建设考古重要发现103～107
大通上孙家寨汉晋墓地　任晓燕　再现文明——青海省基本建设考古重要发现108～115
民和胡李家汉代墓地　蔡林海　再现文明——青海省基本建设考古重要发现116～122
刚察吉尔孟古城　肖永明　再现文明——青海省基本建设考古重要发现123～126
西宁南滩汉代墓地　王忠信　再现文明——青海省基本建设考古重要发现127～129
平安北村汉代墓地　王忠信、许显成　再现文明——青海省基本建设考古重要发现130～135
西宁海湖大道汉墓　闫璘　再现文明——青海省基本建设考古重要发现136～139
西宁陶家寨汉晋墓地　任晓燕、乔虹　再现文明——青海省基本建设考古重要发现140～149
乐都马家台魏晋墓　胡晓军、陈海清　再现文明——青海省基本建设考古重要发现156～160
平安古城崖魏晋墓　闫璘、许显成　再现文明——青海省基本建设考古重要发现150～155
西宁山陕台墓地　陈海清　再现文明——青海省基本建设考古重要发现161～165
大通寺堂遗址　胡晓军等　再现文明——青海省基本建设考古重要发现 168～171
德令哈尕海墓地　李国林、闫璘　再现文明——青海省基本建设考古重要发现 172～177
西宁南山路钰兴花园墓地　陈海清　再现文明——青海省基本建设考古重要发现 166～167
大通大哈门明代柴氏家族墓　卢耀光、崔兆年　再现文明——青海省基本建设考古重要发现 178～184
西宁嘉荣华明代张氏家族墓　王倩倩、孙小妹　再现文明——青海省基本建设考古重要发现 185～189

二九　宁夏回族自治区

盐池张家场古城址调查　耿志强　中国国家博物馆馆刊 4：6～26

三〇　新疆维吾尔自治区

“二十世纪西域考察”漫记　周伟洲　中国人文田野（第 5 辑）2～10
新疆地区“定居兴牧”考古发掘综述　新疆文物考古研究所（尚玉平）　新疆文物 3～4：117～124
新疆木垒干沟遗址发掘简报　新疆文物考古研究所（田小红等）　文物 12：4～21

新疆昌吉努尔加墓地2012年发掘简报　新疆文物考古研究所（于建军、阿里甫）　文物12：22～36

昌吉市努尔加墓地考古发掘简报　新疆文物考古研究所（于建军、阿里甫）　新疆文物3～4：75～87

布尔津县山口电站墓地考古发掘简报　新疆文物考古研究所（王永强等）　新疆文物1：21～32

新疆布尔津县博拉提三号墓群抢救性发掘　于建军　中国文物报3月15日8版

和静县莫呼查汗墓地考古发掘简报　新疆文物考古研究所（阿里甫江、张铁男）　新疆文物1：33～58

新源县阿尤赛沟口遗址考古发掘简报　新疆文物考古研究所（阮秋荣、王永强）　新疆文物2：4～10

呼图壁县石门子墓地考古发掘简报　新疆文物考古研究所（张玉忠等）　新疆文物2：85～102

博尔塔拉河流域发现早期青铜时代军事遗存　尼葛丽　中国文物报8月14日2版

新疆尼勒克县发现安德罗诺沃文化遗存　阮秋荣、胡望林　中国文物报12月6日8版

新疆阿勒泰加朗尕什、哈拜汗墓地发掘成果　于建军　西域研究2：130～131

新疆阿勒泰地区古墓葬发掘简报　新疆文物考古研究所（胡望林等）　文物3：15～19

新疆温泉县阿敦乔鲁遗址与墓地　中国社会科学院考古研究所（丛德新等）　考古7：25～32

新疆拜城多岗墓地考古新收获　田小红、吴勇　西域研究3：141～142

新疆哈巴河东塔勒德墓地发掘简报　新疆文物考古研究所（于建军等）　文物3：4～14

哈巴河县东塔勒德墓地考古发掘简报　新疆文物考古研究所（于建军等）　新疆文物1：10～20

新源县阿尤赛沟口墓地、喀拉奥依墓地考古发掘报告　新疆文物考古研究所（王永强等）　新疆文物2：11～24

富蕴县哲勒尕巴什墓群考古发掘简报　新疆文物考古研究所（党志豪、胡望林）　新疆文物2：43～51

哈巴河县加朗尕什墓地、哈拜汗墓地考古发掘报告　新疆文物考古研究所（胡兴军、于建军）　新疆文物2：52～70

阜康市大黄山一分厂墓地考古发掘报告　新疆文物考古研究所（胡兴军、王永强）　新疆文物2：79～84

且末县古大奇墓地考古发掘报告　新疆文物考古研究所（胡兴军等）　新疆文物3～4：67～74

包孜东、麻扎甫塘古墓与龟兹古国文化　王博、傅明方　龟兹学研究（第2辑）139～150

新疆吐鲁番市胜金店墓地发掘简报　吐鲁番学研究院（张永兵等）　考古2：29～55

新疆吐鲁番胜金店墓地2号墓发掘简报　新疆吐鲁番学研究院（张永兵、李肖）　文物3：20～24

阿勒泰市巴勒哈纳水库墓地考古发掘报告　新疆文物考古研究所（胡望林）　新疆文物2：31～42

和静县阿尔夏一号墓地考古发掘报告　新疆文物考古研究所（党志豪）　新疆文物2：71～78

精河县西气东输三线建设考古发掘简报　新疆文物考古研究所（胡望林、党志豪）　新疆文物2：25～30

精河县沙尔托海水库考古发掘简报　新疆文物考古研究所、精河县文物管理所（田小红等）　新疆文物3～4：88～93

且末县托盖曲根一号墓地考古发掘报告　新疆文物考古研究所（胡兴军等）　新疆文物3～4：51～66

新疆若羌米兰遗址考古发掘新收获　于志勇等　中国文物报3月15日8版

新疆库车友谊路魏晋十六国时期墓葬2007年发掘简报　新疆文物考古研究所（于志勇等）　文物12：37～55

2007年库车县友谊路魏晋十六国时期墓葬考古发掘简报　新疆文物考古研究所（于志勇等）　新疆文物3～4：4～23

库车县友谊路魏晋十六国墓葬2010年度考古发掘简报　新疆文物考古研究所（于志勇等）　新疆文物3～4：24～50

新疆阿克陶县克孜勒加依墓地考古新发现　艾涛　西域研究2：132～133

新疆吐鲁番市巴达木墓地发掘简报　新疆文物考古研究所（田小红等）考古6：24～36

吉木萨尔县二工河水库墓地考古发掘简报　新疆文物考古研究所（胡兴军、刘维玉）　新疆文物1：59～81

阜康市天池博克达山庙考古发掘简报　新疆文物考古研究所（张铁男）　新疆文物1：4～9

伍　美术考古

一　通论

文物图像与艺术历史　葛承雍　美术研究3：12～15

再论艺术考古理论　何努　古代文明研究通讯　57：52～62

中国“美术考古学”的根本问题　贺晓舟　浙江艺术职业学院学报2：59～63

战国前文物纹饰与“拆半律”　王政　装饰7：72～73

三峡区域史前美术的研究　陈文武　楚简楚文化与先秦历史文化国际学术研讨会论文集936～956

二　雕塑

尤物：作为物质文化的中国古代石刻　程章灿　学术研究10：127～136

唐代狮子造型面部刻划拟胡人化刍议　高彬　装饰7：129～130

石狮在山西的产生及演变　王轶鸿　文物世界6：40～42

画像石

汉画作为“图”的八种意义　朱青生　古代墓葬美术研究（第2辑）377～399

汉画像砖石的考古学释读　周学鹰　考古与文物1：55～67

南阳汉画像石（砖）中的射箭活动　宋华　中原文物4：93～97

东汉徐州汉画中的佛教问题新探　朱浒　中国美术研究（第8辑）27～43

“柱铢”及“离利”辨误　马晓亮　考古1：87～90

论汉画像石的设计理念　顾颖　美术观察5：100～102

汉阙画像艺术研究　张孜江　中国汉画学会第十四届年会论文集148～155

论汉画像乐舞图的艺术图式——以沂南汉墓汉画像乐舞图为例　顾颖　装饰2：76～77

汉代墓葬画像中“假门”现象之探讨——兼谈墓葬空间的性质问题　杨孝鸿　南京艺术学院学报（美术与设计版）1：41～48

谈汉代园林中的水榭　陈晓媛　中国汉画学会第十四届年会论文集156～159

楼阁主仆：汉代人的幸福仪式图　郑先兴　中国汉画学会第十四届年会论文集357～363

汉画像石墓门扉装饰的凸显构成及其文化意蕴　孙发成　阅江学刊4：142～147

汉画门扉中所见“铺首衔环”图像试析　来嘉琪　中国汉画学会第十四届年会论文集164～172

论汉代画像中“树纹”的意义——兼论《太平经》中的“人有命树”观念以及汉代早期民间宗教信仰研究　杨孝军、郝利荣　中国汉画学会第十四届年会论文集376～383

汉画像石中的“拥彗”图辨正　陈松长　中国汉画学会第十四届年会论文集295～300

汉代辟邪驱疫画像探讨　黄剑华　南京博物院集刊（13）44～55

汉画中“神人操蛇”形象的渊源与形成研究　韩鼎　中国汉画学会第十四届年会论文集198～207

汉画像中的神怪世界——与《山海经》中的神怪对照　孟瑀　中国汉画学会第十四届年会论文集208～217

汉代石椁画像与民间宗教信仰研究——从汉代墓葬建筑的“象生环境”和“死而不亡”的理想境界谈起　郝利荣　文物世界 5：13～19

仙凡幽明之间——汉画像石与“大象其生”　孙机　中国国家博物馆馆刊 9：81～117

汉画中的佛教造像溯源　王峰　寻根 5：18～23

汉画像尧、舜、禹英雄故事的文化阐释　周圣涵　中国汉画学会第十四届年会论文集326～331

炎帝神农与汉代画像　黄剑华　中国汉画学会第十四届年会论文集 188～197

东汉“执金吾卫”小考　秦臻　中国汉画学会第十四届年会论文集 317～324

汉画像石中反映出的战汉战争的战术与兵器　尹钊等　中国文物报 3 月 15 日 6 版

汉画像胡汉战争图的叙事性研究　朱浒　南京艺术学院学报（美术与设计版）3：33～37

略论汉代画像中描绘的胡汉战争　黄剑华　博物馆学刊（第 3 辑）36～43

南阳市近年来新出土的一批汉画像石　燕睿　中国汉画学会第十四届年会论文集476～484

南阳汉代彩绘画像石墓的特点及色彩的象征意义　徐颖　中原文物 5：56～60

启母阙“郭巨埋儿”画像研究　张国辉　中华之源与嵩山文明研究（第 1 辑）213～227

许昌汉画像石门扉图像浅析　赫连玉芳　华夏考古 3：85～95

许昌汉画像石门楣探析　赫连玉芳　中原文物 1：73～79

山东汉画像石墓门扉图像研究　宋丙玲　中国汉画学会第十四届年会论文集173～185

山东汉画像石“孔子像”的文化意蕴　王方晗　东岳论丛 1：74～78

山东汉画像石《孔子见老子》图像分析　郑立君、赵莎莎　孔子研究 1：108～116

济宁汉画像石概述　高成丰　中国汉画学会第十四届年会论文集 97～107

从济宁汉代石椁墓画像看汉画像石题材的演变　于秋伟、庄英博　中国汉画学会第十四届年会论文集 82～90

安丘董家庄汉画像石墓艺术特色及墓主人考　刘冠军　中国汉画学会第十四届年会论文集370～375

考古学与神话学的碰撞——从沂南汉墓画像中“羽人”与“大傩”的讨论谈起　张敏　东南文化 1：6～12

临沂汉画像石中的车骑出行图　相启春　中国文物报 11 月 20 日 5 版

黄易与武氏墓群石刻　杨爱国　中国汉画学会第十四届年会论文集 2～7

武梁祠画像的情节表现　黄雅峰　中国汉画学会第十四届年会论文集 12～17

邹城“食斋祠园”画像石略考　谢健、谢长伟　中国汉画学会第十四届年会论文集33～37

晋西北东汉题记画像石所见职官考述　郑红莉　中国汉画学会第十四届年会论文集311～316

吕梁汉画像石浅谈　周瑞伟　文物世界 3：17～19

山西离石汉画像石空间造型表现形式分析　高永利　装饰 1：84～85

陕北榆林地区汉代画像石若干问题研究　贺慧慧　秦汉研究（第 5 辑）215～222

弯曲的柱子——陕北东汉画像石的一个细节　郑岩　古代墓葬美术研究（第 2 辑）149～167

四川画像石棺与西亚石棺艺术比较　范小平　巴蜀文化研究集刊（7）261～269

新论泸州汉代画像神仙信仰　晏满玲、白芮　中国汉画学会第十四届年会论文集218～226

说“曼衍”——四川博物馆藏郫县汉代石棺“曼衍角抵”图辨正　胡蔚　中国汉画学会第十四届年会论文集 227～234

徐州汉画像楚儒文化交融现象浅析　井浩然　南京博物院集刊（13）56～59

徐州汉画像石中几种植物画像考析　周保平　中国汉画学会第十四届年会论文集384～396

徐州新发现汉画像石的考察与研究　朱存明　中国国家博物馆馆刊 7：93～102

画像石瑰宝“射阳汉石门画像”　倪学萍　江淮文化论丛（第 2 辑）302～304

海宁汉画像石图式的视觉形式分析　朱炜　中国汉画学会第十四届年会论文集403～409

海宁汉画像石墓的建筑装饰分析　吴洁　中国汉画学会第十四届年会论文集397～402

从人到鸟神——北朝粟特人袄教祭司形象试析　谌璐琳　西域研究 4：90～95

石椁线刻与粉本的形成方式——兼论唐陵墓壁画图像粉本的来源　徐涛、师小群　古代墓葬美术研究（第 2 辑）233 ~ 251

乾陵石刻划相关问题研究　樊英峰、王双怀　乾陵文化研究（七）8 ~ 15

乾陵线刻划研究　樊英峰　乾陵文化研究（三）73 ~ 77

唐武惠妃墓石椁纹饰中的外来元素初探　杨瑾　四川文物 3：60 ~ 72

试论西安地区唐代墓葬石刻中的胡人形象　杨瑾　乾陵文化研究（七）394 ~ 403

泸州宋墓石刻小议　苏欣、刘振宇　四川文物 4：47 ~ 52

从辽墓二十四孝画像石管窥儒家思想对辽契丹文化的影响　郭东升、薛璐璐　辽金历史与考古国际学术研讨会论文集（上）71 ~ 76

大荔清代李氏家族 2 号墓石刻图像析　景玉薇　艺术探索 2：40 ~ 42

画像砖

汉代“人虎母题”图像之题材表现　卢昉　文物世界 4：9 ~ 12

从汉代画像砖看中国农耕文化　李杨、何先红　成都文物 2：15 ~ 20

墓砖上的图像世界——以江西汉代墓纹砖为例　刘慧中　南方文物 3：190 ~ 196

浅谈西华出土的画像砖　张晓红、张啸峰　周口文物考古研究Ⅱ93 ~ 95

浅析许昌地区新发现高浮雕画像砖　张彦伟、秦兰　中国汉画学会第十四届年会论文集410 ~ 417

修袖长巾　舞情舞兴——四川博物院藏汉舞蹈画像砖赏析　魏葳　文物天地 1：104 ~ 107

论魏晋十六国时期河西民众的社会生活——以魏晋墓画像砖资料为视角　李明　丝绸之路 6：64 ~ 65

浅析敦煌魏晋墓画像砖中的持械人物　张海博　丝绸之路 12：22 ~ 23

河南邓县南朝画像砖墓的升天图系统研究　师若予　博物馆学刊（第 3 辑）95 ~ 99

盛放在地下的奇葩——邓州南朝彩色画像砖　唐新　收藏 4：114 ~ 117

入华粟特文化的审美特征及接受——以入华粟特人墓葬图像为中心的考察　孙武军　考古与文物 5：116 ~ 123

陕西蓝田出土舍利石函图像再探讨　文军　文博 2：44 ~ 47

沁县金代古墓二十四孝图　曹雪霞　文物世界 1：38 ~ 43

补遗

论武氏祠汉画像结构形式的秩序美学　王强　文艺评论 2012 年 10：109 ~ 112

鲁南汉画像石角抵研究　任昭君　浙江体育科学 2012 年 6：110 ~ 116

汉画像“盘鼓舞”价值取向研究　祝仰东　艺术百家 2011 年 6：244 ~ 246

造像

西南地区新发现的东汉佛像　何志国　中国汉画学会第十四届年会论文集462 ~ 468

滇蜀地区出土早期佛教造像与西南传播路线　李竞恒　巴蜀文化研究集刊（7）254 ~ 258

政治、祥瑞和复古：南朝阿育王像的形制特征及其含义　［韩］苏铉淑　故宫博物院院刊 5：145 ~ 160

释俗之间——试论碑林藏北魏交脚弥勒造像的艺术来源及相关问题　王庆卫　交流与互动——民族考古与文物研究 249 ~ 259

略谈北朝时期定州区佛教造像的地方特色　林章芹　苏州文博论丛（总第 3 辑）14 ~ 19

从西安出土北朝佛教造像看其发展演变与特征　王长启　西安文物考古研究（第 2 辑）145 ~ 164

释迦牟尼佛的苦行像　金申　收藏 1：104 ~ 111

渤海佛教雕刻的新考察——以同中国、日本古代雕刻的比较为中心　［韩］崔圣银著　李东源译　渤海史论集 416 ~ 434

明清时期湖南佛教造像的程式仪轨解析　李方　湖南大学学报（社科版）4：114 ~ 117

简论清代藏区三大造像中心　张萌　文物天地 9：81 ~ 87

美国波士顿美术馆藏中国道教造像 刘连香 中原文物2：56～64

金铜造像

小型金铜佛像趣话 金申 收藏12：118～120
霍城镇刘庄村出土青铜造像 王延璋 陇右文博2：22
北魏泰常五年金铜弥勒禅定坐像考略 王为群 文物春秋5：55～58
沉寂在咸阳古渡下的隋唐佛教造像 张鑫等 乾陵文化研究（六）346～349
白塔寺诸天造像名称考辨 孙涛 北京文博文丛3：45～59
一尊清代铜鎏金尊胜佛母像 马超 文物春秋4：79～80
洛阳博物馆藏原慈宁宫大佛堂无量寿佛造像 谷新春 收藏家3：75～80
国家博物馆藏八邦寺造像研究 张萌 中国国家博物馆馆刊7：82～92
清翫雅集会员藏佛教造像 史彬士 陈姿颖译 收藏2：54～63

石造像

西安碑林藏古长安石刻造像综述 李聪 陕西历史博物馆馆刊（第20辑）226～234
菩提像初探 李崇峰 石窟寺研究（第3辑）190～211
西岳庙和西岳庙石人——读《西岳庙》 李零 秦始皇帝陵博物院（总1辑）99～118
论孔望山汉代摩崖造像不是道教 李淞 美苑2：76～82
旅顺博物馆藏古代印度佛教造像摭谈 徐媛媛 收藏家8：13～22
荣耀之面——南北朝晚期的佛教兽面图像研究 王敏庆 敦煌吐鲁番研究（第13卷）499～523
试论龙门石窟的造像艺术 周斌 文物世界5：33～35
北朝道教造像碑研究 刘睿 四川省文物考古研究院青年考古文集465～510
古青州北朝佛教及造像刻经艺术 张总 陕西历史博物馆馆刊（第18辑）185～198
青州龙兴寺背屏式造像色彩研究——以一件北魏至东魏时期背屏式三身石造像为例 马月娇、石建刚 丝绸之路2：90～91
青州龙兴寺造像北齐大盛原因考 李森 敦煌学辑刊2：77～81
浅论青州龙兴寺菩萨雕塑的纯粹现实世界 柯秉飞 文物世界6：43～45
轻盈灵动 曼舞当空——青州龙兴寺窖藏北朝飞天艺术 付卫杰 收藏4：122～125
北朝崔氏家族青州龙兴寺造像活动发覆 李森 敦煌研究2：36～38
赏析青岛市博物馆三件镇馆之宝 崔潵潵 文物天地7：70～72
馆藏北朝佛教造像碑三尊 柳恒 中原文物5：100～102
略论西安碑林博物馆藏景明二年造像碑上的神王像 冉万里 文博1：55～59
试论西安碑林藏北魏交脚弥勒造像的艺术来源及其内涵 王庆卫 文博3：75～79
陕西长武县北魏佛教石刻造像的再认识 宋莉 世界宗教文化2：57～61
大海寺道晗造像碑及相关问题研究 王景荃、杨杨 中原文物2：71～76
流散海外的北魏早期石佛造像 金申 收藏3：132～137
东魏北齐响堂与青州造像比较研究 唐仲明 华夏考古4：96～106
北周建德二年观音石像座 孙宗贤、曹建宁 考古与文物6：109
武山拉梢寺大佛造像发愿文再辨析 刘复兴 西北民族大学学报（哲社版）5：62～65
巴蜀石刻造像中的体育刻划研究——基于安岳石刻造像的田野调查 闫玉峰、徐泉森 成都体育学院学报1：84～86
古长安宝庆寺失落在国外的石刻佛像观览 李域铮、李慧 陕西历史博物馆馆刊（第18辑）277～290
四川阆中石室观隋唐摩崖造像 蒋晓春等 文物7：59～67
四川内江唐宋摩崖造像三题 李小强 中国国家博物馆馆刊5：16～24
乐山弥勒大佛造像中几个问题的探讨 徐彬 宗教学研究1：150～155

重庆潼南大佛维修中的新发现 徐林 中国文物报6月28日5版
龟兹毘卢遮那佛造像与大乘佛教 刘松柏 龟兹学研究（第1辑）226~247
晋唐天师道变迁视野下的《赵思礼常阳天尊造像》 吴羽 艺术史研究（14）299~316
论天龙山石窟东峰区造像的相关问题 苏玲玲、杨超杰 文物世界6：26~28
对正定隆兴寺内一龛唐代造像的初步研究 张永波 文物春秋2：61~67
正定广惠寺华塔内两尊唐代石佛像铭文试析 刘友恒 文物春秋5：59~64
仁寿能仁寺摩崖浮雕五代前后降魔图像分析 李静杰 石窟寺研究（第3辑）231~244
安岳卧佛院善财童子五十三参图像初步辨识 雷玉华、张雪芬 成都文物4：14~19
巴蜀石刻造像之军事体育探微——以石门山石刻造像为中心 谭宏、徐泉森 体育成人教育学刊4：52~55
杭州通玄观造像：瑞峰之阳的道教石刻 唯喜 中国道教4：55~57
杭州飞来峰高僧取经组雕内容与时间再分析 于硕 南京艺术学院学报（美术与设计版）1：53~62
缅甸系释迦成道像及其在中国的流布 胡梦婷 石窟寺研究（第4辑）252~272
碧云寺塔外壁的石雕内容辨析 邢鹏 北京文博文丛1：54~61

补遗

甘肃省博物馆藏卜氏石塔图像调查研究 俄玉楠 敦煌学辑刊2011年4：67~78

木雕

敦煌所出印沙佛木板略考 马德 楚学论丛（第2辑）157~162
洛阳白马寺藏原北京大能仁寺佛教造像考 谷新春 文物世界2：31~36

泥塑造像

北魏永宁寺出土的泥塑像 少目等 上海文博论丛3：65~70
河南浚县大佛的年代 陈悦新 文物9：83~88
因型造势、随势塑形——善化寺二十四诸天彩塑造型艺术特点 陈智勇 美术研究1：109~111

补遗

藏传佛教后弘初期观音擦擦造像的艺术特征 王宏彦 艺术百家2011年6：181~184

其他造像

南京博物院藏彭山陶座佛像考 何志国 东南文化5：85~91
千姿百态的宋元龙泉窑塑像 刘明杉 收藏9：76~81

陶俑

东周时期俑的考古学研究 李学来 考古学视野下的城市、工艺传统与中外文化交流——刘庆柱先生七十华诞祝寿论文集173~201
秦汉兵马俑艺术特色比较研究 邱实 陕西历史博物馆馆刊（第20辑）216~221
试论秦与先秦时代的俑 袁仲一 回顾与创新——秦始皇兵马俑博物馆开馆三十周年纪念文集（创新篇）537~546
秦始皇帝陵园兵俑军衔与兵俑冠式、甲衣 申茂盛 秦始皇帝陵博物院（总2辑）332~339
风格与功能——以秦俑为例对古代工匠制作的思考 吴立行 秦俑博物馆开馆三十周年秦俑学第七届年会国际学术研讨会论文集275~296
秦俑彩绘技法的渊源 张志军、张益 秦俑博物馆开馆三十周年秦俑学第七届年会国际学术研讨会论文集297~301
秦俑艺术与秦人的务实作风 田静 秦俑博物馆开馆三十周年秦俑学第七届年会国际学术研讨会论文集302~309
秦俑与古埃及圆雕肖像写实比较研究 吕劲松 秦俑博物馆开馆三十周年秦俑学第七届年会国际学术研讨会论文集319~326

试论两汉墓葬出土陶俑研究的分区问题　赵耀双　天津博物馆论丛 72～76

徐州西汉墓陪葬陶俑组合及相关问题　刘尊志　考古 8：71～86

徐州狮子山兵马俑研究　王恺　秦俑博物馆开馆三十周年秦俑学第七届年会国际学术研讨会论文集 178～186

徐州狮子山兵马俑坑出土跪坐俑名实考　刘照建　中国国家博物馆馆刊 12：72～79

广州汉墓出土的托灯胡人俑　覃杰　文物天地 12：41～44

徐州博物馆藏北朝俑　祝静、郁明　文物世界 3：7～10

北魏平城与洛阳墓葬陶俑之比较　李雁等　中国国家博物馆馆刊 2：73～82

试论东魏北齐时期官方样式——邺城与晋阳随葬俑的特征研究　刘玮琦　故宫学术季刊 31 卷 1：1～64

丝路古道与唐代胡俑　葛承雍　乾陵文化研究（四）110～116

西域胡人探析　侯世新　乾陵文化研究（四）39～44

唐代胡人与胡俑　高文文　乾陵文化研究（四）54～57

从胡俑看胡人在唐代的生活　刘潇　乾陵文化研究（四）139～146

从西安地区唐墓出土胡人武士俑看胡人在唐代的历史地位　刘景远　乾陵文化研究（四）158～164

从出土文物看唐代的胡人女性形象　杨瑾　乾陵文化研究（五）125～137

试论西安、洛阳地区唐墓出土的蕃人俑　任江　四川省文物考古研究院青年考古文集 353～419

唐代的昆仑奴与僧祇奴——兼论出土文物中的昆仑奴形象　周伟洲　乾陵文化研究（四）93～100

几件与外来文化相关的唐俑　韩建武　乾陵文化研究（四）117～122

唐俑札记——想像制作情景　谢明良　故宫文物月刊 4：58～67

浅谈馆藏唐代陶舞马的历史渊源　邓芳　丝绸之路 4：65～66

人曲相和　马知踏歌——唐代柳凯夫妇墓出土的骑乐俑　冯健　文物天地 7：80～82

唐代陶塑女俑艺术风格研究　饶舜　中国陶瓷 8：74～76

陕西地区出土蒙元陶俑类型分析　杨洁　文博 5：29～39

补遗

南京江宁上坊孙吴墓所出“抚琴俑”辨析　朱国伟　交响 2011 年 4：155～157

陵墓雕刻

风格背后——西汉霍去病墓石刻新探　郑岩　陕西历史博物馆馆刊（第 18 辑）138～159

南阳现存“汉代宗资墓前天禄、辟邪”新证　卜友常　中国美术研究（第 8 辑）44～50

青海虎符石匮石刻艺术考　宋卫哲　青海师范大学学报（哲社版）4：81～84

四川渠县新发现的汉晋墓阙构件和石像生　肖仁杰　四川文物 2：66～71

四川渠县新发现汉晋石兽及相关问题　秦臻　四川文物 2：72～77

南朝帝王陵墓石兽名称再考　朱宽　陕西历史博物馆馆刊（第 19 辑）63～70

略论南京上坊镇石马冲、栖霞山狮子冲两处南朝陵墓石兽遗存的墓主考订问题　杨晓春　南方文物 2：49～53

略论新疆地区突厥石人分布与特征　任宝磊　西域研究 3：87～94

腰刀与发辫——唐陵陵园石刻蕃酋像中的突厥人形象　张建林　乾陵文化研究（四）77～84

唐陵石雕鸵鸟与中西文化交流　韩香　乾陵文化研究（四）305～311

试论唐陵石狮的造型演变　曾科　文博 3：58～63

唐顺陵石雕群及其组合研究　刘向阳、郭勇　乾陵文化研究（二）195～205

从乾陵文物看唐代中西文化交流　陈晔　乾陵文化研究（四）312～317

乾陵石仗马与“御马六鞘”　张鑫　乾陵文化研究（七）16～19

乾陵陵园中的胡人影像　樊英峰　乾陵文化研究（四）67～69

《乾陵神道鸵鸟为射侯说》驳正　韩伟　乾陵文化研究（三）117～120

试论明皇陵、孝陵神道石刻制度的形成　夏寒　中国国家博物馆馆刊3：54～66

三　石窟寺艺术

新疆、甘肃石窟艺术的传承与发展　董玉祥、张铭　龟兹学研究（第4辑）218～233

北朝隋代维摩诘经图像的表现形式与表述思想分析　卢少珊　故宫博物院院刊1：64～96

北齐皇家石窟与睡莲系统莲花纹——北响堂石窟北洞与中洞莲花纹的渊源及其内涵　［韩］苏铉淑　石窟寺研究（第4辑）45～57

试析云冈石窟第3窟原来的设计　彭明浩　石窟寺研究（第4辑）23～31

从天龙山第八窟透视中心塔柱窟的演变　崔晓东　文物世界5：29～32

栖霞山石窟南朝无量寿大像勘察记　魏正瑾、白宁　石窟寺研究（第3辑）1～16

栖霞山唐—五代石窟的分期　陈晶鑫　石窟寺研究（第4辑）198～246

千真洞的变迁：槎山全真道迁佛史迹考　姜生　历史研究6：59～70

古阳洞雕凿次第初探　张雯　石窟寺研究（第3辑）99～159

中外文化源流递变的一个美学例证——龙门石窟宾阳中洞帝后礼佛图雕刻的美术史考察　张乃翥　石窟寺研究（第3辑）160～189

美国大都会艺术博物馆藏龙门北魏《皇帝礼佛图》考辨　刘连香　故宫博物院院刊1：120～131

浅谈龙门石窟造像风格的演变　武海等　西安文物考古研究（第2辑）288～294

龙门石窟唐代窟龛分期试论——以大型窟龛为例　李崇峰　石窟寺研究（第4辑）58～150

唐王朝龙门石窟大佛营造意图的考察　［日］久野美树著　马彪译　石窟寺研究（第4辑）182～197

龙门东山擂鼓台区第4窟相关问题探讨　焦建辉　石窟寺研究（第3辑）212～223

龙门石窟红石沟唐代景教遗迹调查及相关问题探讨　焦建辉　石窟寺研究（第4辑）17～22

龙门石窟天竺寺事辑　张乃翥　石窟寺研究（第4辑）151～181

王子云先生绘制的五幅水彩写生画——西北大学藏“西北艺术文物考察团”资料整理研究之一“西北艺术文物考察团”资料整理组　西北大学学报（哲社版）3：56～60

龙门石窟发现佛足迹图像碑　焦建辉　中国文物报8月9日1版

重庆潼南县千佛寺摩崖造像清理简报　重庆市文化遗产研究院（于桂兰等）　考古12：36～57

大足石刻舒成岩释疑两则　方珂　石窟寺研究（第4辑）247～251

大足石壁寺石窟初探　李小强　石窟寺研究（第3辑）259～273

剑阁县隋唐道教石窟考察纪要　蒋晓春、王励　中国人文田野（第5辑）102～111

四川阆中雷神洞石窟内容总录　蒋晓春等　石窟寺研究（第4辑）1～8

四川通江佛尔岭石窟调查简报　李白练、吴廷芬　石窟寺研究（第4辑）9～16

陕北宋金石窟题记内容分析　李静杰　敦煌研究3：103～115

安塞大佛寺石窟　肖健一等　留住文明——陕西“十一五”期间大遗址保护及课题考古概览（2006～2010）135～142

陕西安塞县大佛寺石窟调查简报　陕西省考古研究院等（肖健一等）　考古12：3～24

岐山蔡家坡石窟　张建林、田有前　留住文明——陕西“十一五”期间大遗址保护及课题考古概览（2006～2010）143～149

陕西宜君县东部石窟、摩崖造像调查简报　陈晓捷　四川文物3：9～18

陕北宋金石窟大日如来图像类型分析　李静杰　故宫博物院院刊3：119～133

陕西子长钟山石窟主尊造像的属性探讨　文军　陕西历史博物馆馆刊（第20辑）168～171

叶昌炽《缘督庐日记》与陇右石窟　蔡副全　石窟寺研究（第3辑）274～286

敦煌美术史资料拾零　沙武田　楚学论丛（第2辑）163～194

汉至北魏秦州佛教史料与麦积山石窟（一）、（二）　魏文斌　敦煌学辑刊1：103～118、2：

62～76
从佛像服饰和题材布局及仿帐、仿木构再论麦积山北朝窟龛分期　陈悦新　考古学报1：29～58
麦积山石窟东崖的崩塌与隋代洞窟判定　李裕群　考古2：86～96
麦积山石窟新发现的一条宋代题记及考证　董广强、魏文斌　石窟寺研究（第3辑）17～23
佛教文化与敦煌石窟艺术探析　黄嫄　东北农业大学学报（社科版）11：52～55
敦煌石窟覆斗顶的考古学观察（上）、（下）——覆斗顶非模仿斗帐　戴春阳　敦煌研究2：10～27、4：12～24
敦煌、和阗所见摩醯首罗天图像及相关问题　张元林　敦煌研究6：1～12
敦煌石窟尊胜佛母曼荼罗图像解说　刘永增　故宫博物院院刊4：29～45
敦煌莫高窟北朝时期的佛陀造像袈裟穿着方式的分析　余明泾　齐鲁艺苑2：60～65
敦煌莫高窟北朝时期的佛陀造像袈裟穿着方式的分析　余明泾　东华大学学报（社科版）1：39～47
吸纳消化　化彼为我——谈莫高窟北朝洞窟“神话、道教题材”的属性　李正宇　敦煌研究3：47～50
莫高窟北朝壁画飞天的中原式造型特征　徐玉琼　重庆科技学院学报（社科版）6：158～159
敦煌石窟古代朝鲜半岛资料研究——莫高窟第61窟《五台山图》古代朝鲜半岛资料研究　李新　敦煌研究4：25～32
莫高窟第361窟与周边中唐洞窟之关系——莫高窟第361窟研究之九　赵晓星　敦煌研究5：22～30
莫高窟祥瑞白狼塑像考察　张景峰　敦煌研究5：31～39
莫高窟第196窟“甘州（菩）萨保”题记新考　邵明杰　敦煌吐鲁番研究——文献与文明214～219
莫高窟吐蕃后期洞窟建造年代判定——以蕃装人物为标准　刘颖　中华文化论坛5：65～71
形制与图像：莫高窟第100窟设计思想探源　米德昉　世界宗教文化3：73～78
五代宋敦煌石窟回鹘装女供养像与曹氏归义军的民族特性　沙武田　敦煌研究2：74～83
敦煌莫高窟第3窟为西夏洞窟考　沙武田、李国　敦煌研究4：1～11
莫高窟第465窟曼荼罗再考　阮丽　故宫博物院院刊4：61～85
北石窟寺第165窟帝释天考　张宝玺　敦煌研究2：1～9
浅议隋唐时期北石窟寺阿弥陀信仰流行走向　卜小翠　丝绸之路22：10～11
玉门石窟寺考古调查新发现　王璞　陇右文博2：59～62
甘肃镇原茹河流域石窟与造像　王博文　陇右文博2：63～70
金塔寺石窟佛像服饰与年代　陈悦新　敦煌学辑刊1：95～102
杜甫《石龛》诗与八峰崖石窟　刘雁翔　敦煌学辑刊1：141～150
试探东乡县红塔寺石窟的艺术特点　胡同庆　敦煌研究6：32～39
须弥山石窟与藏传佛教造像　薛正昌　甘肃社会科学1：182～185
试论须弥山石窟的特点　孙勇　丝绸之路4：69～70
须弥山唐代中心柱洞窟初探　韩有成　石窟寺研究（第3辑）224～230
对新疆石窟艺术的几点思考　冯其庸　龟兹学研究（第4辑）13～23
2005—2012年龟兹石窟研究综述　马依然·加怕　黑龙江史志5：41～42
论龟兹石窟研究的重大意义　朱英荣　学术探索5：125～133
略论龟兹石窟现存古代期龟兹语题记　荻原裕敏　敦煌吐鲁番研究（第13卷）371～386
龟兹石窟现存题记中的龟兹国王　庆昭蓉　敦煌吐鲁番研究（第13卷）387～418
龟兹石窟图案艺术研究　刘金明　龟兹学研究（第4辑）354～370
关于龟兹大像窟的几个问题——以克孜尔第47窟为例　姚士宏　龟兹学研究（第5辑）316～325

克孜尔第17窟卢舍那佛像的补证　彭杰　龟兹学研究（第1辑）308～319

克孜尔石窟寺院组成及其功能　苗利辉　龟兹学研究（第4辑）272～286

克孜尔石窟后山区现存龟兹语及其他婆罗谜文字题记内容简报（一）——第203、219、221、222、224、227、228、229窟　新疆龟兹研究院等（庆昭蓉、荻原裕敏）　敦煌吐鲁番研究（第13卷）341～369

克孜尔石窟独特性题材研究　于亮　南京艺术学院学报（美术与设计版）4：41～45

吐峪沟半白半黑人骨像“摩尼教说”驳议　侯明明、杨富学　吐鲁番学研究2：86～92

吐峪沟38窟龟兹风格探析　侯世新　龟兹学研究（第4辑）263～271

库木吐拉新2窟顶部菩萨首饰初探　热娜·买买提、台来提·乌布力　装饰7：70～71

库木吐喇第75窟研究——兼述供养人的族属　贾应逸、吕明明　龟兹学研究（第4辑）203～217

新疆拜城亦狭克沟石窟调查简报　新疆龟兹研究院等（台来提·乌布力等）　文物12：56～66

补遗

“秀骨清像”、“褒衣博带”——论北魏石窟汉化造像样式的确立及成因　王霞　南京艺术学院学报（美术与设计版）2012年6：96～100

陕北佛教石窟寺研究的回顾与展望　王红娟　佛学研究2011年20：423～436

关于华土石窟中弥勒和阿弥陀图像分布的一些解析　严耀中　史林2011年6：24～30

龙游石窟的成因及遗产价值分析　戴湘毅等　人文地理2012年5：42～47

安阳宝山灵泉寺摩崖龛窟建筑装饰探究　李光安　装饰2012年12：70～71

麦积山第127窟七佛图像研究　孙晓峰　敦煌学辑刊2012年4：116～129

麦积山石窟北魏造像的类型与风格　李京龙　艺术百家2011年6：178～180

敦煌“伴虎行脚僧图”的渊源探讨　孙晓岗　敦煌学辑刊2012年4：102～108

甘肃西和佛孔石窟调查与研究　王百岁　敦煌学辑刊2012年3：115～123

克孜尔石窟中的游牧艺术元素　满盈盈　新疆大学学报（哲学·人文社科版）2012年6：56～60

四　古代建筑

综述

伊东忠太《中国建筑史》评述——兼与梁思成、林徽因的早期中国建筑史研究比较　张帆　中国建筑史论汇刊（第7辑）312～356

建筑文化理念引领下的建筑史教学方法的研究　刘临安　中国建筑史论汇刊（第8辑）199～206

古建筑文献研究的方法与作用　黄晓勇　中国文物报7月26日6版

《营造法式》材比例的形式与特点——传统数理背景下的古代建筑技术分析　张十庆　建筑史（第31辑）9～14

《营造法式》研读笔记二则　钟晓青　建筑史（第31辑）15～19

《营造法式》营造模数制度研究　张玉霞　中原文物6：73～77

“十二律”——研究中国古代建筑理论的一个视角　秦佑国　建筑史（第31辑）1～8

仿木构：中国营造技术的特征——浅谈营造技术对中国仿木构现象的重要性　（奥地利）荷雅丽著　曹曼青译　建筑史（第32辑）11～24

试论中国传统建筑群空间格局与易经卦象之关联　徐怡涛　中国建筑史论汇刊（第8辑）207～213

围龙屋与太极化生图式　吴庆洲　建筑史（第29辑）82～97

中国古代建筑屋顶结构建筑特色探析　贾明刚　文物世界6：36～37

北韩的渤海建筑研究成果　［韩］李秉建著　李东源译　渤海史论集471～492

论中原建筑文化在海南岛的传播和影响　阎根齐　红叶集231～240

专题研究

中国长城起源探析　黄永美、徐卫民　江西社会科学2：117～120

历代长城文化遗产研究方法创新初探　李丰庆、段清波　福建论坛：人文社科版5：98～102

齐长城的人字形布局与建制年代　王永波、王云鹏　管子学刊2：33～39

试论燕秦长城走向问题　褚亚龙　秦汉研究（第6辑）206～211

战国秦长城的研究进展和尚待解决的问题　张多勇　华夏考古1：101～112

秦始皇长城研究综述　徐卫民　秦汉研究（第6辑）313～342

论敦煌西湖汉长城沿线烽燧的设置原则　李岩云　敦煌学辑刊2：98～113

岭北金界壕修筑时代分析　长海　草原文物1：65～71

糯性植物用于北京古北口明长城建筑粘合剂的淀粉粒证据　郑奇、王灿　第四纪研究3：575～581

明代宁夏镇三关口关墙考辨　周赟、李晓丽　宁夏社会科学3：119～123

浅释我国古城墙的防御体系　王肃等　陕西历史博物馆馆刊（第19辑）115～123

六朝江南城墙的修筑和形制　刘丽　史学集刊5：39～45

说河西的壄——以敦煌吐鲁番出土材料为中心　刘再聪　敦煌吐鲁番研究——文献与文明174～190

论周原遗址新发现的空心砖　种建荣、雷兴山　周原（第1辑）45～49

中国第一大砖——南越国宫署遗址出土大砖　胡建　文物天地12：26～28

扬州城遗址唐宋城时期用砖规格之研究——兼及城砖烧制特征和包砖墙修砌技法等　汪勃　江淮文化论丛（第2辑）1～26

宁波古城墙铭文砖考述　李本侹　浙东文化论丛（2012年第1、2合辑）168～172

泰山岱庙出土的“官”字砖　倪雁　中国文物报11月20日8版

卫河沿岸明代城砖烧造考　王毓蔺　中原文物6：92～97

筒瓦和板瓦制作工艺研究方法的思考　薛玲玲　中国文物报6月14日7版

句章故城出土的筒瓦研究　许超　浙东文化论丛（2012年第1、2合辑）173～176

藉古代地中海地区屋瓦的若干资料之助看秦瓦历史中的几个问题　国庆华　中国建筑史论汇刊（第8辑）147～171

秦雍城豆腐村与马家庄遗址出土瓦件的建筑学模拟实验观察　国庆华等　文博5：22～28

布纹瓦及在秦地的传播——来自陕西早期长城沿线的观察　段清波、于春雷　考古与文物3：57～61

中国古代植物纹瓦当概述　申云艳　考古学视野下的城市、工艺传统与中外文化交流——刘庆柱先生七十华诞祝寿论文集202～214

秦动物纹样瓦当　芦建华　秦俑博物馆开馆三十周年秦俑学第七届年会国际学术研讨会论文集310～318

秦汉瓦当纹饰的形式美及其美学意义　安晓东　宁夏大学学报（人文社科版）4：140～144

秦汉文字瓦当释谈七则　袁仲一　秦汉研究（第3辑）1～10

秦汉瓦当释读六则　袁仲一　秦汉研究（第5辑）1～8

岭南最早的美术字——南越宫署的“万岁”瓦当　胡建　文物天地12：23～26

汉代瓦当文化研究　武梅　秦汉研究（第5辑）286～293

四川地区出土汉代瓦当的类型与年代　韦莉果　四川文物5：58～63

许昌博物馆藏汉代瓦当　张松莉　中原文物4：87～90

新疆出土瓦当之探　牟新慧　文物世界2：37～40

《营造法式》中的“骑枓拱”辨析　朱永春　中国建筑史论汇刊（第8辑）280～285

古建筑斗拱的发展及演变（一）　雷子军　中国文物报12月13日6版

清代宫廷建筑内檐装修尺度研究——以《内檐装修做法》为中心　张淑娴　建筑史（第31辑）20～42

“冲脊柱”浅考　谢鸿权　建筑史（第29辑）25～42

从建筑构件角度谈金代的铜坐龙功用　杨海鹏　白山·黑水·海东青——纪念金中都建都860周年

特展 83～89

从建筑构件角度谈金代铜坐龙的功用　杨海鹏　东北史地 4：26～30

浅谈建筑木雕构件的雕刻技法　张瑜　文物世界 5：62

东汉至南北朝时期汉地佛寺布局论要　赵娜冬等　文物世界 3：11～16

南北朝至隋唐时期佛教寺院双塔布局研究　玄胜旭　中国建筑史论汇刊（第 8 辑）131～144

北朝时期北方地区佛寺建筑概说　王贵祥　中国建筑史论汇刊（第 7 辑）101～173

田字五百罗汉堂建筑形制及源流略考　敖仕恒　中国建筑史论汇刊（第 7 辑）183～211

敦煌莫高窟初唐石窟所反映的佛寺核心院落主题　赵娜冬　中国建筑史论汇刊（第 7 辑）212～223

敦煌莫高窟第 331 窟所反映的初唐佛寺平面布局探讨　赵娜冬、段智钧　建筑史（第 32 辑）52～58

隋唐时期佛教寺院与建筑概览　王贵祥　中国建筑史论汇刊（第 8 辑）3～64

唐道宣关中戒坛建筑形制及其历史影响初考　敖仕恒　中国建筑史论汇刊（第 8 辑）65～90

狮柱与佛塔——从印度到中国的演变　廖旸　艺术史研究（14）317～368

馆藏《北魏九层石塔》的聚散始末　陈鸿琦　历史文物 8：63～69

济南四门塔形制及佛造像特征　于军　中国文物报 11 月 29 日 6 版

开封祐国寺塔建筑分析　张武军　中原文物 3：92～98

从佛教的发展背景看镰仓时期石造宝箧印塔的形成　路秉杰、张毅捷　建筑史（第 29 辑）176～184

保国寺大殿的材梨形式及其与《营造法式》的比较　张十庆　中国建筑史论汇刊（第 7 辑）36～51

关于汉阙研究尚待商榷的问题　龚廷万　中国汉画学会第十四届年会论文集122～129

鲁南苏北的小型汉阙——兼论碑阙的相关问题　武利华　中国汉画学会第十四届年会论文集130～147

从上古暮春上巳节祓禊礼仪到园林景观“曲水流觞”　王贵祥　建筑史（第 29 辑）58～70

中国古代都城的园林——以汉唐时期的考古发现为中心　刘振东　考古学视野下的城市、工艺传统与中外文化交流——刘庆柱先生七十华诞祝寿论文集 58～73

重访楼阁　缪哲　古代墓葬美术研究（第 2 辑）107～147

明清官式建筑中的“廊房”与“厢房”及其使用状况考述　乔迅翔、王鲁民　中国建筑史论汇刊（第 7 辑）73～97

闽北古廊桥的形制与工艺（连载一—四）　王世亮　中国文物报 7 月 26 日 6 版、8 月 9 日 6 版、8 月 23 日 6 版、10 月 18 日 6 版

藏式伸臂桥考　彭毛卓玛、刘铁程　青海社会科学 2：148～150

古戏台，戏曲文化的建筑遗存　罗德胤、秦佑国　中国文化遗产 5：20～29

中国古戏台遗存现状　车文明　中国文化遗产 5：30～35

补遗

郑州商城遗址出土商代陶板瓦的工艺研究　李乃胜等　建筑材料学报 2012 年 4：562～564

秦汉瓦当艺术简论　安晓东　西安文理学院学报（社科版）2012 年 5：77～80

明嘉靖二十五年西宁卫长城考　闫璘　青海民族研究 2012 年 4：135～139

北京市·天津市·河北省·山西省

金陵兆域调查采集的建筑构件　北京市文物研究所（张智勇）　北京考古（第 2 辑）412～419

北京门头沟区古民居调查　顾大勇　中国文物报 2 月 8 日 6 版

嘉靖帝所建玄极宝殿明堂考　王子林　故宫学刊（总第 8 辑）96～106

古典排水手法对今日之启示——以紫禁城三大殿和颐和园万寿山为例　安娜　博物馆研究 1：89～92

明清北京官式建筑角科斗栱形制分期研究——兼论故宫午门及奉先殿角科斗拱形制年代　徐怡涛

故宫博物院院刊1：6～23

故宫神武门门楼大木尺度设计初探　黄占均等　故宫博物院院刊1：24～40

故宫神武门琉璃瓦年代和产地的初步研究　康葆强等　故宫学刊（第10辑）234～241

关于紫禁城琉璃瓦款识的调查　王文涛　故宫博物院院刊4：151～158

慈宁宫区建筑彩画年代考略　杨红、纪立芳　故宫博物院院刊6：109～126

康奈尔大学所藏四张乾隆时期地方制作宫廷建筑内檐装修的特点　张淑娴　故宫博物院院刊6：95～108

京城古戏台精华　清代宫廷戏楼　周华斌　中国文化遗产5：36～40

北京故宫西连房遗址再认识　王世仁　北京文博文丛1：85～89

圆明园旧影及相关问题的讨论　翟翔　故宫博物院院刊3：108～118

天津明长城沿线寨堡调查　天津市文化遗产保护中心、蓟县文物保管所（张俊生等）　天津考古（一）54～69

蓟县黄崖关关城调查与发掘　天津市文化遗产保护中心（梁宝玲、邱明）　天津考古（一）71～82

追溯蓟县白塔的历史与维修　孟引玉　天津博物馆论丛317～323

蓟县独乐寺山门新发现的榫卯痕迹调查　天津大学建筑学院、蓟县文物保管所（孙立娜等）　中国文物报6月14日8版

平山文庙大成殿探析　曹红星、韩月红　文物春秋3：37～41

蔚县单堠村关帝庙及其戏台考述　王鹏龙等　文物春秋1：34～39

昌黎赵翁宝塔　田强　文物春秋5：42～44

清泉寺建筑布局与结构特点　王书俊　文物世界3：41～44

热河普陀宗乘之庙乾隆朝建筑原状考　杨煦　故宫博物院院刊1：41～63

山西古建技艺初步调查　段牛斗　中国文化遗产3：34～41

晋中古建筑匾额文化浅析　段艺专　文物世界2：74～76

山西平顺古建筑测绘图　张亦驰　中国建筑史论汇刊（第8辑）561～572

山西平顺大云院营建历史纪略　贾珺、廖慧农　建筑史（第32辑）59～69

长治发现五代建筑及其引发的话题　贺大龙　中国文物报2月8日5版

高平开化寺大雄宝殿大木尺度设计初探　张博远等　建筑史（第32辑）70～83

高平崇明寺中佛殿大木尺度设计初探　徐扬、刘畅　中国建筑史论汇刊（第8辑）257～279

山西武乡会仙观　林源　文物9：89～96

论早期建筑中“杠杆结构”的结构原创性与构造合理性——以山西阳城县下交村汤帝庙拜殿为例　朱宁　建筑史（第31辑）74～84

浅谈榆次城隍庙壁饰与建筑的关系　侯淑君　文物世界3：58～60

平遥镇国寺天王殿大木结构解读　刘畅、刘梦雨　建筑史（第29辑）1～14

高檐巨桷的郭裕居住建筑　李秋香　中国建筑史论汇刊（第8辑）377～412

左权县普照寺大殿建筑年代之浅析　姜杉　文物世界3：37～40

晋祠博物馆藏建筑小样的断代　祁伟成　中国文物报10月18日7版

晋祠古戏台　李燕　文物世界3：50～51

贾兆民居砖雕赏析　韩革　文物世界4：70～75

山西祁县乔家大院照壁砖雕艺术赏析　张素英　文物世界5：74～76

大同明代琉璃九龙壁的艺术分析　张敏　文艺研究10：157～158

陵川崇安寺西插花楼探析　贺从容　中国建筑史论汇刊（第8辑）91～130

舍利生生塔瓦顶琉璃蟠龙初探　赵涛　文物世界4：34～37

内蒙古自治区·辽宁省·吉林省·黑龙江省

静安寺塔和静安寺　佟强等　草原文物1：57～64

蒙古帝国之后的哈剌和林木构佛寺建筑 包慕萍 中国建筑史论汇刊（第8辑）172～198
古寺宝刹——福缘寺 胡庆红 陇右文博1：56～59
辽金元“哈斯罕关”和“哈斯关长城”若干问题的断想 王绵厚 旅顺博物馆学苑（2009）18～21
绥中妙峰寺双塔 孟玲 辽金历史与考古国际学术研讨会论文集（下）441～446
吉林珲春马滴达塔基性质刍议 白森 北方文物3：33～35
渤海石灯之连接结构 关燕妮 北方文物3：43

浙江省·安徽省·福建省·广东省·广西壮族自治区

绍兴古代石桥价值新探 马峰燕 南方文物3：176～179
宋元样式的南方殿阁实例——时思寺大殿研究 喻梦哲 建筑史（第31辑）85～96
黄檀硐的乡土建筑与民俗 王静 历史与现实——文化遗产保护及发展国际学术会议论文集 464～482
保国寺大殿的材栔形式及其与《营造法式》的比较 张十庆 中国建筑史论汇刊（第7辑）36～51
龙游的都江堰——姜席堰 祝左军、严家骥 浙江文物2：32～33
黄山八面厅的砖雕 朱文晶 收藏家8：81～87
福建石狮姑嫂塔 曹春平 建筑史（第29辑）15～24
福建平和绳武楼的建筑装饰艺术 叶朝阳 文物世界1：44～47
流光溢彩的林则徐宅与祠 福州市林则徐纪念馆 中国文物报7月10日4版
英德蓬莱寺塔修缮工程 邹伟初 岭南考古研究（13）158～165
深圳宝安古村落的调查与研究 孙明 红叶集249～265
略谈揭西岭仔村彭氏登云轩及其保护利用 彭全民 岭南考古研究（11）80～97
韶关市曲江区马坝山子背连塘岗石拱桥拆迁异地保护勘察测绘研究 禤细贤 岭南考古研究（11）125～130
广西几座佛塔研究 彭书琳 广西博物馆文集（第7辑）151～156
桂林宋静江府城墙的潜在价值及其保护 郭璐莎 岭南考古研究（10）185～194

山东省·河南省·四川省·陕西省

试论曲阜孔庙建筑形制与彩画等级的关系 赵涛 文物世界1：33～37
曲阜孔庙启圣殿彩画初步研究 陈磊等 中原文物6：82～86
山东长清衔草寺遗迹调查考略 王晶、周鼎凯 洛阳考古（总第3期）51～57
关于北魏洛阳永宁寺塔复原的再研究 王贵祥 建筑史（第32辑）25～51
洛阳发现唐代咸亨三年石塔 霍宏伟 文物11：82～86
洛阳新发现的小型石庙 田建红等 洛阳考古（总第3期）78～82
开封犹太人清真寺规模与格局变迁 刘百陆 河南大学学报（社科版）3：107～113
安阳灵泉寺北齐双石塔再探讨 钟晓青 中国建筑史论汇刊（第7辑）52～65
安阳修定寺塔模印砖图像及年代考 张晶 中原文物6：54～64
妙乐寺塔 安磊 中原文物5：111～112
少林寺初祖庵实测数据解读 刘畅、孙闯 中华之源与嵩山文明研究（第1辑）228～256
社旗山陕会馆的“错采”装饰 李波 中原文物3：106～110
回溯无字的变迁史 丹巴碉楼历史文化调查 段牛斗 中国文化遗产6：53～59
隋大兴禅定寺高层木塔形式探 王贵祥 建筑史（第31辑）43～73
西安大兴善寺建置沿革与文化遗存 景亚鹂、王原茵 文博5：92～96
陕西长城资源调查 李恭等 留住文明——陕西“十一五”期间大遗址保护及课题考古概览（2006～2010）206～223

甘肃省·宁夏回族自治区·新疆维吾尔自治区

甘肃陇西县境内战国秦长城走向调查　金迪　秦汉研究（第 5 辑）207 ~ 214
甘肃环县战国秦长城调查　刘肖睿、陈探戈　秦汉研究（第 6 辑）190 ~ 195
河西风物漫记——甘肃金塔长城　张依萌　大众考古 6：83 ~ 86
崆峒山古建筑群　赵娅利　陇右文博 2：81 ~ 83
甘肃榆中金崖镇　黄跃昊　文物 10：72 ~ 76
青铜峡一百零八塔的建造之谜　丁西林　中国文物报 1 月 16 日 4 版
新疆渭干河西岸唐代烽燧遗址的调查与研究　邢春林　龟兹学研究（第 5 辑）235 ~ 243
馆藏新疆出土木雕葡萄藤纹门楣略谈　王卫平　旅顺博物馆学苑（2010）58 ~ 60

五　陶瓷与窑址

综述

2012 年度陶瓷考古研究综述　陈冲　中国文物报 9 月 13 日 5 版
由陶到瓷（上）、（下）　李刚　文物天地 10：88 ~ 91、11：94 ~ 97
由陶到瓷过程中窑炉结构变化的分析　黄亮　黑龙江史志 1：61 ~ 62
瓷器收藏的品位与境界——有感于英国大维德瓷器收藏艺术与学术的双重架构　黄薇　文物天地 10：77 ~ 83
基于特征提取的古陶瓷鉴定研究　熊露等　中国陶瓷 7：49 ~ 53
龙泉青瓷在中国古代宫廷中使用的相关问题　项坤鹏　华夏考古 3：115 ~ 123
汉晚期至清末瓷器之浅见　杨雪飞　旅顺博物馆学苑（2010）87 ~ 89
河南陶瓷考古的回顾与展望　孙新民　红叶集 215 ~ 230
魏晋南北朝至隋唐时期陶瓷器上的珠宝纹堆贴装饰　杨瑾　陕西历史博物馆馆刊（第 20 辑）180 ~ 188
越窑青瓷动物装饰艺术审美　施祖青　浙东文化论丛（2012 年第 1、2 合辑）160 ~ 167
青花绘制技法分期与演变规律研究　陈殿　华夏考古 2：110 ~ 114
宜兴古青瓷史之初探　余翔等　中国陶瓷 5：81 ~ 84
建窑的考古发现与研究　王睿　考古学视野下的城市、工艺传统与中外文化交流——刘庆柱先生七十华诞祝寿论文集 215 ~ 239
吉州窑木叶天目瓷制作中叶纹形成的影响因素探析　吴隽等　中国陶瓷 12：107 ~ 111
古瓷探秘："汝钧不分"的新发现　赵青云、吕红勋　中国文物报 6 月 19 日 7 版
千古流韵酱釉瓷　杨俊艳　收藏 1：60 ~ 65
浅谈丁蜀镇龙窑发展及选址类型　周婷　无锡文博 1：36 ~ 39
秀凝铁色含湖光——试探铁之色在中国传统陶瓷装饰中的意义　陈健捷、王湘　中国陶瓷 7：71 ~ 75
瓶谈　丁山　收藏家 11：51 ~ 58
瓶壁生辉——中国壁瓶发展历程刍议　陈明良　收藏家 11：63 ~ 66

汉及以前

关于古代原始瓷出现及发展之浅识　刘芳　旅顺博物馆学苑（2012）46 ~ 48
桂林地区陶器和原始瓷的诞生　李秋屏、李铧　广西博物馆文集（第 7 辑）143 ~ 147
战国原始瓷长颈镂孔瓶略论　施然等　文化遗产研究集刊（第 6 辑）178 ~ 196
成都平原先秦时期陶窑初探　杨洋　中华文化论坛 9：38 ~ 45
福建先秦窑炉的发现与研究　郑辉　南方文物 1：92 ~ 102
原始瓷镂孔长颈瓶探析　牟宝蕾　文博 1：18 ~ 27
广西秦汉时期烧造的印纹硬陶和原始瓷的研究　邓泽群等　广西博物馆文集（第 8 辑）123 ~ 129
输入与模仿——关于《萧县汉墓》报道的江东类型陶瓷器及相关问题　杨哲峰　江汉考古 1：

98～106

广西合浦县寮尾东汉墓出土青绿釉陶壶研究　黄珊等　考古8：87～96

西宁市海湖路新出土的东汉早期釉陶器　闫璘　收藏家2：58～60

汉代“白陶”新资料——读《姜屯汉墓》札记　杨哲峰　中国文物报7月19日6版

论唐代以前的盏托　吴小平、饶华松　华夏考古2：105～109

三国、两晋、南北朝

三国堆塑人兽纹五管瓶　周凯　收藏家11：62

试论“婺州窑”的传承与创新　周少华等　中国陶瓷8：69～73

魏晋时期“写实性”与“象征性”陶瓷艺术的审美特征　史文轩　中国陶瓷9：82～84

越窑区位东扩及其原因探析　魏建钢　社会科学战线7：272～274

西晋越窑提梁人物鸡首壶　涂师平　收藏家1：61～62

胡风扁壶的时代风格　冯恩学　北方文物2：26～30

河南博物院藏黄釉扁壶的再审视　袁剑侠　中原文物3：74～77

河北景县封氏墓出土北朝莲花尊　汪曦曦　收藏10：38～42

喀什与和田人物纹三耳陶罐分析　王芳　艺术史研究（14）161～188

邛窑彩绘的图像与风格　詹颖　博物馆学刊（第3辑）100～107

鲤鱼壶还是摩羯壶？　杜文　收藏1：66～73

隋、唐、五代

乾陵陪葬墓出土唐三彩的特点及制作工艺　陈晔　乾陵文化研究（六）311～315

作为古董的定窑瓷器——定瓷鉴藏史小议　李鑫　故宫文物月刊12：30～43

《唐恒岳故禅师影堂纪德之碑》所见唐代之定窑　冯金忠　故宫博物院院刊3：39～49

堪与越窑媲美的邢窑瓷器　王志军　收藏5：130～132

千峰翠色　旷世奇珍——法门寺唐塔地宫出土秘色瓷　毛小东　收藏11：44～51

唐代越窑秘色瓷原产地地理考辨　魏建钢　中国历史地理论丛1：34～39

秘色瓷新考　赵宏　中国陶瓷2：60～62

唐耀州窑素胎黑彩瓷的工艺特点及其渊源、影响　王小蒙　考古与文物3：73～79

唐代长沙窑瓷器的胎釉及装饰　王志军　收藏10：74～77

湘“瓷”还是潭“陶”？——古潭州（长沙）铜官窑多彩釉造物名实新论　周鼎等　中国陶瓷10：79～82

玉堂窑的文化解读　谭继和　博物馆学刊（第3辑）3～10

唐代龟兹色釉陶的发现与研究　张平　乾陵文化研究（四）218～223

广西钦州隋唐墓出土“青瓷提梁壶”与越南出水瓷“槟榔壶”比较研究　张凯　岭南考古研究（10）102～106

鹦鹉杯及其他　谢明良　故宫文物月刊1：64～77

唐永徽青瓷四系罐　周菊青　浙江文物2：26

唐代邛窑鸭式杯的形式意匠及文化内涵探析　杨正波　装饰4：139～140

唐宋时期瓷茶盏的比较研究　商亚敏　中国陶瓷2：55～56

吴越时期“省瓷窑务”考　厉祖浩　故宫博物院院刊3：50～61

补遗

唐代长沙窑装饰艺术的文化精神　胡友慧　文艺研究2012年10：161～162

婺州窑青瓷艺术形态探索　任海燕　艺术评论2012年12：89～92

宋、辽、金、西夏

以瓷话史　重温宋人的生活　王媛、方忆　收藏家1：10～16

北宋金代窖藏瓷器考述　宋东林　故宫学刊（总第8辑）8～54

高丽睿宗与北宋徽宗——十二世纪初期的高丽青瓷与汝窑、北宋官窑 李喜宽 故宫学术季刊31卷1：65～116

河北宋元考古——陶瓷篇 黄信 文物世界4：27～33

试析广西宋末元初制瓷业衰落之原因 刘勇 岭南考古研究（10）113～120

成都平原宋代瓷业生产形态与瓷业税初识 黄晓枫 江汉考古1：107～112

宋代定窑白瓷的历史定位——与汝窑、南宋官窑之比较视点 森达也著 王淑津译 故宫文物月刊12：18～29

宋金时期的定窑与定瓷（上）、（下） 李晔 收藏家2：41～47、3：19～24

白色的华丽——定州花瓷展前语 蔡玫芬 故宫文物月刊12：4～17

东华堂定窑颜色釉 陈华毅 收藏家1：71～76

汝窑研究初考 杨君谊 中国陶瓷6：74～76

宋金时期的汝窑瓷器收藏 王志军 收藏12：114～117

“澄泥为范”话汝窑——记河南新出宋代名窑名瓷特展 杭语 文物天地6：84～89

古代钧台窑钧釉“蚯蚓走泥纹”的成因探析 李媛等 故宫学刊（第10辑）226～233

论宋元文化对龙泉青瓷风格变迁之影响 王泽玖 中国陶瓷5：77～80

四川地区出土龙泉窑青瓷的类型与分期 易立 四川文物5：71～82

漂洋过海的龙泉窑青瓷 李刚 文物天地2：24～28

福建仿龙泉青瓷及其外销状况初探 刘净贤 故宫博物院院刊5：50～56

馆藏龙泉青瓷年代考略——兼论龙泉青瓷的美学意境 葛华 旅顺博物馆学苑（2008）217～226

衔接南北陶瓷生产的武汉湖泗窑 刘昕 收藏9：64～69

从出土文物看湖田窑青白釉瓷器 袁宏磊 乾陵文化研究（七）422～426

朴拙传神：宋吉州窑雕塑瓷 彭明瀚 收藏7：62～69

宋元婺州窑黑釉酱釉瓷烧造工艺及其艺术品质 雷国强 文物天地9：72～77

宋代永福窑田岭窑红釉和绿釉的研究 张志刚等 广西博物馆文集（第6辑）191～198

论永福窑田岭窑铜红釉器和腰鼓的历史价值 刘家毅 广西博物馆文集（第8辑）138～142

宋元时期景德镇窑装烧工艺的研究——景德镇装烧工艺研究之一 宋东林 南方文物2：85～93

宋代景德镇青白瓷的兴起与意义探析 张菁、刘永红 中国陶瓷3：34～35

寻访南宋官窑 沉香 中国文物报5月1日4版

南宋官窑概论（上）、（下） 李刚 中国文物报5月22日7版、6月5日7版

宋代瓷器上婴儿纹饰的历史文化和美学 曾智泉 文物世界2：77～80

解读陶瓷枕上的人物形象 史林花 收藏6：65～69

宋崔白双喜图与磁州窑枕上的玉兔纹饰 李达、李六存 收藏家2：79～81

“龟游荷叶”小考 曹媛 博物馆研究1：83～86

竹作为设计元素在宋瓷中的运用 苏梅 中国陶瓷3：68～72

当阳峪窑剔刻花瓷器的纹饰分析 于杨 中原文物6：78～81

忍冬瓣瓣禅意深——浅析黄岩灵石寺塔青瓷炉纹饰的宗教特征 赵安如 上海文博论丛2：32～35

宋代禅宗思想对陶瓷茶碗装饰技艺的影响 黄金谷 中国陶瓷4：64～66

宋代黑釉建盏的盛行及其釉彩特征 周亚东 南通大学学报（社科版）3：86～92

有关吉州窑黑釉剪纸贴花工艺的思考 周丽丽 南方文物4：94～100

南海Ⅰ号墨书问题研究——兼论宋元海上贸易船的人员组织关系 陈波 东南文化3：97～105

宋元磁州窑瓷枕研究 陈力子 文化遗产研究集刊（第6辑）162～177

说枕——从一件北宋绞胎枕说起 任艳 中原文物5：105～110

钧窑天蓝釉盖罐赏析 刘昱午 中原文物5：103～104

黄岩灵石寺塔青瓷炉器定名刍议 赵安如 丝绸之路8：67～69

一件精美独特的宋代缸瓦窑黄釉花瓶　王艳华　中国文物报 11 月 20 日 5 版
宋、元《大食瓶》新解　马文宽　考古 12：84～90
梅瓶与酒瓶　牟宝蕾　南方文物 1：188～193
一缕团香　一盏茶心——茶与宋代建盏艺术研究　孙晓燕　中国陶瓷 10：64～68
试论“元祐四年五月戊辰李贵刊造”黑釉浅碗的黑彩题字　朱宏秋　中原文物 2：82～85
陕西西乡县宋墓新出土瓷器　秦育春　收藏 11：60～64
试述内蒙古、辽宁辽金元时期的烧瓷窑炉　陈永婷、彭善国　北方文物 2：50～53
辽代陶瓷研究存疑——从旧金山亚洲艺术博物馆收藏谈起　［美］贺利　辽金历史与考古国际学术研讨会论文集（下）447～454
北京地区出土的辽代低温釉陶器研究　李影　碧彩云天——辽代陶瓷 131～142
沈阳地区出土辽产陶瓷的类型简析　张树范　辽金历史与考古（第 3 辑）346～356
论金代介休窑及相关问题　董健丽　华夏考古 4：120～124
汝州张公巷窑的年代与性质问题探析　［韩］李喜宽　故宫博物院院刊 3：20～38
金元时期红绿彩瓷发展脉络及时代特征初探　孙传波　收藏家 11：27～34
风格独特的金代红绿彩瓷　任远等　中国陶瓷 11：82～84
北京地区金墓出土瓷器考辨　龙霄飞　白山·黑水·海东青——纪念金中都建都 860 周年特展 90～93
北京金代墓葬中出土的瓷器　孙勐、吕砚　收藏家 6：3～8
廊坊市晓廊坊小区金代墓葬出土瓷器研究　付艳华、刘米兰　中国文物报 11 月 6 日 5 版
国学与文物：瓷枕上的赋文研究　詹杭伦　中山大学学报（社会科学版）3：10～18
盛开在西夏的昙花——西夏瓷扁壶与酒文化　米向军　收藏 3：52～55
西夏官府瓷与西夏“官窑”　杭天　收藏 10：45～49

补遗

宋代青瓷艺术的发展及其文化内涵　李政　艺术百家 2011 年 2：217～219

元、明、清

水下考古发现的元代外销瓷　叶倩　文物天地 2：18～23
繁昌元代窖藏瓷器（上）、（中）、（下）　王承旭　收藏家 1：19～24、2：71～78、3：47～52
元代龙泉窑瓷塑观音研究　解强　中国陶瓷 5：68～70
古相张家造　一枕鉴古今——磁州窑元代人物故事枕　代雪晶、管东华　文物天地 7：66～69
磁州窑与泰国古陶瓷的“历史公案”初解　王建保　文物天地 8：68～71
玉溪窑青花与磁州窑白地黑花的关系　胡朝辉　文物天地 4：104～105
14 世纪以前钴蓝在西亚和中国的运用——兼谈元青花的产生　赵琳　南方文物 3：60～65
青花瓷：元代民族文化交流的一叶　薛淑娉　岭南考古研究（10）129～137
元青花艺术的外来影响新探　赵琳　博物馆研究 4：74～81
游牧人的颜色——元青花瓷与杭州　沈蕊屿　收藏 8：46～51
从陶瓷考古角度论元代景德镇的外来工匠——以青花和孔雀蓝釉瓷器为中心　黄珊　故宫博物院院刊 6：52～57
元青花与浮梁磁局及其窑场　江建新　中国国家博物馆馆刊 6：76～86
火照：揭开元青花烧造之谜的钥匙　张庆玉　收藏 8：42～45
从符号学角度探究元青花瓷器的时代特征　朱方芳　丝绸之路 24：13～14
基于符号学的元代青花人物故事纹饰研究　陈健毛、肖绚　中国陶瓷 4：31～34
元至正十一年青花云龙纹象耳瓶铭文考辨　赵燕　新美术 4：72～78
发现隐形“鬼谷出山图”　路杰　文物天地 2：115～117
浅析元代釉里红的创烧及其艺术装饰特征　刘金成　故宫博物院院刊 6：58～67

略谈瓷器文物艺术品中的吉祥图案及其包蕴的文化内涵　徐强　旅顺博物馆学苑（2012）123～126
梅瓶溯源　陈远琲　广西博物馆文集（第7辑）165～172
元吉州窑纪年珍瓷两种　耕生　收藏7：70～71
元代梵文琛宝碗鉴赏　刘昱午　寻根1：89～92
色彩识别统计模式在明代龙泉青瓷与景德镇仿龙泉青瓷鉴别中的应用　方涛等　中国陶瓷7：43～45
十七世纪景德镇和伊万里瓷器风格之考察　郭富纯　旅顺博物馆学苑（2008）212～216
本土化的伊斯兰封赏（下）——伊斯兰文化对明中期釉彩技艺的影响　董波　中国陶瓷1：80～83
从西安地区发现的明代青花瓷器看其发展与艺术特征　王冬华　西安文物考古研究（第2辑）324～344
漫步成化　真言　收藏11：65～71
白釉陶之谜——谈石湾及宜兴白釉陶　陈玉秀　故宫文物月刊7：58～71
德化瓷是中国外销瓷中的"世界名片"　刘幼铮　文物天地2：30～35
耀州窑白地黑花瓷的装饰艺术　赵亚利　文物世界2：3～7
明代官窑青花瓷画评级的标准研究　陈殿　南方文物1：114～120
景德镇明清御窑遗址的考古发现和研究　权奎山　故宫博物院院刊3：6～19
明代御器厂设立时间的讨论　丁鹏勃　南方文物3：66～69
景德镇窑一组照子的形制与功能研究（连载二）（续完）　郑乃章等　中国陶瓷1：67～76、2：67～79
景德镇丽阳明代瓷窑址时代考——兼谈兴衰原因　钟华　南方文物3：77～82
明青花瓷人物纹饰的文人趣味　刘叶枝　收藏5：84～90
高雅潇洒的明代青花梅瓶侍女婴戏图　唐奇岭　岭南考古研究（12）205～210
明青花上的魁星点斗与蹴鞠祖师　李熊熊　收藏10：43～44
从门神斗看刀马人物画片的创始　郑大伟　收藏家9：88～90
中国瓷器纹饰对西方的影响——以山水园林纹饰为中心　余春明　收藏4：42～54
明清外销瓷的装饰——以国家博物馆《瓷之韵》展品为例　杨桂梅　文物天地1：18～26
黑龙江讷河市明清墓群出土瓷器　孙雪松　收藏5：91～93
大明第一亲王陵——明鲁王朱檀墓及出土瓷器　汪曦曦　收藏8：52～56
稚朴天真　率性而为——明早期景德镇民窑青花碗　尹青兰　收藏3：56～61
明代青花葫芦瓶探析　乔岳　天津博物馆论丛260～269
宫葵缱芳华——成化青花宫碗的艺术　梁晓新　文物天地12：87～89
正德官窑青花阿拉伯文七孔球形器用途考　翁宇雯　故宫文物月刊6：98～108
中国古代特种工艺瓷谱系刍论　霍华　南京博物院集刊（13）172～178
中日瓷器比较研究——以1610—1860年代景德镇与肥前瓷器装饰为例　熊寰　艺术史研究（14）189～234
清代讳字与瓷器鉴定——以康熙"玄"字为例　王幼敏　文物天地8：60～67
被遗忘的唐窑佳器——唐英瓷制对联与挂屏初探　黄清华　故宫文物月刊6：110～119
浅谈清德化窑青花绘画技法　范佳平　南方文物4：197～199
简论德化青花瓷的装饰手法及外销问题——以馆藏"泰兴号沉船"青花瓷器为例　吴艺娟　四川文物2：78～86
从铁红彩谈康雍时期景德镇洋彩瓷的烧造　王竹平　故宫文物月刊1：46～57
金成旭映新境界——记清雍正珐琅彩瓷特展　余佩瑾　故宫文物月刊1：4～17
雍正皇帝的珐琅彩瓷茶器　廖宝秀　故宫文物月刊1：18～35
从天博镇馆之宝"清乾隆款珐琅彩芍药雉鸡纹玉壶春瓶"解读珐琅彩瓷　肖鹏　天津博物馆论丛

279～283

大放异彩的清代珐琅彩瓷器　李晗　上海文博论丛4：65～69

雍正粉彩花鸟艺术的构图形式及成因探析　吴君燕　中国陶瓷8：91～92

青花粉彩瓷——乾隆彩瓷奇葩　朱方芳　收藏家10：61～62

璀璨斑斓的粉彩瓷　沙燕君　收藏家8：73～76

广彩瓷器中的中国与西方元素　黄静　收藏4：20～36

广彩瓷器的分期及其特点　黄静　文物天地2：36～43

“广州彩”耀西洋　程存洁　文物天地1：42～45

不走寻常路——独特的广彩人物绘画技法　胡继芳　文物天地12：67～68

万缕金丝织白玉——清代广彩精品鉴赏　梁绮虹　文物天地12：80～81

稚拙之美——广彩西方人物故事纹饰瓷器赏析　刘叶枝　文物天地4：68～73

浅绛彩瓷——晚清文人绘画瓷　尹青兰　收藏1：74～81

清代龙纹研究——以宁波博物馆藏龙纹瓷器为例　鲍亦程　收藏家3：36～40

18世纪中国瓷器上的西洋花卉装饰　刘卓　收藏7：52～61

浅说官窑民窑瓷帽筒——真赝瓷帽筒的收藏　懋富　中国文物报5月8日7版

闲话错款瓷祭器——岱庙典藏珊瑚釉描金五供　陶莉　文物天地8：72～73

从贲巴壶看清汉藏文化对景德镇陶瓷的影响　张菁、刘嵘　中国陶瓷1：31～34

解读康熙“奇石宝鼎之珍”款青花人物故事浅碗　王翔灏　中国陶瓷3：63～67

双钩填五色　一彩冠三朝——雍正黄地珐琅彩牡丹花纹碗浅析　邓丁三　收藏家3：35

避暑山庄珍藏的乾隆官窑粉彩碗　王连华　收藏3：62～69

从商周调色器到清仿定窑白釉四足炉——乾隆四柱形器造型溯源　杜文　收藏家8：55～58

试论咸丰时期宫廷御用瓷器的烧制与运输　赵聪月　故宫博物院院刊1：132～147

慈禧的瓷器人生　龙霄飞　文物天地9：88～93

补遗

真假难分，元青花摆脱不了的尴尬　范昕　文汇报2012年10月26日B版

窑址的调查与发掘

北京地区唐代窑址初探　张智勇　北京文博文丛4：71～76

2012年邢窑遗址发掘有重要收获　河北省文物研究所邢窑考古队　中国文物报3月1日8版

辽宁省北镇市小常屯辽代官窑遗址考察侧记　贾辉　东北史地4：36～37

浙江余姚青瓷窑址调查报告　金祖明　姚江田野考古339～354

慈溪上林湖荷花芯窑址发掘简报　浙江省文物考古研究所、慈溪市文物管理委员会（沈岳明）姚江田野考古355～383

浙江慈溪市越窑石马弄窑址的发掘　浙江省文物考古研究所、慈溪市文物管理委员会（郑嘉励）姚江田野考古384～403

飞龙在地　中国最早的龙窑　郑辉　大众考古3：34～38

安阳善应古瓷窑群考察记　陈敏　岭南考古研究（10）121～128

广西岑溪市庙岭窑址调查简报　梁斐梅　广西博物馆文集（第7辑）369～372

广西永福县清水古窑址调查　全建兰、李铧　广西博物馆文集（第7辑）373～379

邛窑十方堂遗址调查纪略　詹颖　文艺研究3：166～168

“民间瓷窑活化石”的保护与研究——陕西澄城尧头窑遗址综合研究的思路与方法　王小蒙　中国文物报12月6日5版

遗落在黄土高原上的黑珍珠——陕西澄城县尧头窑考察记　张兴国　中国文物报5月24日7版

藏品介绍

江阴博物馆馆藏陶瓷器概述　邬红梅　江阴文博1：97～102

美国宾夕法尼亚大学考古学与人类学博物馆藏中国文物调查　霍宏伟　中国国家博物馆馆刊2：139～156

雅器天成——清翫雅集珍藏陶瓷器掇英　耿宝昌　收藏2：28～41

4000年前的蛇纹双耳彩陶罐　李媛媛　中国文物报8月28日7版

三门博物馆藏青瓷　邵全伟　收藏家9：70～74

浅谈河南卢氏县文管办藏三件汉代绿釉陶器　姚江波　江汉考古1：131～132

高安馆藏历代陶瓷撷粹（下篇）　刘金成　收藏7：45～51

千峰翠色的越窑青瓷——论旅顺博物馆藏越窑青瓷的艺术风格与时代特点　孙传波　旅顺博物馆学苑（2008）227～234

洗净铅华　青莹之韵——南京市博物馆藏六朝青瓷　方忆、张必萱　收藏家8：23～31

陕西历史博物馆藏唐代绞胎器赏析　岳敏静　陕西历史博物馆馆刊（第20辑）350～354

“宋青花”现形记　路杰　中国文物报1月2日7版

枕史钩沉——西汉南越王博物馆藏枕　陈馨　收藏6：44～53

宋金瓷话：五大窑址博物馆馆藏精品（上）、（下）张必萱　收藏1：52～59、3：44～51

永久的瓷艺魅力——纽约大都会博物馆藏宋代陶瓷珍品　［美］钱志坚　收藏1：112～123

旅顺博物馆藏三彩枕时代及窑址初探　孙传波　收藏家1：51～55

旅顺博物馆藏“诸葛碗”考辨　韩晓洁　旅顺博物馆学苑（2012）87～91

浅析麦积区博物馆馆藏宋代耀州窑瓷碗的艺术风格　丁文俊　陇右文博1：34～35

南越王博物馆藏陶瓷枕十最　王维　收藏6：58～64

吉林馆藏辽金陶瓷赏粹　高雪　收藏5：68～73

金代绞胎瓷钵　宋宁宁　中国文物报9月11日8版

锦州博物馆藏金代两件三彩瓷器　刘鲰　辽宁省博物馆馆刊（2012）236～239

国家博物馆《瓷之韵》展览青花瓷选粹　耿东升　文物天地1：46～53

辽宁朝阳博物馆收藏的元代窖藏器物　朝阳博物馆（韩国祥、蔡强）　文物5：90～92

吉林省扶余县博物馆馆藏民窑青花壶赏析　范博凯、郑新城　博物馆研究2：87～93

青州市博物馆珍藏的元青花　徐清华　文物天地8：74～75

高安馆藏元代陶瓷撷粹（上篇）　刘金成　收藏5：74～83

清宫旧藏景德镇生产的明清时期鱼纹瓷　李卫东　南方文物1：185～187

釉中奇葩——武汉博物馆藏明清蓝釉瓷珍萃　张卫红、陈朝霞　收藏家5：17～22

歙县博物馆藏明嘉靖官窑青花大瓷缸赏鉴　方晖　文物天地11：69～71

桂林博物馆馆藏明代早期瓷梅瓶浅析　赵戈茸　岭南考古研究（12）211～214

馆藏大连地区出土明代民窑青花瓷浅析　刘立丽　旅顺博物馆学苑（2010）90～95

旅顺博物馆藏明万历青花海马花卉军持　王梅　旅顺博物馆学苑（2011）53～56

宣德款黄釉花卉纹盘真伪考——英国大威德基金会藏　朱方芳　收藏家12：79～81

越南国家历史博物馆的明代陶瓷　［越］黎昙荷著　莫志东译　广西博物馆文集（第7辑）180～187

神态各异　妙趣横生——沈阳故宫院藏婴戏图文物赏析　王建芙　收藏家11：44～50

清宫遗韵传古今——沈阳故宫藏清代瓷器珐琅玉器精品展（上）、（下）　栾晔、张莹　收藏家8：3～12、9：8～12

清宫旧藏“宜兴挂釉”与广钧器（上篇）　黄卫文　收藏11：52～59

德国德累斯顿茨温格宫的瓷器收藏　杨虹仪　收藏7：133～137

天工巧作　皇家气派——淮安市博物馆藏清代官窑瓷器　刘振永、王伟　文物天地8：76～80

美国皮博迪·埃赛克斯博物馆收藏的康熙素三彩外销瓷　黄卫文　收藏8：32～41

康雍乾时期单色釉瓷珍赏——以沈阳故宫藏品为例　邓庆　收藏家9：60～64

古雅幽穆乾隆茶叶末釉绶带葫芦瓶　王健丽　中国文物报1月30日7版

辽阳博物馆藏清光绪瓷器选萃　杨瑶　收藏家6：16～18

龙姿凤采——旅顺博物馆藏清代官窑龙、凤纹瓷器的艺术特色　王梅　旅顺博物馆学苑（2012）92～97

馆藏青花云龙纹洗口兽耳瓶刍议　王梅　旅顺博物馆学苑（2010）49～53

六　绘画

考古发现中的三国绘画——想象中的彼岸世界　郑岩　大众考古3：50～54

从《历代名画记》与敦煌壁画山水看山水画的起源和初期发展　钱玲　天津博物馆论丛197～208

岩画

中国岩画的区域分布及特点比较　张文静　内蒙古社会科学3：59～62

岩画研究的考古学方法　任萌、王建新　文物3：67～73

云南宜良九乡张口洞旧石器遗址发现的凹穴岩画　吴沄等　岭南考古研究（12）1～7

史前人类的艺术长廊——中国云南沧源岩画解读　马娟　岭南考古研究（9）147～154

南海沿岸岩画所反映的宗教与艺术　肖一亭　南京博物院集刊（13）19～23

内蒙古阴山地区的车辆岩画　张文静　北方文物1：39～42

解读西辽河上游一幅罕见的上古人类活动的彩绘岩画　吴甲才　古玉今韵——朝阳牛河梁红山玉文化国际论坛文集451～454

东北西辽河流域人面岩画初探　孙晓勇、黄彦震　东北史地2：26～28

对鞍山地区及国内同类型凹穴岩画的几点认识　李刚、顾玉顺　辽宁省博物馆馆刊（2012）160～170

大兴安岭岩画与鲜卑文化渊源考论　庄鸿雁　东北史地5：53～56

具茨山岩画研究初探　刘五一　中华之源与嵩山文明研究（第1辑）41～50

试析凭祥市人头山岩画　陈远璋　广西博物馆文集（第8辑）130～137

试论甘肃岩画的研究与保护　庞颖　丝绸之路16：11～12

甘肃岩画图像造型研究　庞颖　丝绸之路20：36～37

浅析榆木山岩画　贺春燕　陇右文博2：30～32

青海高原动物岩画初探　乔虹　青海民族研究24：170～172

青海卢森岩画的分类与分期研究　石泽明　中国藏学4：181～186

贺兰山岩画研究综述　王雅洁　丝绸之路18：25～26

浅议柴达木盆地岩石上的历史画卷　辛峰　乾陵文化研究（三）114～116

龟兹石窟岩画的新发现及相关问题　王建林、史晓明　吐鲁番学研究1：57～63

康家石门子岩画的创作者和创作年代　李树辉　西北民族大学学报（哲社版）4：46～52

补遗

符号系统岩画考释　崔凤祥、崔星　湖北民族学院学报（哲社版）2012年5：27～30

作为一种眼睛信仰的岩画：西辽河流域人面岩画探究　孙晓勇　南京艺术学院学报（美术与设计版）2012年6：123～127

壁画

东亚地区墓葬壁画十二辰图像的起源与流变　王元林　考古学报3：325～346

图像的含蕴——以汉代墓葬画像为例　［日］小南一郎著　徐谷芃译　日本中国史研究年刊（2010）3～21

汉代墓葬壁画艺术研究　甘兴义　长春师范学院学报（人文社科版）1：187～189

也论汉代壁画和画像中的鱼车出行　王煜　考古与文物3：67～72

西汉壁画墓浅谈　磨占雄　文物世界4：16～20

西安曲江翠竹园西汉墓葬壁画特点浅析　郭永淇　文博6：69～71
砖叠苍穹——新莽墓葬建筑与绘画中的宇宙象征　倪克鲁著　蔡承殷译　徐胭胭校　古代墓葬美术研究（第2辑）95～105
陕西靖边东汉壁画墓的发现与研究　王望生　秦汉研究（第3辑）166～176
襄人不是胡人——四川中江塔梁子东汉崖墓榜题考　龙腾　文物2：95～96
营城子汉墓壁画释说　宋艳秋　旅顺博物馆学苑（2009）43～45
大连市营城子汉墓北壁画“导引升天图”释说　宋艳秋　辽宁师范大学学报（社科版）2：296～299
出土壁画考麈尾　董坤玉、王宇新　社会科学论坛7：83～86
嘉峪关魏晋墓出土伏羲女娲图像考析　王春梅　丝绸之路8：60～61
浅谈酒泉丁家闸五号墓中的羽人图像　吴新荣　丝绸之路2：78～79
北魏平城墓葬绘画简述　陶春慧　文物世界2：48～51
太原北齐墓壁画中的仪仗出行图像分析　徐岩红　文艺研究6：157～158
高句丽古墓壁画的文化渊源　耿铁华　高句丽与东北民族研究（2008）34～63
高句丽古坟壁画中的莲花纹　张明皓　东南文化3：84～96
长川一号墓壁画研究——以前室北壁为中心　王飞峰　高句丽与东北民族研究（2008）64～78
稀世珍宝——唐墓壁画　程旭　中国文物报6月7日15版
穿越千年的奢华与雅致　张佳　中国文物报6月7日15版
壁画背后的李唐秘史　蔡昌林　大众考古2：50～54
壁画中的“外来”文化因素　程旭　中国社会科学报5月3日B3版
胡韵浓烈的唐墓乐舞图　刘江英　中国文物报6月7日15版
论唐墓壁画中反映的宗教问题　程旭、王霞　兰州大学学报（社科版）1：41～45
谈关中唐墓壁画中的内侍形象　高波　乾陵文化研究（二）242～246
唐花鸟壁画　王建岐、屈利军　中国文物报6月7日15版
唐墓壁画与毕罕　秦建明　乾陵文化研究（三）78～84
唐墓壁画中的“檛”及其流变　申秦雁　乾陵文化研究（三）85～92
简说西安地区唐墓壁画中的铜钹　梁勉　考古与文物1：85～89
御马六鞘及其相关问题——从唐代墓葬壁画谈起　申秦雁、魏秋萍　文博6：49～53
长乐公主墓云中车马图试释　程义　乾陵文化研究（二）228～233
唐昭陵新城公主墓壁画的比较研究　程义　乾陵文化研究（六）285～291
唐昭陵韦贵妃墓壁画《门吏图》浅说　刘群　乾陵文化研究（三）102～104
历史的画卷——乾陵陪葬墓壁画　侯晓斌　中国文物报6月7日18版
谈章怀太子墓壁画《客使图》中的唐吏形象——兼论唐代的鸿胪寺　魏秋萍　陕西历史博物馆馆刊（第20辑）222～225
乾陵永泰章怀两墓壁画《天体图》探究　侯晓斌　乾陵文化研究（二）234～241
唐永泰公主墓壁画《胡人备马图》及相关问题　申秦雁　乾陵文化研究（四）70～76
唐永泰公主墓壁画《宫女图》浅析　白艳妮　乾陵文化研究（五）164～167
懿德太子墓壁画“宫女图”质疑　侯振兵　乾陵文化研究（三）98～101
懿德太子墓壁画墨书题记初考　翟战胜　文博3：34～38
唐懿德太子墓驯豹壁画　王建岐　中国文物报6月7日15版
《马球图》之五骑争锋　李湛　中国文物报6月7日15版
苏思勖墓《乐舞图》　梁敏　中国文物报6月7日15版
洛阳道北五路出土的五代壁画墓　侯秀敏、胡小宝　文物世界1：70～72
宋、金雕砖壁画墓中心区位移探讨　陈章龙　辽金历史与考古国际学术研讨会论文集（上）93～99

辽代墓葬壁画的分期研究　杨星宇、郑承燕　辽金历史与考古国际学术研讨会论文集（上）49～66

辽墓中的契丹绘画及其艺术成就　薛成城　社会科学战线12：121～123

从赤峰宝山壁画墓浅谈辽早期的汉化状况　韦正　辽金历史与考古国际学术研讨会论文集（上）43～48

辽代宣化墓壁画和东北“二人转”的起源与流传　黄震云、李玉君　辽金历史与考古国际学术研讨会论文集（上）67～70

阜新地区辽墓壁画及其相关问题的研究　梁姝丹　辽金历史与考古国际学术研讨会论文集（上）77～92

蒙元时期墓室的“装饰化”趋势与中国古代壁画的衰落　王玉冬　古代墓葬美术研究（第2辑）339～357

元代山西屯留M1号壁画墓中的图像构成探究　穆宝凤　民族艺术3：143～147

龟兹佛教壁画艺术在绘画史上的历史地位——以公元4—6世纪为中心　史晓明　龟兹学研究（第4辑）347～353

敦煌壁画中的舟船　王进玉　中国文化遗产4：40～47

万神殿——新疆丹丹乌里克2002年新发现的佛寺壁画研究　屈涛　龟兹学研究（第5辑）411～423

丹丹乌里克佛寺遗址中的“圣母子像”　温玉成　龟兹学研究（第5辑）439～444

西藏卓卡寺吐蕃壁画初探　夏吾卡先　考古与文物1：90～93

山西高平伯方村发现的唐玄宗泰山封禅刻石　于飞　文物春秋6：58～62

画格与斜线在金元时期楼建筑壁画中的使用方法　王卉娟　中国建筑史论汇刊（第8辑）214～254

浅谈永乐宫壁画的线条艺术　任翔云　文物世界4：60～61

永乐宫考察散记　扬之水　美苑4：62～67

浅析包头市昆都仑召与五当召壁画之异同——以《如意藤本生经》壁画为例　刘咏梅　南京艺术学院学报（美术与设计版）4：39～40

内蒙古美岱召明代壁画研究　王磊义　中国藏学2：42～46

公主寺壁画审美特质解析　李玉福　名作欣赏23：115～116

明代佛寺壁画善财童子五十三参图像考察——以成都和张家口的实例为中心　李静杰等　故宫学刊（总第8辑）238～292

毗卢寺几幅壁画内容的再解读　郝建文　中国文物报9月27日6版

觉苑寺明代传教故事壁画艺术探析　刘显成　文艺研究8：142～143

新绛东岳稷益庙壁画艺术特色浅析　张云志　山西高等学校社会科学学报6：55～57

甘肃永登妙因寺万岁殿《一百本生传》壁画探析　郭丽平　中国藏学2：182～190

张掖大佛寺唐僧师徒取经壁画艺术考释　冯硕、冯芳　美术10：118～121

青海年都乎寺毛兰吉哇啦康殿壁画内容辨识　伯果　中国藏学2：175～181

青海塔尔寺丁科扎仓壁画赏析　坚赞华藏、根桑措姆　法音4：44～47

涿鹿上井沟龙王庙壁画　王雁华、宋志刚　文物春秋4：53～56

陕北石井村龙王庙清代壁画　高海平　收藏11：36～38

简述甘肃省博物馆馆藏天梯山第4窟北凉壁画　马翼欣　丝绸之路8：56～57

涅槃经变、金光明经变抑或降魔成道图——甘肃马蹄寺石窟群千佛洞第1窟北朝壁画考（二）　张善庆　敦煌学辑刊1：130～140

肃南裕固族自治县上石坝河石窟的西游记故事壁画　刘玉权　敦煌研究3：59～63

黑水城与东千佛洞石窟同类佛教造像题材浅析　张小刚、郭俊叶　西藏研究5：61～68

俄国艾尔米塔什博物馆库藏原德藏新疆壁画简析　柴剑虹　龟兹学研究（第5辑）577～586

浅谈龟兹壁画与吐火罗壁画的人物形象　广中智之　龟兹学研究（第2辑）236～243

考论克孜尔佛教石窟壁画及其史料价值——以打击类艺术组合壁画为考据 钦媛 求索1：100～102

库木吐喇75、79窟壁画绘制年代和功德主身份研究 李树辉 龟兹学研究（第4辑）234～251

“德国吐鲁番探险队”窃取库木吐喇石窟壁画的位置核对 贾应逸 龟兹学研究（第2辑）217～235

库木吐喇菱格画的艺术风格 史晓明 龟兹学研究（第2辑）207～216

库木吐喇谷口区第21窟壁画艺术初探 殷福兰 龟兹学研究（第1辑）370～378

哈佛大学藏敦煌文物叙录 王惠民 敦煌研究2：39～44

敦煌壁画临摹中的白描画稿 段文杰 丝绸之路20：9～10

敦煌壁画中树木图案的“程式化”装饰特征 高阳 装饰7：68～69

浅谈敦煌壁画中的两种建筑风格 罗汉 丝绸之路4：38～41

表象与真实——探索敦煌壁画之原貌 赵声良 历史与现实——文化遗产保护及发展国际学术会议论文集11～22

敦煌北凉三窟壁画的西域风格及本土化研究 仇春霞 中国国家博物馆馆刊2：84～98

中唐敦煌壁画之“异象”探析 刘文良、晏净天 南京艺术学院学报（美术与设计版）2：5～8

唐代敦煌壁画的佛教文化意蕴 侯奔奔 民族艺术3：148～149

论早期五台山图的底本来源——以敦煌壁画中的五台山图为中心 许栋 社会科学战线1：149～154

五台山与牛头山——榆林32窟《文殊、普贤并侍从图》与菩萨住地的讨论 陈粟裕 美术研究3：24～41

从凉州瑞像思考敦煌莫高窟323窟、332窟 颜娟英 东亚考古学的再思——张光直先生逝世十周年纪念论文集443～471

莫高窟唐代《观音经变》中的观音画像及相关问题 史忠平、马莉 中国国家博物馆馆刊8：84～101

敦煌吐蕃晚期《普贤行愿图》、《普贤并万菩萨化现图》与相关问题研究 王中旭 中国国家博物馆馆刊10：101～112

敦煌莫高窟第31窟金刚经变说法图主尊探微 武海龙 敦煌学辑刊2：90～97

莫高窟第23窟“雨中耕作图”新探——兼论唐宋之际祆教文化形态的蜕变 邵明杰、赵玉平 敦煌吐鲁番研究——文献与文明200～213

古代敦煌的奇异美甲习俗 王义芝 陇右文博1：54～55

“红花”“胭脂”考——兼论唐代敦煌艺术中的红色植物颜料 王冬松 艺术探索3：26～29

“反弹琵琶”并非“反弹”：敦煌莫高窟“反弹琵琶”图像探微 李云集 人文杂志7：126～128

敦煌壁画中所见“葫芦琴”图像考释 刘文荣 交响2：27～31

莫高窟217窟“得医图”考释 萧巍 丝绸之路8：58～59

敦煌石窟壁画中的古代儿童生活研究（一）、（二） 杨秀清 敦煌学辑刊1：24～46、2：40～56

从考古资料看唐五代敦煌儿童的游戏活动 宋广玲 丝绸之路10：34～35

甘谷县华盖寺石窟唐僧取经壁画初探 于硕 敦煌研究4：59～65

补遗

汉墓壁画升仙图的仪式解读 汪小洋 民族艺术2012年4：115～120

论敦煌壁画文化及其意义阐释 耿彬 求索2011年12：51～53

也谈莫高窟第217窟南壁壁画的定名——兼论与唐前期敦煌法华图像相关的两个问题 张元林 敦煌学辑刊2011年4：39～48

克孜尔第118窟的三幅壁画 任平山 敦煌学辑刊2012年3：124～139

马蹄寺千佛洞第1窟“梨车”榜题释论——甘肃马蹄寺石窟群千佛洞第1窟北朝壁画考（一） 张

善庆　敦煌学辑刊 2012 年 4：109～115

瓜州东千佛洞第 5 窟西夏供养人初探　张先堂　敦煌学辑刊 2011 年 4：49～59

卷轴画

从甘博藏《报父母恩重经变》看唐、宋洗儿风俗　胡发强、刘再聪　敦煌吐鲁番研究——文献与文明 191～199

水陆画中的关羽形象——兼论宗教美术的世俗化倾向　陈文利　美术研究 1：106～108

武威水陆画初探　香佳莉　丝绸之路 4：86～87

沈阳故宫缂丝书画作品赏析　杨志强　收藏家 4：47～56

其他

帛画研究新十年述评　陈锽　江汉考古 1：84～97

从马王堆帛画看汉代人物肖像画　顾森　中国汉画学会第十四届年会论文集 264～273

旅顺博物馆藏伏羲女娲图新论　王若　旅顺博物馆学苑（2009）134～138

敦煌莫高窟三清宫正殿《山海经》彩画考察　汪正一、赵晓星　敦煌研究 6：23～31

“画荚之技”与汉代“锥画”　江崖　中国汉画学会第十四届年会论文集 364～369

宋代以前的竹画　程义　陕西历史博物馆馆刊（第 19 辑）159～170

甘肃武威出土西夏木板画研究述评　于光建　北方民族大学学报（哲社版）4：59～62

七　书法

泰山榜书摩崖石刻书风审视　张凯　博物馆学刊（第 3 辑）140～148

秦简牍书法的笔法——秦简牍书写技术真实性复原　邢文　简帛（第 8 辑）439～450

湖南出土简牍书法研究　沃兴华　文化遗产研究集刊（第 6 辑）42～59

浅谈侯马盟书的书法价值　董敏　中国文物报 1 月 30 日 7 版

通过秦封泥和汉瓦当文字的对比窥探秦小篆研究传承的当代意义　庞任隆　秦汉研究（第 4 辑）130～139

汉代篆书刍议　孟庆亮、张超　碑林集刊（总第 19 辑）316～321

八　工艺美术

元代工艺美术风格探析　赵琳　文化遗产研究集刊（第 6 辑）60～81

漆器

中国漆工艺的萌芽与初兴　洪石　考古学视野下的城市、工艺传统与中外文化交流——刘庆柱先生七十华诞祝寿论文集 130～159

中国大漆精制工艺研究　王时伟、朱一青、王建稳　中国文物保护技术协会第七次学术年会论文集 81～87

剔采玄光：馆藏漆器特展专题之一——导论“剔采玄光：馆藏漆器特展”　翟振孝　历史文物 6：6～19

剔采玄光：馆藏漆器特展专题之二——中华漆艺七千年（上）、（下）　嵇若昕　历史文物 6：20～31、7：6～13

剔采玄光：馆藏漆器特展专题之三——传统漆器制作的材料与技法　王佩雯　历史文物 6：32～40

千文万华的中国古代漆器——清翫雅集珍藏漆器拾粹　耿宝昌　收藏 2：42～47

旅顺博物馆藏漆器的初步研究　刘述昕　旅顺博物馆学苑（2012）102～108

浅谈犀皮漆器　王翯　收藏家 11：14～16

山西大河口出土西周漆木器制作工艺及复原研究　李存信、蔺明林　文化遗产研究（第 2 辑）126～138

秦楚漆器比较研究　朱学文　秦始皇帝陵博物院（总 2 辑）300～318

色彩绚丽 千文万华——以漆奁为例看战国秦汉彩绘工艺 刘芳芳 文物天地3：78～81
秦漆器研究综述 朱学文 华夏考古1：113～125
秦东陵出土漆豆研究 朱学文 文博2：27～30
关于湖南地区两汉时期漆器的生产、管理和产地问题的再讨论 聂菲 中国汉画学会第十四届年会论文集439～449
"涓"字铭文研究述略—马王堆汉墓漆器研究综述之一 聂菲 楚简楚文化与先秦历史文化国际学术研讨会论文集1074～1087
汉代广陵漆面罩初探 林宛萱 江淮文化论丛（第2辑）246～274
两湖地区西汉釦器的发现与研究 马乐 秦汉研究（第6辑）278～285
汉代漆奁所见锥画探析 刘芳芳 文博3：23～27
北京老山汉墓出土漆器残片的髹漆工艺研究 何秋菊、赵瑞廷 文物10：85～91
金光银彩 熠熠生辉——汉代贴花漆器赏析 刘芳芳、刘刚 收藏家9：75～78
三国时期朱然墓漆器装饰的世俗风格及特点 陈文利 装饰10：90～91
双重视角下的复合意涵——朱然墓宫闱晏乐图漆案研究 邵韵霏 古代墓葬美术研究（第2辑）169～189
北魏漆饮食器类型探微 王雁卿、高峰 文物世界5：20～28
试述质朴无华的宋代光素漆器 季寿山 江淮文化论丛（第2辑）237～241
江阴博物馆馆藏宋元漆器初探 唐雷霞 江阴文博1：106～114
略论宋元时期手工业的交流与互动现象——以漆器为中心 袁泉 文物11：63～72
造办处档案所见乾隆朝漆器刻款问题研究 杨勇 中国国家博物馆馆刊6：87～101

补遗

汉代陕西漆器文化探微 潘天波、胡玉康 陕西师范大学学报（哲社版）2012年6：132～138

金银器

蒙古族银制器皿的图案及其象征意义 布和朝鲁 语文学刊3A（E82）：76～78
西安地区出土的古代金银器概说 王峰梅 陕西历史博物馆馆刊（第20辑）324～331
江阴博物馆馆藏金银器概述 翁雪花 江阴文博1：92～93
千年古都 金辉玉润——西安博物院藏金银玉器大珍 朱歌敏、李喜萍 收藏7：82～95
甘青宁地区出土的早期金银器考述 马洪连 丝绸之路14：20～22
商代中国黄金制品的南北系统 段渝 巴蜀文化研究集刊（7）200～210
中山国王金银器赏析 李云 收藏家1：64～68
匈奴金银器在草原丝绸之路文化交流中的作用 张景明 中原文物4：81～86
略论汉代金银器 冉万里 秦汉研究（第7辑）29～48
徐州出土的汉代金银器 尹钊等 收藏8：82～87
读物小札："宝粟钿金虫" 扬之水 南方文物1：121～123
洛阳出土的一件唐代银器的定名 薛方等 洛阳考古（总第3期）75～77
唐代银粉盒——以法门寺、何家村出土文物为主体 梁子、杨婉萍 陕西历史博物馆馆刊（第18辑）271～276
从何家村窖藏出土的两件金银器看唐朝贵族的狩猎生活 魏秋萍 陕西历史博物馆馆刊（第19辑）266～269
波斯萨珊"徽章式纹样"在唐代的演变——以西安何家村窖藏出土品为中心 申秦雁、魏秋萍 陕西历史博物馆馆刊（第20辑）314～318
馆藏唐代金梳背制作工艺流程探析 杨维娟 陕西历史博物馆馆刊（第20辑）346～349
唐代金银器 ［美］克拉伦斯·凯利（Clarence W. Kelley）著 董千里译 陈淳校 文化遗产研究集刊（第6辑）457～465

唐长安平康坊出土鎏金银茶托再考察　贾志刚　考古5：85～92
唐代金银器中狮纹造型风格研究　王丽梅　装饰4：131～132
奢华的大唐风韵——镇江丁卯桥出土的唐代银器窖藏（上）、（下）　刘丽文　收藏2：106～110、3：106～111
五代吴越缠枝花纹金舍利盒　蒋珊珊　浙江文物5：27
古代的“事件”与“消息”　彭辉　大众考古6：63～65
辽耶律羽之墓出土金银器研究　盖志勇　草原华章——契丹文物精华展9～12
论辽代金银器造型艺术的唐文化因素　张景明　交流与互动——民族考古与文物研究182～190
金人金梦——从金饰艺术看女真人的文化交流　黄学寅　白山·黑水·海东青——纪念金中都建都860周年特展64～71
金齐国王墓银铭牌考释　杨海鹏　辽金历史与考古国际学术研讨会论文集（下）486～489
西夏、金朝的金银器与草原丝绸之路的文化交流现象　张景明　文物世界5：36～42
江西鄱阳县博物馆馆藏鎏金银质盏托鉴赏　李子华　南方文物3：197～199
江苏金坛元青花罐盛银器窖藏　刘丽文　收藏9：110～118
清宫金银器的陈设与赏玩　李芝安　文物天地5：32～36
康熙款与乾隆款浮雕珐琅金碗的制作及其关联性　王竹平　故宫学术季刊30卷4：155～206
家具
楠木及楠木家具研究的基本问题　周默　文物天地4：24～29
漫谈古代“座”与“坐”　刘芳芳　文物世界4：21～24
古家具鉴定的困惑　张德祥　中国文物报4月24日7版
登峰造极之艺　不可言喻之美——中国国家博物馆大美木艺明清家具珍品展　王月前　收藏家11：3～13
乾隆时期宫廷家具的艺术特色及成因　刘刚　安徽师范大学学报（人文社科版）2：246～251
楠木与清代宫廷家具　周京南　文物天地4：36～41
补遗
对古代屏风艺术的探究　刘燕妮　南京艺术学院学报（美术与设计版）2012年6：151～155
文房四宝
从考古资料看文具的出现　陈涛　中原文物5：61～64
雅物缤纷　文心芳泽——中国文房四宝及文房清玩　华慈祥　收藏6：100～107
清新雅致的中国古代文房用具（上）、（下）　周晓晶　收藏家2：27～34、3：81～83
砚研濡墨：小议江西汉墓出土的石砚　王静　南方文物4：200～202
从吐鲁番阿斯塔那墓葬出土“文房四宝”看文化交流　安尼瓦尔·哈斯木　新疆文物2：118～122
考古出土陶瓷辟雍砚研究　王亚平　辽宁省博物馆馆刊（2012）184～189
襄樊莱越三国墓出土古墨测试分析　黄凰、秦颖　考古学报3：426～430
唐代宣笔考辨　文媛媛　中南大学学报（社科版）3：202～206
上海博物馆藏砚选读　华慈祥　收藏家4：85～88
黄道周断碑砚考论　陈良武　深圳大学学报（人文社科版）1：52～57
文人品位　极尽工巧——清代宫廷文房用具　赵丽红　收藏6：108～119
沈阳故宫院藏乾隆御墨　范丽　收藏家2：51～57
沈阳故宫藏清宫文房用具　王建芙　收藏家5：45～52
乾隆宫廷文房用具　赵丽红　文物天地5：44～51
乾隆时期的宫廷文房清供　赵丽红　文物天地6：20～25
光绪笔筒三题　方竟成　收藏9：128～129
书斋雅物——名家笔筒鉴赏　李军　收藏家6：63～66

从馆藏胡开文十二支神图墨看古代文物中的“十二兽”文化　臧天杰　天津博物馆论丛252～259

竹木器

风之骨——竹制扇骨浅谈　刘力雯　江淮文化论丛（第2辑）348～352

甘肃武威出土汉代木雕鉴赏　尤宝铭　上海文博论丛3：61～64

吐鲁番阿斯塔那出土彩绘木鸭流源——兼论南京西善桥南朝墓所出“竹林七贤”砖画中的鸭形器　张弛　吐鲁番学研究2：93～99

木雕蕴吉祥　教化细无声——安徽博物院藏徽州木雕精品雅赏　李艳红　收藏家6：79～84

扬州博物馆藏黄杨木雕赏析　刘永红　江淮文化论丛（第2辑）327～334

清内廷陈设档册中的乾隆朝竹丝缠枝番莲多宝格圆盒　嵇若昕　故宫文物月刊10：26～35

深心托毫素　雅玩伴三余——乾隆时期宫廷工艺中的竹木牙角器　刘岳　文物天地5：37～43

纺织工艺

西北地区出土双头鸟纹刺绣纹样初探　邝杨华　考古与文物2：89～93

法门寺地宫出土唐代捻金线的制作工艺　杨军昌等　考古2：97～104

明代宫廷丝绸设计与风格演变　阙碧芬　故宫学刊（总第8辑）123～131

明定陵出土丝织品纹样初探　王丽梅　故宫学刊（总第8辑）132～145

玻璃工艺

近年来新疆古代玻璃器的考古发现、研究与思考　于志勇　新疆文物2：107～117

琉璃名称考辨　赵永　中国国家博物馆馆刊5：63～72

从元代玻璃莲花托盏看中国玻璃器的发展　刘瑶　丝绸之路8：51～55

鼻烟壶与药瓶　侯怡利　故宫文物月刊10：86～92

掌上乾坤——浅析馆藏鼻烟壶　周霞　文物世界1：3～7

避暑山庄藏清宫玻璃器　王连华　文物天地8：84～87

补遗

盛京宫殿的琉璃研究——从沈阳故宫唯一的琉璃彩画谈起　孔晗　满族研究2012年3：82～86

其他

秦陵铜车马彩绘工艺简析　程乾宁、胡小玉　回顾与创新——秦始皇兵马俑博物馆开馆三十周年纪念文集（创新篇）611～617

山西新绛县龙兴镇仿古陶工艺探析　王小娟　中国国家博物馆馆刊5：25～37

㚒炉小考　牟宝蕾　华夏考古4：114～119

江阴博物馆藏明代剪纸折扇赏析　周利宁　江阴文博1：119～121

一块明代“特务”的牙牌　董建　收藏2：111～113

昌黎县文保所藏清景泰蓝开光龙纹天球瓶　吕艳彬　文物春秋1：72

五彩斑斓的中国古代珐琅器——清翫雅集珍藏珐琅器精华　耿宝昌　收藏2：48～53

掐丝珐琅显华丽　莲托八宝寓吉祥——乾隆款掐丝珐琅缠枝花卉钵　傅博　收藏4：118～121

清代宫廷的香具　万秀锋、薛白　文物天地7：21～27

陆　古代科学技术

一　天文与历法

天地交泰观的考古学研究　冯时　古玉今韵——朝阳牛河梁红山玉文化国际论坛文集219～230

兴隆洼文化的人猪合葬墓、牛河梁积石冢群与女神庙的天文文化研究　陆思贤　古玉今韵——朝阳牛河梁红山玉文化国际论坛文集319～327

唐懿德太子墓双日临空天象图　秦建明　乾陵文化研究（四）420～424

西周武王纪年上文献历日与天文历表出现完全合历　尹松鹏　考古与文物3：31～38

楚国历史文化特殊研究——火历及其相关问题的最新研究　刘正　楚简楚文化与先秦历史文化国际学术研讨会论文集 542～551

《授时历》具注历日原貌考——以吐鲁番、黑城出土元代蒙古文《授时历》译本残页为中心　何启龙　敦煌吐鲁番研究（第 13 卷）263～289

二　造纸和印刷

试论古籍雕版之厄与存世雕版的保护与利用——以故宫博物院藏雕版为例　翁连溪　江淮文化论丛（第 2 辑）380～392

木活字印刷术的保护研究　王其全、陈晶　历史与现实——文化遗产保护及发展国际学术会议论文集 290～300

中日韩现存古籍雕版印刷技术分析　袁淮　江淮文化论丛（第 2 辑）398～408

补遗

甘肃悬泉置遗址出土古纸的时代及相关问题　李晓岑等　自然科学史研究 2012 年 3：277～287

三　冶铸

早期冶金与中华文明探源　胡可佳、凌勇　早期中国研究（第 1 辑）212～220

中国古代青铜器淬火的初步研究　余伟　南方文物 2：152～156

技艺双绝——中国先秦青铜器　苏荣誉　中国典籍与文化（第 7 辑）123～146

技术选择和技术风格的形成——以鼎为例考察二里头时期到晚商青铜器的技术演进　刘煜等　金玉交辉——商周考古、艺术与文化论文集 191～218

商晚期青铜方鼎范铸工艺模拟实验研究　张经等　周原（第 1 辑）172～181

西周虢季墓出土青铜礼器范型制作技术研究　李静生　中原文物 4：98～101

安徽铜陵县师姑墩遗址出土青铜冶铸遗物的相关问题　王开等　考古 7：91～104

齐国青铜铸造工艺初探　张越、张要登　管子学刊 2：40～47

秦青铜、冶铁技术发展情况概述　袁仲一　秦始皇帝陵博物院（总 1 辑）161～172

云南青铜与斑铜　王丽明　收藏家 6：47～54

南丝路上的早期金属工业　周志清　巴蜀文化研究集刊（7）237～244

试谈铁作坊中废弃冶铸遗物整理的理念与实践　种建荣等　南方文物 3：117～124

河北徐水东黑山遗址出土铁器的实验研究　刘海峰等　南方文物 1：133～142

曲江芦溪古冶炼遗址年代考究　禤细贤　岭南考古研究（10）162～163

炼锌考古探析　李大地等　江汉考古 3：113～122

再议先秦时期锡的问题　员雅丽、黄维　文博 1：28～35

补遗

礼器衰落与日用品高度发展：广延的青铜时代　白云翔　文汇报 2012 年 12 月 27 日 A4 版

陈璋壶制作技术的初步探讨　范陶峰、万俐　铸造 2012 年 10：1163～1167

四　纺织业

Sdudy of Ancient Braiding Techniques throughout East Asia and Their Reconstruction　Mari Omura 历史与现实——文化遗产保护及发展国际学术会议论文集 134～148

汉画纺车图像考略　龚诗文　中国汉画学会第十四届年会论文集 301～310

汉代的麻布及相关问题探讨　马怡　古代庶民社会 171～240

辽代缂丝　朴文英　辽金历史与考古国际学术研讨会论文集（下）480～485

浙江织罗工艺的历史与现状　袁宣萍　历史与现实——文化遗产保护及发展国际学术会议论文集

149～159

新疆出土斜纹晕繝绛毛 于颖 吐鲁番学研究 1：64～72

五 农业

中国史前农业在世界史前农业中的地位 吴耀利 神农文化——稻作农业起源与炎帝文化暨第三届农业考古国际学术讨论会论文集 248～253

我国炎帝时代的暖湿气候对稻作农业及文化之影响 刘昭民 神农文化——稻作农业起源与炎帝文化暨第三届农业考古国际学术讨论会论文集 87～91

南江流域先秦时期的农耕文化 邱立诚 岭南考古研究（12）29～34

辽东半岛早期农业研究 刘俊勇、刘倩倩 旅顺博物馆学苑（2010）61～72

西藏高原史前农业的考古学探索 霍巍 民族研究 2：110～121

论大地湾农业文化与炎黄文化的关系 徐日辉 神农文化——稻作农业起源与炎帝文化暨第三届农业考古国际学术讨论会论文集 82～86

从考古发现看良渚人的农事 程世华 农业考古 1：5～12

青海史前农业的出现与土著人群生存方式的改变 肖永明 农业考古 6：21～28

珠江三角洲稻作商时期发生论 冯孟钦 岭南考古研究（11）10～14

殷商林业考 苏家寅 炎黄文化研究（第 16 辑）102～108

西周燕国农业探研 李爱玲 农业考古 4：26～30

补遗

距今 15000～9000 年黄河中下游地区的谷物生产与加工工具 钱益汇、李昱龙 首都师范大学学报（社科版）2012 年 6：29～33

农业起源

农业起源概念和理论的变迁 陈淳、潘艳 岭南考古研究（13）1～10

中国农业考古研究的沿革与农业起源问题研究的主要收获 古为农 神农文化——稻作农业起源与炎帝文化暨第三届农业考古国际学术讨论会论文集 156～169

关于中国稻作起源的几点思考 谭惠忠 岭南考古研究（13）22～26

稻作农业起源的过程 赵志军 中国社会科学院古代文明研究中心通讯 24：20～24

稻作农业起源新证 刘志一 农业考古 4：1～10

低水平食物生产 ［美］布鲁斯·史密斯（Bruce D. Smith）著 陈航、潘艳译 陈淳校 南方文物 3：151～165

从考古发现看农作物粟、稻的起源 秦雯雯 周口文物考古研究Ⅱ4～19

考古发现和“文化探源”之一：栽培稻 田野 大众考古 1：61～62

关于确定中国稻作起源地“三条标准”的补充——续说“中国稻作起源于长江中游” 卫斯 神农文化——稻作农业起源与炎帝文化暨第三届农业考古国际学术讨论会论文集 220～229

关于野生稻向栽培稻进化过程中驯化方式的思考 刘志一 神农文化——稻作农业起源与炎帝文化暨第三届农业考古国际学术讨论会论文集 189～194

从古栽培稻的特征初探栽培水稻的起源和演化踪迹 张文绪 神农文化——稻作农业起源与炎帝文化暨第三届农业考古国际学术讨论会论文集 135～155

中国南方の稻作起源伝说 ［日］森田勇造 神农文化——稻作农业起源与炎帝文化暨第三届农业考古国际学术讨论会论文集 203～205

The Origins and Spread of Tai Irrigated Rice Engineering and Culture in Southern China from a Comparative－Historical Linguisticsca Perspective John Hartmann 神农文化——稻作农业起源与炎帝文化暨第三届农业考古国际学术讨论会论文集 254～267

淮河流域氏族与中国稻作起源及发展——三探淮河流域稻作起源 任重等 神农文化——稻作农业

起源与炎帝文化暨第三届农业考古国际学术讨论会论文集 234～239

茶陵野生稻与稻作起源发展关系初探　张公武、邹培云　神农文化——稻作农业起源与炎帝文化暨第三届农业考古国际学术讨论会论文集 215～219

永州玉蟾岩人工稻作发现的文明史意义论略——兼论中国古代农业文明之特质　赖功欧　农业考古 6：16～20

牛栏洞早期水稻栽培证据的意义　高星　岭南考古研究（13）13～15

英德牛栏洞发现的重大意义　张镇洪　岭南考古研究（13）11～12

英德古稻与广东早期稻作农业　邱立诚　岭南考古研究（13）16～21

浙江嵊州小黄山遗址的稻作生产——来自植物硅酸体的证据　郑云飞等　农业考古 4：11～17

福建昙石山文化的稻作农业活动新证据——庄边山遗址的植硅石和孢粉研究　马婷等　岭南考古研究（13）32～41

株洲原始稻作与炎帝文化初探　陈登高、刘志一　神农文化——稻作农业起源与炎帝文化暨第三届农业考古国际学术讨论会论文集 38～40

茶陵独岭坳早期稻作遗存与经济生活　席道合　神农文化——稻作农业起源与炎帝文化暨第三届农业考古国际学术讨论会论文集 240～242

稻作文化在珠江流域的起源　司徒尚纪　岭南考古研究（13）27～31

试论桂林农业起源的相关问题　唐春松　岭南考古研究（13）42～48

栽培粟起源的考古学再探索　朱乃诚　中国社会科学院古代文明研究中心通讯 24：13～19

粟作农业在华夏文明形成中的意义　张俊娜、夏正楷　早期中国研究（第 1 辑）228～240

试论粟向华南、西南及东南亚地区的传播　陈洪波、韩恩瑞　农业考古 1：13～18

栽培大豆起源与植物考古学研究　孙永刚　农业考古 6：11～15

古代中国大豆属（*Glycine*）植物的利用与驯化　吴文婉等　农业考古 6：1～10

农业工具

河姆渡“石磨盘”质疑　黄渭金、卢小明　神农文化——稻作农业起源与炎帝文化暨第三届农业考古国际学术讨论会论文集 305～310

长江下游新石器时代晚期的石犁及其相关问题　方向明　岭南考古研究（13）55～66

仪征出土木碓科技鉴定及研究　陈潇俐等　农业考古 4：147～149

江淮地区出土青铜镰的类型及相关问题探讨　申学国　农业考古 4：142～146

六　畜牧业

先商文化时期家畜饲养方式初探　侯亮亮等　华夏考古 2：130～139

中国古代猪类的驯化与饲养“与猪同行”　罗运兵　大众考古 4：44～47

近东地区的早期动物驯化　石涛　四川文物 2：32～39

七　水利

周原遗址扶风云塘陂塘与水渠三题　王占奎　周原（第 1 辑）40～44

汉代水井的考古学研究　王婷　农业考古 6：175～180

八　医药卫生

秦汉三国时代疾病初考　彭卫　中国社会科学院历史研究所学刊（第 8 集）83～154

论《导引图》内涵及与《引书》、导引俑的关联　于兵　求索 8：52～55

辽金时期医疗器械的发现与研究　邓树平　社会科学战线 4：122～124

九 交通与交通工具

河南陕县崤函古道 侯霞等 中国文化遗产2：82~86

从考古发现看西藏史前的交通与贸易 霍巍 中国藏学2：5~24

三峡开县秦巴古道路线考述 蓝勇等 三峡大学学报（人文社科版）4：1~5

水上交通与商代文明 张兴照 中国社会科学6：186~203

"武候"瓦当与战国秦汉武关道交通 王子今 文博6：23~26

关于辽沈历史上"北趋甬道"交通地理的考察——辽宁地域文化交通地理在沈阳地区的一段历史个案解析 王绵厚 辽宁大学学报（哲社版）2：28~32

秦汉时期雁门郡的交通及其军事战略价值 杨丽 内蒙古社会科学4：67~70

略论秦汉时期灵渠与潇贺古道在岭南交通中的作用——兼与韦浩明先生商榷 黎文宗、贲小梅 岭南考古研究（10）89~95

两汉通西域路线之变迁 黄文弼 丝绸之路研究——交通与文化3~7

汉代河西走廊东段交通路线考 李并成 丝绸之路研究——交通与文化8~17

合浦大汉古港对外交往论 吴锡民 广西师范学院学报（哲社版）3：146~150

汉末米仓道与"米贼"、"巴汉"割据 王子今 陕西理工学院学报（社科版）2：1~5

米仓道"韩溪"考论 王子今、王遂川 四川文物1：72~78

米仓道路线与性质初探 彭邦本 四川文物1：63~71

古代文化的交流与五尺道 陈显丹 巴蜀文化研究集刊（7）46~53

中国古代的重要交通枢纽：五尺道 陈显丹、郑建国 博物馆学刊（第3辑）27~35

五尺道的开通及其相关问题 段渝 四川师范大学学报（社科版）4：156~162

隋唐大运河通济渠水溃遗迹研究 陈隆文 陕西师范大学学报（哲社版）3：65~72

渤海的交通路线与交通工具考 辛巍 渤海史论集156~164

防城港沿海早期的开发与潭蓬运河的开凿 蒋廷瑜 广西博物馆文集（第8辑）169~174

北宋通西域的四条道路的探索 陈守忠 丝绸之路研究——交通与文化18~30

两宋朝廷与岭南之间的文书传递 曹家齐 中国史研究3：115~131

泥峪北段古道路调查 陕西省文物保护研究院（赵静、马川） 文博6：18~22

西南丝绸之路楚雄段的古驿道 付丽娅 岭南考古研究（9）141~146

从考古资料看滇藏茶马古道的历史渊源 李钢 巴蜀文化研究集刊（7）230~236

尼雅粟特语文书所见龟兹及塔里木盆地早期南北交通 毕波 龟兹学研究（第5辑）227~234

"东南丝绸之路"刍议——谈从江浙至广州的丝绸外销干线及其网络 刘永连 海交史研究1：79~91

太行古道——清沟道调查报告 罗火金等 洛阳考古（总第3期）58~63

关于秦代车制的几个问题 申茂盛 回顾与创新——秦始皇兵马俑博物馆开馆三十周年纪念文集（创新篇）587~591

秦陵铜车车盖及相关问题研究 党士学 回顾与创新——秦始皇兵马俑博物馆开馆三十周年纪念文集（创新篇）592~606

秦陵铜立车车舆结构及衣蔽解析 党士学 秦始皇帝陵博物院（总1辑）191~212

秦陵铜车中关于登车的两组附件解析 党士学 秦俑博物馆开馆三十周年秦俑学第七届年会国际学术研讨会论文集256~261

试谈秦陵铜车马的银軎与飞铃 戴少婷 回顾与创新——秦始皇兵马俑博物馆开馆三十周年纪念文集（创新篇）607~610

礼仪中的汉代车马图像 练春海 中国美术研究（第8辑）17~26

三燕文化马具装饰纹样研究 田立坤 辽宁省博物馆馆刊（2012）103~122

“羊车”补说　罗小华　四川文物5：53～57

中国岩画中的交通工具演变发展考释　童永生　历史教学·下半月刊1：43～48

水密舱壁——中国古代船舶技术的领先贡献　蔡薇等　中国文化遗产4：34～39

中华帆——中国传统舟船帆篷的起源与发展　郑明　中国文化遗产4：22～33

中国境内古代沉船的考古发现　孟元召　中国文化遗产4：54～67

南海归帆——由西沙华光礁Ⅰ号沉船说开去　俞嘉馨　中国文化遗产4：68～75

中国福建泉州古船（上）、（下）　［澳］杰里米·格林、尼克·伯宁罕著　黄友泉译　南洋资料译丛1：71～82、2：68～82

“再现·同安船”纪录片的历史考察与科技呈现　周维强　故宫文物月刊4：96～109

独木舟是如何加工的　葛人　中国文物报4月26日7版

补遗

三十年来蜀道研究综述　刘艳伟　重庆交通大学学报（社科版）2012年6：80～83

再谈丝绸之路青海道的形成　苏海洋　青海民族大学学报（社科版）2012年4：78～83

南方丝绸之路的文化探析　全洪涛　思想战线2012年6：135～136

福州甘棠港位置考　卢美松　福建史志2012年6：32～35

中国古代车的渊源探究　韦静雯　南京艺术学院学报（美术与设计版）2012年6：101～105

一〇　地理与地图

甘肃出土古地图述论　李亚栋　陇右文博1：23～28

放马滩秦地图林业交通史料研究　王子今、李斯　中国历史地理论丛2：5～10

《甘肃省彩绘山水画舆地图》初探　李新贵、白鸿叶　故宫博物院院刊5：134～144

《东西洋航海图》绘画年代上限新证——《二十八宿分野皇明各省地舆全图》可定“The Selden Map of China”（《东西洋航海图》绘画年代的上限）　陈佳荣　海交史研究2：102～109

明帛上的“丝绸之路”——中国古代文物的重大新发现《蒙古山水地图》手卷　赵榆　收藏4：154～157

牛津藏《明代东西洋航海图》姐妹作——耶鲁藏《清代东南洋航海图》推介　钱江、陈佳荣　海交史研究2：1～101

一一　制盐

我与山东盐业考古　王青　大众考古5：22～25

中国早期盐业生产的考古和化学证据　傅罗文等　中国盐业考古（第3辑）——长江上游古代盐业与中坝遗址的考古研究240～253

盐业考古国际合作研究的典范：《盐业考古》（第三篇）前言　［美］罗泰　南方文物1：86～87

涪井沟遗址群新石器时代晚期至汉代的盐业生产　陈伯桢　中国盐业考古（第3辑）——长江上游古代盐业与中坝遗址的考古研究194～239

关于临邛、蒲江的盐业历史——汉代蜀郡井盐开发的历史背景与工艺特点　张学君、张缪斯　中国盐业考古（第3辑）——长江上游古代盐业与中坝遗址的考古研究116～147

渝东至三峡地区的盐业考古　李水城　东亚考古学的再思——张光直先生逝世十周年纪念论文集379～412

渝东至三峡地区的盐业考古　李水城　中国盐业考古（第3辑）——长江上游古代盐业与中坝遗址的考古研究148～193

重庆忠县中坝制盐遗址的发现及相关研究　孙智彬　中国盐业考古（第3辑）——长江上游古代盐业与中坝遗址的考古研究12～53

船形杯及其制盐功能的初步探讨　白九江、邹后曦　中国盐业考古（第3辑）——长江上游古代盐

业与中坝遗址的考古研究 54～77

制盐龙灶的特征与演变——以三峡地区为例 白九江、邹后曦 江汉考古 3：95～104

海南省儋州洋浦古盐田玄武岩晒盐工艺的初步调查 崔剑峰、李水城 南方文物 1：88～91

普洛瓦迪亚的启示：特殊资源与财富的积累和社会复杂化 李水城 南方文物 1：85

一二 其他

敦煌算经概述 刘再聪、张小虎 陇右文博 1：51～53

古代蒸馏器与白酒蒸馏技术 陈剑 四川文物 6：63～79

古籍的装帧与装订技术 王金玉、马灯翠 中国文物报 1 月 25 日 7 版

柒 古代文化生活

一 音乐

中国图像类音乐文物的种类与分布 王子初 中国音乐 1：16～22

陶寺出土乐器与中国早期的礼乐文明 李平 文物世界 1：52～54

安徽出土的先秦乐器研究 王安潮 黄钟 1：151～156

礼县春秋编钟的学术价值 汪受宽 陇右文博 1：45～50

钟离国君“柏”之墓出土石磬研究 王善友等 东南文化 3：71～78

临淄永流乡商王村二号战国墓编钟、编磬研究 米永盈 中国音乐学 1：64～75

商王村二号战国墓与洛庄汉墓钟磬承袭之关系 米永盈 音乐研究 3：58～67

关于江陵雨台山楚墓出土音乐资料的整理与研究 李幼平 楚简楚文化与先秦历史文化国际学术研讨会论文集 8：629～637

乐府钟与秦的乐器 高俊 回顾与创新——秦始皇兵马俑博物馆开馆三十周年纪念文集（创新篇）627～630

汉代大连地区音乐文化研究 王滨 旅顺博物馆学苑 115～118

克孜尔石窟壁画中的弹拨类乐器及其组合研究 肖尧轩、刘文 新疆大学学报（哲学·人文社会科学版）2：73～77

龟兹五弦琵琶东传日本考 陈应时 丝绸之路 4：34～37

从西安地区唐墓随葬品看唐代的鼓及乐队组合 梁勉 陕西历史博物馆馆刊（第 19 辑）241～246

论古琴琴体结构的演化 陆云飞、贾一亮 历史与现实——文化遗产保护及发展国际学术会议论文集 113～123

试论“历代琴式”的变化——兼及故宫博物院落霞式古琴的断代 刘岐荣 故宫博物院院刊 6：139～146

瑟演变初探 刘晓 南方文物 2：201～204

古琴断代浅说（上）、（下） 东白 文物天地 10：22～27、11：36～41

浙江省博物馆藏唐宋古琴品析 陈亚萍 文物天地 11：42～47

金徽玉轸 响彻丝桐——故宫博物院藏古琴珍品 刘岐荣 文物天地 10：28～33

巴蜀地区典藏古琴珍品赏记 王晓春 文物天地 10：34～40

山东博物馆藏古代名琴 姜惠梅 文物天地 11：48～50

南京博物院藏历代古琴之辨识 杨海涛、黄莉 文物天地 10：41～45

重庆中国三峡博物馆藏“松石间意”琴考 唐冶泽 四川文物 6：57～62

陕西历史博物馆藏古琴 王莉 文博 1：80～85

陕西历史博物馆藏古琴探究　王莉　文物天地 10：46～50
明代“漱石寒泉”铭古琴　张瑶　文物天地 10：52～53
宁波孔庙藏祭祀礼乐器　鲍亦程　收藏家 9：65～69
补遗
复原曾侯乙编钟及其设计理念　王子初　中国音乐 2012 年 4：42～49
曾侯乙墓出土篪的复制与研究　王友华　中国音乐 2012 年 4：50～54
复原曾侯乙编钟的实践及工艺突破　李明安　中国音乐 2012 年 4：61～64
常德楚墓出土漆琴考辨　谭远辉　楚学论丛（第 2 辑）2012 年 12：375～377
篪之疑说　毛贞　黄钟 2012 年 4：51～56
新疆石窟壁画中琵琶的考证　张莉　西南民族大学学报（人文社科版）2012 年 11：199～202
湖南地区音乐文物錞于研究　田盼　重庆科技学院学报（社科版）2012 年 22：143～145
清代学者对磬重心问题的研究　白欣、冯立昇　自然科学史研究 2012 年 3：299～313

二　舞蹈

巴蜀古道、南方丝绸之路与西南藏彝走廊民族戏剧乐舞研究　李强　巴蜀文化研究集刊（7）280～291
汉画像巾舞长袖舞存在形态的考察与分析　李立、李传荣　中国汉画学会第十四届年会论文集 235～252
商丘汉画像中的舞乐百戏题材初探　郑清森　中国汉画学会第十四届年会论文集253～257
滕州汉画像石乐舞百戏考释　吕文　中国汉画学会第十四届年会论文集258～262
北周史君墓飞天、乐舞探讨　杨军凯　西安文物考古研究（第 2 辑）165～178
龟兹乐舞与中国戏剧浅析　吴寿鹏　龟兹学研究（第 1 辑）354～361
乾陵陪葬墓出土乐俑浅析　赵维娜　乾陵文化研究（六）316～320
从昭陵陪葬墓出土文物看唐代乐舞的盛况　刘群、董临渊　乾陵文化研究（五）158～163
唐墓壁画中的胡乐胡舞　程旭　陕西历史博物馆馆刊（第 19 辑）149～158
唐韵胡风——莫高窟第 220 窟舞蹈图与长安风气　沙武田　陕西历史博物馆馆刊（第 20 辑）189～205
宋代石窟舞蹈形象研究——大足石刻的典型性舞蹈造像　王海涛、王婧　重庆大学学报（社科版）5：160～165
宣化辽墓乐舞图像表演内容之探讨　梅鹏云　文物世界 6：18～25
补遗
河西高台墓葬壁画娱乐图与龟兹乐舞苏摩遮——兼论队舞的起源及其高台墓葬壁画乐舞图的性质　郑怡楠　敦煌学辑刊 2012 年 4：130～143

三　饮食文化

炊烟 8000 年——从火膛到火灶　3n3n　大众考古 4：68～73
史前酒器赏析　王娜　收藏家 11：79～82
美酒新解：小议商代秬鬯——从商代美酒探究古酒文化　权美平　农业考古 1：286～290
商代秬鬯与西周齐醍探幽　钱怀瑜、权美平　农业考古 6：226～229
楚汉之际荆湘饮食风俗与炎帝文化　巫瑞书　神农文化——稻作农业起源与炎帝文化暨第三届农业考古国际学术讨论会论文集62～68
高句丽人的饮食　刘喜军　高句丽与东北民族研究（2008）26～33
法门寺茶器具考释　任新来　农业考古 2：67～75
唐开元天宝年间京都长安茶具考　姜捷　农业考古 2：53～66

宋瓷茶盏的源流及演变　商亚敏　农业考古 2：76～79

从日常饮食习俗看唐宋社会变革——以中原地区为考察中心　刘朴兵　中州学刊 3：133～136

二十世纪八十年代以来宋代酒业研究综述　孙雪梅　农业考古 3：193～197

辽代契丹人的酒文化　陈晓敏　碧彩云天——辽代陶瓷122～130

沈阳故宫院藏清宫酒具　刘晓晨　收藏家 1：56～60

钟鸣鼎食　帝王奢华——沈阳故宫博物院清代宫廷饮食器具展　杜恒伟　收藏家 5：3～10

清宫食器与饮食文化　傅博　收藏家 10：3～8

塔里木盆地周缘古代居民饮食结构溯源　伊斯拉菲尔·玉苏甫、安尼瓦尔·哈斯木　龟兹学研究（第 2 辑）27～41

箸文化习俗形成之我见　苏小幸　旅顺博物馆学苑（2008）62～63

清凉一夏——历史上的冰井与冰厨　3n3n　大众考古 2：46～49

四川宜宾县喜捷镇槽坊头酿酒遗址价值分析　谢振斌、郭建波　四川文物 5：83～94

补遗

唐代酒器的生产、用途与民俗分类探析　武玉秀　求索 2012 年 9：84～86

四　其他

从出土胡俑看唐代百戏　赵维娜　乾陵文化研究（四）131～138

铜鼓图像所反映的民族体育　蒋廷瑜　广西博物馆文集（第 6 辑）260～267

捌　少数民族考古及民族志

加强民族文物研究　宋兆麟　交流与互动——民族考古与文物研究 91～95

一　西北地区

相互联结的聚落——北齐、北周与隋朝时期中国中北部地区的粟特人及其下葬方式　裴严华著　王滢译　徐胭胭校　古代墓葬美术研究（第 2 辑）215～231

唐代西域与吐火罗　王樾　考古学视野下的城市、工艺传统与中外文化交流——刘庆柱先生七十华诞祝寿论文集 300～318

大中十年唐朝遣使册立回鹘史事新证　荣新江　敦煌研究 3：128～132

龟兹文化导论　仲高　龟兹学研究（第 4 辑）303～317

龟兹葬俗与墓葬　刘松柏　龟兹学研究（第 2 辑）151～165

突厥王冠考——兼论突厥祆教崇拜的有关问题　陈凌　考古学视野下的城市、工艺传统与中外文化交流——刘庆柱先生七十华诞祝寿论文集 268～299

关于匈奴城址功能的探索　马利清　中州学刊 1：132～139

鲜卑花与鲜卑魂　孙危　大众考古 1：42～43

从地缘关系浅析西夏冶炼技术和畜牧业的发达　陈永耘　中原文物 3：78～84

关中东部“山东村”调查　雷少等　留住文明——陕西“十一五”期间大遗址保护及课题考古概览（2006～2010）229～240

传承与变迁——周原地区现代丧葬习俗的调查与研究　马赛　交流与互动——民族考古与文物研究 96～118

亚欧草原动物纹艺术典型题材——鹿—鸟组合图案探析　吴艳春　天山往事——古代新疆丝路文物精华 1～9

二 西南地区

百色洞巴电站库区文物古迹的发现与研究 杨清平、陈丁山 广西博物馆文集（第6辑）102～107

大石墓立石辨正 刘弘、补琦 四川文物3：36～38

“僰人悬棺”族属探析 田进锋 岭南考古研究（12）2～51

从傣族制陶工艺管窥傣族与百越的关系 周晓红 文化遗产研究集刊（6）340～353

昆明族与滇国关系考——从考古学文化的视角 刘金双、段丽波 云南社会科学4：172～176

永顺老司城遗址与国内同类遗址的比较研究 杨庭硕等 西南民族大学学报（人文社科版）7：215～220

皮央·东嘎遗址古墓葬的考古学研究 姚军 四川省文物考古研究院青年考古文集420～464

云南罗平土司遗址 庞玲、曹银孝 中国文化遗产1：66～69

关于华南与东南亚民族考古的几个问题 吴梦洋等 南方文物3：102～107

从少数民族骨卜术看中国古代龟卜的视兆方法 李蜜 文化遗产研究（第2辑）159～165

西南丝绸之路的干栏人家 屈小玲 巴蜀文化研究集刊（7）135～143

纳西东巴文石刻述略 杨亦花、喻遂生 云南社会科学2：53～57

三 东北地区

辽海史前石棚的概念问题探究 田野 辽宁师范大学学报（社科版）3：443～447

“索离”国及其夫余的初期王城 王禹浪 黑龙江民族丛刊1：69～74

死生如一——论夫余的厚葬 华阳 草原文物2：101～103

嫩江流域是鲜卑入主中原的必由之路 王天蛟 理论观察69～70

大彼得湾沿岸南部靺鞨遗址的陶器 ［俄］*я. u.* 比斯卡列娃著 孟昭慧译 渤海史论集646～656

挹娄、靺鞨关系的考古学讨论 刘晓东 北方文物1：32～38

靺鞨—渤海的鸟头形饰 彭善国 东北史地4：44～45

四 东南地区

阳烂侗寨的建筑与聚落空间 赵晓梅 建筑史（第29辑）106～114

黎族文化的考古启示 邵望平 南方文物3：88～93

台湾屏东高士排湾旧社遗址的研究与思考 陈玛玲 南方文物3：94～101

聚落空间与社会邻群：电子运算考古学在排湾高士旧社 *Saqacengalj* 的运用 吴牧錞 考古人类学刊79：71～104

玖 宗教遗迹与遗物

一 佛教

20世纪南北朝佛教考古研究——20世纪中国佛教考古研究述评（二） 常青 石窟寺研究（第3辑）287～314

西域佛教美术遗址考古综论 黄培杰、满盈盈 民族艺术2：141～144

论佛教考古研究中的“模式” 于春 西北大学学报（哲学社会科学版）3：47～51

汉宋时期鲁南地区的佛教文化遗存 唐仲明 理论学刊7：109～112

北京地区辽代佛教综论——以石刻文字资料为中心 孙勐 北京联合大学学报（人文社科版）2：49～54

朝阳市辽金佛教文物资源概述 王冬冬、郎成刚 辽金历史与考古国际学术研讨会论文集（下）

417～426
郸城佛寺的兴衰　朱岩石等　中国文化遗产6：82～89
西安青龙寺历史文化考察　景亚鹂、姚益龙　碑林集刊（总第19辑）177～185
甘肃省两当县西姑庵佛教遗址考察　孙晓峰　石窟寺研究（第3辑）24～36
楼兰*LB*佛寺考　陈晓露　文物4：86～96
鄯善佛寺分期初探　陈晓露　华夏考古2：97～104
高昌故城东南佛寺与藏传佛教　陈爱峰、吾买尔·卡德尔　中国藏学4：86～92
中尼边境古寺宗嘎曲德寺考古调查与发掘　夏格旺堆　交流与互动——民族考古与文物研究241～248
西藏山南扎塘寺建筑及壁画艺术　桑吉扎西、王丹炜　法音3：37～43
雷峰塔天宫出土的银阿育王塔——兼谈吴越国王钱（弘）俶造八万四千宝塔与藏经　黎毓馨　地涌天宝——雷峰塔及唐宋佛教遗珍特展1～6
塔中之王——七宝阿育王塔　郭嘉　大众考古4：57～60
佛塔受花形制渊源考略：兼谈中国与中、西亚之艺术交流　王敏庆　世界宗教研究5：54～65
辽代八大灵塔的图像特征与出现背景　［韩］成叙永　辽金历史与考古国际学术研讨会论文集（下）399～416
朝阳北塔表现的辽代佛教一个侧面——以华严信仰为中心　［日］大原嘉丰著　姚义田译　辽金历史与考古国际学术研讨会论文集（下）427～440
略论早期佛教图像的传播　黄剑华　成都文物1：1～9
汉地佛像衣着本土化进程中的风格变迁　费泳　历史与现实——文化遗产保护及发展国际学术会议论文集52～68
佛教供养人“造像”与“题记”渊源考　赵玲　文化遗产研究集刊（6）141～161
南朝佛教图像对北朝的影响——以礼佛图、天人骑兽图为例　于向东　南京艺术学院学报（美术与设计版）5：14～19
论悲惨与悲壮之差异——兼论敦煌早期佛教艺术内涵并与李泽厚先生“悲惨世界论”商榷　胡同庆　敦煌研究2：28～35
泸州市博物馆藏东汉陶佛像灯台略考　邹西丹　四川文物2：63～65
长江下游地区出土的汉晋佛像　何志国　中国美术研究（第8辑）1～16
魏唐宫闱内职与龙门石窟的佛教文化——从龙门石窟宦官开窟造像遗迹谈起　李晓霞　石窟寺研究（第4辑）32～44
敦煌唐代的文殊菩萨图像试析　潘亮文　敦煌研究3：86～102
甘肃永登显教寺天顶发现唐卡组画之研究　钟子寅　中国藏学1：164～172
一幅13世纪绿度母唐卡珍品　黄春和　文物天地6：98～100
11—13世纪卫藏祖师唐卡源流考略　张亚莎　交流与互动——民族考古与文物研究271～279
从文物遗存看龟兹佛教舍利信仰　何芳　龟兹学研究（第4辑）179～192
浅析藏传佛教造像艺术的文化元素及其特征　罗桑开珠　中央民族大学学报（哲学社会科学版）2：153～157
藏传佛教模制泥像擦擦述议　王伟　丝绸之路10：36～37
擦擦与善业泥续考——关于汉地擦擦图像类型的研究　李翎　故宫学刊（第10辑）210～225
佛光祥佑传东土——旅顺博物馆藏佛教文物精品　王卫平　文物天地4：74～81

补遗

十六国时期河西地区飞天造像风格的演变　蒋英　南京艺术学院学报（美术与设计版）2012年5：40～45
近百年来敦煌五台山佛教资料的整理与研究　张焕粉　世界宗教文化2012年6：100～104

长江流域与敦煌佛教造像愿文比较初识　胡彬彬、吴灿　光明日报2012年10月19日14版
元朝上都大龙光华严寺考　叶宪允　广播电视大学学报（哲社版）2012年4：89~92
千年古刹　万世瑰宝——广东南华禅寺寺藏文物　印林　中国宗教2012年11：72~73

二　其他宗教

中国岩画中的原始宗教文化考释　童永生　西北农林科技大学学报（社科版）4：173~180
浅谈乾陵文物中的道教文化因素　李青峰　文博5：62~67
简述石质葬具图像中的袄教元素　张桢等　陕西历史博物馆馆刊（第20辑）172~179
敦煌新近发现的景教遗物——兼述藏经洞所出景教文献与画幡　彭金章　敦煌研究3：51~58
龙门石窟发现的景教遗迹及相关问题　焦建辉　文物世界6：38~39
补遗
唐代墓葬中的道教遗物：镇墓石概述　孙勐　中国道教2011年6：34~37
周至仙游寺为唐代基督教大秦寺考辨　赵耀锋　宁夏大学学报（人文社科版）2012年6：123~127

拾　历史地理与名胜古迹

一　历史地理

商周时期邶国的地望与迁封　王进锋　历史地理（第28辑）71~83
磨儿原古城址与秦汧邑关系新考　冯瑞　秦汉研究（第4辑）241~247
鄜畤、陈宝祠与汧渭之会考　梁云　秦始皇帝陵博物院（总1辑）79~92
楚鄗阳君、彭城君、夏侯封邑地望考　郑威　楚简楚文化与先秦历史文化国际学术研讨会论文集666~673
楚封鄂王、鄂君与鄂王城之地望辨析　陈树祥、黄凤春　楚学论丛（第2辑）124~134
贵港郡治说之非　陈小波　广西博物馆文集（第6辑）119~129
关于汉代文县地望的再探讨　阎海　旅顺博物馆学苑（2012）15~17
秦陇西郡置县、道考　后晓荣、齐美亚　秦俑博物馆开馆三十周年秦俑学第七届年会国际学术研讨会论文集338~342
历史时期彭阳县城址的变迁　张多勇　历史地理（第27辑）346~366
西汉辽西郡郡治、都尉治再考——从考古资料的应用说开去　刘翀　北方文物3：28~32
西汉河南地归属新考——兼论河南地之政区调整　梁万斌　历史地理（第27辑）1~11
西汉梁国封域变迁研究（附济阴郡）　马孟龙　史学月刊5：29~37
西汉武都郡属凉州刺史部辨　汪受宽　西北师大学报（社科版）5：46~53
汁防侯国非广汉郡汁方县考　马孟龙　四川文物4：35~38
古灵州城址再探　白述礼　宁夏大学学报（人文社科版）5：62~72
媪围城的位置与丝绸之路东段北道走向　刘再聪　丝绸之路研究——交通与文化116~122
汉昭帝始元五年玄菟郡侨置高句骊故地考　赵红梅　东北史地6：11~13
汉唐间疏勒河党河流域的湖泽考　郑炳林、曹红　兰州大学学报（社科版）5：1~7
关于十六国时期河州的若干问题　魏俊杰　西北民族大学学报（哲社版）5：58~61
赫连夏地方州、镇（城）考　胡玉春　内蒙古社会科学2：35~39
凤林津、凤林关位置及其交通路线考　刘满　敦煌学辑刊1：1~23
“新开河”辽代古道考　李鹏　东北史地2：33~35
城四家子古城的兴衰　宋德辉、宋美萱　东北史地5：18~23
辽金元时期大同府一城双县考　李昌等　山西社会主义学院学报1：77~80

蒲与路故城的考古学观察 孙文政、祁丽 东北史地 4：31～35
暨阳古城考略 殷新宝 江阴文博 2：68～71
南阳地区历史沿革考略——以考古发掘资料为例 王怀满 前沿 8：155～157
古苍梧地望与珠江（岭南）文化源头探析 黄震、陈侃言 社会科学家 4：150～153
《史记》"黄帝铸鼎"之荆山地望考 张维慎 文史哲 4：159～164
与"突厥斯坦"相关的若干历史地理问题之考察 沈爱凤 社会科学战线 10：124～132

补遗

楚考烈王"徙于钜阳"有充分事实根据——与陈伟、徐少华、杨玉彬等商榷 陈立柱 学术界 2012 年 11：108～117
秦辽东郡考述 林世香 东北师大学报（哲社版）2012 年 6：263～264
汉唐汾阳县城及汉羊肠仓址考述：对《水经·汾水注》一段记载的解读 黄学超 晋阳学刊 2012 年 6：17～22
《水经·汾水注》两"介山"辨 杨颖娜 西安文理学院学报（社科版）2012 年 4：47～49
西域都护府旧址或在新疆野云沟乡 曾江 中国社会科学报 2012 年 12 月 12 日 A1 版
辽代金州考 李宇峰 辽宁工程技术大学学报（社科版）2012 年 6：567～569
西南夷地名拾零 张卉 贵州民族研究 2012 年 5：164～166
夔国历史地理与文化考补 陈朝霞 楚学论丛（第 2 辑）2012 年 12：143～150

二 名胜古迹

万荣秋风楼 王心爱 文物世界 4：62～63
永州山水千古颂 柳子遗迹何处寻——柳宗元《永州八记》遗址群考察报告 柴焕波 中国文物报 5 月 10 日 6、7 版
太原永祚寺文峰塔 李丹 文物世界 3：52～53
晋城古镇村落文物资源探析 岳莉培 文物世界 4：58～59

拾壹 中外关系与文化交流

中国古代造船航海技术对日本的传播与影响 顿贺 国家航海（第 4 辑）1～19
丝绸之路在宁夏的走向与周秦时期的文化开拓 薛正昌 丝绸之路 2：5～8
丝绸之路南线长安至陇山段考察研究 田亚岐、杨曙明 秦汉研究（第 3 辑）135～144
试论两汉时期海上丝绸之路对广西北部湾地区经济社会发展的影响 陈洪波 岭南考古研究（10）66～75
汉代合浦郡与敦煌郡——南北丝绸之路起点的比较 李欣妍 岭南考古研究（10）76～88
汉代丝绸之路河西段线路考（上）（交流提纲） 李并成 2010 丝绸之路与西北历史文化学术讨论会论文集 27～32
西南地区古今海贝与南方丝绸之路 肖明华 巴蜀文化研究集刊（7）217～229
南汉时期的海外贸易 全洪 文物天地 12：53～55
炳灵寺石窟与丝绸之路东段五条干道 李并成 丝绸之路研究——交通与文化31～42
北朝后期丝绸之路的重要节点——晋阳 梁芳 文物世界 3：20～23
唐代"广州通海夷道"与海外贸易 曾玲玲 文物天地 12：51～52
双头鹰形金翅鸟图像源流探——兼论古代印欧民族的迁徙及其文化传统的承继与传播 吴艳春 龟兹学研究（第 4 辑）336～346
"丝绸之路"视野中的一件三彩骆驼俑 冉万里 乾陵文化研究（四）147～157
丝绸之路西域文化研究轨迹 仲高 龟兹学研究（第 5 辑）22～34

中国古代陶瓷外销的第一个高峰——9～10世纪陶瓷外销的规模和特点　秦大树　故宫博物院院刊5：32～49

海交史视野下的元代青花瓷输出方式与性质　黄珊　丝瓷之路Ⅲ——古代中外关系史研究344～362

海外藏明清外销瓷的纹饰　冯小琦　文物天地2：44～51

“彩陶之路”与早期中西文化交流　韩建业　考古与文物1：28～37

我国外销瓷概述　王敬豪　中国文物报1月2日5版

飞翔的格里芬——西北地区早期古代文物中的西方文化因素　李永平　上海文博论丛3：51～54

丝绸之路与古代洛阳　孙英民　红叶集201～214

丝绸之路新疆段地域文化初探　乌布里·买买提艾力　建筑史（第29辑）98～105

世界遗产视野中的丝绸之路　田澍、李勇锋　丝绸之路研究——交通与文化236～242

近30年来中国海上丝绸之路研究述评　陆芸　丝绸之路2：13～16

“海上丝绸之路”理论界定若干重要问题探讨　施存龙　浙东文化论丛（2012年第1、2合辑）55～68

海上瓷路——南海海上丝绸之路与陶瓷外销　黄静　文物天地4：58～67

日本“赤米”与舟山稻米比较研究　贝武权　农业考古4：18～25

日本古坟壁画中的四神与十二支像——以高松冢、龟虎古坟为中心　［日］百桥明穗著　王云译　古代墓葬美术研究（第2辑）253～269

论18世纪晚期至19世纪中叶中日瓷器交流——以景德镇与肥前瓷器装饰为例　熊寰　装饰9：80～82

中国古代货币文化对琉球的影响——中国古代货币文化对外影响系列研究之二　王永生　中国钱币5：29～32

大连在汉王朝、汉文化走向朝鲜半岛的历史地位　刘俊勇、沙莎　旅顺博物馆学苑（2012）1～11

新安船出水陶瓷器研究述论　［韩］高美京　故宫博物院院刊5：57～68

新安沉船出水仿古器物讨论——以炉瓶之事为中心　袁泉　故宫博物院院刊5：69～93

大元帆影归来——韩国新安沉船出水文物精华展撷英　沈琼华等　文物天地1：66～77

中国古代货币文化对朝鲜的影响——中国古代货币文化对外影响系列研究之一　王永生　中国钱币4：37～42

考古所见海岱地区丝绸之路与钱币文化　庄明军　博物馆学刊（第3辑）163～177

从三星堆遗址考古发现看南方丝绸之路的开通　邱登成　巴蜀文化研究集刊（7）59～67

从三星堆遗址考古发现看南方丝绸之路的开通　邱登成　中华文化论坛4：37～44

南方丝绸之路与先秦古蜀文明　颜信　巴蜀文化研究集刊（7）76～81

玻璃和玉石之路——兼论先秦前硅酸盐质文物的中、外文化和技术交流（英文）　干福熹　硅酸盐学报4：458～466

中国西南早期对外交通——先秦两汉的南方丝绸之路　段渝　巴蜀文化研究集刊（7）13～32

蜀身毒道与丝绸西传　段渝　博物馆学刊（第3辑）22～26

从四川浦江县两通古道碑看南丝路蒲江段走向　邹一清　巴蜀文化研究集刊（7）54～58

藏彝走廊与丝绸之路　段渝　巴蜀文化研究集刊（7）128～134

三至六世纪东西文化交流的见证：南朝铜器的科技考古研究　贺云翱　等南方文物1：143～153

互动互文的青花——透过元青花看土耳其伊兹尼克与景德镇青花瓷的文化互涉　康青　中国陶瓷12：103～106

浅谈西亚与南亚地区发现的元明龙泉窑瓷器　［韩］申浚　故宫博物院院刊6：68～77

西爪哇下万丹遗址发现的中国陶瓷初探　辛光灿　故宫博物院院刊6：78～84

明清撒哈喇小考　何新华　海交史研究2：123～126

清宫旧藏印度珍宝　许晓东　故宫博物院院刊6：13～33

有船自广州来——从金瓯沉船看十八世纪南海贸易　李庆新　故宫文物月刊5：62～69
中国瓷器：风行欧洲三百年　程庸　文物天地1：10～17
以花塔为例试析代尔夫特陶器的中国风审美特征　罗梦达　装饰4：78～79
海上寻踪：明代青花瓷的崛起与西传　万明　国家航海（第4辑）122～133
荷兰东印度公司与明清时期景德镇瓷器外销欧洲——贸易全球化视野下的景德镇瓷器文化研究之一　彭明瀚　南方文物1：103～113
神秘的东印度公司与外销瓷　万钧　文物天地2：52～59
明末清初福建陶瓷文化在东南亚的传播及影响——以漳州窑系为中心　林清哲　南方文物3：70～76
从文艺复兴到启蒙运动——由“瓷之韵瓷器精品展”看中西技术和文化交流　马敏　装饰4：44～55
麦森瓷器和中国瓷器　吴若明　文物天地2：76～81
“倚榻饮酒””像的嬗变　陈晓露　西域研究2：81～89
淘成宝器贡皇用　异国西洋景德求——18世纪景德镇生产的欧洲定烧西洋主题瓷　谭圆圆、唐慧　文物天地1：54～59
清代外销瓷在陶瓷史上的地位　胡雁溪　文物天地1：28～35
清代外销瓷启示录　毛晓沪　文物天地1：36～41
清代外销象生瓷　［英］莫志著　杨若曦、楼雨婷译　文物天地1：60～65
清代外销欧洲的景德镇瓷器　彭明瀚　文物天地2：10～17
18世纪中期沉船与清代外销瓷　王平　文物天地2：60～67
18世纪基督教纹饰外销瓷　陈洁　文物天地2：68～75
补遗
丝绸之路与中国古代新疆壁画中的人体艺术　周菁葆　艺术百家2011年2：96～110

拾贰　学术消息与文博工作

一　学术会议

首届世界考古·上海论坛在上海成功举办　闻广　上海文博论丛3：36～39
首届“世界考古·上海论坛”在上海召开　中国文物报8月28日1版
世界考古学大会中间会议致辞　王巍　文化遗产研究（第2辑）244～245
全美第78届考古学年会散记　李水城　南方文物2：171～172
中国考古学会第十五次年会论点综述　徐文英　文物春秋1：25～33
“中国社会科学院考古学论坛·2012年中国考古新发现”纪要　付兵兵　考古7：83～87
中国社科院考古学论坛在京举行　秦榛　中国文物报1月11日1版
中国考古学会第十六次年会暨第六届会员代表大会在西安召开　李政　中国文物报10月30日1版
2012年度中国聚落考古新进展专家座谈会在京举行　赵春青、孙丹　中国社会科学院古代文明研究中心通讯24：1～4
机遇·挑战·应对——新形势下中国考古学的走向与发展——2012年教育部社科委历史学部考古学科建设会议侧记　霍巍　中国文物报2月1日5版
科技与信息化助推考古发展——聚焦中德考古发掘现场遗迹遗物记录国际学术研讨会　孙征　中国文物报6月14日5版
考古与公众有多远——“中国公众考古——仰韶论坛”侧记　乔玉　中国文物报11月8日5版
2012年东北三省田野考古汇报会暨第二届东北青年考古论坛综述　阴淑梅　北方文物1：109
田野考古的理论与实践——吉林大安后套木嘎遗址发掘现场学术研讨会纪要　刘晓溪　北方文物1：

110～112

2013年中国南方基建考古区域协作会议纪要　上海博物馆考古部　上海文博论丛3：40～42

“第五届西藏考古与艺术国际学术讨论会”综述　张雅静、何芳　故宫博物院院刊2：139～149

“民族考古与民族考古学——庆祝李仰松先生80华诞学术座谈会”纪要　赵春青　古代文明研究通讯56：48～55

严文明先生学术思想研讨会纪要　褚旭、韩建业　南方文物1：1～5

俞伟超学术诞辰八十周年暨逝世十周年追思会纪要　赵化成、信立祥　中国文物报12月25日3版

人文洗礼下的建筑遗产——《古迹新知》出版座谈会发言摘要　顾玉才等　中国文物报12月6日4版

东亚地区人类起源及演化研究的一批很重要的新材料——洛阳栾川孙家洞古人类与旧石器考古发现专家座谈会发言　中国文物报1月18日4版

水洞沟遗址发现90周年纪念大会暨国际学术研讨会纪要　王晓敏　人类学学报4：503～504

龙游荷花山遗址暨钱塘江早期新石器时代文化学术研讨会召开　郭伟平　浙江文物5：15

长江下游地区早期新石器时代考古的新突破——龙游荷花山遗址暨钱塘江早期新石器时代文化学术研讨会召开　中国文物报9月18日1版

钱塘江上游新发现龙游荷花山遗址——“荷花山遗址暨钱塘江早期新石器时代文化学术研讨会”部分专家发言节选　蒋乐平等　中国文物报10月25日5版

第四届跨湖桥文化国际学术研讨会举行　楼卫、李萍　浙江文物6：13

纪念半坡遗址发现60周年暨石兴邦先生90华诞国际学术研讨会召开　郝娟文　中国文物报7月3日1版

“文化上‘早期中国’的形成和发展学术研讨会”纪要　张致政等　早期中国研究（第1辑）241～247

彩陶中国——纪念庙底沟遗址发现60周年暨首届中国史前彩陶学术研讨会在三门峡市召开　赵春青等　中国社会科学院古代文明研究中心通讯25：1～3

纪念庙底沟遗址发现60周年暨首届中国史前彩陶学术研讨会召开　文社　中国文物报7月3日1版

辽宁召开红山文化学术研讨会　熊增珑　中国文物报1月9日2版

第七届红山文化国际高峰论坛纪要　李俊义、袁刚　草原文物1：99～102

论哈民遗址与哈民文化——“哈民遗址现场学术研讨会”侧记　内蒙古自治区文物考古研究所、中国社会科学院考古研究所聚落考古中心（吉平、赵春青）　南方文物4：146～151

哈民遗址现场学术研讨会在通辽市召开　吉平、赵春青　中国社会科学院古代文明研究中心通讯25：4～5

神木石峁遗址座谈会纪要　《考古与文物》编辑部　考古与文物3：107～112

“玉器·玉文化·夏代中国文明”学术研讨会暨中华玉文化中心第四届年会纪要　许国栋　玉器考古通讯2：4～6

纪念偃师商城发现30周年国际学术研讨会在豫举行　许宏　中国文物报11月8日2版

随州叶家山西周墓地考古研讨会综述　本刊编辑部　江汉考古　3：135～136

湘鄂豫皖楚文化研究会第十三次年会综述　田剑波　江汉考古4：128～130

探讨发掘方法、开展综合研究、加强宣传保护——马鬃山玉矿遗址发掘研讨会会议纪要　杨月光等　中国文物报2月13日3版

汉唐风采今犹在　谈史说艺论龟兹——“汉唐文明下的龟兹文化”学术研讨会述评　馨林　龟兹学研究（第5辑）1～11

新和县“西域汉唐重镇历史与龟兹文化学术研讨会”综述　刘金明　龟兹学研究（第3辑）325～329

新和县“丝绸之路与龟兹中外文化交流”学术研讨会综述　邢春林等　龟兹学研究（第5辑）

670～676

沙雅县“塔河文明与龟兹文化”学术研讨会综述 李鹏海、李林春 龟兹学研究（第5辑）677～681

2007年第三届龟兹学学术研讨会综述 彭杰 龟兹学研究（第3辑）321～324

汉代西域考古与汉文化国际学术研讨会综述 吴勇 西域研究1：129～134

“隋唐时期的新疆”学术研讨会综述 鲁迪 西域研究3：143～145

“十至十二世纪东亚都城和帝陵考古与契丹辽文化国际学术研讨会”会议纪要 汪盈、董新林 中国文物报9月27日6版

团结协作 再创辉煌——“中国敦煌吐鲁番学会成立三十周年国际学术研讨会”纪要 宋雪春、王晓燕 中国文物报11月22日6版

出土文献与中国古代文明国际学术研讨会综述 程薇 中国史研究动态5：73～75

达慕思——清华“清华简”国际学术研讨会综述 邢文 文物12：87～89

“2013年长沙五一广场东汉简牍学术研讨会”纪要 夏笑容 文物12：90～92

故宫博物院定窑学术研讨会综述 项坤鹏 故宫博物院院刊1：148～155

窑业技术交流专题研究的开端——“2013中国古代瓷器生产技术对外传播研究国际学术研讨会”述要 李珍萍 中国文物报11月22日6版

“南澳Ⅰ号与海上陶瓷之路”学术研讨会综述 陈景熙、陈嘉顺 国家航海（第5辑）134～138

“2012海上丝绸之路（陶瓷之路）——中国古代瓷器输出及文化影响国际学术研讨会”简报 王轶凌、江屿 中国文物报1月2日4版

2012’中国南海出水古陶瓷与南方色釉陶瓷学术研讨会综述 项坤鹏 故宫博物院院刊2：150～156

“在这里，读懂高丽青瓷”记高丽青瓷国际学术研讨会暨高丽青瓷特展 周少华、阮富春 中国文物报8月28日5版

“中国古代文物科技检测标准”项目组举行座谈会和课题讨论会 孙庆伟 古代文明研究通讯56：56～57

中国植物考古学研究的最新成果与动态——“农业起源与传播国际学术研讨会暨中国植物考古学新进展”会议纪要 吴文婉、陈雪香 中国文物报11月8日6版

物联网与智慧文博——第三届文物保护领域物联网应用与发展研讨会简述 中国文物报11月15日5版

2013大足石刻保护修复国际学术研讨会在重庆大足召开 詹可鹏 中国文物报9月20日1版

思与行同样重要——2013大足石刻保护修复国际学术研讨会述略 徐琪歆 中国文物报12月13日6版

保护传承 创新发展——正定古城保护现场会综述 冯朝晖 中国文物报12月27日5版

秦俑及彩绘文物保护与研究学术研讨会在西安召开 中国文物报9月13日1版

秦俑及彩绘文物保护与研究学术研讨会综述 陕苑文 中国文物报10月18日6版

“金代钱币”专题研讨会在牡丹江市召开 中钱秘 中国钱币5：9

第八届国际音乐考古学会研讨会暨第四届东亚音乐考古学会年会——会议纪要 任宏等 中国音乐1：102～105

二 文博展览

“早期中国”展览的策划与实施 钱卫 早期中国——中华文明系列展Ⅰ18～35

让考古科研成果由书房走向公众——指南针计划专项项目“中国古代猪类驯化、饲养与选育技术及其影响研究”科研成果展侧记 吕鹏 中国文物报11月8日7版

流散后的聚首与飘零——河北响堂山石窟造像美国巡回展 陈儒斌 收藏2：120～127

国宝级书画盛会——上博举办美国收藏中国五代宋元书画珍品展 杨国亮 收藏1：162～165

盛世宝鼎　铸就辉煌——河南博物院“鼎盛中华”展　林晓平、陶亮　文物 10：92～96

披沙拣金二十载——陕西历史博物馆新征集文物展选粹　师小群、呼啸　陕西历史博物馆馆刊（第 18 辑）294～301

中国丝绸博物馆举办“瀚海沉舟——新疆小河墓地出土毛织物的整理与研究”展　楼航燕、叶大治　浙江文物 2：7

“镜映乾坤——罗伊德·扣岑先生捐赠铜镜精粹展”侧记　本刊报道　上海文博论丛 1：16～22

镜映乾坤——罗伊德·扣岑先生捐赠铜镜精粹展　胡嘉麟　文物天地 1：101～103

南宋官窑博物馆举办“蜀地遗珍——四川·遂宁·金鱼村南宋窖藏瓷器精品展”　张必萱　浙江文物 6：15

明早中期落选御用瓷器珍品首次大规模展出　郁尧　文物天地 5：70～73

“中国古代猪类研究”科研成果展揭幕　吕鹏　中国文物报 9 月 11 日 2 版

中国音乐学院乐器博物馆（筹）古乐器复原系列活动概述　任宏　中国音乐 1：97～101

《世外万象—道教文物展》展出　倪毅　浙江文物 4：17

三　文博机构介绍

筚路蓝缕一甲子　日月齐光六十年——湖北省博物馆、考古所六十周年巡礼　方勤　中国文物报 12 月 27 日 6、7 版

四　学术信息

2012 年度全国十大考古新发现揭晓　全国十大考古新发现评选活动办公室　中国文物报 4 月 10 日 1 版

拾贝撷英——年度十大考古发现终评入围项目出土文物精品　徐旸　中国文物报 4 月 24 日 5 版

十大考古新发现揭晓　徐歆芷、王珏　人民日报 4 月 10 日 12 版

2012 年度河南省五大考古新发现揭晓　张体义　中国文物报 3 月 15 日 2 版

2012 年度中国和肯尼亚陆上合作考古项目取得阶段性成果　秦大树等　中国文物报 4 月 26 日 8 版

从草原到雪山——盘点 2013 年度中国边疆考古新成果　李裕群等　中国文物报 12 月 20 日 5 版

润物细无声　合作见成效——陕西省考古研究院中德文保科技合作 20 年侧记　侯改玲　中国文物报 7 月 12 日 5 版

专家论证汉函谷关遗址发掘成果　李政　中国文物报 11 月 29 日 1 版

山西沂州北朝壁画墓学术意义重大　李政　中国文物报 12 月 27 日 1 版

宁杭高铁江苏段考古发掘工作纪实——写在宁杭高铁通车之际　吕春华　中国文物报 8 月 16 日 7 版

“中国考古网”的公众考古探索——考古离公众有多远？　乔玉　大众考古 6：66～68

岁月传奇　以古会友——记第一次考古汇网站线下沙龙活动　郝丽君　中国文物报 9 月 13 日 7 版

让考古从学术殿堂走进公众——重庆公众考古活动侧记　徐旸　中国文物报 12 月 11 日 3 版

汉阳陵博物馆开展公众参与考古项目的社会意义　李库　中国文物报 3 月 15 日 7 版

汉阳陵国家考古遗址公园公众参与考古　李库　中国文化遗产 2：16～19

IKO，一个更年轻的考古互动平台　李轩鹏　中国文物报 11 月 22 日 7 版

《中国古代银锭铸造工艺研究》通过鉴定　杨君、黄维　中国钱币 2：79～80

向着更阔更深的蔚蓝世界前行　刘曙光　中国文物报 3 月 1 日 5 版

拾叁　书刊评介

一　总述

认知考古学：活化的话语档案与断裂的谱系发现——福柯《认知考古学》解读　张一兵　南京大学

学报（哲学·人文科学·社会科学）6：5～14

《考古学研究入门》读书记录　高科冕　中国文物报3月15日4版

艺海拾贝——《中华文明寻迹》评介　周昕　农业考古4：342～343

追寻中国文化遗产保护与传承的心路历程——《文物与文化》序言　郑欣淼　中国文物报1月11日4版

夯实文化遗产保护根基的力作——单霁翔博士《文化遗产·思行文丛》读后　金磊　中国文物报1月11日4版

博览万物，用心知会天下——评束有春专著《传统与现代》　韦晓东　中国文物报7月12日4版

王昌燧《科技考古进展》读后感　林沄　中国文物报8月2日4版

读《科技考古进展》有感　袁靖　中国文物报8月2日4版

中国动物考古学专题研究的创新之作——读罗运兵的专著《中国古代猪类驯化、饲养与仪式性使用》有感　袁靖　中国文物报2月8日4版

行进中的中国动物考古学——读译作《哺乳动物骨骼和牙齿鉴定方法指南》有感　吕鹏　中国文物报2月1日4版

选准方向　筚路蓝缕　终有所成　吴新智　中国文物报8月2日4版

向后看，更是为了向前走——写在《绍兴文化遗产·遗址、墓葬卷》出版之际　高军　中国文物报6月14日4版

《华夏瑰宝展》编辑回顾　史瑞林　中国文物报7月26日4版

二　史前考古

史前“洞穴足球场”——《盘县大洞——贵州旧石器初期遗址综合研究》出版　杨石霞　中国文物报1月25日4版

珠江流域文化在中华民族文化发展中的先锋作用——读张镇洪教授新著《南蛮不蛮——论珠江流域史前文化》　黄启臣　岭南考古研究（9）270～274

万千碎片织云锦——读许顺湛先生新作《豫晋陕史前聚落研究》　侯俊杰　中国文物报12月13日4版

考古场域的人类学之眼——读《中国北方边疆地区的史前社会》　张经纬　中国图书评论7：122～124

《寻觅与探索——中国东北原始文化考古论文集》序　张忠培　中国文物报5月31日4版

走出孤芳自赏的老屋——读李济《中国文明的开始》　张影舒　丝绸之路4：108～109

仰韶文化彩陶研究的精华——读《史前中国的艺术浪潮》　朱乃诚　考古3：100～104

仰韶文化庙底沟类型研究的一块基石——读《华县泉护村》　朱乃诚　南方文物1：28～32

读《赵陵山：1990～1995年度发掘报告》有感　张敏　中国文物报5月10日4版

三　夏商周考古

夏夷商三种文化互动下的夏商史解读——读《夏夷商三种文化关系研究》　张亚娜　中国文物报8月16日4版

从《商周考古》到《夏商周考古学》——由两本考古教材串联起的学术史　许宏　中国文物报9月13日4版

“陶器北界线”概念及其在中亚绿洲地区的应用——读《中国西北地区先秦时期的自然环境与文化发展》　谭玉华　华夏考古2：145～152

林西井沟子的早期游牧遗存及其他——《林西井沟子》读后　马艳、郑君雷　考古12：91～99

商代经济史研究的新起点　夏微、于孟洲　殷都学刊3：121～122

成都平原商周时期考古研究的重要成果——《成都十二桥》读后　于孟洲、夏微　考古6：97～104

一位秦史学者十年思索的结晶——介绍《日出西山——秦人历史新探》　陶兴华　中国文物报 10 月 11 日 4 版

有关《战国政区地理》的前世今生　李东　中国文物报 6 月 28 日 4 版

新选题·新视角·新成果·新态势——大型学术丛书“世纪楚学”评介　张硕　江汉考古 2：129 ~ 132

《屯留余吾墓地》评介　王东　中国文物报 9 月 20 日 4 版

一部深入浅出的专业著作——谈《杜廼松说青铜器与铭文》　伊平　中国文物报 5 月 10 日 4 版

青铜器研究新人新作——推介“中国古代青铜器整理与研究丛书”第 1 辑　王子今　中国文物报 11 月 15 日 4 版

补遗

《中国古代音乐：东周与两汉时期（公元前 770 ~ 公元 220）弦、管、鼓乐器的考古与艺术史研究》简介　宫宏宇　星海音乐学院学报 2012 年 3：152 ~ 156

西部民族古文明的再发现——评罗二虎《文化与生态、社会、族群：川滇青藏民族走廊石棺葬研究》　谢崇安　中华文化论坛 2012 年 6：186 ~ 188

四　秦汉及以后

简评《秦都咸阳考古报告》　王学理　秦汉研究（第 3 辑）258 ~ 266

揭开汉阳陵的冰山一角——读《带你走进博物馆：汉阳陵博物馆》　赵超　中国文物报 9 月 13 日 4 版

六朝考古的新篇章——读《余杭小横山东晋南朝墓》　张学锋　中国文物报 12 月 13 日 4 版

《关中地区唐代墓葬研究》始末　王维坤　中国文物报 3 月 1 日 4 版

《黄河蒲津渡遗址》序　张忠培　中国文物报 7 月 19 日 4 版

一部研究唐代服饰文化的新作——略评纳春英著《唐代服饰时尚》　赵文润　陕西历史博物馆馆刊（第 20 辑）420 ~ 422

《大明宫》书评　路秉杰　中国文物报 9 月 20 日 4 版

一个重要的发现——读《井陉柿庄宋墓群发现唐代纪年墓》　吴喆　文物春秋 6：38 ~ 41

“半开朱户，瞥见如花面”：重现宋金精彩——《汾阳东龙观宋金壁画墓》评介　陈冲　中国文物报 4 月 12 日 4 版

读《汾阳东龙观宋金壁画墓》杂感　程义　中国文物报 8 月 16 日 4 版

一项具有开创性、综合性、实践性的成果——《南宋六陵考》序　陈文锦　浙江文物 3：18 ~ 19

《辽宁省明长城资源调查报告》读后　景爱　中国文物报 8 月 23 日 4 版

宋钱的特点与版别划分——《北宋铜钱》序（节略）　白秦川　中国钱币 4：71 ~ 74

曾经的金融帝国——《杭州蒋村古钱币窖藏》　孙媛　中国文物报 3 月 8 日 4 版

《南宗正脉——画坛地理学》序　陈燮君　中国文物报 3 月 1 日 4 版

五　古文字与文书

一部值得阅读和珍藏的典籍——读《商周金文编——宝鸡出土青铜器铭文集成》　彭曦　陕西历史博物馆馆刊（第 18 辑）360 ~ 361

评《殷墟小屯村中村南甲骨》　宋镇豪、徐义华　中国文物报 10 月 11 日 4 版

当日群雄谁泰斗——重读陈梦家先生的《殷虚卜辞综述》　刘正　南方文物 1：33 ~ 39

吉德炜《商代史料：中国出版的两部主要甲骨集》述评　金洋　语文学刊 3A：59 ~ 60

甲骨新材料与旧问题——读《殷墟小屯村中村南甲骨》　韩江苏　殷都学刊 3：118 ~ 120

严志斌《商代青铜器铭文研究》评介　陈钦龙　中国史研究动态 5：93 ~ 94

一部金文研究史上的优秀著作　刘雨　中国文物报 5 月 24 日 4 版

以退为进的“空间发展”——简评《中国最早的历史空间舞台：甲骨文地名体系概述》 陈峰 中国文物报1月4日4版

《中国最早的历史空间舞台：甲骨文地名体系概述》评介 蔡万进 中国史研究动态5：91～92

《里耶秦简牍校释》（第一卷）评介 朱红林 中国史研究动态1：81～84

胡戟、荣新江主编《大唐西市博物馆藏墓志》 胡可先 唐研究（第19卷）613～626

考证历史的重要资料——解读《大唐西市博物馆藏墓志》 庞博 中国文物报9月6日4版

敦煌学学术史与方法论的新开拓——评《博望鸣沙：中古写本研究与现代中国学术史之会通》 赵贞 敦煌研究6：122～128

断简残篇写新知——评谢耀亭《从出土简帛看思孟学派的内圣外王思想》 谢伟峰 文博1：94～96

北大金石录——读《1996—2012北京大学图书馆新藏金石拓本菁华》 熊长云 中国文物报4月5日4版

《行役戍备：河西汉塞吏卒的屯戍生活》序 王子今 中国文物报1月25日4版

简帛整理研究的佳作——《尹湾汉墓简牍校理》评介 王贵元 简帛研究（2011）226～231

《张家山汉简文字编》读后 袁永明 中国文物报7月12日4版

条分缕析，旁征曲引——王启涛教授《吐鲁番出土文献词典》评介 徐华 吐鲁番学研究1：138～141

补遗

商周金文字形的一次全面整理——读董莲池《新金文编》 孙合肥 重庆科技学院学报（社会科学版）2012年23：90～91

六 美术考古

卡里斯马式学者的镜子——评巫鸿《黄泉下的美术——宏观中国古代墓葬》 王菁 中国图书评论6：65～68

读郑岩《逝者的面具：汉唐墓葬艺术研究》 张翀 中国文物报4月12日4版

河西砖画墓、壁画墓的空间与时间——读《甘肃出土魏晋唐墓壁画》一书后 关尾史郎 敦煌吐鲁番研究（第13卷）549～562

评《中国辽瓷研究》 景爱 辽金历史与考古（第3辑）380～385

差异、变化性与陶瓷研究——《陶瓷民族考古学》述评 杜辉、郑禄红 南方文物4：152～156

源于生活 高于生活 依于生活——写在《绍兴文化遗产·陶瓷卷》出版之际 高军 浙江文物3：20～21

源于生活 高于生活 依于生活——写在《绍兴文化遗产·陶瓷卷》出版之际 高军 中国文物报8月23日4版

费泳《中国佛教艺术中的佛衣样式研究》 林树中 艺术史研究（14）525～528

佛教考古研究方法的思考——读肥田路美《初唐佛教美术的研究》与李淞《长安艺术与宗教文明》有感 于春 中国文物报1月4日4版

古建人生的收官之作——读《山西古建筑文化综论》 周成 中国文物报9月6日4版

七 其他

我们的编钟考古（下）王子初 中国音乐学1：64～75

《入山与出塞》读后感——浅谈考古学从空间、艺术中拓展视野 姚菲 成都文物3：69～73

高山仰止 景行行止——记孙机先生新作《仰观集》出版座谈会 中国文物报5月3日4版

读《仰观集》兼论孙机先生的治学 江洲 中国国家博物馆馆刊6：153～154

下笔皆历史 价值自天成——读《宋伯胤文集·民族调查卷》 白宁 中国文物报7月5日4版

关于文物保护和维修工程的思考——《延福寺》序　陈文锦　浙江文物 6：30 ~ 32

“枕”上无戏言　慧眼读“大书”——读《宋伯胤文集·枕具卷》　余斌　中国文物报 8 月 30 日 4 版

探究金属文物冶铸工艺、腐蚀机制的实用方法——评中国文化遗产研究院文化遗产译著丛书《古代和历史时期金属制品金相学与显微结构》　王昌燧　中国文物报 2 月 8 日 4 版

全形拓的源流、传承与发展——《贾文忠全形拓精选集》赏读　张丁　中国文物报 8 月 30 日 4 版

对公众考古“公众阐释”哲学思想背景的一点思考——《走进考古　步入宋金》读后　王换鸽、丁金龙　文物世界 6：55 ~ 56

《海峡两岸文物交流 20 年纪念图书》编撰感悟　周明　中国文物报 4 月 5 日 4 版

《俄罗斯滨海边疆区渤海文物集萃》与《俄罗斯滨海边疆区女真文物集萃》读后　冯恩学　中国文物报 8 月 9 日 4 版

（编辑：汤　超　王景霞　刘思延）

新发表古代铭刻资料简目

（原形字、族徽用“□”号代替。期刊名称后的数码依次为期和页，《中国文物报》后的数码依次为期和版）

一　金文

商

觚

圈足内壁铭1字：“□”。

觚（2件）

圈足内壁铭1字：“□”。

爵

鋬内侧铭2字：“父己”。

（以上河南郑州博物馆收藏　文物11：73—75）

鼎

器内壁口沿下铭2字：“子刀”。

（2011年3月河北正定县正定新城铺机场扩建工程中发现　私人收藏　正定县文物保管所征集　《中国文物报》2109：8）

西周

鬲

口沿内壁铭2行7字：“甬作父辛　宝尊彝”。

（河南郑州博物馆收藏　文物11：75）

鼎（M28：165）

器内壁铭2行6字：“曾侯谏　乍宝彝”。

鼎（M28：156）

器内壁及盖内同铭1行5字：“曾侯乍宝鼎”。

鼎（M28：164）

器内壁近口沿处铭2行6字：“曾侯谏　乍宝彝”。

鼎（28：181）

器内壁近口沿处铭2行6字：“曾侯谏　乍宝彝”。

簋（M28：162）

器内壁近口沿处铭2行6字：“曾侯谏　乍宝彝”。

簋（M28：154）

器内底铭2行8字：“曾侯谏乍　媿宝隮彝”。

鬲（M28：151）

器内底近口沿处铭 2 行 5 字："曾侯乍　宝隮"。

甗（M28：159）

器内壁近口沿处铭 2 行 4 字："曾侯　用彝"。

尊（M28：174）

器内底铭 2 行 8 字："曾侯谏乍　媿宝尊彝"。

卣（M28：167、169）（2 件）

器盖内及器底同铭 2 行 8 字："曾侯谏乍　媿宝隮彝"。

盉（M28：166）

器盖内壁及鋬内侧器外壁同铭 2 行 6 字："曾侯谏　乍宝彝"。

爵（M28：171）

鋬下铭 2 字："父辛"。

爵（M28：172）

鋬下铭 3 字："父辛"。

觯（M28：168）

器内底铭 1 行 3 字："举母辛"。

盘（M28：163）

内壁铭 2 行 6 字："曾侯谏　乍宝彝"。

壶（M28：178）

盖内壁、壶颈部内壁同铭 2 行 7 字："曾侯谏乍　媿𣪘（肆）壶"。

（以上 2013 年 3 月至 7 月湖北随州市叶家山 M28 发现　江汉考古 4：6—37）

尊（M1：1）

圈足内壁铭 5 字："亚共庚父丁"。

卣（M1：3）

盖、器同铭 1 字："守"。

鼎（M3：1）

沿下内壁铸有鸟纹族徽及 2 字："父甲"。

鼎（M3：5）

沿下内壁铭 1 字："（正）"。

鼎（M3：18）

沿下内壁铭 2 行 6 字："中臣登　鼎辛司"。

卣（M3：20）

盖、器同铭 1 字："户"。

卣（M3：17）

腹底铭 3 字："单父丁"。

卣（M3：13）

盖、器同铭 3 字："冉父乙"。

卣（M3：30）

盖、器同铭 3 字："□（重）父乙"。

彝（M3：24）

盖顶、器底同铭 1 字："户"。

尊（M3：14）

圈足内壁铭 3 行 8 字："□□商　用作父　癸彝"。

壶（M3：16）

盖、器同铭 3 字："父甲□"。

甗（M3：6）

口沿内铭 1 字："万"。

罍（M3：19）

口沿内铭 4 字："亚羌父乙"。

盉（M3：26）

鋬下腹外铭 1 字："冉"。

盘（M3：31）

腹内底铭 4 字："曲臣□癸"。

爵（M3：12）

鋬下腹外铭 2 行 5 字："曲臣□父癸"。

（以上 2012 年 3 月、4 月、6 月陕西宝鸡市渭滨区石鼓镇石嘴头村四组村石鼓山墓葬发现　文物 2：8、18、22、30—24、36、38、44—45、49；又见考古与文物 6：16、21；又见中国文物报 2102：8）

春秋

戈

上部一穿的穿侧铭 1 字："王"。

矛

骹中部铭 1 字："王"。

（以上 2002 年至 2004 年山东新泰市青云街道办事处周家庄东南墓葬发现　文物 4：9、13、15）

鼎

盖顶最外侧铭 1 周 33 字（重文二）："隹□月初吉丁亥□子諆余择其吉金自作飤緐鼎其眉寿无疆子₌孙₌永保用之"。

句鑃

双面两栾铭 42 字（重文二）："隹正月初吉庚午，□子登择其吉金，自乍龢鑃，中翰且阳（飏），元鸣孔鍠（皇），以征以行，叀（惠）闻四方，子₌孙₌永保是尚"。

（以上 2009 年 10 月湖北襄阳市高新技术开发区团山镇余岗村沈岗西 M1022 发现　文物 7：5—6）

戈

援及胡部铭 9 字："随大司马□有之行戈"。

（2013 年 1 月 21 日湖北随州市文峰塔社区居委会二组的义地岗东南部墓地发现　江汉考古 1：5）

鼎、簠、壶、盥缶、斗上铭有："曾公子去疾"。

（2011 年 9 月中旬湖北随州市文峰塔社区二组义地岗墓葬发现　中国文物报 2110：2）

簠（2 件）

器盖对铭 3 行 19 字："隹正月初吉丁亥　童丽君柏择其　吉金乍其飤匿"。

簠

盖内铭 3 字："柏之匿"。

钮钟

钲部铭："隹王正月初吉丁亥，童丽君柏其行钟，童丽之金"。

钮钟

钲部铭："隹王正月初吉丁亥，童丽君柏乍其行钟，童丽金"。

戟

胡部铭："童丽公柏之用戟"。

戟

胡部铭："徐王容取其吉金自作其元用戈"。

戈

胡部铭："童丽公柏夔卻人"，其残内部铭："余子白□此之元戈"。

（以上 2006 年 12 月至 2008 年 8 月安徽蚌埠市双墩村 1 号墓发现　考古学报 2：249、252、256、260）

战国

矛

矛身中脊左侧铭 3 字："京左库"。

（河南郑州博物馆收藏　文物 11：75）

弩机

望山前后边棱到左右钩牙，以及钩心（牛）、悬刀的边棱共铭 6 行 66 字："二十九年，秦攻吾，王以子　横质于齐，又使景鲤、苏、历（厉）　以求平，（并）令尹乍（作）弩五千，矢卌万与之　重丘左司工辰乍（作）亖（四）千又卅五。戊午　以　重刃肌与　秦，其与金与丝与帛与奴与城"。

（2013 年私人收藏　考古与文物 1：25、27）

汉

鼎

器腹上部外壁铭 1 行 11 字："女（汝）阴侯容一斗重五斤十两"。

（1987 年 6 月湖北十堰市公安局缴获　1996 年十堰市博物馆（原郧阳地区博物馆）收藏　文物 3：81）

鼎

口沿沿面铭 2 字："容二"；腹部铭："容石""二石一斗五升　共一钧十七斤六两　第三""容一石一斗二升重一钧十五斤五两第五百卅五"。

缶（2 件）

肩部铭："江都宦者容石一斤重"。

肩部铭："江都……十斤"。

瓢

把手内铭 2 字："三升"；器身背面铭 2 字："二十"；把手两侧铭："容三升半升重一斤十三两第七百□""重一斤十三两六朱"；把手中部铭："今合容三升半升一斤十二两"。

洗

颈外侧铭 2 字："御府"。

尺

正面一端铭 2 字："九十"，每五寸处有"X"形记号。

灯

盘壁外侧铭 1 行 12 字："江都宦者容三升半升重七斤"。

灯

铭："江都宦者容三升半升重六斤八两"。

灯

铭："江都宦者容二升重三斤□□"。

灯

铭："江都宦者容二升重二斤十二两"。

灯

铭："江都宦者半升重一斤四两"。

灯

铭："江都宦者容半升重一斤四两"。

灯

盘壁外侧铭："江都宦者容二升重三斤二两"。

灯

铭："江都宦者重三斤容一升半升六年哺陵造"。

灯

盘外侧铭："江都宦者容□升半升重十斤十二两"。

钉灯

钉肩铭："江都宦者并重一钧三斤容三斗三升"。

（以上2009年至2012江苏盱眙县马坝镇云山村大云山山顶墓葬发现　考古10：23、25、27、30—31）

盘

口沿铭1行11字："私府容一石六升重十八斤"。

错金银镶宝石镇（4件）

底部铭字："甲"。

底部铭字："乙"。

底部铭字："丙"。

底部铭字："丁"。

（以上2009年至2012年江苏盱眙县马坝镇云山村大云山山顶江都王陵2号墓发现　文物1：30、32—33）

量

内底铭2字："市平"。

（1975年3月甘肃庆阳市西峰区彭原乡李家寺村窖藏发现　陇右文博1：29）

盘

外腹铭1行11字："容一石二斗五□重十六斤"。

盆

口沿正面铭1字："淖"。

（以上2009年至2010年江苏盱眙县马坝镇云山村大云山山顶江都王陵墓葬发现　东南文化1：63）

车害（3件）

一端沿上刻："元年右工"。

（2009年8月至2010年7月陕西蓝田县华胥镇支家沟村墓葬发现　考古与文物5：25）

吊饰

一面铭2字："中府"。

（2008年5月至7月湖南长沙市望城区（原望城县）星城镇戴公庙村15组风盘岭墓葬发现　文物6：33）

元

权

权身腹部铭4字："至元八年"。

（1998年河北沧州市东光县运河码头出土　沧州市博物馆藏　文物春秋4：78）

权

权身铭："天字，皇庆二年大宁路造，异之一号，校勘相同，二十五斤，七十"。

（2010 年 5 月辽宁朝阳市长江路窖藏发现　朝阳博物馆藏　文物 5：92、96）

附：金银器刻铭

汉金构件（2 件）

一侧铭："二"。

一侧铭："一"。

汉银盘

外底中心铭："田□左工名日半十一""五斤十四两十三朱"五斤十五两一斗九升"；外底边缘铭："北私今五斤十四两三朱"。

汉银盘

外底边缘铭："北私今六斤十两""北私今五斤十四两十二朱"；口沿下铭："五斤五两□朱名田□"。

汉银沐盘

口沿下铭："江都宧者沐鉴容一石八斗重廿八斤十七年受邸"。

汉银洗

口沿背面铭："食官容五升重十五两十五朱"，上腹部铭："廿"。

汉银洗

口沿背面铭："常食容一斗重一斤五两十二朱"。

汉银洗

上腹部铭："常食"。

（以上 2009 年至 2012 年江苏盱眙县马坝镇云山村大云山山顶墓葬发现　考古 10：39、42—43、45）

汉银饼（10 件）

背面刻划："≒"。

背面刻划："X"。

背面刻划："⧖""十"。

背面刻划："⧖"。

背面刻划："石""二"。

背面刻划："⧖"。

背面刻划："⧖"。

背面墨书："少一铢"。

背面墨书："少三铢"。

背面墨书："少二铢"。

（以上 2001 年 7 月 12 日湖南常德市汉寿县龙阳针镇八角村墓葬发现　文物 6：73、81）

汉金戒指

戒面铭："□士"。

（2010 年 4 月至 2011 年 1 月河南郏县白庙乡黑庙村墓葬发现　华夏考古 1：19）

汉金带钩

圆钮正面铭字："二两八朱"；反面铭："二两五朱"。

（2009 年至 2012 年江苏盱眙县马坝镇云山村大云山山顶江都王陵墓葬发现　东南文化 1：55—56）

宋银执壶

柄内刻："辛卯陈宅"；底部刻："仙都张家工夫"。

宋银盏

圈足外侧刻："陈官人宅用"。

（以上1986年12月20日浙江义乌市柳青乡游览亭村发现　东方博物第49辑：43）

明鎏金银簪

簪体上部铭2字："新楼"。

（2009年7月至8月北京市通州区梨园镇半壁店旧村墓葬发现　北京文博4：37）

明金立方形器

两面錾刻："福"。

（2006年2月至6月江苏南京市南郊江宁区将军山墓葬发现　东南文化2：51）

明金立方形器

两面阴刻梵文。

明金盒

一层中心部位刻梵文，第二层内刻梵文六字真言。

明银冥币（3枚）

一面铭："生生见佛""世世闻经"。

明金簪（2件）

簪身刻："内官监造总成伍色金伍钱重"。

（以上2009年10月江苏南京市江宁区佛城西路北侧施工工地墓葬发现　东南文化2：65、69）

清银簪（3支）

簪面内掐1字："寿"。

簪面内掐1字："福"。

簪体背面刻2字，模糊不清。

清银扁方

一侧刻2字："通和"。

（以上2012年2月20日至3月29日北京市海淀区东升乡原蓟门饭店院内墓葬发现　北京文博2：66、71—72）

清银簪

正面錾刻："寿"字四组。

簪首环内掐字："福"（2件）。

簪首环内掐字："寿"（3件）。

清银押发

背面铭："德盛足纹"。

（以上2008年10月10日至11月23日北京市大兴区黄村镇高米店村墓葬发现　北京文博3：33—34）

二　玺印

（凡未注明质料者均为铜质）

东周

肖形印

（1995年7月至1996年年底湖北孝昌县卫店镇武河村和花园镇白莲村武家岗墓地发现　江汉考古1：39—40）

战国

縠易之鉨
朱诩私印
（以上 2012 年 11 月至 2013 年 1 月安徽省蚌埠市固县南谷阳城遗址发现　中国文物报 2149：8）
明上
正行亡私
（2011 年 6 月至 8 月内蒙古呼和浩特市和林格尔县新店子镇十一号村大堡山墓葬发现　草原文物 2：44）
敬事
□□
巴蜀符号（陶）
印面存一半，阴刻汉字，可能为信符（陶）。
（以上 2009 年 6 月至 9 月四川宜宾市屏山县楼东乡沙坝村三组墓葬发现　文物 9：27、32）

汉

□□
（2009 年 6 月至 9 月四川宜宾市屏山县楼东乡沙坝村三组墓葬发现　文物 9：22）
儿宁之印
（2011 年 4 月安徽肥东县店埠镇对河社居委黄岗村西北郊墓葬发现　文物研究第 20 辑：198）
印文不清（石）
（2007 年至 2008 年安徽庐江县庐城镇工业园区墓葬发现　文物研究第 20 辑：216）
庄充国　庄长孟（双面印）
（2012 年 8 月至 10 月陕西西安市长安区西甘河村墓葬发现　东方博物第 49 辑：29、34）
郭羲　臣羲（双面印）
（江苏盱眙县马坝镇云山村大云山山顶江都王陵东区陪葬墓发现　考古 10：76—77）
朱同众印
（2009 年 9 月广西贵港市北郊三合村孔屋岭墓葬发现　考古 9：63）
诚信　信印（双面印）
（2009 年至 2012 年江苏盱眙县马坝镇云山村大云山墓葬发现　考古 10：34—35）
王何（骨）
宜子孙（骨）
（宁夏盐池县花马池镇张家场村西张家场古城址发现　中国国家博物馆馆刊 4：23）

南北朝

张道　臣道　张世长　张道白事　张道白笺　白记（六面印）
（1990 年 5 月浙江龙游县龙州街道半爿村毛芦垄西侧墓葬发现　东方博物第 47 辑：92）

辽

女真鹿官户太保印
（辽宁灯塔市灯塔镇烟台街道灯塔村出土　辽阳市博物馆藏　北方文物 4：83）
印版篆书：“元年制诏丞相斯、去疾，法度量尽始皇帝为之，皆有刻辞焉。今袭号，而刻辞不称始皇帝，其于久远也，如后嗣为之者，不称成功盛德。刻此诏，故刻左，使疑”。

（辽宁灯塔市灯塔镇南万宝桥街道后蓝旗村辽代遗址发现　中国文物报2156：7）

画押（鎏金）

（2011年4月山西大同市东风里东街北侧墓葬发现　文物10：50、53）

金

勾当公事天字号之印

（1992年黑龙江汤原县香兰镇双河村东南金代屯河猛安故城西墙外发现　北方文物2：62）

清

套印

第一层一面："今人不见古时月　今月曾经照古人"。

二面："半潭积水一房山"。

三面："焉得不逢人热肠"。

四面："同是天涯沦落人相逢何必曾相识

五面："人影在地仰见明月"。

第二层一面："宜尔子孙"。

二面："吟风弄月"。

三面："即此是学"。

四面："晴窗一日几回看"。

第三层一面："道在何妨拙"。

二面："活活泼泼"。

三面："慎思"。

四面："翰墨"。

五面："立身扬名"。

第四层一面："思君令人老"。

二面："血性男子"。

三面："酒熟花开二月时"。

四面："乐琴书以消忧"。

五面："恨相知晚"。

第五层一面："唯吾知足"。

二面："□封"。

三面："如意"。

四面："□□"。

五面："行云流水"。

六面："形似"。

（1983年安徽宿县灰谷高滩公社征集　宿州市文物管理所藏　文物研究第20辑：308—311）

附：封泥

秦汉封泥

定楬丞印

定楬之印

（2011年3月广东五华县华城镇塔岗村西南狮雄山秦汉城址发现东南文化1：26）

汉封泥

□□丞印
内者令印
□□丞印
(2009 年 8 月至 2010 年 7 月陕西蓝田县华胥镇支家沟村墓葬发现 考古与文物 5：6、30)
江都飤长（5 枚）
(2009 年至 2012 年江苏盱眙县马坝镇云山村大云山山顶墓葬发现 考古 10：67)
鍚倉
臣□
(2010 年 9 月至 2011 年 1 月河北十堰市郧县五峰乡安城沟村二组上宝益遗址发现　江汉考古 4：75)
膚□丞印
龟兹丞印
龟兹令印
邑丞□
承烈令印
(以上宁夏盐池县花马池镇张家场村西张家场古城址发现　中国国家博物馆馆刊 4：24)

三　墓志

南北朝

南朝刘宋钟济之砖墓志（4 块）
无首题。
元嘉十一年（433 年）卒。
南朝刘宋钟济之之妻孙氏砖墓志（2 块）
无首题。
元嘉三年（426 年）卒。
(以上 2010 年 3 月至 8 月江西南京市雨花台区西善桥墓葬发现　考古 4：39—41)

隋

隋秦僧伽暨妻徐氏墓志（拓片）
无首题。
墓主开皇十三年（593 年）十二月卒。
徐氏大业九年（613 年）二月卒。
大业十一年（615 年）正月十六日合葬。
(2011 年陕西长安县出土　私人收藏　考古与文物 6：83)
隋薛舒墓志（拓片）
首题："大隋故仪同三司乐宁县开国侯薛君墓志铭"。
开皇三年（583 年）十一月十一日卒。
(2011 年初陕西西安市南郊长安区少陵原畔出土　陕西历史博物馆馆刊第 20 辑：245)
隋鹿善墓志（有盖）
盖称："周故上大将军河内国鹿壮公之墓志铭"。
首题："周故上大将军河内鹿壮公墓志铭"。

开皇十五年（595 年）十月与夫人刘氏合葬。

（2008 年至 2010 年陕西咸阳市渭城区北杜镇边方村东北墓葬发现　考古与文物 4：43—44）

隋韩恒贵墓志

首题："大隋大都督三水公墓志铭并序"。

开皇十八年（598 年）五月廿三日卒。

（2011 年陕西西安市南郊少陵原出土　2012 年西安碑林博物馆收藏 文博 4：56）

唐

唐李建成墓志（有盖）

盖称："大唐故息王墓志之铭"。

首题："大唐故息隐王墓志"。

武德九年（626 年）六月四日卒。

贞观二年（626 年）正月十三日葬。

（2013 年 3 月 15 日陕西西安市文物稽查队收缴　西安博物院藏　文博 6：72）

唐郭嗣本墓志（有盖）

无盖称。

首题："大唐故使持节灵州都督金紫光禄大夫行鸿胪卿柱国怀仁静公郭使君墓志铭"。

贞观十八年（644 年）十二月卒。

唐长孙四娘墓志（有盖）

盖称："唐故司农卿怀仁公夫人长孙氏墓志铭"。

首题："大唐故司农卿怀仁公夫人长孙氏墓志铭"。

永徽三年（652 年）六月卒。

（以上 1997 年 7 月陕西西安市灞桥区洪庆街道向阳公司工地墓葬发现　文博 4：58—60）

唐独孤法王墓志（有盖）

盖称："大唐故独孤氏墓志铭"。

首题："大唐越州都督府户曹杨君妻故独孤氏墓志铭并序"。

贞观廿三年（649 年）十月七日卒。

（陕西近出　文博 2：63）

唐贾敦颐墓志（有盖）

盖称："大唐故洛州刺史贾君及妻清河县夫人房氏墓志"。

首题："大唐故持节洛州诸军事洛州刺史护军贾君墓志铭并序。"

显庆元年（656 年）七月七日卒。

同年十月十八与夫人房氏合葬。

（2009 年 10 至 12 月河南洛阳市红山乡工业园区墓葬发现　中国国家博物馆馆刊 8：54—57）

唐郝氏夫人令婉砖墓志（有盖）

盖称："故达奚氏"。

首题："大唐故济州司马上柱国郝君夫人……墓志铭并序"。（字迹多漫漶）

乾封二年（667 年）七月三日卒。

（2012 年 8 月至 11 月陕西西安市南郊上塔坡村清凉山墓葬发现　文博 4：16—17）

唐张文俱墓志（有盖）

首题："张君之志"。

首题："唐故慎州司苍窦州潭峨县丞南阳张君墓志并序"。

总章元年（668 年）五月廿二日卒。

咸亨元年（670 年）五月十三日葬。

（2010年9月至12月河南洛阳市红山乡工业园区墓葬发现　中原文物5：14—16）

唐李文举墓志（有盖）

盖称："大唐故李府君墓志铭"。

首题："大唐故中散大夫行尚乘奉御李君墓志铭并序"。

咸亨二年（671年）八月二日卒。

（2012年10月陕西西安市碑林博物馆藏　文博1：60—61）

唐张爽墓志（有盖）

盖称："大唐张府君墓志之铭"。

首题："大唐故翼州石廓戍主张君李夫人合葬墓志铭并序"。

墓主仪凤四年（679年）四月一日卒。

景龙三年（709年）八月廿五日与妻李氏合葬。

（2011年10月31日河南洛阳市区西北团结路中段墓葬发现　洛阳市博物馆藏　文物世界4：25）

唐□广墓志碑

额称："唐朝上轻车都尉□公之墓志铭"。

调露元年（679年）十月二日与夫人李氏合葬。

（山西孝义市博物馆藏　文物世界6：46）

唐郭继祖墓志

首题："大周故处士郭君墓志铭并序"。

天授元年（690年）正月十五日卒。

天授二年（691年）十月廿四日与夫人郑氏合葬。

（近年河北古鄴城出土　中原文物2：111）

唐昭容上官氏墓志（有盖）

盖称："大唐故昭容上官氏铭"。

首题："大唐故婕妤上官氏墓志铭并序"。

景云元年（710年）八月二十四日卒。

（2013年月8月至9月陕西咸阳市渭城区北杜镇邓村墓葬发现　考古与文物6：86—87；又见中国文物报2168：1）

唐窦匪石墓志（有盖）

盖称："唐故窦府君墓石志铭"。

首题："大唐故洋州司马扶风窦君墓志铭并序"。

开元四年（716年）正月二十八日卒。

唐窦匪石墓志（有盖）

盖称："大唐窦府君墓志铭"。

首题："大唐故朝议大夫洋州司马窦府君墓志铭并序"。

开元二年（714年）正月二十八日卒。

（2002年7月陕西西安市南郊西三爻村基建工地墓葬发现　文博3：53—54）

唐刘宪墓志（有盖）

盖称："大唐故刘府君墓志铭"。

首题："大唐故正议大夫守太子詹事兼修国史崇文馆学士赠使持节都督兖州诸军事兖州刺史上柱国中山刘府君墓志铭并序。"

景云二年（711年）正月十一日卒。

其年十月八日葬。

唐刘宪妻卢氏墓志（有盖）

盖称："大唐故卢夫人墓志铭"。

首题："唐故太子詹事刘府君故夫人范阳郡夫人卢氏墓志铭并序"。

开元十二年（724 年）十二月六日卒。

其年十二月十八日葬。

（以上 2008 年河南巩义出土　私人收藏　中原文物 1：80—82、84—85）

唐封祯墓志

首题："大唐故银青光禄大夫行大理寺少卿上柱国渤海县开国公封公墓志铭并序"。

开元九年（721 年）十二月六日葬。

贺知章　撰

（河北景县封氏家族墓地发现　景县文物管理所藏　文物春秋 2：59）

唐张氏之女墓志（有盖）

盖称："大唐故张夫人墓志铭"。

首题："唐故范阳氏女墓志"。

开元十九年（731 年）八月十九日卒。

开元二十一年（733 年）九月葬于祖父之茔。

（2012 年 4 月陕西西安市南郊墓葬发现　文博 1：15）

唐徐峤墓志

无首题。

天宝元年（742 年）九月卒。

（2003 年秋河南洛阳市龙门镇张沟村北发现　中原文物 4：108）

唐杨氏砖墓志（有盖）

志文多漫漶。

盖称未详。

首题："唐故吴兴郡司户参军□□墓志……"。

天宝四年（745 年）十二月五日卒。

天宝五年（746 年）二月廿七日葬。

（2007 年 7 月河南巩义市芝田镇益家窝村墓葬发现　文物春秋 2：19）

唐突骑施光绪墓志（有盖）

盖称："唐故突骑施王子志铭"。

首题："大唐故交河公主孙突骑施奉德可汗王子光绪墓志铭并序"。

永泰元年（765 年）二月卒。

永泰二年（766 年）十月十六日葬。

（2011 年 10 月陕西西安市西郊大庆路西段墓葬发现　文物 8：17—18）

唐李衡墓志（有盖）

盖称："唐洺州清漳尉李公铭"。

首题："唐故洺州清漳县尉陇西李公墓志铭并序"。

大历六年（771 年）三月卒。

唐李洪钧墓志（有盖）

盖称："有唐李殇子墓志之铭"。

无首题

天宝十四年（755 年）六月廿二日卒。

（以上 20 世纪八九十年代河南沁阳市王庄镇张庄村发现　沁阳市博物馆藏　中原文物 6：70）

唐尹钦惠及妻齐氏墓志（有盖）

盖称："尹君之墓至（志）名（铭）"。

首题："大唐国恒州大都督府井陉县大化乡甘桃里障城村游击将军守左羽林军大将军员外置同正员上柱国尹怀瓈之考妣墓志"。

贞元七年（791年）十二月廿三日其子尹怀瓈立志。

（2003年1月河北井陉县微水镇柿庄村墓葬发现　文物春秋6：37）

唐张献甫妻崔氏墓志

首题："唐邠宁节度使刑部尚书兼御史大夫郎宁郡王张公妻清河郡夫人崔氏墓志铭并序"。

贞元十年（794年）正月八日卒。

（私人收藏　文博5：29—80）

唐李洪墓志（有盖）

盖称："李公墓志"。

首题："唐故朝请郎试太子洗马赐绯鱼袋蓟州司仓参军李公墓志铭"。

贞元十五年（799年）六月廿七日卒。

（1949年北京市海淀区出土　北京文博3：36—37）

唐赵逸公暨夫人孟氏墓志（有盖）

盖称："大唐故天水赵公清河孟氏夫人墓志铭"。

首题："唐故赵府君墓志铭并序"。

墓主贞元十五年（799年）八月十四日卒。

孟氏太和二年（828年）十月廿一日卒。

太和三年（829年）十日合葬。

（2000年3月河南安阳市北吴区自由路西段南侧农贸公司家属院内墓葬发现　考古1：62—63）

唐王士真墓志（有盖）

李序撰　王计丹

盖称："唐故成德军节度使检校司空同平章事赠司徒太原王公墓志"。

首题："成德军节度管内支度营田恒冀深赵德棣等州观察处置等使开府仪同三司检校司空同中书门下平章事兼恒州大都督府长史上柱国清河郡王赠司徒王□墓志铭并序"。

元和四年（809年）三月卒。

（2007年5月河北正定县于家村北南水北调工程施工现场发现　中国国家博物馆馆刊5：81）

唐刘济墓志（有盖）

盖称："唐故幽州卢龙节度观察御使中书令赠太师刘公墓志之铭"。

首题未详。

元和五年（810年）卒。

唐墓志（有盖）

志盖描金篆书，四斜刹浮雕彩绘十二生肖图案。

盖称："唐故蓟国太夫人赠燕国太夫人清河御夫人祔志铭"。

首题未详。

卒年未详。

（以上2012年8月至12月北京市房山区长沟镇坟庄村西墓葬发现 中国文物报2106：8）

唐班蟜墓志（有盖）

盖称："大唐故班博士墓志铭"。

首题："唐故国子监大学博士班府君墓志铭并序"。

宝历元年（825年）三月廿三日卒。

唐班蟜妻李氏墓志（有盖）

盖称："唐故班博士夫人墓志铭"。

首题："唐故大学博士扶风班府君夫人陇西李氏墓志铭并序"。

大和五年（831 年）三月十一日卒。

（以上 2002 年陕西西安市长安区郭杜镇发现　文博 2：57—59）

唐李宁墓志（有盖）

盖称：“隋故玄武县长李君墓志之铭”。

武德三年（620 年）卒。

唐李祯墓志（有盖）

盖称：“隋故司隶刺史李君墓志之铭”。

首题未详。

贞观三年（629 年）卒。

唐王氏长女墓志（有盖）

盖称：“唐北海王氏长殇女墓志”。

宝历二年（826 年）卒。

唐孙氏砖墓志（有盖）

盖称：“唐故富春孙氏墓志铭”。

首题未详。

开成元年（836 年）卒。

（以上 2013 年 7 月陕西西安市南郊羊头镇住宅小区基建工地墓葬发现　中国文物报 2184：8）

唐卢氏夫人李胡墓志（有盖）

盖称：“唐卢氏故李夫人墓志”。

盖背铭：“唐苏州海盐县令卢君亡夫人陇西李氏墓志”25 行 600 字。

志盖下方斜刹面铭：“般若波罗密多心经”共 260 字。

首题：“唐卢氏故夫人陇西李氏墓志铭并序”。

会昌元年（841 年）四月四日卒。

其年七月十四日葬。

志石四侧有标示墓穴方位内容文字。

（河南郑州市华夏文化艺术博物馆藏　中原文物 2：77—79）

唐郭仲恭墓志（有盖）

盖称：“唐故赠殿中监郭府君墓志铭”。

首题：“唐故驸马都尉将作少监赠殿中监郭公墓志铭并序”。

会昌四年（844 年）八月廿一日卒。

唐金堂长公主墓志（有盖）

盖称：“唐故金堂长公主赠凉国大长公主墓志铭并序”。

首题同。

乾符二年（875 年）二月二十六日卒。

（以上 2010 年 9 月至 2011 年 2 月陕西西安市南郊长安区韦曲街道办东兆余村北墓葬发现　文博 2：15—18）

唐王宰墓志（盖佚）

首题：“大唐故检校司空太子少傅赠司空太原王公府君墓志铭并序”。

大中十年（856 年）十月廿三日卒。

大中十一年（857 年）二月五日葬。

（2006 年冬河南洛阳市发现　四川文物 4：39—41）

五代十国

五代韩传墓志（有盖）

盖称："韩公墓铭"。
首题："大汉国故韩府君合祔墓志铭并序"。
天祐十八年（921年）七月八日卒。
夫人段氏天祐十一年（914年）十月十九日卒。

五代韩悦墓志（有盖）
盖称："韩公墓铭"。
首题："大汉国故韩府君墓志铭郭夫人合祔并序记之耳"。
天福八年（943年）三月三日卒。
夫人郭氏乾祐元年（948年）□月十六日卒。
显德二年（955年）十一月二日合葬。
（以上2004年4月19日山东莘县董杜庄镇梁丕营村墓葬发现　华夏考古3：96—98）

五代张氏墓志铭（有盖）
盖称："晋故清河郡张公墓志"。
首题："晋故金紫光禄大夫检校司徒岚州刺史清河郡食邑七百户兼御史大夫上柱国张公墓志铭并序"。
卒年未详。
（2011年4月至5月河南洛阳市苗北村西北部墓葬发现　考古4：49—50）

宋

宋滕氏墓志盖
盖称："赞善大夫滕公墓盖"。

宋滕梅娇墓志（有盖）
盖称："南阳滕氏墓盖"。
首题："故南阳郡滕氏墓铭并序"。
大中祥符二年（1009年）三月卒。

宋李氏墓志（有盖）
盖称："陇西李氏墓盖"。
首题："故陇西郡李氏墓铭并序"。
明道二年（1033年）三月□十八日卒。

宋滕氏墓志
首题："故南阳滕氏四娘墓铭"。
景祐元年（1034年）九月初五日卒。
（以上1992年12月10日安徽青阳县新河镇光荣村金龟原墓葬发现　中原文物3：24—26）

宋康君妻李氏墓志
首题："乡贡进士康君妻李氏墓志铭并序"。
嘉祐二年（1057年）十月十八日葬。
（2011年4月至5月河南洛阳市苗北村西北部墓葬发现　考古4：53）

宋贾正之墓志（有盖）
盖称："有宋贾正之墓志铭"。
首题："有宋贾正之墓志铭并序"。
崇宁四年（1105年）七月十四日卒。

宋贾正之之妻蔡氏墓志
无首题。
熙宁五年（1072年）七月卒。

（以上2010年3月7日河南郑州市二七区黄岗寺村南水北调工程施工区墓葬发现　中原文物1：5—9）

宋李熙圹志

首题："宋故万一直阁李君圹志"。

嘉熙元年（1237年）六月卒。

（1985年浙江德清县城关镇（今乾元镇）乾元山发现德清县博物馆藏　东南文化5：92—93）

宋徐渭礼圹志（残）

首题未详。

宝祐二年（1254年）六月四日卒。

宋徐谓礼妻林氏圹志

额称："有宋孺人林氏圹志"。

淳祐七年（1247年）十月十八日卒。

淳祐八年（1248年）十一月二十九日葬。

（以上2012年4月至5月浙江武义县城东熟溪街道胡处村龙王山东麓墓葬发现　东方博物第46辑：25—27）

宋金陈谅墓志（志盖未详）

额称："故武功大夫密州刺史颍川陈公墓铭"。

首题同。

天眷二年（1139年）卒。

绍兴十一年（1141年）四月二日葬。

（2002年甘肃庆阳市环城镇十八里村墓葬发现　环县博物馆藏　陕西历史博物馆馆刊第20辑：255—256）

辽

辽刘宇一墓志（盖佚）

首题："大契丹国故彰武军节度管内观察处置等使特进检校太傅使持节霸州诸军事行霸州刺史兼御史大夫上柱国彭城县开国子食邑五百户刘公墓志铭并序"。

统和十五年（997年）十二月二十一日卒。

（2008年8月辽宁朝阳市公安局缴获　北方文物2：46—47）

金

伪齐傅谅墓志（有盖）

盖称："齐故通侍大夫驸马都尉傅公墓志铭"。

首题同。

建炎二年（1128年）五月初四日卒。

阜昌五年（1134年）二月十六与妻卫国长公主刘氏合葬。

伪齐齐刘豫之妹卫国长公主刘氏墓志（有盖）

盖称："齐故卫国长公主墓志铭"。

首题同。

建炎元年（1127年）四月二十二日卒。

阜昌五年（1134年）二月十六日葬。

（以上2011年10月28日山东济南市西郊腊山南麓墓葬发现　中国国家博物馆馆刊10：55—59）

元

元张达夫墓志

额称："元故张君达夫墓铭"。

至元五年（1266 年）六月二十二日卒。

（2011 年 5 月陕西西安市曲江风景线建设工地墓葬发现　文物 8：47）

元张弘略墓志（有盖）

盖称："大元故中奉大夫参知政事张公墓志铭"。

首题："大元故中奉大夫参知政事张公墓志铭并序"。

元真（贞）元年（1295 年）二月二十三日卒。

其年闰四月五日葬。

元张弘略妻花氏墓志（有盖）

盖称："元故清河郡太夫人花氏墓志"。

无首题。

至元元年（1264 年）卒。

（以上 2012 年 6 月河北满城县大册营镇岗头村九龙庄自然村东墓葬发现　文物春秋 5：40—41）

明

明沐昂侧室邢妙仙圹志（有盖）

盖称："夫人邢氏圹志"。

首题同。

永乐二十二年（1424 年）十月八日卒。

（2009 年 10 月江苏南京市江宁区佛城西路北侧施工工地墓葬发现　东南文化 2：67—68）

明沐斌圹志（有盖）

盖称："明故征南将军黔国公沐公圹志"。

首题同。

景泰元年（1450 年）十月初五日卒。

明沐斌夫人徐氏墓志（有盖）

盖称："黔国夫人徐氏墓志铭"。

首题："明故黔国夫人徐氏墓志铭"。

景泰五年（1454 年）卒。

（以上 2008 年 4 月江苏南京市江宁区将军山南麓"复地郎香三期别墅"工地墓葬发现　东南文化 2：78—82）

明沐昂墓志（有盖）

盖称："故特进荣禄大夫右军都督府左都督追封定边伯谥武襄沐公墓志铭"。

首题："明故特进荣禄大夫右军都督府左都督追封定边伯谥武襄沐公墓志铭"。

正统十年（1445 年）六月二十二日卒。

明沐昂妻文妙义墓志（有盖）

盖称："故定边伯夫人文氏墓志铭"。

首题："故定边伯沐公夫人文氏墓志铭"。

正统十一年（1446 年）九月初二日卒。

同年九月十七与沐昂合葬。

（以上 2006 年 2 月至 6 月江苏南京市南部江宁区将军山墓葬发现　东南文化 2：55—58）

明徐完母顾淑琼墓志（有盖）

周洪漠撰　倪谦书　俞纲篆盖
盖称：“故徐孺人顾氏墓志铭”。
首题：“徐孺人墓志铭”。
成化五年（1469年）三月三日卒。
同年八月初九日葬。
（2001年9月江苏南京市白马石刻博物馆征集于南京市雨花台　中国国家博物馆馆刊3：99—100）

明王铖墓志（有盖）
盖称：“戚里王公克威墓志铭”。
首题同。
成化十五年（1479年）八月二十四日卒。

明王铨妻李玉墓志（有盖）
盖称：“大明戚畹王公克衡配李氏孺人墓志铭”。
首题：“明故处士王克衡孺人李氏墓志铭”。
弘治八年（1495年）七月廿四日卒。

明王锐墓志（有盖）
盖称：“大明故南字锦衣卫指挥使王君墓志铭”。
首题：“明故昭勇将军南京锦衣卫指挥使王君墓志铭”。
弘治八年（1495年）十一月卒。

明王锐妻杨氏墓志（有盖）
盖称：“大明诰封王宜人杨氏之墓”。
首题：“诰封宜人杨氏墓志铭”。
弘治元年（1488年）六月二十三日卒。

明王洪墓志（有盖）
盖称：“皇明戚畹王志远之墓”。
首题：“王志远墓志铭”。
弘治二年（1489年）三月十二日卒。

明王洪妻成氏墓志（有盖）
盖称：“明故戚畹王公子妻成氏之墓”。
首题：“戚畹故公子王志远妻成氏墓志铭”。
弘治十年（1497年）三月二日卒。
（以上1987年11月至1988年3月江苏南京市南郊明宪宗孝贞皇后王氏家族墓地发现　东南文化5：71—80）

明张胜墓志（有盖）
盖称：“诰封太淑人张氏之墓”。
首题：“诰封太淑人张氏墓志铭”。
成化十八年（1482年）闰八月十二日卒。
（江苏南京市雨花台区出土　华夏考古1：149—150、彩版一六）

明阌乡县君朱氏圹志（有盖）
盖称：“大明阌乡县君圹志铭”。
无首题。
弘治十五年（1502年）八月二十五日卒。
（1983年2月江西南昌市郊塘山公社塘山大队墓葬发现　南方文物4：41）

明王朝雍墓志（有盖）

崔铣　撰

额称："大明奉政大夫山西按察司佥事友山先生王公墓志铭"。

首题同。

嘉靖十六年（1537年）七月三日卒。

明王朝雍妻马氏墓志（有盖）

韩邦奇　书

盖称："亡妻马氏墓志铭"。

首题同。

正德五年（1510年）五月三日卒。

明王朝雍妻张氏墓志（残）

首题未详。

万历六年（1578年）二月九日卒。

（以上陕西渭南市大荔地区出土　上海文博4：37—41）

明范继文暨妻章氏合葬墓志（有盖）

无盖称。

首题："明茂才范先生继文暨配安人章氏合葬墓石"。

墓主嘉靖四十年（1561年）十一月十二日卒。

章氏万历三十二年（1604年）八月十五日卒。

（2013年1月21日浙江金华市金东区多湖街道黄泥山村墓葬发现　东方博物第48辑：49）

明徐朝凤墓志（残）

首题："明故引礼舍人岐山徐公墓志铭"。

嘉靖四十五年（1566年）二月十九日卒。

嘉靖四十六年（1567年）十一月初九日葬。

明王闰清墓志

首题："明故徐母孺人王氏墓志铭"。

隆庆六年（1572年）闰二月二十五日卒。

（以上2012年9月甘肃兰州市城关区和平新村原五泉造林站墓葬发现　华夏考古4：125—130）

明彭尚贤墓志（有盖）

盖称："大明承德郎陕西庆阳府通判彭公墓志铭"。

首题："明故承德郎陕西庆阳府通判奉诏进阶奉训大夫槐庭彭公墓志铭"。

万历三年（1575年）九月二十九日卒。

鲁邑惺斋燕儒宦撰　邑人方斋张可坤行状

庠晚松宪刘先泽书

（1985年1月河南南召县云阳镇墓葬发现　华夏考古4：23—25）

明周藩颍川恭田顺王睦㮊与妃周氏合葬圹志（有盖）

盖称："大明敕撰周藩颍川恭顺王合葬圹志文"。（残）

首题同。

万历十四年（1586年）正月初三日卒。

妃周氏万历十年（1582年）五月二十九日卒。

（2011年9月河南开封市东郊边村发现　中国国家博物馆馆刊3：103—105）

明董贞复墓志

志石正反两面刻字。

正面首题："明故文林郎河南道监察御史贞复董公墓志铭"。

背面首题："故河南道监察御史董君墓志铭"。

万历二十年（1592年）十月十一日卒。

朱赓撰　郑一麟书

（2011年5月初浙江绍兴县平水镇西湖桥村建设工地墓葬发现　东方博物第48辑：97—99）

明潘季驯墓志

志铭："明故总理河道提督军务资德大夫正治上卿太子少保□部尚书兼都察院右副都御史□水潘公墓志铭"。

卒年未详。

明潘季驯妻施氏墓志（残）

志铭："明诰封夫人潘□施氏墓志铭"。

卒年未详。

（以上20世纪90年代浙江湖州市吴兴区八里店镇诸墓村三墩自然村西南墓葬发现　东方博物第47辑：38—39）

明邓光祚墓志

无首题。

万历三十三年（1605年）九月十八日卒。

万历三十四年（1606年）十二月二十七日葬。

明邓光祚妻刘氏墓志

无首题。

万历四十八年（1620年）九月初六日卒。

天启四年（1624年）合葬。

（以上2010年8月至10月广东仁化县周田镇平甫村石马龙地墓葬发现　南方文物2：37—38）

明成绍宗暨夫人熊氏合葬墓志（有盖）

盖称："唐藩仪卫正泰吾成公暨元配封宜人熊氏合葬墓"。

首题："唐藩仪卫正泰吾成公暨元配封宜人熊氏合葬墓志铭"。

墓主万历四十六年（1618年）四月十七日卒。

熊氏万历三十五年（1607年）卒。

万历四十六年与夫人熊氏合葬。

（2005年5月河南南阳市卧龙区潦河镇大周庄村墓葬发现　中原文物5：73—74）

明二十九世土司杨烈墓志（有盖）

盖称："明故亚中大夫播州宣慰使司宣慰使杨公墓志铭"。

首题未详。

卒年未详。

明杨烈妻田氏墓志（有盖）

盖称："明故播郡太淑人田氏墓志铭"。

首题未详。

卒年未详。

（以上2012年8月贵州遵义市新蒲新区新铺村官堰组墓葬发现　中国文物报2196：8）

清

清吴元正暨妻合葬墓志（有盖）

盖称："清故扶风县训导诰封中宪大夫浙江金华府知府吴公暨配诰封吝恭人合葬墓志铭"。

首题同。

康熙十九年（1680年）四月二十日卒。

夫人康熙十六年（1677年）六月初六日卒。

康熙十九年（1680年）十一月二十九日合葬。

王弘　撰

（1980年年初陕西渭南市华阴市桥西村出土　陕西历史博物馆馆刊第20辑：262—264）

清李沁墓碑

碑铭："皇清敕赠文林郎庠生慎斋李公孺人黄太君合葬之墓"。

清李沁墓道碑

碑上区铭康熙皇帝分封李沁及妻黄孺人的圣旨，下区铭刻墓表。

额称："奉天敕命"。

首题："敕赠文林郎河南开封府中牟县盥县慎斋李先生墓表"。

卒年未详。

康熙五十四年（1715年）九月立石。

刘棨　撰

清李沁墓道碑

碑上区铭康熙皇帝分封李沁及妻黄孺人的圣旨，下区铭刻李沁传记。

额称："奉天敕命"。

张贞撰记　赵执信撰表　张在辛书丹

（以上山东安丘市西南辉渠镇东辉渠村南山墓葬发现　中国文物报2183：7）

清刘炳勋墓碑

额称："圣旨"；背铭："福寿"。

首题："皇清诰授奉政大夫赏戴蓝翎五品衔兵马司正指挥勋臣刘公元继继配史韩王宜人合葬之墓"。

"光绪三十一年（1905年）岁次乙巳十一月谷旦"立石。

碑阴铭志文。

光绪三十年（1904年）二月二十五日卒。

（2011年3月山东昌邑市都昌街道刘家北逄村发现　昌邑市博物馆收藏　中原文物1：96—97）

清高氏墓志

志文多漫漶。

额称："江南高氏之墓"；中间列铭："庚山甲向兼夘酉分金"；左列铭："妣高门李氏"；右列为："考高骥字濬卿"。

首题："□□□□□□□□□□□□□墓志"。

卒年未详。

（2009年7月至8月北京市通州区梨园镇半壁店旧村墓葬发现　北京文博4：42）

附：买地券

五代后梁郗璘墓莂（买地券）

券文100字。

龙德三年（923年）立券。

（1986年安徽怀远县万福镇茨南村茨河南岸河床中发现　万福镇文化站生态展览馆藏　中国文物报2109：7）

宋毛氏买地券

券文11列，共125字。

熙宁二年（1069年）五月二日立券。

（2013年7月4日甘肃庄浪县水洛镇何马村西南永泉寺南发现　中国文物报2161：8）

金孟氏买地券

券文朱书13行，每行约16字，共计193字。

正大五年（1228年）六月十九日葬。

（2009年山西晋中市北田镇福堂村墓葬发现　中国国家博物馆馆刊10：8）

金买地券

券文朱书，8行84字。

正隆五年（1260年）十一月八□立券。

（2011年4月5日河南洛阳市苗北村西北郊墓葬发现　考古4：54）

四　碑刻

汉《李君碑》

阳嘉二年（133年）立石。

汉《裴君碑》

建康元年（144年）立石。

（2010年11月中旬四川成都市天府广场东御街出土　四川文物3：51；又见《南方民族考古》（2012年）第八辑：1—8）

汉《司农刘夫人碑》

（2004年江苏宜兴市西木村征集　宜兴碑刻博物馆周王庙内存放　无锡文博1：40—41）

北魏邸元明墓碑

额称："邸府君之碑"。

和平二年（461年）五月卒。

和平三年（462年）立石。

（河北曲阳县邸村王子坟发现　曲阳县文物保管所收藏　文物11：79）

北朝晚期碑（残）（2通）

碑阳额称："重修大佛寺记"。

碑阴额称："崇庆禅寺"。

碑阳额称："重修大佛寺记"。

碑阴额称："大佛禅寺"。

（以上2007年陕西安塞县真武洞镇真郊村委会滴水沟自然村大佛寺石窟发现　考古12：23—24）

唐《硖石寺大隋远法师遗迹》碑

宝历元年（825年）立石。

（山西晋城市泽州县金村镇寺南庄村青莲寺下寺发现　文物世界2：41—42）

高句丽好太王时期碑（残）

碑文为汉字隶书，共10行140字："□□□□世必□天道自承元王始祖邹牟王之创基也　□□□子河伯之孙神□□□□荫开国辟土继胤相承　□□□□□□□烟户以□河流四时祭祀然□□备长烟□□□□烟□□□□□□富足□转卖□□守墓者以铭　□□□□□□□□□□太□□□□□□王神□□与东西　□□□□□□□□追述先圣功勋弥高悠烈继古人之慷慨　□□□□□□□□□自戊□定律教□发令□修复各於　□□□□立碑铭其烟户女人名□示后世自今以后　守墓之民不得□□更相转卖虽富足之者亦不得其买　卖□□违令者后世□嗣□□看其碑文与其罪过"。

（2012年7月29日吉林吉安市麻线乡麻线村麻线河右岸发现　中国文物报2098：2）

宋《父母恩重经》碑（残）

雍熙二年（985年）二月九日立石。

（2011年山东金乡县兴隆乡洛城村发现　中国文物报2191：1）

宋碑

碑阳铭："绍熙府儒学碑"。

淳祐十年（1250年）八月朔旦立石。

碑阴为明代碑刻："和义记"，记述了明成化年间荣县望族邹秩然父子捐资修建棂星门，彩饰文庙殿宇。

（四川荣县文物管理所藏　四川文物1：57）

西夏碑（残）

1号墓西侧两座碑亭出土大量汉文碑块，其中有："郎张陟撰""武皇""野利公玮……""……子四人……"等字。

7号墓西南侧一座碑亭出土十多块有字碑块，其中有："时天禧"等字。

2号墓出土残碑残存："大夏故中……""臣闻野利……"。

（以上2000年至2001年宁夏银南地区青铜峡市小坝镇玉泉营村墓葬发现　文物世界3：24—25）

元碑

额称："投龙简记"。

首题同。

赵孟頫书

延祐元年（1314年）八月立石。

（河南济源市济渎庙发现　中原文物5：69）

元"正定路平山县万寿禅寺源流碑"

至治二年（1322年）立石。

（2009年河北平山县三汲乡茹家村崖壁发现　文物春秋3：36）

明碑（2通）

碑居中铭："明诰封宜人顕妣刘氏之墓"。

碑居中铭："明故奉政大夫吏部文选清吏司郎中心虞郑公之墓"。

（2010年8月至10月广东仁化县周田镇平甫村石马龙地墓葬发现南方文物2：37—38）

明碑

碑阳额称："圣旨"。

首题："敕谕一道"。

万历三十七年（1609年）二月吉旦立石。

碑阴额称："碑阴"。

首题："本府崇因寺盖方殿募缘疏"。

（1980年存于河北正定城内北门里街路西崇因寺内　文物春秋1：54—56）

明碑

崇祯十三年（1640）立石。

（2009年河北平山县三汲乡茹家村崖壁发现　文物春秋3：35—36）

明碑

首题："骠骑将军示谕龙岩囤严禁碑"。

（2012年4月至2013年1月贵州遵义市汇川区高坪镇海龙囤遗址发现考古7：78）

清月山寺碑

薛所蕴题诗。

康熙三年（1664年）孟春立石。

（2011年5月河南博爱县月山寺遗址发现　中国国家博物馆馆刊4：111）

清碑

额称："皇帝万岁"。
首题："创建天妃宫碑记"。
康熙二十一年（1682 年）立石。
（河南长葛市石象乡营坊村小学大门西边娘娘楼门前发现　中原文物 2：87）

清"重修朝阳庵记事碑"
"大清□治元年孟夏之月榖日"立石。
（2006 年河北昌黎县荒佃庄乡陈青坨村发现　文物春秋 5：43）

清碑
额称："万绿重新"。
内容为凉州儒学廪膳生员修缮钟楼之事。
乾隆二十五年（1760 年）四月立石。
（甘肃武威市凉州区大云寺古钟楼内发现　陇右文博 2：73—75）

清碑
碑文朱书
额称："建修博克达山庙记"。
光绪十六年（1890 年）立石。
（2010 年 9 月至 10 月新疆阜康市南天池风景管理区博克达山庙遗址发现　新疆文物 1：7—8）

清碑
首题："敕建昭忠祠碑碑文"。
碑文记述中日甲午战争中，毅军与日军的几次战役。
光绪二十四年（1898 年）秋八月立石。
（辽宁锦州市博物馆藏　中国国家博物馆馆刊 2：113）

附一　造像题记

北魏摩崖造像题记
沟门石窟龛南侧铭："雷……佛弟子□□□佛□□□□□□□□　永熙二年二月廿日佛弟子雷□□□佛弟子功曹雷法生上为皇帝陛下下为……"发愿题记 1 则。
牛家庄石窟 1 号龛主尊左肩铭："□□老君"。
（以上 2009 年 6 月至 7 月陕西铜川市北部宜君县雷塬乡沟门、城美乡牛家庄石窟发现　四川文物 3：9、12）

北魏石窟造像铭
2 号窟北壁铭："大公大（或"太"）和柒年柒月贰拾三日……公法师□佛事当本院……兼寨忠显……"题记 1 则
（2007 年 7 月陕西安塞县真武洞镇真郊村委会滴水沟自然村大佛寺石窟发现　考古 12：7—8）

北魏造像铭
像座铭："太和十九年岁在乙亥……，魏郡邺县民刘伯阳，为居眷男女大小敬造释迦摩尼石像一区……造像题记 1 则。"
像座三面铭："大魏正二年岁次乙酉……"造像题记 1 则。
像背屏背部铭："永平三年岁在庚寅佛弟子张□……建立兴造观世音石象一区……"造像题记 1 则。

东魏造像铭
像座背铭："天平四年，岁次丁巳……，永晖寺智徽为师僧父母敬造白石观音像一躯……"。
像背铭："元象元年七月十五日，比丘尼道胜敬造药师佛一区……"。
像座背面铭："大魏武定二年，岁次甲子，四月八日，佛弟子张景章为亡父母敬造观世音像一区供养"。

像座背面铭："武定二年六月廿三日……"造像题记1则。

像座背面铭："大魏武定四年，岁次丙寅……"，敬造释迦石像一区……造像题记1则。

像座正面铭："大魏武定四年，岁次丙寅……，佛弟子孙景藆敬造弥勒白石像一区……"。

像座三面铭："大魏武定五年，岁次丁卯，比丘尼僧略敬造释迦像一区……"。

北齐造像铭

像背铭："维大齐天保元年岁次庚午，五月廿八日长孙氏陆谨为亡夫北徐州刺史长孙柬敬造阿弥陀像一区，举高三尺……"。

像座背铭："天保六年七月八日，佛弟子皇海伯敬造观世音白玉像一区……"。

像座三面铭："天保十年四月一日，清信佛弟子□枝本……敬造观音像一区……"。

像座背面铭："唯大齐河清二年，比丘尼僧觉，昙华造像供□"。

像座背面铭："武平五年四月廿二日，为亡比丘僧光敬造像□区"。

（以上2011年至2012年河北临漳县习文乡北吴庄北地佛教造像埋藏坑发现　考古7：54—66）

北周造像铭

像座底层正面铭："大周建德二年七月二十日，仇阳仁寺比丘尼僧……"造像题记12行84字。

（2008年1月陕西凤翔县田家庄镇河北村发现　凤翔县博物馆藏　考古与文物6：109）

北周至隋造像铭

2号窟口南侧铭："主修人……大田……樊吉"题记1则，字迹多漫漶。

2号龛北侧铭："……二月二十七……"。

（2009年6月至7月陕西铜川市北部宜君县雷塬乡苜蓿沟、城美乡牛家庄石窟发现　四川文物3：12、14）

隋摩崖造像铭

2号龛左侧铭："大隋开皇十四年岁次□□十月十五日　弟子王□□王□贵德（?）及（?）□□□□□□□　等造□□□□……"造像题记57字。

3号龛左侧铭："大隋开皇十五年十月十五日三洞弟子赵法会……"造题记88字。

（以上四川阆中市保宁镇沙溪办事处盘龙村六组颉家山山腰岩壁发现　文物7：60—61）

隋造像铭

像座正面铭："大业七年四月廿日，佛弟子张泽为亡妻双敬造白玉石太子思维像一躯……"。

唐造像铭

龛像下铭："上元二年十月廿日，弟子张弘亮……敬造阿弥陀像一铺……"。

（以上2011年至2012年河北临漳县习文乡北吴庄北地佛教造像埋藏坑发现　考古7：66—67）

唐摩崖造像铭

9号龛右侧上部铭："……三（五?）月□日……座及……五灵义……巳夫"题记40余字。

（四川阆中市保宁镇沙溪办事处盘龙村六组颉家山山腰岩壁发现文物7：63）

唐摩崖造像铭

3号龛造像座下铭："第四尊者……"题记1则，字迹多漫漶。

像座铭："第三尊　令狐璋夫　妇同心造"。

像座铭："第二尊　令狐璋造"。

像座铭："第一尊者　令狐璋夫　妇发心造"。

像座铭："第十六　尊者令狐璋造"。

像座铭："第十五尊　者令狐　璋造"。

像座铭："第十四尊　者令狐璋造"。

像座铭："第十三　尊者　（令）狐章造"。

像座铭："第五尊　者令狐　璋造"。

像座铭："第六尊者　令狐璋夫　妇同心造"。

像座铭："第七尊　者令狐　璋造"。

像座铭："第八尊　者令狐　璋造"。

像座铭："（第）十尊　者令狐　璋造"。

像座铭："第十二……"。

7号龛左壁铭："供养　□□己巳朔日设斋表讃訖□　□夫妇镌造以开宝三年岁次庚午隽地藏菩萨共两身……"造像题记58字。

39号龛碑身中下铭："惟天宝拾壹□　（岁）次壬辰□□　廿五日发心□　□此龛□□　普令□□贰□供养"。

（以上2011年9月至12月重庆市潼南县崇龛镇薛家村一社张家湾（华家沟）北部千佛寺摩崖造像遗址发现　考古12：41—44、56）

明石窟造像题记

石窟北侧铭题记1则："怪石虎耸肩　河流水声潺　自从金□佛后　而今不记年　万历戊申四月八日　同官习雨川刻"。

（2009年6月至7月陕西铜川市北部宜君县雷塬乡牛家庄石窟发现　四川文物3：13）

明摩崖造像铭

12号龛右侧上部铭："大明景泰五（?）□□五日人四川（?）"。

（四川阆中市保宁镇沙溪办事处盘龙村六组颉家山山腰岩壁发现文物7：65）

附二　石刻题记

汉石铭

椁板朱书："八""九"。

（1986年河南洛阳市偃师县城关乡后杜楼村砖厂墓葬发现　中国国家博物馆馆刊2：6）

汉石板铭

石板墨书："北方后垣中央第二"。

石板墨书："西方垣南第四"。

石板墨书："中央南方第三"。

石板墨书："東宜南方三"。

（以上2012年3月陕西西安市北郊凤城三路百花村百花家园小区建设工地墓葬发现　文博5：7）

唐石铭

石虎左侧后腿下方的上层踏座有刻字，惜字迹漫漶不清；前胸左侧铭："武德拾年石匠小汤二记"。

（2012年4月至12月陕西三原县县城北徐木塬上唐献陵陵园遗址发现　考古与文物5：38）

唐摩崖题记

崖壁铭："天宝四年太守　郑子信此南北　路移险造阁记"。

（2012年5月四川巴中市南江县东榆镇战斗村一组二洞桥遗址发现　文物9：40）

唐石塔铭

塔身左侧铭："盖闻献沙兴塔童子立无上之功……咸亨三年六月廿五日"12行160余字。

（2002年5月河南洛阳市东郊杨文发现　文物11：82—84）

唐石刻

石铭8行64字云篆真文，普通汉字8行，残存150余字："北方五炁玄天承元始符命，告下北方无极世界土……"。

（1910年陕西西安市发现　美国芝加哥富地自然史博物馆藏　文物11：87—88）

吐蕃时期石刻

第2幅石刻造像下半身左侧铭7行藏文题记，文字多漫漶，拉丁文转译汉文为："诸佛　慈悲思想

三慈悲雨水如同　降下所有众生的苦　无明黑暗　向你……”。

第5幅石刻铭藏文题记8行。

第6幅石刻尊像右侧铭藏文题记4行，下侧残存藏文题记2行。

第7幅石刻尊像右侧及下侧铭藏文题记10行。

第8幅石上铭古藏文题记7行。

第9幅石刻尊像下侧铭藏文题记6行。

第12幅石刻僧房外间西壁铭藏文题记11行。

（以上2010年至2013年四川甘孜藏族自治州石渠县长沙干马乡须巴山山脚发现　四川文物6：4—11）

五代经幢铭

幢身铭《佛顶尊胜大悲真言》和《尊胜心真言》。

（2011年4月至5月河南洛阳市苗北村西北部墓葬发现　考古4：50）

宋刻石

洞内南壁铭宋仁宗庆历七年（1047年）经略安抚使施昌“再浚鹅池洞泉”石刻、宋神宗熙宁元年（1068年）庆州知事王举亢“鹅池记事”石刻。

（甘肃庆城县城南垣内鹅池洞发现　陇右文博1：9、照8）

宋墓室题记

甬道东壁书：“大宋莱州故天水……三郎墓志”等。

甬道西壁书：“时在元丰七年岁次甲子十月丁卯朔十四日西沟……”等，字迹多有脱落，无法辨识。

（2012年11月山东莱州市文昌街道办事处南五里村墓葬发现　中国文物报2192：8）

宋摩崖题记

崖壁铭：“古道边江　夏水暴涨　则　不便往来　命道人何永德　凿崖栽石以取道焉　庶为　千古不朽之迹　谨题流离关　大宋癸亥嘉泰三年秋　纠首侯南基洎当境信士　石匠赵忠顺记　张刚书”。

崖壁铭：“绍兴三年二月　十五日金贼范（犯）兴元府　弓级任荣记”。

（以上2012年5月四川巴中市南江县南江镇元山村一组琉璃关遗址发现　文物9：37—38、42）

宋墓室题记

墓室两横梁石板铭：“寿山”“福海”。

（2000年8月贵州遵义市桐梓县马鞍山观音寺大殿墓葬发现　江汉考古4：80）

宋石刻

崖壁铭：“天下太平”“叶金”。

（2007年至2009年浙江安吉县天目山西支山脉牛头山崖壁发现　东方博物第46辑：39）

宋元画像石题榜

刻石一铭：“永奏钧天”。

刻石三铭：“汶阳济阴”“□郓”；图中间铭“齐归汶阳”。

刻石五画间铭：“费”。

刻石六铭：“汉祀太牢”。

（以上2013年4月山西高平市伯方村文庙发现　文物春秋6：58—59）

宋石铭（3件）

镇墓石正面铭：“□（石?）星”，一侧面有2—3字，漫漶不清。

镇墓石朱书：“太白居右”。

镇墓石朱书：“□（魁）星居左”。

（2009年7月至2010年1月河北鹿泉市寺家庄镇西龙贵村墓葬发现　考古5：49）

辽墓室题记

东壁画面右上角左右两侧墨书，右侧：“宝鹿千年□□花万载荣”；左侧：“（岁）知（凝）寒竹，鹤笄永龟灵”。

（2011 年 4 月山西大同市东风里东街北侧墓葬发现　文物 10：48—49、51）

辽石函盖铭

函盖背面铭：“故安州防御使□□，有子三人，长男殿试，次男玹。建州□□，有子二人，长男金兴，次男大□。次男璟，有子一名万吉”。

（2008 年 6 月至 8 月辽宁朝阳市双塔区桃花吐镇林四家子村西营子屯墓葬发现　北方文物 2：46）

金墓室题记

墓室壁墨书：“幽斋”。

墓室壁墨书：“有客来相问　如何是治生　但存方寸地　留与子孙耕”。

墓室壁墨书：“江动月移石　溪虚云傍花　乌栖知故道　帆过宿谁家”。

（以上 2009 年山西晋中市北田镇福堂村墓葬发现　中国国家博物馆馆刊 10：7）

元摩崖题记

崖壁铭：“维大元国大都路涿州房山县般舟寨主万户岳钦奉圣旨……至正十九年三月有□日建立石匠良□□……”题记 174 字。

（2011 年 10 月北京房山区韩村河镇圣水峪村西白云山崖壁发现　文物春秋 6：64—65）

6—15 世纪石窟题记

第 1 窟僧房窟正壁右侧铭 12 横列察合台文及 4 横列婆罗迷文题记。察合台文下方刻写 2 横行阿拉伯文，内容为古兰经。

第 2 窟主室正壁存 5 行婆罗迷文、1 横行古民族文字及 1 横列察合台文题记，前壁铭 2 横行婆罗迷文题记。

（2009 年新疆拜城县克孜尔镇东南明屋塔格山亦狭克沟石窟发现　文物 12：57—61）

明石刻

洞内南壁铭明武宗正德八年（1513 年）同知府事崔江等“同观鹅池记”石刻、明武宗正德九年（1514 年）兵备副使张滥“重浚鹅池”石刻、明世宗嘉靖五年（1526 年）江都进士萧海“鹅池铭并序”石刻、明世宗嘉靖十一年（1532 年）同知府事白镒“鹅池记事”石刻，还有嘉靖年间王恴“观鹅池诗”石刻。

（以上甘肃庆城县城南城垣内鹅池洞发现　陇右文博 1：9、照 8）

明石刻

神道石牌楼（残）正面铭：“宫保尚书□”，反面铭：“□川潘公神道”。

（20 世纪 90 年代浙江湖州市吴兴区八里店镇诸墓村三墩自然村西南墓葬发现　东方文博第 47 辑：38—39）

明墓室题记

墓室门框正面铭：“思仝济水长”“恩并行山重”。

墓室门楣铭：“永言孝思”及“□花女”“曹庄劝妻”“孟母教子”。

墓室门楣右角上款：“大明万历四十年”，左角题下款：“春三月吉日立”。

（2012 年 1 月河南济源市东街国际花园工地墓葬发现　中原文物 1：11）

明墓室题记

右侧墓室顶部铭：“明勑葬诰封淑人李氏陈母之墓”。

左侧墓室顶部铭：“明勑葬总都督御史□……。

（2012 年 8 月重庆市巴南区麻柳嘴镇梓桐坝村三社石马湾墓葬发现　四川文物 6：16、18）

明塔铭

塔身一层铭：“赵翁宝塔”，落款：“万历癸丑孟夏吉旦修建”。

（河北昌黎县荒佃庄乡陈青坨村赵翁宝塔发现　文物春秋 5：42—43）

清石窟题记

2号窟洞口上方铭12行111字："石空寺公地碑记　昉于大宋之国延及隆　庆之年寺中公田由　来已久自乾隆年河浸　水滂其地散失……大清乾隆四十三年九月二十一日立"。

（甘肃镇原县城东茹河南岸石空寺石窟发现　陇右文博2：66）

清石刻

川南第一桥桥碑中心铭："川南第一桥"，上款："道光十二年十二月"；下款："州牧吉林宣瑛书"；匾为："江流底定"，左次间匾为："康庄"，碑为："新修川南第一桥碑记"；右次间匾为："利济"，碑为："邛州川南第一桥碑记。

头堰桥桥北端东柱铭："蜃掩浪中天"，西柱铭："虹遮波裹口"；南端东柱铭："效李冰遗则"，西柱铭："法郑桥留规。"

大同天生桥桥碑铭："大清道光八年仲夏上浣□吉……"。

状元桥桥碑铭："状元桥"。

永寿桥桥碑字迹漫漶。建于咸丰元年（1851年）。

福康桥桥碑铭："康福桥"，上款："咸丰癸丑春"，下款："郡人吴江书"。

四德桥西碑铭："四德桥""石工师杨仲超道光十七年冬十一月初十日生员王德新书"。

竹溪桥桥碑铭："竹溪桥""郡人植三之书"。

金鸡桥桥碑铭："金鸡桥"，上款："大清光绪十五年岁在乙丑蒲月吉日旦"，下款："本邑生员寇洪恩题"。

永远桥桥碑铭："永远桥"，两侧刻捐款人名。

桃源桥桥碑铭："桃源桥" 和修建桥的经过及功德人名。

多功桥桥碑铭："多功桥""天台山下河老寺侧……""乾隆……"。

（以上四川成都市邛崃市内发现　成都文物1：45—49）

清摩崖题记

崖壁铭："奉　旨不论各贼　逃出免死　署南江县裘　委管团练钱同示"。

（2012年5月四川巴中市南江县东榆镇战斗村一组二洞桥遗址发现　文物9：40）

五　有铭砖

汉有铭砖

砖铭："大富昌子宜孙乐未央"。

砖铭："……大富"（残）。

（宁夏盐池县花马池镇张家场村西古城址发现　中国国家博物馆馆刊4：9—10）

汉有铭砖

砖铭："生未央"、"利千万"。

（陕西茂陵博物馆收藏　文物7：70）

汉有铭砖

砖铭："宜官延"（80块）。

砖铭："宜官延"。

砖铭："炽叩头死罪敢"。

砖铭："为曹侯作壁"。

砖铭："属昨自语言私心　不白别有区哀　何（提手＋动）相将当有苦"。

砖铭："留相焰我劳将损死"。

砖铭："东部督王炽　字元異"。

砖铭："别驾从事王左叩头死"。

砖铭：“令左　史忠”。
砖铭：“公门”。
砖铭：“唯念王左及朱”。
砖铭：“咄尧王左甚不”。
砖铭：“癸酉”。
砖铭：“必忠”。
砖铭：“当令备蚕　扫四方”。
砖铭：“再拜再拜”。
砖铭：“是是是后”。
砖铭：“限阿枚虽日”。
砖铭：“颖□逸祟志□□（弓＋余）”。
砖铭：“常弘如李安立”。
砖铭：“作苦心丸”。
砖铭：“勉力讽诵”。
砖铭：“顷不想思”。
砖铭：“大须自有”。
砖铭：“楼阿枚子”。
砖铭：“使仁动剧　剧”。
砖铭：“复德行者”。
砖铭：“尧饮枚千钟”。
砖铭：“曰夙且休干　乃□”。
砖铭：“当起送无有朽”。
砖铭：“黄枒一枚各”。
砖铭：“酸酵五升配酰”。
砖铭：“纪绝事止食”。
砖铭：“吾家夫忘之　今有少西大漯　自知久勿还”。
砖铭：“嫌道漯耶张　今绪翕当茗　然”。
砖铭：“令曰组助路无贫　盖多文惠赐□　中照门后所以”。
砖铭：“一日持书平安　世何等言兮　大兄临无可食”。
砖铭：“今来至王成□家　西作壁大屯不可　用作身仕笑我”。
砖铭：“置掾景兴侍者　勤苦暑热岂□　知姑息稨（禾＋各）平享”。
砖铭：“亥子月”。
砖铭：“二茧躬（忄＋育）”。
砖铭：“谒汤都”。
砖铭：“嵩光水郢”。
砖铭：“黑后　景招”。
砖铭：“居张　萨羊休”。
砖铭：“亟持枝”。
砖铭：“卒史俦”。
砖铭：“夔子”。
砖铭：“具口”。
砖铭：“如练具木”。
砖铭：“连年”。
砖铭：“敬君”。

砖铭："孤子"。
砖铭："沐疾"。
砖铭："覃卿"。
砖铭："大贵"。
砖铭："欲得"。
砖铭："异异"。
砖铭："枚歹"。
砖铭："陈"。
砖铭："代子起"。
砖铭："发子支"。
砖铭："送"。
砖铭："王左死奴复死苛"。
砖铭："缪婴公侯"。
砖铭："祭酒"。
砖铭："吴敬高大士大夫"。
砖铭："君侯"。
砖铭："平仓"。
砖铭："成壁但冤余"。
砖铭："延熹七　元月"。
砖铭："六月七日来"。
砖铭："七月晦日良"。
砖铭："七月九日下坯"。
砖铭："叹九月上旬"。
砖铭："断行廿六枚东西廿八"。
砖铭："此行成作"。
砖铭："作坯从此北"。
砖铭："此上后日作"。
砖铭："公丈作此北行"。
砖铭："迁"。
砖铭："使"。
砖铭："王冕"。
砖铭："一行"。
砖铭："东"。
砖铭："一十"。
砖铭："五"。
砖铭："六"。
砖铭："六"。
砖铭："十"。
砖铭："十"。
砖铭："十"。
砖铭："十"。
砖铭："十"。
砖铭："十"。
砖铭："廿"。

砖铭："十"。
砖铭："十"。
砖铭："十"。
砖铭："十"。
砖铭："一十"。
砖铭："一十"。
砖铭："一十"。
砖铭："十一"。
砖铭："十一"。
砖铭："十二"。
砖铭："十四"。
砖铭："廿"。
砖铭："廿"。
砖铭："廿"。
砖铭："廿"。
砖铭："廿"。
砖铭："三十"。
砖铭："三十"。
砖铭："四十"。
砖铭："卌"。
砖铭："四十"。
砖铭："四十五"。
砖铭："四十"。
砖铭："五十"。
砖铭："五十六"。
砖铭："五十"。
砖铭："五十"。
砖铭："六十"。
砖铭："六十"。
砖铭："六十"。
砖铭："六十"。
砖铭："六十"。
砖铭："六十"。
砖铭："七十"。
砖铭："七十"。
砖铭："八十"。
砖铭："八十"。
砖铭："九十"。
砖铭："九十"。
砖铭："九十"。
砖铭："百"。
砖铭："百"。
砖铭："从此当百"。
砖铭："百廿"。

砖铭："百卅"。
砖铭："百五十"。
砖铭："百卅"。
砖铭："百六十四"。
砖铭："二百"。
砖铭："六百廿一"。
砖铭："大凡四百卅放"。
砖铭："二千八百"。
砖铭："南十"。
砖铭："漯"。
砖铭："忧"。
砖铭："十"。
砖铭："陈"。
砖铭："乙吾"。
砖铭："□"。
砖铭："□"。
砖铭："□"。
砖铭："一五"。
砖铭："二十"。
砖铭："五十"。

（以上1973年夏安徽亳州市（原亳县）魏武大道中段路西第三中学操场内董园村一号墓发现　文物研究第20辑：233—238）

三国吴有铭砖

砖铭："天玺元年十月五日作"。

（2009年元月至8月江苏南京市雨花台区宁南街道农花村墓葬发现　考古3：29）

三国东吴有铭砖

砖铭："宝鼎二年太岁在丁亥九月辛未月五日□□□□所作"。

（2009年3月至4月浙江嵊州市甘霖镇石坪村墓葬发现　东方博物第47辑：75—76）

东吴至西晋有铭砖

砖铭："凤凰三年太岁在甲□□氏作"。
砖铭："凤凰三年太岁在甲午"。
砖铭："凤凰三年太岁在"。
砖铭："凤凰三年太岁"。
砖铭："金氏立"。
砖铭："太康八年金氏"。

（以上1992年2月底安徽青阳县蓉城镇五星村张家祠黄土岗墓葬发现　文物研究第20辑：243、247）

晋有铭砖

砖铭："元康元年造作"。
砖铭："尺业塛千亿"。
砖铭："宽来"。
砖铭："万贵宜其人"。
砖铭："九年三月五日冯□作"。
砖铭："永嘉四年八月十日立圹主姓黄"。

砖铭："富贵未央主姓张"。

砖铭："大宽"。

砖铭："大绪"。

（以上2009年3月至4月浙江嵊州市甘霖镇石坪村墓葬发现 东方博物第47辑：71—72、78—79、82、84—85）

晋有铭砖

砖铭："元康□□□□□"。

砖铭："元康四年八月造富贵昌保万年"。

（以上2006年8月至9月浙江宁波市鄞州区东吴镇东北蔡沟塘西麓墓葬发现 南方文物3：29、31）

晋有铭砖

砖铭："泰康七年九月十一日"。

砖铭："泰元廿年四月二日王康"。

砖铭："晋时造"。

砖铭："泰元廿年四月四日东莱郡弦县"。

砖铭："晋□建威将军东□"。

砖铭："泰元廿年四月二日王康"。

砖铭："晋时造"。

（以上2007年10月至11月山东烟台市龙口市芦头镇东梧桐村北墓葬发现 考古4：22、24—25、29）

晋有铭砖

砖铭："建武元年九月六日立□"。

砖铭："大兴四年九月十日俞仲□立"。

砖铭："泰宁一季八日于景光立"。

砖铭："丁氏造"。

砖铭："施氏之记"。

（以上2004年12月至2005年1月浙江德清县武康镇星华村山东垅山冈墓葬发现 东方博物第46辑：16）

晋有铭砖

砖侧面铭："泰元元年八月孙浮立作"，端面铭："晋故都尉""君"。

砖侧面铭："泰元元年七月廿日孙浮立作"，端面铭："丰""主"。

砖侧面铭：宁康三年九月十日。

砖侧面铭："太康八年岁在丁未七月十五日康申造"。

砖侧面铭："太康八年岁在丁未七月十五日康申造"。

砖侧面铭："太安三年八月十一日会□□□□□"。

砖侧面铭："造功杨都熙□"。

（以上2013年3月至5月浙江宁波市北仑区小港街道姚墅村凤凰山墓葬发现 南方文物3：33—36）

晋有铭砖

砖铭："吉"。

砖铭："大吉"。

（1991年8月江西吉水县县城东南郊墓葬发现 南方文物4：29）

六朝有铭砖

砖铭："利"。

砖铭：“大利卜”。

砖铭：“钝”。

砖铭：“钝斧”。

（以上2010年12月湖北谷城县城西郊南河北岸龙家湾村墓葬发现　文物7：31—32、36）

南朝梁有铭砖

砖纵侧面铭：“天监三年八月二日起作”，端面铭：“天监三年”“王博士冢”。

（2009年3月至4月浙江嵊州市甘霖镇石坪村墓葬发现　东方博物第47辑：76、78）

南朝有铭砖

砖铭：“方”。

砖铭：“小急”。

砖铭：“出大急”。

砖铭：“出一小宽”。

砖铭：“上第一”。

砖铭：“右下三第二”。

砖铭：“右下建上三二”。

砖铭：“右下”。

砖铭：“吹笙飞仙下三第一”。

砖铭：“吹生下第一”。

砖铭：“笙二”。

砖铭：“笙下”。

砖铭：“笣一”。

砖铭：“笣二”。

砖铭：“笣下中一”。

砖铭：“奴朝建□二百”。

砖铭：“七”。

砖铭：“五”。

砖铭：“一”。

（以上2011年6月至12月浙江杭州市余杭区小林镇陈家木桥村北小横山M109发现　文物5：47、52—53）

唐有铭砖

砖铭：“□六七”。

砖铭：“涼八”。

砖铭：“郃十三”。

砖铭：“郃十五”。

砖铭：“郃九”。

砖铭：“郃十二”。

（以上2012年4月至12月陕西三原县县城北徐木塬上唐献陵陵园遗址发现　考古与文物5：43—44）

宋有铭砖

砖铭：“宋景平元年太岁癸亥七月玝□作”。

砖铭：“会稽永兴西乡□□里苏□自书之”。

（以上2013年3月至7月浙江杭州市萧山区闻堰镇老虎洞村北遗址发现　中国文物报2176：8）

宋有铭砖

砖体墨书：“専氏二伯十五”。

（2012年11月山东莱州市文昌街道办事处南五里村墓葬发现　中国文物报2192：8）

宋有铭砖（残）

砖铭："……沙县造"。

（2010年6月至8月湖南长沙市五一广场东南侧1号窖发现　文物6：7）

宋有铭砖

砖铭："官"（16块）。

（2002年4月山东泰安市岱庙西城墙遗址发现　中国文物报2187：8）

宋元有铭砖

砖一端铭："兴化县"，另端铭："李"（2件）。

砖铭："淮东运司"。

砖铭："□烧部"。

砖铭："二□"。

砖铭："□云城□二十八□□"。

（以上2008年3月至5月江苏仪征市区东南隅真州城东门水门遗址发现　东南文化4：49—50）

金有铭砖

砖铭："大金皇统九年三月日重修保"。

（2011年5月至2012年12月河北保定市曲阳县羊平镇田庄村东墓葬发现　中国文物报2106：8）

元有铭砖

砖铭："蔡国夫人李氏"。

（2012年6月河北满城县大册营镇岗头村九龙庄自然村东墓葬发现　文物春秋5：37—38）

明有铭砖

砖铭："驗"。

砖铭："砖"。

砖铭："甸"。

砖铭："十六"。

砖铭："十六砖"。

砖铭："初一号"。

（以上2012年4月至2013年1月贵州遵义市汇川区高坪镇海龙囤村双龙组遗址发现　考古7：77）

明有铭砖

砖右侧面朱书："敕令"、"贵子孙寿遐龄六丁守墓篆文"；左侧面朱书："万历四十一年十二月十九日安葬大吉"。

砖面朱书："分金永富"。

（2012年1月河南济源市东街国际花园工地墓葬发现　中原文物1：15）

六　陶文

新石器时代陶文

完整器物或碎片上发现刻划符号，共计244件。

（2013年浙江平湖市林埭镇群丰村庄桥坟遗址资料整理中发现　浙江文物4：13）

周陶文

陀形器器底刻划1字："子"。

（2010年11月河南荥阳市高村乡官庄村西遗址发现　考古3：11—12）

周陶文

陶片刻划或戳印："左"、"盟灾"、"罩"等。

（2010 年 7 月至 11 月河南新郑市郭店镇华阳塞村遗址发现　考古 9：35）

战国陶文

陶片和瓦片上模印或刻有："宗"、"函"、"官"。

（2012 年 11 月至 2013 年 1 月安徽蚌埠市固镇县南谷阳城遗址发现　中国文物报 2149：8）

战国陶文

钵口沿残片戳印："⧖"。

匜钵外壁刻有符号。

匜钵底部残片戳印："安阳"。

碗唇部刻："五"。

（以上 2009 年 4 月至 8 月内蒙古乌兰察布市卓资县梨花镇土城子村遗址发现　草原文物 2：62—63）

战国陶文

部分陶器上戳印："咸□里□""咸亭□里□"等。

（2012 年 9 月至 2013 年 2 月陕西咸阳市渭城区周陵镇贺家村北墓葬发现　中国文物报 2173：8）

战国陶文

鼎盖内戳印 1 字："亭"。

鼎盖顶、器腹戳印 1 字："亭"。

壶肩部戳印 1 字："亭"。

缶盖内及器身肩部戳印 1 字："亭"。

囷顶部戳印 1 字："亭"。

（以上 2012 年 9 月陕西凤翔县路家村墓葬发现　文博 4：5—7）

战国至秦陶文

罐肩铭一周刻划符号。

釜上腹铭一双环形刻划符号。

甑外腹铭一刻划符号。

钵外底铭一刻划符号。

钵外底铭一刻划符号。

（以上 2011 年 8 月至 10 月河南郑州市金水区廊桥水岸小区墓葬发现　中原文物 4：18—19）

秦陶文

陶俑衣裳后侧戳印 2 字："宫藏"。

（2011 年至 2013 年陕西秦始皇帝陵 9901 陪葬坑发现　中国文物报 2181：1）

秦汉陶文

罐口沿戳印："定楬□□"。

（2011 年 3 月广东五华县华城镇塔岗村西南狮雄山秦汉城址发现　东南文化 1：28）

秦汉陶文

钵内壁刻划 1 字："杯"。

钵内壁刻划 1 字："杯"。

钵内壁刻划 1 字："杯"。

钵内壁刻划 1 字："八"。

钵内壁刻划 1 字："小"。

钵内壁刻划 2 字："斗亭"。

（以上 2010 年 4 月至 5 月湖北武当山柳树沟村墓葬发现　江汉考古 2：48—50）

汉陶文

罐肩部刻划文字。

(1986 年河南洛阳市偃师城关乡后杜楼村北砖厂墓葬发现　中国国家博物馆馆刊 2：6)

汉陶文

壶颈部以下铭："澈化第五"。

(2009 年至 2012 年江苏盱眙县马坝镇云山村大云山山顶墓葬发现　考古 10：66)

汉陶文

鼎耳下部印 1 字："朱"。

(2010 年 8 月至 10 月安徽萧县龙城镇陈沟行政村明山墓葬发现　南方文物 3：49)

汉陶文 (2 件)

罐肩部有铭文，字体不明。

罐肩部铭："一斗一升"。

(2009 年至 2012 年江苏盱眙县马坝镇云山村大云山山顶江都王陵墓葬发现　东南文化 1：60)

汉陶文

壶盖、肩等部位刻有："大（太）官""十三""十九""卅十""二斗文"等字 (9 件)。

罐盖顶或器身刻划："十九""廿五""卅十""卅六"等字。

罐盖顶刻划："十九"。

(以上 2009 年 8 月至 2010 年 7 月陕西蓝田县华胥镇支家沟村墓葬发现　考古与文物 5：21)

汉陶文

扑满戳印 4 字："日利千万"。

铺首陶范一面铭："不忘日入千万"。

器座圆形插孔四周模印："日利" (4 枚)。侧面模印："日利" (8 枚)。

残片戳印："日利"。

(以上陕西茂陵博物馆收藏　文物 7：68—70)

汉陶文

困楼楼道背面墨书："困楼百合"。

(2010 年 10 月至 2011 年 1 月河南焦作市马村区南水北调安置小区墓葬发现　中国国家博物馆馆刊 8：8、图五)

汉陶文

马颈右侧铭："十四日作十六日□"。

(1999 年至 2000 年重庆市丰都县三合镇汇南乡墓葬发现　四川文物 4：10、图一〇，1)

汉至三国时期瓷铭

碗内底印："翁□私印" (残)。

盂肩部刻划 2 字："郑女" (残)。

罐罍类器残片外壁印："郎东官器"。

窑具垫具顶面印："唐□□□"。

(以上 2011 年福建政和县石屯镇长城村西象山窑址发现　南方文物 4：31、34)

晋陶文

盖盒盖内侧刻划："太元十一年七月廿五日造"。

盖盒盖内侧刻划："吉""日"。

(以上 2007 年 10 月至 11 月山东烟台市龙口市芦头镇东梧桐村北墓葬发现　考古 4：25、31)

北朝陶文

部分板瓦戳印："林军""耶 (?) □""四大"等。

(2011 年至 2012 年河北临漳县邺城遗址发现　考古 12：31—32)

北朝陶文

盏外壁一侧可见刻划文字，似为“思”或“恩”。

（2011 年 9 月初陕西靖边县墩界镇白城则村墓葬发现　考古与文物 3：12）

北朝陶文

建筑构件铭：“大魏兴和二年造”。

建筑构件铭：“大齐天保元年造”。

（以上 2012 年 2 月至 5 月山西太原市晋源区阳古城遗址发现　中国文物报 2153：8）

唐陶文

板瓦反印：“官赵春”。

板瓦反印：“官王容”。

板瓦戳印：“郑人”。

板瓦戳印：“匠□志”。

（以上 2012 年 4 月至 12 月陕西三原县县城北徐木塬上唐献陵陵园遗址发现　考古与文物 5：41—42）

唐瓷铭

支座外壁刻划：“平”。

支座外壁刻划：“介之”。

支座外壁刻划：“七”。

匣钵盖顶面刻划：“T”。

筒形器外腹近口沿书：“西”“西北”“西南”。

（以上 2011 年 11 月至 2012 年 1 月江西乐平市接渡镇坑口村南窑村窑址发现　中国国家博物馆馆刊 10：16、19、21）

宋陶文

板瓦朱书：“定”。

（2009 年 7 月至 2012 年 1 月河北鹿泉市寺家庄镇西龙贵村墓葬发现　考古 5：48—49）

宋瓷铭

碗足内刻划：“金”，并墨书：“吴”。

（2011 年 9 月至 12 月浙江庆云县潘里垄山东麓 2 号窑址发现　东方博物第 48 辑：79—80）

宋瓷铭

碗外底墨书 2 字：“十八”。

（2012 年 5 月至 7 月安徽泗县长沟镇汴河村邓庄村西遗址发现　南方文物 3：57）

宋至元瓷铭

碗底墨书 1 字：“寅”。

（2004 年 8 月至 12 月湖南长沙市坡子街东端路北木构涵渠遗址发现文物 6：46）

元瓷铭

瓶腹中部墨书 1 字：“见”。

（2009 年 3 月山东淄博市临淄区东郊墓葬发现　文物 4：53）

明瓷铭

碗底残片款：“大明成华年制”。

（2009 年 5 月至 6 月山西文水县西郊山区苍儿会乡三道川地区李家庄寨峁发现　文物世界 1：15）

明瓷铭

罐外底印：“充”。

（2009 年 7 月至 8 月北京市通州区梨园镇半壁店旧村墓葬发现　北京文博 4：37）

明瓷铭

盘内底绘 1 字："寿"。

罐盖钮顶草书："福"，器内底书："寿"；外底圈足隶书："春"。

（以上福建平和县博物馆藏　东方博物第 47 辑：66、68）

明清瓷铭

碗内底草书："福"。

（2012 年 11 月至 2013 年 1 月湖北大冶市金湖街道办事处株林村大青山曹家湾铜绿山卢家垴冶炼遗址发现　江汉考古 2：17—18）

附一　瓦当铭

汉瓦当

有："关""安世""安世万岁"。

（2012 年 6 月至 2013 年 8 月河南洛阳市新安县城关镇新安函谷关遗址发现　中国文物报 2180：6）

汉瓦当（11 件）

有："长生无极"。

（2008 年 11 月至 2009 年 6 月陕西咸阳市渭城区周陵镇新庄村西汉元帝渭陵发现　考古 11：29—30）

汉瓦当

有："阳翟"。

（2007 年 6 月至 2011 年 5 月河南禹州市梁北镇苏王口村和郭村墓葬发现　华夏考古 3：18）

附二　杂器铭

战国漆器

盒盖有"双"字形刻划符号。

（2010 年 12 月湖北荆州市逸居园小区建设工地墓葬发现　江汉考古 2：38）

汉漆器

盘外底烙印 2 字："左曹"。

盘内底针刻 2 字："淖氏"。

耳杯外底针刻 2 字："淖氏"。

耳杯外底针刻 2 字："淖氏"。

耳杯外底针刻 2 字："左曹"。

耳杯外底针刻 3 行 13 字："公子强立事　左辛府岁　工长萦御"。

耳杯外底一处针刻，字体不明；另处朱漆："食官"。

（以上 2009 年至 2012 年江苏盱眙县马坝镇云山村大云山山顶江都王陵墓葬发现　东南文化 1：65—67、彩插十）

汉漆器

耳杯一侧背面朱漆隶书："常食"。

耳杯外底针刻："绪杯容一龠廿七年二月南工官监延年大奴固造"。

耳杯外底铭："绪杯容一龠廿七年二月南工官监延年大奴德造"。

耳杯外底铭："绪杯容一龠廿七年二月南工官监延年大奴元造"。

盘外底针刻："廿四年三月南工官监臣延年工臣县诸造"。

盘外壁朱书："常食"。

匜内底隶书："酒"。

奁反面近口沿处朱漆："常食"。

奁外底近银扣处隶书："常食"。

（以上 2009 年至 2012 年江苏盱眙县马坝镇云山村大云山山顶墓葬发现　考古 10：54、56、58、60）

汉漆器

盘外底针刻 1 字："连"（15 件）。

盘外底针刻 1 字："连"（2 件）。

盘外底针刻 1 字："连"。

盘外底针刻："……廿五年五月甲……"。

盘外底针刻 1 字："连"。

盘外底针刻 1 字："连"。

盘外底针刻 1 字："连"（3 件）。

耳杯外底针刻："连"（6 件）。

耳杯外底针刻："连二□"。

耳杯外底针刻："连"（11 件）。

耳杯外底针刻："连"（8 件）。

（以上 2009 年至 2012 年江苏盱眙县马坝镇云山村大云山山顶江都王陵 2 号墓发现　文物 1：37—41）

汉玉器铭

璜一侧边缘铭："二千七十四"。

佩侧面铭："甲三"。

（以上 2009 年至 2012 年江苏盱眙县马坝镇云山村大云山山顶墓葬发现　考古 10：48—49）

汉玉棺片饰铭

玉片反面铭："甲廿三"。

玉片反面铭："百八"。

玉片反面铭："方十二"。

玉片反面铭："上卅五"。

玉片反面铭："方廿三"。

玉片反面铭："四"。

玉片反面铭："下十八"。

玉片反面铭："□"。

玉片反面铭："九"。

玉片反面铭："六十七"。

玉片反面铭："卌三"。

玉片反面铭："六"。

玉片反面铭："甲十四"。

玉片反面铭："三"。

玉片反面铭："方"。

玉片反面铭："上十七"。

玉片反面铭："下十四"。

玉片反面铭："下卌七"。

玉片反面铭："八十九"。

玉片反面铭："下十一"。

玉片反面铭："方卅八"。

玉片反面铭："甲九"。

玉片反面铭："方十八"。

玉片反面铭："卅二"。

玉片反面铭："下七"。

玉片反面铭："十五"。

玉片反面铭："上"。

玉片反面铭："十六"。

玉片反面铭："乙十"。

玉片反面铭："二"。

（以上2009年至2012年江苏盱眙县马坝镇云山村大云山山顶江都王陵2号墓发现　文物1：49—56、61）

汉玉石铭

玉石铭："寅六""戊十五""申二"等。

（2009年8月至2010年7月陕西蓝田县华胥镇支家沟村墓葬发现　考古与文物5：29）

汉简牍

M1木牍50枚，内容为官府文书和巫术两大类。

M2出土医学类竹简920支。

（2012年7月至2013年8月四川成都市金牛区天回镇土门社区卫生站东侧"老官山"墓葬发现　中国文物报2196：4）

汉简牍

万枚左右。材质上可分木质及竹质两大类。形制可分为木牍、两行简、小木简、封检、封泥匣、签牌（木楬）、竹简、竹牍、削衣、异型简等十大类。内容涉及当时的政治、经济、法律、军事诸多领域。

（2010年6月至8月湖南长沙市五一广场东南侧1号窖发现　文物6：14—24）

唐木牌铭

木牌正面墨书："五"。

木牌正面墨书3个汉字，漫漶不清。

（2009年4月新疆吐鲁番市二堡乡巴达木村东北部墓葬发现　考古6：34）

明清铁牌铭

牌正面铸2字："贰贯"。

（2008年3月至5月江苏仪征市区东南隅真州城东门水门遗址发现　东南文化4：50）

明印符

棉布上戳印："九老仙都君印"。

（2005年6月17日江苏常州市怀德南路建筑工地墓葬发现　文物1：74）

明旌铭（织锦缎）

旌正面贴字，可辨识仅："王""公"2字。

明旌铭（织锦缎）

旌正面贴字："明故王孺人许氏之柩"。

明枕片（花缎）

枕片正中有："早生天界"。

枕片正中有："往生西方"。

（以上2008年7月江苏泰州市海陵区江州北路拓宽工程森森庄段墓葬发现　文物11：37、41、45、46）

明棋子（铜）

棋子双面各铸1字："仕"。

（2012年4月至2013年1月贵州遵义市汇川区高坪镇海龙囤遗址发现考古7：80）

明木匾（残）

匾右部残存墨书："罡"，右侧朱书："……捌年六月……"。

（2009年5月和6月山西文水县西部山区苍儿会乡三道川地区龙兴寨峁发现　文物世界1：17）

（编辑：金文馨）

第九篇

大　事　记

2013年中国考古学大事记

1月　云南省文物考古研究所等单位自2012年7月以来发掘元谋县磨盘山新石器时代遗址，是元谋盆地继大墩子遗址之后的又一次考古发掘。

湖北省文物考古研究所等单位自2012年8月以来发掘随州市文峰塔东周墓地，发掘土坑墓54座、车马坑2座、马坑1座。其中一座一椁三棺大型墓葬（M18）的附坑出土的两件铜缶上有“曾侯丙之赴缶硖以为长事”的铭文，推断M18应为战国中期的曾侯丙墓。该墓地被评为2013年度全国十大考古新发现。

洛阳市文物考古研究院自2012年7月以来发掘洛阳市西工区衡山北路的邙山陵墓群西段北魏陵区已遭盗掘的北魏大墓。墓葬全长58.9米，深8.1米。其中墓道朝南，长39.7米，宽2.9米，墓室长19.2米，宽12米。在墓室填土中发现了大量的壁画残块，出土了拜占庭阿纳斯塔修斯一世金币等随葬品。可能系帝陵级别的墓葬。

北京大学考古文博学院、陕西省考古研究院、儋州市博物馆、海南省文物局联合开展儋州市洋浦古盐田考古调查，确认盐田可分为三区（南区、北区和海岸区），保护面积约750亩，现存卤水池122个，盐槽6171个。

9日，中国社会科学院主办、中国社会科学院考古研究所考古杂志社承办的第十二届“中国社会科学院考古学论坛·2012年中国考古新发现”在北京举行。会议产生了江苏泗洪顺山集新石器时代遗址、陕西神木石峁遗址、新疆温泉阿敦乔鲁遗址与墓地、山东沂水纪王崮春秋墓、河北邺城遗址东魏北齐佛寺遗迹和佛教造像埋藏坑、贵州遵义海龙囤遗址等6项2012年度中国考古新发现，并分别在会上做了学术汇报。

福建博物院编著的《莲花池山遗址——福建漳州旧石器遗址发掘报告（1990～2007）》由科学出版社出版。

济南市考古研究所编著的《章丘女郎山》由科学出版社出版。

1～2月　杭州市文物考古所编著的《南宋御街遗址（临安城遗址考古发掘报告）》、《南宋临安府治与府学遗址（临安城遗址考古发掘报告）》先后由文物出版社出版。

1～4月　中国社会科学院考古研究所、海南省博物馆发掘陵水县桥山新石器时代遗址，发现距今5000年前后的文化遗存，以及大面积密集分布陶片的现象。

1～8月　中国社会科学院考古研究所洛阳汉魏城队发掘汉魏洛阳故城北魏内城西墙居中的西阳门遗址，印证了文献中该门址为北魏时期新辟以及“途分三道”的“御道”规制相吻合。

1～10月　洛阳市文物考古研究院在2012年的考古钻探和发掘的基础上发掘洛阳隋代回洛仓遗址，清理了四座仓窖。

1～12月　陕西省考古研究院与美国加州大学洛杉矶分校合办的中美田野考古学校，在杨官寨遗址举办了第四期田野考古培训，发掘环壕东北角的T4737、T4837两探方，发现半坡四期的瓮棺葬。

陕西省考古研究院开展对凤翔县秦雍城核心区马家庄一带约3.2平方公里范围进行了全面考古调查与勘探。在主城区域发现了多座大型建筑、中型建筑、高台建筑和祭祀坑等遗存，与以往判断的宫寝、宗庙的建筑性质吻合；新发现具有大范围踩踏面却无建筑遗迹的区域，四周以墙围堵，可能是当时雍城主城区的“宫市”。

为解决秦咸阳城址的确切范围及城内布局与结构，陕西省考古研究院对冶家台村西和秦“咸阳宫”南部及西部的60余万平方米进行勘探，发现夯土建筑基址117处、活土坑145个、墓葬296座、踩踏面7处、古道路2条、窑址22座。

南京博物院发掘盱眙县汴河穿越的泗州城遗址，在汴河河段揭露8000余平方米，发现一批唐宋以来与汴河漕运有关的实物资料。

甘肃省文物考古研究所发掘泾川县城关镇共池村宋龙兴寺遗址，发现宋代龙兴寺陶棺、舍利，以及一批北魏、西魏、北周、隋唐、宋等时期的造像。

2月　浙江省文物考古研究所对良渚城址的莫角山遗址进行解剖发掘。在莫角山西南部发现了与内城河相连的河湾遗迹，揭露一段通往莫角山遗址的栈桥码头遗迹，并勘探发现莫角山遗址的基础部分为用青灰土堆筑，上部则以纯净的黄土包裹，良渚古城西北部的彭公水坝的基础部分也是用草包泥堆筑，上部则以黄色黏土包裹，草包泥的发现对于理解良渚古城大型工程的营建方式和营建效率找到了直接的证据。发掘工作持续至2014年1月。

北京大学考古文博学院、景德镇陶瓷考古研究所自2012年11月以来发掘景德镇市浮梁县唐代至宋代兰田窑址，发现青灰釉与白釉器及青绿釉与青灰釉器粘连在一起的现象，表明这三类器物始终同时生产。还发现景德镇古代窑址中罕见的酱釉腰鼓。

2～6月　南京市博物馆发掘江宁区九间堂明代第六、七、八任黔国公沐崑、沐绍勋、沐朝辅三座墓。

2～11月　陕西省考古研究院开展对汉昭帝平陵和上官皇后陵园的考古调查和勘探。

2～12月　陕西省考古研究院、中国社会科学院考古研究所、西安市文物保护考古研究院联合发掘西安北郊渭桥遗址。2012年4月以来先后发现“厨城门一号桥”、“洛城门桥”、“厨城门二号桥”、“厨城门三号桥”、“王家堡桥”、“厨城门四号桥”及“厨城门五号桥”等共3组7座渭桥。其中厨城门一号桥以南1200米为长安城厨城门遗址，桥横跨于东西向的渭河之上，南北长约880米，为同时期世界最大的木梁柱桥。被评为2013年度全国十大考古新发现。

3月　浙江省文物考古研究所第三年度发掘海宁市皇坟头新石器时代遗址，累计清理崧泽墓葬7座、良渚墓葬168座、叠石圈18个。发掘工作持续至2014年1月。

云南省文物考古研究所等单位自2012年10月以来发掘保山市昌宁县大甸山青铜时代墓地，清理墓葬205座，出土随葬品349件，以青铜器为主，并且具有浓厚的地域风格，是探索古哀牢国的重要资料。

重庆市文化遗产研究院第五次发掘渝中区老鼓楼衙署宋至明清时期遗址，区分出了明代早中期的衙署遗存。

山西省考古研究所编著的《黄河蒲津渡遗址》由科学出版社出版。

3～4月　新疆维吾尔自治区文物考古研究所发掘且末县石门水库细石器遗址，揭露面积400平方米，采集、发掘出土石片、石核、细石叶、细石核、桂叶形石矛等石器近2000件。并在石门水库周边调查发现40余处细石器地点，对研究塔里木盆地南缘及整个新疆石器时代文化具有重要的意义。

陕西省考古研究院开展旬阳古矿洞专题调查，累计发现古汞矿洞328座。

南京博物院、扬州市文物考古研究所、苏州市考古研究所联合发掘扬州市曹庄隋炀帝墓。被评为2013年度全国十大考古新发现。

西安市文物保护考古研究院发掘西安市东兆余唐汾阳王郭子仪之孙郭钊墓。

3～5月　国家博物馆田野考古研究中心、山西省考古研究所、运城市文物保护研究所自2007年以来连续开展对山西省绛县横水镇周家庄遗址发掘，确认为一处面积达400余万平方米的大型环壕聚落，并于2012年、2013年分别在遗址东南区和中部发现墓地与房址集中分布区。

中国社会科学院考古研究所、山东省文物考古研究所等单位自2012年秋以来发掘临淄齐故城阚家寨秦汉冶铸遗址，发现了铸坑、水井、陶质镜面范与镜背范等秦汉铜镜铸造作坊等遗存，反映了临淄是秦汉时期的铜镜铸造中心之一。

3～6月　甘肃省文物考古研究所继1986年之后第二次发掘敦煌祁家湾晋十六国时期墓群，清理墓葬96座，发现一组完整的栻盘。

3～7月　山东省文物考古研究所自2012年10月以来第四次发掘泰安市大汶口遗址，发现了成片的大汶口文化时期居住基址，清理的7座方形地面式房址建于同一层面上，房址之间活动场地面积相当，呈现一定的布局规律。

河南省文物考古研究院自2009年以来持续发掘淅川县滔河乡下寨遗址。今年又发现一批仰韶文化晚期至石家河文化时期的墓葬，累计已清理墓葬133座，出土陶器、玉石器、蚌片等随葬品148件。其中29座墓有腰坑。

3～8月　甘肃省文物考古研究所发掘岷县山那树扎新石器时代遗址，发现一批仰韶文化庙底沟类型、仰韶文化晚期及马家窑文化马家窑类型的文化遗存。

3～9月　上海博物馆考古部、复旦大学、上海大学、山东大学、南京大学、中国人民大学及宁波市文物考古研究所组成的联合考古队继续发掘松江区广富林新石器时代遗址，发现广富林文化水岸建筑遗存，占地约2000平方米，包括由大量粗大木桩构成的栈桥、由大量密集陶片铺就的护坡以及广富林先民在水边的生活遗迹，再度发现广富林文化玉琮，还发现了周代浇铸青铜器的陶范残件。

3～10月　洛阳市文物考古研究院、中国社会科学院考古研究所洛阳唐城队发掘隋唐洛阳城宁人坊遗址。

3～11月　早期秦文化联合考古队在2012年发掘甘谷县毛家坪周代遗址，清理春秋早期至战国中晚期的墓葬21座、车马坑2座。今年发掘面积近2700平方分米，清理墓葬153座包含铜容器墓、车马坑、瓮棺，以及房址、陶窑、灶址等，出土铜器、陶器、玉石器、骨角器、铁器等各类遗物1000余件。

陕西省考古研究院全面勘探原县唐永康陵、庄陵，发掘唐武宗端陵陵园东门北侧门阙和南神道西侧蕃酋殿遗址。

江西省文物考古研究所、厦门大学历史学院、南开大学历史学院、西北大学考古文博学院等单位联合发掘景德镇市乐平市南窑遗址，发现一条保存完好、长达78.8米的唐代青瓷龙窑窑址。是迄今所见最长的唐代龙窑遗迹，也是景德镇地区发现的年代较早、保存完整的窑炉遗迹。被评为2013年度全国十大考古新发现。

河南省文物考古研究院发掘社旗县陈郎店宋元遗址，发现15处地道遗迹，分属3个地道系统，由井形竖洞、横行通道组成，最多可达3层，纵横交错。通道长3～30米，高0.8～1.4米，分直道和弯道，两边设有洞室、耳室、壁龛和灯龛。

3～12月　浙江省文物考古研究所再次发掘余姚市田螺山遗址，在距遗址地表2米多深的富含有机质遗存的第7层或第8层下的早期堆积中发现多处排桩遗迹，发现木蝶形器和木筒形器共出，有的三件木筒为一组。还发现多处鱼骨堆（坑）、牛头骨、鹿角、龟甲壳、稻谷壳堆、木屑堆、橡子和菱角储藏、处理坑等。

浙江省文物考古研究所发掘杭州市余杭区玉架山良渚文化环壕聚落址。

浙江省文物考古研究所发掘安吉上马山墓群，清理先秦土墩墓1座，战国—西汉初楚式竖穴土坑墓1座，西汉土坑墓8座。

陕西省考古研究院勘探西安市临潼区秦东陵遗址。在二号陵园周边面积约45万平方米区域共发现与陵园相关的“中”字形墓葬1座，“甲”字形墓葬5座，陪葬坑9座，小型墓葬17座，壕沟1段等遗迹。在三号陵园面积约50万平方米区域发现与陵园相关的“中”字形墓葬2座，陪葬坑6座，围绕其中一座“中”字形的壕沟1处，小型墓葬106座等遗迹。

春　湖南省文物考古研究所自2011年冬以来发掘桂阳县千家坪遗址，发现一批距今7000年前后的白陶等遗存，为探索湖南地区早期白陶遗存的南渐途径提供了重要线索。

4月　中国社会科学院考古研究所、西安市文物保护考古研究院发掘西安市阎良区战国秦汉栎阳城遗址。

四川省文物考古研究院等单位调查石渠县境内的早期石刻，发现须巴神山石刻群、白马神山石刻群、洛须村石刻等3处17幅吐蕃时期石刻。题材包括五方佛、大日如来像、菩萨像、度母像、古藏文题记等，皆是吐蕃时期流行的典型题材和内容，并发现吐蕃时期题刻。有的菩萨和飞天分别着吐蕃贵族服饰并戴高筒帽，是吐蕃佛像图像本土化的典型特征。题记中两处提到“赞普赤松德赞父子”及“由卓玛勒贡书写”等内容。被评为2013年度全国十大考古新发现。

14～19日，由河南省文物局主办，河南省文物考古研究院承办的“国际动物考古协会第九届骨器研究学术研讨会（9th Worked Bone Research Group Meeting）”在郑州召开。来自匈牙利、美国、法国、西班牙、英国、新西兰、捷克、罗马尼亚等9个国家十多个学术机构的17名专家学者，以及中国社会科学院考古研究所、中国科学院古脊椎与古人类研究所、北京大学、吉林大学、山东大学、中国科学技术大学、上海博物馆、陕西考古研究院、湖南省文物考古研究所、湖北省文物考古研究所等国内15个学术机构的24位学者出席了会议。国际动物考古协会（ICAZ）骨器研究组（WBRG）的首次会议于1997年在伦敦的大英博物馆举行，此后每两年举办一次国际会议。

4～6月　内蒙古自治区文物考古研究所发掘通辽市库伦旗孤家子高台山文化墓地，清理墓葬64座，是内蒙古地区首次大面积发掘的高台山文化遗址。

中国国家博物馆、安徽省文物考古研究所、铜陵市博物馆等单位联合开展铜陵地区古代矿冶遗址的专题调查。

新疆维吾尔自治区文物考古研究所再次发掘拜城县多岗墓地，清理墓葬210座，出土遗物530余件（组），其中有铜马衔、节约等马具以及来自异域的漆器、珊瑚、海贝等。

4～7月　宁夏文物考古研究所发掘彭阳县打石沟客省庄二期文化聚落址，揭露面积1600平方米，清理地面式、窑洞式以及半地穴式三种房址15座，灰坑65座，墓葬7座。

天津市文化遗产保护中心发掘宝坻区歇马台商周遗址，揭露面积2760平方米，清理水井4口、灰沟4条、灰坑42个、墓葬30座。

重庆市文化遗产研究院发掘彭水县郁山镇郁江及其支流中井河两岸的7处汉代墓群，这些东汉墓群的出现可能与郁山“因盐而兴”有关。

4～11月 陕西省考古研究院继续发掘神木石峁城址外城东门南北两侧城墙区域，并在调查和勘探中发现了樊庄子祭坛、祭祀遗迹以及皇城台夯土基址、池苑遗址。

4～12月 陕西省考古研究院发掘清涧县辛庄商代遗址，发现一组面积达6000平方米由主体建筑和两级回廊组成的大型建筑遗迹。

湖南省文物考古研究所等单位发掘益阳县兔子山战国秦汉时期遗址，在清理的16口古井中有12口水井出土简牍一万三千余枚，其中J3一口井出土简牍八千余枚。简牍的时代，从战国经秦、两汉直到三国孙吴时期，以两汉时期简牍数量最多，内容主要为战国至孙吴时期益阳县衙文书档案。J8出土的木觚上有“张楚之岁”字样，是第一次出土关于张楚政权的考古资料。J9出土的木牍提到的秦二世即位时的文告，是继马王堆汉墓文书、里耶秦简之后湖南省的又一重要文献的考古发现。被评为2013年度全国十大考古新发现。

洛阳市文物考古研究院、中国社会科学院考古研究所洛阳唐城队再次发掘隋唐洛阳城九洲池遗址。

贵州省文物考古研究所发掘遵义市新蒲杨氏土司墓群，清理第29世土司杨烈夫妇合葬和第21世杨铿夫妇合葬墓。

5月 云南省文物考古研究所等单位自2012年11月以来发掘景洪县娜咪囡石器时代遗址，发现早期的陶器残片、研磨器、具有和平工业特征的石器等遗存。

辽宁省文物考古研究所、大连市文物考古研究所自2012年10以来发掘大连市甘井子区大王山青铜时代遗址，揭露面积约6000平方米，发现双坨子一期文化和双坨子三期文化的大型石砌平台5座、房址55座、道路数条。房址多建筑在石砌平台之上。

荆州博物馆自2012年7月以来继续发掘荆州八岭山冯家冢战国墓地，清理冯家冢2号墓的4座殉葬墓和9座祭祀坑。

杭州市文物考古研究所等单位自2012年12月以来发掘杭州市萧山区闻堰镇湖山村遗址，发现一处宋代茔园遗迹，平面呈“工”字形，由T形道路和长方形拜坛组成，长22.18米，宽9.8米。为研究宋代该地区的丧葬制度和祭祀形式提供了资料。

云南省文物考古研究所等单位自2012年12月以来发掘盐津县乌蒙王府遗址。

成都文物考古研究所、四川省文物考古研究院、四川省博物院编著的《水井街酒坊遗址发掘报告》由文物出版社出版。

5～7月 福建博物院文物考古研究所发掘闽清县南木墩新石器时代遗址，清理墓葬10座，出土陶器所表现的文化内涵是对昙石山文化的重要补充。

吉林省文物考古研究所发掘辉南县明代辉发城址，是海西女真扈伦四部城中唯一一个经过正式考古发掘的城址。

重庆市文化遗产研究院发掘彭水县中井坝明清盐业遗址，发现盐灶、蓄卤池、黄泥加工坑、各类沟槽等生产设施，完整地反映了当时制盐生产的过程。

5～9月 中国社会科学院考古研究所、苏州市考古研究所发掘苏州市高新区金刚山两周土墩墓。

中国社会科学院考古研究所发掘喀什地区塔什库尔干县曲什曼黑白石条墓地，在揭露的一批距今2500年前后的墓葬中，发现以木质与陶质火坛、蚀花红玛瑙珠等随葬现象。

宁夏文物考古研究所、浙江大学文化遗产研究院自2012年以来开展固原县须弥山石窟圆光寺区考古调查。在2012年建立须弥山石窟地理信息系统，利用正射影像技术采集洞窟、佛龛、造像形制、位置、现状等全方位数据，并依据采集数据建立洞窟全息模型、崖壁、洞窟壁面、佛龛立面、剖面正射影像图，同时完成各洞窟文字记录。2013年利用航拍技术制作了须弥山石窟全景数字地图，对正射影像数据缺损位置进行补偿采集，并现场参照实物，以正射影像图为基础，绘制各石窟平剖面实测图及洞窟壁面、佛龛立面图。进一步廓清了北周时期石窟、造像的类型学特征，区分了北周时期造像与后代重装行为的关系。

湖北省文物考古研究所发掘襄阳市谷城县肖家营汉宋墓群。其中一座北宋晚期仿木构的砖雕壁画墓为湖北地区属首次发现。

5～11月　杭州市文物考古研究所发掘杭州市拱墅区吉如良渚文化遗址，发现长47厘米的完整三孔石犁等农工具。

5～12月　吉林省文物考古研究所发掘白城市城四家子辽金城址，确认了城墙和城门的形制、规格、营建过程与大致年代，以及城内中轴线上的一处大型夯土建筑台基。

6月　重庆市文化遗产研究院发掘江津区烟墩岗东汉画像石棺墓。

徐州博物馆自2012年11月以来发掘徐州苏宁广场汉代至明代遗址，发现的西汉时期城墙遗迹可能系楚国都城彭城东城墙的一部分。

宁夏文物考古研究所、中国科学院古脊椎动物与古人类研究所编的《水洞沟：2003～2007年度考古发掘与研究报告》由科学出版社出版。

26～29日，由中国科学院古脊椎动物与古人类研究所和宁夏回族自治区文化厅主办，宁夏考古研究所等单位承办的“水洞沟遗址发现90周年暨国际学术研讨会”在银川举行。来自中、俄、英、美、法、韩、日等11个国家的134位代表出席了会议。会议主题为“东北亚晚更新世人类互动与迁徙”，开展了“亚洲旧石器考古联合会第六次年会”“垂杨介和她的邻居们第十八次国际学术研讨会”和“中国史前遗址博物馆论坛”等三个主要学术活动，举行了60多场专题报告。

27～28日，由中国社会科学院考古研究所、河南省文物局、三门峡市政府联合主办，河南省文物考古研究院、三门峡市文物局、中国社会科学院考古研究所聚落考古中心承办的“彩陶中国——纪念庙底沟遗址发现60周年暨首届中国史前彩陶学术研讨会”在三门峡市召开。这是中国学术界召开的第一次以彩陶为专题的全国性学术研讨会。

6～8月　陕西省考古研究院发掘白水县李家河遗址，发现仰韶文化庙底沟类型面积在200平方米以上有内外墙结构的大型房址。

西安市文物保护考古研究院发掘西安市长安区民用航天基地唐楚州刺史归仁公夫人高阳郡君许氏墓。

重庆市文化遗产研究院发掘忠县临江二队明代炼锌遗址，发现炼锌炉10座、灰坑59个、柱洞51个、灰沟3条、灶1个，以及数以百计的冶炼用的装烧器皿—陶质冶炼罐和冷凝窝。

6～9月　辽宁省文物考古研究所等单位自2012年以来开展北镇市医巫闾山辽代帝陵遗迹的考古调查工作。

四川省文物考古研究院等单位开展乐山大佛及其周边区域考古调查，确认5处崖墓群，崖墓总数1068余座，其中具有画像雕刻的崖墓126余座。清理乐山大佛脚下的礼佛台遗存，发现主要分布在大佛两脚之间和两脚外侧的柱洞49个，柱洞内包含有大量明代的瓦片、瓦当、琉璃瓦等物，说明其最后一次被毁的时代应在明代。

6～10月　陕西省考古研究院发掘陕北甘泉县清泉沟柴窑村宋金仿木砖结构多室画像砖墓。

内蒙古自治区文物考古研究所发掘乌兰察布市元代集宁路古城遗址，发现元代城址的西城垣。

6～11 月　宁夏文物考古研究所发掘隆德县沙塘新石器时代遗址，清理半地穴式和窑洞式房址 9 座、灰坑 90 个及灰沟 1 条。文化面貌接近菜园林子梁遗址三期和四期，同时与齐家文化及关中地区客省庄二期文化遗存有一定的关系。

辽宁省文物考古研究所第五次发掘灯塔市燕州城山城，发现一批高句丽时期、辽金时期遗存，以及明清时期石城凤安保国寺遗址。

吉林省文物考古研究所发掘桦甸市唐代渤海国苏密城。

6～12 月　陕西省考古研究院开展西安周边地区高光谱遥感考古。

山西省考古研究所、忻州市文物管理处联合考古队发掘忻州市忻府区兰村乡下社村东北九原岗北朝壁画墓，清理壁画约 200 平方米，其中墓道北壁壁画中的木结构建筑在同时期墓葬中是首次发现，第一次用绘画的形式展现了北朝建筑的风采。

陕西省考古研究院发掘定陵西南侧附近的富平区桑园唐代窑址，发现唐代砖瓦窑 495 座，分为十二组，清理的 15 座窑址皆为马蹄形半倒烟式窑炉。这是迄今唐代砖瓦窑规模最大、数量最多、保存最好的窑群。

7 月　浙江省文物考古研究所自 2012 年 3 月以来，勘探、发掘了杭州市余杭区良渚镇七贤桥官井头遗址，揭露面积 6600 平方米，清理崧泽—良渚文化墓葬 106 座，良渚文化成组石砌遗迹 1 处、建筑基址 7 处等遗迹，出土各类文物 1200 多件。其中规格较高的墓葬有 11 座，随葬玉器在 23～53 件之间，可见璜、玦、圆牌饰、镯、锥形饰等成组玉器，个别墓葬还出土了璧、琮、琮式管等高等级玉器，有的墓葬甚至出现了镂空兽面牌饰、弧形兽首玉璜、龙首饰梳背等新颖玉器造型。

安徽省文物考古研究所、武汉大学历史学院考古系发掘固镇县南城孜遗址，发现一处面积达 1 万多平方米的大汶口文化时期的垫土台基。发掘工作持续至 2014 年 1 月。

中国社会科学院考古研究所洛阳汉魏城队自 2012 年 3 月以来发掘汉魏洛阳故城北魏宫城四号建筑基址，初步判明这一北魏宫城内建筑体量最大的中心建筑是正殿太极殿。

江西省文物考古研究所、景德镇市陶瓷考古研究所、北京大学考古文博学院自 2012 年 11 月以来发掘景德镇市落马桥南宋至民国窑址，完善了景德镇民窑生产的年代发展序列。发现制作精良的带“枢府”、“太”、“玉”、“由”、“江夏”等款的元代枢府瓷和元青花瓷，绝大多数属所谓“至正型”中的高档产品。而明早中期的一些重要器物表明这里可能是明代御器场以外的一处重要的、高质量的瓷器生产地点。

成都文物考古研究所、阿坝藏族自治州文物管理所、茂县羌族博物馆编著的《茂县营盘山石棺葬墓地》由文物出版社出版。

7～8 月　西北大学文化遗产学院、新疆维吾尔自治区文物考古研究所自 2012 年以来发掘巴里坤县红山口—石人子沟遗址群中石人子沟西南部的 1 座大型石围居址和红山口遗址南部的 1 座石围居址以及 3 座墓葬，并抢救发掘西沟遗址南部 1 座被盗掘的墓葬，出土了 24 件虎形、羊头形、格里芬形动物纹金饰片和镶嵌绿松石的金耳环等随葬品。这是继 2006～2007 年之后的再次大规模发掘。

西藏自治区文物保护研究所、陕西省考古研究院开展阿里地区日土洛布措环湖考古调查，在海拔 4350～4550 米之间的临湖岩壁以及湖滨山坡上发现密集分布的各类遗迹。有岩画 618 组，其中有 529 组为新发现；墓葬 57 座，其中 43 座为新发现；新发现的还有祭祀坑 24 座、大型石片图案 1 组、石构遗迹 4 组、石墙 4 道。墓葬大都为吐蕃时期。

荆州博物馆发掘荆州市严家台秦至唐宋时期墓葬，其中两座秦墓出土了纪年铭文铜剑，为楚地战国晚期秦人墓葬的断代提供了新的参考依据。

中国社会科学院考古研究所发掘唐长安城西北禁苑内的 4 座粮仓。

7～9月　中国社会科学院考古研究所发掘赤峰市巴林左旗富河镇富河沟门，在1962年发掘区的北侧清理7座半地穴式房址。

内蒙古自治区文物考古研究所第四次发掘通辽市哈民新石器时代遗址，清理房址14座，墓葬1座，又出土20余件玉器。

新疆维吾尔自治区文物考古研究所发掘布尔津县图瓦新村青铜时代至早期铁器时代墓地，发现墓葬55座，清理9座。其中6座墓葬有整匹马随葬，马匹年龄均在6岁左右。在两座墓的封堆中发现2尊鹿石。出土器物中有马衔、变形的绵羊纹饰、动物牌饰、金耳环、金箔碎片等。

青海省文物考古研究所、四川大学考古系、成都博物院考古研究所联合对玉树藏族自治州治多县东部地区展开系统的考古调查，在治多县普卡贡玛墓地发掘9座春秋战国时期墓葬，在治多县聂龙加霍列墓群和章齐达墓群发掘15座北朝晚期至初唐墓葬。

甘肃省文物考古研究所、北京科技大学冶金与材料史研究所、西北大学文化遗产学院、中国社会科学院考古研究所继续发掘张掖西城驿遗址，发现一批房址等遗迹，以及带有圆雕羊头的环首铜刀等遗物。

中国社会科学院考古研究所发掘汉长安城未央宫南宫门遗址。

黑龙江省文物考古研究所再次发掘哈尔滨市阿城区金代上京城址，确认城址的始建年代为金代，后期至少有过一次以上的修筑。

四川省文物考古研究院等单位发掘宜宾市明代礼部尚书周洪谟墓。

7～10月　黑龙江省文物考古研究所发掘齐齐哈尔市洪河遗址，发现早晚两期的新石器时代文化遗存和49座明代墓葬，丰富了嫩江流域和黑龙江西部地区的文化内涵。

中国社会科学院考古研究所、云南省文物考古研究所等单位继2012年第二次发掘陆良县薛官堡西汉时期西南夷某一地方部族的一处公共墓地。

安徽省文物考古研究所发掘凤阳县乔涧子明代琉璃窑遗址，揭露的12座琉璃窑址及以龙纹为主的瓦当和滴水等，表明乔涧子琉璃窑址应为明代早中期为修建明中都和皇陵所建的官府窑场。

7～11月　辽宁省文物考古研究所发掘辽阳市江官屯辽金窑址。

8月　成都文物考古研究所自2012年7月以来发掘成都天回镇“老官山”4座西汉木椁墓，出土随葬品620余件，其中有年代最早的完整的人体经穴漆俑、4架完整西汉织机模型，以及四川地区首次发现的900余支西汉竹简。被评为2013年度全国十大考古新发现。

洛阳市文物考古研究院等单位自2012年6月以来调查、发掘位于洛阳市新安县东的汉函谷关遗址。勘探总面积约13.9万平方米，发现夯土墙17条，古道路2条，夯土台2座，活动面9处。发掘面积3325平方米，揭露了城墙、道路和建筑遗址等重要遗迹，基本了解了关城布局。是第一次在汉函谷关内关进行的系统考古工作。被评为2013年度全国十大考古新发现。

内蒙古自治区文物考古研究所开展乌兰察布市灰腾梁西汉长城的调查，调查长城墙体长度为46.585千米，有墙体存在部分43.955千米，其中土墙长34.575千米，石墙长9.38千米，消失墙体2.63千米。墙体沿线及周边地区烽燧46座、障城9座。

青海文物考古研究所、四川大学考古系、四川大学藏学研究所、成都博物院考古所联合开展玉树藏族自治州玉树县贝纳沟摩崖石刻考古调查，发现以大日如来佛堂为中心的5处摩崖石刻，有用梵文、汉文、古藏文三种文字凿刻的《摩诃般若波罗蜜多心经》、一佛八菩萨浮雕造像及古藏文题记、线刻佛像及古藏文《普贤陀罗尼》与《普贤行愿王经》题记、线刻佛塔等。

南京市博物馆自2012年12月以来勘探南京市栖霞区北象山南麓狮子冲南朝陵园，发掘梁昭明太子萧统及其母丁贵嫔墓。

贵州省文物考古研究所第二次发掘遵义市海龙囤宋至明代城址以及土司衙署性质、面积达1.8万平方米的明代建筑群“新王宫”。

23～25日，由中国社会科学院、上海市政府主办，中国社会科学院考古研究所、上海市文物局承办的首届“世界考古·上海论坛”在上海中国艺术宫举行。产生十项2012年度世界重大田野考古发现：危地马拉塞哇遗址的早期祭祀遗迹和玛雅文明起源、印度南部历史早期手工业暨贸易中心库都马纳遗址的考古发掘、乌拉尔最古老的冶金祭祀场所、埃及吉萨金字塔城聚落考古、寻找消失的文明－良渚古城考古新发现、秘鲁亚马孙河上游古代神庙的考古研究、土耳其东南哥贝克力石阵－巨石神庙和新石器革命、墨西哥特奥蒂瓦坎庙宇建筑所体现的世界观和社会史、石峁－公元前两千纪中国北方石城、追踪迈锡尼拉科尼亚的统治者－迈锡尼王国宫殿聚落的发掘；产生十项2012年度世界重大考古研究成果：中国西南晚更新世－全新世过渡时期古老型人类的发现、复杂社会初始阶段规律性的差异、缔造社会不平等－君主制、奴隶制和帝制的根基、柬埔寨吴哥－巨型低密度城市化进程、南高加索库拉河流域新石器时代人地关系研究、吴哥文明的起源、美国西南古代村庄聚落的历史生态动力机制、秘鲁特鲁希略太阳神庙和月亮神庙的考古调查、中华文明探源工程研究。会上分别汇报了这些田野考古发现和考古研究成果，还进行了以“古代文明的比较考古学”为主题的学术演讲、公众考古讲座等活动。

《夏鼐日记》由华东师范大学出版社出版。

深圳市文物考古鉴定所编著的《深圳咸头岭：2006年发掘报告》由文物出版社出版。

8～9月　宁夏文物考古研究所发掘彭阳县幸福城秦汉墓地，清理秦至西汉早期墓葬10座，出土的随葬品大都为宁夏首次发现。

陕西省考古研究院发掘咸阳市渭城区唐昭容上官氏墓。

8～10月　广东省文物考古研究所、中山大学社会学与人类学学院发掘和平县谢屋背新石器时代至宋元时期遗址。清理的三座新石器时代晚期墓葬，有用红烧土块作为墓室填土，出土的随葬陶器均为软陶器，包括圜底陶罐、豆、圈足盘等，部分陶器的器表装饰细绳纹。部分陶器的器形在广东地区尚属首次发现。

内蒙古自治区文物考古研究所继2012年再次发掘杭锦旗霍洛柴登古城汉代铸钱作坊遗址，共发现铸币窑址4座，发现新莽时期钱范50多块，均陶质，有正范和背范，钱文主要有“大泉五十”“小泉直一”，以及两块“始建国元年三月”纪年钱范。出土的古钱币主要有“大泉五十”“小泉直一”“货泉”“半两”“五铢”“契刀”。铜钱大部已残半，未经打磨修整，应是铸造后未曾流通使用。

8～11月　陕西省考古研究院发掘神木县神圪垯梁新石器时代遗址，清理墓葬13座、房址12座、灰坑58座、沟2条，其中M7长4、宽3、深3.3米，设壁龛，有殉人，是迄今在陕北地区发现的史前时期规模最大的墓葬。

8～12月　江西省文物考古研究所发掘九江县荞麦岭商代遗址，发现铜矿石、坩埚、炼渣、炉壁等与冶炼相关的遗存。

广西壮族自治区文物保护与考古研究所等单位发掘桂林市正阳东巷明代靖江王府宗祠遗址。

9月　西藏自治区文物保护研究所调查发现拉孜县廓雄新石器时代遗址，是迄今在日喀则地区乃至雅鲁藏布江中上游流域发现的第一处新石器时代晚期遗址。

郑州大学历史学院发掘荥阳市高村乡官庄两周城址。发掘工作持续至2014年1月。

南京大学历史学系考古学专业、文化与自然遗产研究所第三次发掘安徽省固镇县谷阳城战国至魏晋城址，发现秦代印章、封泥等重要遗存。发掘工作持续至2014年1月。

南京市博物馆自2012年11月以来发掘南京市栖霞区燕子矶新城六朝琅琊王氏家族南齐王珪之墓。

南京市博物馆自2012年10月以来发掘南京牛首山明代宏觉寺遗址。

中国社会科学院考古研究所编著的《偃师商城（第一卷）》由科学出版社出版。

陕西省考古研究院编著的《李家崖（陕西省考古研究院田野考古报告）》由文物出版社出版。

安徽省文物考古研究所、蚌埠市博物馆编著的《钟离君柏墓》由文物出版社出版。

宁夏文物考古研究所、银川西夏陵区管理处编著的《西夏六号陵》由科学出版社出版。

9~10月　新疆维吾尔自治区文物考古研究所发掘哈巴河县托干拜二号青铜时代墓地，约距今4000多年，是目前阿勒泰地区考古发掘中最早的古代文化遗存。

山东省文物考古研究所等单位发掘沂水县纪王崮二号春秋墓葬，墓葬中处处留有施工中的杂乱痕迹等迹象，推测二号墓是一座正在开凿中的大型春秋墓葬，可能由于某种突发事件凿墓过程突然终止。被评为2013年度全国十大考古新发现。

9~11月　南京博物院发掘盱眙县东阳军庄西汉椋氏家族墓地，出土精美丰富的漆器，以及彩绘棂床、木质刚卯等一批汉代文物珍品。

9~12月　河南省文物考古研究院、中国科学技术大学第八次发掘舞阳贾湖遗址。在遗址中部，发掘面积300平方米，清理贾湖文化时期墓葬97座，房址9座，灰坑25个，兽坑2个，各种质料的器物600余件及大量陶片和动植物遗存。新发现一墓三笛、制作精美的象牙雕板、大量精美绿松石串饰等随葬现象，以及有可能作为房屋奠基或祭祀的现象。

中国社会科学院考古研究所、贵州省文物考古研究所发掘平坝县牛坡洞新石器时代遗址。

山东省文物考古研究所、临淄区文物局发掘临淄范家遗址，发现一座近似方形的商周时期城址，东西长约162米，南北宽约154米。东、西城墙外侧有壕沟环绕，北墙外为低洼地。在夯土及淤沟内出土商晚期陶片，打破城墙的墓葬为西周早期。城内发现有龙山时期和殷墟时期的房址、灰坑和灰沟等遗迹现象。该城址的发现为探讨早期齐文化的形成和齐国早期都城提供了重要线索。

陕西省考古研究院继2012年再次发掘宝鸡市石鼓山西周墓地，清理11座墓葬，其中3座为铜器墓。被评为2013年度全国十大考古新发现。

10月　中国社会科学院考古研究所甘青工作队调查化隆县安达其哈遗址，确认2010年发现的在庙底沟文化遗存堆积层之下的细石器文化遗存堆积层，年代可能在距今8000年前后。

山东省文物考古研究所再次发掘章丘市城子崖遗址，将20世纪30年代发掘的纵中探沟重新挖开并向北延伸了20米，获得了一条纵贯遗址中部南北的大剖面，再次证实了岳石文化及龙山文化城墙叠压的地层关系，并于遗址南部发现岳石文化大型建筑基址。发掘工作持续至2014年。

武汉大学历史学院考古系等单位发掘武汉市盘龙城杨家湾商代遗址及墓葬。其中一座墓（M17）出土一件镶嵌绿松石和金片的夔龙纹饰件，系迄今发现年代最早、器形明确的金器。发掘工作持续至2014年1月。

江西省文物考古研究所发掘鄱阳县明代淮王府遗址，出土大批淮王府使用的精美瓷器，以及明末清初带官府定烧款、堂名款、画押款以及清早期纪年款等瓷器。发掘工作持续至2014年1月。

山东省文物考古研究所编著的《临淄齐故城》由文物出版社出版。

20日，由中国社会科学院考古研究所、河南省文物局主办，河南省三门峡市人民政府承办的“中国公众考古·仰韶论坛”在河南省三门峡市举行。

24~27日，中国考古学会第十六次年会暨第六届会员代表大会在西安市召开，来自全国各学术研究机构、高校的200多名代表参加了会议。会议主题是“全球视野下的古代中国——以周秦汉唐为中心”，收到论文170余篇，有120余位代表在会上进行了学术交流，内容涉及中国古代文明起源、古代农业、都城、陵墓、墓葬建筑、石窟寺、建筑技术、动物考古、聚落考古、文物研究以及中外比较考古等诸多方面。会议产生第六届理事会和19位常务理事，推选王巍任理事长，童明康、赵辉、李季分别任副理事长，陈星灿任秘书长。

28日，由中国社会科学院考古研究所、中国殷商文化学会、河南省文物局和偃师市人民政府联合主办“夏商都邑考古暨纪念偃师商城发现30周年国际学术研讨会”在偃师举行，来自中国、日本、美国的百余位代表出席了会议。

30日，由中国社会科学院古代文明研究中心、中国社会科学院考古研究所聚落考古研究中心、郑州中华之源与嵩山文明研究会与郑州师范学院共同主办的“2013年年会暨嵩山文明与早期中国学术研讨会”在郑州举行，中国社会科学院、北京大学、吉林大学、南京大学、香港中文大学、台湾大学的100多位代表出席了会议。

10～11月　广西壮族自治区文物保护与考古研究所发掘龙州县无名山岩厦新石器时代贝丘遗址，发现可能为距今6000年前后的文化遗存。

广东省文物考古研究所发掘普宁市葫芦山新石器时代遗址，揭露面积1120平方米，发现新石器时代晚期虎头埔文化时期堆积，清理新石器时代晚期灰坑13个，唐代土坑墓1座。

甘肃省文物考古研究所自2011年、2012年以来继续调查、试掘肃北马鬃山玉矿遗址，发现矿坑290处，房屋33处，岗哨31处，石料堆积29处。

陕西省考古研究院、中国科学院古脊椎动物与古人类研究所、南京大学等单位发掘南郑龙岗寺旧石器时代遗址，发掘面积56平方米，出土各类石制品32000余件。

10～12月　安徽省文物考古研究所发掘含山县凌家滩遗址附近的韦岗遗址，发现凌家滩文化的一条长约6.7米、最宽约1.3米类似道路的长条状陶片堆。

成都文物考古研究所再次发掘新津县宝墩新石器时代遗址，在宝墩城址内城田角林东南揭露出一个基本完整的聚落区。

重庆市文化遗产研究院发掘合川区钓鱼城两座宋代大型高台建筑基址。

11月　湖南省文物考古研究所发掘澧县涔南乡文家村宋家岗遗址，发现彭头山文化早期的炭化稻米，是目前澧阳平原发现最早的水稻遗存。发掘工作持续至2014年1月。

广东省文物考古研究所发掘普宁市平宝山新石器时代至商周时期遗址。发掘工作持续至2014年1月。

广东省文物考古研究所等单位发掘大埔县余里明代窑址，揭露了龙窑4座、房址2间、土灶1座、辘轳坑4个、灰坑9个、灰沟2条，出土大批窑具和瓷器标本。余里窑址是广东省境内已知最早的仿龙泉青瓷窑业遗存，此次发掘丰富了广东地区陶瓷文化的内涵。发掘工作持续至2014年1月。

湖南省文物考古研究所编著的《安乡汤家岗：新石器时代遗址发掘报告》由科学出版社出版。

中国社会科学院考古研究所、安徽省蚌埠市博物馆编著的《蚌埠禹会村》由科学出版社出版。

考古杂志社编著的《新世纪中国考古新发现（2001～2010）》由中国社会科学出版社出版。

11～12月　南京博物院等单位发掘溧阳县秦堂山马家浜文化遗址。

湖北省文物考古研究所、武汉大学考古系开展陶家湖—笑城新石器时代城址区域调查。

12月　成都文物考古研究所、成都金沙遗址博物馆编著的《金沙遗址考古发掘资料集（一）》由科学出版社出版。

21～22日，由中国社会科学院古代文明研究中心、安徽省文化厅、蚌埠市人民政府主办的“禹会村遗址与淮河流域文明研讨会”在蚌埠召开。来自北京、天津、河南、山东、江苏、上海、浙江等省市的60多名代表出席了会议，会上还进行了《蚌埠禹会村》考古发掘报告首发仪式。

24～25日，由中国考古学会、中华玉文化中心主办的“良渚遗址遗产价值对比研究之‘玉器·玉文化·夏代中国文明’学术研讨会暨中华玉文化中心第四届年会”在杭州良渚召开，“玉器·玉文化·夏代中国文明展”同期揭幕展出。来自全国有关学术研究机构及高校的40多为代表出席了会议和展览开幕式。

27日，由中国社会科学院主办，中国社会科学院考古研究所考古杂志社承办的第十三届“中国社会科学院考古学论坛·2013年中国考古新发现”在北京举行。产生了甘肃张掖西城驿遗址、湖北随州文峰塔东周曾国墓地、西安秦始皇帝陵园、成都天回镇老官山汉墓、西安渭桥遗址、江苏扬州隋炀帝墓等六项2013年度中国考古新发现，并分别在会上做了学术汇报。

本年　青海省文物考古研究所等单位自2012年以来开展通天河流域细石器遗存调查，于通天河流域的登额曲河两岸首次发现细石器地点26处。对参雄尕朔、尕琼两个地点进行了小规模试掘，出土有典型的细石器产品及动物骨块等遗物，初步确认参雄尕朔地点是一处与石工具制作有关的遗址。

浙江省文物考古研究所发掘龙游县湖镇马报桥村荷花山遗址，发现距今9000年前后的文化遗存，是继上山遗址、小黄山遗址后，在钱塘江流域发掘的第三处年代较早的新石器时代遗址。

四川省文物考古研究院自2012年以来对广汉市三星堆遗址展开大规模的勘探和试掘，发现位于遗址北部的仓包包城墙和北城墙，明确城址西北角青关山高台系人工夯筑而成，并清理出面积近900平方米、由多间组成的大型建筑基址。

陕西省考古研究院勘探发现宝鸡市太公庙村秦公大墓和车马坑，并在其东西两侧分别发现疑似陵园的兆沟设施。为探索秦第五处都邑——平阳城提供重要线索。

秦始皇帝陵博物院自2009年以来在秦始皇陵地区开展了系统的考古调查与勘探，包括自然环境、人地关系以及遗存等方面。确认秦始皇陵两重城垣上共有9座门址，发现外藏坑188座，陵园内外包括甲字形大墓、中字形大墓的5处墓葬遗存，陵园内城北部以及内外城之间面积达36万平方米的建筑遗存。发掘K9901外藏坑和兵马俑一号坑T23，出土陶俑100余件。

中国社会科学院考古研究所、山西省考古研究所、太原市文物考古研究所组成的联合考古队继2002～2006年对太原龙山童子寺寺院区和佛阁前廊发掘，于2012～2013年再次对佛阁内部进行了全面发掘，揭示了佛阁的平面布局，新发现北齐佛龛造像、唐代壁画等大量珍贵遗迹与遗物。

北京市文物研究所自2012年以来发掘北京市房山区长沟唐幽州节度使刘济墓，出土的大型彩绘浮雕十二生肖描金墓志和保存完整的浮雕彩绘须弥座式石棺床属罕见发现。

安徽省文物考古研究所及1999年第二次发掘濉溪县柳孜运河遗址，发现宽约40米的隋唐时期河道、桥墩、石板路、木船，以及唐宋时期磁州窑、临汝窑、耀州窑、景德镇窑、寿州窑、长沙窑、建窑、钧窑、定窑、巩县窑、龙泉窑等窑口的瓷片。

成都文物考古研究所自2012年以来发掘金堂县怀安军宋代城址。

浙江省文物考古研究所、北京大学、故宫博物院、龙泉青瓷博物馆自2010年以来对龙泉地区古窑址进行了系统调查及重点发掘，发现窑址分布于龙泉市全境，有窑址30处，并在南区大窑、溪口、石隆、瓦窑路及东区的紧水滩水库一带均发现了生产黑胎青瓷产品的窑址，初步了解了龙泉黑胎青瓷的基本面貌及其胎釉特征，确认龙泉黑胎青瓷的年代不仅仅限于南宋晚期，而由南宋早期至元代。为探索明清文献记载的宋代哥窑所指的对象为宋代龙泉黑胎青瓷产品提供了证据。

（朱乃诚）